U0920782

CHINA COSCO SHIPPING CORPORATION LIMITED YEARBOOK

2022

中国远洋海运集团有限公司 年鉴

中国远洋海运集团有限公司 编

人民交通出版社股份有限公司
北 京

内 容 提 要

本书是中国远洋海运集团有限公司组织编写的专业年鉴，全面、系统地记录了中远海运集团2021年的总体发展情况。2021年，集团坚持稳中求进工作总基调，贯彻“三个领军、三个领先、三个链接”的工作方针，积极构建新发展格局，践行“大国船队”使命，聚力党建领航、价值领航、科技领航、全球领航，确保经营效益稳定增长、稳中提质。是年，集团一手抓疫情防控，一手抓生产经营，在效益为先、全球运营、规模领先和稳健抗压四个维度实现突破，从几年来的净利百亿元台阶一跃升至千亿元台阶，集团七个产业集群全面实现盈利，“十四五”实现强势开局。

本书可供社会各界特别是企业界、航运界的读者阅读，也可作为社会各界特别是航运界专家、学者、研究人员、工作人员及相关人士重要的参考工具。

图书在版编目(CIP)数据

中国远洋海运集团有限公司年鉴. 2022 / 中国远洋海运集团有限公司编. — 北京：人民交通出版社股份有限公司，2023.8

ISBN 978-7-114-18864-0

Ⅰ. ①中… Ⅱ. ①中… Ⅲ. ①海运企业—企业集团—中国—2022—年鉴 Ⅳ. ①F552.6-54

中国国家版本馆CIP数据核字（2023）第115495号

Zhongguo Yuanyang Haiyun Jituan Youxian Gongsi Nianjian 2022

书　　名：中国远洋海运集团有限公司年鉴2022
著 作 者：中国远洋海运集团有限公司
责任编辑：李　刚
责任校对：赵媛媛　魏佳宁　卢　弦
责任印制：张　凯
出版发行：人民交通出版社股份有限公司
地　　址：（100011）北京市朝阳区安定门外外馆斜街 3 号
网　　址：http://www.ccpcl.com.cn
销售电话：（010）59757973
总 销 售：人民交通出版社股份有限公司发行部
经　　销：各地新华书店
印　　刷：北京印匠彩色印刷有限公司
开　　本：889 × 1194　1/16
印　　张：56.5
字　　数：1519 千
版　　次：2023 年 8 月　第 1 版
印　　次：2023 年 8 月　第 1 次印刷
书　　号：ISBN 978-7-114-18864-0
定　　价：386.00元

中远海运主要业务指标

2021

集装箱船队规模：511 艘 / 295 万 TEU

干散货船队运力：421 艘 / 4331 万载重吨

能源船队运力：224 艘 / 2937 万载重吨

杂货特种船队运力：155 艘 / 495 万载重吨

集装箱码头吞吐量：1.31 亿 TEU

全球船舶燃料销量：2830 万吨

船员队伍规模：47 298 人

综合运力

1349 艘 /1.119 亿载重吨

2021 年 1 月 10 日，中远海运南昌中欧班列“江西制造”专列首发。

2021 年 1 月 16 日，中远海运—博世中欧班列首列专列正式运行。

2021 年 1 月 29 日，中远海运携手山东高速集团完成“青岛—俄罗斯”海尔欧亚专列首发。

2021 年 3 月 29 日，中远海运集运英科医疗“淮北—上海”海铁联运专列首发。

2021 年 9 月 15 日，中远海运湘粤非铁海联运班列首发。

2021 年 9 月 16 日，中远海运—澳丽尔全程铁海联运专列为客户承运第 29 批出口货物。

2021 年 9 月 16 日，中远海运物流助力“粤港澳大湾区—湛江港—海南自贸港”海铁联运班列首发。

2021 年 5 月 5 日，中远海运“比港—索非亚”陆海快线班列首发。

2021 年 11 月 21 日，中远海运物流运营“长春—汉堡”中欧集装罐班列首发。

2021年8月1日，武汉阳逻国际港集装箱水铁联运项目开港通车。

2021年9月11日，中远海运北部湾港“钦州港—吉大港”南亚YCX线首航。

2021年10月26日，中远海运美线直客特快专线首航山东港口青岛港。

2021 年 9 月 28 日，琼州海峡港航一体化资源整合项目签约。

2021 年 10 月 15 日，"海南自贸港—西部陆海新通道多式联运专列（粮油）"首发。

2021 年 11 月 9 日，中远海运印度洋航线首航洋浦国际集装箱码头。

2021 年 11 月 14 日，中远海运洋浦国际集装箱码头吞吐量首次突破 100 万 TEU。

2021 年 5 月 18 日，中远海运集团与中国船级社签署推进“双碳”工作合作协议。

2021 年 9 月 22 日，我国首船全生命周期碳中和石油发布。

2021 年 7 月，中远海运港口阿布扎比码头实施无人集卡项目。

2021 年 7 月 21 日，全球航运业务网络联盟首个应用产品“无纸化放货”正式上线。

2021 年 7 月 29 日，中远海运物流与百度签署战略合作协议。

2021 年 9 月 21 日，中远海运港口宣布收购德国汉堡港 Container Terminal Tollerort 码头 35% 股权。

中远海运集运被 BNSF 授予 2020 年杰出合作伙伴奖。

香港海事处向中远海运多家船公司颁奖。

在全球疫情持续蔓延形势下，中远海运积极参与建设国际物流新通道，提升全程供应链服务水平。图为 2021 年 10 月 13 日，“中远海运宇宙”轮满载货柜驶向比雷埃夫斯港。

中远海运在多地召开中小企业出口纾困方案宣讲会。

2021 年 8 月，中远海运特运“天祺”轮承运首个海外海底电缆项目。

2021 年 8 月 17 日，中远海运物流中标全球最大聚合物工厂大件设备运输项目。

2021 年 12 月 6 日，中波公司接入世界最大 62 000 载重吨多用途重吊船“泰兴”轮。

2021 年 1 月 5 日，青岛中远海运所属连云港中远海运特种装备制造有限公司生产的首台 LNG 罐箱交付。

2021 年 10 月 28 日，青岛中远海运所属连云港中远海运特种装备制造有限公司设计建造的全球首条 LNG 罐箱智能产线建成投产。

2021 年 5 月 8 日，青岛中远海运所属连云港中远海运化工储运有限公司成立。

2021 年 1 月 5 日，中石化中海燃供首次实现广州到三亚跨关区保税油直供业务。

2021 年 4 月 8 日，中石化中海燃供完成海南自贸港首船保税油加注业务。

2021 年 9 月 23 日，上海中远海运 13 800 吨不锈钢化学品船首制船下水。

2021 年 12 月 16 日，上海中远海运 8000 吨不锈钢化学品船“金海瀚”轮下水。

2021 年 8 月 20 日，中远海运客运首艘 1370 客位 / 2800 米车线客滚船“吉龙岛”轮命名交付。

2021 年 10 月 15 日，中远海运大连投资两艘 5500 立方米 LPG 新造船开工。

2021 年 7 月 21 日，中远海运大连投资长兴岛化学品物流园奠基。

2021 年 7 月 22 日，中远海运大连投资洲际酒店会议中心封顶。

2021 年 11 月 18 日，天津中远海运存量资产盘活项目龙门大厦上舍公寓开业。

2021 年 12 月 15 日，全球首个零碳码头智慧绿色能源系统在天津港并网。

2021 年 4 月 28 日，广州中远海运航运环保事业部成立。

2021 年 6 月 29 日，广州海宁海务技术咨询有限公司研发的航海保障信息服务平台（二期）软件开发部分通过验收。

2021 年 6 月 25 日，中远海运船员公司与上海瑞金医院签署船员健康服务合作框架协议。

2021 年，中远海运船员公司统筹推进疫情防控、船员换班和疫苗接种工作，确保集团船队稳定运营。

2021 年，作为进博会核心支持企业和官方唯一推荐的国际海运段运输服务商，中远海运持续开展招展、运输、会务、采购等一系列服务保障工作。

中远海运博鳌公司进博会服务保障团队。

2021年10月15—16日，中远海运重工召开科技创新大会，并签署国内首个“船用清洁燃料应用技术创新联合体”成立协议。

2021年10月16日，中远海运重工举办8艘63 600载重吨散货船建造合同签约仪式。

2021 年，中远海运重工深入推进安全环保工作“学川崎”，打造安全绿色发展品牌。

2021 年 1 月 20 日，大连中远海运重工建造的 18 000 立方米耙吸式挖泥船“伽利略”轮交付。

2021 年 2 月 26 日，大连中远海运川崎建造的 30.8 万载重吨 VLCC 船“远鹏洋”轮交付。

2021 年 2 月 26 日，扬州中远海运重工建造的 11.4 万吨成品油船“FSL FOS”轮交付。

2021 年 4 月 29 日，大连中远海运重工建造的 62 000 吨多用途纸浆船 N1009 命名交付。

2021年6月7日，扬州中远海运重工建造的21万吨散货船“惠康海”轮命名。

2021年7月13日，启东中远海运海工自主研发设计建造的国内首艘动力定位穿梭油轮“北海新希望”完工交付。

2021年8月26日，舟山中远海运重工建造的海工生活驳船“国海安鸿”交付。

2021 年 6 月 2 日，中远海运发展所属上海寰宇生产的第 500 万台集装箱在启东箱厂下线。

2021 年 10 月 22 日，上海寰宇启东箱厂举行联合国全球契约组织“一带一路”行动平台首个公共卫生健康试点项目下线仪式暨实践基地揭牌仪式。

2021 年 4 月 20 日，博鳌亚洲论坛 2021 年年会开幕。

2021 年 3 月 30 日，中远海运博鳌公司举办博鳌亚洲论坛 2021 年年会誓师大会。

2021 年 4 月 14 日，中远海运出席亚洲船东协会海员委员会第 26 次中期会议。

2021 年 4 月 29 日，中远海运出席中欧企业联盟成立大会。

2021 年 5 月 6 日，中远海运服务保障首届中国国际消费品博览会。

2021 年 9 月 10 日，中远海运参加第 18 届中国—东盟博览会。

2021 年 10 月 18 日，中国首个超大型油轮联营体——CHINA POOL 正式对外运营。

2021 年 11 月 6 日，中远海运能源举办第三届上海国际 LNG 海运论坛并发布“蓝海宣言”。

2021 年 11 月 3—5 日，中远海运联合主办 2021 北外滩国际航运论坛。

2021年6月16日，中央企业党史学习教育第二指导组到中远海运集团指导。

2021年10月21日，中央企业党史学习教育第二指导组到启东海工、启东箱厂调研。

2021年7月1日，中远海运全系统近14万名干部职工收听收看庆祝中国共产党成立100周年大会直播，聆听习近平总书记重要讲话，共庆党的百年华诞。

中远海运发展庆祝中国共产党成立100周年

最美奋斗者、全国优秀共产党员杨怀远同志在北京参加“七一”大会。

2021 年 4 月 16 日，中远海运集团举办党史学习教育专题辅导讲座。

2021 年 5 月 6 日，大连海事大学党委、中远海运集团党组理论学习中心组党史学习教育联学（扩大）会议在大连海事大学举行。中远海运集团党组书记、董事长许立荣应邀作“航海人的光荣与梦想”主题报告。

2021 年 7 月 8 日，中远海运集团党组举办学习贯彻习近平总书记“七一”重要讲话精神专题研讨班。

2021 年 12 月 3 日，中远海运集团党组举办学习贯彻党的十九届六中全会精神专题研讨班。

2021年1月18日，中远海运集团2021年工作会议、党建工作会议暨一届职工代表大会第五次会议上隆重表彰集团先进典型和船舶"金牌三长"。

2021 年 6 月 22 日，由中远海运和中国航海博物馆联合主办的“红色记忆·蓝色航海：庆祝中国共产党成立 100 周年特展”开展。

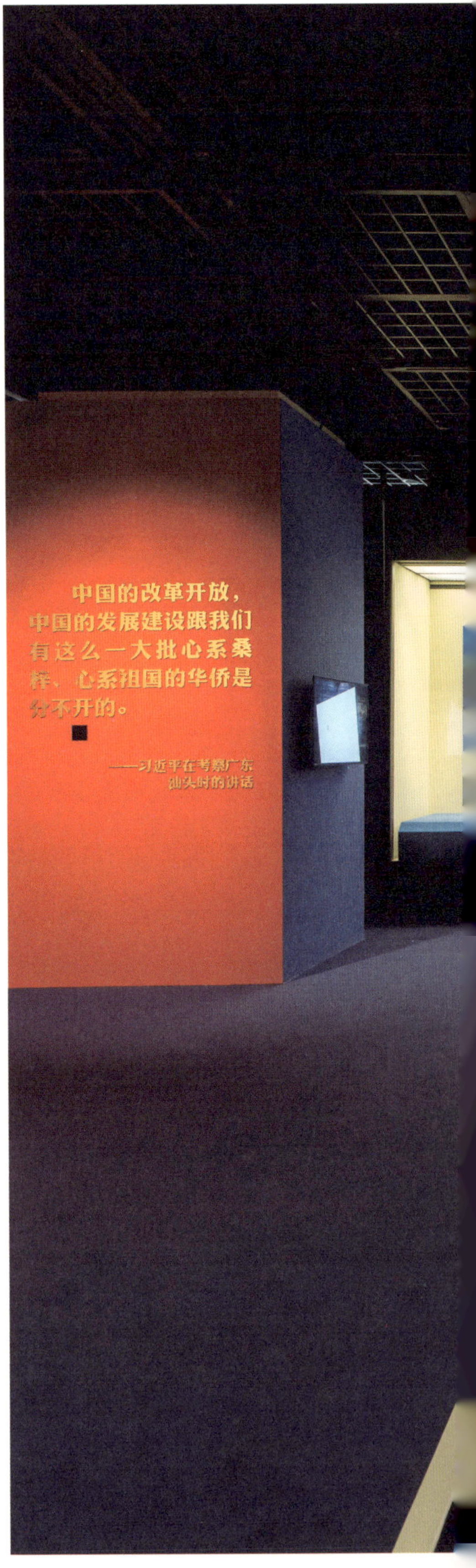

首次护航

2021 年 7 月 1 日，中远海运“育德”轮在船舶甲板上举办庆祝中国共产党成立 100 周年活动。

2021 年 5 月 10 日，“中海太平洋”轮举办升国旗仪式庆祝中国共产党成立 100 周年。

2021 年 5 月 21 日，广州中远海运举办“诵读红色书信　献礼建党百年”朗诵活动。

2021 年 6 月 3 日，中远海运重工开展庆祝中国共产党成立 100 周年活动。

2021 年 6 月 15 日，中远海运资产举办党史学习教育主题活动。

2021 年 6 月 18 日，上海中远海运组织开展庆祝中国共产党成立 100 周年职工羽毛球比赛。

2021 年 6 月 23 日，“中远海运玫瑰”轮船员庆祝中国共产党成立 100 周年。

2021 年 6 月 25 日，天津中远海运组织集团驻津单位开展“唱支山歌给党听”庆祝中国共产党成立 100 周年活动。

2021 年 7 月 22 日，中远海运集运举办庆祝中国共产党成立 100 周年文艺展演。

2021 年 4 月 14 日，“中远费力克斯托”轮党支部开展党史学习教育。

2021 年 10 月 15 日，中远海运投资组织本部及金控平台境外所属 4 家单位员工参观“光影记忆 百年风华——《国家相册》大型图片典藏展”。

2021 年 6 月 4 日，广州中远海运为出发支援广州市荔湾区抗疫医疗队的新海医院医护人员加油鼓劲。

2021 年 6 月 23 日，中远海运大学、中远海运资产、青岛中远海运 、上海建工召开党建联建会。

2021 年 6 月 5 日，中波公司举行成立 70 周年上海外滩无人机光影秀。

2021 年 7 月 22 日，中波公司举办学习贯彻习近平总书记“七一”重要讲话精神研讨班暨党史学习教育专题读书班。

2021 年 8 月 16 日，中远海运散运下属益丰船务指导所属浮吊船舶在几内亚博法锚地成功救助 4 名几内亚渔民。

2021 年 10 月 8 日，中远海运港口比雷埃夫斯码头有限公司向希腊雅典当地两家公益慈善组织捐款，共筑温暖社区。

2021 年 10 月 20 日，青岛中远海运赴云南省永德县，以党建共建助力乡村振兴。

2021 年 11 月 30 日，广州中远海运赴广东省潮州市登塘镇考察驻镇帮镇扶村工作，并开展党建共建活动。

中远海运集团 2021 年出版的部分书籍——引进出版希腊文学名著《数星星的孩子》（中文版）。

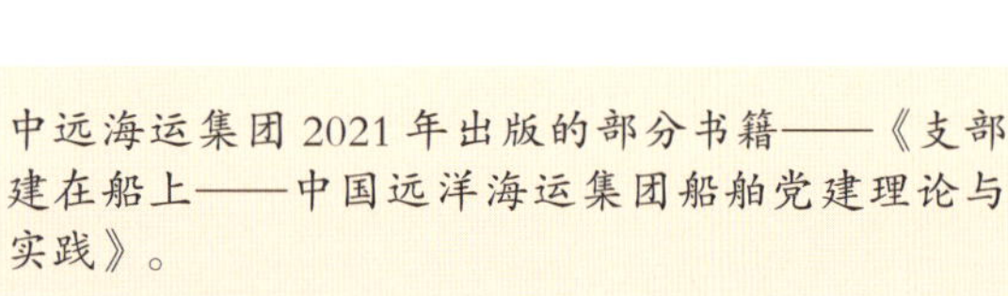

中远海运集团 2021 年出版的部分书籍——《支部建在船上——中国远洋海运集团船舶党建理论与实践》。

中远海运集团 2021 年出版的部分书籍——《守正创新——中远海运集团特色党建案例课题研究论文集》。

中远海运集团 2021 年出版的部分书籍——参与支持新版《现代荷汉词典》。

《中国远洋海运集团有限公司年鉴 2022》编纂机构

《中国远洋海运集团有限公司年鉴 2022》编审委员会

主　任：万　敏

副主任：付刚峰　王海民

委　员：孙云飞　黄小文　刘鸿炜　冯　波　陈扬帆　傅向阳　叶红军　张善民　翁　羿　韩　骏

《中国远洋海运集团有限公司年鉴 2022》编纂工作委员会

主　任：刘海涛

副主任：海　峡　徐永上

委　员：朱雪峰　郭庆东　吴彦红

总部机关和直属单位（按姓氏笔画排列）

王玉洲　王庆标　王金山　王　雷　王　蕾　卢　晖　白培军　冯　凭　朱辰初　朱昌宇　朱春辉　刘一凡　刘孔明　刘　剑　刘清卿　刘蓄芳　关育德　许　超　孙明霞　孙　轶　纪海东　严妙群　李文娜　李怀东　李晓春　李　辉　李景石　杨宏文　杨　健　杨宗辉　杨　磊　吴　迪　吴春增　沈　熙　张志明　张　鹏　陈　冬　陈永生　欧阳木林　周崇沂　周媛媛　柯成钢　是　铮　闻运钢　姜少虎　祝孝福　姚兆羽　姚　炯　顾菊根　钱　萍　徐国栋　高宝明　陶卫东　黄　坚　黄　莉　黄爱新　龚韶明　崔晓楠　章晓彤　梁　静　随礼贺　蒋时飞　曾向峰　潘　奕

《中国远洋海运集团有限公司年鉴 2022》编辑部

组　长：佟成权

成　员：柳邦声　于庆恩　相熔钢

《中国远洋海运集团有限公司年鉴 2022》主要特约撰稿人

（按姓氏笔画排列）

丁　羿　于　炯　卫　影　马　嵘　王玉洲　王金山　王钰涛

王续伟　王鹏飞　卢向峰　史明彪　白昌中　朱月芳　朱春辉

任梦婕　刘旭阳　刘　剑　刘清卿　刘福阁　孙　轶　孙洋洋

孙津生　李晓燕　李　辉　李景石　吴　罡　吴勤范　宋晓冬

张志明　张　洁　张　磊　陈史奇　陈晓波　陈晓艳　周　明

周家恺　周敏励　周福祥　郑　斌　胡柏青　柳　芳　姜丽莉

祝孝福　姚兆羽　顾菊根　徐国栋　徐帮林　翁　羽　高　原

郭庆东　郭　静　唐继云　黄奇萃　龚韶明　傅源源　曾　涛

蔡　萍　裴　凯　薛　堃

编辑说明

一、《中国远洋海运集团有限公司年鉴2022》（以下简称《年鉴》）是中国远洋海运集团有限公司组织编写的专业年鉴，全面、系统地记录了中远海运集团2021年的总体发展情况。2021年，集团坚持稳中求进工作总基调，深入贯彻“三个领军、三个领先、三个链接”的工作方针，积极构建新发展格局，践行“大国船队”使命，聚力党建领航、价值领航、科技领航、全球领航，确保经营效益稳定增长、稳中提质。集团坚持以价值为导向，始终把握“六大重点”：以战略为起点，明确价值方向；以投资为基础，引导价值实现；以运营为根本，强化价值创造；以客户为驱动，夯实价值根基；以资本运营为抓手，兑现企业价值；以改革为动力，释放价值潜能。是年，集团一手抓疫情防控，一手抓生产经营，在效益为先、全球运营、规模领先和稳健抗压四个维度实现突破，从几年来的百亿元净利台阶一跃升至千亿元净利台阶，集团七个产业集群全面实现盈利，“十四五”规划实现强势开局。

二、编撰《年鉴》的指导思想：坚持以习近平新时代中国特色社会主义思想为指导，全面贯彻党的十九大会议精神，紧紧围绕企业发展主线，全面、真实、客观地记述年度重大历史事件、重大工作成就和重要历史荣誉，达到存史、资政、育人的目的。

三、《年鉴》采用“模块式”结构，分类编辑，点面结合，全书分为类目、分目、条目三个层次，设有专文、概况、产业集群、船队建设、国际化经营、安全生产、企业管理、投资者关系、科技创新与数字化、企业党建、群团工作、企业文化、企业社会责任、直属单位概览、大事记、光荣册、统计资料17个篇目。为便于读者查阅和检索，文前附英文目录，文后附索引。

四、《年鉴》中引用的数据、资料等均为中远海运机关各部门、各直属单位提供，各单位主管领导对文稿进行了审阅。

五、卷中所涉及企业、机构、文件、航线等名称，在首次出现时使用全称，并括注简称，其后一般使用简称，个别地方酌情使用全称。

六、遵照年鉴编撰的规范要求，编辑部对撰稿人提供的稿件进行必要的编辑和加工。主要是依据编写大纲与撰稿要求，统一全书体例，规范专业名词术语，删除明显重复，补充部分资料，理顺语言文字，力求做到资料翔实、叙述简洁、数据准确。

七、货币单位除另有说明外，均为人民币。

八、《年鉴》所引用的各种数据截止时间为2021年年底。

九、在本卷《年鉴》编辑、出版过程中，得到中远海运机关、各直属单位领导、专家及撰稿人的大力支持与帮助，在此谨向为《年鉴》提供稿件和资料、审查稿件以及提供各种帮助的人士，致以诚挚的谢意。

由于年鉴编辑出版时限性强，疏漏和欠缺之处在所难免，恳请读者批评指正。

《中国远洋海运集团有限公司年鉴2022》编撰组

2022年12月

目　录

第一篇　专文/001

第二篇　概况/073

第六篇　安全生产 / 173

第七篇　企业管理 / 185

第八篇　投资者关系 / 213

第九篇　科技创新与数字化 / 231

第十篇　企业党建 / 243

第十四篇　直属单位概览／339

第十六篇　光荣册 689

第十七篇　统计资料 719

Contents

Part 8 Investor Relations / 213

Part 9 Sci-tech Innovation and Digitalization / 231

Part 10 Party Building / 243

Part 13 Corporate Social Responsibility / 317

Part 16 Awards and Honors / 689

Part 17 Statistics / 719

Index / 801

CHINA COSCO SHIPPING CORPORATION LIMITED YEARBOOK

中国远洋海运集团有限公司

年鉴

第一篇

专文

工作报告

实干开创新局　奋斗链接梦想

——集团董事长、党组书记许立荣在 2021 年工作会、党建工作会暨一届五次职代会上的总结讲话（摘要）

2021 年 1 月 18 日

一、关于“十三五”成效

去年是“十三五”的收官之年，集团“十三五”规划整体都落实得很好、非常有成效。

1. 坚持战略引领，集团向世界一流迈出坚实步伐

五年来，我们积极以战略引领推进改革。从营业收入来看，五年累计营业总收入年均复合增长率超过了 8%；从利润总额来看，五年平均复合增长 23.8%；从净利润来看，五年平均复合增长 26%。集团资产总额五年增长了 44%，收入利润率年均达到 8.7%，净利润资产收益率达到 7.1%。集团上市公司市值达到了 3261 亿元，比去年上涨了 83%，比 2016 年重组的时候上涨了 92%。中远海运控股上市的时候，总市值才 101 亿元，2020 年底已经到达了 1612 亿元。我们也拥有了千亿级市值的上市公司。2020 年，我们认真落实中央“六稳”“六保”，一手抓疫情防控，一手抓复工复产，效益非常好。特别是集运和东方海外，发挥了双品牌优势，2020 年两家公司累计净利润大幅上涨，占集团净利润总额的 51.6%。这两家为整个集团效益贡献了“半壁江山”。能源把握大连油运解除制裁、OPEC+ 增产、油轮储油需求大增等机遇，全年净利润创造历史最好水平。港口坚持营销创收和成本控制双轮驱动，经济效益表现优异。

2. 深化改革重组，集团发展实现历史性飞跃

推动重组整合，集团实现第一次飞跃。2016 年 2 月 18 日，通过重组原中远集团、中海集团，新集团正式挂牌，实现了历史上的第一次飞跃，形成了集团所有业务板块的集中统一经营发展，实现了综合运力、干散货船队、油轮船队、杂货特种船队、集装箱码头吞吐量和船员管理“六个世界第一”。集团已成为引领国际航运发展的重要力量。自 2016 年组建后，集团明确了“6+1”发展战略，先后完成集装箱、港口、油轮、干散货、物流、航运金融、装备制造等 20 项重大重组整合工作。按照“小总部、大产业”的思路，创新性设立了总部 + 共享中心的运管模式，总部员工不到 260 人，有效提升了管理效率。我们在全球成立了十大区域公司，海外网络重组整合涉及 104 个国家和地区，185 家海外代理。收购东方海外后，我们又增加了 33 家代理和 41 家子公司及分部。

2020 年，集团顺利完成了第 20 项重要重组——教育资源整合。这一重组涉及系统内 11 家教培机构和 893 人，劳务派遣人员 196 人，离退休人员 657 人。企业大学在筹备组班子的带领下，统筹推进改革、建设和搬迁三大攻坚任务及教学、管理和党建三大日常任务。7 月 3 日，企业大学正式成立后，持续深化教育改革，做到老校区搬迁、新校区建设和教育培训工作两不误。12 月 30 日，新校区已开工建设。截至 2020 年年底，大学开展干部员工、学历教育、船员技能等培训累计 329 期，共培训 18 650 人（次）。

全面深化改革，改革红利不断释放。在 2018 年被纳入第三批国有资本投资公司试点后，集团加速推进了从“管企业”向“管资本”转变。我们创新“2+N”模式，全面实施综合改革。在规范公司治理方面，抓好董事会建设和三项制度改革两个必选动作；在体制、机制改革方面，用好改革工具包，集团完成了 10 家上市公司股权激励覆盖，职业经理人制度改革取得了初步成效。

同时，我们在超额利润分享、科技企业岗位分红、项目分红方面都进行了有益尝试。2020年，船研所、南京船配首次实现分红激励。积极推进混改工作，泛亚公司实施混改后，经营效益得到稳步提升。“双百行动”扎实推进，宁波中远海运物流成功引进隐山资本。物流按照集团要求，完成了混改方案，内部改革各项工作推进有力。船研所已被纳入国务院国资委“科改示范”企业。

此外，我们抓住重组整合的契机，大力推进供给侧结构性改革，压缩管理层级、“处僵治困”工作取得显著成效，累计压减628户，亏损企业较2016年减少163户。集团压减工作得到国务院国资委的肯定。

3. 坚持全球化发展，拓展了集团高质量发展空间

一是成功收购东方海外、胜狮货柜，集团实现第二次飞跃。2018年，我们成功收购东方海外，集装箱船队规模超过300万TEU，成为全球第三大班轮公司，跻身行业第一梯队，实现了集团第二次飞跃。从最新数据来看，投资回报达37.8%。这已成为国际航运全球兼并收购中非常典型的案例。2019年，集团成功收购香港胜狮货柜后，集装箱制造市场占有率从16%提升至35%，跻身全球第二大集装箱制造商。面对2020年疫情冲击下集运市场“一箱难求”的情况，集团自己的造箱板块，为我们全球集装箱运输提供了强有力的支持，也实现了效益的新突破。2020年，集团造箱板块营业收入与利润总额两大指标均表现良好，收购胜狮货柜的效应得以充分显现。

二是坚持产业链经营，全球化布局不断完善。强化产业链布局，为全球承运向承运全球打下坚实基础。在港口布局上，集团“十三五”期间增大港口投资。特别是我们收购比港67%的股权，新加坡从小码头置换大码头，收购阿联酋阿布扎比、西班牙Noatum、比利时泽布吕赫、鹿特丹Euromax、秘鲁钱凯等码头，都给我们航运发展提供了坚强的保证。从国内来讲，我们在重要的枢纽港增加了股权和实力。上海港拥有15%股权，南通、武汉等重要枢纽港实现了控股。所以，港口和航运的产业链协同，在集团全球化竞争中得到了充分的体现。此外，产业链的协同效应还体现在我们收购比港亚欧铁路物流公司，拥有了在欧盟运营的铁路资质。

深化产业链经营，产业链协同效应不断释放。在内部协同方面，集运和东方海外两个品牌的协同效益显著。在海内外协同方面，欧洲公司成立钻石快航公司，开展配套支线业务，已经成为了欧洲第二大支线公司，2020年在疫情的影响中仍实现同比增长8%。东南亚新鑫海公司，去年箱量突破238万TEU，在疫情严重冲击下同比增长4%。在主业和其他服务产业的协同方面，近几年来，在没有造船补贴的情况下，重工为集团内部交付了32艘大型集装箱、油轮、干散货和纸浆船。物流、燃供、全球海外代理和主业发展都实现了非常好的融合。发展与散运推进16艘21万吨在建船舶的产融合作，与特运推进10艘纸浆船租赁项目。通过深化产融结合，以融助产，以产兴融，发挥了很好的协同效应。

4. 坚持化危为机，不断推动集团做强做优做大

一是提前布局，积极应对中美经贸摩擦。我们提前布局，加大第三国市场、区域市场和新兴市场运力投入，第三国市场、区域市场和新兴市场货量分别较2016年重组时增长99%、244%、88%。我们也很好地利用了替代市场的转移，成为东南亚出口货物到美国份额最大的承运商。中美贸易摩擦也锻炼了我们自身竞争的能力。集团承运了美国全球进出口货物总量的13%左右，已成为跨太平洋航线第一大承运人。

二是沉着应对，成功化解制裁。在大连油运遭遇国际事件冲击后，能源公司和法务部、运营部共同协作，讲政治、顾大局，从集团根本利益出发，同舟共济，连续奋战129天，成功化解危机。我们的员工在这一过程中得到了锻炼，经受了考验。2020年，大国博弈加剧，对我们相关的24艘船舶、27艘次进行了突击检查。集团高度重视，成立专班，认真部署，积极应对。虽然被检查的船舶主要分布在集运、散运、能源，但实际上整个工作都部署到了各船公司。集运、散运、能源、特运、中波、厦门、北美公司都非常认真地做好准备，积极部署。总体来讲，我们应对有关国际船舶检查突发事件非常得当，也非常成功。

5. 积极践行国家战略，推进全球承运向承运全球转变

一是积极助力"一带一路"建设。突出支点建设，我们在"一带一路"沿线投资码头 18 个。2016 年接手比港以来，比港集装箱吞吐量从 68 万 TEU 提升至 2020 年的 543.7 万 TEU，经营效益从亏损至 2020 年效益显著。突出纽带连接，在"一带一路"沿线布局投入 192 万 TEU 的运力，占集装箱总营运船队规模的 64%。油轮、干散货也都得到了很快的发展，"一带一路"沿线油品、干散货海运量每年分别在 6500 万吨和 4000 万吨以上。突出物流面延伸，我们推进中欧陆海快线、中欧班列业务，构筑了通往中东欧的第三条物流大通道。2020 年，中欧陆海快线完成箱量 12.2 万 TEU，同比增长 47%。

二是持续助力海南自贸港建设。2019 年收购海南港航控股，集团持有 45% 股权。2020 年，集团有 79 艘、609 万载重吨船舶注册在海南，在海南港开辟内外贸航线 30 条。海南港航全年完成箱量 284.4 万 TEU，同比增长 14.5%，占海南港口箱量的 94.8%。特别是海南港航领导班子积极作为、团结协作，干部队伍意气风发、斗志昂扬，开创了比较好的创业局面。

三是积极助力国家区域经济发展。我们加大在海南、广西、重庆等地的港口、物流等相关领域投资。目前，集团在钦州已开设 11 组航线。2020 年在钦州港累计贡献 177 万 TEU，同比增长 8%，占北部湾港集装箱量的 35%。新通道海铁联运累计完成 4.67 万 TEU，同比增长 74%。我们还积极参与长三角一体化发展，助力上海航运中心建设。2020 年，在疫情的严重冲击下，集团在上海港的吞吐量达到 883 万 TEU，占上海港的总份额突破了 20%，创造了历史最高水平。我们还以粤港澳大湾区为平台，积极参与香港、广州、珠海等港口建设。

6. 坚守底线思维，营造安全稳定的环境

一是疫情防控非常扎实有力。疫情暴发以来，集团党组先后召开了 10 次党组会，8 次全球视频会、13 次党组专题会，各单位、海内外船舶对疫情防控都做了积极、妥善的安排。特别是船舶防控，外防输入工作积极有效。船员换班在各种不利的条件下，达到了 44 736 人次。我们坚决贯彻落实中央"六稳""六保"，第一时间推动复工复产，2 月 24 日所属企业已全部复工，支持湖北武汉运送防疫物资，捐献全球。我们在疫情防控中，做的工作成效明显。

二是坚持底线思维，保障安全稳定。五年来，我们聚焦重点单位、重点船舶，抓好"一岗双责"，持续抓好船舶的安全，抓好所属企业的安全自查、督察，坚守安全管理底线。五年来我们的安全基本面还是非常平稳的。

7. 坚持党建引领，助力集团高质量发展

一是旗帜鲜明讲政治，党的领导作用充分彰显。我们坚持以习近平新时代中国特色社会主义思想为指引，把深入学习贯彻习近平新时代中国特色社会主义思想作为党组会和各级党委会、中心组学习"第一议题"，深入推进"两学一做"学习教育、"不忘初心、牢记使命"主题教育和党史学习教育等党内主题活动，增强"四个意识"、坚定"四个自信"、做到"两个维护"。五年来，我们大力倡导"四个一"文化理念，积极践行党建"三做"理念、"三舱"精神，连续两年被国务院国资委党委评为党建考核 A 类企业。

二是锲而不舍抓基层，党的组织建设做强做优。我们压紧压实党建主体责任，开展党建考核、党组织书记党建述职；深入开展党史学习教育，七一举办中心组（扩大）集体学习暨《中远海运发展史》首发式。推动"三做"理念落地，引领各级党组织、广大党员在疫情防控、复工复产、深化改革、打赢提质增效攻坚战中充分发挥党组织战斗堡垒作用和党员先锋模范作用。举办船舶政委轮训班，用两年时间对 958 名现职船舶政委集中轮训全覆盖。开展机关干部挂职船舶政委工作，从集团总部及直属单位选拔 71 名机关干部上船挂职政委。

三是改革创新不停步，干部人才活力持续激发。我们坚持党管干部、党管人才，坚持德才兼备、以德为先的选人用人导向，连续多年举办领航、远航、启航班，加大年轻干部使用力度和后备干部培养力度。五年来，累计提拔“70 后”年轻干部 58 名，“70 后”“80 后”党组管理干部占比达到 37%，干部年轻化和队伍梯队结构得到有效改善。

四是强化监督保发展，严肃执纪问责精准有力。突出政治监督，开展八个监督，认真落实“三个区分开来”的要求，精准运用“四种形态”。我们开展四个专项整治，促进管理提升和风险防控。强化巡视与审计的贯通融合，对集团总部机关党委和 7 家直属单位、共享中心分两轮开展内部巡视。

五是坚持助力脱贫攻坚。我们坚决贯彻落实中央决策部署，积极承担扶贫援藏工作任务，逐年增加帮扶资金投入。五年来，集团累计投入脱贫帮扶资金 3.4 亿元。2020 年，提前完成了 5 个定点扶贫县的脱贫摘帽工作，脱贫攻坚工作得到了国务院国资委的高度肯定。此外，集团 13 个直属单位讲政治、顾大局，结对帮扶地方党委政府的 28 个定点扶贫县（乡、村），大力促进了贫困地区的发展。五年来，集团共派出 50 名扶贫援藏干部。

重组以来，集团负责人经营业绩考核已经连续四年被国务院国资委考评为 A 级。在 2016—2019 年考核和评审中，集团领导班子被中央组织部、国务院国资委党委评为三年任期考核“优秀”，任期经营业绩考核评为 A 级，集团获评任期“业绩优秀企业”“节能减排突出贡献企业”。集团还多次荣获行业大奖。2020 年，集团位列世界 500 强企业 264 位，较重组前提升 201 位，连续两年超过马士基集团。

总体来说，“十三五”是一个接续奋斗的五年，也是我们追逐梦想的五年。习近平总书记在 2021 年的新年贺词中专门讲到“平凡铸就伟大，英雄来自人民。每个人都了不起”①。“十三五”期间，我们圆满地完成党和国家交给我们的各项任务，企业的发展得到了进一步增强，这都依赖于 14 万集团广大的干部职工、广大的船岸职工队伍。我们中远海运 14 万职工，也都了不起！在这里，我也代表集团党组，代表领导班子，向全体船岸职工为集团“十三五”作出的贡献表示最衷心的感谢！

雄关漫道真如铁，而今迈步从头越。回望“十三五”，我们深感豪迈；展望“十四五”，我们信心满怀。我们必须认真看待过去所取得的成绩，也要看到我们存在的不足，以问题为导向不断纠错，弥补短板，我们的发展将会行稳致远。上午刚峰总已经对我们存在的问题进行了全面提炼，五个方面，我这里就不重复了。

二、关于 2021 年工作的具体要求

我们此前召开的务虚会，对国际形势、国内形势、行业形势都做了很好的分析，比较贴近市场，比较符合我们今年整体的预测。对市场的看法，我想讲三句话：一是全球经济将由负转正。全世界的权威机构都得出了这样一个评价，2021 年全球经济将增长从 2.8% 到 5.2% 不等，全球经济今年将会有一个较大的复苏，这对我们非常有利。二是中国经济将继续引领全球。在前不久召开的中央经济工作会议上，习近平总书记对我们国内经济做了非常好的预判，现在大家都预测中国经济将增长 8.2%，甚至可能会超过 10%，引领世界新潮流。三是航运市场供需关系明显改善。从今年整体来讲，供需矛盾并不突出，将会在去年基础上更加改善，运量将会增长 4.7%，而运力仅仅增长 1.7%，比去年还有所下降。市场有很多不确定性，无论全球、国内还是航运，从来都是挑战与机遇并存。但从目前来看，今年会是机遇大于挑战，关键是如何把握机遇、迎接挑战。相信我们一定会在去年的基础上有更好的发展。

下一步工作的主要核心是：落实好中央决策部署，把握新发展阶段，贯彻新发展理念，构建新发展格局，集中精力办好我们自己的事。习近平总书记在各种重要会议、各种场合，多次谈到集

① 《国家主席习近平发表二〇二一年新年贺词》，央视网，2020年12月31日，https://news.cctv.com/2020/12/31/ARTI8NdJK0jZgfLBQ2A63HBb201231.shtml.

中精力办好自己的事情。每次听完这句话我都感触很深。如果我们能够把中央的部署认真贯彻落实好，心无旁骛把自己的事做好，每一个单位、每一个地区都能达到这一要求，我们国家“现代化强国”目标指日可待。所以，我觉得今天要讲“集中精力办好自己的事”。

1. 集中精力办好自己的事，要体现在领导干部队伍的政治判断力、政治领悟力、政治执行力

习近平总书记在重要文章《把握新发展阶段，贯彻新发展理念，构建新发展格局》中指出，“经济工作从来都不是抽象的、孤立的，而是具体的、联系的。各级领导干部特别是高级干部必须立足中华民族伟大复兴战略全局和世界百年未有之大变局，不断提高政治判断力、政治领悟力、政治执行力”①。就我们企业而言，无论是履行海运强国使命，还是提升全球产业链供应链服务；无论是拓展“一带一路”业务，还是做好企业自身的深化改革；我们的各项经济工作都有其特定的政治意义。所以我们必须善于用政治眼光来分析经济问题，不能把这两者割裂开来。只有善于把握经济活动与政治“三力”的关系，才能把我们的事情办好。

一要提高政治判断力。要科学研判形势。面对世界百年未有之大变局，面对一个复杂动荡、风急浪高的国际形势，我们要善于甄别风险，同时也要增强自信心；要注重“观大局，谋全局”，正确把握事物发展基本规律。看问题要看本质。本质看透了，分析很多事物就豁然开朗；真相了解了，就会有很好的应对措施。尽管西方国家目前的经济存量还是很强，但是东升西降的发展趋势已是不可逆转。近年来全球疫情带来的变化，让我们能更加深刻体会到了这一趋势。现在中国和美国的GDP总量在缩小差距，去年我国是101.6万亿元，美国折合人民币136万亿元，差距正在缩小。我们与美国GDP的比例已经超过了70%，而美国维持霸权的警戒线是60%。我们对这些大势一定要看清楚，这样才能增强我们改革发展、国际化经营的信心与决心。

二要提高政治领悟力。我们讲“落实中央精神，深刻领会、把握好党中央的决策部署”，这不是空话，一定要跟我们的工作设计结合起来。“真正领悟”，领悟到哪里？领悟到我们的各个工作环节当中去，这就是我们的政治领悟力。中央的部署，不是我们今天说说、讲讲的，要把它融会贯通到“发展是硬道理”中，真正做强做优做大自己。我们一定要准确识变、科学应变、主动求变。政治领悟性存在于我们改革发展过程中每个环节。今天，疫情给我们带来不小挑战，但我们要危中寻机，化危为机。在疫情的影响下，欧美复工复产达不到应有水平，全球港口拥堵，生产能力低下，造成了集装箱周转失控。生活快消品需求又大幅增长，造成现在“一箱难求”。虽然对我们来讲是好事，碰到了20年难得一遇的机会，同时我们也被卷进了舆论的漩涡。在这些关键时候，我们如何提前布局？我们是为国家经济贸易服务的船队，要从这个角度更好地去想、更好地去看、更好地去讲，使得我们各项工作能够布置得更实。

三要提高政治执行力。强调执行力，就是我们要有责任担当。我总讲“既不能做甩手掌柜，也不能做太平官”，要增强我们的领导能力，亲力亲为，凡事要多关心。我们领导干部在决策的时候，要善于运筹帷幄，在真正落实的时候要如臂使指。我们现在有一个比较好的、成功的经验，就是想干一件事，大家齐心协力、心无旁骛，就能干成一件事。领导干部要增强亲和力、凝聚力、战斗力，领导干部要成为表率。在执行过程当中，我们要强调务实低调、谦虚谨慎。现在我们影响力有了，名声在外，各方面对我们不断有新的看法，我们保持谦虚谨慎、低调务实的作风是非常重要的，更为关键的是，做好我们自己的事。

2. 集中精力办好自己的事，要体现在准确把握双循环新发展格局的机会

我们怎么把握好双循环给我们带来的机会？

① 《把握新发展阶段，贯彻新发展理念，构建新发展格局》，人民网，2021年04月30日，http://cpc.people.com.cn/n1/2021/0430/c64094-32093257.html.

习近平强调，“进入新发展阶段、贯彻新发展理念、构建新发展格局，是由我国经济社会发展的理论逻辑、历史逻辑、现实逻辑决定的”[①]。这以国内大循环为主体、国内国际双循环相互促进的新发展格局，实际上是在现在特定的条件，全球疫情蔓延、中国经济结构调整、世界经济下行的背景下，世界经济的一种重构。重点在于我们要畅通国内经济循环，同时以高水平对外开放，打造国际合作的新竞争高点。我们既不能走封闭僵化的老路，也不能缩小对外开放的大门。

一是把握区域经济发展的国家战略。现在，集团在京津冀协同发展、长江经济带、粤港澳大湾区、海南自贸港、西部陆海新通道等方面都已经做了布局，有了不少的投资项目，这对下一步集团快速发展带来非常大的机会。我们要加快推动这些布局，相关部门和单位要抓紧落实天津港、武汉港、杨浦港、钦州港、琼州海峡一体化、广东省的合作等在建项目和已经确立的项目。要齐心协力，加快推进，把这些布局落到实处，真正把握好这些机会。地区公司现在也要积极研究如何融入国家重点区域经济发展战略中，集团也会全力支持。通过几轮的改革发展，集团的经营越来越集中、主业竞争力越来越强，但这也给部分区域公司带来了一些困扰。我们到底往哪个方向发展？这是新形势下产生的新问题。区域公司要认真研究，集团职能部门也要主动加大支持力度。

二是加快综合物流体系建设。“十四五”期间，我们高度重视物流的发展，物流已列入集团的“三驾马车”。集团的影响力和取得的成效，使得投资者对我们的物流非常看好，社会对我们物流的期盼值非常高。我们必须加快推进综合物流体系建设。现在集团正在研究物流混改，引入战投。相关部门、单位要齐心协力，加快推进混改。在双循环当中，物流一定要在海铁、海空、海陆联运业务发展中，在纵横国内和全球的物流业务发展中有新突破，在物流基础设施布局和建设上有新突破，在物流数字化转型发展上有新突破。要认真谋划好整个布局，加强基础设施的投入。

三是加强沿海运输的布局。随着国内大循环的发展，今年沿海市场会非常活跃，无论是集装箱内贸运输，还是成品油、干散货、铁矿石、煤炭、粮食运输，都存在非常大的机会。去年集装箱“一箱难求”，预计今年上半年这种局面不会改变。过去，散货改集装箱，现在看集装箱改散货的可能性非常大，因为箱子满足不了需求，所以，散货沿海运输也有非常大的希望。相关单位一定要关注好环渤海湾、长江流域和珠江三角洲沿海内贸市场，把握好这一机会。

四是把握区域全面经济伙伴关系协定(Regional Comprehensive Economic Partnership，RCEP）机会，不断提升三个市场的竞争力。RCEP是我国重大的对外贸易成果。东盟十国加中日韩澳新，这15个国家GDP总量占全球的30%，制造业出口增加额占全球制造业的99%，是制造业非常集中的区域，与我们全球化经营非常契合。区域市场、新兴市场、第三方市场这三个市场不仅仅针对集装箱，对所有的航运板块都会存在着很大的机会，无论是散运、能源、特运、中波、厦门远洋，都会有很好的机会。所以我们要和海外单位齐心协力，不断拓展三个市场。特别是集装箱运输，在欧洲、中东、东南亚、加勒比、地中海、非洲、南美等区域支线网络配置要进一步加强。

五是巩固和发展“一带一路”成果。最近，中央出台文件，提出积极推动“一带一路”沿线铁路、港口、物流、枢纽等重要基础设施建设运营。在“一带一路”建设实践中，我们是“以码头为支点，以航线为纽带，以综合物流为延伸，逐步构建点、线、面全球网络运输体系”。我们要把“一带一路”的成果巩固好。比港作为得到中希两国元首充分肯定的“一带一路”项目，比港、集运、欧洲公司、物流、港口、中远海运香港要进一步统一思想，从讲政治的高度认识这一问题。中欧陆海快线要进一步做强，去年在疫情

① 《深入学习坚决贯彻党的十九届五中全会精神 确保全面建设社会主义现代化国家开好局》，《人民日报》，2020年01月12日01版。

的严重影响下，中欧陆海快线增长了 47%，为比港枢纽港战略提供了很好的支持。下一步，要加粗管道提升中欧陆海快线的能力，不断提升运输的效能。集团各部门要和比港一起，做好比港的强制性投资计划和 16% 的股权转让，把握好进度。要高度重视，前期工作一定要做实做细。

3. 集中精力办好自己的事，要体现在企业做强做优做大

中央文件中专门讲到“进一步优化国有经济在海外能源资源、关键战略性矿产资源、物流枢纽及远洋运输等领域布局，提高总体保障能力”。这是国家战略，为我们进一步做强做优做大，提供非常有力的政策支持。今年我们提出了要实现“三个领军”，成为国际资源配置中占主导地位、引领全球行业发展，在全球产业发展中具有影响力、话语权的领军企业。如何进一步做强做优做大？落实好中央文件精神，还是要归结到“十四五”规划中的四句话：

一是效益为先。中央文件强调“对于充分竞争领域的国有企业重点考核经济效益、资本回报率”。去年，在大家的共同努力下，我们的效益完成得非常好，集团也在根据考核进行激励兑现。今年的效益目标，“三个不低于”是能够实现的。从前期上报的预算完成奋斗目标来看，集团今年净利润可以达到历史最好水平，既然提出了奋斗目标，相信能够完成。过去我们总讲一句话，“一年之计在于春”。一季度，1 月份要实现“开门红”。目前来看，“开门红”的意义不一样，“红”的要和市场的预期不能差距太大，和职工的期盼不能差距太大。各单位今天已经签了约，大家要抓紧落实，布置好、完成好。

二是规模领先。中央文件强调“远洋运输是提供总体保障能力”。我们要着力于发展主责主业，航运是我们的魂，是我们的根本，要把传统优势发挥好。我们是世界最大的航运企业，必须保持这一龙头地位。现在来看，规模优势产生的效益十分明显，航运对产业的拉动也极其充分。我们一定要把我们的规模达到一定水平，只有保持规模，在规模基础上才能做强做优，这是一种辩证关系。要时刻紧盯竞争对手，不断调整战略布局，保持领先地位。在规模发展上，也要注重科技发展，用科技的力量引领、提高集约化能力。要加大科技投入，打造科技发展新平台，以科技引领生产力，以科技创造生产力，要让科技帮助我们实现更好的跨越。

三是全球运营。竞争和全球化是我们企业最大的特点，我们如何进一步巩固和提升？集团在全球化指标中，在国内是首屈一指、排在领先地位的。现在，集团海外的资产占 57%，收入占 59%，利润占 63%。要继续遵循全球化的原则，进一步提升全球运营能力。要遵守当地法律法规，防范全球风险，用文化融合发挥地方优势。“国际眼光，战略思维”，就是要秉承战略思想，保持国际眼光，把企业全球化做得更好。

四是稳健抗压。现在集团非周期的资产占到了 50%，用航运拉动产业链的发展效果进一步发挥。如何进一步深化协同，如何推进产业链经营，使得我们各个板块共同成长，我总说，“用航运庞大的资源优势，把两端高附加值的产业链带动起来”。海内外如何联动协同，港航间、物流间如何协同，航运服务业如何和主业协同，产融如何结合，今年重点要做一些资本运作的项目，这方面已经做了很好的安排，要抓紧落实。窗口期并不多，错过了机会就很难弥补。今年，集团要在提升资产经营效益，调整上市公司股权结构，优化资本结构等方面，加大力度。总的来看，产业链经营涉及集团整个抗压能力，涉及我们在协同中，要顾大局，讲格局，靠自觉，希望大家认真落实。

4. 集中精力办好自己的事，要体现在坚持以客户为中心，为客户创造价值

在计划经济时期，我们常常以自己是“船老大”而沾沾自喜，有船就有货。改革开放之后，市场经济取代了计划经济，国家指令性的运输计划被打破了、取消了，我们从“朝南坐”的阳面，跌落到“朝北坐”的阴面。从历史来看，我们一直是“好日子短，苦日子长”，始终在谷底中爬坡，在痛苦中竞争。通过几代人的努力才达到今天这样一个竞争格局，很不容易。我们必须深刻总结一条，“航运回归服务的本质”，这个理念不能丢。

实际上，我们不是“老大”，货主才是我们的“老大”。我们不能好了伤疤忘了疼，各个板块都不能因为一时的市场好，船老大的思想又悄然而至，忘记了我们服务的本质，一定要把服务宗旨入心入脑。

一要和大客户构建利益共同体。今年整个市场相对比较好，集运、散运、能源、特运都有机会，无非是哪个细分市场先高后低，或者先低后高。总体来说，集装箱运输可能是先高后低，散货运输、能源运输等板块，可能是先低后高。我们要把握好这些机会，与客户共建利益共同体，形成非常有价值的长期合同。过去我们有许多好的做法，比如，集运的特斯拉项目、散运的中铝几内亚项目、能源的亚马尔项目、物流的空客项目、特运的纸浆项目等。要进一步复制、拷贝这些模式，放弃眼前的一些利益，形成长期的利益共同体，这对我们化解风险非常有意义。构建利益共同体的项目越多越好，我们就越稳定。

二要认真解决好客户的痛点难点，提升客户的满意度和忠诚度。客户遇到非常难解决的问题来找你，如果你能帮客户彻底解决，客户的忠诚度就会提高。疫情就是一个大考，我们在疫情中为客户排忧解难、雪中送炭，帮客户解决了很多困难，水水中转、铁改水、陆改水等。去年我们在上海港吞吐量 883 万 TEU，其中内贸增长了 65%，这都与我们在这一过程中复工复产，和客户形成的合作有非常密切的关系。我们要想尽一切办法，特别为一些重要的客户、大客户来解决他们的问题。这次美的集团董事长来访问，他们目前碰到了一些困难，家电产品运输不出去，集运很快对接落实，放弃现在暴利，签约三年，美的也成为集运最大的客户，这就是一个很好的案例，这样的案例有很多。所以，如何把握好机会非常重要，要主动做、主动寻找，将优势尽快发挥出来。

三要利用数字化提升服务内涵和品质。数据的开发和建设不能只用作统计，要用来做分析和研究对比，用于提高服务内涵和品质。全球航运业务网络（Global Shipping Business Network，GSBN）无纸放货平台已经产生了效果，要进一步扩大运用，吸引更多的产业链上下游企业参与。只有这样，才能够“稳坐钓鱼台”。集运的 IRIS-4（IRIS，风险与信息综合管理系统）系统，应该是全球航运企业中最高等级的全球应用系统。下一步，要利用这一系统更好地为客户服务，挖掘出新的产品、新的内容。

5. 集中精力办好自己的事，要体现在有效落实三年改革行动方案，实现“四个统一”

一是实现方案与实践的相统一。集团已经制定了三年行动方案下发给各单位，涉及 9 个领域 42 项重点任务，138 项具体工作。下一步，我们要加强领导，逐项对照。虽然在具体实施中，有可能会进行一些调整，但是绝对不能与整体方案大相径庭，或者是背道而驰，要遵循基本方针、路线和政策。

二是实现授权与担责的相统一。要加强董事会的建设，应建尽建。进一步落实授权，特别是职能部门不要担心授权过多，也不要在授权过程中不放心地管这管那。授权了，就要认真地放权。但是二级单位一定要强化董事会制度的建设，要规范运行。要加强董事的选派、培训和考核，着力提升二级单位的外部董事、独立董事的履职能力，确保我们董事会依法履职尽责。

三是实现激励与约束相统一。集团下一步还要扩大混改覆盖面，推进物流混改取得实效，包括推进职业经理人制度，强化业绩考核与市场对标。激励和约束要结合起来，不能光讲激励，不讲约束。干得好的应该奖励，干得不好就要调整、要扣减，这两者必须统一。国务院国资委已经授权集团工资总额备案制，集团也要制定《直属企业工资总额管理方法》。国务院国资委授权集团，我们也要授权二级单位。下一步要构建有工资效益联动，效率对标调节和工资水平调整，共同组成的工资总额管理办法，形成一个好的机制。非上市公司也要开展超额利润分享、项目跟投等激励方法，科技型企业要实施岗位分红或项目收益分红激励，要利用好改革工具包。在实施激励的同时，要特别提醒大家，我们不能搞“大锅饭”“平均主义”，要关注基层骨干和一线船岸职工。我们要坚持以人为本，企业的发展要紧紧依靠 14

万船岸职工。

四是要实现有所为与有所不为相统一。要聚焦主责主业，继续清理退出不具备优势的非主营业务及低效无效资产。我们要围绕我们的主责主业，有所为，有所不为。有些要坚决退出，有些要进一步加大发展，这不可能绝对平衡。要退出不符合集团发展战略方向，缺乏市场和利润空间的无优势业务。还要进一步压缩管理层级，减少法人户数。集团的发展可能会有新增企业，但亏损企业户数还要坚决减少，要把减少亏损企业作为一项重要任务来抓。

6. 集中精力办好自己的事，要体现在培养一支高素质领军人才队伍

集团要实现“三个领军”“三个领先”，关键要培养一大批道德品质优秀、素质优良、业绩贡献大的年轻干部。我们讲“千军易得，一将难求”。各级领导班子都要有识才的眼光、用才的胆识、容才的雅量、聚才的良方，选好苗、育好苗、施好肥、结好果，培养一批高素质领军人才。

一是严格标准，选好苗子。集团在集运、能源、散运、特运、物流、港口 6 家企业试点进行管培生的招生计划。要从最高学府中挑选一批好的学生，给予一定的待遇，专项重点培训，特别是在科研方面，能够给我们带来新的发展机会。目前，报考比较踊跃，高等学府报考的人也不少。这一工作要做好，要帮他们统筹，一对一的导师式培训，要跟船实习、海外交流、基层锻炼。通过三年时间走完正常的基础培训，让年轻干部能够脱颖而出。

二是强化轮岗交流，育好种子。由于板块的专业性很强，所以，集团内部整体交流力度不是太大。启航班、远航班干部培训完毕之后，分到不同的地方挂职学习培训，目的是通过进一步的交流，使他们眼界更高一点，领域、知识面更宽一点。要建立机制，加大不同板块的交流力度，加大船岸双向交流力度。此前，远航班二十几个“三长”，已经有不少人调到机关工作。同时，管船的人要跟船走，要学习新知识，接地气、接海气。要加大党务干部和业务干部交流力度，通过交流，培养复合型人才。要开展总部与基层交流，把一些综合素质好、考评优秀的基层员工，有海外经历、船舶经历的优秀员工，考虑进行一些适当的补充。

三是加大培养力度，敢压担子。要将船舶一线、海外单位、援藏扶贫地区作为培养干部的平台和摇篮，培养一大批具有国际视野的年轻领军人才。要充分发挥集团党校和企业大学的优势，做好人才培养工作。要注重选拔 35 岁左右有潜力的年轻干部，注重选拔 40 岁左右有丰富经验的干部，注重选拔40岁左右、有船舶经历的干部。

7. 集中精力办好自己的事，要体现在坚持底线思维，防范安全及系统风险

一要毫不放松抓好疫情防控。现在，海外疫情很严重，国内也开始吃紧。各单位不能有麻痹思想、厌战情绪，要确保各项防控措施做到位。要根据疫情不同的情况、不同的要求，分类统筹做好防抗疫情的工作。集团根据国务院、国资委及上海市要求下发了通知，做好春节前、春节期间和春节后的疫情防控工作。总的要求是，尽量减少流动，减少聚集、集体活动，减少大型聚会。今年，按照中央有关要求，不搞大型团拜活动，但是给老干部的关心要到位。各单位要和老干部们解释清楚，可以采取一对一的家访。

要抓好船员的疫情防控工作，防止船舶的集体性感染事件，要把针对性的船舶防控工作做好。在疫情期间，船员是最伟大的职工队伍。在一年多的疫情防抗中，船员做得非常优秀，他们不能下地，有家不能回。特别是前段时间换班非常困难，很多船员在船时间超过了 10 个月甚至 12 个月，但是他们不顾个人安危，风雨兼程，航行在全世界，为我们国家的贸易作贡献，为我们集团发展作贡献，非常了不起。今天在各个会场，有不少的船员职工代表，我提议，大家以热烈掌声向他们在疫情防抗中牺牲个人利益，为国家作的贡献表示崇高的敬意和衷心的感谢！我们要继续关心、关爱船员，关心他们的心理和身体健康。集团给予船员公司定向的船员防疫伙食补贴，要继续有效实施。

要抓好境外疫情防控，境外各单位尽管非常困难，但做得非常好。很多外派干部长时间坚守岗位，这次春节也不能回国，值得我们敬佩。相关部门要对外派员工给予关心指导，特别是要对海外员工的家属、家庭关心到位。要妥善安排好船员和外派干部的接种疫苗，尽可能满足要求。

二要高度关注长臂管辖风险。现在被列入制裁的企业越来越多，有 529 家企业，央企有 136 家。要仔细梳理业务，在各个环节上不能出差错。在具体的环节上，可能涉及很多最基层的单位，要把风险防范的意识贯彻到最原始的末端。像物流的四、五级企业，集运的四、五级企业，往往会疏忽这些风险管制的要求，要强化对业务一线人员风险意识的培训。防范教育一定要到神经末端，这样才能建立一个庞大的联防联控体系。

三要抓好安全风险防控。我们老讲“一板之下就是万丈深渊”，一个船底板将我们的生命托牢，船底之下就是大海的万丈深渊。安全工作无小事，1 月 6 日我们刚开过集团安全工作会议，我这里不重复讲了，专题会上布置了很多。特别是船舶安全工作是我们的核心，各个单位和相关部门都要把它认真抓好。

8. 集中精力办好自己的事，要体现在以高质量党建引领高质量发展

一要强化政治统领，把好高质量发展方向盘。要汲取建党百年精神力量锤炼政治信仰，砥砺航运强国建设使命担当。推动学习贯彻习近平新时代中国特色社会主义思想走深走实，坚决贯彻落实习近平总书记对本行业本企业重要指示批示精神、党中央重大决策部署，在服务双循环新发展格局、“一带一路”建设、航运强国战略中体现使命担当。

二要突出党建融合，打造攻坚克难先锋队。要围绕纪念全国国企党建工作会五周年，落实国务院国资委“中央企业党建创新拓展年”要求，全面推动党建向基层拓展、向纵深拓展、向新行业新领域拓展。扎实推进集团“党建融合发展年”活动，促进党的领导与公司法人治理结构融合、与集团“十四五”规划实施融合、与落实国企改革三年行动方案，对标世界一流实现管理提升融合、与应对百年未有之大变局和重大风险挑战融合。推动夯实基础与示范引领相互促进，深化集团示范党支部、特色党支部创建，开展特色品牌创建现场观摩交流。推动建强组织与做优队伍同步提升，做强船舶党建，巩固“支部建在船上”优良传统，擦亮船舶党建金字招牌。持续抓好船舶政委集中轮训，加强机关挂职政委跟踪管理。我们 71 位同志分批上船，是很好的基层党建案例。中央组织部发了一个组工交流，充分认可我们挑选机关、各实体公司一部分优秀年轻干部上船当政委，一部分的船长和“三长”调到机关、各公司的做法，是组工干部非常好的案例，要持续坚持好、发展好。

三要精准监督执纪，筑牢廉洁风险防火墙。要坚持精准监督保落实，发挥监督合力，突出“两个维护”、落实党委主体责任、重点领域和重要岗位、巡视整改落实、“关键少数”开展监督。推进审计计划落实，实施内部巡视五年规划，深化巡视、审计成果运用，着力在“防未病”上下功夫。要坚持精准执纪惩腐败，做到一刻不松、半步不退。坚持精准执纪问责，实事求是运用“四种形态”。坚持精准施策纠“四风”，为各级干部划好“红线”。审计署审计虽然已经离场，但是提出的很多整改内容，希望各单位立行立改、立知立改。

四要抓好主题宣传，奏响开拓奋进主旋律。要大力弘扬劳模精神、劳动精神、工匠精神，激励广大干部职工在集团高质量发展中发挥主力军作用。刚才，我们表彰了先进，无论是先进个人、金牌“三长”，还是劳动模范、钻石团队、防疫先进个人和集体以及先进集体，每个先进的背后都是一个非常感人的故事，我们要把感人故事的精神弘扬、壮大，激励所有的员工。会后，党工部要做好内部宣传工作，把这些先进事迹和典型在全系统推广。要加强组团工作，提高共青团活力，引领青年建新功，促进优秀青年人才脱颖而出。要抓好对外宣传工作，讲好中远海运故事。要通过媒体公关，讲好我们如何落实国家战略，讲好我们自己发展的故事，防止负面舆情。

五要抓好扶贫援藏，甘做心手相连贴心人。严格按照“四个不摘”（指：摘帽不摘责任，摘帽不摘政策，摘帽不摘帮扶，摘帽不摘监管）要求，保持帮扶力度，在做好脱贫群众兜底保障的基础上，扎牢脱贫攻坚成果。加强互利合作，探索与地方开展相互学习，促进共同发展，实现优势互补、合作共赢。做好总结宣传，提炼脱贫攻坚工作中的亮点和感人事迹，总结经验教训，树立先进典型，营造全员参与的良好氛围。

六要维护和谐稳定，搭好凝心聚力同心桥。“稳定无小事”，我们一体化谋划保稳定，坚持稳定无小事。要把握好发展和稳定的关系。在推进改革时，要充分听取各方面意见，不要草率行事，要审慎稳妥，周密谋划，一体推进。要做到维护职工的合法权益，保障企业改革与发展有机地相统一。

最后，我强调一下，近日，中央组织部印发了《中央单位规范领导干部配偶、子女及其配偶经商办企业行为规定》。集团已经召集了专题会议进行全面的动员和部署。按照中央要求，要在全系统进行动员。今天的会议也是集团党组的动员会。从规范行为时间要求看，1 月份进行动员，2 月份进行个人申报稽核，3 月份进行甄别，4 月份全面完成。按照文件规定，四种状况属于经商办企业：一是注册个体工商户、个人独资企业或者合伙企业，投资非上市股份有限公司、有限责任公司或者企业，在国（境）外注册公司或者投资入股公司后回国从事经营活动；二是受聘担任私营企业的高级职务；三是在外商独资企业、中外合资企业中担任由外方委派、聘任的高级职务，在外方企业驻国内代表机构中担任首席代表、代表等；四是在领导干部任职单位管辖的业务范围内，从事有偿社会中介和法律服务等。

具体来讲，集团班子成员的配偶不得经商办企业，子女及其配偶不得在集团管辖的业务范围内、所在企业及关联企业业务范围内从事经商办企业活动；集团部门、直属单位正职以上的领导配偶、子女及其配偶不得在所在企业和关联企业业务范围内从事经商办企业活动；其余的领导干部的配偶、子女及其配偶不能在所在部门、单位业务范围内从事经商办企业活动。

一是提高政治站位，认清重要意义。规范领导干部配偶、子女及其配偶经商办企业行为，是中央的重大决策部署，是全面从严治党的重要举措，促进领导干部廉洁从业、廉洁用权、廉洁修身、廉洁齐家。我们要从“两个维护”的政治高度，提高思想认识。二是把握政策要求，严格规范程序。这项工作政治性强，所以要认真学习领会中央文件精神，结合集团实际，将规范工作布置到各个环节当中去。既要对中央负责，也要对所管干部负责，正确甄别，科学甄别，不清楚的地方随时请示中央组织部门，要注重治标与治本相结合。三是坚持教育引导，做好思想工作。要把握好工作原则，把工作做细、做实。要坚持教育规范为主，深入细致做好思想政治工作，引导督促干部自我规范，增强做好规范工作的政治自觉、思想自觉、行动自觉，积极主动做好规范工作。四是加强组织领导，压实工作责任。集团已经成立了领导小组、工作小组，领导小组组长由我担任，下设领导小组办公室，方案已经制定。下一步要成立专项小组，还要有监督部门、职能部门一起参加，进行政策上的甄别，确保高标准、高质量完成规范行为工作。这里，要强调一下组织纪律，这项工作中央明确规定“只做不说”，不做任何形式的宣传报道，防止舆论炒作。

同志们，幸福是奋斗出来的，集团的美好明天也是奋斗出来的。我们每一次风雨兼程，都是靠大家齐心协力、共同努力。希望大家继续同舟共济，义无反顾，推动集团实现高质量发展，努力构筑世界一流企业的梦想！

聚力三个链接　实现三个领先 奋力开启打造世界一流企业新航程

——集团董事、总经理、党组副书记付刚峰中远海运集团 2021 年总经理工作报告（摘要）

2021 年 1 月 18 日

第一部分　2020 年工作回顾

2020 年，在党中央、国务院和国资委的正确领导下，集团聚焦高质量发展、一体化发展、突破性发展，一手抓疫情防控，一手抓生产经营，实现了“逆势增长”。回顾 2020 年工作，主要表现为四方面。

一、效益超预期，迈上了高质量发展新台阶

1. 顶住双重压力，企业效益超双百。面对百年不遇的疫情和历史少有的经济衰退的冲击，集团上下同舟共济、奋勇拼搏，全年累计实现营业总收入同比增长 7%，净利润同比增长 31%，超额完成国务院国资委年度业绩考核目标，是重组以来集团效益最好的一年。效益排名前五位的是：东方海外、中远海运集运、中远海运能源、中远海运港口和中远海运发展。增利前五位的是：中远海运集运、中远海运能源、中远海运重工（减亏）、中远海运物流和中远海运发展。目前，集团总资产同比增长 45%，资产负债率 63.8%，同比下降 1.1 个百分点，财务状况健康向好。从航运经营看，跑赢了市场。2020 年，航运集群实现净利润占集团利润的 45.7%，真正发挥了创效主力军作用。其中，集运和东方海外把握复工复产后，美欧市场快速恢复的机遇，实现净利润和经营性净利润大幅增长。能源危中寻机，提前布局，解除制裁后能立即抓住 OPEC+ 增产、石油需求大幅增加的机遇，强化全球经营能力，实现净利润创造了历史最好水平。港口优化资产组合，突出集团主控经营，开展精细化管理，实现效益增长可观。海南港航牢牢抓住海南自贸港政策机遇，深化内部改革，聚焦产业链协同发展，净利润同比增长 117%，实现扭亏为盈目标。从资本市场看，投资者积极追捧。集团的业绩得到了投资者的充分认可，旗下主要上市公司股价大幅上涨。截至今年 1 月 15 日，集团控股上市公司市值 3261 亿元，较去年初上涨 1481 亿元，上涨 83%。中远海控、中远海能、中远海特、中远海发的 A 股股价较去年初分别上涨 173%、11%、14%、33%。

2. 把握复苏机遇，市场开拓效果显著。2020 年，集团与首钢集团、中盐集团、巴西金鱼纸浆集团等 13 家客户和政府签署了战略合作协议。共完成战略客户货量 2.37 亿吨，同比增长 3.5%，收入完成同比增长 8.6%。集运与东方海外发挥联盟作用，通过灵活布排运力，积极抢占市场，美线份额达到 13%。在贸易下降的前提下，2020 年全年完成箱量 2634 万 TEU，同比增长 4.83%。散运在巴西、印度、越南等新兴市场取得突破，承运进出口货量同比分别增长 13.9%、86.7%、35.7%，与中铝集团、VALE、BHP、鞍钢等大客户承运货量同比分别增长 225.6%、33.9%、36.9%、11.9%。能源开发了葡萄牙石油公司、越南石油公司、科威特石油公司，以及道达尔新加坡公司等新客户，并通过开发巴西石油 COA 长航线优质货源，实现进军南美市场的突破。物流连续中标惠普中欧快线全部货量，并开

发了博世等项目，加快拓展冷链物流、危化品物流、空运物流等业务。厦门中远海运深化战略合作，2020 年全程物流项目收入同比上升 662%。广州中远海运持续强化健康品牌建设，全年实现净利润同比增长 96.8%。上海中远海运聚焦化学品运输大客户和大项目，以长协模式和优势为船队发展提供货量保障。天津中远海运以客户、市场为导向，推进大厦综合体二期项目规划设计，开发了新的项目业务。青岛中远海运全面提速 LNG 罐箱制造厂区建设，智能化生产线技术研发同步推进。中远海运大连投资多措并举扩大 LPG 运力规模，行业影响力进一步提升。中远海运客运合理调配运力，多次开展线上营销活动，有力保障了水上运输通道的畅通。资产公司积极抓好城安围、世界路等项目建设和运营，存量项目出租率达到 95% 以上，企业营业收入同比增长 22.3%。

3. 全球化发展取得新突破。以比港为龙头，推进“一带一路”建设。2020 年，比港实现集装箱码头一体化经营，积极推进邮轮码头扩建、1 号集装箱码头场地改造等项目投资，拓展修船业务。全年完成集装箱吞吐量 543.7 万 TEU。持续推进中欧陆海快线建设，全年累计完成货量 12.2 万 TEU，同比上升 47%。集团在“一带一路”沿线地区累计完成箱量 846.9 万 TEU，同比增长 0.7%。“三个市场”开拓积极有效。2020 年，集运新兴市场货量 461.2 万 TEU，同比增长 0.14%。第三国市场货量 419.1 万 TEU，同比增长 3.8%；第三国货量占外贸总箱量的比例由上年同期的 31.5% 提升至 32.2%，其中，承运东南亚出口美国货量 51.6 万 TEU，同比增长 31.95%。散运第三国货量达 5612 万吨，占外贸货运量的 31.9%。能源第三国货运量 3050.7 万吨，占外贸货运量的 33.68%。特运第三国货量 354 万计费吨，占外贸货运量的 21.7%。发挥本地优势，海外公司开拓持续有力。北美公司完成 FOB 签约货量 110 万 TEU，同比增长 4.8%。不断深化冷箱市场开发，全年北美出口冷箱 4.7 万 TEU，同比增长 30%。欧洲公司完成箱量 233 万 TEU，同比增长 0.4%。钻石快航开辟了欧版“水中转”新通道，全年货量 40.3 万 TEU，同比增长 8%，成为新的业务亮点。东南亚公司完成箱量 475 万 TEU，同比增长 6%。主动整合相关收购业务，做强做优物流网络。日本公司第三国航线箱量在全部销售箱量中的占比为 33.5%，同比提升 3.8%。中国流向冷藏箱出口箱量同比提升 16.7%。韩国公司完成箱量 23.57 万 TEU，同比逆势增长，散货第三国揽货量 400 万吨，完成全年指标的 571%。澳洲公司完成第三国货量 16.1 万 TEU，同比增长 22.7%。香港公司完成列车灯具项目组装，同比增长 200%；向宜家销售产品，同比增长 70%。西亚公司大客户履约率大幅提高，沙特基础化工、博禄化工等大客户货量占总货量的 66%。非洲公司加强本国及周边内陆市场开发，本土出口货源持续提升，本土冷箱出口箱量上升 40%。南美公司完善了区域航线网络布局，南美 local 出口收入同比增长 13%。中波公司积极开发美湾航线回程新货源，经营效益大幅改善，实现净利润同比增长 577%。中坦公司积极抓好航线优化和经营，在非洲地区集装箱货量下滑 17% 的前提下，实现集装箱业务 4% 的增长。

二、抗疫不平凡，展现了高质量发展新气象

政治站位有高度。集团坚决贯彻习近平总书记系列重要讲话精神和党中央重大决策部署，成立了以董事长、党组书记许立荣为组长的防抗疫情领导小组，建立了一级响应机制。集团党组先后召开了 10 次党组会议、8 次全球视频会议、13 次党组专题会议，全面部署疫情防控工作。全集团 14 万员工把思想认识统一到党中央的决策部署上来，全力以赴打好疫情防控的阻击战。武汉集运吴士泉同志、集团北京地区疫情防控工作小组及办公室等有关同志和单位受到党中央、国务院国资委和地方政府的表彰。

精准防控有速度。集团严格按照党中央要求，“外防输入、内防反弹”，聚焦重点区域、重点环节和重点人员，有效实施精准防控。针对运输链阻断问题，集团组织采购防疫物资，驰援疫情严重区域。承运防疫物资共计集装箱 6751

TEU，非集装箱货物15万吨。针对海外疫情防控，集团指导海外公司启动应急响应机制。各海外公司防控扎实有力，制定了应急预案和防疫指导工作规程，中方驻外员工带头推进防疫工作，确保了没有发生海外人员聚集感染事件。针对船舶船员防控，船员公司与船公司采取有力措施，对内把好上船关，对外守好出门闸，抗疫防线扎实有效。积极协调船员换班，在交通运输部、上海市等部委和政府的支持下，集团换班船员44 736人，总体平稳有序。

落实“六稳”“六保”有力度。集团认真落实中央精神，积极助力复工复产，助力经济恢复，先后开拓水水中转、陆改铁、物流专班，打通了对外贸易的运输通道。2020年，集团累计完成货运量13.4亿吨，同比增长2.5%。其中，煤炭及制品运量2.6亿吨，金属矿石1.49亿吨，原油运量1.47亿吨。

三、发展开新局，激发了高质量发展新动能

1. 在发展战略上，编制完成“十四五”规划。2020年3月启动“十四五”发展规划编制工作。经过顶层战略设计、战略梳理以及战略定谋三个阶段，紧紧围绕中央确定的国民经济和社会发展第十四个五年规划和2035年远景目标任务，通过借助外脑和内部可研，积极开门问策、集思广益，形成了“服务全球贸易，经营全球网络，以航运、港口、物流等为基础和核心，打造世界一流的全球综合物流供应链服务生态”的发展愿景，明确了“效益专精、产业链经营、数字化运营”三大战略主题以及“3+4”产业生态等，预计到2025年集团收入和利润均有望实现新的跨越，以“四个维度”衡量的集团发展质量进一步提高，对集团未来五年的工作具有重要战略意义。

2. 在发展动力上，深化改革稳步推进。2020年，按照国务院国资委要求，我们启动了国企改革三年行动，完成了顶层设计，细化了工作措施。在董事会建设方面，进一步扩大了直属公司董事会授权。在推进三项制度改革方面，以推动职业经理人为突破口，选取集运、特运、广州中远海运、青岛、欧洲等7家直属企业，试点开展董事会管理经营班子副职工作。积极推进股权激励，在10家上市公司授出股权4.67亿股，激励对象1293人。船研所、南京船配首次实现分红激励，合计金额808万元，激励对象104人。在混改上，作为主要股东之一，集团参与出资设立中国国有企业混合所有制改革基金，这对我们今后混改创造了有利条件。宁波物流“双百行动”顺利推进，成功引进隐山资本，在冷链项目上取得了明显成效，混改后经营利润逆势上升28%。物流完成混改方案，内部改革各项工作有力推进。

在重组整合方面，我们完成了教育资源板块重组。去年7月3日中远海运大学正式挂牌，已开展各类培训18 650人次。12月30日，新校区正式动工开建。东南亚公司积极配合完成境外燃油采购平台整合，并于7月1日挂牌运营。此外，积极推进瘦身健体，去年压减71户，累计628户，完成了厂办大集体和退休人员社会化管理等多项改革。

3. 在发展模式上，着力推动产业链协同。在航运协同方面，港口和集运积极发挥联盟优势，引进联盟内外共29条航线至控股码头，有效缓解了疫情对码头吞吐量的冲击。各相关公司把握油价下跌机遇，通过批量采购等措施锁定燃油455.2万吨。在修造协同方面，2020年，重工修理完工集团内船舶266艘，向集团内航运企业交付新船7艘。在产融协同方面，集运和发展发挥一体化优势，积极利用收购胜狮货柜产能扩大的优势，应对用箱紧张，确保集运装载率超过90%。发展与散运共同推进16艘21万吨在建船舶产融合作，与特运共同推进10艘纸浆船租赁项目，与重工合作开展2艘成品油轮售后回租项目，相关单位的债务结构得到进一步优化。完成中远海能A股非公开发行，融资规模可观。自保公司与各航运公司积极协同，为集团总体节省保费成本成效显著。

着力推动数字化赋能。GSBN在上海港上线，完成了首批通过区块链技术实现实时货运数据交换的试点应用，现正在国内其他港口推广运行。去年11月4日，全球首个航运提单+贸易单证区块链平台正式发布。与蚂蚁金服、中国银行和

有关客户发布全球首张具有物权属性的区块链提单。5G 港口在厦门远海码头成功试运行。加大线下业务向线上转移，集运去年外贸电商成交 37.3 万 TEU，同比增长 273%，有力推动了疫情期间的无接触交易。“大水池”项目整改有序推进。我们还以船视宝、船货易等创新平台为载体，持续推进数字化转型场景落地。此外，集团数据集成平台不断完善，推动了各公司信息的集成共享。集团的数据集成平台，集运的风险与信息综合管理系统（IRIS-4）和 GSBN 区块链平台三个数字化项目被交通运输部列为交通强国项目。

4. 在发展机遇上，积极服务国家战略。在助力海南自贸港建设方面，目前集团共有 79 艘船舶在海南注册，609 万载重吨，在海南运营 30 组航线。海南港航集装箱量完成 284.4 万 TEU，同比上升 14.5%，占海南集装箱量的 94.8%。在助力西部陆海新通道建设方面，目前，集团在钦州已开设 11 组航线。2020 年在钦州港累计贡献 177 万 TEU，同比增长 8%，占北部湾港集装箱量的 35%。新通道海铁联运累计完成 4.67 万 TEU，同比增长 74%。在参与京津冀、粤港澳、长三角、长江经济带等有关项目推进顺利。

5. 在发展难点上，亏损企业治理成效显著。截至去年底，集团亏损企业户数为 116 户，同比减少 115 户，减亏效果明显。“两金”压降效果突出。截至去年底，集团应收账款净额同比下降 16.8%，存货净额同比下降 4%。重工划转 7 个海工项目给国海平台，累计处置海工遗留项目 34 个，集团及时补充资本金，有效缓解了重工经营压力。

此外，集团积极参加第三届进博会，共邀请 67 家展商，参展面积 2133 平方米，招展企业数量和面积均超过前两届。中远海运空运入选第三届进博会主场运输商。中国船燃、中石化中海燃供和重工等公司总采购金额 4.47 亿美元。博鳌公司组建了 170 人的服务保障团队，圆满完成会务服务。

四、保障显成效，巩固了高质量发展新优势

1. 风险防控全面系统。积极应对长臂管辖，大连油运成功化解国际事件危机。集团积极开展跨国危机公关，通过法律途径和国际有关方面进行直接对话，处理相关事务。历时整整 129 天，于去年 1 月 31 日成功化解危机，为能源抓住市场机遇奠定基础。积极统筹安排，处置关闭涉险业务和公司。主动调整贷款结构。财务部、财务公司抓住金融政策变化机遇，累计提前还款 1280 亿元，通过低成本对高成本债务置换，有效压减债务规模。2020 年末集团带息负债余额较去年初大幅减少，减幅达 11.8%。平均带息负债成本 3%，下降 1 个百分点。重点管控投资风险，积极应对疫情和经济下行挑战，主动压减投资计划，年内完成对外投资计划，保障企业现金流健康。有效控制汇率风险。保持外币资产负债和收入支出的动态平衡，降低资金债务风险敞口，适当利用金融衍生工具，拓展操作远期外汇交易业务。

2. 安全工作有序开展。2020 年，集团未发生一般以上等级事故，保持了集团安全环保形势的持续稳定。针对疫情带来的新安全风险，结合防疫要求，创新检查方式，优化安全检查标准，确保了复工复产和安全生产的有序推进。认真组织开展安全生产专项整治三年行动，抓好重点时段、重点环节、重点领域、重点人员的安全管理。开展了船舶航行安全、防工伤 / 分包方管理、防火安全管理、危险化学品安全管理等专项治理。同时，我们也认真抓好防海盗、防汛防台、生态环保等工作，消除了安全环保隐患。

3. 党建工作扎实有力。2020 年，各级党组织落实集团党组工作部署，坚持党的领导，加强党的建设，领航把舵，为集团改革发展提供坚强政治保证。一是彰显了抗击重大风险挑战的领导力。全面贯彻落实习近平总书记系列重要讲话精神、对本行业本企业重要指示批示精神和党中央重大决策部署，带领全体党员干部职工打赢抗疫和生产经营双线战役，积极应对各类风险挑战，保障企业行稳致远。二是提升了基层党组织的组织力。贯彻落实新时代组织路线，狠抓基层党的组织建设，在大战大考中树立鲜明政治导向，在防抗疫情、复工复产、深化改革、打赢提质增效

攻坚战中充分发挥党员领导干部表率作用、党组织战斗堡垒作用和党员先锋模范作用。三是激发了干部干事创业内生动力。加强年轻干部培养，坚持市场化激励机制改革创新，全面推进三项制度改革，持续推进职业经理人、股权激励、科技分红等，有效激发干部人才队伍活力。四是强化了审计工作保障力。全年实施审计项目663项，累计发现问题2500余个，促进增收节支3.6亿元。建立健全协同机制，积极配合审计署进点审计，按照全部纳入、分类施策、协同推进的方法，对发现的问题即知即改、立行立改。五是增强了监督执纪的威慑力。深入推进全面从严治党，强化监督合力，抓好“八项监督”，严肃执纪问责，驰而不息纠治“四风”，为企业改革发展保驾护航。

同志们，2020年成绩斐然，来之不易，这得益于党中央国务院、国资委的正确领导和大力支持，得益于全体干部员工的砥砺奋进、奋力拼搏。船员队伍克服困难应对疫情，为集团航运主业创效作出重大贡献！在此，谨代表集团经营班子向大家表示衷心的感谢！

在看到成绩的同时，我们也需要看到，对照高质量发展要求，集团仍然存在一些问题和短板：一是科技创新能力有待进一步提升。多年来，集团科技投入不断提高，但目前为止仍不到1%，科研成效不明显。部分单位对数字化的重要性认识不足，企业数字化转型紧迫性不够；数字化转型的基础不牢，集团尚未建立起系统的数据管理体系，大量数据重复收集、口径、标准还需规范。二是改革内生动力有待进一步加强。随着改革步入深水区，部分单位和干部深化改革的干劲不足，不同程度上存在着坐等、观望或选择性改革的现象，导致了一些关键领域和关键节点的改革进展缓慢。三是亏损企业治理有待进一步加强。部分单位因市场竞争力不强，经营管理水平不高，难以实现经营扭亏；部分单位抵御外部风险能力不强，导致盈利比较脆弱，出现了新的亏损；还有部分单位因历史遗留问题清理难度大，诉讼案件进展慢，清算关闭未达进度。四是以客户为中心的系统构建有待进一步完善。以客户为中心的理念还没有在营销、管理、数字化等方面充分体现，还没有形成为客户提供优质服务的软硬件系统。在协助客户实现成本最优、效率最高，有效提升竞争力方面有待进一步提升。五是产业协同一体化经营有待进一步深化。部分单位缺乏协同的大局意识，格局不高，自觉性不强。产业链协同的设计、运作有待进一步完善，一体化发展的协同效应还没有得到充分发挥。

第二部分　2021年工作部署

2021年，恢复增长将是主基调。从经济大势看，IMF预计，2021年全球经济将增长5.2%，中国经济将增长8.2%。从航运态势看，海运贸易量预计将从2020年的115.3亿吨增至120.7亿吨，增速将从2020年的同比减少3.5%，恢复为增长4.7%，高于近10年来3.7%的平均增速；运力增速将从2020年的2.8%降至1.7%，低于近10年来4.8%的平均增速。

格局重塑是新趋势。疫情导致了产业格局和商业模式的变革。RCEP和中欧投资协定的签署，直接助推了区域市场升温，产业链区域化、本地化特征更为明显，东南亚、欧洲将成为未来贸易的主战场。双循环新发展格局的构建，将推动我国经济再出发。中国超大规模的内需市场，将推动全球贸易格局、货物流向产生新的变化。

不确定性是新挑战。疫情防控的常态性、美国打压的长期性以及经济刺激政策变动性，都将可能带来新的不确定性，“灰犀牛”“黑天鹅”事件仍可能再次发生，全球经贸正在寻求新的平衡。

基于上述分析，结合今年实际工作，集团2021年工作总体要求是：以习近平新时代中国特色社会主义思想为指导，以国家“十四五”规划为指引，深入学习贯彻党的十九大、十九届二中、三中、四中、五中全会精神、中央经济工作会议精神、中央企业负责人会议精神，立足新发展阶段，贯彻新发展理念，构建新发展格局，围绕“三个领军”“三个领先”，深度链接双循环、链接新生态、链接创一流，盈利水平再上新台阶，确保 A 级企业，全力打造全球综合物流供应链服务生态，推动集团“十四五”规划开好局起好步，努力实现高质量发展新飞跃。

2021 年，集团的总体经营目标是：集团整体效益增速不低于国民经济增速，力争超 10%，营业收入利润率不低于 8.7%、资产负债率不高于 63.5%、研发投入持续加大、全员劳动生产率增长 5%。其中，航运、港口、物流 3 个核心产业集群实现全面盈利，净利润增速优于行业和市场。

2021 年，我们要聚力“三个链接”，实现“三个领先”。具体要做好以下几方面工作：

一、坚持主责主业，积极参与构建新发展格局

在助力内循环上，一是加强沿海内河航线布局，提升循环份额。集运要优化内贸航线布局，依托海南自贸港政策优势，发挥内外贸兼营优势，打造洋浦中转枢纽，并与陆海新通道形成对接，互为支撑，进一步提升区域货源集聚力；要借鉴海洋联盟运作模式，加强同业协调协同，提高内贸集装箱班轮运营效率，力争装载率提高 3 个百分点。散运要以运力池等模式积极推动联盟化运作，共享船货资源，维护市场竞争秩序，共建沿海航运市场新生态，确保内贸市场占有率不低于 31%。能源要强化跨界合作，积极揽取海洋油和中转油增量货源，战略客户货量占比不低于 60%。特运要抓住半潜船和纸浆船的发展核心，抓好大项目营销，纸浆货运量要达到 160 万计费吨。二是加强支点建设，扩大循环覆盖面。集团已在国内沿海、长江布局了 37 个港口、143 条航线，主要城市均设有公司网点，如何发挥这些资源优势，构建集团核心竞争力，战企部、运营部要会同港口、航运、物流各公司制定武汉、南通、海南、钦州、厦门、连云港等以港口为核心的物流枢纽建设方案，真正形成一体化效应，大力提升江海联运、海铁联运物流运输方式比重。对于拟投资的港口要立足发挥集团整体优势，有助于提升物流效率，助力新发展格局。要把握中欧班列快速发展的机遇，布局物流设施。三是加粗战略通道，提升循环能力。要统筹包括轻、重资产及人才等在内的多元化资源投入，科学规划资源投入强度和资源整合方案，对西部陆海新通道进行整体性安排。要进一步明确集团对钦州港及海南自贸区的定位，充分利用钦州港海铁联运快速发展的机遇和集团内、外贸航运优势，为客户提供更为高效的物流服务。集运、物流要进一步提升、优化新通道的组织架构体系，通过优化海运网络布局，引领物流变化。海南港航要积极推进琼州海峡港航一体化，细化落实各项工作要求，同时要借助西部陆海新通道，不断提升港口箱量，确保 2021 年外贸箱量增长 51% 以上。

在助力双循环上，一是依托“一带一路”，强化点线面布局。要以市场、客户为导向，以集团投资区域为重点，进一步拓展完善全球航线网络布局，实现更广范围的航线覆盖。要继续寻求“一带一路”沿线设施资源的掌控机会，聚焦东南亚、中南美洲、非洲、中东等新兴市场国家以及重要物资资源国家，寻找投资机会，保障国家战略物资采购。比港要进一步提升产能，推动未开工项目和 4 号集装箱码头项目尽快获批开建，继续保持地中海大港地位。特运要加强北极航线的客户开发力度，提升承运量，增加在北极航线上的影响力。二是依托“三个市场”，不断适应区域市场快速发展趋势。要顺应这一趋势，抓好全球大三角航线、班轮航线、第三国航线和细分市场区域航线，打造更为完善的全球端到端运营网络，构建陆海循环大通道。今年，集运第三国货量占外贸货量比例不低于 33%，占外贸总运费收入比例不低于 31%。新兴市场完成货量同比增长 3%，其中东南亚区域完成货量同比增幅不低于 5%。散运第三国货量要达到外贸货量的 31.2%。能源第三国货量占比要达到 35%。特运第三国货量占比要达到 20%。三是依托海外公司，不断提升海外延伸服务能力。各海外公司要在继续巩固传统市场的同时，加大内陆延伸市场开发。北美公司要跟踪美国新政府政策走向，服务中美两国贸易需求，发展北美内陆延伸业务和物流业务，深入开拓北美端到端服务和美国以外的第三国市场，实现净利润不低于 1.2 亿元。欧洲公司

要跟踪中欧投资协定签署可能带来的货源变化，以中欧陆海快线和钻石快航为依托，积极发展第三方物流，实现净利润不低于0.8亿元。东南亚公司要把握RCEP签署后的市场机遇，继续瞄准区域市场，发挥好高昇物流的作用，不断提升上市公司市值，实现收入不低于142.6亿元。澳洲公司要密切跟进中澳摩擦动向，继续抓好战略客户、直客以及高附加值客户的开发和挖潜，实现收入不低于2亿元。日本公司要充分发挥日本合作伙伴的资源优势，继续做好进口市场业务开拓，实现收入不低于20亿元。韩国公司要继续优化业务结构，关注石油树脂等回暖市场，加强新货源开发，实现收入不低于0.6亿元。西亚公司要结合不同层次客户的服务需求，加强冷箱、危险品、特种箱以及铁路联运、能源项目的跟踪和开发，实现收入不低于300万元。非洲公司要在重视传统远东市场流向的基础上，扩大区域服务网络，加快约堡二期和德班仓储中心的推进工作，实现收入不低于4000万元。南美公司要加大对冷箱和危险品等高值货的营销力度，努力提高全年冷箱利用率，实现收入不低于3000万元。中波公司要找准定位，推动商业模式转型，努力向全程物流方向发展，实现净利润不低于5000万元。中坦公司要抓紧解决船舶代理业务资质问题，加强东非内陆国家进出口货物的开发营销，切实提升企业竞争力，实现收入不低于580万美元。

二、坚持价值创造，乘势而上打好效益攻坚战

1. 牢牢紧盯效益这一目标。集团已经给各单位下达任务指标，各单位要按照确定的目标，进行相应的任务分解，落实到每个岗位、每个职工。要有时间表，有具体方案。国务院国资委去年对我们的成绩给予充分肯定，我们要乘势而上，争取更好的业绩，继续实现国务院国资委考核A级目标。

2. 牢牢把握增收这一根本。要把握市场回升机遇。目前，集装箱运输市场仍保持在高位。集运和东方海外要借助这一势头，和客户签订长期合约，真正把市场机遇转化为长期稳定的效益，长约客户比重增长显著上升。同时，要继续发扬品牌优势，为核心客户提供定制化解决方案，有效提升端到端业务渗透比例和价值贡献。散运要落实与央企的重点合作项目，开拓与行业龙头企业的合作空间，提升创效能力。要复制中铝几内亚、国电投几内亚项目模式，提升基础货源比例，不低于40%。能源要强化跨界合作，积极推进中石油二期项目、中海油北极船项目等LNG运输项目，基础货源比例不低于60%。港口要继续加强和航运公司合作，抓好推进中的外部客户专项营销，提升港口吞吐量，重点项目要尽快实现盈利，实现净利润25.5亿元。

要把握商业模式变革机遇。疫情期间，集团推出了“水水中转、铁改水、空改水”等服务产品，确保了产业链供应链稳定。要关注后疫情时代的新业态，继续抢抓抗疫药品和物资、新基建等新货种。在紧盯传统货源的同时，也要加大与电商平台的合作力度，跨境电商持续快速发展，双向物流空间巨大。今年，集运外贸电商平台要加快推动向第三方功能性平台的转型，扩大在海外地区覆盖面，切实提升平台规模力和影响力。今年，集团各大电商平台均要实现成交箱量增长50%以上。厦门中远海运要深入研究利用“中远之星”轮开展冷链生鲜货运业务。天津中远海运要继续做好大厦二期项目续建，并在智能制造、新能源及地方冷链物流等产业的上、下游挖掘价值机遇，努力寻找新的利润增长点。青岛中远海运要完成LNG罐箱项目生产基地建设和生产线的调试运行，完善LNG罐箱的设计研发，抢占LNG罐箱业务发展高地。中远海运大连投资要积极探索行业整合，打通LPG产业的贸易、运输、消费链条，以船货匹配扩大LPG船队规模。中远海运客运、海南港航和厦门中远海运要继续做好疫情常态化下客运、轮渡市场的开发。广州中远海运要深耕战略产业，通过要素并购、股权合作等方式提升航运增值服务能力。上海中远海运要继续推进液化仓储环保平台和化学品运输平台建设，做大做强化学品运输品牌。资产公司要着力抓好在建项目，打造品牌工程。博鳌公司要继续服务好论坛年会和进博会，同时要积极开拓市场、制定减亏

扭亏目标，打造会议、旅游度假品牌。

要把握客户需求升级机遇。双循环新发展格局推动了全球客户需求的升级，要把握好区域市场快速发展和中国消费升级趋势，进一步优化货源结构、客户结构、市场结构，真正实现从全球承运向承运全球的转变，不断提升价值创造能力。集团运营部要完善协同营销机制，以集团产业链经营优势赢得客户。要编制客户名录，明确客户需求，制定营销方案，确定目标，落实责任，提升集团战略客户比重。各单位必须建立以客户为中心的体制机制，建立完善营销服务平台，从客户的实际需求出发，为客户提供真正有价值的服务和产品，并形成可复制推广的客户定制化服务。要明确目标、责任和考核，建立客户满意度评价体系，真实客观地反映自身服务水平和质量，从客户反馈中找准工作的改进方向和措施。集运要契合客户全程服务需求，协同港口、物流，立足当前“一箱难求”、准班率下降等痛点难点问题，实现端到端服务能力的有效提升。物流要以 101 项目为模板，优先考虑跟随集团港口群进行布局，进一步加大冷链物流、化工物流等细分物流业务，确保业务增长不低于 30%。海外公司要深耕当地市场，找准合作伙伴，积极寻找物流领域投资机会，为集团承运全球、“三个市场”的开拓发挥作用。要把握国内消费增长和升级的趋势，加大进口货源的组织。要订立目标，主动营销客户，提高直客比例。要与各专业公司协同营销，以端到端服务能力开拓客户和市场，要深度推进原有客户二次营销，积极挖掘潜在客户。

3. 牢牢把握好降本这一关键。要按照国务院国资委要求，确保集团营业成本增幅低于营业收入增幅，期间费用占营业收入比重下降。财务部要继续在贷款结构调整上用好国家政策，利用好财务公司资金平台，在资金筹划、税务管理、利率汇率管理等方面发挥作用，为集团降低财务成本作出积极努力，确保集团资产负债率稳健可控。要继续抓好燃油成本管控。要用好金融衍生品控制风险、锁定成本的功能，加快建设操作平台。中国船燃、中石化中海燃供要按照“三保”原则，助力航运公司控制燃油成本。船员公司要切实落实“三提高一降低”，公开成本核算，开展市场对标，用成本加成方式与船公司建立长期合作，配合船公司做好船舶管理成本控制，打造集团自有船员队伍的竞争优势。自保公司要开发保险新产品，通过保险充分转移风险，为各公司降低风险、控制成本发挥作用。

4. 牢牢把握协同这一手段。集运和东方海外继续做好双品牌协同，强化前台差异化优势，确保双品牌在细分市场上体现竞争差异。全面完成中后台统一运作，提升运作效果，创造更高的协同价值。集团运营部要牵头，航运公司、港口、物流要在客户营销、通道建设、仓干配发展等方面形成合力，共同融入新发展格局。专业公司要和海外公司共同构建海内外营销联动机制，重点推进比港强投项目、中欧陆海快线铁路物流货运平台建设、马来西亚巴生西港 3 万平方米仓库等项目。发展要和集运共同抓好 74 艘集装箱船的交割结算，做好五星旗船的登记工作。资本部要牵头完成中远海运租赁的引战出表工作，真正实现市场化经营管理机制的落实落地。资本部和相关公司要按照集团资本规划，落实具体运作项目，推动已上市公司资源在集团内部和央企之间的统筹，实现优质资产向上市公司进一步汇聚。要更加关注相关上市公司的市场表现，提升上市公司质量。

5. 牢牢抓住亏损企业治理这一任务。目前，集团亏损企业达 116 户，要认真分析原因、分门别类，列出清单，一企一策。对于长期扭亏无望的企业就要考虑关闭，对于转型和培育期的企业要设立扭亏时间表，对经营尚未扭亏的企业要采取措施帮助实现扭亏。年内要完成关闭 36 户亏损企业。

三、坚持科技赋能，提升高质量发展创新能力

1. 突出顶层设计，明确科技创新发展愿景。2020 年 10 月交通运输部正式批复《中国远洋海运集团有限公司交通强国建设试点工作及 6 个任务要点》，6 个任务中 5 个与数字化相关。国务院国资委“两利四率”指标中一项重要指标是“研

发投入强度比例达 2.6%”。要以交通强国建设为主线，上半年完成“十四五”科技发展规划和数字化转型规划的编制，明确科技、数字化发展的愿景和目标，持续提升集团科技投入强度，建立健全组织保障体系。中远海运科技 / 上海船研所要建立市场化激励机制和科技评价机制。要明确中远海运科技在集团数字化转型中的定位，积极构建集团数字化转型技术支持体系，支持集团数字化转型。

2. 突出项目带动，统筹推进科技创新战略。要围绕交通强国、海洋强国和绿色发展等国家战略，结合集团产业布局，着眼国际物流枢纽发展、绿色发展和智慧交通三个方向，以市场业务、客户需求为核心，统筹基础科学研究和应用研究，明确重大科技创新项目，复制、推广已有科技项目的成果和经验。年内，要明确集团碳减排、碳中和目标并制定实施路径，进一步抓好船舶防污染工作，推动对低碳、零碳等替代能源应用的研究，助力国家碳减排、碳达峰及碳中和目标的实现。重工要继续保持智能制造领域的先进性，突破船型研究设计方面的瓶颈，发挥对集团产业链综合能力提升的作用。各单位都要在提升数字化应用能力的同时，提升设计研发能力，加强智能航运技术的研发、运用。航标平台要在集团船舶上全面推广使用。

3. 突出要素驱动，着力抓好技术 + 场景应用。要以客户驱动、技术驱动、数字驱动为准则，推进“十四五”数字化规划落地。要加强与大学、科研机构和企业的合作，利用好集团国家重点实验室、行业研发中心等科研平台，加快创新技术与集团产业融合，重点布局区块链、大数据、5G、人工智能和物联网等技术 + 场景应用，打造世界一流全球综合物流供应链服务生态。要对现有的统建系统再梳理、再定位，深化应用已建成的信息系统。要开展集团数据治理，推动集团“数据集成平台”共享应用，加快管理驾驶舱建设，逐步打造数字化监管和运营决策平台，让数据资产真正发挥效能，产生效益。科信部要会同集运加快 GSBN 产品开发和标准建设，进一步推动产品落地，奠定 GSBN 在行业中的领先地位。港口要发挥好成为国家技术中心的作用，加快 5G 港口无人驾驶协同集成，实现体系智能化，建立有实践意义的 5G 智能港口标准。香港中远海运要提升铝加工、箱标制造及工业漆生产的自动化、智能化水平，实现产品向高附加值的转型升级。中远海运科技要加大科研攻关力度，加强统筹协调管理能力，确保调整后按计划实现深水拖曳水池、航海安全水池、空泡水洞建成并试运行。

四、坚持战略引领，推动“十四五”规划有效落地

1. 要聚焦战略目标。聚焦“产业链经营、效益专精、数字化运营”三大战略主题，积极推进集团“十四五”规划落地。航运、港口、物流产业作为基础和核心，要切实发挥主力军作用，四大赋能产业要切实发挥好支持作用。要形成路线图和时间表，有指标有考核，坚决防止战略游移。要以落实国家战略为己任，助力海南自贸区、陆海新通道、长三角一体化和粤港澳大湾区等国家重大战略及“一带一路”建设推进，努力将上述区域塑造为“十四五”期间集团实现产业链经营、培育收入和利润主动力的关键支撑。要抓住国家提升服务贸易比重、推动人民币国际化等重大举措机遇，加大与央企、民企等战略客户合作，提高集团航运市场份额。

2. 要遵循价值创造原则。注重效益专精，努力提高资产投资回报率、提高资本利用效率，集团年内计划投资 1232 亿元，其中对外投资 665 亿元。各项目要对自身所处市场环境、业务对手、应对措施、新业务发展空间、商业模式创新、转型方式等进行深入分析和谋划，在对行业、市场、客户等科学分析的基础上，做好量化分析，形成可行性报告。新投资项目要在机制体制设计上符合深化改革要求。战企部要修订完善各类基础数据设定要求以及投资审核流程。

3. 要明确发展重点。坚持“有所为、有所不为”，严格控制非主业投资，投资总额不超过 10%。要严格执行投资负面清单管理制度，对不具备竞争优势、缺乏发展潜力的非主业、非优势业务列出清单，制定剥离时间表，积极处置无效、低效资产，对第三方船管业务进行梳理，要清理退出承担风险与收益不匹配的项目，切实维护集团品牌形象。要全力打造细分领域优势，定位行业领先、具备较强影响力，直至能够发展成为行业整合者。要继续巩固集团航运优势，并以航运为依托，将物流与港口打造为业界领先，结合国家物流枢纽建设规划，补齐产业链经营短板，实现“强强联手”。未来三年，航运集群、港口集群、物流集群投资占比要达到75%以上。各航运公司要提升战略客户、长约客户的比重，并明确增长目标。集团要优化整体业务组合，提升非航运周期业务占比，提高整体抗周期能力。

4. 要细化战略落地举措。对具体目标要有明晰的设定，明确实现路径和时间节点。要对核心业务的重要资源投入作出具体安排，围绕战略定位对包括组织架构、经营方式、工作流程等管理模式进行优化创新，确保按照规划路径实现战略发展目标。

集团战企部要牵头对二级单位战略执行做好指导，督促各单位做好规划实施安排，并针对规划落实执行情况，加大对战略执行情况的考核力度。各单位主要负责人要亲自推动规划实施落地，明确责任人、时间表。

五、坚持深化改革，以“两个行动”不断释放改革红利

1. 全力推进国企改革三年行动。今年是三年行动方案实施落实最重要的一年，要提高政治站位，促进战略落地，统筹推动深化改革。要坚持对标对表，对照台账，细化措施方案，按照时间进度，持续深化改革，将改革任务列入年度考核，确保2021年年底前完成实施方案中的70%的任务。要以“2+N”为重点，用足用好“工具包”，不断释放改革红利。要积极探索优化董事会授权体系，做好风险控制。要持续推进职业经理人制度和上市公司股权激励，切实解决能下、能出、能少的问题，实现激励与约束相统一，强化薪酬与业绩双对标，灵活开展多种方式的中长期激励，传递压力、激发企业活力。物流和“双百”企业要利用中国国有企业混合所有制改革基金，继续深化混改，确保今年完成引战工作。要推进张家港金港化工、宁波物流冷链及混改等项目形成可复制的商业模式和改革举措，构建差异化竞争优势。科改示范企业要切实转变机制，促进科创能力提升，科研成效显现。要树立全局性、系统性的改革理念，牵头做好顶层设计和统筹协调，使实施方案中138项具体工作措施互为因果，相互促进。要综合考虑、配套实施各项改革措施，考虑激励的同时就要考虑约束，提拔任用的同时就要考虑降级分流。

2. 全力推进对标世界一流管理提升行动。要按照国务院国资委部署，通过全面开展对标世界一流管理提升行动，将体量优势转化为效益优势，将重组优势转化为领军优势，逐步成为在国际资源配置、引领航运发展和具有话语权和影响力的行业领军企业。要以“3+4”产业集群为基础，结合集团确定的9个领域23项工作，落实对标提升行动任务。所有经营公司都必须建立对标机制，定期进行对标分析。要根据各单位市场化程度和经营特点选择不同的对标对象，经营创效企业主要对标同类型优秀上市公司；国内地区公司选取地方优秀国有企业开展对标；海外区域公司与自身前三年平均值对标；增值服务公司选择单点业务开展对标。要运用数字化工具，以对标体系建设为核心，通过对标查找自身短板弱项，不断提升经营管理水平和经济效益，持续推动集团高质量发展。要在考核中加强对标体系指标的应用，把集团重要的战略设想通过对标考核，转化为各单位的具体行动落实。

六、坚持系统管控，筑牢安全发展根基

1.“细”字当头，落实好疫情防控工作。境外疫情持续，国内多地出现病例，疫情防控的压力还很大。要严格遵守各地政府防疫要求，按照已制定的预案，抓好疫情防控，特别是海外员工和船员，严格落实早发现、早报告、早隔离、早治疗措施。船员公司和船公司要加强与地方政府沟通，继续抓好船员换班工作，做好海外员工和船员的疫苗注射工作。

2.“稳”字当头，落实好风险防控工作。要

高度关注美国政府政策走向，严格执行集团业务风险管理要求，依法合规，防范长臂管辖风险。要继续做好商务、投资、金融、利率汇率等风险管理，积极防范海外风险。金融类业务要严控增量、优化存量，坚持以产促融、以融促产。中远海运投资 / 发展要以航运金融为核心，以内拓外、以外补内，通过专业的金融管理能力推动集团航运产业链发展。各单位要坚决清退“空转”“走单”业务，对融资性贸易“零容忍”。要和合作方构建利益共同体，提升抗风险能力。此外，中远海控要高度关注反垄断风险，并做好预案。

3.“严”字当头，落实好安全管控工作。要认真落实主体责任，严格安全生产考核、安全生产“一票否决”、安全生产责任追究。要落实船公司与船员公司安全责任边界。要建立健全安全生产制度体系，制定覆盖最基层、最基础的操作程序、安全规范、安全标准，突出操作性、针对性，确保责任制可量化、可追溯。要切实用好航标平台的安全管理功能。主要负责人要带头履职尽责，发挥领导层的示范和引领作用。要进一步做好安全教育培训工作，持续有效地保障安全投入。要做好应急预案相关工作，杜绝形式主义、走过场。

七、坚持党建融合，为改革发展提供坚强政治保证

1. 学习贯彻落实习近平新时代中国特色社会主义思想见新成效。要把政治建设摆在首位，坚持“三做”理念、弘扬“三舱”精神、做到“四个坚守”，以高质量党建引领企业高质量发展，为集团“十四五”开好局提供坚强政治保证。

2. 促进党建融合发展推动管理提升见新成效。着力促进党的领导与公司法人治理结构融合、与集团“十四五”规划实施融合、与落实国企改革三年行动方案，对标世界一流实现管理提升融合、与应对百年未有之大变局和重大风险挑战融合；做强船舶党建，做好特色党支部建设，整顿软弱涣散党组织，促进基层党组织建设全面加强、全面过硬。

3. 抓好干部素质提升见新成效。“十四五”人才发展规划要开好局，持续优化班子和干部结构，强化业绩考核与市场对标，推动“三能”建设有新突破，进一步激励干部担当作为。管培生计划要起好步。中远海运大学要发挥好自身作用，积极做好集团培训工作。要按照集团确定的整合方案扎实推进各项工作，确保 2021 年 9 月实现学历教育整体搬迁。

4. 持续推进全面从严治党见新成效。突出“七个精准”抓好监督，始终保持反腐高压态势，进一步强化作风建设，反对形式主义、官僚主义；深化内部政治巡视，推动全面从严治党向纵深发展。审计署对集团专项审计基本结束，要针对指出的问题逐项落实整改，把审计整改作为对标世界一流、促进管理提升的重要契机，明确整改时间进度和责任，强化督查督办，确保审计整改工作取得实效。

同志们，伟大事业始于梦想、基于创新、成于实干。世界一流企业新航程启航在即，我们唯有奋斗，才能乘风破浪、勇往直前！让我们聚力“三个链接”，践行新使命，展现新作为，确保集团“十四五”开好局起好步，以优异成绩迎接中国共产党成立 100 周年！

创造历史　站上奋斗新起点
再续辉煌　实现发展新跃升

——集团董事长、党组书记许立荣在学习贯彻习近平总书记“七一”重要讲话精神专题研讨班的讲话（摘要）

2021 年 7 月 9 日

一、创造历史，集团站在了高质量发展新起点

2021 年以来，全集团谋篇布局，推进战略落地；守正创新，抓好改革发展；凝心聚力，促进提质增效，各方面工作都有了积极成效。上半年的亮点很多：

1. 集团效益持续增长，创造了新的历史。今年上半年，集团实现净利润同比增长 385%。1–5 月，央企净利润效益排名第六位，增利排名第四位。营业收入利润率 19.2%，高于央企平均值 11.8 个百分点。资产负债率比央企平均值低 3.6 个百分点。带息负债率比央企平均值低 1.2 个百分点，集团是 2.4%。全员劳动生产率 106.1 万元 / 人，高于央企平均值 39.6 万元 / 人。从这些指标数据来看，集团经营非常健康，效益创出了历史新高。集团上半年经营效益除集运、东方海外非常好之外，超过 20 亿元的还有散运、发展。集团各业务板块的业绩都大幅提升，包括海外公司。上半年，我们创造了一个非常好的历史纪录，这个亮点值得与大家共享。

2. “六稳”“六保”敢于担当，做出了积极努力。由于疫情在全世界持续蔓延，对全球供应链造成了极大的冲击，效率低下、人工短缺，但是需求旺盛，经济持续增长，所有因素交织在一起，形成了当前“一箱难求”“一舱难求”的极端情况，严重影响我国对外贸易。在这一不利情况下，我们认真履行央企责任，竭尽全力稳外贸、保供应链畅通。今年以来，集运在保供应链畅通方面想了很多办法，尽管当前船舶租金是去年的 4 ~ 6 倍，集运仍不惜成本增加运力。截至 6 月底，集运增加运力 18 艘。此外，散运、特运、中波积极利用散货船承运集装箱，总共开设了 29 个专班，受到了国家相关部委的表扬。同时，发展加大力度做好集装箱制造，上半年新造箱 80 万 TEU，同比增长 187%，最大程度地释放造箱产能。在稳运价上，我们严格按照相关部委的要求，不主动涨价，带头稳定运价。在大客户服务上，我们与一些重要客户建立长期合作关系，不追求眼前短期收益。在中小微企业服务上，我们想尽办法开辟了电商平台推出了中小客户专班和定制化服务，得到了交通运输部、商务部、国务院国资委、国家发展改革委等部委的充分认可。在舆情应对上，运营部、公关部、党工部和集运积极向相关部委汇报情况，提供及时信息，第一时间掌握媒体报道，营造了良好的舆论氛围。

3. 安全生产紧抓不懈，守住了发展底线。今年是中国共产党成立 100 周年，对安全工作要求标准更高。我们牢固树立了“讲安全就是讲政治，抓安全就是抓效益，保安全就是保大局”的意识。6 月份国内发生了一些重大安全事故，集团党组及时召开党组扩大会议、安委会会议，对安全工作进行了再布置，对安全责任制进行了再动员。6 月 18 日，集团召开党组会传达国务院安委会全国安全生产电视电话会议精神，布置安全大检查，对安全生产进行再动员再部署，强调要吸取十堰等安全事故教训，认真开展好庆祝建党 100 周年安全检查工作，对重点领域进行检查，着力抓好船舶防碰撞和人员防工伤，深入推进危化品领域安全风险隐患排查整治。集团领导带队进行实地检查，有效促进了安全责任落实，确保了建党百年庆祝活动期间集团安全局面的持续稳定。今年的博鳌亚洲论坛年会是疫情暴发后我国首个主场外交活动，防疫、安全保卫工作要求极高，博鳌公司做了大量卓有成效的工作。博鳌是我国主场外交的重要平台，博鳌公司承担了光荣使命和重大责任，为我国主场外交作出了重要贡献。

4. 疫情防控坚强有力，确保了各方平安。今年以来，集团严格按照“外防输入、内防反弹”的要求，关注重点领域、重点区域、重点人群，先后召开 7 次专题会，下发 26 个通知，研究部署境内外陆岸单位和船舶的疫情防控工作。集团防疫办、各相关部门和单位顾大局、讲奉献，持续抓紧抓实抓细常态化疫情防控工作，各项防控措施有效落地。多措并举推进疫苗接种。船员公司把疫苗接种作为“我为群众办实事”实践活动的首批重点民生项目，实现了“应接尽接”“在船 100% 全覆盖”两项目标。截至目前，船员完成疫苗接种 24 557 人，船队船员疫苗接种率达到 62.5%；境内陆岸员工完成疫苗接种 49 457 人，占员工总数 70.5%；驻外员工完成疫苗接种 304 人，占驻外员工总数 62%。集团主船队在船已接种比例达到建立免疫屏障要求的船舶合计 331 艘，占比 45.5%。用心用情关爱船员。从 2019 年 1 月起，船员薪酬待遇持续提高，每年增加投入 5 亿元。特别是疫情期间，我们船员非常辛苦，下不了地，回不了家，船员换班非常困难。我们进一步提高船员伙食费标准（远洋船员每人每天增加 1 美元，沿海船员每人每天增加 4 元），全年增加主营船舶船员伙食费约 3700 万元，船员幸福感、获得感不断增强。集团有关部门、各船公司和船员公司加强协同，加强与港口等外部机构的沟通和协调，想方设法推进船员换班。自去年 3 月 17 日起，截至目前，累计换班 7548 艘次，68 869 人，有效缓解了部分船员的超期服务情况。

5. 体制机制创新不断突破，激活了内生活力。今年是国企改革三年行动关键之年，我们积极自我加压，全面抓实抓好 9 个领域的 42 项重点任务、138 项具体工作，在建设中国特色现代企业制度、推动优化产业布局、提高企业活力效率方面取得了阶段性成果。在国务院国资委国企改革三年行动推进会上，我们做了经验交流发言。集团通过深化改革，已实现了二级公司董事会建设全覆盖，三项制度改革、职业经理人、上市公司股权激励、“双百行动”、混改等取得了积极成效。目前，39 家直属单位建立了规范董事会，实现了应建尽建、配齐建强。配备兼职外部董事 34 人，专职外部董事 18 人，外聘董事 63 人。截至目前，已有 351 户各级子企业与经理层成员签订了合同或契约，完成契约化管理的企业户数已达到 52%。各级子企业选聘职业经理人 131 人，解聘 23 人。另外，我们通过股权激励机制，让一些核心企业的骨干享受到期权激励。上半年，上市公司股权激励 1342 人，4.6 亿股。为了进一步提升活力，集团全面加快人才队伍建设。上半年，实施首届管培生计划，招录“双一流”及海外名校研究生及以上学历 35 人，由集运、能源、散运、特运、物流、港口 6 家单位作为管培生接收试点单位。同时，我们选拔共享中心、下属二级单位优秀年轻干部到集团总部挂职锻炼，启动了第二批陆岸员工挂职船舶政委，队伍活力不断增强。上半年，共推荐 843 名三级企业 40 岁左右的优秀年轻干部。其中，正职 513 人、副职 330 人。实施“五十百千”船员人才工程，首批选拔船员高级人才库 1073 人，船员专家人才库 560 人。

6. 承运全球有新格局，提升了循环效能。我们抢抓国家战略发展机遇，在一些区域经济发展方面拔得头筹。在海南自贸港建设方面，集团已在海南独立运营 15 组航线，上半年完成箱量 98.5 万 TEU，同比增长 21.9%，市场份额始终保持在 65% 左右。集团船队在洋浦港吞吐量为 34 万 TEU，同比增长 38.7%。散运在海南完成货量超过 100 万吨。另外，海南港航完成了 18 艘增资船舶的过户登记，顺利实现琼州海峡南岸航运资源整合。在西部陆海新通道方面，集团在钦州港已开设 13 组航线，上半年在钦州完成箱量 52.2 万 TEU，同比增长 19.4%，新通道沿线物流基础资源布局正在加快改善。在京津冀协同发展方面，港口公司与天津港签署了收购转让协议，股权达到 51%，下半年完成天津国际集装箱码头项目交割。在长江经济带建设方面，武汉阳逻铁水联运项目和合资平台项目正在稳步推进。今年 8 月 1 日正式开港，这也是集团在武汉地区唯一一个铁路直通港口的铁水联运项目，未来将为西部海铁联运建设大通道提供非常有力的支撑。

牢牢抓住“一带一路”机遇，积极扩大三个市场。比港强投项目正在稳步推进，PPA 在股权交割谈判中做了大量有效的工作，整个协商过程对我们非常有利。上半年，比港累计完成吞吐量 265.6 万 TEU。中欧陆海快线累计完成货量 6 万 TEU，同比上升 20.2%。散运几内亚项目进展非常顺利，秘鲁钱凯码头建设全面启动。泽布吕赫码头把握西北欧港口拥堵时机，增加箱量约 14.5 万 TEU，1—6 月箱量同比上升 49.4%。上半年，集团中欧班列开行了 170 列，790 班。在三个市场开拓方面，我们的货量增长也非常明显，第三国箱量占外贸总箱量的比例突破了 37%，并在持续稳定增长。

7. 学史奋进凝聚力量，锤炼了初心使命。上半年，集团以习近平新时代中国特色社会主义思想为指导，以迎接中国共产党成立 100 周年为主题，以深入开展党史学习教育为主线，坚持“三做”理念，弘扬“三舱”精神，做到“四个坚守”，以高质量党建引领企业高质量发展，为集团“十四五”良好开局提供了坚强保证。一是加强政治建设，党组领导作用充分彰显。集团强化政治理论武装，持续推动习近平新时代中国特色社会主义思想大学习、大普及、大落实，把方向、管大局、促落实，推进国企改革。二是传承红色基因，党史学习教育扎实推进。把党史学习教育与中国航运史、中远海运发展史相结合，全集团已形成了党组领导、专班推动、层层落实的工作体系，确保了学习教育有章有法、有力有序，快速掀起热潮，推动党员干部学史明理、学史增信、学史崇德、学史力行。弘扬为民宗旨，深入开展“我为群众办实事”实践活动，积极推进集团首批 15 项重点民生项目和集团总部 19 项办实事项目。三是聚焦融合发展，基层党组织活力显著增强。加强和改进船舶政委队伍建设，持续擦亮船舶党建“金字招牌”。集运作为基层党建工作的先进典型，在今年央企党建会上做了经验交流。持续推进基层党组织建设，深化特色党支部建设，强化示范引领。四是强化监督执纪，全面从严治党持续深入。突出政治监督，推动党中央重大决策部署贯彻落实。全系统立案 44 件，处分 43 人；查处违反中央八项规定精神问题 37 件，处分处理 39 人。实施审计项目 258 项，发现问题 527 条，提出意见建议 383 条；对 4 家单位党委开展今年第一轮巡视，强化整改落实。五是紧扣时代旋律，宣传思想工作奏响强音。开展建党百年、集团成立五周年系列主题宣传，围绕“三个领军”“三个领先”“三个链接”打好宣传主动仗，倾力推出高品质文化精品，精心维护全球化服务品牌，营造共庆百年华诞、共创历史伟业的浓厚氛围。前不久，我们成功举办希腊文学著作《数星星的孩子》（中文版）首发暨捐赠仪式，充分体现了我们在“一带一路”上的担当和作为，是促进“一带一路”民心相通的重要尝试和成功实践。六是坚持“四个不摘”，扶贫援藏力度持续加大。集团对口 5 个县的年度帮扶资金已全部拨付到位，80% 以上帮扶资金用于基层民生项目。上半年投入扶贫援藏资金 9000 万元，累计投入 7 亿多元。昨天慈善基金会召开了理事会，十几家单位主动表态，纷纷慷慨解囊，支持慈善基金会的扶贫帮困工作，积极承担企业社会责任。

8. 上下同欲者胜，展现了良好风貌。全集团上下意气风发，斗志昂扬，这一点特别让人感动。习近平总书记在 2020 年 11 月 17 日出席金砖国家领导人第十二次会晤时强调，“我们都在同一条船上。风高浪急之时，我们更要把准方向，掌握好节奏，团结合作，乘风破浪，行稳致远，驶向更加美好的明天”[①]。这就是集团一直倡导的

① 《习近平出席金砖国家领导人第十二次会晤并发表重要讲话　强调金砖五国要坚持多边主义、团结协作、开放创新、民生优先、绿色低碳，守望相助共克疫情，携手同心推进合作》，《人民日报》，2020年11月18日01版。

同舟共济精神。我们能够取得今年的成绩，是因为我们思想统一、认识一致、步调一致，坚决按照党中央、国务院和国资委的部署和集团的要求，抓好落实。虽然今年效益创造历史纪录有外在因素，如市场需求旺盛，供应链受阻等，但是人的因素还是关键，如果各单位不能提前谋划，做好准备，今天的机会，恐怕不一定能把握住。航运是一个周期性强的行业，周期性行业的起伏有高有低，过去我们也有市场高的时候，但是从来没有像今天一样充分把握了机会。这一切源于大家谋定在先，认真落实。所以，“人努力、天帮忙”，人努力还是第一位。港口公司在交流发言中提出“躬身入局，天道酬勤”，讲得很好。现在全集团心齐、气顺、劲足，广大干部员工的精气神不断高涨，改革发展的正能量不断凝聚，全球竞争的影响力不断提升。昨天，集团召开了第 51 次董事会，各位董事发表了很好的意见。大家一致认为，要对集团管理层，对我们广大干部职工提出表扬。借此机会，我代表集团党组，代表集团董事会，对今年以来为集团改革发展和效益作出贡献的海内外广大船岸干部职工，表示衷心的感谢和崇高的敬意！同时，集团的各项工作也得到了董事们的悉心指导和大力支持，借此机会，我也对各位董事表示衷心的感谢！

虽然我们取得了不少成绩，但是仍有不少问题。这些问题，昨天在三个报告和各单位的发言中都已经讲到，小组讨论时大家也提了不少的建议。这些建议都非常好，希望会后相关部门予以汇总，并提出相应整改计划。

二、再续辉煌，推动集团实现高质量发展新跃升

总的来讲，下半年我们面临着巨大的“稳外贸、稳供应链”的压力，全球疫情在短期内也不能恢复常态，船员的换班还将面临不小困难，大家要认真分析形势，准确把握未来走势。下半年，各板块还有不少效益增长机会，集团效益甚至会超过上半年。尽管如此，大家仍要沉着冷静，不能“飘飘然”，不能“躺在功劳簿”上，要针对各自的短板，切实抓好整改，真正把下半年工作抓紧、抓实、抓好。这里，我再强调几点：

1. 贯彻“七一”讲话精神，在践行初心使命中体现集团担当

下半年，要按照党中央要求，认真贯彻习近平总书记在庆祝中国共产党成立 100 周年大会上的重要讲话精神，牢牢把握新时代党的建设总要求和新时代党的组织路线，持续深化党史学习教育，以高质量党建引领企业高质量发展。重点抓好以下工作：

一是以习近平总书记“七一”重要讲话为指引，立足“两个大局”，在服务国家战略中体现使命担当。我们已经是全球最大的航运企业，要切实担负起做强做优做大国有企业的重大责任，在构建新发展格局中发挥主力军作用，以高质量发展当好稳定国民经济的“压舱石”，践行“六个力量”的主力军，建设“一带一路”的排头兵，在实现“两个一百年”奋斗目标、实现中华民族伟大复兴的中国梦进程中奋勇争先、走在前列。

二是以习近平总书记“七一”重要讲话为指引，深入推进党史学习教育见实效。传承红色基因，赓续百年精神血脉，持续引领广大党员干部职工不忘初心、牢记使命，学党史、悟思想、办实事、开新局。要深化“我为群众办实事”活动，建立和完善为群众办实事长效工作机制。这次督导组也提出要求，“我为群众办实事”，就是要办职工愁难急盼的事。各单位要认真抓好党史学习教育，把“我为群众办实事”抓实抓好，让职工满意。

三是以习近平总书记“七一”重要讲话为指引，促进基层党组全面加强、全面过硬。昨天，万局长的辅导深入浅出，明确了我们在企业治理过程中如何加强党的领导。要推动各级党委谋全局、议大事、抓重点，不断提高推动企业改革发展的科学决策能力，组织协调能力，推动落实能力。把弘扬“红船精神”和传承“支部建在船上”光荣传统相结合，稳步推进基层组织全覆盖、党建工作全覆盖，扎实推进集团“党建融合发展年”活动，更好发挥基层党组织战斗堡垒作用和党员先锋模范作用。持续做强船舶党建，推动船员公司、船公司加强高级船员思想政治教育和廉洁从

业教育，擦亮“支部建在船上”金字招牌。我们现在有5万名船员，很多人长时间漂泊在全世界，不能下地，不能回家，换班非常困难。昨天，万局长讲，这用市场的方法恐怕很难根本解决，我们为什么能做到？关键在于有党性。我们的党员、船员以身报国，这正是“支部建在船上”所发挥的巨大作用。

四是以习近平总书记“七一”重要讲话为指引，深化全面从严治党，为高质量发展保驾护航。以政治监督推动习近平总书记重要指示批示精神和党中央重大决策部署落实落地；以强化“一把手”和同级监督为重点，以系统施治深化标本兼治，推动“三不”有机融合，释放更强治理效能。推动“靠企吃企”整治向纵深发展，巩固提升境外腐败、利益输送、设租寻租、化公为私问题专项整治成果，拓展抓好民企挂靠国资问题综合整治和“影子股东”问题专项整治，筑牢维护国有资产安全防线。驰而不息纠“四风”、树新风。统筹推进集团总部审计项目和第二轮巡视，持续深化巡审结合，推进全面贯通融合。

五是以习近平总书记“七一”重要讲话为指引，增强文化感召力，砥砺拼搏奋进力量。以庆祝建党百年为主线，讲好中国共产党故事，大力营造共庆百年华诞、共创历史伟业的浓厚氛围。聚焦建设世界一流企业目标，打好实现“三个领军”“三个领先”“三个链接”宣传主动仗，继续开展集团年度先进典型、船舶“金牌三长”评选表彰，全方位讲好中远海运故事。加强国际传播能力建设，持续提升企业软实力和全球化品牌地位。

六是以习近平总书记“七一”重要讲话为指引，强化为民服务宗旨，汇聚同舟共济合力。坚持向心、汇智、聚力，引导广大职工坚定跟党走，大力弘扬劳模精神、劳动精神、工匠精神和钻石团队精神，激发一线职工首创精神。关心关爱职工，凝聚最大公约数，画出最大同心圆。

2. 提高政治站位，在保供应链畅通中体现集团责任

下半年，“保供”和支持国家稳外贸的任务将非常艰巨，我们必须要有思想准备。

一是增强政治敏锐性。当前的海运市场异常，这会引起各国政府监管机构的关注，也会对一些中小企业的贸易带来非常大的不便，客户的投诉和反映都会比较多。我们必须要增强敏锐性，关注市场动向，及时向党中央、国务院和相关部委进行汇报。同时，要坚决不带头涨价，规范各项收费，努力维护我国外贸出口市场稳定。

二是加强客户服务。要关注客户服务，继续推进大客户长约合作，借当前市场高涨机会与大客户签订长期合约，不图眼前暴利。要把现在的市场优势转换成未来三年、五年合约，为集团平稳持续健康发展创造条件。要进一步加大电商服务中小客户的力度，特别要做好舆情和解释工作。最近，集运华南公司在这方面做得非常好。一个客户有误解、抱怨，我们主动上门沟通，详细进行解释，最后这个客户专门发了公开道歉信。这说明，化解客户的投诉和矛盾非常重要，要加强力量来做好这方面工作。

三是统筹生产计划。加快实施加速减船增加专班运力，抽调内贸运力投入外贸航线，抢抓机遇租入新运力，调动集团内部多种船队资源，在合法合规、不影响上市公司要求和标准的前提下，组织专班，加大件杂货船队承运集装箱的投入，增加为外贸服务的能力。寰宇箱厂现在已经满负荷运转，要继续加快海外空箱回调，增加集装箱供应，确保集装箱运输用箱需求。

四是强化舆情管控。运营部、公关部、党工部、集运要继续做好舆情监测和媒体公关，加大宣传我们维护市场稳定、服务中小客户等的好做法。

五是严肃经营纪律。相关单位一定要加强职工的职业操守教育，严格执行定价制度，规范各项收费，坚守战略定力，不为蝇头小利损害长远利益，害己、害企业。要做到“心有所守，身有所循，行有所止”。各级纪检审计机关也要扎紧制度的笼子，加大提醒、检查力度。

3. 努力穿越周期，在打造世界一流中体现集团价值

一是坚定不移稳健经营，将当前的理性投资理念转化为未来坚实的抗周期能力。航运周期主要受全球经济影响，全球经济周期直接带来航运市场的波动。我们一定要吸取过去的教训，在当前效益不断上涨的时候，要保持头脑冷静，克制投资的冲动。近年来，集团对船舶投资、基础设施建设等固定资产类投资，进一步强化基础货源锁定、折旧年限规范、投资回报底线等要求。本次集团董事会上，我们向董事们报告了《2020年投资项目后评估工作情况》，从中可以看到，在选取的20个项目中，凡是坚持“以货订船、长期合作、稳健经营”原则的项目，都在市场波动中平抑了风险，在中长期运营中获得了较好收益。比如，能源的APLNG项目、散运的40万吨VLOC船舶购置项目、特运的5万吨半潜船项目，货源基本锁定，定价机制明确，均取得了符合或超出可研预期的经济效益。要多发展这样的项目，不要仅凭一个简单的看法，年复一年走过去的老路。

二是加强资本运作和市值管理，将当前的资本市场红利转化为未来的经营发展动力。今年以来，集团多家上市公司在资本市场受到热捧，影响持续扩大。从市值看，目前集团控股上市公司市值规模已经达到5445亿元，同比增长了91%。其中，中远海控市值的增长幅度最大，最新市值已经达到3018亿元，较2005年刚上市的时候上升了14倍。从股票流动性看，今年上半年，中远海控A股日均成交金额达到39亿元。6月23日，中远海控的成交金额达到130亿元，在沪深两地4400多家上市公司中排名第一。一些国际投行和权威指数纷纷把中远海控作为重点标杆企业，集团上市公司在资本市场的影响力越来越大。我们要主动把握有利窗口期，积极谋划，把上市公司平台作用充分发挥好：一是融资，二是规范公司治理、提升管理水平，三是获取股权激励工具，四是扩大品牌影响力。最近航运板块表现不错，集团内其他航运上市公司股票增长幅度也很大，中远海发、中远海特都有好几次涨停。要加强战略性研究，做大公司市值。市值偏小的上市公司要从战略层面积极谋划，打造核心竞争力，持续提升盈利能力。要考虑将优质资产装入上市公司，或主动在市场中寻找并购机会。不能只盯住集团内部的未上市资产，要积极谋划，让市场起到配置资源的主体作用。要坚持股东回报最大化的原则，加大分红力度。在股票市场，要实现股东回报最大化，必须分红，上市公司有分红，股价也会上去。资本市场推崇上市公司提高分红派息，所以我们一定要看到分红的重要性。不注重分红的上市公司，不会成为受投资者追捧的公司。自2018年到现在，东方海外每股分红派息合计达到26.735港元，在上市公司当中分红力度很大。我们在东方海外占比达到75%，从东方海外的分红为中远海控解决了不少历史遗留问题。要积极开展资本运作，充分发挥上市公司融资平台作用。近几年，中远海控募资77亿元，中远海能募资51亿元，中远海发募资14.8亿元。今年初，集团在非常有限的3天时间里，成功完成了东方海外的闪电配售新股，募集1.2亿美元资金，有效改善了东方海外的流动性，此后配合有力的分红政策，东方海外在资本市场的吸引力不断提升。要充分发挥上市公司平台的优越性，善于用上市平台去融资，而不是仅靠银行贷款。要利用募集资金开展有利于公司未来发展的项目。

三是全力支持为改革重组做出牺牲的企业，将当前的改革红利转化为未来全集团平衡发展的合力。集团重组五年来，我们围绕“6+1”战略布局，重点抓住航运、港口产业集群进行布局，形成规模优势，在当前市场形势下创造了历史性效益。但是今天的成绩，离不开以地区公司为代表的各二级单位的配合与支持，不少历史悠久的老牌企业为了集团合并重组作出了巨大牺牲与奉献。天津、大连、青岛、客运等地区公司，都把过去的船队集中到专业公司，它们在短时间内缺乏核心的主业，包括上海海运、重工，也都还存在着一些历史欠账。在当前大好形势下，我们要全力支持它们的发展，为正处于转型创业期的企业解决好历史遗留问题，抹平历史的亏损，让它们轻装上阵，为未来发展积蓄新的动能。集团要讲整体，虽然我们有些企业效益很好，比如：集运，但是也有不少的绿叶支持配合。这些绿叶，现在我们有能力支持，就要帮他们。手牵手，大家齐步走。目前，集团正在研究对一些区域公司实施提质增效、改革转型专项支持方案，财务部要认真研究，“一企一策”制定方案，抓好落实。这些公司也要盘活存量，加快转型发展，加快新业务培育和开发，增强自身“造血”机能，推动从“输血”向“造血”转变，真正成为集团效益贡献的新增长级。

4. 发挥协同效应，在构建新发展格局中体现集团优势

一是运力增长与产业链经营相互促进。集团现在的产业结构、产业链经营的效果非常突出，特别是集装箱板块的产业链带动作用更大。集装箱运输的发展，带动了集团海外公司的发展，带动了港口公司的发展，带动了综合物流的发展，带动了造船、造箱，所以，相互的配合非常重要。有了集装箱船队，购买全球港口的股权就相对容易。从中远海控经营效果来看，我们已经超过了马士基。今年一季度，从净利润看，中远海控净利润为 27.34 亿美元，超过马士基集团的 27.1 亿美元。从息税前利（EBIT）率看，中远海控 EBIT 为 30.5 亿美元，与马士基集团的 31 亿美元基本持平。从息税前利润（EBIT）率看，中远海控 EBIT 率为 30.62%，高于马士基集团的 24.9%。从货量来看，中远海控货量为 678.36 万 TEU，同比上升 21%，货量与增幅在行业第一梯队均排名第一，高于马士基的644.4万TEU，5.7%的增长率。为强化产业链经营，我们要适度保持竞争优势，努力提升船队全球竞争力。这次集团董事会也批准了中远海控的运力计划。

二是关键资源与服务网络相互促进。要加强关键资源集聚，不断加快港口、物流基础设施布局。港口要尽早完成 TCT 码头股权的交割，武汉阳逻港区合资平台公司争取年内完成组建，丝路项目争取年内完成交易，阿布扎比码头项目要进一步加大协同，提升箱量。秘鲁钱凯等项目要加快推进。物流要在冷链、化工、物流核心枢纽建设等方面重点布局，强化空运、陆运资源集约，全力打造物流通道产品，在海铁、海空、海陆联运业务发展中取得新突破。海南港航要继续做好琼州海峡一体化项目，争取年内签约。我们还要抓好比港建设，尽快做好 16% 股权的后续工作。要通过复制比港经验，不断提升港口全球化布局能力。要积极融入国家战略，不断提升全球发展质效。要深度参与海南自贸港、京津冀协同发展、长三角一体化、粤港澳大湾区等国家战略，加大沿海内贸市场开发力度。相关企业要强化协同。欧洲公司、PPA、集运、物流等单位要通过协同，做强做大中欧陆海快线，加大管道完善运输效能，提升陆海快线的运营能力。要聚焦“三个市场”，不断拓展“三个市场”空间。集装箱运输在欧洲、中东、东南亚区、加勒比、地中海、非洲、南美等区域要优化航线布局，进一步加强支线网络配置。其他航运企业也要积极布局三个市场，提升三个市场占有率。董事会最近已经通过集运建造一批运力，重点就是投放在重大的新兴市场当中。要进一步提升三个市场的占有率，不断提高在全世界的话语权。

三是国内业务与海外发展相互促进。目前，集团境内公司发展目标已基本明确，但海外区域公司供应链延伸服务能力不强。下一步，海外公司要聚焦海外综合物流业务发展的定位，围绕“资产布局、业务开拓、人才培育”加强沿线物流基地、分拨集散中心、海外仓等基础设施建设，优化海外资产结构，打造区域内集疏运物流运输体系，拓展延伸服务能力，为国内各专业公司提供各方面服务支持。

四是商业模式与客户服务相互促进。疫情改变了客户消费习惯和商业模式，客户对门到门、端到端的全程物流服务需求更为迫切。后疫情时代，这些消费习惯和商业模式有望持续。下一步，各航运公司要抓紧复制美的、中铝几内亚、亚马尔、空客、纸浆等项目模式，以及重工的学川崎模式，继续推进电商，为客户提供全程物流客制化服务。要通过模式复制，真正使我们的战略合作协议落地见效。要站在产业链发展的高度，设计端到端产品，去除同质化，强调专业化、个性化。

5. 推进三年行动，在释放改革红利中体现集团活力

一是持续抓好董事会建设。要落实好董事会职权工作，发挥好董事会防风险、做决策、定战略的作用。董事会的制度建设和作用，关键是董事长是不是高度重视。董事长如果不重视董事会，制度的落实和规范有效，防风险、做决策、定战略的作用就不可能发挥。各个董事长要承担起责任，亲自抓好董事会建设，要按照董事会制度建设的要求认真履责。要强化董事会规范运作。现在，很多董事会一年四次见面会都不能开好，如何做决策？如何让董事了解企业的运行情况？所以，董事会一年内至少四次见面会的会议必须认真落实好，包括一些专业委员会，如果没有建立的要建立；已经建立的专业委员会，要健全机制。要进一步加大董事会制度建设的监督力度。董事长要亲自重视，亲自关心，各个董事要履职尽责，把董事会制度真正发挥好。集团的董事会制度建设一直受到国务院国资委的表扬，各位董事非常尽责尽力，每个投资项目都发表了非常好的意见建议，这对集团有效防控风险起到非常好的作用。各单位的董事会要认真借鉴。

二是持续抓好经理层成员任期制和契约化管理。目前集团经理层成员任期制和契约化管理完成率为51%，年内要达到80%。我们还有很多工作要做，希望相关单位在签约文件质量、关键要素、相关制度完备等方面认真开展工作，不能应付了事，搞形式主义。要科学设置指标。结合本企业发展战略、近三年的历史业绩、行业对标情况等，分档制定富有挑战性的考核目标，从机制设计上引导经理层主动“摸高”，减少在指标设定上的“博弈”。要强化刚性兑现。要说到做到，对于年度考核结果不合格的，要扣减当年全部绩效年薪；对于超额完成考核目标任务或作出突出贡献的，该奖就要奖，确保激励到位。要全面推广实施。年底前，39家直属单位全部推行经理层任期制和契约化管理，三、四级单位至少80%启动实施，2022年6月底前，各级子企业全部完成。扩大职业经理人制度实施范围。今年要增加7～8户直属单位实施职业经理人制度，各直属单位至少选定1家符合条件的下属企业推行实施。在各级子企业经理层和员工市场化退出方面，集团比例低于央企平均值，要切实推动“能下”“能出”，想方设法改变现状。中远海运资产、发展、自保公司已经取得了不少好的经验，我们要把这些好的经验，加以推广。

三是持续抓好其他改革。在科改示范行动方面，船研所要对照国资委科改示范行动专项评估要求，按时保质完成任务。在完成尽职合规免责事项清单方面，审计部要加强与上级部门的沟通，结合集团实际，务必年内完成该项任务。除了国资委考核的重点任务以外，集团内部自我加压确定的工作，各部门也要按照工作清单，落实执行。

四是持续抓好任务考核。要结合改革三年行动，对各直属单位的改革完成情况考核层层落实，严肃问责。战企部/深改办要抓好改革组织统筹，将部分重要体制机制改革和重大战略项目纳入考核范围，既考核进度，也考核成效，将考核结果纳入各单位领导班子与领导人员考核内容，作为是否担当作为的评价指标，作为发放年度奖励的重要依据。

6. 坚持人才强企，在全球竞争中体现集团格局

今年的干部人才工作报告，对“十三五”以来干部人才工作进行了全面总结，对落实“十四五”集团发展战略、建设高素质干部人才队伍进行了全面部署，各单位要认真抓好贯彻落实。昨天12家单位发言，5家单位涉及到关于人才建设专项发言，都讲得很好。我再强调四方面：

一是加大年轻干部培养选拔力度，永葆集团基业长青。目前，党组管理干部平均年龄52.72岁，未来5年退休126人，45岁以下年轻干部15人，“80后”3人，培养优秀年轻干部的任务依然艰巨。今年，要持续推进“四个一批”重点任务。继续选拔一批优秀年轻干部挂职船舶政委；加强海外后备库人才储备，开展派前培训，选派一批年轻干部到海外艰苦地区和市场开拓前沿锻炼；结合航运企业特点，选拔一批具有船舶工作经历的干部进入二、三级单位领导班子；从共享中心、基层单位选拔一批年轻干部到集团总部职能部门进行为期2年的挂职锻炼。我们要将培训与培养结合起来，提拔使用经过关键岗位历练、业绩突出的优秀年轻干部，给“80后”干部交任务、压担子。各直属单位要着力培养三、四级企业中，40岁左右的优秀年轻干部，不断优化干部梯队结构。

二是要加强人才队伍的教育培训。昨天，企业大学做了一个非常好的发言。未来企业大学的作用将会发挥得更好，已经提出了建“双一流”，建成中国一流企业党校和世界一流企业大学。现在从硬件条件来讲，企业大学条件非常好，关键是要把人才队伍教育的培训工作抓紧、抓实、抓好，为集团培养后备干部。

三是适应航运主业发展需要，建设高素质船员队伍。要认真落实交通运输部、教育部、财政部、人力资源和社会保障部、退役军人事务部、中华全国总工会六部门出台的《关于加强高素质船员队伍建设的指导意见》，建立稳定可靠的船员队伍。要加强自有船员培养。未来船员紧缺是一个趋势，未来船员队伍建设会面临很大的危机。现在，国家非常支持企业办职业学校，企业大学要为集团主船队定向培养船员做好谋划，抓好落实。要建立船员调陆后备库。集团已经研究制定《船员调入管理办法（试行）》，未来要把船岸干部的流通、交流打通。目前党组管理干部 269 人，其中 65 人是有船员经历的。而这 65 人当中，五年内退休 45 人。未来，集团具有船舶管理经验的干部处于紧缺状态。集团正在理顺长期借用船员劳动关系问题，首批散运公司 166 名船员已正式调岸，集运、特运等 5 家公司正在有序推进。要推动优秀船员调陆工作制度化、规范化，加快培养陆岸岗位所需的船岸复合人才。要建立船员调陆后备库，每年至少要有 50 到 100 人优秀的船舶“三长”充实到各个单位。要明确入库标准，坚持公平公正、优中选优的原则。今后各单位的调陆船员必须从后备库内选拔产生。要加强船舶党建和政委队伍建设。首批 68 名机关人员挂职船舶政委，在船工作表现突出，得到船员公司、船管公司等方面一致认可。下半年，要开展第二批机关人员上船锻炼，发挥“支部建在船上”的优良传统和政治优势。要加大关心关爱船员力度。坚持薪酬分配向船舶一线倾斜，逐步提高船员薪酬待遇。要关注船员心理健康，引导船员保持良好的心态。

四是建立完善薪酬激励机制，激发干部人才内生动力。要建立工资总额管理制度。出台集团工资总额管理试行办法，坚持效益导向，工资总额与净利润挂钩；坚持市场对标，工资总额与对标结果挂钩；坚持服务考核，工资总额与企业经营业绩考核结果挂钩；坚持分级、分类，结合企业性质，实施工资总额分级、分类管理。要完善中长期激励机制。持续推进上市公司股权激励，扩大科技型企业分红激励实施范围，力争每年推进 2 家。上市公司股权激励具有非常好的正向引导作用，有利于集聚人才和大家干事创业的动力。要建立多元化激励机制。在非上市公司探索开展超额利润分享等激励方式，只要企业的业绩对标能跑赢市场、超出同业或集团平均利润回报水平，超出部分可以按一定比例计算分红，给予企业提成奖励。总的来说，就是要让大家干事、创业、走正道，在创造公司效益价值的同时，自己也能充分地享受到红利。大家的思想认识必须一致起来，有先得的，有后得的，有的条件不成熟，但是机会一直存在。

7. 强化风险防控，在营造和谐环境中体现集团能力

一要如履薄冰严防安全风险。要认真落实习近平总书记重要指示精神和国务院安委会全国安全生产电视电话会议精神，坚持以人为本，生命至上，持续抓好船舶防碰撞，抓好船舶设备管理和季节性安全工作，确保集团安全稳定。要引以为戒，举一反三。“中华富强”轮爆燃事故，十堰燃气爆炸事故、长赐轮苏伊士运河搁浅事故等事故造成了严重的社会影响。我们要认真吸取教训，严格安全生产考核和责任追究。既要抓好客滚船运输安全，也要抓好狭窄水道运输安全。要强化底线意识，抓好重点安全工作。要认真做好季节性安全工作，当前是中国沿海多发大雾，各单位要认真抓好雾航和防台工作，提前进行部署。要抓好驾驶台值班、确保早让宽让。要进一步深化危化品安全风险隐患排查整治，强化防火防爆工作。要突出检查重点，适时开展回头看，确保问题隐患闭环管理。

二要慎终如始防范疫情风险。当前，海外疫情依然严峻，要克服麻痹思想，毫不松懈抓好疫情防控工作。下半年，要继续抓好境外单位疫情防控，各海外公司要按照国务院国资委要求，把各项疫情防控工作落实落细落到位。要全力推进员工疫苗接种工作，因地制宜组织员工当地接种疫苗，也可以在条件允许的情况下，有序安排员工回国接种。同时要注重防范衍生风险，做好常态化关心关爱驻外员工和家属工作。继续抓好船舶船员疫情防控，全力推进船员疫苗接种，坚持上船船员应接尽接，船员公司要积极推进国际航行船舶在船船员单针疫苗接种，尽快形成免疫屏障。时刻关注在船船员身体健康，提高船舶伙食质量。继续抓好境内陆岸单位疫情防控，按照属地政府要求，深入推进疫苗接种。集团控股港口及与外轮有接触的有关单位，要切实落实集团相关要求，对与外轮接触的一线人员，加大防疫检查力度，严守“外防输入”底线。

三要警钟长鸣抓好合规管理。全球发展必须坚持依法合规的理念。在海外成立公司、开展业务，就要遵守相应国家/地区的法律和法规，这是基本原则。当前，美国的长臂管辖对一些企业的制裁越来越多，并没有放松迹象。各部门、单位必须高度重视，主动积极地做好合规管理。

8. 改进工作作风，在高质量发展中体现集团效率

重组以来，得益于广大干部职工的勤奋努力，集团发展很快。但事情是两面的，也有不少的职工跟不上集团的发展。尤其是当前，集团盈利能力大幅提升，我们不能思想上“飘飘然”，要始终保持艰苦奋斗和低调务实的工作作风，提高工作效率，提高我们每个干部和职工的职业修养、职业操守，这是企业基业长青的根本。

一是低调谦和。时刻牢记作为中央企业和全球化企业干部职工应有的思想境界和品行修养，话不可随口，事不可随心，人不可随意。

二是求真务实。要层层树立主动服务意识，集团总部要牢固树立为二级公司服务意识，二级单位要为三级、四级，为一线公司提供服务。集团总部和二级单位总部要减少文件的审批流转时间和官样文章，切实提高工作效率。

三是严谨细致。这是事业成功的保障，不能简单地只抓大事，不顾细节，这会影响工作的成败。各部门要形成文件交叉审核的工作机制，确保文件材料质量，倡导“文经我手无差错，事交我办请放心”的精神。

四是协同高效。既要有“谋定后动”的思考力，更要有“谋定快动”的执行力，决策时运筹帷幄，落实时如臂使指，弘扬“由我来办，马上就办，办就办好”的作风。对于重要信息，相关部门要沟通共享，统一口径，及时全面地向党中央、国务院及各主管部委上报。对于重要接待任务，各部门要资源共享，互相配合，展现集团优秀的能力水平。

五是严肃会风。国务院国资委专门发了文件，强调要把严肃会风会纪作为加强作风建设的具体行动抓实抓好。领导干部要发挥表率作用，带头遵守会议纪律，综合管理部门要切实加强统筹协调和参会人员教育管理，认真做好会议服务保障工作。

同志们，站在新的起点上，我们要深入贯彻习近平总书记在庆祝中国共产党成立 100 周年大会上的重要讲话精神，以“三个领军”“三个领先”“三个链接”的昂扬姿态，不负时代，不负韶华，接续奋斗，谱写集团建设世界一流企业高质量发展新篇章。

乘势而上谋发展 奋楫扬帆创一流

——集团董事、总经理付刚峰在中远海运集团 2021 年年中工作报告（摘要）

2021 年 7 月 8 日

第一部分 上半年经营工作回顾

今年以来，集团深入贯彻落实党中央、国务院决策部署，立足新发展阶段、贯彻新发展理念、构建新发展格局，深度链接双循环、链接新生态、链接创一流，积极落实年度工作会议各项工作任务，抓住集运市场历史性机遇，在做好疫情防控的前提下，全力保外贸、保产业链供应链稳定，各项工作取得积极成效。

一、聚力“三个领先”，“十四五”强劲开局

1. 在“效益领先”上，上半年，集团实现营业收入同比增长 64%；累计实现净利润同比增长 384.9%，创造了历史最好业绩。净利润排名前五位的单位为：中远海运集运、东方海外、中远海运散运、中远海运发展和中远海运投资。增利排名前五位的单位为：中远海运集运、东方海外、中远海运散运、中远海运发展和中远海运投资。在与各主要班轮公司公布的第一季度业绩对标中，集运的净利润、箱量增幅、外贸单收等关键指标，均处于行业第一梯队水准。

市场开拓打开新空间。今年，集团先后与美的、海尔、TCL、海信、上汽、华谊、中盐、隆基等重要企业签署战略合作协议，合作货量分别增长 30% ~ 1000%。截至 6 月底，集团与外贸头部企业签订全年运输协议已完成 500 万 TEU，占集团总体集装箱运量的 40%。1—6 月，集团完成战略客户货量 1.3 亿吨，同比增长 15%，收入同比增长 20%。集运与大客户、长约客户签约箱量 538 万 TEU，同比增长 46%，基础客户比例 41%。其中，与美的合作箱量 5.9 万 TEU，同比增长 541%。散运新增价值客户 10 家，新开发莫桑比克重砂公司，实现了在东非市场的突破。能源加大大西洋货源开发力度，1—6 月 VLCC 船队大西洋航线占比 21.4%，平均 TCE 大幅高于市场水平。特运成功揽取巴丝集团（Bracell）等 5 个超大型纸浆 COA，签约量近 3500 万吨。

服务模式提档升级。集运量身打造了美的、海信家电专列等特色服务，并率先推出中美航线中小客户服务专线，欧线、墨西哥线中小直客专班和“澳新精品快航专班”，切实解决中小货主沟通难、舱位难、提货难等诸多困难。目前中美航线中小客户服务专线已签约 86 家客户。散运中铝几内亚铝土矿项目共计完成装运量 21 船 415 万吨，超额完成年度计划 15.3%，平均航次期租水平高于项目船舶投资测算水平近 20%。特运利用西部陆海新通道推进全程纸浆服务，纸浆货量达 175 万吨，同比增长 44.6%。

2. 在“效率领先”上，1—6 月，集团全员劳动生产率为 120 万元 / 人，营业收入利润率为 22.4%，均明显优于上年同期。

经营质效持续改善。今年以来，集运通过船舶加速、调整厂修计划、加强航修等措施，加大全球运力投入与调配力度，努力提高船舶营运效率。同时，采取回程加速、跳挂等措施加快海外空箱回调速度，上半年累计从海外调回空箱 284.8 万 TEU。重工坚持“学川崎”，所属扬州重工继续保持 100% 的项目按时交付率。34 项海工项目已基本完成处置，10 个划转至国海海工项目中已有 9 个项目确定盘活。船员公司积极推进减员增效，上半年转岗、清退富余船员 997 人。截至目前，自有船员在集团船舶的利用率为 89%。

积极开展亏损企业治理工作，截至6月末，集团亏损子企业118户，较去年同期减少114户，减亏效果明显。

数字化转型稳步推进。GSBN合资实体公司（和易孚有限公司）在香港成功组建并开始正式运营。通过GSBN区块链无纸化放货平台，已有约11.9万TEU的货物实现了无接触快速提货。内、外贸电商平台充分发挥特色优势，1—6月成交箱量分别达到31.1万TEU、42万TEU，增幅50%、280%，成交金额同比分别增长79%、900%。在线规模化发展初现成效。集团数据集成平台已初步建成，目前正在开展数据治理，推动数据集成平台共享应用。此外，物流积极推进与百度合资设立远度云供应链科技公司，开发上线了“远海通”智能关务平台。

3.在“品质领先”上，1—6月，集团经营性现金净流入同比增长显著。截至6月底，集团资产负债率为61.1%，比年初降低2.34个百分点。

上市公司表现优异。集团内各上市公司股价均出现较大幅度涨幅。以中远海控为例，7月2日，中远海控A股股价收报30.66元，H股股价收报20.05港元，均为去年5月盘中最低价的10倍。目前，集团控股的11家上市公司总市值较上年末有显著增加。

资本运作积极有效。东方海外抓住市场窗口，募集资金1.2亿美元，有效改善了公司股票的流动性。不断提高债务直接融资比例，集团整体融资成本率2.3%，优于大部分央企。中远海运港口收购沙特吉达RSGT码头20%的股权。中远海运租赁引战项目顺利达成，正式进入交割阶段。混改基金支付的股权转让价款和中保投增资款已到位。抓住市场契机，处置参股股票，处置现金收入和实现投资收益效果明显。

二、聚力双循环发展，全球化布局持续完善

1.践行央企责任，认真落实“六稳”“六保”。上半年，集团积极履行央企责任，通过增运力、保供箱、提服务等措施全力保障全球运输服务。上半年，双品牌共计投入运力526艘、合计302.8万TEU，同比增长3.7%。其中，跨太平洋航线运力达70万TEU，同比增长12%，欧洲航线运力达72万TEU，同比增长13%。同时，紧紧抓住集装箱溢出效应，利用散货船、特种船承运集装箱，总共开设29个专班承运集装箱。集运和发展充分利用系统内部造箱产业的资源优势，为集装箱出口运输提供强有力的支持保障，上半年，集运双品牌共向市场投放新箱36.4万TEU，集装箱保有量515万TEU，比2020年底增长7.2%，寰宇箱厂共计造箱80万TEU，同比增长187%，有效缓解了集装箱供应紧张局面。1—6月，集运双品牌承运集装箱1 384.09万TEU，同比增长16.84%；承运煤炭6 864.8万吨，同比增长12.6%；承运原油6 915.3万吨，同比增长10.9%。

2.打造战略链接，优化重点物流枢纽布局。今年以来，已启动武汉及长江中上游地区、北部湾及海南地区、福建地区和湖南地区的区域发展规划的编制工作，并在天津、武汉、汉堡、吉达等海内外项目拓展中，积极发挥集团集装箱船队优势，为集团全球供应链关键节点布局提供支撑。在服务海南自贸区建设方面，集团已在海南独立运营15组航线，上半年在海南完成98.5万TEU，同比增长21.9%，占海南全省吞吐量的64.5%；上半年在海南新增注册船舶16艘，188万载重吨。海南港航成立了琼州海峡南岸航运合资公司，办结18艘船舶的过户登记手续，实现“不停航办证”，顺利完成南岸航运资源整合工作。目前，新海滚装码头客运枢纽站等重点项目正在稳步推进。在西部陆海新通道建设方面，集团在钦州港开设内外贸航线13条，1—6月在钦州实现箱量52.2万TEU，同比增长19.4%，占北部湾份额20%。同时，积极推动集运和物流在通道上的海铁联运开发，1—6月，西部陆海新通道海铁联运箱量完成5.7万TEU，同比增长69.3%。在服务京津冀协同发展方面，港口公司签署了天津港集装箱码头有限公司股权收购协议，持股比例增至51%，打造了央地国企混改及港航企业合作新样板。

3.依托“一带一路”，推动全球化发展。持续落实“一带一路”典范项目比港和中欧陆海快

线，加快比港强投项目建设。1—6 月，比港累计完成吞吐量 265.6 万 TEU。中欧陆海快线累计完成货量 6.1 万 TEU，同比上升 20.2%。持续加大第三国市场、区域市场和新兴市场开拓力度。今年 1—6 月，集装箱运输业务新兴市场货量 387.8 万 TEU，同比增长 25.1%。第三国市场货量 410.8 万 TEU，同比增长 17.8%；第三国货量占外贸总箱量的比例达 37.4%。散货运输业务第三国货量达 2 913.6 万吨，占外贸货运量的 32.3%。能源运输业务第三国货运量 1 563.9 万吨，占外贸货运量的 29.5%。北美公司克服美西码头严重拥堵、太平洋航线大量船舶长时间候泊脱班等困难，进一步压实和优化客户签约箱量，实现了量价齐升。东南亚公司开拓了新加坡、马来西亚物流平台冷链物流业务，开展了端到端的新马跨境配送运输服务，集团在东南亚的物流服务能力得到进一步提升。

三、聚力两个行动，创一流格局再上台阶

1. 完善“十四五”规划，明确世界一流发展方向。在集团“十四五”总体规划框架下，持续优化集团战略管控体系，进一步完善各直属公司的“十四五”规划，明确各单位发展重点、量化指标和任务分解措施。此外，为落实好国务院国资委系列要求，集团正积极开展科技创新、数字化、碳减排规划编制。

2. 聚焦主责主业，筑牢世界一流发展基础。集团积极推进落实国家战略项目、全球供应链建设项目、科技创新项目和数字化转型项目，全年投资计划（不含东方海外）较年初调增 10.3%。上半年，实际完成投资计划、处置回收现金、处置账面净收益等指标表现良好。持续优化船队结构，上半年新接船舶 19 艘、402 万载重吨，处置不具备竞争优势的船舶 8 艘。

3. 落实改革三年行动，激发世界一流发展活力。根据国务院国企改革领导小组的工作要求和集团实际，制定了自我加压版的 138 项工作清单，明确了时点、细化措施和要求。一是持续推动直属公司董事会规范运作。首次开展了对直属公司董事会规范运作情况的年度考核评价。1—6 月，集团直属公司董事会授权事项共行权 47 项；总经理办公会授权事项共行权 304 项。二是加快推进集团产业布局优化和结构调整。集团航运产业链特别是集装箱产业链控制能力持续增强，内外合作协同效应愈加明显；持续推进低效无效资产处置退出，制定了集团 2021 年第一批压减清单，建立了拟压减和重点观察企业清单，进一步推进压缩管理层级、减少法人户数工作。持续推进“两非”企业剥离，1—6 月已完成 41 家“两非”企业剥离，完成进度达到 63.1%。三是积极推进任期制和契约化管理。目前，已有 351 户各级子企业与经理层成员签订了有关合同或契约，完成契约化管理的企业户数占比 51.7%。各级子企业中在职的职业经理人 125 人，占比 8.3%。四是开展中长期股权激励。中远海运控股开展了第一批次股权激励行权工作。重工、青岛中远海运所属企业开展了科技型企业分红激励。目前已实施上市公司股权激励的公司 10 家，累计股权激励 1350 人次，累计股权或分红激励 202 人。

4. 推进管理提升行动，增强世界一流发展动力。目前，对标提升行动第二阶段各项组织落实工作正在开展，各单位将对标落实到企业经营管理实践中。集团以“选育结合，提炼精品”为基本原则，向国务院国资委推荐集运、能源作为活动标杆企业，南通中远海运川崎船舶智能制造作为标杆项目。

四、聚力三道防线，保发展大局稳定有力

1. 压实疫情防控责任。今年以来，集团先后召开 7 次专题会议，研究部署境内外陆岸单位和船舶船员疫情防控工作。集团严格按照“外防输入、内防反弹”的要求，紧扣海外单位和船舶船员两大重点，及时完善应对措施，建立了一系列的疫情防控指引、流程和应急方案，严格按照规范指引做好船员在海上航行以及海外港口时的疫情防控措施，切实做好疫情防控工作。把疫苗接种作为“我为群众办实事”实践活动首批重点民生项目，推进接种工作。截至目前，船员完成疫苗接种 24 557 人，主营船队船员疫苗接种率达到 62.5%；境内陆岸员工完成疫苗接种 49 457 人，

占员工总数 70.5%；驻外员工完成疫苗接种 304 人，占驻外员工总数 62%。另安排外包工完成疫苗接种 46 499 人。

2. 安全形势总体平稳。各单位按照年初工作部署，坚持“强基础，抓预控，树品牌”，坚守底线红线，深入开展安全生产专项整治三年行动“集中攻坚年”工作，持续推进安全风险分级管控，吸取各类事故教训，抓好重点航区、重点单位、灾害性天气及关键时段的安全管理，推进防碰撞、防工伤、防海盗和危化品安全等专题任务，安全形势总体保持平稳。

3. 风险防控扎实有效。严控汇率敞口规模，综合运用金融衍生工具，逐步扩大集团人民币结算范围，降低汇率风险。加强美国长臂管辖风险应对，积极做好非常规登轮检查的组织应对工作。同时，持续做好敏感地区业务风险排查，对重点项目进行风险评估，制定风险管控预案有效实施。面对苏伊士运河搁浅、缅甸政局动荡、国际反垄断调查等重大突发事件，稳妥落实应急解决方案，最大程度维护了客户和公司利益。

同志们，上半年集团取得了非常亮丽的成绩，这得益于党中央、国务院的正确领导，得益于国资委等上级部门的大力支持，得益于集团全体船岸员工的兢兢业业和奋力拼搏。在此，谨代表集团经营班子向大家表示衷心的感谢！

对照高质量发展和“三个链接”的目标要求，集团还存在一些问题和短板：一是改革内生动力不足。部分公司跟不上集团发展节奏，改革红利未能充分释放，部分员工存在畏难情绪。一些重点改革任务还需提速加力，集团各级子企业经理层和员工市场化退出比例仍低于央企平均值。二是产业创效能力不均衡。集团虽然创造了历史最好效益，但效益的提升主要依靠集装箱运输，部分产业和公司依然亏损，三、四级以下公司小、散、多，创效能力有待提升，集团亏损企业治理力度还需要继续加强。三是数字化赋能产业力度不够。集团各信息系统之间缺少数据共享机制，数据应用相对滞后，支撑集团产业链经营、全程物流供应链服务的系统、平台尚待进一步完善，统建平台发挥作用有限。四是科技创新投入不足，成果不突出。1—6 月，集团研发经费投入同比增长显著，研发经费投入强度为 0.33%，同比下降 0.12 个百分点，低于央企平均水平。

第二部分　下半年经营工作部署

下半年，供应链寻求新平衡，恢复增长仍是主基调。随着疫苗的广泛接种，全球疫情逐步缓解，全球市场将继续复苏。国际货币基金组织（International Monetary Fund，IMF）多次上调经济增速，预计今年增速为 6%。克拉克森研究公司（Clarkson Research Services Limited，简称“Clarkson Research”）预计今年海运需求增速为 4.3%，航运细分市场表现分化。由于供应链依然不畅，市场正在寻求新的平衡，集运市场“一箱难求”、散货市场上涨势头短期不会改变。

需求格局重塑，产业布局更依赖供应链安全，多中心化推动航运市场构建新的物流生态圈。全球化发展新变化和疫情推动企业调整产业链、供应链。RCEP 的签署、国内中西部经济圈的发展、中小客户群体的日益壮大，正推动运输需求从沿海向内陆转变，市场区域化、第三国化特征将更加明显，全程物流服务生态的行业模式将成为主要趋势。

市场竞争升维，不确定因素将成为未来走向的关键。运力升维、模式升维，新一轮运力升级竞赛的规模和速度正刷新近 10 年来新纪录。今年 1—6 月，全球新签集装箱船订单 294.3 万 TEU，比 2016—2020 年每年水平都要高，未来将对市场带来不小压力。随着跨境电商迅猛发展，货源碎片化、高频化、线上化等新特点，将推动服务内涵从分层分类营销向精细化服务升级。但全球疫情、港口拥堵、印度疫情导致的船员短缺等仍是影响航运市场走向的关键因素。

2021 年是集团“十四五”规划的开局之年，下半年，我们要继续朝着“三个领军”“三个领先”“三个链接”的目标，按照年初工作会议上许立荣董事长、党组书记要求，“集中精力办好自己的事”，全力开启集团高质量发展新航程。

一、抓住有利时机，增强集团可持续增长的盈利能力

要冷静、客观认清当前市场，将关注短期问题和长期可持续发展相结合，抓住此轮航运市场历史机遇、集团效益、现金流大幅增长的有利时机，加快商业模式、客户结构等一系列调整，实现高质量可持续发展。

1. 要突出结构优化，提升规模经营效应。把握运力调整节奏。疫情及各种突发事件对航运供应链的平衡产生了重大冲击，也对航运经营者提出了新的要求。众多航运企业及独立船东均在扩大运力规模，甚至货主也为保障供应链而加入航运。今年，集团计划新签造船订单 100 艘、877 万载重吨（含东方海外），已接船舶 20 艘、401 万载重吨。要坚持战略定力，按集团“十四五”规划确定的原则进行运力结构调整，要保持集装箱船队第一梯队地位。散货、能源船队要坚持“以货定船”，抓住市场机遇，加快更新调整，淘旧造新。要加大 LNG 船舶投资，适度扩张半潜船、纸浆船、客滚船船队规模，加快以长协合同为基础的化学品船、LPG 专业船队培育发展，积极提升市场份额，实现规模和效益领先。注重运力结构配置。目前，集团租入船舶共 372 艘、1981 万载重吨，占集团总载重吨的 17.5%，其中，上半年共租入船舶 89 艘、466 万载重吨。要加快推动自有船和租入船的结构调整，尽快形成合理的自有船舶、租入船舶，融资租赁、经营租赁的结构。同时要做好租金偏高、租期偏长的租入船舶的管理，避免发生高租金船风险。关注船型结构调整。要加强对未来政策环境变化、新能源新技术发展应用等方面研究分析，匹配适应市场趋势和客户未来需求的船型，保持船队竞争力。推进运力布排优化。把握全球发展机遇，紧随货流变化趋势，持续优化全球运力资源配置，合理调整运力投入比例，在当前形势下要保持冷静、客观，认真研判热点过后市场的变化。要跟随中国企业尤其是行业龙头企业的全球化发展，延伸扩大集团产业链服务的范围。加大跨境电商新业态、新模式的对接力度，精选适用运力实施差异化竞争。坚持承运全球，在做强回程营销、提高进出口平衡上寻求新的突破，获取更大增量效益。

2. 要突出价值营销，增强客户黏性。适应大客户需求，巩固和复制美的、中铝模式。坚持以客户为中心，始终以为客户创造价值为导向，进一步强化与央企客户、核心客户的战略合作，要关注行业头部企业，积极加大世界 500 强企业的营销挖潜，深化与央企战略客户的海外合作，同时探索开发新兴产业的头部企业。对美的、中铝几内亚项目、纸浆运输产业链等已有的成功商业模式，要系统梳理总结并进行复制推广。要加大投入，特别是在信息技术、人力资源方面。集运运用数字化能力为美的提供可视跟踪、分析运用、监督服务，对接双方物流端到端运作，定制物流产品，提升客户黏性，此种服务模式践行了“以客户为中心”的理念，可以广泛地推广运用各行业重点客户，形成应对航运周期性波动，构建长期稳定的客户基础。要积极推进能源中石油国事 LNG、特运越南嘉莱风电等重点项目。通过头部企业的链接扩展效应，为集团创效增加活力。适应小众客户需求，提升中小客户服务能力。要细分客户群和业务维度，拿出更多解决当前物流供应链“痛点”的具体举措，回应企业特别是中小企业诉求，不断优化升级服务产品，提升客户黏性和质量。要把握中西部和区域市场发展的趋势，聚焦中小客户群体，大力开拓适箱货源、拼箱货源潜力，寻找利润增长点。要继续落实全球客户服务提升行动，加快客户服务体系建设。适应线上化趋势，大力发展电商服务。集团年初提出各大电商平台今年均要实现成交箱量增长 50% 以上的目标，但部分公司距离上述目标仍有差距。要抓住“一箱难求”的矛盾，破解困难，创新升级打造更多贴近市场、以客户为中心的平台服务产品，提升直接货主客户在电商平台的比重和黏度，提升我们全程服务的能力，加大力度向平台模式转型。泛亚电商、船货易等电商平台要进一步加快推动向第三方功能性平台的转型，扩大市场覆盖面，切实提升平台规模力和影响力，确保实现年初既定目标。运营部要根据电商平台的发展趋势调整考核要求，加大考核比重和力度，引

导各公司加快电商及数字化转型步伐。

3. 要突出资本运作，提升资本创效能力。要关注政策趋势，抓住时机，落实“十四五”资本规划。各上市公司应积极回应投资者，提升资本运作能力。要继续做好中远海运租赁引战出表后续工作，确保按期完成。金控平台、财务公司要继续发挥金融产业与航运主业的协同效应，也要在地区公司盘活存量资源中发挥作用，共同提升盈利能力和产业链整体价值。要正确处理好减值、沉没成本和结构调整的关系，在市场合适、战略稳妥的前提下，考虑合理安排船舶、各类资产减值，为集团各公司未来经营效益提供有力支撑。

4. 要突出转型发展，巩固亏损治理成果。目前，集团还有 118 户亏损企业，要集中统筹推进，明确下半年工作重点和时间表，确保按期完成亏损企业治理工作。一要抓好地区公司扭亏。各有关部门和公司要落实许立荣董事长、党组书记调研指导要求，积极协调，拿出可操作方案，确保年内各地区公司全面扭亏。各地区公司应抓住集团大力支持的机遇，做好“十四五”规划的调整优化，进一步明确主业发展定位，加快清理、退出非优势、无发展空间的存量业务。二要抓好重工扭亏。重工要在集团已经给予大力度支持的基础上，持续深入全面“学川崎”，切实保证船舶修理、建造质量和时效，创造经营效益。要把握目前造船市场走高机会，努力开拓市场，同时要把握好客户、市场风险，提升付款比例，坚决避免弃船风险。同时要做好海工平台的后续相关工作。三要加大“两非”清理。坚决退出不符合集团战略发展方向、缺乏市场和利润空间的无优势业务，力争到 10 月底前完成参股问题整改阶段任务。要严格非主业投资管理，确保非主业投资不超过国资委核定的年度 9.7% 的非主业投资比例。要持续推进剩余 19 项低效无效资产处置工作，确保年内完成其中 7 项处置任务。

5. 要突出成本管控，加大降本增效力度。在燃油成本管控方面，今年以来，燃油价格持续攀升，目前已达到 550 美元 / 吨，集团上半年发生燃油费 156 亿元，同比增长 1.3%。去年集团有关单位抓住燃油价格较低的时机开展燃油批量操作，为今年效益的提升作出了积极贡献。2020 年 1—6 月，已批量操作外贸燃油 276.5 万吨，价格低于市场均价；要继续通过境内保供协议、浮动价协议、固定价批量等手段，进一步控制燃油成本。两家燃供公司要继续加强与船公司的协同，助力航运公司降本。同时，要加快制度、平台建设，推进集团燃油套期保值业务开展，有效控制燃油成本。要抓住现金流大幅增加的时机，进一步优化集团负债结构，降低负债率，为集团的稳健扩张提供有力的财务支持。要继续加强资金特别是境外资金的集中管控，落实国务院国资委各项要求，统筹资金债务管理。推进澳大利亚、新加坡等地区通过中国银行进行资金集中，进一步拓展集团跨境资金池功能。财务部、财务公司要抓住政策和市场窗口期，实施低成本融资，着力降低财务成本、优化债务结构。

各公司要严格按照国务院国资委和集团部署，开展对标一流的各项工作，围绕战略目标，以构建可持续高质量发展能力为核心，认真做好上半年的经营分析，强化对标，找出短板弱项，抓好提质增效各项工作。

二、认真履行责任，推动产业链供应链畅通有序

1. 落实“六稳”“六保”，保障重要物资运输安全。要保外贸，积极主动向国家部委汇报反馈，加强与国内行业头部企业特别是央企的沟通联系，主动营销，促成合作，加大对煤炭、铁矿石、粮食、石油等战略物资运输的保障力度。要发挥自身优势，通过水水、海铁等多式联运，创新物流解决方案，优化全程供应链，把“以客户为中心”落到实处，助力降低社会物流成本。要加大内外贸联动力度，通过继续调整优化现有航线上的船舶运力安排、抽调内贸运力等措施，腾出更多运力服务集装箱出口。要加强稳外贸运力资源协同，利用散杂货运力协同支持集装箱运输，加大散杂货船队承运集装箱的投入。

2. 创新服务模式，为中小客户解忧纾困。要在前期开通欧线中小客户专班、中小客户墨西哥快航、澳新精品快航专班的基础上，继续创新服

务，形成有竞争力的商业模式，提升集团品牌形象，彰显集团社会责任担当。要进一步加强中小直客的开发，利用电商平台、各地商委和商会、协会等组织，建立与中小直客的直接沟通渠道，积极推动去中间化，将有关工作做实做细，建立数字衡量指标，适时调整各口岸单位人员的考核导向。要加强货代订舱管理，强化货代资质审核，实现做好订舱运输业务的全过程管控。要严格规范舱位、运费、合规以及货代订舱管理，引导市场稳定有序。

3. 优化枢纽节点建设。要寻求关键运输通道上的港口、码头、仓储等基础设施资源的掌控机会。加强广大内陆地区的供应链体系建设，把握产业梯度转移趋势，重点做好东南沿海、中西部地区布局。要统筹推进，补齐短板、锻造长板，以重大项目为抓手，发挥投资导向作用，实现集团资源合理配置。要跟踪研究湖北省港口集团整合进展，积极推进武汉阳逻港统一经营，保障集团权益。要积极推进完成天津港国际集装箱码头、欧亚码头的股权交割工作，启动联盟码头股权转让工作，完善北方整体航运服务网络。秘鲁钱凯项目码头部分基建要确保 7 月底前开工。物流要根据国家物流枢纽布局和建设规划，加快重要物流枢纽节点的资源投入。要对集团现有枢纽节点保持战略定力，不断优化整合资源，发挥提升效率、降低物流成本的作用。航运、港口、物流要加大产业链经营的协同力度，加快建设通道服务产品，制定重要节点的投资计划，包括物流园区、冷链仓储、分拨中心等。广州中远海运要继续与物流共同策划钦州综合保税区物流园区的建设和未来运营管理方案。比港要继续推进强投项目，在进一步提升集装箱业务能力的基础上，发展好修造船、邮轮等业务，不断拓展中欧陆海快线辐射面，覆盖更多的中东欧国家，实现增量突破，确保全年实现 570 万 TEU。要依托"一带一路"，继续加强在中东、东南亚、加勒比、地中海、非洲和南美等支线网络建设，加快承运全球建设。

4. 打造新通道物流谱系产品。要贯彻国家战略要求，立足双循环新发展格局，在集团投资布局武汉港、南通港、洋浦港、钦州港的基础上，集运、散运、特运、物流等有关公司要进一步发挥集团在水铁转运、海铁联运、水水联运、内外贸兼营等优势能力，打造一批高效对接西部陆海新通道，与中欧陆海快线、长江黄金水道、关键枢纽等相连接的通道谱系产品，尽快聚集形成供应链端到端以及辐射周边市场的服务能力，构建集团独特的产品优势和核心能力。运营部要牵头研究构建集团产业链经营运作体系。通过具体项目的示范，推动集团各单位主动参与产业链协同。战企部、海南港航要统筹谋划好琼州海峡港航一体化的实施方案，争取 9 月底前完成投资运营主体的组建工作。要提前做好一体化运营相关的业务、财务、人员等各方面整合筹备工作，确保琼州海峡大通道整合平稳有序。要加快新海港客运枢纽等项目建设，完善综合交通枢纽功能。

持续开发"三个市场"，落实集团全球化发展战略。各航运公司、物流、海外公司要按照集团打造全程物流供应链的目标，围绕客户需求，在上半年取得积极成效的基础上，设定更高目标去努力实现。港口公司要对集团投资的海外港口发挥更大影响力，为集团航运公司提供高效、优质服务，助力"三个市场"的竞争力提升。

三、强化攻坚意识，推动改革三年行动有效落地

1. 全力推进改革三年行动。集团已经自我加压，明确了 138 项工作任务。要以压力为动力，严格按照国务院国资委要求，既做好三年行动方案已经明确的"必答题"，又做好具有企业特色的"自选题"，把完成国务院国资委改革任务和解决企业实际问题有机结合。各部门、各单位要严格按照 2021 年年底和 2022 年 6 月底两个时点量化目标要求，全面抓好改革工作细化分解和落实落地，着重对照检查国务院国资委 13 项重点改革任务的完成情况，提速加力，力争在明年国务院国资委改革任务年度考核中获得 A 级。

2. 加快解决深层次改革问题。要以问题为导向，系统梳理、深入分析问题根源，结合国务院国资委月度例会提出的工作重点，聚焦改革难点痛点堵点，动真碰硬解决问题。要牢牢抓住经理

层成员任期制和契约化管理这个“牛鼻子”，使之成为市场化机制改革的“标准配置”，规范任期管理、科学确定目标、完善退出机制。要完善市场化选人用人分配机制，做实做深全员绩效考核，为末等调整和不胜任退出提供刚性依据。集运、船研所、宁波中远海运物流等“双百企业”和科改示范企业，要发挥表率作用，在职业经理人制度、任期制和契约化管理等方面率先突破。

3. 确保按时保质完成各项改革任务。集团要将部分重要体制机制改革和重大战略项目纳入考核范围，既考核进度，也考核成效，将考核结果与公司经营业绩挂钩。对于改革进度和质量不达标的部门、单位，及时督办整改。要继续组织好改革三年行动月度例会工作，通过对改革三年行动方案的定期回顾总结，及时发现问题和不足，制定针对性措施。集团要建立改革工作台账，定期汇总与公布各单位改革进展情况，通过专项督查、不定期抽查等方式，加强对改革落实情况的监督检查。各部门、各单位要对标对表，查找工作不足，全力完成改革任务。

此外，在推进改革三年行动中，要进一步强化各直属公司“十四五”规划的执行监督，通过建立定期的战略对话流程，推进战略规划的回顾调整，形成全面的战略闭环管理，确保战略规划有效落地。

四、加大科技投入，推动数字驱动和绿色发展

1. 完成科技规划编制。要以科技规划编制为抓手，抓好交通强国项目落地应用，做好北极航线等项目的原创应用研究，发挥国家重点实验室和国家工程研究中心的科技示范作用，加大投入，推动各项应用成果的转化使用。对集团内企业研发的技术、产品在集团各公司的运用要给予资金政策支持。

2. 完善数字化转型规划。要将“以外部市场、客户、业务为核心”的思路，贯穿到集团“十四五”数字化转型规划中，通过寻找合适的指标对数字化转型目标和任务进行量化评估，明确长期、阶段性、短期投入与产出。要自上而下形成全集团数字化、信息化规划体系，进一步明确各业务板块数字化发展在集团产业链经营中的定位与逻辑关系。要高度关注数字化发展态势，充分借鉴外部全程物流供应链领域的先进经验，以构建航运生态为己任，加速打造以 GSBN 为前沿的集团信息化创新平台，助力集团产业链协同，为社会、行业树标杆、树标准。

3. 制定绿色发展路线图。要在全面盘查集团碳排放现状的基础上，年底前提出集团实现碳达峰碳中和的时间表和节点任务，完成集团碳达峰碳中和行动方案初稿。各单位要高度重视，根据各自业务、资产结构、行业要求，积极配合集团整体方案的研讨和制定，助力集团进一步明确行动方案目标任务、具体实施路径及保障措施。

4. 从创新应用出发，深入挖掘数据和低碳价值。要完成数据集成平台相关规范制定，建立集团层面数据治理体系，挖掘数据背后蕴藏的巨大价值。要加大数据集成平台的应用推广力度，从源头上抓好数据治理，防止数据“人为修正”，为集团和各单位决策提供有效支撑。要通过平台集成实现数据和产业链协同，让数据资产真正赋能航运产业链，促进各单位内部精细管理和客户服务质量的提升，最终折现到企业管理效率和经营效益的提升。要利用集运市场机遇，加大对 GSBN 项目的投入，加大市场推广力度，激励客户、利益相关方、政府部门的参与和使用。要认真研究、贯彻《关于加快推动区块链技术应用和产业发展的指导意见》文件精神，打造具有国际竞争力的区块链“名企”，发挥示范引领作用，扩大 GSBN 在行业的影响力。

各单位要有绿色低碳发展的资源性投入和标志性成果。要充分发挥多式联运作用，发展绿色货运和现代物流。要加快船舶智能化、绿色环保更新换代，提高船队的生产效率和整体能效水平。要研究低碳领域的行业生态、技术、模式，在商业价值可持续的前提下，争取将长江流域电动商船打造为央企融入长江流域绿色发展的标杆项目。广州中远海运、上海中远海运、天津中远海运等单位要稳步推进航运环保产业发展，择优探讨战略合作或股权并购，提升公司航运环保产能

规模和业务资质。要逐步规范集团油污水处理。

5. 从机制保障出发，提升科研、数字化和低碳赋能效果。要制定和落实好科技创新、数字化转型和绿色低碳发展的保障机制。通过院士工作站平台，吸引培育一批代表集团科技形象和水平的优秀领军人才和高级专家，以激励为主，系统性推进科技创新保障机制建设，为集团科研水平的提升营造良好氛围。研究统筹发挥各企业技术平台科研能力的机制体制。各单位要把数字化平台建设作为“一把手”工程来抓，把数字化团队建设等内容列入各单位改革三年行动实施方案当中去。中远海运科技要在集团数字化转型发展中发挥作用，以重大项目为牵引，推动落实集团数字化标志性成果，进一步赋能集团全程物流供应链综合服务生态。要树立全生命周期成本理念，将节约能源资源的要求贯彻到经营和管理的全过程。要打造一批绿色循环低碳的科技示范项目，引领全行业加快绿色循环低碳发展步伐。

五、坚守底线思维，推动健全风险管控长效机制

1. 坚持系统化风险防控。要从不同的侧面、功能和角度出发，统筹做好风险管理、内控、合规体系的有机整合。要关注市场风险，目前的航运市场特别是集装箱运输市场处在高位，过热的集装箱市场态势必将回归常态，对航运、造箱、租箱业务要加强研判，居安思危，做好预案。对于高租金船舶要重点关注。修造船业务要做好合同和主要原材料价格的风险管理。航运、燃供单位对燃油价格的波动也要采取有效措施控制成本。要关注舆情风险。从去年下半年起，舆论始终关注着火热的海运市场，要增强舆情应对的敏锐性，注重舆情引导，做好预案应对，公关部、运营部要会同集运做好与上级部门、协会、公共媒体和自媒体的沟通。要特别关注欧美政府、协会可能采取的不利行动。要关注汇率风险。上半年，人民币对美元平均汇率是 6.47，同比升值 8.7%。要密切关注汇率变化，提高汇率风险管理水平，降低财务损失。同时，要高度重视海外风险、财务风险管理，做好敏感地区公司业务梳理，有针对性制定风险防控措施和应对机制。

2. 坚持体系化安全管理。切实抓好安全生产专项整治三年行动，建立健全安全生产制度体系和责任制落实体系，做到安全压力层层传递、层层压实。主要负责人要带头履职尽责，发挥领导层的示范和引领作用。要进一步强化船员培养培育工作，企业大学要加强与船员公司、船公司在船员培养方面的协同，持续开展船员，尤其船长和驾驶员能力提升培训，不断提高船员的安全意识和安全技能。要深刻吸取 “长赐”轮在苏伊士运河搁浅事故教训，加强应急训练和演练，提高船舶进出港、狭水道航行、复杂水域航行等的安全意识，切实做好预防预控。要强化应急值班尤其是驾驶台值班、舵机安全值班，坚决防止因为舵机失灵导致的偏离航道、搁浅等安全事故发生。要加强危化品安全风险管理，对油轮、LNG、化学品船、油库、气站、危险品堆场仓库要重点监督。信息技术已深度嵌入企业经营管理的各个方面，要提高网络安全意识，强化网络安全管理和技术防护体系建设，确保经营管理的正常运转。

3. 坚持常态化疫情防控。当前新冠疫情仍在全球肆虐，外防输入的压力依然很大，国内部分地区也时有确诊病例暴发。要始终绷紧疫情防控这根弦，进一步全面深入梳理查摆短板不足，及时完善应急预案和管理方案。要强化船舶防疫专项检查，督促严格落实个人防护措施。集团控股港口及与外轮有接触的有关单位，要加大防疫检查力度，慎终如始抓好疫情防控工作。各海外公司要坚持底线思维，始终把各项疫情防控工作落实落细落到位，做好防疫物资、防疫药品和当地医疗资源储备。接种疫苗是最有效的防控措施。各单位特别是船员公司、海外公司要积极协调当地政府，有力有序组织实施船岸员工的疫苗接种工作。要加大对船员关心关爱力度，继续稳妥开展船员换班和心理辅导工作。

同志们，上半年我们创造了历史最好业绩，我们要坚持“三个链接”，把握战略机遇，扩大战略优势，乘势而上谋发展，奋楫扬帆创一流，全力迈出集团高质量发展新步伐，为党的第二个百年奋斗目标实现再立新功！

专论

奋进新时代　启航新征程
奋力抒写航运强国的时代长卷

——许立荣党组书记、董事长在集团“两优一先”表彰大会上的讲话

同志们：

在伟大的中国共产党成立100周年即将来临之际，我们隆重集会，回顾党的百年峥嵘历史，汲取奋斗智慧和力量，表彰“两优一先”集体和个人，推进集团改革发展和建设世界一流企业进程。首先，我代表集团党组向全集团各级党组织和广大共产党员、离退休党员致以节日的问候！向受到表彰的先进集体、先进个人和新入党的党员表示最热烈的祝贺！

百年征程波澜壮阔，百年初心历久弥坚。中国共产党成立以来的100年，是矢志践行初心使命的100年，是筚路蓝缕奠基立业的100年，是创造辉煌开辟未来的100年。

100年来，从石库门到天安门，从兴业路到复兴路，我们党从最初的50余人发展壮大到拥有9000多万名党员的大党，一艘小小红船越过急流险滩，穿过惊涛骇浪，成为领航中国行稳致远的巍巍巨轮。

100年来，从建党的开天辟地，到新中国成立的改天换地，到改革开放的翻天覆地，再到党的十八大以来的顶天立地，我们党团结带领人民战胜无数强大敌人和难以想象的困难，从一穷二白、百废待兴，发展成为世界第二大经济体，推动党和国家事业取得历史性成就、发生历史性变革。

壮丽100年，我们党带领人民绘就了一幅波澜壮阔、气势恢宏的历史画卷，谱写了一曲感天动地、气壮山河的奋斗赞歌。辉煌100年，见证了中华民族历史命运深刻改变的伟大转折，镌刻下了党指引中华民族坚定迈向复兴的丰功伟绩。在100年的非凡奋斗历程中，一代又一代中国共产党人顽强拼搏、不懈奋斗，涌现了一大批视死如归的革命烈士、一大批顽强奋斗的英雄人物、一大批忘我奉献的先进模范，形成了一系列伟大精神，构筑起了中国共产党人的精神谱系，成为我们全体共产党人的丰厚滋养、精神富矿和鲜活教材。

庆祝党的百年华诞，我们必须牢记没有共产党就没有新中国，正是有了中国共产党，才从根本上改变了中国人民和中华民族的前途命运，使具有5000多年文明历史的中国面貌焕然一新，中华民族伟大复兴展现出前所未有的光明前景。

庆祝党的百年华诞，我们必须牢记中国共产党的领导、中国特色社会主义道路，是历史的选择、人民的选择。党的百年奋斗历程和伟大成就是我们增强自信的坚实基础。进入新时代，必须始终坚定中国特色社会主义道路自信、理论自信、制度自信、文化自信。

庆祝党的百年华诞，我们必须牢记旗帜鲜明讲政治、保证党的团结和集中统一是党的生命，也是我们党能成为百年大党、创造世纪伟业的关键所在。必须始终坚决维护习近平总书记党中央的核心、全党的核心地位，坚决维护党中央权威和集中统一领导，不断提高政治判断力、政治领悟力、政治执行力。

庆祝党的百年华诞，我们必须牢记国有企业的发展史，就是一部坚持党的领导、加强党的建设的历史。国有企业必须始终以党的旗帜为旗帜、以党的方向为方向、以党的意志为意志，践行习近平总书记提出的“六个力量”①要求，为全

① 六个力量，即“使国有企业成为党和国家最可信赖的依靠力量，成为坚决贯彻执行党中央决策部署的重要力量，成为贯彻新发展理念、全面深化改革的重要力量，成为实施‘走出去’战略、‘一带一路’建设等重大战略的重要力量，成为壮大综合国力、促进经济社会发展、保障和改善民生的重要力量，成为我们党赢得具有许多新的历史特点的伟大斗争胜利的重要力量”。出自《习近平在全国国有企业党的建设工作会议上强调 坚持党对国有企业的领导不动摇 开创国有企业党的建设新局面》，《人民日报》，2016年10月12日01版。

面建设社会主义现代化国家、实现中华民族伟大复兴作出新贡献。

庆祝党的百年华诞，我们必须牢记历代党和国家领导人对中远海运事业的亲切关怀和殷切期望，特别要牢记习近平总书记“经济强国必定是海洋强国、航运强国”①的重要论述，始终胸怀中华民族伟大复兴战略全局和世界百年未有之大变局，积极推进全球化发展和航运强国建设。

百年风云激荡，百年沧海桑田。一部中国百年航海史，就是一部中国共产党带领中国航海人为建设海洋强国、航运强国艰苦卓绝的革命斗争史、披荆斩棘的不懈奋斗史、锐意进取的开拓创新史、精忠报国的爱国奉献史。从1949到2021，筚路蓝缕七十二载，一代代中远海运人赓续爱国主义优良传统，牢记“为祖国和人民远航”殷切嘱托，激扬家国天下的赤子情怀，劈波斩浪慨然前行，在波涛汹涌的航程上积淀祖国航运事业的深厚基业，撑起了新中国航运史的精彩华章。从2016到2021，改革重组五年春秋，新时代中远海运人砥砺航运强国初心使命，坚守大国重器责任担当，承载建设世界一流企业时代重任，高歌猛进领航全球，创造了值得载入史册的辉煌业绩。

中远海运的改革发展和辉煌业绩，凝聚着一代又一代中远海运人的艰苦奋斗、甘于奉献。民族精神的养育，精忠报国的志向，敬业精神的塑造，方枕流、贝汉廷、鲍浩贤、严力宾、杨怀远……这一串串耳熟能详闪亮的名字，彰显了“大国顶梁柱”的精神底色。今年，集团370名离退休老党员荣获党中央首次颁发的“光荣在党50年”纪念章。党龄丈量了平凡的生命刻度，也成为见证价值的奋斗坐标。在这些老前辈身上，共产党人的精神之火、信仰之魂，矢志不渝、日久弥新。老前辈们的历史功绩，我们要永远铭记！老前辈们的优良传统，我们要赓续传承！在中国共产党成立100周年这一伟大而庄严的时刻，让我们向为集团奠基立业、开疆辟土作出贡献的老前辈们致以崇高的敬意和衷心的感谢！

中远海运的改革发展和辉煌业绩，凝聚着一批又一批共产党员的爱岗敬业、责任担当。无论是在惊涛骇浪的茫茫大海，还是在远离祖国的异国他乡，无论是在高温炎热的车间船台，还是在热火朝天的基层网点，广大党员牢记重托、奋发进取，积极投身建设世界一流企业的壮阔实践，始终奋战在拼搏创效的主战场，始终活跃在改革创新的最前沿，始终坚守在安全航行的第一线，始终践行在全面从严治党的最前列。他们高高擎起共产党员的信仰之旗、先锋之旗，激发着集团14万职工奋进新时代、筑梦新征程的历史使命和责任担当，形成了集团上下创先争优、接续奋斗的思想共识和磅礴力量！实践充分证明，中远海运广大党员和干部职工是一支政治坚定、敢于担当、作风优良的队伍，是我们治企兴业值得信赖和倚重的中坚力量，是决定企业基业长青的根本力量。在中国共产党成立100周年这一伟大而庄严的时刻，让我们向为集团改革发展、争创一流作出贡献的广大党员和干部职工致以崇高的敬意和衷心的感谢！

同志们，中国共产党成立100周年是中华民族伟大复兴的重要历史时刻，我们将由此满怀豪情踏上全面建设社会主义现代化国家的新征程。站在新的历史节点眺望光辉彼岸，中远海运广大党员和干部职工要强化航运强国使命担当，紧握逐浪之桨，高扬实干之帆，奋进新时代，启航新征程。

奋进新时代，启航新征程，必须传承红色基因，牢记初心使命。红色基因是中国共产党人的精神内核，是中华民族的精神纽带，是革命的基因、奋斗的基因、实干的基因。为中国人民谋幸福，为中华民族谋复兴，是中国共产党人的初心和使命，是激励一代代中国共产党人前赴后继、英勇奋斗的根本动力。新时代传承红色基因、牢记初心使命，就是要求我们深入学习百年党史，扎实开展党史学习教育，用党的奋斗历程和伟大成就鼓舞斗志、明确方向，用党的光荣传统和优良作风坚定信念、凝聚力量，用党的实践创造和

① 《习近平在上海考察时强调 坚定改革开放再出发信心和决心 加快提升城市能级和核心竞争力》，《人民日报》，2018年11月08日01版。

历史经验启迪智慧、砥砺品格，把党史学习教育同总结经验、观照现实、改革发展紧密结合起来，同拼搏创效、安全管理、疫情防控紧密结合起来，同开展好“我为群众办实事”实践活动和动员广大干部职工创造幸福生活、为经济社会提供高质量服务产品紧密结合起来，确保学习教育取得实实在在的成效。

奋进新时代，启航新征程，必须强化理论武装，感悟思想伟力。我们党之所以坚强有力，始终保持崇高的革命理想和旺盛的革命斗志，取得革命、建设、改革伟大胜利，归根到底就在于始终把马克思主义这一科学理论作为行动指南。党的十八大以来，我们党和国家事业取得历史性成就、发生历史性变革，根本在于中国共产党人与时俱进创立了习近平新时代中国特色社会主义思想，实现了马克思主义基本原理与中国具体实际相结合的又一次飞跃。习近平总书记对国有企业改革发展和党的建设发表的一系列重要讲话、作出的一系列重要部署，把我们党对国有企业工作的规律性认识提升到了一个崭新的高度，为推进国有企业改革发展和党的建设提供了根本遵循。我们要深刻感悟习近平新时代中国特色社会主义思想的真理力量和实践力量，持续在学懂弄通做实上下功夫，切实把学习成果转化为提升党性觉悟和思想境界的精神营养，不断提高用党的创新理论指导推动工作的能力和水平。

奋进新时代，启航新征程，必须胸怀“国之大者”，勇担历史重任。跨步历史交汇，胸怀强国梦想，必须始终立足“两个大局”，想国家之所想、急国家之所急、应国家之所需，切实担负起做强做优做大国有企业的重大责任，切实担负起服务构建以国内大循环为主体、国内国际双循环相互促进的新发展格局的重大任务，切实担负起发挥国有经济战略支撑作用的重大使命，以高质量发展当好稳定国民经济的“压舱石”，践行“六个力量”的主力军，建设“一带一路”的排头兵，推动航运强国的先锋队，在实现“两个一百年”奋斗目标、实现中华民族伟大复兴的中国梦进程中奋勇争先、走在前列。

奋进新时代，启航新征程，必须坚持党的领导，加强党的建设。坚持党的领导、加强党的建设，是国有企业的“根”和“魂”，是国有企业的光荣传统和独特优势。集团各级党组织和广大党员干部，要深入学习贯彻习近平总书记在庆祝中国共产党成立 100 周年大会上的重要讲话精神，全面贯彻落实新时代党的建设总要求和新时代党的组织路线，认真落实全国国有企业党的建设工作会议精神和中央企业党的建设工作座谈会任务部署，继承发扬“支部建在船上”优良传统，践行“三做”理念、弘扬“三舱”精神、做到“四个坚守”，持续推动加强党的领导与完善公司治理体系深度融合，持续推动党建工作与生产经营管理深度融合，夯实“两个覆盖”成果，强化基层基础保障，全面提高集团党建工作质量，更好发挥党组织战斗堡垒作用和党员先锋模范作用。

奋进新时代，启航新征程，必须锐意深化改革，实干担当作为。全面深化改革是中远海运实现高质量发展、打造具有全球竞争力的世界一流企业的必由之路。中远海运人要加快从重组红利向改革红利转变，深化国企改革三年行动，以钉钉子精神把各项改革措施抓到位、见实效。各级党员干部要以功成不必在我的思想境界和功成必定有我的历史担当，大力发扬为民服务孺子牛、创新发展拓荒牛、艰苦奋斗老黄牛的精神，咬定每个目标、盯住每项任务、抓住每个环节，迎着挑战上、顶着压力闯，奋力谱写集团高质量发展新篇章。

同志们，历史航船破浪向前，奋斗航迹永不停歇。宏伟壮丽的时代进程，离不开每一个人的奋斗和付出。让我们以中国共产党成立 100 周年为新的起点，高举习近平新时代中国特色社会主义思想伟大旗帜，以奋发有为的精神状态和实干兴邦的时代担当，奋力开创企业改革发展和党的建设新局面，以优异成绩庆祝中国共产党百年华诞，为全面建设社会主义现代化国家，实现中华民族伟大复兴中国梦作出新的更大贡献！

巍巍巨轮驶向海洋强国

——中远海运集团党组书记、董事长　许立荣

党的十八大以来，习近平总书记围绕建设海洋强国发表了一系列重要讲话、作出一系列重大部署，为新时代发展海洋事业、建设海洋强国提供了思想罗盘和行动指南。中远海运集团作为国家航运业的一艘巍巍巨轮，在建设海洋强国、航运强国中肩负着重大使命和任务。

锻造“大国船队”

2012 年，党的十八大报告提出“建设海洋强国”，为我国海洋事业发展确定了战略目标。2013 年 7 月 30 日，中共中央政治局就建设海洋强国进行第八次集体学习。习近平总书记在主持学习时强调，“建设海洋强国是中国特色社会主义事业的重要组成部分”①。为推进陆海统筹、加快建设海洋强国提供了根本遵循。

坚持党建引领为改革重组把舵。坚持党的领导、加强党的建设是国有企业的“根”和“魂”，是国有企业的独特优势。中远海运集团党组坚持“四同步、四对接”，落实前置程序，党组研究决定重大事项，认真贯彻落实新发展理念，确保企业改革重组正确方向。完成 205 个党委、144 个党总支和 12 个境外二级公司党组织的重新组建，实现公司治理组织“全覆盖”。继承和发扬“支部建在船上”优良传统，全面加强党建工作，为建设世界一流企业提供坚强政治保证。

坚持战略思维为改革重组导航。改革重组是复杂的系统工程，牵一发而动全身，中远海运集团以建设海洋强国、航运强国、服务“一带一路”建设为指引，围绕“规模增长、盈利能力、抗周期性和全球公司”四个战略维度，明确了衡量企业高质量发展的“指针和标尺”，制定了涵盖航运、物流、航运金融、装备制造、航运服务、社会化产业和基于商业模式创新的“互联网 +”相关业务的“6+1”产业集群发展战略，全力打造全球领先的综合物流供应链服务商，为改革重组和今后的发展明确了战略路径。

坚持“深改快改”为改革重组扬帆。在改革重组中坚持“深改快改”。“深改”就是全面彻底深化改革，解决影响制约企业发展的体制机制问题，通过全面改革激发活力，轻装上阵，提升竞争力。“快改”就是注重效率，蹄疾步稳、高效实施。推进组织变革重塑的“化学反应”，用两年左右时间先后完成集运、航运金融、能源运输、散运、码头、物流、重工、海外区域公司及海外网络、中远海控、船员和船舶管理体制、财务公司、信息资源等 20 个业务板块的重组整合。

坚持文化融合为改革重组破冰。文化能否融合关系到改革重组成败。中远海运集团在改革重组中旗帜鲜明地提出“四个一”理念，即“一个团队、一个文化、一个目标、一个梦想”，致力于“打造一个积极进取的优秀团队，建设一个同舟共济的和谐文化，确立一个世界一流的奋斗目标，构筑一个实现卓越的伟大梦想”。为此，中远海运集团倡导“务实、高效、协调、融合、智慧”的钻石团队精神，并设立了“钻石团队”奖，每年评选文化融合好、业绩优异的团队，进行隆重表彰奖励。

坚持管理创新为改革重组助航。把管理创新贯穿始终，结合国有资本投资公司改革试点工作、国企改革三年行动，对标世界一流企业，全面提升管理水平。建立高效机关，按照“小总部、大产业”，建立战略管控型总部机关，人员高度精

① 《习近平在中共中央政治局第八次集体学习时强调　进一步关心海洋认识海洋经略海洋　推动海洋强国建设不断取得新成就》，《人民日报》，2013年08月01日01版。

简。成立集团共享中心，配合总部机关开展工作。规范公司治理，开展直属公司董事会授权工作，初步形成各司其职、各负其责、协调运转、有效制衡的现代法人治理体系。改革人事制度，推动三项制度改革，形成“市场化选聘、契约化管理、差异化薪酬、制度化退出”机制。实施多元激励，在混合所有制改革、职业经理人改革等方面进行积极探索。精细化对标世界一流企业，取长补短，持续提升管理水平。

完善“产业体系”

2018 年 3 月 8 日，习近平总书记在参加十三届全国人大一次会议山东代表团审议时强调，“海洋是高质量发展战略要地”①。要加快建设世界一流的海洋港口、完善的现代海洋产业体系、绿色可持续的海洋生态环境，为海洋强国建设作出贡献。对于中远海运集团来说，助力“完善现代海洋产业体系”，就是要发挥“桥梁纽带”作用，通过提升海运服务能力，提供端到端的供应链服务，助力中国企业“出海”，加强与上下游产业合作，共建产业新生态。

建立海洋联盟，服务产业链供应链。2016 年，中远海运集团所属中远海运集运、香港东方海外、台湾长荣海运、法国达飞轮船组成全球最大航运联盟——海洋联盟。目前，海洋联盟投入运力规模为 385 万 TEU，占所有联盟投入运力的 37%。海洋联盟在欧地线占比 34%，在美线占比 34%，中东红海线占比 40%，市场占有率均排名第一。海洋联盟每周从远东到美国 20 组航线、到欧地 11 组航线。通过联盟积极拓展第三国市场和新兴市场，进一步提高了海外市场占有率。

提供端到端供应链服务，保障外贸运输安全稳定。为进一步服务外贸企业，中远海运集团与国内各行业龙头企业、中央和地方重点外贸企业积极联系对接，共同协商建立更高层次的战略合作和更为全面的端到端供应链全流程深度合作。利用集团全球供应链综合资源，助力各大货主企业布局跨境电商、全球仓储和配送物流网络建设，在全球多个区域打造全程物流供应链产品，提供更为安全稳定的供应链服务保障。更多货主企业与中远海运签订长期运输服务协议，平抑、抵御市场波动风险，促进外贸运输供应链上下游各产业方加强合作，稳定外贸基本盘。

提升行业引领能力，保障产业链供应链稳定。中远海运集团聚焦打造世界一流企业，不断提升行业领先能力，着重抓好“三个领军”“三个领先”，即努力成为在国际资源配置中占主导地位的行业领军企业，引领全球行业发展的行业领军企业，在全球产业发展中具有话语权和影响力的行业领军企业。实现效益领先、效率领先、品质领先，实现全球承运向承运全球的转变。发挥全球物流供应链优势，强化数字化变革，不断加大航运区块链联盟——GSBN 在港航业的深度应用，加大 5G 港口推广力度，提高赋能全球化发展能力，提升全球化发展效率，保障产业链供应链稳定。

深化内外部协同，共建港航新生态。未来的航运竞争是整个产业链的竞争。中远海运集团各板块相互协同，形成整体优势，包括港口与航运、物流与航运、修造与航运、燃油供应、全球代理等。2017 年 11 月 29 日，中远海运集团与 16 家境内外港口、航运企业共同发布《打造港航命运共同体，共创港航合作新时代：博鳌宣言》，促进新时代港航全面加强战略合作，加强相互之间的服务保障，在信息化共享方面建立新的合作机制，加强在物流供应链上的合作，为全球客户提供端到端的综合物流解决方案，打造港航命运共同体，提升服务全球经济贸易发展能力。

推动产融结合，促进航运健康发展。中远海运集团以经营为基础、资产为纽带、资本为驱动，持续深化产融结合，通过产融结合挖掘各产业集群之间的协同效益。将航运资产、资本两端的产业链发展，通过产融结合，盘活存量，精选增量，持续优化集团证券化资产池的配置，提高直接融资比例。推动形成全球化协同、全产业链协同、全员协同的发展合力，以互联网思维推进“互联网 +”创新，建设集团供应链电商平台、航运产

① 《习近平 李克强 王沪宁 赵乐际 韩正分别参加全国人大会议一些代表团审议》，《人民日报》，2018年03月09日01版。

业链、大数据平台，推动航运主业健康发展。

畅通“循环网络”

习近平强调，“流通体系在国民经济中发挥着基础性作用，构建新发展格局，必须把建设现代流通体系作为一项重要战略任务来抓。要贯彻新发展理念，推动高质量发展，深化供给侧结构性改革，充分发挥市场在资源配置中的决定性作用，更好发挥政府作用，统筹推进现代流通体系硬件和软件建设，发展流通新技术新业态新模式，完善流通领域制度规范和标准，培育壮大具有国际竞争力的现代物流企业，为构建以国内大循环为主体、国内国际双循环相互促进的新发展格局提供有力支撑”①。中远海运集团积极融入“双循环”新格局，以对内服务国家区域发展战略、对外服务“一带一路”建设为重点，助力建设现代流通体系，畅通“循环网络”，建设海洋强国。

构建服务内循环的物流体系。中远海运集团积极融入区域发展战略，在国内各省均建有网点，在国内沿海和长江沿岸投资了37个港口，共计143条沿海和内河航线。加强与地方政府和关键客户的深化合作，布局“水、陆、铁”关键资源，打通江、铁两条关键物流运输大通道，持续优化内贸和沿海航线布局，拓展长江水道水水联运、海铁联运能力。在区域内集成航运、港口、仓储、铁路、公路、航空及电商平台等航运物流产业链关键要素为一体，构建起多式协同、运营高效、成本优化的供应链综合物流服务体系。

搭建服务内循环的关键节点。中远海运集团投资控股天津集装箱码头（TCT）、南通通海码头和武汉阳逻码头。加快长三角、粤港澳大湾区国际航运中心建设，推动区域内港口一体化发展。加大西部陆海新通道、中欧班列沿线物流、场站等资源的投入与建设，不断拓展“南向通道”运营平台和海外延伸服务能力。支持海南、广西、四川、重庆、陕西、云南等地区与“一带一路”对接，提升互联互通能力，打造国际陆海贸易新通道。加快推进关键节点资源整合，在大连、成都、厦门、南沙等地布局供应链基地及多式联运网络，为客户提供全程物流服务，实现上下游产业延伸。以琼州海峡一体化为突破口，服务海南自贸港建设。广泛参与自贸区港口及物流场站等基础设施建设，加强港航联动，共同打造航运生态圈。

建设服务内循环的市场主体。中远海运集团加大投入，服务区域经济发展。2020年，在京津冀完成投资91.35亿元，提升京津冀地区航运、物流供应链服务能力。积极参与长三角区域一体化港口资源整合，2020年，在长三角地区投资228.57亿元。2020年，在粤港澳大湾区投资并表企业共258家，投资128亿元。抓住“一带一路”和西部陆海新通道建设的有利契机，努力将海南洋浦建设成为国家西部陆海通道国际航运枢纽。2020年，在海南省投资并表企业共42家，合计资产总额455亿元。中远海运集团在上海、海南、天津等18个自贸区共设立162家企业，在自贸区参与的重点投资项目共52项。

构建外循环航运服务新网络。中远海运集团积极助力“一带一路”建设，坚持以码头为支点，以航线为纽带，以综合物流为延伸，逐步构建了“点、线、面”全球网络运输体系，为沿线国家和地区经贸交往搭建桥梁。目前，中远海运集团在“一带一路”沿线累计投资627亿元，投资码头18个，航线195条，箱位达到201万TEU。“一带一路”沿线的油品、干散货海运量每年分别在6500万吨和4000万吨以上。中远海运是全球唯一一家运营南北极航线的航运企业，成为“冰上丝绸之路”的先行者。特别是北极东北航道，已经实现常态化、规模化运营，比经苏伊士运河传统航线节约7 ~ 10天航程。

布局外循环产业链核心资源。中远海运集团加强“一带一路”沿线网络布局，围绕欧洲、地中海，南美、中美洲及非洲等新兴市场重要节点开辟延伸服务。用全球1/18的运力承运了全球1/10的运量。2018年12月，中远海运集团控

① 《习近平主持召开中央财经委员会第八次会议强调 统筹推进现代流通体系建设 为构建新发展格局提供有力支撑》，《人民日报》，2020年09月10日01版。

股 90% 的阿布扎比哈里发码头正式开港。2019 年 1 月，中远海运集团在新加坡原有三个码头泊位的基础上，新增两个大型泊位正式启用，成为中新两国合作投资的最大项目。2019 年 1 月，中远海运集团在南美投资的首个控股港口——秘鲁钱凯码头项目完成签约。

延伸外循环沿线高端价值链。中远海运集团加大对亚欧海铁联运、亚欧国际班列业务的投入，先后开通了渝深班列、蓉深班列、连云港—哈萨克斯坦—欧洲班列等。支持互联互通南向通道建设，增加以广西钦州港为始发港或经停港的远洋航线，助推内陆沿边地区成为开放前沿。深入中东欧腹地开辟物流新通道，以希腊比雷埃夫斯港作为枢纽港开辟中欧陆海快线，覆盖面扩大到 9 个国家 1500 个网点 7100 万人口，有效改变了欧洲地区的贸易运输格局。投资哈萨克斯坦霍尔果斯东门无水港、阿联酋阿布扎比码头集装箱拆装箱场站等重大物流项目，取得良好经营效果。

和历史上相比，今天我们的国家更加强大，我们在维护产业链供应链稳定中发挥着更大的作用。新的征程上，中远海运集团将继续做强做优做大，迎接风浪洗礼，努力实现蓝色梦想，为开创海洋强国的崭新时代作出新的更大贡献。

（本文刊载于《红旗文稿》2021 年 17 期）

专记

链接“双循环” 服务“新格局”

随着我国疫情防控取得重大战略成果，2020年下半年以来我国外贸订单持续增长、集装箱出口运输承受巨大压力。中远海运集团坚决贯彻落实党中央、国务院重大决策部署，强化大局意识，主动担当作为，坚决履行央企责任，充分发挥集团作为海上运输主力军作用，把服务外贸作为恢复产业链供应链安全顺畅运转的重大经济工作，作为稳定外贸企业就业的重大民生工作，作为服务双循环新发展格局的重大使命任务，全力以赴保运输、保外贸、服务“六稳”“六保”。

一、面对异常火爆的外贸出口海运市场，坚决服务大局保障外贸

从2020年6月起，我国外贸进出口连续实现正增长，全年出口总值创历史新高，国际市场份额也创历史最高纪录。大量海运集装箱从中国出口输送全球，加上海外疫情蔓延冲击全球物流供应链，导致船舶、集卡、仓储等物流周转效率大幅下降，造成我国集装箱外贸出口市场上半年“货量不足”和下半年“一舱难求”的巨大反差。面对市场急剧变化的考验，中远海运集团迅速采取系列措施，全力以赴保外贸。

关键时刻“顶得上”，全力以赴保运力。中远海运集团想方设法增加运力，满足外贸需求。2020年下半年开始，通过内部运力调整，将全部运力和集装箱投入市场，全力保障外贸需求，努力稳定航运市场。在当前全球已基本没有空闲的集装箱船舶可供出租使用、船舶租金大幅推高的情况下，集团不计成本，抓住零星船舶租约到期还船时机，陆续从市场租入船舶。集团共计增加40艘集装箱船舶，运力提升20万TEU，增幅达7%，为服务外贸运输提供有力保障。

急需时刻“冲得上”，昼夜奋战保箱量。随着我国率先实现经济正增长，加上欧美国家需求反弹，境外港口拥堵、物流效率降低等因素，导致集装箱周转紧张，甚至“一箱难求”。集团充分利用内部拥有造箱企业的资源，中远海运集团所属上海寰宇箱厂克服集装箱钢材价格上涨40%，集装箱地板价格上涨60%，劳动力成本涨幅超过100%等不利因素，开足马力，加班加点，昼夜奋战。2020年，上海寰宇箱厂完成造箱74万TEU，2021年1—2月完成造箱14万TEU，同比增长255%。

2020年下半年，中远海运集团所属集装箱运输板块共向市场投放65万TEU新集装箱设备，集装箱保有量增幅达到15%，有效弥补了集装箱供应紧张局面，为保外贸提供了“硬核”设备。

重要时期“齐上阵”，强化协同增运力。作为全球规模最大的航运企业，中远海运集团充分发掘内部资源，发挥协同效应，创新业务模式，紧急制定“替代方案”，将特种船、重吊船改造为集装箱船，弥补班轮运力不足。积极组织集团内部件杂货船队中远海运特运、中波轮船公司，多次开辟专班运输服务，截至2021年2月底，已承接外贸出口集装箱货物共计28个航次、12 949TEU，缓解了部分中国企业外贸出口遇到的困境。目前，中远海运还在加紧组织更多专班船舶，继续做好外贸出口运输服务。

二、面对“一舱难求”局面，坚决保障产业链供应链稳定

中远海运集团面对疫情发生以来跌宕起伏的市场形势，强化责任担当，坚守航运服务本质，全力以赴畅通海上通道，解决运力不足等外贸难题，全力以赴保外贸，助力恢复全球产业链供应链安全顺畅运转，在疫情考验面前当好央企顶梁柱。

为民族品牌搭建出海通道，保障产业链供应链稳定。2020年，我国货物贸易进出口总值32.16万亿元，出口业务量大幅增长。中远海运集团积极主动联系国内家电、汽车、化工、光伏、机械等各行业头部企业，帮助客户解决集装箱外贸出口难题。同时，建立长期合作关系，从根本上解决客户“出海”供应链遇到的堵点痛点难点问题，为中国企业走向海外疏通物流通道。集团近期先后与美的、海尔集团签署战略合作协议，以更有竞争力的运价、舱位、设备以及专项团队提供贴身保障服务，利用全球物流供应链综合网络和资源优势，助力客户布局跨境电商、仓储和配送物流网络的建设，提升海外物流配送服务能力，打造个性化全程物流供应链产品，保障供应链安全稳定。

为中小企业提供专线服务，帮助打通堵点难点痛点。针对国内中小企业出口难的实际困难，中远海运集团2020年9月推出太平洋航线中小客户服务专线，帮助客户解决沟通难、舱位难、提货难问题，为中小直客提供保舱保柜的运输服务产品，并创新提出挂钩上海集装箱出口指数的运价机制，坚持公开透明，主动帮助中小企业降低价格波动风险，大幅简化了中小客户运价沟通流程，节省了客户成本。中小客户服务专线推出后，成交量快速提升，市场反响良好。

为跨国企业解决运输难题，恢复全球产业链供应链。面对疫情冲击，集团想客户之所想、急客户之所急，千方百计帮客户分忧解难。国内一著名汽车企业位于墨西哥的包装工厂于2020年6月复工，总厂急需墨西哥工厂发出零部件，以恢复其中一车型的生产，由于货量大且时间紧，加之受疫情影响，无法安排空运，海运成为唯一选择。集团制定详细运输计划，调整航线和船期，安排船舶在韩国进行无缝衔接，至2020年11月，共实现16批次运输货量3596TEU，包括111个冷箱，完成了客户认为“不可能完成的任务”。

三、面对供不应求新行情，坚决诚信服务维护市场稳定

中远海运集团充分参与国际市场的市场竞争。近年来，国际航运市场持续低迷，2020年下半年以来，受疫情影响，码头拥堵成为全球普遍问题，导致船舶利用率降低，市场单船周转次数从2019年的170次下降至121次；欧美主要市场集装箱周转效率比疫情前大幅下降20%以上，国外一些重要港口的空箱堆存量提高到正常水平的3倍；空箱无法及时调回，导致国内缺箱严重。面对市场急需、供不应求、运价高涨的局面，中远海运集团强化内部管理，诚信经营，坚决以优质服务稳定市场、保障外贸。

坚持服务为本规范收费。严格按照要求和制度规范收取运费，集团始终稳定中美航线运价，保障出口企业的供应链稳定。同时，集团对中国地区各项收费项目，实施统一管理，明码公示，从源头上杜绝乱收费现象，避免给外贸企业增加负担。

坚持数字转型便利客户。利用电商平台推广线上订舱服务，拓宽了直接服务广大中小货主的渠道，为中小货主提供更加便捷的外贸出口运输服务。2020年，集团通过外贸电商平台累计成交37万TEU，同比增长270%。同时，集团利用区块链等新技术，实现了流程优化再造，推动了集装箱流转环节的电子化和无纸化，进一步便利了广大客户。

坚持内部挖潜补充运力。除了不断补充运力供应，集团还不惜增加油耗成本，加车高速航行，弥补码头拥堵耽误的时间，保障运输服务和加速空箱回调；取消春节常规的临时性停航措施，增加空箱调运的航次。2020年下半年累计从海外调回空箱205万TEU。

坚持诚信经营服务外贸。面对外贸出口需求激增，市场运价高企，集团始终坚持诚信为上，为客户提供优质服务。针对疫情影响，集团还主动推出客户免用箱天数及滞期费减免等优惠措施，赢得客户高度评价。

四、面对新形势新要求，坚决服务双循环新发展格局

面对疫情常态化防控的新形势，按照加快构建以国内大循环为主体、国内国际双循环相互促进的新发展格局的新要求，中远海运集团认真贯彻落实党的十九届五中全会精神，对标对表2035年远景目标，制定集团“十四五”发展规划，勇当“开路先锋”，创新模式服务外贸，畅通双循环海陆节点，主动担当作为服务新发展格局。

提供端到端供应链全流程外贸服务。为进一步服务外贸企业，中远海运集团与国内各行业头部企业、中央和地方重点外贸企业积极联系对接，共同协商探讨更高层次的战略合作和更为全面的端到端供应链全流程深度合作，利用集团全球供应链综合资源，助力各大货主企业布局跨境电商、全球仓储和配送物流网络建设，在全球多个区域打造全程物流供应链产品，提供更为安全稳定的供应链服务保障。更多货主企业与中远海运签订长期运输服务协议，平抑抵御市场波动风险，促进外贸运输供应链上下游各产业方加强合作，共同保障外贸运输安全稳定。

为扩大国内大循环建立海上通道。中远海运集团认真贯彻落实扩大国内大循环、促进国内国际双循环战略措施，全力支持京津冀一体化、长三角一体化、粤港澳大湾区、西南陆海大通道、海南自贸港、浦东开发开放等区域发展战略。深化长江经济带合作，与上海港、武汉市协同推动武汉铁水联运二期项目。加强港口投资，在国内重要枢纽港增加股权。截至2020年年底，中远海运集团在海南港开辟内外贸航线14条，2020年累计完成集装箱吞吐量196.8万TEU，同比上升102%，占海南集装箱量的65.6%。中远海运集团在北部湾港开设内外贸航线11条，累计完成集装箱吞吐量185.9万TEU，同比上升42.7%，占北部湾集装箱量的36.8%。

为构建双循环新发展格局搭建桥梁。中远海运集团持续加强“一带一路”重要支点建设，收购比港67%的股权，新加坡从小码头置换大码头，收购阿联酋阿布扎比、西班牙Noatum、比利时泽布吕赫、鹿特丹Euromax、秘鲁钱凯等码头。收购比港亚欧铁路物流公司，拥有了在欧盟运营的铁路资质。2020年面对疫情冲击和全球经济衰退的不利局面，比雷埃夫斯港仍完成集装箱吞吐量543.7万TEU，继续保持地中海大港地位，中欧陆海快线全年累计完成货量12万TEU，同比上升44.7%。集团加大第三国市场、区域市场和新兴市场运力投入，第三国市场、区域市场和新兴市场货量分别较2016年重组时增长99%、244%、88%。

中远海运集团将在党中央、国务院的坚强领导下，不忘初心、牢记使命，继续发挥集团全球物流资源综合优势，全力以赴服务“六稳”“六保”，保障产业链供应链稳定，为构建双循环新发展格局做好物流供应链基础保障工作，为“十四五”经济社会发展良好开局贡献力量，以优异成绩庆祝建党100周年。

（中远海运集团党组 本文刊载于《学习时报》2021年3月3日第4版，略有调整）

风雨五载铿锵路　拔锚扬帆启新程

对于有志于世界一流的创业者来说，五年不过漫漫征程中的短暂时光。对于激荡于时代巨潮的奋进者而言，五年却又是时不我待的金色韶华。

回望这风云变幻的五年，每一次迈步，都是一次勇敢而稳重的抉择；回首这风雨兼程的五年，每一回启航，都是一段坚定而从容的前行。

这是旗帜高擎的五年——

自 2016 年 3 月 1 日，中远海运的集装箱运输板块重组整合以来，在中远海运集团党组的正确领导下，中远海运集运始终高举中国特色社会主义伟大旗帜，坚持以习近平新时代中国特色社会主义思想为引领，认真学习贯彻习近平总书记重要论述、指示批示精神，牢记国家主席习近平与“中远海运玫瑰”轮船长通话嘱托，坚决贯彻国家主席习近平视察希腊中远海运比雷埃夫斯港重要讲话精神，不断增强“四个意识”、坚定“四个自信”、做到“两个维护”，大力弘扬“三做”理念，践行“三舱”精神，秉持“四个一”理念，循着 Ocean & Plus 战略方向和“三网合一，五位一体”发展新格局，合力创业、全力创效、大力创新，在风云变幻中坚定聚焦一体化、聚焦突破性、聚焦高质量的发展方向，于沧海横流间创造跑赢市场、跑赢变革、跑赢时代的航运奇迹，不断掀起一个又一个发展新高潮，创造一项又一项改革创效新成就。

这是党建护航的五年——

五年来，中远海运集运坚守正道、培根铸魂，在集团党组的正确领导下，始终坚持加强党的领导是国有企业的“根”和“魂”，着力加强党的基层组织建设，把基层党组织建设成为助推企业可持续发展的坚强战斗堡垒。

以 2016 年全国国有企业党的建设工作会议精神为指引，中远海运集运紧紧围绕企业发展大局，充分发挥把方向、管大局、促落实作用，坚持“四责协同”，落实全面从严治党，在执行上级重大决策部署、积极防控新冠疫情、助力实现“六稳”“六保”、推进国有企业改革等方面体现出坚定的政治站位、政治责任和政治担当，以及较强的政治判断力、政治领悟力、政治执行力。

在基层党组织建设上，传承发扬“支部建在船上、支部建在网点”优良传统，并不断向支部建在班组、支部建在项目、支部建在通道延伸，确保业务发展到哪里，党组织就建在哪里，思想政治工作就做到哪里，确保了企业航向不偏移。特别是自 2016 年 7 月起，中远海运集运围绕协作共进、效益攻坚、精益管理、创新活力、优质服务等维度，创建了“烈火红岩”“马真”“如心”等 48 家特色党支部，形成“一个支部一种特色，一个支部一个称号”的党建新格局，进一步激发活力、凝聚力、战斗力，将“三舱”精神、“四个坚守”理念，广泛落实并融入全体党员干事创业的具体工作中，为公司深化改革、创效发展注入了源源不断的强大动能。

这是使命担当的五年——

五年来，中远海运集运不忘初心、牢记使命，全心投入“一带一路”建设，在 21 世纪海上丝绸之路上，投入了 60% 以上的运力，特别是围绕比港，与兄弟单位共同打造的中欧陆海快线品牌，将“一带一路”倡议转化为成功的实践和精彩的现实。

在丝绸之路经济带上，共开设了 20 多条覆盖亚欧大陆的跨境班列，为将“一带一路”建成和平、繁荣、开放、创新、文明之路添砖加瓦，贡献力量。

此外，在推动海南自贸港建设、西部陆海新

通道建设、京津冀一体化、长三角一体化、粤港澳大湾区一体化的进程中，中远海运集运充分发挥在全球运输网络运营和全程运输资源组织上的强大能力，打造了一条条畅通无阻的物流通道，为外贸经济的发展和物流通道保障，为“六稳”“六保”坚定履行着央企职责。

在新冠疫情期间，面对陆上交通堵塞，航空运输停班等困难，公司创新“陆改水、陆改铁”服务模式，开设国际物流专班，为把防疫和生活物资延绵不绝地送往疫情主战场提供了坚实的物流保障。复工复产开始后，中远海运集运又通过开设加班船、推出客户服务专线等方式，想尽一切办法努力解决客户“一舱难求”“一箱难求”的难题，有力地落实“六稳”“六保”任务，成功助力“双循环”新格局构建，体现了危难当前、大局为重的央企担当。

这是奋发向上的五年——

五年来，中远海运集运迎难而上，勇攀新高。五年前，中远海运集运在集团崭新发展蓝图的指引下，率先成为改革重组的排头兵和先行者，在“深度、快速”的指导原则下，以果断、坚决的勇气，仅用了 9 个月的时间，便完成了“三张网”的重组整合，改革速度为行业领先。重组后的第一年，实现了在低迷市场环境下货量不下降、客户不流失、份额不减少的目标，打破了“整合元年货量必然下降”的业内惯例。

一路走来，面对航运市场起伏、经贸摩擦升级、新冠疫情蔓延带来的不利影响，中远海运集运连续四年取得盈利，实现了领先同业的目标。特别是在 2020 年，面对史无前例的疫情严峻形势，集运人认真贯彻落实中央关于统筹抓好疫情防控和经济社会发展的工作要求，按照集团统一部署，迎难而上，攻坚克难，危中寻机，不但经受住了考验，更是实现了高质量发展的历史性新飞跃，用实际行动践行了国有资产保值增值的根本任务。

这是改革图强的五年——

五年来，中远海运集运自强不息，勇于革新，以壮士断腕的决心和攻城拔寨的勇气深化改革进程，提升公司治理水平。

公司员工持股改革，让员工的发展与企业的发展紧密相连，进一步激发了全员的创业激情。上海泛亚航运的混合所有制改革试点，为国有企业引入外部投资者，实现产权多元化做出了有益的探索。船舶和船员的管理体制改革，在集团的统筹部署下，在与兄弟单位的相互协同下，正不断释放出改革的效能。职业经理人制度的推进，以及人事管理三项制度全覆盖，全面形成了能上能下、能高能低、能进能出的人力资源管理机制。菁英计划和英才项目稳步实施，有针对性地加强了总部与基层、海外与国内的人员交流和培养，为建设一支“国际化、年轻化、专业化”的企业人才队伍构筑起一个全新而又有效的平台。

随着改革工具包的不断打开，公司的改革大业持续取得新突破，“双百行动”正从 1.0 版本逐步升级到 2.0 版本的新“双百行动”，国企改革三年行动方案正有条不紊地进入了新的实施年，在做大做强做优国有企业的征程上，正夯筑起坚实的发展根基，积聚起强劲的前进动力。

这是全球发展的五年——

五年来，中远海运集运驰而不息，稳中求进，矢志打造纵横四海的大国重器，精心锻铸领航业界的民族品牌。

自从2016年6月28日，第一艘以“中远海运”命名，并全新涂装“中远海运蓝”的集装箱船首航新扩建后的巴拿马运河获得成功后，公司以更加迅猛的全球化步伐，开辟了全球海运的新时代。2 万 TEU 的“星座”系列和 2.1 万 TEU 的“宇宙”系列超大型船舶的投入运营，刷新了当时集装箱船舶的运载能力，并成为全球最吸引眼球的明星船舶。两艘 13 800 TEU 的花卉系列集装箱船作为最新巴拿马型船舶，经过各自的环球航行后在巴拿马运河演绎了一段全球瞩目的“玫瑰之约”……这一个个经典画面，已成为中远海运集装箱事业发展的最新名片，载入了国际航运的史册，成为了全体中远海运人的骄傲。

从重组之初的310艘船舶、161万TEU起步，到如今集运双品牌的集装箱船队运力超过 500 艘船舶、300 万 TEU，排名世界第 3 位，迅速跻身班轮行业第一梯队。伴随新船命名下水和双品牌运力增长的，是中远海运集运全球航线网络的不断优化，欧美东西干线优势不断巩固，拉非印巴新兴市场开拓后来居上，第三国航线及区域航线的稳步发展更是为中远海运集运成为真正的全球承运人奠定了雄厚的基石。

这是数字赋能的五年——

五年来，中远海运集运攻坚克难，敢立潮头，在数字化航运建设上不断打开新局面，在智慧航运时代的开创中接连抢占新高地，无接触服务、无纸化操作全面推广，数字化生态加速形成。

从重组整合实施才一年不到就完成了IRIS-2信息系统切换，到IRIS-4系统全面上线，公司的信息化建设突飞猛进，在响应并满足客户需求的能力上优势彰显，特别是在新冠疫情期间，依托强大的信息系统和技术力量，实现了绝大部分员工的远程办公，确保了服务的不断不乱。

面对数字化航运滚滚而来的时代浪潮，中远海运集运一刻都不曾停止过对新技术的学习应用。在区块链技术方面，打造产品溯源平台，是区块链技术在航运业的成功实践；牵头打造的全球航运商业网络（GSBN），是业内第一个成功实现商业化运用的区块链联盟；打造的“航运提单＋贸易单证区块链平台”已签发了全球第一张区块链提单，开辟了航运贸易的新纪元。

在航运电商领域，中远海运集运开发上线的SynCon Hub实现了航运电商服务的可视化，可为全球客户提供全流程在线综合物流解决方案，内贸电商平台Pan Hub，从解决客户痛点出发，不断推出“集急送”“箱信宝”“滞期宝”等新产品，为客户解决了在用箱、拖车等方面的后顾之忧。

这是服务进阶的五年——

五年来，中远海运集运开拓进取，追求卓越，紧扣客户需求的升级，协同供应链各环节，整合运输资源，创新服务模式，携手客户合作共赢，不断创造端到端全程供应链品牌新价值。

在汽车运输领域，公司凭借精益求精的CKD进口运输服务，被多家国际汽车品牌授予最佳物流供应商称号，特别是为特斯拉所运营的物流项目，已成为数字化端到端物流项目的样板，为上汽专门开发的具有自主知识产权的“集装箱＋专用货架”，开创了整车出口运输的第四种模式。在冷链运输领域，依托以物联网、CA技术作加持的冷运航线，将海外进口水果及牛肉、鱿鱼等生鲜不远万里却总能保质保量地送上国内超市的货架。在家电运输领域，与海信、海尔、美的等企业紧密合作，成功将优质的中国品牌打向国际市场，特别是近期首发的美的专列，为其全球供应链的稳定提供了坚强的后盾。在展品运输领域，在连续三届进口博览会上成为官方唯一推荐国际段运输商，将来自世界各地的种类繁多、样式各异的展品完好无损地按时送到展会现场，获得了参展客户的一致赞扬。另外，中远海运集运还根据不同的客户货源开发了散改集、超大件运输、国际搬家、化工DIT等服务模式，凭借在多式联运服务和供应链管理上的潜心发展，为客户提供个性化全程运输解决方案的能力正持续增强，有效助力全产业链效能的提升与增值。

这是文化制胜的五年——

五年来，中远海运集运以诚感人，以文化人，对内凝心聚力，不断打造如钻石般坚强的团队，对外彰显风采，持续建设享誉全球的优质品牌。

在集团“四个一”理念指引下，伴随着改革重组的进程，公司不断深化企业文化的培育与升级。五年前，中远海运集运人循着同根同源的发展脉络，在A Better One理念的感召下走到了一起；随后又在高唱同一首《We Are Ready》的歌声中，共同经受住了系统切换的考验，以高昂的自信做好了迎接一切挑战，向客户呈现一个全新中远海运集运的准备；中远海运收购东方海外后，我们又凭着真诚而又热情的“Trust Together”，推动着双品牌秉持着“一个团队、一个船队、一个箱队”的理念，实现从前台到中后台的深度融合，释放出“1+1 > 2”的巨大协同效应，真正实现了从规模到价值的双重跨越。

这五年里，中远海运集运围绕着“全球化、数字化、端到端、双品牌”战略，大力弘扬“以客户为中心、以奋斗者为本”的理念，通过积极运用微信、网站、刊物等由新媒体和传统媒体构成的宣传平台矩阵，开展创客行动和质跑行动，推动全球跨文化管理，精心培育以诚信、创新、协同、奋进为特点的文化土壤，同时，借助国际展会、客户推介、高峰论坛等平台，向全球客户、媒体、社会公众充分展示卓越的企业品牌形象。

经过五年的企业文化建设，在业界独树一帜的中远海运集运“We Deliver Value 价值·因运而生”已经成为深入人心、有口皆碑的全球品牌。

这是和谐共进的五年——

五年来，中远海运集运同舟共济，守望相助，在经营开拓中仍不忘用挚爱守护生命，在创效发展中仍坚持用真情创造和谐。

在决战脱贫攻坚、决胜全面建成小康社会的战役中，公司在集团的部署和领导下，通过在产业扶贫、教育扶贫、定向捐赠等行动上的有效工作，春风化雨，清泉润心，实现定点帮扶的云南永德县，以及对口支援的西藏洛隆县、类乌齐县全部脱贫摘帽，并启动贵州赤水扶贫的新项目，彰显了中远海运集运人扶贫帮困的责任担当。

作为有志于维护海洋环境和谐，推动世界可持续发展的企业，公司始终致力于打造“绿色航运”，通过全面使用低硫油和脱硫塔改造，全力落实国际海事组织（IMO）2020 限制硫排放政策，通过采用球鼻艏改造、纵倾优化、航速优化等技术和措施强化节能减排，减少对海洋环境影响，在“保护蓝鲸和蓝天”项目实施中持续作出贡献。作为始终以生命至上为理念的大国船队，无论是面对全球疫情、自然灾害，还是战局动乱、船只遇险，中远海运集运总是义无反顾地迎难而上，伸出援手，因为这是中远海运集运人不容推卸的责任……

昨日的成功已成为即将挥别的历史，但曾经的拼搏却是永不磨灭的精神力量。因为正是这种同舟共济、团结拼搏，让我们共同战胜了新冠疫情，战胜了全球经济衰退的影响，战胜了所有横亘面前的艰难困阻，从而打开持续发展的万里晴空。站在两个一百年的历史交汇点上，站在“十四五”新征程的起点上，中远海运集运将始终坚持以习近平新时代中国特色社会主义思想为指引，紧紧围绕集团“三个领军”“三个领先”“三个链接”的目标和要求，按照“三网合一、五位一体”的工作布局，以只争朝夕的紧迫感，以功在千秋的使命感，勇毅笃行，砥砺奋进，不断开创中远海运集装箱运输事业高质量发展新的辉煌。（中远海运集运党委工作部）

党建压舱　行稳致远

自集团2016年重组以来，中远海运集团党组遵循国企党建工作规律，找准提高国企党建质量和促进企业改革发展的结合点、着力点，突出“四个重点”、构建“四个体系”、完善“四个机制”，以高质量党建引领企业高质量发展。

一、突出“四个重点”，用党的创新理论武装头脑、指导实践、推动工作

（一）突出政治引领，坚定搞好国有企业的信心决心

一是坚持“第一议题”制度。集团党组把学习习近平新时代中国特色社会主义思想作为党组会议、中心组学习的“第一议题”，作为党员干部培训轮训的第一课程。五年来共召开104次党组中心组集体学习，编印48期中心组学习资料，全面系统、及时跟进学习习近平总书记最新重要讲话精神。先后与交通运输部党组、大连海事大学党委进行中心组联学，集团主要领导在中央组织部、上海交通大学作专题报告。编印《思想领航》《学习与行动》文集，推动党员干部在学懂弄通做实党的创新理论上下功夫。

二是加强党建理论研究。集团作为全国党建研究会国企专委会成员，高度重视、积极参与国企党建理论研究。按照全国党建研究会部署，每年初制定集团党建思想政治工作重点课题计划，组织骨干力量开展重点课题研究，平均每年形成120篇政研成果。每年底召开集团政研会年会，评选表彰交流优秀政研论文。2020年集团《“支部建在船上”理论与实践研究》获全国党建研究会国企党建专委会一等奖，《航海文化研究》获中国政研会论文一等奖。集团共有近20篇理论学习体会文章在《学习时报》等中央媒体登载。

三是整合教育培训资源。组建集团党校/企业大学/研究院，打造集团提高党员领导干部综合素质、履职能力的主渠道和国有企业党建工作理论研究的主阵地。集团领导多次赴集团党校调研，对党校完善工作体系、提高教育培训质量、强化党建理论研究提出明确要求。

（二）突出“两个维护”，坚决落实习近平总书记重要指示批示

集团党组认真梳理习近平总书记对“一带一路”建设、海洋强国和航运强国建设、对集团所属希腊比雷埃夫斯港口建设、访问巴拿马期间慰问“中远海运玫瑰”轮、海南自由贸易试验区建设等8个方面重要指示批示精神，作为年度党组重点工作，认真对标对表，每年开展“回头看”总结盘点，以高度的政治责任感和使命感深查细照找差距、抓落实，切实把习近平总书记重要指示批示一件件落实到位。坚决落实中央重大决策部署和国务院国资委工作要求，制定《向党中央请示报告重大事项实施办法》，五年来向党中央请示报告重大事项57次。

（三）突出领导作用发挥，推动党的领导融入公司治理

集团党组坚持把加强党的领导和完善公司治理相统一，持续推动两个“一以贯之”落实落地，充分发挥把方向、管大局、促落实的领导作用。

一是改革重组中发挥领导作用。把研究战略性、关键性、全局性重大事项作为党组会重要内容，坚持统筹全局、协调各方、深改快改，高效完成了集团总部和20个重点领域的重组整合。集团党组在全国组织部长会议上作改革重组中推进党的建设交流发言，中央组织部《央企情况》专题刊发经验报道。

二是建立现代企业制度中发挥领导作用。集团是第一家把党建工作要求写入公司章程的中央

企业。集团党组贯彻落实《关于中央企业在完善公司治理中加强党的领导的意见》，不断细化党组织研究讨论前置程序，持续完善“三重一大”议事决策制度，形成董事会、党组会、总经理办公会 101 项重大决策事项权责清单，五年来前置研究企业重大经营管理事项 287 项。

三是急难险重任务中发挥领导作用。党组提高政治站位、保持战略定力，坚定稳妥应对中美贸易摩擦、新冠疫情等重大考验，业务逆势增长、疫情防控形势平稳，服务“六稳”“六保”成效显著。

四是履行央企责任中发挥领导作用。党组把脱贫攻坚作为重大政治任务，五年来累计投入扶贫资金 3.4 亿元，定点帮扶的湖南安化县、沅陵县和云南永德县，以及对口支援的西藏洛隆县、类乌齐县，全部实现高质量脱贫。集团连续 20 年高质量服务保障博鳌亚洲论坛，积极服务中国国际进口博览会等主场外交。

（四）突出“二十字”标准，建设高素质专业化干部队伍

一是发挥领导把关作用。集团党组严格执行干部选拔任用程序，把政治素质考察摆在干部工作的重中之重，坚持全方位、多角度、近距离考察识别干部，坚决防止“带病提拔”。五年来共 62 次研究讨论干部事项，对 40 家直属单位 534 名领导班子进行调整，集团重组中干部选任工作平稳有序。

二是加强年轻干部队伍建设。启动“三个一批”年轻干部培养工作，五年来共挑选 262 名优秀年轻干部参加“启航班”“远航班”培训，选派 250 名年轻干部到海外艰苦地区和新兴市场进行锻炼。目前，集团管理干部中“70 后”占 37%。直属单位领导班子中 45 岁左右、三级单位领导班子中 40 岁左右的干部，达到相应层级人员总数六分之一到五分之一。

三是不断完善激励机制。集团积极推进职业经理人制度改革，58 家各级子企业共选聘职业经理人 125 人。集团 10 家上市公司实现股权激励全覆盖。持续推进科技型企业分红激励，形成利益共享、风险共担的激励机制，有效激发了干部人才队伍活力。

四是加强船员队伍建设。2018 年 12 月 3 日，国家主席习近平在巴拿马城同巴拿马总统巴雷拉共同参观巴拿马运河新船闸。习近平同正在第一船闸停靠等待过闸的中国远洋海运集团“玫瑰轮”船长通话，勉励船员“不断优化物流运输，为促进国家航运事业和全球贸易繁荣作出更大贡献”，并祝愿船员“工作生活顺利，高高兴兴起航、平平安安回家”①。集团党组牢记习近平的嘱托，把船员队伍作为发展壮大航运事业的核心战略资源。积极推动国家立法，历经十年接续努力，2019 年底国务院出台减免远洋船员个人所得税政策，对一年在船航行超过 183 天的远洋船员，其工资薪金收入减按 50% 计入个税应纳税所得额。集团党组深化船员薪酬体系改革，每年增加投入 5 亿元用于提高船员薪酬待遇。实施“五十百千”船员人才工程，建立优秀船员调陆任职机制，畅通船员职业发展通道，充实陆岸管理岗位。

二、构建“四个体系”，为改革发展提供坚强保证

（一）构建党建价值体系

集团党组结合企业特点，从基层党建实践中总结提炼出“三做”理念、“三舱”精神、“四个坚守”等具有鲜明航运特色的党建工作理念，推动党建工作促进发展、体现价值。

“三做”理念即“党建工作做实了就是生产力、做细了就是凝聚力、做强了就是竞争力”。“三舱”精神即理想信念坚定“压舱”、工作责任落实“满舱”、精神状态迸发“爆舱”。“四个坚守”即把稳舵，坚守航运强国的理想信念；定好锚，坚守脚踏实地的实干精神；扬起帆，坚守战风斗浪的奋斗精神；拧成绳，坚守同舟共济的团队精神。

集团党组通过党建工作会、年度工作会、党

① 《习近平和巴拿马总统巴雷拉共同参观巴拿马运河新船闸》，《人民日报》，2018年12月05日01版。

务干部培训等多种契机及集团内部各种媒体，详细阐述党建价值体系的重要意义、思路措施和工作载体，并将践行党建价值体系具体要求细化到年度党建工作要点、基层党建工作三年规划和年度党建工作责任制考核评价指标中。“三做”理念、“三舱”精神、“四个坚守”等党建价值理念已成为集团各级党组织和广大党员干部的思想共识和行动自觉。

（二）构建组织体系

改革重组以来，集团党组坚持“四同步、四对接”，业务发展到哪里，党组织就建设到哪里，党员先锋模范作用就发挥到哪里，持续完善优化组织设置，做到基层党组织应建尽建、应换必换。截至 2020 年年底，集团共有党组织 3049 个，其中党组 1 个，党委 206 个，党总支 134 个，党支部 2708 个，海外党组织 76 个，党员总数 34 955 人。集团党组全面上线党建信息化系统，聚合党员教育管理、工作信息发布、党建工作考核等多项功能，推动组织工作由线下向线上有序平移，不断提升党建信息化水平。

一是做强船舶党建。弘扬“支部建在船上”优良传统，集团 700 余艘自有船舶全部成立船舶党支部，配备专职船舶政委。结合集团船舶管理和船员体制改革，理顺船舶党建工作职责，形成齐抓共管的船舶党建大格局。着力加强船舶政委队伍建设，制定加强船舶政委队伍建设指导意见，从择优选拔机制、培训培养机制、考核评价机制、褒奖激励机制、追责惩处机制、服务保障机制 6 个方面，明确加强和改进船舶政委队伍建设的途径和方式。举办船舶政委集中轮训班，用两年时间对 958 名现职船舶政委集中轮训全覆盖。开展机关干部挂职船舶政委工作，从集团总部及直属单位选拔 71 名机关干部上船挂职政委。深化公休船员支部和船员家属站“红色堡垒 + 蓝色港湾”建设，让下船公休船员始终感受到组织的温暖，为出海船员解决后顾之忧，凝聚同舟共济正能量。

二是做优境外党建。集团成立境外企业党工委，加强境外党建工作指导监督。境外二级单位党组织全部调整为党委建制，共设 14 个党委、62 个党支部。外派干部党员占比 83%，部分境外区域公司设专职党委书记、纪委书记。集团每年召开境外企业党建工作会，开展境外党建工作述职。举办外派干部培训班，强化境外党建、外事纪律、国家安全培训。境外企业党组织按照“五不公开”原则，坚决服务国家大局、维护国家利益，受到外交部和国务院国资委党委充分肯定。

三是做实机关党建。成立直属党委和总部机关党委，选优配强总部干部。加强总部干部教育管理，推动总部履行好“八个手”工作职能。开展对总部机关的政治巡视，提高总部引领保障能力。严肃党内政治生活，开展机关支部书记工作述职和党务干部专题培训，提高履职能力。

（三）构建党建制度体系

一是加强党建工作顶层设计。重组过程中，按照“一个文件体系、一个制度清单”的党建制度建设目标，集团制定《关于在改革重组中坚持党的领导和加强党的建设指导意见》《关于在改革重组中加强企业文化建设的指导意见》等指导性文件。重组后研究制订基层党建三年工作规划，明确集团党建工作总体思路、重点任务和方法路径，为基层党建工作树立了风向标、画出路线图。集团每年印发“党建工作要点”“宣传工作要点”“群团工作要点”，使党建工作与企业年度工作任务目标相衔接，把集团党建长远目标与阶段性工作、宏观要求与具体举措、整体部署与责任落实结合起来。

二是全面健全基本制度。集团党组注重以制度推进党建工作与生产经营相融合，把企业党建工作制度渗透、融入企业改革发展各个环节，有效发挥党的制度优势。集团党组以党章和党纪党规为根本遵循，制定出台各类党建制度 72 项。根据形势任务变化和中央要求，定期开展党建制度后评估和清理完善，确保制度权威性、及时性和有效性。

三是强化制度落实。集团党组将党建制度作为各级党务干部和全体党员教育培训的重要课程，通过举办党务干部培训班、“三会一课”主题党日、基层一线宣贯和现场监督检查等方式，强化党建制度闭环管理，推动党建制度在基层有效执行，坚决维护制度的严肃性和权威性。

（四）构建监督问责体系

一是扎实推进纪检监察体制改革。成立集团纪检监察体制改革工作领导小组，深入推进纪检监察体制改革，纪检监察、巡视巡察、审计监督、内部风险控制相互衔接配套的大监督格局不断健全完善。

二是一体推进不敢腐、不能腐、不想腐。针对重点领域廉洁风险，制定“五条禁令”和“十项规定”，划出纪律红线，强化制度执行。五年来共党纪立案 296 件，处分 290 人。发挥典型案件的警示教育作用。集团纪检监察组累计通报典型案件 44 起，涉及 117 人次，深化以案促改。

三是深化推进巡视工作。集团党组对照习近平总书记指出的中管企业存在的突出问题，把巡视整改与主题教育、日常监督、深化改革结合起来，持续推动中央巡视整改常态化长效化。完善内部巡视管理体制，实行“组办分设”“巡审结合”，带动各类监督有效贯通，增强监督合力，提高监督效能。积极稳妥推进内部巡视五年全覆盖，累计开展 13 轮巡视，共巡视 43 家单位，延伸巡视 65 家下属单位，发现问题 1000 个，提出意见建议 135 条。

三、完善“四个机制”，提升基层组织力战斗力凝聚力

（一）完善特色创建机制

集团党组以特色党支部创建为抓手，推动基层党建与生产经营深度融合，把党组织功能渗透到企业经营管理全过程，运用党建力量、党建方法、党建资源，引领推动企业发展行稳致远。坚持领导联系点与基层示范点、面上推动与过程管理、考核评估与宣传推广有机结合，扎实开展协作共进型、效益攻坚型、精益管理型、创新活力型、优质服务型等特色党支部创建，深化标杆船舶选树和党建品牌评选，开展“质跑当下、效赢未来”“稳增长、争效益”“创客行动”等系列主题活动，带动基层党支部全面过硬、全面提升。

（二）完善文化领航机制

集团党组在重组整合中，大力倡导“一个团队、一个文化、一个目标、一个梦想”的“四个一”企业文化，颁布实施《企业文化核心价值理念纲要》，激发广大干部员工同舟共济、砥砺奋进、领航全球的壮志豪情。围绕庆祝改革开放 40 周年、新中国成立 70 周年、脱贫攻坚、疫情防控、航海文化建设等，开展系列主题宣传，打造文化产品。编纂出版八卷本 630 余万字的《中国远洋海运发展史》，建成集团展示厅，全景展现新中国远洋海运与祖国共成长共发展的恢宏历程。扎实开展文明单位创建工作，集团总部和两家基层单位获 2020 年全国文明单位荣誉称号。

（三）完善典型培育机制

集团党组建立业务和党务、集体和个人、常规和特色相结合的先进典型评选表彰体系。大力倡导“务实、高效、协调、融合、智慧”的钻石团队精神，每年评选表彰集团钻石团队。突出激励长期服务船舶导向，开展船长、政委、轮机长“金牌三长”评选表彰，累计评选“金牌三长”1558 人。集团荣获国家“改革先锋”表彰，杨怀远获得新中国成立 70 周年“最美奋斗者”称号。

（四）完善考核评价机制

集团党组构建责任明确、责任落实、责任考核、责任追究“四位一体”党建责任闭环链条。制定党建工作责任制实施办法，每年召开年度党建工作会议，与二级单位党委签订党建工作责任书，建立涵盖党建考核和经营业绩考核的综合考核体系，使党建责任考核和经营业绩考核指标一起下、责任一起扛、工作一起抓。每年召开年度二级单位述职评议考核会，实现现场述职评议考核三年全覆盖，层层压实党建责任，持续推进重点党建任务落实。通过党建“述评考用”工作机制，建立起党组抓、书记抓、有关部门一起抓，一级抓一级、层层抓落实的党建工作格局。

（中远海运集团党组工作部）

山海情深长携手 扬帆振兴新征程

15年艰辛帮扶、15年真情坚守，中远海运集团真心真情定点帮扶永德，干部受教育、群众得实惠，地处云岭深山的永德大地生机盎然。

“永世其芳、崇德报功”，中远海运人为永德县经济社会发展作出的重大贡献，大山不会忘记，历史永远铭记——

出手必出色。

2006年，中远海运集团按照中央部署要求，定点帮扶永德。

15年弹指一挥间。今年，恰逢建党百年，中远海运人不负重托，以一份份沉甸甸的帮扶成绩，向党献礼：

15年来，集团向永德派驻挂职干部14批次40人，分别担任县委副书记、副县长、驻村第一书记及支教教师。

15年来，集团在永德县投入帮扶资金1.17亿元，实施的项目惠及全县10个乡镇、61个建制村、3万户13万人。

15年来，集团帮助永德完成15批次744名中青年干部轮训，开展就业及农村实用技术等培训31期6573人次。

15年来，集团在永德招收海员241人，累计实现劳动就业转移1171名。

15年来，集团帮助永德新建、改造37所学校，帮助解决先进教学设备。

15年来，集团在永德帮助建设16间村级标准化卫生室，举办多期“远航·善仁”中医特训营，帮助207名白内障患者重见光明、327名听障人士重回有声世界。

15年来，集团在永德援助建设茶厂3个、核桃初加工厂和临沧坚果深加工厂各1个、养殖场3个，受益人数12 000余人。

15年来，集团在永德帮助建成硬板路17条49.1千米，建成党群和群众文化活动室（场所）13个、饮水工程和人居环境提升19件。

15年来，集团全体干部职工在永德订购消费各类农特产品金额约4500万元。

铿锵承诺：中远海运集结永德

“永德不脱贫，中远海运集团不脱钩。”定点帮扶伊始，集团董事长、党组书记许立荣到永德调研，一个掷地有声的承诺，千里之外的中远海运人向祖国边陲集结，与永德握手。

这是集结号，是军令状，也是路线图。

永德因为历史、地理、区位等方面的因素，一直以来，发展难点、痛点、堵点多，经济社会欠发达。集团响应党的号召，入驻永德开展定点帮扶工作。集团采取循序渐进、阶段实施、稳步推进的工作策略，科学制定帮扶规划和方案，切实做到真心帮扶、长期帮扶、科学帮扶，给永德的跨越发展、创新发展注入了活力、动力。

怀着对边疆人民的关爱之情，中远海运人秉承“永德不脱贫、集团不脱钩”的信念，挑起了帮助永德脱贫致富奔小康的历史重任。视永德发展为己任，把永德的事情当作自己的事情，把永德人民当成自己的亲人。把永德的发展和集团的中心工作一并研究、一并安排、一并推进，定期听取定点帮扶工作情况，研究解决扶贫工作问题，促进定点帮扶各项工作的落实。选派精兵强将，带来了一大批项目、资金和技术，也带来了先进的理念、开阔的思路、务实的作风，为永德的脱贫攻坚工作积极整合各类政策资源和力量，形成了共同推进定点扶贫工作的强大合力。

15年来，永德的崇山峻岭、田间地头、农家的火塘边、庭院旁，遍布中远海运人的身影。他们与党员干部座谈、与群众面对面交心，用脚步丈量永德的山山水水，用真诚敲开群众“家门”

和“心门”，用智慧勾勒永德发展蓝图，用心血浇铸永德的希望。

斗转星移，15 年转瞬即逝。中远海运的挂职干部换了一茬又一茬。但是，“不脱贫不脱钩，脱贫也要送一程”，这镌刻在大山上的铿锵承诺始终未断过。到永德一线挂职的干部肩扛集团的嘱托，把永德作为家乡，融入地方，摸爬滚打，和当地干部并肩作战。“我是集团第 14 批入驻永德的挂职干部了。”今年 9 月，刚到永德挂职政府副县长的胥东看着中远海运历年派驻永德的干部名册表说。

青山一道同云雨，明月何曾是两乡。一路走来，中远海运人甘当向导，擎着火把，照亮永德前行的道路。

“中远海运集团的挂职干部懂政策又接地气，带来了新观点、新思维、新作风，为永德的发展作出了重大贡献。”永德县乡村振兴局长祁云山动情地说。

久久为功：产业发展的引路者

秋风送爽，丰收时节。驱车小勐统镇垭口村的青山秀水间，漫山遍野的古树茶园翠绿欲滴。

“作为全村第一大脱贫支柱，茶产业从小到大，从弱到强，中远海运人功不可没。”站在“中远海运垭口茶厂”门口，支部书记鲁小双的脸上写满谢意。

永德曾是云南重要的茶马古道，是全国重点产茶大县、普洱茶主产区和云南大叶种茶的原生地之一。“好熟茶，永德造”更是享誉中外。

生态美更要产业兴。如何践行“绿水青山就是金山银山”理念，如何唤醒永德茶叶这“沉睡”的生态资本，将“生态优势”转化为“经济优势”？

出资援建茶厂，发展壮大永德茶叶产业，实现茶农增收，让永德茶叶香飘四海。2018 年，中远海运集团共投入资金 380 万元，在小勐统镇垭口村、班乡放马场村、德党镇忙见田村建起了三个茶叶加工厂。三个茶厂每年生产 240 吨普洱茶，实现工业产值 2476 万元，覆盖茶园面积约 837.7 公顷，惠及人口 1914 户 7891 人，其中建档立卡贫困户 421 户 1592 人。

如何实现永德“美丽资源”向“美丽经济”的华丽转身，是永德面临的问题。

让永德的资源、产业、农产品“触电”“上网”。找准结症后，集团通过充分发挥自身的全球化网络优势与平台资源，借助央企产业链的客户群与合作圈资源，利用央企“互联网 +”平台优势，在“智能优选”“远洋壹号”“远海商城”“善融扶贫商城”“央企消费扶贫商城”上建立宣传永德的电商渠道，增强了永德的影响力，提高了永德的生态品牌。“美丽永德，世界共享”正在形成。

15 年来，集团根据永德资源禀赋，面对永德发展瓶颈，还在永德乡村道路硬化、亮化、人畜饮水和灌溉工程、村级活动场所、农村人居环境提升项目、乡村振兴项目、劳动力就业转移、医疗卫生事业等方面举集团之全力给予帮扶，永德人民有了更充足的获得感和幸福感。

久久为功，接续发力。中远海运人聚点成链，倾注巨大心血，把永德优势产业浇灌成了“参天大树”，将永德铸造成了拥有澳洲坚果面积 3.69 万公顷的“临沧坚果之乡”、茶园面积 1.61 万公顷的全国著名“熟茶之乡”、野生诃子面积 2.09 万公顷的全国最大、最著名的“诃子之乡”、芒果面积 3000 公顷的全国著名“芒果之乡”、优质中药材种植面积 2307 公顷的“云药之乡”。

众人拾柴：教育扶贫硕果累累

教育是国之大计，党之大计。“永德要发展，关键在教育，要让贫困地区的孩子们接受良好教育。”集团董事、总经理、党组副书记付刚峰在永德调研时说，“永德的办学条件要由底线变均线，城乡均衡要由基本变优质，控辍保学要由动态变常态，资源配置要由分散变集中，投资重点要由硬件变软件。在发展教育上，集团将与永德人民手拉手，一起走。”

中远海运人一言九鼎，从不开“空头支票”。

15 年来，集团领导和下属单位心系永德教育，在永德打了一套漂亮的“教育扶贫组合拳”。

集团董事长、党组书记许立荣，集团董事、总经理、党组副书记付刚峰等领导多次到永德调研扶贫开发和教育工作；集团团委、慈善基金会等组织到永德开展教育帮扶行动；挂职干部上连天线下连内线，密切关注永德教育动向。

众人拾柴火焰高。永德教育取得了质的飞越。

德党镇明信坝完小，是中远海运人投资40万元援建、改造的第一所小学。15年过去了，我们来到明信坝完小，教学楼在阳光下依旧显得格外新、格外亮。在村里，没有任何一栋建筑比它更好看了。“早些年，学校面貌陈旧得很，2006年，在集团的支持下，学校新建了教学楼，父老乡亲都说学校盖得可真坚固，真漂亮！”时任该校校长曹银庄说。

过去永德的学校，特别是村级学校，大都还是土操场，教育设施简陋，甚至还有部分教学楼危房。在中远海运人的帮扶下，不仅学校的基础设施得到了改造，许多学校还建起了浴室、改造了旱厕、新建了食堂，拥有了教师周转宿舍楼，师生可以舒心教学，家长能够放心务工。

如今的永德，在农村建得最漂亮、最牢固的一定是学校，工作环境最优越、最舒心的一定是教师，笑得最开心的一定是那些孩子们。这是中远海运人定点帮扶带给永德教育看得见、摸得着的巨大实惠。

中远海运人在永德开展了“远航·家园”行动，建设了一批新校园，共帮扶全县新建、改造学校37所10 755平方米、学生宿舍3873平方米、食堂2477平方米、教职工宿舍738平方米、厕所及浴室323平方米，新建运动场3600多平方米，维修改造教学楼、食堂487平方米，学习用品更是不计其数。

中远海运人在永德开展了“远航·追梦”行动，补齐了永德教育短板。投入资金151.03万元，受益学校13所，配备学生课桌椅3202套，学生用床1236张，学生餐桌椅258套，教师办公桌138张，教师讲桌94张。

中远海运人在永德开展了“浪花·心愿”行动，结对帮扶了一批贫困学生。共结对资助贫困学生319人，共计657人次。

中远海运希望班共举办8届，共招收学生450人，目前有150人在读，已毕业300人，本科上线296人，考取国内重点大学51人，考取清华大学1人。

中远海运人在永德开展了“帮扶支教”行动，提高了永德教学质量。前后邀请8名教师到县一中学校帮扶支教，开阔了学生的视野。200名乡村教师接受培训，提高了教师的任教水平。

十五年磨一剑。随着永德的教学环境不断完善，全县教育质量也逐年提高，一直位居全市前茅。

点燃党建引擎：党建与扶贫双推进

定点帮扶永德过程中，集团始终高度重视永德的党建工作。挂职干部也由最初的县长助理、副县长到增派了县委副书记，确保定点帮扶党建与扶贫“双推进”。

把基层党组织培养成事业蓬勃发展的中坚力量，壮大村级集体经济。组建村集体经济发展服务队，实行抱团发展。为发展村集体经济，集团充分发挥永德村级乡村振兴理事会、“三人小组”（乡镇挂钩领导、村党支部书记、驻村第一书记）的核心作用，科学规划、编制乡、村发展项目，把政治优势、组织优势转化为发展优势和制胜优势。在集团的关心支持下，仅2015至2020年，全县就解除73个集体经济收入空白村。常雷被中远海运集团选派到云南永德县德党镇忙见田村任第一书记，在驻村期间，他带头种植烤烟，组建茶叶产业合作社、养殖合作社，把党旗插到了田埂上，插到了群众的心坎上。

中远海运集团在帮扶永德的工作中，注重加大对各级领导干部的培训力度，先后完成了对永德县16批次共计396名中青年领导干部和村支部书记的专题培训，累计投入干部培训帮扶资金345万元。“我干了一辈子村支书，马上就要退休了，没想到还能去上海培训。”小勐统镇鸭塘村党支部书记李光发59岁，在村干部岗位上干了20年，2017年，他参加了集团举办的基层党支部书记培训班。永德党员干部通过培训，“走出山门，脑洞大开，提升本领。”大雪山乡党委书记杨兵说道。

集团紧紧围绕“思想共通、阵地共建、人才共育、发展共谋、关爱共行、活动共融”的联建目标，分批派出干部到永德帮扶指导工作，下属党组织也纷纷和永德农村支部开展“支部+支部”

结对帮扶共建工作，进一步凝聚合力。集团还利用互联网云平台构建线上互动渠道，构建智慧党建多功能端口，开展“组织云生活”，加强支部、党员之间的沟通交流，推动集团、永德党的工作“网上互联、信息互换、党建互通”，打造实施“智慧党建”的先行示范，增强双方基层党组织建设。

血浓于水：扬帆借东风

15 年来，集团和永德各族人民风雨同舟、唇齿相依，在云岭大地展现了中远海运人的担当，谱写了永德精彩。

15 年来，集团和永德人民一起走过奋进岁月，见证沧桑巨变，开创永德崭新气象。

随着脱贫攻坚全面完成，党中央作出“三农”工作重心向全面推进乡村振兴历史性转移的重大决策，开启了书写中华民族伟大复兴的“三农”新篇章。“乡村振兴是大战略。集团将继续肩扛责任，乘势而上，突出政治引领，系统谋划、组合出击、全面发力，为永德全面振兴接续奋斗。”今年 10 月 26 日，集团董事长、党组书记许立荣再次到永德调研时说。

雄关漫道真如铁，而今迈步从头越。中远海运人将胸怀“全景图”，眼盯“大棋盘”，牢记习近平总书记两次到云南的重要讲话和“八月回信”精神，和永德人民一起，主动融入“三个定位”和“一带一路”建设。抓住国家新时代西部大开发重大发展战略，把永德建设成为云南“乡村振兴示范区、兴边富民示范区、国家可持续发展示范区”，把永德打造成为世界一流“坚果之乡”、中国一流“熟茶产业”之乡、“中国·诃子”之乡，云南“冬春蔬菜重要产区”、蔗糖生产重要基地，全方位破解乡村“幸福密码”。

“十四五”规划、2035 年远景蓝图、实现第二个百年奋斗目标的新时代号角已经吹响，中远海运人将乘势而为，立足基层沃土，携手永德，在伟大中国梦的征途上砥砺前行。

（杨大义　杨晓　宾志宣）

船视宝：为航运业发展装上数字“推进器”

四季度以来，随着美西港口拥堵状况愈演愈烈，自11月16日起，洛杉矶/长滩港实行船舶排队新规，如何第一时间获得最新的排队情况，成为各船东以及上下游各方最为关切的事情。由中远海运科技自主研发的“船视宝”大数据挖掘服务系列产品再度升级，12月2日，平台推出了“洛杉矶/长滩工班排队”新功能，支持查看目的港为洛杉矶/长滩的所有排队情况，包括船名、启运港、离港时间、目的港以及工班排队时间。一目了然的港口和船舶动态能让用户第一时间获知最新状况，并分析未来走势，从而进行有效预判和决策。

11月25日，上海数据交易所正式揭牌，中远海运科技成为首批数商，“船视宝”成为公开挂牌的数据产品。凭借着海量的航运相关数据及强大的数据挖掘能力，“船视宝”正愈发被行业内外熟知和使用，为企业生产经营安装了新型“数据”推进器，以乘法式的推动力助更多航运相关企业行得更稳、更快、更远。

打造“推进器”——选准赛道提振信心

传统大型企业推动数字化转型需要充分认识到工程的复杂程度，这过程必然是艰巨的、长期的，更是系统性的。况且每个行业有其独特性，没有可以生搬硬套的成型模式，这使数字化转型工作具有短期不确定性特征，甚至有较大风险。

中远海运科技副总经理王新波表示，“我们不能仅是坐而论道，却在行动上裹足不前”。2018年前后，中远海运科技准确选择了赛道和切入点，并通过实践快速建立起了数字化转型的信心。

中远海运科技所属研发创新中心是“船视宝”平台研发的主阵地，团队从研发之初到如今每日维护升级阶段，人数最多时也不到30人。通过市场化人才引进的研发创新中心副总经理韩懿对“船视宝”的孕育之路感受很深。作为全程领队及参与者，韩懿认为：选择航运相关业务作为首发赛道，是最正确不过的了。

依托中远海运集团内部既有的混合云平台及不同系统上云的基础，研发创新中心在上线前期主要做好“聚数”的工作，通过采集汇聚全业务链数据，建设数据治理体系和大数据平台，夯实数据基础，让航运产业相关情况显性化。紧接着，就是持续丰富和挖掘数据内涵，通过大数据、人工智能等技术，实现数据智能化，结合不同业务场景创新商业模式，真正实现为业务“创智”。

在这个过程中，中远海运集运海运操作中心协助上线初期的“船视宝”验证了集装箱船舶的等泊时间、准班数据等信息是否与实际相符，大数据智能预判的结果是否精准可靠。可见中远海运集团庞大且全面的船队资源给予了“船视宝”得天独厚的优势。

安装“推进器”——规模显现服务迅捷

赛道选对了，步伐就更自信了。

2019年上线后，经过1年持续平稳的打磨、升级和维护，2020年新冠疫情在全球逐渐蔓延开来，“船视宝”平台的作用此刻进一步显现，尤其是数字化智能带来的迅捷服务能力成效初显。基于航运数据中台的快速构建能力，中远海运科技仅用几天时间于2020年4月下旬完成开发“船舶健康码”系统，助力宁波海事局上线部署疫情防控工作，为疫情期间实现抵港船舶的分类分级、精准管控和决策辅助提供了大数据支持。

今年3月，航运界轰动一时的“长赐”号集装箱船在苏伊士河搁浅事件，导致大量船只无法通行。中远海运科技依托“船视宝”平台仅用一天时间，完成了“苏伊士运河拥堵云监控”系统的开发上线，并免费向用户开放，在业内反响颇佳，实时掌握船舶搁浅处置状况可极大地提升船东、货代的客户服务能力。

近段时间以来美国港口的拥堵严重扰乱了全球供应链正常运转，“船视宝”平台反应迅速，“洛杉矶 / 长滩工班排队”功能的上线体现了其敏捷化服务特质，给用户带来了便捷的同时，彰显了数字化转型的价值。

“事实上，并没有客户提出让我们那样做，但我们始终努力把工作做在前，让用户来判断它的价值。”韩懿在回忆这些服务案例时说道。

秉持这样的实践理念，截至今年 12 月中旬，上线运营 3 年的“船视宝”系列产品已经汇聚了全球 23 万条船舶 200 亿条地理位置数据，通过算法汇聚出 600 万条历史航线，准确识别出全球 4000 个港口 2 万多个泊位属性，以及超 7 万艘商船的 4000 多万条全生命周期行为动态（历史动态、航行分析、船舶事件、航行预测等），为包括船东、货代、航运产业上下游业务相关客户在内的 62 家客户提供了 SAAS 配置化服务，平台用户已超 4000 多人。

数字化转型是一个需要持续实践的过程，通过实践获得真知并建立信心，通过实践不停地迭代更新，找到最适合自己的方法，积跬步成千里，最终会找到适合自己的可持续数字化转型道路。

激活“推进器”——链式互动构建生态

当业务装上了精心打造的数字化“推进器”，那绝不是简单的加法，而是“数字化 ×”的概念。数字化无法做到无中生有，只有服务于企业实际业务，才能发挥其真正的价值。“船视宝”就是数字化技术与航运相关产业充分融合的产物。

这 3 年的数据积累中，“船视宝”与许多航运相关产业开展链式互动，例如，在集团内与中远海运能源船舶管理平台、中远海运散运“船货易”平台、中远海运特运数据分析平台等对接，集团外与上海打捞局、宁波海事局等项目对接，为他们提供定制化服务。这款“推进器”被不断激活，每一次激活也让“船视宝”更加智能，持续深度的学习提升了其共创共享的合作能力，不断促进了航运业数字生态协同的构建。

如今，那些装上数字化“推进器”的企业现在怎样了呢？让我们看看“船视宝”是如何给企业发展带来乘法式增长新动能的——

1.“数字化 × 船舶安全”

数据驱动船舶管理基于安全的决策

12 月 2 日，冬日早晨黄浦江畔的办公楼里，中远海运能源研究中心信息化室经理曹日新坐在他的办公桌前，打开办公电脑，登录“船舶智能监控系统”，在搜索框里检索“远春湖轮”，页面立即为他定位到船舶目前所在位置。曹日新正要参考核对网络上关于远春湖轮前一晚在三亚以南 450 海里处救援伯利兹籍散货船的新闻，开始他一天的忙碌工作。

一通电话都不需要打，短短几分钟，中远海运能源总部便能对遍布全球的船舶航行信息了如指掌，其中“船视宝”功不可没。前文提到的“船舶智能监控系统”就是中远海运科技为中远海运能源量身定制的系统，是基于“船视宝”海量航运业务相关数据，融合中远海运能源船舶管理实际数据和需求而打造的，相当于船东公司自有系统的“加强版”。

曹日新对这套定制化系统称赞有加，自 2020 年一期上线至今，“船视宝”以其专业化的海量大数据以及数据分析功能赋能了能源运输船舶的安全管理，曾经只能靠 AIS 数据进行人工经验预判的“偏航”“航速异常”“恶劣气象”等问题都可以通过大数据挖掘来精准预测，并及时采取预防和修正措施。

2021 年 12 月 10 日，该系统二期上线。这一次，基于“船视宝”运行多年来更加强大精准的数据基础，中远海运能源的“船舶智能监控系统”推出了“九大类 29 项风险预警”。曹日新还特别提到了“船视宝”平台承载的数据给船舶工况监控、能效数据监控等预警带来了便利，使船舶管理团队的能耗管理工作有的放矢。

2.“数字化 × 船舶运营”

数据赋能船东操作基于效率的决策

与曹日新相似，中远海运集运海运操作中心操作支持部的柯嘉每天上班第一件事也是打开

"船视宝"页面，并时刻挂在工作电脑的任务栏上，这个习惯柯嘉已经保持了 3 年了。

柯嘉每天最关心的就是船舶动态、船舶准班率以及目标港口平均等泊时间等信息。现在，"船视宝"平台下"调度宝""港口宝"模块可一站式满足柯嘉每日所需信息。

"'船视宝'非常好用，其优点在于包括气象信息等在内的所有海运相关信息的高度集中度，以及中远海运科技团队对海量数据的挖掘深度。"柯嘉告诉记者。

据了解，在疫情期间，中远海运集运积极落实"六稳""六保"要求，得益于"船视宝"平台，柯嘉可在平台上搜索到所有自有船舶及租赁船位置信息、一并了解联盟船舶动态信息、提前知晓即将靠泊码头的拥堵情况、了解运营船舶当前航速，并与码头、货主、船舶等各方提前统筹船舶靠港及承运货物的装卸活动，这极大地提高了疫情期间中远海运的运输效率和服务品质。

数据如果只是不断地录入产生，那它可能永远只是将一些客观存在的事物显性化或者某一些现象可视化，而只有经过不断深度挖掘的数据才能产生可供使用的价值。

曾经每天要从多网站和平台搜集数据，并自行制表分析研究行业准班率的柯嘉很有发言权："数据离不开精准采集，但更需要深入挖掘后广泛地服务各层级智能分析与决策需要，这就是'船视宝'与众不同之处。"

3."数字化 × 航运配套"

数据协同航运配套基于效益的决策

作为航运配套产业之一的船舶保险企业，中国船东互保协会（以下简称"中船保"）信息技术部总经理刘思腾表示，"船视宝"平台的数据和分析对中船保帮助很大，尤其是自 2020 年底中远海运科技为中船保定制化开发的"会员船舶航行跟踪系统"上线以来，基于"船视宝"海量数据与中船保自有系统数据的有机融合，就好比给中船保的数字化发展进程装上了助推器。

中船保在全球拥有超 400 家"通代"合作伙伴，如何能第一时间为出险会员船找到距离最近的代理，并为其在当地及时找寻律师、检验机构等资源是中船保一直以来想要解决的"痛点"。

如今，有了"船视宝"的大数据支撑，以及中远海运科技的用心维护，中船保对会员船实时位置了如指掌，能提前对船舶风险给予精准预判；该系统还能筛选全球海域的大马力拖轮，全球保险代理都可以在系统中找寻到最合适的救援船舶驰援出险的会员船；对于经预测可能进入特定风险区域的船舶，中船保也会根据实情酌情加保。这种针对会员企业打造的配置化(SAAS)服务实实在在地为企业降本增效、提升核心竞争力增添了新动能。

"我们不但化解了'痛点'，还转化成了客户服务的亮点。"同时，刘思腾坦言，在"船视宝"还未出现的时候，市场上也有类似的基于 AIS 数据查询的平台，但是那些平台的数据集成度远远不够。而"船视宝"则能透过数据挖掘航运及其相关产业的价值，赋能企业经营效益，提升数字化转型协同生态建设。

走进中远海运科技研发创新中心——"船视宝"平台的诞生之地，入口处地面的跑道设计尤其引人注目。

"与昨日的自己赛跑，不断跑出新速度、新高度"应该是科创工作者始终秉持的态度。

期待未来，中远海运的"船视宝"为航运业务发展增添源源不断的新动能。

尾声：数字化是企业转型升级的重要抓手，是个不断摸索的过程，需要大量基础性的工作。船视宝是中远海运作为航运业领头羊在数字化转型过程中率先推出的一个产品。用"冰山理论"来具象化分析，即露在水面上看得到的是数字化应用、商业模式创新，以及数字变现成果，但在水面以下看不到的更大的那一部分，是数据采集、处理、服务输出的全过程，包括物联网、大数据等大量工作。与航运产业相关企业继续共创共享，扎实打造水面以下那部分冰山，那么未来，数字化产品的"推进器"作用呈几何式显现就指日可待。（李琳）

CHINA COSCO SHIPPING
CORPORATION LIMITED
YEARBOOK

中国远洋海运集团有限公司

年鉴

第二篇

概况

集团概述

集团概述

【集团简介】

中国远洋海运集团有限公司（以下简称“中远海运集团”或“集团”），由中国远洋运输（集团）总公司与中国海运（集团）总公司重组而成，总部设在上海，是中央直接管理的特大型国有企业。中远海运集团完善的全球化服务铸就了网络服务优势与品牌优势，形成了较为完整的产业结构体系；集团以航运、港口、物流等为基础和核心产业，以航运金融、装备制造、增值服务、数字化创新为赋能和增值产业，全力打造“3+4”产业生态，致力于构建世界一流的全球综合物流供应链服务生态。

作为国家战略坚定的执行者，中远海运集团以服务全球贸易、经营全球网络、打造世界一流的全球综合物流供应链服务生态为企业愿景，以推进航运强国、深化“一带一路”建设、融入双循环新发展格局为指引，持续做强做优航运主业，不断提升全球竞争力。2016—2021 年，中远海运集团积极发挥国家航运骨干作用，在船舶综合运力、干散货船队、油轮船队、杂货特种船队、集装箱码头吞吐量和船员管理等规模上保持“六个世界第一”，集装箱船队、集装箱租赁、燃油供应、船舶代理、海工制造业务位居世界前列。

截至 2021 年年底，中远海运集团资产总额 9 761.51 亿元，所有者权益 4 164.93 亿元。是年，中远海运集团连续五年被评为国务院国资委经营业绩考核 A 级。是年，中远海运集团在《财富》世界 500 强中排名 231 位，比上年度提升 33 位。2016—2021 年，中远海运集团连续上榜《财富》世界 500 强，排名逐年提升，累计上升 234 位。

【历史沿革】

中远海运集团由中国远洋运输（集团）总公司和中国海运（集团）总公司合并重组建立。

中国远洋运输（集团）总公司（简称“中远集团”）最早可追溯到 1961 年在北京成立的中国远洋运输公司。1961—2015 年，在中远五十余年的发展进程中，中远集团历经数次变更，反映出新中国海洋运输事业的发展壮大和对外贸易运输的沧桑巨变。企业变化经历了四个阶段，即：成立初期的政企一体化——交通部远洋运输局和中国远洋运输公司合署办公阶段（1961—1966 年）；“文化大革命”期间的铁、交、邮合并期——交通部水运组主管阶段（1967—1971 年）；国营企业转型期——中国远洋运输总公司自主经营阶段（1972—1993 年）；改革开放大发展期——中国远洋运输集团市场化经营阶段（1993—2015 年）。1993 年 2 月 16 日，中国远洋运输（集团）总公司成立，由隶属交通部管理的中国远洋运输总公司、中国外轮代理总公司、中国汽车运输总公司、中国船舶燃料供应总公司 4 家企业组建。到 2015 年年末，中远集团拥有船舶 577 艘 /4496 万载重吨；货运量 3.83 亿吨，货物周转量 16 485 亿吨海里；总收入 1 443.2 亿元，总资产 3 613.2 亿元。

中国海运（集团）总公司（简称“中国海运”）于 1997 年 7 月 1 日在上海成立。中国海运是在整合上海海运（集团）公司、广州海运（集团）有限公司、大连海运（集团）公司、中国海员对外技术服务公司、中交船业公司五家公司基础上而成立的。其中，上海海运（集团）公司的前身是 1872 年成立的轮船招商总局，广州海运（集团）有限公司的前身是轮船招商局广州分公司。

两家公司在新中国成立后都经历了军管、公私合营、现代企业制度改革的过程，成为中国沿海的主力航运集团。大连海运（集团）公司的前身是1949年成立的大连轮船公司，在渤海湾航线具有较强的竞争力。中国海员对外技术服务公司成立于1984年，是中国第一家海员劳务外派公司。中交船业公司成立于1993年，主业从事二手船贸易及拆船业务。1997—2015的18年间，中国海运实现了跨越式发展。到2015年年末，中国海运拥有船舶544艘/4047万载重吨；货运量5.46亿吨，货物周转量11 298亿吨海里；总收入799.41亿元，总资产2 321.59亿元。

2016年1月4日，经国务院批准，中远集团与中海集团重组成立中远海运集团。当日下午，中远海运集团召开中层以上管理人员大会。中共中央组织部副部长王京清宣布了党中央、国务院关于中远海运集团主要领导配备的决定：许立荣同志任中远海运集团董事长、党组书记，其中国海运董事长、党组书记职务自然免除；万敏同志任中远海运集团总经理；马泽华同志的中远集团董事长、党组书记职务，李云鹏同志的中远集团总经理职务，张国发同志的中远集团总经理职务自然免除。同时，国务院国资委党委决定：万敏同志任中远集团党组副书记。董事长、总经理职务任免按有关法律和程序办理。

2016年1月8日，经国务院国资委党委研究决定，孙月英、孙家康、叶伟龙、黄小文、丁农、王宇航、俞曾港同志任中远海运集团党组成员；徐爱生同志任中远海运集团党组成员、党组纪检组组长（试用期至2016年6月）。

2016年1月14日，中远海运集团召开北京、上海两地总部员工大会，通报中远海运集团筹建进展及集团总部组织架构等事宜。集团董事长、党组书记许立荣在会上作重要讲话，总经理万敏主持会议并介绍了改革重组的相关情况。

2016年1月19日，中远海运集团（筹）在北京远洋大厦召开了新总部职能部门筹备组负责人及赴二级单位任职同志集体谈话会。会议宣布了新总部职能部门筹备组负责人以及有关人员的工作安排，许立荣董事长、党组书记进行了集体谈话，提出9项具体要求。集团董事、总经理、党组副书记万敏，副总经理、党组成员王宇航，党组成员、党组纪检组组长徐爱生等集团领导出席了会议。

2016年1月20日下午，中远海运集团（筹）召开第一届董事会宣布大会及第一届董事会第一次会议。会议宣布中远海运集团董事会设立，刘章民、何庆源、钟瑞明、徐冬根为中远海运集团外部董事；审议并通过了集团公司章程、组织架构以及聘任总会计师和副总经理等公司领导班子的议案；集团总部机构将按照国有独资公司框架设置。

2016年2月1日，中国远洋、中海集运以及中远太平洋3家上市公司发布公告：中远、中海重大资产重组交易各项议案，均以超过99%的支持率获得股东大会高票通过，充分显示了资本市场对国企改革的高度认可。

2016年2月18日，中远海运集团在上海正式挂牌成立。

2016—2021年，中远海运集团进入高质量发展时期。集团深入推进国企改革，大力实施海洋强国、海运强国战略，大力推进“一带一路”建设，积极应对百年未有之大变局及全球竞争，成为引领国际航运发展的重要力量，国际航运影响力及话语权不断提升，向国际领先、世界一流企业不断迈进。（周家恺）

【生产经营】

截至2021年年底，中远海运集团经营船队综合运力11 187万载重吨/1349艘，排名世界第一。其中，集装箱船队规模295万TEU/511艘，居世界第三；干散货船队运力4331万载重吨/421艘，油轮船队运力2937万载重吨/224艘，杂货特种船队495万载重吨/155艘，均居世界第一。集团全年货运量为1361亿吨，货运周转量为38 677.96亿吨海里。船舶营运率97.10%。在2021年的货物运输中，煤炭运输为2.85亿吨，原油运输1.57亿吨，金属矿石运输1.43亿吨，粮食1 041.91万吨；集团的集装箱运量为 5 595.29 万 TEU。集团在全球投资码头 58 个，集装箱码头超 51 个，集装箱码头年吞吐能力 13 326 万 TEU，居世界第一。全球船舶燃料销量 2820 万吨，居世界第一。集团装备制造板块中新造船交付量为 55 艘 /629 万载重吨，其中海洋工程船舶 6 艘。是年，中远海运集团一手抓疫情防控，一手抓生产经营，效益为先、全球运营、规模领先和稳健抗压四个维度齐头并进，“十四五”实现强势开局。全年累计实现营业总收入 5427 亿元，实现净利润 1050 亿元，历史性跨越千亿元台阶。在“一带一路”建设中，集团沿线的集装箱班轮航线共开辟 195 条，投放集装箱船舶运力按装箱量计算占比达到 68.7%；中欧陆海快线箱运量达到 15.3 万 TEU，同比大幅劲升 25.4%。（于炯　丁羿）

【服务国家战略】

中远海运集团积极融入双循环新发展格局，助力我国产业链、供应链稳定，用实际行动诠释了托起海运强国梦的使命担当。积极助力“一带一路”建设，以比雷埃夫斯港为支点做好纽带连接和物流面延伸，推进中欧陆海快线、中欧班列业务，构筑了通往中东欧的第三条物流大通道。积极助力国家区域经济发展；集团加大在广西、重庆等地的港口、物流等相关领域投资，积极参与长三角一体化发展、粤港澳大湾区建设，助力上海国际航运中心建设。积极助力海南自贸区建设；自中国海南自贸区计划开始，中远海运集团在海南建设集装箱、通用码头、航运及旅游、物流和港航服务等业务板块，持续在海南开展相关产业，积极响应海南自贸区建设。截至 2021 年 12 月，集团已在海南运营 15 组航线，外贸航线直达澳大利亚，以及越南、泰国、新加坡等东南亚和南亚地区，内贸航线连接钦州、南沙、上海、宁波、天津、营口、锦州等地区。此外，集团持续跟踪推动海南港航码头产能升级，协调发展洋浦港沿海捎带、内外贸同船运输工作，助力洋浦作为双战略枢纽港的建设，在洋浦口岸开设 12 组航线，包含 8 组外贸航线、4 组内贸航线。

（周家恺）

【职 工 队 伍】

截至 2021 年年底，中远海运集团员工总数 13.28 万人，其中陆岸员工 8.55 万人、船员 4.73 万人，境内员工 11.82 万人、境外员工 1.46 万人。在船员队伍中，自有船员 2.84 万人，派遣制船员 1.88 万人，派遣制船员中的外聘船员 1.77 万人；高级船员 2.31 万人，普通船员 2.42 万人。

（胡柏青）

“十四五”发展战略

“十四五”发展战略

【“十四五”发展基本原则】

坚持党的全面领导。坚决做到“两个维护”，自觉在思想上政治上行动上同党中央保持高度一致，汇聚全集团之力贯彻执行党中央决策部署，积极服务国家重大战略，切实发挥好国有企业“六个力量”的重要作用，为实现高质量发展提供根本保证。

坚持新发展理念。将新发展理念贯穿集团发展全过程和各领域，以深化供给侧结构性改革为主线，坚持质量第一、效益优先，切实转变发展方式，推动质量变革、效率变革、动力变革，实现更高质量、更有效率、更加公平、更可持续、更为安全的发展。

坚持融入新发展格局。坚持供给侧结构性改革的战略方向，积极参与国内大循环和区域协同发展战略。适应国内需求，打通经济循环堵点，提升产业链、供应链的完整性，使国内市场成为最终需求的主要来源，形成需求牵引供给、供给创造需求的更高水平动态平衡。

坚持高水平开放合作。积极寻求在更大范围、更宽领域、更深层次实现开放合作。一方面，依托我国大市场优势，促进国际合作，实现互利共赢，助力海南自由贸易港建设和“一带一路”高质量发展；另一方面，全面落实“两个毫不动摇”，既要对标世界一流，着力向创新、市场、管理要效益，打造高质量发展标杆企业，又要树立共商共建共享理念，深化集团内各产业间的协同，加强与其他企业、资本、国家合资合作，促进多种所有制融合发展。

坚持创新驱动发展。以提高集团主要产业创新力和国际竞争力为目标，加强对创新能力体系建设支持，加大前瞻性、战略性产业和未来产业投入，引领带动新兴产业发展和自主创新，集中力量攻克“卡脖子”关键核心技术，保障产业链供应链安全稳定，更好支撑创新驱动发展战略、制造强国战略和创新型国家建设。

坚持全面深化改革。按照国企改革三年行动方案的总体部署，统筹好改革、发展、稳定的关系，优先综合运用有利于激发企业活力、提高运营效率的改革举措，促进改革发展高效联动，在推动资源布局优化和结构调整上取得明显成效、在提高企业活力和效率上取得明显成效，增强企业竞争力、创新力、控制力、影响力和抗风险能力。

坚持维护国家经济安全。坚持总体国家安全观，坚持国家利益至上，适应交通强国、海洋强国发展需要，强化全球物流链、供应链安全保障水平，确保粮食、能源、矿产资源等关系国家安全、国民经济命脉和国计民生的物资运输通道畅通，成为维护产业链、供应链、创新链安全可控，以及顺畅国内国际双循环相互促进的新发展格局的关键保障力量。

坚持系统观念。加强前瞻性思考、全局性谋划、战略性布局、整体性推进。处理好继承和创新、国内和国际、发展和安全、战略和战术等几对关系，着力固根基、扬优势、补短板、强弱项，注重防范化解重大风险挑战，实现发展质量、结构、规模、速度、效益、安全相统一。 （张希南）

【“十四五”规划编制】

2020 年 2 月，集团成立了“十四五”规划编制领导小组和工作小组。其中，领导小组由集团许立荣董事长、党组书记任组长，付刚峰董事、总经理任副组长，集团外部董事及其他党组成员任组员，对集团未来发展和战略定位提出思路和意见，带领和指导工作小组成员开展战略规划相关工作。工作小组由张为副总经理任组长，集团战略与企业管理本部 / 深化改革办公室牵头，总部相关职能部门等组成，协调各部门群策群力，协同咨询公司，全面推进规划编制工作。

集团“十四五”规划编制工作于 2020 年 3 月初正式启动。规划编制分为三阶段进行：

1. 顶层设计阶段：在这一阶段，集团主要领导分赴各主要二级公司开展 20 余场调研，充分听取各方建议。规划编制团队面向集团领导、主要部门负责人、二级公司主要领导进行 40 余次访谈，为后续开展各项工作打下了坚实的基础。

2. 战略梳理阶段：规划编制小组在第一阶段工作成果的基础上，与各业务单元充分交流沟通，确保其了解集团“十四五”期间的战略意图和目标导向，协助其完成本公司梳理“十四五”期间的定位愿景和重要项目，测算未来的年化发展指标和投资规模。这些均成为集团确定“十四五”期间的整体目标的基本素材。

3. 战略定谋阶段：规划编制小组在前期取得的各项成果和素材的基础上，优化整体发展战略，评估组织能力、管控模式等，并设计组织发展策略与计划等，分析集团资产配置情况，制定高阶优化发展方案和落地方案。最终完成了集团“十四五”规划的主体内容。（张希南）

【“十四五”规划整体架构】

集团“十四五”规划由战略规划总报告和产业集群分规划两个部分组成。

战略规划总报告包括对集团“十三五”战略的整体回顾，集团“十四五”所面临的外部市场环境分析，集团“十四五”期间的发展愿景、经营指标，各业务集群发展原则和产业定位，包括重大投融资计划在内的集团“十四五”期间的重点工作专项规划，集团核心保障措施及关键能力建设等 6 个部分。

产业集群分规划包括航运产业集群“十四五”发展规划、港口产业集群“十四五”发展规划、物流产业集群“十四五”发展规划、航运金融产业集群“十四五”发展规划、装备制造产业集群“十四五”发展规划、增值服务产业集群“十四五”发展规划、创新产业集群“十四五”发展规划和国内重点区域“十四五”发展规划 8 项分规划，明确各专业集群及关键地区的发展定位、发展目标、重要举措等。（张希南）

【发展愿景】

集团“十四五”期间发展愿景是：服务全球贸易，经营全球网络，以航运、港口、物流等为基础和核心，打造世界一流的全球综合物流供应链服务生态。

“十四五”发展愿景包含两方面的基本内涵：即世界一流的业绩表现和引领行业的企业影响力。

世界一流的业绩表现：在“十三五”的“规模增长、盈利能力、抗周期性、全球公司”四大维度指标基础上，“十四五”期间具体目标可概括为“效益为先”“全球运营”“规模领先”和“稳健抗压”4 个方面。

引领行业的企业影响力：“十四五”期间，集团应前瞻性布局新业务，突破业务逻辑与模式，引领行业的发展与创新。力争成为创新模式探索者、可持续发展推动者、国家战略践行者和国资改革试行者。（张希南）

【关键战略主题】

围绕“打造世界一流的全球综合物流供应链服务生态”的目标愿景，集团及各业务单元在“十四五”期间重点关注的战略主题为“产业链经营”“效益专精”和“数字驱动”。

产业链经营：“十四五”期间，集团围绕“货物流”“资金流”和“信息流”构筑产业链，形成“航运 + 港口 + 物流”三大业务驱动模式，并强化业务组合间的协同效应。

效益专精：提升各业务主体的盈利能力、资产周转率和投资回报。各业务主体聚焦卓越运营，改善业务板块运营效率；同时，集团积极优化资本结构，提高资本利用效率。

数字驱动：数字化从辅助工具跃升为集团未来发展架构的一部分，集团在明确的顶层设计指导下，推动数字化技术在各业务领域与场景的应用，加速推动各项业务转型。（张希南）

【“3+4”产业生态】

“十四五”期间，基于产业链经营理念，集团原有的“6+1”产业集群重新组合，并进一步调整为“3+4”的产业生态。

航运产业集群、港口产业集群和物流产业集群是集团 3 个核心产业集群。其中，航运产业集群聚焦提升盈利能力与业务韧性，打造具有端到端服务能力的航运业务；港口产业集群通过布局全球关键节点，打造市场化竞争力，成为集团核心业务“第三极”；物流产业集群重点发展第三方物流业务，成为集团产业链经营的重要构件、航运主业的流量支撑，助力集团从大到强高质量发展。通过核心产业集群间的协同合作，集团有望实现货物流业务的端到端产业链全覆盖。

航运金融产业集群、装备制造产业集群、增值服务产业集群和数字化创新产业集群是集团 4 个赋能产业集群。其中，航运金融产业集群通过资金流业务扩大货流价值，增强客户黏性；装备制造产业集群和增值服务产业集群助力提升主业竞争力、发展多元化服务，对集团主业以及生态圈各合作伙伴形成支撑作用；数字化创新产业集群围绕信息流业务，赋能主业。（张希南）

董事会建设

董事会建设

2021 年，中远海运集团董事会有成员 9 名，分别是董事长、党组书记万敏，董事总经理、党组副书记付刚峰，董事、党组副书记王海民，外部董事王昌顺、何庆源、钟瑞明、徐冬根、罗建川，以及职工董事杨志坚。

2021 年 3 月 22 日，根据国务院国资委相关文件，王昌顺被任命为中远海运集团外部董事，并担任外部董事召集人。

2021 年 11 月 9 日，根据国务院相关文件，万敏被任命为中远海运集团董事长；免去许立荣董事长职务。

【董事会及专门委员会会议】

2021 年，中远海运集团董事会共召开 9 次会议，现场 5 次、书面 4 次，共计审议 28 项议案，听取 6 项重大事项报告；主要审议了集团公司年度投资及调整计划、财务预算决算、内部控制评价和风险管理报告、内部审计计划等，对于董事会职权范围内的重大事项、重要投资及战略等及时作出决策。提交集团董事会审议的议案，都事先经过集团党组会和总经理办公会讨论审议。

中远海运集团董事会设立 5 个专门委员会，分别为提名委员会、战略与投资委员会、薪酬与考核委员会、审计委员会、风险与合规管理委员会。委员会由 5 ~ 6 名董事组成，外董占多数。2021 年，中远海运集团董事会各专门委员会共计召开 12 次会议，评议 17 项议题，讨论评议议题形成的专项意见均提交董事会审议。

2021 年内，根据新任董事和董事成员的变动情况，董事会对各专门委员会成员进行了两次调整。截至 2021 年年底，各专门委员会的成员构成见表 2–1。

董事会专门委员会成员　　表 2–1

专门委员会	主任	具体组成名单
提名委员会	万敏	万敏、付刚峰、王昌顺、何庆源、钟瑞明、罗建川
战略与投资委员会	付刚峰	付刚峰、万敏、王昌顺、何庆源、徐冬根、罗建川
薪酬与考核委员会	何庆源	何庆源、王昌顺、钟瑞明、徐冬根、罗建川
审计委员会	钟瑞明	钟瑞明、王昌顺、何庆源、徐冬根、罗建川
风险与合规管理委员会	徐冬根	徐冬根、王海民、王昌顺、何庆源、钟瑞明、罗建川

【董事会制度建设】

中远海运集团董事会始终高度重视制度建设，建章立制，规范运行。根据国务院国资委 2021 年 7 月印发的《中央企业董事会工作规则（试行）》，结合集团实际，组织对集团《董事会议事规则》《董事会专门委员会议事规则》《董事会秘书工作规则》3 个制度文件的修订工作。修订后的 3 个董事会制度，经 10 月 28 日集团董事会第 52 次会议审议通过，于 11 月初下发执行。

根据国务院国资委 2021 年 3 月 3 日《关于进一步规范中央企业外部董事履职保障工作的通

知》要求，集团对建立外部董事履职保障平台，充分保障外部董事履职尽责等事项进行了认真研究，结合集团实际情况，就进一步规范集团外部董事履职保障工作，制定了《中国远洋海运集团外部董事履职保障工作方案》，并征求各相关职能部门对该方案的意见，以及各位外部董事同意。方案主要围绕增强外部董事履职保障工作力量，建立外部董事“企情问询”机制、完善外部董事履职信息支撑机制、建立外部董事参与决策保障机制等。

【公司治理架构】

集团董事会坚持贯彻落实《关于中央企业在完善公司治理中加强党的领导的意见》，坚持党的领导和完善公司治理相统一，修订《中远海运集团集团党组议事决策规则（2021 年 12 月修订）》《中远海运集团总部“三重一大”决策事项及权责清单（2021 年修订）》等，厘清 101 项重大决策事项，明确 47 项党组前置事项清单，厘清党组会、董事会、总经理办公会权责边界，不断完善中国特色现代企业制度。充分发挥了党组把方向、管大局、促落实，董事会定战略、做决策、防风险，经理层谋经营、抓落实、强管理的作用，形成了权责法定、权责透明、协调运转、有效制衡的公司治理机制。按照上级文件和示范文本，加强工作指导，集团所属 29 家重要直属单位均已制定完善本单位“三重一大”决策事项及权责清单。

根据国有资本投资公司治理结构的要求，中远海运集团结合自身发展特点，量身定制了以集团总部作为“战略管控 + 资本运营”层、直属公司作为“运营管控”层、三级及以下层级公司作为“业务运营”层的三层级公司治理架构，着力构建战略管控型组织体系。2021 年集团被国务院国资委评为公司治理层面示范企业。

集团总部作为“战略管控 + 资本运营”层，在不断完善和强化总部“定战略、配班子、调资源、抓考核、控风险”5 大核心管理职能的基础上，着力提升国有资本控制力、影响力；直属公司作为“运营管控”层，直面生产一线，制定公司基本经营策略、投资安排、生产经营指标下达等各类企业生产经营过程中的核心决策事项，着力实现业务流程和管控体系“为管理服务”向“客户需求驱动”的转变；三级及以下层级公司作为“业务运营”层，主要发挥现场操作优势，为客户提供产品服务，并及时寻找发掘客户诉求和痛点。根据生产、投资安排，开展营销，提供服务的基础操作环节，不承担主要决策事项。

【投资决策与管理】

2021 年，集团董事会以国家和集团“十四五”规划为指引，坚持“产业链经营、效益专精、数字化运营”三大战略主题，聚焦主责主业和价值创造，年初审议通过了全年投资计划和资产处置计划，并根据实际情况在年中对计划进行了调整和优化。

以重大项目为抓手，落实国家重大战略。着力服务区域发展战略，如完成琼州海峡港航一体化航运资源整合项目；落实与天津港一揽子合资合作项目，收购天津港集装箱码头有限公司（TCT 码头）股权并实现控股，同时向天津港出售欧亚码头 30% 股权和联盟码头 20% 股权；做好南通、武汉、重庆、厦门、钦州、洋浦等国家物流枢纽和节点城市的相关基础设施建设，持续增强物流基础设施对构建供应链服务的支撑能力，加强“一带一路”沿线的港口、航运及综合物流等业务布局，继续推进西部陆海新通道、比港、中欧班列、中欧陆海快线、北极航道等通道建设。

落实“十四五”战略，继续推动核心主业发展。继续聚焦三大核心主业，根据 2021 年投资完成情况，三大核心主业投资完成约占总投资完成 70.2%；保持运力规模，完善船队结构，批复新造船 30 艘 /372 万载重吨 /30.8 万 TEU，持续保障供应链畅通稳定；继续完善全球港口布局，推动码头建设，港口产业集群投资完成 95.79 亿元，占总投资完成的 11.06%；着力支持物流业务发展，推动物流基础资源建设，物流集群投资完成 58.37 亿元，同比增长约 90%。

支持集团增值服务产业集群发展，提升集团核心产业的赋能作用。与上下游产业或战略伙伴进行股权合作，增强抗周期性风险能力，提升综合竞争力。如集团参与顺丰首次公开募股（Initial Public Offering，IPO）项目，天津中远海运参与中通服供应链公司混改项目。支持地区公司根据“十四五”规划定位，积极培育新兴产业，助推转型升级发展，如天津中远海运新能源项目、青岛中远海运 LNG 装备业务、上海中远海运化运业务等。

支持集团深化改革，优化资源配置和资产结构。根据集团“十四五”战略规划和相关直属公司生产经营及改革需要，对核心主业、亟待发展的战略新兴业务给予资源和资金支持，持续优化集团资源配置。如对物流批复增资 52 亿元，用于支持其混合所有制改革和基础资源建设；对天津、青岛、大连投资等三家地区公司及客运公司增资 44 亿元，支持其新业务发展及历史遗留问题解决。

加强投资决策项目后评估，建立闭环管理体系。集团制定了《中国远洋海运集团有限公司投资项目后评估管理规定》，对投资评估和决策、项目建设与运营等投资全过程进行检视和回顾，通过发现问题、总结经验以及吸取教训等，持续优化、完善和调整集团投资管理运营体系。自 2018 年以来，集团每年选取各产业板块具有典型示范意义的投资项目开展项目后评估工作，定期在董事会报告上一年度的投资项目后评估情况。通过项目后评估，检验前期的战略规划和投资决策的情况，并运用后评估结论，促进投资管理和决策水平提升。如 2021 年 7 月 7 日，在集团第 51 次董事会上，董事会对 2020 年度投资项目后评估工作情况进行了审议，并对做好后续投资项目整改进行跟踪落实。（李锦绣）

国企改革

国 企 改 革

【国企改革三年行动方案】

中远海运集团积极落实《国企改革三年行动方案（2020—2022 年）》，围绕“打造世界一流的全球综合物流供应链服务生态”战略目标，聚扎实推进国企改革三年行动，在优化产业布局、完善现代企业制度建设、推进三项制度改革等方面取得积极进展。截至 2021 年年底，改革三年行动工作举措完成率超过 90%，改革对发展的促进作用持续显现，体制机制活力显著增强。在完善中国特色现代企业制度上，先后两次修订《党组议事决策规则》，及时修订董事会议事规则、总经理工作规则等公司治理文件；同步制定和修订集团“三重一大”决策事项和权责清单，构建“四规则、一清单”的法人治理制度和权责体系；重要直属单位均按要求修订完善党委前置研究讨论重大经营管理事项和“三重一大”决策事项权责清单。在授权经营方面，按照“战略统筹、分类管理、额度控制、权责统一、防范风险”的原则，结合集团重点发展领域、各业务板块属性、授权直属公司的资产规模及历史投资项目情况等因素，“一企一策”差异化制定董事会授权清单。截至 2021 年年底，集团直属公司董事会授权事项合计行权 3701 项、涉及金额 4738 亿元，决策效能显著提升。

【市场化经营机制】

经理层成员任期制和契约化管理从起步突破到全面推开，经理层成员岗位意识、契约意识、权责意识不断增强。截至 2021 年年底，集团各级共 1504 位经理层成员签订岗位聘任协议和年度 / 任期经营业绩责任书。市场化选聘、退出机制取得明显成效，2021 年集团员工公开招聘比例和全员绩效考核覆盖率均达到 100%，员工市场化退出比例为 2.24%。98 户各级子企业实施职业经理人制度，累计在聘职业经理人 214 名。集团坚持积极推进股权激励，有效激发企业活力；实现 10 家上市公司股权激励全覆盖，累计授出股权 4.8 亿股，覆盖核心骨干超过 1400 人次。截至 2021 年年底，集团控股上市公司总市值 4966 亿元，较 2019 年末增长 179%，企业发展动能显著增强。完成 4 家科技企业分红激励兑现工作，灵活运用科技型企业激励政策，分类选择实施项目分红、岗位分红，共计兑现激励总额约 1200 万元，激励对象 187 人，最高个人收入增幅达 67%。4 家企业 2021 年实现净利润超亿元，同比增长 28%，为集团科技型企业发展积累了成功经验。

【混合所有制改革】

为进一步规范集团所属各级企业混合所有制改革操作行为，推进“高质量、优治理”的混合所有制改革，有效防范风险，2021 年中远海运集团制定了《中国远洋海运集团有限公司混合所有制改革工作流程指引》，明确了拟混改企业实施混合所有制改革一般应履行的基本操作流程，指导混改企业有序推进混合所有制改革前期准备、制定混合所有制改革方案、履行决策程序、资产审计评估、引进非公有资本投资者、推进运营机制改革等各项工作。

全面统计把握集团混改工作情况，按照国企改革三年行动工作要求，集团组织各直属单位认真梳理混改企业现状，建立集团混改企业户数清单，了解股权架构和非国有资本总量等。同时，集团每年组织下属公司认真填报推荐拟混改项目，完善集团混改意向公司清单，有2家直属单位的下属企业拟实施混改，涉及项目3项。

积极探索对混改企业的差异化管控，在确保建立授权项目风险防控体系的前提下，研究对混改试点企业董事会进行充分、全方位授权。研究出台董事会4.0版本授权方案，按照“一企一策”的方式，实现混改试点企业应授皆授。同时，要求混改试点企业根据实际情况，在工资总额、选人用人、内部分配、中长期激励等各方面进行高效灵活的机制设计，主动对标，按照市场化的原则设计相应的经营机制，在确保国有资产保值增值、保障国有资产不流失的前提下探索各种方式，有效支持企业发展。

【供给侧结构性改革】

在去产能方面，中远海运集团持续化解过剩产能，不断推进资源整合、优化产能结构，进一步提高市场综合竞争力，造船产能向中远海运重工有限公司（以下简称“中远海运重工”）所属南通中远海运川崎船舶工程有限公司（以下简称“南通川崎”）、大连中远海运川崎船舶工程有限公司（以下简称“大连川崎”）、扬州中远海运重工有限公司（以下简称“扬州重工”）集中，其他修造并举企业的制造资源加大力度向修理改装业务转化，整体资源配置水平得到进一步提升。

在去库存及房地产行业管控方面，中远海运集团作为非房地产主业企业，严格遵守国务院国资委相关房地产投资监管政策，坚决不投资负面清单禁止类新增土地开发商业房地产项目，无商业性土地开发项目。相关业务主要是开展集团内存量资源盘活，实现集团内部资产提质增效，从而提高资源利用率，满足集团生产经营需要。

在去杠杆减负债方面，中远海运持续有效开展降杠杆减负债工作，多措并举推进卓见成效。具体措施包括创新赋能提质增效，进一步夯实权益资本；多元化股权融资，持续改善资本结构；加大内部资金融通，压减外部债务规模；持续加强资产负债率管理，持续推进各级企业资产负债率回归正常水平。2021年压降29家高负债子企业，压降户数占比15.3%，完成年度压降任务目标。（王易）

组织结构

组 织 结 构

【集团领导班子】

中远海运集团实行董事会领导下的总经理负责制。2021 年任职的集团领导及总助级领导：

董事长、党组书记：万敏（2021 年 10 月任职）

董事长、党组书记：许立荣（2021 年 10 月免职）

董事、总经理、党组副书记：付刚峰

董事、党组副书记：王海民

副总经理、总会计师、党组成员：孙云飞

副总经理、党组成员：黄小文

纪检监察组组长、党组成员：刘鸿炜

副总经理、党组成员：张为（2021 年 1 月免职）

副总经理、党组成员：冯波

副总经理、党组成员：陈扬帆（2021 年 11 月任职）

董事会秘书：傅向阳

总法律顾问：叶红军

工会主席：张善民

安全总监： 翁羿

总经理助理 ：韩骏

【集团组织机构】

中远海运集团总部设纪检监察组和 14 个职能部门，其中职能部门有：行政事务本部 / 董事会事务部、行政事务本部（北京）、战略与企业管理本部 / 深化改革办公室、运营管理本部、安全监管本部 / 应急指挥中心、财务管理本部、人力资源本部 / 组织部、资本运营本部、公共关系本部、法务与风险管理本部、科技与信息化管理本部、审计本部 / 党组巡视办、党组工作部、工会。另设研究咨询中心 / 技术中心、人力资源中心 / 社会保险管理中心、新闻媒体中心、财务服务中心、集采中心、审计中心等机构。除此之外，总部还设有中远海运慈善基金会。

境内设有 24 家直属单位（含全资、控股企业）：航运产业集群 8 家，港口产业集群 1 家，物流产业集群 2 家，航运金融产业集群 3 家，装备制造产业集群 1 家，增值服务产业集群 7 家，数字化创新产业集群 2 家。除此之外，境内还设有对等持股的合资公司 2 家，非企业单位 1 家，交通运输部代管单位 2 家，其他企业 2 家。

在境外设有 13 家直属单位（含全资、控股企业）：中远海运港口、中远海运比港、中远海运金控、香港中远海运 / 中远海运国际香港、中远海运北美、中远海运欧洲、中远海运东南亚 / 中远海运国际新加坡、中远海运西亚、中远海运南美、中远海运非洲、中远海运日本、中远海运韩国、中远海运澳洲。

集团管理组织架构图如图 2–1 所示。

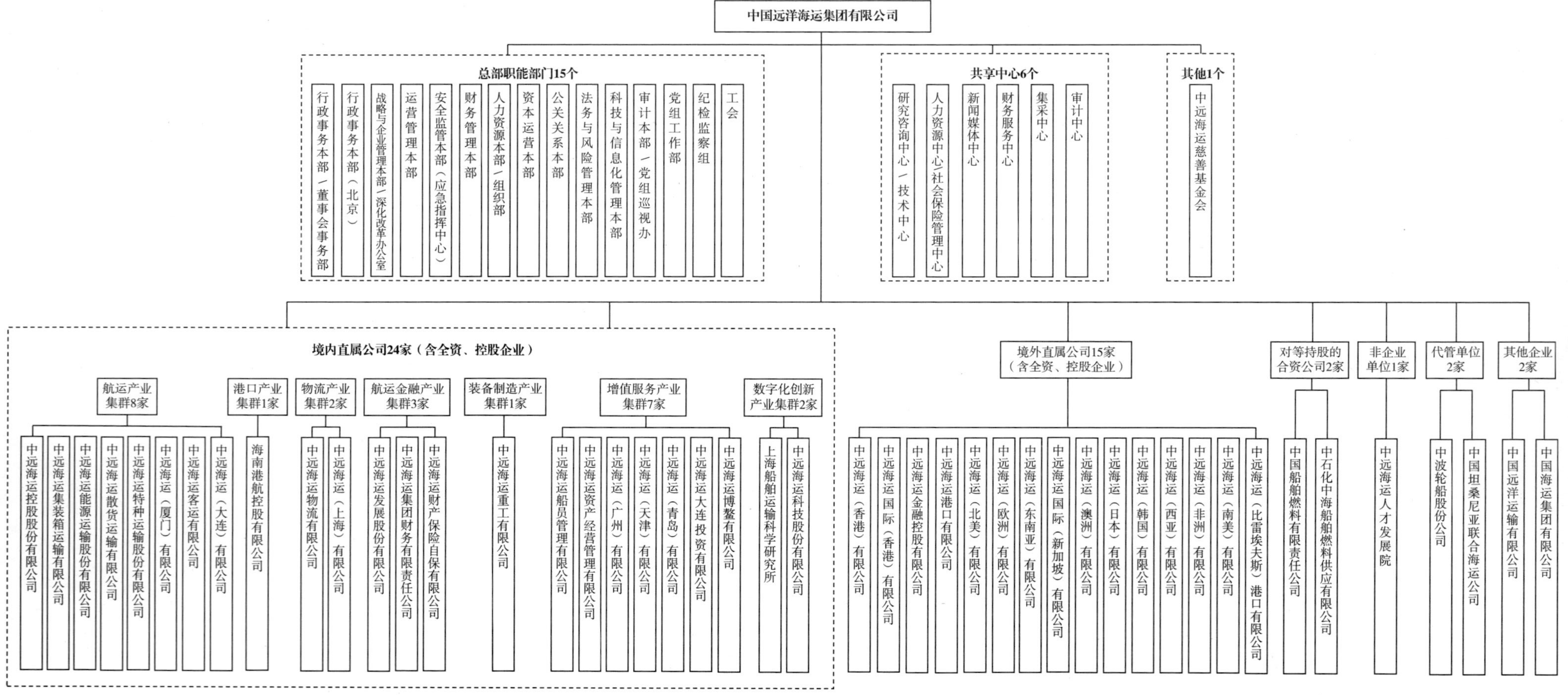

注：

1. 集团党校/企业大学/研究院/青岛船院根据对内对外工作需要，分别使用“中共中国远洋海运集团党校”“中国远洋海运人才发展院”“中国远洋海运研究院”和“青岛远洋船员职业学院”名称，对内统称“中远海运人才发展院”。
2. 香港中远海运 / 中远海运国际香港和中远海运东南亚 / 中远海运国际新加坡算为两家单位。

图2-1 集团管理组织架构图

CHINA COSCO SHIPPING
CORPORATION LIMITED
YEARBOOK

中国远洋海运集团有限公司

年鉴

第三篇

产业集群

概述

概　述

“十四五”时期，中远海运集团的产业布局由“十三五”时期的“6+1”调整为“3+4”。“6+1”产业结构，即以航运、航运金融、物流产业为核心，以装备制造、航运服务、社会化产业为支持，以“互联网+”为商业模式创新方式。“3+4”产业结构，即航运产业集群、港口产业集群和物流产业集群为3个核心产业集群，航运金融产业集群、装备制造产业集群、增值服务产业集群和数字化创新产业集群为4个赋能产业集群。

航运产业集群主要包括海上集装箱运输、海上散货运输、海上能源运输、特种船运输、海上旅客运输，以及客滚船运输等业务。截至2021年年底，集团综合运力11 187万载重吨/1349艘；实现货运量为1361亿吨，货运周转量为38 677.96亿吨海里；实现营业收入3812亿元，同比增长82.82%；实现毛利1 500.54亿元，同比增长379.82%。特别是集装箱运输业务受市场需求恢复和物流拥堵的双重拉动，运价持续上涨；全年实现收入3 317.70亿元，同比增长96.71%；实现毛利1 390.04亿元，同比增长510.63%；创历史最好水平。

港口产业集群主要包括码头营运、物流仓储、集装箱处理、运输及储存等相关业务。2021年，受全球贸易量上升影响，港口集装箱吞吐量增长显著；全年实现营业收入114.71亿元，同比增长15.07%；实现毛利36.36亿元，同比增长30.70%；其中中远海运港口强化大客户营销和服务，引进新航线；是年，完成集装箱权益吞吐量同比增长3.69%，完成营业收入同比增长13.20%，营业毛利同比增长34.76%。

物流产业集群主要包括综合货运、仓干配物流、产业物流地产、铁路货运运营、全周期工程物流、口岸公共服务、液体化学品物流及港口环保服务等业务。2021年，该产业集群受益于国家在保障全球供应链稳定、外贸持续回稳向好的多方利好因素，效益整体回升；实现营业总收入413.67亿元，同比下降12.45%；实现毛利48.56亿元，同比增长37.22%；其中中远海运物流深化业务转型，集装箱物流抓住航运市场红利，持续开发海运订舱、多式联运班列业务，自揽货比例同比增升3.4%，业务量同比增长4.9%，实现毛利同比增长33%。

航运金融产业集群主要包括航运物流租赁、集装箱制造、供应链综合金融服务、投资管理、资金结算，以及船舶保险等业务。2021年，该产业集群实现营业收入129.07亿元，同比下降9.72%；实现毛利52.16亿元，同比下降0.48%。收入和毛利下降主要是船舶租赁方式改变所致，即中远海运发展租给集团内部的74艘租赁船舶由期租改为光租。

装备制造产业集群主要包括船舶制造、船舶修理、海工及模块制造、集装箱及物流装备制造业务等相关业务。2021年，集装箱市场需求旺盛，新船订单暴增以及海工市场回暖，业务量增加，集群效益同比大幅增长。该产业集群全年完成营业收入539.65亿元，同比增长57.78%；营业毛利111.37亿元，同比增长163.72%。中远海运重工坚持“全面复制、系统提升”和“局部改造、补齐短板”相结合，依托集团主业运力增长需求以及抓住海工市场订单恢复的有利时机，经营接单创历史新高。

增值服务产业集群主要包括船舶管理、船员管理、船舶物资供应、船舶通信导航、不动产投资、教育、医疗、旅游会展等业务。2021年，增值服务产业集群继续加强与航运业务协同，不断提升竞争力；船舶物料供应业务聚焦服务提升，优化客户体验，市场份额得到巩固，盈利能力持续增强；船舶燃料供应业务在市场竞争异常激烈的情况下，坚持实施保税油“差异化”区域营销策略，在优势区域加强与核心客户的全方位合作，努力保持区域市场份额，内贸油经营坚持低库存运作，采销两端降本增效，全年保持稳健盈利；区域公司加快转型发展，着力增强赋能主业能力。增值服务产业集群全年完成营业收入 1 103.20 亿元，同比增长 43.60 %；营业毛利 37.30 亿元，同比增长 0.99 %。

数字化创新产业集群主要包括航运及物流供应链的科技创新与数字化、智能化业务，是集团四大赋能业务之一。该产业集群的业务主体大部分集中在上海船舶运输科学研究所 / 中远海运科技股份有限公司。2021 年，上海船舶运输科学研究所聚力科技创新，加快数字化转型升级，完成营业收入 24.39 亿元，同比增长 13.87 %；营业毛利 5.25 亿元，同比增长 27.12 %。

航运产业集群

航运产业集群

航运产业集群作为集团三大核心产业集群之一，以巩固和强化国家核心主力船队地位为目标，推动集装箱运输、能源运输、散杂货运输的陆上延伸服务能力发展，立足于从行业重要参与者向行业引领者转变；发挥好国家重要基础设施和基础产业的载体功能，承担起国家“一带一路”倡议的实践平台责任，助力“以国内大循环为主体、国内国际双循环相互促进的新发展格局”，保障国家基础物资全球海上运输生命线的高效畅通，助力国民经济稳健运行和改革开放政策全面落实，全面实现从“全球承运”到“承运全球”的历史飞跃。

航运产业集群主要包括中远海运集运 / 东方海外、中远海运能源、中远海运散运、中远海运特运、中远海运客运、厦门中远海运和海南港航 7 家业务主体。其中，中远海运集运 / 东方海外主要从事集装箱运输等相关业务，中远海运能源主要从事以原油、成品油和 LNG 为主的液体、气态能源运输等相关业务，中远海运散运主要从事以矿石、煤炭和粮食为主的散货运输等相关业务，中远海运特运主要从事件杂货运输和特种船舶运输等相关业务，中远海运客运主要从事渤海湾区域内的客滚运输等相关业务，厦门中远海运主要从事台湾海峡间的客滚运输及高速船运输，海南港航旗下的上市公司海峡股份主要从事琼州海峡的客滚运输等相关业务。

2021 年，中远海运集运聚焦主业主责，强化担当作为，全力锻造更强的创新应变能力、更快的价值服务效率、更高的风险管控能力，在确保稳健经营的基础上，实现了自身发展的突破、跃迁，连续第 5 年实现盈利，同时填补了历史上沉淀的全部效益亏损缺口，创造了盈利水平和速度的新纪录。中远海运集运在 2021 年累计实现提单箱量 1933 万 TEU，比 2020 年增长 5.2%；单箱航线收入达到 1651 美元，增长 96.2%。全年实现营业收入 2183 亿元，增长 94.7%；EBIT 率达到 36.6%；实现净利润 610 亿元。从航线经营维度看，不仅各贸易区实现了全年盈利，且所有航线均实现了盈利，创历史最好水平。从横向对标维度看，集运整体表现优于市场水平，“双品牌”（中远海集运 + 东方海外）箱量增幅、外贸单收、息税前利润、净利润等关键指标保持行业前三。

2021 年，中远海运能源在极度低迷的市场环境下，以降本增效为突破口，经营效果实现跑赢市场、跑赢同行；以深化改革为契机，企业综合管理效能全面提升。全年完成货运量 1.67 亿吨，货运周转率 5077 亿吨海里；实现营业收入 127.0 亿元。

2021 年，中远海运散运作为全球规模最大的专业化散装货物运输企业，紧紧抓住市场机遇，取得了良好经营业绩。散运合并报表口径完成货运量 3.65 亿吨，完成周转量 1.22 万亿吨海里；实现营业总收入 322 亿元。

2021 年，中远海运特运完成货运量 1866 万吨，同比增长 11%；周转量 812 亿吨海里，同比增长 8.7%；营业收入同比增长 24%；利润总额超过 3 亿元。

2021 年，中波公司双方营业收入 4.6 亿美元，净利润 8380 万美元。厦门中远海运在 2021 年紧紧围绕“闯新路、拼效益、强管理、马上办”这一工作主线，奋发有为，抢抓市场机遇，超额完成全年奋斗目标，创造了历史佳绩，实现了“十四五”的良好开局。中远海运客运实现利润总额 5308 万元；海南港航运输板块实现利润总额 6683 万元。

【“中远海运和谐”轮“云命名”】

为适应疫情防控新形势，2021 年 1 月 25 日，“中远海运和谐”轮以视频方式在上海、北京、大连和广州举行“云命名”仪式。“中远海运和谐”轮是中远海运发展积极联合国新国际，以创新模式加强集团产融结合，推进市场化运作的重要尝试，也是深化航运产业链经营，协同兄弟单位业务联动，赋能集团航运主业的重要表现。船舶交付后以经营性租赁方式出租予中远海运特运长期使用，由远海信达投资管理（天津）有限公司负责船舶整体运营管理。该轮全长 201.8 米、宽 32.26 米、型深 19.3 米，结构吃水 13.3 米，航速 13.5 节，续航能力 22 000 海里，载重吨约 62 000 吨，货舱舱容约 72 500 立方米，船舶主机满足 Tier Ⅲ排放要求，具有绿色护照。船舶设置 6 个货舱，均采用箱型结构；船舶舱盖设计分为液压折叠式和背载式两种，密性更好，非常适合装运纸浆。货舱配备除湿设备可满足全船纸浆的除湿要求，保证纸浆运输质量。船舶设置 2 台 75 吨单臂起重机和一台 75 吨 ×2 的双起重机，最大吊重可达 150 吨。这些设计特点使船舶除了装运纸浆外，还可兼顾装运重大件等货物。

（朱卫　钱军）

【中远海运全力保障外贸运输】

据《中国远洋海运报》2021 年 2 月 5 日报道，由于防疫抗疫成效显著，中国率先实现复工复产、经济正增长，中国外贸在全球贸易的占比由 16% 快速升至 20%。国外需求的快速增长造成大量海运集装箱集中从中国出口输送向全球。

根据集装箱贸易统计局（CTS）的数据显示，2020 年全球大约 500 万 TEU 的货量从上半年转移到了下半年出运。特别是在第四季度，每个月货量激增超过平均水平 100 多万 TEU，是正常旺季水平的两倍。但另一方面，由于国外疫情形势依然严峻，境外港口拥堵严重，集卡、仓储等物流周转效率下降，全球物流供应链效率降低，导致大量空箱无法及时调回，使国内缺箱严重，海运舱位空前紧张。

面对挑战，中远海运集团坚守航运服务本质，通过增运力、保供箱、提服务等措施全力保障外贸运输，始终秉持“以客户为中心”的服务理念，想方设法为客户分忧解难，充分发挥产业链经营优势，在持续加大运力舱位投入，确保航线服务品质的同时，最大程度释放造箱产能，满足贸易用箱需求，全力缓解集装箱运输供需矛盾，为国家外贸企业出口提供运输服务，保障产业链供应链长期稳定。

持续加大运力舱位投入，确保航线服务品质

2020 年下半年，中远海运集团在全球航线上增加了 40 艘船、近 20 万 TEU 的运力投入，增幅超过 7%。在舱位紧缺的太平洋航线上，中远海运集运舱位平均每月增幅 17%，其中 2020 年 8、9 月份增幅高达 24%，大大缓解了因舱位不足给客户带来的压力。在当前全球集装箱船处于“一船难求”且各船型即期市场租金已上涨至 2008 年金融危机以来最高的情况下，紧盯租船市场，及时果断出手，想方设法陆续从市场租入集装箱船投入运营。为了确保航线服务质量，中远海运通过船舶提速，增加单船周转率、提升准班率。以中美航线为例，航线回程由原来的 14 节航速提升到 17 节，中远海运的全球航线准班率始终保持在较高水平。据上海航交所发布的报告，2020 年中远海运准班率业内排名第一。

主动减免费用，帮助客户共渡难关。中远海运严格遵照海运管理条例，确保合规收费，对各项收费项目实施系统统一管理，从源头上杜绝“乱收费”现象。从复工复产初期开始，为降低货主损失，中远海运就主动推出费用减免措施，为客户减免各项费用。针对疫情影响，主动调整客户免用箱天及滞期费减免政策；针对疫情期间发生的客户临时改单、电放等需求，以及延长假期无法及时付费等问题，明确减免由此产生的异地签单费、改单费、修改付费地的手续费和延迟付款滞纳金，帮助客户共渡难关。2020 年，中远海运集运因疫情因素，累计为客户免除金额超过 6.34 亿元人民币。

开足马力深挖潜能，保障市场用箱需求。2020 年上半年全球集装箱产量仅 89 万 TEU，同比减少40%，下半年市场火爆产能提升后达到182万TEU，同比增长93%。为满足市场急剧增加的造箱需求，中远海运内外并举，多渠道提升箱源保障。一方面，所属班轮公司不惜成本额外加挂港口和加快船速，加速海外空箱及时调回国内，2020年下半年累计从海外调回空箱205万TEU。同时，积极增加新箱供应，下半年累计增加65万TEU新箱，船队集装箱保有量增幅达到15%。另一方面，所属集装箱制造企业开足马力，昼夜奋战，特别是2020年第四季度用箱告急以来，集团积极响应中国集装箱行业协会关于“集装箱产业链的企业齐心协力稳外贸促增长”的倡议，克服原材料供应紧张、成本上升以及熟练工人紧缺等挑战，在持续加大劳动力投入的同时，深挖潜能、提高生产节奏，年化产量突破110万箱，创下历史新高。在满足自身用箱需求的同时，中远海运积极满足其他航运公司用箱需求，为全球集装箱运输提供了强有力的支持，进一步保障产业链供应链稳定。

为客户解燃眉之急，与客户同固长远之基。推出中小企业服务专线。为解决国内中小企业出口难的问题，中远海运适时在部分航线推出中小客户服务专线，为中小直客提供保舱保柜服务，大幅简化了中小客户运价沟通流程，为客户节省了成本。专线一经推出，迅速成为市场上的“明星产品”。客户们纷纷表示，在舱位和集装箱短缺的背景下，中远海运的此项服务切实解决了中小企业的燃眉之急。加强沟通协调，积极推动与货主企业开展长期合作。主动联系对接国内家电、汽车、化工、光伏、机械等行业企业，协商解决当前所面临的各种外贸出口难题，携手客户共同做好外贸运输物流统筹安排。近期，中远海运集团已与多家客户顺利签署集团战略合作协议，并签订长期稳定的运输服务协议，提供稳定的舱位和运价以及专项服务，帮助货主客户统筹从生产到运输的有效链接，提升客户海外直达终端客户物流配送服务能力，降低运输成本。

构筑“行得通”的物流网络，助力中国外贸企业走出去

创新运输模式，全力保障服务。面对疫情带来的不利影响，中远海运积极开拓“陆改水”“陆改铁”新路径，开启“水水中转”“水铁中转”等系列新模式，补“断点”通“堵点”，连续开辟外贸运输新通道，全力保障外贸运输物流通畅，助力产业链上下游企业复工复产。2020年4月，多国采取封国、封城措施，大量航空客运及货运临时停止，中远海运又迅速推进“空改水”路径，为中国邮政量身定制“空改海”运输、清关等解决方案，为国际邮件开辟绿色通道，海上巨轮化身海上“邮政快递员”，将大量各国急需的口罩、医疗设备等防疫物资，从海上顺利运往以色列、新西兰、日本、巴西、智利、马耳他、澳大利亚等国家。

搭建数字化服务便捷线。疫情期间，中远海运积极推广人工智能、区块链、大数据、物联网、5G等技术在航运领域应用。加大线下业务向线上转移，推广网上订舱，外贸集运电商成交量增幅273%。借助区块链技术，打通物流链、信息链、支付链。推出全球首张具有物权属性的区块链提单，推广无接触放货方案。自2019年11月以来，中远海运集运已在上海、青岛、天津等国内多个口岸推动区块链无接触提货方案的应用。截至2021年年底，已有近5万TEU的货物实现了无接触快速提货。组建5G智能港口实验室，全国首个5G全场景应用智慧港口在厦门远海码头落地实施。通过智慧赋能、产业链协同，为全球供应链通畅提供稳定保障。

畅通“双循环”海陆节点，助力构建新发展格局

2020年，中远海运积极服务“六保”“六稳”，服务构建以国内大循环为主体、国内国际双循环相互促进的新发展格局，助力畅通“双循环”海陆节点。助力国家区域经济发展，全力打造国际物流运输大通道。深入推进国际陆海贸易新通道建设，加大在海南、广西、重庆等地的港口、物流等相关领域投资，推动海铁联运，积极开行中欧班列。

积极建设西部陆海新通道。2020年中远海运在钦州港完成集装箱吞吐量185.7万TEU，同比增长44%，助力北部湾港口集装箱吞吐量突破

500 万标箱；完成新通道海铁联运箱量 4.67 万 TEU，同比增长 74.0%，积极开辟冷链班列，实现西北地区业务零突破。

助力海南自由贸易港建设。中远海运集团所属海南港航在海南开辟经营内外贸航线 30 条，去年全年吞吐量同比增长 15%；洋浦港在疫情影响情况下，发挥集团供应链综合资源优势，仍然完成 100 万吞吐量的年度目标要求，外贸箱量同比增长 247%。

深化长江经济带合作。与上海港、武汉市协同推动武汉铁水联运二期项目；积极参与长三角一体化发展，助力上海国际航运中心建设。

进一步优化全球码头布局。加强航运与港口的产业链协同。收购希腊比港亚欧铁路物流公司，拥有了在欧盟运营的铁路资质；2020 年，比港完成集装箱吞吐量 543.7 万 TEU，中欧陆海快线全年累计完成货量 12 万 TEU，同比上升 44.7%；加大第三国市场、新兴市场和区域市场运力投入。（侯雨佳）

【两艘 VLCC 投入运营】

2 月 26 日，中远海运能源在大连顺利接入 31.9 万吨 VLCC“远福洋”轮和 30.8 万吨 VLCC“远鹏洋”轮。

“远福洋”轮命名暨交接船仪式在大连大船集团举行。公司总经理朱迈进、副总经理罗宇明，大连船舶重工副总经理邓昌连、副总经理张玉环，恒力石化（大连）炼化有限公司副总经理黄旭东等领导和嘉宾出席仪式。中远海运能源优秀海嫂车泓崧女士为船舶命名砍缆。“远福洋”轮是中远海运能源 9 艘五星旗新造外贸油轮入籍洋浦港中的第 8 艘。该轮的加入进一步发挥出中远海运能源的航运优势与海南自贸港区位优势，助推海南自贸港加快建设成为高水平的中国特色自由贸易港。该轮是大船集团为公司量身打造的节能环保型防泥沙 VLCC 系列产品第三艘，船长 333 米，型宽 60 米，最大载重量 31.9 万吨，续航里程超过 26 000 海里，可在全球范围航行。该船采用直艏设计的型线，桨前设有节能导轮，节能效果明显，每日燃油消耗为系列船最少，节能环保性能优异，降低了大量运营成本。

“远鹏洋”轮是大连中远海运川崎建造的最新一代节能环保智能型 VLCC。船长 333 米，型深 30 米，最大载重量 30.8 万吨。该船最大限度优化机桨匹配，提升动力系统的推进效率，提高船舶运营的经济性。采用绿色 G 型主机，具有油耗低、动力充足、运行稳定的特点，通过废气再循环系统极大降低船舶废气中的氮氧化物排放，是最新一代全生命周期“环境友好型”超大油船。该船首次采用智能能效系统，为船舶提供航速优化、纵倾优化、主机评估、能效分析、污底分析等功能，简化船舶营运管理，降低船舶全生命周期的运营成本。通过优化线型及船体结构，合理减少空船重量，最大程度地实现轻量化设计，实现了舱容最大化。同时，主机燃油消耗比市场上同类船型降低了约 6%，达到节能增效的效果。

（王月）

【中远海运集运开通越南欧美新航线】

2021 年 6 月 17 日上午，“COSCO HELLAS”轮 AWE6 线首个航次缓缓驶入越南盖梅港 CMIT 码头，标志着该航线在越南顺利开通。新航线的开通对中远海运集运越南公司进一步拓宽欧美航线通道，完善运力航线网络布局，提升当地服务水平，助力集团海外品牌建设具有重要意义。AWE6 航线经过集运多部门联合精心打造，共投入 18 艘 9500—10 000 TEU 船舶运营，横跨印度洋、大西洋、太平洋，前往地中海、美东、美西主要港口，是集运现有投入船舶最多、航程最长的钟摆周班航线。根据设计规划，该航线双挂盖梅、单挂海防，预期的窗口时间都有其他航线在使用。为确保新航线能按照设定的窗口时间挂靠，集运越南公司第一时间分别与各码头沟通协调，秉持互相支持、共同发展的目的，进一步加强合作，寻求安排该航线如期挂靠的可行性。（蓝江泽）

【几内亚项目定制船“惠锦海”轮命名交付】

2021年5月28日，中铝几内亚项目定制船“惠锦海”轮命名暨交船仪式在天津举行。该轮是中远海运发展与天津新港船舶重工签约建造的第1艘21万吨纽卡斯尔型散货船。本系列船船型总长299.95米、型宽50米、型深25米，设计航速14.5节，具有“智能、绿色、环保、节能”的优势特点。船舶交付后由中远海运散运租入经营管理，承担中铝几内亚项目铝土矿运输保障任务。（周宇昆）

【32.5万吨定制矿砂船“海珠荣旺”轮命名交付】

2021年8月10日，中远海运散运第三艘32.5万吨定制矿砂船“海珠荣旺”轮命名交付仪式在天津新港船舶重工举行。国家开发银行天津市分行副行长马丽为“海珠荣旺”轮命名。中远海运散运、天津新港船舶重工、国家开发银行天津市分行、中国船级社天津分社、中国船舶工业贸易有限公司、北京中远海运船贸、青岛中远海运国际船贸等相关单位负责人，以及部分接船船员参加了仪式。“海珠荣旺”轮是中远海运散运与天津新港船舶重工签约建造的4艘新一代矿砂船中的第三艘，是中远海运散运专门为巴西淡水河谷量身定制的专用系列矿砂船。船舶交付后承担起巴西到中国航线的铁矿石运输保障任务，凭借其“经济、绿色、环保”的优势为客户提供优质服务。（熊子根）

【洋浦内外贸同船运输步入快车道】

2021年8月12日，经中远海运集团下属海南港航、泛亚航运、中远海运集运口岸公司，以及广西北部湾港、琼桂两地海关等协同推进，“成功83”轮装载从钦州起运经洋浦中转出口的首批外贸货物顺利运抵洋浦国际集装箱码头。洋浦和钦州同为西部陆海新通道两个最重要的港口节点，加强洋浦港与钦州港的互联互通，是两港协同推进新通道建设的内在要求和重要举措。2021年，洋浦港和钦州港在西部陆海新通道框架下，在协同“散改集”、加密区间支线和推动互为中转等方面的合作不断深化。1—7月，洋浦国际集装箱码头与钦州港对流箱量11.4万TEU，同比增长90%，再次刷新历史最高水平。“洋浦—钦州”内外贸同船运输路径的开通，对西部陆海新通道建设具有里程碑意义，不仅畅通了西部陆海新通道沿线外贸货物经洋浦中转进出的海侧通道，同时还能整合两港优势资源，实现双方外贸航线流向、班期和运力互补，为新通道沿线外贸货物就近出海提供了新的物流选择和解决方案。

2021年上半年，国家出台海南自由贸易港内外贸同船运输境内船舶加注保税油政策。在该政策的有力带动下，中远海运集团旗下泛亚航运先后依托洋浦国际集装箱码头新开通连云港—洋浦、天津—洋浦、钦州—洋浦3组内外贸同船运输路径，运营中的内外贸同船运输路径累计达到7条，流向覆盖西南、华南、华东、华北和东北等主基本港。1—7月，洋浦国际集装箱码头通过内外贸同船聚集的外贸中转箱量同比增长73%。（李昌鸿）

【中远海运助力北部湾港实现南亚航线零突破】

2021年9月11日，中远海运北部湾港“钦州港—吉大港”南亚线成功首航。该航线以钦州为始发地，形成钦州港—海南洋浦—巴生吉大港—新加坡—钦州港闭合航线，实现了北部湾港钦州港区南亚航线零突破。北部湾港“钦州港—吉大港”南亚首航航线由中远海运营运，初始阶段投入3艘1200箱位集装箱船，周班挂靠。这也是北部湾港2021年新开的3条东南亚航线中，第一条至孟加拉国的直达航线。北部湾港与东盟国家航线已达22条。截至2021年9月，北部湾港内外贸集装箱航线54条，基本覆盖东盟国家及全国沿海主要港口。其中，中远海运在北部湾港开设内外贸航线10条：外贸航线可直达新加坡、马来西亚、越南、南非、巴西等国家和地区；内贸航线连接锦州、营口、天津、日照、连云港、宁波、泉州、高栏、湛江、海口、小铲滩等地。广西是“一带一路”倡议的重要节点，北部湾港是中国西部出海口，发挥着连接东盟的门户作用。

（叶骏秀　陈楚）

【32.5 万吨矿砂船“南沙荣光”轮命名交付】

2021 年 9 月 29 日，中远海运散运第 4 艘 32.5 万吨定制矿砂船“南沙荣光”轮命名交付仪式在天津新港船舶重工举行。32.5 万吨定制矿砂船项目是中远海运散运与天津新港船舶重工签约建造的 4 艘新一代矿砂船，是公司专门为巴西淡水河谷量身定制的专用矿砂船，对推动中远海运散运“以货定船”转型升级具有重要意义，同时也为广州区域经济可持续发展和广州市打造国际航运枢纽积极贡献力量。该系列船舶船长 340 米、型宽 62 米，设计吃水 21.4 米，对标国际先进水平，秉持节能减排、低碳环保和绿色船舶的理念建造，是目前中国到巴西航线上经济性较好、最有竞争力的船型。船舶交付后将承担起巴西到中国航线的铁矿石运输保障任务，凭借其“经济、绿色、环保”的优势为客户提供优质服务。至此，该系列船舶（“南沙荣耀”轮、“海珠荣兴”轮、“海珠荣旺”轮和“南沙荣光”轮）迎来完美收官。

（何雍慧）

【中国首个超大型油轮联营体正式运营】

2021 年 10 月 18 日，中国首个超大型油轮联营体——CHINA POOL 正式对外运营，成为油轮运输行业进入共享共赢时代新的里程碑。CHINA POOL 的发起方为中远海运能源，该公司是中远海运旗下全球规模最大的油轮船东。CHINA POOL 依托中远海运能源全船型规模优势，能够为客户提供定制化全程物流方案，还能够借助中远海运的资源优势，为客户提供产业链延伸服务。CHINA POOL 正式对外运营，标志着中远海运重组后坚持的规模化、专业化、集约化运营模式开始对行业输出，意味着具有中国元素的油轮联营体将逐步整合市场零散运力，在保障国家能源运输安全中体现更多责任担当，也将为全球能源运输“生态圈”的打造贡献中国方案和中国力量。从运营看，联营体（POOL）的船队能够承接成规模、期限灵活多样的租赁合同，且能够提供更为专业化、多元化的服务，这有利于提高船队整体运营效率，为客户提供更加集约高效的运输服务，也为参与联营池的船东带来更高的经营收益。从供需看，联营体（POOL）模式有利于吸收过剩运力，整合闲置资源，改善市场船舶供需结构。从安全看，联营体（POOL）的统一管理、统一标准，有助于提高联营池内船舶的安全管理水平，为客户提供更加安全、更加安心的服务。

（胡雨辰）

港口产业集群

港口产业集群

港口产业集群作为集团三大核心产业集群之一，以“致力打造以客户为本、全球领先的综合港口运营商”为目标，聚焦码头品类扩增、服务升级、港区开发、腹地延伸和捕获产业链高价值机遇，努力实现“从全球经营者到全球领先者、从码头投资运营商到综合港口运营商、从外延式增长到跨越式增长”的三大转变，支撑集团整体实现“世界一流的全球综合物流供应链服务生态”的发展愿景。

港口产业集群主要包括中远海运港口、海南港航、中远海运北美和PPA 4家业务主体。其中，中远海运港口主要从事码头营运、集装箱处理、运输及储存等相关业务；海南港航（除航运业务外）主要从事海南省的港口装卸、物流仓储、水上客货代理服务等相关业务；中远海运北美主要在美国西海岸投资运营集装箱码头业务；PPA 主要从事希腊比雷埃夫斯港的集装箱码头、邮轮码头、滚装码头、物流仓储、修船和附属设施经营等相关业务。

2021年，中远海运港口立足中国，面向世界，依托中远海运集团的独特优势，积极推动全球化布局，提升协同价值，强化业务控制力和管理能力。截至2021年12月31日，公司在全球37个港口营运及管理367个泊位，其中集装箱泊位220个，总年处理能力达1.22亿TEU，码头组合遍布中国沿海五大港口群，以及西北欧、地中海、东南亚等主要海内外枢纽港。

是年，中远海运港口集装箱吞吐量同比上升4.4%至129.3百万TEU。其中，大中华地区码头的总吞吐量上升4.1%至99.3百万TEU，海外地区码头的总吞吐量上升5.5%至30.0百万TEU。全年公司实现收入12.08亿美元，同比上升20.7%。股权持有人应占利润3.55亿美元，同比上升2.1%。截至2021年年底，中远海运港口资产总额120.3亿美元，资产净值为69.4亿美元。

【荣获“最创新港口运营商”等六大奖项】

据《中国远洋海运报》5月28日报道，尽管2021年新冠疫情在全球持续蔓延，但港航业的发展为全球供应链的稳定注入了信心和希望。作为全球综合的集装箱码头运营商，中远海运港口表现出极强的业务韧性，为客户提供多种解决方案。中远海运港口凭借持续良好的运营水平、行业地位和创新能力，荣获 *International Finance* 杂志颁发“2021年最创新港口运营商”奖，这也是公司连续4年获此殊荣。此外，中远海运港口“精益运营”策略奏效，在提升码头运营效率方面继续得到市场正面评价，公司在 *Business Tabloid* 杂志评选活动中，连续3年荣获“最佳港口运营商”奖。在数字化、智能化新技术的持续投入，以及高效的全球运营能力，中远海运港口受到市场越来越多的信赖，2021年蝉联 *Finance Derivative* 杂志最佳港口运营商，并再次获由 *Global Business Outlook* 杂志颁发“最佳集装箱运营商”奖。为推动公司更有创造力和富有意义，中远海运港口继续聚焦社会责任、可持续发展等长期重要事项，为各持份者创造正面及长远的价值。公司可持续发展模式也得到市场的认同，连续两年获 *Global Business Outlook* 杂志颁发“最佳社会责任港口运营商”奖，并一举斩获 *Finance Derivative* 杂志颁发“2021年最佳企业社会责任公司（码头组别）”奖。

中远海运港口蝉联多个奖项，是资本市场对中远海运港口优秀创新与实践的肯定，是公司长期在战略投入、在运营上卓越追求的体现，也是中远海运港口持续开拓进取的动力。

（余蔡慧君）

【收购沙特阿拉伯红海门户码头20% 股份】

2021 年 7 月 14 日，中远海运港口宣布，有关收购红海门户码头（Red Sea Gateway Terminal Company Limited，“RSGT”）20% 股份的交易完成交割，标志着公司加强红海地区布局，持续完善全球码头网络，在打造成本、服务及协同等联动效应的全球航运网络上迈出了重要一步。RSGT 的主要资产是位于沙特阿拉伯吉达伊斯兰港的一个集装箱码头 Red Sea Gateway Terminal，由 RSGT 管理及经营。Red Sea Gateway Terminal 的年度集装箱吞吐量能力为 520 万 TEU，是吉达伊斯兰港最大的码头，而吉达伊斯兰港是沙特阿拉伯最大的港口。吉达伊斯兰港位于红海地区的战略要地，邻近主要航道，广泛覆盖中东和东非的集装箱市场。此外，Red Sea Gateway Terminal 升级并增加泊位容量，同时对码头堆场及其他配套设施进行现代化改造。新建的基建和设施令 Red Sea Gateway Terminal 稳居沙特阿拉伯及红海地区最大的物流门户及最繁忙的集装箱码头。沙特阿拉伯是位于海湾地区的资源大国，“一带一路”沿线重要的节点国家。全球约 13% 的贸易途经红海。沙特阿拉伯拥有红海沿岸最大的港口，是中东及非洲的大门。（钟远海）

【阿布扎比码头实施中东首个无人集卡项目】

据《中国远洋海运报》2021 年 7 月 16 日报道，中远海运港口阿布扎比码头实施无人集卡项目，用无人驾驶运力串联起这座中东大型现代化堆场自动化码头，同时也是中远海运海外第一个半自动化绿地码头项目的生产运营各环节，成功开启了中东地区码头首次无人集卡实践。 阿布扎比码头与国内人工智能领先企业合作引入无人集卡项目，提升港区自动化水平、作业效率和安全，为哈里发港打造成为海湾地区重要航运枢纽提供支撑。首批 6 台 Q–Trucks3.0 系列无人集卡，具有多项“聪明”特质：彻底取消人工驾驶室，降低集卡司机高空作业和疲劳驾驶的风险和人工成本；在车头安装电池和冷却系统，保护核心硬件系统免受码头作业的复杂工况影响；车辆搭载工业级传感器，配合整套全栈式系统，输出超高精度的定位和识别功能，无需事先在地下铺设磁钉进行导引，就能够在自动驾驶时实时扫描周围环境并进行即时决策，实车运行数据与生产系统信息也可实时同步，实现无物理隔离的混行车队作业管理，保障码头全天候 24 小时运行。

（李泽华）

【阳逻集装箱水铁联运项目开港通车】

2021 年 8 月 1 日，阳逻国际港集装箱水铁联运项目开港通车。该项目由武汉中远海运港口建设运营。项目建筑总面积约 56.8 公顷，总投资约 27 亿元，从 2020 年 8 月 1 日开工，到 2021 年 8 月 1 日开港，仅用一年时间。码头水深常年保持 6.5 米，三年达产实现集装箱吞吐量 100 万 TEU/ 年，水铁联运量 50 万 TEU/ 年的目标，预期可大幅降低多式联运“最后一公里”物流成本。项目规划建设成为集码头、集装箱运输、物流、仓库、堆场、CFS、水铁联运中心等功能于一体的现代化物流集疏运中心。项目形成的“港站同场、运输同场、关检同场、信息同场”一体化格局，彰显了武汉中远海运港口开启长江“水铁联运”新篇章，构建现代化物流集疏运枢纽，推动长江港口向智慧绿色新型港口转型升级的决心和实力。阳逻国际港集装箱水铁联运项目是中远海运助力武汉打造长江中游航运中心的重要支撑点。项目在中远海运航线网络加密及联盟伙伴的支持下，吸引更多物流向武汉集聚，并带动资金流、人才流、信息流，充分发挥湖北水铁公空综合交通枢纽优势，加快发展江海联运、水铁联运、水水直达、沿江捎带、港城一体的现代物流业，助力武汉构建辐射长江中上游、延伸至广大中西部地区以及中亚、欧洲的综合性物流枢纽，积极融入“一带一路”、长江经济带和国内国际双循环建设，推动区域经济高质量发展。（远海港）

【收购德国汉堡港 CTT 码头 35% 股份】

2021 年 9 月 21 日，中远海运港口，宣布收购德国汉堡港 Container Terminal Tollerort 码头（CTT 码头）35% 股权，中远海运港口董事总经理张达宇和汉堡港口与物流股份公司（HHLA）执行董事会主席 Angela Titzrath 分别代表双方签署协议。汉堡港拥有优越的地理位置，作为欧洲对华贸易的最重要枢纽之一，拥有丰富的后方集疏运设施，也是中欧班列重要的欧洲节点。而 HHLA 作为欧洲最大港口企业及综合物流供应商之一，旗下位于汉堡港的三个集装箱码头凭借其优越的地理条件和高效的运营管理能力，吸引了全球三大海运联盟的航线在此挂靠，多年来保持稳定的业绩增长。CTT 码头项目具有稳健向好的市场前景，能为中远海运港口带来稳定收益，也有利于进一步发挥中远海运港口与船队的协同效应，为客户提供更加优质、高效的服务。（远海港）

【“智慧港口 2.0”在厦门远海码头启动运营】

2021 年 12 月 21 日，由中远海运、东风公司、中国移动三方联合行业伙伴携手打造的“智慧港口 2.0”在厦门远海码头正式启动商业化运营，标志着中远海运码头智慧化升级走在了全国前列。2020 年 5 月 11 日，上述三家与行业合作伙伴携手在厦门远海码头发布了 5G 智慧港口全场景示范应用，经过一年多的技术研发、现场测试，实现了 5G 网络从技术试验到商业应用，无人集卡从单车智能到系统解决方案，从传统码头装卸系统升级为智慧港口智能装卸系统。“智慧港口 2.0”是在“5G 智慧港口全场景应用”的基础上的持续创新开发，推动包括 5G 高中低频立体组网、无人集卡开放场景混合运行、北斗高精定位与多传感融合、基于 5G 的港机远控改造等关键技术的系统性提升，制定了港口无人驾驶集装箱车的标准，实现了智慧港口的商业化运营。根据现场实际测试及方案比较，“智慧港口 2.0”具有投资小、建设周期短、绿色低碳、适用性广等特性，对传统集装箱码头智慧化升级具有示范性作用。作为全国第一个全自动化集装箱码头，中远海运港口厦门远海码头自 2016 年 3 月份投产以来，通过软硬件上的不断优化，其自动化作业比例每年都在提升。2020 年，码头实现了 5G 信号的全覆盖，落成中国首个 5G+ 全场景应用智慧港口，标志着从自动化向智能化发展。2018—2020 年，自动化堆场 / 传统码头装卸船占比从 13.46% 提升至 17.32%；自动化堆场拖车的单车滞留时间从 29.53 分钟下降到 25.99 分钟。值得一提的是，在全球疫情持续蔓延情况下，厦门远海码头自主开发了远程办单、自主提箱等应用程序，大大减少了人员接触，在做好疫情防控的同时，也持续推动了码头吞吐量的增长。

（钟远海）

物流产业集群

物流产业集群

物流产业集群是集团三大核心业务之一，是集团实现“打造世界一流的全球综合物流供应链服务生态”发展愿景的重要支撑。物流产业集群要通过形成特色优势鲜明、业务覆盖全面、市场地位领先的第三方物流服务，与集团的航运产业集群和港口产业集群深度协同，提供端到端物流和供应链产品服务，以第三方物流能力实现产业链经营的延伸。

物流产业集群主要包括中远海运物流、上海中远海运、中远海运北美、中远海运欧洲、中远海运东南亚、中远海运澳洲、中远海运日本、中远海运韩国、中远海运西亚、中远海运非洲、中远海运南美 11 家业务主体。其中：中远海运物流主要从事综合货运、仓干配物流、产业物流地产、铁路货运运营、全周期工程物流、口岸公共服务等业务；上海中远海运主要从事液体化学品物流及港口环保服务等业务；海外 9 家区域公司主要在所在国家及地区开展第三方物流延伸服务。

货代业务方面：2021 年，中远海运物流成立集装箱物流单元，以“搭建全系统集装箱物流平台，创建全程集装箱物流供应链服务品牌”为目标，根据客户需求提供定制化、专业化的全程物流供应链解决方案。服务内容涵盖集装箱整箱、拼箱的海运/陆运代理、驳船运输、仓储、报关等，拥有多式联运、无船承运、海运订舱等成熟的服务产品，以及遍布全球的网络、专业化的团队，与港口、海关及其他政府机构等保持长期稳定合作，并在打造数字化、信息化、产品化等创新理念和服务的探索中不断前进。

仓储业务方面：截至 2021 年年底，集团控制运营仓储面积 324 万平方米，按仓储性质分，仓库、堆场面积分别为 178 万平方米、146 万平方米；按所有权归属分，自有、租赁面积分别为 143 万平方米、181 万平方米。主要分布在我国天津、河北、山东、上海、江苏、广东等东部沿海省市。

船舶代理业务方面：集团主要通过中远海运物流所属中国外轮代理有限公司、中远海运船务代理有限公司专业经营船舶代理业务。2021 年，集团船舶代理业务量达到 83 000 艘次（第三方客户），在国内公共船舶代理市场始终处于领先地位。

工程物流业务方面：集团抢抓国家“一带一路”、海外工程项目建设，以及装备制造国际合作等战略契机，围绕国内客户、延伸全球业务，致力于为客户提供全程物流解决能力，项目覆盖南亚、东南亚、中亚、中东、非洲、南美等国家和地区，已经成为国内领先的工程物流服务提供商。

合同物流业务方面：集团以搭建大客户服务体系为抓手，重点布局长三角等国内核心区域，通过为客户提供全程化、专业化、信息化、集成化的端到端物流解决方案，在大宗散货、家电、电子、化工、冷链等物流细分市场保持国内领先地位。

理货业务方面：集团主要通过中国外轮理货总公司专业经营理货及检验业务，并控股中联理货有限公司（简称“中联理货”）。2021 年，中联理货控股、参股 26 家理货法人公司，分公司及下属单位分公司共 6 家，托代管中外理下属子公司及分公司 7 家，共计完成集装箱理箱量 1631 万 TEU。

检验业务方面：中理检验有限公司（简称“中理检验”）是集团唯一的第三方检验发展平台，具有《进出口商品检验鉴定机构资格证书》、国家质监局《检验检测机构资质认定证书》，已成为中国合格评定委员会 CNAS 检验机构和专业产品认可证书的第三方检验服务机构，重点开展大宗商品（煤、矿、石化、农产品等）、贸易保障认证、海事服务等检验业务，2021 年，中理检验设有 5 家子公司，本部下设分公司 5 家，子公司北京中理下设分公司 6 家和 14 个实验室，服务覆盖全国 60 余个主要港口及贸易集散地，并在非洲几内亚成功设立分支机构。

【中远海运—博世中欧班列专列首发】

2021 年 1 月 16 日，博世项目首列西向专列从重庆发车，满载着博世在中国生产的电动工具、家用 / 商用中央空调，以及从国内采购运往欧洲的汽车零部件原材料，于 20 天后抵达德国杜伊斯堡，标志着中远海运物流与博世 2020 中欧班列欧洲 / 中国进出口双向全程端到端项目合作正式开始。

自 2020 年 10 月 30 日中标博世项目，中远海运物流迅速调集系统内优势资源，组建海内外项目团队，克服疫情影响，高强度、高效率地完成与博世全球商业服务事业部和国内主要工厂的需求对接工作，全力做好项目正式交接的准备工作。在 2020 年 12 月顺利完成进 / 出口多条线路测试和专列试运行的基础上，于 2021 年 1 月正式启动该项目，为博世欧洲 100 多家工厂和 30 余家中国国内工厂提供全程供应链物流服务。

中远海运物流依托重庆市建设国际物流分拨中心的发展战略，在重庆市口岸物流办、西永综保区的大力支持下，将重庆作为博世中欧国际铁路分拨中心，辐射“一带一路”沿线，对接国际陆海新通道，加强其国内市场与全球市场的互联互通，为博世集团开辟了一条新型的绿色、高效的物流通道，有力保障了博世全球供应链的稳定，为重庆“两地两高”建设和当地经济高质量发展贡献更大的价值。（王鑫）

【西部陆海新通道中远海运润通专列启运】

2021 年 3 月 4 日下午，江津综合保税区的小南垭铁路物流枢内，西部陆海新通道江津班列首趟企业定制专列——中远海运润通专列正式启运，驶往广西钦州港。润通科技是一家从事通用发电机等热动力产品的设计、研发和制造的民营企业，也是江津区重点外贸企业，连续多年荣登中国制造业企业 500 强榜单。此前，润通科技出口海外均选用江海联运。为了更好地优化流程、提高运输和通关时效，助推润通科技提高出货量，中远海运集运所属武汉集运重庆公司为客户精心设计铁海联运方案，积极协调班列运营和海关相关部门，利用江津综保区入区退税政策提前完成出口退税，成功为润通科技节约出运时间大约 12 天，大幅提升了供应链效率，获得了客户大力赞赏。（王秋雨）

【青岛—俄罗斯海尔欧亚专列首发】

2021 年 1 月 29 日，满载着海尔洗衣机、电冰箱等家用电器的首趟中远海运物流—海尔专列齐鲁号欧亚班列从青岛中铁联集胶州站缓缓驶出，15 天后抵达俄罗斯下卡姆斯克市。这是中远海运物流成功开通的又一中欧班列，标志着中远海运物流与山东高速集团的战略合作进入新阶段。

自中远海运物流与山东高速集团开启战略合作并参股山东高速齐鲁号班列公司以来，中远海运物流迅速整合内部资源，搭建项目团队，以价值创造为导向，全力支持齐鲁号欧亚班列高质量发展。中远海运物流所属青岛中远海运物流作为对接单位，积极与齐鲁号欧亚班列公司密切沟通，高效协同，精心谋划了班列全程端到端服务产品，并联合开展市场营销和产品推广工作，努力打造精品专列。双方协力克服新冠疫情影响，研究客户需求和痛点，凭借完善的物流方案和专业的技术实力，于 2020 年 12 月成功中标海尔俄罗斯项目，正式开启了首条定制化精品班列运营。本次专列发运，不仅有效帮助海尔解决了因疫情影响导致的物流供应链运输难题，而且为后续合作打下了良好基础。（刘斌）

【圆满完成首个半潜船单航次总包运输项目】

巴西当地时间 2021 年 3 月 9 日，中远海运特运半潜船在里约港又一次圆满完成装船作业——半潜式平台 SS PANTANAL（P 平台）顺利装上特运半潜船旗舰“新光华”轮。3 月 12 日，“新光华”轮顺利完成绑扎，驶往东南亚卸货港。此前在 2018 年年底，该平台的姊妹平台 SS AMAZONIA（A 平台）同样是搭乘中远海运特运“新光华”轮从这里启航。

与 A 平台相仿，同为“大国重器”的 SS PANTANAL 半潜式钻井平台长 105 米、宽 87 米、高 117 米、重达 26 472 吨。如此的庞然大物全世界只有两艘半潜船能够承运，其中一艘即为目前亚洲最大、世界上最先进的 10 万吨级大型半潜船“新光华”轮。而凭借完善的全球分包商网络和独特的全面流程管理体系，中远海运特运半潜船队也自然成为了客户的首选。

P 平台项目是中远海运特运首个半潜船单航次总包运输项目。受业主委托，中远海运特运负责该平台从湿拖装船、平台管理、海上运输、卸货湿拖直至靠泊冷停期间（此类钻井平台卸货后要拉到船厂“冷停”，期间所有设备全部停滞，单纯使用缆绳锚链固定在泊位上）的所有业务。

受疫情影响，中远海运特运岸基团队无法前往现场，而项目执行中需要大量的远程协调跟踪工作。公司半潜船业务调度会同港口船长、工程技术人员认真组织、积极协调、实时跟进，有效地保证了项目安全顺利推进。考虑到新冠疫情影响，为确保船期，“新光华”轮早在上航次船离国内前就提前备好了本航次装运平台的绑扎材料，并在圆满完成上航次任务后，船员们又争分夺秒清理甲板，并抢抓有利天气时机，加班加点提前完成了甲板画线、移立柱等备舱任务，为本航次的顺利开启打下了坚实的基础。

装船作业主要由“新光华”轮船长和外聘港口船长现场指挥，中远海运特运岸基港口船长全程跟踪。本次装货作业锚地位于主航道和两条河流交汇处，左边为班轮航道，船舶进出频繁，右边正有大船在作业，空间狭窄，水深受限，船艏、船艉易受涨落潮影响而旋转，这些都给本次作业带来挑战。为确保装船作业安全顺利进行，货物装船前，公司岸基港口船长与船上及现场港口船长、MWS、代理等相关方召开视频会议，对装船细节和注意事项进行了详细研讨和布置。“新光华”轮船长陈晓军抵港后连续数日仔细观察现场水域状况和涨落潮特点，认真研究船舶操纵方案，详细评估各种风险。

3 月 6 日，P 平台开始从阿苏港湿拖，为确保装船的时间节点，业务调度和工程主管密切跟踪湿拖进度；由于时差原因，港口船长连续两天在公司值班至深夜。

3 月 9 日，装船作业开始。凌晨 1 时，“新光华”轮开始下潜，4 时下潜到位，8 时 P 平台湿拖至里约湾引航站上引水。由于天气预报下午起风，装船作业必须在中午前完成。各方高效配合，10 时 20 分，P 平台拖至“新光华”轮旁 50 米处，10 时 35 分第一根货缆带妥，11 时 40 分前后 8 条货缆全部带妥。12 时 30 分货物就位开始起浮，12 时 45 分平台精准坐墩，15 时 30 分“新光华”轮全部甲板出水，拖轮解离。从湿拖进港、拖轮换缆、带缆装船、起浮坐墩到移泊至绑扎锚地，“新光华”轮作业所有环节一气呵成。值得一提的是，本次湿拖和装船作业，中远海运南美公司与中远海运特运团队密切配合、协同作战，为项目推进提供了有力支持。

（魏路闾　龙盛发　吴禄伟）

【中远海运大连库正式交付启用】

2021 年 6 月 22 日上午，由中远海运（大连）有限公司投资建设，中远海运物流仓储配送有限公司承租的中远海运大连库启用仪式正式举行。中远海运大连库位于在建的国内首个海上机场——大连金州湾国际机场的商务区内，地块为 2016 年大连中远海运通过招拍挂程序置换取得，土地面积 2.7 万平方米。库房根据中远海运仓配需求专门定制设计，2019 年 10 月开工，历时一年多建成竣工，为1.47万平方米丙一类和丙二类立体仓库，总投资3800万元。随着大连金州湾国际机场即将建成投入使用，该库可以满足电商快递、空港物流的刚性需求，周边交通、配套设施不断完善，仓储物流业务将形成产业规模，项目发展潜力巨大、前景可期。中远海运大连库项目是大连中远海运贯彻集团盘活存量资产部署，积极与兄弟单位开展业务协同的重点项目。

（崔远明）

【助力空客天津首架A350飞机完成交付】

2021年7月21日，空中客车天津宽体飞机完成和交付中心首架A350飞机交付仪式活动在天津港保税区举行，中远海运集团作为唯一物流供应商受邀出席了此次活动。

A350系列飞机是空客公司研制生产的最新型双发远程宽体客机。空客天津宽体飞机完成和交付中心用于开展空客A350飞机的完成与交付工作，负责客舱安装、飞机喷漆和生产飞行测试，以及客户接收和飞机交付等环节工作，与目前空客天津A320系列飞机亚洲总装线和空客天津交付中心园区相连。

2021年初，中远海运工程物流参与了天津宽体飞机完成和交付中心物流业务的竞标工作。公司上下高度重视、精心准备，与集团和物流系统内兄弟单位密切协同配合，加强客户需求分析、前期调研、可行性分析以及高质量投标文件制作，并与空客招标团队就技术方案、商务报价、关键性能指标确认等开展了多轮细致应标和沟通工作，最终成功中标，为空客公司提供相关货物从法国图卢兹到中国天津之间的门到门运输，进一步为中远海运在航空物流领域打造产品化服务、巩固品牌优势、链接新生态，奠定了坚实基础。

项目启动后，海运段、欧洲段物流环节受新冠疫情冲击较大，负责该项目的全球团队，采取了严密措施积极应对。中远海运集运从集团大客户角度出发，从箱保、舱保、价格等各方面给予空客项目群大力支持；中远海运欧洲公司与当地车队深入沟通，在欧洲疫情极为严峻的时刻亦保证了项目有车可用、有人可调，充分体现了其强大的凝聚力和战斗力；中远海运工程物流在认真落实各项防疫措施下，积极协调各方，顺利完成国内段运输，保障了空客A350飞机的圆满交付。

据悉，2021年空客在中国市场上交付的飞机占到全球交付飞机数量的21.5%。当年计划交付5架A350飞机给中国的航空公司。中远海运将紧随客户需求，与客户携手共赢，提供更优质物流服务，进一步打造全球航空物流供应链服务生态。

空客天津总装线于2008年投入运营，后更名为空客A320系列飞机亚洲总装线，开始向亚洲地区航空公司交付飞机。2007年11月，中远海运集团以唯一运输服务供应商身份中标空客A320系列飞机天津总装线项目飞机大部件及全部零部件跨洋全程国际物流服务。2007—2021年，中远海运集团累计为空客公司提供了550架次的安全交付服务。（韩耀东）

【打造云南直达印度洋海公铁联运新通道】

2021年8月27日，在云南省委省政府的大力支持下，由中远海运集团与云南省临沧市携手共建的“中国云南直达印度洋海公铁联运”新通道成功首运。新通道从新加坡海运出发，经海路公路运输至云南临沧入境，再由铁路直达成都，标志着中国西南增加了直达印度洋的一条高效物流新通道。随着运输距离大幅缩短，单程运输时间可以节约20～22天。中国云南直达印度洋海公铁联运新通道的打通，是中远海运集团进一步支持云南发展的重要成果，也标志着云南省临沧市融入国际陆海新通道建设取得突破性成果。新通道有力地畅通云南省与南亚、环印度洋地区相关国家的经贸往来，为省内物资高效运输和社会物流成本有效降低提供重要途径，同时，

也为云南省构建“一带一路”西南支点发挥重要助力。（钟远海）

【完成柬埔寨西港电站核心设备运输任务】

2021 年 10 月 27 日，发电机定子顺利运抵项目现场，标志着中远海运工程圆满完成华电柬埔寨西港 2×350MW 燃煤电厂项目 1 号机组 12 个大型核心设备全程物流服务。该批设备数量多、货值高，最重件定子重达 203 吨，主变压器也重达 200 吨。受新冠疫情影响，运力资源紧张，加之西港当地运输道路改造，境外段作业条件差、风险高。为保证项目施工进度，中远海运工程有效整合国内外运输资源，根据设备属性，分析风险、计算配载，制定详细的物流方案；同时对西港当地沿途道路进行铺垫整改，积极联系当地交通部门协调护送事宜，确保设备的顺利发运。

西港电站是目前柬埔寨在建最大火电项目，首台机组将于 2022 年底建成并投产发电，年发电量 46 亿千瓦时，极大缓解柬电力短缺现状，促进柬社会经济快速发展。中远海运工程作为全程物流总承包商，高效组织运输环节，在中远海运特运、中远海运集运柬埔寨公司等系统内单位的共同努力下，完成 12 万方货物的发运工作，全力保障项目的有序推进。（劳正海）

【长三角首趟中老铁路国际货运列车首发】

2021 年 12 月 3 日，中国、老挝两国元首通过视频连线下达发车指令后，首发“复兴号”“澜沧号”列车分别从昆明站、万象站同时驶出，中老共建“一带一路”的标志性工程——全长 1035 千米的中老铁路全线正式通车。12 月 8 日，满载 76 个集装箱的“江苏号”中老国际货运列车（南京—万象）从南京货运中心尧化门铁路货场缓缓驶出，这是长三角地区首列开往老挝的国际货运列车。班列的开行为江苏省与东盟经济体间的贸易往来打通了一条更便捷、安全的铁路运输新通道。此趟班列主要装载了由江苏及周边地区企业生产的我国援助老挝的远程教育工程配套物资，以及建材、电缆、电器、汽车配件等支持老挝基础设施建设及经济社会发展的物资，将经云南磨憨铁路口岸出境，6 天后抵达老挝首都万象。

中远海运物流所属上海中远海运物流作为此次列车运营平台股东方之一，在方案设计、操作对接、海外资源整合，以及营销揽货等方面为班列首发提供了技术和资源支持。中远海运物流借此契机持续丰富东盟方向服务产品，积极助力“江苏号”班列常态化开行，为中国与东盟各国间货物运输提供新产品、新模式，为加快建成中老经济走廊、构建中老命运共同体提供有力支撑。

（陈国进）

航运金融产业集群

航运金融产业集群

航运金融产业集群是集团四大赋能业务之一。航运金融产业集群以“提供拥有领先市场的产品与竞争力的产业金融类业务”为愿景，打造集团的重要“现金流贡献单元”及平抑主业周期性的“效益稳定器”。

航运金融产业集群主要包括中远海运发展、中远海运投资、中远海运财务及中远海运自保 4 家业务主体。其中，中远海运发展、中远海运投资主要从事围绕综合航运及物流产业链的租赁业务、集装箱制造业务、供应链综合金融服务及投资管理业务；中远海运财务主要从事集团体系内资金归集及资金结算等业务；中远海运自保主要从事集团内船舶保险及部分非船舶保险业务。

2021 年，中远海运发展致力于践行“金融助力实业，发展创造价值”的使命，从船舶租赁、集装箱租赁、集装箱租造、产业金融服务等多个维度服务航运业发展；把握市场契机，集成多方面优势，继续拓展业务广度与深度，以投资为纽带实现产融结合，拓展产融投一体化业务。全年实现营业总收入 371.6 亿元，同比增长 83.82%；税前利润总额 79 亿元，同比增长 219%，其中归属于母公司股东的净利润 60.9 亿元，同比增长 184%。

是年，中远海运财务不断丰富金融服务品种，协助集团降杠杆，提高资金使用效率。全年资产规模突破 1500 亿元，步入千亿级财务公司行列。公司中间业务收入突破 1000 万元，基本实现了商业银行业务全面覆盖，各项工作取得长足的进步。截至 2021 年 12 月 31 日，公司总资产 1 524.68 亿元，所有者权益 87.9 亿元；全年营业总收入 22.26 亿元，实现利润总额 4.56 亿元，净利润 3.4 亿元。公司 2021 年度联合信用评级为 AAA，评级展望为稳定。

【中远海运财务开拓交易确认业务】

2021 年 3 月 15 日，中远海运财务开通人民币外汇即期、远期、掉期、外币拆借及外币回购等交易确认服务，成为国内第二家、央企第一家加入银行间外汇市场交易确认业务的财务公司。交易确认是指交易达成之后，由交易双方中后台运营部门之间对交易的要素、定义及其他必要合同条款进行确认的行为。2020—2021 年，中远海运财务不断优化场内外汇交易模式、提升交易服务效率，致力于为集团成员企业外汇交易提供多样化和个性化的服务，降低集团整体财务成本。2020 年，中远海运财务办理即期结售汇业务 47 亿美元，同比增长 145%；办理远期结售汇业务接近 3 亿美元，为成员企业锁定经营效益提供有效支撑。2021 年 1—2 月，中远海运财务累计办理即期结售汇业务 18 亿美元，已超过 2020 年全年业务总量的三分之一。

在交易量大幅提升的同时，如何确保交易安全，防范道德风险、结算风险和操作风险，是中远海运财务面临的重要课题。为此，中远海运财务通过银行间外汇市场的参与交易后确认业务，充分利用金融市场风险缓释措施，有效提升了风险控制的能力和手段。（朱迪）

【中远海运财务完成首笔“票据池”换票业务】

2021 年 6 月 22 日，中远海运财务成功完成首笔“票据池”换票业务，为中远海运散运下属公司将 2 张大面额银行承兑汇票置换成 10 张小面额的财务公司承兑汇票支付给下游企业。“票据池”是财务公司参考行业先进做法推出的金融产品。依托电票系统的票据托管功能，入池的成员单位可以对自身及下属企业的票据情况实现一键查询，提升票据统筹管理水平。同时，入池企业可以将存量票据质押形成票据池额度，获得包括换票、流贷及保函等在内的金融服务，并享受一定的优惠条件。目前已有3家集团成员单位使用了票据池产品。换票业务是“票据池”项下的核心应用之一，可以实现票据的金额和期限错配，不仅加强了票据的流通转让，有效盘活存量票据资源，而且可以为成员单位提供新的结算方式，节约财务费用。

中远海运财务作为集团的资金归集平台、资金结算平台、资金监控平台和金融服务平台，致力于为集团成员单位提供高效、低成本的金融服务，协助集团降杠杆、提高资金使用效率。公司2019年9月加入人行电票系统，截至2021年6月，累计开出承兑汇票超60亿元，贴现超10亿元。除基础的承兑及贴现业务外，公司积极丰富票据产品，相继推出“票据池”“对申请人无追索权的票据贴现”，积极研发“代理贴现”“同业金融机构转贴现”等金融产品。（姚睿铭）

【船舶融资租赁项目顺利投放】

据《中国远洋海运报》2021年8月20日报道，中远海运发展下属东方富利国际有限公司与丹麦船东就一艘18万立方米的液化天然气船签署售后回租协议。目前，该项目的首批融资款逾1亿美元已成功投放。这艘船舶是世界上首批配备三星重工SAVER Air空气润滑系统的液化天然气运输船，在节能环保等技术方面有较强的竞争力。同期，中远海运发展下属中远海发（天津）租赁有限公司完成威海南海港务融资租赁项目的放款工作，投放金额1亿元人民币。该项目的投放是中远海运发展积极贯彻落实“经略海洋”战略，推进大交通产业升级，配合服务实体经济的具体举措。两项重要融资租赁项目的顺利投放，标志着中远海运发展以独特竞争优势在力拓船舶租赁的外部市场领域实现了新跃升。（娄灿夏琳）

【中远海运发展获“上市公司资本运作标杆奖”】

2021年9月28日，由证券时报社主办、财通证券特约协办的“第十五届中国上市公司价值评选”榜单揭晓。中远海运发展荣获“上市公司资本运作标杆奖”。

中远海运发展发行股份购买资产并募集配套资金项目于9月24日获证监会并购重组委审核无条件通过，这是公司造箱产业可持续发展的重要里程碑，也体现了资本市场的高度认可。本次交易全部完成后，公司将一举成为全球第二大集装箱制造企业，整合后的造箱业务将进一步发挥规模效应、协同效应和科技创新，实现核心竞争力的有效升级；同时，将进一步优化公司资本结构，保障公司及股东的利益。作为具有航运物流特色的供应链综合金融服务平台，中远海运发展始终致力于围绕航运供应链，推动公司高质量发展，实现公司整体价值的提升。

“中国上市公司价值评选”一贯秉承科学、客观、公正的原则，现已成为国内主流财经媒体主办的上市公司领域最具影响力的评选之一。随着资本市场高质量发展渐入佳境，资金愈发以价值为锚，期望挖掘真正高含金量的标的。在此背景下，本次由证券时报社主办的评选遴选出一批价值投资标杆，获得包括主板上市公司价值百强、社会责任奖、成长性50强、资本运作标杆奖等奖项，这些上市公司在资本市场中发挥着排头兵作用，共同推进资本市场健康发展。（谢佳）

【中远海运投资参与顺丰非公开发行股票】

2021年11月16日，顺丰控股股份有限公司（简称“顺丰控股”，股票代码：002352.SZ）发布《2021年度非公开发行A股股票发行情况暨上市公告书》。公告显示，包括中远海运投资控股有限公司（简称“中远海运投资”）在内的22家国内外知名投资者参与了此次顺丰控股非公开发行股票。本次顺丰控股非公开发行股票的认购价格为每股57.18元人民币，共发行3.49亿股，募集资金总额达 200 亿元。其中，远海投资有限公司（中远海运投资下属全资子公司）认购 10 亿元，获配数量为 17 488 632 股。顺丰控股本次 A 股再融资，吸引了包括海外投资银行、主权基金、知名公募和私募基金等诸多境内外大型机构投资者争相参与。

中远海运集团与顺丰控股长期保持良好合作关系，本次参投以股权为纽带，进一步加深未来双方实体经济及技术合作，充分发挥各自领域优势，共同推动大数据、互联网、人工智能、区块链等新技术与交通行业深度融合，全方面数智化赋能物流供应链体系，协力打造交通物流国际贸易新生态。

中远海运投资是中远海运集团股权投资领域重要平台，秉承中远海运集团“打造世界一流的全球综合物流供应链服务生态”的“十四五”愿景，公司围绕航运物流主业优势，挖掘产业上下游优质机会，战略价值与财务回报并重，不断发挥作为产业投资人在资本市场的影响力及推动力，助力加快我国现代国际物流供应链体系建设。

（从照楠）

【自保项目入选保险业转型优秀案例】

2021 年 12 月 24 日，“2021 中国保险业数字化转型峰会”举行。峰会从风控、服务、营销、运营、创新 5 个方面评选出行业优秀案例并重磅发布“2021 中国保险业数字化转型优秀案例”名单。经专家评审，中远海运自保公司申报的“特战险监测和申报平台研究”项目成功入选“2021 年度创新卓越案例”，并被收录《2021 中国保险业信息化案例精编》一书中。

为更好地落实集团对于金融产业集群的总体发展规划，深入贯彻新发展理念，坚持高质量发展，推动公司实现“数字化、线上化、智能化”转型，中远海运自保公司与中远海科创新中心成立了联合创新实验室。特战险监测和申报平台是创新实验室的第一个项目，该项目运用地理围栏技术，结合数字地图技术和船舶自动识别系统（AIS），基于地理数据、航运数据和保险数据进行数据融合创新，为特战险这一特殊场景下的风险管理提供了新的技术手段。该平台已经被多家船公司使用，将传统的手工制作申报特战险数据转为系统自动识别 + 线上申报的模式，从而有效避免了错申报、漏申报、延迟申报的情况，提高了申报数据的准确性，帮助船公司提升了特殊战争风险的防范水平。

（张晓天　陈琳）

装备制造产业集群

装备制造产业集群

装备制造产业集群是集团四大赋能业务之一，致力于为集团主营船队及相关产业的发展提供积极保障，并通过技术和创新提升业务竞争力，服务内外部客户，打造中国领先的造船、造箱和维修企业。

装备制造产业集群主要包括中远海运重工和中远海运发展 / 中远海运投资旗下的造箱板块 2 家业务主体。其中，中远海运重工主要从事船舶制造、船舶修理、海工及模块制造和船舶配套等相关业务，中远海运发展 / 中远海运投资旗下的造箱板块主要从事集装箱等物流装备制造业务。

2021 年，中远海运重工面对复杂严峻的外部形势，积极应对压力挑战、抢抓市场机遇，努力克服疫情反复、限电限产、原材料上涨、汇率波动等重大影响，保持了稳中向好的发展态势，取得了良好的经营业绩。2021 年造船产能 748 万载重吨、海工产能平台类项目 6 个、修改船舶产能约 1500 艘。在造船业务方面，中远海运重工新接造船订单 80 艘 /875 万载重吨，占全球 7.5%（以载重吨计）；完工交付船舶 55 艘 /629 万载重吨；截至年底，造船手持订单 136 艘 /1485 万载重吨；在建船舶 55 艘 /500 万载重吨。在海工业务方面，新接海工项目 4 个，完工交付 8 个，手持订单 26 个、在建 15 个项目。在修船业务方面，全年实现产值 50.65 亿元，完工 1176 艘，继续保持中国修船市场份额第一。在专业化配套业务方面，南京船配低速柴油机气阀打破国外技术垄断，成为国内唯一气阀供应商；威海科技公司自主研发的船舶高压岸电系统实船产业化应用，打造了低碳环保业务增长点。

上海寰宇物流装备有限公司（简称“上海寰宇”）长期为国内、国外的主要船东、箱东等提供干货集装箱、冷藏集装箱、特种箱的研究开发、生产销售等优质业务。干货箱年设计产能为 120 万 TEU，冷箱年设计产能为 12 万台。2021 年初以来，国际集装箱航运市场的快速升温导致集装箱航运市场舱位紧张、集装箱紧缺，作为承担世界集装箱产量 90% 以上的中国造箱企业，持续保持高效率、高产能的释放状态。从 9 月开始，市场用箱短缺情况逐渐有所缓解。为积极应对市场快速变化，上海寰宇认真贯彻落实国家“六稳”工作、“六保”任务，全力提产增效，为国家外贸、国内国际双循环提供重要的物流保障服务。2021 年，上海寰宇生产干箱 165.78 万 TEU、冷箱 12.90 万 TEU，分别同比增长 114% 和 48%。

【整体交付首批海上风电导管架】

2021 年 1 月 14 日，F003 首批 2 套高 55 米、重达 1050 吨的海上风电导管架在广东中远海运重工码头顺利装船交付。这是继 2020 年 8 月 14 日首次交付 2 套 4 个吸力筒导管架分段后，公司取得的再次突破，首批整体建成交付的海上风电导管架产品，标志着广东中远海运重工制造业务转型走过了“试水”到“入门”的阶段。F003 是首批以整体形式制造的风电导管架，充分吸收了分段产品时期的经验。建造中，广东中远海运重工努力克服了超高超大型钢结构制造所带来的各项施工难点，以高精度搭载成型和高质量焊接总组完成了首批海上风机导管架的建造工程。

（郭煜宏　黄小军）

【启东箱厂建造集装箱式方舱】

据《中国远洋海运报》2021 年 1 月 29 日报

道，“多舱联合的移动式生物安全 P2+ 核酸检测实验室”是中远海运发展所属上海寰宇受托管理的启东箱厂开发制造的一种集装箱式移动核酸检测方舱。这种可移动的“核酸检测实验室”能在较短时间内有效缓解医疗机构核酸检测能力不足等问题。启东箱厂接到有关医疗机构的紧急任务订单后，以最快速度组建了项目团队，研究整合技术，制定运输吊装方案，紧锣密鼓开展生产任务。箱厂负责设计、生产和物流的各个团队紧密配合，在最短的时间内攻克跨行业标准认知、交通运输管制及现场施工空间狭小等难关，仅用了 28 天就让“核酸检测实验室”顺利安装到位。这种集装箱式移动核酸检测方舱由 4 个功能方舱组成，按照设计，每日可进行核酸检测流量为 1.2 万人次。（顾源超）

【第五艘自升式钻井平台交付】

2021 年 3 月 31 日，大连中远海运重工为国海海工资产管理有限公司建造的 Super116E 型自升式钻井平台“国裕”号（N610）签字交付。这是大连中远海运重工为国海海工交付的第二艘自升式钻井平台项目，也是公司交付的第五艘自升式钻井平台新造项目。N610 自升式钻井平台是按照美国船级社（ABS）、国际海事组织（IMO）和油公司特殊要求设计建造的全新型自升式钻井平台，最大可抵御 100 节强风，其高效节能、环保安全、易于操作、维修保养经济，性价比高，广泛适用于近海石油钻探作业。平台总长 74.09 米、型宽 62.8 米、型深 7.92 米，工作水深 106.68 米，钻井深度 9144 米。N610 平台是继 2020 年 8 月大连重工与国海海工通力合作成功开拓国际市场交付 N596 自升式平台后，进一步拓宽国内市场的典范。截至 2021 年 3 月，大连中远海运重工累计交付 5 个自升式钻井平台项目。在平台运行期间，平台设备运行状态良好，船东及运营方对大连中远海运重工的产品建造质量给予了高度评价。（耿飞　宝巍）

【国内首艘动力定位穿梭油轮交付】

2021 年 7 月 13 日，启东中远海运海工自主研发设计建造的国内首艘动力定位穿梭油轮“北海新希望”完工交付上海北海船务，并在我国自营勘探开发的深水大气田“深海一号”服役。

“北海新希望”是国内首艘 1.5 万吨带 DP2 动力定位的穿梭油轮，由启东中远海运海工负责设计、采购、建造 EPC 总包，拥有完全自主知识产权。船长 137 米、型宽 22.8 米、型深 12.5 米，液货舱容 18 000 立方米，设计航速 13 节，入级中国船级社，悬挂五星红旗。“北海新希望”虽然个头小，但功能齐备。配置量身定做的艏部装载系统，拥有中国船级社（CCS）、挪威船级社（DNV）双船级社认证；电站总容量约 6 兆瓦，超过常规 10 万吨级油轮电站容量；可调螺距螺旋桨系统，3 台管道式推进器和伸缩式全回转推进器，高度自动化的中央控制系统和电站管理系统等，保持了新一代穿梭油轮的先进性，具有创新性。该项目创下穿梭油轮业内最短建造周期，实现提前交付。项目从生效到交付仅 18.5 个月，建造周期为 11 个月。建造周期内受国内外疫情影响，又横跨两个春节假期，海外采购供应链、劳动力稳定均受到极大挑战，难度可想而知。

“北海新希望”穿梭油轮是为保障我国自主研发建造的全球首座 10 万吨级深水半潜式生产储油平台“深海一号”凝析油外输而开展的配套项目。之前国内没有专用穿梭油轮，常用拖轮固定普通油轮替代穿梭油轮执行外输作业，存在等待时间长、安全风险大、运输成本高等局限。穿梭油轮区别于传统油轮，一般装有艏部装卸系统，带有 DP 定位系统，穿梭在油田的各个采油平台之间，收集平台的原油，装满后送至炼油厂码头等。

此前，南通中远海运船务 / 启东中远海运海工已相继为国外船东建造交付“两型四艘”穿梭油轮。在国家能源安全规划实施和国内大循环为主体的新发展格局下，启东中远海运海工在竞争中发挥优势，赢得先机，“北海新希望”是继中

铁建“铁建风电 01”后，积极拓展国内市场交付的又一成果。（陈晓锋　顾晓燕）

【全球第二大集装箱制造企业诞生】

2021 年 11 月 26 日晚，中远海运发展发布公告，公司发行股份购买资产涉及的新增 1 447 917 519 股人民币普通股（A 股）股份，于 2021 年 11 月 25 日在中国证券登记结算有限责任公司办理完毕股份登记手续。本次发行新增的股份限售期为 3 年，2024 年 11 月 26 日后才可在上海证券交易所上市交易，公司的流通股保持不变。本次交易的标的资产包括：寰宇东方国际集装箱（启东）有限公司 100% 股权、寰宇东方国际集装箱（青岛）有限公司 100% 股权、寰宇东方国际集装箱（宁波）有限公司 100% 股权及上海寰宇物流科技有限公司 100% 股权，现均已过户至中远海运发展名下。经过各项合规流程及监管机构审核，中远海运发展发行股份购买资产交易顺利完成。

伴随着本次交易的顺利完成，公司一举成为全球第二大集装箱制造企业，实现年设计产能超百万箱的整体规模。通过整合位于青岛、宁波及启东的箱厂，公司进一步提升了箱厂的区位优势，具备了制造冷箱和特种箱的能力，丰富集装箱应用场景，推动智能集装箱的探索，全方位提升综合服务能力。同时，公司下属佛罗伦为全球第二大租箱公司，公司造箱板块与租箱板块业务联动得以进一步加强，协同发展，增强公司整体核心竞争力。根据报告书，自评估基准日（2020 年 12 月 31 日）次日起至交割审计基准日止的过渡期间，标的资产实现的损益将归上市公司享有。2021 年 1—4 月，标的资产实现净利润就已超 3 亿元人民币，其经济效益持续攀升将为公司今年的整体收益锦上添花。（谢佳）

【氨燃料动力 VLCC 船型方案获 AIP 证书】

中远海运重工与中远海运能源、中国船舶及海洋工程设计研究院、中国船级社、美国船级社、曼恩能源方案有限公司联合设计研发的氨燃料动力 VLCC 船型方案，同时获中国船级社、美国船级社颁发的原则认可（AIP）证书。温室气体排放问题日益受到国际社会关注，航运业也由“重碳经济”加速向“低碳经济”转型。IMO 提出，到 2050 年航运业温室气体排放总量与 2008 年相比减少 50%。为实现这些目标，在航运界开展创新技术的研发应用和引进替代燃料等减排措施变得刻不容缓。在众多替代燃料中，氨作为一种零碳燃料，被认为是行业解决温室气体排放的最佳方案之一，成为了关注的焦点。联合研发团队深入开展氨燃料在 VLCC 上的应用研究，并在船型参数研究与优化、总体布置研究、氨燃料舱选型与布置研究、氨燃料系统研究、风险评估分析等方面做了大量工作，按计划完成船型方案设计，并顺利获得中国船级社、美国船级社颁发的 AIP 认证证书。

该船型基于中远海运重工与中国船舶及海洋工程设计研究院合作开发的最新一代 31 万吨 VLCC，在保证了各项性能指标的先进性的同时，采用曼恩公司氨燃料主机，配备两个 6000m^3 的 C 型氨燃料舱，续航力满足中东航线的往返航程。该船型的成功研发为未来零碳燃料船型市场订单承接做好了技术储备。（周海涛）

增值服务产业集群

增值服务产业集群

增值服务产业集群作为集团四大赋能业务之一，是集团产业协同的关键力量，也是集团新业务发展的重要载体。一方面，增值服务产业集群与其他产业集群深入合作，为客户提供额外服务、实现存量资产盘活、保障主业顺利运行；另一方面，增值服务产业集群结合区域优势和自身禀赋，优化存量业务、布局新业务，形成独立并具备市场竞争力的服务能力，尤其是集团各地区公司在“十四五”期间要承担起本区域内集团拓展物流业务的阶段性任务和使命。

增值服务产业集群主要包括中远海运资产、广州中远海运、天津中远海运、青岛中远海运、中远海运大连投资、中远海运船员、中国船燃、中石化中海燃供、中远海运博鳌、中远海运大学、香港中远海运 11 家业务主体。

2021 年，中远海运船员管理有限公司全力打赢疫情防控、疫苗接种、船员换班“三大攻坚战”，高质量船员队伍建设成效初显，服务集团、服务船公司、服务船员“三个服务”的能力和水平显著提升，“十四五”实现良好开局。截至 2021 年年底，公司共有船员 42 825 人，其中主营合资板块船员 32 219 人（自有船员 21 268 人、供方船员 10 951 人），劳务板块船员 10 606 人，为集团主船队派员船舶 727 艘，服务船型覆盖集装箱船、油船、干散货船、特种船、客船、液化气船等各类型船舶。公司是世界规模第一的船员管理公司，也是国内最大的船员劳务外派公司。公司兼营船舶引航试航业务，主要为集团内部各主营船公司以及合资合营公司船舶提供海事技术服务和移泊作业业务，同时为多家造船厂新建船舶提供试航业务。2021 年，公司所属海技中心引航业务逐步扩大，船舶进出长江引航 4363 艘次、新船试航 95 艘次。

在船舶燃料供应方面，该业务板块积极应对全球新冠疫情持续、国际油价异常波动的新挑战，根据资源和市场变化不断深化结构调整，努力改善运营效率，保持了经营业务总体平稳发展的局面。2021 年，中国船舶燃料有限责任公司全球油品销售总量 2021 万吨，同比增长 5.9%；其中境内销量 1253 万吨，同比增长 15.3%；境外销量 767 万吨，同比减少 6.5%；实现销售收入 582 亿元。中石化中海船舶燃料供应有限公司全年实现油品销售总量 351 万吨，同比增长 0.5%，其中内贸油销量同比增长 6%；营业收入 119 亿元，同比增长 38%；其中物资销售收入 5.9 亿元，同比增长 4%；营业收入利润率和净资产收益率同比均实现增长。

在不动产开发与管理业务方面，中远海运资产经营管理有限公司坚持“产业赋能、产业协同、产业创新”发展理念，打造不动产统一开发经营平台，创造增值服务，稳步推进集团存量土地、房产盘活开发和运营；截至 2021 年年底，公司实现营业收入 3.29 亿元，利润总额 1.62 亿元。中远海运（香港）置业有限公司经营共 6.67 万平方米的写字楼和住宅物业，其中坐落于香港的物业 6 万平方米、坐落于内地的物业 6700 平方米，物业出租率保持稳定；2021 年，香港物业租金收入 3 452.7 万美元，超过年度任务指标 11.6%。

船舶物料供应及通信导航业务方面，中远海运国际（香港）有限公司构建了包括船舶贸易代理、船舶保险代理、船舶设备及备件供应、涂料生产和销售、船舶燃料供应，以及相关产品贸易及供应等综合服务的航运服务产业集群，业务网络遍及中国内地、中国香港、新加坡、日本、德国，以及美国等地。2021 年，船舶物料备件供应及通导服务业务共实现收入 15.79 亿港元，利润总额 1.06 亿港元。

油漆生产和贸易业务方面，集团主要通过香港中远海运国际公司专业经营油漆生产和贸易业务，包括与日本关西涂料有限公司合作的 4 家中远关西涂料有限公司（生产箱用油漆），以及与挪威合作的中远佐敦船舶涂料（香港）有限公司（生产工业油漆和船用油漆）。截至 2021 年年底，集团油漆生产和贸易业务资产总额 17.64 亿港元，当年实现收入、利润总额分别为 16.85 亿港元、9516 万港元。

高速公路业务方面，中远海运（香港）有限公司共参股 4 家高速公路公司，拥有京石高速、京哈高速公路天津段、津沧高速和济菏高速、德上高速、莘南高速的经营权，共计全长 544.4 千米。2021 年，4 家高速公路公司通行费收入 44.99 亿元，同比增长 25.87%。（朱月芳）

【船员新冠疫苗接种第一针累计破万人】

据《中国远洋海运报》2021 年 3 月 5 日报道，截至 3 月 2 日，集团主营船队船员及劳务外派船员完成第一针新冠疫苗接种突破万人，达 10 225 人，其中完成第二针疫苗接种的达 6479 人。到 3 月中旬，上述 10 000 多名船员全部具备上船条件。

新冠疫情发生以来，中远海运船员管理有限公司一直坚持把船员身心健康和生命安全放在首位，持续关注新冠疫苗研制进展。新冠疫苗接种工作启动后，公司把推进船员接种新冠疫苗作为最重要的任务推进落实。虽然船员接种新冠疫苗工作启动初期面临重重困难，如各地因疫苗资源供应有限导致接种政策执行不一，部分船员黄热、霍乱疫苗与新冠疫苗同步接种产生冲突，各地出行限制措施导致在岸船员集中接种不便，船舶正常运营的情况下在船船员接种疫苗难度大等，但公司上下高度重视、勇于担当、积极作为，加强组织协调，制定工作方案，成立疫苗接种工作专班组，统筹协调推动疫苗接种工作进展；公司坚持拓宽接种渠道，组织各分公司与当地卫健委等政府机构沟通联系，先后落实青岛市卫健委、上海市卫健委、中国船东协会等疫苗资源渠道；公司加强激励引导，制定船员疫苗接种专项激励方案，明确船员在限定期限内完成接种和上船的激励意见；同时强化责任落实，制定分片区推进在岸船员疫苗接种方案，明确各分公司片区职责；公司加强信息管理，结合船员管理信息系统，开发疫苗接种专用模块，加强船员疫苗接种信息的数字化管理，保障了船员的身体健康和集团船队的有序运营。（杨千菊）

【广州远洋宾馆荣获年度优质商务酒店称号】

2021 年 3 月 23 日，携程集团代表在广州远洋宾馆现场通报了广州远洋宾馆荣获携程集团 2020 年度优质商务酒店荣誉称号，并颁发奖杯。携程表示，在过去的一年里，因受到疫情的深度影响，各酒店业务都受到了沉重打击，但远宾与携程一直保持紧密合作，其中双方合作的亲子房、优享会等携程的重点项目成效显著。尽管因疫情影响导致 2020 年双方合作的产量有大幅下滑，但通过携程大数据平台对比分析，远洋宾馆在营销策略、对客服务、疫情防控等方面表现杰出，深受广大客户认可。（叶嘉薇）

【完成海南自贸港保税燃油首船加注业务】

2021 年 4 月 8 日，中石化中海船舶燃料供应有限公司在海南洋浦国际集装箱码头顺利为中远海运集运旗下的上海泛亚航运有限公司“飞云河”轮加注保税燃油。这是自国家五部委联合下发《关于海南自由贸易港内外贸同船运输境内船舶加注保税油和本地生产燃料油政策的通知》后实施的首船加注业务，开启了海南自贸港保税燃油加注业务新篇章。这也是中远海运集团积极支持海南自贸港建设的又一务实举措。承担此次燃油加注业务的中石化中海船舶燃料供应有限公司，是中国石化集团与中远海运集团合资设立的船舶燃料和物资供应专业公司，在国内具有较强的市场影响力，也是中远海运集团在海南的唯一船舶燃油加注平台。

为确保各项手续符合海关、海事的监管要求，保证加注操作顺利进行，该公司先期在政府相关职能部门的指导监督下开展了内外贸同船加注保税燃油的流程测试工作，今年新安排一艘3000吨级配送驳船用于保税燃油供应。同时，该公司充分发挥股东方的资源优势，从中石化采购了海南炼油化工有限公司生产的本次加注所需低硫燃料油，确保燃油价格更优、质量更佳。

2020年6月1日，中共中央、国务院发布了《海南自由贸易港建设总体方案》。2021年3月4日，海南省发布了财政部、交通运输部、商务部、海关总署、税务总局五部委《关于海南自由贸易港内外贸同船运输境内船舶加注保税油和本地生产燃料油政策的通知》。通知明确，全岛封关运作前，对以洋浦港作为中转港从事内外贸同船运输的境内船舶，允许其在洋浦港加注本航次所需的保税油；对其在洋浦港加注本航次所需的本地生产燃料油，实行出口退税政策，并将这两种油品统称为“不含税油”，这将有助于海南成为区域集装箱枢纽港和国际陆海贸易新通道重要支撑点。（钟远海）

【“中远新加坡”轮与“中远鹿特丹”轮船员置换】

2021年4月2日，“中远新加坡”轮和“中远鹿特丹”轮在新加坡锚地圆满完成船与船之间的人员置换，“中远新加坡”轮工作到期的14名船员成功踏上了回国公休的旅程。这已是两轮间第2次通过船员置换的方式安排船员公休。船与船之间置换船员是中远航务（英国）公司在中远海运集运公司和上远公司的大力支持下，在中远海运船员的协同配合下，为解决新冠疫情之下船员换班难问题的有益实践。

“中远新加坡”轮14名船员在船服务期满，中远航务（英国）公司和中远海运船员天津分公司议定先派员到“中远鹿特丹”轮，然后再在两船相遇时安排置换。为了确保置换期间的防疫安全，中远航务（英国）公司主要领导在派前培训中，通过视频的方式对接班船长和政委进行了置换防疫要求知识讲解，之后又多次通过微信给予翔实的指导。

4月2日傍晚，“中远新加坡”轮和“中远鹿特丹”轮先后抵达新加坡东、西锚地抛锚。为了船员能够有时间交接，此次计划分两批置换，公司安排了两艘运输艇，一艘负责人员运输，一艘负责行李物料运输。此时，换班船员已经严格按照公司防疫要求，提前做好消毒、测温，每个人穿戴好全身防护，登上小艇后不与外人接触，经过一小时的航程，顺利登上“中远新加坡”轮，依次完成消毒、脱防护服、测温等规范动作，待一切确保安全后进入生活区。至此，两艘船共计29人的船员置换工作顺利完成。随后，“中远新加坡”轮新接班的15名船员驾船起锚，开启新的航程。（鲁文江）

【连续20年为博鳌论坛提供优质服务保障】

2021年4月20日上午，博鳌亚洲论坛2021年年会开幕式在海南博鳌举行，国家主席习近平以视频方式发表题为《同舟共济克时艰，命运与共创未来》的主旨演讲。国家副主席王岐山出席开幕式。中远海运集团董事长、党组书记许立荣，集团董事、党组副书记王海民，集团董事何庆源、徐冬根、罗建川等受邀参加开幕式，现场聆听习近平主席的主旨演讲。2021年是博鳌亚洲论坛成立20周年。作为博鳌亚洲论坛核心服务商和基建投资商，中远海运连续20年为年会提供优质服务保障，累计投资逾50亿元，深度参与论坛的建设和服务。为庆祝论坛成立20周年，集团2021年投入近4亿元，包括新建博鳌亚洲论坛主题公园、提质改造博鳌亚洲论坛大酒店和国际会议中心、高标准高质量打造博鳌亚洲论坛永久会址“升级版”等；精准防控疫情、加强培训，全力提升软硬件服务保障水平，以崭新的硬件实力和软件服务为年会增光添彩。除了硬件设施的改造，论坛期间的软件服务工作也更加细致。在确保防疫安全的前提下，更好地保障来自各地的参会嘉宾及媒体，处处体现了中远海运无微不至的服务。积极统筹服务保障和疫情防控的关系，在确保疫情防控的同时，充分考虑参会嘉宾的便利度和舒适度，努力为嘉宾提供安全、健康、专业、舒适、贴心的环境。对于博鳌论坛的新闻中心，中远海运共安装了 376 个工位，以满足新闻记者们的工作需要，并为线上线下的传播提供了更加便捷的条件。同时搭建了 600 平方米室外大棚，安装了空调，为记者们提供一个很好的工作环境。除此之外，中远海运的品牌也在年会期间广为传播。年会期间，在众多服务身影中，身穿一袭海南黎锦旗袍，头戴黎族传统银饰的礼仪小姐和引导员格外引人注目。当她们佩戴中远海运集团卡通形象熊猫船长的胸卡及引导牌现身酒店大堂时，立刻成为年会上一道靓丽的风景。（钟远海）

【中远海运客运“吉龙岛”轮命名交付】

2021 年 8 月 20 日，中远海运客运有限公司首艘 1370 客位 /2800 米车线客滚船“吉龙岛”轮在广州命名交付。“吉龙岛”轮命名交付后，开赴渤海湾，投入到中远海运客运大连至烟台的航线上运营。客滚船是一种具备交通和运输双重功能的船舶，所载的货物通过自身动力进出货仓，同时这种船还能载运旅客，实现“客货同运”。客滚船的下层主要用于装运卡车、小汽车等车辆，而上部空间则可以为船上游客提供住宿和娱乐服务，非常适合家庭自驾出行。

“吉龙岛”轮船舶总长 208 米，型宽 28.6 米，设计吃水 6.4 米，结构吃水 6.7 米，为国内远海一级I类客滚船，主要性能指标如快速性、操纵性、稳性均达到了国际同类型船的领先水平。船上设有 360 多间旅客舱室，还配置了贵宾餐厅、露天餐厅、烧烤吧、敞开式茶酒吧，以及电影院、电玩室、儿童娱乐室等各式餐饮娱乐场所，可以满足旅客出行和休闲的双重需求，为旅客提供舒适的乘船体验。该轮车道长 2800 米，如果车长统一按 5 米计算，可运载超过 500 台车辆。船舶装备了种类齐全的滚装设备，通过可调节坡道，车辆可以从下层甲板开上上层甲板，由此实现多层甲板同时作业，大大提升了装载效率。船舶还配备了智能系统，可以对船舶数据进行收集、分析和判断，最终给出航行规划建议，让这艘船变得更加“聪明”。该轮设计航速为 22.3 节，属于国内同体量客滚船中的“佼佼者”。投入运营后，吉龙岛轮将往返于大连 – 烟台之间。同样的路程，如果驾车走陆路，需要绕道渤海湾，耗时需要将近 13 个小时；但如果是乘坐客滚船，时间则可以节省一半。（周明欣　王芳）

【中远海运人才发展院新校区正式启用】

2021 年 9 月 29 日，青岛西海岸新区黄海之滨、大珠山麓，中远海运人才发展院新校区启用仪式隆重举行。中远海运集团董事长、党组书记许立荣出席仪式并宣布人才发展院新校区正式启用。山东省港口集团董事长、党委书记霍高原，党委副书记、董事、总经理李奉利，中远海运集团董事、党组副书记、集团党校校长王海民出席仪式。仪式由集团党校常务副校长、中远海运人才发展院党委书记、院长韩超主持。仪式开始，人才发展院学生仪仗队高举国旗、司旗、校旗，迈着矫健的步伐，正步经过主席台前。仪仗队就位，全场高唱国歌，旗帜冉冉升起。启用仪式期间，与会领导和嘉宾共同视察参观了新校区，对新校区优美环境、先进设施、智能管理等给予高度评价。

新校区一期项目以建设“人文校园、绿色校园、智慧校园”为目标，自 2020 年 12 月 30 日开工，历时 9 个月，新建 2.5 万平方米建筑，改建 9 万平方米建筑，完成 12 万平方米的室外总体及景观建设，设教学楼、图书馆、航海训练中心、学生及学员公寓、餐厅等，配备先进的大型船舶操纵模拟器等教学设施设备，能有效满足各类教学培训需求。（孙明霞）

【主营船队在船船员疫苗接种率达 93.5%】

据中远海运船员疫苗接种工作专班工作组统计，至 2021 年 10 月 11 日，集团主营船队在船船员疫苗接种率达到 93.5%。自 3 月 26 日以来，在集团各船公司和地区公司的大力支持下，中远海运船员管理有限公司围绕集团在船船员接种率 100% 的目标扎实推进船员疫苗接种和换班专项工作，严格执行“未接种不上船”的船员换班原则，上船船员接种率持续保持 100%，努力提高集团船舶在船船员疫苗接种率。自 8 月份，通过对集团主营船队各板块船员接种情况、在船未接种船员在船时间、在船未接种船员所在船舶航线的分析，船员公司发现在船未接种和超期的人员高度重合，随即确定换班工作重点是盯紧在船未接种船员下船的进展，结合船舶班期，“一船一策”制定换班计划，提早筹备好换班船员，抓紧推动在船未接种船员换班工作。

针对国内点发新冠疫情导致的相关港口换班政策调整的情况，船员公司重点抓好抓实三个方面的工作，即抓住每艘船靠泊换班的机会，积极协同船公司做好换班备员的工作；抓住重点板块的船员资源组织，密切关注当前船员市场波动等情况，及时协同船公司，抓紧出台紧缺岗位临时性补贴政策，稳定队伍的同时，加速推进换班；加快推进劳务高质量发展改革方案，疏通劳务外派船员转主营船队工作。（杨千菊）

数字化创新产业集群

数字化创新产业集群

数字化创新产业集群是集团四大赋能业务之一，旨在通过培育、孵化创新业务，把控未来技术主线，推动内部创新机制落地，打造内外结合的新产业生态，努力成为集团新的收入来源和新业务的孵化平台。

“十四五”期间，数字化创新产业集群将重点聚焦于数字化产业以及企业创投平台的发展。

从创新方向来看，数字化产业是“十四五”期间集团着力推进的新业务领域，将通过形成一系列具有市场竞争力的、面向外部客户的航运物流数字化业务，搭建中国乃至全球领先的数字化生态系统，并为集团核心主业引导客户流量、促进业务模式的创新与优化。

从创新方式来看，企业创投平台（CVC）将是“十四五”期间集团对接多元化资本，与各业务单元共同捕捉市场机会，培育优质项目，占据前沿思想和技术，实现以投资促生产，做好集团产业链拓展与升级的重要抓手。

2021 年，上海船舶运输科学研究所 / 中远海运科技股份有限公司以科技创新打造核心竞争力，以数字化、智能化为产业发展赋能，积极推动智能船舶、智能航运、智能物流、智能环保等业务的发展；发布《智能船舶船端平台建设技术要求》企业标准，推出船队碳排放评级、航速优化、航次油耗对比等 12 个应用场景；加速绿色航运建设，推进自主研发生产的船舶岸电系统推广应用；船舶能效设计指数（EEXI）两种航速估算方法作为“中国方案”顺利通过国际海事组织（IMO）审议，并以大会决议形式向各成员国发布。全年实现营业收入同比增长 13.66%，实现净利润同比增长 15.21%，在市场开拓方面完成全年指标的 111.40%。

【全球航运商业网络（GSBN）成功组建】

2021 年 3 月 17 日，在获得全球相关监管机构的审查批准后，全球航运商业网络（GSBN）在香港成功组建并开始正式运营。GSBN 定位为非营利性，旨在支持和促进全球贸易各参与方之间的可信交易、无缝合作和数字化转型。GSBN 的股东方包括知名班轮公司和港口运营方：中远海运集运、中远海运港口、赫伯罗特、和记港口集团、东方海外、山东港口青岛港、PSA 国际港务集团和上海国际港务集团。

2020 年以来，疫情凸显了全世界的相互关联性和全球贸易的重要性。遍布多国的生产停摆给众多领域的供应链带来了难以预估的影响。疫情防控带来的封锁、随后而来的电商消费快速增长把整个产业链推到了极限。GSBN 的愿景是通过建立安全的数据交换平台来促进航运业的数字化转型，从而改善航运业弹性能力，即助力各利益相关方之间的数字化连接和协作，提高数据可视化，提升运营的可持续性和可靠性，打造数据基础设施平台，协助所有参与方解锁数字化转型的价值。借助于区块链技术，GSBN 将为参与者提供一个可进行一手、实时、可信数据交换的平台。平台致力于打造最佳用户体验，助力行业参与者交互数据和重新定义流程。如，很多行业参与者依赖大量的人工流程和传统 EDI（电子数据交换）技术，未来可以利用 API（应用程序接口）来完成多方参与的核心任务。此外，平台建立有效的数据治理架构，确保只有被授权方才能查看和使用相应的数据。所有递交到 GSBN 平台的数据都通过私钥加密，数据访问权限可被控制到数据字段级别。加强的数据安

全措施可以确保商业敏感信息免于非授权或不恰当地泄露或使用。（钟远海）

【中远海运科技荣获两大国家级重要奖项】

据《中国远洋海运报》2021年4月2日报道，由中国IT服务全媒体平台评选的2020—2021中国信息技术服务奖项榜单出炉，中远海运科技一举揽获“2020中国卓越智能运维服务奖”和“2020中国数据智能卓越企业”两大重要奖项。中远海运科技作为国家信息技术服务标准（ITSS）的参与者和推广者，秉承“服务创造价值”的理念，以“智能运维”“数据智能”为目标，通过自身实践，结合网络安全管理平台和网络安全态势感知平台的建设与运营，积极推动ITSS标准落地，不断推进各项运维工作的自动化、智能化，并取得良好效果。公司围绕自身战略定位和发展目标，自主研发了智能化的航运数据中台，并推出了服务航运业务数字化转型的系列行业级数据服务产品，以专业、敏捷、高效的数据应用为客户提供优质的服务。（郭磊）

【中远海运物流智能仓储项目启动】

2021年4月2日，浙江嘉兴东缘智能仓储自动化项目签约仪式在宁波举行，标志着中远海运物流与京东物流联合打造的智能仓储项目正式启动。该项目是深度融合关键节点物流资源布局与数字化建设，进一步推动中远海运物流产业数字化、智能化转型升级的重要举措。嘉兴是长三角核心区的重要城市，作为嘉兴乃至浙江各港区第一个自动化立体仓储资源，嘉兴东缘智能仓储自动化立体仓库地处嘉兴港区核心地段，建成后将成为立足浙北、发展长三角、辐射国内外的全流程综合物流服务平台，是中远海运物流参与国家长三角一体化发展的具体实践。嘉兴东缘智能仓储自动化立体仓库，采用门式钢架结构，建筑面积7241平方米，仓库内设13层高位货架，具备16 000个货位存储能力，配备堆垛机、升降机及输送线，通过领先的企业数字化管理模式实现仓库操作无人化、货物精准化、管理智能化的自动化运作，为客户带来更便捷高效的智能全流程物流服务。（贾津津）

【中远海运物流智能关务平台正式上线】

据《中国远洋海运报》2021年6月25日报道，2021年是中远海运物流“数字化规划”实施开局之年，为了推动业务全面转型升级和高质量跨越式发展，中远海运物流发挥行业权威优势与丰富的通关服务经验，聚焦客户痛点及迫切的业务需求，历时101天，于6月18日正式上线智能关务平台。作为全程供应链在线服务体系的重要入口，集合着新思维、新模式、新智慧的智能关务平台，将为全链条的发展和壮大引流加码，利用全球化平台引领产业变革，利用数字化手段赋能全程供应链，极致提升客户体验。

以连接赋能。平台实现了与海关单一窗口的全面对接，数据信息的互联互通和数据共享，从而全面消除港间差异，保证信息的通畅与领先，并以平台为纽带连接国内外核心口岸和网点，构建打破时间与空间的运营模式。平台在进行数据信息挖掘、分析和整合的基础上，制定并执行符合海关录单规范的智能逻辑校验方案，实现“一次性”提交符合海关、海事、边检等口岸管理和国际贸易相关部门要求的标准化单证和电子信息，为客户提供一个安全、公平、统一、透明的运营环境。

以科技赋能。突破技术的瓶颈是提升客户体验的有效手段，关务平台与国内领先科技企业的深度合作，精准贴合客户个性化需求。积极引入并融合OCR识别监测、NLP自然语言处理、RPA自动化流程处理等先进的智能科技，实现智能归类、智能识别、智能制单、智能核检、智能申报等五大核心功能，预计每2万单就能为客户节约13.7万分钟等待时间，大幅度提升业务操作效率及准确率。同时，通过AI技术赋能平台自主学习能力，对政策法规、各类风险事项、各类数据走势进行智能分析，不断提升服务范围与能力，助力企业提质增效，大幅度提升客户通关效率。

以产品赋能。关务平台统一了业务标准、操作标准、评价标准、数据标准，让标准化成为产品化的先行动力，打造线下服务支撑线上产品，线上和线下结合的新模式。平台结合公司优势、行业特色和市场动向，开通专有清关通道，满足涉及食品、汽配、服装、冷链、仓储等十余项业务类型客户的个性化需求，有效提升客户的黏性和体验。同时，以数字化理念的“连接”优势，参与建设集团供应链生态体系，让平台延展成能够为全程供应链引流的第一入口。（刘可）

【打造全球首个中英文电子海图升级版】

2021 年 6 月 29 日，中远海运下属广州海宁海务技术咨询有限公司研发的航海保障信息服务平台（二期）软件开发部分顺利通过验收，这是继 2019 年该公司自主研发国内首款获得英国海道测量局（UKHO）技术认可的电子海图服务软件后的又一重大突破。该软件是国内唯一一款获得 UKHO 认可的电子海图服务软件，也是国际上唯一一款具有中英文界面，且同时支持中版和英版海图（UKHO 海图）的电子海图服务软件。项目二期投资超过 1000 万元，共有 7 个子项目，包括：船端软件版本升级优化、随航付费（PAYS）服务模式、平台多账套业务模式、平台海务管理及个性化功能、海宁电子海图引擎、AVCS ONLINE 应用及服务、IMO 电子图书购买及显示阅读。项目二期功能覆盖从船舶接到航次命令，到制定航线、选购海图、船东审核、数据传输、签收确认、订单结算等业务环节的全过程，实现了海图业务的闭环管理。所实现的功能可以媲美甚至超越目前国内市场上在用的同类软件。至验收日，除 PAYS 服务模式海上测试外，其他子项目已全部完成开发。新的软件系统可为船舶提供多手段的海图资料选购和及时有效的更新方式，能有效避免海图漏买错买和数据更新不及时的问题，确保船舶顺利通过 PSC 检查；亦可提供海图显示及通告、预告信息叠加功能，极端情况下可为船舶提供临时的航行参考，确保航行安全。同时。新的软件系统还可为船东提供可视化的海务管理操作场景，除提供专用的在线海图背景外，还可结合 AIS 船位、水文气象、海盗区、特战区及航警信息等，实现船舶动态监控、安全管理、应急指挥等辅助功能。截至 2021 年 6 月底，海宁海图软件已装船超过 400 艘，服务船东 50 余家，涵盖散货船、集装箱、特种船、化学品船、公务船、客船、工程船等多种船型。（刘闯）

【希腊 PCT 码头新桥式起重机装上“智慧芯”】

雅典当地时间 2021 年 7 月 22 日，3 台远控智能桥式起重机搭乘“振华 29 号”多用途运输船抵达中远海运港口比雷埃夫斯集装箱码头 2 号码头东侧泊位，标志着希腊 PCT 码头首次引入岸桥远程操控系统，注入“智慧芯”，未来将实现岸桥远程半自动化作业。此次新增的 3 台岸桥轨上起升高度 46 米，额定载荷吊具下 65 吨，起升速度 180 米 / 分钟、小车速度 240 米 / 分钟，前伸距 60 米、后伸距 17 米，大车速度 45 米 / 分钟，俯仰时间 6 分钟，轨距 20 米，较老桥式起重机起升效率提升 1 倍。这 3 台设备均配备远程操控系统，具备成熟的防摇防扭功能（Anti-sway system)，实时船型轮廓扫描（SPSS），精准的集卡引导系统（CPS），高清的视频监控画面（CCTV），以及箱号识别系统（OCR），整机都选用领先的传感器、扫描仪和摄像头，可实现完善的高效率的远程半自动岸桥作业，实现司机远程操作两头抓取、放置集装箱后，中间过程桥式起重机自动化作业。

基于不断增长的业务发展和客户服务需求，作为地中海东部最大的集装箱中转枢纽港，希腊 PCT 码头近年不断在设备更新和资源扩张上加大投入，以满足船公司、货主需求。这 3 台“智慧芯”新桥式起重机也是“中国芯”，由上海振华重工自主研发生产。这次漂洋过海来到比港，正式投入使用后，配合调整布局后的 PCT 码头原有桥式起重机将助力打造大船泊位拳头产品，提升比港集装箱码头装卸能力和服务质量，让现场作业更为平稳、有序和安全，体现PCT以人为本、服务客户的宗旨。PCT码头迈出的岸桥智能化第一步，也将为比港智慧化发展注入活力，助力其打造地中海地区领先的集装箱中转枢纽港。

（韩伟）

【中远海运科技成为首批上海数据交易所签约数商】

2021年11月25日，上海数据交易所揭牌成立仪式暨2021上海全球数商大会在沪举行，上海市数据交易专家委员会同步成立。上海数据交易所首批受理挂牌和完成挂牌的数据产品约100个，涉及金融、交通、通信等8大类，如国网上海电力、中国东航等数据交易主体，协力、金杜、中伦等律师事务所，普华永道、德勤等会计师事务所，富数科技、优刻得、星环科技等交付类企业。中远海运科技股份有限公司成为首批签约的数商。此次上海数据交易所的成立是推动数据要素流通、释放数字红利、促进数字经济发展的重要举措，有望成为引领全国数据要素市场发展的“上海模式”。作为首批签约的数商，中远海运科技挂牌的“船视宝”（机构代码20001528）可以通过对全球船舶、港口及航线的全生命期行为识别，提供船舶当前动态、历史挂靠港口、下一港及预抵时间预测、船舶事件等船舶数据，港口当前动态、港口流量、拥堵指标等港口数据，历史航线、港口间距、航线监控等航线数据。（张敏）

【5G视频技术成果落地天津集装箱码头】

据《中国远洋海运报》2021年12月31日报道，在由工业和信息化部、深圳市政府主办，以“聚众智，融万物，惠百业”为主题的2021年IMT-2020（5G）大会上，天津港集装箱码头有限公司联合中兴通讯、振华重工发布“5G视频合成网关”创新方案，受到国内外相关行业的广泛关注。来到码头，只见5G赋能下的天津港集装箱码头自动驾驶示范区内船舶往来有序，自动化设备运转流畅。另一边，在自动化远程操控中心，岸桥司机紧盯屏幕上通过5G网络回传的超高清视频，娴熟稳健操作。“5G视频合成网关”的运用，解决了岸桥视频回传上行带宽过高的问题，通过PLC操作指令将各种操作模式所需的多路视频画面合成为单路视频流回传，回传带宽和时延不仅能够完全满足远控人员的现场操作体验，而且能将远控所需的视频回传上行带宽降低80%以上。

2021年，天津港集装箱码头有限公司全面推进5G技术落地，通过与中兴通讯、振华重工合作，加速5G技术与港口生产深度融合，先后孵化出5G VPN、5G双链路、统一终端管理、业务异常分析等创新产品和解决方案。为满足智慧港口建设对通信连接高带宽、低时延、高可靠性的迫切需求，团队完成“5G视频合成网关”创新成果，并在天津港集装箱码头自动驾驶示范区试点，成为全国首个应用创新标杆示范，为5G技术在港口的应用提供方案。（孙立　高双）

【船货易平台功能不断升级】

船货易平台同步开发了平台公众号，聚焦行业政策、大宗商品市场、运输市场以及产业链上下游等相关资讯，每天提供及时、准确的实时行情和深度分析、预测分析，发布各类指数、产业链协同信息等，平台客户提供全面的航运信息资讯服务，传递市场正能量，引领行业市场舆情。

平台致力于行业生态圈建设，通过船东峰会等多种方式进行平台推广，推进沿海骨干船东上平台开店、在线上营运的合作模式，强化横向同业联合，实现国内船东之间在互联互通、资源共享、价值合作等方面的突破，实现合作多赢，推动行业良性、有序生态环境建设，建设、打造行业“共建、共享、共生、共荣”的生态圈。平台着力加强与行业主管部门、行业协会、航运交易所、金融租赁等行业主管及相关部门的沟通，提升船货共享平台的行业定位与地位；正研究推进与行业内相关平台的竞争与合作方案、提升船货共享平台的市场份额与权威；通过加强与供应商、贸易商、港口、陆运等上下游相关市场运营平台在资讯、数据、交易等方面的合作，构建完整的数据链与产业链。平台正与船东协会等联系，探讨通过平台运作模式，进一步推动沿海船东散货委员会建设。

随着船货易平台功能的不断升级，平台开始为内外部用户提供经营管理常用的辅助决策功能，包括交易前的预空船动态、航次效益预测、船货智能匹配辅助决策；交易中船舶航线跟踪、执行过程动态监控；交易后的对账结算、航次效益分析；通过智能找船、智能摆位、船期预测、头寸管理等数字工具、方案，助推平台用户航运业务经营、管理能力的数字化升级，通过过程管理的数字化、可视化工具，提升船舶经营的管控能力，通过数字赋能，提高船舶航次运营效率，降低运营成本。

与船货易平台功能升级同步推进的项目，则是中远海运散运公司协助上海航运交易所开发指数自动化平台，为此，双方了建立沿海、远东干散货指数的数据标准和互通机制。2021 年，散运公司作为中国沿海编委会主席单位，提出并主导开发上海航运交易所的沿海日租金指数，填补了国内沿海运输市场租金指数的空白，对于进一步引导沿海运输市场健康发展具有重要意义。

（徐帮林）

CHINA COSCO SHIPPING
CORPORATION LIMITED
YEARBOOK

中国远洋海运集团有限公司

年鉴

第四篇

船队建设

概述

概　述

中远海运集团由中远集团与中海集团于2016年2月18日重组整合而成，总部设在上海，是中央直接管理的特大型国有企业，有着排名世界第一的庞大运输船队。航运产业集群主要包括集装箱运输、干散货运输、油气运输、特种船运输以及客轮运输等业务，致力于巩固和发展全球第一大综合航运企业的地位，保障全球海上运输生命线高效畅通，实现从“全球承运”到“承运全球”历史飞跃。

【船队综述】

中远海运集团拥有种类齐全的运输船队，船队由集装箱船队，干散货船队，油、气船队，杂货特种船队和客轮船队5大专业化运输船队构成。截至2021年12月31日，中远海运集团所经营船队综合运力1349艘/11 187万载重吨，排名世界第一。其中船队的自有船运力为1011艘/9453万载重吨，租入船运力为338艘/1734万载重吨。

五大专业化运输船队中，各船队的运力规模如下：

1. 全集装箱船队

全集装箱船队运力为511艘/3410万载重吨/2 948 267 TEU；其中，自有船运力为245艘/2384万载重吨/2 133 179 TEU，租入船运力为266艘/1026万载重吨/815 088 TEU。

2. 干散货船队

干散货船队运力为421艘/4331万载重吨；其中，自有船运力为379艘/4024万载重吨，租入船运力为42艘/307万载重吨。

3. 油、气船队

油、气船队主要包括油轮船队、LNG（液化天然气）和LPG（液化石油气）船队。油轮船队运力为180艘/2606万载重吨，其中油轮船队自有船运力为168艘/2268万载重吨，租入船运力为12艘/338万载重吨；LNG船队运力为38艘/329万载重吨，全部为自有船；LPG船队运力为6艘/1.8万载重吨，全部为自有船。

4. 杂货特种船队

杂货特种船队运力为155艘/495万载重吨。其中，自有船运力为140艘/433万载重吨，租入船运力为15艘/62万载重吨；另外，杂货特种船队还具有95 905TEU的集装箱运力。

5. 客轮船队

客轮船队运力为38艘/14.7万载重吨（未包含黄浦江4艘游览观光船）；其中，自有船运力为35艘/13.3万载重吨，租入船运力为3艘/1.4万载重吨，客轮船队的客滚船还具有963 TEU的集装箱运力。

表4–1为中远海运集团船队运力基本情况表。

中远海运集团船队运力基本情况统计表（截至2021年12月31日）　　表4–1

船队	自有运力		租入运力		控制运力	
	艘数（艘）	载重吨（万吨）	艘数（艘）	载重吨（万吨）	艘数（艘）	载重吨（万吨）
集装箱船队	245	2384	266	1026	511	3410
干散货船队	379	4024	42	307	421	4331

续上表

船队		自有运力		租入运力		控制运力	
		艘数（艘）	载重吨（万吨）	艘数（艘）	载重吨（万吨）	艘数（艘）	载重吨（万吨）
油、气船队	油轮船队	168	2268	12	388	180	2606
	LNG 船队	38	329	—	—	38	329
	LPG 船队	6	1.8	—	—	6	1.8
杂货特种船队		140	433	15	62	155	495
客轮船队		35	13.3	3	1.4	38	14.7
合计		1011	9453	338	1734	1349	11 187

【新造船接收】

2021 年，集团新交付船舶 26 艘 /519 万载重吨。其中，散货船 18 艘 /412 万载重吨，油船 5 艘 /95 万载重吨，特种船 2 艘 /11 万载重吨，客滚船 1 艘 /0.85 万载重吨。2021 年中远海运集团接收新船的基本情况见表 4–2。（杨煜）

2021 年中远海运集团接收新船情况 表 4–2

序号	船名	船型	船舶性质	交付日期	建造国家或地区	船旗	载重吨（吨）
1	惠信海	干散货	自有	2021–01–12	中国	中国香港	210 919
2	远北海	油轮	自有	2021–01–12	中国	中国	158 694
3	远菊湾	油轮	自有	2021–01–12	中国	中国	110 000
4	惠中海	干散货	自有	2021–01–28	中国	中国香港	211 006
5	惠吉海	干散货	自有	2021–02–08	中国	中国香港	209 486
6	远福洋	油轮	自有	2021–02–26	中国	中国	319 668
7	远鹏洋	油轮	自有	2021–02–26	中国	中国香港	308 000
8	惠昌海	干散货	自有	2021–03–04	中国	中国香港	208 912
9	海珠荣兴	干散货	自有	2021–03–08	中国	新加坡	324 330
10	惠华海	干散货	自有	2021–03–26	中国	中国香港	211 000
11	惠国海	干散货	自有	2021–04–19	中国	中国香港	210 909
12	惠盛海	干散货	自有	2021–04–22	中国	中国香港	208 873
13	惠泰海	干散货	自有	2021–05–10	中国	中国香港	211 044
14	惠祥海	干散货	自有	2021–05–12	中国	中国香港	209 569
15	惠锦海	干散货	自有	2021–05–28	中国	中国香港	209 562
16	惠民海	干散货	自有	2021–06–07	中国	中国香港	210 940
17	祥安口	特种	自有	2021–06–17	中国	利比里亚	48 483
18	惠康海	干散货	自有	2021–06–25	中国	中国香港	210 945
19	惠绣海	干散货	自有	2021–06–30	中国	中国香港	209 534
20	惠正海	干散货	自有	2021–07–16	中国	中国香港	209 485
21	海珠荣旺	干散货	自有	2021–08–10	中国	新加坡	324 794

续上表

序号	船名	船型	船舶性质	交付日期	建造国家或地区	船旗	载重吨（吨）
22	吉龙岛	客滚船	自有	2021-08-17	中国	中国	8498
23	惠和海	干散货	自有	2021-09-06	中国	中国香港	209 574
24	南沙荣光	干散货	自有	2021-09-29	中国	新加坡	324 284
25	远晶河	油轮	自有	2021-09-29	中国	中国	49 915
26	中远海运优雅	特种	自有	2021-12-20	中国	中国香港	61 614
合计							5 190 035

【新造船投资计划】

2021 年，集团计划投资新造船 100 艘，实际履行集团决策程序后下单订造船舶 30 艘，分别是中远海运控股订造 20 艘 1.3 万 ~ 1.6 万 TEU 新型集装箱船，中远海运能源新造 3 艘冰级 LNG 船和 3 艘常规型 LNG 船，中远海运特运新造 1 艘 8 万吨级半潜船，中远海运大连投资新造 2 艘 5500 立方米 LPG 船，以及中海化运新造 1 艘 8000 载重吨化学品船。上述 30 艘船舶计划 2022—2025 年陆续交付营运。（杨煜）

【淘汰老旧运力】

2021 年，集团共报废处置船舶 13 艘，淘汰老旧运力约 9.8 万载重吨。（赵科）

集装箱船队

集装箱船队

【集装箱船队概述】

中远海运集团的集装箱船队的主力船队是全集装箱船队，除此之外，杂货特种船队和客轮船队也提供少量的集装箱运力。截至 2022 年 12 月 31 日，中远海运集团集装箱的总运力为 3 045 135 TEU。

2021 年，中远海运集团有覆盖全球的集装箱航运销售、服务网点近 700 个，共经营 294 条国际航线、54 条中国沿海航线及 84 条珠江三角洲和长江支线，合计挂靠全球约 139 个国家和地区的 548 个港口。2021 年，中远海运集团双品牌所在的海洋联盟顺利发布了覆盖面更广、品质更优、交货更快、服务更稳的 DAY5 航线产品，航线覆盖面、交付时效均得到进一步提升。同时，中远海运集团始终坚持全球化均衡布局，在巩固主干航线领先优势的同时，新兴市场、第三国市场和区域市场也得到了有利拓展。

截至 2021 年 12 月 31 日，集团全集装箱船队自有船舶 245 艘，载箱量为 2 133 179TEU，23 844 933 载重吨。租入船舶 266 艘，载箱量为 815 088TEU，10 257 450 载重吨。控制运力为 511 艘船舶，载箱量为 2 948 267TEU、17 689 602 载重吨。中远海运集团全集装箱船舶占集团集装箱总运力的 96.8%。

集团杂货特种船队拥有 95 905TEU 的运力，客轮船队具有 963TEU 的运力。这些船舶集装箱运力占集团集装箱总运力的 3.2%。

中远海运集团全集装箱船队主要包括中远海运集运、中远海运发展、中远海运英国和东方海外（国际）有限公司 [Orient Overseas (International) Limited] 旗下的东方海外货柜航运有限公司（Orient Overseas Container Line，OOCL）。2018 年 7 月，东方海外加入中远海运集团，使集团的全集装箱运输船队规模进一步扩大。中远海运集团全集装箱船队的组成见表 4–3。

中远海运集团全集装箱运输船队运力表（截至 2021 年 12 月 31 日）　　表 4–3

公司	自有运力			租入运力			控制运力		
	艘数	载重吨（吨）	载箱量（TEU）	艘数	载重吨（吨）	载箱量（TEU）	艘数	载重吨（吨）	载箱量（TEU）
中远海运集运	103	10 620 559	969 635	222	8 243 739	649 717	325	18 864 298	1 619 352
中远海运发展	74	6 774 762	581 603	—	—	—	74	6 774 762	581 603
中远海运英国	7	483 507	38 122	—	—	—	7	483 507	38 122
东方海外	61	5 966 105	543 819	44	2 013 711	165 371	105	7 979 816	709 190
小计	245	23 844 933	2 133 179	266	10 257 450	815 088	511	34 102 383	2 948 267

【中远海运集装箱运输有限公司】

中远海运集装箱运输有限公司（简称“中远海运集运”），隶属于中远海运集团，是集团主要经营国际国内海上集装箱运输服务及相关业务的专业公司。公司总部设在上海，共经营 409 条航线，其中包括268条国际航线（含国际支线）、57条中国沿海航线及84条珠江三角洲和长江支线。公司自营船队在全球约142个国家和地区的574个港口均有挂靠。

1. 船队概况

截至2021年12月31日，公司拥有和控制船舶412艘，总运力2 292 405TEU。其中，自有船103艘，运力969 635TEU；租入船309艘，运力1 322 770 TEU（实际对外租船222艘，租用中远海运发展、东方海外船舶共计87艘）；扣除出租在外的船舶8艘，运力101 572TEU，公司实际营运船舶404艘，运力2 190 833TEU。船队自营运力包括了10 000TEU型以上船舶70艘/1 023 049 TEU，8000 ~ 10 000TEU型船舶43艘/385 170TEU，4000 ~ 8000TEU型船舶111艘/528 026TEU，4000TEU以下型船舶180艘/254 588TEU。船队中有104艘/199 560 TEU运力在内贸航线服务。

与2020年12月31日总自营运力船舶423艘/2 291 905TEU相比，公司船队2021年共计减少船舶19艘/101 072TEU，运力减幅4.4%。

2021年，公司无新交付船舶，无退役船舶。

2. 船队建设

（1）重点发展船型

根据公司“十四五”运力发展规划，结合与合作方共同投船开辟新兴市场航线的需求，中远海运集运2021年完成了6艘14 000TEU和4艘16 000TEU新建船舶的合同签署工作。公司加强对LNG、甲醇、氨、电动等替代燃料与具体船队、船型、航线的匹配选择以及上下游配套的研究；在公司的统一部署下，开展与船级社、船厂在绿色甲醇船的研究和前期技术准备工作，为后续船舶绿色转型提供技术储备与可实现路径；继续跟踪好新能源技术的发展与运用，把绿色低碳智能发展趋势融入后续公司新建船舶项目中。

（2）船队结构变化

2021年，集运本部无老旧船舶退役拆解。泛亚公司于2021年12月31日前，以废钢船形式完成长江200TEU驳船“中远01—中远10”系列等9轮的退役拆解处置，共计1800TEU。

公司船队结构得到进一步优化，公司控制自有船舶单船平均箱位已达5940TEU；自有船舶平均船龄降至7年，单船平均箱位及平均船龄方面均在同业中处于中上水平，有效减少安全风险，释放船舶管理资源。

（3）船舶租赁情况

2021年，集装箱租船市场受到全球疫情持续反复及全球物流供应链持续拥堵等因素影响，呈现供不应求的局面，所有船型均“一船难求、租金飞涨”，各船型的即期市场租金水平均达到2005年之后16年来的历史最高值，租船市场完全转入船东卖方市场， 班轮公司间相互抢船，或是直接联系船东从源头购置二手船，加剧租船市场运力短缺局面。另外，部分货代物流公司或电商企业纷纷“跨界竞争”，通过短期租船方式，抬高租金价格，班轮公司要想留住手中的到期租船或新租、抢租到运力，需在市场高位被迫接受3年及以上的长约。

面对前所未有的严峻形势，中远海运集运通过提前谋划、研判市场，创新思路、灵活操作，内外联动等方式，全力以赴保障航线运力供应，同时控制船队租金成本。一方面提前谋划，主动出击，通过主动协调重点船东，提前锁定租入提前锁定了12艘8000TEU以上船舶、约11万TEU，降低租金成本，为公司外贸航线旺季经营创效提供了坚实的运力保障。创新思路，灵活操作，提前与重点船东逐一展开谈判，在租船策略上采取集中打包洽谈模式，在租金定价上采取灵活定价模式，集中新租续租运力，在留住核心租船运力的同时降低租金成本，与6家主要船东达成了45艘船舶、约28.5万TEU运力的批量续租/新租合同。另一方面把握机遇，抢租内贸运力降低成本，抓住内贸市场运力需求相对平稳、内外贸同型船舶租金差价过大的短暂窗口机会，以远低于外贸租船市场租金水平和较短的租期条件，新租入10艘内贸船投入东南亚等外贸航线，自内贸市场抢租入运力，节省船舶租金成本的同时为外贸航线经营创效提供有力的运力补充。

同时，自2021年开始，公司调整海发租船模式，将海发出租集运 74 艘船舶调整为光租模式，提升自营船队规模，降低运营成本，同时提升船队运力和航线服务的稳定性，大幅降低自管船舶成本，进一步提升公司的创效能力。

3. 联营公司船队建设情况

中远海运集运与达飞轮船、长荣海运、东方海外共同组建的“海洋联盟”，英文名称为“OCEAN Alliance”于 2017 年 4 月正式投入运营。

截至 2021 年 12 月 31 日，联盟各家船公司运力情况如下：

达飞轮船：567 艘 /3 167 922TEU（不包括订单 54 艘 /491 657TEU）；

长荣海运：204 艘 /1 477 644TEU（不包括订单 67 艘 /607 406TEU）；

东方海外：106 艘 /751 618TEU（不包括订单 22 艘 /443 056TEU）。（刘清卿）

干散货船队

干散货船队

【干散货船队概述】

截至 2021 年 12 月 31 日，中远海运集团旗下的干散货运输船队，拥有和控制各类散货船 421 艘 /43 305 790 载重吨，其中自有船舶 379 艘 / 40 236 418 载重吨，租入船舶 42 艘 /3 069 372 载重吨，装载铁矿石、煤炭、粮食、散杂货等全品类散装货物，航线覆盖国内沿海和世界主要港口，服务网络遍布全球。干散货船运力规模位居世界第一。船队的骨干企业为中远海运散货运输有限公司。2021 年，中远海运集团干散货船队的运力情况见表 4-4。

中远海运集团干散货船队运力表（截至 2021 年 12 月 31 日）　　表 4-4

公司	自有运力		租入运力		控制运力	
	艘数（艘）	载重吨（吨）	艘数（艘）	载重吨（吨）	艘数（艘）	载重吨（吨）
中远海运散运本部	234	23 034 333	39	2 885 612	273	25 919 945
中国矿运	18	6 877 868	—	—	18	6 877 868
中远新加坡	3	163 484	—	—	3	163 484
上海时代航运	28	1 662 648	—	—	28	1 662 648
友好航运	3	140 351	—	—	3	140 351
上海银桦	2	97 256	—	—	2	97 256
广州京海	4	34 780	—	—	4	34 780
中海华润	9	439 715	—	—	9	439 715
嘉禾航运	3	126 811	—	—	3	126 811
广发航运	4	229 579	—	—	4	229 579
海宝公司	8	1 439 348	—	—	8	1 439 348
神华中海	40	2 154 636	—	—	40	2 154 636
中远海运（天津）		—	3	183 760	3	183 760
中远海运发展	20	3 616 548	—	—	20	3 616 548
中坦公司	1	67 681	—	—	1	67 681
广东省远洋运输有限公司	2	151 380	—	—	2	151 380
小计	379	40 236 418	42	3 069 372	421	43 305 790

【中远海运散货运输有限公司】

1. 概述

中远海运散货运输有限公司（简称“中远海运散运”），是中远海运集团旗下重要直属企业。其前身是隶属原中远集团的中远散货运输（集团）有限公司和隶属原中海集团的中海散货运输有限公司，两家公司于 2016 年 6 月 16 日重组整合，在广州成立。

公司是全球规模最大的专业化散装货物运输企业，控制各类散货船 400 多艘 /4000 多万载重吨，装载铁矿石、煤炭、粮食、散杂货等全品类散装货物，航线覆盖国内沿海和世界主要港口，服务网络遍布全球。

2. 航线布局

2021 年，中远海运散运充分发挥船舶类型齐全、船队规模较大的经营优势，以货源为中心，进一步完善了航线网络的全球化布局，优化了内外贸、两大洋的运力布局，在丰富第三国航线、做大内贸航线、做精组合航线上取得了一定成效。

优化第三国航线网络布局。深化以 8 个海外营销部为网络节点的阵地营销模式，切入和把控主要营销渠道，深度开拓海外区域市场，部分航线的规模有明显增加。

灵活调配内贸航线的运力投入。抓住内贸市场水平高于外贸的波段时机，加大内贸航线运力布局，利用兼营船执行内贸航线，提升经营效益。

3. 中远海运散运新造船情况

2021 年，中远海运散运新接入船舶 3 艘 /97.4 万载重吨。 （李晓燕）

油、气船队

油、气船队

【中远海运油、气船队概况】

中远海运油、气船队主营业务为从事国际和中国沿海原油及成品油运输、国际液化天然气运输，以及国际化学品运输。

1. 船队概况

中远海运油、气船队由油轮运输船队和LNG/LPG运输船队组成。油轮运输船队由中远海运能源本部、洋浦公司、海南能源运输、中远海运石油运输公司、三鼎公司、北海船务所属的船舶组成；LNG/LPG运输船队主要由中国液化天然气运输（控股）有限公司（简称“CLNG”）、上海中远海运液化天然气投资有限公司（简称“上海LNG”）及深圳中远龙鹏3家公司所属的船舶组成。按运力规模统计，中远海运油、气船队是全球第一大油、气运输船队，截至2021年12月31日，该船队总计控制油轮总数180艘/2 606.3万载重吨。租入运力12艘/337.5万载重吨，平均船龄10年。2021年没有新增订单，持有订单1艘LNG双燃料VLCC和1艘灵便型成品油船，共36万载重吨，2022年一季度交付使用。

油、气船队所属公司经营LNG/LPG船舶共44艘/633.7万立方米，平均船龄5年；2021年新增订单3艘，年底持有订单6艘/104.4万立方米。表4–5为中远海运油、气船队运力表。

（徐帮林）

中远海运油、气船队运力表（截至2021年12月31日） 表4–5

<table>
<tr><th rowspan="2">船队</th><th rowspan="2">公司</th><th colspan="3">自有运力</th><th colspan="2">租入运力</th><th colspan="3">控制运力</th></tr>
<tr><th>艘数</th><th>载重吨（吨）</th><th>容积（立方米）</th><th>艘数</th><th>载重吨（吨）</th><th>艘数</th><th>载重吨（吨）</th><th>容积（立方米）</th></tr>
<tr><td rowspan="7">油品</td><td>中远海运能源本部</td><td>85</td><td>10 142 674</td><td>0</td><td>10</td><td>2 762 591</td><td>95</td><td>12 905 265</td><td>0</td></tr>
<tr><td>海南能源运输</td><td>50</td><td>11 069 258</td><td>0</td><td>2</td><td>612 528</td><td>52</td><td>11 681 786</td><td>0</td></tr>
<tr><td>洋浦公司</td><td>1</td><td>71 960</td><td>0</td><td>—</td><td>—</td><td>1</td><td>71 960</td><td>0</td></tr>
<tr><td>中远海运石油运输有限公司</td><td>16</td><td>429 344</td><td>0</td><td>—</td><td>—</td><td>16</td><td>429 344</td><td>0</td></tr>
<tr><td>三鼎公司</td><td>2</td><td>140 460</td><td>0</td><td>—</td><td>—</td><td>2</td><td>140 460</td><td>0</td></tr>
<tr><td>北海船务</td><td>14</td><td>828 591</td><td>0</td><td>—</td><td>—</td><td>14</td><td>828 591</td><td>0</td></tr>
<tr><td>油船小计</td><td>168</td><td>22 682 287</td><td>0</td><td>12</td><td>3 375 119</td><td>180</td><td>26 057 406</td><td>0</td></tr>
<tr><td rowspan="5">LNG/LPG</td><td>CLNG</td><td>21</td><td>1 889 238</td><td>3 369 890</td><td>—</td><td>—</td><td>21</td><td>1 889 238</td><td>3 369 890</td></tr>
<tr><td rowspan="2">上海LNG</td><td>6</td><td>504 129</td><td>1 044 054</td><td>—</td><td>—</td><td>6</td><td>504 129</td><td>1 044 054</td></tr>
<tr><td>11</td><td>898 151</td><td>1 901 006</td><td>—</td><td>—</td><td>11</td><td>898 151</td><td>1 901 006</td></tr>
<tr><td>深圳中远龙鹏</td><td>6</td><td>18 038</td><td>21 913</td><td>—</td><td>—</td><td>6</td><td>18 028</td><td>21 913</td></tr>
<tr><td>LNG/LPG船小计</td><td>44</td><td>3 309 556</td><td>6 336 863</td><td>—</td><td>—</td><td>44</td><td>3 309 546</td><td>6 336 863</td></tr>
<tr><td colspan="2">小计</td><td>212</td><td>25 991 843</td><td>6 336 863</td><td>12</td><td>3 375 119</td><td>224</td><td>29 366 952</td><td>6 336 863</td></tr>
</table>

2. 航线布局和市场开发

（1）油品运输业务

在外贸油运方面：VLCC 航线布局逐步多元化，大西洋货载营运天占比超过 40%，其中效益更优的三角航线比例 19%、西向航线比例 4%，同比大幅提高，VLCC 全年平均 TCE（Time Charter Equivalent，等价期租租金）高于市场水平。外贸中小船型营运效率显著提升，黑油船队积极开发回程货载，成功开拓远东到阿拉斯加、美西、新加坡到新喀里多尼亚等新航线，日收益高于同船型同期收益 30%；成品油船队在全力构建中国—新加坡—中东—远东—中国大三角航线的同时，东拓澳洲、西进东非、欧洲，航线结构与客户群体日益丰富。

在内贸油运方面：第一，全年签署 28 家客户 COA 合同，锁定 90% 以上基础货源，原油市场份额保持在 56% 以上，继续巩固市场龙头地位；第二，发挥内外贸联动优势，全年根据内、外两个市场变化情况适时调整运力结构 7 艘次，实现整体效益最大化；第三，创新业务合作模式，为新客户提供全程物流运输服务、安全营销技术支持，为老客户提供相对固定船型配搭提升接卸泊位挂靠灵活性以及相对固定的班轮模式提升竞争力。为承揽浙石化二期增量货源，内贸成品油与客户创新开展了航次租船合作模式。

（2）液化天然气（LNG）运输业务

2021 年，完成北极二期 3 艘 ARC7 LNG 船股权收购，签署中石油国事（中远海运中石油国事项目，简称中石油国事项目，是能源公司和中石油合作的一个 LNG 运输项目）三艘选择船项目，中标中海油气电 3+3 艘 LNG 船项目。

（徐帮林）

【中远海运能源运输股份有限公司】

1. 概述

中远海运能源运输船队主要由中远海运能源运输股份有限公司（以下简称“能源公司”）所经营管理的船队组成。该公司是中远海运集团旗下从事油品、液化天然气等能源运输及化学品运输的专业化公司，由原中国远洋、中国海运两大集团能源运输板块重组而成，2016 年 6 月 6 日成立于上海。能源公司聚焦油轮运输和 LNG 运输两大核心主业，拥有多年丰富的经验以及较高的品牌知名度，在业界树立了良好的公司形象。

能源公司油轮船队运力规模世界第一，覆盖全球主流的油轮船型，是全球油轮船队中船型最齐全的航运公司。公司大力发展 VLCC POOL 的运营模式，提升船队经营效率和效益，全力打造客户与船东之间、船东与船东之间的多方共赢新局面。

能源公司是中国 LNG 运输业务的引领者，是世界 LNG 运输市场的重要参与者。公司所属全资的“上海 LNG”和持有 50% 股权的 CLNG 是中国目前仅有的两家大型 LNG 运输公司，主要服务于中国从澳大利亚、巴布亚新几内亚和俄罗斯进口 LNG 的项目，已经成为影响世界 LNG 运输市场的重要力量。

2. 船队建设

“十四五”期间，能源公司继续以保持运力规模全球领先为目标，在更新老旧运力的基础上，重点发展有市场前景与货源保障的优势船型，坚持以货定船；以低成本发展运力为纲，用好新造船与二手船两个市场、兼顾行业低碳环保趋势，谋求新增运力的成本和技术优势。

2021 年，能源公司抢抓全球 LNG 市场长周期黄金机遇，成功开发了中石油国事项目、北极二期 LNG 运输项目，对应新增参与投资 LNG 船舶 6 艘。能源公司多措并举积极推动运力结构调整。以能源公司买造船专项工作小组成立为时机，与相关部门密切配合，积极跟进买造船市场动态，持续关注钢价市场把握老旧船处置的窗口期，实现现金回流。审议通过“大明湖”“大源湖”及“大理湖”三艘苏伊士船舶二手船转让事项。

3. 船队规模

按运力规模统计，目前能源公司船队是全球第一大能源运输船队。截至 2021 年 12 月 31 日，该船队总计控制油轮总数 147 艘 /2 458.7 万载重吨。其中，本部自有运力 135 艘（包括海南能源运输）/2 121.2 万载重吨，平均船龄 10 年；租入运力 12 艘 /337.5 万载重吨，平均船龄 10.3 年。

公司共控制经营 LNG 船舶 38 艘，运力为 631.5 万立方米。

（傅源源）

杂货特种船队

杂货特种船队

【杂货特种船队概述】

中远海运杂货特种船队主要经营管理半潜船、多用途重吊船、汽车船、木材船和沥青船等类型的杂货特种船舶。中远海运特种货物运输业务主要由中远海运特种运输股份有限公司、中波轮船股份公司、中远海运（厦门）有限公司开展。截至 2021 年年底，集团拥有和控制特种运输船舶 155 艘 /4 948 225 载重吨，载箱量 95 905TEU，车位数为 24 552 个。其中，自有船 140 艘 /4 328 167 载重吨，载箱量为 95 905 TEU，车位数为 24 552 个。租入船舶 15 艘 / 620 058 载重吨。船队规模居世界第一。（徐帮林）

中远海运杂货特种船队总体情况见表 4–6。

中远海运杂货特种船队运力表（截至 2021 年 12 月 31 日）　　表 4–6

公司	自有运力				租入运力			控制运力			
	艘数	载重吨（吨）	载箱量（TEU）	车位数（个）	艘数	载重吨（吨）	载箱量（TEU）	艘数	载重吨（吨）	载箱量（TEU）	车位数（个）
中远海运特运本部	97	2 877 629	55 863	24 552	11	587 327	0	108	3 464 956	55 863	24 552
中波公司本部	15	491 986	27 520	0	—	—	—	15	491 986	27 520	0
弘发公司(中波)	1	21 963	1094	0	—	—	—	1	21 963	1094	0
上海中波航运	10	335 715	9219	0	—	—	—	10	335 715	9219	0
厦门远洋本部（特种）	7	252 714	1320	0	—	—	—	7	252 714	1320	0
中远海运发展（特种）	5	309 453	660	—	—	—	—	5	309 453	660	—
中远海运物流	2	19 172	0	0	—	—	—	2	19 172	0	0
上海海运 / 中海化工	2	15 814	0	0	3	19 028	0	5	34 842	0	0
上海海运 / 香港公司	—	—	—	—	1	13 703	—	1	13 703	0	0
中日国际轮渡	1	3721	229	—	—	—	—	1	3721	229	—
合计	140	4 328 167	95 905	24 552	15	620 058	—	155	4 948 225	95 905	24 552

【中远海运特种运输股份有限公司】

1. 概况

中远海运特运公司主营特种船运输及相关业务。公司目前拥有规模和综合实力居世界前列的特种运输船队，经营管理半潜船、多用途船、重吊船、纸浆船、汽车船、木材船和沥青船等各类型船舶约 113 艘 /375 万载重吨，其中自有船 97 艘，内部租船 5 艘（中远海运发展 4 艘，中波公司 1 艘），租用外单位船舶 11 艘。中远海运特运公司的船队结构合理，船舶运载能力和适货性强、节能环保，能够承运包括钻井平台、机车及火车车厢、风电设备、桥式起重机、成套设备等超长、超重、超大件、不适箱及有特殊运载和装卸要求的货物， 以及纸浆、木材等大宗商品 。

2. 航线布局

中远海运特运公司的航线覆盖全球，船舶航行于160多个国家和地区的1600多个港口之间。以远东为依托，在欧洲、美洲、非洲、泛印度洋、泛太平洋等航线上，已经形成了较强的优势，并开拓了来往于欧洲、地中海和南美之间的大西洋航线等第三国航线。同时，中远海运特运公司是全球唯一的具备北极和南极两个极地航线成功运营经验的航运公司。公司凭借着超群实力，打造了数百个国际重大项目的经典运输案例，频频刷新“超极限”运输纪录。

3. 船队建设

2021年，公司签署了1艘8万吨半潜船的建造合同，顺利接入1艘5万吨半潜船和3艘6.2万吨多用途船。 （徐帮林　柳芳）

【中波轮船股份公司船队】

1. 概述

中波轮船股份公司船队主要由多用途件杂货重吊船组成。截至2021年年底，中波轮船股份公司本部、弘发公司和上海中波航运船队共经营船舶28艘，总运力90.78万载重吨。

2. 航线布局

中波公司经营美洲航线：远东—美湾—远东；欧洲航线：远东—欧洲（含地中海）—印度—远东；南美航线：远东—南美—远东；澳新航线：远东—澳新—远东，以班轮+不定期船舶的经营模式营运。

3. 船队建设

2021年12月6日，中波公司在澄西船厂建造的4艘6.2万载重吨重吊船首制船“泰兴”轮顺利投入运营，船队规模稳健扩大。11月7日，公司租入中远海特“大彤云”轮。第四季度退租外部船舶1艘，租入大连海事大学教学实习船“育鹏”轮。 （陈晓波）

客轮船队

客轮船队

截至2021年年底，中远海运集团客轮船队控制运力为船舶42艘/152 858载重吨，客位39 766个，载箱量963TEU，车位2528个。其中，自有船舶39艘/138 730载重吨，光租租入船舶3艘/14 128载重吨。这些船舶分别属于中远海运客运有限公司、海南港航控股有限公司及中远海运集运、厦门远洋运输公司、中远海运（大连）投资公司、中远海运（青岛）公司所属的联、合营公司经营的船舶（包括上海中远海运浦江旅游观光平台下属上海巴士旅游船务有限公司的黄浦江内4艘观光旅游船）。中远海运集团客轮船队运力情况见表4-7。 （徐帮林）

中远海运集团客轮船队运力表（截至2021年12月31日） 表4-7

公司	自有运力					租入运力					控制运力				
	艘数（艘）	载重吨（吨）	载箱量（TEU）	客位数（个）	车位数（个）	艘数（艘）	载重吨（吨）	载箱量（TEU）	客位数（个）	车位数（个）	艘数（艘）	载重吨（吨）	载箱量（TEU）	客位数（个）	车位数（个）
星旅远洋邮轮	1	6715	0	2014	0	—	—	—	—	—	1	6715	0	2014	0
邮轮小计	1	6715	0	2014	0	—	—	—	—	—	1	6715	0	2014	0
厦门中远海运/闽台轮渡	1	5868	256	683	136	—	—	—	—	—	1	5868	256	683	136
中远海运客运本部	8	47 859	0	10 831	948	2	10 699	0	2726	261	10	58 558	0	13 557	1209
南海客轮	1	5995	0	721	197	—	—	—	—	—	1	5995	0	893	197
港航控股	21	50 418	0	19 044	986	—	—	—	—	—	21	50 418	0	19 044	986
厦门中远海运本部（客船）	1	47	0	322	0	—	—	—	—	—	1	47	0	322	0
青岛中远海运	1	11 921	312	700	0	—	—	—	—	—	1	11 921	312	700	0
中远海运大连投资/大仁轮渡	—	—	—	—	—	1	3429	145	510	—	1	3429	145	510	—
中日国际轮渡	1	4321	250	345	—	—	—	—	—	—	1	4321	250	345	—
上海中远海运/巴士旅游	4	5586	0	1698	—	—	—	—	—	—	4	5586	—	1698	—
客滚/客箱船小计	38	132 015	818	34 344	2267	3	14 128	145	3236	261	41	146 143	963	37 752	2528
合计	39	138 730	818	36 358	2267	3	14 128	145	3236	261	42	152 858	963	39 766	2528

【中远海运客运有限公司】

1. 概述

中远海运客运成立于 1998 年 6 月 18 日，是大连中远海运全资子公司，由集团按照二级公司进行管理，两个公司实行“一套班子、两块牌子、机关合署办公”的管理模式。公司 2016 年由原中海客轮有限公司更名而来，是中远海运集团直属的国有专业海上客运企业，主要经营渤海湾客滚运输业务。2021 年，中远海运客运经营客滚船 10 艘（其中光租 2 艘）、客位 13 557 个、载车线 14 833 米（车位数 1209 个），分别占渤海湾营运船舶总艘数的 35.7%、总客位的 38.4%、总载车线的 29.5 %。2021 年度，客运船队运力新增一艘“吉龙岛”轮。

2. 航线布局

中远海运客运经营大连至烟台、大连至威海、旅顺至东营（独家经营）3 条航线。

3. 船队建设

中远海运客运船队建设制定了“三步走”的运力滚动更新计划，前两步新造 2 艘客滚船和 2 艘货滚船项目分别于 2019 年 2 月、2020 年 9 月获得集团批复开工建设。其中，第 1 艘客滚船“吉龙岛”轮于 2021 年上线运营，随着新造客滚船“吉龙岛”轮顺利上线运营，公司运力结构优化迈出实质性步伐，后续新造船全部投产后，公司运力所占市场份额快速上升，企业的市场控制力将显著增强。（刘福阁）

【海南海峡轮渡运输有限公司船队】

海南港航控股有限公司下属的海南海峡航运股份有限公司，自设立以来一直以客滚运输为主营业务，拥有 21 艘客滚船，分别投入海口至海安、海口至北海 2 条客滚运输航线，以及西沙旅游航线的运营。（曾涛）

【客运合营公司】

1. 中日国际轮渡有限公司

中远海运集运所属的中日国际轮渡有限公司（简称“中日轮渡公司”），是原中远集团与日本日中国际轮渡株式会社创办的合资企业，成立于 1985 年 5 月 30 日。截至 2021 年年底，公司运营“新鉴真”和“苏州号”轮两艘船舶。4 月 30 日—5 月 7 日，“苏州号”在日本尾道造船所顺利完成坞修，并通过降级检验，完成全部货船所需证书的签发工作，“苏州号”不再从事客运业务。因受新冠疫情影响，自 2020 年 1 月 28 日起，“新鉴真”轮停载旅客，恢复日期不定。

2021 年，公司实现全年利润总额 7011 万元。“新鉴真”轮共完成 100 个航次，其中进口 48 航次，出口 52 航次；完成集装箱重箱运量 11 440.5TEU，完成散货 819 计费吨。“苏州号”轮完成 98 个航次，其中出口 53 航次，进口 45 航次；完成集装箱重箱运量 9007TEU。（王琳）

2. 烟台中韩轮渡有限公司

青岛中远海运管理的烟台中韩轮渡有限公司，成立于 1995 年 10 月，是经营中国烟台至韩国仁川海上客货集装箱班轮航线的中韩合资企业，中韩双方出资比例各为 50%。2020 年 12 月，中韩轮渡投入的“新香雪兰”轮悬挂五星旗，是拥有 312TEU 舱位和 700 人客位的智能型豪华客滚船。2021 年，公司完成国际班轮运输 547 个航次，运送重箱共 49 298TEU；客运业务受疫情影响暂停。（高原）

3. 中远海运（厦门）有限公司及其合营公司客运船队

中远海运（厦门）有限公司直接经营的“新五缘”轮主要航行于厦金航线。2021 年，由于受疫情影响，厦金航线仍处于全面停航状态。

中远海运（厦门）有限公司还通过合营公司经营一艘客滚船“中远之星”轮和一艘邮轮“鼓浪屿”轮。

（1）厦门闽台轮渡有限公司

厦门闽台轮渡有限公司（以下简称“闽台轮渡”），是厦门市首家直航台湾海峡两岸的国有航运企业，总部设在厦门，浙江台州玉环设有分公司。公司经营海峡两岸间唯一一条以厦门为母港，往返于海峡两岸之间的滚装班轮航线，投入船舶为“中远之星”轮。“中远之星”轮全长186米，宽25.5米，设计航速22.85节，总吨26 847，净吨8054，载客配员683名。船舱自下而上共计8层，1～3层可同时容纳150辆小汽车，4～5层是256个标准集装箱舱容设计的货舱层（其中包含有80个冷藏箱插位），6～7层是经改装后拥有640个旅客卧铺的客舱层，第8层则是供旅客活动的公共区域。

2021年，由于受疫情影响，“中远之星”轮客运业务仍未恢复，货运业务正常开展。2021年运载集装箱27 316TEU、车辆462台，同比分别增长63.2%、113.9%，货运业务再创新高。

（2）星旅远洋国际邮轮有限公司

星旅远洋国际邮轮有限公司（以下简称“星旅远洋邮轮”），由中远海运集团和中国旅游集团共同出资设立，于2018年6月8日在英国成功购入“鼓浪屿”号邮轮。该公司在2019年6月14日完成了工商注册手续，正式在厦门设立国内运营总部。2019年8月12日，“鼓浪屿”号邮轮在英国完成了实体交接；同年的9月26日，该轮在厦门首航，正式开启了中国母港运营，迈出了中国豪华邮轮运营管理的第一步。

2021年，新冠疫情国外持续暴发，国内局部反复，邮轮产业发展依旧受到疫情的持续影响。面对如此艰难的形势，星旅远洋邮轮围绕“防疫＋复航”两个中心工作，夯实管理提质增效、精细管理降本控费。

2021年4月，星旅远洋邮轮与管理公司签署了自运营管理协议，“鼓浪屿”号实现酒店自主管理，公司的体系建设及自运营管理工作正式拉开序幕。同年6月1日，“鼓浪屿”号首次由全中国籍船员班底组成的船员队伍进行独立操船，前往外锚地开展水下检验工作，船舶顺利完成全中国籍船员的转换。星旅远洋邮轮成功获得了中国船级社的防疫安全附加符号EPC2、远程医疗辅助系统附加标志TAS，及海南邮轮港口中资方便旗邮轮海上游疫情防控和安全运营风险评估第一张符合证明。

同时，公司也在积极探索后疫情时期邮轮业务发展，拓展思路创新产品。为开拓宣传载体，丰富宣传形式，2021年新增了宣传平台，在视频号及小红书平台开设了官方账号，还自编自导的红色主题剧目《伟大的历程——红船扬帆，献礼百年》，通过各种方式为用户揭秘邮轮体验，传递星旅远洋邮轮“服务大众，创造快乐”的宗旨。

2021年末，“鼓浪屿”号开展了启航操练，为下一步复航做好准备。（姚兆羽）

4. 上海巴士旅游船务有限公司

上海中远海运浦江旅游观光平台下属上海巴士旅游船务有限公司成立于2001年12月12日。2021年，公司共经营管理4艘游船，分别是“振宇”轮、“金灿灿”轮、“康宁”轮、“蓝森”轮，客位总量为1698个。2021年，巴士船务努力克服新冠疫情对浦江游览行业的影响，客流及收入盈利在浦江游览行业均处于领先地位，经营发展呈积极向好态势。经上海市黄浦江游览星级评定委员会复审，“康宁”轮和“蓝森”轮分别获得2021年度三星级游船和四星级游船等级评定。（周敏励）

CHINA COSCO SHIPPING
CORPORATION LIMITED
YEARBOOK

中国远洋海运集团有限公司

年鉴

第五篇

国际化经营

概述

概　　述

集团自 2016 年组建后，在全球成立 10 大区域公司，海外网络重组整合涉及到 104 个国家和地区，185 家海（境）外代理。截至 2021 年年底，集团航线覆盖 160 多个国家和地区的 1500 多个港口，在 70 多个境外国家和地区设有 1000 多家分支机构，拥有境外员工 2.14 万人。中远海运集团根据产权关系将境外企业分为 4 大类：

境外区域公司。在不断完善和强化总部“定战略、配班子、调资源、抓考核、控风险”5 大核心管理职能的基础上，以规范董事会建设为抓手，逐步赋予海（境）外区域公司董事会和董事长相应范围的决策事项和行权额度，打造“放得下、接得住、管得好”的管控体系，构建以“管控上移，经营前移”为基本特征的集团“战略管控型”组织体系和运营模式。境外区域公司根据所在国家和地区法律法规，实行董事会领导下的总经理负责制，形成了有效的制衡机制，建立了相对完善的公司治理结构，有效承担起作为“业务管控”层应有的业务开拓和组织管控职能。

境外上市公司。2021 年，集团在中国香港、新加坡、希腊拥有 8 家上市公司（包含 3 家 A+H 股上市）；在管控形式上，集团严格遵守当地上市规则和有关规定，主要通过股东会、董事会以及委派管理人员等方式，对上市公司的生产经营进行日常管理，维护股东利益。

境外区域公司在境外设立的公司。由境外区域公司按照股权比例，行使出资人管理。其中，对全资子公司，由海外区域公司通过董事会直接履行经营管理职能；对控股 / 参股公司，由境外区域公司依据股比，通过董事会履行管理职能。

境内专业公司在境外设立的公司。由海（境）外区域公司和境内专业公司共同对其行使矩阵式管理。生产经营主要是根据行业特点以境内专业公司业务条线管理为主；海外区域公司作为“管理服务支持平台”，主要侧重于人力资源管理、内部监督管理、法律管理、行政管理、企业文化、公共关系及品牌管理、党务管理等职能。

截至 2021 年年底，集团形成了以中国香港、欧洲、北美、南美、东南亚、澳洲、日本、韩国、非洲和西亚 10 大区域公司为辐射点，遍及世界 50 多个主要国家和地区的跨国经营网络。集团在全球投资经营码头 58 个，其中集装箱码头 51 个，航线覆盖 160 个国家和地区 1500 多个港口，港澳台及外籍员工数 2.14 万人，国际化程度较高。经过多年深耕海（境）外市场，已逐步形成了符合当地法律法规以及区域经济特点、文化特色的战略管理手段，形成了相对完善的经营标准流程和风险防控体系，以文化融合理念培育国际化经营管理优势，培养了一批兼具国际眼光和全球化战略思维的海（境）外人才队伍。

“一带一路”建设

“一带一路”建设

在推动“一带一路”建设的过程中，中远海运集团始终聚焦关键通道、关键城市、关键项目，连接陆上公路、铁路、道路、网络和海上港口网络，在构建“点、线、面”传统物流供应链布局的基础上，通过数字化赋能和开拓冰上新丝路，为推动“一带一路”建设发挥积极作用。

【区域海上运输】

2021 年中，中远海运集团克服疫情导致的港口拥堵、船员换班难等不利影响，保障“一带一路”供应链通道安全。集团旗下“双品牌”集装箱船队在“一带一路”沿线布局集装箱班轮航线 195 条，投入运力 203 万 TEU，占集团运集装箱船队总运力的 68%；“双品牌”集装箱船队在“一带一路”沿线完成箱量 1351 万 TEU，同比增长 3.7%；完成能源运输 6200 万吨，同比增长 6.8%；完成特种货物运输 1201 万计费吨，同比增长 16.5%。中远海运集团还是全球唯一一家运营北极航线的航运企业，是“冰上丝绸之路”的先行者。

【沿线港口布局】

自“一带一路”倡议提出到 2021 年年底，中远海运集团在“一带一路”沿线完成投资 676 亿元，在境外沿线布局码头 23 个，覆盖北欧、南欧、远东、东南亚、中东、北美、南美、非洲等区域，主要控股码头包括：希腊比雷埃夫斯港、阿布扎比哈里发二期集装箱码头、秘鲁钱凯集装箱码头、西班牙瓦伦西亚集装箱码头、毕尔巴鄂集装箱码头、比利时泽布吕赫集装箱码头、中国台湾高雄集装箱码头等。

2021 年，集团进一步加大境外码头投资布局的力度，年内主要项目包括：比雷埃夫斯港第二阶段 16% 股权交割，成为比港发展历史上的又一个里程碑；投资德国汉堡港 CTT 码头 35% 股权，这是德国港航业首次将德国港口的股权出售给亚洲企业，特别是中资企业，也是对国家主席习近平 2018 年 12 月 1 日在会见时任德国总理默克尔时提出“中方视德国为‘一带一路’建设重要合作伙伴，愿同德方推进亚欧互联互通”① 重要指示的具体实践；投资沙特吉达港红海门户码头 20% 股权，该码头是沙特阿拉伯及红海地区最大的集装箱码头，也是“一带一路”沿线重要的枢纽节点。

【陆海综合物流】

“一带一路”倡议提出以来，中远海运集团积极参与国际通道建设，助力中国企业和中国产品“走出去”。集团通过加大对亚欧海铁联运、亚欧国际班列业务的投入，支持陆海新通道建设；以希腊比港为枢纽深入中东欧腹地，持续加大对中欧陆海快线的投资和支持力度，助力中国企业和中国产品深耕中东欧市场，打造亚欧第三条贸易大通道。中欧陆海快线南起希腊比港，北至捷克布拉格，辐射沿线 9 个国家，7100 万人口，搭建起中国对欧洲商品流通继传统海运和铁路大陆桥之后第三条的便捷联运通道。2021 年度，在集团的大力推动下，中欧陆海快线完成运输箱量 15.3 万 TEU，同比增长 25.2%；发行班

① 《习近平会见德国总理默克尔》，《人民日报》，2018年12月02日02版。

列 2272 列，同比增长 18%，连续四年取得大幅增长良好业绩。

【重点项目】

北极 LNG 二号运输项目

北极 LNG 二号项目位于俄罗斯格丹半岛，计划建设三条生产线，每条生产线的 LNG 年产能为 660 万吨，第一条生产线计划于 2023 年投产，第二和第三条生产线将分别于 2024 年和 2026 年启动。北极 LNG 二号运输项目主要参与 LNG 气田至堪察加 / 摩尔曼斯克 LNG 转运站运输工作，计划投资建造 3 艘 17.25 万立方米冰级 LNG 船舶，项目总投资约 9.23 亿美元。集团通过收购 MOL 在塞浦路斯注册的 3 家单船公司各 50% 股权的形式参与该运输项目，新设项目公司初始注册资本 1.42 亿美元。

希腊比雷埃夫斯港

2021 年，集团面对前期多种不利因素导致强制性投资进展缓慢与第二阶段股权交割受阻的不利局面，积极采取各种措施，推动第二阶段股权交割顺利推进。集团和希腊共和国资产发展基金于 2021 年 10 月 25 日举行了《交割完成确认书》交换仪式，完成了比港第二阶段 16% 股权交割。集团对比港的控制权从 51% 增长到 67%，成为比港发展历程中的又一个里程碑。与此同时，2021 年，比港累计实现营业收入 4 亿欧元，同比增长 10.6%；实现净利润 6000 万欧元，同比增长 38.5%，用良好的效益进一步巩固了地中海重要港口的地位。

阿布扎比哈里发港二期集装箱码头

在港口建设方面，经过多年努力，2021 年 11 月，阿布扎比哈里发二期集装箱码头正式取得竣工证明，阿布扎比 CFS 场站具备了运营条件。在项目效益方面，2021 年阿布扎比哈里发二期集装箱码头完成吞吐量 70 万 TEU；CFS 场站自 2021 年 11 月 1 日投入使用以来至 2021 年年底，2 个月的时间内完成操作量 3469TEU 和 1460 吨货物。在产业链协同方面，哈里发二期集装箱码头和 CFS 场站采用一体化运作，2021 年成功落地光伏、平行车项目，积极推进海外仓建设。全年哈里发二期集装箱码头实现收入 1.27 亿阿联酋迪拉姆，CFS 场站实现收入 139.16 万阿联酋迪拉姆。在绿色环保方面，2021 年，哈里发二期集装箱码头成功实施无人集卡项目，用无人驾驶运力串联起整个码头，成功开启了中东地区码头首次无人集卡实践。无人集卡实施期间，阿布扎比港务局集团首席执行官、码头业务板块和自贸区负责人穆罕默德·夏米西现场观摩，并对于码头提升全自动化管理水平，在中东地区率先引入无人集卡，助力哈里发港提升中东地区科技创新的领先地位给予了高度评价。

秘鲁钱凯码头

2021 年 2 月 10 日，秘鲁政府正式批出港口建设许可。3 月 1 日，项目隧道和连接道路系统工程正式开工建设； 6 月 22 日，项目码头主体和辅建区工程正式开工建设，在秘鲁疫情反复的大背景下，项目实现了全面开工。2021 年，秘鲁当地新冠疫情严重，国家紧急状态一再延长，项目团队通过定期排查、现场出入管控等多种方式严格控制项目现场疫情影响，未出现感染人员。在集团全面统筹下，钱凯码头施工不断不乱，为后续项目早日投产打下良好的基础。

（曲胜斌　吴晓）

境外业务管理

境外业务管理

【国际化经营战略】

在中远海运集团“十四五”规划中，“全球运营”是四大发展维度指标之一，并特别在“重点工作专项规划”中有独立的“海外发展规划”一章，对集团“十四五”期间海外发展的基本遵循、发展目标、重点举措和项目进行了阐述。2021年，为应对疫情下的全球供应链变化格局，集团特别就“十四五”海外业务发展规划进行了更新和完善，单独编制了更为详细的“海外业务‘十四五’发展规划”。在集团“十四五”规划及海外发展规划中，均为相关业务板块设置了具体的业务目标，同时也梳理了“十四五”期间境（海）外发展的重点项目，作为年度投资计划的依据；同时，结合年度考核，集团将规划中的重点举措量化分解，作为年度考核指标进行评价，以确保规划中的相关任务得到贯彻落实。

【境外业务投资】

2021年，集团投资计划持续以国家和集团“十四五”发展规划为指引，聚焦主责主业和价值创造，服务国家重大战略，深化产业链协同，提升供应链服务保障能力，全力打造全球综合物流供应链服务生态，持续提升主业竞争力。在结合投资规划、生产经营实际和财务承受能力等基础上，合理确定年度投资规模。

在国际业务投资方面，集团紧紧围绕加快落实“十四五”发展规划和推动落实重大战略项目，不断优化“一带一路”沿线国家和地区的港口、航运及综合物流等资源布局，做好项目前期研究和可行性论证，确保集团战略落地；克服包括中美贸易关系等国际政治经济形势变化、航运市场变化、外方合作意向变化等因素影响，努力保障计划投资的完成率。

【国际化人才】

2021年，集团以打造与“世界一流的全球综合物流供应链服务生态”相匹配的人才队伍为目标，编制印发《“十四五”人才发展规划》，提出包括打造国际化人才队伍在内的一系列重点任务及主要措施。一是完善海外人才管理机制，建立更加灵活的人才交流机制，促进境内外人员双向交流以及境外跨国跨地区的人才交流；建立海外职业经理人制度，加速海外人员转换职业经理人进程；建立更加适应当地的人才管理机制，对境外企业在选拔使用、驻外延期、绩效考核、薪酬分配等方面进一步授权。二是打造国际化人才赋能项目，搭建国际化人才培养体系，与境外知名院校、知名企业合作开展专项培训，借助海外区域资源优势以及重大项目建设机会，建立海外人才培养基地。加大向第三方市场和海外艰苦地区人才输送力度，加强骨干人才海外实践锻炼。三是加大海外后备人才选拔力度，举办后备人员集中选拔工作。加强外派后备人员培训力度，举办外派后备人员能力素质提升培训班。

2021年，集团印发《集团党组关于完善教育培训体系建设的意见》，建立从新入职员工到中高级管理人员全覆盖、贯通员工职业发展全周期的分级分类培训体系。其中，针对国际化人才队伍培养方面，专门制定外派干部及外籍员工培训规划：集团层面依托上级培训资源，选派优秀干部参加海外研修班学习；开展海外后备人才库选拔考试，举办外派后备人员派前素质能力提升班；定期举办包括外籍员工在内的国际化人才培训班。各海外直属单位加大当地员工培训力度，建立贯穿职业发展周期的员工培训体系；制定符合所在国国情的外籍员工培训内容，帮助外籍员工了解中远海运集团，掌握各专业领域知识，提升领导力与全球化公司治理能力。集团人才发展院制作以英语为主要解说语言的集团概况、发展愿景、企业文化等方面的视频录播课程，为外籍员工培训提供指导。

【境外风险管理】

2021 年，集团坚持做好境外风险管控制度建设工作，与“十四五”发展规划启动实施、改革三年行动相同步，不断完善境外企业的公司治理、决策授权、生产运营、安全管理、监督追责等相关领域制度；制定发布《集团资金内控监督管理规定》，进一步构筑资金管控监督防线；组织修订《风险评估标准》《内控缺陷认定标准》及新建《合规管理评价标准》，并同步指导境外机构建立完善本单位的上述三项标准。

国际化经营风险主要包括国别风险、疫情风险、长臂管辖风险、非传统安全风险、合规风险、运营风险，以及境外资金风险等。

国别风险。包括战争、恐怖袭击、汇率波动、国外制裁、国有化政策、保护政策、政府违约和不合理课税等。在诸多风险中，国别风险是最不可控的，给投资者带来的损失最难以估量的风险。由于国家与企业地位不对等，导致风险因素往往超出企业掌控范围。面对国别风险，集团强调专业公司在进行境外项目投资前要充分参考国际评级机构对项目所在国的主权评级，了解项目所在国的地缘政治、社会文化和区域风险，在切实排查当地风险的情况下再推进投资。

疫情风险。新冠疫情是国际关注的突发公共卫生事件，海（境）外疫情防控形势十分严峻复杂。疫情暴发后，集团第一时间成立了“疫情防控办公室”，对疫情防控和复工复产进行统一领导和指挥。集团始终关注境外疫情发展，通过 AB 组轮岗、居家办公等方式，做到坚守岗位，有序推进各项生产经营工作；加强专业公司和境外重点企业之间的沟通协调机制，强化信息共享和信息联动；强调境外重点项目制定日常防疫方案，包括加强环境卫生防护、加强进出人员和车辆信息管理、加强信息报送等。2021 年，集团境外企业未出现聚集性感染事件，疫情防范有序可控。

西方国家长臂管辖风险。贸易保护主义抬头，西方国家频繁使用“长臂管辖”、国家安全审查、反垄断调查等法律手段对中国企业进行打压。在此背景下，集团强调海外重点项目通过多种措施降低风险敞口，加强对当地法律法规的研究；通过加强对于当地涉及国家安全、经营者集中、行业监管等方面的法律风险研究，建立适合当地管理要求的法律风险防范机制，必要时聘请熟悉当地法律规定和审查流程的当地法律顾问，发挥好外部律师的专业作用。同时加强与当地企业的利益扭抱，通过商业模式进一步加强与当地企业和社会之间的利益扭抱，控制风险敞口。

非传统安全风险。在境外投资过程中，由于项目所在国存在社会治安差、医疗体系不健全等不稳定因素，对项目效益甚至人员安全带来非传统安全风险。对此，集团制定了《中国远洋海运集团有限公司境外公司安全管理规定》，强调境外公司严格执行“安全第一、预防为主、综合治理”的方针，严格遵守所在国家和地区法律法规的要求，做到防范处置并重，逐步建立长效管理机制，把境外公司的安全工作作为关系到国家形象和对外交往的头等大事来抓。与此同时，《规定》还通过明确责任范围、完善机构人员配备、做好安全评估和培训教育、制定应急处理机制、购买保险等主要环节的具体措施进一步扎牢境外安全风险的篱笆。

【文 化 融 合】

在开展国际化经营中，中远海运集团始终秉承“义利并举，同舟共济”的理念推动与境外经营所在地的文化融合。

坚持员工本土化。集团始终高度重视境外企业的员工本土化。截至 2021 年年底，集团境外员工 2.14 万余人，外籍员工占比超过 97%。

积极参与国际交流。集团积极参与金砖国家工商理事会等国际组织，推动金砖新工业革命伙伴关系建设；开拓新型高端平台，加入中欧企业联盟、联合国全球契约组织“一带一路”企业平台，持续推进各类外事公共关系建设；组织参加进博会、中国－中东欧国家博览会、第 18 届中国－东盟博览会、2021 中国国际智能产业博览会等国家级展会和重点行业展会，立足集团全球化服务、国际合作，推动与各国企业之间的沟通合作。

积极助力海外抗疫。集团借助全球化的服务网络和强大的供应链和物流体系，打造“公益送”项目，为中国公益组织援外物资提供运输支持，积极协助国际抗疫物资运输。同时，集团积极帮助受疫情影响的当地群众，帮助他们解决生活困难，为海外抗疫作出积极贡献，推动与当地共建命运共同体。

与当地共建海外社区。集团秉持和平、和睦、和谐的中华民族精神和同舟共济的企业精神，通过开展慈善公益和社会帮扶活动等方式，参与海外社区建设，在海外积极开展社会公益慈善事业。如中远海运港口比雷埃夫斯集装箱码头有限公司向希腊雅典当地两家公益慈善组织捐赠 4 万欧元，用于教育经费的资助，帮助受捐人完成基础教育；改善慈善组织的资金缺口，帮助购置更多电动轮椅和改造社区设施，保障残障民众的生活质量，共筑温暖社区。（曲胜斌　吴晓）

国际交流与合作

国际交流与合作

【重要外事线下会见】

3 月 25 日，董事长许立荣、副总经理黄小文会见波罗的海国际航运公会（BIMCO）候任主席赵式明一行。

3 月 24 日，副总经理黄小文会见日本通运株式会社常务执行董事、东亚地区总裁杉山龙雄一行。

5 月 20 日，董事长许立荣会见乌拉圭驻华大使费尔南多・卢格里斯一行。

6 月 15 日，董事长许立荣会见香港利丰集团执行主席冯裕钧一行等。

7 月 22 日，副总经理冯波会见中国国际发展知识中心主任赵昌文一行。

10 月 12 日，副总经理黄小文会见香港驻沪办主任蔡亮一行。

11 月 8 日，董事长万敏会见乌拉圭驻华大使费尔南多・卢格里斯一行。

【重要外事线上视频会见】

3 月 25 日，董事长许立荣与 PSA 国际港务集团总裁陈聪敏通过视频方式举行会谈。

4 月 29 日，董事长许立荣与长荣海运董事长张衍义通过视频方式举行会谈。

7 月 2 日，董事长许立荣与美国船级社总裁温立祺通过视频方式举行会谈。

7 月 30 日，总经理付刚峰和日本商船三井总裁桥本刚通过视频方式举行会谈。

8 月 11 日，副总经理黄小文和挪威船级社海事首席执行官柯努特通过视频方式举行会谈。

8 月 20 日，董事长许立荣参加“国务院国资委与南非国企部部长级视频对话会”，国务院国资委主任郝鹏、南非国企部部长戈尔丹参加视频会，会议共同宣布启动两部门和两国中央企业共同参与的中南国资国企改革发展结构化交流项目。

8 月 24 日，董事长许立荣和达飞集团董事长鲁道夫・萨迪通过视频方式举行会谈。

10 月 19 日，中远海运集团与达飞集团举行了视频研讨会，中海集团董事长许立荣、达飞集团董事长鲁道夫・萨迪，以及双方各业务板块相关人员出席了视频会议。

【重要国际组织活动】

金砖国家工商理事会

8 月 16—18 日，2021 年金砖国家工商论坛以线上方式举行，中方理事会主席许立荣以视频形式参加了全体大会并发言。中方理事会成员积极参与前两日的分论坛并作为参会嘉宾出席和发言，各理事、小组单位参与论坛期间同步活动——线上虚拟展览会，共有近 30 家中方理事会成员企业参与了本次线上展览会。

8 月 31 日，金砖国家工商理事会 2021 年度会议以视频形式举行，许立荣等五国主席视频出席会议并发言。会上审议通过了 2021 年年度报告，并共同发布了《联合声明》，代表了五国工商界各领域开展可持续发展合作的决心。

8 月 31 日，金砖国家工商理事会 2021 年第一次中方理事视频会议召开。中方理事会五位理事出席了本次视频会议。会议审议通过了《金砖国家工商理事会 2021 年度报告》和《中国通用技术集团刘昆同志任中方副秘书长》两项议题，并听取了中方理事单位、放松管制组长单位中国通用技术集团参与金砖新工业革命伙伴关系有关工作的汇报。

中方秘书处积极协调组织中方各单位参与今年印度主办的金砖解决方案大赛，共获得一等奖1个、二等奖3个的优秀成绩。

积极配合和支持工业和信息化部关于金砖国家新工业革命伙伴关系的各项工作，包括：向工业和信息化部推荐了8名专家担任中方工作机制专家委员会成员，积极参加2021年金砖国家新工业革命伙伴关系论坛、促进金砖工业创新合作大赛、金砖国家新工业革命展等系列活动。

中欧企业联盟

4月29日，在商务部的支持下，由中国工商银行倡导成立的中欧企业联盟在北京举行成立大会，来自中欧企业代表等200余名嘉宾参与了本次活动。集团董事长许立荣应邀出席成立大会并作为中国企业家代表之一发言。面对新冠疫情，中远海运集团有力保障中欧企业运输需求，为中欧各国产业链供应链稳定发挥了积极作用。中欧企业联盟的成立，将进一步搭起沟通合作的桥梁，促进中欧企业合作交流、互利共赢。

联合国全球契约组织“一带一路”企业平台

2021年2月，中远海运集团加入了联合国全球契约组织“一带一路”可持续发展行动平台。加入该平台，有助于集团维护并拓展相关基建项目与航运码头物流业务，扩大集团在全球的品牌影响力，推动集团在响应“一带一路”倡议方面作出更多的贡献。集团旗下中远海运发展公司参与了平台的首个公共卫生健康试点项目。通过参与该项目，为提升“一带一路”沿线国家卫生基础设施水平提供重要支持，进而助力联合国可持续发展卫生目标的实现。

【重要国际论坛活动】

第十二轮中美工商领袖和前高官对话

1月29日，应中国国际经济交流中心的邀请，集团总经理付刚峰视频参加了“第十二轮中美工商领袖和前高官对话”活动并发表了讲话。付刚峰表示，航运业积极保障了包括中美在内的全球产业链稳定，为了维护供应链的稳定，实现中美贸易畅通，需要双方积极合作来采取相应措施。

中芬创新合作论坛

6月7日，由商务部、芬兰经济就业部支持，中芬创新企业合作委员会举办的中芬科技创新与发展高峰论坛在北京举行。中远海运集团作为中芬企委会的中方理事单位受邀参加，并结合航运业和造船业在低碳技术方面的有关话题做交流发言，为深化中芬两国科技创新合作提出建议，受到了与会嘉宾的一致好评。

上合央企国际客厅座谈会

6月10日，“2021央企青岛行——上合央企国际客厅欢迎您”活动在青岛举行。中远海运集团受邀参加。此次活动围绕能源、物流、贸易、农业、文化旅游、智慧城市、基础设施建设等领域合作，旨在共同打造央企和青岛面向上合组织国家和“一带一路”沿线国家的国际合作新平台。

第38届中日经济知识交流会

12月16日，第38届中日经济知识交流会在北京以线上和线下相结合的方式举行。会议从宏观的角度讨论中日两国经济中的长期性、综合性问题，并相互交流知识和经验。中国国务院发展研究中心党组书记马建堂、日本佳能全球战略研究所理事长福井俊彦作为中日双方首席代表分别在开幕式致辞，来自中日双方有关政府部门和企业代表出席了会议。集团总经理付刚峰应邀以视频方式出席会议，并在“经济绿色转型”环节中代表中方企业作交流发言。（胡彧）

CHINA COSCO SHIPPING CORPORATION LIMITED YEARBOOK

中国远洋海运集团有限公司

年鉴

第六篇

安全生产

概述

概　述

2021 年，中远海运集团认真学习领会习近平总书记关于安全生产和生态文明建设的重要论述，深入践行安全发展和绿色发展理念，坚持“敬畏生命、敬畏责任、敬畏制度”，大力推进绿色航运建设，抓实抓细抓牢各项工作，安全环保形势持续平稳，为集团保持高质量发展态势提供了坚实的保障。　（裴凯）

安全制度体系

安全制度体系

【安全生产责任制】

2021年，中远海运集团持续强化责任落实，与各直属单位签订《安全生产工作责任书》，明确安全生产考核指标与要求；与总部职能部门签订《安全生产工作责任书》，明确安全管理职责要求。集团党组、集团主要领导多次对建党100周年庆祝活动安全保障、危险化学品安全等进行布置；各单位主要领导定期组织召开安委会会议，研究、部署安全工作，深入一线单位、船舶开展安全检查；各单位认真落实、执行集团有关部署及要求，层层压紧压实责任，逐级传导安全压力，有力推进各项安全工作落实落地。（裴凯）

【安全制度体系建设】

2021年，中远海运集团充分利用报刊、宣传栏、微信公众号等媒体，以及邀请内外部专家进行专题培训、解读等方式，组织认真学习落实新《中华人民共和国安全生产法》《中华人民共和国海上交通安全法》等法律法规；对照法规修订情况，及时修订、完善《集团安全生产职责管理规定》《生产安全事故隐患排查治理管理规定》等制度，严格落实安全责任制、强化风险防控等要求，保障制度体系的合规性、有效性和可操作性。（裴凯）

安全工作重点

安全工作重点

【重点管控】

建党 100 周年庆祝活动集团安全保障工作：集团党组高度重视，多次召开专题会议，研究、部署建党 100 周年集团庆祝活动安全保障工作。集团领导带队检查，对北京、上海、福州、南通等地区单位开展现场督查，深入一线了解风险管控情况，传达、部署安全保障工作要求。集团安委办组织开展专项督导，除加大重点监控及信息报告外，对各直属单位落实集团会议部署、主要领导安全履职等工作进行督查；各单位严格落实关键时段管控要求，认真做好隐患排查、值班值守等工作，船岸单位保持安全稳定。

重点船舶方面，密切关注缅甸、几内亚、波斯湾等国家和地区局势变化，及时做好预警提示工作；集团航经长江、珠江、马六甲 / 新加坡海峡等重点航区的船舶 10 077 艘次，装载旅客、院校实习生、危化品和易流态货物的船舶 3691 艘次，对装载镍矿、大风浪航行等船舶进行重点监控。

关键时段方面，严格落实国家法定节假日及重大活动等关键时段安全管控要求，认真做好气象跟踪、预警提示、值班值守及信息报送等工作，保持节假日、春运、全国两会、博鳌论坛年会、第二届全球可持续交通大会、第四届进博会及党的十九届六中全会等时段集团船岸单位安全稳定。

专项安全工作方面，结合上级有关工作部署及外部安全形势，组织各航运单位重点监控中国沿海航行情况，做好防碰撞培训和警示，严防商渔船碰撞等事故；加强生产任务繁重单位的跟踪和提醒，布置箱厂按要求科学制定生产计划，防止疲劳作业；密切关注江苏、辽宁等地限电对有关陆岸单位的影响，提示做好停复工检查确认等工作；结合外部检查形势，境外公司加强代理人员培训和船舶沟通协调，保障船舶在港作业平稳和船员心理健康。

重点项目方面，2021 年，北极海冰为 2017 年来最为严重，开通最晚、冰封最早，总体呈“融冰期”延后，“结冰期”提前的特点。中远海运集团船岸单位通力协作，重点监控窗口期期间北极冰况、气象及航行安全情况，圆满完成了“天恩”等 13 艘船舶、14 个航次的北极航行任务（西行 7 个航次，东行 7 个航次），同比增加 3 个航次，为历年航经北极最多的航次，完成货运量 251 545 重量吨。相比传统航线，节省里程 55 205 海里，节省船期大约 192 天，节省燃油 4281 吨。（裴凯）

【安全风险管控】

2021 年，针对新船型、新业态、新业务带来的新安全风险，中远海运集团突出风险研判，密切跟踪行业动态，积极应对新船型、新业态带来的安全风险，积极做好应对工作。

有效应对船舶大型化安全风险。2021 年 3 月 23 日，长荣公司“长赐”轮苏伊士运河发生搁浅，导致运河阻塞，集团船队通航受到严重影响。集团立即启动响应机制，组织各单位做好 35 艘受影响船舶的跟踪、布置，保障锚泊和航行安全。运河恢复通航后，中远海运集团组织进行研讨，分析大型船舶安全管理的风险和不足，梳理出苏伊士运河航行的 8 个主要风险，制定 25 条应对措施，不断提升船舶管理和应急处理能力。

琼州海峡一体化安全管控。琼州海峡航运资

源整合后，海南港航客滚船队体量和规模大增，成为全国最大的客滚船队。中远海运集团坚持“整合工作，安全先行”，指导、协助海南港航开展北岸船舶摸底检查、缺陷整改和管理提升等工作，快速建立应急联络机制，加强安全督查和整改落实，保持过渡期安全平稳。

吸取外部事故教训，举一反三开展自查。针对全球集装箱船坠箱事故频发的问题，组织有关航运公司，加强集装箱绑扎系固、恶劣气象跟踪等工作；针对渤海海峡客滚船燃爆事故，组织相关航运公司，立即开展客滚船安全自查，不断提升客滚船安全管理水平；针对危化品事故多发、频发的问题，指导、督促各公司加强危险货物谎报瞒报管控，共查处谎报瞒报事件 36 起、将 14 家客户列入黑名单，加大对油库、危险品仓库的投入，加强维护保养和日常巡检。（裴凯）

【安全活动】

2021 年，中远海运集团认真组织开展安全生产专项整治三年行动“集中攻坚年”工作。按照上级有关部署，制定 2021 年“集中攻坚年”推进计划，紧盯事故易发多发的环节，注重专项措施的针对性、实效性和可操作性，持续推进专题任务。突出学习专题，集团及各单位以专题会议等形式，系统学习习近平总书记关于安全生产的重要论述，不断强化“人民至上、生命至上”的理念，全系统尤其是主要领导对于安全工作的重要性有了新的认识和提高。集中开展船舶防碰撞攻坚，通过视频监控，严肃驾驶台值班纪律；通过态势回放，纠正不良的避让习惯；通过船长和驾驶员培训，不断强化船长及驾驶团队的能力建设。

2021 年，中远海运集团以“落实安全责任，推动安全发展”为主题，组织开展“安全生产月”活动。活动期间，集团及各单位组织集体观看《生命重于泰山——学习习近平总书记关于安全生产重要论述》专题片，系统学习习近平总书记自党的十八大以来关于安全生产一系列的重要论述、指示批示；充分利用报刊、宣传栏、微信公众号、短视频平台等媒体，多种形式开展安全宣传教育活动，积极开展安全大讲堂、微课堂、员工家庭安全开放日、安全生产先进个人 / 集体评选、科技兴安项目评比等活动，营造浓厚的安全生产氛围，使“我要安全”的理念入脑入心；强化船岸联动，推动与安全生产专项整治三年行动“集中攻坚年”工作相结合，与年度重点工作任务、季节性安全工作相结合，不断夯实集团安全管理基础。

2021 年，中远海运集团组织各单位以案为鉴，开展典型事故“回头看”活动，对近年来的典型事故、险情开展再核查、再教育，重点核查整改措施有效性、整改效果及警示教育的持续性；组织对以往船舶油污染事故，开展预防措施的落实效果后评估，进一步完善应对措施，深入开展防污染攻坚，防止重复性事故发生。（裴凯）

【防台工作】

2021 年，全球范围内特大洪灾、寒潮大风、暴雪冰冻和台风等灾害性天气多发，共生成命名热带气旋 85 个，集团共计 718 艘次船舶受到影响。其中，西北太平洋是集团受影响船舶占比最高的区域，共计生成台风 22 个，在中国沿海登陆或产生影响的台风 8 个，对船舶及相关陆岸单位影响较大。尤其是 6 号台风“烟花”、14 号台风“灿都”，强度大、影响时间长、移动路径多变，集团 283 艘船舶、华东地区 32 家陆岸单位受到直接影响。集团及各单位坚持“以防为主，适时早避，留足余地”的方针，严格落实各项防台措施，船岸单位保持平稳。（裴凯）

【防海盗、防偷渡工作】

2021 年，全球海盗袭击袭扰事件有所减少，但局部海域海盗活动形势恶化，西非几内亚湾、新加坡海峡、秘鲁卡亚俄锚地等海盗活动依然多发、高发，防海盗形势依然比较严峻。中远海运集团及时修订防海盗相关制度、规定，针对西非几内亚湾海域海盗活动扩大的现象，将“几内亚湾高风险区”范围向南扩大到南纬 2 度；开展防偷渡专项治理工作，收集、汇总、分析偷渡事件，甄别出 28 个偷渡风险较大的港口，汇总整理常发偷渡港口（区域）资料，组织编写集团《船舶防偷渡工作指南》，对船舶防偷渡工作作出相应规定。

2021 年，集团共有 2710 艘次船舶航行于防海盗警戒区，其中印度洋中风险区 706 艘次、高风险区 606 艘次，西非中风险区 67 艘次、高风险区 36 艘次，菲律宾南部 1166 艘次，其他水域 129 艘次，有 213 艘次雇佣武装保安随船护航；对进入 5 个常发海盗持械抢劫海域船舶发出警示提醒 2468 艘次，对进入 28 个偷渡风险较大港口范围的 440 艘次船舶进行提醒。（裴凯）

【安全检查】

2021 年，集团及各单位按照年度重点工作任务要求，结合季节性安全生产特点，分阶段组织开展安全大检查工作，包括第一阶段（2021 年 2—5 月）、第二阶段（2021 年 6—9 月）和第三阶段（2021 年 10 月—2022 年 1 月），动态聚焦安全生产过程中的重点、难点问题，以安全检查促进隐患治理和措施落实，重点组织开展危险化学品安全风险隐患专项排查整治、客滚船隐患排查，以及老旧设施隐患排查和风险防范工作，深入开展船舶、岸基及陆岸单位的隐患排查治理。集团总部全年共检查船舶 330 艘次，发现缺陷 4051 项，共评定出 10 艘重点督查船舶和 3 艘优秀船舶；检查陆岸单位 48 家，发现问题缺陷 354 项，提出整改建议 225 项，内外部检查情况总体平稳。（裴凯）

安全文化与科技

安全文化与科技

【科技兴安】

2021 年，中远海运集团积极应用科技手段，不断推进航标平台安装和应用，完成集团内船舶安全管理责任梳理及航标平台“应装尽装”工作；开发防海盗模块，实现对防海盗、防偷渡工作的自动监控、提醒；完善检查模块，实现安全检查自动选船、自动跟踪整改情况等，助力提升安全监管能力和实效。

2021 年，中远海运集团积极推进信息化项目，推动研发“船舶避碰辅助系统”，指导、推进安全智能化预警预控系统建设；指导特运研究开发船舶远程智能协同平台，实现船岸双向视频语音沟通；指导物流开展电气、消防物联网系统建设，动态监测“隐蔽”的隐患和缺陷；指导重工组织基层党支部开展安全改善活动、6S 竞赛活动，积极探索起重设备智能维护技术，建立持续改善的长效机制。（裴凯）

【职业健康】

2021 年，中远海运集团严格执行新《中华人民共和国安全生产法》和国际劳工公约，认真贯彻落实《中华人民共和国职业病防治法》，坚持以“预防职业病，保护劳动者身心健康”宗旨，履行法定职责，监督推动所属企业落实主体责任；从建立健全规章制度及管理机构、改善作业环境、加强职业病防治的宣传、建立培训管理体系、配备个体防护设施等方面，加强源头管控和末端治理；认真落实设施“三同时”工作，依法开展职业病危害因素检测、评价和申报工作，大力提升职业危害防治水平；积极组织开展健康体检，建立职业健康档案，并全面做好接触职业危害职工的岗前、岗中和离岗的体检工作，持续改进职业健康管理工作。中远海运集团获得第二届职业健康传播作品征集活动组织贡献及优秀个人称号，中远海运发展所属寰宇东方国际集装箱（青岛）有限公司入选国家卫健委健康企业建设优秀案例。（裴凯）

【安全文化建设】

2021 年，中远海运集团充分利用《中远海运安全》杂志和中国航海学会驾驶专业委员会平台作用，积极传播集团安全理念，不断凝练航海经验。《中远海运安全》杂志共出刊 12 期，刊载文章 324 篇，主要内容涉及安全信息、航海技术、货运技术、机电管理、节能防污、船舶管理、网络安全、港口航道、检验检查、教育培训、安全文化和劳动安全等，成为集团安全文化建设、展示和交流的重要平台，在行业内的影响力不断提高。中远海运发展所属东方国际集装箱（锦州）有限公司、寰宇东方国际集装箱（启东）有限公司获得全国安全文化示范企业称号，宁波箱厂获得浙江省安全文化示范企业称号。（裴凯）

CHINA COSCO SHIPPING CORPORATION LIMITED YEARBOOK

中国远洋海运集团有限公司

年鉴

第七篇

企业管理

概述

概　述

2021 年，中远海运集团按照国务院国资委部署，全面开展对标世界一流管理提升行动，继续大力加强企业管理，将体量优势转化为效益优势，将重组优势转化为领军优势，努力把集团建设成为具有强劲的国际资源配置能力、航运发展引领能力和全球市场影响能力的行业领军企业。

财务管理方面，紧紧围绕年度总体经营目标，按照“保需求、控风险、提质量、促改革”的工作思路，为集团生产经营、改革发展做好资金保障、财税支持；认真开展财务预算、决算、财务信息系统建设相关工作，积极落实提质增效、亏损企业治理、审计问题整改等专项工作，为集团“十四五”开局之年实现高质量发展、集团盈利水平创历史最佳打好坚实基础。在国务院财政部“关于 2020 年度国有企业财务会计决算报告工作情况的通报”中，集团 2020 年度决算工作位列央企第四名，获评先进单位，集团重组以来连续五年位列央企前列。

人力资源管理方面，积极推进市场化用人机制；建立薪酬激励机制，实施职业经理“业绩薪酬双对标”，激完善中长期激励机制，发人才队伍活力；加强干部队伍培训，完善教育培训体系，建立从新入职员工到中高级管理人员全覆盖的分级分类培训体系，职工队伍整体素质不断提升；着力于年轻干部思想淬炼、政治历练、实践锻炼、专业训练等方面工作，大力培养年轻干部；推进干部人事档案信息化，对干部档案进行专项审核，做好档案材料的认定补充和信息化工作；坚决贯彻落实上级和集团党组防疫工作指示要求，系统掌握防控工作动态，压实防控主体责任，着力抓好各单位疫情防控。

资本运营管理方面，突出效益导向，进一步提升资产、资本运营能力；根据资本市场走向，加强监管政策研究，抓住有利时机，积极做好集团资本运作项目；根据国务院国资委下发的《关于进一步促进中央企业所属融资租赁公司健康发展和加强风险防范的通知》的要求，结合集团融资租赁业务发展战略，积极推进中远海运优化调整融资租赁公司布局结构；加强基金业务集中管理，完善基金业务顶层规划，做好集团直投基金的日常管理；积极开展集团金融业务优化调整专项行动，加大金融资产盘活处置力度；推进信息系统建设，进一步夯实产权管理基础。

内部审计方面，集团各级内部审计机构认真落实中央和有关上级机关关于做好内部审计工作的各项要求精神，持续增强审计和责任追究工作的针对性、有效性和系统性，进一步完善内部审计管理体制机制，努力为集团高质量发展发挥支撑保障作用；开展“质量专精”专项活动，充分发挥审计标准“标尺”作用，将督促指导各单位执行好审计标准作为 2021 年重要工作；进一步强化工作协同，把内部管理、内部监督各方面、各条线力量有机整合起来，形成工作合力；以专项带长效，落实重点专项工作任务。

采购管理方面，持续推动优化集团采购管理体系，推动供应链数字化转型；对集团一级集采各重点项目加大精细化管理，积极配合集团战略合作协议落地实施；持续完善采购制度体系建设，修订采购制度，为采购行为界定合规框架；强化供应商管理，为采购寻源扩大遴选范围；不断完善采购合同文本，为采购交易提供法律保障；着力抓好燃油、滑油、备件、营运船油漆、国内港口服务、保险服务等采购核心项目，持续保障供应链顺畅运行。

法务和风险管理方面，突出提升合规风险管理，持续推进依法治企工作，不断推动法治风控工作融入企业中心工作；不断加强法治风控组织管理，完善法治风控领导体系，完善总法律顾问制度建设，完善法治风控制度体系及风险防控机制，完善集团内控体系建设，持续加强案件管理；将法治风控工作规划纳入集团“十四五”规划，明确建立健全与企业发展目标相适应的全面合规体系，提升合规能力，为企业改革发展各项工作保驾护航。

财务管理

财务管理

【资金管理】

1. 抓住低成本机遇调整债务结构

持续优化债务利率结构，抓住长期资金利率历史低位机遇，增加中长期固定利率贷款159亿元，锁定部分贷款利率，平抑利率波动影响。动态平衡债务币种结构，利用美元低利率和人民币升值的窗口期，加大美元融资力度，外币带息负债占比71%，较年初提高8个百分点。不断有效利用债务直接融资工具，积极发行超短融、公司债、资产支持债券等直接融资产品，发行价格低于市场同期水平。加大低成本债务置换力度，年内完成低成本置换高成本债务246亿元，当年节约财务费用4亿元，节约贷款期内财务费用23亿元。2021年，集团利息费用同比降幅26.7%；集团整体带息负债平均成本率2.4%，同比下降0.6个百分点。

2. 权益类融资优化资本结构

跟踪研究权益融资政策变化，优化调整保险债权投资计划实施方案，年内完成50亿元永续债权投资计划提款，降低集团负债率0.34个百分点；发挥上市公司融资功能，推进海发大额定增募资项目，降低海发资产负债率2.5个百分点；持续跟进物流混改和租赁引战等重点权益融资项目，年内租赁引入战投资金15亿元。加强全级次企业资产负债率管控，确定压降目标，逐月跟踪落实情况，指导下属企业通过逐级增资、层级压降、加快往来款清理等措施，持续推进各级企业资产负债率回归正常水平。年内集团压降比例15.3%，完成国务院国资委年度工作目标。通过增加现金积累、加大内部资金融通等方式，有效压减债务规模。截至2021年年底，集团带息负债余额同比降幅13.5%；资产负债率57.3%，同比下降6.4个百分点。

3. 资金内控管理

加强资金内控体系建设，制定集团资金内控监督管理规定。组织境内外资金管理平台开展资金内控专项检查，规范集团下属公司银行账户开立、网银UK管理、资金头寸调拨等业务，保障集团资金安全、高效运转。加强集团资金计划管理，建立月度收支计划报告制度，动态监控集团货币资金和融资预算执行情况，有效防范债务风险。建设集团资金管理系统，各单位完成业务需求调研、资金业务流程梳理、市场主流产品摸底、供应商服务比较等前期准备工作。修订完善集团《货币类金融衍生业务管理规定》，明确组织架构、规范管理流程。坚持“自然对冲”风险管理策略，严控汇率敞口规模，向重点企业下达汇率敞口年度控制目标，强化考核指标约束。2021年在航运企业收入大幅增长，汇率风险敞口增加、美元兑人民币汇率贬值的情况下，集团汇兑损失同比大幅减少，有效降低了汇率风险影响。

4. 人民币国际化

梳理集团各板块业务模式及收入成本结算状况，制定人民币国际化具体推进方案，确定了“先境内后境外、先集团内后集团外”的工作思路，在基层单位进行试点推进。推进重点单位项目落实，集运电商平台人民币运费支付、散运中铝项目人民币结算运作顺畅。通过创新实践，集团人民币国际化工作取得明显成效，集团各单位运费收取、内部交易、直接投资的人民币结算量均大幅上升。2021年，集团人民币国际化结算总量同比增长115%。其中，跨境人民币结算量占同期本外币跨境收付总量的25%；境内国际运费人民币替代结算量、离岸人民币结算量显著上升。

（赵丰年）

【预 算 管 理】

1. 预算与考核的有效衔接

按照集团“十四五”战略规划、年度预算目标，结合改革三年行动以及对标世界一流企业等专项工作，分解下达各单位预算目标和奋斗目标。通过多部门协同，实现全面预算与业绩考核、薪酬兑现的有效衔接，确保预算执行到位。2016—2020 年，集团预算完成率分别到达 107%、167%、121%、190%、199%，超额完成预算目标和国务院国资委考核目标，连续 5 年蝉联国务院国资委业绩考核 A 级企业。

2. 提质增效专项行动

结合集团各项改革任务，分解落实工作举措，制定集团提质增效行动方案，包括 6 个方面、23 条工作举措，确保实现国务院国资委业绩考核目标。2021 年，集团实现净利润 1050 亿元，突破千亿，创历史最好水平；营业利润率 25.7%，同比上升 15.7 个百分点。

3. 国企改革任务

航运单位梳理统计分析口径，制定经营分析架构，统一规范分析模板，提升经营分析质量。深入挖掘燃油数据变动原因、完善分析方法，针对采购价格偏高、燃油单耗变动大等问题，采取有效解决办法。根据国务院国资委企业绩效评价标准值，持续编制各单位绩效指标对标报告，开展综合评价。推进财务数据互通共享，开发集团财务快报及相关绩效指标快速查询模块，梳理完善取数逻辑、展示界面和应用功能，完成月度快报等固定格式数据向集成平台推送，推进集团数据集成平台应用，强化财务信息集成共享。

4. 亏损企业治理

全面核定下达年度考核指标，明确工作要求，几家经营性亏损单位扭亏为盈，特殊目的管理型单位持续减亏，长期诉讼未决单位清理归并。根据集团国企改革三年行动方案，统筹“两资”“两非”和“压减”等工作，对重点单位开展挂牌督导，截至 12 月末，集团亏损企业户数同比减幅 22.5%。认真落实集团党组工作部署，组织相关地区公司梳理改革成本和历史负担，实施专项支持方案，助力地区公司解决历史包袱，夯实转型发展基础。截至 12 月末，相关地区公司均实现扭亏为盈。梳理集团教育培训工作状况，研究制订人才发展院经费保障方案，解决资金收支缺口，巩固教育资源改革成果；截至 12 月末，人才发展院实现收支平衡。（陈史奇）

【财 税 管 理】

1. 推进各项税收政策落地

积极落实疫情防控税收优惠政策，做好政策执行。持续做好船员个人所得税减免工作，船员公司坚持做好政策宣贯和申报工作，2020 年度集团享受个税减免政策的远洋船员人数同比增幅 186%；应缴个税减税幅度为 87%，政策覆盖广度和深度效果明显。深化落实增值税政策优惠，扎实做好增值税增量留抵退税。

2. 持续跟进境外税务政策变化

妥善处理美国与中国香港签订的航运协定终止事宜，降低集团税务风险，通过“实体勾选”方式，完成香港有关公司在美国整体免税申报；完成 2020 年度免税申报，减少直接税负支出，做好各类申报数据及资料的签署和留存工作。密切关注国际税收监管变化，跟进了解国际税收政策演变，做好集团全球转让定价管理，完成集团 2020 年度国别报告编制。指导外派干部完成年度个人所得税汇算清缴，全球共计有 51 个境外国家和地区的 418 名外派员工完成年度汇算清缴申报，有效降低集团和海外员工税务风险。

3. 国资收益管理

足额收缴直属单位年度利润分配款项，按照分类管理、应收尽收的原则，年内共收取直属单位年度利润分配款项 15.7 亿元，境外实施分配单位数量占比达到 73%，境内单位实现了 100% 全员分配。实施特别收益金征收，将收益分配管理与集团支持上海高质量发展融合考虑，布局公司迁址临港，积极参与临港新片区建设，完成收取集团相关单位特别收益金，统筹集团发展需求。帮助重点单位提高收益分配能力，合理规划收益上缴路径，理顺分配渠道，加强对子公司利润分配管理。积极落实财政补贴申领工作，年内申领并收到“淘旧建新”国资预算资金等各项财政资金；积极申报2022年度财政资金，先后申报淘旧建新国资预算以及一般公共预算。

4. 增值税云平台一期系统建设

年内完成一期项目系统验收，持续进行项目推广。累计上线单位576家，上线比率达到62%，对接系统33个，在册用户1382人，累计发票开具增值税发票533.8万张，累计专票认证50.9万张，累计发票查验124.7万张，累计发票池归集288.6万张。（赵杰）

【会 计 管 理】

1. 年度财务决算

严格按照财政部、国务院国资委以及集团审计委员会等要求，圆满完成集团2020年度财务决算工作。在财政部关于2020年度国有企业财务会计决算报告工作情况发文通报中，集团位列央企第四名，获得财政部通报表扬，集团重组以来连续五年位列央企前列。

2. 财务月报编制

认真做好月度财务报表填报审核、分析说明相关工作，财务月报数据准确性、全面性、及时性不断提升。集团2020年12月财务快报营业收入、净利润等重点财务指标，与年度决算数据差异率均小于1%。在财政部关于2020年度国有企业经济效益月报工作情况发文通报中，集团排名位居央企前列，获得财政部通报表扬。

（杨新远）

3. 参与国家会计政策制定

集团作为财政部企业会计准则实施技术联络小组4家固定席位成员单位之一，积极参与讨论，提出多项建设性意见和建议，小组先后讨论33项专业性议题。根据财政部《企业财务通则》修订征求意见要求，集团就财务治理、资金管理、资产运营、财务监督等方面反馈了15条建议意见，均获得上级肯定。司法部就《中华人民共和国会计法修订草案（送审稿）》征求意见，以书面方式就会计制度、会计监督、网络安全、会计人员处罚4方面内容进行反馈。在财政部上海监管局“碳中和”“碳排放”现场调研中，集团就关注的财务核算和财务体系建设事项提出相关意见和建议。（杨新远）

【其他财务工作】

1. 巩固“两金”压控成果

针对全球疫情反复的持续影响，各单位逐项梳理应收账款和存货回收风险，加大高风险应收账款和存货的清理力度，夯实资产质量，减少资金占用。截至12月底，集团应收账款净额比年初增长18.7%，小于收入增幅45个百分点；存货净额比年初增长24.5%，小于收入增幅54个百分点；实现经营活动现金净流入同比增长214.6%。

2. 会计核算标准化

在完成集团本部、港口、特运3家试点单位的基础上，陆续完成海科、上海、青岛、天津、港航、大连投资及物流等230家单位的系统实施工作，实施散运、能源、物流（第二批）、海发、客运、广州等637家单位推广，年底完成系统部署，2022年1月份正式上线，集团SAP上线率达到90%。针对已使用新科目表的单位，在上线后的三个月内完成快月报项目实施工作，进一步提高上线单位快月报填报效率和质量，增强集团会计信息质量的管控能力。通过该项目实施，统一规范集团会计科目和核算方法，为集团财务信息系统向数字化转型奠定基础。

3. 核算与结算财企直连项目

年内在做好需求调研、技术论证、高阶设计、用户培训及测试等准备工作的基础上，完成集团总部及特运的上线运行，后续逐步向其他境内单位推广实施。通过SAP核算系统和运输管理系统（TMS）结算系统的数据集成，实现财企间的收付款结果实时交互、资金头寸实时查询，提高管理效率、减少工作差错、防范资金风险，提高集团整体资金使用效率及管理水平。

4. 集团费控平台建设

在集运、物流、海发等公司开展财务共享和

费控系统建设基础上，进一步推进散运、能源和特运等 10 多家单位报销业务费控系统建设，通过建设集团统一的费控平台，利用数字化技术实现集团本部及境内所属单位费用报销业务流程规范化、智能化、共享化；加强预算控制，节省费用支出，提高报销效率，提升用户体验，不断推进业财融合，为集团财务数字化转型，推进财务共享建设奠定基础。

5. 开展财务检查

持续提高集团整体财务管理水平，提升各单位财务合规意识，全面开展 2020 年度财务检查工作。结合集团风险管控要求，明确以管理销售费用核算、资金债务管理为重点检查内容，通过各单位自查、集团抽查相结合的检查方式，覆盖境内外各级子企业 2019 年至 2020 年 6 月的财务管理工作。成立 5 个检查组，结合疫情防控要求，通过现场、视频、交叉检查等方式对全部直属单位、部分三级及以下单位进行抽查。按照边查边改原则，指导、监督各单位制定明确的整改措施、目标、责任人和时间表，确保整改落实到位，进一步夯实集团财务管理基础，提高集团财务风险防范能力。（王易）

6. 境外中方财务人员管理

根据国务院国资委有关工作要求，对境外单位中方财务人员状况进行梳理，分析存在问题，拟定工作方案。不断完善集团境外财务人员任职管理流程，严格执行任职资格管理及轮岗制度，明确境外中方财务人员专业职称、工作经历、政治面貌、任职年限等要求；进一步加强境外财务人员履职管理，开展财务人员赴境外任职前培训考评及任职期间的履职情况考核工作。（王易）

人力资源管理

人力资源管理

【领导班子和干部队伍建设】

1. 集团党组管理干部基本情况

截至2021年12月，集团党组管理干部共计265人，其中：总部部门（中心）负责人及以上干部52人、直属单位领导班子成员197人、直属单位专职外部董事16人。中共党员256人，民主党派3人，无党派2人，群众4人。从年龄结构看，平均年龄53岁，40岁及以下1人，占0.4%；41～50岁81人，占30.57%；51岁以上181人，占68.3%。从学历结构来看，研究生以上学历82人，占30.94%；本科学历162人，占61.13%；大专及以下学历21人，占7.92%。从职称结构看，高级职称128人，占48.3%；中级职称110人，占41.51%；初级及以下职称14人，占5.3%；无职称13人，占4.91%。

2. 直属单位领导班子及干部调整

2021年，共调整集团管理干部19人次，其中免职退休12人，平级调整7人。共涉及5家直属单位和1个总部共享中心的主要领导调整。其间，严格按照中央组织部要求，对涉及调整的干部事项均事先报中央组织部审批，经批准同意后按程序推进实施。加强直属单位领导班子综合分析和盘点，根据班子配备数量、董事长和党委书记“一肩挑”要求以及年龄结构、专业结构、任职年限等实际情况，研究提出进一步完善直属单位领导班子结构的思路和举措。

3. 经理层任期制和契约化管理

按照国务院国资委和集团改革三年行动总体部署，全面推进各级子企业经理层成员任期制和契约化管理，印发《关于在直属单位推行经理层成员任期制和契约化管理的指导意见》《关于在集团系统内全面推行经理层任期制和契约化管理的通知》等文件，加强宣贯和推进实施，建立跟踪推进机制，强化审核把关，对部分重点单位开展现场调研检查。截至2021年年底，集团623家各级子企业，已全部完成任期制契约化管理或者职业经理人制度，完成率100%。中远海运集运大力推行职业经理人制度，全部完成已有经理层成员转化为职业经理人的签约工作。

4. 直属单位董监事管理

坚持直属企业董事会应建尽建、配齐配强，集团境内外38家直属企业全部建立了规范董事会。截至2021年年底，集团专职外部董事16人，在24家直属单位的43个董事岗位任职。外聘董事共63人，在27家直属单位的71个外部董事、独立董事岗位任职。优化直属单位董事监事配备，2021年共调整19家直属单位董事、监事58人次，其中涉及专职外部董事10人次，外聘董事17人次。优化专职外部董事履职保障，印发《关于进一步加强直属单位专职外部董事履职保障工作的通知》，及时协调解决有关问题，为专职外董充分履职提供支持。

5. 年轻干部选拔培养

将集团“启航班”“远航班”作为集团干部培养的主阵地，举办2021年“启航、远航”培训班，直属单位、集团总部及船舶“三长”共54名年轻干部参训。坚持质量第一、好中选优、宁缺毋滥、不降格以求、不硬凑数量的原则，在三级企业中层干部中筛选推荐一批优秀年轻干部，共推荐843名三级企业40岁左右的优秀年轻干部，其中正职513人、副职330人。

6. 干部监督和基础管理工作

从严监督和管理干部，对客运、青岛、资产3家公司开展选人用人监督检查。对26家直属单位开展选人用人“一报告两评议”工作。按照中央部署，开展规范领导干部配偶、子女及其配偶经商办企业行为工作，按规定做好规范和退出工作。开展“影子公司”“影子股东”专项自查，对257名集团管理干部开展个人有关事项报告年度集中填报工作，按要求开展年度随机抽查、重点抽查、查核验证工作。

7. 扶贫、援藏和干部挂职

根据中央有关部委和集团党组工作部署，完成云南、湖南6名挂职干部到期轮换工作，并对2名援藏干部开展进藏满两年现场集中考核。选派1名年轻干部到国务院国资委挂职，与广西北部湾、山东省国资委、青岛市国资委和上海市妇联等单位开展干部交流挂职，共计20人次，促进年轻拓宽视野，丰富经历，积累经验。（范路遥）

【人才队伍建设】

1. 制定人才发展规划

印发《中国远洋海运集团有限公司“十四五”人才发展规划》，明确“十四五”期间集团人才发展的指导思想和总体目标，将坚持党管人才、全球发展、高端引领、市场导向、创新驱动和开放共享“六个坚持”贯穿人才工作的全过程，着力培养、造就、吸引、凝聚、用好、用活各类优秀人才，为集团“十四五”发展规划落地提供有力的人才支持。

2. 人才招聘工作

加大优质高校毕业生招聘力度，组织相关单位赴清华大学、北京大学等17所国内顶尖院校开展宣讲会。2021年，集团境内陆岸岗位招聘应届高校毕业生596人，其中硕士及以上学历249人，占比42%。继续推进集团第二期管培生计划工作。

3. 人才教育培训

编制印发《集团党组关于完善教育培训体系建设的意见》，建立从新入职员工到中高级管理人员全覆盖的分级分类培训体系。举办学习宣贯《集团党组关于完善教育培训体系建设的意见》专题培训班，进一步明确集团各部门、直属单位抓教育培训的工作职责，建立166人的教育培训管理人员队伍，其中专职人员13人。发挥集团党校/人才院培训主阵地作用，举办“启航、远航”年轻干部培训，共54名学员参训；分两批开展新员工入职培训，共474名学员参训。落实集团与上海交大战略合作框架协议，推动双方高层次人才培养合作。2021年集团与上海交大联合培养工程博士5人。

4. 员工职称评审管理

2021年，集团共有135人获得高级职称。其中经集团高级职称评审委员会评审并获得高级职称人员共计126人，包括正高级工程师8人，高级工程师36人，高级经济师29人，高级会计40人，高级政工师9人，研究员（自然科学）1人，副研究员（自然科学）3人。委托大连海事大学教师系列高评会评审并获得教育研究、教师系列职称8人，包括教授2人、副教授3人、研究员1人、副研究员2人。经中国交通报社有限公司新闻系列高评会评审并获得新闻系列高级职称主任记者1人。（陈嘉星）

【总部员工管理】

1. 总部员工基本情况

截至2021年12月，集团总部职能部门共有员工231人，其中：总部部门负责人及以上干部56人，处室负责人78人，员工97人。其中，中共党员210人。平均年龄46.2岁；本科及以上学历223人，占96.5%；高级职称84人，占36.4%。

2. 落实国务院国资委“总部机关化”问题专项整改

根据国务院国资委《关于中央企业开展“总部机关化”问题专项整改工作的通知》关于“央企要注重从基层企业选拔优秀人才，加大总部与基层企业的人员交流力度”的具体要求，研究制定了《集团总部与下属单位员工挂职工作实施方案（试行）》，明确了共享中心、直属单位员工到集团总部挂职培养等相关要求，进一步夯实了集团总部与基层单位间员工培养锻炼机制，安排共享中心、直属单位共45人到总部挂职工作。

开展总部与基层单位间员工交流，2021 年从下属公司选拔 8 位优秀年轻干部、外派干部到总部各岗位工作，53 人从总部各部门调至下属公司和境外单位工作。（陈坤）

【派驻境外员工管理】

1. 境外员工基本情况

截至 2021 年 12 月底，集团境外员工共计 481 人。从年龄结构看，平均年龄 47 岁；31 ~ 40 岁 95 人，占 19.7%；41 ~ 50 岁 218 人，占 45.3%，51 岁以上 168 人，占 35%。从学历结构看，研究生以上学历 130 人，占 27%；本科学历 309 人，占 64.3%；大专学历 39 人，占 8.1%；中专学历 3 人，占 0.6%。从职称结构看，高级职称 84 人，占 17.5%；中级职称 239 人，占 49.7%；初级及以下职称 158 人，占 32.8%。

2. 加强境外后备人才库建设

举办外派后备人员能力提升培训班。对集团总部及直属单位共计 42 名拟外派人员进行为期 2 周的集中脱产培训。培训内容重点围绕政治思想、海外财务管理、海外行政人事与跨文化管理、海外业务、管理能力提升 5 个模块，并通过互动教学、经验分享和结构化研讨等方式，激发学员的积极性和主动性，帮助学员了解和适应境外事务。继续做好后备人员选拔工作。2021 年 4 月，结合直属单位海外岗位选派需求，及时开展后备库内人员补充工作，坚持人员标准，严格执行入库程序；经英语及综合素质两轮测试，共 35 人通过考核入库。（陈坤）

【薪酬与绩效管理】

1. 工资总额管理

2021 年，集团内共有 10 家重要子企业完成董事会职工工资分配管理权落实工作，实现了授权“授的出”“接的住”“行的稳”。各重要子企业董事会按照集团及上级要求，建立健全工资总额决定机制，不断完善内部收入分配政策，动态监测职工工资各项指标执行情况，切实实现本单位工资水平增长与经济效益同向联动，职工收入能增能减。

2. 领导人员薪酬管理

认真贯彻上级有关中央企业负责人薪酬管理规定，做好集团领导班子薪酬日常管理工作。按照国务院国资委相关通知要求，认真编制中远海运集团企业负责人 2020 年度薪酬兑现方案，并做好兑现工作。

3. 上市公司股权激励

2021 年 6 月，中远海运控股首期授予的股票期权 2 年锁定期满，并进入第一个行权期。集团认真审核中远海运控股公司业绩和市场对标情况等行权材料，按照规定程序开展首期股票期权第一批次行权工作。经集团批准及公司董事会审议通过，中远海运控股按照约定启动行权工作。在企业效益持续改善的同时，中远海运控股股价大幅攀升，公司市值从授予时的 500 多亿元增加到行权时的 3000 多亿元，实现了企业、股东、员工的多方共赢。

4. 科技型企业分红激励

2021 年，按照集团国企改革三年行动方案计划安排，批准青岛中远海运所属连云港流体和中远海运重工所属大连海事工程两家企业实施科技型企业分红激励。集团所属南京船配、威海科技、江门铝业、上海船研所 4 家已实施科技型企业分红激励的单位，按照方案约定和业绩考核情况，陆续完成 2020 年度分红激励兑现工作，科技人员工作积极性不断增强。（刘飞）

【船 员 管 理】

1. 出台《中远海运集团党组关于加强高素质船员队伍建设的指导意见》

为贯彻习近平总书记关于“经济强国必定是海洋强国、航运强国”重要指示，落实习近平总书记与“中远海运玫瑰”轮船员通话精神，全面加强集团高素质船员队伍建设，2022 年 4 月 21 日，集团党组印发了《中远海运集团党组关于加强高素质船员队伍建设的指导意见》。该指导意见作为集团加强和改进船员队伍建设的纲领性文件，从船员职业吸引力、船员流失、队伍结构、能力素质、培养机制、薪酬激励6个方面，分析了集团船员队伍建设面临的问题和挑战；从船员发展规划、招聘渠道、教育培训、船岸交流、薪酬体系、管理提升、数字化建设、关心关爱、党建引领、外部环境10个方面，提出了39项具体工作任务举措。

2. 优秀船员调至陆岸

为加强船岸复合型人才队伍建设，拓宽船员成长发展通道，树立从船舶一线培养选拔干部的用人导向，促进优秀船员到陆岸岗位工作的规范化、制度化，集团党组分别于2021年8月和11月审议通过了《集团船员调陆管理办法（试行）》和《集团优秀船舶政委人才库建设及船舶政委调陆实施细则（试行）》。按照文件要求，集团人力资源部和党组工作部指导船员公司和各船公司陆岸单位，全力做好优秀船员调陆工作，同时做好船员调陆后备库建设。2021年度，共完成63名优秀船员调陆工作，其中集运15人、能源23人、散运19人、特运4人、青岛中远海运2人。集团要求各单位必须加强对调陆船员的培养使用，使其逐步走上各级管理和领导岗位。

3. 陆岸人员挂职船舶政委

按照《中远海运集团陆岸人员挂职船舶政委工作实施方案（试行）》的要求，在2020年第一批陆岸人员挂职船舶政委的基础上，2021年10月启动了第二批挂职船舶政委工作，在集团全系统17家单位共选拔年轻优秀陆岸管理人员48名；经过为期2个月的专项培训，挂职船舶政委被陆续派到船上。（刘建强）

【离退休人员管理】

1. 离退休人员基本情况

截至2021年年底，集团共有离退休人员68 759人，其中离休干部306人。设有离休干部党支部15个，离休干部党员234人。

2. 引导离退休干部发挥积极作用

围绕庆祝建党100周年，认真贯彻落实习近平总书记给上海市新四军历史研究会百岁老战士们的回信精神，积极推动离退休干部在党史学习教育中发光发热，给年轻党员上党课。中远海运集运以"'船'颂百年党史　护航'浮动国土'"为主题，拍摄《旗帜》系列党史学习教育专题片，讲述远洋重大历史往事，并在《劳动报》《上海退休职工》等杂志专版刊登。中远海运重工开展"回家看"活动，组织离退休干部考察集团船舶设备智能制造工厂，向老同志们介绍企业近年来的生产经营、科技创新、数字化管理等方面情况。

3. 离退休老干部服务

围绕元旦、春节、七一、国庆等重大节日，走访慰问离退休干部，进一步做好服务照顾保障工作，努力让他们安享幸福美满晚年。为符合条件的21名离休干部提高享受副（省）部级医疗待遇，为25名离退干部提高享受副（省）部级医疗费报销待遇。7月，面对河南多地遭遇特大暴雨侵袭，郑州单日降雨量突破历史极值的严重灾情，中远海运集运慰问郑州市12名退休老同志。开展2021年"敬老月"活动，结合集团离退休老同志实际，组织各单位走访慰问大重病、高龄、独居、困难退休人员。积极响应上海市委老干部局"乐龄申城 –G生活"志愿活动，深入推进"智慧助老"行动，为有需求的老同志教授电脑、智能手机等电子设备使用方法，掌握出示随申码、扫码支付、出行一键叫车、就医挂号、微信常用功能等生活便利化技能，让老同志们跨越"数字鸿沟"，足不出户享受5G生活。积极响应党中央关于防疫的要求，向老干部宣传国家疫情防控决策部署，及时提醒老干部带头落实并做好自我防护。

4. 退休人员社会化管理移交后续工作

贯彻落实党中央、国务院决策部署，完成退休人员社会化管理移交整体工作。协调各单位逐步转变工作模式，进入日常化退休、常态化移交的状态。根据上海市安排，协调在沪各单位逐步进行退休人员人事档案验收，完成档案实体交接。根据中共中央办公厅、国务院办公厅《关于国有企业退休人员社会化管理的指导意见》，国务院国资委办公厅、财政部办公厅《国有企业退休人员社会化管理有关问题解答》精神，研究制定集团退休人员过渡期相关规定，对统筹外费用进行认真清理，分类处理。精心做好政策解释和思想政治工作，切实维护企业和社会的稳定。汇总移交退休人员移交有关情况，协助上海市等地区申请中央财政补助。社会化管理移交后，集团各单位与地方政府有关部门有效衔接，各项工作规范有序，退休人员状况总体平稳。（张铁程）

资本运营管理

资本运营管理

【资本运作重点项目】

1. 提升东方海外的流动性

2018 年集团完成对东方海外收购，东方海外第一个完整年度即实现扭亏，2020 年、2021 年效益随协同效益的释放及市场有利走势，取得突破性增长。2021 年上半年，公司实现净利润 28.11 亿美元，同比增长约 2654%。为进一步提升东方海外的流动性，促进价值体现，在集团董事会授权及东方海外一般性授权范围内，东方海外分别于 2021 年 1 月、9 月完成两次新股配售工作，分别以 81.81 港元 / 股、151 港元 / 股的价格发行 1140 万股、2318 万股，募集资金规模分别为 1.2 亿美元、4.46 亿美元。通过两次新股配售及东方海外联合投资人、后续投资人实施减持操作，进一步向市场释放流动性，东方海外 12 月的市场投资人持有股份已经超过 11.53%，较收购后 1.57% 大幅增加，集团持股比例降至 71.07%，日均交易量是新股配售前 23 倍。2021 年东方海外股价最高达 201.6 港元 / 股历史新高。

2. 增持中远海控

受全球资本市场及航运市场波动的影响，2021 年 9—10 月中远海控 A、H 股价出现较大幅度波动。为积极应对后续股价持续走低的风险，避免资本市场负面预期向主业蔓延，集团积极传递大股东对上市公司未来发展前景的信心，对中远海控实施了增持操作。截至 11 月 9 日，增持 A 股 4540 万股，H 股 2248 万股，集团对中远海控的持股比例由 46.00% 上升到 46.43%。

3. 投资收购胜狮货柜

2019 年 5 月，中远海运投资与胜狮货柜签署《股权转让总协议》，收购其旗下的启东能源、青岛太平、宁波太平等。为解决同业竞争问题，收购完成后集团向中远海运发展出具解决同业竞争的承诺，自收购交割完成之日起三年内，承诺通过合法程序及适当方式，将标的公司股权以公平合理的市场价格转让予中远海运发展。为全面整合集团内部集装箱制造业务、实现资源优化配置，解决上市公司同业竞争问题，集团通过发行股份购买资产方式，向中远海运发展注入资产并同步募集配套资金。2021 年上半年，集团履行完毕内部审批程序后，于 5 月底取得国务院国资委批复。2021 年 10 月 20 日，项目获得证监会的核准批文，并于 11 月 4 日完成标的资产过户手续，11 月底完成股份发行和募集配套资金工作。

4. 优化中远海运港口资本结构

中远海运港口作为集团港口板块上市平台，存在市场估值低、资本运作受限、港口资源分散等问题。根据资本运营规划，通过将中远海运港口股权结构向上提升、整合集团分散港口资源、回归 A 股上市等手段，最终优化其资本结构，使港口平台更符合集团“十四五”战略规划中将港口作为集团核心业务的定位。2021 年，集团制定了港口回归 A 股方案，即中远海运港口先行向集团发行股份购买资产，整合上港、广州港等资产并实现从中远海控出表、实现集团并表。上述整合完成后，中远海运港口可按照整合后资产直接整体回归 A 股 IPO。

【融资租赁业务】

根据国务院国资委下发的《关于进一步促进中央企业所属融资租赁公司健康发展和加强风险防范的通知》要求，结合集团融资租赁业务发展战略，积极推进中远海运租赁混改项目股权交割。按照集团董事会决议精神，老股转让和增资扩股方案有序推进，其中混改基金支付全部股权转让款18亿元，中保投实缴增资款14亿元。截至2021年年中，中远海运租赁已完成工商登记变更、监管登记、公司章程和董事变更等工作，并在中远海运发展2021年半年报实现出表。此外，还开展了优化整合控股融资租赁公司及清理退出参股融资租赁公司等工作。上海海盛上寿融资租赁公司25%股权的退出工作，已得到受让方认可；在此基础上开展了相关审计和评估工作。

【基金业务集中管理】

2021年，集团持续优化基金投资授权，不断完善制度建设，加强业务管理和监督指导，对主业相关性弱的参与类基金逐步退出，提升基金业务服务集团战略的能力。根据国务院国资委基金业务专项检查结果及管理要求，着力做好基金业务整改提升工作。加强对混改基金、央企信用保障基金、扶贫基金等日常管理。通过董事会、股东大会等公司治理机制，认真研究审阅议题，及时掌握财务数据和经营情况，积极履行股东职责。

【夯实产权管理基础】

开展产权管理综合信息系统项目建设前期需求调研工作，为集团产权管理工作提供信息化、数字化赋能。2021年，启动集团产权管理综合信息系统项目建设前期工作，梳理集团产权管理需求，就集团自建产权系统和建立接口等事宜加强与主管部门沟通；开展外部交流，学习兄弟央企系统建设经验。优化完善产权信息沟通机制，通过集团对所属单位产权流转信息的及时掌握和违规事项的及时提醒，进一步提升直属单位产权业务事项办理的合规意识和水平。开展产权管理情况的检查调研交流，针对发现的问题下发督导函，督促所属单位进一步重视产权管理工作，避免违规操作。为进一步提升集团总部决策审批效率、优化集团内部股权流转审批流程，修订完善《集团公司董事会授权规则》，完善集团授权直属单位董事会决策事项4.0版，明晰受限事项范围，避免重复报批。

【重点专项治理】

1. 重点亏损子企业专项治理

2021年是国务院国资委下达的中央企业重点亏损子企业专项治理任务的收官之年，列入国务院国资委专项治理任务名单的集团所属24户重点亏损子企业需在完成单户减亏治理目标的同时，整体减亏60%。集团所属重点亏损子企业的经营情况较上年继续改善，合计利润已实现整体扭亏；4户企业已经完成关闭或转让，1户企业已经进入破产清算程序，剩余19户企业中有13户实现了扭亏，6户亏损企业中有5户亏损额控制在减亏目标进度范围内，中远海运能源所属中发香港因年初市场形势恶化亏损额较高，能源已采取扭亏措施确保完成年度任务。

2. 开展全民所有制企业改制

2020年10月及2021年5月，国务院国资委先后下发通知，要求各央企加快完成公司制改制收尾任务。集团按照要求上报了工作计划表，于2020年年底及2021年年初完成河南中原集装箱运输公司南阳公司和河南中原集装箱运输公司2户拟关闭企业的清算注销工作，并结合国企改革三年行动方案要求加紧推进上海船研所改制工作，确保2021年年底完成改制收尾任务。

3. “僵尸”及特困企业治理

按照国务院国资委按时完成治理任务的要求，集团完成所属7户“僵尸”、特困企业的治理工作。2021年主要开展三项后续工作，即按有关规定组织各特困企业对财政部拨付的2020年特困企业人员安置专项补助资金2814万元分配使用情况进行了公示，开展了资金使用情况绩效自评；继续按季度跟踪各特困企业经营情况，防止返贫返困情况发生；根据财政部、国家税务总局出台的有关“僵尸”、特困企业房产税和城镇土地使用税退免税优惠政策，各相关子企业积极对接当地税局，落实退免税申报。上海中远海运重工、上海远宾等公司及中海工业本部完成了免税申报工作。（周明）

内部审计

内 部 审 计

【集团召开审计工作会议】

2021 年 4 月 12 日，中远海运集团召开审计工作会议。集团党组书记、董事长许立荣出席会议并讲话，集团党组副书记、董事、总经理付刚峰主持会议，集团党组成员、副总经理、总会计师孙云飞通报近年来集团内部审计工作，布置下阶段重点工作任务。会议全面总结集团成立以来内部审计工作情况和取得的成效，明确了下一步内部审计工作的总体思路和工作目标。许立荣在会上要求，内部审计要以形成与集团创建世界一流企业相匹配的审计工作能力和水平为目标，重点在完善审计管理体制、推动重大决策部署落实、优化管理改进方法、探索贯通融合、发挥“治已病、防未病”作用、健全责任追究制度机制、加强审计队伍建设 7 个方面下功夫，持续增强工作的针对性、有效性和系统性。集团领导，总部各部门、中心主要负责人，境内外各直属单位、代管单位党政负责人、分管审计领导班子成员、审计机构负责人在主会场、分会场参加会议。（徐飞）

【完善管理体制机制】

全面加强党对审计工作的领导，不断完善“上审下”的审计管理体系，巩固深化审计本部、审计中心和境外审计分部一体化运行；加强指导检查和质量评估，形成上下贯通、联动协同的管理体系；健全制度体系，制定印发了《关于加强审计成果运用工作的指导意见》《审计人才库建设管理实施细则》《违规经营投资问题线索查处工作指引》等。（徐飞）

【开展内部审计项目】

2021 年，为克服疫情影响，全集团共组织开展审计项目 608 项，计划完成率 103%，审计发现问题 3600 余项，提出意见建议 3200 余条，促进增收节支 2.59 亿元。（刘峰）

【推进工作质量专精】

2021 年重点开展“质量专精”专项活动，着力提升审计工作质量。加强对下指导监督，抽取 23 个直属单位审计项目提级审议评价；集团重点指导监督 41 个工程建设审计项目，开展季度跟踪审计，提升投资监督时效；按国务院国资委要求组织开展审计工作质量评估，同步制定对直属单位审计工作质量评估办法，建立考评体系；开展全集团 2020 年度优秀审计报告评选，对 59 个优秀审计报告予以通报表扬。（徐飞）

【审计数字化转型】

结合集团“十四五”期间数字化转型，重点推进审计管理信息系统和联网审计系统三期的建设和运用，审计数字化建设取得明显成效。建成审计巡视管理信息系统，按进度完成系统全面上线，覆盖全集团各级次审计机构，实现了审计等相关业务由线下向线上全面转型，推动了审计统筹管理平台化、业务流程规范化、上下联动标准化、信息交互集成化。推动联网审计三期建设，11 月完成整体功能开发和上线试运行工作，实现由业务联网向数据运用的转变。11 月集团召

开了全系统审计巡视信息系统使用推进会，推进各单位调整工作模式，加大线上和远程审计比例，提升审计效率和成效。（王续伟）

【加强审计成果运用】

推进审计整改，集团成立以来所有审计发现问题 23 000 余项全部纳入整改台账，实行“建账销号”，整改措施制定率 100%，成效产生率为 98%，核销率为 85%。出台《关于加强审计成果运用工作的指导意见》，对 18 家直属单位审计成果运用情况进行检查，分 4 批组织 28 家直属单位召开审计成果运用季度座谈会。

（陈洁）

【建立容错纠错机制】

落实改革三年行动实施方案要求，按照“三个区分开来”要求，梳理出 12 项免责事项情形，年底正式出台《集团经营投资免责事项清单机制》。

（陈洁）

【重点专项工作】

开展“靠企吃企”专项整治工作，加强部门协同，建立工作机制，确定工作重点，强化审计、巡视与专项治理工作的“点面结合”“立体推动”。持续做好境外腐败治理专项工作，持续深化境外腐败治理工作成效。做好直属公司监事会事务支撑保障，按部门职责。2021 年全年，17 家直属公司召开监事会会议共计 57 次，5 家直属公司出台了监事会议事规则。（徐飞）

采购管理

采 购 管 理

【供应商管理】

2021 年，完成船用油漆库和法律服务供应商库建库工作。集团自成立以来建立的多个一级供应商库陆续到期，需进行迭代更新。对此，集团由集采中心牵头，先后完成境内评估机构供应商库、境外燃油供应商库、船舶油污水接收单位合格名录、工程审计中介机构供应商库和产权经纪机构供应商库的到期重建工作，以及采购专家库的到期重建工作。（赵博宇）

【集中采购调研】

为深入了解各单位采购管理体制机制以及采购管理状况，为集团集采体制机制进一步优化积累基础材料，2021 年下半年，集团集采中心和运营部一起，组织开展境内二级单位采购调研工作，与境内各家二级单位进行一对一交流，全面深入调研各公司集采体系建设以及集采工作情况。（赵博宇）

【采购管理提升对标】

按照国务院国资委关于 2021 年央企采购管理提升对标评比工作的要求，集团与组长单位中国移动一道在厦门组织第四组第三场现场交流及专家评审会议。会上，介绍了集团采购管理工作总体情况，同时重点交流了重工和港口两家下属单位的采购经验，同时组织各单位成员及评审专家现场参观厦远远海公司无人集装箱码头。经专家现场打分，集团在 2021 年国务院国资委公布的央企采购管理对标评比中，取得了排名第四的成绩。通过与第一组军工企业和本组通信企业、航空企业的交流，学习了采购管理方面的先进经验，为进一步提高集团采购管理水平奠定了坚实基础。（赵博宇）

【燃油采购管理】

2021 年，完成上年度年境外燃油供应商评价工作，搭建了新的境外燃油供应商库。集团相关航运公司以及新加坡平台公司对上年度集团境外燃油库内供应商进行了评价；在此基础上，根据新一轮境外燃油供应商库搭建方案，着力做好境外燃油供应商库的建库工作，新名录于 3 月底公布下发。（刘永亮）

【船用油漆采购管理】

船用油漆（营运船油漆）是集团第二批集中采购品类目录之一，为了发挥集合优势，有效平衡和控制营运船油漆采购成本，规范采购行为，提高采购效率，本着分步推进、稳妥实施的原则，集团实施一系列关于加强营运船油漆供应商管理的举措，包括：建立集团统一的营运船油漆供应商库；完成本年度集团营运船保养油漆总采购协议价格谈判；对集团船用油漆采购数据进行统计分析。（刘永亮）

【智能优选商城管理】

持续优化改善智能优选商城管理，2021 年完成制定“智能优选”内部供应商管理工作方案，明确内部供应商开店行为规范。（汪家荼）

法务与风险管理

法务与风险管理

【合同管理】

抓好合同基础管理　严格执行《合同管理规定》，对集团公司为签约主体的 180 份合同进行合法性审核。开展范式合同文本建设，制定 2021 年范式合同制订计划并组织实施。通过修订原有范式合同文本和新增范式合同文本，补充完善集团范式合同文本库。截至 2021 年年底，集团范式合同文本库共有范式合同文本 733 份。

强化合同履约管理　各单位建立履约全流程管控机制，开展合同履约管理全流程梳理，查找风险点和薄弱环节，建立健全合同履约管理规范，完善合同履约管理流程，加强合同履约过程控制，防范合同履约风险。（孙津生）

【重大项目法律服务】

保障重大战略项目实施　重大项目包括比港产能提升暨中欧陆海快线建设、琼州海峡港航一体化、西部陆海新通道建设、T 项目、广州中远海运股改、比港第二阶段 16% 股权交割等，涉及项目的并购、交易方案设计、法律尽职调查、合同、协议等重要法律文件的审核把关，为集团战略项目提供法律合规保障。

助力比港实现剩余股权交割　研究分析比港第二阶段 16% 剩余股权交割项目面临各种可能的法律后果，在 PPA 仲裁准备和谈判协商过程中及时提出建设性策略建议，最终与希腊方在协议修改条款方面达成一致。新协议经希腊国会批准生效，比港第二阶段 16% 剩余股权顺利完成交割。（孙津生）

【案件管理】

日常管理精细化　以“全面掌握、重点管控、提升能力、促进管理”为目标，扎实推进基础管理，全系统的案件管理体系基本形成。2021 年，从科学性、合理性角度出发，以管理要求为导向，结合各单位的特点，新增完善了重大案件、老旧存案以及案件消化等方面的考核指标，引导推动案件日常管理做精做细。

重大案件督办机制化　对重大案件全部实施挂牌督办，严格落实重大案件总法律顾问负责制，加强关键环节指导，了结 14 件重大案件，结案金额 14 亿元，避免和挽回了巨额经济损失，督办机制成效显著。组织研究融资性贸易的业务链条、法律定性和诉讼策略，并严禁融贸业务开展，2021 年年初该类案件实现清零。印发《关于进一步做好质押监管类案件纠纷管理的通知》，要求相关单位尽快退出质押监管和托盘保管项目，做好后续风险防范与应对工作，案件的风险敞口大幅缩小。

老旧存案处置类型化　各单位加强老旧存案的处理。2021 年年初，将三年以上老旧存案的处置确定为案件管理年度工作重点，建立总台账，因案制宜分类制定处置目标，深入研究处置策略，推进尽早解决历史遗留问题，助力企业轻装上阵。2021 年全年共消化老旧存案 27 件，结案金额 7.1 亿元，积案清理效果明显。

案件管理工作数字化　优化完善案件管理信息系统，上线新增英文界面、统计表样和漏洞修复等功能，新增“法律供应商”功能模块，以实现法律服务机构的线上查询、比选、聘用、评价、信息统计等功能。（孙津生）

【法律服务机构管理】

依据《法律服务采购管理细则》，集团正式公布16个专业类别、共354家法律服务供应商的入库名单。下发《关于加强集团法律服务采购管理相关事宜的通知》，加强对法律服务的使用和评价管理。（孙津生）

【规章制度管理】

开展“立改废释” 以董事会制度建设为龙头，以三年行动改革制度为重点，自上而下完善集团制度体系。2021年，集团公司及各直属单位完善公司治理、董事会授权领域相关制度131项，制定三项制度及中长期激励等改革相关制度108项，风险合规、生产运营、监督追责等制度500余项，保障集团稳健发展。

建立制度备案机制 发布《集团公司规章制度备案管理规定》，从下级单位制度制定的源头加强监督管理，促进集团公司管理要求和改革思想在系统内部有效落实。加强制度管理协同，按照“一企一策”原则，组织集团公司各部门对直属单位2021年制度计划进行指导，提出审核意见87项，推动相关单位加强董事会授权规则、投资后评估、网络安全管理、安全风险管理等领域制度建设。

加强执规检查 加强全系统改革重点、突出问题执规监督，组织各直属单位结合业务实际，有针对性地选择投资、商务、采购、金融或资金等领域，开展专项执规检查，查找突出问题，完善管理机制，2021年直属单位组织执规检查共计36次。

加强基层管控 指导和推动直属单位强化主体责任担当，严格基层制度管控，系统梳理典型性、普遍性的基层制度问题，采取灵活多样的方式组织开展基层制度工作培训，提升基层单位制度运行水平。2021年，直属单位发布制度提示函28份，组织开展制度宣贯培训51次。

（孙津生）

【普法宣传】

2021年，集团持续加强法治宣传，认真学习宣传习近平法治思想，把习近平法治思想落实到普法工作全过程、各环节。秉持“法治伴你远航，风控创造价值”法治宣传主题口号，组织开展“12·4”国家宪法日和集团2021年法治宣传月活动，以“美好生活·民法典相伴”为重点，开展系列普法宣传。

开展“以案为鉴”典型案例撰写活动，各单位累计撰写各类典型案例153篇，形成优秀案例汇编，涵盖集团生产经营活动中易发高发的大部分纠纷类型。（孙津生）

【风险管理】

落实年度重大风险管理 开展集团年度重大风险评估，分解落实重大风险管理责任，确保重大风险得到有效管控。集团2021年度前十大风险为：经济波动风险、政治政策风险、生产安全风险、经营活动合规风险、能源价格波动风险、汇率波动风险、应收账款风险、信息系统规划风险、投资决策风险、客户资信风险。

持续完善风险防控机制 对涉及企业改革发展、重大投资、并购重组等重大事项的决策履行风险评估“三同步”机制，对天津港码头项目、琼州海峡航运资源整合项目等40余个重大项目出具风评审核意见；建立“重大风险信息的沟通与报告机制”和“专业公司重大风险及风险事件应急处置机制”，充分发挥协同效应，集中力量处置突发风险；做好重大风险监测预警及应对工作，落实重大风险季度监测机制，按季度向国务院国资委及时报送相关数据信息。（袁帅）

【强化专项风险治理】

针对航运主业、金融租赁、海工装备制造、物流等重点业务领域及相关企业发生的各类突发事件开展风险应对和专项治理，优化重点领域的业务流程；针对几内亚的投资经营业务进行风险综合研究分析，形成专项报告；以融资租赁风险事件为鉴，举一反三，深入落实经营单位风控主体责任，进一步提升风险治理效能。　（袁帅）

【内控体系建设与运行】

持续完善集团内控体系建设　完成《中远海运集团2020年度内控体系工作报告》，制定发布《中远海运集团2021年度风控工作要点》，按照统一性和个性化相结合的原则，推动直属单位持续完善内控体系。

组织开展年度内控评价　开展2021年度内控自评价，发现内控缺陷697项。其中，设计缺陷239项，执行缺陷458项，主要涉及采购及供应商管理、生产运营管理、资金管理、人力资源管理、资产管理等领域。

落实国务院国资委内控监督评价“三年全覆盖”要求，开展集团2021年度内控监督评价工作，评价范围包括中远海运发展等10家境内单位、中远海运北美等12家境外区域公司，发现内控缺陷224项。其中，设计缺陷115项、执行缺陷109项，主要涉及资金管理、投资管理、销售业务、采购业务、资产管理等领域。

督促落实内控缺陷整改　按照立行立改的原则，压实整改主体责任，建立缺陷整改机制，狠抓缺陷整改，按月跟进各单位缺陷整改动态，采用提示关注函方式，将各单位缺陷整改情况纳入年度考核。集团2020年度的缺陷整改率为100%。

推动内控体系建设提升　根据国务院国资委《关于15家中央企业2020年内控体系有效性抽查评价情况的通报》要求，深入排查内控缺陷，形成报告报国务院国资委。做好国务院国资委对集团内控体系有效性抽查评价的迎检工作，督促指导相关单位进一步改进优化内控体系。

（袁帅）

CHINA COSCO SHIPPING CORPORATION LIMITED YEARBOOK

中国远洋海运集团有限公司

年鉴

第八篇

投资者关系

概述

概　　述

截至 2021 年年底，中远海运集团在境内外共有 11 家控股上市公司，包括：中远海控、中远海能、中远海发、中远海特、中远海科、海峡股份、中远海运港口、中远海运国际香港、东方海外国际、中远海运国际新加坡、中远海运比港（PPA）。集团控股上市公司秉持最大程度回报股东、社会和环境的理念，持续完善与市场投资者等利益相关方多层次、多方位的沟通渠道，优化合规、诚信的对话机制，打造资本市场良好形象。

上市公司股票代码及上市地

上市公司股票代码及上市地

集团控股上市公司股票代码及上市地　　表 8–1

上市公司	股票代码	上市地
中远海控 A 股 中远海控 H 股	601919.SH 1919.HK	上海 香港
中远海能 A 股 中远海能 H 股	600026.SH 1138.HK	上海 香港
中远海发 A 股 中远海发 H 股	601866.SH 2866.HK	上海 香港
中远海特	600428.SH	上海
中远海科	002401.SZ	深圳
海峡股份	002320.SZ	深圳
中远海运港口	1199.HK	香港
中远海运国际香港	0517.HK	香港
东方海外国际	0316.HK	香港
中远海运国际新加坡	F83	新加坡
中远海运比港（PPA）	PPA（英文代码）/ OLP（希腊语代码）	雅典

上市公司资本市场大事记

上市公司资本市场大事记

【中远海发】

发行股份购买资产并募集配套资金项目。中远海运发展于 2021 年 6 月 10 日召开股东大会审议通过交易相关议案，向中远海运投资发行 1 447 917 519 股股份购买中远海运投资持有的 4 家标的公司 100% 股权；同时，向包括中国海运在内的不超过 35 名（含 35 名）符合条件的特定投资者以非公开发行股份的方式募集配套资金，募集配套资金总额不超过 146 400 万元，且中国海运认购募集配套资金 6 亿元。2021 年 11 月 26 日，公司完成对价股份发行登记上市。12 月 9 日，以最终获配价格 2.76 元 / 股满额完成认购，募集资金总额 14.64 亿元，足额达到募配套方案目标。项目的实施进一步整合了集团内造箱资产，最大化发挥产业链协同效应，提升区位优势和造箱资产的科技含量，增强核心竞争力。同时，有效降低资产负债率，奠定高质量发展基础。

海发宝诚融资租赁有限公司（原中远海运租赁有限公司）股权转让并引入战略投资者的交易。2020 年 12 月 28 日，中远海运发展召开股东大会，审议通过了《关于转让中远海运租赁有限公司 35.22% 股权的议案》，通过非公开协议转让方式以 18 亿元的价格向混改基金转让海发宝诚融资租赁有限公司（原中远海运租赁有限公司）35.22% 股权。截至 2021 年 6 月 30 日，公司已收到全部股权转让价款 18 亿元，并在 2021 年 6 月 30 日确认完成海发宝诚融资租赁有限公司的股权转让。2020 年 12 月 28 日，中远海运发展召开股东大会，审议通过了《关于中远海运租赁有限公司以公开挂牌增资方式引入战略投资者的议案》。中保投资完成出资 30 亿元认购海发宝诚融资租赁有限公司新增注册资本 2 054 977 136.03 元。中远海运发展对海发宝诚融资租赁有限公司持股比例为 40.81%，不再将其纳入合并报表范围内。本次交易有助于公司进一步聚焦于航运租赁、集装箱制造、投资管理业务，优化资产负债率水平，改善资本结构。

【中远海特】

投资成立合资汽车滚装公司。为落实战略规划，实现强强联合，更好地促进公司汽车船业务长远健康发展，经中远海特第七届董事会第二十次会议审议通过，公司与上汽安吉物流股份有限公司共同出资成立合资公司，注册资本 2 亿元，公司持股比例为 35%。

投资成立纸浆供应链公司。为更好地推进纸浆物流产业链拓展，经中远海特第七届董事会第二十六次会议审议通过，公司与上港集团物流有限公司合资成立上海远至信供应链管理有限公司，共同开拓华东区域纸浆、成品纸的供应链业务。合资公司注册资本 1 亿元，公司持股比例为 50%。

【中远海科】

2021 年 12 月，公司以现金方式收购中远海运散运持有的广州振华 35% 的股权。收购完成后广州振华更名为广州振华航科有限公司，主要开展“船货易”平台的公司化运营和市场化推广，有效聚合沿海散货运输行业的船货资源，建立数字化交易模型，通过提供船货资源匹配、散货运输产业链服务，打造散货运输数字化交易平台。

【中远海运港口】

2021年7月，中远海运港口完成收购吉达红海码头20%股权的交割，加强红海地区码头布局。9月，公司宣布就收购德国汉堡港Container Terminal Tollerort码头35%股权签订协议。11月，中远海运港口与天津港股份有限公司及招商局国际港口（天津）有限公司签署天津集装箱码头合资经营协议和公司章程，随后在12月正式完成增持天津集装箱码头至51%股权的交割。

【中远海运国际香港】

2021年3月31日，中远海运国际香港所属中远海运国贸与浙江四兄绳业有限公司（简称“四兄绳业”）签署增资入股协议。中远海运国贸有条件地通过向四兄绳业注资1.2亿元，认购该公司48%股权的注册资本。交易完成后，中远海运国贸将持有四兄绳业经扩大注册资本的48%。

【东方海外国际】

2021年1月，东方海外国际发行1140万股新股份，占公司现有股本约1.82%。2021年9月，公司进一步发行2318万股新股份，约占公司现有股本的3.64%。基于东方海外长期以来的市场声誉、竞争地位及多年来强劲稳定的表现，2021年内两次新股发行为公司发展提供资金，并为吸引更多元的广大股东投资东方海外国际创造绝佳良机。

【中远海运国际新加坡】

2021年12月28日，中远海运国际新加坡完成所属中远海运（新加坡）有限公司60%股权转让给中远海运散运所属中远（香港）航运有限公司的BEST项目交割，按计划全面落实了集团要求。BEST项目符合集团航运主业集中经营战略，有利于中远海运散运船队全球化布局，有利于中远海运国际新加坡可持续发展及市值管理，符合中远海运国际新加坡以物流为主、适度多元化经营的战略定位。

【中远海运比港（PPA）】

2021年10月7日，中远海运比港圆满完成中远海运集团收购比雷埃夫斯港务局第二期16%股权的谈判和交割，与希腊共和国发展基金、Alpha银行等分别签署《联合交易指示文件》《监管人监管协议》和《交割完成确认书》，并及时发布公告声明股权交割正式完成，股比和投票权增长至67%。

2021年10月25日，“中远海运集团收购比雷埃夫斯港务局第二期股权交割确认书”交换仪式以视频方式在中国北京和希腊比港圆满完成，开启了中远海运集团义利并举、互利共赢继续做好比港后续建设发展的新篇章，引起广大投资者和资本市场的强烈反响。（杨玲）

资本市场荣誉

资本市场荣誉

【中远海控】

2020年1月，中远海控获第五届“金港股”评选“最佳基建及公共事业股公司”奖；获《财经》2020年“长青奖”评选“可持续发展内控”奖；在第四届“中国卓越IR”评选中荣获“最佳ESG”奖。2月，荣获第十六届中国上市公司董事会金圆桌企业大奖——“优秀董事会”奖。5月，荣获第十二届中国上市公司投资者关系天马奖“最佳董事会”奖；成功入选“雪球2021金牌企业榜·投资价值TOP榜”；公司H股纳入富时中国50指数。

2020年7月，公司执行董事、总经理杨志坚入选福布斯中国最佳CEO榜单；公司入选2021年《财富》中国500强排行榜，排名68位，较上一年排名上升2位。9月，获中国上市公司协会上市公司2020年报业绩说明会“最佳实践案例”奖项；公司A股纳入富时中国A50指数；荣获第十五届中国上市公司价值评选“A股上市公司社会责任奖”。10月，荣获财联社举办的2021中国企业ESG最佳案例评选“中国企业ESG最佳案例奖”。12月，荣获新浪财经2021中国企业ESG“金责奖”年度可持续发展奖；荣获雪球年度金榜2021年度“价值焦点上市公司”奖项；公司A股纳入上证50指数；在新浪财经ESG评级中心联合CCTV-1《大国品牌》发布的首份“中国ESG优秀企业500强”榜单中名列第37位；荣获中国证券报第二十三届（2020年度）上市公司金牛奖“最具投资者价值”奖；荣获2021新浪财经金麒麟最佳港美股上市公司评选“最具投资价值上市公司”奖项；荣获《财经》杂志2021长青奖“可持续发展内控奖”；荣获2021年度经纶奖的“最具投关价值公司奖”与“年度精英董秘奖”。

公司在上海证券交易所2020—2021年度信息披露工作评价中获得A级。

【中远海能】

2020年，中远海能荣获可持续发展经济导刊主办金钥匙——面向SDG的中国行动优胜奖；获国务院国资委科创局主办2021年中央企业社会责任报告发布活动“央企ESG先锋50”先进代表；在可持续发展经济导刊、中国可持续发展工商理事会、金蜜蜂智库主办的第十四届中国企业社会责任报告国际研讨会上，获评金蜜蜂2021优秀企业社会责任报告·成长型企业；在中国上市公司百强高峰论坛组委会主办的第二十一届中国上市公司百强高峰论坛获评“中国百强企业奖”；获新浪财经主办新浪ESG评级中心联合CCTV-1《大国品牌》在金麒麟论坛上发布首份“中国ESG优秀企业500强”名单第100位；荣获新浪财经主办2021新浪财经海外投资高峰论坛暨金麒麟最佳港美股上市公司评选活动“最佳IR上市公司”奖；荣获中国证券报主办第二十三届（2020年度）上市公司金牛奖评选2020年度投资者关系管理奖。

公司在上海证券交易所2020—2021年度信息披露工作评价中获得A级。

【中远海发】

在“2021中国上市公司论坛”上，中远海发董秘蔡磊获得“金牌董秘”奖项；公司获证券时报社主办的第十五届中国上市公司价值评选榜单颁发“上市公司资本运作标杆奖”；在新浪 ESG 评级中心联合 CCTV-1《大国品牌》在金麒麟论坛上发布的首份“中国 ESG 优秀企业 500 强”榜单中，公司位列第 165 位；公司荣获第二十一届中国上市公司百强高峰论坛暨第七届中国百强城市全面发展论坛评选“2021 年中国百强企业奖”；在中国基金报联合权威投关平台机会宝共同举办的首届中国上市公司投关价值经纶奖评选中，公司荣获中国上市公司经纶奖“年度最具投关价值公司”奖。

公司获得上海证券交易所 2020—2021 年度信息披露评价 A 级，连续第 7 年获得 A 级评价。

【中 远 海 特】

2020 年，中远海特荣获《董事会》杂志评选的第十六届中国上市公司董事会金圆桌企业大奖——“优秀董事会”奖；在《中国证券报》2020 年度上市公司金牛系列评选中，获得“投资者关系管理奖”的荣誉称号；公司 2020 年年度业绩说明会获得全景网评选的广东辖区“业绩说明会创新奖”。

【中 远 海 科】

公司获得中国上市公司协会 2021 年上市公司数字化转型典型案例。

【海 峡 股 份】

公司获得深圳证券交易所 2021 年度信息披露综合考评 A 级。

【中远海运港口】

中远海运港口持续加强与股东和投资者沟通的工作，在投资者关系领域获得多个奖项。2 月，公司连续三年获得 *International Business* 杂志颁发的“最佳投资者关系（码头组别）”；10 月，荣获《亚洲企业管治》杂志颁发的“最佳投资者关系企业奖”，为公司连续第十年获得该奖项，并连续三年获得“亚洲最佳 CEO（投资者关系）奖”，以及获得“最佳投资者关系专员”。

公司在环境、社会和公司治理方面取得的成绩亦获得市场肯定。2 月，获得立信德豪会计师事务所颁发的“ESG 最佳表现大奖——主板中市值”“最佳 ESG 报告大奖——主板中市值”及“ESG 年度公司大奖——主板中市值”，并获得 *Finance Derivative* 杂志颁发的“最佳企业社会责任公司（码头组别）”，以及由 *International Business* 杂志颁发的“最佳可持续发展公司（码头组别）”及“最佳企业社会责任公司（码头组别）”；4 月，连续两年获得 *Global Business Outlook* 杂志颁发的“最佳社会责任港口运营商”。

公司非常注重中报、年报和可持续发展报告的内容和设计，并屡获市场肯定。公司年报连续两年获得香港管理专业协会颁发的“优秀 H 股及红筹股公司年报奖”，以及 ARC Awards 颁发的“年报设计铜奖”及“年报摄影优异奖”。可持续发展报告荣获《财资》杂志颁发的“最佳环保、社会责任及企业管治金奖”。

【东方海外国际】

公司获香港管理专业协会颁发的“香港可持续发展奖 2020/21”。

【中远海运国际香港】

公司获得香港投资者关系协会（HKIRA）颁发的“Certificate of Excellence”奖项。

【中远海运比港（PPA）】

中远海运比港成功入围雅典证券委员会发布的希腊上市公司 ESG 35 强榜单；荣获 Quality Net Foundtion 评选的 2021 年最可持续发展公司（The Most Sustainable Companies in Greece 2021）荣誉；荣获希腊 ETHNOS EVENTS 与 banks.com.gr 联合颁发的“XPHMA BUSINESS AWARDS”（“金钱”商业奖项）2021 年度最佳投资奖二等奖。（杨玲）

上市公司业绩

上市公司业绩

2021 年集团控股上市公司业绩　　表 8–2

上市公司	货币	2020 年净利润	2021 年净利润	同比变化
中远海控	人民币	99.27 亿	892.96 亿	799.5%
中远海能	人民币	23.73 亿	–49.75 亿	–309.7%
中远海发	人民币	21.41 亿	60.90 亿	184.5%
中远海特	人民币	1.25 亿	3.0 亿	139.4%
中远海科	人民币	1.93 亿	1.57 亿	–18.7%
海峡股份	人民币	2.49 亿	2.66 亿	6.6%
中远海运港口	美元	3.47 亿	3.55 亿	2.1%
中远海运国际香港	港元	3.39 亿	2.88 亿	–14.8%
东方海外	美元	9.03 亿	71.28 亿	689.6%
中远海运国际新加坡	新加坡元	834 万	3011 万	261.2%
中远海运比港（PPA）	欧元	2641 万	3676 万	39.2%

集团控股 11 家上市公司于 2022 年 3 月先后公布 2021 年年度业绩，其中有 8 家公司净利润同比增长，增幅较大的包括：中远海控增长 8 倍，东方海外增长 6.9 倍，中远海运国际新加坡增长 2.6 倍，中远海发增长 1.8 倍，中远海特增长 1.4 倍。

中远海控息税前利润（EBIT）达到 204 亿美元，超过马士基的 197 亿美元和达飞的 196 亿美元。

同时，9 家上市公司公布现金分红派息方案，回报股东。

中远海控：每股派 0.87 元，派息率 15.6%；

中远海发：每股派 0.226 元，派息率 45.4%；

中远海特：每股派 0.05 元，派息率 35.7%；

中远海科：每股派 0.12 元，派息率 28.0%；

海峡股份：每股派 0.10 元，派息率 83.8%；

中远海运港口：每股派 17 港元，连同中期股息 16.4 港元，全年派息比例约为 40%；

中远海运国际香港：每股派 9 港元，连同中期股息 10 港元，全年派息比例约为 101%；

东方海外国际：每股派 25.74 港元，连同中期及特别股息 34.398 港元，全年派息比例约为 70%；

中远海运比港（PPA）：每股派 0.63 欧元，派息率 42.8%。

表 8–3 反映了 2021 年集团控股上市公司年股价表现情况。

2021 年集团控股上市公司年股价表现 表 8–3

上市地	上市公司	货币	2021 年 12 月末收市价	市账率 (P/B 倍数)	股价较上年末变化
中国内地	中远海控 –A	人民币	18.69	2.67	99.0%
	中远海能 –A	人民币	5.92	0.82	–11.4%
	中远海发 –A	人民币	3.25	1.76	9.4%
	中远海特	人民币	5.04	1.09	10.8%
	中远海科	人民币	10.12	3.02	–6.4%
	海峡股份	人民币	6.00	3.33	–1.2%
	上证指数	—	3640	—	4.8%
中国香港	中远海控 –H	港元	15.12	1.77	111.4%
	中远海能 –H	港元	2.97	0.34	–2.6%
	中远海发 –H	港元	1.42	0.63	12.7%
	中远海运港口	港元	6.77	0.52	25.6%
	中远海运国际香港	港元	2.38	0.45	0.4%
	东方海外国际	港元	191.30	2.04	146.8%
	恒生指数	—	23 398	—	–14.1%
新加坡	中远海运国际新加坡	新加坡元	0.255	1.05	–8.9%
	海峡指数	—	3 124	—	9.8%
希腊	比港（PPA）	欧元	17.22	1.65	–11.7%
	雅证指数	—	893	—	10.4%

注：市账率：指的是每股现价除以每股账面值（即净资产）所得的比率，又称市净率。由于航运股的盈利波动性较大，航运股的估值水平通常以市账率来衡量，而不是市盈率。

（杨玲）

集团控股上市公司市值

集团控股上市公司市值

截至 2021 年 12 月末，集团控股上市公司的市值规模合计约 4966 亿元人民币，较上年末上升 73.9%。

至 2021 年 12 月底集团控股上市公司市值见表 8–4 和图 8–1。

2021 年集团控股上市公司市值 表 8–4

上市公司	A 股市值（人民币）	港股市值（港元）	新加坡市值（新加坡元）	希腊市值（欧元）	市值合计（人民币）	较上年末变化
中远海控	2 366.03 亿	507.24 亿	—	—	2 780.75 亿	101.0%
中远海能	205.23 亿	38.49 亿	—	—	236.70 亿	–10.6%
中远海发	322.09 亿	52.20 亿	—	—	364.77 亿	32.9%
中远海特	108.19 亿	—	—	—	108.19 亿	10.8%
中远海科	37.66 亿	—	—	—	37.66 亿	–6.4%
海峡股份	133.74 亿元	—	—	—	133.74 亿	–1.2%
中远海运港口	—	224.45 亿	—	—	183.51 亿	22.0%
中远海运国际香港	—	36.48 亿	—	—	29.83 亿	–2.4%
东方海外国际	—	1 263.29 亿	—	—	1 032.87 亿	153.0%
中远海运国际新加坡	—	—	5.71 亿	—	26.94 亿	–12.9%
中远海运比港（PPA）	—	—	—	4.31 亿	31.08 亿	–20.6%
合计					4 966.03 亿	73.9%

注：以按期末汇率折合为人民币的市值计算。

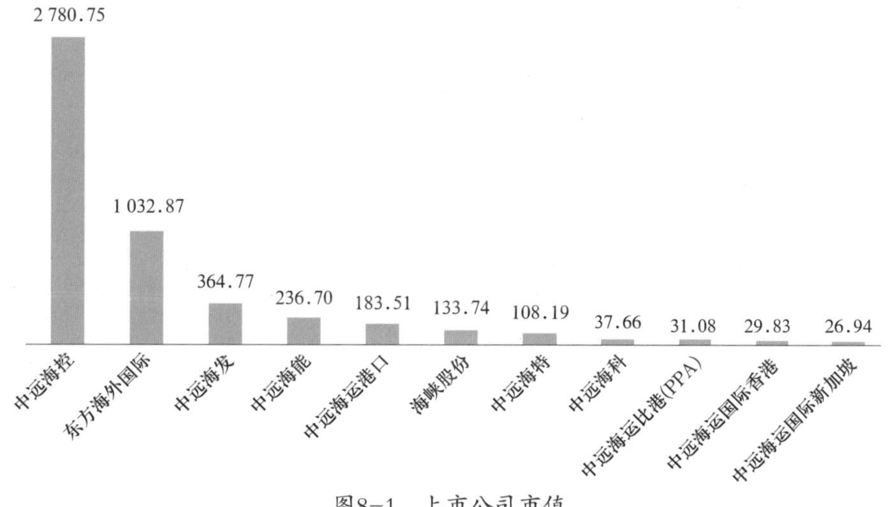

图8–1 上市公司市值

（杨玲）

CHINA COSCO SHIPPING CORPORATION LIMITED YEARBOOK

中国远洋海运集团有限公司

年鉴

第九篇

科技创新与数字化

概述

概　述

2021 年，中远海运集团坚持推进科技创新与数字化转型，以做强做优为核心推动高质量可持续发展，以科技创新引领发展，以数字化转型提升核心竞争力、保障产业链供应链安全，出台了“十四五”科技创新与数字化转型专项规划，确立了顺应大势、行业领先、差异布局、先行先试、示范引领等发展原则，提出了客户驱动、效率驱动、技术驱动的战略方针。

集团以编制一部科技规划为引领，以搭建一个科技创新平台为依托，以建设一支科技创新骨干队伍为基础，以完善一套机制体制建设为保障，以落实一批重大科研项目为抓手，围绕“绿色、低碳、智能”，着力打造集团科技创新体系。以院士工作站、国家重点实验室和国家工程研究中心为核心，聚焦区块链应用、大数据分析、5G 技术和智能化应用等技术需求，组织开展 GSBN 区块链应用、数据集成平台研究、5G 智慧港口关键技术研究、智能船舶数据应用和智能制造关键技术研究 5 个重大科研专项，突破产业链瓶颈技术，实现铸链强链产业体系。集团累计科技支出达86亿元，强度逐年提高，从成立之初的0.46%提升到 2021 年 0.78%，2021 年研发投入大幅上升至 40 亿元。

根据国家“十四五”规划和工业和信息化部产业指导意见，集团积极牵头承担和参与国家重大科研项目。截至 2021 年年底，集团共有 42 项国家级科研项目在研，其中牵头科技部国家重点研发计划 3 项，工业和信息化部高技术船舶科研计划 3 项，参加各类国家级科研项目 36 项。

在极地航运领域，集团组织开发具有自主知识产权的兼顾极地航线的高经济性优选多用途标杆船型，实现极地商船常态化运营，继而带动极地集装箱船、纸浆船、半潜船等船型共同发展，为深度参与北极“黄金航道”开发提供强有力的技术和装备支撑。在绿色航运领域，突破长航程超大容量纯电池动力系统集装箱运输船舶关键技术，开发全电动内河箱船，实现示范应用，带动相关新能源产业链发展，为实现绿色长江和国家“双碳”目标提供集团解决方案。在智能航运领域，组织开展绿色智能船舶生态链构建技术、智能系统迭代和适应技术、网络安全系统技术、数字化协同等关键技术研究，实现绿色智能船舶生态链有关各方的数据链接和融合，支撑智能船舶从设计、建造、装备、营运等各环节技术迭代，为智能船舶运营服务提供新价值，推动智能船舶全产业数据化服务技术提升，构建开放协同的智能船舶运营服务生态链。在航运数字化领域，组织开展基于航运数据中台技术框架研究，系统布局关键核心技术发展路线，结合数据中台和电子海图，自主开发船视宝、港口宝、搜航宝等系列产品和服务，实现对全球船舶、港口和航线的全生命周期行为识别的可视化数据服务功能。

科技创新

科 技 创 新

【科技发展战略】

2021 年，集团组织上海船研所、上海海事大学成立“十四五”科技规划编撰组，调研了 22 家二级公司，组织视频研讨 30 余次，专题汇报 4 场，征求意见 2 轮，先后收集各类意见建议 163 条，最终形成《集团“十四五”科技发展专项规划》。规划明确“以数字、绿色、智能驱动发展，成为全球综合物流供应链服务行业链长企业”为愿景，“构筑科研创新体系，引领前沿技术研发、转化与集成创新，形成自主创新成果，参与行业重要技术标准制定”为总体目标，坚持“科技领航、数字驱动”，顺应绿色、低碳、智能航运业发展新趋势，制定了“十四五”期间科技发展实施路径和任务清单，布局 5 项重点任务、9 个重点工程及 8 项重点保障措施，通过积极营造融文化、制度、人才于一体的创新生态，努力将中远海运集团打造成为以科技驱动发展的“链长”企业。

【科研平台建设】

发挥内部协同作用，推动科技创新平台建设，树立集团科研机构品牌，努力打造集团科技创新策源地。截至 2021 年年底，集团有国家重点实验室、国家工程研究中心、院士工作站和国家级技术中心 3 个，交通运输行业重点实验室和行业研发中心各 1 家，国家级技术分中心 3 个，博士后科研工作站 2 家，另有多个省部级重点研发机构和博士后创新实践基地。

抓好院士工作站建设，打造集团创新策源地。为充分发挥高端智力在推动集团创新驱动发展中的重要作用，完善集团科研创新体系，引领各类创新要素向集团集聚，联合武汉理工大学完成集团院士工作站建站，并获上海市主管部门正式批复。组织院士专家参与科技规划编制，明确院士工作站在集团科技创新体系建设中的定位。9 月，组织院士专家团队先后调研船研所、重工、港口和中远海发等公司，征集 25 项科研需求，对于具备一定的科研技术基础的 23 项，院士专家团队指定相关对接科研人员，进一步梳理科研需求的技术属性与迫切程度，编制集团科研计划建议书。同时，组织院士团队参与集团工业和信息化部高技术船舶项目的申报，协助智能绿色和极地项目的研究，为完善集团科技创新体系和能力提升奠定了核心基础。

优化重组“航运技术与安全”国家重点实验室。为全面提升我国航运科技能力，向世界航运贡献“中国方案”，集团组织上海船研所以面向“海洋强国”“航运强国”和“交通强国”国家重大战略，面向交通运输科技主战场，围绕绿色航运生态建设，以安全、数字、绿色、智能为主基调，联合大连海事大学共建航运科技领域国家级研究基地。先后两次分别向交通运输部科技司和科技部基础司专题汇报实验室组建方案，听取分管负责同志有关意见和要求，并在方案报告中予以完善。正式向国务院国资委报送《中央企业国家重点实验室组建方案》，于 12 月通过国务院国资委论证评估和答辩。

优化整合“船舶运输控制系统”国家工程中心。为加强依托上海船研所建设的国家工程研究中心能更好地服务国家重大战略任务和重点工程的能力，根据国家发展改革委《关于印发纳入新序列管理的国家工程研究中心名单的通知》要求，对照《工程中心管理办法》查找问题梳理短板，制定优化提升工作方案，主动横向整合，尽快补齐短板，通过优化组织机制，持续充实提升研究能力，力争在过渡期内，切实提升研发成果与行业影响力，确保通过国家发展改革委第二轮评价。

【重大科研项目】

2021年，集团及所属公司积极牵头承担和参加国家重大科技任务。截至2021年年底，集团共有42项国家级科研项目在研，其中牵头科技部国家重点研发计划3项，工业和信息化部高技术船舶科研计划3项，参加各类国家级科研项目36项。

组织国家科研计划申报，融入国家科研体系。2020年，集团组织上海船研所、中远海运重工、中远海运特运等单位，积极参加工业和信息化部高技术船舶科研计划申报。在高技术船舶2021年度5大专项中，集团所属单位分别牵头负责优选型极地环保运输船、2030型绿色智能大型箱船、2030型绿色智能沿海内河示范船，分别参研LNG专项和船舶动力专项，累计申请项目经费共计约14.96亿元。

推进国家重点研发项目，发挥科技引领作用。2019年12月，科技部正式批复国家重点研发计划“在航船舶安全风险辨识与防控平台”项目立项。该项目由集团上海船研所牵头，联合9家国内港航企业和科研院所共同承担，全面开展面向“人－船－管理－环境”的风险辨识及防控体系研究工作；2021年6月，在集团中远海运散运的21万吨散货船惠康海轮上，完成风险辨识与防控平台的功能试验，全面提升了在航船舶安全风险主动防控能力和事故应急处理能力，同时顺利通过了科技部组织召开项目中期检查。2019年12月，科技部正式批复集团南通中远海运船务牵头开展国家重点研发计划“海工装备用长寿命耐腐蚀液压元件及系统关键技术”立项研究。该项目围绕“防腐蚀抗疲劳涂层技术”“长寿命液压缸密封技术”“液压系统自适应稳定控制”“升降液压系统研究与验证”“波浪补偿液压系统研究与验证”等研究任务展开，截至2021年12月，完成项目中期检查，各项研究进展基本与里程碑任务节点吻合。2021年12月，上海船研所牵头申报的国家重点研发计划“北极航道通信保障关键技术研究与系统研发”获科技部批复立项。该项目面向世界前沿技术水平，充分考虑未来北极航运、科学考察发展趋势，基于北极航道国际公约以及相关海事国际规则，开展北极航道通信导航保障体系顶层设计研究，突破多频多模混合通信技术、北极航行船舶导航优化技术、北极航道航行保障信息服务集构建技术、北极航道通航能力分析及风险防控技术，研制北极航道船舶航行信息服务平台等应用系统，并在极地航行商船及科考船上开展示范应用，以提升北极航道船舶航行通信传输、导航定位和信息服务保障能力。目前，项目已完成立项策划。集团将召开项目启动会暨实施方案评审会，全面推进项目研究；年底，将完成总体方案设计，全面开展关键技术研究。

【绿色航运试点项目】

集团积极组织落实靠港船舶使用岸电项目，持续加大集团自主研发的船用中压岸电设备推广应用，2019—2021年累计改装岸电设备船舶91艘，岸端设备21套，覆盖21个码头。积极参与国家渤海湾、琼州海峡区域试点工作，落实推进沿海内贸干散货船舶靠港使用岸电专项工作。为履行交通运输部印发的《船舶大气污染物排放控制区实施方案》，充分发挥央企带头示范作用，按期完成相关船舶改装。研究制定《船舶岸电系统（高压）操作维护技术要求》等行业标准4项，推动绿色航运体系建设。2021年，集团岸电使用5951万度，累计减少二氧化碳排放53 555吨，替代标准油12 791吨。此外，还积极开展700TEU内河全电动船研发；在绿色能源方面开展技术研究，正在开展的长江内河全电力推动700TEU零碳排放集装箱船项目将成为绿色长江的标杆船型。在双循环新发展格局下，通过本专项将突破长航程超大容量纯电池动力系统集装箱运输船舶的关键技术，实现示范应用和产业化，带动相关新能源产业链的发展，为实现绿色长江和国家碳达峰碳中和的战略目标提供集团的路径和实施方案。

【科技创新成果】

在专利标准获奖方面，2021 年集团所属单位共申请专利 550 件，获授权 304 件，其中发明专利申请 273 件，获授权发明专利 23 件，分别同比增长 42.6%、56.7%、97.8% 和 43.8%；PCT 等国际专利申请 11 件，实现零突破；2021 年度主持制定国家标准 7 个、参与制定 3 个，主持制定行业标准 3 个、参与制定 5 个；获省部级科技奖励 13 项。在重大科技成果方面，2021 年集团立足行业需求和技术进步，重点围绕“绿色、低碳、智能”，推动重大核心技术攻关和成果推广；结合企业技术创新，加大成果示范应用，取得良好的经济效益和社会效益。集团获省部级以上科技创新成果奖情况见表 9–1。（卢艳雯）

中远海运集团获省部级以上科技创新成果奖情况表 表 9–1

序号	获奖项目名称	奖项等级	奖项类型	颁发机构	集团获奖单位及排序
1	物联网射频感知核心芯片研发与应用	特等奖	科技进步奖	天津市科技局	天津鲲鹏信息技术有限公司③
2	2 万箱超大型集装箱船绿色、智能、安全关键技术研究与应用	一等奖	科技进步奖	中国航海学会	南通中远海运川崎船舶工程有限公司①
3	船舶柴油机缸套——活塞环磨损控制关键技术及应用	一等奖	科技进步奖	中国航海学会	中远海运特种运输股份有限公司②
4	面向航运企业的云计算服务平台研发与应用	一等奖	科技进步奖	中国航海学会	中远海运科技股份有限公司①
5	封闭式危险品化工园区数字化智慧安全管控平台项目	一等奖	科技进步奖	中国物流与采购联合会	中远海运物流有限公司①
6	深远海“FPSO+CTV+ 常规油轮”三浮体原油转驳输送系统研发与应用	一等奖	科技进步奖	中国发明协会	启东海洋工程①、南通船务工程③
7	船舶快速性数值水池计算关键技术研究及应用	二等奖	科技进步奖	中国航海学会	上海船舶运输科学研究所①
8	基于状态感测的大型模块海上运输及高精度动态定位安装技术	二等奖	科技进步奖	中国航海学会	中远海运特种运输股份有限公司①
9	海口港轮渡预约过海项目	二等奖	科技进步奖	中国港口协会	海南港航控股有限公司①
10	大型导管架平台海上安装安全保障技术研究及工程应用	二等奖	科技进步奖	中国海洋工程咨询协会	中远海运特种运输股份有限公司③
11	内贸散货港口数字化服务管理平台	三等奖	科技进步奖	中国物流与采购联合会	中远海运物流有限公司①
12	绿色节能型 62 000DWT 多用途纸浆船设计与建造	三等奖	科技进步奖	中国造船工程学会	大连重工②、中远海运特种运输股份有限公司③
13	重大过江通道工程船舶应急抛锚风险及贯入深度关键技术及应用	三等奖	科技进步奖	中国航海学会	上海船舶运输科学研究所③

注：获奖单位后数字表示主要完成单位的排序。

数字化转型

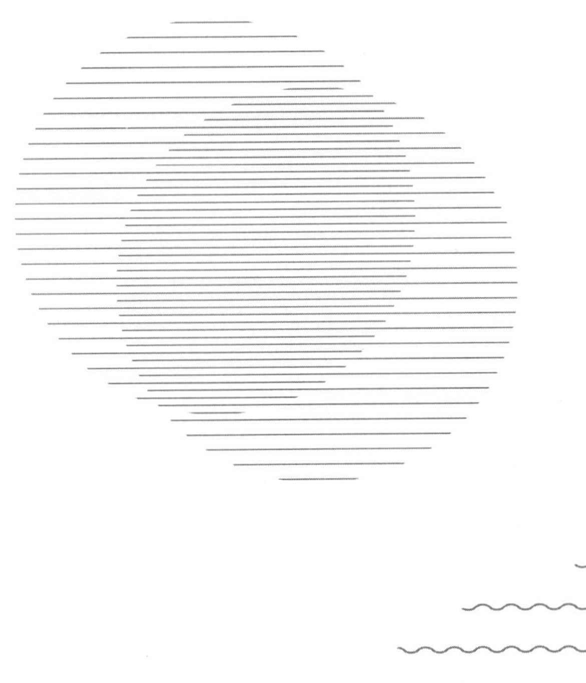

数字化转型

【数字化转型顶层设计】

2021 年 9 月 30 日，集团正式出台“十四五”数字化转型专项规划，明确了集团“十四五”数字化转型的战略愿景、总体目标、蓝图框架，以及各产业集群的目标和指标，提出了转型重点和创新机制保障机制等一系列举措。其中，包括集团“十四五”数字化转型的 1 个愿景目标、3 条战略主线、12 个战略主题、5 个保障体系、4 个灯塔项目等。为确保规划落地，制作了规划宣贯长图并在全系统分发；筹建集团数字化转型指导委员会，自上而下推动数字化转型“一把手”工程；组织规划宣贯系列培训，征求意见形成《规划任务分解表》，明确规划落地任务和牵头责任，建立跟踪机制，推动任务有效实施。全年面向全系统召开 1 次沟通答疑视频会，2 次征求意见，收到 148 条建议，采纳 140 条，部分采纳 / 未采纳 8 条。

【GSBN 平台建设】

2021 年 3 月 17 日，全球航运商业网络（GSBN）合资公司（GSBN 的股东方包括知名班轮公司和港口运营方：中远海运集运、中远海运港口、赫伯罗特、和记港口集团、东方海外、山东港口青岛港、PSA 国际港务集团和上海国际港务集团）正式运营。首创基于区块链的无纸化放货服务，将进口放货时间由 2 天左右缩短至 4 小时以内，截至 2021 年年底，已在国内外 11 个港口上线，区块链放货 46 万 TEU，客户 1.2 万家，被交通运输部列入 2021 年十大民生实事之一“畅行工程”。牵头编制《基于区块链的集装箱电子放货平台建设指南》，已经由交通运输部发布。研发的区块链电子提单产品已试点签发 10 单，联合蚂蚁集团推进区块链提单国际标准已列入 ISO 预研项目。在实际运营中，着力完善区块链联盟的合作共享机制和会员机制，推动区块链与航运、港口等板块融合，实现更广泛的连接；吸引包括银行、保险、监管机构等企业加入，搭建生态圈；该产品现在国内外 8 个港口投入生产应用，无纸化放货比例全部达到 90% 以上，实现大范围应用；推广 GSBN 业务至新海丰、锦江、宁波远洋、中联航运等航运公司；加入长安链生态联盟，参加央企区块链平台，参加世界智能大会、服贸会等活动，全方位宣传 GSBN，为客户提供更便捷更高效的服务。

【冷箱物联网】

应用 IoT 技术，打造冷箱服务新模式，提高冷箱物联网覆盖范围。2021 年，集团安装 IBOX 约 4 万个，覆盖率达 29%，第三代产品开始批量生产和安装，并在国内大部分港口启动跟踪服务。与此同时，注重冷箱物联网标准制定，集团旗下的海联智通（由集团鑫三利集装箱服务有限公司与上海海事大学和东方设备服务有限公司合资成立）参与的 UN/CEFACT Cross Industry Track & Trace 标准化工作组，于 2021 年 2 月发布白皮书，广泛征集意见。集团参与的 COA（Container Owner Association）冷箱 IoT UDM 项目，统一 IoT 设备与冷机和终端用户之间的数据交互模型，于 3 月公开发布标准。

【5G 智慧港口】

中远海运集团联合东风汽车、中国移动发布

《5G 智慧港口实施方案和路线图》和《5G 智慧港口全业务场景落地白皮书》，明确 5G 智慧港口建设总体框架和路线图；牵头组建自动化码头技术交通运输行业研发中心，承担国家发展改革委新基建“5G 智慧港口”项目。2021 年 12 月发布“智慧港口 2.0”和《港口无人驾驶集装箱车技术要求》行业团体标准，实现了智慧港口的商业化运营。“智慧港口 2.0”具有投资小、建设周期短、绿色低碳、适用性广等特性，节省升级成本约 70%，每年为远海码头节省人工成本约 4000 万。5G 智慧港口项目在厦门远海码头正式启动商业化运营，其中无人集卡在厦门远海已进行常态化实船作业；完成远程驾驶视频回传、手机 App 一对多台车接管等功能开发，具备安全员撤离条件；完成 16 台轨道吊、1 台岸桥和 2 台轮胎吊基于 5G 的自动化远控改造。中远海运港口组建的“自动化码头技术交通运输行业研发中心”获得交通运输部认定，成为该公司承建的首个国家级研发载体。与此同时，集团牵头编制的行业标准《港口无人驾驶集装箱车技术要求》“第 1 部分驾驶场景和行驶行为”获得标准号 T/ITS 0147.1–201，于 10 月 1 日施行；此外，还参编了行业标准《自动化岸边集装箱起重机远程操控安全操作规程》《自动化集装箱门式起重机远程操控安全操作规程》，以及国标《自动化集装箱码头操作系统技术要求》。

【智 能 船 舶】

集团旗下的“荷花”轮是首艘同时取得中国船级社和英国劳氏船级社认证的大型集装箱船。集团承担了国家首个“智能船舶顶层设计项目及部分智能系统应用示范”项目，后续不断加大智能船数据中心建设力度，实现 100% 智能船全覆盖，制定集团船舶使用智能技术的推动方案；初步建成船岸两端数据平台，组织将智能船舶研发技术、船视宝等与航标平台结合运用，不断推广数据集成应用，在船舶安全、降耗、降本管理中发挥作用，实现船舶营运数据开发应用服务。组织编制 4 项智能船数据管理标准。联合 20 家行业合作单位编制智能船配置、安全、数据质量管理和通信命名标准。

【数据集成平台】

以数据集成平台打造集团统一数据底座，实现跨地域、跨业务、跨系统统筹数据要素整合，掌握集团全球运营、财务状况和港口、船舶、航线等分布，实现核心资源可视化。开发管理驾驶舱等数据产品，开展客户服务、全球货流等分析预测，实现集团监管和辅助决策，支撑产业链协同。平台入选工业和信息化部“2021 年大数据产业发展试点示范项目”、交通运输部“2021 年度交通运输行业重点科技项目”；荣获中物联“2020 年度大数据、云服务、区块链创新应用”优秀案例；同时申请国内发明专利 3 项、国际发明专利 2 项。

1. 财务系统

通过会计核算标准化与快月报项目，增强集团会计信息质量的管控能力。搭建统一、全面覆盖的会计核算体系及标准，集团 SAP 上线率达到 90%；启动财企直连项目，打造集团统一部署的 SAP 财务核算系统与财务公司 TMS 系统之间的标准化接口，打通“财务核算→资金收付→资金结算”信息流，提高集团整体资金使用效率及管理水平；推进费控报账平台项目，调研 10 多家单位业务需求，开展访谈和调研，完成项目高阶方案设计及确认；完成集团税务管理系统一期验收，累计上线 576 家，对接系统 33 个，累计开票 533.8 万张，认证 50.9 万张，查验 124.7 万张，发票池归集 288.6 万张；推进资金管理系统项目，完成业务需求调研、资金业务流程梳理等，做好信息系统设计和建设方案拟定，年底前完成系统选型、方案制定等工作，计划 2022 年全面推进项目建设。

2. HR 系统功能

提高用户使用体验，不断优化各功能模块；增加员工自助、移动应用、绩效考核、社保信息等功能；推出自助 App 应用，与 OA 集成。除欧盟地区机构外，集团在全球各地各单位的人员信息已全部纳入系统管理，实现了全覆盖。

3. 投资与项目管理系统

完善投资规划、可研经济测算，增加优选评分等功能；推进系统应用，实现7015项投资/处理项目全部在系统管理，线上操作，实现业务和管理流程相融合。

4. 采购和供应商管理系统

优化系统性能，提高响应速度，完善交易功能，实现燃油采购全流程线上操作。各航运公司的船用燃油已全面纳入系统管理，截至10月底燃油采购订单金额累计达85亿人民币，37亿美元。开展与业务系统对接，推进集团一级品类采购数据的集中，提高管理和分析能力，为国资在线监管平台提供数据。

5. 航标平台优化和使用

推进应装尽装，应用尽用。完成安装计划，累计安装船舶813艘，25个模块全面使用。推进新需求开发、界面优化等。增加航海资料、船员信息管理、船岸数据同步、数据自动检查和自动通知功能，提高数据核查效率。2021年累计完成新增需求开发137项，系统优化470项。优化船舶党建模块，推动党建模块的应用。开展数据治理，完成船舶资料等基础数据梳理和统一，为大数据应用奠定基础。

6. 信息资源整合

推动OA协同办公系统、邮件、网站等系统集约化；OA系统用户将近4万个，集团域名的邮箱用户2.4万个，25家企业网站已集中到集团网站群。信息系统不断集中，互联网端口不断收敛，大大加强了集团的数据共享和网络安全。

7. 系统对接

推进统建系统与集成平台对接，倒逼业务系统提高数据质量。实现航标平台与船员系统、税控系统等全面对接，人力资源系统与党建平台、巡视审计系统等对接，采购与供应商管理系统与航标平台对接，基本实现财务系统与各板块业务系统（ERP）对接；主数据系统累计对接各类系统23套，接口70多个，实现信息充分共享。

（周福祥）

CHINA COSCO SHIPPING
CORPORATION LIMITED
YEARBOOK

中国远洋海运集团有限公司

年鉴

第十篇

企业党建

概述

概　述

2021 年，面对百年变局和世纪疫情，中远海运集团党组坚持以习近平新时代中国特色社会主义思想为指导，全面贯彻党的十九大和十九届历次全会精神，坚持党的全面领导，聚焦庆祝建党百年，弘扬伟大建党精神，深化开展党史学习教育，推动党建融合发展，以高质量党建引领高质量发展，推动集团“十四五”良好开局，创造历史最好成绩。集团连续第三年获评中央企业党建工作责任考核 A 级。

是年，集团党组把宣传思想工作摆在集团总体工作的重要位置，加强党对宣传工作、意识形态工作的领导，深入贯彻落实《中国共产党宣传工作条例》和《关于新时代加强和改进思想政治工作的意见》，自觉承担举旗帜、聚民心、育新人、兴文化、展形象的使命任务，促进宣传思想政治工作与党的建设深度融合、同向发力，把握后疫情时代宣传时度效，激发“十四五”开局精气神，为推进集团各项事业坚毅前行并取得历史性成就提供坚强保障，凝聚磅礴力量。

是年，集团认真贯彻落实十九届中央纪委五次全会部署，紧紧围绕“十四五”规划开局起步强化政治监督，坚持做实做细日常监督；持续深化纪检监察体制改革，健全配套制度，完善监督格局；坚持严的主基调不动摇，一体推进不敢腐、不能腐、不想腐；坚持纠“四风”树新风并举，巩固拓展作风建设成效。

在巡视工作中，全面落实中央巡视工作方针，坚定不移深化政治巡视，紧紧把握集团工作实际，聚焦改革发展和党的建设等重点任务开展巡视监督，统筹推进巡视巡察全覆盖，切实加大内部巡视巡察工作力度，积极构建内部上下联动格局，推动巡视成果运用，整体呈现出稳中求进、巩固提升、深化发展的良好态势。

在信访维稳方面，按照“围绕中心、保障主线、推进重点、确保稳定”的工作思路，坚持开展稳定风险排查，及时化解职工群众信访诉求，全力开展矛盾攻坚，确保了以建党 100 周年、北外滩国际航运论坛等重大活动安全，完成了中央下达的治理重复信访、化解信访积案年度工作任务，实现了全年无集体上访、无极端上访事件、无因信访问题处理不当而引发的舆情事件，有力保障了集团改革发展稳定大局。

党建工作

党 建 工 作

【贯彻落实习近平总书记重要指示批示精神】

集团党组把学习贯彻习近平总书记重要指示批示精神作为最重要政治责任、企业发展最大机遇、践行“两个维护”重要标尺，及时把习近平总书记在第二届联合国全球可持续交通大会开幕式上的主旨讲话和致2021北外滩国际航运论坛贺信重要指示精神纳入对本行业本企业十个方面重要指示批示，牢记“国之大者”，坚持思想领航，突出行动远航，强化保障护航，融入战略规划，融入深化改革，融入创新发展，履行“大国船队”使命担当。坚定不移维护贸易多边主义，加快全球承运向承运全球转变。顺应绿色低碳智能航运发展新趋势，促进集团科技创新管理体制机制变革，全力推进全球数字化供应链综合服务能力建设、绿色低碳新能源项目建设。围绕“一带一路”继续加强境外重点港口网络布局，完成沙特阿拉伯吉达港RSGT码头20%股权收购；推动与德国HHLA集团的战略合作落地，收购CTT码头35%的股份。聚焦做强做优做大航运主责主业，2021年实现净利润历史性超越千亿元台阶。2021年10月，中希双方完成比港第二阶段股权交割，集团对比港的控制权从51%增加到67%，成为比港发展过程中的里程碑。以比港为依托的中欧陆海快线发展势头强劲，覆盖中东欧腹地9个国家的市场，被誉为中欧第三条贸易大通道。以服务船员为重点，深入开展“我为群众办实事”实践活动，完成600余名长期借用船员调陆岸工作；薪酬待遇向船员倾斜，增加投入10.8亿元，船员薪酬增幅26.7%；建立优秀船员调陆长效机制，制定加强高素质船员队伍建设的指导意见，为加快打造高素质船员“国家队”提供了制度支撑。助力西部陆海新通道建设，琼州海峡港航一体化取得实质性进展，海南港航重点项目建设持续推进，为海南自贸港和“一带一路”南向通道建设奠定坚实基础。支持中波公司积极融入集团全球化发展大局，2021年公司波方总经理因在疫情期间为保障全球物流畅通作出的突出贡献以及为深化中波两国友好交往发挥的作用，荣获上海市“白玉兰纪念奖”。（窦文金）

【贯彻落实上级有关精神】

2021年，集团党组强化政治建设，增强“四个意识”、坚定“四个自信”、做到“两个维护”。把学习贯彻习近平新时代中国特色社会主义思想作为重大政治任务，聚焦习近平总书记“七一”重要讲话、党的十九届六中全会重大主题，以及习近平总书记在第三次“一带一路”建设座谈会、致北外滩国际航运论坛贺信、第四届进博会开幕式、第二届联合国可持续交通大会重要讲话精神，召开党组中心组（扩大）集体学习27次，举办党组学习贯彻习近平总书记“七一”重要讲话、党的十九届六中全会精神专题研讨班，组织5期集团管理干部及总部处以上干部专题轮训班，编印党组中心组学习材料15期，与大连海事大学开展中心组理论学习联学，推动学习贯彻习近平新时代中国特色社会主义思想往深里走、往心里走、往实里走，集团各级党员领导干部政治判断力、政治领悟力、政治执行力显著增强。严肃政治纪律政治规矩，向党中央请示报告重大事项19次。坚决贯彻落实党中央决策部署，深度融入共建“一带一路”、海南自贸港建设、西部陆海新通道建设等国家改革开放布局，以及长三角一体化、京津冀协同发展、粤港澳大湾区等国家区域战略。全力服务"六稳""六保"，带头平抑运价，深化与战略客户合作，创新服务中小客户，促进产业链供应链安全畅通有序。坚持"外防输入、内防反弹"，慎终如始抓好新冠疫情常态化防控。巩固拓展脱贫攻坚成果，有效衔接乡村振兴，向定点帮扶和对口支援5个县投入资金9930万元。（窦文金）

【党建工作会】

集团党组于2021年1月18日召开中远海运集团2021年工作会议、党建工作会议暨第一届职工代表大会第五次会议，印发2021年度集团党组工作报告。党组工作报告的主题：站在新起点，激发新活力，以高质量党建引领"十四五"发展新航程。明确2021年集团党建工作的指导思想：以习近平新时代中国特色社会主义思想为指导，立足新发展阶段、贯彻新发展理念、构建新发展格局，以政治建设为统领，围绕庆祝建党100周年、全国国企党建工作会议召开五周年，落实"中央企业党建创新拓展年"和集团"党建融合发展年"各项部署，坚持"三做"理念，弘扬"三舱"精神，做到"四个坚守"，以高质量党建引领企业高质量发展，为集团"十四五"开好局提供坚强政治保证。对2021年工作进行了六个方面的重点部署：一是强化政治统领，把好高质量发展方向盘；二是突出党建融合，打造攻坚克难先锋队；三是激发内生动力，培育创新发展领头雁；四是精准监督执纪，筑牢廉洁风险防火墙；五是抓好主题宣传，奏响开拓奋进主旋律；六是维护和谐稳定，搭好凝心聚力同心桥。会上，集团党组与直属单位党委签订了年度党建工作责任书。（郭燕萍）

【党 组 会 议】

集团党组深入落实《关于中央企业在完善公司治理中加强党的领导的意见》，坚持党的领导和完善公司治理相统一，修订集团党组议事决策规则、董事会决策规则，完善集团"三重一大"决策事项及权责清单，细化101项重大决策事项，明确47项党组前置研究事项清单，厘清党组会、董事会、总经理办公会权责边界，不断完善中国特色现代企业制度。全年召开党组会35次，研究讨论议题107项，其中前置研究企业发展战略、投资计划等重大经营管理事项37项，充分发挥党组把方向、管大局、促落实的领导作用，确保企业改革发展和党的建设正确方向。党组会及时研究，部署应对中美斗争、苏伊士运河堵塞、缅甸政局动荡等危机挑战，及时化解重大风险，引领企业发展行稳致远。（窦文金）

【落实全国国企党建工作会议精神"回头看"】

2021年，集团党组认真落实国务院国资委党委工作部署，高度重视贯彻落实全国国有企业党的建设工作会议精神情况"回头看"工作，从思想认识、体制机制、工作成效、基础保障、主体责任等方面对五年来集团党建工作进行系统盘点、对标检视、整改提升，通过"五个强化""五个落实"提升"回头看"工作质量，即强化顶层设计，落实"回头看"工作全面部署；强化理论武装，落实"回头看"工作学习要求；强化组织领导，落实"回头看"工作主体责任；强化工作督导，落实"回头看"工作质量保证；强化基层基础，落实"回头看"工作的任务目标。

2016—2021年，集团党组全面贯彻落实全国国有企业党的建设工作会议精神、中央企业党的建设工作座谈会精神，紧密围绕国务院国资委党委部署和要求，严格实施党建工作落实年、党建质量提升年、基层党建推进年、党建巩固深化年4个专项行动，集团党的领导和党的建设得到了全面提升，各级党组织履行三大责任的政治自觉和思想自觉全面夯实，"两个作用"发挥全面加强，党建工作优势有力彰显，为集团打造具有全球竞争力的世界一流企业提供了坚强政治和组织保证。在2021年中央企业党的建设工作座谈会上，集团所属中远海运集运党委作了《把基层党组织建设成为航运报国的坚强战斗堡垒》的主题交流发言，并刊登在《央企情况》第五期。集团连续五年获国务院国资委中央企业负责人经营业绩考核 A 级企业，连续三年获得国务院国资委中央企业党建工作责任制考核 A 级企业。

（郭燕萍）

【民主生活会】

按照中央统一部署，2022 年 1 月 15 日，集团党组召开党史学习教育专题民主生活会。会议以大力弘扬伟大建党精神，坚持和发展党的百年奋斗历史经验，坚定历史自信，践行时代使命，厚植为民情怀，勇于担当作为，团结带领干部员工走好新的赶考之路为主题，按照“学史明理、学史增信、学史崇德、学史力行”和“学党史、悟思想、办实事、开新局”的目标要求，重点围绕中央明确的 5 个方面开展对照检查，深刻进行党性分析，深入挖掘问题根源，提出整改措施。党组书记、董事长万敏同志主持会议，代表集团党组班子作对照检查发言，并作总结讲话。党组班子成员付刚峰、王海民、孙云飞、黄小文、刘鸿炜、冯波、陈扬帆同志参加会议。万敏聚焦主题，带头进行对照检查，提出了相应改进措施。党组班子其他成员逐一进行深刻的对照检查，严肃认真地开展批评和自我批评，做到见人、见事、见思想，达到了统一思想、增进团结的目的。

中央企业党史学习教育第二指导组组长卢纯同志到会指导并作点评：中远海运集团党组专题民主生活会主题明确、会前准备充分、查摆剖析客观深刻、批评与自我批评严肃，达到了民主生活会统一思想、增进团结、互相提醒、强化监督、共同提高的目的。集团党史学习教育政治站位高、谋划部署实、特色亮点多、质量效果好，取得显著成效，党员干部的政治判断力、政治领悟力、政治执行力不断提高，党组织的创造力、凝聚力、战斗力不断增强，员工群众获得感、幸福感、安全感不断提升，企业改革取得了新成绩、经营业绩取得了历史最高水平，“大国船队”、国运海运得到彰显，企业高质量发展迈出坚实步伐。强调要持续用力推动专题民主生活会后的问题整改落实，持续巩固拓展党史学习教育成果，牢记习近平总书记嘱托，为打造具有全球竞争力的世界一流“大国船队”而奋斗。（郭燕萍）

【“两优一先”评选表彰】

2021 年，集团各级党组织、广大党员和党务工作者深入学习贯彻习近平新时代中国特色社会主义思想，认真落实习近平总书记对本行业本企业十个方面重要指示批示精神，坚决贯彻党中央、国务院决策部署，紧紧围绕企业改革发展中心工作，积极应对国内外复杂形势和困难挑战，在大战大考中践行初心使命，在攻坚克难中彰显责任担当，涌现出一批优秀共产党员、优秀党务工作者和先进基层党组织，充分展示了党的先进性和纯洁性，有力促进了中远海运改革发展。

在庆祝中国共产党成立 100 周年之际，党中央和地方各级党组织开展“两优一先”评选，隆重表彰优秀共产党员、优秀党务工作者和先进基层党组织。中远海运集团多名先进集体和优秀个人获得表彰，其中杨怀远同志获评全国优秀共产党员，5 名党员获评省部级优秀共产党员，6 名党务人员获评省部级优秀党务工作者，8 个集体获评省部级先进基层党组织，另有多个先进集体和个人获得地市级“两优一先”荣誉表彰。集团党组授予刘家琰等 111 名同志“中国远洋海运集团有限公司优秀共产党员”称号，授予唐洪伟等 86 名同志“中国远洋海运集团有限公司优秀党务工作者”称号，授予“远神海”轮党支部等 87 个基层党组织“中国远洋海运集团有限公司先进基层党组织”称号。（郭燕萍）

【加强组织建设】

2021 年，集团党组坚持以习近平新时代中国特色社会主义思想为指引，认真落实新时代党的建设总要求和新时代党的组织路线，持续贯彻《中国共产党组织工作条例》《中国共产党国有企业基层组织工作条例（试行）》《中国共产党基层组织选举工作条例》等党内法规，做到组织全覆盖、全面过硬。截至2021年年底，集团共有党组织3032个，其中党组1个，党委206个，党总支131个，党支部2694个（含船舶党支部741个），海外党组织73个；党员36 064名（含船员党员10 599人）；专职党务干部3209人（含船舶政委1406人）。

集团党组围绕提高企业经营效益、破解改革发展难题开展工作，积极发挥党组织战斗堡垒作用和党员先锋模范作用，有效推进党史学习教育深入基层一线，使党建工作成为助推企业高质量发展的“红色引擎”，推动党建工作与生产经营深度融合。认真指导基层党组织按期换届，40家二级单位党委中，届满的大连中远海运/中远海运客运和广州中远海运2家单位，均按期召开党代会完成换届选举，1157个基层党支部全部按期换届。认真研究制定《关于集团境内参股、混改企业党建工作相关提示》，推动集团混改企业、参股企业、新设企业落实“四同步、四对接”要求，推动党建工作进入公司章程。持续深入开展政治建设过硬、工作基础扎实、业务成绩突出、党员作用发挥明显、党建氛围浓厚的特色党支部创建活动。集团党组开展年度党建调研，总结梳理基层党建创新成果，编纂出版《守正创新——中远海运集团特色党建案例课题研究论文集》。开展集团特色党支部交流，遴选25个特色党支部创建经验，形成《集团创建特色党支部现场观摩暨经验交流会材料汇编》，以点带面逐步推广。指导培育集团各业务板块特色鲜明、基层党建工作成效明显、可塑性强、具有品牌发展潜质的特色党建品牌。集团“建堡垒、创特色、增活力”特色党支部党建创新案例、坚持“支部建在船上”创新加强船舶党建管理机制建设案例、《党旗在世界级海工项目上迎风飘扬》项目党建案例、《构建精准施策运行机制，助推农民工党建焕发新活力》农民工党建案例4个基层党建创新案例荣获2021年度全国企业党建创新优秀案例，参见表10–1。（郭燕萍）

2021年中远海运集团全系统党组织、党员基本数据 表10–1

<table>
<tr><th>序号</th><th colspan="3">项目</th><th>数量</th><th>序号</th><th>项目</th><th>数量</th></tr>
<tr><td>1</td><td colspan="3">党组数</td><td>1</td><td>15</td><td>在岗职工总数（不含外协等）</td><td>102 462</td></tr>
<tr><td>2</td><td colspan="3">党委数</td><td>206</td><td>16</td><td>外协等其他类型用工</td><td>28 442</td></tr>
<tr><td>3</td><td colspan="3">党总支</td><td>131</td><td>17</td><td>发展党员</td><td>1408</td></tr>
<tr><td>4</td><td colspan="3">党支部</td><td>2694</td><td>18</td><td>发展一线党员</td><td>1103</td></tr>
<tr><td rowspan="7">5 ~ 11</td><td rowspan="7">党员数</td><td colspan="2">5. 总数</td><td>36 064</td><td>19</td><td>发展工人党员</td><td>174</td></tr>
<tr><td rowspan="6">党员组成</td><td>6. 非企业单位党员</td><td>8</td><td>20</td><td>发展本科学历党员</td><td>720</td></tr>
<tr><td>7. 本科生学历党员</td><td>17 792</td><td>21</td><td>发展研究生学历党员</td><td>83</td></tr>
<tr><td>8. 研究生学历党员</td><td>3192</td><td>22</td><td>发展高级专业技术职务党员</td><td>36</td></tr>
<tr><td>9. 高级专业技术职务党员</td><td>1542</td><td>23</td><td>发展特殊人才计划党员</td><td>0</td></tr>
<tr><td>10. 女党员</td><td>6627</td><td>24</td><td>发展女党员</td><td>281</td></tr>
<tr><td>11.35岁及以下党员</td><td>8041</td><td>25</td><td>发展35岁及以下党员</td><td>682</td></tr>
<tr><td rowspan="2">12 ~ 13</td><td colspan="2" rowspan="2">在岗职工党员</td><td>12. 总数</td><td>35 181</td><td>26</td><td>发展离退休（退职）党员</td><td>0</td></tr>
<tr><td>13. 其中：在岗工人党员数</td><td>6478</td><td>27</td><td>离退休（退职）党员</td><td>371</td></tr>
<tr><td>14</td><td colspan="3">职工总数（不含外协等）</td><td>104 403</td><td>28</td><td>其他党员</td><td>512</td></tr>
</table>

【加强船舶党建】

集团党组高度重视船舶党建，继承和发扬“支部建在船上”的优良传统，持续建强“浮动国土”上的坚强战斗堡垒，全方位加强船舶政委队伍建设，进一步擦亮船舶党建“金字招牌”。将船舶政委岗位作为集团陆岸单位党务干部、领导岗位和复合型人才培养的重要平台，着眼加快培养陆岸岗位所需要的船岸复合型人才，集团党组先后印发《加强和改进船舶政委队伍建设意见》《集团优秀船舶政委人才库建设及调陆管理办法（试行）》，全面打造政治坚定、素质优良、作风过硬、结构合理的船舶政委队伍。连续举办船舶政委集中轮训班 11 期 477 人，后备船舶政委培训班 5 期。从机关和陆岸单位选派第二批 48 名优秀年轻干部挂职船舶政委工作，举办 1 期为期 2 个月的挂职船舶政委轮训班。用心用情为船员办实事，突出解决船员急难愁盼问题，完成 600 余名长期借用船员调陆岸工作，畅通船员职业发展通道。薪酬待遇向船员倾斜，向一线船员发放专项疫情补贴及一次性奖励等，增加船员收入 10.8 亿元，同比增长 26.7%，高于集团工资总额平均增幅。在建党百年之际，集团党组对 70 余年船舶党建工作进行系统回顾和总结，组织编写了 90 万字的《支部建在船上——中国远洋海运集团船舶党建理论与实践》专著，填补了国内船舶党建理论研究空白。（郭燕萍）

【党建述职评议考核】

集团党组把党建考核作为贯彻落实新时代党建工作总要求、推进全面从严治党向基层延伸向纵深发展的重要内容，作为落实管党治党责任、推动党建工作与生产经营深度融合的重要抓手，切实履行党组书记抓党建工作第一责任人职责。2021 年 2 月 24 日，集团党组召开 2020 年度直属单位党委书记抓基层党建工作述职评议会议，8 家直属单位党委书记围绕深入学习习近平新时代中国特色社会主义思想、学习贯彻党的十九届五中全会精神、持续落实全国国有企业党的建设工作会议重点任务、提高基层党组织建设质量、履行第一责任人职责、查找和解决基层党建工作问题 6 个方面情况进行现场述职，集团党组书记、董事长许立荣结合现场述职、党建工作考核和日常掌握情况逐一点评。集团党组结合实际健全完善党建基本制度，制定印发了《中国远洋海运集团有限公司党建工作责任制考核评价办法》，明确了党建工作责任制的考核内容、考核程序、评价方式，将考核结果与班子成员薪酬兑现、选拔任用、培养教育、奖励惩戒和单位推先推优挂钩，为进一步强化各级党组织抓党建强党建的主责主业意识提供制度保障。（郭燕萍）

【党内培训】

集团党组认真贯彻落实党中央和国务院国资委党委关于 2019—2023 年全国党员教育培训计划的部署要求，制定印发《2021 年党建工作要点》，对本年度党员教育培训工作进行总体安排，把党史学习教育贯穿党员教育培训全过程。全年开展党委书记培训 1448 人次，党支部书记培训 10 609 人次，党务干部（含兼职）培训 15 070 人次，实现了基层党组织书记、党务干部集中轮训全覆盖。集团党组于 2021 年 3—10 月相继在上海、广州、北京累计举办了 5 期集团学习贯彻党的十九届五中全会精神暨党史学习教育专题培训班，集团各直属单位领导班子成员、专职董事和集团总部、共享中心经理 / 副主任以上干部参加培训。依托集团党校、地方党校和高校资源，集团各级党组织举办了各类多层次、全方位、全覆盖的支部书记和党务干部轮训班。（郭燕萍）

【党建信息化平台建设】

2021 年，集团党建信息化平台在集团境内单位全面上线运行。集团境内各级党组织高度重视，将党建信息化平台作为基层党建工作的重要抓手，积极维护党组织组织生活等相关数据，推动党建信息化平台常态化运行。集团党组工作部结合各级党组织数据维护情况、内容维护质量，按季度对直属单位党委、总部机关党委和在京共享中心党委进行党建信息化平台使用情况通报，督促引导各级党组织把党建信息化平台作为落实“三会一课”等制度的有力抓手，作为增加支部工作效能的有效载体，作为提升学习教育效果的重要渠道。集团党史学习教育办公室和指导组充分运用党建信息化平台，抽查各单位党组织尤其是基层党支部党史学习教育开展情况。集团党建信息化平台已经由“从无到有”的建构阶段，逐步向“从有到优”的常态化、规范化、长效化发展阶段迈进，各单位党组织使用党建信息化平台的工作导向也逐步实现从“以数量达标为主”到“以质量水平提高为重”的过程转变。（郭燕萍）

【统 战 工 作】

集团党组认真学习《中国共产党统一战线工作条例》（以下简称《条例》），深入贯彻习近平总书记关于做好新时代党的统一战线工作的重要思想，及时传达全国统战部长会议精神和学习贯彻落实《条例》的重要精神，对统战工作提出部署要求。积极组织各单位学习修订后的《条例》，邀请统战对象参加集团和所属单位中心组学习（扩大会）、学习贯彻党的十九届五中全会精神暨党史学习教育培训班、线上讲座等学习教育活动，团结引领集团统战对象深刻领悟“两个确立”的决定性意义，增强“四个意识”、坚定“四个自信”、做到“两个维护”，增进对中国共产党领导和中国特色社会主义的政治认同、思想认同、理论认同、情感认同。围绕爱党爱国爱社会主义主题，集团广泛组织开展“庆百年、爱企业、献良策、做贡献”主题活动，积极引导集团广大党外人士和统战干部用活用好“理论学习”“征文活动”“主题座谈”“建言献策”等方式载体，凝聚统战智慧力量。组织党外人士积极参与“扬帆百年 领航时代——庆祝建党100周年音舞诗画大型文艺展”，回望红色航程、凝聚永远跟党走、启航新征程的磅礴力量。2021年，集团发展认定6名无党派人士，吸收年轻党外干部，进一步壮大无党派人士队伍。（郭燕萍）

【直属党委工作】

1. 加强党费收缴使用管理

组织上海和北京地区各单位开展春节和七一慰问活动，协调集团领导带队慰问，上海和北京地区各单位党组织慰问人数达到1429人，共使用党费192.24万元。同时，做好“光荣在党50年”纪念章颁发工作，向上海和北京地区144名符合条件的老党员颁发了纪念章。向重点企业划拨新冠疫情防控经费100万元，有力支持了网点、车间、船舶一线的疫情防控工作。加强党员教育，做好党史学习教育书籍《中国共产党组织建设一百年》及《党的十九届五中全会〈建议〉学习辅导百问》《党的十九届六中全会〈决议〉学习辅导百问》等书目征订工作，并为总部机关全体党员发放了新华悦读卡，鼓励大家自主学习。

2. 做好发展党员工作

2021年年初印发《关于做好2021年发展党员工作的通知》，先后2次召集上海和北京地区各单位，传达学习中央组织部、国务院国资委党委和上海市委组织部有关会议文件精神，要求各级党组织准确把握中央关于做好2021年发展党员工作的新要求，精准分解发展计划指标，把握重点对象，采取有效措施保证发展计划落实落地，把这项重要政治任务完成好。协调集团党校，举办2期入党积极分子培训班、5期发展对象培训班，培训入党积极分子121人、发展对象190人。推荐上海船研所2名同志参加上海市高知识群体入党积极分子示范培训班。广大党外员工入党意愿强烈，上海和北京地区各单位共发展党员373名。

3. 组织开展上海市区县人大代表换届选举工作

认真落实集团党组与虹口区人大常委会领导会谈结果，把参加上海市区县人大代表换届选举工作当作一项重要政治任务来抓，积极组织集团所属有关单位参加虹口区人大代表换届选举工作，主动加强与虹口区人大和北外滩街道的沟通联系，稳步推进各项工作。集团作为虹口区第53独立选区，选举产生宋涛、李琳、陈虹3位虹口区第十七届人民代表大会代表。同时，任永强、赵邦涛、柳国旗在其他选区当选虹口区第十七届人民代表大会代表。此外，中波公司、上海船研所、上海远洋等单位也有员工当选区县人大代表，集团在上海地区新一届区县人大代表达到 9 人。

（赵中博）

【总部机关党委工作】

深入推进巡视整改，组织总部机关党支部书记进行书面述职，督促指导各支部组织召开 2020 年度基层党组织组织生活会和党史学习教育专题组织生活会，开展民主评议党员。举办总部机关党务工作人员培训班，支部组织委员及兼职党务工作人员 20 余人参加了培训。这是集团首次对总部机关党务工作人员开展系统性的集中培训，邀请内外部专家就党支部建设、“三会一课”和主题党日、党员教育管理、发展党员工作等作专题授课，并在枫桥经验陈列馆、俞秀松烈士陵园等地开展现场教学，取得了良好效果。在加强党员教育管理方面，为总部机关全体党员购买、填写和发放《党员政治生日纪念》卡，强化党员的身份意识和责任意识；广泛开展党史学习教育，及时购买发放相关书籍，督促各支部结合实际开展主题党日活动，教育引导党员学党史、悟思想、办实事、开新局，积极开展“我为群众办实事”，提出合理化建议 6 条，落实重点民生项目清单 19 项，并加强后续跟踪督办，及时汇总进展情况。在调整建立党的基层组织方面，批准成立第四届进博会专项工作组临时党支部，有力发挥战斗堡垒作用；撤销因人员变动不再适合单独成立党支部的研咨中心（上海）党支部，将研咨中心 2 名党员组织关系挂靠运营部党支部。

（赵中博）

宣传思想文化工作

宣传思想文化工作

【党组理论学习中心组学习】

2021 年，集团党组理论学习中心组把学习贯彻习近平新时代中国特色社会主义思想作为首要政治任务，将中心组学习与开展党史学习教育、开展庆祝建党百年系列活动相结合，认真做好年度学习计划，精心组织中心组学习，积极开展交流研讨，充分发挥中心组示范引领作用，引导广大党员干部在学思践悟中深刻认识“两个确立”的决定性意义，把“两个确立”转化为坚决做到“两个维护”的政治自觉、思想自觉、行动自觉。

系统做好“第一安排”。深入落实《中国共产党党委（党组）理论学习中心组学习规则》，按照国务院国资委党委总体工作部署，集团党组研究制定了《2021 年中国远洋海运党组、各直属单位党组织理论学习中心组专题学习重点内容安排》，在国务院国资委党委安排的学习重点内容的基础上，部署 10 个方面学习重点，提出 4 个方面学习要求，并列举了部分党员领导干部自学的党内法规和参考书目，同时印发了《2021 年集团党组理论学习中心组学习计划表》。在实际学习过程中，根据党中央、国务院决策部署，对学习内容进行适当调整，增加了习近平总书记《用好红色资源，传承好红色基因，把红色江山世世代代传下去》重要文章，习近平总书记考察榆林、西藏、福建时重要讲话等多项重点内容。

严格执行“第一议题”。坚持把学习习近平新时代中国特色社会主义思想和习近平总书记系列重要讲话精神作为中心组学习“第一议题”，通过集中学习、个人自学、专题研讨班、专题读书班、专题轮训班等各种形式，学深悟透习近平总书记关于建设航运强国、交通强国系列重要论述，持续学习贯彻习近平总书记对本行业本企业十个方面重要指示批示精神。集团党组全年开展 25 次中心组学习和 5 次扩大集体学习，在贵州遵义举办党史学习教育读书班，在海南博鳌举办“七一”重要讲话精神研讨班和学习贯彻党的十九届六中全会精神研讨班，在上海、北京、广州等地组织 5 期专题轮训班，编印《中心组学习》内部资料 16 期，推动学习贯彻习近平新时代中国特色社会主义思想往深里走、往心里走、往实里走，切实用党的创新理论武装头脑、指导实践、推动工作，把学习成果转化为建设世界一流企业的强大动力。

全面落实“第一责任”。集团党组发挥“头雁”效应，率先垂范，紧紧围绕党史学习教育主轴主线和企业年度重点工作任务，亲自研究制定党委理论学习中心组年度学习计划，领衔组织中心组学习，带头领学，带头促学，带头到基层讲党课，带头撰写理论文章。各中心组成员发挥“关键少数”的示范和表率作用，扎实开展学习，积极参与讨论，坚持原汁原味学原理，做到学深学透学到位，营造大抓学习、全员学习的浓厚氛围，为基层党员干部学习树立了榜样。

及时跟进“第一时间”。党组理论学习中心组第一时间学习习近平总书记“七一”重要讲话精神、党的十九届六中全会精神、全国两会精神、中央经济工作会议精神等，对习近平总书记最新讲话精神采取“跟进式”学习，第一时间传达，第一时间研讨，确保应学尽学。各单位通过专家授课、专题辅导、测试竞赛、案例分析、观看专题片等多种形式，创新学习形式和载体，增强学习的吸引力和中心组的凝聚力，增强用党的创新理论武装头脑、指导实践、推动工作的政治自觉，为学深悟透党的理论打下坚实基础。

聚焦提升“第一效果”。集团党组将理论学

习与深入贯彻落实党中央决策部署相结合，与融入交通强国、航运强国战略相结合，与践行“十四五”规划相结合，与企业中心工作和长远发展相结合，坚持深入基层单位、深入船岸一线、深入客户群体，进一步研究部署相适应的企业经营发展战略；坚持“思想为舵、学习为帆、实践为桨”，将理论学习成果转化为抢抓机遇、攻坚创效的强大动力，2021 年度各项工作均创历史最好纪录，参见表 10–2。（朱雪峰）

党组理论学习中心组 2021 年学习情况一览表 表 10–2

序号	时间	内容
1	1 月 12 日	学习习近平总书记 1 月 11 日重要讲话精神，传达中共中央组织部《关于中央单位规范领导干部配偶、子女及其配偶经商办企业行为规定》
2	1 月 25 日	学习十九届中央纪委五次全会精神、国务院全国安全生产电视电话会议精神
3	2 月 22 日	学习中央党史学习教育动员大会精神、《中共中央关于在全党开展党史学习教育的通知》文件精神
4	2 月 25 日	学习习近平总书记关于巡视工作重要讲话精神，听取集团巡视工作汇报，讨论有关巡视巡察工作制度
5	3 月 19 日	学习中央有关文件精神和国务院国资委党委郝鹏同志讲话要求，部署有关工作
6	4 月 12 日	学习习近平总书记在福建考察时的重要讲话精神
7	5 月 11 日	学习习近平总书记在广西考察时的重要讲话精神
8	5 月 31 日	学习中央企业党的建设工作座谈会精神
9	6 月 15 日	学习贯彻中央企业改革三年行动推进会精神
10	6 月 16 日	学习习近平总书记关于安全生产重要论述，听取集团安全工作汇报，部署建党 100 周年集团安全保障和下半年安全工作
11	6 月 18 日	学习《关于中央企业在完善公司治理中加强党的领导的意见》《关于加强对“一把手”和领导班子监督的意见》、全国安全生产电视电话会议、中央企业安全生产视频会议精神
12	6 月 28 日	学习习近平总书记在青海考察时的重要讲话精神
13	7 月 9 日	学习习近平总书记“七一”重要讲话精神，交流学习体会
14	7 月 14 日	学习习近平总书记在参观“‘不忘初心、牢记使命’中国共产党历史展览”、在中央政治局第 31 次集体学习时的重要讲话精神，传达中央企业负责人学习贯彻习近平总书记“七一”重要讲话精神研讨班会议精神
15	8 月 9 日	学习贯彻习近平总书记在西藏考察时的重要讲话精神
16	8 月 16 日	学习习近平总书记关于国有企业改革发展和党的建设的重要论述
17	8 月 23 日	学习中央《关于新时代加强和改进思想政治工作的意见》及国务院国资委《关于当前意识形态领域形势分析及贯彻落实要求有关情况的通报》
18	10 月 8 日	学习中央人才工作会议精神及习近平总书记在陕西榆林考察时的重要讲话精神
19	10 月 11 日	学习国务院国资委“习近平总书记全国国有企业党的建设工作会议重要讲话发表五周年学习座谈会”精神
20	11 月 3 日	研究部署贯彻落实中央组织部陈希部长谈话要求、王晓萍副部长在集团干部大会讲话精神
21	11 月 15 日	学习党的十九届六中全会精神，学习习近平总书记在进博会讲话和致北外滩国际航运论坛贺信精神，以及上级党史学习教育要求，研究部署下一阶段党史学习教育工作
22	11 月 29 日	学习习近平总书记在第二届联合国全球可持续交通大会、第三次“一带一路”建设座谈会上的重要讲话精神，学习国务院国资委涉外法治工作会议精神
23	12 月 13 日	学习中央经济工作会议精神
24	12 月 20 日	学习党章，部署专题民主生活会

为扩大学习范围，增强学习效果，集团党组理论学习中心组集中组织开展了5次扩大集体学习研讨。

第一次：3月15日，党组中心组（扩大）集体学习，传达学习贯彻习近平总书记在全国两会期间的重要讲话精神和全国两会精神。全国人大代表、全国人大外事委员会委员、集团党组书记、董事长许立荣传达两会精神，畅谈了参会体会，就学习贯彻落实两会精神提出具体要求，包括：要学懂弄通做实，把两会精神落到实处；要突出效益领先，全力完成全年任务目标；要突出发展重点，切实抓好“十四五”规划落地；要深度链接双循环，积极参与构建新发展格局；要落实改革三年行动，为打造领军企业注入活力；要全力保障博鳌亚洲论坛年会，扩大集团影响力；要积极抓好风险防范，营造安全稳定环境。学习会上，对党史学习教育进行全面动员部署。集团董事总经理、党组副书记付刚峰主持会议。

第二次：4月16日，党组中心组（扩大）集体学习，邀请上海市委党史学习教育宣讲团成员、上海市委党校党史党建部副主任杨俊教授作主题为“学习习近平《论中国共产党历史》，从党史中汲取前进的力量和智慧”的专题辅导讲座。集团党组书记、董事长许立荣主持学习会并讲话。许立荣强调，集团各级党组织要按照中央要求，认真落实集团党史学习教育实施方案工作部署，持续抓好党史学习教育，推动党员干部深入领会习近平总书记“三个深刻领悟”重要论述，切实提高政治判断力、政治领悟力、政治执行力，不断从党史学习教育中汲取前进的力量和智慧，坚定航运强国的报国之志，牢记“海运即国运”的使命担当，聚焦集团“三个领军”“三个领先”“三个链接”目标任务，努力实现集团“十四五”发展开好局起好步，以优异成绩庆祝建党100周年。

第三次：5月6日，集团党组与大连海事大学党委在大连海事大学报告厅举行党史学习教育中心组联学（扩大）会议。集团党组书记、董事长许立荣在学习会上作“航海人的光荣与梦想”主题报告。许立荣结合党史学习教育，结合中远海运集团的发展历程，和广大师生、集团员工一起回顾在党的领导下，我国航运业经历的沧桑巨变、取得的辉煌成就、昭示的美好前景。重点围绕波澜壮阔的历史激励广大航海学子坚守航运强国的战略选择、光辉壮丽的航程鼓舞坚守航运强国的伟大抱负、恢宏壮美的蓝图感召坚持海运成才的人生航向3个方面，系统阐述了对航海事业的认识与感悟。大连海事大学党委书记郑少南主持报告会。

第四次：8月23日，党组中心组（扩大）集体学习，学习研究中共中央、国务院印发的《关于新时代加强和改进思想政治工作的意见》和中共中央办公厅《关于当前意识形态领域形势的通报》有关精神。学习会由党组书记、董事长许立荣主持，党组成员交流发言。许立荣对下一阶段集团思想政治工作和意识形态工作提出意见。学深悟透“七一”重要讲话精神，推动党史学习教育往实里走、往深里走、往心里走；把准思想政治工作主脉络，不断提升科学化、规范化、制度化水平；严格落实意识形态工作责任制，切实做到守土有责、守土负责、守土尽责。

第五次：11月15日，党组中心组（扩大）集体学习，传达学习党的十九届六中全会精神，深刻领会习近平总书记重要讲话精神，对抓好学习贯彻落实作出部署和安排。会议指出党的十九届六中全会的重大现实意义和深远历史意义，对认真学习、深刻领会全会精神作出部署，要求各级党组织把学习宣传贯彻党的十九届六中全会精神作为当前和今后一个时期的重大政治任务，迅速兴起学习贯彻热潮，切实把思想行动统一到习近平总书记重要讲话精神上来，深刻认识总结党百年奋斗重大成就和历史经验的重大意义，深刻认识党百年奋斗的初心使命，深刻认识中国特色社会主义进入新时代取得的历史性成就、发生的历史性变革，深刻认识党百年奋斗的历史经验，深刻认识以史为鉴、开创未来的重要要求。会议对推动学习贯彻走深走实提出要求，要原原本本系统学，融会贯通结合学，广泛宣传深入学，分层分类重点学。（朱雪峰）

【重大专题学习】

1. 党史学习教育专题读书班

6 月 17—19 日，集团党组在遵义举办党史学习教育专题读书班。通过到革命圣地参观，学习中央文件精神，深入开展专题研讨，缅怀丰功伟绩，感悟思想伟力，砥砺初心使命。集团党史学习教育领导小组组长、集团党组书记、董事长许立荣主持党史学习教育专题读书班研讨会。集团党组及党群部门负责人等参加读书班。

读书班研讨会上，集团党组成员围绕学习党史四个阶段的心得体会，结合集团实际，进行专题研讨交流。许立荣就进一步抓好党史学习教育进行了部署。研讨会上，与会人员认真学习了《关于中央企业在完善公司治理中加强党的领导的意见》《关于加强对“一把手”和领导班子监督的意见》两个重要文件精神。传达学习了国务院安委会全国安全生产电视电话会议精神和国务院国资委中央企业安全生产工作视频会议精神，对安全生产工作作出部署安排。读书班全体同志先后到遵义会议会址、遵义会议陈列馆、苟坝会议会址、全国基层党组织建设示范点花茂村、土城青杠坡战斗遗址、四渡赤水纪念馆等地参观学习。

2. 学习贯彻“七一”重要讲话精神专题研讨班

7 月 8—9 日，集团党组在海南博鳌举办学习贯彻习近平总书记“七一”重要讲话精神专题研讨班。中央组织部干部五局二级巡视员万军、中央企业党史学习教育第二指导组副组长童应安、国务院国资委企干一局副局长常玉春专程莅临指导。集团党组班子成员，集团总助级领导以及总部各部门、中心主要负责人，直属单位专职董事，直属单位主要负责人和人事部门负责人共 120 位代表在主会场出席，境外各直属单位领导班子成员及组织人事部门负责人共 50 位代表在集团 14 个海外视频分会场参加。

7 月 9 日，集团党组在专题研讨班期间举行了党组专题研讨会。童应安在讲话中指出，集团党组专题研讨主题突出、结合实际、特色鲜明、质量很高、成效明显。通过学习研讨，进一步提高了政治站位，明确了“十四五”目标和任务，砥砺了抢抓机遇、开拓创新，奋进第二个百年征程的决心，充分体现了集团党组的政治责任感和政治担当，体现了集团党组始终弘扬伟大建党精神，听党话、感党恩、跟党走的坚强决心。许立荣就学习贯彻习近平总书记“七一”重要讲话精神谈了学习体会，就全面落实百年“奋斗主题”和全党“伟大号召”，持续推动“七一”讲话精神落实落地和党史学习教育作出部署。抓好“三个坚持”，即坚持高位推动，兴起学习贯彻“七一”讲话热潮；坚持思想引领，推动党史学习教育走深走实；坚持学用结合，以改革发展和党的建设成果检验学习成效。党组班子成员分别结合集团实际、分管工作进行交流。会议强调，学习贯彻习近平总书记“七一”重要讲话精神，是当前和今后一个时期一项重大政治任务，深刻领会、准确把握讲话的重大意义、丰富内涵、核心要义、实践要求，迅速兴起学习贯彻高潮，切实把思想行动统一到讲话精神上来。

3. 学习贯彻党的十九届六中全会精神专题研讨班

12 月 3 日，集团党组以“深入学习贯彻六中全会精神，以史为鉴、开创未来，奋进‘十四五’新航程”为主题，举办学习贯彻党的十九届六中全会精神专题研讨班。这是集团党组在连续召开党组（扩大）会议、举办党组中心组（扩大）集体学习，原原本本深入学习领会党的十九届六中全会精神的基础上，进一步深入开展的专题学习研讨和对学习贯彻全会精神的再研究再动员再部署。集团党组书记、董事长万敏主持学习研讨，对全系统各级党组织进一步认识全会重大意义，深入学习宣传贯彻全会精神作出部署：要坚持学有所悟，深化党史学习教育；要坚持学有所及，强化基层宣传宣讲；要坚持学有所成，推动集团改革发展。集团党组成员分别结合各自本职工作和分管领域交流学习体会，抒发了认真学习领会全会精神，从党的百年奋斗中汲取前行力量的“赶考初心”“奋进之志”，提出了以坚定的历史自信抓好各项工作落实、推进企业发展的“担当之责”“创新之策”。集团总助级领导、各相关部门负责人和集团党史学习教育领导小组办公室人

员参加了研讨班。（朱雪峰）

【党史学习教育】

1. 党史学习教育做法

自 2021 年 3 月初党史学习教育启动至 12 月底，集团各级党组织认真贯彻党中央决策部署和习近平总书记重要指示精神，以习近平总书记围绕党史学习教育作出的一系列重要论述为根本遵循，在国务院国资委党委和中央企业第二指导组的指导下，按照"学史明理、学史增信、学史崇德、学史力行"的要求，提高思想站位，压实政治责任，突出时代主题，密切联系实际，精心组织实施，有力有序推进，真正做到学党史、悟思想、办实事、开新局。主要做法可以概括为"六个坚持"：

（1）坚持思想统领，以创新理论指导工作实践

集团党组将学习贯彻习近平新时代中国特色社会主义思想作为重大政治任务，贯穿党史学习教育始终，将党史学习教育作为航海人的必修课、营养课、铸魂课，开展一系列内容新颖、形式丰富、参与广泛、传播多元的学习研讨活动。按照中央要求，集团党组周密部署担责尽责，第一时间召开动员部署会，及时研究印发学习教育实施方案，成立领导小组、工作机构和巡回指导组。集团党组成员多次集中谋划工作主题、工作内容、工作方法，带头赴基层宣讲，带头开展专题学习研讨，带头开展理论课题研究，带头对办实事工作进行调查督办，做到知行合一。各级领导干部率先垂范，坚持原原本本学，学好用好党史学习教育指定材料。聚焦习近平总书记"七一"重要讲话、党的十九届六中全会等重大主题，集团党组开展 25 次党组中心组学习和 5 次扩大集体学习，编印 12 期《中心组学习》资料。围绕"以学史明大势，以初心铸匠心，以海运强国运"主题，在贵州遵义举办党史学习教育读书班，在海南博鳌举办"七一"重要讲话精神研讨班，在上海举办学习贯彻党的十九届六中全会精神研讨班，在上海、北京、广州等地组织 5 期专题轮训班，进一步感悟思想伟力，增强用党的创新理论武装头脑、指导实践、推动工作的政治自觉。坚持"思想为舵、学习为帆、实践为桨"，集团党组深入开展理论课题研究，在《学习时报》《光明日报》《党建》《红旗文稿》《思想政治工作》等刊发多篇理论文章。集团政研会开展"百年党建引领百年航运理论与实践"等 10 项重点课题和 30 项自选课题研究，形成 157 篇课题成果，7 项课题被纳入中央企业党校智库入库课题和重点课题，集团被中国政研会评为全国优秀政研单位。党史学习教育开展以来，集团举办船舶政委培训班、挂职政委培训班、后备政委培训班等多场轮训，并通过组织赋能、理论赋能、文化赋能三个抓手，实现"浮动国土"上 5 万名船员的党史学习教育全覆盖。把分包方党支部和党员纳入党史学习教育范围，坚持"同部署、同推进、同落实"，抓实"三件事"：观时事悟思想、干大事作贡献、办实事增和谐；确保 3.5 万名农民工党史学习教育全覆盖、贯到底。

（2）坚持学史筑基，以航程百年注解建党百年

集团将庆祝中国共产党成立 100 周年作为贯穿全年的工作主线，精心组织开展 6 大类 18 项丰富多彩的活动，不断深化党史学习教育。党组成员带头到基层作宣讲、上党课，回顾百年航程，解读时代使命，深入浅出宣传阐释党的创新理论。各企业领导班子、先进典型、优秀党员纷纷到基层和船舶宣讲。集团展厅开辟专题宣讲，受众超 3000 人次，成为党史学习教育、存史资政育人的重要窗口和中国浦东干部学院教学示范点。集团联合交通运输部拍摄《大国交通》《中国船谱》纪录片、编纂出版《中国水运史》、举办书画摄影比赛和巡展；联合国家广电总局创作比雷埃夫斯港题材电视剧《港湾日出》；联合中国航海博物馆举办"红色记忆·蓝色航海"特展，入选"中宣部推介庆祝建党百年精品展览"。特展期间馆内参观人数达到 15.8 万，虚拟展览 2.21 万人，在地铁站等输出展览受众超 600 万人次。《红色特展砥砺蓝色梦想》案例入选由党史学习教育领导小组办公室主编、人民出版社出版的《百年初心成大道——党史学习教育案例选编》；编纂出

版《支部建在船上——船舶党建理论与实践》《“波澜壮阔”——建党百年重大成就图志》《守正创新——特色党建案例集》《中国远洋海运发展史》《领航》《百年风华》等图书史志；举办“扬帆百年、领航时代”庆祝建党百年音舞诗画大型展演、“大国顶梁柱、永远跟党走”微电影微视频创作大赛、“学党史、强信念、跟党走”全系统党史知识竞赛等。同时结合集团成立五周年契机，利用集团融媒体平台，开辟党史学习教育多个专题专栏，推出一系列高质量宣传报道，充分展现集团航运强国之志和蓬勃发展之势，让改革发展正能量更加强劲、建党百年主旋律更加高昂。

（3）坚持精神传承，以红色基因融汇蓝色梦想

集团党组贯彻落实习近平总书记“用好红色资源，传承好红色基因”①的重要论述，大力弘扬伟大建党精神，以党史学习教育为契机，深入挖掘中国近代以来百年航海史中的红色历史文化资源，传承弘扬蕴含家国情怀、具有时代特征、体现行业特色的时代精神。集团整理编纂以杨怀远“小扁担精神”、贝汉廷航海家精神、严力宾舍身护船精神、改革先锋精神、比港丝路精神等为代表的航海精神谱系，以红色记忆立心铸魂；开展红色故事宣传，编纂《奋楫者——集团劳模报告文学集》丛书，“海辽”轮起义故事、“光华”轮首航故事、“黎明”轮绕航故事、“银河”轮斗争故事、“平乡城”首创故事、“柳林海”赴美故事等在集团内交口相传，汇聚改革发展最基本、最深沉、最持久的精神力量。集团传承红色基因，大力培育新时代先进典型，七一期间开展“两优一先”评选，持续开展集团级年度先进典型评选、远洋船舶“金牌三长”评选等。集团最美奋斗者杨怀远同志 2021 年被评为全国优秀共产党员，受邀参加七一庆祝大会，各公司邀请杨怀远开展“跨越时空的对话”，传承“小扁担精神”，打造新时代服务品牌。

（4）坚持人民中心，以家国情怀践行初心使命

集团党组把党史学习教育与服务国家战略相结合，将履行国有企业三大责任作为深化“我为群众办实事”实践活动的重要内容和检验党史学习教育成果的重要标尺。党组带头，广大党员干部树牢宗旨意识、厚植为民情怀，深入基层单位、深入船岸一线、深入社会责任项目、深入困难群众、深入工作服务对象，通过各种方式，找准查实基层和群众的急难愁盼问题，在此基础上制定办实事方案，明确 7 大类 297 项办实事清单，印发办实事手册，突出重点，精准施策，分层分类，以党的名义狠抓落实。结合特色党支部创建，集团进一步发挥基层党组织战斗堡垒作用，持续推动基层党支部、项目党支部、船舶党支部结对共建，联合开展“我为群众办实事”主题党日活动。进一步发挥党员先锋模范作用，建立党员先锋岗、责任区。截至 2021 年年底，办实事清单完成 99% 以上，长期项目持续落实中。针对航运业“一舱难求”“一箱难求”的市场形势，集团聚焦服务“六稳”“六保”办实事，通过增加运力，成立专项工作团队，开通客户服务专线，平抑海运价格，规范市场秩序，全力为中国出口客户纾困解难，投入运力 526 艘、合计 304 万 TEU，造箱同比增长 187%，服务中小客户 11 836 家，保障中小企业外贸出口箱量 162 万 TEU。集团将一线船员群体作为“我为群众办实事”重点群体，积极推动解决船员疫苗接种、换班调岸难题，并通过加强船员心理疏导、防疫指导、思想政治工作、发放疫情补贴、提高伙食标准等一系列关心关爱措施，为船员解决后顾之忧。集团聚焦助力乡村振兴办实事，2021 年安排 9000 万元对口支援和定点帮扶资金，确定 35 个帮扶项目，其中 80% 用于保障和改善民生。集团“浪花 · 心愿”基金促成集团员工向 370 名贫困学生结对助学。

（5）坚持强根铸魂，以政治优势引领发展

① 《〈求是〉杂志发表习近平总书记重要文章 用好红色资源，传承好红色基因，把红色江山世世代代传下去》，《人民日报》，2021年05月16日01版。

优势

集团党组高度重视贯彻落实全国国有企业党的建设工作会议精神情况“回头看”工作，成立领导小组，统筹抓好工作部署，重点对照国务院国资委方案中 7 项内容进行对标检视。2016—2022 年，集团党组坚持“四同步、四对接”，把党的领导融入公司治理和集团改革发展全过程，动员组织各级干部职工统一思想、凝心聚力，先后完成 20 多项重大重组整合任务，实现运力总规模等 6 个世界第一，以高质量党建引领企业高质量发展。集团党组落实两个“一以贯之”，积极探索构建中国特色现代企业制度，在厘清党组会、董事会、经理层权责边界上下功夫，充分发挥党组把方向、管大局、促落实的领导作用，确保党中央重大决策部署在企业贯彻落实；积极支持董事会发挥定战略、作决策、防风险作用，经理层发挥谋经营、抓落实、强管理作用，促进各治理主体协同高效，形成权责法定、权责透明、协调运转、有效制衡的公司治理机制。集团制定了改革三年行动实施方案及实施清单，明确了改革三年行动 9 个领域的 42 项重点任务、138 项具体工作措施。集团党组相继研究制定 2017—2019 年、2020—2022 年基层党建两个三年工作规划，全面落实 30 项重点工作任务，并通过深化党史学习教育，多措并举持续巩固拓展全国国企党建工作会议精神落实成果。集团党组推动基层党建工作提质升级全面进步，基层党建工作“四化”问题得以彻底扭转。在 2021 年中央企业党的建设工作座谈会上，集团所属中远海运集运党委作了题为《把基层党组织建设成为航运报国的坚强战斗堡垒》的主题发言。党史学习教育中，集团基层党支部高质量召开专题组织生活会，截至 9 月初，全部 2708 个党支部，包括 744 个船舶党支部、62 个境外党支部全部召开专题组织生活会。

（6）坚持向史而新，以一流业绩推动航运强国

集团党组坚持学史力行，结合企业实际，学深学透习近平总书记关于建设航运强国、交通强国系列重要论述，持续学习贯彻习近平总书记对本行业本企业十个方面重要指示批示精神，让学习教育和中心工作相得益彰，把推动集团高质量发展作为检验党史学习教育成效的重要标准，把党史学习教育成果转化为建设世界一流企业的强大动力。面对百年未有之大变局，集团准确识变、科学应变、主动求变，深入贯彻新发展理念，持续推动企业战略转型，制定“十四五”发展规划，优化“3+4”产业布局，着力打造世界一流的全球综合物流供应链服务生态，确定“效益专精、产业链经营、数字化运营”三大战略主题，及时调整市场结构、货源结构、客户结构，积极开拓新兴市场、区域市场、第三国市场，聚焦“三个领军”“三个领先”“三个链接”，坚持对标世界一流、深化国企改革三年行动、聚力提质增效，推动全球发展。集团党组及时跟进学习习近平总书记在第二届联合国全球可持续发展交通大会、第三次“一带一路”建设座谈会上的讲话精神、致首届 2021 北外滩国际航运论坛贺信有关指示精神等，发挥产业链完备优势和头雁效应，推进产业链创新和数字化转型，致力产业链绿色环保，当好产业“链长”，推进产业链节点的深度融合和产业链供应链的通畅有序，坚定走绿色、低碳、智能化的航运发展道路，领航全球绿色智能港航新时代。

2. 党史学习教育成效

通过认真开展党史学习教育，集团党员领导干部真正做到学史明理、学史增信、学史崇德、学史力行，取得实实在在的成效，主要体现在“六个更加”：

（1）通过学思践悟学党史，“两个维护”更加坚决

进一步深刻理解习近平新时代中国特色社会主义思想的理论逻辑、历史逻辑。通过近一年时间对党史的潜心学习和专题研究、对党的创新理论最新成果的学习贯彻和实践转化，深入把握其丰富内涵、科学体系、精神实质，深刻理解其理论逻辑、历史逻辑、实践逻辑。集团将企业史融入百年党史，以百年航运注解百年大党，党员干部职工深刻认识党领导下新中国航运业由追随到领跑的伟大成就和精神密码，不断激发“为国远

航”的使命感，增强“大国船队”的战斗力。

进一步深刻领会“两个确立”的决定性意义，坚决做到“两个维护”。通过认真学习领会习近平总书记“七一”重要讲话精神和党的十九届六中全会精神，集团党组和广大党员干部深刻认识到，始终维护核心地位，党的建设就有定盘星；加强科学理论武装，事业发展就有指南针；坚持集中统一领导，落实决策部署就有执行力。

进一步形成中央企业开展学习教育的成熟模式和创新经验。集团党史学习教育把握了深学伟大思想、深研科学理论、坚持人民中心、推动改革发展的重大主题，形成了动员部署、学习研讨、实践转化、调研评估、总结固化、长效建设的科学流程，推出了融媒体宣传、办实事实践活动、案例分享、支部共建、基层党支部战斗堡垒作用发挥、党员先锋模范作用发挥、学习教育全覆盖等创新载体，理论学习系统化、实践活动清单化、宣传引导生动化、工作成效可量化，为今后学习教育探索了全新模式和经验。

（2）通过培根铸魂强党建，两个“一以贯之”更加有力

党建体系化建设进一步加强。集团党组在党史学习教育中开展全国国有企业党的建设工作会议精神贯彻落实情况“回头看”，进行全面对标检视，进一步加强党的领导和党的建设，构建形成了党建价值体系、基层组织体系、党建制度体系、监督问责体系“四个体系”，完善了特色创建机制、文化领航机制、典型培育机制、考核评价机制“四个机制”，两个“一以贯之”在集团得到深入贯彻落实。

党建传统优势进一步发挥。传承和发扬“支部建在船上”船舶党建传统，用党的创新理论为船舶铸魂。党史学习教育中，专门开展了 11 批次船舶政委轮训班，集团所属 744 个船舶党支部集中进行了共计 1241 期 4574 人次的专题学习教育，做到船员党员党史学习教育全覆盖。建党百年之际，集团编纂的 90 万字专著《支部建在船上——船舶党建理论与实践》正式出版。新时期，“支部建在船上”的看家本领和传家法宝成为中远海运集团超级船队行稳致远的重要保障。

基层党建特色化建设成果凸显。集团党组通过党史学习教育，把开展以“建堡垒、创特色、增活力”为主题的特色党支部建设作为强基固本的创新举措，探索“培育＋考核”创建机制，将“党的一切工作到支部”贯彻到底；实施“共性＋个性”双轮驱动，将“提升基层组织力”贯穿到底；坚持“党建＋发展”两手硬，将“高质量党建引领高质量发展”贯通到底，全面打通基层党建“最后一公里”。

（3）通过用心用情办实事，“国之大者”更加突出

职工群众对党组织、对企业的满意度大幅提升。集团将船员作为重点群体，全方位为船员疫苗接种、改善伙食、增加补贴、心理疏导等做好服务，建好海员家属站，打造充满温馨的“蓝色港湾”，解决船员后顾之忧。特别是针对船员换班的急难愁盼问题和调岸的“硬骨头”问题，集团党组聚力解决、协调多方，拿出硬招实招。譬如，在调岸难题上，600 多名长期借用船员理顺劳动关系历史遗留问题，正式调陆岸工作。广大船员明显感受到党支部的温暖，感受到集团党组对船员的高度重视，进一步增强了坚守“浮动国土”的坚定决心。

“国家船队”的战略保障作用充分发挥。针对 2021 年后疫情时代的特殊背景和国内货主“一舱难求”“一箱难求”的燃眉之急，集团作为保障中国外贸的主力军，聚焦服务“六稳”“六保”，坚守航运服务本质，率先推出多项特色服务，举全集团之力为客户纾困解难，为行业平抑运价，全力保运输、稳外贸，让社会真切感受到国有企业在关键时刻的“顶梁柱”“压舱石”作用。集团全力保障能源、粮食运输安全畅通，2021 年 1—10 月，承运进口煤炭 2164 万吨，占中国煤炭进口量的近 10%，承运内贸煤炭 1.84 亿吨，占中国煤炭下水量的 31.5%，为 100 多家电厂提供了电煤运输服务；承运粮食进口 294 万吨，占我国进口的 2.1%；承运原油进口量 5266 万吨，占我国原油进口量的 12.39%，内贸原油完成 4185 万吨，占国内市场份额 56.83%；承运 LNG 进口量 1526 万吨，

占我国天然气进口量的 15.4%。

初步形成构建办实事长效机制的思路举措。“我为群众办实事”实践活动为集团下一步为民服务积累了经验。经过集团党组研究，决定从 2022 年开始，将办实事作为常态化工作，并形成初步机制。

（4）通过谋篇布局定规划，“航运强国路径”更加清晰

“海运即国运”的责任感使命感深入人心。通过党史学习教育，认真学习贯彻习近平总书记关于“经济强国必定是海洋强国、航运强国”[①]重要论述和对本行业本企业十个方面重大指示批示精神，集团在党和国家大局的坐标系中进一步找准方位，立志成为航运强国建设主力军，成为服务“六稳”“六保”压舱石，成为共建“一带一路”先锋队，并形成了“航运强国”的共同愿景和“上下同欲”的统一意志。

“航运强国”的谋篇布局进一步完善。集团将党史学习教育作为推动“十四五”良好开局的思想引领和精神动力，不断优化“3+4”产业布局，确定“效益专精、产业链经营、数字化运营”三大战略主题，积极服务构建新发展格局，打造更为完善的全球端到端运营网络。

集团全球化水平不断提升。作为“走出去”最早、国际化程度最高的中国企业之一，集团以科学理论为指导，加快全球化布局，在全球关键地区、关键节点布阵落子，为航运强国建设“布局联网”。目前，集团在海外 10 大区域公司设有 1050 家分支机构，全球投资经营码头 60 个，经营 263 条集装箱国际航线，覆盖 160 个国家和地区的 1500 多个港口。年度货运量突破 13 亿吨，用全球 1/18 运力承运全球 1/10 海运贸易量。同时，组建海洋联盟，组建 CHINA POOL，在规模增长、盈利能力、抗周期性和全球公司“四个维度”上突飞猛进，为国家服务的能力越来越强，成为航运业东方平衡西方的重要力量。

（5）通过学史力行促发展，“世界一流”更加接近

创造历史最好效益。集团党组坚持学史力行，把推动高质量发展作为检验党史学习教育成效的重要标准，把党史学习教育成果转化为抢抓机遇、攻坚创效、建设世界一流企业的强大动力。在新冠疫情全球蔓延、国际航运业深刻调整变化的形势下，截至 2021 年 11 月底，集团累计实现收入突破 5000 亿元大关；累计实现净利润超过 1000 亿元大关，创造了历史最好纪录。集团控股的 11 家上市公司总市值较上年末增加了 1320 亿元。

国企改革三年行动推进有力。着眼打造具有国际竞争力的世界一流企业，在党史学习教育中始终贯穿深化改革、推动高质量发展的创新思维，并大力推进国企改革三年行动，企业发展活力进一步增强。

开启绿色智能港航新时代。集团党组在党史学习教育中汲取创新智慧和变革勇气，特别是通过认真学习领会习近平总书记在第二届联合国全球可持续交通大会上的重要讲话精神和致北外滩国际航运论坛贺信精神，将推进产业链数字创新提上重要日程，制定了《“十四五”数字化转型发展规划》，明确了数字化发展方向。区块链技术与航运、港口等板块加速融合，实现更广泛的连接，GSBN 合资公司正式运营，累计无纸放货达 38 万 TEU，被列入交通运输部民生实事工程之一“畅行工程”。外贸电商平台成交量同比增长 222%，内贸泛亚电商平台成交量同比增长 45%，散货船货易平台成交量同比增长 47%。创新应用进一步拓展，集团数据集成平台功能日趋完善，入选工业和信息化部 2021 年大数据产业发展试点示范项目名单。集装箱物联网系列产品正式发布，开创行业先例。全球首艘 LNG 双燃料 VLCC 完成试航，即将投入营运，在超大型油轮的绿色、环保和节能技术应用中走在世界前列。应用 5G 技术，无人集卡在厦门远海已进行常态

① 《习近平在上海考察时强调 坚定改革开放再出发信心和决心 加快提升城市能级和核心竞争力》，《人民日报》，2018年11月08日01版。

化实船作业。依托国家级、省部级实验室、工程研究中心、企业技术中心和院士工作站，自主研发创新体系，大量新技术、新工艺、新产品与集团业务充分融合。

（6）通过守正创新传基因，“精神脊梁”更加挺立

集团党员干部职工凝聚力战斗力显著增强。通过党史学习教育，集团党员干部职工深刻理解伟大建党精神是精神之源，将伟大建党精神作为旗帜和引领，为企业文化建设提供丰厚滋养，不断拓展企业精神内涵，形成理想信念坚定“压舱”、工作责任落实“满舱”、精神状态迸发“爆舱”的“三舱”精神和“把稳舵、定好锚、扬起帆、拧成绳”的“四个坚守”文化理念，提出打造“三个领军”、实现“三个领先”、达成“三个链接”的年度主题，发出“前景不可限量，奋斗未有穷期”的全员号召，全体干部职工砥砺航运强国的伟大梦想，彰显为国远航的家国情怀，汇聚同舟共济的磅礴之力。

集团航海历史文化走向繁荣。集团党组将党史学习教育作为砥砺初心使命、接续红色航程的思想洗礼，深入挖掘中国近代以来百年航海史中的红色历史文化资源，将红色资源转化成集团新时代扬帆的强劲动力，让航海历史文化空前繁荣。

集团人才队伍活力激增。集团党组贯彻新时代党的组织路线和中央人才工作会议精神，制定集团“十四五”人才发展规划，完善教育培训体系建设，深化三项制度改革。深入开展“四个一批”年轻干部培养，选调基层员工到集团总部挂职锻炼，选拔年轻干部参加“启航、远航”培训班，选调陆岸管理人员参加挂职船舶政委培训班，开展先进典型评选、远洋船舶“金牌三长”评选、“海上十杰”评选等，进一步提升广大职工的职业荣誉感，人才队伍凸显活力。（朱雪峰）

【“我为群众办实事”主题实践活动】

党史学习教育过程中，集团党组开展“我为群众办实事”实践活动，着力深入贯彻落实新发展理念、巩固拓展脱贫攻坚成果、服务保障民生需求，关心关爱职工群众、服务客户与合作伙伴、公益慈善与志愿服务，推动党史学习教育不断走深走实，让人民群众获得实实在在的幸福感获得感安全感。

1. 心怀“国之大者”，强化组织领导

集团通过走访、调查、座谈，确定第一批 11 项“为群众办实事”集团层面重点项目清单，第二批 15 项集团层面重点项目清单和 7 大类 267 项重点项目清单，并印制《我为群众办实事实践活动重点项目实践手册》，挂图作战、扣环推进，以党的名义抓牢抓实办实事清单，逐项逐条落实。针对“硬骨头”问题、焦点难点问题、急难愁盼问题，集中力量提升攻关能力、应对风险挑战，以主动的态度和智慧的手段让人民群众看到党组织为民服务的决心，以高强度巡回督导推动精细化为民服务，形成以上率下、全员参与、组织有力、效果明显的真抓实干办实事的良好氛围，交出为民服务的满意答卷。

2. 坚守人民立场，聚焦“四个服务”

服务公司客户，做好“六稳”“六保”的“压舱石”。受全球疫情影响，全球物流供应链效率持续下降，出货难、运输难成了困扰国内外贸企业的“心病”。中远海运集团坚守航运服务本质，积极服务国家“双循环”战略和“六稳”“六保”工作任务，推出一系列“心药”：针对“一箱难求”“一舱难求”困境，主动作为，积极开辟直达航线、特快专列、循环班列，运用多式联运物流方案，引入数字化航运服务模式，在不增加客户成本情况下为国内出口客户纾困解难；针对国际市场能源价格大幅上涨导致的国内电力、煤炭供需持续走紧困境，科学筹划，加大运力，抢抓船舶营运效率，多装快跑，全力保供应对寒潮，为国内电厂电煤供应解燃“煤”之急；针对进博会展品遇到的展品运输等难题，集团依托全球航线网络、数字化航运平台和端到端物流服务能力，统筹海、陆、空运物流资源，提供 7×24 小时快捷、准时、安全、经济的一站式全程物流服务。

服务重点群体，做好船员兄弟的“贴心人”。集团党组始终把为集团 5 万余名船员服务作为“办实事”重点项目，针对船员疫情防控期间的

急难愁盼，整合内部优势资源，用心用力用情为船员撑起疫苗“绿色保护伞”，铺设救助“绿色通道”，一横一纵形成“绿色防护网”；超前部署解决船员国外疫区“换班难”，因地制宜解决船员国内港口“换班难”，内外联动形成中远海运换班新模式；聚焦船员在身心健康、学习工作、家庭生活等各方面需求，以229个海嫂联络站有效稳住了5万船员的“大后方”。

服务职工群众，做好民心民意的“解语花”。中远海运集团深入了解职工群众所盼，通过实施“员工素质提升”“员工精准培训”“员工档案数字化”三工程，满足职工自我提升需求；通过推进“船岸员工健康”“医疗互助帮困”两行动，保障职工健康需求；通过建立职工服务站、食堂、活动室、图书馆等“站堂室馆”，改善职工住宿、就餐和办公环境；通过帮助异地职工解决“子女入学”“参保理赔”“个税减免”三个难题，排除职工后顾之忧；通过推广“新型洗舱吊用工具”“充电桩改造”和“蔬菜保鲜”三项技术，确保职工工作生活舒适安全。

服务帮扶对象，做好“人民中心”的诠释者。集团贯彻落实习近平总书记“以人民为中心”重要理论，积极聚焦助力乡村振兴、服务“一老一小”、帮扶生活困难群众、推动革命老区高质量发展。连续多年选派精干的扶贫干部队伍深入到滇湘藏五个县对口帮扶地区，加大采购扶贫产品，积极助力乡村振兴；开通“宜昌—纽约”柑橘冷链业务通道，助力湖北宜昌30万柑农柑橘出口；积极参与广东潮州登塘镇政府举办的“庆丰收 感党恩 办实事”电商直播带货活动，主动对接采购当地农副产品；为养老院常住老人举办60周年“钻石婚”特别“婚礼”，设立“浪花·心愿”助学基金，持续向乡村学校捐赠教学器材和学习用品，定位“长短租相结合”经营模式，为青年人群解决居住难题，让“一老一小一青年”切身感受到实践活动效果。

3. 构建长效机制，笃守“久久为功”

积极构建“我为群众办实事”“一二三四五”常态化、制度化、长效化机制，围绕“一个中心”，即深入践行“以人民为中心”的发展思想，始终坚持“以人民为中心”的价值追求；运用“两个工具”，即运用问需于民的调查研究工具和项目清单管理工具，深入基层、走访职工、征集民意，对项目清单进行分类管理、量化管理；坚持“三个聚焦”，即聚焦贯彻新发展理念办实事、聚焦让职工满意办实事、聚焦履行央企责任办实事；遵循“四个步骤”，即通过计划部署、明确分工、协调推进、跟踪督查，实现“我为群众办实事”形成群众“点单”、企业“接单”、完成“订单”、问效“跟单”的工作闭环管理，做到环环相扣解决好群众的诉求，确保为民服务落到实处、抓出成效；强化“五个抓手”，即加强中心组理论学习、打造坚强有力的基层党支部、深化志愿服务工作、纳入集团先进典型评选、强化办实事活动宣传引导。在此基础上完善相关细则，形成指导文件，按年度开展活动，不断增强职工群众的获得感幸福感安全感。（唐文嫣）

【庆祝建党100周年主题活动】

2021年，集团党组按照中央要求和国务院国资委党委部署，将庆祝中国共产党成立100周年作为贯穿全年的工作主线，开展了6大类18项内涵深刻、形式丰富、参与广泛、传播多元的主题活动，引导集团广大党员牢记初心、坚定信仰，为集团奋进“十四五”、迈向新航程凝聚磅礴力量。

在政治理论学习方面，开展中国特色社会主义理论体系系统学习，开展党的十九届五中全会精神轮训，开展集团党建专项课题研究。

在党史学习教育方面，聚焦习近平总书记在庆祝中国共产党成立100周年大会上的重要讲话精神，结合企业实际，开展专题学习。做好航运红色资源梳理与传承，为党的百年大庆记载伟业、展示辉煌。开展“支部建在船上”系统研究，编纂《支部建在船上》理论书籍。

在主题舆论宣传方面，组织好集团重大成就宣传，推进集团融媒体机制建设，利用集团改革重组五周年契机，开辟专题专栏，做好集团改革经验全面总结和“十四五”规划系统解读。

在推进特色党建方面，开展特色党建工作品牌创建。加强船舶党建，培育选树船舶党建先进典型。加强党支部标准化规范化建设，加大党组织书记和党务干部业务培训力度。

在党员服务工作方面，集中选树和宣传党员党组织典型，编纂新时代集团劳模报告文学集，开展集团级年度先进典型、船舶“金牌三长”评选表彰。着力提高发展党员质量。扎实做好党员慰问工作，做好50年党龄老党员纪念章发放工作。

在文化文艺活动方面，联合上海市交通委、中国航海博物馆及上海各港航单位，举办“蓝色航海·红色记忆”庆祝中国共产党成立100周年特展，开展庆祝建党百年书画摄影大赛及云展览。举办“扬帆百年、领航时代”集团庆祝中国共产党成立100周年音舞诗画文艺展演，充分展现集团航运强国之志和蓬勃发展之势，将庆祝建党百年活动推向高潮。（朱雪峰）

【“大国顶梁柱·永远跟党走”主题宣传】

为隆重庆祝中国共产党成立100周年，大力营造爱党爱国爱社会主义的浓厚氛围，集团于5—12月底组织开展“大国顶梁柱·永远跟党走”群众性主题宣传教育活动。

开展“党旗在基层一线高高飘扬”活动。与党史学习教育、“我为群众办实事”实践活动统筹结合，聚焦“建强组织筑堡垒、服务中心作贡献、为民办事解难题”，激励动员基层党组织团结带领党员群众围绕集团年度目标任务奋进。一是建立基层党支部联系点。推动各级党组织书记带头、带动班子成员每人建立1个基层党支部工作联系点；推动党员领导干部以普通党员身份参加所在党支部组织生活；推动各基层党组织围绕中心任务，做好“六稳”工作、落实“六保”任务，勇挑重担、攻坚克难；对基层党组织书记开展集中轮训；推进党支部标准化规范化信息化建设。

开展“我为群众办实事”实践活动。推动党员领导干部深入基层群众、深入生产一线、深入下属单位、深入工作服务对象，察民情、访民意，找准查实基层和群众的操心事、烦心事、揪心事；引导广大干部职工参与“我为‘十四五’开局作贡献”活动；基层党组织针对不同群体党员情况，设计开展活动载体、搭建发挥作用平台，组织引导广大党员立足本职岗位、争创一流业绩、提供优质服务、团结凝聚群众；建立党员先锋岗、责任区，推行设岗定责、承诺践诺、志愿服务，解决群众急难愁盼具体问题，完善解决民生问题的体制机制；健全重大突发事件党员、干部应急动员发挥作用机制。

开展“央企百年跟党走”主题党日活动。以“央企百年跟党走”为主题，围绕学习贯彻习近平总书记重要讲话精神，结合党史学习教育广泛开展各项活动，持续推动习近平新时代中国特色社会主义思想进企业、进车间、进班组，进一步强化理论武装和党性锻炼。

开展入党宣誓活动。利用革命旧址、革命纪念馆、烈士陵园、爱国主义教育基地、工业文化遗产、企业文化展馆等红色资源，就近就便组织开展新党员代表入党宣誓活动，分别由党委负责同志领誓。基层党组织在党员活动室或就近就便利用红色资源，举行新党员入党宣誓仪式和开展党员重温入党誓词活动。

开展讲党课和优秀党课展播活动。围绕建党百年光辉历史、伟大成就、宝贵经验、先进典型，开展内容丰富、形式多样的讲党课活动。集团党组、各单位党委班子成员深入基层一线讲，各级党组织书记、党员领导干部、优秀共产党员、老党员等联系工作讲，在七一前后掀起“党课开讲啦”活动热潮；注重用好传统媒体和新兴媒体，把党课课堂设在生产一线。在集团党建信息化平台和各企业自办媒体平台开设“党课开讲啦”专题专栏，集中展播精品党课。

开展主题宣讲活动。邀请重要事件亲历者和见证者特别是时代楷模、央企楷模、最美人物、“两优一先”、劳动模范等深入基层开展巡回宣讲，以真人真事和真情实感，重温革命先辈浴血奋战的英雄故事和艰辛的创业史，生动讲述党带领中央企业干部职工拼搏奋斗、追梦圆梦的故事。各企业工会、共青团、女工委等组织开展了“永远跟党走·奋进新征程”“青春向党·奋斗强国”“巾帼心向党·奋斗新征程”等各具特色的宣讲活动。

（朱雪峰）

【宣传工作】

2021年，集团党组把宣传思想工作摆在集团总体工作的重要位置，加强党对宣传工作的领导，各级党组织坚持以习近平新时代中国特色社会主义思想为指导，全面贯彻党的十九大和十九届历次全会精神，深入贯彻落实《中国共产党宣传工作条例》和《关于新时代加强和改进思想政治工作的意见》，自觉承担举旗帜、聚民心、育新人、兴文化、展形象的使命任务，促进宣传思想政治工作与党的建设深度融合、同向发力，唱响庆祝建党百年主旋律，强化党史学习教育知信行，把握后疫情时代宣传时度效，激发“十四五”开局精气神，为推进集团各项事业坚毅前行并取得历史性成就提供了坚强保障，凝聚了磅礴力量。

广泛宣讲凝聚共识。集团党组成员带头到基层作宣讲、上党课，回顾百年航程，解读时代使命。各企业领导班子、先进典型、优秀党员纷纷到基层支部宣讲，大连中远海运邀请最美奋斗者、全国优秀共产党员杨怀远开展“跨越时空的对话”，传承“小扁担精神”，打造“小海星”服务品牌；中远海运财务开展《红色照耀蓝色航程》专题党课等特色党建活动。集团展厅以中国航运的红色基因为主线，成为党史学习教育、存史资政育人的重要窗口，全年开展各类宣讲介绍160余场次，受众超过3000人次，并成为中国浦东干部学院教学示范点。

创新开展庆祝活动。集团将庆祝中国共产党成立100周年作为贯穿全年的工作主线，通过精心组织开展6大类18项丰富多彩的活动，大力弘扬伟大建党精神，以百年航运注解百年大党，让建党百年辉映航程百年。联合中国航海博物馆举办“红色记忆·蓝色航海”特展，该展入选“中宣部推介庆祝建党百年精品展览”；编纂出版《“波澜壮阔”——建党百年重大成就图志》《守正创新——特色党建案例集》《中国远洋海运发展史》《中远海运年鉴》等图书史志；举办“大国顶梁柱、永远跟党走”微电影微视频创作大赛；集团工会举办“扬帆百年、领航时代”庆祝建党百年音舞诗画大型展演，出版庆祝百年画册《领航》、书法作品集《百年风华》、文学作品集《海洋文学》、邮册《方寸间》；集团团委举办“学党史、强信念、跟党走”全系统党史知识竞赛；上海中远海运举办“百年礼赞、奋斗有我”经典红歌比赛；青岛中远海运举办5期“寻访红色记忆、庆祝建党百年”党性教育活动；厦门中远海运联合驻闽单位举办庆七一文艺展演；上海船研所/中远海运科技举办“永远跟党走”主题歌咏会；海南港航党委举行“颂歌献给党”职工大合唱文艺汇演，为建党百年营造浓厚氛围。

系统梳理红色资源。贯彻落实习近平总书记关于用好红色资源、赓续红色血脉的重要论述，深入挖掘中国近代以来百年航海史中的红色文化资源，联合交通运输部整理编纂以杨怀远“小扁担精神”、贝汉廷航海家精神、严力宾舍身护船精神、改革先锋精神、比港丝路精神等为代表的航海精神谱系，以红色记忆立心铸魂。中远海运集运开展“我身边的党史”红色经典微视频展演；中远海运特运举办“筑梦光华、砥砺奋进”文化月活动；中波公司与上海电视台合作制作《推动中波友谊航船全速前进》纪录片，全面回顾公司70年光辉航程；广州中远海运挖掘老党员初心故事，被推荐到广东省委。

理论研究成果丰硕。坚持“思想为舵、学习为帆、实践为桨”，集团党组深入开展理论课题研究，在《学习时报》《光明日报》《红旗文稿》《思想政治工作》等党报党刊刊发多篇理论文章，并接受人民网专题访谈。集团政研会开展“百年党建引领百年航运理论与实践”等10项重点课题和30项自选课题研究，形成157篇课题成果。近30项课题上报上级政研会，7项课题被纳入中央企业党校智库入库课题和重点课题，集团被中国政研会评为全国优秀政研单位。

主题宣传奏响强音。集团牢牢把握宣传工作正确政治方向和舆论导向，利用集团改革重组五周年契机，精心策划主题宣传，集聚改革发展正能量。立足基层一线、围绕生产经营，聚焦集团改革经验全面总结、“十四五”开局、高质量发展、落实“六稳”“六保”、保障全球供应链稳定、产业链协同、数字化建设、价值化服务、绿色可持续发展、双碳行动、疫情防控、助力“双循环”、国企改革三年行动、对标世界一流管理提升行动、助力乡村振兴等重大主题，开设“百年奋斗路、启航新征程”“强根固魂回头看”等专题专栏专版，加强主题宣传策划和落实，全年推送新闻 2800 余条，学习强国推送文章 700 余篇，并积极探索运用新技术、新手段，推出一批具有较强主题性、新闻性、创新性的融媒体产品。中远海运集运、中远海运港口、中远海运物流等聚焦中小客户服务、数字化创新、国际贸易通道建设等开展系列主题宣传；中远海运能源聚焦低碳环保，开展“首船全生命周期碳中和石油”等主题宣传。

外宣工作推陈出新。制定集团新闻宣传工作管理办法、舆情管理与处置实施细则、新媒体平台管理规定，形成外宣管理体系。立足业务发展和品牌传播，集团全年组织中央及省市媒体采访 35 次，全网刊发集团各类宣传稿件 4800 余篇，其中《人民日报》、新华社、央视等中央及地方主流媒体刊发报道合计 900 余篇，境外媒体报道 2260 余篇，全方位讲好中远海运故事。推进外宣视角和内容创新，组织多场全媒体集中宣传，策划“我和我的外国朋友”“中秋节——船行千万里，货畅万家圆”等主题传播。以集团融媒体工作室为平台，推动外宣资源共享，协同外宣工作合力，推出《中国海员日行千里的海漂日记》等多媒体宣传作品。把宣传载体建在重大项目上，加大对陆海新通道建设、“一带一路”建设等的宣传力度，更好服务国家战略和人类命运共同体建设。中远海运散运聚焦“电煤”保供社会关注热点，联合媒体精心策划系列宣传，引导社会正面舆论。（朱雪峰　马晓静）

【意识形态工作】

2021 年，集团党组严格落实各级党组织意识形态工作责任制，强化新闻舆论工作的敏锐性、预见性、协同性，牢牢掌握意识形态主导权，打好宣传思想工作和舆情管理主动仗，把工作做得更深、更细、更实。

筑牢意识形态安全屏障。牢牢把握正确政治方向、舆论导向、价值取向，坚持主管主办和属地管理原则，守住管好各类阵地，提高管网治网水平，营造风清气正的网络空间，不断壮大主流思想舆论，巩固和发展主流意识形态。执行好意识形态工作年报机制，集团对意识形态工作责任制落实情况监督检查并及时通报。

强化舆情管理凸显时效。持续加强舆情监测、研判、预警和处置，坚持正面引导与舆情管控两手抓，全力营造稳定舆论环境，为集团生产经营保驾护航。全年编制《每日舆情要点》250 期，妥善处置突发舆情风险 13 起。2021 年，针对新冠疫情带来的全球港口拥堵、物流供应链不畅、航运市场运价上涨、疫情防控、船员换班等热点焦点问题，结合集团生产实际，深入组织各类宣传材料和对外口径，积极应对敏感舆情风险和突发舆情事件，加强媒体沟通，从舆论引导和舆情管理两方面开展工作。集团协同中远海控、中远海运集运、中远海运发展等单位，加强实时监测，深入组织各类宣传材料和对外口径，积极应对敏感舆情风险和突发舆情事件，加强媒体沟通，持续多层次发声。全年共向中央、财经、地方媒体等投放相关稿件 180 余篇。其中，新华社刊发专题报告两天阅读量就达到 180 万，《人民日报》客户端刊发集团提升全球客户服务行动，同时在各地媒体进行舆论引导，全方位传递集团服务“六稳”“六保”举措和成效，有效平抑不利舆情。此外，针对上市公司业绩发布及股价波动舆情，集团所属上市公司，依法按规做好信息发布、投资者答疑等工作，防控资本市场舆情冲击风险。针对疫情防控相关舆情，集团公关部与船公司、船员公司紧密协作，作为疫情防控机制重要组成力量，在相关专题会上及时通报舆情和处置意见以供决策。重点针对散运“中远吉达”轮、特运东海大厦出现船员、员工感染舆情，第一时间启动监测和处置，从集团关心关爱员工生命健康、严格疫情防控等角度准备。

主动出击做到释疑增信。及时与相关媒体进行沟通，摆事实讲道理，有效消除负面影响。针对比港第二阶段股权交割等重点项目，提前编制舆情应对预案，积极开展社会责任、绿色港口发展等主题宣传，为项目顺利推进提供保障。加强与国务院国资委、交通运输部等国家部委沟通联系，上报舆情简报，反映市场和舆论客观走向，争取上级部委对舆情工作的支持。加大宣传集团维护市场稳定、服务中小客户的好做法，持续传递以客户为中心、服务“六稳”“六保”的决心，有效化解客户误解和矛盾。中远海运集运加强媒体合作与沟通，全方位推广业内首项为直客解决“订舱难、交货难、用箱难”三大出运难题的航线服务，进一步强信心、聚民心、暖人心、铸同心。

加强矩阵化传播能力建设。积极落实国务院国资委有关央企融媒体中心建设要求，以融媒体虚拟工作室为抓手，充分发挥集团海内外网点优势，推进集团外宣工作体系和自有媒体平台建设。集团及所属单位海外社交平台达到 40 余个，语言覆盖中文、英文、希腊语、越南语、日语、西班牙语等，业务领域拓展到集运、港口板块，海外区域公司实现应开尽开。中远海运北美在协助运维集团海外社交平台账号的同时，不断加强自身账号建设，中远海运港口推动海外重点港口项目能开尽开。同时，集团积极拓展外部传播渠道，加强媒体日常沟通，与凤凰卫视、中国一带一路网等建立深度合作关系，持续构建集团外宣传播矩阵。（朱雪峰　马晓静）

【思想政治工作】

2021 年，中远海运集团深入学习贯彻习近平总书记关于宣传思想工作重要论述，将党史学习教育作为传承红色基因、砥砺蓝色航程的思想洗礼，聚焦集团深化改革、提质增效、服务“六稳”“六保”，加强思想引领、压实政治责任、注重策划谋划、推进协调联动，取得了一系列成果，为建设世界一流企业、服务航运强国建设凝聚了强大正能量。

坚持以科学理论指引正确方向。把学习贯彻习近平新时代中国特色社会主义思想作为重大政治任务，贯穿党史学习教育始终。聚焦习近平总书记“七一”重要讲话、党的十九届六中全会等重大主题，集团党组开展 25 次党组中心组学习和 5 次扩大集体学习，在贵州遵义举办党史学习教育读书班，在海南博鳌举办“七一”重要讲话精神研讨班和学习贯彻党的十九届六中全会精神研讨班。集团党工部和集团党校在上海、北京、广州等地组织 5 期专题轮训班，持续学深学透习近平总书记关于国有企业改革发展和党的建设的重要论述，以及对本行业本企业十个方面重要指示批示精神，进一步提高政治站位，把准正确方向，强化使命担当。

坚持以家国情怀践行人民至上。把党史学习教育与融入国家战略相结合，将履行经济责任、政治责任和社会责任作为深化“我为群众办实事”实践活动的重要内容和检验党史学习教育成果的重要标尺，党组带头，党员干部深入基层单位、深入船岸一线、深入社会责任项目、深入困难群众、深入工作服务对象，采取有力举措解决基层和群众急难愁盼问题。集团将一线船员群体作为办实事重点群体，理顺长期借用船员劳动关系历史遗留问题，完成 600 多名长期借用船员正式调陆岸工作；中远海运能源通过“领导船舶联系点”和“船岸党组织结对子”两大机制为船员解决难题；中远海运重工办实事向分包方延展，极大调动了分包方员工的工作积极性；中石化中海燃供开展党员志愿服务活动和“党旗在基层一线飘扬”活动，开通“实事直通车”。集团 7 大类 297 项办实事清单完成 99% 以上。

坚持以党建优势引领发展优势。集团党组高度重视贯彻落实全国国有企业党的建设工作会议精神情况“回头看”工作，成立领导小组，统筹抓好工作部署，重点对照国务院国资委方案中七项内容进行对标检视，并通过深化党史学习教育，构建“四个体系”，完善“四个机制”，多措并举持续巩固拓展全国国企党建工作会议精神落实成果。中远海运集运党委在 2021 年中央企业党的建设工作座谈会上作主题交流发言；中远海运物流印发了《在全面深化改革中加强和改进党的建设的实施方案》，为推进混改提供坚强保证；中远海运资产"六航"协同抓党建，赋能产业链，创造增值服务；天津中远海运构建区域党建共建联动机制，推动区域党建理念、氛围、效应扩大化。党史学习教育中，集团基层2466个党支部高质量召开专题组织生活会。

坚持以学史力行创造一流业绩。集团把党史学习教育成果转化为建设世界一流企业的强大动力，深入推进"十四五"发展规划，聚焦"三个领军""三个领先""三个链接"，深化国企改革三年行动，聚力提质增效，在疫情全球蔓延、世界航运业深刻调整中实现逆势增长，创造历史最佳业绩，让党史学习教育成果转化为企业转型升级、创效攻坚、创造一流的重大发展成果，真正做到传承了历史、创造了历史、刷新了历史。

（朱雪峰）

【宣传思想工作会】

2021年12月1日，集团以全球视频形式与2022年务虚会同步召开2021年宣传思想工作会暨政研会二届一次会员大会。集团外部董事、党组成员、总助级领导，总部各部门主要负责同志，各直属单位主要负责人、党建部门负责人等共计278人参会。会议审议了集团政研会会员建议名单，通报了集团政研会2021年课题研究情况，中远海运集运党委、中远海运散运党委、中远海运能源"远翠湖"轮政委、中远海运特运党工部、中远海运发展上海寰宇广州箱厂、天津中远海运党委6家单位和个人作了交流发言。

集团党组书记、董事长万敏以"党建领航、价值领航、科技领航、全球领航，持续推进中远海运集团高质量发展"为主题作了讲话，总结回顾了集团2021年宣传思想工作取得的成绩，对2022年党建和宣传思想工作提出6个方面要求和部署：推动党的领导与完善公司治理有机结合，在落实两个"一以贯之"上取得新进展；推动党管干部人才与市场化选人用人有机结合，在高素质专业化人才队伍建设上实现新提升；推动基层党建与生产经营有机结合，在"三做"理念、"三舱"精神落地上体现新突破；推动思想政治工作与企业文化建设有机结合，在凝心聚力干事创业上开拓新局面；推动党内监督与企业内部监督有机结合，在全面从严治党上巩固新成效；推动党建责任与经营责任有机结合，在党政同责同频共振上增添新合力。会议强调，要认真贯彻落实党的十九届六中全会精神，按照即将召开的中央经济工作会议精神以及央企负责人会议工作部署，持续推进中远海运集团高质量发展，加快建设世界一流企业，以优异成绩迎接党的二十大胜利召开。

（朱雪峰）

【党建思想政治工作研究会】

2021年，集团政研会加强自身建设，推进年初课题立项机制、年底总结表彰机制。办好会员大会，加大会员单位之间的经验交流，编印课题研究成果合集，加大课题成果转化应用。加大与中国政研会、全国党建研究会、中央企业政研会、交通政研会等上级政研机构沟通联系，加强与《学习时报》等理论宣传阵地合作，推动集团理论研究和实践性研究上台阶。

集团政研会年初印发课题研究计划，要求各会员单位着眼建党百年，以习近平新时代中国特色社会主义思想为指导，选取本单位成立以来党建工作典型案例和创新做法，开展党建特色经验专项课题研究，同时部署10项重点课题和25项参考选题。各会员单位按要求扎实开展重大理论和实践问题研究，共上报157项研究成果。

集团政研会二届一次会员大会审议并通过政研会会员建议名单：集团党组书记、董事长万敏担任会长，集团党组副书记、董事、总经理付刚峰，集团党组副书记、董事王海民，集团党组成员、纪检监察组组长刘鸿炜，集团工会主席张善民担任副会长，29家单位为会员单位。政研会秘书处设在党组工作部，集团党组工作部部长刘海涛担任秘书长，集团党组工作部副部长海峡、徐永上担任副秘书长。

【部分获奖集体、获奖课题】

1. 中国思想政治工作研究会

（1）中国思想政治工作研究会印发《关于表彰2019—2020年度全国政研会工作优秀单位、优秀个人的决定》，中远海运集团被授予“全国政研会工作优秀单位”称号。

（2）中远海运集运沈煜同志撰写的《疫情下在船船员心理健康调查研究》荣获中国思想政治工作研究会2021年度三类优秀研究成果。

2. 中央企业党建思想政治工作研究会

中远海运集团撰写的《全球化新形势下中央企业境外党建策略研究》荣获中央企业党建思想政治工作研究会2021年度优秀课题研究成果二等奖。

3. 中国交通职工思想政治工作研究会

中国交通职工思想政治工作研究会印发《关于表彰2020—2021年度全国交通运输行业优秀政工论文的决定》，集团1篇论文获一等奖，2篇论文获二等奖，6篇论文获三等奖，17篇论文获优秀奖。

一等奖：

《百年党史领航初心理想　赓续薪火开拓奋进航程——上海中远海运从党史学习教育中汲取智慧力量的思想实践》

作者：上海中远海运党委课题组

二等奖：

（1）《习近平航运强国重要论述理论框架下的思想政治工作思考与实践》

作者：中远海运集团　朱雪峰

（2）《坚持“支部建在船上”，为航运事业持续蓬勃发展提供坚强政治保障》

作者：中远海运散运　苗圣英、张志新、张丽伟、方鹏

三等奖：

（1）《学习力就是竞争力　培训就是生产力——广州中远海运全方位打造学习型企业的实践与思考》

作者：广州中远海运　陈晓艳

（2）《以“三做”理念为指引　以“标杆”创树为抓手——中远海运能源加强船舶党建的思考与实践》

作者：中远海运能源党委课题组

（3）《国有企业共青团组织在新时代加强青年思想引导中的对策研究》

作者：中远海运散运　张艳

（4）《战略为基、基层为本、创新为要求好国有企业党建工作绝对值——以高质量党建推动企业高质量发展机制模型研究》

作者：中远海运特运课题组

（5）《把定航行之舵，突出亮点特色，把基层党组织建设成坚强战斗堡垒——中远海运集运特色党支部建设实践探索与经验启示》

作者：中远海运集运　李伟、周培军、刘清卿、方叶

（6）《开展高质量集中轮训 培育高素质船舶政委——加强船舶政委集中轮训工作的实践与思考》

作者：中远海运船员党委课题组

优秀奖（名单略）

4. 中央企业党校智库

中央企业党校智库印发《关于公布2021年度课题评审结果的通知》，中远海运集团党校推荐的《全球化新形势下中央企业境外党建策略研究》《国有企业共青团组织在新时代加强青年思想引导中的对策研究》获得优秀成果二等奖。

5. 中远海运集团政研会

集团政研会印发《关于公布中远海运集团庆祝中国共产党成立100周年特色党建课题研究优秀论文的通知》，对“党建特色经验、特色品牌系统总结研究”26篇课题论文进行表彰，并汇编成《守正创新——中远海运集团特色党建案例课题研究论文集》。

集团政研会印发《关于表彰中国远洋海运集团2021年度党建思想政治工作优秀研究成果的决定》，表彰一等奖论文15篇，二等奖论文25篇，三等奖论文30篇，优秀奖论文40篇。

一等奖：

（1）《关于船员违纪违法问题的调查研究报告》

作者：中远海运集团纪检监察组　郝文义、钱伟、阮家桢、蔡磊清、王安安

（2）《守护船员心灵之窗，助力巨轮扬帆远航——疫情下在船船员心理健康调查研究》

作者：中远海运集运船管一中心　沈煜

（3）《浅析新时代国有企业职工保障体系在人力资源管理中的作用和管理策略》

作者：中远海运散运组织部 / 人力资源部　叶勇、叶婷婷

（4）《关于对进一步开展好陆岸人员挂职船舶政委工作的思考》

作者：中远海运散运党委工作部　陆英祥

（5）《国有企业基层党组织组织力的考核评价指标体系构建探究》

作者：中远海运能源党委课题组

（6）《新时代中央企业建立完善人才评价体系的实践研究——以中远海运特运人才评价实践为例》

作者：中远海运特运组织部 / 人力资源部课题组

（7）《关于一体推进廉洁风险与金融业务风险防控工作的实践与思考》

作者：中远海运发展纪委

（8）《凝聚监督合力　赋能国企改革——深改背景下构建“大监督”体系的探索与思考》

作者：中远海运物流纪委工作部

（9）《浅析国有企业政治监督的时代意蕴和路径优化——实践以“三个着力”高质量推进国有企业政治监督》

作者：中远海运重工纪委课题组

（10）《拓宽区域党建外延　赋能集团产业生态——天津中远海运探索区域党建共建联动经验浅析》

作者：天津中远海运理论学习中心组

（11）《开展高质量集中轮训　建设高素质政委队伍为筑牢“海上战斗堡垒”提供坚强人才保证》

作者：中远海运船员党委课题组

（12）《关于探索建立为船员办实事长效机制的实践与思考》

作者：中远海运船员上海分公司　王国进

（13）《以区域化党建为抓手推进中国船燃党建标准化建设》

作者：中国船燃党建课题组

（14）《聚焦党的政治优势组织优势转化引领企业奋楫高质量发展新航程——〈将党的政治优势组织优势转化为企业高质量发展优势研究〉课题研究报告》

作者：中远海运人才发展院　姜仕倩、董升荣

（15）《探索国企党建融合新模式——海南港航通用码头有限公司“1+N”党建融合模式解析》

作者：海南港航通用码头公司政研论文课题组

二等奖、三等奖、优秀奖（名单略）

（朱雪峰）

【中央媒体理论文章】

1.《回望红色航程　砥砺蓝色梦想》（《思想政治工作》2021 年 3 月 / 总第 444 期）

2.《链接“双循环”　服务“新格局”》（《学习时报》2021 年 3 月 3 日 04 版）

3.《发扬好“支部建在船上”的优良传统》（《学习时报》2021 年 7 月 9 日 08 版）

4.《巍巍巨轮驶向海洋强国》（《红旗文稿》2021 年第 17 期）

5.《发挥支部建在船上的时代价值》（《旗帜》中共中央党校出版社）

6.《“党建 + 文化”融合　激发企业新活力》（《旗帜》中共中央党校出版社）　（朱雪峰）

【典型培育和选树】

2021 年，集团党组把培育选树先进典型作为宣传思想工作的重要工程，注重在集团改革发展、重大工程、急难险重任务中发现培育先进典型，让先进典型的精神力量激励广大干部职工接续奋斗。

典型评选进一步注重业绩导向。按照中央最新要求，落实党组关于先进典型评选“突出业绩导向，与日常考核结合，与生产经营和绩效考核挂钩”要求，修订完善集团年度先进典型评选表彰体系，充分发挥先进典型示范引领作用。

典型选树进一步侧重基层一线。大力培育新时代先进典型，七一期间开展“两优一先”评选，持续开展集团级年度先进典型评选、远洋船舶“金牌三长”评选等，侧重在基层一线、基层船舶选树典型。

典型引领进一步彰显榜样力量。集团党组对年度先进典型进行隆重表彰，大力弘扬劳模精神、劳动精神、工匠精神和钻石团队精神，加大典型事迹宣传和推广，谱写“奋斗之歌”，引导广大职工崇尚先进、学习先进、争当先进，汇聚改革发展最基本、最深沉、最持久的精神力量。

（朱雪峰）

（2021 年度集团级先进典型名单见第十六篇　光荣册）

党风廉政建设

党风廉政建设

【党风廉政建设和反腐败工作会议】

2021 年 2 月 5 日，中远海运集团党组召开 2021 年党风廉政建设和反腐败工作会议，传达贯彻十九届中央纪委五次全会精神，部署集团 2021 年党风廉政建设和反腐败各项工作。集团党组书记、董事长许立荣出席会议并讲话，集团党组副书记、董事、总经理付刚峰主持会议并就贯彻落实会议精神提出要求，集团党组成员、纪检监察组组长刘鸿炜传达了十九届中央纪委五次全会精神，并作了题为《全力强监督，护航新发展，为集团“十四五”开好局提供坚强保障》的工作报告，从 6 个方面回顾总结 2020 年集团纪检监察工作取得的成效，对做好 2021 年集团纪检监察工作提出具体要求。会议以视频形式召开。集团总助级领导，总部各部门、共享中心负责人，境内各直属单位、代管单位领导班子成员，中层及以上干部共 1100 人，分别在主会场、分会场参加会议。（蔡萍）

【监 督 检 查】

2021 年 3 月，集团纪检监察组制定印发《关于做好 2021 年监督工作的通知》，明确 8 个方面的监督重点，推动“8+N”监督走深走实。加强跟踪指导，鼓励监督创新，编发《监督检查工作交流简报》14 期。各单位纪委结合实际做实规定动作，创新自选动作，组织开展各类监督检查 7400 余次，针对发现问题提出意见建议 4000 余条，主动发现问题线索 56 个，处理处分 96 人。

紧扣党中央重大决策部署加强政治监督。集团纪检监察组对 31 家单位开展综合调研检查，发现问题 11 个，向党组提出意见建议 67 条并推动落实；组织开展“十四五”规划落实情况专项监督，针对发现的 3 类 9 个方面问题，督促相关部门、单位立行立改；开展危化危爆品安全部署落实情况专项监督，向集团党组提出工作建议，集中约谈集团安全监管本部、运营管理本部主要负责人，督促强化监管主责，组织自查督查；探索开展意识形态领域监督检查，对集团报社、杂志社及其微信公众号等公开信息进行专项监督，针对发现的 4 个方面的问题，提出 6 项整改建议，推动集团新闻宣传相关部门落实意识形态工作政治责任；加强中央巡视、审计整改监督，推动彻底解决中央巡视反馈指出的“高租金船”问题；下发《关于对农民工工资支付情况开展专项监督检查的通知》，组织督促各单位对拖欠农民工工资问题开展专项监督检查；开展定点帮扶资金使用和项目管理专项监督，持续跟踪往年监督检查发现问题的整改；毫不放松抓好常态化疫情防控监督，下发工作提示 5 次；针对 2021 年集运市场“一箱难求”、国内煤炭供需矛盾突出等市场动向和社会热点，督促中远海运集运、物流、发展、散运等单位纪委聚焦“稳外贸”“保产业链供应链稳定”“保障电煤供应”等加大监督力度，护航“六稳”“六保”任务在集团落实到位。

强化对“关键少数”、重点领域和关键环节的监督。纪检监察组和各单位纪委约谈各级领导班子成员、关键岗位人员 2169 人次，逐级压实全面从严治党政治责任，提醒做好廉洁自律。纪检监察组制定贯彻落实《中共中央关于加强对“一把手”和领导班子监督的意见》的任务分解。对党的十九大以来集团系统“一把手”的信访和案件情况开展专题分析，向党组提出建议。通过参加会议、查阅资料、列席民主生活会等形式，督促贯彻执行民主集中制，严肃党内政治生活。加强选人用人监督，全系统规范回复党风廉政意见411 人次。持续做好境外单位和“一带一路”建设项目廉洁风险防控，查处外派人员违纪案件 3 件，处理处分 3 人。集团纪检监察组组长刘鸿炜代表集团在中央纪委国家监委主办的第四届“一带一路”参与企业廉洁合规经营培训班上作经验交流。（蔡萍）

【纪检监察体制改革】

2021 年，集团纪检监察组严格执行双重领导体制，全年向中央纪委国家监委报送各类报告、工作信息等 127 件。协助集团党组部署分解、督促落实年度党风廉政建设和反腐败工作任务，集团党组书记就纪检监察工作作出批示 170 余件，实现主体责任与监督责任贯通联动。

不断健全完善改革配套制度。2021 年制定《集团纪检监察组 2021—2022 年制度计划》，2021 年研究制定了《中国远洋海运集团有限公司纪检监察组党纪政务处分决定执行工作规程（试行）》《关于进一步加强纪检监察干部监督工作的意见》等 21 项规章制度，中管企业纪检监察体制改革以来已完成配套制度 50 项，制度体系更加完备。组织开展党的十九大以来纪检监察制度建设和执行情况专项检查，提出需整改问题 221 项，指导督促下级纪委规范制度建设、严格制度执行。

推动大监督格局不断完善。2021 年 7 月 13 日，刘鸿炜组长主持召开集团党风廉政建设和反腐败工作协调小组会议，总结通报工作，研究分析问题，推动纪检监察监督同巡视巡察、审计、内控等各类监督贯通协同。纪检监察组贯彻落实中央纪委国家监委关于进一步加强“四项监督”统筹衔接的意见，加强与集团党组巡视、审计工作的协同配合，派员对巡视组、审计组成员进行巡审前培训，就被巡视单位领导班子成员廉洁情况进行沟通，用好巡视、审计成果，梳理集团近两年 3 轮党组巡视发现的关于纪委履行监督责任方面的问题，组织各直属单位纪委对照自查、举一反三，落实整改。印发《关于按规定及时移送涉嫌违纪违法信访举报和问题线索的通知》，加强各类监督发现问题线索的集中管理。启动集团数字化监督平台建设，借助大数据、信息化的力量，整合监督渠道，提升监督质效。

加强对各直属单位纪委的领导和指导。严格落实问题线索处置和执纪审查、查办腐败案件以上级纪委领导为主的要求，对直属单位纪委 33 件拟立案、拟给予处分的报告从严把关，问题查不透的、处分偏轻畸轻的，一律退回重新办理，坚决防止宽松软。印发《关于进一步加强纪检监察宣传工作的意见》，全年在中央纪委国家监委网站等媒体刊发报道 20 余篇，积极发挥集团反腐倡廉网交流互鉴平台作用，刊发各单位经验做法 300 余篇。（蔡萍）

【一体推进“三不”】

2021 年 3 月 12 日，集团召开推进案件查办工作专题会，提出 20 项办案工作要求。集团各级纪检监察机构坚持严的主基调不动摇，一体推进不敢腐、不能腐、不想腐。全系统共受理信访举报 550 件，处置问题线索 502 件，立案 87 件，党纪政务处分 77 人，其中，党组管理干部立案 2 件，处分 2 人，组织处理 6 人。精准规范实施问责，全系统问责党员领导干部、监察对象 6 人，处分 3 人。运用“四种形态”批评教育帮助和处理 545 人，其中运用第一种形态谈话函询、批评教育 443 人，占比 81.3%；运用第二种形态给予轻处分、组织调整 60 人，占比 11%；运用第三种形态给予重处分、职务调整 25 人，占比 4.6%；运用第四种形态处理严重违纪违法、触犯刑律的 17 人，占比 3.1%。严格执行党员权利保障条例，坚持严管厚爱结合，开展失实检举控告澄清工作 20 人次，对受到处理处分人员回访 35 人次。

督促推动并深度参与“靠企吃企”专项整治。组织开展“靠企吃企”问题线索大起底，梳理出已查未结问题线索 83 件，对已了结的进行“回头看”，建立专项台账，组织力量集中查办，对其中 45 件挂牌督办、提级审核，专案专人指导。截至 2021 年年底，已办结 55 件，立案 12 件，处分5人。全年全系统查办“靠企吃企”案件37件，党纪处分31人。推动持续深化船员违纪违法问题专项整治，纪检监察组加大指导督办力度，船公司船员公司纪委密切配合，查办了57名船员违纪违法问题，通过深化船员纪法教育、警示教育，强化船舶监督检查，船上违纪违法案件呈下降趋势，整治成效明显。

加大以案促改、以案促治、以案示警力度。强化检举控告统计分析，完成综合、专题、专案等分析报告10篇，向党组提出对策建议34条。强化警示教育，加强“组校”合作，纪检监察组为船舶政委、外派干部培训班等开展案例警示教育授课12场次，400余人接受教育。用好监督执纪执法成果，各级纪检监察机构下发纪检监察（监督）建议书89份，对2020年以来下发的纪检监察建议书落实情况开展“回头看”，推动落实整改责任。（蔡萍）

【作风建设】

2021年，集团纪检监察组毫不放松抓好中央八项规定精神落实，持续深化作风建设。坚持元旦、春节、五一、端午、中秋、国庆等重要节点前发布廉洁工作提示，提出工作要求，督促落实责任。对2020年集团查处违反中央八项规定精神问题情况进行系统分析，针对问题多发领域开展靶向纠治。对2019年以来集团党的作风建设监督情况开展专题分析，就进一步强化集团作风建设向集团党组提出意见建议。坚持将整治形式主义、官僚主义作为监督执纪问责的重要内容，对发现的问题及时提醒，坚决纠正。严格落实提级审核，全系统查处违反中央八项规定精神问题19件，处理处分23人，其中，纪检监察组查处5件，处分4人，组织处理1人。

严肃整治职工群众身边腐败和不正之风。印发《关于深入开展整治职工群众身边腐败和不正之风工作的通知》，结合推动“我为群众办实事”实践活动，在全集团部署开展职工群众身边腐败和不正之风专项整治，着力推动解决职工群众急难愁盼问题，境内各直属单位纪委梳理问题78个，制定整治措施82项，严肃查处了一批以权谋私、损公肥私，漠视职工疾苦、损害职工利益的问题，并建立健全整治工作长效机制。纪检监察组主动改进作风，2次召开座谈会听取直属单位纪委意见，合并监督事项，压减材料报送，视频述责述廉，切实减轻下级纪委负担。（蔡萍）

内部巡视工作

内部巡视工作

【持续跟踪问效】

集团党组坚持把持续深化中央巡视整改工作扛在肩上、抓在手上，以政治监督推动整改，促进党的领导、党的建设更好融入企业治理。坚持把抓整改融入日常工作、融入深化改革、融入全面从严治党、融入班子队伍建设，一件一件抓，一件一件改。截至 2021 年年底，中央巡视反馈的 53 个具体问题，已经完成整改 49 个，海工产品去库存、降低核心板块高负债等 2 个问题整改取得显著成效。（裴志杰）

【深化政治巡视】

2021 年，集团党组围绕被巡视单位贯彻落实党的路线方针政策和党中央重大决策部署，落实巡视、审计整改情况检查要求，坚持从业务看政治，从问题看责任，从现象看本质，发挥巡视政治监督作用。准确把握“国之大者”，与时俱进制定内部巡视巡察重点监督检查要点，聚焦集团全年改革发展和党的建设等重点任务落实，重点围绕集团贯彻落实党中央关于立足新发展阶段、贯彻新发展理念、构建新发展格局，推动高质量发展、推进党史学习教育和“十四五”起步开局、国企改革三年行动实施方案落地等重点工作开展监督，增强巡视巡察工作的支撑保障作用。（裴志杰）

【高质量推进巡视全覆盖】

2021 年，集团组织开展两轮巡视工作，共对 7 家直属党委进行了巡视：对中远海运重工开展海工产品去库存、重点单位减负债专项巡视，对中远海运发展开展减负债、防风险专项巡视，对中远海运博鳌开展保障落实重大任务情况专项巡视，对中远海运资产、中远海运客运 / 大连中远海运、青岛中远海运、海南港航 4 家单位开展常规巡视。巡视内容包括党的领导融入公司治理以及释放国企发展新动能等情况，注重把握共性，突出个性，查找制约国企改革发展的深层次问题。第一轮巡视共查找出 218 个突出问题，提出 38 条相关工作建议。（裴志杰）

【创新巡视监督方式方法】

2021 年，制定印发《关于规范开展巡视巡察和审计结合工作的指导意见（试行）》，按照“能合尽合”的原则，以“巡审结合”方式组织开展巡视和审计工作，共有 3 个巡视项目以“巡审结合”形式开展，在信息互通、成果共享、相互配合等方面构建联动机制，实现“1+1>2”的效果。在巡视工作中，加强巡视巡察联动，实践中探索出融合式、嵌入式、跟进式联动方式，以“协同联动”“对口联动”“接力联动”“延伸联动”等协同形式开展巡视巡察工作，各项任务、各个领域、各个单位巡察工作协调发展、齐头推进，取得了较好效果。（裴志杰）

【内部监督协同机制】

推进巡视与纪检监察、组织、财务等其他内部监督等同频共振，从情况通报、协作联络、人员选派、整改监督、成果运用和信息化建设等方面对协作配合予以规范，形成有序衔接、互为补充、协调一致、相互支持的工作机制。按照巡视前信息贯通、巡视中协作融合、巡视后成果共享原则建立完善协作配合机制，聚合了监督力量，增强了政治监督效能。建立完善监督检查协同机制，加强巡视与选人用人专项检查以及财务、内部审计、综合检查等深度融合；通过“巡视＋选人用人”“巡视＋财务检查”等方式，推动形成系统集成、协同高效的监督工作格局。

（裴志杰）

【巡视巡察上下联动】

制定《关于加强集团内部巡视巡察上下联动的意见》，明确上下联动的总体要求、目标任务、组织领导、工作机制、保障措施，为构建集团巡视巡察一体化工作格局提供重要制度保障。着力完善集团党组、直属单位党委两级巡视巡察工作体系，24 家直属单位党委建立了巡察机构，其中 4 家直属单位在业务规模较大的三级单位建立巡察机构 32 个，逐步形成系统内巡视巡察分级联动体系。细化上下联动具体举措，“集团党组—直属单位党委—三级单位党委”巡视巡察组共同聚焦被巡单位党委的职能责任，形成“三联式”联巡运行模式，彰显系统优势。（裴志杰）

信访、维稳、综治工作

信访、维稳、综治工作

【提升信访工作质量和效率】

坚持让上访人“最多跑一次”，进一步规范了信访接待和办信工作流程，组织开展信访事项督查督办，提升信访工作效率。全年接待职工群众来访360批次/398人次，转办来信100封次，现场调处化解信访矛盾18批次，处置闹访事件173次/174人次。结合“我为群众办实事”实践活动，加强信访矛盾调研，大力推进信访事项化解工作，收集整理近3年来信访事项化解案例。坚持每季度召开例会，通报交流信访信息，分享工作心得，开展重点难题集体会诊，提升信访工作人员的业务能力。落实信访场所疫情防控要求，确保访接待零感染。（刘辉华）

【化解信访积案专项工作】

年初对列为专项治理化解的17起信访事项采取书面发函形式，向涉案的9家单位进行逐一交办，明确化解时限和要求，分别落实包案领导、责任部门和办案人员，确保工作有效落地。2021年4月，专门召开了治理化解专项工作推进会，要求相关单位严格按照时间节点推进化解工作，确保完成年度化解率达到70%的工作目标。采取一对一、面对面的形式加强指导和督办，对各单位上报的办结报告进行认真审核把关，于6月初全部上报办结报告，上报办结率达到100%。经国务院国资委审核，除一起事项仍在化解外，其余全部认定为化解，并给予通报表扬。截至2021年年底，集团共17起化解事项，已化解办结14起，化解办结率为82.4%，超额完成年度化解办结率70%的目标。专项治理化解工作受到了集团党组的充分肯定和表扬。（刘辉华）

【落实重大任务信访保障要求】

认真落实每季度稳定风险排查和重点时段重点排查机制，坚持抓早、抓小，指导监督各单位抓好治安隐患治理和矛盾纠纷化解工作。组织召开专题会议，下发做好建党百年和党的十九届六中全会、第四届进博会期间信访保障工作的通知，制定完善工作预案，落实零报告制度，加强对重点对象稳控，实现了“三个确保”目标要求。加强总部机关安保工作，配合职能完成了195次重要领导来访、重要外事活动和重要会议的现场安保和稳控工作。（刘辉华）

【跟踪指导重点信访事项】

坚持重点抓、抓重点，16次召开专题会议研究化解措施，30余次指导物流公司推进矛盾化解。船员公司和上海中远海运成立工作专班，研究推进化解重点信访事项，并落实周报告机制。广州中远海运积极做好属下新海医院的改革稳定工作，研究稳控措施，坚持抓好维稳。党组工作部先后10余次通过现场调研、电话连线、专题研究、建立工作反馈机制等方式指导广州中远海运做好维稳工作，员工思想较为平稳，未发生上访事件。物流公司着力做好改革期间员工思想稳定和矛盾化解工作，上海中远海运及时化解退休船员福利待遇矛盾。通过上下齐心共同努力，有效维护企业和谐稳定。（刘辉华）

【健全落实“三共三联”机制】

落实“工作共建、事务共商、责任共担；矛盾联调、积案联办、应急联动”的要求，走访上海市信访办，共同商议矛盾积案化解工作。与上海市边防和港航公安分局治安支队建立共建关系，组织开展共建活动，建立了工作交流、矛盾调处、联防联动常态机制。走访塘桥派出所，建立经常性常态化工作交流联动机制，及时有效处置总部机关治安事件，维护总部机关正常办公秩序。2021 年，集团信访接待中心和 2 名员工分别被评为上海市内保先进单位和先进个人。

（刘辉华）

CHINA COSCO SHIPPING CORPORATION LIMITED YEARBOOK

中国远洋海运集团有限公司

年鉴

第十一篇

群团工作

概述

概　述

2021 年，中远海运集团群团工作围绕集团全年生产经营目标任务积极履行各项职责，团结动员广大职工取得“十四五”开门红。

是年，集团各级工会坚持围绕中心、服务大局，认真履行职责，扎实推进民主管理，积极发挥桥梁纽带作用；推进企业民主管理，保障职工群众的合法权益；召开集团一届五次职代会，认真做好职代会代表提案征集处理工作；弘扬劳模精神、劳动精神、工匠精神，做好先进选树及宣传工作，深入开展劳模和职工创新工作室创建，广泛开展劳动竞赛，发挥职工主力军作用；坚持关心关爱职工，构建和谐企业；把开展“我为群众办实事”实践活动作为党史学习教育的鲜明特色和突出亮点，提出了“发挥工会教育和维护职能，积极推动落实集团‘育才赋能工程’”的实事清单；加强工会建设，强化基础管理。

是年，集团团委认真落实集团党组和上级团组织部署要求，进一步提高政治站位，以庆祝建党百年为主线，以深化党建带团建为主轴，深入推动团青工作，引领、凝聚广大青年为企业改革发展建功立业。在全系统团组织开展“学党史、强信念、跟党走”学习教育，引导广大团员青年感悟党的初心使命、领会党的创新理论、体认党的精神谱系、传承党的红色基因；认真落实国务院国资委党委关于党建带团建的工作部署，从思想政治建设、组织建设、队伍建设、作用发挥、机制建设 5 个方面入手，切实履行引领凝聚青年、组织动员青年、联系服务青年的职责；大力从严治团，提升团组织规范化建设；坚持示范引领，举办“百年信仰、青年传承”五四表彰大会，选树先进青年典型，以青年先进典型的榜样力量感召团员青年。

工会工作

工 会 工 作

【纪念建党百年系列活动】

紧紧围绕建党百年主题，精心筹划，悉心打磨，于 2021 年 7 月 14 日成功举办庆祝建党百年音舞诗画文艺展演，28 家直属单位共计 600 余名职工参加会演，近 7 万名职工在现场和网络直播观看，唱响了主旋律，体现了广大干部职工的精神风貌和为企业努力拼搏的主人翁精神，得到了集团党组和广大职工的一致好评。充分发挥集团职工文体协会宣传阵地作用，出版庆祝建党 100 周年的摄影作品画册《领航》、职工书画作品集《百年风华》和邮册《方寸间》，组织广大职工以多种形式抒发爱党爱国爱企之情，展示党领导下新中国航运业由跟跑到领跑的发展历程和辉煌成就，激发“为国远航”的使命感。

（许恒怡）

【企业民主管理】

召开集团一届五次职代会，听取党组工会报告，审议总经理工作报告，通报集团年度企业负责人履职待遇与业务支出情况和集团一届四次职代会职工代表提案的征集处理情况，修订并续签《中国远洋海运集团有限公司集体合同》；集团职工董事向大会作了述职报告，依法保障了职工对企业管理知情权、参与权、监督权和建议权。根据集团改革三年行动规划，在集团积极稳妥深化混合所有制改革的过程中，密切关注改革企业职工思想动态，指导相关企业规范履行民主程序。（陈珺）

【职工劳动竞赛】

大力弘扬劳模精神、劳动精神和工匠精神。发挥职工主力军作用，做好先进选树及宣传工作，评选表彰 49 名集团劳模，并编撰《劳模风采录》。组织召开了中远海运集团劳模创新工作室推进会、职工创新工作室启动会暨经验交流会和 2021 年职工创新工作室评审会暨创建经验交流会；做好首届大国工匠创新交流大会参展工作，完成上海市数字化转型“智慧工匠”推荐上报工作，积极搭建创新成果交流、共享和推广平台，使创新成果更好地应用于生产实践，转化为现实生产力，增强企业核心竞争力，2021 年新命名 25 家集团职工创新工作室。选树申报各类先进典型，“中远海运玫瑰”轮和“远大湖”轮荣获 2021 年全国工人先锋号；中远海运船员公司荣获上海市五一劳动奖状；中远海运能源“新龙洋”轮荣获上海市工人先锋号；上海中远海运物流有限公司柳国旗、中远海运集装箱运输有限公司徐淏荣获上海市五一劳动奖章；有两家集体分别荣获上海市劳模创新工作室及巾帼创新工作室；上海中远海运集装箱运输信息服务有限公司支持中心合同管理部荣获全国巾帼文明岗称号；中远海运集装箱运输有限公司吴宇荣获得上海市三八红旗手，中海环境科技（上海）股份有限公司轨道交通业务小组荣获上海市三八红旗集体。评选“中远海运集团模范职工之家”29 家、“中远海运集团模范职工小家”70 家；评选并表彰集团三八红旗手 52 人、三八集体 31 个。

广泛开展劳动竞赛。举办第五届“中远海运

杯”职工技能竞赛焊工、电工大赛，开展优秀劳动竞赛项目评选，有 14 家直属单位报送 37 个项目，有 10 个项目获得优秀；集团工会与集团人才发展院联合举办工会劳动保护干部和班组长培训班，共有 82 名学员参加了《企业安全文化建设与现场安全管理》《现场安全检查与风险评估》《班组精益管理》等课程的学习。2021 年，全集团共开展劳动竞赛917场，计46 871 人次参加，组织各类技术比武 262 场，计 10 293 人次参加。

（许恒怡　张进）

【关心关爱职工】

开展“我为群众办实事”活动，提出“发挥工会教育和维护职能，积极推动落实集团‘育才赋能工程’”的实事清单并全面推进，着力打造企业和员工共同发展的大舞台、大学校、大平台。为保障广大职工劳动休养权益，出台《中远海运集团关于开展职工疗休养工作的意见（试行）》。组织 78 名劳模参加集团 2021 年度劳模疗休养活动；摸排统计困难海嫂情况 70 余人，并对 10 名特别困难海嫂进行慰问补助，做好对海嫂联络站慰问等工作。关心关爱一线员工，重点加强对疫情中船员换班的关注和慰问，全年各级工会共慰问一线职工并发放慰问金 7589 万元，把组织关心送到职工心坎上。　（陈珺　许恒怡）

【工会自身建设】

召开集团工会第二次代表大会。大会全面总结过去五年工作，分析形势和任务，并对未来五年工作进行了部署，书面审议了财务工作报告和经审委工作报告，并以无记名投票方式，选举产生了集团工会第二届委员会和第二届工会经费审查委员会。在加强工会干部队伍建设方面，按程序指导帮助直属单位做好工会选举工作和主席、副主席、经审委主任人选调整工作。在工会财务方面，加强经费预决算管理，以服务大局、服务基层、服务职工为重点，合理安排经费支出，优化工会经费支出结构，确保经费使用向基层、向一线倾斜。集团工会再次被全国总工会授予全国基层工会财务会计工作先进单位。　（陈珺）

【定点帮扶和对口支援工作】

认真落实中央精神，根据国务院国资委《关于做好下一步中央企业定点帮扶工作有关事项的通知》有关指导意见，原“扶贫（援藏）工作领导小组”更名为“定点帮扶（对口支援）工作领导小组”，董事长、党组书记和总经理、党组副书记分别担任组长和副组长。定点帮扶（对口支援）工作领导小组办公室设在集团工会。全年召开专题工作会 13 次，党组会、总经理办公会、董事会定期研究定点帮扶重大事项。 10 月 26 日与云南省临沧市政府召开定点帮扶工作座谈会，并签订实施乡村振兴战略合作框架协议。组织编制《中国远洋海运集团有限公司 2021 年定点帮扶和对口支援工作要点》，明确了 34 项重点工作，在产业帮扶、教育帮扶、就业帮扶、消费帮扶、党建帮扶等方面继续发力，进一步巩固拓展脱贫攻坚成果，有序推进乡村振兴；编制《中国远洋海运集团有限公司“十四五”援藏规划》，明确了加强干部人才培训、支持特色产业发展、持续保障改善民生、深化交往交流交融、提升文化教育水平、持续完善帮扶机制 6 大主要任务，坚持资金和项目向基层倾斜、向民生倾斜、向教育和医疗卫生倾斜，其中巩固拓展脱贫攻坚成果及衔接乡村振兴类项目占比 80% 以上，投入资金规模和项目数量均不低于“十三五”。定点帮扶和支援工作具体内容见“企业社会责任”一篇。

（张进）

共青团和青年工作

共青团和青年工作

【青年理想信念教育】

坚持思想引领，深入推动党史学习教育。按照团中央部署，在全系统团组织开展“学党史、强信念、跟党走”学习教育。集团团委把学习贯彻习近平新时代中国特色社会主义思想作为重大政治任务贯穿党史学习教育始终，第一时间召开学习贯彻习近平总书记“七一”重要讲话精神视频会，召开学习贯彻党的十九届六中全会精神视频会。指导各级团组织开展“请党放心、强国有我”主题团日活动，举办党史知识竞赛，邀请集团优秀党员代表、劳动模范与青年分享青春故事。持续深入推进“青年大学习”，及时下发参学提醒，加强检查通报，把学党史、学重要讲话抓在日常、严在经常。通过思想铸魂，引导广大团员青年感悟党的初心使命、领会党的创新理论、体认党的精神谱系、传承党的红色基因。（马洪进）

【深化党建带团建】

落实工作部署，强化党建带团建。认真落实国务院国资委党委关于党建带团建的工作部署，印发《中共中远海运集团党组关于进一步加强党建带团建工作的实施意见》，协调指导各直属团组织在本单位党委领导下认真贯彻中央企业党建带团建工作会精神，从思想政治建设、组织建设、队伍建设、作用发挥、机制建设5个方面入手，切实履行引领凝聚青年、组织动员青年、联系服务青年的职责，为各级团组织开展工作提供保障和创造良好环境。各直属单位党委将加强党建带团建工作列入重要议事日程，主要领导亲自抓，相关部门联手抓，建立工作责任制，结合自身实际，研究制定本企业加强党建带团建工作的具体工作方案，不断推动完善、抓好贯彻落实。

（马洪进）

【共青团组织建设】

大力从严治团，提升团组织规范化建设。集团团委坚持夯实基础、持续规范，不断加强各级团组织建设，指导各直属团组织完成“智慧团建”系统中团干部信息录入和监测工作，组织全系统团支部在“智慧团建”系统动态录入党史学习教育情况，确保活动全覆盖。集团团委指导中远海运船员、海南港航控股、中石化中海燃供、中远海运人才发展院等团委召开团代会完成换届，做好相关文件批复。选派中远海运发展、中远海运能源团委负责人参加团中央组织部主体培训班，参加广州中远海运团委书记竞聘会。做好年度团内统计、团费收缴和团报团刊订阅工作，保质保量完成中央企业团工委和上海团市委的工作部署。（马洪进）

【青年先进典型选树】

坚持示范引领，选树先进青年典型。集团团委举办“百年信仰、青年传承”五四表彰大会，对2019—2020年度集团青年文明号、青年岗位能手、青年安全生产示范岗等一批先进青年集体和个人进行表彰。推荐报送一批先进青年集体和个人获评中央企业五四红旗团委、五四红旗团支部、优秀共青团员、优秀共青团干部、中央企业青年岗位能手和中央企业青年文明号等荣誉称号。启东中远海运海工计划主管沈佳伟荣获“全国优秀共青团员”荣誉称号。中远海运集运“中远亚洲”轮、中远海运能源“新宁洋”轮、中远海运重工南通中远海运川崎技术本部生产设计部生技船体科、上海船研所中海电信上海船舶通信导航分公司工程部4个创建集体被认定命名第20届全国青年文明号。集团团委注重选树和宣传先进青年典型，先后多次在集团报、官微等媒介进行宣传，以青年先进典型的榜样力量感召团员青年，引导广大青年崇尚先进、学习先进、争当先进。（马洪进）

【青年志愿服务活动】

搭建服务平台，创新志愿公益活动。成立中远海运青年志愿者协会，以辅助央企履行社会责任为目的，引导团员青年有计划、分层次地开展各类志愿服务活动。结合开展党史学习教育，深入推进“我为群众办实事”实践活动，组织部分团组织负责人赴云南永德调研“浪花·心愿”结对助学活动推进情况，吸引更多富有爱心的集团员工加入到爱心助学队伍中来，为集团对口支援永德县教育事业作出新贡献。“浪花·心愿”结对助学活动得到全系统各级团组织和广大员工积极响应和热情参与，活动已持续9年，累计资助贫困学生2100余人次，资助款项总额达390余万元。举办志愿服务青年大讲堂，邀请上海市第六批援鄂医疗队领队胡伟国作辅导报告，与会青年代表纷纷表示将大力弘扬伟大抗疫精神，用青春力量岗位建功立业。集团团委持续关注青年需求，发挥组织优势，积极协调企业和社会资源，积极在青年购车、购物、生活压力缓解等方面进行服务，合力推进各项实事落地见效，不断增强青年获得感、幸福感、安全感。（马洪进）

CHINA COSCO SHIPPING
CORPORATION LIMITED
YEARBOOK

中国远洋海运集团有限公司

年鉴

第十二篇

企业文化

概述

概　　述

2021 年，中远海运集团高度重视在深化改革中加强企业文化建设，在企业战略制定、制度设计、经营管理、党的建设中树立旗帜鲜明的价值引领。不断拓展企业精神内涵，形成理想信念坚定“压舱”、工作责任落实“满舱”、精神状态迸发“爆舱”的“三舱”精神；凸显航海文化特质，结合纪念建党 100 周年活动，以红色基因砥砺蓝色梦想，以航海文化融入企业文化，积极开展各类航运历史文化研究和各类航海文化活动，形成富有航运特质和时代特色的企业文化；大力加强群团文化建设，充分发挥职工创新团队协同攻关、传承技能、集智创新作用。是年，中远海运集团被国务院国资委确定为“国企改革宣传典型企业”。对此，央视、新华社、《人民日报》等主流媒体和财经媒体、行业媒体等集中报道了中远海运集团在产业链经营、全球化发展、三项制度改革、混合所有制改革等方面取得的重大改革成果。

“十四五”期间，集团品牌建设工作从品牌实践向品牌战略发展，以高质量的品牌建设，不断提升品牌价值创造功能，服务集团高质量发展。围绕集团目标愿景和战略主题，以服务客户为中心，坚持品牌建设工作“服务市场开拓、服务客户需求、服务效益提升”原则，打造全球领先的综合物流供应链服务商的品牌形象，重点强调集团的专业及国际化服务能力，同时结合集团全球化、智能化、环保以及社会责任等角度，塑造服务优质、技术可靠、值得信赖、可持续发展的企业形象，着力打造并不断提升集团软实力。

企业文化建设

企业文化建设

【拓展文化理念内涵】

集团深入学习贯彻习近平总书记在上海考察时提出的“经济强国必定是海洋强国、航运强国”[1]重要论述，将“海运即国运”作为企业文化建设的思想遵循，激发干部职工航运报国的使命感、责任感。与集团“十四五”规划同步谋划，确定“打造世界一流的全球综合物流供应链服务生态”的“十四五”发展愿景。不断拓展企业精神内涵，形成理想信念坚定“压舱”、工作责任落实“满舱”、精神状态迸发“爆舱”的“三舱”精神和把稳舵、定好锚、扬起帆、拧成绳的“四个坚守”文化理念，提出打造“三个领军”（国际资源配置占主导地位的领军企业、引领全球行业发展的领军企业、具有国际话语权和影响力的领军企业）、实现“三个领先”（效益领先、效率领先、品质领先）、达成“三个链接”（深度链接双循环、链接新生态、链接创一流）的年度主题，发出“前景不可限量，奋斗未有穷期”的全员号召，汇聚同舟共济的磅薄之力。

【凸显航海文化特质】

集团担当弘扬航海文化的重任，以红色基因砥砺蓝色梦想，以航海文化融入企业文化，参与各类航运历史文化研究和各类航海文化活动，联合交通运输部拍摄《大国交通》《中国船谱》纪录片、编纂出版《中国水运史》、举办书画摄影比赛和全国巡展；联合国家广电总局创作比雷埃夫斯港题材电视剧《港湾日出》；拍摄制作《百年领航》等多部纪录片、短视频，讲好航海故事、海员故事；以文化赋能船舶党建，编纂《支部建在船上——船舶党建理论与实践》，持续擦亮船舶党建“金字招牌”。打造红色战斗堡垒，蓝色温馨港湾，突出以人为本，把思想政治工作“生命线”体现为情系船员、构建和谐的“连心线”。

【群团文化建设】

深入开展劳模和职工创新工作室创建，召开创新工作室评审会和经验交流会，充分发挥职工创新团队协同攻关、传承技能、集智创新作用；做好首届大国工匠创新交流大会参展，完成上海市数字化转型“智慧工匠”推荐；深入开展各类劳动竞赛，成功举办第五届“中远海运杯”职工技能竞赛焊工、电工大赛，不断激发创新活力。致力于和谐企业建设，出台职工疗休养工作相关意见，持续开展冬送温暖、夏送清凉和金秋助学等活动，全年各级工会走访、慰问、救助总人数31万人次，发放慰问金、帮困金等6820万元。集团团委开展“请党放心、强国有我”主题团日活动，分享青春故事，持续推进“青年大学习”，成立青年志愿者协会，分层次开展各类志愿服务活动，其中“浪花·心愿”结对助学活动已持续9年，累计资助贫困学生2100余人次，资助款项总额达390余万元。党工团组织坚持向心、汇智、聚力，实现心齐、气顺、劲足，在广大职工中凝聚最大公约数，画出最美同心圆。

（朱雪峰）

① 《习近平在上海考察时强调 坚定改革开放再出发信心和决心 加快提升城市能级和核心竞争力》，《人民日报》，2018年11月08日01版。

【集团展示厅】

2021 年，集团展厅全年接待各类参观访问及学习交流共计 158 批次 /2900 余人次。其中包括时任中央政治局委员、上海市委书记李强；内蒙古自治区党委书记石泰峰一行；广西壮族自治区相关领导一行；陕西省委省政府代表团一行；湖北省相关领导一行；中央组织部副部长王晓萍一行；国务院国资委副主任袁野一行；国家发展改革委副主任丛亮一行；全国总工会中国海员建设工会主席李庆忠一行；上海市委常委、浦东新区区委书记朱芝松一行；中央党史学习教育指导组一行；全国人大调研组一行；国家安全局调研组一行；上海市人大调研组一行；上海市人民政协调研组一行；国务院国资委检查督导组一行；国务院国资委企干局领导一行；厦门市委市政府访问团一行；湖南省岳阳市委市政府代表团；江苏省张家港市委市政府代表团；四川省自贡市委市政府代表团等国家各部委及省市领导来访参观共计 36 次，其中副国级领导 1 人、省部级以上领导 23 人。年内共接待包括浦东干部学院、复旦大学、中国海洋大学、上海交通大学、大连海事大学、上海海事大学、上海大学、中国航海博物馆、中国红船学院、武汉理工大学、江苏航运职业技术学校等各类专业院校机构的交流访问十余次。多次接待新华社、《人民日报》等多家中央媒体来访参观。接待国家及各地海事局、国税局、上海水上公安局、上海市交通委、上海市政府七办、中国期货交易所、上海市工经联、民建上海市委、中华企业联合会、中国企业文化研究会、中央企业党建研究会、中国国际发展中心、国际航运中心等行业相关机关机构领导；接待包括中国邮政储蓄银行、中化集团、中国兵器工业集团、中国物流集团、海尔集团、中交集团、隆基股份、中国再保险集团、中船集团、诚通集团、航交所、上海市期货交易所、海信集团等相关行业客户来访参观。

年内展示厅接待系统内各级单位组织的党史学习教育主题专场计 36 批次，接待集团党校扶贫地区干部培训现场教学 3 批次，接待集团党校集团内部干部培训班现场教学 2 次，接待各级下属单位新入职员工培训现场教学 10 余批次，接待外部单位主题教育现场教学 3 次，以及中国浦东干部学院现场教学 6 次。（傅奇）

品牌建设

品牌建设

【品牌推广】

2021年，中远海运集团积极推进品牌战略实施，开展品牌对标评价，加快品牌海外推广试点，持续推进集团全球化品牌建设。编制了集团“十四五”品牌战略规划及实施细则，推进集团品牌工作战略优化。建立集团品牌对标评价体系，从7个方面确立定性及定量指标。开展海外品牌推广越南试点，利用第四届进博会、中国自主品牌博览会、中国国际服务贸易交易会、第130届广交会、中国－中东欧国家博览会、中国国际智能产业博览会、第18届中国－东盟博览会、《财富》世界500强峰会等各类展会传播集团品牌。同时，积极开展文化交流，在慈善基金会、比港公司支持下，顺利完成希腊文学名著《数星星的孩子（中文版）》的翻译出版发行工作，并组织向慈善机构、集团对口扶贫地区捐赠图书；同时，支持新版《现代荷汉词典》出版发行。通过推进文化交流，树立了集团积极履行社会责任的良好品牌形象。

【重大主题宣传活动】

1. 深化改革主题宣传

2021年，中远海运集团被国务院国资委确定为“国企改革宣传典型企业”。对此，集团围绕“产业链经营、全球化发展、规范董事会建设、三项制度改革、混合所有制改革、‘六稳’‘六保’”等重大改革成果，投放通稿，配合采访，央视、新华社、《人民日报》等主流媒体和财经媒体、行业媒体等集中进行了报道。同时，在上半年还利用全国两会召开、集团成立五周年、改革三年行动持续推进、集团获得海贸国际海事奖项等时机，积极与国内外主流媒体互动，制作五周年宣传视频、纪念邮册、宣传展板，在《中国远洋海运报》开设“国企全面深化改革”专栏等，积极对外塑造集团通过改革实现跨越式发展，成为全球航运业引领者，打造世界一流企业的良好品牌形象。

2. 保障供应链主题宣传

汇聚全集团力量，大力宣传集团积极履行社会责任，保障全球产业链供应链畅通的应对举措、典型案例和工作成效。特别是围绕稳外贸运输，组织了一批集团保障中国外贸企业对外出口的宣传，包括集团与美的集团、海尔集团、上汽集团、恒力集团、中储粮等签署合作协议的宣传稿件等。推出《坚守服务本质链接创造价值中远海运集团2021年全球客户服务提升行动》主题宣传，做好中远海运－慈溪外贸企业对接会，开展保障电煤运输等主题外宣，展示集团与全球客户同舟共济，有能力保障产业链供应链稳定的负责任企业形象。

3. 绿色发展主题宣传

围绕碳达峰碳中和、绿色可持续发展，开展集团绿色航运主题外宣。利用世界地球日、世界环境日、第二届联合国全球可持续交通大会等契机，组织素材参与展览，大力推出集团绿色发展成效故事、专题专栏。先后推出集团“积极推进节能降碳绿色发展”“为世界交通可持续发展贡献‘中国航运力量’”“践行‘绿色造箱’”“参与研发氨燃料动力VLCC船”“与中国船级社签署‘双碳’合作协议”等报道，有力宣传了集团服务供应链绿色转型，注重永续发展的良好形象。

4. 庆祝建党百年主题宣传

挖掘集团五年改革重组成就与建党百年宣传契合点，积极宣传推介集团在党的领导下，改革发展取得的重大成就。特别是在集团服务“六稳”“六保”、服务新发展格局等方面，围绕高质量发展，及时推出相关报道，挖掘宣传先进典型，集中宣传报道了“小扁担精神”创立者杨怀远等先进模范事迹和精神，展现在党的领导下，集团广大员工主动服务新发展格局的精气神和担当作为。（马晓静　黄奇萃）

【重大品牌推广活动】

1. 第四届中国国际进口博览会

公关部牵头成立集团参与第四届进博会专项工作领导小组和工作小组，与集团相关部门、中心和下属公司一起，全面做好招展、运输、会务、采购、宣传、疫情防控、志愿者等一系列服务保障工作。本届进博会集团邀请展商 65 家，招展面积 2286 平方米，招展面积超过前三届。公关部统筹集团形象展示，设计定制了集团服务进博会宣传形象，组织集团招展企业集中展示，加强品牌传播策划，结合线上、线下活动，多角度做好集团品牌传播。同时，结合集团参会进展，开展展品运输等主题宣传，挖掘集团服务保障进博会典型案例、故事，并向外推送扩大宣传溢出效应，讲好集团进博故事。

2. 中国品牌博览会平台

公关部协调组织集运、物流、重工、港口等单位参展，为 19 家参展央企中展馆规模最大单位。新华社、上海电视台、广东电视台等媒体先后到集团展馆采访，通过云直播等方式介绍展馆。

3. 2021 年中国国际服务贸易交易会

组织集运、物流、港口、海科 4 家单位参加服贸会数字服务专区展览展示。重点展示了集团全力以赴稳外贸和顺应航运数字化发展等内容，展现集团航运业务优势，诠释央企责任担当。同时提供图文资料，参与上海市交易团的展示。

4. 第 130 届中国进出口商品交易会

本届广交会首次设置了航运企业、第三方公共海外仓企业等服务性展位。组织集运、特运、物流及一海通平台 4 家单位联合参展，并在展区现场开展营销工作。通过参展及时向客户传递集团服务中小客户、保障外贸运输工作举措。

5. 中国 – 中东欧国家博览会及成果展

付刚峰总经理在集团展位现场向胡春华副总理等介绍了集团在中东欧地区的投资建设情况，胡春华副总理在随后的开幕式致辞中提到“希腊比雷埃夫斯港和中欧陆海快线等重要节点在中欧共建‘一带一路’过程中发挥了重要作用”。

6. 2021 中国国际智能产业博览会

集团应重庆市政府、陆海新通道运营公司邀请，参加了在重庆举办的智博会。在“智慧物流暨数字通道发展”展区，围绕助力陆海新通道、推动上合组织国家级相关区域在航运物流、经贸合作等方面的具体项目建设，以及航运数字化服务应用等进行了综合展示。

7. 第 18 届中国 – 东盟博览会

组织集运、物流及港口等单位参展，通过宣传视频、展示灯箱、展示船模等形式，集中展现了集团在西部陆海新通道建设以及北部湾国际门户港中的业务开展情况，展现集团助力广西构建全方位开放发展新格局。9 月 9—11 日，集团时任董事长许立荣应邀出席 2021 年中国 – 东盟博览会开幕式和中国 – 东盟产能与投资合作论坛，并分别与广西壮族自治区领导、国家发展改革委领导进行会谈。此外，集团还出席了中国 – 东盟产能与投资合作论坛、中国 – 东盟商界领袖论坛暨中国 – 东盟建立对话关系 30 周年特别会议、2021 北部湾国际门户港峰会暨中国 – 东盟港口城市合作网络论坛，致辞并参与发布和见证系列重要合作和建设成果。

8.《财富》世界 500 强峰会

10 月 19 日，集团应邀出席在浙江杭州举行的 2021 年《财富》世界 500 强峰会，集团副总经理冯波受邀参加了“更富弹性的全球供应链”主题圆桌讨论。通过演讲宣介了集团为保障全球供应链稳定采取的举措，作出的努力，取得的成效。

9. 集团品牌海外推广越南试点

牵头协调中远海运集运、中远海运东南亚、集运越南公司、新鑫海公司，成立专项工作组，针对性制定在越南推广集团品牌的方案。开通了“COSCO

SHIPPING Lines Vietnam” “COSCO SHIPPING Vietnam”两个脸书账号，针对性投入宣传内容，同时积极推进客户关系、媒体关系、政府关系维护，进一步提升集团品牌在东南亚的知名度、美誉度。

10. 中远海运特运专业品牌推广试点

针对中远海运特运将品牌工作职责纳入营销部门，与特运召开了业务对接座谈会，研讨如何将品牌工作与营销工作进一步紧密结合，发挥品牌价值创造作用。在 2021 年上海纸浆周暨第十四届中国纸业发展大会上，特运倡导成立了“全国工商联纸业商会纸浆供应链专业委员会”，并成功当选首任主任单位，公关部协助开展品牌宣传推广工作，提升特运品牌形象。

（马晓静　黄奇萃）

文化传媒

文化传媒

【报　　纸】

1.《中国远洋海运报》

《中国远洋海运报》由《中国远洋报》和《海运报》两家报纸重组整合而成，国内统一连续出版物号 CN 31-0116。《中国远洋海运报》出版内容分纸媒和新媒体两大部分。纸媒部分《中国远洋海运报》对开 8 版，逢周五出版，每期印刷基本数 23 000 份；新媒体部分《中国远洋海运报》微信公众号为工作日每天更新，每天发文 4 ~ 6 篇。

《中国远洋报》是原中远集团的企业报。1994 年 1 月 24 日，《中远集团报》社成立。1996 年 3 月 27 日，北京市新闻出版局批准《中远集团报》更名为《中国远洋报》，成为“国字号”报纸。1998 年 9 月 9 日，经国家新闻出版总署批准，《中国远洋报》实现由内部报刊向公开发行报刊的历史性转变。当年 9 月 2 日，北京市新闻出版局正式办理《中国远洋报》报刊证，国内统一连续出版物号为 CN 11-0261。2002 年 1 月 4 日，《中国远洋报》荣获企业报评选最高奖——“第三届中国先进企业报”称号。

《海运报》是原中国海运集团的企业报。该报前身《上海海运报》1956 年由上海海运局创办。1998 年，该报转由中海集团主管、主办，改名为《海运报》，国内统一连续出版物号 CN 31-0050，由创刊时的 4 开 4 版，改为对开 8 版，仍为周刊，每周五出版，成为反映集团员工工作、学习、生活和为集团广大海员提供新闻阅读及服务的专业性报纸。《海运报》始终坚持符合海运企业特点的办报方针，扎根于广大海员职工之中，1998—2015 年期间，多次被评为上海市优秀企业报。

2016 年 2 月 18 日，中远海运集团成立后，按照集团改革重组相关工作的推进，集团新闻媒体中心迅速启动了一系列更名、变更工作。2016 年 3 月，经上级主管部门批准，原《中国远洋报》更名为《中国远洋海运报》。2016 年 10 月，《中国远洋海运报》注册地由北京转至上海，国内统一连续出版物号 CN 31-0116。更名后的《中国远洋海运报》以崭新形象在博鳌亚洲论坛 2016 年年会上亮相，得到了参会的集团领导、中外嘉宾的认可和赞赏。随后，集团新闻媒体中心完成了《中国远洋海运报》更改主管主办单位、《中国远洋海运报》社的工商变更等工作。2016 年 4 月，经上海市新闻出版局批准，《海运报》正式休刊。

2021 年，《中国远洋海运报》充分运用全媒体平台，以习近平新时代中国特色社会主义思想为指导，深入贯彻落实习近平总书记“七一”重要讲话精神和党的十九大和十九届历次全会精神，以及习近平总书记关于宣传思想工作的重要思想，按照中宣部、国务院国资委对宣传工作的要求和集团对宣传工作的部署，围绕 2021 年集团重点任务，积极开展新闻宣传策划及实施，创新宣传方式，为集团改革发展稳定和实现可持续发展提供舆论支持。

2021 年，《中国远洋海运报》重点聚焦企业在面对疫情导致的全球产业链供应链受阻，全力保障外贸运输物流畅通，服务“双循环”新发展格局的做法和作为。同时，重点刊登庆祝中国共产党成立 100 周年及党史学习教育等方面内容，推出的栏目包括“奋斗百年路 启航新征程”、“党史学习教育”、“光荣在党 50 年”、强根固魂“回头看”等，刊载各类型稿件、回忆文章、人物通讯 200 多篇。例如，开设“奋斗百年路启航新征程”专栏，向集团史志办、各二级单位等单位征集相关素材，并定时定期进行纸媒、微信平台、强国号平台的编撰和发布；开设“光荣在党50年”专栏，向集团各地区老干部处、各相关二级单位等征集中华人民共和国成立以来党龄超过50年的老党员的心路历程、事迹材料，并由报纸编辑室记者进行有针对性的二次采访，定时定期进行纸媒、微信平台、强国号平台的编撰和发布；结合党工部开展的“我为群众办实事”在报纸上开设专栏，给职工群众提供了发挥媒体平台传播力以及对企业各项工作的群众监督作用的平台，这本身也是本部门及新闻媒体中心为基层单位办实事的工作之一。

2021年，报纸紧密围绕集团成立五周年及生产经营中心工作，在聚力“三个链接”、实现“三个领先”，深度链接双循环、链接新生态、链接创一流等主题方面做好线索搜集和采访策划。首先，在报纸重要版面和深度视点版面刊登集团主营公司在助力国内国际双循环方面的报道和典型事例，如中远海运集运、中远海运物流海铁联运促进“双循环”新格局发展等消息和通讯报道；中远海运散运创新求变强管理——一季度经营效益答卷优异；深度协同服务西部陆海新通道建设，中远海运特运纸浆全程物流新通道正式启动运营等。其次，围绕科技赋能，提升高质量发展创新能力主题，走进基层一线。报纸编辑室策划赴南京船舶配件公司进行数字化转型、智能制造助力企业提质增效方面的采访，撰写专版文字5000字，拍摄收集图片视频在报纸微信平台同期发布。此外，对基层通讯员队伍上报的有关集团数字化赋能的报道进行编辑和刊发，如：全球航运商业网络（GSBN）成功组建；在“数字化”浪尖上破浪远航——记中远海运散运经营分析数据平台开发组等通讯文章。再次，着眼后疫情时代船舶安全和疫情防控相关主题，对集团相关单位有计划地组织船员及员工接种新冠疫苗、做好船舶船员疫情防控常态化工作、疫情防控的同时确保生产经营等先进典型案例进行报道。最后，紧密配合做好集团参与第四届进博会相关筹备、媒体宣传等工作，派记者前往进博会现场采访，并结合博览会实际情况，策划相关专题报道。

2021年，报纸积极做好集团官方学习强国号的运维工作，并做好与中央企业学习平台的联动工作。该平台已形成稳定的发布、维护、审核流程及制度建设，形成每个工作日都有新闻推送，每周都有重点稿件向上一级平台推介，每月都有80篇以上集团重点新闻发布的宣传局面。

（孙臻稷）

2.《广州海运报》

《广州海运报》于1966年5月7日由广州海运局创刊，1967年8月18日因“文化大革命”停刊，1985年9月25日复刊。广东省画院院长、广东美术家协会主席、著名老画家关山月，闻《广州海运报》复刊的消息，欣然命笔，为《广州海运报》题名。1987年8月31日，新闻出版署发给《广州海运报》报刊登记证，国内统一连续出版物号CN 44-0093，批准《广州海运报》的刊期、发行范围和主编人选。1992年7月，经新闻出版署批准，国内统一连续出版物号CN 44-0128。《广州海运报》随着企业的改革发展，不断进步和成熟，报纸由原来的旬刊发展为周报，4开4版，周三出版。进入21世纪后，亚丁湾海域和印度洋海域事件是全球性新闻热点，企业船舶常年在此海域执行生产任务，在防抗海盗的工作中，广大海员作出积极的贡献，涌现出许多先进人物和可歌可泣的英雄事迹。为此，《广州海运报》动员组织一批通讯员开展新闻报道，刊发一系列的消息、通讯、图片等不同新闻体裁的稿件。行业特色鲜明的报道在读者和同行中受到广泛关注，《广州海运报》的多篇新闻报道在全国企业报好新闻评比中获奖。1997年，《广州海运报》荣获全国企业报晋京展一等奖。

《广州海运报》是广州地区出版物新闻工作者协会副会长单位，2021年有49篇作品被协会评为好新闻。2021年，《广州海运报》紧密围绕庆祝中国共产党成立100周年、党史学习教育以及广州中远海运实施“十四五”规划、生产经营、疫情防控等重点工作，开设“学习党史”“图说伟业”等专栏，刊登公司党史学习教育、改革发展、经营管理工作的亮点成效，以及庆祝建党百年主题征文等，较好地营造了奋进新征程、创造新业绩、展现新气象的浓厚氛围。

（严妙群　陈晓艳）

【杂　　志】

1.《中国远洋海运》

《中国远洋海运》于 1995 年 1 月创刊，原名为《中国远洋航务》，2016 年 3 月更名为《中国远洋海运》，由中远海运集团主管、主办，国内统一连续出版物号为 CN 31-2140/U，国际标准连续出版物号为 ISSN 2096-3890，国内外公开发行。《中国远洋海运》创刊 20 多年来，始终坚持创刊理念，即关注全球航运业热点，发布行业前沿信息；搭建与国际航运业界良性互动与交流的平台，提升中国企业品牌形象；引导舆论导向，提升中国航运业的国际话语权；反映中远海运集团各业务板块关切，为航运企业提供资讯服务。

2021 年，《中国远洋海运》杂志充分运用全媒体平台，立足中国航运界，放眼国际航运市场，紧跟国内外行业大势，把握正确舆论导向，积极开展主题策划，不断创新宣传方式，加强对行业疫情防控、复工复产、保障全球产业链供应链稳定、履行行业节能减排责任、积极融入国家构建“双循环”新格局等内容的报道力度和深度，为本集团及行业的改革发展稳定和实现可持续发展提供强有力的舆论支持，增强了广大从业者面对新变局与疫情影响不惧困境的决心和信心。

杂志出版内容分纸媒和新媒体两大部分。纸质月刊每期平均 90 页，文字量约 12 万，每期印刷数 4000 本（逐渐减少纸质印刷数量，不断增加电子版发行）。新媒体矩阵主要由杂志微信和微博组成，2021 年微信公众号推送新闻 1502 条，粉丝突破 20 000 万人；微博推送新闻 2571 条，阅读量 2202 万人次。杂志融媒体影响力、传播力不断加强。2021 年度，杂志有 2 篇评论文章分获第八届“央企好新闻”二等奖和三等奖；1 组专题策划作品获第八届交通运输优秀新闻作品推选展示活动二等奖，1 篇通讯获该项活动的三等奖，同时 1 名编辑荣获优秀编辑荣誉称号。

2021 年，杂志通过策划前瞻性专题、塑造品牌栏目、打造融媒体平台构建与国际航运业界良性互动与交流的平台，引导提升中国行业话语权的舆论导向，不断提升中国航运企业品牌形象。

杂志已成为相关机构的案头参考资料。中央政策研究室、社科院、国务院发展研究中心、中国贸促会、国家发展改革委宏观经济研究院、商务部研究院、交通运输部水科院等研究员主动索取每期杂志；杂志应邀每期寄送联合国国际海事组织，作为中文资料供相关处室参考；杂志定期为新华社、央视、第一财经等社会主流媒体的专业记者提供所需的行业信息；杂志赠送各大院校图书馆，受到广大师生的热烈欢迎。

杂志报道内容引发业界及社会关注。例如，2021 年 3 月 23 日苏伊士运河发生船舶搁浅事件后，杂志每天组织 1 ~ 2 篇相关内容刊发在微信微博，引发业界思考，其中有多篇受到大量关注，有十数个公众号申请转载权，较好地发挥了舆论引导作用。同时，在行业媒体中率先推出专题报道，从不同视角不同层面展示全球及行业影响与启示，受到有关领导的充分肯定，央视新闻频道还据此播发最新报道。

多篇原创文章被社会主流媒体转发。杂志第 3 期“限硫令下五问燃油”专题中的《限硫令下的全球船用燃料油市场变局》一篇被选入新华社瞭望智库刊载；杂志第 10 期“金融赋能航运”专题中的《绿色金融，航运业脱碳化新推手》一文被今日头条、腾讯、网易、东方财富等近 10 家社会媒体转载。

微信原创内容受专业媒体关注。2021 年杂志微信原创内容有近百条被搜狐网、上海航运交易所、中国港口、中国水运报、国际船舶网、航运界、新航运在线、海运圈、海事早知道、中国航务周刊等十余家专业媒体转发。通过融媒体线上线下相互呼应，相得益彰，提升了行业社会形象。

参加会展提升品牌影响力。为体现集团的使命与担当，在杂志第 11 期编撰了封面故事《中远海运：驱动航运新势能　让全球供应链“畅”

起来》。当期杂志在北外滩论坛和第四届进博会上，受到相关代表的高度评价。杂志还派外语专业的记者参与了第二届联合国全球可持续交通大会的筹备联络及现场接待工作，并成功邀请到黎巴嫩新任交通部长线上参会及该国驻华使馆线下参会；出色完成大会期间的涉外服务工作，受到外方的称赞，并得到大会人力资源组的高度评价。

（姚亚平）

2.《上海船舶运输科学研究所学报》

《上海船舶运输科学研究所学报》创刊于1978年，是船舶科学和船舶运输领域的综合性学术期刊，国内统一连续出版物号为CN 31-2023/U，由上海船舶运输科学研究所主管、主办，国内外公开发行。该刊曾用名《交通部上海船舶运输科学研究所学报》，2005年更名为《上海船舶运输科学研究所学报》，2012年由半年刊改为季刊，国际标准连续出版物号为ISSN 1674-5949。

该刊自创刊以来，始终坚持党的基本路线，坚持“百花齐放、百家争鸣”和“理论联系实际”的办刊方针，突出理论与学术服务于丰富的实践，充分发挥科技期刊在成果转化方面的交流和传播作用，助推行业科技进步。刊登的内容主要反映船舶运输系统、船舶设计、船舶控制、交通工程、环保工程、港口工程、工业自动化、电子信息、船舶动力机械和水运经济等方面的科研成果，同时刊登具有一定学术水平的试验报告和科研管理研究报告。经过数十年的办刊历程，期刊的影响力指数逐年提升，已成为行业知名的专业学术刊物，是中国核心期刊（遴选）数据库来源期刊、中国学术期刊（光盘版）全文入编期刊、中国学术期刊综合评价数据库来源期刊，同时被国家图书馆、上海图书馆、中国知网、万方数据库和维普数据库等数据库收录。

2021年，该刊共刊登60余篇论文，其中具有国家级、省部级和市级基金支持的项目论文8篇，占比约13%。本年度重点围绕国家交通运输领域的重大关键、热点问题，刊登了5G技术在船舶和航运领域的应用、智能船舶的发展和船舶节能减排等方面的优质论文，具有较高的学术推广价值，积极推广交通运输行业特别是水路运输行业的科技成果转化和传播。此外，该刊本年度还完成了期刊变更申报工作，即将从2022年起由季刊变更为双月刊。

（胡奕）

3.《青岛远洋船员职业学院学报》

《青岛远洋船员职业学院学报》创刊于1980年7月，原名《远洋科技》，由中远海运集团直属的青岛远洋船员职业学院主办。

1980年7月，青岛远洋船员进修学院刊物《远洋科技》创刊。1986年10月，青岛远洋船员学院刊物《远洋教育研究》创刊。1996年1月，经中国远洋运输（集团）总公司报交通部同意，并经山东省新闻出版局批准，决定自1996年起，青岛远洋船员学院原来主办的《远洋教育研究》和《远洋科技》并刊，改为综合性学报《青岛远洋船员学院学报》。从1999年第1期起，《青岛远洋船员学院学报》公开发行。2012年2月，经新闻出版总署批准，更名为《青岛远洋船员职业学院学报》，国内统一连续出版物号为CN 37－1489/U，国际标准连续出版物号为ISSN 2095-3747。2014年12月，《青岛远洋船员职业学院学报》入选原国家新闻出版广电总局第一批认定学术期刊。该刊每3个月出版1期，为季刊。

自创刊以来，学报始终坚持编辑刊载学术论文和科研报告，为发展我国远洋科研事业服务的办刊宗旨，面向远洋，突出航运特色，主要设置航海技术、船舶通信与信息工程、轮机管理与船舶工程、船舶电子电气、海事法律管理与公约、航运物流、航海（高职）教育等栏目。中远海运集团成立后，《青岛远洋船员职业学院学报》密切关注集团航运各大业务板块，充分发挥科技期刊的媒介作用，架起行业产业和高校科研之间沟通的渠道和桥梁。

经过40余年的发展，学报办刊质量不断提高，社会影响力不断扩大，已被重庆维普《中文科技期刊数据库》、清华知网《中国学术期刊（光盘版）》《中国学术期刊综合评价数据库》、万方数据库《中国核心期刊（遴选）数据库》全文收录。2008年，学报被评为“全国高职高专优秀学报”。

2021年，学报共组稿154篇，发文68篇，自然科学论文25篇，社会科学论文43篇，航海技术、轮机管理与船舶工程、船舶信息工程、航运物流和航海（高职）教育5大栏目载文63篇，占比约93%，充分体现了学报航运特色。2021年，学报办刊质量和社会影响力进一步提高，刊载基金论文28篇，国内外机构用户达5300多个，期刊综合影响因子学科平均值0.296，全年文献下载量1.4万余次。（孙宸）

4.《航海》

创刊于1979年的《航海》杂志，国内统一连续出版物号为CN 31-1121/U，国际标准连续出版物号为ISSN 1000-0356，是中国航海界向国内外公开发行的综合性科技期刊，由上海市航海学会主办，上海市科学技术协会主管。该杂志是中国学术期刊综合评价数据库统计源期刊，被中国核心期刊（遴选）数据库全文收录。

《航海》杂志融航海学术交流、科技信息传播、航海文化发掘、航海知识普及、航海生活展示等为一体，成为社会各界朋友了解航运发展态势、开拓航海科技视野的窗口，航海爱好者的文化园地，中外航运界同仁交流信息、情感的渠道。

2021年，《航海》发表业界学术论文132篇（含论文集）。报送的6篇科技论文入围中国航海学会学术年会，3篇分获优秀科技论文获三等奖。围绕“科技赋能航运产业发展，创新驱动交通强国建设”主题，编印“苏浙闽粤桂沪”五省（区）一市航海学术研讨会论文集。

期刊特邀上海海事大学上海国际航运研究中心首席咨询师、国际航运研究所所长张永锋根据课题研究成果，发表《新发展格局下上海国际航运中心建设目标及路径研究》论文，引起关注；并推荐其向学会承办的上海市科协“‘十四五’上海交通高质量发展学术论坛”作主旨演讲。年底，该课题报告《上海国际航运中心建设评估及新发展阶段航运中心建设的目标、路径及重要举措研究》，荣获第十三届上海市决策咨询研究成果奖一等奖。

期刊特别关注2021年修订颁布的《中华人民共和国海上交通安全法》、新时期长江口航道规划面临的问题和挑战，以及“长赐”轮在巴拿马运河搁浅后的启示等热点，请业内专家从不同层面发表学术观点，进行解析。

为弘扬劳模及先进的榜样作用和科学航海精神，期刊坚持推出封面人物及事迹，如全国先进工作者、上海港高级引航员周弘文，“中远海运玫瑰”首任船长吴文峰，全国五一劳动奖章获得者、上海打捞局“大力”号船舶队长龚晓明，第四届中国航海青年科技奖获得者、上海船研所研究员韩冰等。

在对外交往中，期刊与巴拿马共和国驻上海总领事馆合作，在封面和首页宣传中巴两国续签海运协定，刊发协定关注要点。（罗斌）

5.《中国海员》

《中国海员》杂志创刊于1926年，创办者是成立于1921年4月6日的中华海员工业联合总会。在不同的历史时期，中国海员工会曾四次出版《中国海员》杂志。在改革开放的新时期，中国海员工会全国委员会决定第四次出版《中国海员》杂志。经过半年筹备，《中国海员》杂志于1985年6月正式出版。1986年起，杂志又与交通部合办，主管单位为交通部，主办单位为上海（海运）集团公司。

2019年9月，经由新闻出版总署批准，《中国海员》杂志的主管单位更改为中远海运集团，主办单位更改为中远海运船员，国内统一连续出版物号为CN 31-1034/C，国际标准连续出版物号为ISSN 1005-9067。

《中国海员》杂志面向交通职工、面向社会、面向海内外，讲述海运、远洋、内河、港口、筑港等广大航运企业职工身边的事情，讲述交通系统职工海内外见闻，报道全国交通系统发生的重大事件，交流工会工作的经验，发表工会领导人的重要文章。

2021年，是中国海员工会成立100周年，《中国海员》杂志在第二期封面、封二、封三及内页《特稿》栏目，对“中国海员工会成立100周年纪念大会召开”进行了全面报道，并回顾了中国海员工会的光辉历史。同时，为推进全社会关注航运、关爱海员，促进海洋文学的繁荣，培植、挖掘和发现更多的海洋文学关注者、爱好者、参与者，《中国海员》杂志与中国远洋海运作协上海分会于 2021 年 6 月 25 日世界海员日和 7 月 11 日的中国航海日期间联合举办了“2021 年海员日 · 航海日有奖征文活动”。活动得到水运系统内外及社会各界的关注与支持，参与踊跃，来稿众多，经评委会评比，评出一等奖 1 篇，二等奖 3 篇，三等奖 5 篇，优秀奖 10 篇。《中国海员》杂志全年共出版杂志 6 期，共发表文章 200 余篇，新开辟了《海员日 · 航海日征文》等栏目。

（严永强）

【新　媒　体】

1. 集团网站

中国远洋海运集团有限公司网站设立于 2016 年，域名为 http:// www.coscoshipping.com，是中远海运集团官方主办的网络平台。网站分中文、英文两个版本，主要承担对外发布集团信息、宣传集团业务、传播集团价值理念等功能，是集团面向社会和公众展示企业品牌形象的重要窗口。

网站成立以来，遵从“服务企业价值创造”核心理念，坚持易用性、安全性原则，注重从航运业特色和企业特点出发，结合当下网站发展流行趋势和新媒体环境下网民阅读习惯，推进版式、内容和功能等方面与时俱进、持续创新。网站设有“关于我们、新闻中心、业务领域、社会责任、人才招聘、信息公开、订舱平台”等常备栏目，可系统展示集团核心业务和主要工作；同时，可通过飘窗、临时栏目和链接等，实现重要内容的临时性展示。经过近年来的持续运营和维护，网站包括客户、投资者、业务伙伴、内部职工等在内的受众群体不断扩大，已经发展成为业内知名、社会关注的企业网站。

2021 年，网站重点围绕四方面内容开展主题宣传：一是深化改革主题宣传，塑造集团改革攻坚者形象。集团被国务院国资委确定为“国企改革宣传典型企业”，网站围绕“产业链经营、全球化发展、规范董事会建设、三项制度改革、混合所有制改革、‘六稳’‘六保’”等重大改革成果开展主题宣传，积极对外塑造集团通过改革实现跨越式发展，成为全球航运业引领者，打造世界一流企业的良好品牌形象。二是保障供应链主题宣传，巩固集团行业引领者形象。汇聚全系统合力，大力宣传集团积极履行社会责任，保障全球产业链供应链畅通的应对举措、典型案例和工作成效。特别是围绕稳外贸运输，组织一批集团保障中国外贸企业对外出口的宣传，展示集团与全球客户同舟共济，有能力保障产业链供应链稳定的负责任企业形象。三是绿色发展主题宣传，打造集团绿色践行者形象。围绕碳达峰碳中和、绿色可持续发展，开展集团绿色航运主题外宣。利用世界地球日、世界环境日、第二届联合国全球可持续交通大会等契机，组织素材参与展览，大力推出集团绿色发展成效，宣传集团服务供应链绿色转型，注重永续发展的良好形象。四是建党百年主题宣传，打造集团时代追梦者形象。挖掘集团五年改革重组成就与建党百年宣传契合点，积极宣传推介集团在党的领导下，改革发展取得的重大成就，展现在党的领导下，集团广大员工主动服务新发展格局的精气神和担当作为。

截至 2021 年年底，官网发布中文新闻 287 篇，英文新闻 206 条。发布内容涉及集团内外往来、经营活动、绿色发展、企业文化、社会责任等各个方面，较为系统地展现了集团改革发展、服务客户、创新创业等各方面工作成效。

（马晓静　黄奇萃）

2. 中远海运集团新媒体平台

2021 年，中远海运集团及所属单位自媒体平台（网站、微信、海外社交平台等）合计达到 150 余个。其中，海外社交平台达到 40 余个，语言覆盖中文、英文、希腊语、越南语、日语、西班牙语等。集团外宣传播矩阵日益完善，为集团对外宣传和品牌建设提供了阵地支持。

集团新媒体平台包括集团官方微信公众号“中远海运”，以及以集团名义开办的“COSCO SHIPPING”英文脸书账号和推特账号。三者均于 2016 年设立，是集团在新媒体发展形势下，结合业务拓展需要和品牌传播需求设立的新型网络传播平台。集团新媒体平台包含“最新动态”“走近我们”等栏目，内容涵盖集团业务介绍、新闻信息、品牌标识、船海知识、人才招聘等，是集团对外推广品牌、传播行业知识的重要窗口。

集团新媒体平台设立以来，以“服务企业价值创造、紧跟媒体发展潮流”为工作方针，坚持在版式设计上突出活泼性、在内容编排上突出时新性、在运营维护上突出互动性，持续打造全媒体时代下，能够展现集团品牌、适应受众需求的新型对外传播窗口。

2021 年，集团官方微信公众号“中远海运”围绕“六稳”“六保”、畅通产业链供应链、防疫抗疫、深化改革、绿色发展、脱贫攻坚、社会责任等主题，积极开展对外宣传工作，成为展示集团品牌形象的重要平台。

是年，集团官微共刊发稿件 409 篇，总阅读量超过 142 万。集团官微关注用户 102 213 人，同比增长 28 422 人。集团今日头条号共推送新闻超过 393 条，推荐浏览数超过 2020 万次。

（朱江）

【图书、音像制品】

1.《中国海运（集团）总公司志》

《中国海运（集团）总公司志》于 2021 年 8 月由上海社会科学院出版社出版。全志共有 139 万字。志书为篇章节体，力求内容与形式统一。基于集团实际和特点，除序言、总述、大事记、专记、附录和编后记外，志书设集团概况、所属企业、船舶运输、陆岸产业、企业管理、科技教育、员工队伍、党群统战工作、企业文化与社会责任、人物共 10 篇。志书采用规范的语体文、记述体，行文按《〈上海市志（1978—2010）〉编纂行文规范》，力求严谨、朴实、简洁、流畅，以第三人称记述。志书本着真实性、可信性、权威性的原则，紧紧围绕中国海运集团在国家改革开放、经济建设以及国际航运市场起伏变化的大背景下所走过的道路，全面而翔实地记录了企业的成长经过与发展历程，展示了中海人砥砺奋进、争创一流的精神风貌与奋斗足迹。其中既有非凡的业绩与成就，也有深刻的启示与反思。从这个意义上说，该书既是一部全面记录企业发展的历史书籍，也是涵盖发展战略、船队建设、市场营销、船舶管理、企业文化建设等各方面内容的航运企业百科全书。

《中国海运（集团）总公司志》强调“三个突出”：

突出航运特色。主要集中在船舶和船员两个方面。在船舶方面，突出船队建设、船舶运输、船舶管理，以及围绕船舶开展的相关业务。中国海运的产业大致分为海上船舶运输及陆岸业务。除海上船舶运输外，陆岸业务均围绕船舶开展，如船舶修造、船舶供应、船舶贸易、船舶融资与航运金融、船舶供应链管理、码头经营管理、船舶通信导航、造船研究等。根据集团产业结构特点，志书详细记载了中国海运集团组建的航运环境、船队发展、船舶运输与经营、船舶管理以及由船舶延伸出来的陆岸产业等每一个业务环节，突出了船舶这一特点。在船员方面，将广大船员的工作生活记录下来，不仅为改革时期我国航运企业的发展史增添亮色，也有助于让社会了解船员这一个特殊群体，接纳和关怀这个群体。志书对船员船舶工作乃至业余生活、工作薪酬、船员家属状况等都有细致记录，在国家经济建设大背景下塑造了一个吃苦耐劳、积极奉献的群体剪影，留下了一个航运企业员工队伍建设的管理案例。

突出重大事件。历史发展轨迹是由一个个具体事件组成的，其中重大事件对历史发展起到至关重要的作用。中国海运集团于 1997 年 7 月由 5 家公司基础上重组成立，标志着中国航运史以及世界航运史翻开了新的一页；标志着中国的国有沿海海运企业从分散经营走向集约化、规模化的重大转变。中国海运集团无论是船队建设，还是经营方式转变，乃至后期在综合物流以及供应链业务上的探索实践，都对中国航运业未来发展有着十分重要的借鉴作用。而上述这些经营实践活动，均包含一个又一个重大事件。在编撰志书过程中，志书对于企业改革发展每一个重大事件都浓笔重墨地书写，如成立初的“扭亏攻坚战”、为快速发展集装箱运输实施“货改集”的方式；

企业快速发展期实施的“大客户大合作”经营战略，以及在船队发展中30万吨的超级油轮、超级散货船、1.2万箱世界最大集装箱船投入营运，志书均有记录。正是这些重大事件，勾勒出集团18年的发展轨迹。

突出改革主题。中国海运集团从组建到与中国远洋再重组仅18年历史，但短短18年发展历程也正是中国深化改革、不断创新的历史，集团的改革不仅呼应国家经济改革发展脉动，且这一主题也渗透在公司每个阶段的历史进程中。中国海运集团18年的发展，是中国国有企业不断深化改革的重大成果。在国有企业深化改革的大背景下，由5家国有航运企业以资产纽带联结，组织起一个全国性的跨地区、跨行业的特大型企业集团，即中国海运集团；新组建的中国海运集团，生机活力不断焕发，综合实力日益上升，改革红利充分释放，实现了“凤凰涅槃”。从发展初期“集约化、规模化、专业化”重组，到快速发展期的船队“三足鼎立”和产业“船岸联动”；从全球金融危机后坚持“调结构、促转型”，到产业结构调整为“1+6”业务板块（即航运主业+金融、码头、物流、工业、科技信息、航运与社会化服务）；所有这些，均凸显了企业深化改革这一主题。（东城）

2.《支部建在船上》

为庆祝中国共产党成立100周年，传承红色基因，砥砺初心使命，中远海运集团组织编写了《支部建在船上——中国远洋海运集团船舶党建理论与实践》（简称《支部建在船上》），该书于2021年12月由中共中央党校出版社/国家行政管理出版社出版，全书共90余万字。

《支部建在船上》由历史、理论、践行三部分组成。

历史篇：中远海运72年的光辉历程，共分四个历史时期。其中，1949—1978年为“卓绝斗争、开元奠基时期”；1979—1996年为“艰辛探索、巩固规范时期”；1997—2015年为“固本培元、典型引领时期”；2016—2021年为“深化创新、融合发展时期”。践行初心使命，传承红色基因，一以贯之地探索，持之以恒地实践，锲而不舍地追求，绘就出“浮动国土”上鲜红党旗高高飘扬的历史长卷。船舶党建既是一部践行初心、担当使命的红色基因传承史，又是一部对党忠诚、听党指挥的英雄模范建功史，同时还是一部艰苦奋斗、爱国奉献的战斗堡垒护航史。

理论篇：中远海运以习近平新时代中国特色社会主义思想为指导，以新时期党的建设总要求为遵循，以基层船舶党的建设为主要对象，对“支部建在船上”的内在规律、组织机理功能任务进行了较为全面的梳理、研究和阐述，形成了激活岁月沉淀的精神力量，实现历史与现实的辩证统一；突出知行合一的价值导向，实现认识与实践的辩证统一；量化船舶党建时代坐标，实现继承与创新的辩证统一；夯实浮动国土的堡垒工程，实现重点与全面的辩证统一。该篇在注重体制机制十个方面建设的同时，把支部班子建设作为重点，对红色基因传承、组织体系构建、运行机制优化等方面进行了深入探索，讲清基本原理，注重思想开掘，把握特点规律，提出思路办法，为建设一个政治站位高、能力素质硬、作风形象好、表率作用强的船舶领导班子提供有力指导和借鉴。

践行篇：中远海运把指导船舶充分发挥“两个作用”作为根本出发点和落脚点，以无可置疑的历史规律为基本遵循、以典型案例为主要依托、以理性启迪为鲜亮底色，从船舶党建的历史中萃取出32个经典案例，总结出充分发挥党支部战斗堡垒的“六力模型”，即支部领导力的发挥、支部管理力的强化、支部组织力的完善、支部凝聚力的增强、支部成长力的积淀、支部文化力的弘扬。该篇主要体现有以下三个特点：一是注重辩证思维的开发，二是注重思想方法的引导，三是注重谋篇布局的点化。

中远海运通过对船舶党建“实践—认识—再实践—再认识”的循环往复，实现了认识上的一次次飞跃、理论上的一次次升华、实践质量上的一次次超越，进而绘就出“浮动国土”鲜红党旗高高飘扬的历史画卷。中远海运72年的船舶党建之路，深蕴独特的规律、饱含丰富的经验、充满深刻的启迪。该书既是向党的百年华诞的献礼之作，也是系统总结船舶党建宝贵经验的扛鼎之作，同时是基因传承、时代引航、砥砺奋进的里程碑之作。作为对基层党建工作颇具价值的探索实践，《支部建在船上》一书，填补了船舶党建论著的一大空白。（于庆恩）

3.《守正创新》

为庆祝中国共产党成立100周年，深入推进党史学习教育，集团政研会开展“党建特色经验、特色品牌系统总结研究”专项课题研究。根据专项课题计划，各企业党组织高度重视，精心策划，成立课题组，落实政研骨干人员，聚焦企业成立以来党建工作典型案例和创新做法，深化实践和理论探索，加以总结梳理和分析研究，形成了一批富有鲜明特色、凸显实践价值的研究成果。集团政研会评选出26篇优秀成果，汇编出版《守正创新——中远海运集团特色党建案例课题研究论文集》。该书集中展示了长期以来特别是党的十八大以来，集团党组和各级党组织深入学习贯彻习近平新时代中国特色社会主义思想和习近平总书记关于国企改革、党的建设重要指示批示精神，毫不动摇坚持党的领导、加强党的建设的特色做法和重要经验，包括基层一线、重大项目、车间班组、经营网点、服务窗口、远洋船队党建工作中的生动实践，为集团进一步加强党建工作提供了样本。（朱雪峰）

4.《百年领航》

百年犁波耕澜，从羸弱到奋起，由苦难而辉煌。百年日月星辰，无数个敢为人先，连成中国航运业的壮美画卷。为庆祝中国共产党成立100周年，深入推进党史学习教育，集团党组工作部聚焦集团发展历程中100件“敢为天下先”的大事要事，制作了《百年领航》纪实片。该片时长12分钟，以1922年香港海员大罢工为起点，以百年航程中从“跟跑”到“并跑”再到“领航”的跨越发展为主线，记录了“海辽”轮起义、“光华”轮首航、“平乡城”轮开辟国际集装箱班轮航线、“柳林海”轮开通中美海上航线、成立海外独资公司、进军海外资本市场、打造全国首个5G全场景应用智慧港口等具有里程碑意义的重大历史性事件，展示了中远海运全球化发展的壮阔航程，再现了中远海运作为“国家船队”的重大发展成就。（朱雪峰）

5.《熊猫船长讲文化》

为进一步宣贯、传播集团企业文化，集团党组工作部制作了《熊猫船长讲文化》宣传片。该片时长10分钟，以熊猫船长动画形象为讲述者，以生动语言讲述了集团新时期企业文化核心价值理念。该版本理念大纲由5条核心理念和4条工作理念构成，包括“四个领航”文化旗帜、企业使命、企业愿景、企业价值观、企业精神、党建理念、融合理念、企业作风和企业广告语。该片应用于集团党校各类培训班，受到学员普遍欢迎。

（朱雪峰）

6.《交通政工研究》

按中国交通职工思想政治工作研究会（简称“中国交通职工政研会”）要求，集团政研会承办中国交通职工政研会会刊《交通政工研究》杂志2021年第1期（总第153期）。该杂志是全国交通运输行业重要的思想文化阵地。集团政研会做好12个栏目征稿和稿件编辑，同时对杂志进行改版，导入现代设计，高质量进行排版印刷发行。中国交通职工政研会对杂志改版高度评价，称“开启《交通政工研究》杂志编辑制作新高度”。

（朱雪峰）

CHINA COSCO SHIPPING
CORPORATION LIMITED
YEARBOOK

中国远洋海运集团有限公司

年鉴

第十三篇

企业社会责任

概述

概　　述

“十四五”期间，集团着力践行创新、协调、绿色、开放、共享的新发展理念，积极迎接可持续发展机遇和挑战，在全球航运业发展中传播中国智慧：秉持“义利并举”的价值观，坚持“普惠共赢”的发展原则，把积极履行社会责任作为打造企业文化的根基，争做优秀的社会责任践行者；经过不断努力和探索，建立了履行全球契约的管理体系和长效机制，以优秀的发展成果履行社会责任和全球契约；关注全球环境，关爱欠发达地区，参与国际援助，做优秀企业公民，推动企业与社会的协调发展。

2021 年是国家“三农”工作重心历史性转移、巩固拓展脱贫攻坚成果同乡村振兴有效衔接的关键之年。面对新的历史任务，中远海运集团坚决扛起政治责任，在“四个不摘”原则下，确保资金增长和项目精准，围绕巩固脱贫攻坚成果，调动全集团力量并带动更多参与方，在教育培训、医疗卫生、产业提升、就业扶贫、消费扶贫等多方面帮扶，努力建立脱贫长效机制，促进乡村振兴，推进助力地方经济发展和社会稳定。

是年，集团长期致力于践行新发展理念，积极响应国际海事组织有关航运业的绿色发展、节能减排政策，加强保护海洋生物多样性；坚积极与多方合作，围绕清洁能源、绿色船舶等开展联合攻关，推进绿色改造，推动绿色转型，不断加强商业模式创新，构建智慧绿色航运新生态，奋力谱写“绿色现代化”的中远海运篇章，为人类可持续发展作出企业应有的贡献。

是年，集团认真履行社会责任，践行人道主义精神。2021 年，集团继续坚持积极参与海上搜寻救助，全年共有 29 艘次船舶参与 23 起海上搜寻和救助任务，成功救助 13 人，2 次远途提供燃油、食物和淡水等救助物资，并获得国际海上救助协调中心（Maritime Rescue Co-ordination Centre，MRCC）和中国海上搜救中心的表扬和表彰。

扶贫工作

扶 贫 工 作

【定 点 帮 扶】

中远海运集团高度重视乡村振兴工作，印发《中国远洋海运集团有限公司 2021 年定点帮扶和对口支援工作要点》，明确 34 项乡村振兴重点工作，在产业帮扶、教育帮扶、就业帮扶、消费帮扶、党建帮扶等方面继续发力，协调资源，选派优秀人员，全方位致力于乡村振兴工作，加快农业农村现代化建设。2021 年，集团向定点帮扶和对口支援 5 县无偿投入资金约 9930 万元，引进帮扶资金 618 万元；强化教育培训，帮助地方培训基层干部和技术人员 1470 名，助学 2860 人次；积极开展消费帮扶，购买及帮助销售帮扶地区农产品 872 万元。中远海运集团驻安化县帮扶工作队荣获全国脱贫攻坚先进集体称号，1 人荣获全国脱贫攻坚先进个人称号。（张希南）

【中远海运慈善基金会】

中远海运慈善基金会（前身为中远慈善基金会，2017 年 1 月 20 日经民政部批准正式更名），由中远海运集团及成员单位捐资 1 亿元作为原始基金发起，经国务院批准、民政部注册登记，于 2005 年 12 月 20 日正式设立，是全国性的慈善基金会。2017 年 2 月，该基金会被民政部认定为慈善组织，2018 年被民政部评定为 4A 级社会组织；是我国首批由中央企业发起设立的非公募、非营利性慈善机构，是中远海运集团履行企业社会责任的重要平台；多次荣获“中华慈善奖”“慈善透明卓越组织”等荣誉。

2021 年，基金会把巩固拓展脱贫攻坚成果同乡村振兴有效衔接，把发挥基金会的特点和优势同品牌建设有机结合，积极落实社会组织“服务国家、服务社会、服务群众、服务行业”职能，在基金会品牌项目建设、依法合规运作、健康可持续发展方面不懈努力，较好地完成了全年各项工作任务。2021 年，基金会捐赠收入 8.04 亿元，投资收益 310.24 万元，捐赠支出 1.34 亿元，组织实施公益慈善项目 57 项。截至 2021 年 12 月 31 日，基金会资产总额为 9.81 亿元。（刘悦）

【西藏定点扶贫】

2021 年，集团在西藏洛隆共投入资金 1800 万元，实施 7 个公益慈善项目，总受益人数 8075 人。其中，1400 万用于硕督镇新农村示范点项目，进行民房改造、乡镇道路、给排水工程、垃圾收集及处理系统等乡村振兴建设，受益人数为 1214 人；70 万元用于硕督镇养老院维修改造项目，新建阳光棚并维修改造养老院住宿区和食堂等附属设施，受益人数为 8 人；70 万元用于康沙镇、中亦乡便民服务中心改造项目，维修改造两个乡镇便民服务中心的办公配套设施、标识标牌等附属设施，受益人数为 2415 人；100 万用于“中远海运 – 格桑美朵”助学基金项目，为洛隆县家庭贫困的学生提供助学金，对品学兼优考上大学和内地班的学生提供奖学金，受益人数为 380 人；30 万元用于“远航暖流”项目，为洛隆县孜托镇小学、县小两所学校师生购买保温杯，受益人数为 4020 人；80 万元用于“中远海运 – 色钦美朵”医护人才培养基金项目，对洛隆县医务人员开展针对性培训，受益人数为 13 人；50 万元用于人才培训项目，为洛隆县中青年干部、村两委、专业技术人员提供业务和技能培训，受益人数为 25 人。

2021 年，集团在西藏类乌齐投入资金 1800

万元，实施 7 个公益慈善项目，总受益人数为 6455 人。其中，1000 万元用于乡村振兴示范村项目，在国道沿线建设乡村振兴示范村，受益人数为 925 人；150 万元用于饮水质量提升工程项目，建设蓄水池、铺设饮水管网等，以解决饮用水品质不高、卫生条件堪忧等问题，受益人数为 491 人；286 万元用于类乌齐镇第一小学建设项目，修建教辅用房一栋，以解决教学楼不足问题，受益人数为 592 人；206 万元用于类乌齐镇第二小学建设项目，新建师生综合楼一栋，以解决教师、学生校舍紧缺问题，受益人数为 90 人；100 万元用于“中远海运－格桑梅朵”助学基金项目，积极帮扶家庭贫困学生，奖励资助优秀教师和学生，受益人数为 848 人；28 万元用于“远航暖流”项目，为各县中小学学生和老师每人配一个保温杯，受益人数为 3488 人；30 万元用于人才培训项目，委派类乌齐县各单位（乡镇）中青年干部、基层党员前往内地党校进行培训，受益人数为 21 人。（刘悦）

【云南定点扶贫】

2021 年，集团在云南永德投入资金 2200 万元，实施 9 个公益慈善项目，总受益人数为 33 353 人。其中，620 万元用于乡村建设项目，修建包括忙见田茶厂道路在内的四条乡村道路，受益人数为 13 744 人；400 万元用于永德县小勐统镇梅子箐村人居环境提升项目，帮助该村提升人居环境，受益人数为 892 人；140 万元用于乡村人居环境提升项目，为德党镇等四乡镇所涉及建制村进行道路硬化、垃圾池、照明等人居环境建设，受益人数为 4961 人；525 万元用于教育基础设施项目，帮助班卡乡鱼塘完全小学和勐板乡梨树完全小学新建校舍，受益人数为 1012 人；45 万元用于中远海运奖助学金项目，以资助 150 名优秀“四类困难学生”；200 万元用于“远航暖流”项目，为 25 所学校的供暖系统安装太阳能等设施，为 22 所小学学生发放保温杯，受益人数为 12 145 人；50 万元用于青年教师培训项目，培训乡村教师 200 人；170 万元用于人才培训项目，开展电商培训、助推乡村振兴专题培训、坚果技能培训，受益人数为 107 人；50 万元用于帮扶救济及帮扶宣传项目，给予特困人员救助、建档立卡贫困户帮扶等，并制作中远海运集团帮扶永德纪实宣传片等，受益人数为 142 人。（刘悦）

【湖南定点扶贫】

2021 年，集团在湖南安化投入资金 1800 万元，实施 8 个公益慈善项目，总受益人数为 89 501 人。其中，340 万元用于安全饮水工程项目，在高明乡眉毛村等乡村地区建设安全饮水设施，受益人数为 6000 人；255 万元用于交通基础设施项目，修建烟溪何家凹至十八渡码头公路等四条乡村公路，受益人数为 6000 人；200 万元用于医疗基础设施项目，实施烟溪镇卫生院住院门诊综合楼项目及后续内装修及设备建设，受益人数为 50 000 人；630 万元用于教育基础设施项目，在梅城镇东华中学等三所学校进行设施建设，受益人数为 6000 人；255 万元用于“远航暖流”项目，为县里的学生购买保温杯，为学校添置宿舍热水洗浴设施，受益人数为 14 476 人；20 万元用于中远海运奖助学金，为安化一中、二中高中部的贫困学生提供援助，受益人数为 400 人；50 万元用于帮扶救济及帮扶宣传项目，扶助贫困人口，并加强对帮扶工作的宣传，受益人数为 6500 人；50 万元用于人才培训项目，对基层干部进行交流培训，对当地人员进行劳动就业培训，受益人数为 125 人。

2021 年，集团在湖南沅陵投入资金 2330 万元，实施 11 个公益慈善项目，总受益人数为 59 527 人。其中，490 万元用于交通基础设施项目，修建界亭驿村与辰州坪村之间的公路，以发展两村的茶叶产业，受益人数为 1462 人；250 万元用于乡村基础设施项目，包括在郑家村等地修建、改造乡村公路，在军大坪村桥头整修 150 米道路路面，实施借母溪村学宗溪中湾饮水工程，受益人数为 6466 人；100 万元用于农贸市场维修及地质灾害点消除工程项目，对军大坪农贸市场进行维修，并对附近的山坡地质灾害隐患点进行治理，受益人数为 31 人；400 万元用于教育基础设施项目，为沅陵六中等部分学校提供教学设备，完善教育基础设施，受益人数为 20 236 人；500 万元用于沅陵一中新校区（芙蓉学校）建设项目，续建教学楼、信息楼、宿舍楼等，受益人数为 4000 人；30 万元用于军大坪九校教育基础设施项目，为学校添置桌椅等教育配套设施，受益人数为 400 人；300 万元用于麻溪铺镇中心幼儿园项目，为麻溪铺镇九校在校园外新建一所能容纳 240 名幼儿的独立幼儿园；130 万元用于“远航暖流”项目，为麻溪铺镇九校等 21 所学校新建周转房配套安装热水系统，为部分学校中小学生及教师配一个保温杯，受益人数为 6000 人；40 万元用于中远海运奖助学金项目，设立“远航追梦”助学金、奖学金，资助部分学校贫困学生，并举办竞赛、文体活动，受益人数为 500 人；60 万元用于人才培训项目，采取线上线下培训、专家讲座、外出考察学习等形式对县内教育工作者、村民和基层干部进行技能和素质培训，受益人数为 192 人；30 万元用于帮扶救济及扶贫宣传项目，对因灾害或突发事件受到伤害或影响的人员进行救济、救助，并加强帮扶成效宣传力度，协助帮扶产品推广等，受益人数为 20 000 人。（刘悦）

社会捐助与公益活动

社会捐助与公益活动

【中远海运全力救援河南防汛救灾】

2021年7月，河南多地持续遭遇强降雨，郑州等城市发生严重内涝，防汛形势十分严峻。中远海运集团所属各公司积极贯彻习近平总书记对防汛救灾工作的重要指示精神，始终把保障人民群众生命财产安全放在首位，第一时间作出反应，积极发挥优势，投身防汛救灾工作，全力保障防汛救灾物资及时进入灾区，开展防汛救灾。

中远海运慈善基金会启动“远航·赈灾”应急捐赠程序，向河南省慈善总会捐赠2000万元，为采购救灾物资和支援灾后重建工作提供了有力支持。

7月21日，中远海运物流所属中远海运仓配济南分中心第一时间成立以党员为中心的24小时全天工作专班小组，分头协调中石油物资到库时间、车辆调派、路线规划、目的地接货沟通等，确保中远海运物流防汛救灾专车第一时间到达受灾一线。经过各方努力协调，7月22日上午10点，救援物资车辆火速奔赴灾区，当天下午4时圆满完成全部救灾物资的卸货交接工作。

中远海运物流所属中远海运仓配石家庄分中心第一时间与相关方取得联系，沟通救援物资运输事宜。经跟踪，需调配的物资尚未送达公司仓库。为节约时间，尽快将物资送达河南灾区，分中心立即成立专项小组，确定处置方案：一方面同送货驾驶员联系，确定到货时间，另一方面提前调配配送车辆至仓库就地等候，并安排装卸人员全力保障装卸效率，保障救援物资顺利准点装车。受暴雨影响，郑州原收货地点已封路，运输车辆无法进入，卸货地点临时变更为安阳市和新乡市。石家庄、邢台、邯郸、安阳、新乡等地接连受持续降雨影响，多条道路被封，分中心有条不紊协调驾驶员，提前做好车辆调度和路线规划，克服种种困难，最终于7月23日将货物全部送达指定地点。

7月26日中午，满载驰援河南防汛救灾物资的13台车辆在工作人员的指挥下驶上中远海运客运“万通海”轮。在支援河南防汛救灾行动中，中远海运客运积极配合政府部门及各社会组织，在暑运高峰期，免费承运驰援河南的12台物资车辆及53名蓝鲨救援队员与青年志愿者，并为所有人员提供免费晚餐、防暑降温饮品和优质的服务。 （钟远海）

【永德医务人员培养基金启动】

2021年8月12日，永德县人民政府与上海交通大学医学院附属瑞金医院正式签署了“医学人才队伍建设帮扶合作协议”，标志着中远海运集团在云南永德设立的“中远海运医务人员培养基金”正式启动。

永德县地处滇西南，境内居住着汉、彝、佤、布朗、傣、白、拉祜、傈僳等22个民族，约32万人口，由于交通不便，基础薄弱，医疗卫生条件相对落后。中远海运集团于2021年7月调配资金在永德县成立“中远海运医务人员培养基金”，旨在推动永德县提升医务人员整体素质和临床业务水平。经中远海运集运牵线搭桥，永德县人民政府与上海瑞金医院达成协议，由瑞金医院以线上和线下相结合的方式，组织临床和管理专家对永德县医务人员开展培训和指导，助推永德医疗机构全面提升学科建设和临床诊断能力。同时，帮助永德县医共体总医院搭建远程医疗平台，在永德打造瑞金医院教育培训基地。

此次合作是中远海运集团帮扶永德县巩固脱

贫攻坚成果，是防止因病致贫、因病返贫，促进当地人才振兴的重要举措。（董建华）

【《数星星的孩子（中文版）》出版】

2021年，中远海运集团出资引进翻译出版希腊文学名著《数星星的孩子（中文版）》。6月23日，在北京、雅典、比雷埃夫斯港三地同步视频连线，举办新书首发暨首批图书捐赠仪式。邀请希腊驻华大使、中国驻希腊临时代办，中央党校、国家发展改革委、商务部、交通运输部、外交部、中宣部等部委领导，中国教育发展基金会、扶贫对口地区代表，中外媒体记者参加首发式。此举展现了集团推进中国与希腊文化交流，积极履行社会责任，为人类文明互鉴贡献力量的良好品牌形象。（黄奇萃）

【《现代荷汉词典》出版发行】

2021年，中远海运集团出资支持的新版《现代荷汉词典》出版，积极推进中荷两国文化交流。5月19日，由荷兰王国驻华大使馆主办、丝绸之路城市联盟协办的“纪念中荷建立大使级外交关系49周年”暨新版《现代荷汉词典》出版发行文化招待会在京举行。中国时任外交部副部长秦刚，荷兰驻华大使贺伟民，全国政协外事委员会副主任、新版《现代荷汉词典》主编孔泉等出席招待会。活动仪式上，孔泉对集团为新版词典作出的贡献表示感谢。他表示，中远海运集团作为我国最早走出去的中央企业之一，持续服务中荷两国经贸往来和文化发展，为全球贸易和人文交流作出了积极贡献。（黄奇萃）

【捐赠旅芬大熊猫养护项目30万欧元】

2021年12月，中远海运集团向旅芬大熊猫养护项目提供了30万欧元的特殊捐赠。当地时间12月14日下午，芬兰艾赫泰里动物园在赫尔辛基举办仪式，答谢中国的合作伙伴。中国驻芬兰大使陈立先生到会致辞，芬兰中资企业协会会长、中远海运集团芬兰公司总经理宋明君等出席仪式并发言。

2018年，“金宝宝”和“华豹”两只大熊猫来到芬兰，受到了芬兰民众的喜爱，大熊猫成为密切中芬关系的“民间大使”。然而，新冠疫情使芬兰旅游业遭受重创，艾赫泰里动物园经营也陷入困境，两只大熊猫可能会提前“回国”。困境中，艾赫泰里动物园向企业界求助，以保证芬兰能够继续参与对大熊猫这一物种的国际保护项目，并迅速得到了包括中远海运集团在内的在芬中资企业的大力援助。

陈立大使在致辞中表示，中国驻芬兰大使馆提出倡议后，在芬中资企业和华人华侨都向“金宝宝”和“华豹”伸了出援手，在此感谢他们各尽所能提供的帮助。

宋明君在发言中表示，疫情期间，中远海运集团对芬兰防疫物资的运输启用特殊通道、予以优先保障。中远海运集团以专业的团队、订制化的服务，致力于成为客户可信赖的全球物流供应链合作伙伴。集团始终重视社会责任，通过中远海运慈善基金会积极参与环境保护、发展民生等公益事业，为建设人类命运共同体作出积极贡献。（钟远海）

【医疗公益项目】

2021年，集团共投入资金150万元，与中国医药卫生事业发展基金会开展公益强医合作，在上海市、福建三明市向患者免费发放肺结核病和精神病智能药盒3000个，并支持成立早癌筛查专家委员会。积极开展“远航善仁”中医特训营项目，投入资金142万元，与善小基金会合作，针对湖南安化、沅陵等地区继续开展专业化中医培训，弘扬优秀传统文化，培养中医人才，造福当地基层病患。积极开展“集善工程——（中远海运）助残行动”项目，投入资金100万元，与中国残疾人福利基金会合作，在云南永德和湖南安化、沅陵同期开展电动轮椅捐赠项目，共捐赠轮椅290台并提供相关服务，有力提升了当地残障人员重返社会的能力和信心。（刘悦）

【“公益送”项目】

在印度疫情扩散之际，集团积极响应上级的要求，快速部署，积极协调，充分调动内外部资源，投入资金97万元，为中国红十字基金会无偿提供援印防疫物资的包机运输，有力支援了国际抗疫工作，展现了中远海运集团跨越国界的大爱精神。同时，集团与中国扶贫基金会、中国红十字基金会、中远海运货运进行了深入沟通，完善了“公益送”的操作流程、宣传机制和相关文档模板，在此基础上开展项目的落地实施，项目的品牌效应得到质的提升。（刘悦）

【中远海运比港为当地建设儿童乐园】

当地时间2021年3月31日，中远海运比港（PPA）在比雷埃夫斯市政厅与比雷埃夫斯市政府和希腊海运部，就建设儿童游乐园的事宜和港口投资建设等事项进行了磋商。会后，三方共同宣布就比港建设儿童游乐园事项达成合作意向。

作为一家有责任担当的公司，中远海运比港认真履行社会责任，计划在比港邮轮码头区建造一个新的现代化儿童游乐园和一条骑行道，为当地市民提供免费的休闲娱乐场所及设施。具体来讲，中远海运比港将在邮轮码头开辟场地，改造成一个开放空间和现代化的游乐公园，以满足周围地区市民的需要。这是中远海运比港在常态化帮扶当地特殊群体家庭、开展助学项目、向当地小朋友送上节日礼物等一系列活动的基础上，开展的又一个非常有意义和有创新性的社会责任项目。

游乐园的建造费用将由中远海运比港承担。游乐园建成后，将会交给比雷埃夫斯市政府运营，并向当地社区和儿童免费开放，目的是为当地的市民及儿童提供一个舒适、健康、快乐的休闲活动场所。

消息发布后，被当地媒体广泛报道，包括希腊国家广播电视、ANTENNA、ALPHA 3家电视台。《希腊金融日报》（*NAFTEMPORIKI*）等报纸，以及国家海洋网等50多家网络媒体也进行了报道。（张志明）

【物流公司完成马来西亚物资捐赠空运任务】

2021年8月1日，一架满载我国向马来西亚捐赠的防疫物资全货机从杭州萧山国际机场顺利起飞。此批防疫物资包括防护服、口罩、额温枪等200多箱。这是中远海运物流下属上海中远海运空运杭州分公司继完成我国向泰国捐赠防疫物资物流保障后，再次顺利完成对外捐赠防疫物资的空运任务。在接到空运任务后，杭州分公司面对舱位紧张情况，迅速联系航空公司预订舱位，并做好报关文件的收集和报关准备。8月正值酷暑，现场作业员工争分夺秒奋战，卸货、贴标、量尺寸、过安检，紧张而又有条不紊地完成了一系列操作步骤，保障了防疫物资顺利起运。

（李伟）

【中远海运慈善基金会获A+评级】

2021年12月15日，基金会中心网（CFC）权威发布“中基透明指数FTI2021”，中远海运慈善基金会以98.02分获得A+评级，连续9年入围“FTI大型非公募基金会榜单”。“FTI2021大型非公募基金会透明度榜单”以基金会2020年年度工作报告等信息为计算依据，共有22家得分90分及以上的大型非公募基金会上榜（榜单中“大型基金会”的界定标准为：2020年净资产、捐赠收入或公益事业支出至少一项超过1亿元）。2020年，中远海运慈善基金会在乡村振兴、抗疫、教育、医疗等社会公益领域实施对外捐赠项目79个，年度公益事业支出1.49亿元，同比增长48%。2021年，基金会进一步加强公益项目品牌建设，不断完善信息披露工作和审核流程。与此同时，在帮扶、教育、社会救助等领域实施对外捐赠项目60个，年度公益事业支出与上年基本持平。（慈珊）

绿色环保

绿 色 环 保

2021 年，中远海运集团认真贯彻执行国家和地方有关生态环境保护政策和法律法规，结合产业结构实际，进一步完善生态环境保护风险隐患排查治理机制，结合第二轮中央生态环境保护督察，组织对集团重点区域、重点行业、重点企业进行生态环境保护督查，持续进行跟踪、指导缺陷整改，不断强化生态环境保护工作。

【生态环保专项治理】

2021 年，中远海运集团继续保障生态环保资金投入，主要用于船舶生活污水收集兼容舱改造、船舶压载水处理装置加装和改造、新建 VOCs 有组织治理设备、移动式 VOCs 收集治理装置、试验性船壳喷涂 VOCs 收集装置等，为进一步推进 VOCs 治理提供了设施保障；编制集团《涉及 VOCs 企业自查表》和《VOCs 治理设施日常检查和台账要求》，组织各相关企业进行排查治理，在后续的生态环境保护督查和“回头看”中对排查治理情况进行了核实。（裴凯）

【生态环保督查】

2021 年，结合第二轮第三批中央生态环境保护督察，中远海运集团编制《生态环境保护督查计划》和《生态环境保护督查清单》，对集团重点行业 4 家单位进行生态环境保护现场督查；12 月下旬，根据督查缺陷整改情况，结合第二轮第四、五批中央生态环境保护督察，编制《生态环境保护督查“回头看”计划》，对集团化工仓储、船舶修造、工业制造等行业开展生态环境保护督查“回头看”，并持续跟踪、指导被督查单位的缺陷整改。（裴凯）

【参与国际规则研究】

2021 年，集团积极参与国际海事组织（International Maritime Organization，IMO）海运温室气体减排短期措施相关规则的制定，参与波罗的海国际航运公会（The Baltic and International Maritime Council，BIMCO）环境保护应对讨论，组织全面开展船舶能效指数（EEXI）、碳排放强度指数（CII）评估工作，研究制定应对措施，在大量数据分析的基础上，提出对 EEXI 航速估算补充方法的 IMO 提案并被采纳；充分利用各种场合、渠道，积极反映企业、行业在船舶安全管理、船员队伍建设、危险品谎报瞒报等方面的问题和困难，在国际海事舞台发出中国声音，展现中国力量。（裴凯）

【重工助力船舶实现绿色环保】

2021 年 6 月 25 日，由中远海运重工所属威海科技自主研发并安装在“新丹东”轮上的船舶高压岸电系统顺利完成码头联电测试，标志着威海科技高压岸电系统自主研发成功，实现了研发与应用的同步推进，使得公司在低碳环保新产品的研发道路上迈出扎实的一步。

自 2016 年，威海科技开始搜集国家出台的关于船舶与港口污染防治工作的相关政策文件，并一直在船舶岸电系统领域学习与钻研。公司集中人力物力建设了配套实验室，用来真实模拟船舶电站与岸基供电设施，为这个产品的研发保驾护航。同时受益于船东等方面岸电专家的全力指导，岸电项目组不断优化与改进方案，最终于 2021 年打造出了拥有自主知识产权的海盾岸电系统，并成功揽获国内第一张中国船级社（CCS）

入籍证书。

在集装箱航运市场火热的环境下，威海科技打造的这套“不占箱位”的船舶高压岸电系统受到了不少船东的青睐。公司秉持客户至上的理念及对产品的坚定信心，经过不断地优化改进，使该产品已进行流程化、系统化地开发，为公司实现在科创领域高质量发展增添了新的动力。

与此同时，威海科技坚持狠抓绿色环保技术攻关。2021 年上半年，公司自主研发了另一套新的系统——“纯净空气”中央空调消毒系统，成为公司创新发展、绿色先行的又一个里程碑。中远海运集团旗下的“平安城”轮成为第一个受益方。由于船上环境密封性较高，空气流通性差、自净能力低，空气容易受到微生物污染。尤其在受疫情影响的情况下，空调送风系统加装紫外线消毒装置得到了所有船员的称赞。它操作简单直观，系统维护保养方便，既提高了船上生活区的空气质量，又对船舶生活区疫情防控增加了一道保护屏障。（胡如月）

【“泛亚广州”在洋浦港首次实现接驳岸电】

2021 年 9 月 5—6 日，上海船研所为中远海运集运 5100TEU 集装箱船“泛亚广州”轮安装的中压岸电系统在海南洋浦港小铲滩码头首次接驳岸电成功。这是洋浦港首次实现岸电接驳商船，也是国内首例一次性完成左右两舷测试的岸电接驳工程。

在各方大力支持下，“泛亚广州”轮在港区内顺利进行了调头作业，一次性完成了左右两舷岸电受电设施的接电工作，并进行了手动、自动的船电转岸电和岸电转船电试验，岸电用电时长达 12 小时以上，总用电量超过 7000kW·h。所有试验项目均一次性成功，并顺利通过 CCS 检验，受到各方好评。

本次接电试验有别于传统的单侧舷试验，需要一次性完成左右两舷的测试。在中远海运集运及下属相关公司的鼎力支持下，港口调度、海事、引水等部门得到了合理协调。同时，船方对舱盖密闭、船体平衡等相关安全工作提供了有力保障，使“泛亚广州”轮在港区内的调头作业得以顺利实施，圆满保障了一次性左右舷测试的顺利完成。

上海船研所积极配合中远海运集运践行国家交通强国战略，继“泛亚宁德”轮在深圳大铲湾实现常态化接驳岸电后，又成功实现了“泛亚广州”轮在海南洋浦小铲滩码头的首次接驳岸电，为助力洋浦绿色港口的建设迈出了坚实一步；同时，也为海南建设“清洁岛、智慧岛、生态岛”提供了有力支撑。（张欢仁）

【重工签署国内首个 MCF 协议】

2021 年 10 月 16 日，由中远海运重工发起，并联合大连中车柴油机有限公司、中远海运（天津）有限公司、中石化中海船舶燃料供应有限公司大连分公司、上海交通大学、大连理工大学、中国船级社、美国船级社、国银金融租赁股份有限公司 9 家单位共同倡议的中国第一个“船用清洁燃料应用技术创新联合体”（Marine Clean Fuel Joint-Study Union，MCF）宣布成立。阿法拉伐（中国）有限公司作为见证方在现场见证签约仪式。

MCF 致力于新型绿色船用清洁燃料应用技术的研究及推广应用。作为合作平台，MCF 充分发挥联合体各成员单位的技术及资源优势，解决新型绿色能源应用于船舶燃料的共通问题，工作内容包括替代燃料的安全性评估、替代燃料性能及效能研究、替代燃料相关船用设备研发等，提出新型燃料上船应用及产业链流程的全贯通思路，践行航运业低碳化发展。

作为该创新联合体推出的第一个联合科研项目——由大连中远海运重工发起的“氨动力双燃料燃烧、供应功能性研究及示范”项目，在本次签约仪式上也签订了联合研制意向书。

中远海运重工自 2016 年重组开始，就通过实施科研计划项目和智能制造专项计划两轮驱动科技创新工作，且持续优化完善。为丰富科研项目立项方式，发挥重大科研项目的资源集聚效用和带动作用，提升科技创新供给能效，中远海运重工制定了《中远海运重工指定研究科研项目实施细则》。该细则旨在激励团队采用“产学研用”联合方式，推动产业链协同发展。此次签约的“氨动力双燃料燃烧、供应功能性研究及示范”项目就是该细则下诞生的首个指定科研项目。

交通运输行业是推动绿色发展、实现“双碳”目标的关键领域。汽车可以从“加油”向“加电”转型，巨轮也正向“少吐”甚至是“不吐”二氧化碳转型。中远海运重工的这两项签约标志着其在探索船舶用能变革方面正走上绿色探索之路。

（陈应战　李琳）

【中远海运港口加强绿色港口建设】

中远海运港口始终专注打造示范项目，开展新技术应用和前瞻性技术研究，持续推进 5G 绿色智慧港口建设，大力推广节能减排措施，修订《中远海运港口有限公司节能减排管理规定》，以规范码头日常节能减排管理工作；支持各码头落实场桥油改电、混合动力改造等措施，减少燃油消耗。截至 2021 年 10 月，中远海运港口国内控股码头柴油累计消耗量比上年减少 1373 吨，二氧化碳排放减少约 4256 吨，同比下降 25.55%；国内码头通过启用或改造 LED 节能灯具，年消耗电能比上年减少约 11.25 万 kW·h。

2021 年 11 月 16 日，亚太港口服务组织（APSN）通过线上方式举办了 2021 年“亚太智慧港口发展论坛”，中远海运港口受邀参加，并发表《智慧港口发展趋势和实践》主旨演讲。论坛期间，2020 年度和 2021 年度亚太绿色港口奖励计划（GPAS）获奖名单发布。中远海运港口厦门远海集装箱码头有限公司因持续打造绿色低碳码头，获 2021 亚太绿色港口奖励计划，继 2018 首获该项荣誉后，再度蝉联。（张希南）

【天津中远海运锚定绿色数智港航】

2021 年 12 月 15 日上午，随着位于天津港北疆港区 C 段智能化集装箱码头北侧的两台风机叶片缓缓起动，全球首个零碳码头智慧绿色能源系统在天津港成功并网发电。这是天津中远海运在转型发展中积极践行“双碳”目标、锚定绿色数智港航主业发展方向，为系统内外部港航企业提供绿色智慧能源解决方案的又一个示范性项目。

从零到一，从白手起家到分布式能源产业全国领先，天津中远海运在绿色港航领域的探索和实践映照了天津中远海运转型发展三年来走过的探索之路。

2020 年 8 月 26 日，天津中远海运与新能源领域的头部企业金风科技合资成立了天津中远海运金风新能源有限公司（以下简称“新能源公司”），实现了金风科技技术实力与天津中远海运产业资源和应用场景的有机融合。新能源公司成立后，天津中远海运围绕赋能集团航运主业、助力港航生态圈客户绿色低碳发展，迅速对全国沿海各省份、各大港口以及中远海运系统内高耗能企业用能情况进行调研摸排，出具了具有针对性的绿色能源项目方案。在金风科技和天津中远海运的大力支持下，新能源公司凭借自身的技术实力和高效的激励机制，逐步在分布式能源市场中开疆拓土，崭露头角，逐步明晰了以“分布式能源为主线、综合能源服务为辅助、电动车船研究探索”的工作主线。

2021 年，天津中远海运绿色数智港航业务发展逐渐步入正轨，绿色智慧港航板块确定了“一基一新”的双轮驱动战略。在港航生态圈分布式能源这一“基础性业务”方面，新能源公司分布式发电业务已位列全国前列，天津港智能零碳码头项目成功并网发电，打造全球港口绿色发展标杆。公司为集团所属箱厂、船厂、码头、仓库等出具新能源方案 20 余个，签署合同 5 个，年碳减排 1.1 万吨，节约电费近 200 万元。同时，成功拓展了鞍钢集团、徐工集团、维维集团、百丽物流等港航生态圈企业。在船舶清洁能源替代这一创新性业务方面，协同兄弟单位持续跟进并深入参与电动集装箱船舶项目；成立电动车船团队，积极研究电动重卡项目；适度超前探索氢能等车船新能源业务，与稳石氢能签署合作意向协议；与天津临港氢能产业示范区、康明斯新能源动力事业部等达成合作共识，积极推动加氢母站、光伏风电制氢、电解水制氢、氢燃料电池船舶应用等项目合作。

从 2019 年 5 月与金风科技第一次对接，到 2020 年 8 月 26 日新能源公司挂牌；从白手起家边干边学到成立绿色数智研究中心开展前沿政策研究对接；从 2021 年 6 月时起始的 1.882 兆瓦，到 2021 年年底 25 个风电、光伏项目成功并网，新开发分布式发电业务并网容量达到 66.3 兆瓦，深度参与天津港全球首个人工智能零碳码头建设，打造“风光储控运”一体化智能微电网平台建设；天津中远海运绿色港航板块产业坚持“稳中求进、稳中求新、稳中求心”的发展主基调，从蹒跚学步到跻身全国前列，用时不到一年时间，跑出了崭新的中远海运绿色发展加速度。

（张磊）

【南通川崎获评绿色示范企业】

南通中远海运川崎自创立之初，便从战略高度致力于绿色工厂建设，通过技术优势引领行业转型升级、绿色产品助力碳平衡、绿色技术和工艺贯穿产品设计与制造全过程的管理模式。公司将把生态设计理念引入产品设计，已交付的船舶产品除船型领先、性能卓越外，“绿色环保”已然成为其被市场极具看好的又一张亮丽名片。2021 年，南通中远海运川崎船舶工程有限公司获评工业产品绿色设计示范企业，是全国首家也是唯一一家获此殊荣的造船企业。（张希南）

海上救助

海 上 救 助

2021 年，集团公司共有 29 艘次船舶参与 23 起海上搜寻和救助任务，有成功救助 13 人，2 次远途提供燃油、食物和淡水等救助物资，并获得国际 MRCC 组织和中国海上搜救中心的表扬和表彰。

【“丰丽海”轮救助 3 名遇险游艇人员】

2021 年 1 月 1 日元旦夜，“丰丽海”轮第 32 航次执行几内亚 KAMSAR 港至乌克兰的铝矾土运输任务。当地时间 23 时 51 分，值班驾驶员收到西班牙塔里法海上救援协调中心（TARIFA MRCC）发来的紧急呼叫和救助指令，得知距离船舶西北约 3 海里的水域，有一艘游艇因遇到大风浪导致侧翻，已失去动力，处于漂航状态，需要紧急救助。

23 时 55 分，船长组织人员调整驾驶台两翼探照灯；船长、驾驶员、专职瞭望人员则手持望远镜仔细对海面进行搜索；驾驶员变换雷达量程，调整雷达参数，仔细核查遇险游艇海域雷达回波。同时，按照营救落水人员应变部署，“丰丽海”轮快速备好救助艇、救生衣、救生圈、保温服、强光手电、缆绳、登乘梯、登船索具、抛绳器、救助房间、救助药品、防疫用品等器材物品，做好随时救助准备。

1 月 2 日 0 时 15 分，船舶发现左前方有微弱白色灯光，通过用望远镜锁定观察、雷达回波核定、探照灯探照和汽笛示警等措施，最终确定了遇险游艇具体位置。随即，船长向 TARIFA MRCC 报告了遇险游艇位置等信息，同时调整航向，确保遇险游艇处于“丰丽海”轮下风侧。其间，“丰丽海”轮持续向遇险游艇发出救援灯光信号，鸣放汽笛，给予遇险游艇人员精神鼓舞。

1 月 2 日 0 时 20 分，“丰丽海”轮守候遇险游艇现场，并时刻与 TARIFA MRCC 保持联系。按照“丰丽海”轮提供的准确信息，TARIFA MRCC 派出的救助直升机快速抵达遇险游艇现场，为搜救行动大大节约了时间。救助直升机根据“丰丽海”轮灯光指引，快速找到并救起了遇险游艇 3 名人员。

1 月 2 日凌晨 1 点，“丰丽海”轮恢复航行，续航目的港；1 时 16 分，通过邮件收到了 TARIFA MRCC 发来的感谢信。（郭昊）

【“锦华峰”轮积极参与海上搜救】

2021 年 1 月 14 日，中国海上搜救中心向中远海运集团发来感谢信，对集团和“锦华峰”轮船员积极参与海上搜救工作表示感谢。

1 月 13 日，巴拿马籍散货船“永丰”轮在菲律宾以东约 400 海里海域机舱爆炸起火，船舶失去动力、货舱进水，有沉没危险，船上包括 14 名中国籍船员在内的 22 名船员生命危在旦夕。4 时 30 分，中远海运集团值班室在接到中国海上搜救中心要求后，立即协调中远海运散运调派“锦华峰”轮前去参与海上救助任务。

“锦华峰”轮接到指令后，立即调整航向，迅速开足马力，全速前往失事船舶所处位置。中远海运散运船管中心巴拿马型船舶管理部立即成立应急小组，启动应急预案，指导跟进“锦华峰”轮实施救助任务。在当前新冠疫情的非常时期，船舶还在做好救援准备工作的同时，严格落实疫情防控应急部署，做好疫情防控工作。

当天 20 时 30 分，“锦华峰”轮接到公司总调通知，“永丰”轮船员已安全获救，指示“锦华峰”轮恢复正常航行。（彭国强）

【“中远海运天蝎座”轮协助救助遇险渔船】

2021年1月16日，运营于欧洲三线（AEU3）的“中远海运天蝎座”轮历经9个多小时，在马耳他海域附近协助救助AGRIAO遇险渔船，获得马耳他搜索救助协调中心（Rescue Coordination Center，RCC）的高度肯定。

1月15日，值班驾驶员在收到马耳他RCC关于救助AGRIAO渔船指示，值班驾驶员立即通知船长。船长毛新生即刻上驾驶台，同时与马耳他RCC沟通确保协助救助信息准确无误后并报告公司岸基值班室及管船小组。在获得公司岸基同意后，船长立即启动搜救预案，组织全船相关人员进行协助救助准备工作。政委、轮机长、大副等按照任务分工立即进行准备，船长在驾驶台操纵船舶掉头驶往距船舶7海里的遇险船，轮机长在集控室确保主机等设备正常运转。此时，该海域西北向7级，浪高3.5～4米，失去动力的渔船在风浪中剧烈摇摆，随时有倾覆的可能。船长在确保船舶安全的前提下，通过甚高频CH16警告附近航行船舶保持安全距离，并尽最大努力将遇险船置于下风舷，同时保持与马耳他RCC及遇险渔船联系等待RCC指定救助船的到来。

1月16日，救助船抵达遇险渔船进行现场施救。救助船通过拖缆系固遇险渔船，将遇险渔船拖离遇险地点。遇险渔船被成功拖离，“中远海运天蝎座”轮协助救助结束，改驶目的港。

（石建明）

【“中海土星”轮成功协助救援遇险游艇】

2021年2月13日晚上，正在南中国海航行驶往新加坡的“中海土星”轮，成功协助救援一艘因燃油耗尽、在海上已经漂泊了8个多小时且载有9名成年男士和1名儿童的中国籍海钓游艇。

当晚21时35分，驾驶台值班员从VHF接收到遇险海钓游艇求救信息，通过求救信息确定遇险海钓游艇正在船舶航路前方。在与遇险海钓游艇沟通并再次确认船位后，船长向公司应急值班室报告情况，并得到了公司岸基的救援同意。21时53分，“中海土星”轮抵达遇险海钓游艇位置附近后停车并保持安全距离。此时，先期抵达的外轮“SEASPAN AMAZON”轮已在开展救助行动。由于遇险海钓游艇上的人员和外轮人员语言不通，“中海土星”轮一边保持与“SEASPAN AMAZON”轮的联系，了解现场救援情况，一边保持与遇险海钓游艇的联系，在外轮和遇险游艇之间架起了一座无障碍通信桥梁。终于，传来了已经有部分遇险人员营救上船的消息。随后，“中海土星”轮又应“SEASPAN AMAZON”轮的请求，协助采集了遇险海钓游艇和人员相关信息。

22时57分，在得到“SEASPAN AMAZON”轮告知剩余人员即将营救上船，无需进一步协助救援的信息后，在双方船长的相互致意后，“中海土星”轮续航恢复正常航行。

（周海峰　许忠文）

【中远海运在几内亚成功救助遇险渔民】

当地时间2021年8月16日10时50分，中远海运散运下属益丰船务指导所属浮吊船舶在几内亚博法锚地成功救助4名几内亚渔民。在整个救助过程中，益丰船务反应快速，在全面做好防疫措施的同时，细心照顾被救渔民，充分体现了中远海运国际人道主义精神，得到几内亚博法省海事局的高度肯定。

8月16日10时25分，益丰船务值班调度收到在几内亚博法锚地作业的浮吊船舶报告。一艘长约10米、宽约1.2米的木质动力渔船随波漂到浮吊船舶附近。船上有4名当地渔民不停地挥舞着双手并且大声呼叫，表现得十分慌张。

通过沟通得知，4名遇困渔民在海上迷失了方向，船上食品、淡水与燃油都消耗殆尽，已经在海上漂泊了一周，迫切渴望得到救助。由于天气恶劣，几内亚博法锚地西南风6～7级，浪高达到2.4米，涌高1.4米。如此海况下，木质渔船存在随时倾覆风险。

收到求救信息后，益丰船务立即启动救助应急预案，浮吊船舶迅速展开了救助行动，并在按防疫规定做好相关防疫措施后，第一时间给遇困渔民送上食物、淡水及隔离服。同时，益丰船务向几内亚博法省海事局和公司报备，当即得到了几内亚博法省海事局的高度赞许。10 时 50 分，4 名渔民通过登乘梯安全登上浮吊船舶，他们非常激动，不停地说着“MERCI（谢谢）”。

由于天气依然恶劣，当日，益丰船务安排浮吊船舶到拦门沙锚地抛锚休整。4 名渔民及其渔船随浮吊船舶转至拦门沙锚地，等待几内亚博法省海事局的救援船舶。但由于救援船舶无法在恶劣天气下抵达拦门沙锚地进行救援，几内亚博法省海事局希望益丰船务能将渔民送回港内。

8 月 18 日 15 时 50 分，益丰船务安排港作拖轮将渔民与渔船安全送抵港内。根据 4 名渔民意愿，益丰船务为渔民提供了足够燃油后，渔民离开浮吊船舶并驾驶渔船返回渔村。益丰船务及时向几内亚博法省海事局和公司进行了报备，救助任务圆满结束。（黄炳）

【“达池”轮舟山海域救援漂流遇险人员】

2021 年 8 月 21 日下午，“达池”轮 V427 航次正由江苏泰州开往陆丰平台装油的途中，成功救援了一名在舟山外海海域已漂流了一周的遇险人员。

当日 14 时 40 分，“达池”轮航行在舟山外海海域，二副在驾驶台值班瞭望中发现左前方有漂浮物，进一步通过望远镜观察后认定该漂浮物为充气式小皮划艇，经进一步驶近观察，确认艇上有一人一边挥手，一边挥动艇桨，并听到其吹哨音进行呼救。二副立即向船长报告，船长在详细了解情况后迅速向船东中远海运能源相关部门和舟山交管中心报告了相关信息。

当时舟山外海海域的海况并不是很好，天气阴沉，若不及时救援，后果不堪设想。公司获悉该情况汇报后下令达池轮立即进行施救。中远海运能源船管中心也迅速建立微信群，给达池轮传达指令，并布置防疫工作，实时通过 CCTV 监控远程指挥救援工作。

“达池”轮接到公司与舟山市搜救中心的指令后准备进行施救，指挥相关人员按预案做好防疫措施，穿着救生衣，在左舷主甲板集合做好准备。船长在驾驶台指挥操纵船舶慢慢靠近小艇。15 时 30 分，“达池”轮甲板人员向小艇后方投下救生圈，遇险人员划艇将救生圈钩起并固定在小艇上，船员奋力将小艇拉向引水梯方向。而后船舶又给皮划艇放下两根绳索，一根安全绳由该遇险人员自己绑在腰间，另一根绳索绑住小艇。几经波折，在安全绳的保护下被救人员由引水梯攀爬登船，最终获救。

“达池”轮船员穿戴全套防疫装备，在遇险人员登船后对其进行身体状况检查，初步确认身心状况良好，并迅速为其穿上了船上的新工作服，做好保温，并送上了姜汤和热汤面，多次测量体温正常以后，临时布置床位后安置于左舷桅屋，由专人看护。

遇险人员被救上船后，船长按舟山市海上搜救中心指令驾船调头开往舟山虾峙门外锚地抛锚待命。8 月 22 日 10 时 22 分，舟山海事局沈家门海事处所属“海巡 0731”艇靠上“达池”轮左舷，遇险人员由组合梯安全登上“海巡 0731”艇。登艇后，遇险人员面朝“达池”轮驾驶台鞠躬致谢。（黄新）

【中远海运船务协助救援遇险渔民】

2021 年 9 月 21 日，中远海运船务华南片区所辖黄埔经营中心以专业的应急预案和高效的协调能力，成功协助救助 11 名遇险渔民，保障了渔民的健康安全。

9 月 19 日下午，黄埔经营中心接到汕头海事局电话，称外籍某轮在从山东潍坊开往广东中远海运重工的途中救起了 11 名因渔船失火而落水的渔民，继续驶往广州黄埔港，要求黄埔经营中心协助处理 11 名遇险渔民救援转运事宜。接到消息后，黄埔经营中心立即联系该外轮船长，详细了解救助经过及渔民现状，随后将相关情况第一时间向广州港务局、广州海事局、黄埔老港海关、黄埔边防检查站等广州市水运专班成员单位紧急汇报。按照广州港务局渔民转运要求，黄埔经营中心结合该轮实际情况，立即制定转运方案，并迅速协调专班成员单位确定了最优救援方案，为快速救援奠定了基础。

20 日 11 时，中远海运船务黄埔经营中心紧盯进展，积极协调，在各单位的通力协作下，该轮抵达广州港桂山锚地后，于 20 时靠泊广东中远海运重工码头。

20 日 21 时 25 分，黄埔经营中心安排专业消毒人员及核酸检测机构护士在该轮舷梯口为 11 名遇险渔民进行核酸检测，并给渔民带上紧急生活物资。21 时 45 分，核酸采样结束，护士及消毒人员分别按闭环管理要求撤离。

21 日 7 时，11 名渔民的核酸检测结果全部阴性。黄埔经营中心按会议要求通报给广州市水路专班相关单位及部门。

21 日 8 时 30 分，外勤人员及边防、口岸局人员到达船厂现场准备转运事宜。在经过人证对照、身份核实后，11 名遇险渔民登上转运专车，由外勤及口岸局人员一起送往指定隔离酒店，至此本次救援转运任务全部完成。（史彦兵）

【“珊瑚座”轮参与救助越南籍遇险货船】

2021 年 7 月 7 日，中远海运能源“珊瑚座”轮历经 4 个小时，在琼州海峡附近参与救助越南籍货船“福顺 36”，专业精湛的技术和高效的执行力获得相关海事部门的高度肯定。

当天下午，正在执行 V159 航次任务的“珊瑚座”轮根据指令在琼州海峡东口附近锚泊避台。15 时整，二副收到 VHF 遇险求救信息，船长第一时间赶到驾驶台核实情况，发现遇险船距离约 8 海里，在充分考虑周围海域以及天气条件的情况下，迅速制定了营救方案。

15 点 10 分，“珊瑚座”轮接琼州海峡交管通知：遇险船舶为越南籍货船“福顺 36”，因其装载的大型设备移位，导致船舶左倾严重，船上 12 名船员处境危险，准备撤离，请立即起锚营救。船长立即通知大副到船头准备绞锚，机舱备车，同时向公司总值班室及相关部门报告情况。

15 时 40 分，“珊瑚座”轮完成起锚驶往遇险船舶现场。船员们按照方案部署开展营救准备工作，大家忙而不乱，各司其职。左舷挂放两张安全网、备妥带绳索救生圈、备妥抛绳器、医护队携救助器材待命、厨房准备好热汤……公司相关部门通过电话和微信实时跟踪船舶情况，为救助出谋划策，提出了很多风浪中航行操纵和实施人员救助的措施和建议。

17 时 17 分，“福顺 36”在浅水区域抛锚，因“珊瑚座”轮吃水较大，可起到抵挡海浪、保持海面相对平稳的作用，交管指示“珊瑚座”轮停车漂航待命，协助提供现场信息及实施救助建议，由相对灵便、位置更接近遇险船舶的任顺达轮实施救助。17 时 58 分，“福顺 36”放下救生艇，船员全部登艇驶离遇险船。18 时 54 分，遇险船员全部登上救助船。19 时 10 分，交管发布救助成功信息，“珊瑚座”轮协助救助结束，按原计划执行航次任务。（王月）

CHINA COSCO SHIPPING
CORPORATION LIMITED
YEARBOOK

中国远洋海运集团有限公司

年鉴

第十四篇

直属单位概览

中远海运控股股份有限公司

中远海运控股股份有限公司

【公 司 概 况】

中远海运控股股份有限公司（简称“中远海控”，英文简称 COSCO SHIPPING Holdings），原名中国远洋控股股份有限公司（简称“中国远洋”），成立于 2005 年 3 月 3 日，2005 年 6 月 30 日在香港联交所主板上市（股票编号：01919.HK），2007 年 6 月 26 日在上海证券交易所上市（股票编号：601919）。2015 年 12 月，按照中远、中海两大集团重组的整体部署，同步实施重大资产重组，集中资源重点发展集装箱运输和码头业务，2016 年 11 月 4 日中国远洋更名为中远海运控股股份有限公司。至 2021 年 12 月 31 日，中远海控注册资本 16 012 917 249 元；注册地天津空港经济区；法定代表人许立荣。中远海运集团及其所属公司合并持有该公司股份占比 46.74%。中远海控主要通过全资子公司中远海运集运和控股子公司东方海外国际，经营国际国内海上集装箱运输服务及相关业务；主要通过中远海运港口从事集装箱和散杂货码头的装卸和堆存业务。中远海运港口的码头组合分布于中国沿海的五大港口群和欧洲、南美洲、中东、东南亚及地中海等主要枢纽港。中远海运港口致力于在全球打造有意义的控股网络，从而为客户提供与成本、服务及协同等各方面具有联动效应的完善网络。

【经 营 效 益】

2021 年，中远海控协同集装箱航运和码头业务两大板块，紧紧围绕中远海运集团“三个领军”“三个领先”“三个链接”总要求，坚持“做稳主业、做强资本、做优内控”，确保了稳健经营基础上的发展突破。2021 年，公司实现营业收入 3346 亿元，同比增长 95.4%；归母净利润 892 亿元，同比增长 800%。集装箱航运板块实现提单箱量 2691 万 TEU，同比增长 2.2%；营业收入 3289 亿元，同比增长 98.1%；归母净利润 1062 亿元，按股比实现归属于中远海控股东的净利润 939 亿元。其中，中远海运集运实现归母净利润 603 亿元；东方海外实现归母净利润 460 亿元，按股比实现归属于中远海控股东的净利润 336 亿元。码头业务板块，所控股集装箱码头完成计费吞吐量 2285 万 TEU，同比增长 4.1%；营业收入 78.6 亿元，同比增长 12.2%；归母净利润 22.9 亿元，按股比实现归属于中远海控股东的净利润 11.5 亿元。

【上市公司运营】

2021 年，中远海控积极研究推进资本运作可行方案，旗下东方海外成功实施 2 次新股配售共 3458 万股，提升了股票流动性，促进了价值发现。充分发挥“股权激励、业绩发布会、媒体舆论”等价值传递作用，持续深化市值管理理念，为主业经营发展服务。2021 年 6 月，中远海控股权激励计划第一个行权期业绩条件、股价实现双达标，首批 442 名激励对象获准行权 6 040.52 万股，激发了核心骨干的工作积极性，向资本市场展现了持续向好的发展潜力。

多渠道、高强度沟通资本市场。董事长亲自带领管理层出席年度业绩说明会、股东大会，开创了沪市上市公司投资者沟通的先河，打造了尊重市场、回报股东、服务“六稳”“六保”的央企标杆形象。2021 年，中远海控相继入选富时中国 A50 指数和上证 50 指数，彰显了行业龙头地位。针对外界“一箱难求”“市场拐点”等不同观点，公司通过法定信息披露、主流媒体、上证E互动等渠道主动发声，正面引导舆论，展示良好企业形象。公司荣获“金港股”等多项业内权威奖项。

【双品牌协同发展】

2021年，中远海控发挥平台的战略协同作用，有效推动了中远海运集运、东方海外双品牌深度融合，提升了协同价值。携手海洋联盟其他成员，顺利发布DAY5航线产品；针对全球疫情蔓延、港口作业效率下降，采取内部运力协调等措施，进一步巩固了东西干线竞争优势，太平洋和欧洲航线箱量比2020年增长1.8%。同时，坚定推动全球化均衡发展，实现新兴市场货量753万TEU，同比增长9%，第三国货量798万TEU，占外贸货量37.5%，比2020年增加0.5个百分点。

深化中后台融合。继2020年成功组建双品牌箱管中心（EMC）之后，运力及航线网络规划中心（NPC）、采购管理中心（PMC）正式组建运营。高管交叉任职稳步推进，年内有2名职业经理赴东方海外任职，2名东方海外高管兼任中远海运集运副总经理。加强成本领域协同。在箱管领域，通过箱子互用、舱位互换、堆场共用、统一滞期费率等措施，新增协同效应9304万美元；在采购领域，通过深化码头、运输、燃油等供应商谈判，新增协同效应1109万美元。

【公司治理】

2021年，中远海控严格按照《中华人民共和国公司法》《上市公司治理准则》《关于在上市公司建立独立董事制度的指导意见》《上市公司股东大会规则》《上市公司章程指引》等法律法规的要求，不断完善公司治理，提升规范运作水平。公司结合实际现状，注重发挥董事会及专业委员会作用，确保股东大会、董事会、监事会的职能和责任得以充分履行，维护股东和公司利益。

2021年，公司按照最佳治理标准，强化内部治理，通过健全公司治理结构，推进合规管理长效机制建设，规范“三会运作”，提升运作效率；通过搭建沟通协作平台机制，建立协同配合的工作流程和运行机制，提高各项工作的计划性和前瞻性；通过内控管理体系建设，完善内控制度和风险管理流程，清晰主体责任，明确管理责任，做到职责清晰、措施到位；通过加强任职培训、监管法规推送、权益信息管理、定期信息报告、现场调研考察、发挥独立董事及中介机构作用等多种措施，有效促进董事、监事、高管履职尽责。

【资本运作与财务管理】

2021年，中远海控把握经营业绩大幅增长的机遇，发挥融资平台、资本运作功能，顺利实施了“每10股送3股资本公积转增股本”的方案，赢得资本市场热烈反响。通过落实香港平台公司和中远海运集运向中远海控本部分红，使中远海控2021年度派息条件顺利达成，进一步提振了投资者信心。顺利完成100亿元公司债和200亿元债务融资工具的发行注册。积极研究推进资本运作和资金债务优化方案，至2021年年底，中远海控资产负债率56.4%，比年初下降14.6个百分点。统筹中远海控本部、中远海运集运、香港平台公司资金债务管理，顺利完成东方海外境内资金的集中管理，有序推进境外资金集中子平台建设，进一步夯实了财务管理基础。

【风险管理】

2021年，面对资本市场的高度关注和监管压力，中远海控始终确保合规治理、内控管理等工作扎实有效推进。统筹境内外两大业务板块、三个上市平台，严格遵守上市规则，促进股东大会、董事会、监事会、经理层依法履责、规范运作，保证订造新船等重大项目合规审批、高效执行。中远海控董事会连续第3年荣获中国上市公司董事会“金圆桌奖”。2021年，中远海控顺利发布 110 项 A 股公告、154 项 H 股公告，未发生任何披露违规情况，连续 2 年获上交所信息披露 A 级评价。重视和加强内幕信息管理，确保了“股权激励行权工作”依法合规、稳步实施。积极推进企业法治建设，加强合同法律审核，完善规章制度体系，严格监控关联交易，有效开展了涵盖全系统的内控审计评价和风险评估，顺利实施可持续发展管理提升项目，获得 ESG 评级 A 级。

【深化改革与员工队伍管理】

2021 年是国企改革三年行动的攻坚之年。中远海控按照中远海运集团整体部署，梳理确定了 68 项改革任务清单，并稳步推进实施。其中，经理层任期制和契约化、“三重一大”决策事项及权责清单、压减管理层级等重点任务如期完成。推进三项制度改革成果转化，拉大业绩奖金分配差距，体现了按劳分配、薪酬能增能减的分配原则。研究制定了“十四五”人才规划。加大干部竞争上岗力度，公开招聘、择优选拔处室经理 2 名，保证专业岗位干部选拔公平公正。多维度加强干部锻炼培养，2021 年交流公司管理干部 6 名，提升年轻干部 2 名，非领导职务晋升 4 名；推荐优秀干部赴云南永德和集团总部挂职锻炼 2 名。推荐 1 名干部参加集团“远航班”培训。全年送外员工培训 10 批 40 人次，组织集中培训 16 批 160 人次。

【党 群 工 作】

2021 年，中远海控党委在中远海运集团党组的领导下，坚持以习近平新时代中国特色社会主义思想和党的十九大、十九届历次全会精神为指引，以深入开展党史学习教育为主线，聚焦集团“三个领军”“三个领先”“三个链接”总目标、总任务，紧紧围绕“做稳主业、做强资本、做优内控”的工作基调和“促协同、稳发展、防风险、优管理”的发展要求，大力践行党建“三做”理念，广泛弘扬“三舱”精神，始终做到“四个坚守”，认真履行全面从严治党主体责任，发挥党委把方向、管大局、促落实作用，着力推动“战略协同力、资本运作力、品牌价值力”建设，为中远海控实现持续稳健经营并取得超出预期的经营业绩，实现“十四五”规划良好开局提供坚强的政治保证。

中远海控党委将开展党史学习教育作为重点任务，建立经验交流和跟踪指导长效机制，结合实际推动党史学习教育深入开展、走深走实。成立领导班子“读书班”，组织联组中心组集体学习 17 次，班子成员和支部书记讲党课 6 次。以庆祝建党 100 周年为契机，与中远海运集运携手组织“奋斗百年路，启航新征程”政研会暨党史学习教育行走党课活动，赴贵州赤水接受现场体验教育；组织班子成员和中层干部参加集团党校集中轮训。推进“我为群众办实事”实践活动，围绕人才队伍建设、改善办公环境、改进员工午餐等方面推出实事项目 6 个并全部完成。

加强班子建设，提升决策水平。严明政治纪律和政治规矩，严肃党内政治生活，坚持民主集中制，严格执行“三重一大”决策制度，提高领导班子合力，落实深化改革、创效发展各项任务。修订印发《“三重一大”决策事项和权责清单》，认真履行重大事项决策前置程序，细化前置研究内容，全年召开党委会 22 次，集体讨论决策 40 项议题，其中前置讨论 17 项，推动了两个“一以贯之”落实落地。

强化党建责任考核，将支部党建工作纳入公司综合考评体系。开展 2020 年度党支部书记抓基层党建述职评议考核，采用书面汇报、查阅台账、访谈交流等形式，检查各支部党建工作开展情况，做好结果反馈和整改提高。

加强支部党建工作，用好集团党建信息化系统平台，对各支部基础工作进行提醒和跟踪，深入推进基层党建常态化、规范化。坚持用好“学习强国”和“创智”微信平台，开展党史知识竞赛和趣味答题，提高全体党员的参与度和积极性，进一步激发基层支部工作活力。

深化特色品牌创建，围绕市值管理、合规管理、投融资管理等主题，指导支部继续开展特色品牌建设，将党建工作与生产经营有机结合，推动构建党建共建新格局。行政人事党支部积极创建“效率＋效果”和“高效服务型”特色党支部，打造“董监高”优质服务窗口；财务证券党支部创建“秉承匠心、精益求精”型特色党支部，继续深化与农业银行客服党支部的交流共建。

构建“大监督”格局。召开2021年党风廉政建设和反腐败工作会议，与各党支部签订全面从严治党“三个责任书”，组织党员干部签订了廉洁从业承诺书。对党风廉政建设和反腐败工作任务进行细化分解，制定纪检工作要点和责任清单，明确纪检、审计项目协同联动推进方案。紧盯重点领域、关键环节强化监督，开展重大融资项目实施效果、重点项目供应商选聘等专项监督检查，推动整改落实。紧盯关键岗位、重点人员强化监督，组织召开“一把手”集体约谈和案例警示教育会。严把选人用人的政治关、廉洁关、程序关，规范完善23份司管干部廉洁档案，回复15人次党风廉政意见；完善谈话提醒制度，主动约谈党员干部、关键岗位人员26人次；对已下发的11份纪检监督建议书开展“回头看”。一体推进“不敢腐、不能腐、不想腐”机制，健全廉洁风险防控长效机制。坚持不懈纠治“四风”，紧盯重要节假日对落实中央八项规定精神情况进行检查，不定期对业务招待费、差旅费等开展抽查，巩固作风建设成果。

推进以职工代表大会为主要形式的民主管理制度机制建设，召开公司一届五次职工代表大会，听取职工群众意见建议，不断提高工会依法治会和民主管理的能力。继续完善厂务公开内容、形式，实现厂务公开和企业决策管理的有机结合。做好职工疫情防控劳动保护，组织开展节假日慰问活动，建立困难职工保障机制，为全体会员购买加强版医疗互助保障。

坚持党政工团联动，组织“学习党史，探寻美好家园”“奋斗金秋、一路同行”等主题活动，营造奋发向上的企业文化氛围。

坚持“内聚人心、外树形象”做好内外宣传工作，通过《中国证券报》《中国远洋海运报》《党建要情》等宣传平台，共发表10余篇经营管理和党建工作报道，树立了良好的企业形象。注重加强媒体沟通和舆情管理，确保舆论环境相对平稳，品牌软实力建设不断走深走实。

（郭伟　张芸　黄奉洁）

中远海运集装箱运输有限公司

中远海运集装箱运输有限公司

【公 司 概 述】

中远海运集装箱运输有限公司(以下简称“中远海运集运”，英文简称COSCO SHIPPING Lines，过渡期2016年3—12月亦称“新集运”)，由原中远集团旗下中远集装箱运输有限公司（以下简称“中远集运”）与中国海运旗下中海集装箱运输有限公司（以下简称“中海集运”）集装箱业务及其服务网络整合而成，于2016年3月1日正式运营。

【公 司 沿 革】

20世纪90年代，中远集团结合世界航运业普遍由专业化分工向集约化经营发展的新趋势，对远洋船队经营管理体制实施改革，组建专业化船队。1993年4月底，中远集团对集装箱船队实行改革，将原来分散在广州、上海、天津等几大远洋运输公司的集装箱船舶实施集中经营、分散管理。1997年10月21日，经交通部批复同意，由中远（集团）总公司和中远对外劳务合作公司共同出资，组建中远集装箱运输有限公司；同时上海市人民政府函复中远集团，同意在上海市浦东新区注册成立中远集运。同年11月11日，中远集运在北京成立；同年12月29日，中远集运搬迁至上海试营业，办公地点为长阳路1555号。1998年1月27日，中远集运在浦东外高桥保税区举行成立揭牌仪式，时任中共中央政治局委员、国务院副总理吴邦国为中远集运揭牌。2001年10月10日，中远集运完成债转股工商变更，并领取新营业执照。注册资本由原来的10亿元增至61亿元。股东在中远（集团）总公司、中远对外劳务合作公司基础上，增加中国东方资产管理公司。2002年1月28日，位于上海市东大名路378号的远洋大厦落成，中远集运搬迁至此。2004年9月，上海远洋运输公司实施重组，以船员和船舶管理为重心，拓展多元化产业经营。该公司由中远集团授权中远集运管理。2005年6月30日，中国远洋控股股份有限公司（2005年3月3日注册成立）在香港联交所主板成功上市（股票代码：1919.HK），继而于2007年6月26日在上海证券交易所成功上市（股票代码：601919.SH）。作为中远集团上市的资本平台，中国远洋控股股份有限公司拥有中远集运100%的权益。中远集运由此进入境外和境内两个资本市场。2010年，中远集运作为中远集团所属专门从事国际国内海上集装箱运输的核心企业，亦为上市公司——中国远洋控股股份有限公司的重要组成部分。公司主要经营国际国内海上集装箱运输，接受订舱、船舶租赁、船舶买卖、船舶物料备件、伙食燃油供应及与海运有关的其他业务，以及陆上产业、国内沿海货物运输及船舶代理、通信服务、船员劳务外派业务、仓储及货物多式联运。2015年年底，中远集运拥有集装箱船舶174艘/88.28万TEU。

中海集运成立于1997年8月28日，是中国海运所属从事集装箱运输及相关业务的多元化经营企业，经营业务以国内外海洋集装箱运输为主，同时涉及船舶代理、揽货订舱、运输报关、仓储、集装箱堆场、集装箱制造、修理、销售等多个相关行业。公司本部设在上海，成立初期注册资金18.01亿元，其中中国海运持有40.06%的股份，中海发展持有25%的股份，广州海运持有15.44%的股份，上海海运持有19.5%的股份。2002年9月，中海发展将其持有的该公司25%股权转让给中国海运；2004年1月，上海海运和广州海运亦将所持有的该公司股权转让给中国海运。至此，中国海运成为中海集运的唯一股东，持有该公司 100% 股权。同年 6 月 16 日，公司在香港联交所主板上市（股票代码：2866.HK）；2007 年 12 月 12 日，中海集运 A 股在上海证券交易所成功上市（股票代码：601866.SH）。中海集运业务涉及集装箱运输、码头经营、仓储物流等领域。而船队、码头、集卡、仓储、铁路、空运等供应链资源整合，更产生了“1+1>2”的集群效应；海铁联运、海空联运、水水联运、水陆联运等综合物流供应链经营，极大地增强了集装箱运输以及集团整体市场竞争力。2015 年年底，中海集运拥有集装箱船舶 172 艘 /90 万 TEU。

2016 年新成立的中远海运集运（简称“新集运”），是中远海运控股股份有限公司（简称“中远海控”）全资子公司，注册资本 2 366 433.716 5 万元，注册地为中国上海自由贸易区。公司主要经营国际国内海上集装箱运输服务及相关业务，是集团核心业务板块。截至 2016 年年底，新集运共有集装箱船舶 346 艘（包括非营运及计划处理船舶）/178.18 万 TEU。

新集运成立之初在本部设立整合管理办公室 / 流程优化部、总经理办公室、美洲贸易区、欧洲贸易区、亚太贸易区、拉美 / 非洲贸易区、航线网络规划部、全球销售部、全球海运操作中心、战略发展部、收益管理部、供应链发展部、箱管中心、采购管理部、法务及风险管理部、企业资讯发展部、客户服务部、财务部、财务共享中心、安全技术管理部、党委工作部、组织 / 人力资源部、人力资源服务中心、纪委工作部 / 审计监督部、工会和陆上产业事业部 26 个职能部门。在全国设立大连、天津、青岛、上海、宁波、厦门、华南、海南和武汉 9 个口岸分部，以及中货公司和中远海运货柜等公司，从事货运和船舶代理业务。并拥有上海泛亚航运有限公司、上海远洋运输有限公司、上海中远资讯科技有限公司和中远海运集装箱运输信息服务有限公司等。并在美洲、欧洲、东南亚、澳洲、日本、韩国、非洲等国家和地区设立区域公司或区域分部。

2021 年，中远海运集运领导班子成员为：总经理、党委副书记杨志坚，党委书记、副总经理钱卫忠，副总经理叶建平，副总经理张炜，副总经理隋军，副总经理辜忠东，副总经理萧启豪，副总经理陈帅，副总经理于涛，纪委书记袁健，总会计师郑琦，副总经理冯振奋，副总经理朱涛，副总经理钱明，副总经理冯国华，总经理助理吴宇，工会主席王瑾。

【发展战略、经营创效】

2021 年，中远海运集运借势蓄力，加快结构升级，强化从机会牵引向优势塑造进阶；借助全球班轮市场热度快速向欧美干线聚集的趋势，充分把握市场机遇，快速灵活地将运力资源向最高盈利区间转移。一方面开启“十四五”新一轮规模化发展大幕，双品牌的 20 艘 14 000 ~ 16 000 TEU 船舶顺利签约建造，有力保证公司运力规模的领先地位；另一方面优化资产债务结构，到 2021 年年底，负债率已降至 70%，比疫情暴发前的 2019 年年底下降 13 个百分点，为改革重组以来的最低水平，初步实现“轻装上阵”，增强了企业抵御周期性风险的能力。

服务大局，践行央企责任，加快拓展全球化发展新格局。一是围绕服务“一带一路”建设、“双循环”格局构建，助力新兴市场链接全球贸易，推动全球化发展均衡布局。全年实现新兴市场货量 496 万 TEU，同比增长 8.6%；第三国货量达到 441 万 TEU，占外贸货量的 32.2%。二是围绕服务区域一体化发展和集团战略布局，湘粤非铁海联运、中缅印度洋海公铁联运、大湾区—西部陆海新通道顺利运营。全年新开内外贸通道 63 条；中欧铁路班列实现箱量 2.4 万 TEU；中欧陆海快线实现箱量 15 万 TEU，同比增长 23%；西部陆海新通道实现箱量 6 万 TEU，增长 28.4%。三是围绕服务“六稳”“六保”，在较短时间内，实现主干航线专班、大客户专列等新航线、新通道的快速开辟，年内共推出 30 班中小直客专班，发运货量 2.2 万 TEU；同时，为美的、海信等战略客户打造特色专列，为美线开通“极速通”专列。

多元合一，强化技术革新，着力从紧跟潮流向价值创新进阶。公司一改过去数字化转型的跟随战术，实现了大数据、区块链、物联网、人工智能等新技术的多元合一。一是GSBN在香港实现实体化运作。基于区块链技术的提箱服务在中国地区全面上线。无纸化放货由国内走向国外，革新了服务效率。二是内、外贸电商平台拉近上下游距离，扩大品牌价值影响力。全年分别实现货量80万、100万TEU，同比分别增长50%、187%。三是由海联智通公司牵头研发的集装箱物联网系列产品实现智慧和服务的“盒”二为一。四是数字航运服务App功能日臻完善，进一步实现“一手掌握全球货流”。

经营创效方面，2021年，中远海运集运累计实现提单箱量1932万TEU，同比增长2.3%；单箱航线收入达到1708美元/TEU，同比增长108.9%。全年实现营业收入2241亿元人民币，同比增长99.9%；发生营业成本1460亿元人民币，同比增长36.4%。EBIT率达到35.7%。实现净利润610亿元人民币，连续第5年实现盈利，还填补了历史上沉淀的全部效益亏损缺口，创造了盈利水平和速度的新纪录。

【服务客户】

深入推进IRIS-4系统各项客服应用。进一步更新维护包括制裁风险防范、疑似危险品审核等接载规则在内的货物品类接载规则36条、公路限重类限制6条、路径类接载规则70条、文件要求类规则16条，以及涉及35个国家和地区的62条目的港国家特殊单证规则。全年共计收集并维护更新了涉及38家KA BCO客户（重要直接大客户）的1419条CEL（客户额外要求）个性化需求，就提单模板与提单敏感词，共计维护更新涉及12个目的港国家的17类单证模板（条款）和37个词条的提单不允许显示的敏感词。

智能客服平台建设。2021年智能客服平台实施上线，初步实现建设目标：搭建一个平台，利用标准化的服务渠道，实现透明化的服务过程和可监控的服务结果，提升公司全球服务响应速度和服务水平。在传统渠道基础上，重点推出在线服务新渠道。通过统一的渠道平台，规范各地参差不齐的在线、电话等渠道服务形象，以便客户在全球范围内获得统一的服务体验，目前已在国内率先实施。利用统一的服务平台，结合人工智能、业务系统及知识库，实现智能＋人工客服模式，初步实现不限时间、不限地点的7×24小时服务快速响应。

运营“中远海运集运”微信平台。“中远海运集运”公众号2021年推送文章232篇，微信点击量超过119.5万次，微信用户关注总量超过11.2万人，同比增长24%。完善官微服务功能，优化微信客服对话框，使得客户在节假日能够自助查询、获取报价等，突破非工作时间服务连续性的瓶颈。实现公众号推文的标签归集，改善阅读体验。微信各项功能查询总量达50万次，货物主动推送1.43万次，年内新上线的非工作时间“联系客服”功能受理咨询1279次。

客户满意度调查。进一步优化问卷设计，提升客户填写便利性，增加公司重点开展的“中小直客专班、专线”、SynCon Hub及GSBN区块链平台无纸化放货等服务的评价收集。2021年，中国地区共发放问卷1648份，最终回收有效问卷1648份；海外共发放问卷578份，最终回收有效问卷537份。所有有效问卷由第三方上海众标科技发展有限公司，运用国际通过的顾客满意指数（CSI）测评模型和方案，进行了顾客满意指数测评。调查结果显示“中远海运集运”的总体顾客满意指数为91.78，处于很满意水平。

【企业管理】

公司从战略规划、对标体系、管理提升、深化改革入手，不断增强面向全球的竞争能力、面向未来的创造力、面向外部的适应力。表现在：一是公司“十四五”规划日臻完善，构建“三网合一、五位一体”战略新格局，打造客户至上、价值领先、世界一流的集装箱生态体系综合服务商的愿景深入人心，公司“十四五”发展翻开崭新篇章。二是对标体系夯实价值创造和管理提升的作用逐步发挥，公司获评国务院国资委“国有重点企业管理标杆”。三是国企改革三年行动顺利推进，纳入公司任务清单的 90 项工作任务完成了 96%。四是配合集团教育资源改革有关工作实现顺利转接，确保了队伍的稳定。五是亏损企业治理得到加强，公司合并范围内无亏损企业，累计全部实现盈利（代管的上远实业及其下属公司，亦实现全部扭亏为盈）。

2021 年，公司与东方海外克服疫情的影响，持续推进高管的交叉任职和中后台的深度整合，促进效率的提升和成本的管控。表现在：一是中国地区箱管业务全部实现双品牌统一管理、深度协同，全年单重箱箱管成本下降 2.8%，实现协同金额 8000 万美元。二是双品牌运力及航线网络规划中心正式成立，统一管理 500 艘船舶，年内双品牌之间共调剂 9 艘船舶、14 万 TEU 运力。三是双品牌采购管理中心正式成立，在燃油采购领域，在较低价位锁定外贸低硫油 343 万吨；在港口码头采购领域，协同优化谈判策略，实现新增年化协同效应 900 万美元。四是在海运操作领域，2021 年压缩船舶在港时间 3039 小时。五是在财务领域，全年共节约财务成本 1 亿元人民币。

【安 全 生 产】

2021 年，中远海运集运以“保安全、控成本”为抓手，加大安全生产专项整治行动力度，以提高管理水平为着力点，紧紧围绕技术创新保安全，管理提升降成本。全年安全生产形势持续保持稳定有序状态，未发生等级以上生产安全事故。

航行安全方面，2021 年公司跟踪指导大风浪航行船舶 92 艘次、冰区航行船舶 43 艘次、雾航船舶 261 艘次，跟踪重点船舶 1008 艘次，发布各类安全提示和工作要点 191 期。公司全年先后对受西北太平洋 20 个台风影响船舶进行跟踪，指导相关船舶航行、滞航、绕航、锚泊共 262 艘次，同时还跟踪其他洋区热带风暴 / 飓风 59 个，指导船舶防避 8 艘次，确保冬防、防避台风 100% 的成功。

应急管理方面，通过引入风险管理，结合安全生产的重点和主要风险，不断完善应急预案、强化应急队伍建设，以实战化要求锻炼和培养公司的应急能力，不断提高公司应急水平。2021 年，公司克服疫情带来的各种影响，先后组织举行了 6 次各类演习，其中包括 3 次船岸联合演习，通过实战化演习，检验了公司应急指挥、组织、预案和人员的应急能力，进一步提高了公司应急管理水平。

企业安全文化建设方面，通过推陈出新不断完善企业安全文化的核心内容，持续组织开展内容丰富、形式各异的安全培训活动。针对安全生产重点和关键岗位，通过组织开展精准培训和专项培训，进一步提高这部分员工的安全意识和工作技能。2021 年，公司共开展各类安全培训 2137 次，参加培训人员 93 824 人次，通过开展企业安全文化建设活动，有效促进了公司安全生产和安全管理的提高。

【风 险 管 理】

2021 年，面对全球供应链困境与中长期风险的耦合，公司加强应对、总结经验、优化机制，以更为完备的风险防控能力、灵敏的运营能力，掌握发展主动权，始终保持清晰的航向。表现在：一是针对船舶运营安全风险，从着力提升应对能力入手，强化全员安全生产意识，织密隐患排查治理网络，全年共排查、整改隐患近 8500 项，安全生产形势总体保持平稳。二是针对疫情风险，提高政治站位，完善防控机制，加强防疫教育，确保物资供应，保障了船岸疫情防控局面的基本稳定。全年协同完成船员换班近 2 万人次，船员身心健康得到保障。三是针对合规管理、信息网络、舆情管控过程中的安全风险，坚持问题导向，健全长效机制，提高本领，补齐短板，为经营创效提供了可靠保障。四是针对队伍廉洁风险，果断加大了舱位分配、用箱、收费等环节的经营纪律检查力度，强化“以案示警”，营造了风清气正的经营环境。

中远海运集运纪委不断增强廉洁风险的防控

力。2021年，中远海运集运系统各级巡察指出问题370个，提出建议173条，向职能部门提出意见建议10条，组织处理30人次，挽回经济损失共计654.35万元，新建制度38项，完善制度68项。全年完成审计项目143项，审计计划实施率100%，其中经济责任审计49项、清算关闭审计7项、内控审计1项、专项审计7项、工程审计42项和机务审计37项；完成抽查审核船舶航次修理费用3762艘次；完成物料、备件、通导费用抽审船舶2110艘次。针对审计提出的723个问题，到期整改完成率100%。促进公司增收节支共计7 970.66万元，完善各项规章制度88项，全年发现违纪违规问题44个，移送审计发现问题线索32件，责任追究78人次，个人违规退赔、追责处罚款资金75.05万元。

2021年10月，公司在全系统集中开展了以“执行船舶管理作风‘六不准’，严守舱位分配管理‘六严禁’，纠治职工群众身边‘微腐败’，激荡干部作风建设‘新气象’”为主题的廉洁从业主题教育月活动。据统计，中远海运集运全系统各级党组织共组织集中学习、专题研讨等1246场次；邀请专家授课8场次；参观爱国主义教育基地66次；组织观看廉洁教育片362场次；征集廉洁作品317幅、廉洁警句213条。

【境外业务】

2021年，公司境外企业深入挖掘高贡献值货源和客户，不断优化航线货源和货流结构，努力提升营销价值创造能力，积极应对新冠疫情和地缘政治带来的巨大挑战。

践行航运数字化战略，升级全球服务网络。公司有序推进信息系统建设，积极推进IRIS在欧洲地区的实施工作，年内完成了IRIS-3、IRIS-4所有模块的切换和IRIS-2的关停。2021年，集运北美公司成功搭建SynCon Hub北美门店并将太平洋航线西行产品顺利落地，全年出运1.2万TEU，完成指标145%。集运墨西哥公司成功上线TMS，使IRIS端到端数据直接接入TMS，实现用信息化、可视化管理端到端服务，极大地提高工作效率，减少操作错误。

把握市场机遇，将运力资源向最高盈利区间转移。2021年，专门服务于中国与墨西哥贸易的南美西五线（WSA5线）成功上线，为客户提供最快捷、最可靠的运输保障。新开、调整美洲区域航线5条，其中中远海运集运第一条美国—中美洲直航航线（GCX线），实现零的突破。优化钻石快航航线设置，“COSCO VIETNAM”轮、“COSCO INDONESIA”轮分别于2021年2月和4月投入NET线（西北欧—土耳其）运营，完成升级目标。升级比雷埃夫斯—里约卡快航，将原有868TEU船型升级到1500TEU，实际周可用舱位从630TEU增加到近1200TEU，实现运力翻番，提升了中欧陆海快线辅助通道动能。恢复威尼斯快航航线（PVS），优化亚得里亚海区域支线运力配置，满足了区域内的重空箱转运需求。

【陆上产业】

2021年，中远海运集运陆上产业围绕经营中心，紧盯重点领域，围绕重点单位、重点业务、重点岗位，通过效能监督、特殊关联企业申报排查、领导人员及亲属经商开办企业信息申报、清仓盘库、日常检查等措施，助推陆产改革发展，4个效能监督项目产生经济效益22.70万元。

优化房地产资源配置，持续推进资产盘活。制定房产板块2021—2025年发展规划，明确房产管理工作未来发展的总体方向、目标任务，提前谋划房产管理工作重点，针对薄弱环节有针对性地开展房产管理相关工作。全年，公司陆上产业管理出租房产总面积5.6万平方米、年租金收入约3700万元，同口径较上年增加近530万元，房产平均出租率达99%。

开展陆产系统内部可量化资源协同整合。共开展协同效应项目19项，累计实现协同金额约450万元，涉及业务、办公用房、库房、车辆协同等方面。供应公司、通导公司、越洋公司和海图公司通过资源协同整合，共同搭建一站式船舶服务平台。年内，供应公司顺利通过美国船级社

（ABS）消防、救生艇现场换证审核工作、质量管理体系年度监督审核。通导公司面对疫情因素影响，克服工作时间长且不固定甚至通宵作业的情况，积极为船舶解决故障问题，成功安装、修理了电子海图、卫通C站、电罗经、雷达及船载航行数据记录仪（VDR）等重要通导设备，全力保障船舶设备正常运转。国贸公司携手中货总公司，分两批次完成“顶新公益基金会”援助利比里亚、塞拉利昂的物资运输项目，实现了“贸易+”业务模式零的突破，为后续深入推广“贸易+”业务、嵌入公司端到端战略体系中积累了宝贵经验。

【队伍建设】

人事管理体制机制改革深入开展。聚焦“十四五”规划和公司发展战略，推进境内外经营单元结构调整，组织架构进一步优化。以深化“双百行动”和实施国企改革三年行动为契机，实施职业经理人管理方案及配套管理方案，公司管理层、中层管理人员全面签署绩效合约，指导各直属单位所属各级子企业积极推进任期制和契约化管理工作，纳入国务院国资委考核范围的企业完成率达到100%，改革发展内生动力进一步激发。修订了《党委管理干部管理规定》《本部业务岗位职级管理办法》，建立以合同管理为核心、以岗位管理为基础的市场化用工制度，干部人才管理制度进一步完善。

干部人才队伍建设切实加强。选优配强各级领导班子，坚持好干部“二十字”标准，2021年全年共调整司管干部173人次，对13家直属单位领导班子进行了调整，确保干部队伍结构合理、优势互补。切实优化干部梯队建设，以“菁英计划”“英才计划”为抓手，持续加强后备干部队伍建设，63名“菁英”人才分别完成集中培训、派驻海外培养阶段，23名境内外英才完成挂职，分别到各单位担任重要职务，有效发挥骨干作用。制定《管理培训生工作计划实施细则》，做好9名集团管培生的培训培养，推荐3名优秀年轻干部到海南洋浦经济开发区、广西北部湾挂职，推荐5名优秀年轻干部参加集团“启航班”“远航班”培训。着力加强海外人才队伍建设，强化对驻外人员个人绩效考核管理，克服海外疫情持续蔓延的影响，完成26名海外员工增派轮换工作，确保满足公司全球化业务开展的需要。

专业化人才队伍建设持续加强。结合公司发展战略，制定“十四五”人才规划，加强紧缺人才、重点领域人才、高端人才引进工作。加强船员“双轨制”交流工作，推荐2批共26名陆岸优秀管理人员担任挂职政委。制定《船员调陆实施细则》，形成船员调陆常态化工作机制，经船员公司协同，10名优秀船员借调到公司管理部及上远公司工作，2名优秀船舶“三长”交流到公司相关部门工作。继续发挥“集智荟”平台优势，围绕业务重点精准开展专项培训，进一步整合内外资源，推进“师课共建”模式，继续完善“2+1+1”培训体系。

【党群工作】

中远海运集运党委直属中远海运集团党组，现任党委班子由11人组成。截至2021年年末，公司直属党委17个、挂靠党组织1个，所属各级基层党组织共计585个（其中党委35个、党总支25个、党支部525个，含船舶党支部179个），党员5071人。

2021年，公司党委坚持以习近平新时代中国特色社会主义思想为指引，认真贯彻落实党的十九大和十九届历次全会精神，坚持把方向、管大局、促落实，聚焦中远海运集团“三个领军”“三个领先”“三个链接”目标任务和中远海运集运“三网合一、五位一体”战略新格局，弘扬伟大建党精神，践行“三做”理念和“三舱”精神，做到“四个坚守”，认真落实全面从严治党各项工作部署，全面提升党建质量，为中远海运集运创效水平刷新历史记录，实现“十四五”良好开局提供了坚强有力的政治保证。

公司党委深入开展党的理论学习，建立“第一议题”制度，组织党委中心组（扩大）学习

17 次，各级党委组织中心组学习 281 次，举办读书班 106 次，开展现场教育 511 次，各级班子成员讲专题党课 211 次。修订《党委会议事决策规则》及议事内容清单，履行重大事项决策前置程序，细化前置研究内容，全年召开党委会 28 次，研究议题 87 项，其中前置讨论议题 29 项，保证了改革发展正确方向。落实组织全面覆盖，进一步加强支部建在网点、项目、通道上，成立了西部陆海新通道、美的项目等 9 个项目党支部。强化党员培训管理，各级党组织开展新任职支部书记、入党积极分子、发展对象集中培训，通过集中授课、现场教育等方式进一步提高政治素质。持续加大精准扶贫力度，公司党委全年组织 5 次赴云南、西藏、贵州调研扶贫工作、慰问扶贫干部，完成对口支援地区的医疗教育捐赠、工程援建、党校设备捐赠等项目，采购扶贫产品 250 万元。

公司工会召开一届五次职工代表大会，提案答复率和满意率均为 100%。全年征集合理化建议 142 条，上年度合理化建议成果转化率达 81%。开展“心悦诚服、e 心 e 运”服务提升劳动竞赛并举办成果展示。完善困难职工数据信息库，全年慰问劳模、困难职工、一线职工 6200 余人次，发放慰问金 85 万元、慰问品 30 万元，向境内外一线下拨抗疫经费 215 万元。公司各级团组织按照《关于进一步加强党建带团建工作的实施意见》，激励青年创新创效，组织深入开展“青年大学习”、党史知识竞赛，深化“号、手、岗、队”创建，引导广大船岸青年坚定理想信念、立足岗位建功立业。

【企 业 文 化】

2021 年，在中远海运集团“四个一”理念和“同舟共济”企业文化框架下，中远海运集运围绕“建设具有国际竞争力的世界一流班轮公司”目标，进一步构建具有公司特色的企业文化。

文化宣传有效开展。依托《集运轩》《一周要闻》楼宇视频等宣传载体，开展庆祝建党 100 周年和党史学习教育宣传活动，营造浓厚学习氛围。持续开展“十四五”规划、国企改革三年行动等重大政策宣传、重点工作宣贯，提振全员对中远海运集团、中远海运集运改革发展的信心。举行公司改革重组五周年全球直播升国旗仪式，策划开展“吾爱集运、放飞新梦”五周年庆典活动，汇聚干事创业的凝聚力。加强政研课题研究，公司特色党支部创建案例获集团特色党建课题研究优秀论文，并入选“全国企业党建创新优秀案例”，全系统共 13 项政研成果在集团评选中获奖。

品牌建设取得成效。继续围绕“打造世界一流集装箱生态体系综合服务商”目标愿景，积极构建品牌工作机制，培养全员品牌意识；以进博会为契机，联合港口、边检、海关、海事局等各方做好展品运输全流程服务宣传，展现良好品牌形象；与央视等主流媒体合作，加大为中小客户解忧纾困、落实“六稳”“六保”等宣传，向客户、媒体和社会展现央企责任担当形象；做好全程冷链运输、SynCon Hub、区块链无纸化放货和提单、畅通物流供应链等宣传展示，大力挖掘品牌内涵，推广品牌价值。积极配合集团，制定以越南公司为试点的品牌推广计划，借助广交会、服贸会等参展机会，充分展现国际化企业品牌形象。

（金佳慧　蔡宏　林欣　范祝莲）

中远海运能源运输股份有限公司

中远海运能源

【公 司 概 况】

中远海运能源运输股份有限公司（简称
远海运能源”，英文简称 COSCO SHIPPI
Energy），成立于 2016 年 6 月 6 日，依托中
海发展股份有限公司上市平台，由中海油轮运输有限公司、大连远洋运输有限公司和中海集团液化天然气投资有限公司等组建而成，总部设在上海。中远海运能源注册资本 403 203.286 1 万元，注册地为中国上海自贸区。公司主要从事油品、液化天然气等能源运输及化学品运输，是集团核心业务板块。

护国
助力国家
全面推进企业综
成货运量 16 392.63 万
转量 5 849.62 亿吨海里，同
表 14–1。

2021 年中远海运能源货运量周转量完成情况 表 14

类别	2020 年		2021 年		同比增长
货运量（万吨）	15 243.41		16 392.63		7.54%
	内贸	外贸	内贸	外贸	—
	6 190.28	9 053.13	6 097.59	10 295.04	—
周转量（亿吨海里）	5 062.71		5 849.62		15.54%
	内贸	外贸	内贸	外贸	—
	236.29	4 826.42	239.94	5 609.68	—

2021 年，国际油运市场受去库存周期、石油输出国组织（OPEC）+ 减产协议持续进行，以及原油价格上涨等影响跌入历史性低谷，多条典型航线等价期租租金（Time Charter Equivalent，TCE）持续处于负收益状态，超大型油轮（Very Large Crude Carrier，VLCC）中东—中国航线全年平均 TCE 为 –518 美元/天，为克拉克森（Clarksons）有数据记录以来历史最低。在极端低迷的市场形势下，公司各团队紧密配合，一手抓内外贸经营布局，积极应对低迷市场挑战；一手抓精益管理控成本，全面提升企业综合管理质效，总体经营水平实现跑赢市场、跑赢同行。

强化内贸“压舱石”作用。全年签署 28 家客户 COA 合同，锁定 90% 以上基础货源。内贸实现净利润 9.5 亿元，高于必保版毛利指标 2.3 亿，内贸原油市场占有率 56.8%，高于集团下达指标 0.8 个百分点。

努力提升外贸经营效果。VLCC 航线布局逐步多元化，大西洋货载营运天占比超过 40%。其中效益更优的三角航线比例 19%、西向航线比例 4%，同比大幅提高，VLCC 全年平均 TCE 高于

G 船

人员赴

链条基本建成。

.8 亿元，抗周期作用

效潜力。制定并实施精准降控成

全年累计发生营业成本 114.04 亿元，

同比下降 1.9%。节能降耗方面，累计发生燃油成本 27.48 亿元，其中外贸燃油采购均价低于同期市场 47 美元 / 吨，内贸采购均价低于同期市场 321 元 / 吨，合计节支 2.17 亿元；船队平均燃油单耗 2.069 千克 / 千吨海里，同比降低 6.4%，降控成本约 1.9 亿元。港口使费方面，新签署优惠协议 5 个，累计发生港口费 9.09 亿元，控制在预算进度内。机务成本方面，累计发生机务三费用 7.12 亿元，同比减少 2 亿元。

合营企业发挥重要创效作用。公司下属 4 家运合资公司累计贡献效益 5.28 亿元，比 2020 增利 0.42 亿元。另外，海南红利落地 2.9 亿元，公司应对低迷市场挑战、整体经营效益保持正发挥了重要作用。

【运 力 情 况】

按运力规模统计，中远海运能源船队是全球第一大能源运输船队。截至 2021 年 12 月 31 日，该船队总计控制油轮总数 147 艘 /2 458.7 万载重吨。其中本部自有运力 135 艘（包括海南能源运输）/2 121.2 万载重吨，平均船龄 10 年；租入运力 12 艘（含中化 5 艘 VLCC）/337.5 万载重吨，平均船龄 10.3 年。共控制经营 LNG 船舶 38 艘，运力为 631.5 万立方米 /329.2 万载重吨。公司运力情况见表 14–2。

2021 年中远海运能源运力情况 表 14–2

船队	公司	自有运力			租入运力		控制运力		
		艘数	载重吨	容积（立方米）	艘数	载重吨	艘数	载重吨	容积（立方米）
油品	中远海运能源本部	85	10 142 674	0	10	2 762 591	95	12 905 265	0
	海南能源运输	50	11 069 258	0	2	612 528	52	11 681 786	0
	油船小计	135	21 211 932	0	12	3 375 119	147	24 587 051	0
LNG/LPG	CLNG	21	1 889 238	3 369 890	—	—	21	1 889 238	3 369 890
	上海 LNG	6	504 129	1 044 054	—	—	6	504 129	1 044 054
		11	898 151	1 901 006	—	—	11	898 151	1 901 006
	LNG 船小计	38	3 291 518	6 314 950	—	—	38	3 291 518	6 314 950
总计		173	24 503 450	6 314 950	12	3 375 119	185	27 878 569	6 314 950

【财 务 状 况】

2021 年末，公司总资产 593.89 亿元，其中流动资产 64.86 亿元，占资产总量的 10.9%；非流动资产 529.03 亿元，占资产总量的 89.1%。负债总额 294.67 亿元，其中流动负债 133.38 亿元，占负债总额45.26%；非流动负债161.29亿元，占负债总额54.94%。资产负债率49.6%。

公司全年实现营业总收入126.99亿元，营业成本117.70亿元，管理（销售）费用全年支出9.38亿元，财务费用8.11亿元，其他收益3.28亿元，投资收益9.88亿元，资产减值损失-49.58亿元，实现营业利润-44.82亿元，营业外收入0.04亿元，营业外支出0.39亿元，实现利润总额-45.17亿元，净利润-46.57亿元，其中归属于母公司股东的净利润-49.75亿元。

2021年，公司现金流入234.25亿元，现金流出247.56亿元，现金及现金等价物的净流出13.47亿元。其中，经营活动现金净流入33.95亿元，投资活动现金净流出26.42亿元，筹资活动现金净流出20.84亿元，期末现金余额为35.23亿元。

【人事管理】

2021年是改革三年行动的关键之年、攻坚之年。中远海运能源以“健全完善市场化体制机制、建设世界领先干部人才队伍”为目标，认真对照公司贯彻落实习近平总书记“七一”重要讲话精神专题研讨班、重点项目专题会议等部署和要求，在做好常态化疫情防控工作的同时，坚持通过对标管理，持续推进三项制度改革；坚持问题导向，不断加强干部人才队伍建设，激发企业内在活力和核心竞争力，为公司“十四五”战略重点任务落地提供坚强有力的人才支撑和组织保证。

中远海运能源扎实推进国企改革三年行动方案。加速推进经理层任期制和契约化管理工作，不断加强企业董事队伍建设。根据改革发展需要，完成上海油运、大连油运等公司注销相关工作，并配合做好海南公司董事会设置及相关人选推荐工作。坚持全面推进用工市场化，完成《国企员工“考核末尾淘汰”机制法律分析》调研报告，并研究制定员工内部退养实施方案，完成劳动合同续签考核流程和合同期满转签标准初稿。

2021年，公司优化人才机制，为干事创业创造良好环境。进一步完善人才使用机制。完成激励干部担当作为制度文件草稿。完善人才引进机制，继续坚持高标准把好人才引进关，做好大学生应届招聘和市场化招聘，为公司发展积蓄力量。制定印发《中远海运能源运输股份有限公司管培生管理培养实施细则（试行）》，参加2022年集团统一校招行动，根据人才盘点，制定数字化、法律风控等专业人才招聘计划，提前为2022年应届和社会化招聘工作做好准备。

公司完善人才激励约束机制，坚持激励与约束相统一，建立以奋斗者为本的市场化薪酬分配机制。健全鼓励奋斗的机制，适时开展各层级干部人才选聘竞聘工作，综合年度考核结果，集团内外重点荣誉获奖情况，为“奋斗型”干部提供舞台。结合公司第二次股权激励项目设计工作，科学测定股权激励人员范围，不断提升长期激励工作成效。建立健全干部员工多渠道成长激励机制，在能源公司构建起鼓励奋斗的价值体系。搭好干事创业的舞台。组织择优推荐船舶类专业人才进入集团调陆人才库，制定出台了《中远海运能源运输股份有限公司船员调陆实施细则（试行）》，为夯实岸基船舶管理基础做好人力资源。

2021年，公司坚持以人为本，抓好高素质干部人才的培养选拔，制定“十四五”人才培养标准。完成“十四五”规划中的人才篇章，明确了国际化人才、数字化人才、航运经营与船管人才、复合型专业化人才、LNG与新能源人才的培养标准。打造一支与能源产业相配套、与经营管理相协调、与统筹发展相匹配的高素质、年轻化、国际化、复合型、专家型的人才队伍。

加大培养选拔优秀年轻干部的力度，落实“三能人才”培优计划，实施红色、蓝色基因培训课程，开展第一阶段轮岗工作，研究印发“集团管培生”培养方案，组织召开了三能培优人才、集团管培生专项培训启动会，并结合“三能培优”计划重点选用年轻人才晋升主管级岗位，让优秀年轻人才脱颖而出。加强干部员工交流力度，提高综合业务素质和工作水平。推荐2名优秀年轻员工参加集团进博会筹备组工作；推荐1名室经理级干部去云南扶贫挂职村第一书记；择优推荐4名综合素质较高的优秀年轻员工到集团总部挂职交流锻炼。选拔业务骨干支持海外网点开拓，先后完成日本、巴西网点年轻干部外派工作。推荐4名年轻干部挂职船舶政委；推荐4名干部到香港开展船舶管理公司组建工作，大力支持发展LNG业务。推荐13人参加集团2021年度驻外人员选拔。全面推进干部员工教育培训。提升“5+N”精准培训工作，完成公司领导、部门负责人、室经理层级、青年业务骨干培训。其次，围绕三年改革行动任务目标，开展6次国有企业混合所有制的策略与方法、企业并购与整合等中层管理团队精品课程学习，充分利用集团在线学习平台，组织国企改革三年行动网上专题培训班。推荐5名年轻干部参加集团2021年度“远航班”“启航班”培训；推荐5名拟外派人员参加集团2021年度驻外后备人员派遣素质能力提升培训班。

2021年，公司细致抓好常态化疫情防控工作，细化疫情防控制度预案。认真修订能源总部突发传染病应急演练预案和新冠疫情陆岸常态化防控工作预案，加强入境和派出人员的防疫管理措施。落实常态化防控措施。坚持日报制，研究制定《能源总部大楼防控措施口径》及《总部员工异地出行返岗防疫操作口径》，有针对性地做好单位和员工各项防疫保障。

持续加大员工关心关爱力度。定期为陆岸员工配备防疫物资，实现船舶防疫药品全覆盖。每逢长假，做好各类提示，督促员工落实个人防护。积极推进新冠疫苗接种。不断强化人力资源管理效能提升。完成HC公司关闭相关人员安排；完善综合管理体系建设；优化社保系统和HR系统的数据集成工作；加强人工成本管控。积极落实“我为群众办实事”工作，大力解决借用船员劳动关系问题；推进“员工安心工程”，为符合条件的13名外地员工办理落户事宜，解决7名员工的子女入学问题。落实“员工健康行动”，增加三甲医院和自选体检项目。开设急救和日常保健员工健康培训课程，向员工提供健康卫生所服务等。

【安全管理】

2021年，中远海运能源按照集团关于安全生产、生态环境保护的总体要求，坚持以人为本、安全第一、预防为主、综合治理的安全方针，坚持以目标和问题为导向，实施缺陷管理，注重措施落地，全年未发生责任性一般及以上等级事故；防台、防海盗成功率100%；接受石油公司检查293艘次，通过率100%；接受PSC检查88艘次、无缺陷批注65艘次，无缺陷批注率73.86%，无滞留船舶；接受FSC检查66艘次、无缺陷批注14艘次，无缺陷批注率21.21%，无滞留船舶；ISPS检查通过率100%；各所属单位安全形势稳定，社会管理综合治理全面达标。

2021年，中远海运能源从讲政治顾大局，深入学习法律法规、强化落实责任主体落实安全工作，严格整改落实集团督导会提出的问题和意见，强化重要时间节点的安全稳定工作，

中远海运能源高度重视年初集团针对能源公司安全形势召开的安全管理督导会上提出的工作要求，利用各种登轮检查之机，认真组织学习并落实，同一线船员一起，深入分析存在的问题及面临的主要风险，采取切实可行的有效措施，确保建党百年庆典、国庆长假等重要时间节点的安全稳定，确保全年安全工作的稳定。

公司针对油轮管理特点，突出重点、难点，强化防火防爆意识、严肃驾驶台值班纪律，强化主动避让行为，促进船舶“早、大、宽、清”的避让习惯。落实全生命周期计划保养体系，从源头消除“跑、冒、滴、漏”。在船岸开展学习培训，船长驾驶员上船前必须接受主管的防碰撞培训、BRM培训等。

公司完善综合管理体系建设，根据高标准综合管理体系实施方案，构建有公司特色、运行高效的现代企业管理体系。全面梳理安全（ISM/NSM）、质量（ISO 9001）、职业健康安全（ISO 45001）、环境（ISO 14001）、能源（ISO 5001）、安全生产标准化（GBT 33000）、信息安全（ISO 27001）等各体系的要素，确保实现全面风险管理，满足国际国内各类监管、认证

机构的要求。按照“统一体系要素、统一体系标准、统一体系架构”的原则，开展体系建设和融合工作，使公司规章制度与综合管理体系有机联系，融合为一体。

公司开展职业健康危险源的识别和评价，建立了《岸基风险分级管理清单》，制定了《岸基职业健康安全行动计划》；对岸基和船舶环境因素进行识别和评价，建立岸基和船舶的《重要环境因素清单》，制定了《岸基环境管理规划》《年度岸基环境管理计划》《船舶污染管理规划》《年度船舶污染物管理计划》。同时开展了对航标平台中环境管理数据的完善，通过体系建设提高了管理效率，实现环境管理的精细化。

完成对双燃料船LNG加注作业风险评估，编写双燃料船LNG燃料加注操作相关的操作手册、程序、须知和记录等152个。在公司综合应急预案中增加有关LNG加注和使用过程中可能出现紧急情况的3个演习预案员和3个应急预案，修改船员职务规则，在船长、大副、轮机长、大管轮、二管轮、三管轮、电子电气员的职务规则中增加了LNG加注和管理相关的职责。建立了新接双燃料船的船操作文件。

完成岸基体系运行年度内审、DOC年度审核、“三标”体系初次审核，以及代表船的审核等。强化体系培训，确保体系执行落地。随着2021年10月26日公司能源管理体系文件的生效，公司的安全、质量、职业健康、环境、能源、网信和安全生产标准化体系等综合管理体系已建立完成。中远海运能源根据上级关于开展2021年全国“安全生产月”活动和世界环境日宣传工作的要求，开展“落实安全责任，推动安全发展”主体活动，营造我要安全、我会安全和我能安全的氛围。深入开展安全生产专项整治三年行动“集中攻坚年”活动，组织召开了防台防汛和防海盗工作视频会，做好季节性、重要时期和节假日的安全工作。

中远海运能源深入推进双控机制建设，修改、完善公司安全生产监管办法，纳入隐患排查、事故调查和处理相关规定，进一步简化、合并相关规定，形成统一、易落实的制度体系。将集团规定的问题隐患清单和制度措施清单相关要求纳入体系文件，并替代航标平台相关的隐患报告，形成制度化、规范化，强化双控机制有效落实。通过安全大检查、远程抽查等形式，核实风险评估在工前会和航前会的落实情况，并加强现场培训，促进风险评估的有效落实。

深入落实“危险化学品安全风险隐患专项排查整治”工作，在全系统深化细化危险化学品安全风险隐患专项排查整治活动，堵塞漏洞，标本兼治，消除隐患，防范化解重大安全风险。在本次活动中，能源公司领导走访船舶6艘次；船舶主管登轮共57艘次，隐患排查缺陷565条；集团安全督导登轮检查15艘次，隐患排查157条；所有缺陷全部整改，缺陷整改率100%。

多措并举，保持船舶检查报告（Ship Inspection Report，SIRE）有效性，为船舶运营提供良好的基础保障。一是面对疫情常态化对SIRE检查的影响，保持与经营部门和船管中心密切协作，采取“一船一议”的措施，制定详细的船舶检查计划，结合远程石油公司检查。截至2021年11月11日，公司船舶接受石油公司检查293艘次，检查缺陷676项，平均单船2.31项，通过率100%。同时，汇总分析石油公司检查发现的缺陷，及时共享共性和高风险问题，提高船舶管理水平。二是发挥团队力量，充分利用公司的各种资源，密切配合，按照卸货港—装货港—加油港的顺序安排船舶接受石油公司检查，把握一切机会，为船舶安排SIRE检查。为了避免船舶卸货操作的SIRE超过6个月的情况发生，缩短船舶检查安排的周期，适当增加船舶加油操作时的SIRE检查，尽最大努力保证船舶经营的正常进行。三是加强与各石油公司沟通联系，先后顺利通过道达尔（Total）、壳牌（Shell）、美国石油（AMPOL）和雪佛龙（Chevron）石油公司的油轮管理与自评估（TMSA）审核，为经营主业拓宽经营渠道、丰富经营结构扫清障碍。同时，更新能源公司TMSA报告并在石油公司国际海事论坛（OCIMF）上提交，确保各石油公司及港口码头等相关方在航次评估时满足其要求。

【法务与风险管理】

为进一步夯实公司合规管理基础，守牢合规底线红线，2021 年中远海运能源按照“既要突出重点，又要整体推进”的思路着力开展了公司合规管理体系建设工作。

强化顶层设计，进一步完善公司合规组织体系。成立公司合规委员会，公司法治建设领导小组增加合规管理组织领导职能。

夯实制度基础，不断健全公司合规管理制度体系。在全面推进合规管理的基础上，突出重点领域、重点环节合规管控，先后发布《公司合规管理办法》《公司制裁风控手册 3.0 版》《China Pool 反垄断合规手册》。

完善管控机制，进一步规范公司合规经营行为。密切监测国际制裁动态，加强制裁政策、法律法规研究。2021 年发布风险提示函 15 份，开展制裁风险排查 18 次，监控航次合规情况 285 次，进一步提升了船队制裁风险预防能力；针对 2021 年以美国为首的西方国家不断加强对缅甸和俄罗斯的制裁，通过做实做细制裁风险评估和尽职调查，进一步提升缅甸马德岛项目、俄罗斯 LNG 项目制裁风险应对能力，助力公司重大项目平稳运行。

注重合规宣贯，不断提升全员合规文化理念。先后以习近平法治思想、民法典、国际制裁、国企合规等为主题开展立体化培训宣讲活动，以《船递合规》专刊为载体，不断提升船舶一线合规操作水平，提升全员合规意识，厚植公司合规文化。

按照公司 25 项重点工作——体系融合项目总体思路和分工安排，中远海运能源深入研究，完成了公司质量体系、风控体系等的融合工作，解决了“多体系、多层皮”的实际问题。

确定了岸基体系融合思路。融合后的新版体系分为岸基管理手册和船舶管理手册两大部分。岸基管理手册包括总则、程序文件和 KRI 指标库等 10 大方面内容；按照职能职责和业务划分为 10 个一级流程、48 个二级流程、163 个三级流程；从风险框架出发划分出 5 个一级风险，37 个二级风险、85 个三级风险、177 种风险情形；同时为保证体系有效运行，通过体系内外审、内部审计、内控评价、合规评价、第三方审计、体系考核、ESG 考核等方式监控体系执行及缺陷整改、持续改进。

完成了体系文件编写工作。将原综合管理体系中 10 个程序文件融入重新梳理后的岸基体系文件中的 9 个二级流程和关键控制中；将原风控体系 / 文件中的 3 个二级流程和关键控制融入重新梳理后的船舶体系文件中。重新补充梳理了期租船调度、合规管理、运营监控、劳动用工管理等流程和关键控制，进一步完善了货运质量、社会责任等流程和关键控制。

结合集团改革三年行动和公司体系融合，一方面配套开展了总部规章制度建设工作，对公司 16 个职能部门和 3 个营销中心逐一进行制度调研后，进一步完善了岸基体系融合方案；完成了 2021 年度规章制度建设计划的制定，并月度跟踪通报各项规章制度建设情况。另一方面指导三鼎公司、上海 LNG、CLNG、中远海运石油等所属企业进一步完善制度体系，协助海南公司完成风控手册的建设。三是全面推进了制度与体系宣贯。重点加强对海外公司风控手册的宣贯；全面策划并推进总部规章制度宣贯活动，公司层面重点宣贯关键业务和覆盖范围广的 9 大类制度，其余规章由部门层面宣贯。

【推进专项效能提升项目】

中远海运能源开展对标一流管理提升行动，全面对标分析公司在经营、成本、战略、资本市场等方面的表现，查找改进提升空间。2021 年 7 月，公司被国务院国资委选为对标一流管理提升行动标杆企业。推进多标综合管理体系建设，以全面风险管理为目标，建立质量、职业健康安全、环境、能源和能效管理等多个标准的综合管理体系，精益管理水平得到提升。完善客户服务体系，从延伸化、特制化、数字化 3 个方面提升综合服务水平，增强客户满意度。推进数字化转型，实现超大型油轮联合体（CHINA POOL）系统正式运营上线，丰富优化公司数据管理平台应用，完成经营分析、船舶智能监控2个速赢应用场景开发，参与Gateway区块链建设取得实质性进展。推进绿色发展布局，继续推进全球首艘LNG双燃料VLCC建造、试航等工作；密切跟踪船用低碳燃料技术发展动态，在集团指导下积极论证LNG双燃料船、氨动力船、甲醇动力船等的经济性，为公司在实施船队更新时寻求成本和效率之间的最佳结合点，以优化能效、减少排放。推进双碳研究应用，与中国石化、东方航空共同举办了我国首船全生命周期碳中和石油认证仪式，作为三家企业之一，获得上海环境能源交易所颁发的我国首张碳中和石油认证书；举办2021年上海国际LNG海运论坛，与11家LNG贸易和海运龙头企业共同发布“双碳”目标下的“LNG蓝海宣言”，与商船三井签署“船东在行动”船舶减排新能源研究合作备忘录，为“双碳”目标下企业高质量发展注入动能。

【制度改革】

加快推进国企改革三年行动。按照国务院国资委和集团统一部署，中远海运能源明确了82项改革工作，完成了《中远海运能源国企改革三年行动工作清单》（简称《工作清单》）。截至2021年12月底，公司已完成《工作清单》中77项改革任务，进度93.9%，超额完成70%的改革任务硬指标。

持续加强人才建设。按照国有企业领导人员“二十字”标准，努力锻造忠诚干净担当的干部队伍。深入实施人才强企战略，继续开展“5+N”精准培训、三能人才培优，后备人才库提升至81人。选拔5名年轻干部参加“启航、远航”培训，4名年轻干部到集团长期挂职，4名年轻干部参加第二期挂职船舶政委培训班，不断加快年轻化、国际化、复合型人才培养步伐。

完成大连油运改革收官。按照改革总体部署，大连油运和HC公司分别于2021年3月9日和4月29日完成注销，改革主体工作有序收官。

【党群工作】

2021年是中远海运能源“十四五”开局之年，公司党委以习近平新时代中国特色社会主义思想为指导，深入贯彻落实党的十九大和十九届历次全会精神，围绕庆祝建党100周年和党史学习教育，落实中央企业党建创新拓展年和集团党建融合发展年各项部署，坚持“三做”理念，弘扬“三舱”精神，全面加强党的领导，推进党的各项建设，为能源“十四五”良好开局和高质量发展提供了坚强政治保证。

中远海运能源坚持“学”“践”同频，提升政治建设引领力。旗帜鲜明讲政治。把深入学习贯彻习近平新时代中国特色社会主义思想作为重要政治任务，坚持党委会“第一议题”学习12次，开展党委中心组学习25次。深入学习习近平总书记“七一”重要讲话、党的十九届五中、六中全会精神、安全工作指示批示、党史学习教育重要论述、中央人才工作和经济工作会议精神等，用党的创新理论武装头脑、指导实践。坚决贯彻落实党中央和集团党组重大决策部署，积极融入双循环新发展格局，持续推进“一带一路”、能源安全、海南自贸港、“双碳”目标工作，在服务大局中促进企业发展。科学践行谋发展。坚持把方向、管大局、促落实，推动公司“十四五”战略规划落实落地。举办“新形势下石油贸易和运输研讨会暨CHINA POOL正式对外运营签约仪式”和“‘碳达峰、碳中和’目标下LNG贸易与海运”2021年第三届上海国际LNG海运论坛。组织为期两周的学习贯彻习近平总书记“七一”重要讲话精神专题研讨班，分解67项重点任务和瓶颈问题，在党委会、早班会、季度例会上对任务落实情况进行跟踪指导。召开安全管理、运力发展、船员换班、国企改革等各项专题推进会，切实引领企业高质量发展。扎实推进对标世界一流管理提升工作，强化以党建引领为首的四项对标管理引领机制，公司被选为国务院国资委国有重点企业管理标杆创建行动标杆企业。完善治理添动力。坚持两个“一以贯之”，落实《关于中央企业在完善公司治理中加强党的领导的意见》，持续推进公司治理科学化、现代化。完善“三重一大”决策事项和权限清单，细化党委会研究讨论和前置程序，进一步规范民主集中决策程序。全年召开党委会35次，研究议题201个，其中前置讨论董事会、总经理办公会议题100个。完成大连油运的吸并及培训基地改革等工作。贯彻落实集团国企改革三年行动方案，明确82项改革工作清单，82项改革任务2021年年底完成率达93.9%。全面完成总部和下属单位经理层成员任期制和契约化管理，形成《国企员工“考核末尾淘汰”机制法律分析》调研报告，妥善解决88名长期借调船员劳动关系问题。

中远海运能源坚持“信”“做”同心，提升企业发展向心力。建党百年坚定理想信念。将庆祝中国共产党成立100周年作为全年工作主线，精心组织7大类18项庆祝活动，坚定永远跟党走、启航新征程的理想信念。大力弘扬伟大建党精神，实施“开新局双跑赢领导干部挂帅25项重点工作”，以点带面攻坚全年重点工作。开展党的十九届五中全会精神轮训、“重温入党誓词、重忆入党初心”红色资源参观和“网上模拟重走长征路”活动。策划“风雨五载奋楫、献礼建党百年”庆祝月活动，汇编《中远海运能源党建思想政治工作优秀研究成果集》，深度总结企业发展成果和党建成果献礼百年华诞。《“三做”理念融入“标杆船舶”管理实践》被评为集团建党百年特色党建案例优秀课题论文，《国有企业基层党组织组织力的考核评价指标体系构建探究》获集团一等奖。党史学习教育增强历史自信。印发学习方案，成立领导小组，召开党史学习教育动员部署会、推进会。全系统各级党组织负责人为全体员工、船舶“三长”、团员青年讲授各项专题党课20多次，各支部均召开了高质量专题组织生活会。举办“‘学习强国’挑战赛暨党史学习教育知识竞赛”，开展《论中国共产党党史》读书会活动、“初心之旅微党课活动”“学党史、做传人、建红船”主题演讲比赛。公司各级党组织与能源运输上下游客户、海事管理机构等单位党组织联合开展“党史学习践初心，党建共建促发展”主题活动16次。为民服务，践行宗旨意识。印发《中远海运能源“我为群众办实事”实践活动工作方案》，配套部署“关爱船员、守护航船”行动纲领和《船岸员工健康行动计划》，积极推进5大类27项重点任务。在船舶，公司党政领导带队访船调研慰问20余艘次，发布“学党史、办实事”中远海运能源“赋能船员”12项实事清单。坚持以人为本，坚决为船员换班打通绿色通道，807艘次船舶4081人次船员完成换班，5825名船员接种新冠疫苗。在岸基，优化体检项目，开展4次健康讲座，组织接种新冠、流感疫苗，开设中医坐诊，下大力气解决员工的住房、身份、户口、子女入学4类重点问题。建立健全乒乓球、篮球、足球、瑜伽等11个文体协会，满足员工强身健体的需求。

中远海运能源坚持“职”“责”同担，提升党建业务融合力。建强支部，筑牢融合发展根基。以贯彻落实全国国企党建工作会议精神情况“回头看”为抓手，全面总结评估公司党建工作。印发年度党建工作要点，召开公司党建工作会、党组织书记抓党建述职评议会，与各支部、各单位签订党建工作责任书，加强日常督导检查，压紧压实党建责任。建立海南公司党支部，完成机关党委、船舶党委调整工作和中远海运石油、广州营销中心、上海LNG党总支，以及广州三鼎换届选举工作。组织105名党务干部参加2021年基层党支部书记和党务干部业务培训。开展党外人士“庆百年、爱企业、献良策、作贡献”主题活动。公司集团党建信息化平台维护使用规范化水平位居集团前列。落实“三做”，创新融合发展平台。与中石化联合石化、燃料油公司、润滑油公司围绕“3060”双碳目标背景下合作推动能源结构转型开展党建共建集体联学。与宁波舟山港股份有限公司以“学党史、办实事、促发展，携手奋进开新局”、与交通运输部东海救助局以“学史力行勇担当，携手奋进谱新篇”为主题开展党建共建，持续改善企业外部环境。继续开展“一支部一品牌”特色党支部创建活动，系统设计“一支部一品牌”特色党支部七大创建活动，创设“生产力指数、凝聚力指数和竞争力指数”的“三做”能力指数，强化结果运用，各支部战斗堡垒作用和党员先锋模范作用进一步激发。聚焦船舶，提升融合发展实效。在2020年试点“标杆船舶”选树活动总结的基础上，在全船队推动实施以“三做能力指数”“十项全能指标”为核心要素的标杆船舶创树活动，努力推动船舶党建引领船舶管理提升。积极推进实施“关爱船员、守护航船” 行动纲领3.0版，落实公司领导船舶联系点、船岸党支部结对“两项制度”，建强“船员赋能体系”，抓实“船员健康行动计划”，加强海嫂联络站建设、船员关心关怀、船员接待日制度等方面关爱工作，推动高质量船舶党建、高标准船舶管理和高素质船员队伍建设深度融合。

中远海运能源坚持“炼”“压”同步，提升干部队伍创新力。坚持党管人才。贯彻新时代党的组织路线和中央人才工作会议精神，强化顶层设计和战略谋划，加强各级领导班子建设，党委会研究干部议题18次。坚持实施人才强企战略，制定与公司“十四五”规划相适应的人才培养标准，明确国际化人才、数字化人才、航运经营与船管人才、复合型专业化人才、LNG与新能源人才培养目标。坚决贯彻国企好干部标准，制定《中远海运能源运输股份有限公司党委管理干部竞争性选拔工作规定》，坚持好中选优，优中选强，保证干部选拔科学合理。实施精准培养。落实“5+N”精准培训，优化培训项目、设计培训课程，量身定制各层级培养计划，着力提升政治、创新和处理复杂问题“三种能力”。推荐5名年轻干部参加集团2021年度“远航班”“启航班”培训，组织领导干部学习“走好‘十四五’规划起步年”课程，开展国企改革三年行动网上专题培训；印发集团管培生培养实施细则，落实21名优秀青年员工三年人才培优计划；加强人才交流力度，推荐1名优秀年轻干部到云南扶贫挂职村第一书记，14名优秀年轻员工到进博会、集团总部、船舶，以及海外挂职交流锻炼。健全长效机制。修订完善《党委管理干部综合考核评价规定》，制订《员工综合考核评价规定》，加强过程管理和结果应用，实施绩效奖金与绩效考核结果挂钩，按季度进行专项考核，稳步推进“严考核、真挂钩、硬兑现”。对各部门负责人、所属各单位领导班子开展年度综合考核评价，对履职不到位、考核结果差的干部进行组织谈话，从严从实干部监督管理。

中远海运能源坚持“教”“查”同行，提升反腐倡廉行动力。强化精准监督。召开党风廉政建设和反腐败工作会议，推动各级党组织和纪检组织进一步强化管党治党政治责任。坚持“两责”贯通协同，推进纪检监察体制改革走深走实。以“八项监督”为抓手，突出政治监督，加强日常监督，针对全面从严治党“四个责任”情况、“十四五”规划有关情况、疫情防控、精准成本管控、廉洁风险防控制度贯彻落实情况等开展专项监督检查。强化巡察监督，对大连、广州营销中心党总支，中远海运石油党委，上海LNG党总支和机关党委开展内部巡察，发现并督促整改各类问题189个。完成审计项目15项，发现问题69个，促进增收节支3856万元。坚持利剑高悬。紧盯“关键少数”，为73名公司党委管理干部建立廉政档案，全面动态掌握各部门、单位政治生态。全年共处置问题线索8个，采用初步核实方式处理5个，谈话函询方式处理3个。开展对“山鹰座”轮干隔舱油气浓度超标重大安全隐患问题线索的初核工作，对船长、政委进行问责。开展“靠企吃企”、职工群众身边腐败和不正之风等问题专项整治，建立完善制度，堵塞管理漏洞。加强廉洁教育，对新提任干部进行廉洁从业集体谈话，对船舶“三长”、船舶政委和新入职员工开展廉洁从业教育；每逢重要节点开展廉洁提醒，编发《纪检监督审计简讯》12期。推进廉洁风控。开展盗卖燃油物资专项整治活动和船舶廉洁风险防控及重点工作自查，探索将船舶廉洁风险防控措施植入信息系统。组织召开廉洁风险防控推进会，宣贯重要业务领域、船舶廉洁风险防控和反商业贿赂管理工作手册。在《风险与内控手册》中增加反商业贿赂相关要求。强化安全大检查、主管访船、重点船舶现场监管，开展船舶廉洁风险防控现场检查3艘次，确保廉洁风险防控取得实效。

中远海运能源坚持“知”“行”同向，提升思想建设原动力。突出“主旋律、正能量”宣传导向。认真贯彻落实党管宣传，加大对党和国家的方针政策宣传和解读力度，结合党的百年华诞、党史学习教育和公司改革重组五周年，开展“大国顶梁柱、永远跟党走”群众性主题宣传教育活动、“奋进新征程颂歌献给党”船舶卡拉OK歌咏、朗诵比赛，把握主旋律展现党的百年成就和能源在党领导下取得的改革成果，坚定广大党员干部听党话、跟党走的思想政治自觉。大力弘扬工匠精神、劳模精神，评选“两优一先”和先进典型，传递崇尚奋斗、热爱劳动的干事创业正能量。“新龙洋”轮党支部荣获中央企业先进基层党组织，“金牛座”轮党支部获评上海市“党支部建设示范点”，“远大湖”轮党支部成为中央企业基层示范党支部。增强“文化文明”企业软实力。大力倡导“三老四严”的企业文化，教育广大党员干部以“三老”精神锤炼思想品格，用“四严”精神推动各项工作，激发干事创业热情，充分发挥示范表率作用。加强顶层设计，制定公司“十四五”规划企业建设分规划，加入中国企业文化研究会，学习和借鉴更多的优秀文化资源和经验做法。完善公司企业文化宣传片，制作《创赢2020，为远航，更为归来》工作会宣传片、《WE POOL WE WIN》CHINA POOL正式对外运营宣传片，拍摄《手机里的爸爸》建党百年微电影，改版公司网站、完成企业文化展厅的软件升级和内容更新。突出新闻宣传在生产经营中的文化引领作用，结合防疫情抓运营、对标一流管理提升、国企改革三年行动等重点工作，策划主题宣传30多个，在公司微信公众号平台推送文章500余篇。公司继续荣获“上海市文明单位”称号。塑造“卓越领航者”品牌形象。以“四个全球领先”为培育点，秉承为世界“船”递能量的企业使命，系统挖掘公司在安全管理、客户服务、履责担当方面的亮点特色，聚焦“双碳”目标、绿色发展，开展“首船全生命周期碳中和石油”主题宣传，成立合资公司TradeGo，搭建基于区块链技术的大宗商品国际贸易数字化服务平台的专题宣传，塑造重安全、守信诺、负责任的国际化卓越领航者品牌形象。积极参加油运安全论坛、进博会等国际展会和活动，保持与主流媒体的沟通交流，企业品牌影响力逐步提升。公司先后获2021新浪财经金麒麟“最佳IR上市公司”奖、“金蜜蜂2021优秀企业社会责任报告·成长型企业”奖和中国百强企业奖。

中远海运能源坚持“和”“合”同质，提升企业和谐凝聚力。民主管理有声有色。召开一届五次职代会，12件提案全部移交主管部门跟踪处理。开展陆岸工会工作和船舶工会工作满意度调查，两项满意度调查均获优秀。开展2021年“创新管理、提质增效”合理化建议活动，征集582条船岸职工合理化建议。开展“敢为人先、勇于实践”劳动技能竞赛、“安全隐患随手拍”活动、“求真务实、久久为功”安全知识竞赛、“普及公共安全卫生知识，提高职工安全技能素质”职工安全应急技能知识竞赛答题活动、船舶可视化培训教材制作大赛。全年慰问员工约4100人次、船舶70艘，受理船员投诉3起、岸基职工来信2件。激励青年成长成才。坚持党建带团建，组织全系统团组织、团员青年深入学习贯彻习近平总书记“七一”重要讲话精神，策划“学党史、强信念、跟党走”主题活动。动员青年积极参与公司“十四五”发展规划编制、25项重点工作等关键任务，发挥生力军作用。开展五四先进评选，表彰一批先进团组织和先进青年。持续开展“浪花心愿”爱心助学活动，为18名贫困学生募集爱心助学款。“新宁洋”轮获评第20届全国青年文明号，“楠林湾”轮获评中央企业青年文明号。维护企业和谐稳定。认真做好重要事件节点、重大活动期间维稳保障工作。加强重点领域稳定风险分析研判，集中治理重复信访、化解信访积案排查梳理和案件交办、督办工作。积极推进平安单位创建活动，加强企业内部治安隐患排查治理。召开维护稳定工作会议，建立健全公司维护稳定工作机制。

（傅源源）

中远海运散货运输有限公司

中远海运散货运输有限公司

【公司概况】

中远海运散货运输有限公司（简称“中远海运散运”，英文简称COSCO SHIPPING Bulk），是中远海运集团旗下的全资子公司，由原中远集团旗下的中远散货运输（集团）有限公司（简称“中散集团”）和原中海集团旗下的中海散货运输有限公司（简称“中海散运”）整合而成。该公司于2016年6月2日在广州南沙自贸区注册成立，6月16日正式挂牌运营。

中远海运散运是全球规模最大的专业化散装货物运输企业，拥有各类散货船400多艘/4000多万载重吨，装载铁矿石、煤炭、粮食、散杂货等全品类散装货物，航线覆盖国内沿海和世界主要港口，服务网络遍布全球。

【公司沿革】

2011年6月7日，中远集团的控股子公司——中国远洋控股股份有限公司（简称“中国远洋”，H股代码：1919，A股代码：601919）董事会执行委员会批准通过进一步推进散货体制改革基本原则和基本框架。根据中国远洋第三届董事会第二次会议决议，决定独家出资设立中散集团，实现对中国远洋旗下中远散货运输有限公司、青岛远洋运输有限公司、中远（香港）航运有限公司/深圳远洋运输股份有限公司3家散货公司生产经营、企业管理、人力资源、财务策划、发展战略等全方位的整合。中散集团于2011年10月26日取得企业法人营业执照，注册资本10亿元，注册地为天津市东疆保税区，中国远洋持有其100%的股权。2011年12月13日，中国远洋以其持有的中远散货运输有限公司100%股权、青岛远洋运输有限公司100%的股权，以及深圳远洋运输股份有限公司51.72%的股权对中散集团增资，金额为106.97亿元。增资后中散集团注册资本变更为116.97亿元。2012年3月31日，中国远洋以其持有的对中散集团的债权对中散集团增资，金额为142.71亿元。增资后中散集团注册资本变更为259.68亿元。中散集团的经营范围包括：国际船舶普通货物运输；国内沿海及长江中下游普通货船运输；船舶租赁、买卖、管理及相关信息咨询；货运代理；企业管理。截至2015年年底，中散集团拥有和控制干散货船舶225艘/2 199.6万载重吨。其中包括自有船176艘/1 748.16万载重吨，光租船4艘/19.73万载重吨，期租船45艘/431.71万载重吨。

1998年4月22日，中海集团的控股子公司——中海发展股份有限公司(简称“中海发展”，H股代码：01138，A股代码：600026），在广州市南沙区成立中海发展股份有限公司货轮公司（以下简称“中海货运”）。中海货运拥有中海集团下属的中国沿海最大的货轮运输船队，由上海海运集团公司、广州海运（集团）有限公司、大连海运集团公司所属的3家专业货运公司组建而成。2011年11月，中海集团着手进行干散货运输资源的再次整合，决定设立新的独立法人——中海散运，将其作为中海集团干散货船队统一经营管理平台，逐步将中海集团所属的干散货船舶的资产、业务（含中海货运）及中海发展所属散货联营公司的股权划转到中海散运。中海散运于2012年6月12日取得企业法人营业执照，注册地为广州市南沙区，注册资本5亿元，中海发展持有中海散运100%股权。2012年6月30日，中海发展以其持有的对中海散运的债权对中海散运增资，金额为 11.67 亿元。增资后中海散运注册资本变更为 16.67 亿元。2012 年 9 月 28 日，中海发展向中海散运增资 26.33 亿元，其中货币资金出资 797 240 200.00 元，以其所持有的中海散货运输（上海）有限公司 100% 股权和天津中海华润航运有限公司 51% 股权出资 1 835 759 800.00 元。变更后中海散运注册资本为 43 亿元。中海散运的经营范围包括：国际船舶管理，国内船舶管理，国际船舶运输，内贸普通货物运输，水上运输设备租赁服务，水上货物运输代理，国际货运代理，水上运输设备批发，船舶修理，船舶零配件销售，船舶、海上设施、岸上工程的技术检验，煤炭及制品批发，谷物、豆及薯类批发，金属及金属矿批发（国家专营专控类除外），钢材批发，钢材零售，非金属矿及制品批发（国家专营专控除外），货物进出口（专营专控商品除外），建材、装饰材料批发。截至 2015 年年底，中海集团控制和拥有干散货船舶 265 艘 /2 053.68 万载重吨，其中自有船舶 248 艘 /1 921.65 万载重吨，租船 11 艘 /132.03 万载重吨。中海集团旗下的中海散运拥有和控制船舶 106 艘 /927.35 万载重吨，其中自有船舶 95 艘 /835.43 万载重吨，租入船舶 11 艘 /91.92 万载重吨。其余船舶为中海集团下属的其他公司或合营公司的船舶。

2015 年下半年，为了加快推进中远集团和中海集团散运板块业务的整合工作，中散集团、中海散运分别派人参加筹备工作，进行深入调研，拟写整合重组方案，并协助散运资产从上市公司剥离，为后续改革重组做好前期准备。2016 年 2 月 18 日，中远海运集团成立。2 月 24 日，集团召开了散运整合工作会，宣布集团散运改革重组工作组成立。会上介绍了整合背景，宣布了整合基本原则及分工、整合方案内容及时间表等。重新组建的散运改革重组工作小组在前期方案的基础上，结合集团成立后的新形势和新要求，在经营体制上深度创新，在方案论证上精雕细琢，前后修改 83 稿，最终完成《中国远洋海运集团散货运输板块业务整合总体建议方案》。方案经集团 4 月 18 日第 11 次总经理办公会审议通过。3 月 30 日，集团召开大会，宣布任命公司领导班子。4 月 20 日，中远海运散运召开第 2 次总经理办公会，决定成立筹备工作领导小组和 13 个专项筹备组。筹备工作领导小组和专项筹备组成立后，制定工作计划及进度表，严抓工作进度、严格时间节点、严控质量效率，按照倒排时间进度的要求，确定 10 项重点任务，包括新公司工商注册、总部“三定”（定岗、定责、定编）、总部人员选配、业务切换方案、基本规章制度、信息系统切换和上线、办公及后勤保障、新公司总部开业仪式、方案宣贯、履行民主程序等，每项工作均指定分管领导负责推进。重点工作的按时完成到位，确保重组筹备工作的整体推进，保证公司按期注册、挂牌成立并平稳运行。6 月 30 日，公司获得水路运输许可证、国际船舶运输经营许可证，并成功启动业务切换工作。11 月 19 日，公司完成海南海盛 100% 股权的收购工作。12 月 28 日，公司在完成自身增资 66.12 亿元的同时，通过对中散集团增资扩股，成为其股东并拥有 56.5% 表决权。

截至 2021 年 12 月底，中远海运散运合并报表口径各级法人企业 183 家，总资产 769.94 亿元。建有跨国、跨地区的全球营销网络，散货运力规模位居世界第一。公司紧紧围绕“三个领军”“三个领先”“三个链接”的工作要求，以“聚焦复合型成长、扩大竞争性优势，推动高质量发展”为工作主线，锐意进取、务实笃行，整体发展呈现出稳中有进、量质并举的良好态势，实现了“十四五”高起点、高质量的良好开局。公司管控架构图见图 14-1。

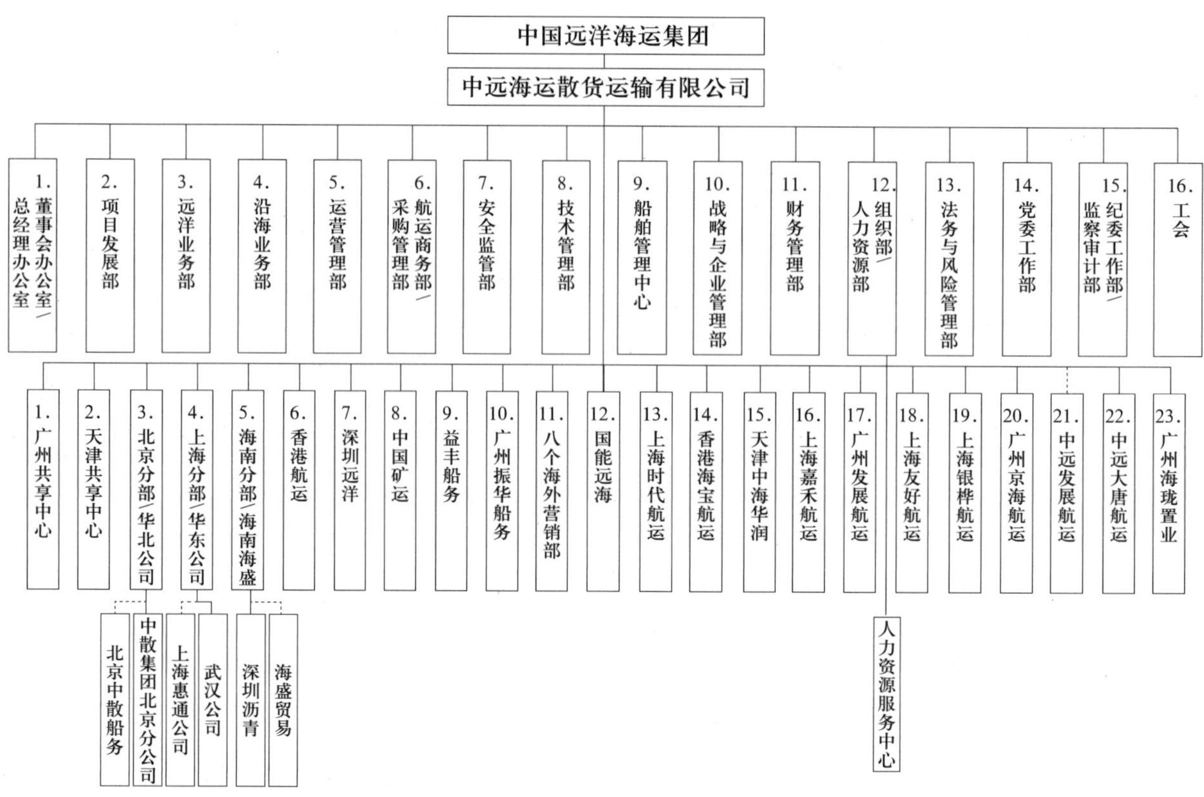

图14-1　中远海运散货运输有限公司管控架构图

【经营效益】

2021 年，在全球经济逐步修复、大宗商品需求旺盛、新冠疫情起伏反复、供应链低效运行等多重因素推动下，中远海运散运全年波罗的海干散货运价指数（BDI）均值为 2943 点，同比上涨 176%；中国沿海煤炭运价指数（CBCFI）均值为 1146 点，同比上涨 68%，为干散货运输行业带来了宝贵的发展窗口期。2021 年，公司合并报表口径完成货运量 3.65 亿吨，完成周转量 1.22 万亿吨海里；实现营业总收入 322 亿元，同比增长 61.6%；发生营业总成本 277.1 亿元，同比增长 33.9%；考虑船舶资产计提减值等因素，实现净利润 27.4 亿元，超额完成了集团下达的奋斗目标。

【服务“双循环”格局】

2021 年，中远海运散运以践行国家战略为最高使命，以全产业链服务能力的提升和全球化的开拓发展，体现了价值成长和责任担当；以重大项目为纽带，携手央企客户加快布局海外市场，不断向产业链上下游延伸发展。2021 年，公司承运“一带一路”沿线货量占比 44.8%，同比增加 5.2 个百分点。其中，中铝和国家电投项目装运铝土矿开启了规模化运营的新篇章。公司积极响应国家和集团要求，成功开辟“散改集”业务，顺利完成“珊瑚海”轮首船集装箱装运任务，为国家稳外贸、保供应链畅通作出了力所能及的贡献；坚决落实“电煤保供”要求，联合合资航运公司，发挥沿海电煤运输“主力军”作用，通过电厂库存预警、扩大运力投入、提升运营效率等方式，2021 年峰值时投入约 90% 的沿海运力，货运量达 2.5 亿吨，占沿海煤炭下水量的 31.9%。积极融入粮食供应链建设，强化上下游协同，加入国际粮食现代供应链联盟，协助中储粮完成近年来首单粮食 FOB 采购业务。

专注“全球运营”，把握市场上升机遇和区域发展趋势，充分发挥协同高效的全球营销网络作用，市场开拓和价值贡献能力明显增强。2021

年，公司外贸基础货源达5853万吨，占外贸比例32.5%；第三国运输货量5207万吨，占外贸比例28.9%；战略客户货量占比41.2%，同比提升2.7个百分点；新增直接价值客户46家。海外网点布局持续优化，收购并控股英国公司和东南亚公司，营销触角进一步前移，增强了快速响应客户需求的能力。区域市场开拓积极有效，在美洲西岸、印度洋等传统弱势区域的航线开发均有突破，全球航线闭环运营能力持续增强。海外各营销部深耕一线市场，年度揽货量达2558万吨，同比提升22.9%。

【风险管控】

2021年，中远海运散运持续健全完善法律风险防范机制，推动法律部门提前介入争议处理并提供法律支持，努力将法律风险化解在萌芽阶段。落实合同全生命周期管理，通过信息化手段进一步加强履约风险的跟踪监控。加强合规管理，制定发布《合规管理手册》，搭建了公司关于合规管理工作的基础性框架，有效提升合规管理的体系化程度。结合公司运营模式变革下租入船业务的新定位，以风险为导向对《租船揽货业务管理办法》进行修订，确保授权和管控的有机结合。加强所属单位合规风控体系和制度建设的监督指导，通过内控监督评价、重要管理领域制度评估等，对所属单位开展有针对性的细致帮扶，有效提升了所属单位的内控体系建设水平。持续完善重大风险监测机制，通过优化监测指标，明确责任主体、报告的流程和标准等，提升重大风险监测的实效性。2021年，公司未发生重大风险事件。

中远海运散运深入贯彻十九届中央纪委五次全会精神，保障监督责任有效落实。召开年度党风廉政建设和反腐败工作会议，对年度党风廉政建设和反腐败工作进行系统谋划部署。开展全面从严治党主体责任落实情况考核、领导人员述廉议廉及基层纪委书记（纪检工作负责人）履职专项考核，以闭环管理强化“两个责任”和“一岗双责”责任落实。制定公司促进和规范纪委委员、纪检委员履职尽责指导意见、党风廉政建设和反腐败工作协调小组工作规则等5项规章制度，压实监督责任，形成工作合力，提升规范化水平。围绕落实“六稳”“六保”“十四五”规划、国企改革三年行动等重点任务，强化政治监督，聚焦电煤保供、船舶疫情防控和安全生产等重点工作深入推进“八项监督”，保障各项工作落实到位。针对集团专项巡视审计反馈意见，督导高租金船问题彻底解决。扎实推进“靠企吃企”问题专项整治工作。强化巡审结合，完成对深圳远洋等6家单位党组织的巡察，完成各类审计项目23项。贯彻落实中央关于加强对“一把手”和领导班子监督的意见，聚焦履职担当，与各级领导干部开展常态化、针对性约谈110人次。开展十九届中央纪委五次全会精神微信答题活动，以考促学。主动对接船舶经营、船舶管理等重点业务部门和单位，开展廉洁从业“送教上门”27次，推出“纪律周课”42期、“典型案例月月推”11期，推动廉洁风险防控关口前移。开展纪检课题理论研究6项，为深化全面从严治党提供决策参考。

【企业管理】

中远海运散运以协同共进、统筹协调的理念，在内外部不同层面，进一步强化了引领能力、治理能力和风控能力。在内贸联盟合作上，与合资航运公司、市场船东加强运力互换、信息共享，以长协船、框架协议等方式推动联盟化运作，向构建沿海运力池的目标稳步推进。在行业秩序维护上，推动发布沿海散货日租金指数、优化标准COA范式合同，进一步引导行业有序发展。在合资航运发展上，通过并购、整合、续期、清算等多种方式，推动做优做强；同时，散运与各公司加强资源共享、管理对标，提升了经营协同效果。在整体把控上，统筹推进各项重点改革任务落地，2021年整体完成率达74.3%，超过国务院国资委和集团的阶段性工作要求。在具体措施上，优化董事会建设，推动董事会换届和3个专门委员会的设立，决策质量和风控水平得到有力提升；推动任期制和契约化管理落地，21家下属单位全部完成签约工作；资产质量得到进一步优化，完成“压减”户数 25 家，超过年度目标 19 家；3 家国务院国资委重点亏损企业实现扭亏。以运营监控、风险管理、审计监督等多维度协同，积极应对主业风险、新型风险。例如，通过后台大数据分析等手段强化运营监控，迅速启动应急预案应对几内亚政局突变等风险，细化优化客户信用管理体系，加强“船东市场”环境下的廉洁风险防控等。以立体化防控体系，确保散运在各类风险并存的环境下行稳致远。

【提 质 增 效】

中远海运散运立足“船东 + 运营商”角色，在“轻资产”理念引领下，实现了运力规模和运营质量的双提升。坚持稳健经营与快速反应并举，2021 年外贸各船型平均成交租金水平 27 855 万美元 / 天，整体优于市场。在市场上升态势下，这是很不容易的。坚持逢高锁定与优化布局并举，动态平衡洋区运力布局，优化货源结构和头寸，挖掘运力创效红利。2021 年，公司外贸固定收益比例达 29.9%，同比提升 2.6 个百分点；兼营运力内外联动 75 航次，增量效益 5996 万元。坚持落实规划与调整节奏并举，根据市场变化，灵活把控“十四五”期间船舶处置节奏，对于延后处置的 17 艘，已期租锁定 8 艘，考虑处置收益和运输利润等因素，实现了综合效益最大化。

公司始终注重运力的规模化增长和结构性调整，通过定制化服务，新接散货船 18 艘 412.5 万载重吨，中铝项目和 VALE 项目定制船、国家电投项目驳运设备已全部交付，船队结构进一步向年轻化、大型化、绿色化转变，为产业链经营构筑起坚实的运力保障。通过系统内整合，完成对中远海运物流、新加坡远洋等 12 艘 67.6 万吨散货船的收购，基本实现集团内散货船的“统一持有，集中经营”。通过市场化操作，以船货联动的理念，完成分线操作同比增加 10.5%；以严控风险为前提，租入船舶同比增加 15 艘；特别是租入 14 艘 1 ~ 3 年期 KAMSARMAX 等优势紧缺船型，实现了船队结构的优化和市场影响力的提升。

【数字化转型】

中远海运散运持续推进“2311 数字化工程”落地，实现管理效率、经营决策、行业引领等多层面的提升。

对外，聚焦赋能产业链，数字化供应链服务生态初步建立。以体制机制创新为支撑，和中远海科完成合资公司协议的签署，以“船货易”平台为载体，将振华航科打造成为数字化、科技型平台企业，培育面向散运行业的数字化新生态。以客户需求为导向，对“船货易”平台进行改造升级，完善可视化运营监控、标准化合同制作及在线招投标等功能，在推动业务流程规范化、合同标准化等方面迈出第一步，树立了行业新型平台的良好形象。从核心交易数据来看，2021 年年底，平台企业会员增至 404 家，入驻网店增至 92 家，覆盖内贸市场主要经营主体。全年平台交易量 1.73 亿吨，同比增长 47%；交易金额 80 亿元，同比增长 144%，呈持续增长态势。

对内，聚焦业务价值链，运营管控和决策效率不断提升。围绕分析数字化，稳步推进数据集成分析平台建设，已完成业务平台和数据平台技术架构的搭建，集成现有应用系统的数据，数字大屏部分已进入试运行阶段。自主开发了沿海经营决策辅助系统等，为快速决策提供了有力支撑。围绕运营数字化，持续优化 BMS 系统，已在 10 家下属单位及合资合营公司上线使用，为生产经营协同提供了高效支撑；持续完善航标系统，开发了航海资料等功能模块，在船舶安全、降本管理中发挥了重要作用；持续完善 SAP 系统，完成了散运会计核算标准化改造，已于 2022 年 1 月 1 日上线。自主开发了船舶北斗定位与报文收发系统，能够实现岸基对沿海船队全面、准确、实时的监测。

【成 本 管 控】

中远海运散运以钉钉子精神逐一攻破历史遗留问题，以精益化理念深化全链条成本管控，获得了轻装上阵的新动力。对于高租金船问题，公司本着对历史高度负责的态度，牢牢把握合同框架下停扣租机会，2021年实现减亏增效约1000万元，止住了重组以来最大的出血点。对于首钢历史欠款问题，2021年收回全部应收账款，《应付款项支付协议》顺利落地。公司主业应收账款在有效管控下，实现一定程度下降。针对跨境业务的汇率风险，积极推动中铝几内亚项目部分海运费采用跨境人民币结算，成为央企在贯彻落实人民币国际化战略上的新突破。针对船价净值虚高的问题，在集团的大力支持下，继2020年对53艘船舶计提减值50.8亿元后，2021年再次对部分船舶计提减值18.3亿元，进一步降低了船舶资产虚高的账面净值和成本。针对资金集中管控问题，顺利完成境内全资子公司的实体资金池上线工作，切实提升资金管控能力。

经过前期组织架构和职责的深度调整，公司经营板块在全新架构下，形成了相互支撑、协同运作的有机整体，经营部门、船管部门和两个共享中心通过前中后台的高效协同与精益管控，推动航次执行各关键节点的创效能力不断增强，变动成本得到更好地管控。通过提高装货量，运费增收2059万元；通过狠抓船期、提升效率，增收节支1.25亿元；通过批量滚动锁油、采用最优航速等，燃油成本节支2亿元；通过使用优惠协议、严格审核单据等，港使费节支3898万元；通过努力谈判降低费率，保费节支2304万元。

【安全管理】

2021年，中远海运散运坚决落实安全生产主体责任，精准强化疫情防控、安全管控、环境保护等各项工作，为公司抢抓市场机遇、创新创效发展提供了坚实保障。聚焦安全生产“集中攻坚年”，全面深化专项整治三年行动、“五查五严”专项活动，重点推动“船舶航行安全”和“船员劳动安全”领域攻坚。2021年，实施现场登轮、“云检查”865艘次，排查安全隐患12 473项。在国务院安全督导组的突击检查中，受到好评。经过船岸协同努力，公司各项安全环保指标严格控制在集团下达的指标范围内，未发生一般以上等级安全事故，防海盗、防抗台成功率100%，船舶营运率为98.16%。

在大船运营方面，公司贯彻全生命周期管理理念，加强大型船舶船体结构安全排查；深圳远洋建立了中铝项目船舶“大包干”管理模式，为塑造成本竞争优势、提升运营效率发挥了重要作用。运输保障方面，加强货运质量全程监控，跟踪装载特殊货物船舶185艘次，安全运输率100%；加强进出港操纵能力培训和船舶自引全程跟踪，航道自引率99.6%，港口自引率95.7%。绿色履约方面，完成33艘船舶的压载水处理系统安装、4艘船舶的脱硫塔安装、31艘内贸船舶的岸电改造。积极协同相关政府部门、船员公司等，全力以赴克服境外疫情形势严峻复杂、国内港口政策不断收紧等困难，认真贯彻落实上级关于疫情防控的部署要求，重点抓好船舶疫情防控，落实落细各项疫情防控措施。做好员工心理健康排查、思想疏导和疫苗接种工作，全力确保全体船岸员工生命安全和身体健康，确保“三零”目标。全年监控指导外来人员住船重点防疫船舶2892艘次、41 402人次；散运板块在船船员接种率98.7%；完成境内外船员换班1320艘次、16 850人次。组织落实全国两会、建党100周年庆祝活动、党的十九届六中全会和进博会期间等重要敏感时点信访维稳安全保障工作措施，持续保持和谐稳定局面。

【队伍建设】

中远海运散运推动机制优化，有效建立干部退出机制，实现了干部跨单位交流、跨通道转化的制度化、长效化。积极推行国有企业经理层成员任期制和契约化管理工作，公司及所属21家子企业的56名经理层成员完成签约工作。对经营管理和船管板块相关部门的机构设置进行优化调整。印发《干部人才管理规定（试行）》《管理序列干部转任业务序列专家实施细则》等4项配套制度。深化市场化用工机制，科学合理确定用工总量，全员劳动生产率同比增长68%。畅通“双通道”转化路径，交流调整干部182人次，其中提拔任用 72 人，转业务序列 26 人，经营、船管板块中层干部平均年龄分别下降了 1.4 岁和 2.9 岁。推动船岸交流和海外人才培养，安排 15 名高级船员到岸基交流工作，选派 11 名业务骨干到海外工作，选拔 7 名陆岸年轻骨干挂职船舶政委。加强选才引才，新招应届毕业生 22 名。推进重点创效部门和单位达成目标奖励、所属企业负责人年薪管理等多项创新举措，强化绩效考核结果应用，激励导向作用进一步发挥。聚焦数字化发展新方向、海外拓展新课题、人才培养新格局“三新”重点，推动实施 26 个培训项目，组织培训班 58 期，参加培训 6300 人次。

【党史学习教育】

中远海运散运坚持学党史与悟思想融会贯通，办实事与开新局同向发力，推动党史学习教育在船岸扎实开展。举办党史学习教育专题读书班，组织中层以上党员干部参加国务院国资委、集团党史学习教育动员部署会、专题辅导报告会和理论学习中心组（扩大）集体学习会，143 人参加集团举办的学习贯彻党的十九届五中全会精神暨党史学习教育专题培训班。通过航标系统党建平台、现场检查等方式，加强对船舶党支部的跟踪指导。各级班子成员深入基层联系点、分管部门、单位和一线船舶讲党课 160 人次。开展“永远跟党走”网上党史知识竞赛，共 1720 人参加。在公司内部宣传平台开设“党史学习教育”专栏、“党史学习云课堂”。在集团党史学习教育简报刊发信息 22 期，共 30 条，其中 3 期专版刊发了公司工作信息；在内部宣传平台编发信息 150 余条。扎实开展“我为群众办实事”实践活动，23 个重点项目全部完成，职工群众幸福感、获得感、安全感不断增强。其中，仅用一个月时间就完成 166 名长期借用船员劳动关系转接工作，得到集团充分肯定。

【党 建 工 作】

2021 年，中远海运散运持续压紧压实党建责任，开展贯彻落实全国国有企业党的建设工作会议精神情况“回头看”，组织各单位党组织总结工作经验，查摆存在问题，持续改进提升。制定实施《公司党建工作责任制考核评价办法》，党建考核机制不断完善。与 9 家单位党组织签订《2021 年度党建工作责任书》，制定 2021 年度党建工作责任制考核评价指标体系，组织开展年度考核和党组织书记抓基层党建述职评议考核，将考核结果与各单位班子成员绩效薪酬挂钩，层层压实各级党组织党建工作责任。做精做优党建品牌，为把党建工作品牌创建作为“书记项目”，紧紧围绕经营管理、安全生产等中心工作，推进党建工作品牌创建。召开公司党建工作品牌创建推进会，表彰 8 个优秀项目，并对项目库进行优化调整。开展党建工作品牌创建典型案例和创新做法专项课题研究，研究成果《品牌创建推出系列“党建样板”》被评为集团庆祝建党 100 周年特色党建案例课题研究优秀论文。组织召开船舶政委队伍建设座谈会，深入贯彻落实集团关于加强和改进船舶政委队伍建设的意见，制定《中远海运散货运输有限公司加强和改进船舶政委队伍建设实施办法》《中远海运散运船管中心加强和改进船舶政委队伍建设操作细则》，进一步强化岸基管理指导和船舶政委履职监督，做好挂职船舶政委的选拔及在船跟踪指导，开展船舶党建责任落实监督检查，推动党建工作向船舶延伸、向纵深拓展，与安全生产融合。

公司工会开展第三届劳动技能竞赛，共结题 93 个项目，数量质量同步提升。持续开展“温暖行动”和“工会进百家”调研慰问活动，慰问船舶 1339 艘次，船岸员工和家属、劳模、老干部等 3 万多人次。举办“永远跟党走”书影画展览、羽毛球团体联赛，打造积极向上的职工文化。优化“船管工会”线上服务平台，提升服务能力。承办广东省海员工会世界海员日线上宣传活动和职工商务英语技能竞赛。公司所属 7 个单位和船舶工会分别荣获“广东省模范职工之家”“集团 2020—2021 年度职工之家 / 职工小家”等荣誉称号。积极开展对外捐赠和扶贫采购，向中远海运慈善基金会捐赠 1.5 亿元，选派 2 名驻镇帮镇扶村干部助力广东乡村振兴。北京分部在天津庞庄村陈嘴镇庞肖中心小学设立以中远海运散运命名的船舶科普教室，被列入天津市教委科普项目。公司团委举办青年英语技能大赛，提升青年员工英语技能。推进青年岗位建功行动，召开五四表彰大会、邀请劳模开讲“远航大讲堂”、开展第二届青年“五小”创新创效活动，激发青春智慧力量，助力青年员工成长成才。

【宣传工作】

2021年，中远海运散运召开宣传文化政研工作会，研究推进宣传文化政研年度重点工作，表彰新闻宣传和政研工作先进典型。围绕庆祝中国共产党成立100周年、党史学习教育、公司成立5周年等重大主题，聚焦公司深化改革、经营创效亮点工作开展宣传。在中央电视台、学习强国号、《南方新闻网》等高端媒体刊发报道200余篇。其中，公司保障电煤运输的宣传报道《践行“六稳”“六保”中远海运散运打出电煤保运“组合拳”》先后在《人民日报》、凤凰网、南方网、《水运报》《集团报》等主流媒体刊发，央视新闻频道对公司应对寒潮积极做好电煤保运工作进行专题采访报道。公司“月观峰”轮、“安绣山”轮反映船员工作生活的视频分别在央视五一劳动节特别节目和新闻直播间栏目播出。加强舆情管控，积极妥善应对9起突发舆情，营造稳定舆论环境。开展2020年度党建思想政治工作研究成果评选表彰，编印优秀论文集。部署2021年度重点研究课题，聚焦党建工作理论创新和实践创新，集中力量开展课题攻关，推出一批高质量研究成果。16篇论文获集团党建思想政治工作研究会表彰，其中一等奖2篇、二等奖3篇、三等奖2篇，优秀奖9篇。

【企业文化】

2021年，中远海运散运开展“永远跟党走”第五届“企业文化月”活动，制作公司成立5周年纪念画册和宣传片。选送节目参加集团庆祝中国共产党成立100周年主题展演活动。制作企业文化核心价值理念海报和电子日历，《企业文化核心价值理念视觉传达手册》被中国文化管理协会评为最美传播之声代言作品。全面启动公司新大楼企业文化展厅筹建工作。抓好公司船舶文化建设指导意见的落实，选树培育船舶先进典型。“远神海”轮荣获“2020年感动交通年度特别致敬人物”和“全国工人先锋号”荣誉称号。公司荣获“2021年度新时代企业品牌文化先进单位”“2021年度交通运输廉政文化建设优秀单位”“企业党组织引领企业文化建设先进经验单位”，连续5年被评为“交通企业文化建设卓越单位”。

中远海运散运2021年主要情况见表14-3。

2021年中远海运散运主要情况表 表14-3

类别	项目	2021年
运力	艘数（艘/万吨）	417/4304
	自有船舶（艘/万吨）	314/3410
	其他船舶（艘/万吨）	103/894
	新船订单（艘/万吨）	—
运量	货运（亿吨）	36
	周转量（亿吨海里）	12
财务状况	总资产（亿元）	769.94
	净资产（亿元）	106.93
	总收入（亿元）	322.23
	利润总额（亿元）	34.2
员工队伍	年末员工总数（人）	1552

（李晓燕）

中远海运特种运输股份有限公司

中远海运特种运输股份有限公司

【公司概况】

中远海运特种运输股份有限公司（简称“中远海运特运”，英文简称 COSCO SHIPPING Specialized），中远海运集团控股的上市公司（股票代码：600428），是中远海运集团的战略产业集群之一。公司主营特种船，目前拥有规模和综合实力居世界前列的特种运输船队，经营管理半潜船、纸浆船、多用途重吊船、汽车船、木材船和沥青船等各类型船舶 100 多艘 300 多万载重吨，长期着力从事包括钻井平台、挖泥船、舰艇、火车头、风车、桥式起重机、成套设备等远洋运输市场中超长、超重、超大件、不适箱，以及有特殊运载、装卸要求的货载运输，在远东至地中海、欧洲、波斯湾、美洲、非洲等航线上，形成了稳定可靠的班轮运输优势。公司也是全球唯一同时运营南北极航线的航运企业。

【公司沿革】

中远海运特运的前身——中国远洋运输公司广州分公司（简称“中远广州分公司”），成立于 1961 年 4 月 27 日，是新中国成立最早的国有远洋运输企业，被誉为新中国远洋运输事业的摇篮和发源地。1979 年 5 月 1 日，经交通部批准，中远各分公司改称为所在地区的远洋运输公司，中远广州分公司从此改称为广州远洋运输公司（简称“广州远洋”）。中远海运特运更名前全称中远航运股份有限公司（简称“中远航运”）。中远航运成立于 1999 年 12 月 8 日，于 2002 年 4 月 18 日在上海证券交易所挂牌上市。根据中远集团总体战略部署，2012 年年初，广州远洋和中远航运本部实施机构整合，新机构于 1 月 9 日起正式运作。同年 12 月 5 日，中远航运董事会通过决议，以自有资金收购中远集团持有的广州远洋 100% 股权，至此，广州远洋整体上市项目圆满完成。2016 年 2 月 18 日，原中远集团与原中海集团实施合并重组，成立中国远洋海运集团有限公司。新集团成立后，同年 12 月 7 日，公司更名为中远海运特种运输股份有限公司。

【航运经营】

2021 年，中远海运特运认真落实集团“三个领军”“三个领先”“三个链接”工作方针，聚焦“打造全球领先的特种船公司，实现向‘产业链经营者’和‘整体解决方案提供者’转变”的战略愿景，全面推动“双核双链”战略落地，扎实推进软硬件建设、全球布局，以及数字、资产、组织赋能等工作，取得显著成效，超额完成全年奋斗目标，创造近年最好经营效益，实现“十四五”良好开局。

中远海运特运 2021 年完成货运量 1 333.1 万吨，周转量 811.7 亿吨海里。公司效益攀升迅速，全年实现利润总额 9.8 亿元，净利润 7.6 亿元，其中净利润达到年度必保指标的 4.2 倍、奋斗目标的 2.8 倍，创下近 13 年来新高；经营规模稳定提升，全年营收突破 80 亿元，达到 88 亿元，同比增长 24%；发展质量不断提高，ROE（Return on Equity，简称 ROE）达到 7.7%，资产负债率 56.7%。

双核心船队发展提速，行业地位显著提高。其中，半潜船通过租入船等方式积极掌控市场运力资源，船队规模保持行业领先；继续强化技术领先优势，成功中标 6 个浮托安装合同，同时加大对超大型海上风电导管架、LNG 模块的开发力度，全力保障 SEAGREEN、北极 LNG 二期、加拿大 LNG 等项目顺利启动执行，“运输 + 安装”的领先地位得到持续巩固，船队效益稳步提升。纸浆船队把握市场机遇，强化营销、优化经营，业务规模迅速攀升，市场份额持续扩张，竞争力不断提升，相继与 BRACELL、金光 APP、LDC、METSA 等重要客户签订 7 个纸浆 COA，其中一个超大型 COA 执行期长达 15 年，总货量超过 2500 万吨；全年承运纸浆 376 万吨，同比大幅增长 44%，服务客户群扩大至 9 家，基本涵盖全球主要浆厂；创新开辟“集装箱 + 纸浆”“风电 + 纸浆”“远东线和大西洋线联运”“远东区域内转运”等多种全新运营模式，有效化解运力舱位不足难题，提升了船舶周转效率和舱位利用率，提高了客户满意度。多用途船队和重吊船队充分发挥船型优势，积极拓展“一带一路”相关市场，加大工程项目开发力度，精耕细作提升航次经营水平，全年 73% 的航次实现盈利，经营效益同比大幅提升；继续推进分行业专业化营销，持续开发风电等清洁能源市场，充实货源储备，风电设备承运货量和新签 COA 货量均取得突破，全年累计承运风电设备 338 万立方米，同比增长 9%，新签 25 个风电 COA，货量增长 1.8 倍。木材船积极抓好大客户营销，持续优化货源结构，提升航次经营水平；沥青船积极应对疫情和市场下行压力，加大营销力度，稳定基础货源；汽车船坚持内贸外贸业务并举，抓住中国汽车出口增长的市场机遇，成功与上汽安吉物流共同出资成立合资汽车滚装公司，实现与主机厂的深度绑定。

提升延伸服务能力，稳步推进产业链经营。公司持续稳步推进纸浆物流产业链和工程项目物流产业链拓展，提高端到端整体物流解决方案能力，取得积极成效。公司项目物流小组通过优化船队组合，集合船队、技术、服务等资源优势，抓住市场机遇从“以船配货”向“揽取项目”转变，为客户定制整体解决方案；年内签订 38 个项目，执行期覆盖至未来三年。其中，中设阿布扎比光伏电站全程物流项目，小组创新为客户定制整体解决方案，帮助客户解决舱位难题、节约成本、保障工期，有力彰显了服务品牌。在项目执行上，小组克服疫情阻碍、港口拥堵、运力紧张等不利影响，集中资源全力保障中国能建的两个越南风电项目顺利执行，赢得客户高度好评。公司纸浆物流小组全面调研市场，根据客户差异化需求，设计个性化物流方案和特色物流产品，创新开辟西部陆海新通道转运业务。与此同时，公司布局关键节点资源，与上港物流合资成立了远至信供应链管理有限公司，打造以上海罗泾码头为核心中转港、辐射华东区域和长江沿线的纸浆分拨网络，年内开发分拨项目 7 个，签约货量 21 万吨，其中已执行分拨货量达到 10.8 万吨。

主动发扬央企担当，创新思路积极投身“稳外贸”。为化解客户舱位紧缺难题，根据集团统一部署，公司积极组建集装箱业务小组，充分利用多用途船和纸浆船运力投入“稳外贸”集装箱运输，并与中远海运集运密切配合，与其他班轮公司加强合作，协同各方资源，整合技术力量，全力解决特种船挂靠集装箱码头、集装箱装卸绑扎难题，面向中小客户，相继推出中国至南美东、欧洲的集装箱专班，畅通供应链。2021 年，累计投入 35 艘船舶执行 48 个集装箱航次，合计承运 5.3 万 TEU。面对众多“一带一路”项目复工复产的海运需求，公司主动对接央企大客户，围绕重点项目布局运力和舱位，创新服务方案，保障“一带一路”关键项目平稳推进。全年执行国家重点物资运输货量 316 万计费吨，同比增长 15%；完成“一带一路”沿线货量 1200 万计费吨，同比增长 16%，货量占比提升至 63.9%。

【船 队 建 设】

2021 年，中远海运特运深化船队结构调整，大力发展纸浆船和半潜船船队。公司按计划共新接船舶 4 艘计 23.4 万载重吨，包括 1 艘 5 万吨半潜船和以经营性租赁方式接入的 3 艘 6.2 万吨多用途专业纸浆船；无退役老旧船舶。截至 2021 年 12 月 31 日，公司及控股子公司共拥有和控制各类船舶 113 艘，其中自有船舶 97 艘；租用集团内部船舶 5 艘（中远海运发展 4 艘，中波公司1艘），租用外单位船舶11艘，总载重吨计375万吨。

【公司治理】

2021年，中远海运特运董事会持续深化公司治理一体化管理体系建设，修订了《公司章程》《董事会秘书管理办法》《金融衍生业务管理办法》《战略决策委员会工作细则》《审计委员会工作细则》等规章制度，从根本上进一步保障董事会的规范运作，促进公司治理实现新提升。公司积极构建以投资者为中心的多元化沟通平台，成功举办2020年度业绩说明会，在业绩说明会前公开征求投资者关注的问题并在发布会上予以回复，首次邀请独立董事参与本次投资者交流活动，市场参与度进一步提升。2021年，公司荣获中国证券报评选的“金牛投资者关系管理奖”、全景网首创并首次颁发的“广东辖区2020年度业绩说明会创新奖”，以及第十六届中国上市公司董事会金圆桌企业大奖——“优秀董事会”奖等荣誉称号。

2021年，公司积极深化改革、开拓创新，全力推动战略落地。一是高质量推进组织机构优化，按照“强前台、优中台、稳后台”思路，对原有管理架构进行全面诊断和优化，设立纸浆供应链事业部、重吊船项目部，优化采购管理、风险管理职能，打破部门壁垒、创新协同模式、建立经营协调机制，使公司机构更加聚焦核心业务和客户服务，提升组织的敏捷性和执行力。二是加快国企改革三年行动落地，对照工作清单，认真推进各项改革举措，完成比率达到90%，包括经理层成员任期制和契约化管理、董事会授权等重点任务，均顺利落地。三是全面开展对标管理提升行动，建立公司整体和各细分板块的对标框架体系，并积极参与集团对标平台建设。四是着眼未来，加快数字化转型与科技创新：坚持业务驱动，加大资源投入，组建全脱产的数字化转型推进工作小组；围绕“双核双链”，重新梳理公司上百个业务流程，细化归纳为47个业务场景，打造以“6E”为核心、以提升客户体验、提升效率为目标的数字化产品，并积极探索应用区块链技术，制定纸浆无纸化放货实施方案；在科研创新上，推进14个科研项目，累计投入科研经费近1.5亿元，同比增加2.5倍；荣获省部级科技一等奖1项，获得实用型专利7项，船吊操作虚拟培训系统等科研项目顺利投入应用，并取得良好的科研转化效果。

2021年，公司多管齐下压降成本，提升运营效率。一是针对全球主要港口压港和引水资源不足问题，各经营单元协同办事处积极疏港，并推进纸浆船、多用途重吊船自引自靠19艘次，有效加快船舶周转。二是加强集中采购，在大宗商品上涨前锁定价格，润料采购成本同比下降15%；加强港口使费商务谈判，争取使费优惠项目87个，节省费用约2000万元。三是加大历史往来账清理力度，开展税务筹划，做好贷款利息置换等措施，节约财务费用近7000万元。

公司各下属岸产企业积极融入中远海运特运“十四五”战略全局，发展持续向好。其中，建设实业出色完成中远海运大厦建设任务，招商出租比例突破70%；供应公司积极承接半潜船、重吊船绑扎业务，收入和效益分别增长72%和212%；船技工程发挥智慧航运和船舶服务技术优势，积极投身公司产业链布局，提升协同发展能力，利润同比增长105%。远洋宾馆面对疫情严峻考验，不讲困难，团结一心抗击疫情、开拓市场、拼搏经营，充分体现了宾馆领导班子和全体员工顾全大局、不畏挑战、勇往直前的担当精神。

截至2021年年底，公司所属全资及参股企业14家，包括：上海公司、天津公司、滚装公司、特运欧洲公司、特运美洲公司、半潜船欧洲公司、特运南美公司、特运东南亚公司、香港公司、洋浦公司、远鑫投资、德利新能源公司、安吉海特，以及通过上海公司持股的南华物流公司；另外，管理广州远洋运输有限公司，代管广州远洋投资有限公司。公司通过广州远洋运输有限公司出资管理全资及参股企业7家：沥青公司、香港天星船务、远洋宾馆、东海大厦、船技工程、供应公司、船电科技。通过广州远洋投资有限公司出资管理全资及参股企业 6 家：远海建设、广州海特、物业公司、金桥学院（海员学校）、湛江供应公司、广东省远洋。通过滚装公司代管公司 1 家：中海汽车船运输有限公司。根据国务院国资委的要求和集团总体部署，公司积极推进低效无效资产处置和“压减”工作，年内完成中海汽车船（香港）有限公司、广远职业技术学校、广州越洋船务有限公司的清算注销；完成广东中远海运重工有限公司、福建捷安船务有限公司的股权转让。

【安全生产】

2021 年，中远海运特运克服疫情不利影响，在安全管理、人员培训、体系建设、文化培育等方面做了大量卓有成效的工作，圆满完成集团下达的安全环保考核指标。

严格管理强化重点预防。坚持以季节性安全工作为主线，按照“预防为主，精准监督，靠前指挥，防患未然”的原则，有效防范重点领域的安全风险。跟踪指导大风浪航行 509 艘次，雾航 181 艘次，进出港操作 6087 艘次，复杂航区航行 6318 艘次，防避台风 91 艘次，防抗台成功率 100%，航行安全稳中向好。跟踪指导航经高危海域船舶 691 艘次，为 114 艘次船舶安排武装保安护航，强化对进入“经营除外区域”船舶的保安评估和流程审批，安排人员 24 小时跟踪指导，防海盗成功率 100%。针对船舶作业“三违”现象等突出问题，组织开展典型事故整改“回头看”“事故警示教育”和“现身说法话安全”等系列活动，铁腕整治“三违”陋习，强化制度体系刚性执行，劳动安全持续改进。全年完成重特大件货物运输 464 艘次、半潜船货物 41 艘次；民用危险品运输 18 艘次，散装化学危险性货物 2 艘次，易流态化货物 25 艘次，货运安全总体良好。狠抓明火作业风险评估，加大岸基许可作业审批力度，强化作业现场监管，全年监督指导船舶明火作业 2310 艘次，连续 2 年未发生火灾事故。全年接受 PSC 检查 222 艘次，其中无缺陷批注 185 艘次，无缺陷通过率 82.33%；FSC 检查 17 艘次，其中无缺陷批注 6 艘次；公司连续 2 年没有发生 PSC 滞留事件，荣获香港海事处颁发的“2020 年港口国监督检查杰出表现奖”。

聚焦项目强化重点保障。始终保持首航的严谨态度，科学设置“窗口期”，强化风险管控，为北极项目运营提供全方位、全天候的安全保障，2021 年“天恩”轮等 14 艘次船舶圆满完成北极航行，为历年之最；积极组织和参与项目风险评估，监督指导风险防控措施落实，为“新光华”轮长乐风电项目、SEAGREEN 项目、加拿大 LNG 模块项目等重大项目提供坚实安全保障；承办举行“中国海上搜救中心与中国船东协会反海盗船岸联合演练”，获得上级机关和行业内好评。

疫情防控强化科学精准。加强疫情防控组织领导，先后组织召开防疫专题会 19 次，研讨、优化、完善船舶防疫措施；5 次补充完善船舶防疫措施，及时更新发布《疫情防控操作指导手册（V4.0）》，向船队发布疫情防控相关文件 30 余份；监督、指导、审核船舶“一港一案”文件 2000 余份，筑牢船舶疫情防线。加强疫情防控动态跟踪，指导前往重点区域船舶 175 艘次，跟踪高风险地区船舶 446 艘次，全程跟踪指导处置船舶武装护航人员、引航员发生新冠病毒检测阳性的突发情况 5 艘次，协调多个部门解决疫情高风险港口工人驻船问题 3 艘次。为 385 艘次船舶采购补充防疫物资和防疫药品，共投入经费约 635 万元；船队共 88 艘船舶、船员 2026 人全部接种疫苗，接种率 100%，疫情防控基础保障给力。克服疫情防控期间船员换班的重重困难，全年完成船员换班 370 艘次、6115 人次；为船员身体健康提供远程医疗指导 220 艘次，境外紧急送岸治疗 2 人次，妥善解决部分休假船员境外滞留的问题，关心关爱船员工作获好评。

安全培训强化标本兼治。精心组织开展管船人员能力提升培训和管船小组人员示范培训活动，联合中远海运大学，聘请该校专家、教授以及公司安全管理骨干领导、专家为管船人员授课，公司主管领导全程参与培训过程，对促进管船人员能力提升发挥了重要作用。共组织开展了 6 个专题的岸基管船人员能力提升培训，480 多人次参加；开展管船人员示范培训，挑选年轻管船人员/培训师15名，共计授课11次。深入开展船员培训，完成上船前培训3080人次，院校毕业生入职培训92人次，新入库培训202人，实现人员培训全覆盖。组织开展专项技能提升培训（上海移泊组）3人次，极地航行专项培训3期55人次，操吊手持证培训4期25人，半潜船队电机员专项技能培训5人，船舶操作技能培训4人，新修订《中华人民共和国安全生产法》和《中华人民共和国海上交通安全法》培训183人。持续改进QHSE体系，新建了《项目物流QHSE管理规定》《纸浆物流QHSE管理规定》《船舶委托管理操作须知》《融资性租赁和经营性租赁船舶管理实施细则》等体系文件，为"双核双链"战略落地和经营创新提供制度保障；与此同时，组织力量按照不同船舶安全管理科目，编写了大量船舶标准化管理系列丛书和手册。

聚力活动强化专项提升。积极开展"三年行动"集中攻坚，对照12项专项整治内容，突出集中攻坚项目，开展查隐患、补短板、强弱项、促提升行动；结合内外部环境因素变化，动态更新问题隐患和制度措施"两个清单"。深入开展危化品"五查五严"行动，按照集团工作部署开展全面深入排查，理顺了管理制度和责任，形成系统完善的"五查五严"工作机制。深入开展典型事故"回头看"活动，对近3年发生的生产安全典型事故进行了统计分析，深入剖析，制定针对性措施，动态跟踪验证效果；按照"安全生产月"活动计划，开展系列"安全警示"活动，使员工从事故中深刻吸取教训，进一步夯实防范事故的思想基础。积极推进"双示范"船舶建设，各轮党支部充分发挥党建引领作用，推进"双示范"船舶管理标准化深入开展；"管船先管人、管船与管人并重"的理念在管船人员中形成共识，岸基管理更加高效。

【人才队伍】

中远海运特运聚焦发展战略，突出组织赋能，持续优化人才队伍结构，提升人才素质，激发队伍活力，取得突出成效。

构建一体化人才培养格局。2021年初步搭建"四三三三"人才培养体系，结合员工职业生涯发展"丰翼、展翅、腾飞、翱翔"四个阶段，打造"职业规划、人才库与继任计划、领军人才培养"三个载体，绘制"人才地图、学习地图、继任地图"三张地图，并逐步在教育培训中持续开展"管理、专业、通用"三项赋能。在此框架内，结合"十四五"人才规划实施路径，靶向发力、逐步优化相关重点模块，实现人才培养体系的整体落地与良好运作。

全面开展人才盘点。组织开展了二期人才盘点项目，对本部航运经营类、经营保障类、航运技术类、职能管理类岗位及公司中层管理人员进行全面盘点，共计403人；分职系、分层级形成岗位素质能力模型，并从工作绩效、素质能力、管理潜质三个维度形成人才地图，进一步摸清了公司人才梯队的整体能力素质状况，以及分职系、分层级的人才状况。

大力推进内部轮岗。制定轮岗机制，以竞争性轮岗、常态化轮岗、继任管理人员轮岗为抓手，大力推进管理人员与员工轮岗，营造良好的内部人才市场氛围。年内实施竞争性轮岗15人，新员工轮岗5人，完成继任管理人员轮岗3人。2021年内共晋升副经理及以上41人次，其中"90后"人员3人，"80后"17人。交流副经理及以上管理人员63人次。

持续完善薪酬机制。结合国企改革三年行动工作部署，推行经理层成员任期制和契约化管理工作，并配套制定经营业绩考核、薪酬管理办法，进一步激发经理层成员干事创业的积极性；以强化竞争机制、提高劳动效率为出发点，通过完善员工多通道职业发展和退出管理规定，明确管理通道和非管理通道的职级对应规则、薪酬福利待遇等核心事宜，为员工通过非管理通道实现职业发展提供机制保障，进一步提升员工干事创业的积极性。

分层分类推进培训赋能。围绕公司战略和人才培养重点，突出组织调训，年内开展数字化转型、宏观经济、党史学习教育等专题培训。对接人才盘点，丰富培训形式，组织员工在线学习培训，为 200 多名关键岗位人员量身定制能力提升课程。立足队伍建设，统筹培训资源，委托人才发展院开展新入职员工培训、挂职船舶政委培训及内训师培训。年内累计组织各类培训 100 余项，参培人数 2162 人次，总时长 27 898 小时。

【风险管理】

2021 年，面对复杂多变的内外部环境，中远海运特运采取果断措施化解风险，保障战略平稳推进。一是强化船岸疫情防控措施，做好疫苗接种，细化船舶无接触管理，精准布置办公场所的疫情防线，有效应对多轮疫情风险。二是聚焦新业务、新变化，持续提升 QHSE 体系有效性，扎实开展“安全生产专项整治三年行动”，强化预防预控，破解安全难题，筑牢防线，在国务院安委办突击安全检查中获得好评。三是深化企业法治建设，加强合同合规检查，从源头管控合规风险。四是强化审计监督，聚焦权力资金密集环节，开展 20 个审计项目，消除隐患，促进业务提升。

公司建立了较为完备的内控制度体系，内控制度覆盖主要业务和事项以及高风险领域，涵盖公司经营管理各个方面，并根据外部监管要求、内部管控需要等不断完善，确保业务活动运行有据可依、合规高效。2021 年，公司新增或修订制度 60 项，废止制度 10 项，充分发挥内控体系强基固本、防控风险的重要作用；为确保组织机构优化后制度流程清晰、责任明确，组织对部门名称变更、职能调整、流程变更等制度进行完善，修订制度 42 项；为创新经营模式保驾护航，完善或制定《公司金融衍生业务管理办法》《公司项目物流管理规定》《公司网络安全管理规定》等；加强基层单位制度管理，组织下属单位逐项梳理制度中存在的典型性、普遍性问题 15 项；加强境外企业监管，制定境外企业财务管理规定，贯彻制度先行理念推动新成立东南亚公司建立制度 28 项。2021 年，公司对内控制度设计和执行有效性进行了评价。根据公司缺陷认定标准，公司已按照内部控制规范体系和相关规定的要求，在所有重要领域保持了内控体系有效性。

【党群工作】

中共中远海运特种运输股份有限公司委员会（以下简称“公司党委”），隶属中国远洋海运集团有限公司党组（以下简称“集团党组”），同时属地广东省国资委党委管理。1 月初，公司党委领导班子由陈威、翁继强、张庆成、李宏祥、吴亮明、董宇航、郑斌 7 人组成。1 月，吴亮明不再担任公司副总经理，并辞去公司党委委员职务。至年底，公司党委领导班子由陈威、翁继强、张庆成、李宏祥、董宇航、郑斌 6 人组成。公司党委下设党委工作部、组织部、纪委工作部等工作部门。截至年底，中远海运特运党委本部及所属党委 7 个，党支部 43 个，党员 744 人。时任党委书记陈威，党委副书记李宏祥，纪委书记张庆成，工会主席李宏祥。

2021 年，公司党委认真学习贯彻习近平新时代中国特色社会主义思想和党的十九大，十九届五中、六中全会精神，深入开展党史学习教育，热烈庆祝党的百年华诞，弘扬伟大建党精神，践行党建融合理念，发挥把方向、管大局、促落实领导作用，为公司战略实施、深化改革、安全稳定、疫情防控各项工作提供了坚强的政治保证和组织保障。公司超额完成全年奋斗目标，创造近年最好效益，实现“十四五”良好开局。公司“新光华”轮被评为全国工人先锋号，“新光华”轮党支部获评广东省国资委系统先进基层党组织；半潜船经营部荣获广东省五一劳动奖状；公司团委被授予中央企业五四红旗团委；第二轮驻彭村工作队被评为广东省脱贫攻坚突出贡献集体；公司“蔡连财劳模创新工作室”被命名为广东省劳模和工匠人才创新工作室。

紧扣主题主线，党史学习教育深入推进。紧紧围绕目标要求，聚焦党员队伍实际，扎实深入推进党史学习教育，开展庆祝建党百年“十个一”系列活动，举办党史学习教育专题读书班，组织“大国顶梁柱・永远跟党走”群众性主题宣传活动，创新开展百年党史百天答、“学思践悟百年史，奋楫扬帆新航程”党史知识竞赛，引领党员干部职工学百年党史、学“七一”重要讲话不断深入。全年，各级党员领导干部模范带头，到所在支部、分管单位及联系点讲党课46人次；支部班子和先进典型、劳动模范等讲党课117人次；两级党委集中学习112次，支部集中学习共483次；到红色基地、展览馆等参观见学73场次；开展共建联学主题活动63场次；为职工群众和客户办实事97件。通过学习教育，广大党员切实做到学史明理、学史增信、学史崇德、学史力行，理想信念更加坚定，宗旨意识更加筑牢，担当作为更加有力，一批职工群众关心关切的问题得到解决。至年底，在对170余名党员群众的问卷测评中，公司党史学习教育满意度平均97.5分，“为群众办实事”满意度平均96.3分。

加强政治建设，党委领导作用有力发挥。2021年，公司党委联系发展实际组织理论中心组学习23次，聚焦碳达峰碳中和、数字化转型、深化国企改革、统筹疫情防控与经济发展等深入学习研讨，学懂吃透中央和上级决策部署，确保公司改革发展正确方向。坚定不移落实两个“一以贯之”，健全完善党的领导机制，贯彻《关于中央企业党的领导融入公司治理的若干意见（试行）》精神，研究制定“三重一大”决策事项及权责清单，党委发挥领导作用进一步制度化规范化。全年召开党委会31次，研究审议议题102项，贯彻落实“六稳”、“六保”、疫情防控等党中央和集团党组部署要求，在全面从严治党、重要人事任免、重大机构改革、重要经营决策、重大投资部署中充分发挥领导作用。

践行融合发展，基层党建质量持续提升。紧紧抓住党建工作责任制这个“牛鼻子”，树立“一切工作到支部”的鲜明导向，夯实基层基础，强化政治功能，持续加强和改进基层党建工作，推动党建业务融合发展。以提升基层组织力为重点深化创建，“示范工程”“书记项目”与生产经营进一步融合；创新开展“一党员一旗帜”活动，近700名党员对照旗帜“承诺亮岗”，选树旗帜创先争优，先锋作用有效发挥。严格落实“四同步、四对接”，在机构改革、业务整合过程中同步设置党的组织，调整设立船管部党委纪委，增设直属党委专职副书记，党建力量配齐配强，党的组织“应建尽建”，党的工作全面覆盖。党建工作责任制度考核健全完善，本部支部书记纳入述职评议成为常态，直属党组织责任制考核结果与绩效薪酬挂钩，党建工作管理规范性、科学性、导向性不断提升。落实集团党建“三年规划”要求，党建信息平台应用更加全面，党费使用管理更加规范，党员教育培训更加深入，党务干部、党员骨干全年参加各级培训百余人次；船舶党建主要责任落实到位，船舶党的建设管理机制不断完善。

聚焦主责主业，全面从严治党纵深发展。认真学习十九届中央纪委五次全会精神，深入贯彻集团党组、纪检监察组全面从严治党部署要求，党委会专题研究党风廉政建设、审计监督、巡察工作等重要议题12项，支持纪委监督执纪问责，廉洁建设持续深入，“三不”机制一体推进，“两个责任”履行有力。开展“8+2”监督，政治监督进一步具体化、规范化、常态化；出台党建工作责任制考核评价办法、境外监管工作细则、巡审结合实施办法等一系列制度，动态更新《廉洁风险防控手册》、“一书一单”，新建修订纪检制度6项，管党治党制度篱笆进一步扎紧筑牢；常规巡察船技工程党委、远洋宾馆党委，强化巡察整改日常监督，政治生态建设协力推进；开展公务接待、公车使用、船员违纪违法、职工群众身边腐败和不正之风等专项检查，思想教育与纪法威慑有效结合，专项监督与日常检查协同衔接；聚焦重点提升审计监督效能，“探头”“尖刀”作用充分发挥。全年，运用第一种形态批评教育1人、提醒谈话1人、诫勉谈话2人；对5人进行立案，党纪处分1人，行政处分1人；完成审计项目24项，提出意见建议102条，促进增收节支293.11万元，核减船舶修理费用3 213.06万元。

强化党建引领，群团工作成效不断彰显。坚持党对群团工作的领导，创新群团工作运行机制和活动方式，将党的群团优势转化为企业人本优势，助推公司高质量发展。工会桥梁纽带作用有效发挥，职工帮扶制度更加健全，劳模创新工作室扩容提质，劳动竞赛活动深化拓展，受灾船员及家属、隔离员工、超期在船船员等关心慰问落实到位。全年为困难职工发放帮扶资金近 100 万元，慰问职工 7000 多人次，发放慰问品近 300 万元，2 名员工获省海员系统英语竞赛“金锚奖”。青年员工活力有效激发，各团组织开展“学党史、强信念、跟党走”学习教育，团员青年参加“青年大学习”读党史、学讲话成为风尚；举办“青囊相授”助学活动，募捐书籍 300 多本，捐赠书包文具近 2 万元，志愿服务更加丰富多彩；服务青年成长，“导师带徒”百花齐放，一批青年集体和个人被授予集团“号手岗”荣誉称号。突出预防预控，关注重点环节，抓实隐患排查，细致做好专项治理和来访接待等工作，全年处理新信访件 6 件，办结 5 件，接待职工群众来电来访 18 次，妥善处理主动回应群众诉求，为公司稳定发展营造良好环境。

【企 业 文 化】

2021 年，中远海运特运坚持政治方向、舆论导向、价值取向，落实意识形态工作责任制，出台新闻宣传工作管理办法，围绕“六稳”“六保”“稳运价”等热点问题正面发声，聚焦承运“大国重器”、优质服务客户主题讲好“特运故事”，宣传导向正面积极，舆情监测稳控有序。在集团框架下结合公司实际制定了《中远海运特种运输股份有限公司新闻宣传工作管理办法》及与之配套的舆情处置实施细则、新媒体平台管理规定，为公司及下属单位进一步规范新媒体平台管理与运营、做好舆情管理与处置工作提供了指导与遵循。全年共编辑出版《中远海运特运》企业内刊 4 期约 50 万字，发布《中远海运特运简讯》48 期，发布官网新闻 80 多条，推送微信 300 多期 600 多篇，试运行公司抖音号，开通并运行公司微信视频号。截至 12 月底，“中远海运特运”微信公众号关注人数超过 15 000 人。《中国远洋海运报》全年刊用特运相关稿件近 200 篇，集团微信、微博、学习强国、今日头条等新媒体平台转载特运相关报道超过 100 篇次，国内外媒体刊发中远海运特运相关专题报道 40 余条。其中，“开辟纸浆运输西部陆海新通道”“承运苏伊士运河最大挖泥船”“顺利发运印度尼西亚雅万高铁最后一批钢轨”等被央视、人民网等主流媒体转载。公司连续 5 年荣获集团新闻报道优秀组织奖，公司“永盛”轮、“新光华”轮上镜交通运输部《中国船谱》纪录片，公司爱国主义文化案例获评广东省本科高校课程思政优秀案例二等奖并入选中山大学管理学院“中国特色社会主义与中国管理实践”优秀教案。公司企业文化建设案例《打造大国巨轮的文化引擎——中远海运特运党建引领宣传工作和企业文化建设的实践探索》被中国企业文化研究会评为“企业党组织引领企业文化建设”典型经验成果。公司政研会成立专项课题组开展调研，推动理论成果产出转化，思想政治理论研究更加务实专精，4 篇优秀论文获集团表彰，1 篇研究成果入选集团庆祝建党百年党建案例集。

2021 年是中国共产党成立 100 周年。公司积极参与集团组织的庆祝建党百年相关宣传图书、图册编纂及其他展播活动，推出以分享党员个体入党故事、学习体会为主要内容的“学党史，悟初心”系列主题微信，结合党史学习教育，聚焦“我为群众办实事”、支部党建共建、“一党员一旗帜”等活动深入开展宣传报道，创新开展“以史为鉴　创造未来”党史快问快答活动，不断推动党史学习教育走深走实，持续擦亮特运党建品牌。其中，“一党员一旗帜”系列微信共推出 8 期，对 30 多位身边的优秀党员事迹进行集中报道，起到很好的标杆引领作用。

2021 年也是公司成立 60 周年。聚焦这一主题，公司组织开展“60 年筑梦光华，新征程砥砺奋进”企业文化月系列活动，活动中精心打造推出了一批特运文化精品：《甲子·少年》纪念画册图文并茂生动展现公司 60 年历史发展轨迹和丰硕成果；《筑梦故事》用 60 个企业文化案例故事向全体员工分享半个多世纪历史长河中关于公司发展的领航之路、船舶建设的远航之路、员工拼搏的同航之路；展现公司家国情怀的

《家·国·梦》主题宣传视频在公司成立60周年庆祝大会上播放，引发全场强烈共鸣；组织开展“从1961到2021，我的远洋故事”主题征文活动，共收到投稿66篇，经编辑后在公司各宣传平台推送36篇，推荐在集团各宣传平台刊载10余篇，是从员工视角对公司发展历程和企业文化的一次集中、生动的呈现。

【社会责任】

中远海运特运在日常运营中严格遵守相关国际公约法规、能效管理计划，积极响应国家“双碳”目标，成立了生态环境保护领导小组、节能减排领导小组和节能减排工作小组等，制定节能及环保方针及目标，明确相关部门职责，对防污染、节能减排及能效管理等生态环保工作进行全面落实和监督。树立“经营节能”理念，全面开展降速节能工作，优化航线设计，合理调配船舶运力；科学配载提高船舶装载率，尽量避免或减少空载航行；加强与船舶、港口、码头、船舶代理、引航员及其他相关方的沟通和合作，减少不必要的港口延时，提高船舶运营和能源利用效率。强化“技术节能”应用，制定、实施《节能减排技术改造计划》，跟踪、评估船舶节能新材料和先进技术的运用，有计划地在现有船舶中改造应用。着力打造“绿色船队”，跟踪船舶节能新材料和先进技术，以及新能源船舶的开发应用，将新能源船舶的开发纳入船队发展规划，确保新船设计、设备选型满足最新公约和节能政策法规要求。

2021年，公司生态环保节能减排全面达标。全年总能耗（船岸）64.670 6万吨标准煤、运输净能耗（船队）64.525 4万吨标准煤、周转量单耗7.949 4千克标准煤/千吨海里、万元营收能耗0.792吨标准煤/万元、CO_2排放量140.404 2万吨CO_2当量，分别同比减少4.43%/4.43%/12.08%/22.656%/4.42%，满足国家法定要求。完成公司2005—2020年历年能耗数据收集和碳核算，形成自查碳盘查报告，完成21艘船舶压载水加装及升级改造，按计划在8艘新造纸浆船上推进交通强国岸电加装，接受并通过上级部门生态环保督察2次，履约工作有效落实。建立健全公司生态环保指标监控、收集和报送，以及与政府机关、集团公司的沟通交流机制，基础工作有序开展。积极组织开展2021年世界环境日、全国节能宣传周”全国低碳日等系列活动，普及生态环保教育取得良好成效。继续开展北极航线常态化航行，全年共安排执行14个北极航次，共节约船期192天，缩短航程5.5万海里，减少CO_2排放1.4万吨；北极航行成为公司安全环保的绿色名片，公司“北极航运”项目入选《国家“十三五”科技创新成就展》。

2021年是脱贫攻坚全面胜利的收官之年，也是乡村振兴战略实施的开局之年。根据广东省委省政府要求，公司于2021年5月全面完成彭村脱贫工作，获得最高等级“好”评价，同时承担乡村振兴驻水边镇工作，重点帮扶热水村。

脱贫攻坚驻彭村工作。一是开展奖学助学活动，营造崇文重教氛围。驻村工作队利用中远海运特运高教助学金资助贫困大学生完成高等教育，2021年，继续将职工“6·30”捐款10万元注入彭村“远航”助学奖学基金，通过奖学助学鼓励彭村学子勤奋学习、立志成才。二是注重加强乡村文化建设，实施文化扶贫。2021年12月，公司捐建的彭村村民文化室建成投入使用，为建设美丽家园、富裕乡村提供文化凝聚力。三是通过“小彭家作”采购彭村扶贫产品。公司工会先后采购南瓜、橙子、虾干、地瓜等产品近60万元，让彭村农产品走得更远，带动贫困户、农户增收和种养热情。四是发展绿色清洁产业，促进良性循环。北惯镇水电站项目运营半个月收入近8万元，光伏产业项目为村集体稳定增收近2万元，彭村发展绿色清洁产业总收入达10万多元。五是加强新冠疫情防控，守护村民群众健康安全，确保32个自然村4638人规模的彭村疫情“零输入、零发生”。

乡村振兴驻水边镇工作。自2021年5月进驻水边镇从事帮扶工作以来，驻镇工作队主动融入村委、深入群众，广泛调研，按照广东省委省政府乡村振兴战略决策部署，重点抓好防返贫动态监测重点工作，紧紧围绕“建强村党组织、推进强村富民、提升治理水平、为民办事服务”四大任务，扎实做好巩固脱贫攻坚成果和推进乡村振兴有效衔接等各项工作。一是推进消费帮扶，有效提高村集体收入。通过村集体委托采购的方式，2021 年年底从水边镇农户手中收购 8000 多千克自产冬米作为特运公司员工年货，实现了“水边镇村民增收、特运员工满意、热水村集体收入达到年度考核指标”的“三赢”目标。二是协调特运公司职工“6・30”捐赠款划拨到镇，实施奖学助学。经多方协调，公司 2021 年职工“6・30”捐款 13 多万元顺利拨付到位。

2021 年中远海运特运主要情况见表 14–4。

2021 年中远海运特运主要情况表 表 14–4

类别	项目	数据
船队（包括租船）	艘数（艘）	113
	载重吨（万吨）	375
运量	货运量（万吨）	1 333.1
	周转量（亿吨海里）	811.7
财务状况	总资产（亿元）	229.34
	归属于上市公司股东的净资产（亿元）	96.27
	营业收入（亿元）	87.53
	归属于上市公司股东的净利润（亿元）	3
员工队伍	年末员工总数（人）	3646

（柳芳　张朝辉　谢志达　陈溪连　米军喜）

中远海运发展股份有限公司

中远海运发展股份有限公司

【公司概况】

中远海运发展股份有限公司（简称“中远海运发展”，英文简称COSCO SHIPPING Development），是中远海运集团所属专门从事产业链综合金融服务的公司，前身为中海集装箱运输股份有限公司，成立于1997年，总部设在上海。该公司是一家在香港、上海两地上市的公司，企业注册资本135.86亿元，2021年年底在职员工共13 338人（含劳务工）。

2021年是“十四五”的开局之年，中远海运发展充分利用规模优势、航运产业链的协同效应，以及“产业＋科技”的创新思维，强化产融结合，助力航运业发展。不断提升自身及所属单位公司治理水平，加强合规管理，为打造负责任的航运产业链贡献力量。主动拥抱大数据时代，利用科技金融数字化手段，服务航运产业链上下游企业。将绿色发展理念融入公司生产运营的各个环节，开展电动船、岸电等领域的研究，投资布局新能源等绿色产业，参与应对气候变化。始终秉持“以人为本”的理念，关注公司内外部利益相关方所需，拓展员工职业发展路径，保障员工职业健康安全，营造幸福和谐的工作环境，并积极投入乡村振兴与公益慈善事业，发挥自身专业优势，研发新型智能移动式的节能环保卫生间集装箱，助力联合国可持续发展卫生目标的实现，致力于与员工共同创造价值、与社区共享发展。

中远海运发展致力于践行“金融助力实业，发展创造价值”的使命，从船舶租赁、集装箱租赁、集装箱租造、产业金融服务等多个维度服务航运业发展。随着全球经济贸易稳步复苏，2021年，中远海运发展把握市场契机，集成多方面优势，继续拓展业务广度与深度，以投资为纽带实现产融结合，推动产融投一体化业务发展。公司秉承“卓实”理念，以“金融助力实业，发展创造价值”为使命，以“诚信、高效、进取、共赢”为核心价值观，致力于打造成为卓越航运产融运营商。

【生产经营】

2021年，中远海运发展把握市场契机，实现各板块业务在广度与深度上的不断突破，盈利能力不断提升。公司船舶租赁业务和集装箱租赁业务秉持“产融结合”的经营理念，致力于为客户提供一站式的全套解决方案，深化内部协同，发挥产业链优势，积极发展创新业务，优化集装箱资产组合，充分发挥价值创造能力；集装箱制造业务方面，践行绿色造箱，维护造箱行业良好发展格局；发挥规模效应和协同效应提升产能利用率，取得良好投资回报的同时，全力以赴推进安全生产，保障供应链顺畅，用行动和业绩践行企业社会责任担当；同时公司还致力于发展投资及服务业务，充分利用航运业的产业经验、金融服务业的既有资源促进产融结合，优化商业模式，取得航运金融业务的协同发展，实现科技赋能航运金融。

在航运租赁方面，积极落实产业链协同，围绕产融结合的战略核心，赋能集团主营业务。在持续投放中远海运散运16艘、中远海运特运10艘融资租赁项目基础上，积极推进中远海运能源8艘LNG船、中远海运特运15艘纸浆船、泛亚2艘电动集装箱船、大连客运2艘滚装船和大连投资2艘LPG船等项目，同时积极拓展外部市场，2021年全年投放了7个外部船舶项目和7个大交通业务，业务发展创航租成立以来的新高。在集装箱租造方面，把握航运市场历史性机遇，在做好疫情防控的前提下，不断提高生产效率，保障外贸产业链、供应链畅通运转，保障集团主业用箱。全年共生产集装箱160万TEU，冷箱13万TEU，保障集团主业用箱33万TEU，经营业绩创历史新高。坚持大客户战略，积极拓展新业务，全年签约箱量45万TEU，同比增长超50%，境内外库存箱和贸易箱业务均取得突破，经营业绩翻一番，箱队整体利用率超99.9%。在供应链金融业务方面，紧密围绕集团航运、物流主业布局，聚焦供应链产业金融，利用信息化和数字化手段，着力打造的“一站式金融服务平台”（Panda链）成功上线，以供应链金融赋能集团产业及上下游客户，助力提高供应链整体效益。积极调动资源服务集团主业，缓解集团内单位的收款压力和资金压力，为集团内企业提供专业金融服务；积极配合中远海运物流搭建“一体两翼”保险体系，积极推进港航控股“南北岸一体化”战略落地，与天津中远海运、上海中远海运等集团内单位达成资产盘活项目合作，以产融协同手段提升资产面貌、资产质量和运营效益，实现集团存量资产的潜力挖掘和提质增效。在投资业务方面，持续深化产融结合，致力于服务航运业上下游产业链，以产业金融业务为核心，加大航运产业链上下游项目融资投放，全方位地促进航运产业链发展。投资布局锂动力电池产业等新能源领域，共同推进船舶电动化项目，助力绿色航运与绿色物流产业发展。以股权投资方式布局跨境物流产业链，持续搭建跨境物流基础设施，加速推进综合跨境物流服务数字化升级，深入发掘产业投资机会，以国有资本和市场活力优势互补，为客户创造价值。

【经营效益】

2021年，中远海运发展业绩增速显著，奠定公司高质量发展，实现营业总收入371.6亿元，同比增长83.82%；税前利润总额79亿元，同比增长219%，其中归属于母公司股东的净利润60.9亿元，同比增长约184%。

航运及相关产业租赁业务方面实现营业收入94.6亿元，占公司总收入的25.45%。其中，船舶租赁收入20.7亿元；集装箱租赁、管理及销售收入59.8亿元，同比增长37%（这一年，公司把握市场机遇，发挥租造协同优势，拓展业务，实现租箱收入大幅提高）；其他产业融资租赁收入14.2亿元。集装箱制造业务方面实现营业收入321亿元，同比增长165%。2021年，我国疫情防控情况良好，市场对集装箱的需求大幅增加，致使集装箱制造板块量价齐升，2021年共销售集装箱164.5万TEU，较2020年86.61万TEU增长89.93%。投资及服务业务方面实现营业收入2.6亿元，同比增长18.56%。

【创新发展】

中远海运发展坚持科技赋能，积极促进数字化转型，不断推动公司业务“数字化、网络化、智能化”转型。通过技术创新布局智慧金融、智能造箱，努力成为“以智赋能、智慧驱动”的卓越产业金融运营商，提升各业务条线效率，更快、更好地服务航运业发展。在集装箱租赁领域打造iFlorens数字化平台。运用AI和算法建立分析模型，结合数字化的风控管理体系，通过大数据挖掘客户需求，稳健提升服务质量与效率。在集装箱制造领域打造“数字化产业”“数字化制造”等数字化应用场景，全面提升造箱板块的数字化应用和管理水平。在产业金融服务领域积极研发打造智能化、数字化产业金融平台“Panda链一站式产业金融服务平台”，推进产业金融业务和区块链技术深度融合。

公司着眼于长期的经济和社会效益，关注国家战略和自身的发展机遇，将绿色发展理念融入公司生产运营的各个环节，引领产业链上下游伙伴绿色转型，坚持绿色生产、低碳运营，积极推进自身及行业向资源、环境友好的绿色低碳发展方向转变。积极践行“双碳”目标，稳步推进电动船项目开局，实施零碳绿色智能一体化示范船专题研究，联合集团内各专业公司推进电动船舶设计、船用电池研发、制造和船舶运营工作，全力推动集团船舶电动化产业应用发展，助力航运新技术、新产业、绿色航运的发展，助力我国内河沿海航运实现碳达峰碳中和。航运产业基金顺利完成特运纸浆船交付，项目运营状况良好；推进中航锂电新一轮增资，强化新能源领域投资布局。

公司持续加大环保方面的投入，对污染物严格做好“源头管控，过程控制，末端治理”。通过改造打砂除尘器、安装预处理 RTO 设备、风机加装过滤棉等措施，确保了所有污染物达标排放。同时，上海寰宇积极带头推动行业冷藏集装箱“油改水”项目。

【企业管理】

抓好疫情防控，巩固防控成果。中远海运发展严格落实“外防输入、内防反弹”各项防疫措施，加强工厂及境外重点地区防控工作，持续筑牢疫情防线，生产经营活动平稳有序开展。2021年春节假期，公司广大员工积极响应国家“就地过年”的号召，上海寰宇 6 家箱厂用心用情做好“就地过年”员工照顾管理，留厂过年的员工超过 90%，为疫情防控作出巨大贡献，也为节后顺利复工复产提供了保障。

推进国企改革三年行动，聚焦提质增效。按照集团整体部署，公司制定了金控平台的改革三年行动工作清单，共计 69 项工作内容，至 2021年年底，已完成 55 项，完成率 86.96%，超进度完成集团规定 70% 的工作要求。

加强资本运作，市值管理初见成效。2021 年，金控平台全面整合造箱业务，实现资源优化配置，有效解决同业竞争问题，通过发行股份购买资产并募集配套资金的方式，对标的公司进行收购整合，配套募集资金以市场最低价格锁价，足额溢价融资 14.64 亿元，最大程度保障了集团权益，同时降低了公司资产负债率 3 个百分点，在融资项目实现新的突破，该项目也荣获集团钻石团队奖。成功在下属非航租赁板块引入战略投资者，有效优化公司资产结构，增强企业独立发展的资本实力与治理能力。在上海临港投资设立船舶融资租赁公司，承接与中远海运集运的 48 艘五星旗船舶光租业务，“十四五”期间，预计可获得财税优惠达 3 亿元，进一步提升集团资产运营效率。2021 年，中远海发 A 股股价最高达 5.11 元，较 2021 年初提升 74.4%；H 股股价最高达 1.92港元，较年初提升 60%。

加强风险管理，提升风控能力。公司紧扣“航运金融”行业属性及疫情背景下所属业务板块的风险压力，采取更加审慎的风险管理政策，完成了年初确定的风险管理目标，持续深入做好法治建设工作，在安通等重大案件处置中取得良好成效；做深做实风险管理，优化了风险限额指标体系，修订了《信用风险管理办法》，强化信用风险、市场风险等大类风险管理，提升合规管理水平，强化内控管理。

强化降本节支，促进提质增效。按照集团提质增效专项行动相关要求，结合生产经营计划，分解各项成本和费用的控制目标，努力实现营业成本增幅低于营业收入增幅，销售费用、管理费用和财务费用分别实现同比下降。公司持续推进亏损子企业专项治理，2021 年年底完成年度减亏治理目标，同时进一步加大“两金”管控力度，强化现金流管理，对重点企业进行跟踪管理。调整债务结构，严控融资成本，开拓直融渠道，积极抓住直接融资市场窗口，累积成功发行 40 亿公司债。

【党的建设】

2021 年，中远海运发展公司党委在集团党组的正确领导下，立足中国共产党成立 100 周年伟大历史节点，以习近平新时代中国特色社会主义思想为指引，深入学习贯彻党的十九大、十九届历次全会精神和习近平总书记“七一”重要讲话精神，紧扣集团“三个领军”“三个领先”“三个链接”和“十四五”发展目标，立足新发展阶段，贯彻新发展理念，构建新发展格局，聚焦公司战略发展和转型升级各项重点工作，深入贯彻集团党建“融合发展年”各项部署，以党史学习教育和“我为群众办实事”实践活动引领公司高质量发展。

公司党委不断加强党的政治建设，以政治建设为统领，把深入学习贯彻习近平新时代中国特色社会主义思想作为首要政治任务，严格贯彻执行“第一议题”制度，紧扣“融合发展”主题，提高政治站位、发挥政治功能、落实政治责任，着力加强党的领导和完善公司治理有机结合，严格落实“三重一大”决策程序，坚持重大事项决策前置程序，细化前置研究清单，为做强做优做大国有资本和国有企业提供坚强保证，确保“十四五”开好局、起好步。履行央企责任担当，坚决扛起疫情防控政治责任，认真落实集团党组关于疫情防控工作要求，监督推动常态化疫情防控工作不松懈，助力巩固脱贫攻坚成果，积极响应国家碳达峰碳中和目标，积极推动科技创新提速，通过践行“绿色造箱”理念、开展“电动船”项目助力企业绿色健康发展。

深入开展党史学习教育。公司党委第一时间学习习近平总书记在党史学习教育动员大会上的讲话精神及“七一”重要讲话精神，专题研究部署全系统党史学习教育工作，通过集中学习研讨、专题培训、实践教学、读书班、基层调研等方式带动全系统开展学习。创新推进专题课堂、院校课堂、专家课堂、红色课堂“四位一体”模式有效搭建学习体系，创新举办“传承革命星火 接续时代征程”等专题培训班，拓展主题党日活动形式，开展联学共建等路径不断丰富学习载体。坚持将“我为群众办实事”实践活动作为党史学习教育的重要内容，推动解决群众急难愁盼困难问题，切实推动党史学习教育走深走实、见行见效。

扎实推进群团工作，发挥工会桥梁纽带作用。坚持围绕中心、服务大局，深入推进企业民主管理，通过落实职工代表大会制度、举办“发展面对面”价值论坛等路径积极拓展企业民主管理渠道，形成一系列民主管理生动案例。大力弘扬劳模精神、工匠精神，申报筹建劳模及职工创新工作室，参加集团第五届“中远海运杯”职工技能竞赛焊工、电工大赛。积极参与集团文艺展演，举办第二届“卓实杯”羽毛球赛，不断丰富职工生活。发扬团员青年生力军作用，按照团中央“学党史、强信念、跟党走”学习教育要求组织全系统团员青年开展党史学习教育，通过“青年大学习”、党史知识竞赛等活动创新学习路径。举办“青春有约——秋天的第一场音乐会”等青年联谊活动，积极回应青年诉求。组织开展“浪花心愿”结对助学、“大山之爱”支教帮扶等志愿服务，彰显青年作为。

【干部人才队伍建设】

以人为本是企业长久发展的恒定原则，中远海运发展始终关注员工切身利益、护航员工职业发展，不断完善招聘与人力资源管理制度，优化薪酬绩效激励体系，打造公平、公正、多元的职业发展平台，增强员工的归属感和积极性，激发员工自身潜力，实现企业与员工共发展。积极构建具有航运特色和金融行业特点的员工成长体系，致力于培养懂航运、懂金融的复合型人才。不断完善员工教育与培训体系，制定了《中远海运发展教育培训体系建设方案（试行）》，旨在进一步增强员工素质培养的系统性、持续性、针对性和有效性。同时，通过工作调研识别有助于员工能力提升的培训需求，整合内外部教学培训资源，组织开展分层分级的培训课程，促进员工成长与企业发展的有机统一。

全面贯彻新时代党的组织路线，持续探索党管干部同市场化管理有机结合，着力干部培养，着重梯队建设，着眼人才储备，为企业各项事业发展奠定坚实组织基础。结合行业特点和企业发展需要，公司面向司管干部及核心岗位人员组织开展干部领导力提升专题培训班，从政治思想、理论体系、创新实践等维度赋能各级领导干部不断坚定政治信仰、提升战略思维、拓宽国际化视野。多维度推进年轻干部梯队建设，通过市场化选聘和内部培养方式构建数量充足、素质优良、结构合理的高素质专业化年轻干部队伍，结合集团优秀年轻干部推荐工作，建立优秀年轻后备干部人才库。

【践行社会责任】

中远海运发展坚持履行央企责任担当、牢记“国之大者”，以服务国计民生为己任，支持地方经济社会发展，严格做好疫情防控，确保员工健康；主动应对气候变化，打赢蓝天保卫战；积极开展精准扶贫，践行公益慈善；助力企业复工复产，服务国家发展战略，以实际行动履行企业社会责任。

强化定点帮扶方面，作为一家成熟的规模型企业，公司有基础、有条件、有义务持续推动脱贫地区发展，巩固拓展脱贫攻坚成果。公司积极参与中远海运集团的精准扶贫相关实践，全年共向集团捐赠 10 900 万元用于帮扶援藏项目及其他各类定点帮扶和对口支援项目。中远海运发展组织系统内各级工会在云南、湖南等定点帮扶地区采购 44.09 万元的扶贫特色产品，以消费扶贫的形式助力当地产业发展。

践行公益慈善方面，公司不断探索企业参与社会公益的模式和路径，将温暖和爱心送往千家万户。整合内外部资源，组织员工参与社区公益活动和慈善捐赠，用实际行动传递公益爱心，促进社会良好氛围的形成。公司主动联系西藏自治区昌都市洛隆县小学，帮助员工将洁净完好的闲置衣物捐赠给当地孩子，将来自中远海运发展的温暖送上雪域高原。公司下属启东箱厂与清华大学无锡应用技术研究院合作研发了联合国全球契约组织公共卫生健康试点项目，为云南省富宁县量身打造新型智能移动式的节能环保卫生间。该产品施工周期短、绿色环保，助力联合国可持续发展卫生目标的实现。2021 年，公司所属上海寰宇连续第 7 年开展帮扶“宝贝之家”公益项目，举办爱心义卖和“DFIC 东方慈善快闪”活动，为病症孤儿进行捐助。

【企 业 文 化】

中远海运发展根据自身改革重组实际和所处的航运金融产业定位，提炼并搭建以“追求卓越，务求实效”为核心理念的“卓实”企业文化体系。自 2018 年以来，中远海运发展围绕构筑“发展型”企业文化生态，以解决企业转型过程中的突出问题为导向，持续开展企业文化深植建设，打造富有行业特色的企业文化品牌，推动企业文化体系在全系统范围内的落实落地、入脑入心，把企业文化建设作为促进企业发展、提高管理水平的重要驱动，形成独特的企业精神内核。2021 年，结合公司“十四五”战略规划的实施，积极推进“卓实”企业文化体系 2.0 建设，精心研究和打磨文化升级方案，召开项目评审会，初步确定体系建设方案；开展庆祝公司成立五周年主题宣传，拍摄《五年，感谢有你》记录影像，制作各业务板块五年巡礼宣传图册，进一步深化员工对企业文化的理解与情感的共融。

2021 年中远海运发展企业经营数据见表 14–5。

2021 年中远海运发展企业经营数据 表 14–5

类别	项目	单位	数据
生产情况	航运及相关产业租赁	万元	946 063.54
	集装箱制造	万元	3 211 193.39
	投资及服务	万元	26 179.66
财务情况	营业总收入	万元	3 716 820.92
	税前利润总额	万元	791 622.52
	归属于母公司股东的净利润	万元	609 068.20
人力资源	员工人数（含劳务工）	人	13 338

（任梦婕　杨振宇）

中远海运物流有限公司

中远海运物流有限公司

【公司概况】

中远海运物流有限公司（简称“中远海运物流”，英文简称 COSCO SHIPPING Logistics），是集团的三大核心主业之一，由中国远洋物流有限公司、中海集团物流有限公司、中海船务代理有限公司和中国外轮理货总公司重组整合而成。中远海运物流于 2016 年 12 月 21 日正式挂牌运营，是目前市场地位领先的第三方物流服务提供商。中远海运物流在传统航运业务基础上，依托数字化驱动实现产业链服务端到端全覆盖，通过综合货运、仓干配物流、产业物流地产、工程物流、口岸公共服务形成立体层面的全程物流与供应链综合客户服务体系。中远海运物流在中国境内 30 个省（区、市）及海外 17 个国家和地区设立了分支机构，在全球范围内拥有 600 多个销售和服务网点，形成了遍及中国、辐射全球的服务网络系统。

中远海运物流与中国外代、中国外理为“一套人马、三块牌子”。2021 年，全系统共有职工 10 278 名，劳务派遣用工 3043 名。

【发展战略】

2021 年是公司“十四五”战略规划的落地和混改工作推进的关键之年。为实现集团赋予中远海运物流的使命，公司从国家战略、行业趋势、集团使命和自身实际 4 个维度着眼，以改革重组五年来深入学习研究和艰苦实践探索成果为基础，2021 年在公司“十四五”规划获得集团批准的基础上，借力外智，陆续制定了组织机构变革、人力资源 4.0 变革、数字化转型规划、空运物流业务子规划、产业物流地产子规划等近 20 项子规划和工作方案，进一步构建了特色鲜明的以“七大变革”破解“十大瓶颈”、战胜“六大挑战”、打造“六化能力”突出的“三型”组织的战略思想体系。

明确战略目标。凭借强大的股东背景、强劲的综合业务实力、庞大的国内外服务网络和高质量的客户合作关系等竞争优势和行业地位，中远海运物流将在“十四五”期间，承接集团战略和愿景，公司发展战略定位为集团三大核心业务之一和产业链经营转型的重要支撑，发展成为特色优势鲜明、业务覆盖全面、市场地位领先的第三方物流服务提供商。为实现上述战略目标，中远海运物流立足合同物流、综合货运、产业物流地产、全周期工程物流、口岸公共服务及空运 6 大主业，通过总部赋能、数字化赋能及供应链金融赋能 3 大举措，凭借组织运营体系变革和跨越式增长两大关键抓手，抓住混合所有制改革等改革契机，补足公司欠缺的能力和资源，完成多业务主体的集团化公司的转型，打造综合第三方物流业务的持股和管理平台。实现以“七大变革”破解“十大瓶颈”，打造“六化能力”突出的“三型组织”的战略目标。

组织架构调整。根据“十四五”规划，公司组织运营体系变革的四大核心原则，即：扁平化架构 + 穿透式管控、总部赋能一线、专业能力集约和网络化高效协作。2021 年，公司实施组织运营体系重构，完成新的组织机构改革，彻底打破以区域和口岸网点公司为经营管理主体的垂直式分散型运营管理体系，全面构建以总部事业部、能力中心、共享中心为后端能力平台，以各城市公司为前端服务平台，以大区实现集约共享和业务协同的“矩阵式 + 扁平化”运营管理体系。实现总部对整个系统的专业化赋能式集约管控，实现“城市公司－大区公司－总部”三层集约化管控目标，匹配产业链经营需求，真正发挥中远海运物流“一张网”功能，实现跨业务、跨区域的深度、高效协作。

业务结构调整。为提升公司市场竞争优势，改变以代理、仓储、运输为主的传统业务结构向现代物流企业转型，中远海运物流不断提升产品化意识及服务质量，在现有业务基础上致力于打造6大主业体系。一方面，通过合同物流、综合货运和产业物流地产打造全程物流和供应链主体业务；另一方面，通过工程物流、口岸公共服务和空运业务形成差异化特色服务。

业务模式调整。为实现集团产业链经营中的重要支撑的战略目标，中远海运物流以客户为中心，不断强化产品研发能力，加快核心资源建设，努力打造专业能力突出，枢纽、通道、网络系统强大的综合物流供应链体系，推进从过去形成的以口岸（网点）公司作为经营、管理主体的业务运营管理模式向适应大型现代化物流供应链企业发展需求的业务模式逐步转变。

一方面，通过“七大变革”，彻底打破现有的多层级、有点无网、缺少协同、缺少产品、低水平重复建设严重的业务模式，全面构建“前端客户化、后端平台化”的扁平化、专业化、赋能型高质、高效的集约化运管体系。对标一流企业，以“总部＋大区＋城市公司”构建“矩阵式＋扁平化”组织架构，从而实现向数字化引领的综合物流供应链业务模式的转型目标。物流总部定位为战略性、专业化、集约化、赋能型的运营管控核心，通过“事业部＋能力中心＋职能部门”实现战略引领、创新区域、专业赋能、集约管控、战略客户营销、资产资本运营、风险管控、服务保障8大职能；大区分公司作为总部派出机构，负责对辖区内公司提供共享服务、市场和社会资源开发维护、跨事业部和跨城市公司的协同营销等；城市公司作为一线作战单元，承接现场操作服务、客户洞察、市场开拓、产平营销、社会资源开发维护、企业品牌形象宣传维护等职能。

另一方面，将通过公司内外部路径积极寻求轻资产模式运营的物流业务资源支持和重资产模式运营的仓储资源支持，搭建轻重两个平台，业务模式通过轻重两个平台的发展规划加以实现。

功能定位调整。基于6大主业的业务体系规划，为有效承接后续混合所有制改革的各项政策工具，同时解决仓储资源的发展瓶颈问题，2021年公司完成了运营平台主体及仓储平台主体新设注册等一系列工作。其中，运营平台定位为公司第三方物流业务的运营载体，具备相应的业务储备和盈利能力，具有清晰的上市前景和引战潜力。运营平台以合同物流业务为核心，同时开展综合货运、工程物流、口岸公共服务、空运等业务；后续将引入战略投资人，实施员工持股，最终实现上市。仓储平台则定位为公司产业物流地产运作主体，负责投资、开发、运营管理仓储资源，同时面向集团内部和外部第三方客户提供仓储租赁服务。未来将紧随国家战略布局及规划指引，一方面匹配运营平台以合同物流及综合货运等业务的仓储需求，另一方面同时兼顾外部市场需求、顺应行业发展趋势，以高度专业化、市场化的资源网络支撑中远海运物流第三方物流服务体系的发展。

【主营业务】

2021年，在新冠疫情的持续影响和混改艰巨任务全面展开背景下，中远海运物流按照“四抓一突破”和“五稳”工作方针，以战略落地和深化改革促进转型发展为主线，千方百计抢抓市场机遇，坚定不移推进“七大变革”，全力以赴发展全程物流供应链业务，保持安全稳定大局，实现了生产经营的快速增长和深化改革的破题破局，取得了“十四五”新征程的卓越开局。

化工物流。2021年实现全额收入70 798万元，同比增长50%；实现净额收入24 672万元，同比增长36.1%；实现毛利10 586万元，同比增长27.9%。化工平台安全生产形势总体保持稳定、可控、有序，未发生重大安全、环境、职业健康事故，未发生人员伤亡事故，未发生责任以上安全事故。

持续丰富产品功能，升级产品化内涵，成功

推出船舶污水处理，低闪点罐箱、食品罐箱清洗等新服务产品。加快资源获取、整合，完善平台网络。天津南港项目：初步完成项目工可研报告，推进规划调整、安评、环评工作的开展。在争取南港工业区优惠政策确定后的基础上，力争尽快获得工可研批复，与南港工业区管委会签订投资协议，以及与泰港公司成立合资公司。苏州化工三期项目：依托总部仓储工程建设中心的赋能指导，有序推进工程建设工作。厦门夏商项目：完成资产预评估、法律尽职调查、财务尽职调查、工程质量安全综合咨询评估及二期工可研工作。南京项目：在三方战略合作协议基础上，完成停车场运营团队组建工作；围绕园区封闭化管理要求，结合园区管理目标，配套信息化解决方案，力争实现停车场安全有秩序运营。

冷链物流。2021 年，进口冷藏集装箱操作量 22 443TEU，同比增长 9.96%。2021 年实现全额收入 18 677 万元，同比增长 17.8%；实现净额收入 78 858 万元，同比增长 21.1%；实现毛利 22 640 万元，同比增长 22.8%。

完善冷链战略规划，做好冷链的布局；继续推进资源建设及获取，完成或启动宁波、上海等关键节点的战略布局和资源建设项目；推进冷链供应链和科技发展的深度融合，推进双汇项目信息化进程，尝试供应链金融产品植入，并积极寻求战略合作方；打造标准化冷链产品，并以“操作效率 + 人均效能 + 作业标准化 + 能力输出”的模式向其他冷链项目输出，进一步提升中远海运冷链品牌影响力。坚持冷链产品研发，梳理和建立宁波冷链 5 大产品服务平台：冷链港口产品服务、冷链仓配产品服务、冷链多式联运产品服务、冷链供应链配套金融产品服务和电商创新产品服务。

仓储物流。2021 年，以万吨计量的仓储物流业务量 5677 万吨，同比增长 16.9%；以亿台套计量的仓储物流业务量 5.41 亿台套，同比下降 22%。2021 年实现全额收入 18 677 万元，同比增长 17.8%；实现净额收入 78 858 万元，同比增长 21.1%；实现毛利 22 640 万元，同比增长 22.8%。

2021 年，以万吨计量的业务增长主要是嘉兴外代、青岛中远海运物流有限公司、重庆中远海运物流有限公司等公司大力开拓的橡胶、涤纶丝、化肥、工业金属等货物仓储物流相关业务，为 2021 年业务收入带来较大增量。以亿台套计量的业务，主要是各类快消品的仓储保管、干线运输、分拨与配送到店物流服务业务。2020、2021 年受新冠疫情影响，客户仓储和发运配送量均有不同程度下降，公司基于确保运营效率与盈利能力的管理需要，持续分析业务各细分业务运营效率和盈利能力，及时进行调整并不断开发新的客户和市场，将仓储资源投入到战略发展和高毛利率细分业务。同时，在开展仓储保管基础业务的同时，不断开拓延伸和增值服务，增厚业务毛利。以万吨计量业务中，大宗期货现货物流业务服务是仓储业务板块近年来大力拓展的新兴物流业务，随着货物品类不断增加，业务量和业务覆盖面扩大，效益不断提升。货运场站是物流的重要节点，近年场站市场发展迅速，公司不断提升场站业务服务质量，取得较好的效益增长。以亿台套计量业务中，家电物流业务规模庞大，近年来，伴随消费者消费观念转变，网购成为家电市场主流消费方式，家电物流市场需求进一步增长。家电业务量和效益也在逐年增长。

工程物流。2021 年全年实现货量 1 406 387 计费吨，同比增长 13%；实现全额营业收入 236 982 万元，同比增长 39.7%；实现净额收入 40 278 万元，同比增长 16.4%；实现营业毛利 17 278 元，同比增长 8.6%。

中标华星光电 T7 二期项目 3 个核心标段，项目标的 3680 万。中标中核田湾核电 7、8 号机组 & 徐大堡核电 3、4 号机组俄供大件设备海运服务项目。中标田湾核电站 7、8 号机组汽轮机场外运输服务项目。中标 A330、A350 完成交付中心项目、A320 机身装配项目及哈飞空客复合材料项目。拿下意大利 Maire Tecnimont 公司和中国石化工程建设有限公司联合体的全球最大化工聚合物工厂——俄罗斯阿穆尔天然气化工综合体（Amur Gas Chemical Complex，简称“AGCC”）聚烯烃包国际全程物流服务标段，合同总金额超过1亿元。中标孟加拉国鲁普莎800MW燃机联合循环项目。中标出口澳大利亚SDA1型内燃机车全程物流服务项目。与中铁特货大件运输有限责任公司签订了战略合作协议暨廉洁共建协议。中标中国建材国际工程公司西班牙光伏电站全程运输项目，实现了在欧洲地区的新突破。在中国电力技术装备有限公司2021年沙特智能电表项目第一次服务类公开竞争性谈判采购中中标集装箱和空运两个标段的业务。长期为客户提供包括造船钢材海运进口，集装箱、散货进口清关业务及船用设备长途陆运运输等全流程、产品化物流服务，占据了造船行业物流主要的市场份额。中标加拿大天然气项目燕达EHOUSE和MINFAR模块从南通到青岛海油工程的海运服务。协同中远海运特运、中波轮船等系统内公司，为客户提供了一系列高质量的服务，包括巴石油P71模块全程物流、海上风电导管架场内运输和滚装装船、风电升压站场内运输等项目。继续紧随核能绿色发展整体战略，跟踪核电物流公海铁联运体系试运行进展，以及中核清原基础设施项目建设的最新情况。

空运物流。2021年，空运物流进出口货量205 532吨，同比增长24%；关务操作4.5万票，同比增长125%；电商操作2107万单，同比增长7%。2021年全年实现全额营业收入324 678万元，同比增长23.4%；实现净额收入52 082万元，同比增长27.2%；实现毛利19 730万元，同比增长33.9%。

关务平台的数字化转型取得根本性突破，完成系统一期功能开发并投入到广州中空现场上线。“远海通”中国制单中心在镇江揭牌成立。

跨境电商专线产品的优化和推广取得进展，英国线完成了跨境出口英国、欧洲卡车航班线路产品渠道建设；日本线完成了供应商合同签署、系统对接联调测试及实单发货测试；美国线与当地代理合作，完成美国海运FBA货物的提货、清关、配送服务，提升了当地FBA货物操作能力。

推进上海和广州两大核心枢纽港建设，自营出口包机业务取得了前所未有的重大突破，与沃尔沃进一步加深了合作，中标德国—捷克的门到港业务。承接了复星进出口有限责任公司医疗手套空运出口业务，与广药集团就华南药品分拨中心项目达成合作意向。

海外费率标准化工作持续推进，累计推广更新19个国家和地区的海外标准费率，支持10个口岸和125家客户使用。

首届中国国际消费品博览会、2021年中国国际服务贸易交易会集团展团、第130届广交会航运企业展（中远海运集团参展展台）、第十三届珠海航展、第四届进博会等展会项目提供了主场运输及展位搭建等服务。

集装箱物流。2021年全年实现货量378万吨，同比增长6%；实现全额营业收入3 629 427万元，同比增长125%；实现净额收入105 920万元，同比增长25.5%；实现毛利59 000万元，同比增长34.4%。2019—2021年，集装箱物流板块在复杂多变的市场环境下，保持业务持续运营，并不断突破困局，重点关注直客营销，强化产品设计能力，推进多式联运业务发展，推动系统集装箱物流业务的转型发展。利用总部优势，创新思维，将“一带一路”的中欧陆海快线、西部陆海新通道、中欧班列等通道形成海铁循环，实现突破发展。2021年是国家及公司“十四五”规划的开局之年、关键之年、决战之年。集装箱物流板块克服国内境外疫情带来的不利影响，实现了系统集装箱总业务量的稳步增长。

强化中欧陆海快线项目的管理和维护，推动陆海快线箱量明显提升，夯实运营基础；制定了发展冷链、物流平台，以及与地方政府合作等战略，持续市场开发，深化内部协同。在原有业务基础上，逐步扩大业务类型和覆盖范围，实现西北地区业务突破，新增澳斯卡粮油、中铜国际（散改集）、中储粮、龙蟒、金东纸业、重庆惠科光电等一批新客户；在参与政府平台建设方面，重庆国际物流集团按计划完成对陆海新通道运营有限公司和渝新欧（重庆）供应链管理有限公司股权收购。

散货物流。2021年操作货量55 773万吨，同比增长11.17%；实现全额收入669 167万元，同比增长45.14%；实现净额收入56 214万元，同比增长 24.6%；实现毛利 28 806 万元，同比增长 26.3%。散货物流业务目前以港前服务为主，聚焦铁矿石、煤炭、有色矿、粮食、纸浆等行业。

疫情暴发的初期，由于国内停工停产，港口作业低效等原因，业务明显下降，但随着国内疫情迅速得到控制，国外疫情的暴发，工业生产再次向国内集中，延续复苏回升态势，业务恢复并保持增长。2021 年，大宗散货的货价和航运价格达到历史高位，物流行业将适应疫情防控常态化形势，为货主企业提供高质量高效率的物流服务，促进散货业务规模增长。

船代业务。2021 年全年实现外贸箱量 1496 万 TEU，同比增长 8.1%；外贸货量 6.16 亿吨，同比增长 4.6%；内贸货量 6.84 亿吨，同比增长 6.2%；船舶代理业务实现全额营业收入 2 564 044 万元，同比增长 121.7%；净额营业收入 126 085 万元，同比增长 19.4%；实现营业毛利 78 462 万元，同比增长 27.2%。

受国内疫情逐步得到控制、国内外经济复苏、干散货市场转暖、集装箱海运市场火热等综合因素影响，2021 年船代业务线各代理业务量均有较大幅度的增长。

与上海中谷海运签署中国外代首份船货一体化的代理服务协议；与 G2 OCEAN 就船代业务新签协议，为未来件杂货市场特别是纸浆船代理业务的进一步开拓打下良好基础。与地中海航运续签代理协议，并协调解决了上海区域的美元运费对外汇付问题；成功续签嘉吉代理协议；与中远海运散运签订《内贸船舶代理费结算协议》，确保代理收入与上一年基本持平；取得国能远海 2021—2022 年度船舶代理服务 7 个标段标的中 6 个标段的中标。

将马士基代理服务最新经验向全口岸复制推广，持续提升口岸整体服务意识和水平。其中，中国外代 5 家公司的 6 个口岸多次进入马士基、海陆两家公司的前七名，囊获海陆马士基 2020 年度全部三大片区最佳代理奖；以上海外代为客户打造的定制化箱管产品为入口，锚定延伸服务拓展项目，推介全国网点服务产品、提供全国内陆拖车费率，得到客户的积极反馈。

理货检验业务。2021 年，理货业务实现全额营业收入 32 552 万元，同比增长 11.6%；实现净额营业收入 32 552 万元，同比增长 11.6%；实现营业毛利 15 676 万元，同比增长 9.2%。检验业务实现全额营业收入 13 722 万元，同比增长 7.3%；实现净额营业收入 13 722 万元，同比增长 7.3%；实现营业毛利 2766 万元，同比增长 71.4%。

第三方公证业务。持续推广智能理货应用，稳定海外检验项目运作，保持农产品检验、政府贸易保障业务增长，克服海外疫情影响。

海外业务。保持几内亚检验业务平稳运行，实现几内亚项目业务量和收入翻倍。

股权投资项目。曹妃甸中理 16% 股权收购、增持武汉中理 4% 股权已完成资产预评估初稿；与安徽省港集团合资参股新设安徽省港理货公司已启动可行性研究报告撰写。

检验转型。与 BV 等业内知名企业积极对接，签署战略合作协议，共同提升核心竞争力，拓展新市场，实现优势互补、资源共享、互利共赢。赋能外理系统口岸公司，打造转型检验新模式。推进检验并购项目。提出收购西安康派斯公司股权的意向。了解康派斯公司石油化工检测、食品检测、环境检测等主营业务情况，研究分析其核心竞争优势，以及与中理检验的互补性和协同性，提出相关意见建议。

【境外发展与管理】

2021 年，中远海运物流聚焦海外公司的战略落地、改革转型和经营发展，坚持战略引领，强化管理提升，通过专题交流会等形式赋能海外公司，促进海内外协同。

2021 年 4 月，发布实施《中远海运物流有限公司境外机构管理办法》，进一步明确管控责任和工作要求，提高境外机构治理水平，保障境外机构管理的全周期依法合规。

2021 年 8—12 月底，克服一国一策、一企一策，程序复杂、文件多样的困难和挑战，完成中远海运物流三平台搭建海外公司的股权转移工作。

全力支持海外资源获取的重点项目，积极推进杜伊斯堡多式联运场站项目。2021 年合资公司杜伊斯堡门户场站有限公司推进多式联运场站项目德国政府补贴申请和工程建设审批，开工许可和政府补贴 2021 年年底全部获批。

【经营效益】

在全力推进深化改革和战略落地的同时，全系统凝心聚力，紧盯全年经营目标，明确上下分工，优化内部管理，深化提质增效，保持口岸一线拼搏创效势头，创造历史同期最佳经营业绩。2021 年，中远海运物流实现营业收入 743.6 亿元，同比增长 92.1%；发生营业成本 715.9 亿元，同比增长 95.7%；实现利润总额 15.6 亿元，同比增长 79.5%；实现净利润 11.97 亿元，同比增长 86.2%，超集团下达奋斗指标进度 32 个百分点。

深化业务转型，合同物流业务保持快速发展。散货物流围绕淡水河谷、国家储备粮去库存等项目，大力拓展煤、粮、矿全程物流业务，业务量同比增长 4%，营业毛利同比增长 22.1%。仓储物流期货交割库业务持续扩大，家电 3C 业务大客户合作成效显著，计重业务量同比增长 17%，营业毛利同比增长 22.8%。工程物流克服海外疫情影响，抢抓双循环机遇，大力开拓国内石化模块、轨道交通、核能核电等业务，业务量同比增长 12.3%，营业毛利同比增长 8.6%。空运物流把握市场趋势，强化运力资源获取，以关务平台建设为支撑，全力开拓进出口和跨境电商业务，进出口货量同比增长 24%，营业毛利同比增长 33.9%。化工物流持续做好核心客户服务，不断开发石化品运输、液化品灌装和罐箱清洗业务，推动金港项目产能不断提升，业务量同比增长 18%，营业毛利同比增长 27.9%。供应链物流保持冷链项目高库存、高周转，稳定粮食业务操作，计重业务量同比增长 57%，营业毛利同比增长 94.3%。

抢抓市场红利，口岸服务和综合货运业务效益规模创历史新高。船舶代理强化集约运营，全力拓展外贸班轮业务，稳定非班轮业务，营业收入同比增长 122%，营业毛利同比增长 27.2%。集装箱物流持续开发海运订舱、多式联运班列业务，自揽货比例不断提升，营业收入同比增长 125%，营业毛利同比增长 34.4%。第三方公证业务持续推广智能理货应用，稳定海外检验项目运作，保持农产品检验、政府贸易保障业务增长，营业收入同比增长 10.3%，营业毛利同比增长 9.2%。

加强海外运营，生产经营实现逆势上升。各海外公司克服疫情严重影响，加强市场拓展和与国内协同，保持经营稳定有序，与海外经济低迷相比，取得超预期经营成效。北美公司实现净利润 2634 万元，同比增长 540%；欧洲公司实现净利润 1444 万元，同比增长 86.7%；中国香港公司实现净利润 602 万元，同比增长 122%；日本公司实现净利润 560 万元，同比增长 335%。

强化精益管控，提质增效取得显著成果。加强亏损企业治理，将亏损企业总数压降到 22 户，较上年同期减亏 10 户。有序推进企业压减，抓住中海物流下属公司股权解冻窗口期，加大清算关闭力度，完成 25 家法人企业压减。深化资产盘活处置，通过股权转让、房产处置、土地收储等方式实现盘活收入 4.16 亿元。加强资金管理，发挥虚拟资金池作用，适时推进利率置换和开展内部委贷，降低资金成本 1900 万元。持续推进历史遗留问题处理，成功退出项目 36 个，减少风险敞口 9.9 亿元，降低预计负债 1.68 亿元。强化应收账款管理，应对海运费上涨带来的资金占用规模上涨风险，加强客户资信管理，推动应收账款周转天数从 47 天下降到 31 天。

【公司治理】

中远海运物流为独资企业，由单一股东（中远海运集团）直接管理，不设股东会。

董事会建设。2021 年度中远海运物流第二届董事会成员共 8 人，董事长为韩骏，董事为蒋恺，外部董事为吕靖、刘新权、高名湘，专职外部董事为胡兵、曹斌，职工董事骆志月。董事会秘书为高伟。全体董事会成员认真履行忠实义务和勤勉义务，为公司重大战略和重要事项作出科学决策。专家委员会：董事会在原有的审计与风险管理委员会、战略与投资委员会、提名与治理委员会 3 个委员会基础上，于 2021 年 12 月新增设了薪酬与绩效考核委员会；审计与风险管理委员会主任委员为刘新权董事，战略与投资委员会、提名与治理委员会、薪酬与绩效考核委员会主任委员为韩骏董事长。

公司董事会严格执行《中国远洋海运集团有限公司直属公司董事会运作管理办法》和新授权范围，不断规范董事会治理。2021 年，董事会深入贯彻落实新发展理念，不断清晰公司发展战略，紧紧围绕集团各项工作要求，在推进公司深化改革和转型发展的同时，坚持合规、高效的议事决事机制，充分发挥董事会在公司治理中的核心作用，确保了公司经营发展质量提升，国有资产保值增值。2021 年度共召开 11 次董事会，其中 4 次现场会议，7 次通讯会议。2021 年度各专门委员会总计召开 2 次，审计 3 项议题。

监事会建设。白石任监事会主席，张清海任监事，李斌任职工监事，日常办事机构为监督审计部，支持配合监事会开展工作。2021 年，中远海运物流二届监事会按照法律法规和集团《关于规范直属单位监事会运行的意见》要求，认真贯彻落实，充分发挥监督、制衡、服务、评价职能，促进公司治理主体规范化运作。

2021 年 1 月，经公司监事会审议，下发《中远海运物流有限公司监事会议事规则》《中远海运物流有限公司监事会工作指引》，明确了监事会议事方式和决策程序，围绕监事会四项职能，进一步明确了监事会工作内容、工作方式和经费保障渠道，促进监事会和监事有效、规范履行职责。

2021 年，监事会以现场 + 书面等多种方式组织开展了对中远海运化工、上海中远海运物流、广州中远海运物流、青岛中远海运物流、重庆中远海运物流 5 家直属单位的调研工作，重点从物流总部重大决策部署执行情况、推进公司“混改”工作、基层企业董监事会建设情况、企业重大风险控制和生产经营情况 5 个方面开展，并对直属单位反映的相关问题和困难及时协调总部相关职能部门予以推动解决，取得良好效果。先后与公司董事会办公室、法务与风险管理部门、改革办公室 3 个职能部门进行访谈，听取有关情况汇报，审阅公司董事会运作、内控体系和风险管理制度建设及运行情况、物流“混改”进展情况等相关资料，对公司董事会和经理层决策管理行为的合规性开展监督。经审核相关部门报送的材料，未发现公司董事会及经理层决策管理行为存在不合规的情况。

召开二届监事会四、五、六次现场会议，审议通过 3 项议案，监事会会议完成了 2021 年监事会主要工作计划制定，专项审议了公司 2020 年财务决算和 2021 年财务预算报告。提出了做好整改落实并加强成果运用、加大资金集约化管控力度、强化内控和风险管理、发挥财务稽核管控的前沿防线作用 4 方面的建议；分别从应收账款管控、资金集约化、投资合规合法、成本控制 4 个维度提出重点关注事项。监事列席公司董事会会议 10 次。对《中远海运物流加快“十四五”战略落地》等重要议案事先充分研究，会上积极主动发表意见，从监事履职角度提出加强合规管理、防范化解风险等方面意见，并得到公司的高度重视与采纳。

领导班子建设。公司始终将班子建设放在第一位，不断抓紧抓牢抓实，充分发挥党委班子把方向、管大局、促落实的领导核心和政治核心作用，坚持好班子是“配”出来的，更是“练”出来的理念不放松。公司实行董事会领导下的总经理负责制，截至 2021 年年底，领导班子成员共 9 名，其中，韩骏任董事长、党委书记，蒋恺任董事、总经理、党委副书记，段永桓任总会计师、党委委员，季建生任党委委员、纪委书记，高伟、符鹏、董大欣、马晓东、张燕松任副总经理、党委委员。

【组织结构】

物流总部机构设置。新总部共设置了 19 个部门，分别为董事会/总经理办公室、党委工作部、直属机关党委、散货物流部、集装箱物流部、供应链物流部、船务部、理货检验部、仓储物流部、战略与企业管理部、运营管理部、海外发展部、安全监管部、财务管理部、人力资源部/组织部、法务/风险管理部、信息化管理部、监察审计部/纪委工作部、工会。另根据实际情况设置了党委巡查办公室、发展研究中心、上海营销中心等特设机构。办公地址设在北京市朝阳区八里庄北里220号中远海运物流大厦。

企业管理层级情况。截至2021年年底，公司管理层级最多为4级。母公司所属二级子企业8家、三级子企业222家、分公司138家。

企业法人层级情况。截至2021年年底，按照企业法人层级划分，中远海运物流系统合并范围内子公司共计231家，一级法人企业1家（中远海运物流）、二级法人企业8家、三级法人企业150家、四级法人企业68家、五级法人企业4；分公司共138家。截至2021年年底，中远海运物流境外子公司共7家，分别为中远海运物流（日本）有限公司、中远海运物流（欧洲）有限公司、中远海运物流（香港）有限公司、中远海运物流（非洲）有限公司、中远海运（香港）船务代理有限公司、中海物流香港有限公司和中理检验几内亚有限公司。

压缩管理层级、减少法人单位工作目标及落实情况。2021年，公司完成25家法人单位压减工作。

【信息化建设】

为实现集团“十四五”战略规划对物流业务成为“数字化驱动的第三方物流平台企业”的新定位，落实“十四五”战略规划数字化赋能战略举措，加快以数字化为引领的业务转型升级步伐。

数字化转型。与百度建立战略合作，合资成立远度云供应链科技公司，并按照市场化机制保障公司高效运作。在远度云公司和信息化管理部组成的新机制下，中远海运空运成功开发并上线了“远海通”空运智能关务平台，在镇江设立中国制单中心，每套单证操作时间由1小时下降到1.5秒，对关务业务形成高效赋能，大幅提升一体化关务服务水平。加快数字化转型步伐，围绕业务运营、内部管理需要，同步开启了包括智能化办公系统在内的20项数字化项目的立项和研发工作。智慧化工数字化建设项目：金港园区升级，制定出以构建园区“智慧大脑”为核心，以AI识别、智能探测、无人车等设备为手段的全感知、全智能、全联动的多模态智慧园区解决方案。赴南京江北、宜兴新材料产业园、上海奉贤、南京招商等园区进行项目调研与产品推介，为金港产品优化与后续深入推广合作奠定了基础。

各业务板块信息化建设。完成了广州、宁波、上海区域本部、船务公司本部和上海船务公司的非班轮部分推广上线工作。完成统建安全管理平台第二阶段的开发上线。

信息化建设成果。智慧化工数字化建设项目获得中国物流采购联合会2021年度科技进步一等奖。内贸港口数字化服务平台项目获得中国物流采购联合会2021年度科技进步三等奖。智慧化工数字化建设项目获得中国物流采购联合会2021年度优秀信息化案例奖。“远海通”智能关务平台项目获得2021年智能经济高峰论坛产业智能化先锋案例奖项。冷链物流综合服务平台取得了中国版权保护中心颁发的软件著作权。中远海运物流获得了中国交通运输协会颁发的2021年度物流信息化优秀推荐品牌。

【风险管控】

公司依法合规经营，具有完善的风险管理和控制体系，采取有效措施防范投资、财务、金融、法律、知识产权、安全质量环保等方面重大风险，未出现重大资产损失。

主动支持、积极协助，为公司混改工作保驾护航。出具《关于深改工作的阶段性法律风险提示（第1期）》《企业解散清算程序法律实务操作指引》《企业债权转让程序法律实务操作指引》《三平台搭建相关业务合同转签所涉法律实务操作指引》《三平台搭建相关人员转移所涉法律实务操作指引》等多项法律指引，规范实务操作管理标准。

全面落实国务院国资委文件精神及集团审计管理体制改革要求，强化公司党委对内部审计工作的领导，共组织实施审计项目 58 项，其中经济责任审计 38 项、财务收支审计 6 项，工程项目审计 11 项、专项审计 3 项。

加强应收账款管理，强化超一年期项目催收，一年以上应收账款净额同比下降 37%，应收账款周转率提升 64%。

开展物流投资项目专项风险动态跟踪，加强对风险管控措施的监督落实。结合目前改革推进的情况，根据项目战略意义、投资金额、进展状态、分布状况等维度选取了部分有代表性的项目，由主责单位从项目概况、项目风险应对现状、有无其他重大风险出现和项目风险应对情况自我评价 4 个方面开展动态风评跟踪工作。同时，随着项目运行过程中内外部环境的变化，动态调整风险构成及应对措施。本次开展动态跟踪的项目，在执行期尚未发生风评报告中所列重大、重要风险事件，整体风控措施执行情况良好，风险得到有效管控。

深化历史遗留问题处理，完成项目退出 36 个，融资余额 9.91 亿元。其中，解押退出 1 个，融资余额 664 万元；诉讼退出 6 个，融资余额 3.7 亿元；评估退出 29 个，融资余额 6.15 亿元。

【安全管理】

中远海运物流坚守红线意识、强化底线思维，坚持“三个必须”和“四不放过”原则，按照本质安全标准，以“数字化引领、集约化管控、专业化支撑、产品化服务”为目标，以全面落实安全生产领域“标准化、系统化、流程化和数智化”为主要手段，推动建立“本质安全、绿色高端”的安全生产、生态环保运营、监管体系。2021 年度物流系统安全生产形势稳定且持续好转，全年未发生任何生产安全事故。

推进安全产品在各业务版块的形成。主编《化工园区开发建设导则——物流交通分册》，并在全国范围内公开征求意见及评审，填补了我国化工园区建设标准的空白，对化工园区实际开发建设具有重要指导作用。编制了《中远海运物流普通仓库安全生产标准推广实施工作方案》，完成了《新能源汽车动力蓄电池回收安全生产标准》初稿。指导营口百丰泰制定公司安全生规章制度 46 项、安全生产操作规程 33 项、安全生产责任制度 18 项；建立了双重预防机制；制定了应急预案，建立了应急救援组织；探讨了安全生产自动化、智能化硬件投入和改造方案，并向辽宁省粮食和物资储备局提出安全标准化建设申请。完成冷链业务线的风险源梳理，建立双重预防机制危险源管控清单。

荣获安全生产管理奖项。化工物流应邀出席“2021 中国化工园区与产业发展论坛” 并荣获 2021 化工园区优秀服务商、同时被评为上海市消防协会年度先进会员单位；荣获 2021 年上海市奉贤区危化品安全知识竞赛二等奖、江苏省张家港保税区 “生态文明建设先进单位”和江苏省张家港保税区安全生产委员会 “优秀企业”。泸州物流被评为四川省级安全文化示范企业。

【队伍建设】

系统提升领导班子综合能力。主动担当砥砺奋斗本领，团结带领干部职工推动改革转型。从党和国家的战略全局和集团战略布局中找坐标、定方向，以强烈的使命感、危机感、紧迫感加快推动企业改革转型，深入宣贯公司“十四五”战略规划，统一思想，凝聚共识，汇聚合力，推进“七大变革”破除“十大瓶颈”，进一步提高了公司经营质效，以实干实效检验政治担当，强化履职能力。始终坚守党性宗旨，坚持群众路线提高服务水平。严格落实组织生活纪律，过好双重组织生活，践行“一岗双责”领导促进党建与中心工作融合发展。落实调研指导基层联络点工作，掌握一线党员群众动态，沟通交流创新发展的意见建议，群策群力汇聚推进事业发展的广泛力量；解决群众职工急难愁盼问题，不断拉近党员干部和群众职工的心理距离，不断强化企业发展和职工福祉的紧密联系。真正做到党的理论每创新一步，武装头脑就跟进一步，理论水平就前进一步，进一步增强“四个意识”、坚定“四个自信”、做到“两个维护”。持续巩固深化“不忘初心、牢记使命”主题教育成果，采用网络直播方式举办党史学习教育专题党课，把学党史同坚决打赢疫情防控和提质增效攻坚战、更好履行央企责任、持续做强做优做大国有企业结合起来，同努力完成年度各项目标任务结合起来。

全面加强领导班子队伍建设。结合改革目标，制定了“人级、岗级、薪酬”分立并行的变革方向，按照统一部署、同步实施、尊重历史、全面覆盖、有效衔接、科学管理的原则，完成了中远海运物流系统内全级次管理人员共计3056人绩能级初次认定工作，为“三平台”管理岗位人员选聘工作顺利开展做好前期准备。为了更好地甄别“领军型”“创新型”“突破型”干部人才，进一步压实各级领导干部的责任担当，增强使命感、责任感、紧迫感，公司党委开展了直属单位领导班子及党委管理干部综合考核暨组织变革专项考核工作，共收到2021年度领导班子述职报告15份、党委管理干部述职报告177份；发起360度线上综合测评，共计发放并回收测评表3000余份；对191人在组织变革期间综合表现情况进行谈话了解，共计谈话580人；形成专项考核报告191份。结合干部专项考核结果，围绕公司“十四五”战略规划目标，按照转型升级和高质量跨越式发展以及人力资源改革4.0的总体要求，开展了新中远海运物流管理岗位适配实施工作。第一批次共发布运营平台能力中心和职能部门负责人、事业部和大区分公司领导班子、重资产平台和待整合平台领导班子等岗位165个；共收到298人、496岗次的有效岗位申请表，其中288人、478岗次通过资格审查。通过人岗适配选聘，切实把符合好干部标准的“领军型”干部和优秀人才选拔出来，深度激发干部人才干事创业内生动力，全面释放企业发展活力，推进企业转型升级发展。除上述人岗适配以外，根据集团要求，2021年推荐集团驻安化县第一书记轮换人选1人，推荐2021年集团定点帮扶县挂职干部人选1人，推荐船舶挂职政委4人，完成中国船燃公司司管干部挂职1人，云南省临沧市市管干部挂职2人。

持续打造后备干部梯队。根据后备干部及优秀年轻干部推荐相关制度规定，在组织开展各直属单位“一报告两评议”工作的同时，公司认真开展了后备干部推荐工作。2021年，结合组织变革专项考核工作整体安排，首次开展物流总部各部门、特设机构正副职后备人员推荐选拔工作，同步开展各直属单位后备人选调整工作。各直属单位共推荐后备干部193名，物流总部各部门共推荐后备干部67名。不断加大干部培养力度，与集团党校合作，组织全系统192名优秀干部参加物流“远航班”“启航班”培训，通过系统、全面、深入地课程教学和思维训练，着力对各级干部的学习能力、战略思维能力以及创新开拓能力进行重点培养，以培养赋能提升干部工作效能，全面提升了领导干部新发展理念、领导科学理论、企业管理、现代物流及供应链理论知识和能力水平。

【党工团建设】

中远海运物流党委在集团党组的正确领导下，以习近平新时代中国特色社会主义思想为指导，深入学习贯彻党的十九大、十九届五中和六中全会精神、习近平总书记“七一”重要讲话精神，以庆祝中国共产党成立100周年、党史学习教育为主题主线，把方向、管大局、促落实，以“四抓一突破”的方法论，全力推进“十四五”战略规划落地落实，全力推进改革发展破题破局，高质量发展呈现稳中有进、进中出新的良好势头。

党组织情况。中远海运物流党委班子由9人组成。公司党委所属基层党组织361个，其中党委37个、党总支20个、党支部304个，其中：直属法人单位党委15个，直属机关党委1个。共有中共党员4298名，其中在职党员4233名，离退休党员28名，其他党员37名。各直属单位党组织在接受中远海运物流党委领导的同时，遵循属地化管理原则，接受属地上级党组织的管理。

坚持顶层设计。深入落实《关于中央企业在完善公司治理中加强党的领导的意见》，坚持党的领导和完善公司治理相统一，制定了《总部“三重一大”事项决策和权责清单》，修订了《党委议事决策规则》。严格落实“两个毫不动摇”、两个“一以贯之”“三个有利于”，制定印发《公司在全面深化改革中加强和改进党的建设的实施方案》《关于在公司深化改革中党群组织及党群职能部门同步设置的落地方案》以及相关工作指引，保障在深化改革中将“四同步、四对接”原则要求落到实处。

严把舆论导向。在学习强国、集团官微及报纸刊登报道近 410 篇，在网易号、今日头条、掌链网等外部媒体刊登报道 110 余篇，参加大型展览 12 个，不断提升企业社会形象和品牌影响力，为公司推进深化改革、参与市场竞争营造良好的外部环境。

强化责任担当。贯彻落实“我为群众办实事”实践活动部署，协调落实 600 万元援藏扶贫资金，落实集团定点帮扶地区 70 万元农产品采购任务并向一线职工发放。深入开展“两节”送温暖、夏季送清凉慰问，全系统“两节”慰问 162 家基层公司和生产一线单位、88 户困难职工家庭、慰问一线职工 3280 余人， 发放慰问款物总金额 309 万元；送清凉慰问企业和工地 160 家，慰问职工 7391 人次，发放和赠送防暑降温劳防用品涉及费用 190 万元，切实把党的温暖、企业的关怀送到大家的心坎上。

聚焦青年成长。中远海运物流团委班子由 1 名书记、6 名委员组成。截至 2021 年年底，全系统 35 周岁以下青年共 4293 名，14 ~ 28 周岁青年共 1163 名，团员 1428 名（含保留团籍的党员 265 名），分属 15 个团委、5 个团总支、91 个团支部。

公司团委聚焦“变革・创新・赋能”和“梦想・创新・实干”主题主线，将“学党史 强信念 跟党走”学习教育融入到公司党委党史学习教育之中，组织团员青年开展“学习党史悟思想 奋楫扬帆开新局”党史知识竞赛活动，以新思想引领青年。召开 2021 年物流青年讲堂暨青年典型经验分享交流会，邀请宁波冷链公司分享《冷链物流市场发展与开拓》经验。典型引路提升岗位建功影响力，1 个集体和 1 名个人荣获央企团工委“五四红旗团委”“优秀共青团干部”称号，9 个集体和 5 名个人荣获集团“青年文明号”“青年安全生产示范岗”和“青年岗位能手”称号，13 个集体和 34 名个人被授予物流“五四红旗团委”“五四红旗团支部”和“优秀共青团员”“优秀共青团干部”称号。指导各直属单位团组织结合实际探索青年创新长效化机制，培育了“金种子”项目交流会、创新论坛、创新大赛、“金点子”征集等创新项目，助力公司深化改革、转型发展走深走实。开展“弘扬雷锋时代精神 奉献物流青春力量”雷锋月活动，号召团员青年学习雷锋同志“全心全意为人民服务”的理想信念和道德品质，将新时代雷锋精神融入中心工作。强化志愿服务的常态化建设，34 名青年员工参与集团团委“浪花・心愿”爱心结对，体现了央企责任担当。

【廉政监督】

中远海运物流纪委认真贯彻落实十九届中央纪委五次全会、习近平总书记“七一”重要讲话精神，按照集团党风廉政建设和反腐败工作会及公司党建会提出的全面从严治党要求，协助公司党委纪委落实好党风廉政建设和反腐败各项工作，为公司“十四五”战略规划和深改各项工作落地提供坚强保障。

压实政治责任。结合公司党委“十四五”战略规划和深改工作部署，以及“四抓一突破”“三平五稳”等工作要求，配合公司纪委对广州中远海运空运、广州中远海运工程、中远海运化工、重庆区域、泸州物流等 8 家单位调研督导，进一步压实主体责任、监督责任和“一岗双责”责任。

创新监督方式。印发《2021 年深改监督组工作计划》《深改监督工作指引》，强化跟进监督，创新建立交叉融合监督工作机制，每周汇总各专项工作组的工作周报，共梳理出 88 项重点关注事项，及时提醒督促责任人关注工作进展。

强化风险防控。围绕改革中人财物等重点环节，开展廉洁风险点自查，共排查出廉洁风险点21个，提出38项防控措施；召开2次深改监督工作会议，出具1次监督意见书，提出监督建议6项；参加改革相关中介及供应商招投标项目10项，压减供应商选聘成本188.07万元。

稳定工作大局。重点关注员工自愿退出和退养办法的制定和实施、干部绩能级定级公示、股权划转进度、组织落地和人员业务转移等涉及职工群众利益的事项的实施情况，对相关制度提出11条建议，通过改革例会向相关部门发出工作提示7条；下发《关于开展深改监督的工作提示》，要求各单位纪委以“严实细准”强化对深改全过程全覆盖监督，稳定改革工作大局；督促各单位认真落实“深改中加强和改进党的建设方案”要求，推动“四同步”“四对接”落地落实。

严明纪律要求。严查快办改革中涉及选人用人方面的12个信访问题线索，对人员任用提出建议；印发《关于进一步严明纪律促进改革顺利进行的通知》，明确“八个严禁”纪律要求；印发《深入开展整治职工群众身边腐败和不正之风》工作方案，从6个方面开展专项工作；选派2名纪检干部参加组织变革专项巡察，对发现问题加强督促整改；向组织部门反馈4名领导干部廉洁意见，3名领导干部党风和廉洁从业情况，做到选人用人关口前移。

【企业文化】

中远海运物流在第十四届中国物流业“金飞马”奖评比中，荣获2020年“中国最具社会责任物流企业”“中国物流品牌价值百强”“中国十佳物流企业”及“抗疫先锋特别奖”4个奖项。

做优企业文化建设。坚定践行“四个一”理念，在“以奋斗者为本”的文化基础和要素中明确企业使命、深化核心内涵、搭建有形体系，完成企业文化核心价值理念纲要初稿，面向全系统广泛征求意见，提升广大干部职工对企业文化理念的认同和理解，推动企业文化新理念落地生根。组织开展公司成立五周年主题宣传，深化企业文化核心内涵，记录企业发展重要足迹，为公司发展提供文化支撑。持续深入开展各类文明创建活动，不断夯实中国特色社会主义的思想道德基础，全系统精神文明建设再结硕果，上海中远海运物流和中远海运船务蝉联“2019—2020年度上海市文明单位”荣誉称号，进一步提升中远海运物流竞争软实力。

坚持典型引路。大力弘扬“以奋斗者为本”的企业文化，进一步激发全体员工建功“十四五”的干事热情，2021年共获评中远海运集团“钻石团队”成员1名、“先进集体”10个、“先进个人”10名，评选中远海运物流“钻石团队”10个、“先进集体”15个、“先进个人”28名。策划推出“奋斗者风采”“青年榜样”“两优一先”“最美劳动者”“国庆假期不打烊”“奋斗的中秋”等多个专题宣传栏目，持续报道先进典型事迹70篇，用身边人身边事激励干部职工以新担当新作为拥抱改革新时代，营造“功成不必在我，功成必定有我”的创业氛围。

推动廉洁文化建设。充分利用“每月讲堂”，及时学习、宣讲改革进程、重点难点和制度规定，推动基层纪检机构和总部职能部门对改革中的重点、亮点工作进行经验交流，共开展5次基层单位经验交流，12次专题培训；协助公司纪委相继与天津中远海运等4家单位围绕协同监督、特色监督等开展学习交流；向集团反腐倡廉网报送公司工作亮点信息66篇，党建网发布各级纪检监督机构工作亮点信息322篇，表彰党风廉政建设宣传工作成绩突出的5家先进单位和5位先进个人；在“纪检监督信息上”设“勤风廉韵”专栏，发布正能量文章10篇，激发领导干部干事创业热情；研究制定廉洁工程管理手册，以廉洁文化建设推动防控廉洁风险。

【战略合作】

2021年3月23日，中远海运物流与中信金属集团在京签署战略合作协议。中信金属集团总经理、执委会主席孙玉峰，中远海运物流董事长、党委书记韩骏分别在香港和大连以视频形式出席仪式，中信金属集团贸易执委兼中信金属股份有限公司董事长、党委书记吴献文与中远海运物流总经理蒋恺在京出席仪式。中远海运物流副总经理马晓东和中信金属集团副总经理吕衍蒸分别代表双方签约。双方希望中远海运物流与中信金属集团携手，以数字化为支撑，通过物流供应链的业务模式，打造产品化为基础的定制化及平台化合作模式，为保障国家大宗商品物流供应链的安全稳定和高效运营共创价值。

4 月 21 日，中远海运物流与大冶有色金集团在京签署战略合作协议。双方希望通过物流服务链条与实体产业的紧密结合，利用数字化将工业互联网与物流供应链之间的大数据交联交互，实现双方的降本增效、优势互补、发展共赢，共同推进业务向产品化、规模化、网络化方向发展。

7 月 29 日，中远海运物流与百度签署战略合作协议，百度智能云正式成为中远海运物流的数字化创新合作伙伴，标志着央企与互联网头部技术公司合作打造物流行业“新基建”迈出重要一步。中远海运集团董事、总经理、党组副书记付刚峰，中远海运集团总经理助理、中远海运物流董事长、党委书记韩骏，中远海运物流董事、总经理、党委副书记蒋恺，中远海运物流副总经理张燕松，中远海运物流信息化管理部总经理刘强，百度董事长兼 CEO 李彦宏，百度 CTO 王海峰，百度集团副总裁、百度集团收悉信息管理 CIO 李莹，百度智能云副总裁杨兆明，百度智能云创新行业部总经理张乐等出席签约仪式。双方将以物流数字化转型项目为基础，持续探索在智慧物流、智慧冷链、智慧化工园区等领域展开合作，助力智能物流产业场景应用创新。双方还将成立数字物流科技合资公司，输出平台能力及行业领先的解决方案，服务整个物流行业的数字科技升级。

9 月 15 日，中远海运物流总经理蒋恺赴合肥参加中远海运物流与安徽省港航集团战略合作协议、投资框架协议签约仪式。双方签约后将本着“发挥优势，系统发展，优化布局，互利共赢，市场主导，着眼长远”的原则，建立战略合作伙伴关系，拟在供应链物流平台建设、物流仓储网络建设、贸易合作、资本合作及协同发展等领域加强合作，积极推进已有意向的投资项目尽快落地。

10 月 22 日，中远海运物流总经理蒋恺与山东港口海外发展集团签署战略合作框架协议。中远海运物流和山东港口海外发展集团将积极发挥各自供应链整合优势和海内外运营资源优势，在船代、海运货代、现代物流、检验检测等方面展开全方位合作，实现优势互补、资源共享、共同发展。

12 月 16 日，中远海运物流与中国人民财产保险股份有限公司（以下简称“中国人保财险”）在京签署战略合作协议。在中运海运物流总经理蒋恺和中国人保财险副总裁降彩石等共同见证下，中远海运物流副总经理马晓东和中国人保财险机构业务部副总经理肖莉分别代表双方签署协议。面对前所未有的新时代，双方将肩负使命，携手耕耘，不断扩展合作范围，探索创新多样化的合作模式，推动双方主营业务的高质量发展，赋能中远海运物流“十四五”战略规划落地。

【社会责任】

落实精准扶贫政策。中远海运物流以党的十九大精神和习近平总书记扶贫开发重要战略思想为指导，在集团党组坚强领导下，始终不忘履行中央企业的政治责任和社会责任，积极协助和参与集团和地方政府做好扶贫援藏工作，为打赢脱贫攻坚战和服务当地经济建设贡献力量，2021 年协调落实 600 万元援藏扶贫资金，落实集团定点帮扶地区 70 万元农产品采购任务并向一线职工发放。

推进污染防治工作。金港化工按照“五高”标准，打造安全、环保、绿色、低碳的标杆园区，构建“1+6+2”智能模式，即 1 个大脑，6 大场景、2 大安全与环保主题，以园区智慧大脑为核心，在 6 大场景上针对安全与环保进行智能化升级，以云计算、大数据、人工智能为基础，以数字化总控平台、应急管理、智能无人车巡检、停车场倒车提醒系统、智能识别、气体泄漏智能探测等多项能力的安全环保管理综合解决方案为抓手，以智能化应用系统平台为支撑，将人、车、货、物等全面感知、数字连接并深度融合，聚焦科技化运营、品质化服务、数字化物流，实现安全、环保、绿色、低碳可持续发展。累计取得实用新型发明 4 项、软件著作权 14 项知识产权，并取得证书。参与行业标准建设，主编《罐式集装箱清洁服务要求》，参编《化工园区危险品运输车辆停车场建设标准》《智慧化工园区系列团标》等行业标准，有利于打造化工“六出”产品，为“金港化工”产品化复制提供了模版。

【疫情防控】

按照党中央关于抓紧抓实抓细常态化疫情防控工作的决策部署，全面落实“外防输入、内防反弹”的总体防控策略，坚持及时发现、快速处置、精准管控、有效救治，有力保障全体员工生命安全和身体健康，做好日常防疫工作。严格货物进口、冷链仓储等物流重点环节的疫情防控，落实办公、作业场所的日常消杀和体温检测，加强外派员工和驻外干部的关心关爱，通过疫苗接种等举措，切实做好疫情防范。做好疫情防控常态化形势下职工慰问帮扶工作，开展滞留海外人员防疫专项慰问，向疫情防控重点地区有关基层单位下拨疫情防控专项资金。落实常态化疫情防控不放松，按照集团纪检监察组要求，对在京 4 家直属单位进行现场督导检查，发现问题 13 项；紧盯国内突发疫情，转发集团疫情防控提示 2 次，下发 3 次“工作提示”，并通过纪委书记会、约谈各单位主要负责人等方式督促严格落实疫情防控要求。

中国外轮代理有限公司

中国外轮代理有限公司

【公司概况】

中国外轮代理有限公司（简称“中国外代”或PENAVICO），原为中国外轮代理总公司，成立于1953年1月1日，是中国国际船务代理和国际运输代理行业的领导者，其专业经验和市场地位被业界所公认。PENAVICO作为其注册商标，代表着准确、及时、文明、周到的服务。中国外代总部设在北京，下设80多家口岸外代，有遍布全国的300多个业务网点，在美国、欧洲、日本、韩国、新加坡、中国香港设有代表处，具有完善的服务网络。

1992年年底，随着中远总公司更名为中国远洋运输（集团）总公司，在经过了31年一套机构、两块牌子体系之后，中国外轮代理总公司从中远总公司分离出来，恢复了企业法人独立运作体制，成为了中远集团的重要一员。2004年2月19日，中国外轮代理总公司更名为中国外轮代理有限公司，从2002年起与中远海运物流为“一套人马、两块牌子”。

【经营效益】

在疫情防控常态化、市场持续复苏、需求显著增强的背景下，中国外代践行“三抢”理念，以市场为导向，主动出击，巩固份额，在常态化疫情防控中促进经营效益呈现稳中加固、稳中向好发展态势：2021年全年实现外贸箱量1496万TEU，同比增长8.1%；外贸货量6.16亿吨，同比增长4.6%；内贸货量6.84亿吨，同比增长6.2%；船舶代理业务实现全额营业收入2 564 044万元，同比增长121.7%；净额营业收入126 085万元，同比增长19.4%；实现营业毛利78 462万元，同比增长27.2%。

【业务发展】

战略客户管理方面：充分发挥系统集约比较优势和总部战略引领职能，牵头各口岸公司完成协议签署、价格协商和战略谈判，拓展和巩固战略合作。在客户拓展方面，与上海中谷海运签署中国外代首份船货一体化的代理服务协议，服务覆盖中国沿海所有挂港，并带领相关口岸公司、协同集装箱运营中心，配合客户开通首条外贸航线及并提供揽货支持；与G2 OCEAN就船代业务新签协议，为未来件杂货市场特别是纸浆船代理业务的进一步开拓打下良好基础。在客户巩固方面，与地中海航运续签代理协议，并协调解决了上海区域的美元运费对外汇付问题；成功续签嘉吉代理协议；与中远海运散运签订《内贸船舶代理费结算协议》，确保代理收入与上一年基本持平；取得国能远海2021—2022年度船舶代理服务七个标段标的中六个标段的中标，为2021年、2022年内贸船代业务收入保持稳定打下良好基础。

客户深耕方面：通过专项访问、集中推介、业务座谈会、支部共建等方式，深耕客户需求，打造精细化服务。拜访能源、散运等集团内部单位，就船员换班、业务合作、账单对接系统开发等事宜进行深入交流，不断加强集团内协同合作；对MSC、CMA、阳明、GAC、英之杰、宝武钢等约30家船东、货主客户进行集中推介，沟通客户需求，增进互信了解；由总部集约化项目组牵头，组织相关口岸同GAC进行业务座谈，交流政策信息、沟通市场动态、深化业务合作；与中化石油开展题为“融合发展 赋能未来”的支部共建活动，共同探讨了双方未来在党建与业务融合发展、相互赋能方面的想法与看法，以及深化双方业务合作的方式和路径。

【品牌建设】

公司充分利用中国外代公众号，集中展现口岸工作亮点和优秀外勤风采，并通过公众号的外代历史小课堂栏目，收集整理中国外代的历史、老物件、业务资料，展现中国外代历史沿革和企业底蕴。这不仅有效强化了中国外代的企业形象和品牌价值，还显著提升了系统员工的归属感和使命感，同时以文化赋能的手段持续打造拼搏奋斗、忘我奉献的团队氛围。

中国外轮理货有限公司

中国外轮理货有限公司

【公司概况】

中国外轮理货有限公司（简称“中国外理”或 COSTACO），原为中国外轮理货总公司，成立于 1961 年，是经交通部批准、国家工商管理总局登记专门从事船舶理货业务的国有重要骨干企业。公司先后隶属交通部、中央企业工委、国务院国资委管理；2005 年，根据国务院国资委国企改革精神，成为中远集团所属全资子企业；2017 年，与中远海运物流整合重组，并完成了公司制改制，名称变更为中国外轮理货有限公司。重组后，中远海运物流与中国外理为“一套人马、两块牌子”。

中国外理经营范围为：国际国内航线船舶货物及集装箱的理货、理箱；集装箱装、拆箱理货；货物计量、丈量；船舶水尺计量；监装、监卸；货损、箱损检验与鉴定；出具理货单证及理货报告；理货信息咨询相关业务；易流态化固体散装货物取样、监装等业务；石油化工品、农产品、矿产品、木材、设备等商品的检验鉴定、检测服务，海事鉴定服务，保险公估服务。

中国外理以“严守公正立场，遵循实事求是原则，维护委托方合法权益”为公司从业准则，所属各口岸合资合营公司在全国有 70 余家，主要是以参股为主（且股比较低），公司遍布我国沿海、沿江对外开放口岸，通过股东会、董事会、监事会“三会”实施管理，向广大客户提供全方位、全天候的理货、检验等第三方公正服务。

中国外理始终以客户为中心，努力提高理货服务质量，不断改进服务手段和服务技能，借助理货第三方公正性和 24 小时无间断工作在货物进出口交接现场的优势，积极协助海关监管，成为维护国家经济贸易安全的一支重要力量。近年来，中国外理以优质的理货服务品牌为基石，大力拓展检验等第三方公正业务，以研发理货大数据平台与智能理货产品为创新驱动，逐步从以投资管理为主，向物流产业链中第三方公正经营人转变，着力打造一流的综合性第三方公正服务平台。

【经营效益】

2021 年，中国外理秉承为客户提供优质服务的理念，创新服务模式，提升核心价值。全系统积极融入全国智慧港口建设，智能理货覆盖率大幅提升，各口岸依托良好的理货数据基础，积极开展数字化产品研发，为客户提供更多增值服务，为固本强基赋予了科技力量。

理货业务：全系统 2021 年理货收入 29.23 亿元。其中，集装箱业务收入 20.79 亿元，占比 71.42%；件杂货业务收入 4.86 亿元；延伸业务收入 3.58 亿元。从业务量来看：全系统累计完成理货船舶 46.23 万艘次，完成理箱量 1.68 亿 TEU，完成理货量 21.89 亿吨，完成装拆箱理货 188.28 万 TEU。

检验业务：检验业务实现全额营业收入 13 722 万元，同比增长 7.3%；实现净额营业收入 13 722 万元，同比增长 7.3%；实现营业毛利 2766 万元，同比增长 71.4%。

【政策维护与业务拓展】

1. 理货业务

（1）坚持固本强基，稳定理货业务

顺应改革要求，持续优化理货行业发展环境。与理货协会沟通交流，进一步探讨中国外理总部与理货协会的差异化职能定位。支持理货协会理货职业技能等级证书项目申报等工作。同时高度关注行业发展趋势，顺应改革要求，持续优化理货行业发展环境。

推出新版理货业务生产统计报告创新产品。在原有理货业务生产统计报告的基础上增加了世界经济形势、中国宏观经济分析、港口政府动态和港口统计数据4个板块，丰富了统计报告内容的广度和深度，创新了统计报告形式，为口岸公司提供了内容丰富的信息服务产品，实现了总部赋能的产品化模式探索。

加强统一性建设，设计制作新版理货业务单证。对理货单证进行了修订，形成了新版《中国外理系统理货单证（试行样本）》下发口岸公司参照使用，进一步加强全系统规范化、标准化建设。

开展培训赋能。与中国出入境检验检疫协会共同举办了检验鉴定业务知识在线培训，协助口岸公司建设专业能力突出、综合素质优良的人才队伍，增强企业凝聚力和竞争力。

（2）加强理货数字化建设

中国外理系统继续加大新技术、新设备的应用，助力理货工艺向自动化、智能化创新升级，实现数据人工采集向智能采集的转变，不断提升数据采集的效率和效能，提升客户体验和服务品质。 全系统集装箱智能理货覆盖率达到85%，共33家口岸公司（比2020年增加5家）已安装智能理货桥式起重机，共计883台（比2020年增加了194台），完成投资金额2.87亿元。

2021年，在智能理货建设的基础上，口岸公司理货数字化转型取得了显著成果。

上海外理完成了新理货信息系统、生产综合管控平台、新智能理货操作系统 “三位一体”的数字化平台，提高作业效率，提升理货服务质量，进一步降低人工成本，始终保持技术领先优势和市场竞争优势。青岛外理升级集装箱智能理货平台，自主研发“5G智能理货系统解决方案”，荣获了“2021年度青岛信息化优秀解决方案奖”，提高了多种信息的自动采集和识别率，突破了传输运用等技术瓶颈；推出了理货单证“无纸化”3D立体积载图、船理同屏“零接触”等配套新服务。宁波外理积极探索定制化理货数字产品，基于理货数据的单箱使用周期分析系统、多式联运周期分析系统、国际中转箱周期 & 转码头分析系统、航线港口箱量，以及运力分析系统、集装箱箱重 & 冷藏箱垂直分析系统获得了国家版权局颁发的软件著作权。天津外理自主研发的智慧理货系统和件杂货智能一体化项目正式上线，系统集理货生产、业务办理、客户服务、费用结算、企业管理等多功能于一身。加强服务能力建设，获得了中国船级社五星级港口理货企业认证。厦门外理开展港口内外理一体化延伸服务，实现了内外贸集装箱码头智能理货的全覆盖，与码头系统互联互通，船边交接数据共享。广州外理推进集装箱智能理货全覆盖，实施理货数据系统、散杂货理货数据电子化等项目，获得广东省技术先进型服务企业资质认定。大连外理智能理货二期项目与集装箱码头TOS系统顺利对接，理货数字化创新工作室被命名为大连市职工创新工作室。还有很多公司加快智能理货和理货数字产品的研发投入，不断提升理货价值。

2. 检验业务

（1）积极开展投资业务

2021年11月4日，集团正式批复KPS项目投资计划。KPS项目是检验第一个并购项目，为实施并购战略打样板。紧随港口、紧随客户，强化理货合资合作。在太仓、常熟等口岸，引入港口集团作为合资合作方。在汕头、大连等口岸，复制“深圳”模式，与港口、中外理共同推进理货公司一体化运营。在镇江等口岸主动出让部分股权，不再控股，强化合作共赢。

（2）提升检验发展质量

2021年，中理检验推进高新技术企业资质认定，7月取得中关村高新技术企业认定证书，10月获得国家级高新技术企业资质。国家级高新技术资质的获取，有助于中理检验获得政策、产业、资金等支持，助力高质量发展。

（3）积极拓展业务

公司积极探索新业务领域，紧随行业趋势，与中国航务周刊、北京中创碳投建立沟通交流机制，共同发力“双碳”领域。在海外能力建设方面，2021 年，公司共派遣 3 批 14 人次赴几内亚开展检验检测业务。截至目前，几内亚项目已累计检测 1800 万吨铝土矿，极大地提升了公司海外服务能力。

2021 年，新拓展大客户华东煤炭交易中心、上海中燃、中石化中海等，同时，老客户业务增量明显，中燃航运、台塑、鞍钢等增量均在百万以上，市场营销能力不断提高。

（4）聚焦数字引领

立足长远加快推进检理数字化建设，检理数字化系统建设按照“统一规划、分步实施”原则，计划 2023 年基本实现“前端智能化和后端平台化”的全功能全覆盖运营模式，积极与总部运管部管理和远度云公司对接，上报智慧型检理一体化项目规划争取立项建设。

【企业管理】

截至 2021 年年底，中国外理系统共有合资公司 69 家。依据《中华人民共和国公司法》及公司章程，全面加强“三会”综合管理。一是切实维护公司投资收益，根据实际情况，重点关注头部理货公司，进行成本结构、收入、利润情况的系统性分析，通过与合资公司、大股东的沟通协调，表达公司观点和诉求，积极维护公司股东权益。二是加强合规管控，深度掌握公司经营管理、业务情况，及时了解合资公司业务发展、成本费用控制、智能理货项目建设投入、人才队伍培养、经营风险应对、党群建设等相关情况；根据审计署整改落实要求，中国外理系统合资公司已按权益法进行核算，要求合资公司按照年度报送决算报表、审计报告及次年度预算报表。三是充分发挥“三会”平台作用，持续优化合资公司“三会”管理流程，加强对会议材料的审核，严格履行内部审批流程；针对重点问题提前与合资公司进行沟通，履行好董监事的责任与义务。

【品牌建设】

2021 年，中国外理迎来了成立 60 周年华诞，举办了“筑梦甲子，守望百年”系列宣传纪念活动。活动通过一本画册、一个展览、一群外理人的讲述回顾了中国外理 60 年的奋斗历程，展望了在新时代背景下融入供应链物流综合服务平台的新发展方向。活动得到了交通运输部老领导、集团领导、合作伙伴、兄弟单位、行业协会、媒体伙伴等多方的关注与支持，收获了多方对外理的祝福与期许。全系统外理人用丰富多彩的形式庆祝了属于自己的节日，感受外理文化魅力，坚定文化传承理念，提升了外理人的文化自信。

充分发挥榜样的力量，中国外理以弘扬传统外理精神为基石，特别关注服务转型发展、勇于创新开拓的一线先进集体与个人，讲好新时期新形势下外理故事，用平凡的岗位故事折射品牌的发展力量。广州外轮理货有限公司谢树鸿同志作为理货行业代表荣获了交通运输部评选的第一届“最美港航人”称号。以谢树鸿命名的南沙集装箱码头智能理货创新工作室也被评选为广东省劳模和工匠人才创新工作室。

2021 年中远海运物流生产经营情况见表 14–6。

2021 年中远海运物流生产经营情况表 表 14–6

类别	项目	单位	数据
生产情况	集装箱揽货量	TEU	3 310 472
	铁路箱运量	TEU	384 267
	铁路散货运量	车皮（节）	137 357
	散杂货货量	万吨	23 188
	空运代理货量	吨	205 532
	电商业务 / 中远 E 环球	票	21 071 335
	工程物流操作量	FT	1 240 046
	代理船舶艘次	艘	83 000
	代理船舶净吨	万吨	124 610
财务情况	总资产	亿元	268.96
	净资产	亿元	85.52
	总收入	亿元	300
	利润总额	亿元	15.39
人力资源	职工人数	人	10 278

（孙洋洋）

中远海运重工有限公司

中远海运重工有限公司

【公司概况】

中远海运重工有限公司（简称“中远海运重工”，英文简称COSCO SHIPPING Heavy Industry），隶属于中远海运集团旗下的装备制造产业集群，由原中远船务工程有限公司、中远造船工业公司和中海工业有限公司三家企业重组整合而成。中远海运重工于2016年12月16日在上海成立，注册资本金10亿元，是以船舶和海洋工程装备建造、修理改装及配套服务为一体的大型重工企业，是世界知名航运公司和海洋石油服务商在中国的重要业务合作伙伴。中远海运重工致力于振兴中国船舶与海洋工程装备制造产业，为国际航运和海洋开发提供一流装备和服务，努力打造中国领先、世界一流的船舶和海洋工程装备制造企业。

2021年，中远海运重工全员上下积极应对复杂严峻的外部形势，克服常态化疫情防控原材料上涨、汇率波动等重大影响，实现重组后的整体盈利，接单总量连创新高、生产质效稳步提升、发展动能不断增强、船型研发实现突破、团队力量持续释放、资金管理效益显现、环保治理稳妥推进、疫情防控精准有力。公司全力推进各项工作，保持了稳中有进、稳中向好的发展态势，圆满完成了集团下达的各项任务指标，在公司重组第五年实现了良好的经营业绩发展。2021年，公司营业收入完成规划目标的107%，完成考核净利润1 130.75万元，实现考核盈利，提前一年完成规划制定的扭亏任务；完成经营接单同比增长25%。五年累计实现营业收入953亿元，年均复合增长率近10%；修船能力始终保持国内第一，造船接单量连续三年在国内名列前茅，海工制造能力一直处于国内领先地位。

【经营情况】

2021年，中远海运重工围绕“价值创造”核心工作，坚持三个“贯穿始终”，提升市场营销“关键能力”，坚持“数量充足、质量合格、节奏均衡、风险可控”的工作方针，做到系内系外、国内国外、近中远期的三个相对均衡，提前5个月超额完成全年指标。

修船业务在双燃料改装等关键项目取得实质突破，并继续保持中国修船市场份额第一的行业位置。造船业务接单总额超过180亿元，大幅超额完成年度接单目标，创重工历史新高，保障了企业连续生产、践行了“数量充足、节奏均衡”的接单原则；自有设计船型实现重大突破，与交银租赁签署的8艘63.6k散货船，属公司自主研发和设计的首型散货船产品。海工业务着眼新能源市场，成功签署Cadeler风车船项目，合同金额超40亿元。配套业务克服疫情不利因素，累计利润总额同比增长127.92%，配套企业全部实现盈利。

【经营效益】

2021年，中远海运重工造船完工55艘/629.3万载重吨，同比增长8.7%。新承接造船订单844.8万载重吨，年末手持订单1485万载重吨，同比增长17.6%。修船年度累计出厂1176艘船，产值50.88亿元。公司年度累计交付5个海工项目和3个模块项目。主要项目节点按时实现率100%，优于年度95%的目标。

公司积极贯彻落实集团关于推进“新能源业务转型”总体部署，分别成立领导小组和6个专业工作小组。通过前期调研、召开专题会、制定方案计划等举措，甲醇新能源箱船、LNG新能源原油轮、电动新能源箱船的建造和LNG修理改装等项目的推进工作取得成效。

【防疫复产】

新冠疫情反复无常，中远海运重工把疫情防控工作作为首要任务，坚决贯彻落实中央及上级关于疫情防控工作的重要指示精神，统一部署、迅速行动、全员参与，主动服务员工和客户，开展疫情防控各项工作，确保了企业防疫形势稳定、经营生产连续。全系统大力推动新冠疫苗接种，接种两剂疫苗5.25万人，接种疫苗加强针2.8万人，从业人员保持零感染。

公司通过优化疫情防控组织领导机构，强化疫情防控专题会机制、推进高风险人群集中居住管理、开展疫苗接种和加强针接种、严格人员外派和回国审核、动态实施人员流动管控、实施常态化精准防控机制、打好突发疫情歼灭战、开展隐患排查和应急演练、实施疫情防控不定期巡检机制等工作，不断优化调整疫情防控措施，持续织密筑牢疫情防控网，外防输入、内防反弹、海外防感染，实现重工新冠疫情“零感染”的年度防控目标，为保障员工生命健康安全和企业年度经营目标提供了有力保障。

受全球疫情蔓延，各国签证停发、航班熔断等多重因素影响，许多国外船东无法及时获得签证来华开展工作。中远海运重工积极协调集团公共关系本部，申请为有紧急入华需求的船东客户开具邀请函，协助办理来华签证。2021年全年，共办理来华人员邀请函申请12批次，共开具1385人次，涉及丹麦、希腊、美国、英国、巴西、荷兰等23个国家和地区。项目紧急时，积极与相关部门进行联系沟通，加急办理邀请函，确保关键人员按期到厂开展工作，减少疫情对项目推进的影响。

【企业改革】

国企改革三年行动，在集团领导和支持下，中远海运重工各单位、各部门积极落实责任、主动认领任务、认真组织实施，国企改革三年行动有序推进。严格按照2021年年底和2022年6月底两个时点要求和量化目标要求，对各项重点任务，明确责任部门和时间节点，完善路径举措，确保如期全面完成。2021年，89项改革工作任务完成74项，完成率83.15%，重工改革三年行动成绩显著。

供给侧结构性改革方面。去产能政策措施落实情况。将工作压力层层传导，在经营接单评审时，根据各企业产品定位，严把新项目合同评审关，从源头按照重工的战略规划逐步调整产品结构。2021年，造船产能继续控制在748万载重吨以内，海工产能继续保持6个平台类海工项目，符合集团管控目标。

去库存政策落实情况。截至2021年年底，公司2年以上积压库存为0.37亿元，较年初下降0.42亿元，积压库存总体大幅压降。

去杠杆减负债政策落实情况及存在问题。2021年，中远海运集团向中远海运重工增资17亿元，至此集团120亿元资金全部到位。同时，在完成广东中远海运重工25%股权收购后，中远船务向广东中远海运重工增资15亿元，另外，中远造船向威海科技增资1亿元，改善了两家企业资产负债率，有效提升了两家企业的市场竞争力和盈利能力。

2021年，通过分解经营性现金净指标，公司年度实现经营性现金净流入25.27亿元，年末“两金”净值较年初下降6.82亿元，贷款余额215.76亿元，较年初下降32.3亿元，缓解公司资金压力，压降整体债务规模。

降成本政策措施落实情况。坚持“学川崎、全员、全过程成本管控理念”，持续深入推进降成本。2021年，各企业实际节约成本7.13亿元，完成销售收入2%成本节约目标的119.27%。

补短板政策措施落实情况。市场营销方面，2021年公司围绕“价值创造”主线，面对跌宕起伏的市场环境，以及汇率、大宗物资等成本压力，稳抓稳打做好经营接单，践行“数量充足、节奏均衡、质量合格”接单原则，提前5个月完成年度接单任务，保障了企业连续生产；自有设计船型实现重大突破，与交银租赁签署的8艘63.6k散货船，属公司自主研发和设计的首型散货船产品；此外，造船业务积极赋能集团船队，签署的集运系列箱船订单占年内已承接订单总金额的55.37%，该系列订单产值高、边际贡献均超10%。海工业务着眼新能源市场，积极践行结构转型，成功签署的Cadeler风车船项目，合同金额逾43.9亿元，为重工成立以来海工单项最大订单。配套业务克服疫情不利因素，累计利润总额同比增长127.92%，配套企业全部实现盈利。

生产运营方面。以“一企一策”管理方案为抓手，构建精益生产管理链。开工前科学策划，指导企业运用操业度管理，均衡项目作业量与人员匹配度；建造重点监控，专人专项动态跟踪，预警拖期并采取措施；完工后系统反省，总结经验、持续传承。各企业生产项目从计划管理、工时管理、工艺工法改善等方面均稳步提升，项目主要节点按时实现率达100%、完工率100%、交付率98%（不考虑船东调整计划，交付率100%）。企业项目管理基本具备川崎精益生产管控能力，渡过“保交付”阶段，迈向“提效率、控成本”阶段。

科技研发方面。2021年，公司先后与上海交通大学船建学院、中国船舶工业集团公司第七〇八研究所签署战略合作框架协议，组织大连重工与大连理工大学船舶工程学院、启东海工与江苏科技大学签署框架合作协议，通过协议强化校企合作，弥补短板。设计研究院自主开发63.6k BC船型获得实船订单，实现自主设计实船建造零的突破，标志着设计研究院在重工内部已初步形成可复制和推广的精益设计模式和支撑体系。此外，积极开展新能源动力船型开发，完成310k VLCC三种燃料（传统燃料、LNG双燃料、氨燃料）方式船型设计及江海联运小型LNG罐箱运输船开发设计。

产业链供应链自主可控情况。公司对已建立的49项船用物资和8项固定资产设备涉及350家集采库内供应商进行年度评审，淘汰37家，新增入库38家，保持集采库内供应商的先进性和适用性，并与库内20家大宗物资类优秀供应商签署长期合作协议，降低综合采购成本，打造适合重工的核心稳定供应链。

【科技创新】

2021年，公司调整优化中远海运重工科学技术委员会和信息化（数字化转型）管理委员会，组建重工科学技术委员会的船舶工程组、海洋工程组、智能制造组、修理改装组、设备及关重件、绿色环保、ICT和IoT 7个领域专业委员会/专家组。10月15—16日，成功举办公司成立以来首个科技创新大会，会议聚焦“3060双碳”目标、加快科技创新、实现企业高质量发展主题。由中远海运重工发起，并联合大连中车柴油机有限公司、中石化中海船舶燃料供应有限公司大连分公司、上海交通大学、大连理工大学、中国船级社、美国船级社、国银金融租赁股份有限公司、中远海运（天津）有限公司等多家单位共同倡议成立了中国第一个“船用清洁燃料应用技术创新联合体”，致力解决新型绿色能源应用于船舶燃料的共通问题，提出新型燃料上船应用及产业链流程的全贯通思路，共同推动航运业低碳化发展。

南通中远海运川崎荣获船舶行业首家“国家级工业设计中心”认定。大连重工牵头承担的《优选型极地环保运输船舶研制》列入工业和信息化部“极地重大技术装备产业化工作工程”。南通中远海运川崎“2万箱超大型集装箱船绿色、智能、安全关键技术研究与应用”项目获得中国航海学会科学技术奖一等奖；南通中远海运船务“深远海‘FPSO+CTV+常规油轮’三浮体原油转驳输送系统研发与应用”项目获中国发明协会创业创新奖一等奖。

【智能制造】

2021年6月16日，公司成立中远海运重工增材制造实验室，挂牌南京船配，以加快推进数字化制造等新兴领域的工作探索，进一步延伸企业服务能力、拓宽产品组合。公司牵头申报的集团 2020 年度科研计划重大专项——智能制造专项技术研究，获集团批复立项。公司联合中国船舶集团第十一研究所举办 2021 第三届船舶工业智能制造论坛，论坛主题聚焦“船舶总装建造数字化转型升级”，沿用 2020 网上直播方式增强行业参与度，扩大知名度和影响力。

公司组织制定 2021 年重工智能制造专项计划 58 项任务，当年专项计划参与单位在前两年基础上增加了上海中远海运重工、广东中远海运重工、南通重工装备、威海科技及大连海事工程 5 家单位，共计 13 家，匹配企业经营业绩考核，增强智能制造工作参与度，为以智能制造为抓手提质增效奠定基础。6 月 11 日，邀请并组织工业和信息化部装备司原司长张相木、海工创新中心有限公司总经理王蓉、北京机械工业自动化研究所有限公司研究员白华、中国仪器仪表学会教授于美梅、机械工业第六设计研究院有限公司副总经理朱恺真、国机工业互联网研究院有限公司副总经理吕鹏等专家会诊南京船配建设国际化绿色智能工厂，同时组织专家论证南京船配绿色智慧工厂规划，以期以工业 4.0 标准，做好南京船配智慧工厂的规划建设。

【风险管控】

中远海运重工组织总部及各企业开展了年度风险评估工作，确定了 2021 年重工面临的前五大风险。公司始终坚持“管业务同时管风险”的原则，定期收集内外部风险信息，动态跟踪、分析各业务线条主要风险的管控、预警指标监测情况、对经营生产的影响，以及对风险管控的建议，并向全面风险管理委员会进行报告。根据集团“加强风险的综合研判和重大风险监测预警工作，强化监测成果的运用”的工作要求，进一步加强国内外环境和政策研究、重大风险提示工作，针对外部风险对企业采购、生产、经营等造成的不同程度影响，及时向各单位做出了风险提示，并纳入重要风险管控，定期跟踪、报告。

按照集团要求及重工的相关规定，中远海运重工拟订了 2021 年度规章制度计划。根据制度计划，公司在董事会授权、采购管理、设计研发、投资管理、营销管理、安全环保、审计监督、建立健全“三项制度”及中长期激励等领域修订及增订了相应制度，各项规章制度发布前严格执行了 100% 法律审核的工作要求。

结合“美好生活·民法典相伴”活动，在重工系统，尤其是在基层企业，公司开展民法典普法宣传工作，提升企业法治氛围。依托国务院国资委和集团资源，组织重工系统法务条线人员参加国务院国资委法治讲堂活动，促进重工法务管理水平提升。

公司组建“资金池”，归集企业资金，通过加强资金集中统筹管理使用，有效压降贷款规模，减少资金成本，进一步确保重工整体资金安全。推动集团全面落实 120 亿元增资资金到位，降低重工融资规模。为降低美元汇率波动风险，以锁定汇率风险为目标，开展一定规模的远期结汇业务。通过落实国开行 5 亿美元贷款，尽量平衡外币资产负债规模，减少外汇波动对资产造成的评估损失。

【安全环保】

2021 年，中远海运重工紧紧“围绕一个中心，突出两个抓手，落实九个强化”的工作任务，全面推进各项安全环保工作，全年安全生产形势平稳。

“党建 + 安全”助力生产安全工作取得新成效。公司党委和安委办共同发起了基层党支部安全改善和 6S 强化行动，全系统 2000 多个基层班组共同参与安全改善和 6S 强化行动。全年完成安全改善项目 2870 项，其中 38 项安全改善案例被评为重工优秀案例，41 个项目获得重工 6S 竞赛优良模范区域。

深入系统推进自主安全“学川崎”工作。从安全改善活动、提升员工个人安全旅程、开展班组自主安全管理、6S 强化行动、推进预防性维修和区域安全工作交流会 6 个方面系统推进，安全管理“学川崎”工作初见成效。

持续推进生态环保工作。2021年，全系统加大环保资金投入，全年投入资金约1.53亿元开展生态环保治理，各项环保重点工作有序推进。

强化基层企业交流和班组自主安全管理，着重强化区域企业安全交流、班组安全交底、班组恳谈会、班组员工“个人安全旅程”等基础基层工作。

科技兴安提升重大设备本质安全，本着“物的改善优先”的原则，完成大型龙门式起重机供电系统改造、门座起重机变频控制改造和试点门座起重机智能润滑系统等，探索智能维护技术，提高设备本质安全。

【人力资源】

根据公司深化改革总体部署，加快推进国企改革三年行动，中远海运重工协同有关单位研究制定重工职业经理人实施方案，如期完成重工及所属17家企业经理层成员任期制和契约化契约签订工作。同时，加快推动改革由总部向企业延伸，进一步明确总部各职能部门辖设科室岗位编制，调整优化设计研究院部门内设科室及岗位编制；在企业层面摸底掌握企业组织机构和人员编制情况，指导扬州中远海运重工、大连中远海运重工、舟山中远海运重工、广东中远海运重工、南通远洋配套等企业做好机构设置调整工作。

制定完善干部管理制度，印发《中远海运重工所属企业干部选拔任用工作一报告两评议实施办法（试行）》和《中远海运重工竞争性选拔领导人员工作办法（试行）》。持续优化干部队伍结构，以干部“能上能下”为重点，全系统调整干部29人，其中总部与企业、企业间提拔使用10人，平级交流调整7人，退出领导岗位5人，退休1人。建立多层次优秀年轻干部梯队，结合年度考核及专项推荐，动态调整优秀干部梯队库，形成52名人员组成的重工党委管理领导干部梯队库、400余名人员组成的所属企业中层干部梯队库。

严格把握人才入口，组织“邀你同行，筑梦蓝海”为主题的重工2022届高校毕业生校园集中招聘工作，牵头系统企业赴武汉理工等13所船海工程重点高校开展集中宣讲。聚焦领导人员、年轻干部、关键人才等重点人群，编制印发年度教育培训要点和计划，统筹推进全系统教育培训工作，累计完成公司级培训项目200余个。认真开展专业技术职称评定工作，全年新增高级职称52人（其中正高2人），中级专业技术职称479人（其中工程师466人），中高级专业技术人员规模进一步壮大。在去年3支人才库基础上，新建成党群人员高级人才库、财务人员高级人才库，目前入库5个方向200余人。

【企业党建】

2021年，中远海运重工党委不断强化政治建设，党史学习教育走深走实。坚持主题主线，认真学习习近平总书记在党史学习教育动员大会、庆祝中国共产党成立100周年大会上的重要讲话精神，深入学习习近平《论中国共产党历史》等4本重点书籍；实现培训全覆盖；多种形式学党史，利用融媒体，开播《忆百年丨中国精神》党史学习教育微讲堂，开展“走进红色记忆”线上徒步和党史知识竞赛活动。

全年召开43次党委会，研究党建工作和经营管理各方面议题155个，其中前置讨论董事会、总经理办公会议题52个。讲好专题党课。两级领导班子成员深入分管单位/部门、联系点支部、所在党支部讲专题党课；基层党支部书记、党员通过“三会一课”、主题党日讲专题党课；基层单位邀请老党员、老干部、劳模先进代表讲党课。开好专题组织生活会。8月底前全系统基层党支部全部召开了专题组织生活会。重工巡回指导组加强对基层的工作督导，深入部分企业开展现场指导。

坚持把“我为群众办实事”实践活动落到实处。聚焦职工群众急难愁盼问题，公司各级党组织确定“办实事”项目267个，截至2021年年底，已经完成261个项目，完成率为97.8%。

推动党建工作与安全工作“相融合、相促进”，基层“党支部安全改善”和“6S 竞赛”活动取得良好成效。深化“3+2”党建特色品牌建设。启东海工项目党建案例、舟山重工分包方党建案例被评选为“全国企业党建创新优秀案例”，舟山重工船体工区分包方协力队班组长刘文富获全国五一劳动奖章，南通川崎工场部党支部荣获中央企业先进基层党组织。

2021 年，中远海运重工纪委坚持以习近平新时代中国特色社会主义思想为指导，将党史学习教育贯穿监督工作始终，深化“三不”一体推进，深挖监督价值创造，为重工扭亏创效和“十四五”良好开局提供了坚强纪律保障。常态化具体化开展政治监督，推动“十四五”战略规划在基层落地，监督国企改革三年行动方案、科技研发、安全生产等工作落实，建立疫情防控常态化监督机制，协助企业筑牢疫情防线。对 6 家党组织开展巡察，推进一届任期巡察全覆盖。坚持严的主基调一体推进“三不”，运用“四种形态”处理 72 人次，党风廉政意见回复 432 人次，制定“一把手”和领导班子监督指导意见，细化具体举措。紧盯涉案款物追回，挽回经济损失 4256 万元。提炼形成“养廉立身、崇廉兴企”廉洁文化理念，组织召开首次廉洁警示教育大会。纠树并举深化作风建设，开展第三次形式主义、官僚主义网络问卷调查，紧盯会风会纪开展专项监督，对 11 家所属企业开展招待费检查。整治职工群众身边“微腐败”，督促企业解决职工群众急难愁盼问题。健全监督体制机制，建立“三统一”审计监督方式，实践巡视巡察上下联动，进一步提升系统性监督合力。制定完善党风廉政建设制度 149 项。建立党风廉政思想政治研究常态化机制和课题库，制定三类共 30 个课题。

【企业文化】

中远海运重工围绕庆祝建党 100 周年，唱响建党百年主旋律。重工官微、重工报开辟宣传专栏，推动党史学习教育，营造浓厚学习氛围。积极开展党建政研课题研究，专题论文《“全覆盖式”基层党建品牌建设探索》荣获集团庆祝建党百年特色党建课题研究优秀成果奖。制作播放的专题视频《征途》得到广泛好评。

持续发挥“报、网、微”宣传阵地作用，加强融媒体创新力度。围绕“学川崎”“保交付”“提质增效”“绿色发展”等中心工作开展深度报道，及时准确地反映重工改革发展新成效。聚焦科技创新、智能制造等重点工作开展宣传报道，全方位展示“大国重器”责任担当。围绕重工成立五周年，组织开展系列主题宣传，回顾重工五年来的奋斗征程，提振广大干部职工的精气神，凝聚重工高质量发展信心和力量。

加强对外宣传工作力度，多篇重要新闻登上央视、人民网、新华网等国家级媒体平台。制定公司信息公开实施办法，修订公司新闻宣传工作管理办法，举办年度通讯员培训班。建设具有重工特色的企业文化体系，修订完善《中远海运重工企业文化纲要（2021 版）》。公司新闻宣传报道工作继续在集团内保持前列，连续五年获集团优秀组织奖和新媒体创新奖。

重工工会积极配合企业党政，做好疫情防控工作。大力关心关爱劳模，弘扬劳模精神、劳动精神、工匠精神。2021 年，中远海运重工 4 个职工创新工作室获评中远海运集团职工创新工作室称号。

在重工全系统开展以“提升六大‘关键能力’”为主题的劳动竞赛活动，分别开展了调试管控、焊接质量、效率提升、质量作业基准工作提升等 60 余项劳动竞赛活动。年内，重工工会认真贯彻落实全国总工会、集团工会要求，开展“安康杯”竞赛。受中远海运集团工会委托，承办第五届“中远海运杯”职工技能竞赛焊工、电工大赛。

通过自查调研、交流评比、改善提升 3 个阶段，着力推进职工好食堂建设，重工各企业食堂均有不同程度的改善和提高，职工满意度持续攀升。

持续推进非公企业联合工会建设。上海中远海运重工自 2019 年成立非公企业联合工会以来，持续推进非公企业联合工会建设，2021 年新纳入会员 198 人，目前公司已有非公企业联合工会会员 897 人，保障了劳务派遣工、外包工等群体的合法利益。

继续组织所属企业开展职工献计献策合理化建议活动。年内，经上海市厂务公开工作领导小组评定，中远海运重工获评上海市厂务公开民主管理工作先进单位称号。

全面贯彻落实《集团党组关于进一步加强党建带团建工作的实施意见》，构建党建带团建工作新格局。2021 年，重工所属基层团组织和个人获得国家级荣誉 2 个、中央企业表彰 1 个、省级先进表彰 2 个。重工团委荣获“上海市基层团组织典型选树”称号。

【社会责任】

中远海运重工积极履行社会责任，2021 年 5 月 26 — 28 日，派出工作组赴西藏自治区昌都市所属洛隆县、类乌齐县开展爱心捐赠和援藏考察活动。工作组一行深入洛隆县硕督镇敬老院开展爱心捐赠活动，向硕督镇敬老院捐赠 70 万元改扩建资金，并向老人们送上了慰问品。积极推动消费帮扶，助力集团对口地区的帮扶工作。2021 年，公司购买及帮助销售集团定点帮扶地区特色产品共计 32 万元。

2021 年中远海运重工主要财务指标见表 14–7，2021 年人力资源见表 14–8。

2021 年中远海运重工主要财务指标 表 14–7

项目		2020 年	2021 年	增长量
财务状况（亿元）	总资产	386.27	372.19	–14.08
	净资产	–49.93	–73.21	–23.28
	总收入	220.99	218.47	–2.52
	利润总额	–35.79	–47.53	–11.74
板块收入（亿元）	船舶建造	95.32	89.89	–5.43
	船舶修理	67.34	50.70	–16.64
	海工建造	39.16	52.56	13.4
	船舶配套	15.89	20.04	4.15

2021 年中远海运重工人力资源 表 14–8

项目	单位	数据
员工总数	人	13471

（马嵘）

中远海运资产经营管理有限公司

中远海运资产经营管理有限公司

【公司概况】

中远海运资产经营管理有限公司（简称“中远海运资产”，英文简称 COSCO SHIPPING Property），原名中海集团资产经营管理有限公司，是经上海市工商行政管理局虹口区分局批准，由中国海运（集团）总公司、广州海运（集团）有限公司、上海海运（集团）公司、大连（海运）集团公司于 2014 年 6 月 10 日共同出资设立的有限责任公司。公司的注册资金为 20 亿元。2016 年 9 月 13 日，公司更名为中远海运资产经营管理有限公司。2017 年，中远海运集团和香远（北京）投资有限公司共同向公司增资 30 亿元。增资后，公司注册资本由人民币 200 000.00 万元增至 411 553.00 万元。公司经营范围：资产管理、投资管理、实业投资、投资咨询、商务咨询、企业管理、企业管理咨询、企业形象策划、市场营销策划、自有房产经营。

【目标定位】

中远海运资产积极融入集团“3+4”产业生态，赋能集团产业布局，践行集团产业链经营战略，立足“产业赋能、产业协同、产业创新”的集团增值服务产业大定位，打造不动产统一开发经营平台，创造增值服务，努力建设国内优秀资产经营管理公司。按照集团战略发展规划，制定公司发展规划、投资计划，具体在不动产领域开展各项投资和经营活动。按照集团统一部署，稳步推进集团存量土地、房产盘活开发和运营，以及集团内兄弟单位办公楼新造任务。

【经营效益】

中远海运资产以“创优、创新、创效”为主题，以“专业、敬业、创业”精神，坚持“三品”理念，抓住双循环发展新格局，聚焦集团高质量发展、实现新飞跃为机遇，不断改善资产经营效率，推动存量资产转型与企业效益稳步提升。

截至 2021 年年底，公司资产总额 1 424 546.32 万元，负债总额 448 093.91 万元，净资产 976 452.41 万元，资产负债率 31.46%，较上年度上升 1.03 个百分点。本年实现营业收入 32 938.69 万元，完成年度预算的 63.02%；发生营业成本 8 273.40 万元，占年度预算的 44.83%；管理费用 16 476.73 万元，占年度预算的 115.74%；财务费用 7 567.43 万元，占年度预算的 77.54%；利润总额 16 238.58 万元，完成年度预算的 216.51%；净利润 10 687.29 万元，超额完成集团考核净利润目标 2250 万元。

2021 年年底纳入中远海运资产合并报表范围的企业情况见表 14–9。

2021 年年底纳入中远海运资产合并报表范围的企业情况一览表 表 14–9

序号	企业名称	级次	公司性质	实收资本（万元）	法人代表	持股比例（%）	合并日期
1	中远海运资产经营管理有限公司	2	本部	411 553	严李浩	—	—
2	中海工业建设（上海浦东）有限公司	3	项目公司	90 000	金备军	100	2014 年 10 月

续上表

序号	企业名称	级次	公司性质	实收资本（万元）	法人代表	持股比例（%）	合并日期
3	中海海运（上海）资产经营管理有限公司	3	平台公司	52 000	金备军	0	2015 年 4 月
4	广州中远海运资产经营管理有限公司	3	平台公司	12 000	金备军	51	2015 年 4 月
5	上海超昆实业有限公司	3	房产项目公司	3000	金备军	100	2015 年 4 月
6	上海越昆实业有限公司	3	房产项目公司	3000	金备军	100	2015 年 4 月
7	上海峥锦实业有限公司	3	房产项目公司	8000	金备军	100	2015 年 4 月
8	广州海鸿房地产经营有限公司	4	项目公司	10 000	周立杰	70	2015 年 8 月
9	上海卓昆实业有限公司	3	房产项目公司	500	金备军	100	2016 年 7 月
10	上海海璟置业有限公司	3	项目公司	75 000	金备军	0	2017 年 6 月
11	上海海瑄置业有限公司	3	项目公司	70 000	金备军	0	2017 年 9 月
12	上海海真蓝实业有限公司	3	房产项目公司	117 836.05	李丽莉	100	2021 年 11 月

【项目运营】

中远海运资产全面贯彻落实“持续做好项目经营维护，确保收入颗粒归仓”的生产经营要求，重点维护好存续项目的客户维护和应收账款管理；同时，抓住市场机遇，在海尚世界、海尚源深等项目租售工作中寻求突破。具体如下：

运营规模：运营项目 13 个，运营物业面积 27.40 万平方米，同比减少 0.55%；可租物业面积 18.07 万平方米，同比增长 29.35%。

项目出租率：综合出租率 86.22%，其中存量项目 98.17%，新增海尚世界智慧天地项目出租率 43.52%。

在约规模：在约总面积 15.58 万平方米，同比增长 15.32%。

客户数量：服务客户 171 户，同比增长 30.53%；其中 1000 平方米以上规模客户 30 户，占比 17.54%。

租金回款率接近 100%，同比 2020 年的 98.51% 增长约 1.5%。

重点项目运营情况如下：

海尚世界项目：完成租赁面积（在约面积）1.72 万平方米，出租率 43.52%，实现租金收入 397.04 万元；与中远海运集装箱船务代理有限公司就整体购买全部可售办公展开商务洽谈，并签署购房意向书，意向销售面积 2.12 万平方米，意向销售率 100%，意向交易总价约 68 202.48 万元。

海尚源深项目：办公租赁方面，累计接待 17 组办公客户，重点跟进客户有一家银行客户信用卡中心、一家银行，以及一家上市传媒公司的下属广告公司 3 家。商业租赁方面，已收到 10 家明确意向客户提报盖章版意向书，意向面积合计约 1806 平方米。与中远海发所属中远海运资产管理（宁波）有限公司签署租赁意向书，意向租赁面积 2.55 万平方米。

海尚云栖项目：办公租赁方面，累计接待 9 批次 7 组客户，收到一家园区产业运营方初步整体租赁意向，意向面积约 21 383.85 平方米；商业租赁方面，经过多轮遴选，项目商业部分总建筑面积 11 729.5 平米已于 2022 年 3 月确定由上海京正投资管理（集团）有限公司作为承租单位，并已与其进入租赁合同的商谈阶段。

海尚明珠项目：累计租赁面积 3.78 万平方米，出租率 95.29%，实现租金收入 3 224.53 万元。

【项目建设】

2021 年，中远海运资产克服材料涨价、人工紧缺、天气因素、疫情防控等多重不利因素，以开展“六比六赛”劳动竞赛为载体，秉持“三品”理念，弘扬“三业”精神，攻坚克难推进项目建设。

海尚世界项目：该项目立项批复计划总投资130 195万元，截至2021年12月末，累计完成投资约102 541万元。项目已于2021年1月正式投入运营，6月21日取得不动产权证。

海尚源深项目：该项目立项批复计划总投资237 606万元，截至2021年12月末，累计完成投资约185 891.9万元。项目因疫情影响，进度有所延期，截至2021年年底，所有单体工程及精装修工程完工。

海尚云栖项目：该项目立项批复计划总投资226 813万元，截至2021年12月末，累计完成投资约155 200万元。项目因疫情影响，进度有所延期，截至2021年年底，已完成社会租赁房精装修工程、外立面幕墙工程、机电工程、消防工程和市政配套工程。

集团人才发展院项目：公司受托管理项目，项目一期工程于2020年12月开工，历经近270天的冲刺决战，完成工程改建新建及大量教学、实训、生活设施设备等的采购安装和综合验收等全部工作，2021年9月29日正式启用新校区，如期实现“开学梦”目标。二期工程建设按计划进行中。

广州国际航运大厦项目：公司受托管理项目，该项目立项批复计划总投资255 621万元。2021年3月25日，项目地下室出正负零，较原计划提前54天。2021年年末，大厦主体结构完成至25层。

【重点地块盘活】

青岛江西路地块：完成前期策划定位和规划调整方案，尚在与政府相关部门进行细节商讨。

厦门枋湖路地块：多次与政府部门沟通，完成项目盘活方案初步研究，并获得各合作单位认可，签署项目合作备忘录。

天津远洋大厦二期项目：完成前期策划定位、方案设计和可研等相关工作，积极推动天津市、区两级政府规划审批，已获得项目建设工程规划许可证。

上海宝山地块：完成盘活方案初步研究，与中远海运重工就SCK股权收购事项进行了商洽沟通。

海南博鳌项目：协助海南博鳌公司推进土地置换工作，以及对后续开发的前期研究工作，拟向集团呈报项目启动计划。

广州火村地块：协助广州中海电信开展火村地块旧改合作事项经济性合规性评估，并与开发商进行谈判，为广州中海电信额外争取400平方米的复建物业及150余万元经营损失补偿，同时提出复建物业建设标准，规避复建物业交付风险。

集运总部大楼：协助集运对其总部大楼地块提升改造进行可行性研究及技术方案论证。

上海临港地块：协助集团对临港区域相关地块进行前期市场研究论证，为集团在临港区域土地资源战略布局提供相应的专业支持。

【土 地 收 储】

黄浦江沿岸六厂区地块收储工作取得突破性进展，经集团批准，已完成收储价格确定。浦东四地块签署收储框架协议，东沟厂区已签署收储协议，徐汇两厂区签订收储意向书。2022年，三林厂区、船研所厂区和家华厂区将完成协议签署及交地工作。

【管理提升和改革发展】

1. 经营绩效亮点

围绕经营目标，推进租售工作。

世界路项目：与京正投资签署商业整租协议，占项目可租赁面积的24.51%；与中远海运集运签署整体购买全部可售办公的购房意向书，锁定交易面积和交易价格。

商城路项目：与中远海运发展明确集中承租办公意向，完成框架合作协议、租赁意向书和代建协议3份协议签署，占项目可租赁面积的42.91%；配合集团完成商城路、栖山路租赁房租赁合规性分析和租金、税收测算，以便集团明确租赁方案。

存量直管项目：与天风证券签署小物业合同，新增物业管理收入约346万元；推动海尚空间、连云港金海国际大厦空置区域出租，陆续取得经营收入。

赋能集团产业，推动土地盘活。

按照集团改革三年行动总体部署和要求，公司围绕提升运营效率，赋能集团核心产业的工作目标，积极推进青岛江西路、厦门枋湖路、天津远洋大厦二期、上海宝山SCK地块、海南博鳌土地置换、广州中海电信火村地块等集团存量资源盘活工作；推进黄浦江沿岸六厂区地块收储工作取得突破性进展，获得集团批准，锁定收储价格。

2. 推进项目建设

世界路项目：通过内部验收，正式投入运营。项目荣获上海市建设工程金属结构“金钢奖”（市优质工程）、上海市建设工程绿色施工达标工程称号，项目1号楼获上海市白玉兰奖称号。

商城路项目：所有11栋单体精装修工程基本完工，绿化工程主要乔木种植完成，园区路面混凝土基层浇捣完成。

栖山路项目：基本完成3幢租赁住房精装修工程。

集团人才发展院项目：完成一期工程建设，如期实现“开学梦”目标，得到集团领导的高度评价和认可。

广州国际航运大厦项目：大厦主体结构施工已完成25层混凝土浇筑。

各地不断的新冠疫情，对公司各个项目建设都造成了不同程度的影响。

3. 做细精益管理

强化顶层设计。先后完成公司“十四五”发展规划、“十四五”人才发展规划、“十四五”数字化转型暨网信工作规划的编制。

开展对标工作。根据国务院国资委和集团关于开展对标世界一流管理提升行动总体部署和要求，研究制定对标提升行动实施方案、对标指标体系和对标管理工作实施指南，聚焦存在的突出问题，明确各自对标标杆和提升目标，扎实推进对标工作，取得初步成效。

完善公司治理结构。持续规范公司董事会建设和运行，进一步发挥专业委员会作用，进一步完善公司重大事项决策及授权制度。

加强亏损企业治理。完成亏损企业治理亏损户数考核目标。

4. 全面推进深化改革

实施市场营销体制机制改革。搭建“总部市场营销部＋区域中心”营销（运营）业务组织管理架构，统一公司项目开发建设与招商营运主体责任，形成项目责、权、利共同体，进一步提高营销与运营效率。

大力推进任期制契约化改革。推进经理层成员任期制、契约化管理改革，与全部经理层成员共计12人签订了业绩与聘任协议书，覆盖率100%；完成了广州资产职业经理人制度方案，并签订责任书。

推行三项制度改革。实施全员三项改革、干部竞聘及员工选聘，改革涵盖总部全部11个职能部门、所属华东运营中心、广州资产员工岗位。通过系列改革，进一步优化了公司内部管理体系，形成“能上能下、能进能出”的选人用人机制，激发了人才队伍活力，强化企业发展内生动力。

【内 部 管 控】

中远海运资产进一步聚焦集团关于内部控制、风险管控与合规管理的工作部署，围绕建设项目筹备、推进、施工管理和持有物业租赁运营等关键重点，强化风险防控；进一步优化公司治理结构，提高经营能力，促进管理进步；进一步优化制度流程建设，健全规范化、系统化、标准化内控体系，促进制度流程规范执行，保障战略目标落实落地。

完善治理结构。修订优化公司《股东会议事规则》《合规管理委员会工作细则（试行）》等治理文件，进一步规范董事会运作，发挥专业委员会作用；全年共计召开董事会会议7次、审议议案25项，专业委员会5次、听取议题6项；

制定公司总部《“三重一大”决策事项及权责清单》，明确54项需董事会审议的重大投资方案、重要人事任免、重大项目安排和重大资金使用事项清单，进一步完善重大事项决策与授权机制。制定印发《公司合规管理办法》《重大经营风险事件报告管理规定》，完善内部控制流程、节点及控制措施，健全贯穿内部控制始终的风险防控机制。

健全组织架构。成立公司合规管理委员会，加强组织领导，搭建合规管理框架，进一步完善公司总体风险控制体系，提升风控准确性、务实性及有效性。2021年12月27日召开2021年度合规管理委员会会议，对公司合规工作情况及合规管理强化年作工作部署。公司印发《关于设立中远海运资产经营管理有限公司法务与风险管理部的通知》，将法务风控部门单独设置，进一步强化公司法治建设、风控合规管理力度，推进法务与风险控制工作迈上新台阶。

落实职责要求。进一步完善制度制定、宣贯、执行、后评估等全链条工作机制，针对以往制度建设中的短板问题结合公司生产经营实际，严格落实制度宣贯工作要求，加强规范性管理文件培训力度，累计组织新制度宣贯培训47项（次）；严格落实合同全生命周期管理工作，持续完善建设工程及物业租售范式合同文本体系；加强客商履约资信管理，制定《客户背景调查实施细则（试行）》《客户资信管理细则（试行）》，加强风险源头防控。公司持续梳理内控管理工作体系，组织第三方开展“内控体系评价”和“专项制度检查”，全面诊断检查内部控制有效性，评估制度执行实际情况，查找短板，不断夯实内控管理基础，着力防范化解重大风险。公司严格落实案件管理要求，谨慎处置重要纠纷案件，根据实际情况果断实施诉中财产保全，有序推进重要案件诉讼解决，依法保障企业合法权益。

公司不断完善内部控制体系，积极开展内部合规性检查，落实疫情防控法律风险防范，规范制度流程建设管理，重点推进合同全生命周期管理，督促落实《标准化范式合同体系》使用要求，进一步强化合同风险防控。

【安全生产】

2021年是公司“十四五”规划开局之年，在公司的正确领导下，全体员工认真学习领会习近平总书记关于安全生产和生态文明建设的重要论述，深入践行安全发展和绿色发展理念，坚持“敬畏生命、敬畏责任、敬畏制度”，大力推进绿色建筑建设，抓实抓细抓牢各项工作，安全环保形势持续平稳，为公司保持高质量发展态势提供了坚实的保障。

1. 安全形势稳定向好，各项目标指标顺利完成

2021年，在公司党政领导的带领下，公司上下共同努力，安全生产形势持续保持平稳。

安全生产方面，公司及所属各单位未发生考核统计范围内的一般及以上等级安全生产事故，全面完成了集团安全生产、节能减排考核要求，以及公司年初制定的安全环保工作目标。

生态环境保护方面，公司严格贯彻落实集团生态环境保护工作要求，公司及所属各单位未发生一般及以上等级环境事件，生态文明建设稳步推进。

对外租赁项目安全情况方面，公司对外租赁不动产项目共13处，涉及租赁单位171家，对外租赁面积15.58万平方米，全年未发生责任性一般及以上等级安全事故。

2. 加强组织领导，周密策划部署，全力做好建党100周年庆祝活动安全保障工作

公司领导高度重视，多次召开专题会议，研究、部署建党100周年集团庆祝活动安全保障工作，按照集团安全生产工作部署，制定专项方案和措施，认真落实各项工作，为庆祝建党100周年营造稳定的安全生产环境和良好氛围。

公司党政领导带队检查，对上海、广州、青岛等地项目开展现场督查，加强项目现场安全隐患检查整改，提出安全保障工作要求。

公司安全督察小组组织开展专项巡查，要求各所属单位严格落实公司会议部署，加强关键时段管控，认真做好隐患排查、值班值守等工作，确保项目安全稳定。

3. 集中攻坚、扎实推进，专项整治三年行动取得明显成效

公司深刻认识开展安全生产专项整治三年行动“集中攻坚年”的重要性，切实把三年专项整治行动作为解决安全生产重点难点问题的攻坚行动，层层抓好组织实施，推进落实专项专题任务，确保各项安全工作有效推进。

突出学习专题。公司组织各级干部深刻学习领会习近平总书记关于安全生产的重要论述、重要指示批示精神，专题组织安排观看《生命重于泰山——学习习近平总书记关于安全生产重要论述》电视专题片，牢固树立“人民至上、生命至上”理念，切实把安全责任落实到行动上，贯彻到工作中，体现在成效上。

推进落实专项整治三年行动专题任务。2021年是安全生产专项整治三年行动集中攻坚之年，公司组织各部门、所属单位认真推进落实防工伤、防火安全、自管项目安全整治及项目安全文明施工管理等重点专题任务，确保各项专题任务取得成效。

4. 深入推进安全风险分级管控，落实隐患排查治理

按照集团安全风险管控和隐患排查治理双重预防机制要求，公司认真组织开展安全风险辨识和评定，落实安全风险管控，突出“动态和节点管控”。

用好安全之“法”。扎实推进安全风险分级管控和隐患排查治理双控机制建设，按照集团双控机制建设相关要求，公司新制定安全生产风险管理制度，明确风险管控措施，定期组织各单位开展安全风险辨识、评估、分级管控工作，有效提升公司安全生产风险管控能力。同时组织相关岗位员工开展危险有害因素辨识、评估和分级管控等相关知识和技能的培训，增强员工安全生产风险评估能力，提高员工作业环境安全性。

防范安全之“患”。深入开展现场隐患排查治理，突出重点部位、重点时段和重点危险源的安全管控。2021年，公司共组织开展消除各类生产安全隐患和管理缺陷隐患专项排查63次，发现隐患192项，所属各单位开展安全隐患自查280次，发现隐患1477项，均落实整改。

5. 强化安全培训，健全安全培训体系建设

公司进一步加强组织安全生产学习教育和专题培训，推进学习培训全覆盖，深入到公司各在建项目及物业自管运营项目一线。利用“安全生产月”、“119”消防宣传月等专项活动，让公司全体员工认清安全生产是企业发展、员工安全的保障，安全生产工作不应“要我做”而应“我要做”，推进安全发展理念深入人心。

为全面做好新《中华人民共和国安全生产法》的学习、宣传、贯彻和实施工作，提高各级干部思想认知，树牢安全发展理念，切实把安全责任落实到行动上、贯彻到工作中，公司特邀外部专家开展新《中华人民共和国安全生产法》学习宣贯培训，更加系统、全面、准确地了解，进一步树牢了安全意识，夯实了安全生产责任。

按照公司年度安全教育培训计划，组织开展所属单位负责人、安全管理人员的持证培训，所属各单位组织开展职工岗位安全教育、外来及施工人员安全教育等培训工作。

加强对相关作业人员的安全防范意识、作业安全知识和操作技能培训，保障在建项目、物业楼宇安全管控工作有序进行，确保相关作业人员的适岗能力。

积极探索安全体感教育和电教化培训等教育理念和方法，通过在项目现场设置安全体感设施，利用“可视化、可感知、可操作”的教育手段提高安全教育培训效果。

6. 推进企业安全文化建设，积极传播安全理念

公司以集团“四个一”的文化理念和“同舟共济”的企业精神为统领，秉承“以人为本”的核心理念，大力推进安全文化建设，使安全生产管理与安全文化建设有机地结合，将“安全第一、预防为主”的思想渗透到企业追求的价值观、经营理念和企业精神等深层内涵中，加强宣传教育，营造企业良好安全生产氛围，促进安全生产管理持续健康地发展。

公司认真组织开展“安全生产月”、“119”消防宣传月 、“职业病防治法”宣传周等专项活动，促使“我要安全”的理念入脑入心，营造浓厚的安全生产氛围，进一步提升员工的安全意识和技能。保护员工身心健康。活动期间共布置安全宣传标语 85 幅，组织观看专题片 17 次，参加人数 569 人次，专题安全培训 14 次，参加人数 799 人次。

公司新建工程设计知识交流园区专栏，开设安全管理工作交流平台，主要包括安全管理法律法规、安全业务培训、各项目安全工作总结等内容，通过加强安全工作交流，学习好的做法经验，总结不足之处，提升安全管理水平。

7. 加强应急管理能力建设，提升应急响应和处置能力

公司始终坚持“以人为本、预防为主、防控结合”的原则，健全风险防范机制，坚持从源头上防范化解重大安全风险，切实加强应急管理基础工作，筑牢安全屏障。

加强风险评估和监测预警，加强对项目现场重点场所、关键部位、危大方案实施等安全风险排查，同时结合季节性安全工作，加强对台风、暴雨等灾害性天气的跟踪和预警，做好防台防汛策划和物资准备，提升灾害综合监测、风险早期识别和预报预警能力。

加强应急预案管理，健全应急预案体系，落实各环节责任和措施，定期进行梳理、评估、完善，加强预案的培训和演练，确保演练质量，杜绝形式主义、走过场，通过演练不断完善应急预案，落实人员、物资，筑牢应急保障防线，确保能及时化解险情，防范事故扩大。本年度公司及所属各单位共组织开展各类安全应急演练 19 次，参加人数 937 人次。

【党 建 工 作】

2021 年，公司党委认真贯彻落实集团工作会议和党建工作会议精神，切实履行全面从严治党主体责任，坚持“六航”协同抓党建，经营绩效亮点纷呈，项目建设稳步推进，精益管理做细做实，深化改革蹄疾步稳，风险管理扎实有效，巡视整改落实有力。企业改革发展和党建工作开新局谋新篇，展新姿创新绩，高质量发展再上新台阶。

政治建设领航，加深理论学习。年内召开 45 次党委（扩大）会、9 次党委中心组（扩大）学习，举办习近平总书记“七一”重要讲话和党的十九届六中全会精神研讨班，及时跟进学习习近平新时代中国特色社会主义思想、党的十九届六中全会精神、习近平总书记对本行业本企业十个方面重要指示批示精神、集团党组决策部署要求。制定中远海运资产总部“三重一大”决策事项及权责清单、党委前置研究重大经营管理事项清单，细化党委前置 76 项清单，有效发挥党委把方向、管大局、促落实的领导作用。

思想建设导航，践悟初心使命。公司领导班子带头领学《论中国共产党历史》等著作，进一步坚定历史自信，弘扬伟大建党精神。坚持联系实际学、带着问题学、及时跟进学，将党史学习教育成果转化为带头攻坚克难的担当作为。组织党员赴嘉兴南湖开展“赓续红船精神，传承红色基因”教育，参观周公馆、“渔阳里”团中央机关旧址等红色教育基地等活动，激发全体党员从党史中汲取信仰之力、为民之力、奋斗之力。各党支部年内共推动落实 8 项“我为群众办实事”内容，积极服务客户和合作伙伴，履行社会责任。

队伍建设启航，提高人才效能。公司领导班子认真践行国有企业领导人员“二十字”标准，严格执行民主集中制原则，落实“三重一大”决策制度。贯彻落实集团干部人才工作会议精神，制定与公司“十四五”规划相匹配的人才发展规划。选送 3 名司管干部参加集团“启航、远航”培训班学习，选派 1 名优秀骨干参加集团陆岸人员挂职船舶政委。落实国企改革三年行动，公司领导班子、华东运营中心实施任期制契约化管理，广州资产实施职业经理人制度，完成市场营销体制改革、财务集中管控和总部机关（含广州资产）干部竞聘、员工选聘。

组织建设远航，扎实党建基础。落实“四同步、四对接”工作要求，同步撤销上海项目党支部、长兴资产党支部、浦东建设党支部，成立华东运营中心党支部。召开公司党建工作会议，与所有党支部签订党建工作责任书。举办党支部书记培训班 2 期，全面提升支部书记的履职能力。坚持支部建在项目上，与中远海运人才发展院、中远海运散运等单位开展党建联建，以党建为抓手，有力推动项目建设和园区运营。公司党建经验成果《“六航”协同抓党建》入选集团特色党建案例。

文化建设助航，增强竞争实力。及时宣传报道集团党组和公司党委贯彻落实中央重大决策部署的最新动态，大力宣传集团履行“大国船队”使命担当的新成绩、新作为，选树公司在项目建设、运营过程中涌现出来的基层先进典型，大力宣扬劳模精神、劳动精神和工匠精神，讲好“资产故事”。围绕项目建设组织开展“六比六赛”劳动竞赛，全力打造优质工程、安全工程、精品工程、廉洁工程，展现项目建设风采。

廉政建设护航，完善风险控制。公司党委以高度政治自觉支持配合巡视审计工作，扎实做好巡视“后半篇”文章，研究制定 74 项整改措施，完成限期整改 39 项。修订完善各类制度 12 项，加强巡视整改的长效机制建设。组织所属单位签订全面从严治党责任书 5 份，逐级签订《廉洁从业承诺书》147 份，坚决打赢防范“楼盖起来、人倒下去”的攻坚战和持久战。持之以恒落实中央八项规定精神，紧盯关键节点、关键少数，结合行业风险点，列出负面清单，年内开展集体廉洁谈话 6 场次，干部任前廉洁谈话 12 人次，压紧压实廉洁风险防控一线职责。

【企业文化】

坚持文化聚神。坚定广大党员干部职工知党恩、听党话、跟党走的政治自觉、思想自觉、行动自觉。加强党建带群建工作，加强企业民主管理，加强对青年职工的思想引导。围绕建党 100 周年、进博会等重大节点做好统战、综治、维稳、信访工作。

坚持文化赋能。践行“四个一”理念，弘扬“三业”精神、“三品”理念，将“诚信、智慧、卓越、共赢”的核心价值观化为干部职工履职尽责、担当作为的行动自觉。积极向集团网站、微信公众号和中远海运报等投稿，宣传公司在党建、项目建设过程中的有益经验、典型事迹和先进个人。

坚持文化暖心。党员领导干部心系职工，心系项目建设一线，关心异地工作的一线干部职工，走访慰问其家属，解除异地工作人员的后顾之忧。选树一批在项目建设过程中涌现出来的先进典型和个人，让广大干部职工学有榜样。坚持“冬送温暖、夏送清凉”，开展困难党员、职工走访慰问活动，让文化建设更有温度、更富温情。

（王钰涛）

中远海运（上海）有限公司

中远海运（上海）有限公司

【公司概况】

中远海运（上海）有限公司（简称“上海中远海运”，英文简称 COSCO SHIPPING），是中远海运集团旗下全资子公司，主要从事液体化学品仓储与运输，兼顾资产管理、投资经营、航运海事技术及陆岸业务等综合服务。

上海中远海运坐落于虹口区北外滩，前身可追溯到清末时期的招商局。1949 年 5 月 27 日上海解放后，市军事管制委员会接管招商局。此后历经多次更名、重组与改制，于 1953 年 5 月 1 日更名为交通部上海海运管理局；1993 年 6 月 18 日改组为上海海运（集团）公司；2016 年 7 月 28 日更名为中远海运（上海）公司。2017 年 12 月 13 日，公司由全民所有制综合性企业改制为有限责任公司，更名为中远海运（上海）有限公司。

2021 年，上海中远海运总部设置办公室、党委工作部、战略与企业管理部、财务部、人力资源部 / 组织部、安全监督管理部、法务与风险管理部、纪委工作部 / 监督审计部、液化储运营运部、置业运营部、信息管理部 11 个部门，设立集采管理中心、离退休人员服务中心 / 社保中心、信访接待中心 / 综治管理中心 3 个中心，代管上海市航海学会、人民武装部 / 集团人武部。公司下属 5 家企业，分别是上海亿升海运仓储有限公司 / 上海中远海运仓储有限公司、中海化工运输有限公司 / 上海中远海运（香港）有限公司、福州江阴建滔化工码头有限公司、上海中远海运资产经营管理有限公司 / 上海海运物业管理有限公司 / 上海海运服务有限公司、上海海运海事技术有限公司。

近年来，上海中远海运坚持战略引领与集约经营，以成为集团内液化储运专业化企业为目标，大力推进液化仓储环保、化学品运输业务专业化发展，产业建设与升级不断加速，从集团的社会服务板块转型至集团三大核心主业之一的物流板块，成为板块内唯一从事液体化学品仓储与运输的专业物流企业。2021 年，公司紧紧围绕集团“十四五”战略发展规划总体要求和“物流板块”战略定位，延续公司“十三五”时期“两轮驱动、两翼助飞”的平衡型可持续战略结构和向液化储运专业运营企业转型的目标，提出“一主一基”发展战略，进一步明确依托环保资源优势赋能核心业务发展、成为国内领先液体化工物流端到端一体化解决方案服务商的发展愿景。公司上下不断提升“液体化工品物流产业链”核心优势，各项工作取得较好成效，全年累计实现营业收入和净利润同比增长明显，创历史新高，以“两利双增”态势奠定“十四五”良好开局。

【企业治理】

发挥董事会“防风险、作决策、定战略”作用。上海中远海运第二届董事会在任董事 6 名，由赵邦涛担任董事长，蔡震洲、林尊贵、赵劲松、朱媚任董事，周万勤担任职工董事。2021 年，公司董事会坚决落实集团关于董事会规范运作的要求，召开董事会 12 次，审议议案 25 项，召开定期现场会议 4 次、临时电话会议 1 次、通讯会议 7 次。公司设董事会审计与风险管理委员会，林尊贵任主任委员，蔡震洲、赵劲松任委员，推动法治建设、合规管理、内控和风险管理工作；设董事会战略与投资委员会，赵邦涛任主任委员，林尊贵、朱媚任委员，就公司“十四五”战略发展规划等长期发展规划、收购福州建滔股权并开展二期建设等重大投融资决策等，进行专题研究并向董事会提出建议。公司董事对董事会议案积极提出意见建议，发挥董事会“防风险、作决策、定战略”作用，2021 年赴下属单位开展调研 20 余次，交流探讨“十四五”发展，参与公司战略决策和运行监控，协助规避企业经营风险，贯彻执行集团和公司董事会关于改革发展的方针政策和决议，维护企业和广大员工合法权益。公司董事会在集团直属单位董事会任期经营业绩考核实施意见及推行经理层成员任期制和契约化管理经营业绩考核相关工作指引框架下，认真贯彻落实集团改革三年行动工作要求，建立和完善与市场竞争相适应的领导人员管理机制，实施经理层任期制和契约化改革。公司董事会审议通过总部和 5 家所属单位的改革方案及配套管理办法、业绩考核办法、薪酬办法，以及聘任协议书、年度 / 任期经营业绩责任书等契约文本，实现了公司和所属单位 16 名经理层成员的市场化转型。

深化国企改革三年行动，质效提升凸显效益专精。针对地区公司专业化转型过程中存在的运营机制僵化、机构臃肿、经营包袱重等痛点，上海中远海运以改革三年行动实施方案为指引，持续优化经营体制机制。截至 2021 年年底，公司深化改革三年行动工作清单完成率达 76.3%，处于集团内领先水平。

一方面，上海中远海运积极推进人事制度改革，提升专业化发展格局。公司对标市场化专业化要求，加强顶层设计，在统筹做好“十四五”人才发展规划的同时，加快推动经理层成员市场化改革。建立和完善与市场竞争相适应的领导人员管理机制，推动公司和所属单位经理层成员的市场化转型，完成《公司经理层成员任期制和契约化改革工作方案》及配套文本编制并获集团同意。制定完善公司所属单位经理层成员的职业经理人管理制度，按照“市场化、契约化、差异化”原则，实现对职业经理人的规范化管理与激励。完善公司治理结构，在条件成熟的 3 家所属单位实行党委书记、董事长“一肩挑”。继续推行市场化用工，大力引进液化储运经营管理人才，满足公司专业化发展需求。经统计，2021 年公司全员绩效考核覆盖率、劳动合同到期续签考核率、员工市场化招聘率达 100%。在营收利润大幅增长的情况下，在岗员工总量同比减幅 3.6%，全员劳动生产率较 2020 年提升约 30%。

另一方面，上海中远海运紧扣专业发展主线和“2+N”模式深化改革。通过贯彻三项制度改革、市场化薪酬激励和建立配套制度约束并举等深改工具，公司专业化转型和产业链经营成效显著。年内，公司清退非主营业务、盘活低效无效资产、处置“僵尸企业”和治理重点亏损子企业，为践行“一主一基”战略提供可持续发展保证。推动总部“去机关化”改革，围绕总部从职能管理型向经营管控型转变要求，开展专项自查整改，聚焦“秉持务实作风、聚焦专业发展、坚守长期主义”主题，持续提升总部部门服务意识和管理水平。深入推进供给侧结构性改革，将巴士船务划归海运资产统筹管理，以进一步落实发展战略、实现资源有效配置、提升业务平台经营管理能力和整体竞争实力。对上海中远海运（香港）有限公司管理模式进行调整，香港公司与中海化运实施“一套班子、两块牌子”管理模式，由中海化运 / 香港公司统一履行经营管理责任。推行采购管理专项改革，完成采购中心架构调整，进一步完善供应商和采购管理组织体系，健全配套制度，优化相关流程。各单位持续以“四去”改革为抓手推动管理提升，使公司二十年“战略空档期”遗留的发展短板和管理弱项不断得到改善。

提升资金管控水平，护航战略落地。上海中远海运在实行财务集中管控的基础上，稳步推进财务管理各项重点工作，不断提升资金管控水平，为战略落地提供充足保障。2021 年，公司紧紧围绕集团财务管理目标推进工作。一是规范财务决算编报，深化拓展财务决算功能作用，按时保质完成财务决算工作，充分发挥财务决算在促进管理提升、夯实资产质量、提升运营质效方面的作用。二是发挥预算引领作用，科学设定预算目标，完成 2022 年度预算编报，确保公司在“十四五”各时期实现阶段性战略目标。三是持续推动财务信息化建设，2021 年 4 月公司及所属单位 SAP 财务核算模块及快月报上线，并与各生产管理系统完成对接，有效打通内部壁垒和数据孤岛，实现“业务商务财务”一体化管控，有效提升财务信息质量。四是结合业务特点和管理要求，优化经济运行分析报告，进一步提升辅助经营决策的科学性、有效性。五是扎实推进公司提质增效专项工作，明确年度提质增效工作目标，协同各职能部门按照行动方案要求定期开展跟踪督导，确保措施落地、目标达成，推动公司“十四五”战略规划开好局、起好步。六是深化“两金”压控工作，紧盯2020—2022年“两金”管控三年工作方案目标，形成推动工作的上下合力，有效提升资金运营质效。七是提升资金管控能力水平，推动香港新造船项目融资和付款工作，完成香港公司委托贷款购汇放款、中远海运资产委托贷款5.1亿元委贷到期还款，以及重新委贷等事宜。八是组织开展资金管理、资金内控自查，配合集团检查组对公司及所属单位开展抽查，增强合规合法经营水平和竞争优势。

优化采购管理模式，赋能专业化发展。为适应公司专业化转型要求，突出企业本质，公司及时调整采购管理工作重心，进一步明确管理责任、突出合规监管、提升采购效率，以高效精准的采购管理模式赋能专业化发展。一是调整采购管理模式。向中远海运集运的采购及供应商管理模式开展学习对标，结合公司业务多元化特征和实际，在公司供应链管理委员会领导下，搭建起跨部门横向管理架构，采用专业归口管理模式与下管一级纵向采购业务对接，形成完善的采购、业务外包、供应商管理组织体系，一改以往采购链条冗长、采购效率低下、“一管一采”模式简单等痛点问题，采购平均耗时从13.67个工作日缩短至8.63个工作日。二是有序推进制度落地。公司修订、完善和发布《采购管理办法》《供应商管理办法》等6项配套制度，规范编制采购文件，开展采购制度专项宣贯及业务培训，高效实施采购流程，适时开展专项检查指导，更好地帮助各部门、各单位在制度框架下准确运用采购模式，合规推进各业务领域采购工作，公司员工的采购合规意识和业务水平得到明显提升。年内，公司在OA系统内搭建采购方案及事项审批、供应商准入、信息变更等6项采购管理流程，并顺利上线运营，实现制度流程落地。三是全面加强供应商管理。对公司供应商库建库以来的所有供应商进行梳理、筛选和分类，提升供应商库规范管理水平和管理效率。发布《供应商分类表》，15个部门归口管理19大类供应商类别，全面覆盖供应商种类及采购范围。落实供应商管理风险防控机制，建立供应商黑名单，完善供应商准入和出库审批，形成供应商全生命周期科学闭环管理。截至2021年年底，公司共有库内供应商1342家，其中集团级别供应商60家，公司级别供应商132家，所属单位级别供应商1150家。

【战略管理】

上海中远海运立足集团“十四五”战略发展整体布局，积极把握战略窗口期的重要契机，突出主责主业，形成“争创一流，依托环保资源优势赋能核心业务发展，成为国内领先的液体化工物流端到端一体化解决方案服务商”的发展愿景。明确了“十四五”时期的“123”发展战略：“1”是指争创一流。依托环保资源优势赋能核心业务发展，整合集团内外部物流资源，强化协同共同服务，充分满足客户的多元化需求，成为国内领先的液体化工物流端到端一体化解决方案服务商。“2”是指“一主一基”。以主业发展平台为“主”，依托环保资源优势发展国内领先的液体化工物流端到端服务；以支撑服务平台为“基”，提供资产置业。“3”是指三个发展阶段。2021—2022年，着重进行能力构建，试水液体化工端到端物流产业链经营；2023—2024年，夯实基础，推动组织转型，快速壮大；2025年之后，生态模式初现，创新盈利模式。

目前，上海中远海运已经从“十三五”时期的集团社会服务产业集群跃升至“十四五”时期集团三大核心主业之一的物流产业集群，对公司未来发展具有重要战略意义。“十四五”时期，上海中远海运将进一步立足物流战略定位，围绕“三个维度”谋篇布局，发挥端到端综合物流优势，主动服务新发展格局，深度链接双循环，融入区域经济发展战略，全面提升发展能力，肩负起践行国家战略和保障产业链供应链畅通的使命担当。公司将按照既定战略规划和具体实施路径，通过聚焦产业链经营、推动核心业务发展，通过聚焦效益专精、实现效率提升，通过强化资本运作、追求持续稳定价值增长，通过推动数字化转型、打通端到端信息通路，向成为国内领先的液体化工物流端到端一体化解决方案服务商迈进。

2021 年，上海中远海运立足集团旗下物流产业集群内唯一从事液体化学品码头仓储与运输的专业化物流企业定位，围绕战略发展规划，落实战略举措，推动投资项目，全力改革转型，不断实现战略落地。

一是加强顶层设计。上海中远海运完成“十四五”发展规划总报告编写工作，年内取得集团批复同意，规划中的各类细化目标通过年度和任期经营业绩考核落实，实现战略闭环管理。完成《业务与信息现状分析报告》《“十四五”数字化发展规划》《“十四五”科技发展专项规划》编制。结合公司现状和“十四五”发展目标，聘请专业外部机构调整优化总部机构设置，积极研究搭建扁平化事业部组织模式架构。

二是加强主营业务布局和掌控力度。上海中远海运聚焦产业链经营核心突破，充分发挥福州建滔仓储码头和中海化运化学品船队的品牌优势、协同优势，做强做大液化储运产业链经营，不断实现液体化工物流端到端一体化稳健运行。加大与中海化运、中远海运化工物流等单位内部协同，为日本东曹、科麟环保等客户提供一站式综合物流服务，通过整合相关节点物流资源，提供贯穿码头—库区—公路—工厂的一体化物流服务，彰显了核心竞争力。坚持“大客户”战略，中海化运承运 COA 货物量占比超过 60%，对主业平台发展形成有力助推。年内，公司按照集团批复意见，扎实推进福州建滔股权收购项目各项筹备工作，确保收购过程合规高效。项目的顺利收购，将为福州建滔加快推进二、三期建设，用足用好码头仓储用地这一稀缺资源，尽早实现整体盈利，引入重要合作伙伴和战略投资者打好基础。

三是推动重大工程项目建设。化学品运输板块方面，上海中远海运有序推进 2 艘 13 800 DWT 外贸化学品船和 2 艘 8000DWT 内贸化学品船建造工作。2021 年 9 月 23 日，公司 13 800 吨不锈钢化学品船首制船（HT0187）下水仪式在渝隆重举行。同日，公司第二艘 8000 吨不锈钢化学品船顺利开工。12 月 16 日，公司 8000 吨不锈钢化学品船（HT0193）“金海瀚”轮顺利下水。液化仓储环保板块方面，公司按计划推进亿升海运仓储设施整修改造项目，计划一年半内分三期完成现场施工并验收投产。该项目自 2021 年 1 月正式启动，7 月开展施工总承包及监理单位公开招标，8 月底完成监理承包商和施工总承包商选聘，11 月完成专家评审后正式进厂施工。年内，已完成 2×1000 立方米储罐拆除换新工作。实施福州建滔 10 号泊位及 10–1 泊位通航能力提升项目，年内已开展供应商评选，确定施工方案，办理完成施工许可手续。

【经 营 效 益】

上海中远海运不断加强和完善现代企业治理，围绕被集团认可的战略定位以及物流产业集群“积极布局、寻求增长”的发展要求，向成为液化物流端到端一体化解决方案服务商冲刺发力。经过近几年的转型发展，上海中远海运经营创效能力发生了根本性转变并持续稳步提升。2021 年，公司收入利润继续保持增长，累计实现营业收入 6.46 亿元，同比增长 41.33%，其中主业收入 3.66 亿元，基业收入 2.8 亿元，主业收入占比近六成，主业核心竞争优势和盈利创效能力不断提升。营业成本 5.02 亿元，同比增长 24.3%，营业收入增幅高于营业成本增幅 17.03 个百分点。2021 年剔除考核调整事项后，累计实现净利润 6.26 亿元，同比增长 315.71%，为年度基础指标 5.76 亿元的 108.68%，超过集团下达的年度奋斗指标，以“两利双增”态势奠定“十四五”良好开局。

【主业发展平台】

上海中远海运根据“十四五”时期发展愿景，

进一步明确“一主一基”战略：将液体化工品水运、码头接卸、仓储及相关油污水处理等物流业务作为主业，其他资产置业、物业管理等非相关业务作为基业，围绕集团“产业链经营”“效益专精”“数字驱动”三大战略主题，不断提升“一主一基”运营能力和经营质量。

液化仓储环保板块

上海中远海运液化仓储环保板块涵盖液体化学品接卸、仓储、分拨，以及污水处理等综合服务，业务主要集中在下属上海亿升海运仓储有限公司（简称“亿升海运”）、福州江阴建滔化工码头有限公司（简称“福州建滔”）等单位，分布于上海外高桥和福建福州江阴港保税园区。2021年，平台紧扣“液体化工品物流产业链经营”，坚持企业盈利创效本质，加强协同联动，试水液体化学品端到端物流运输，在服务客户、树立品牌的同时，收入利润同比大幅增长，凸显了端到端一体化物流服务对提升船舶运营效率和经营效益起到的积极作用。

亿升海运位于上海外高桥，拥有储罐84个、罐容11.6万立方米，配备2个3万吨和1个3000吨泊位。作为最早进入中国市场的独立第三方化工品仓储企业，亿升海运客户基础稳固、客户群体庞大、客户黏性高，在行业内具有良好的信誉和口碑。亿升海运的罐容能够高效匹配精细化工、特种化工仓储需求，经过20多年的发展，积累了操作各类不同化学品的丰富经验，擅长为客户提供定制化物流服务方案。2021年，受国内严格的疫情管控措施影响，引航员普遍采用专班管理模式开展工作，造成人员紧缺现象，加剧了江阴、张家港和太仓等长江内码头的拥堵程度，外轮排队等候是常态，船公司不愿进江，客户业务受到了很大影响。在此背景下，亿升海运主动融入市场，充分发挥库区自身区位带来的稀缺性优势，凭借自有专用化工品装卸泊位和码头使用灵活、引航效率高、鲜有滞港情况发生等特点，持续推升化学品仓储及装卸业务需求，对业务开展形成有力支撑。亿升海运全年租罐率达65.33%，同比增长14.96%，连续多月维持相对高位运行。亿升海运大力开拓市场，积极促成仓储项目，参与埃克森美孚仓储项目招投标，经过持久艰难的谈判，最终成功签订2+1年合同，自2021年6月1日起生效；成功与巴斯夫中国洽谈2–EHA仓储扩容项目并签订合作意向书，截至2021年年底储罐已经完成大部分改造工程。年内，亿升海运围绕本质安全管理和智能库区建设推进一系列重大技改项目，高效完成“11+3”安全管理提升项目及装车台自动化装车系统改造等技改项目，完成ERP一体化项目第一阶段并投入运行，完成污水处理稳定性提升改造项目，全力推进成品油罐区整体改造，企业安全主体责任进一步夯实。2021年，亿升海运在实施罐区整体改造情况下，营业收入同比增长11.81%，利润同比增长66.74%，企业盈利创效本质充分突显，实现了吸收合并“1+1 > 2”的效果，为推动核心主业发展提供坚强助力。

福州建滔位于福州江阴港保税园区，占地约29.5公顷，拥有码头岸线325米，是福州地区最大的公共液体石化码头之一，连续多年被列为福建省重点建设项目。项目建设分三期实施，一期已正式投产，拥有储罐38个，罐容18.1万立方米，配备1个5万吨和1个3000吨泊位。2021年，福州建滔紧紧抓住国内液化仓储行业高光时刻下油品和大宗化学品“一罐难求”的市场机遇，以扩大市场份额为主导，保持业务增长势头，全年营业收入同比增长73.93%，大幅扭亏。一是聚焦“以客户为中心”，提档升级服务模式。2021年，福州建滔大力优化提升企业客户、合同、货种结构，努力实现客群结构多元化发展，成功吸引多家知名企业入驻。目前，中石油、中海油、中化石油、中国天辰、宝武化工、烟台万华、日本东曹等优质大客户占比已达90%，且都签订了以三年期为主的长约合同，使福州建滔业务收入具有可靠保障。福州建滔积极整合库区资源、优化资源配置，激活“化一”罐组，并利用储罐“空档期”引进短租客户10余家，租罐率从2020年的89.64%提升至2021年的92.44%，最高单月租罐率达98.34%。租罐单价对标业内龙头及福建地区库区均处于领先水平，客户满意度创历史新高的99.45%，实现租罐向“又好又满”靠拢。

二是扩大经营范围，发挥协同优势，开展化工物流一体化服务。福州建滔与兄弟单位中海化运协同联动，为园区客户科麟环保、仓储客户日本东曹等提供一站式综合物流服务，全年完成8载航运业务，实现收入664万元。福州建滔的南向商业版图也成功自莆田延伸至泉州，再从泉州延伸至厦门，已基本占据福建市场范围四分之三。对标“一确保生存，二有序增值，三带动发展”的阶段性战略目标，福州建滔已成功突破有序增值阶段，并稳步步入带动发展阶段。三是多措并举树立信用品牌。福州建滔通过顺利获得CDI-T体系认证成为国际化学品配送协会会员。“全员安全素养机考方案”获评年度中国化工物流运营安全管理优秀案例，标志着公司正不断将本质安全管理理念和能力转化为核心竞争力，品牌影响力也得到进一步提升。除此以外，福州建滔正积极筹备二期12.4万立方米罐区扩容项目，持续跟进产品和需求用户，合理预判罐型配置和货品名录，确保项目投产后“有货可依、有约可签”，在满足市场需求的同时提升土地利用率、库区中转率。

化学品运输板块

上海中远海运主业发展平台化学品运输业务集中在中海化工运输有限公司（简称“中海化运”）和上海中远海运（香港）有限公司（简称“香港公司”）两家单位。中海化运成立于1988年12月，是我国第一家专门从事散装化学品国际国内运输的专业化学品运输公司，也是集团内目前唯一一家液体化学品运输船公司。香港公司于2020年由上海中远海运直接投资设立，为公司2艘13 800DWT新造船的投资主体。2021年8月起，香港公司与中海化运实施“一套班子、两块牌子”经营管理模式。平台主营内贸沿海及东南亚、东北亚航线。

有序提升运力规模。平台坚持向集团航运主业看齐，树立主业意识。推进新造船项目，平台2艘13 800DWT外贸化学品船和2艘8000DWT内贸化学品船建造工作均按时间节点有序推进。2021年8月，中海化运租入“粤海908”轮投入外贸航线运营，在优化船队结构和运力布局、开拓外贸市场空间的同时，为后续新建船舶下水运营储备经验。截至2021年年底，平台运营化学品船舶6艘，控制运力4.77万吨，运力同比增长37.5%。

积极落实航运创效。平台坚持多措并举提升化学品船队盈利能力。发挥端到端协同优势，2021年，中海化运与福州建滔强强联合，试水液体化学品端到端物流运输，围绕园区客户科麟的粗甘油运输需求提供一站式物流服务，顺利完成8载装卸任务，船舶装卸港口均直靠，并由船长独立开展靠离泊，船舶在港停时大幅缩短，营运效率得到有效提升，单航次等价期租租金（TCE）创下历史新高，8载装卸任务平均TCE大幅高于市场平均水平。加强与集团内部协同，中海化运与广州中远海运物流合作组建华南项目小组，2021年平台在华南项目投入“金海涛”轮和“恒晖55”轮两艘船舶（运力合计1.24万载重吨），为中石化华南地区提供端到端物流服务。截至2021年年底，华南项目运营稳定高效，收益高于市场平均水平。该项目既解决了中海化运提升运力、实现收入利润增长的商务需求，为船队其他船舶内贸北上回程货增加了航线选择，也为合作方创造了丰厚利润，成为与集团内部航运物流公司协同合作实现双赢的成功典范。

提升船队运营能力和效率。2021年，上海中远海运化学品运输板块保持高昂发展势头，经营效益和营运效率取得双提升，全年实现营业收入18 028万元，同比增长78.27%；实现利润2060万元，同比增长5723.3%；自有船舶TCE7.4万元/天，同比增长23.3%，企业毛利率等核心指标均处于市场领先水平。平台通过加强船岸联动、CDI认证、大油公司检查、高端人才引进、建立客户协调机制、合理规划航线等多种手段，提升化学品船队运营能力。强化船舶、船管公司、船东“三方”协同，推动船管水平和服务能力专业化标准化建设。强化船员管理，与船员公司沟通协同，通过日常关心、加强培训等手段，提升船员素质和队伍稳定性，船舶营运效率有效提升。

环保板块

亿升海运是上海港唯一的船舶油污水处理环保企业，分支机构上海海运船舶污水处理厂由上海中远海运投资并吸收世界银行贷款和全球环保基金组织赠款共 1.9 亿元建成，主要承接国内外油轮清舱、洗舱和船舶油污水接收、处理业务，并不断向陆岸油污水、化工品污水、ISO TANK 清洗，以及固废（危废）处理等环保领域探索，努力向环保高新科技企业转型。

2021 年，公司把环保产业摆在做强做大集团待培育主业的战略高度和实现公司高质量可持续发展重要引擎的特殊位置，围绕打造成为“上海港航船舶污染物处理中心”发展定位，聚焦船舶油污水、生活污水、油污泥、化学污水等污染物处置，抢占战略新风口，为公司主业赋能。年内，公司顺利完成污水处理稳定性提升改造项目，综合污水处理能力达 30 立方米 / 小时，有效提升污水接收和处理能力。公司聚焦自身运营服务能力和技术处理能力双提升，逐步实现从单一船舶油污水处理向船舶污染物接受处置转变。油污泥处理方面，公司积极推进以热裂解处理技术为主的油污泥减量化处置。生活污水处理方面，顺利取得政府关于船舶生活污水处置业务的批准，完成了船舶生活污水接收处理改造和价格备案并正式开启运作，2021 年处理量约 2 万吨。受疫情影响，船舶堵港造成上海港船舶油污水激增，公司污水处理量从疫情前每月 5000 吨暴涨至每月 13 000 吨，同比增长 160%；公司全年船舶油污水累计处理量达 9.3 万吨，同比增长 50%，公司船舶污水处理业务取得较大突破。未来，在环保强监管态势下，船舶油污水上岸及处理量将继续保持稳定增长态势。

【基业发展平台】

置业发展板块

上海中远海运置业发展平台紧扣“一主一基”战略中的基业定位，2021 年坚持立足做优主业，发挥基业平台助推公司全面发展压舱石的功能定位，进一步厘清业务、盘活存量、开拓市场、提升品牌，有效确保公司整体发展战略稳健可持续。

一是减轻历史包袱，帮助企业“瘦身健体”。上海中远海运全面梳理不动产整体租赁资源，完成上海地区历史遗留低效无效资产的处置工作。结合市场调研分析和安全风控要求，在规避养老、医疗、餐饮等业务涉足的同时，遴选资质优良的国内知名连锁酒店及公寓品牌开展合作，签订十年长约，顺利完成了赵家宅、海运影都、海运大厦 3 处资产的整体租赁工作。同时，扬州路、海厦旅馆、雁荡宾馆、外滩八弄等资产租赁工作也呈现多点开花局面。在此基础上，公司实现了对以广东路 20 号、东大名路 700 号海运大楼、海运大厦等为代表、总面积近 7 万平方米的“三大四小”优质资产的集中管控与营销，资产盘活工作取得显著成效，基业资产创利水平显著提高。同时，公司积极配合虹口区土发中心做好海员医院整体收储交接工作，为公司主业平台发展提供有效支持。

二是积极跑市场、创效益。上海中远海运置业发展平台下属上海海运物业管理有限公司是集团内唯一拥有物业管理国家一级资质的企业，2021 年在管的商众物业管理项目共 10 处，合计物业管理面积达 35.6 万平方米。年内，在以“市优”标准积极做好物业项目管理的同时，积极争取集团商城路、栖山路地块物业项目。加大市场开拓力度，积极拓展物业项目点保安保洁、会务后勤等延伸服务，不断打响集团内物业管理精品品牌。其中，航运科研大厦项目点顺利承接船研所园区专项保安保洁服务；海尚智慧广场项目完成物业合同签订；公司顺利中标成山路项目点，并依托开展浦东新区政府后勤服务优势，承接中国银监会上海监管局后勤服务中心会务服务。与此同时，公司同步紧盯商城路物业服务项目，争取推动项目尽快落地。2021 年，上海海运物业管理有限公司被列为上海市物业管理行业协会理事单位，获得室内装饰协会施工乙级资质，被授予上海市物业服务综合能力四星级企业、上海市消防协会 2021 年度先进会员单位等荣誉称号。

三是推进海运大楼改扩建工程项目。截至

2021年年底，公司完成了东大名路700号海运大楼改扩建项目加固工程及验收、钢结构加层及验收、新建地下车库结构封顶，幕墙工程完成90%，机电安装工程完成92%，室内装饰完成85%。与此同时，积极做好海运大楼整体运营营销管理，制定项目管理实施计划，同步推进大楼物业、餐饮、装潢等板块工作。年内，海运大楼三分之二面积已达成租赁意向，整体进展良好。

浦江游览观光板块

上海中远海运浦江旅游观光平台下属上海巴士旅游船务有限公司（简称“巴士船务”），成立于2001年12月12日。巴士船务充分发挥20年从事浦江游览行业的优势和大型航运企业良好的品牌效应，为公司带来稳定的投资收益。目前，公司共经营管理4艘游船，分别是“振宇”轮、“金灿灿”轮、“康宁”轮和“蓝森”轮，客位总量为1698位。2021年，巴士船务努力克服新冠疫情对浦江游览行业的影响，通过调整经营策略、重塑内部架构、加强考核约束、改革薪酬体系、强化内控及安全管理等一系列手段，不断提升营运能力，逐步从受疫情影响的旅游行业冰封期走出，每月收入利润同比均有增长，并实现总体盈利。年内，巴士船务严格落实安全、防疫、消防主体责任，抓好安全生产专项整治三年行动，全面完成一线人员疫苗接种工作，并于2021年年底顺利取得DOC体系临时符合证明。2021年，巴士船务收入同比增长44.41%，实现净利润同比增长286.84%，客流及收入盈利在浦江游览行业均处于领先地位，经营发展呈积极向好态势。经上海市黄浦江游览星级评定委员会复审，“康宁”轮和“蓝森”轮分别获得2021年度三星级游船和四星级游船等级评定。

海事技术板块

上海海运海事技术有限公司深入落实“水陆并举”，各业务板块齐头并进。充分发挥修船、海图、供应传统主业带动作用，打通“为船服务平台”主营业务节点，深挖潜能实现增效。罐区维保成功拓展废气检测、防腐油漆代理、厂区基建改造等新兴业务，逐步向平台型管理模式转型。

【安全生产】

上海中远海运深入贯彻落实习近平总书记关于安全生产工作的重要指示批示精神和集团“以最高标准安全水平开展危化储运业务”的工作要求，立足本质安全管理核心思想和“隐患即事故”理念，深入开展安全风险分级管控和隐患排查治理双重预防机制建设，强化现场工班组建设和安全管理信息化建设，不断提升本质安全管理能力。2021年，公司未发生上报统计范围内的一般及以上安全生产事故、污染事故、火灾事故及船舶PSC/FSC被滞留事件，安全生产形势总体平稳可控。

一是坚持“以人为本、安全发展”理念，坚持“安全第一、预防为主、综合治理”方针，推动安全生产主体责任细化、分解和落实。与所属单位签订安全生产及环境保护工作责任书，层层压实工作责任，开展年度履职情况监督考核，检验安全责任落实情况。为了强化安全生产基础、消除各类安全隐患、解决历史欠账问题，公司持续加大安全生产投入，按规定计提安全生产费用，全年累计投入安全费用632.52万元。年内，修订完善安全管理制度72项，及时将国家有关法律法规和集团的最新要求转化为安全生产规章制度，使生产各环节有据可依、有章可循。

二是以危险化学品隐患排查和风险管控工作为重点，结合双重预防机制建设，深入开展“危险化学品安全风险隐患专项排查整治”“公路水路行业中央大型油气储存基地安全风险评估”“安全生产专项整治三年行动集中攻坚”等专项行动，加大专项整治攻坚力度，提升安全监管效能，推动完善治理措施，严密防范各类生产安全事故。通过开展专项行动，有效提升了公司危险化学品运输、装卸和仓储作业管理水平和能力，涉危环节安全风险始终处于受控范围内。

三是扎实推进安全管理宣传教育，以“安全生产月”、“119”消防宣传月为契机，提高员工处置突发应急事故和防止事故扩大的能力。全年，公司共组织开展职工岗位安全教育培训74次，受训298人次；对外来及施工人员安全教育培训 3906 次，受训 4569 人次；组织应急培训 80 次，受训 1539 人次；实施各类应急演练活动 51 次，参演人员 2550 人次。

【合规风控】

依法治企和风险管控方面。2021 年，上海中远海运加强依法治企和风险管控，夯实内控合规基础保障，为战略实施划清边界红线，牢牢守住企业发展底线。一是法务风控管理模式从分散型、职能化管理转变为纵横相结合的垂直集中管控模式，推动法治建设第一责任人职责落实到位，强化法治建设顶层引领，加强法治文化建设，坚持主动维权，有效应对案件纠纷，深挖案件价值，提升公司管理，运营风险和法律风险的源头预控得到加强。二是进一步加强制度建设，通过推动制度建设计划、制度宣贯机制落实，加强基层单位制度管控和制度备案管理，明确下属单位制度制定机制，将公司级制度区分为“直接执行类”和“细化执行类”，避免了规章制度“数量逐层增多、效力逐层递减”情况出现。三是以“基本制度 + 管理细则 + 分类指引”组合落实合同全生命周期管理要求，进一步优化合同审核流程，强化合同法律风险把控、合同履约管理和合同信息化建设，分级管控促进合同管理效能进一步提升。四是按照“管业务同时管风险”原则压实各级主体的风控责任，推进风控体系落地，全面开展企业内控自评价工作，狠抓内控缺陷整改，开展年度风险评估并跟踪监测重大风险，积极探索并改进完善公司项目风险评估程序和方法，为项目推进提供决策支持。持续加强重点领域关键环节风险管控，完成公司采购领域改革，监测应收账款管理防范现金流风险，对重点领域开展自查自纠工作。五是加强队伍建设，推进合规融入管理、融入业务，公司在各部门、各单位设立兼职风控合规专员，通过专业化总部法务风控核心团队和风控合规专员队伍联动协同，风险内控合规体系得到不断优化。

监督审计方面。2021 年，上海中远海运认真贯彻落实集团要求，积极稳妥开展内部审计工作。认真落实年度审计计划，新建、修订审计制度 4 项，完成经济责任审计 3 项，建设项目审计 4 项，专项审计 1 项，发现各类审计问题 69 个，促进增收节支 221.67 万元。建立“双整改”“双督办”工作机制，按要求推进“建账销号”工作，落实集团要求，组织两级单位完成巡审系统整改台账 66 个、数据初始化录入 585 条，督促动态维护完善，提升公司整体整改措施制定率和整改成效产生率。加强审计成果运用，全面总结工程领域审计问题，分析研究 2020 年度在工程领域审计中发现的典型、普遍、突出问题，形成专题报告，推动优化建设项目管理体系，以“坚持‘国之大者’，实现新时代内部审计价值”为题，全面总结污水处理厂防汛堤整改工程审计项目取得的经验和做法。该项目经验材料被推选为“内部审计促进组织贯彻落实党和国家重大政策措施典型经验”，向全国内审机构展示推广。

【科技信息】

上海中远海运高度重视科技创新和信息化建设工作，围绕科技创新推动数字化运营，有效赋能公司专业化转型。2021 年，公司聚焦应用基础技术、环保和航运物流产业主力和特色产品，从被动式技术应用向主动科技创新转变，紧密围绕“场景 + 技术”“数字化赋能业务”核心，以支撑打造成为国内领先的液体化工物流端到端一体化解决方案服务商为目标，坚持战略引领，加强顶层设计，充分发挥信息技术在“库区安全、资源整合、产业链经营”等方面的创新优势，持续提升公司数字化能力。

一是深入贯彻落实科技强国、交通强国战略。上海中远海运在集团内率先启动“十四五”数字化发展规划编制工作，对标中石化、中化等行业先进，组织开展多轮调研，完成公司《“十四五”数字化发展规划》《“十四五”科技发展专项规划》《业务与信息现状分析报告》编制，通过加强顶层设计、加大科创投入、落实创新实践、完善体制机制等举措，明确数字化架构、运营体系、重点建设内容、演进路线、投资规模，以及组织保障体系。加大科技研发投入，2021年，公司研发投入费用88.36万元，比2020年的3.69万元有大幅增长。

二是以客户需求为导向，积极推进自动化、信息化建设。上海中远海运重视信息化赋能智能生产与产品服务创新，以自动化控制减少人为操作和智能化管理提高工作效率为目标，年内完成亿升海运库区中控室、批控仪、储罐雷达液位计、自动化装车、库区人员出入等信息系统，完成福州建滔安全仪表系统（SIS）和虚拟现实（VR）液化仓储安全仿真培训系统，推进中海化运智能液货系统改造部署工作，为物流链上各类客户及服务供应商有效衔接提供基础，全面提升客户满意度和黏性。

三是补齐短板，打基础、强突破，加快推动信息化建设。近年来，上海中远海运立足主业发展夯实一批生产管理系统，目前这些系统通过2～3年运营已逐渐成形，以点带面完成主业信息化全覆盖。年内，公司推动亿升海运自主ERP产品一期上线，完成两家库区合并后的信息系统整合任务，推动中海化运航标系统一期、海运物业和海运海技ERP二期上线，实现主营业务信息化基本全覆盖。推进智慧物业系统建设，试点物业项目点服务在线收费，协同开展700号海运大楼信息引导及发布系统、智能楼宇自控系统、智能化集成管理系统的方案设计和实施。完成公司及下属13家单位SAP财务核算模块，并对接各单位ERP系统和公司OA财务付款模块，有效打通内部壁垒和数据孤岛，实现“业商财”一体化。

四是主动作为、立足长远，全面提升安全生产信息化水平。上海中远海运通过数字化转型促进内部业务协同、强化数据治理、提升决策支持能力，推动端到端全链条业务转型和发展模式创新。通过组织对标危化行业先进实践，启动智慧安全库区平台建设，以安全生产为基础，将设备管理、在线培训、安全管理作为切入口，切实消除生产经营过程中存在的安全风险，全面提升危险化学品仓储的安全风控能力。安全生产可视化平台二期进一步衍化，继续扩大并完善化学品运输、船队管理等可视化的应用范围，为后续应急指挥中心建设奠定基础。

【疫情防控】

上海中远海运深入贯彻落实党中央关于“外防输入、内防反弹”的工作要求和全力落实“六稳”“六保”的重要指示精神，在全球疫情蔓延反复背景下，牢牢把握“央企姓党”根本政治属性，坚决提高政治站位，将央企政治责任与社会责任摆在重要位置，勇当保障产业链供应链稳定和服务上海国际航运中心建设的排头兵。

2021年受深圳盐田港、宁波舟山港疫情影响，上海港船舶堵港导致国际航行班轮油污水无法及时排放处理，严重影响船舶正常运营，加剧全球供应链负担。上海中远海运不讲回报、不计成本，主动清空尚在运营的两个油品储罐用于临时储存船舶油污水，额外紧急购置一套污水处理设施设备和应急服务，有效解决上海港船舶油污水积压这一“燃眉之急”，助力航运市场有效应对疫情冲击和提升船舶运行效能。同时，积极配合上海市交通委和属地公安部门解决船员“下船难、换班难”问题，配合靠泊外轮实施船员换班20艘次，全方位筑牢口岸防疫安全屏障。

上海中远海运全面落实集团疫情防控工作部署要求，坚持齐心协力抗疫情，慎终如始抓防控，推进落实常态化疫情防控各项任务，筑牢坚强战斗堡垒。坚持每日对总部及各单位疫情防控情况进行排摸，动态跟踪掌握情况，指导所属各单位抓紧抓实常态化疫情防控措施。积极宣传动员组织员工接种新冠肺炎疫苗，确保疫情期间公司各项工作平稳有序开展。加大对国内突发疫情的高中风险地区实时跟踪力度，提醒员工禁止前往或接触高中风险来访人员，确保疫情防控安全无虞。

【服务管理】

上海市航海学会成立于1978年6月28日，是上海市科学技术协会四星级学会，获评中国社会组织4A等级。2021年，学会携手业界同仁，全力防控新冠疫情，继续保持发展韧性。一是以学术为本，筑牢学会生命线。学会于3月24日在上海市科协成功举办“十四五”上海交通高质量发展学术论坛，纳入上海市科协第18届学术年会。共同主办以“上海城市规划建设管理的‘十四五’理念格局与模式创新”为主题的学会联盟活动。举办液体化学品物流和码头安全专业委员会年度学术研讨会。协办海峡两岸航海技术与海洋工程研讨会。3篇论文入围中国航海学会学术年会并获奖。二是以科普为媒，提升学会影响力。学会成功承办2021年“中国航海日”上海主题活动启动仪式暨舰船开放日活动，3000余名市民到场参观，上海市国际航运中心建设领导小组发函致谢。推进实施“追梦蓝海，科技航行”专项科普活动项目。协办“庆党百年，扬帆远航”2021年航海科普知识竞赛、“‘小海燕’追逐航海强国梦”航海文化科技节活动；协助上海教育电视台拍摄水上交通安全科教片。三是以科技服务为要，促进产学研相结合。组织专家编制《2022年长江段航道维护A标施工通航安全评估报告》，并开展评审；组织专家对巴士船务安全管理体系建设服务项目进行研究和评审，完成安全管理体系文件。为上海港引航站、锦江航运集团、贝仕船务等公司48位技术人员，推荐评审海船类高级技术职称。组织相关企业与上海海事大学互访，在船舶污水处理技术研发、港口及船舶防腐涂料技术可行性研究、液体化学品船船员二次培训需求及可操作性、水下机器人技术研究、供应链模式及盈利能力分析等方面进行研究，探讨科研成果转化和校企合作模式。参与中国航海学会磁罗经业务信息化改革调研试点。上海分部共有37名学员成功取得了交通运输部海事局颁发的磁罗经校正员资格证书，2名学员取得磁罗经校正师资格证书，充实了磁罗经校正队伍。3月，经中国航海学会磁罗经技术服务部考核，上海分部被评为优秀单位，两人获先进个人荣誉称号。磁罗经技术服务部上海分部全年校正任务量达3097艘次、3196台次。

信访接待和综治维稳工作方面。上海中远海运扎实履行好中远海运集团上海地区综治、信访、维稳、内保工作牵头单位职责，2021年未发生严重群体性上访事项和极端信访事项，未发生任何治安或刑事案件，营造了平安和谐稳定的改革发展经营环境。公司认真做好每一起信访事项的登记、受理、答复、转办、交办、督办、调处事宜，全年接待各类信访454次/501人次，成功调处一般信访事项18起，未发生矛盾激化或扩大现象。2021年七一、国庆、进博会和党的十九届六中全会等重要节点临近前，对公司所属及属地管理单位综治信访内保工作提前作出部署，开展矛盾纠纷、不稳定因素和劳工领域风险专项排查22项，前瞻性做好各类不稳定因素的分析、研判和应对处置准备，未发生漏管失控情况。公司把化解信访积案专项工作作为迎接建党100周年、开展“我为群众办实事”实践活动的重要内容，坚持“案清事明”工作理念，齐心协力、上下协同，全力推进公司4起信访积案的治理和化解工作。节假日期间，对重点信访群体主要信访人员、重点信访个案人员、信访积案人员开展走访慰问92人次，有效避免重点信访群体信访事项和历史遗留信访积案反弹。公司以“创安复验”为抓手，强化人防、技防、物防和制度防等综合性防范措施，不断提高治安防范和处置突发事件能力。全年，配合集团重要领导来访、外事活动和会议现场做好安保稳控工作222次，全力维护集团改革发展稳定工作大局。坚持多措并举、未雨绸缪，在重要时间节点临近前专项部署综治内保工作，开展内保工作检查8次。年内，完成中远海运散运、中远海运船员、中远海运重工、中远海运物流上海公司、上海海运海事技术有限公司5家单位的“创安复验”审核工作。

离退休人员服务管理和社保管理方面。上海中远海运在新形势下着力做好离退休人员服务管理和社保管理工作。加强和改进离休干部服务管理，落实离休干部生活待遇，按规定发放离休干部及遗孀补贴，开展离休干部及干部遗属家访慰问。通过在线形势报告会、离休干部及家属微信群、在线座谈会等形式，凝聚离休干部智慧力量。依托“上海老干部”App开展组织生活，引导离休干部抗击新冠疫情、坚定理想信念，以实际行动支持服务公司转型发展。截至2021年年底，公司在册离休干部80名，平均年龄91.5岁。以“细致关心、全面关爱、特殊关注”为目标，坚持“好事要办好，实事须办实”宗旨，服务管理公司退休职工，做好退休职工终止事宜，帮助本市和外地退休职工办理医疗补助、补充医保报销、上海老年综合补贴卡申办，耐心细致做好疫情期间来信来访人员的沟通解释安抚工作。严格履行社保服务管理职能，做好本单位和集团上海地区兄弟单位在职及离退休人员的社保服务。截至2021年年底，公司服务集团上海地区75家补充医保参保单位，参保人数27 600人，基金全年支出7 026.89万元，其中门急诊医药费报销30 268人次，合计发放6 401.69万元；大重病补助救助409人次，合计发放625.2万元。2021年，公司足额缴纳养老保险、基本医疗保险、失业保险、生育保险、工伤保险等各类保险基金，未发生任何欠缴情况。

档案管理方面。上海中远海运坚持把档案管理作为一项重要的基础性工作，全力确保档案管理规范化、标准化、科学化。推进档案信息化管理，协助第三方公司对中远海运集团2019年度文书档案进行数字化扫描，对信息化影像进行检查验收，并独立开展公司文书档案数字化工作。年内，协助集团总部完成2020年度文件整理3927件，完成公司文件归档612件、会计归档1203件，指导所属单位完成档案归档2005件。配合退休人员社会化管理，做好相关人员的档案核对清点移交工作，根据上海市档案馆要求对第二批2365本进馆档案进行分类汇总、整理装订，12月8日通过上海市档案馆检查验收。截至2021年年底，公司共存放人事档案4840本，文书存放案卷类档案38 006卷、按件类档案36 933件，会计档案62 701本，基建、实物、照片、病史档案140 999件。

健康卫生管理方面。上海中远海运卫生所积极履行内部设立非营利性医疗机构职能，切实有效发挥专业技术优势，秉持“便捷、高效、温馨、周到”的理念，全面推进医疗卫生健康服务，为集团广大职工提供基本公共卫生服务、职业卫生服务和医疗服务。2021年，卫生所在做好常态化疫情防控工作的前提下，共计接待门诊1017人次。配合集团和公司完成大型活动、随队医疗保障工作，为公司和兄弟单位普及医疗知识，开展自救、互救小课堂。卫生所在防疫工作中主动作为、科学应对，保障和改善员工卫生健康工作取得显著成绩，被授予2020—2021年度上海市企事业内设医疗机构先进集体称号；卫生所沈艳红同志被授予2020—2021年度上海市内设医疗机构优秀管理者称号。

【队伍建设】

上海中远海运始终坚持党管干部、党管人才原则和国有企业好干部标准，着眼公司改革发展大局，紧紧围绕建设“忠诚、干净、担当”的高素质干部队伍公司，把牢政治关、素质关，干部队伍活力持续得到激发。截至2021年年底，上海中远海运领导班子成员共6人，其中：董事长、总经理、党委副书记赵邦涛，董事、党委书记、副总经理蔡震洲，总会计师、党委委员周利民，副总经理、党委委员顾宇民，副总经理、党委委员张振华，党委委员、纪委书记左振永。

坚持正确选人用人导向。上海中远海运根据“一主一基”战略，持续优化干部队伍配置，实现选优配强。2021年以来，总部部门负责人、所属单位领导班子共提任、调整17人次，其中2名公司总部部门负责人兼任所属单位经理层成员。推进干部人事制度改革，持续优化干部队伍年龄结构，司管干部中40岁以下年轻干部占比18%，相比“十三五”时期有较大提升。完善和创新市场化用工机制，以关键引才提升公司经营管控能力和专业化素质，通过完善公司管理干部转任制度、加强干部轮岗，盘活人才存量，多措并举提升干部队伍综合素质能力。

持续优化收入分配机制。上海中远海运根据《中国远洋海运集团有限公司工资总额管理办法（征求意见稿）》，申请按照经营创效类企业与工资总额进行挂钩，激励全体员工为落实公司创效目标不懈奋斗。发挥好工资总额指挥棒作用，2021年度所属单位工资总额分配突出效益导向，坚持效益增幅与薪酬增幅同向变动，所属单位领导班子坚持硬考核、硬兑现，体现了“业绩升薪酬升，业绩降薪酬降”的联动效应。各单位结合实际，对创效者施行精准激励，充分调动广大员工积极性，激发经营创效活力。

培养使用年轻干部。上海中远海运积极落实集团和公司党委关于加强年轻干部队伍建设的工作要求，选调年轻干部参加集团“启航、远航”培训班，推荐 1 名综合素质良好的陆岸人员挂职集团船舶政委，推荐 1 名年轻干部前往集团总部挂职，着力提升其综合能力和工作视野。通过公开竞聘、推荐考察、挂职锻炼等方式，总部 3 名年轻干部得到岗位晋升锻炼，2 名年轻干部到公司液化仓储核心业务板块单位交流挂职，2 名所属单位年轻干部调入公司总部工作。有效加强了年轻干部培养,进一步提升了年轻干部的工作能力。

提升人才能力素质。上海中远海运深入学习贯彻《集团党组关于完善教育培训体系建设的意见》，开展培训需求调研，科学编制 2022 年度培训计划。年内，适应公司“十四五”专业化发展需要，多次开展与核心产业培育相关的线下培训项目，包括液体化学品储运、生态环境保护、安全监督管理等，有效提升全员岗位专业能力和改革转型意识。加大网络在线培训力度，安排干部员工参加国务院国资委干教中心、大连高级经理学院开设的专题选学、网络选学等培训项目，聚焦国企改革、战略转型等专项工作，开拓干部员工视野，提升改革创效本领。

【党群工作】

上海中远海运党委坚持以习近平新时代中国特色社会主义思想为指导，深入贯彻落实党的十九大和十九届历次全会精神，以政治建设为统领，立足新发展阶段、贯彻新发展理念、构建新发展格局，聚焦建党百年征程，弘扬伟大建党精神，深入开展党史学习教育，推进“我为群众办实事”重点项目落地见效，全面落实集团“党建融合发展年”各项部署，巩固提升基层党建工作水平，推动全面从严治党向纵深发展，以党建工作新成效向建党百年献礼，引领和推进公司高质量发展，创造“十四五”良好开局。

党建工作方面。一方面，深入学习贯彻习近平总书记重要讲话和指示批示精神，把稳思想之舵。公司党委把深入学习贯彻习近平新时代中国特色社会主义思想和习近平总书记对本行业本企业十个方面重要指示批示精神作为党委会“第一议题”和中心组学习重要内容，共开展中心组（扩大）集体学习 11 次、党委会“第一议题”学习 18 次、专题读书班 1 次，集中收看庆祝中国共产党成立 100 周年大会实况，深入学习习近平总书记“七一”重要讲话精神。公司党委坚决贯彻落实党中央重大决策部署，深入落实《关于中央企业在完善公司治理中加强党的领导的意见》，坚持党的领导和完善公司治理相统一，修订完善公司党委议事决策规则、党建工作责任制考核评价实施细则、公司总部“三重一大”决策事项和权责清单，明确职责边界，落实前置审议程序，为企业生产经营和改革发展把方向、管大局、促落实。公司党委系统梳理公司现行的全面从严治党、党委巡察、领导班子建设、党员和基层党组织管理、干部管理、纪检监督规范、意识形态、群团工作等方面规章制度，于七一前夕汇编印发《上海中远海运党内制度汇编》，集中体现公司基层党建工作的制度性成果。另一方面，深入推进党史学习教育，开展“我为群众办实事”实践活动，铭记初心之源。根据集团党组统一部署，在集团党史学习教育领导小组办公室、巡回指导二组的指导下，公司党委坚持思想统领，扎实推进党史学习教育全覆盖。丰富观影研学、情景教学、实践比学、线上送学、联建共学“五学”新模式，开展主题党日活动。聚焦“六稳”“六保”大局、职工群众急难愁盼问题、制约发展的难点痛点堵点、客户关心关切事项等方面，持续推进“我为群众办实事”实践活动。将巩固拓展党史学习教育成果作为一项长期重要任务，与学习贯彻党的十九届六中全会精神相结合，与践行人民至上、以人民为中心相结合，与深化国企改革三年行动相结合，与推动公司高质量发展相结合，激励全体党员干部职工奋楫笃行。

党风廉政建设和反腐败工作方面。2021年，上海中远海运认真落实党的十九届历次全会精神和十九届中央纪委五次全会精神，坚持抓早抓小抓整改、求真务实办实事，实现历史遗留违纪违规问题彻底清零。坚决贯彻落实党风廉政建设和反腐败工作部署，精准务实开展政治监督，靠前监督护航疫情防控，常抓不懈督促安全生产。健全完善监督体系，加强与地方纪委监委、系统外企业纪委协作配合，梳理健全公司基层党组织纪检委员队伍。精准开展日常监督，及时纠治参股单位“一把手”违规配备工作人员、有关人员“私车公养”违反中央八项规定精神等问题。严肃整治群众身边腐败和不正之风，查处5类17项问题，其中，深入挖掘、清理解决历史遗留问题8项。2021年，受理处置线索61件，运用第一、第二种形态批评教育帮助和处理77人次，追缴违规违纪所得18.14万元。规范监督执纪工作，结合实际制定处理检举控告工作规定等5项制度。规范纪检机构职能，指导有关单位制定纪委议事规则。2021年，高质量推进巡察工作，组织开展机关党委常规巡察和中海化运、海运技术巡察回访工作。加强政治建设，深化全员培训，提升纪检干部依规依纪依法履职的专业本领。主动引入群众监督机制，聘请5名特约监督员，组织特约监督员对纪检干部作风开展履职评议，营造求真务实、崇廉向上的新风正气，为“十四五”开局提供有力保障。

工会工作方面。公司工会主动融入企业中心开展工作，积极开展群众性劳动竞赛活动，在民主管理、疫情防控、群安群治、权益维护和帮扶慰问等方面有效发挥工会组织联系群众的桥梁纽带作用，为公司高质量发展作出积极贡献。秉承“岗位建新功　奉献‘十四五’”竞赛理念，将年度重点工作与劳动竞赛深度融合，发挥示范性竞赛的导向作用和先进典型的引领作用，入选集团劳动竞赛专家库评审一名。积极搭建职工创新创效平台，激发职工创新创造活力，全年培训职工326人次，协助行政在生产一线设立专兼职安全员，筑牢生产安全防线。持续深化企业民主管理，全面推进“三级职代会”建设，把开展年度职工代表巡视作为深入推进“我为群众办实事”的重要抓手，组织职工代表深入一线、重点项目42次，努力为职工解难事、做实事、办好事。助力小微企业工会，返还4家小微企业工会经费15.36万元，让小微企业共享工会关爱。聚焦精准服务，及时回应职工所想所盼。建立立体普惠机制，打造“四季恒温”帮扶品牌，对接职工需求，切实有效帮助职工解决实际困难。积极引导职工落实防疫措施，多措并举服务疫情防控大局，采购发放必要的防疫用品，切实维护职工健康权益和生命安全。

共青团工作方面。上海中远海运各级团组织以习近平新时代中国特色社会主义思想为指导，以庆祝中国共产党成立100周年为主题，深入贯彻党的十九大和十九届历次全会精神，以党建带团建为统领，引领青年岗位建功，以对党绝对忠诚的实际行动，为公司高质量发展贡献青春力量。一是以庆祝建党百年为契机，深入学习习近平总书记在中国共产党成立100周年大会上的重要讲话，在团内深入开展党史学习教育，持续深化“学党史、强信念、跟党走”学习质效，开展纪念五四运动102周年活动，组织推进“青年大学习”，深化青年思想政治引领。二是聚焦主责主业，坚持党建引领群团建设，加强青年形势任务教育，开展青年创新创效，努力提升共青团服务大局实效。三是围绕服务青年，深化青年为群众办实事实践活动，注重加强青年文化引领，带领各单位志愿服务组织和志愿者积极响应习近平总书记给上海市新四军历史研究会百岁老战士们的回信中对青年一代学党史、悟初心、担使命提出的殷切期望，进一步继承和弘扬雷锋精神和志愿服务精神，开展“不忘初心，接力传承”青老共建活动，提升团的组织力、凝聚力。四是对标全面从严治党标准，推动从严治团向纵深发展，夯实基层团组织和团干部队伍建设，以团组织全覆盖为目标，完善基层团组织机构和人员。2021年成立福州建滔团支部，按规定做好福州建滔、亿升海运两家单位团组织书记调整工作。认真做好组织统计、团费收缴、组织换届等工作，定期召开工作例会，及时总结推广团建工作创新经验。

【企业文化与社会责任】

宣传思想和企业文化建设方面。2021年，上海中远海运认真贯彻落实宣传思想和企业文化建设总要求，紧紧围绕公司改革转型发展大局，把牢政治方向、高举思想旗帜、传承红色文化，围绕庆祝建党百年开展主题宣传，为推动生产经营、改革创效和党的建设向前发展提供坚强保障。一是把加强党的思想理论建设作为宣传工作的根本任务，推出一批高质量政研课题成果，《百年党史领航初心理想赓续薪火开拓奋进航程——上海中远海运从党史学习教育中汲取智慧力量的思想实践》获得2020—2021年度全国交通运输行业优秀政工论文一等奖，“以党建激发发展活力”获中远海运集团党组庆祝建党百年特色党建案例优秀课题。二是把庆祝党的百年华诞作为贯穿全年宣传思想工作的主题主线，征集创作“三微一作品”21项，举办“百年礼赞 奋斗有我”庆祝中国共产党成立100周年经典红歌比赛，选送职工大合唱节目参演集团庆祝中国共产党成立100周年文艺汇演，开展庆祝建党百年乒羽比赛、“健康行”徒步活动等群众性文体活动，强化文化引领，展现百花齐放的职工文化活力，形成疏密有致、亮点纷呈的宣传和企业文化态势。三是弘扬正能量，精神文明创建取得佳绩。建立年度荣誉评选体系，开展“两优一先”“年度先进”“职工之家”等评比活动，发挥先进典型在铸魂育人方面的示范引领作用。公司退休劳动模范杨怀远同志获评全国优秀共产党员，以先进典型力量引领党员牢记使命、勇担重任。借助“一刊一网一号一屏”打响上海中远海运经营品牌，积极向《中国远洋海运报》撰文投稿，发布《海运》内刊6期、《海运党建》13期、《廉政课堂》12期，展示公司改革转型新成效。上海中远海运、海运仓储、海运物业、海事技术、华东散运、上海物供6家单位成功获评2019—2020年度上海市文明单位荣誉称号。

带头履行央企社会责任方面。上海中远海运坚持绿色可持续发展理念，在公司改革发展进程中注重履行社会责任，持续发挥战疫“顶梁柱”、经济“压舱石”贡献力量。一是全力落实“六稳”“六保”重要指示精神。面对2021年受疫情影响上海港船舶油污水积压的“燃眉之急”，公司不讲回报、不计成本，投入大量人力财力物力，配合上海港做好船舶油污水处理工作，有效应对疫情冲击。着眼疫情期间船员“下船难、换班难”问题，配合靠泊外轮实施船员换班20艘次，全方位筑牢口岸防疫安全屏障。二是聚焦绿色低碳环保持续发力。公司认真落实习近平总书记关于“顺应绿色、低碳、智能航运业发展新趋势”①的重要指示精神，加快构建产业新生态。年内，推进污泥减量化资源化项目、罐区及污水处理区废气治理项目，在降低危废的同时，实现资源再生利用。积极推进绿色航运发展，公司化学品船舶引进移动式蒸馏水发生器设备，减少锅炉油耗；成立船舶温室气体减排短期措施工作专班，组织实施并加强对船舶的监控；制定船舶环境保护管理计划，限定生活污水及废水排放量，确保电子废弃物及塑料制品逐年下降。聚焦环保产业发展和客户实际需求，提升研发力度，公司及所属单位的4个发明和4个实用新型专利计划提出申请，为深耕液体化工品储运和环保产业发展赢得先机。围绕“节能降碳、绿色发展”“低碳生活、绿建未来”主题，部署推动节能宣传周和全国低碳日活动，开展环保专项培训1次，组织开展环保应急演练，传播碳达峰碳中和理念，增强员工节能低碳意识，引导员工绿色消费、低碳生活。三是自觉履行央企责任，助力精准扶贫。公司坚决落实中央和集团关于脱贫攻坚的总体要求，加强对公司前往湖南沅陵定点帮扶挂职干部的服务保障工作，圆满完成挂职帮扶任务。年内公司采购对口帮扶地区农产品8.6万元，资助云南贫困地区学生学业，捐赠扶贫资金1850万元，巩固当地脱贫攻坚成果，助力扶贫地区经济发展。

（潘奕　周敏励）

① 《习近平向2021北外滩国际航运论坛致贺信》，《人民日报》，2021年11月05日01版。

中远海运（广州）有限公司

中远海运（广州）有限公司

【公司概况】

中远海运（广州）有限公司［简称“广州中远海运”，英文简称 COSCO SHIPPING（Guangzhou）］，是中远海运集团全资子公司，注册资本 319 120.240 6 万元，注册地广州市海珠区滨江中路 308 号。广州中远海运成立于 1949 年 10 月 22 日，企业名称和管理体制多次变更。2016 年 6 月 28 日，公司正式更名为中远海运（广州）有限公司。

2021 年，广州中远海运被评为 2020 年度广东省守合同重信用企业，在 2020 年中直驻粤单位定点帮扶开发工作成效考核中获评“好”；广州净海油污水工程有限公司党支部获评广东省国资系统先进基层党组织；广州海建工程咨询有限公司获评中国招标投标协会“行业先锋”。截至 2021 年年底，广州中远海运总资产 522.44 亿元，总负债 112.66 亿元，资产负债率为 21.56%。

【公司治理】

广州中远海运为国有控股企业，不设股东会。董事会是公司的最高决策机构，对股东负责。董事会下设三个专业委员会：战略与投资委员会，审计、法治、合规与风险管理委员会，薪酬与考核委员会，其成员全部由董事组成。公司董事会推动建立以董事会、经理层、法务部、监审部、其他各职能部门及各单位共同构成的公司内部控制和风险管理组织架构，分别履行内部控制和风险管理相关的决策、监督、执行等方面职责，形成科学有效的职责分工和协作机制。

广州中远海运第一届董事会已于 2019 年 12 月 29 日届满，根据《中华人民共和国公司法》和公司章程等相关规定，在集团组织部门指导下，按程序进行了董事会换届工作。因董事会任期届满后，可连选连任，经公司第一届董事会第四十二次会议审议，同意按现任董事会成员成立中远海运（广州）有限公司第二届董事会。经公司第二届董事会第一次会议审议，同意按现任各专门委员会成员成立第二届董事会战略与投资委员会、审计与风险管理委员会（审计、法治、合规与风险管理委员会，薪酬与考核委员会系经第二届董事会第二次会议审议通过后成立）。

2021 年，董事会共召开会议 11 次，其中 4 次为定期会议（2 次采用现场会议形式召开，2 次因广州市疫情防控要求采用视频会议形式召开）；7 次为临时会议，均采用书面会议形式召开。会议的召开程序、议案审议流程、表决程序均符合《中华人民共和国公司法》和公司章程的有关规定，合法有效，表决文件和会议记录完整齐备。召开董事会审计与风险管理委员会 2 次，为公司内控体系建设及审计工作提供专业意见；召开战略与投资委员会 1 次，前置审议公司“十四五”发展规划，为后期董事会决策提供专业的参考与建议。公司提交董事会审议议案 26 项，全部审议通过，主要包括公司董事会机构变更、年度经营计划、重大会计政策、发展战略、人才战略、公司风险管理体系、经理层成员任期制和契约化管理、规章制度、重大人事管理、扶贫（援藏）捐赠、利润分配方案、年度工作报告、计提退休人员社会化管理统筹外费用等。

广州中远海运设总经理 1 名，总经理对董事会负责；设副总经理若干名和总会计师 1 名，负责协助总经理工作。坚持民主集中制，落实“三重一大”决策制度，全年召开总经理办公会 51 次、党委会 47 次。公司总部设 10 个部门（包括董事

会办公室 / 总经理办公室、战略规划与企业管理部、运营部 / 安全环保部 / 船管部、资产管理部 / 信息部、法律与风控部、财务金融部、组织部 / 人力资源部、党委工作部 / 武装部 / 团委、纪检监督工作部 / 审计部、工会办）、1 个事业部（航运环保事业部）、3 个后勤服务机构（包括社会保障中心、档案管理中心、财务核算中心）和 4 个经营性分公司（包括广州新海医院、海员宾馆、房地产租赁分公司、广州海运大厦管理中心）。广州中远海运下设全资子公司 11 家，包括：广州海宁海务技术咨询有限公司（简称“海宁公司”）、广州净海油污水工程有限公司（简称“净海公司”）、广州中远海运船舶工程有限公司（简称“海船工程”）、广州中远海运贸易发展有限公司（简称“海贸发展”）、广州中远海运健康管理有限公司（简称“远海健康”）、广州中远海运物业发展有限公司（简称“物业公司”）、广州海建工程咨询有限公司（简称“海建公司”）、广州正和工程检测有限公司（简称“正和公司”）、广州海星国际旅游有限公司（简称“海星旅游”）、广州中远海运文化传播有限公司（简称“海文传播”）、广州市海发运输有限公司（简称“海发运输”）。按业务分类划分为 8 个经营管理主体：新海医院、远海健康、海星旅游（含海员宾馆、海文传播、海发运输）、物业公司（含房地产租赁分公司、广州海运大厦管理中心）、海船工程（含海贸发展）、海宁公司、海建公司（含正和公司）、净海公司。

广州中远海运坚持全心全意依靠职工群众办企业，全面落实党务公开、司务公开制度。召开 2021 年工作会议、党建工作会议、第一届职工代表大会第五次会议暨安全环保工作会议，听取总经理工作报告、党委工作报告、职代会工作报告，书面审议了公司安全生产、生态环保工作报告，宣贯了公司“十四五”发展规划，审议了公司职工解困救急和帮扶维稳工作报告，通报了 2020 年公司领导履职待遇业务支出情况，并向受到上级和公司表彰的 2020 年度先进集体和个人颁奖。签订 2021 年经营业绩责任书，安全生产、生态环保责任书，以及党建工作责任书。会议采用视频会议形式，让更多职工参与，凝聚发展共识。

【战略发展】

“十四五”期间，广州中远海运重点围绕集团“3+4”产业生态，遵从“为集团作贡献”“符合集团要求”两大关键发展原则，打造航运环保、航运数字服务两大核心战略产业，成为特色增值服务的产业公司。

2021 年，广州中远海运成立航运环保事业部，为航运环保产业的发展创建新机制，搭建新平台。航运环保产业立足船舶油污水处理业务，坚持“油污水接驳—油污水处理—废油再生”的产业链经营，持续提升盈利能力和服务水平。新开拓深圳海关查封油污水处理业务，成功进入政府服务供应商领域，新增珠海市龙善船舶服务有限公司、广东拓南船务集团有限公司等多家协议客户，纳入协议企业达到 43 家，全年油污水处理量累计 11.68 万吨，占华南地区行业内 60% 以上份额；实现危险废物省内转移，新增省内废矿物油转移合作单位 5 家，与宁波海靖环保科技有限公司达成废矿物油跨省转移业务合作意向，并在广东省生态环保厅和宁波市生态环境局批复后开展废矿物油转出，开拓了新的废矿物油转移路径。与广东工业大学在油污水处理过程控制数据化体系、污泥脱水减量等方面开展产学研合作；与广州港集团港航环保科技公司建立港航合作航运环保平台，引导区域市场有序竞争，并着手在长三角、海南自贸区建设业务网络，进一步开发船舶废矿物油转移等业务；与中远海运散运、海南海盛就海南马村沥青库转型发展为航运环保业务进行磋商并达成意向性意见，为项目后续推进奠定基础。

航运数字产业持续推进电子海图关键技术研发和市场推广工作，2021 年投入 680 万元用于随航付费、推荐航线、海图数据处理和服务、电子海图引擎等新项目研发，部分新项目于 6 月 29 日通过验收随即投入市场。随航付费模式装船 3 艘进行海上试验，数据服务业务实现收入

25 万元。海宁海图已接入集团总调船位监控系统，为集团及下属船管人员提供与船舶航行使用一致的专业海图技术支持服务。8 月 1 日成功获得海军航保局（中国航海图书出版社）一级代理授权，填补在相关领域的空白。成功开拓宁波远洋、福建海运集团等重点客户，签订电子海图服务协议。截至 12 月底，公司航运数字服务客户增加到 59 家，其中集团外客户 47 家，市场客户占比达 80%；电子海图装船 518 艘，装船数全国（不含港澳台）第一。

根据集团统筹安排，钦州保税物流园项目于 2021 年 12 月起交由专业公司投资建设运营，公司不再参与，将在三年滚动规划调整时一并调整。

【深化改革】

广州中远海运以提升经营管理效率为导向，扎实推进集团改革三年行动方案实施。全年累计完成工作任务 79 项，完成率 78.2%；完成具体工作措施 225 条，完成率 88.9%，超额完成集团要求目标。

积极推动下属企业内部股权调整、表外企业清理、所属企业清理优化、“压减”等专项法人单位清理工作。2021 年，集团下达广州中远海运“压减”和“两非”（非主业、非优势业务）剥离工作任务 2 项，具体是清算关闭广州迪施有限公司、广州新海颐养苑。其中广州迪施有限公司于 2021 年 2 月 20 日取得企业核准登记注销通知书；广州新海颐养苑于 2021 年不再纳入公司合并报表范围。经对照国务院国资委 2021 年中央企业“两非”剥离工作验收审核要点，新海颐养苑符合“基本完成剥离”的条件。截至 2021 年年底，广州中远海运的并表法人单位为 12 家（含母公司），集团管理层级全部控制为 3 级。

继续推行市场化用工、契约化管理，坚持末等调整、未完成公司确定的任期经营业绩考核目标或连续两年未完成年度经营业绩考核目标的退出制度；推进经理层任期制契约化管理，与各单位经理层成员签订聘任协议和经营业绩责任书，进一步压实经营责任；继续坚持 360 度绩效考核体系，全员绩效考核覆盖率达 100%；继续坚持超额利润奖励制度，激发干部员工干事创业的激情和动力。全年累计引进市场化人才 9 人，退出 4 人。公司各部门市场化选聘人员 15 人，占比 20.27%。在此基础上，公司向各下属单位下达《关于国企改革三年行动用工市场化考核指标的通知》，推进以劳动合同管理为核心、以岗位管理为基础的市场化用工制度，强调“各下属单位全员绩效考核率须达到 100%，公开招聘比例达 100%，劳动合同续签考核率达 100%，管理人员考核末等人数比例、管理人员末等调整和不胜任退出比例，以及员工市场化退出率均不低于 5%”等考核硬指标，确保年底达到集团规定的各项用工考核指标。

【经营管理】

2021 年，面对复杂多变的市场环境和艰巨繁重的疫情防控任务，广州中远海运上下紧盯目标任务，立足航运环保、航运数字重点领域，大力拓展增量业务，充分挖掘资源优势，经营规模持续增长，产业韧性得到提升。

航运环保产业以提升价值创造能力为导向，立足船舶油污水处理业务，积极推进产业链布局。净海公司加快打造“船舶油污水接驳、油污水处理、废油转移利用”一站式服务，全年累计接收油污水 11.68 万吨，油污水接收量及产值持续排名华南地区市场第一。积极推动环保配套项目布局，深入挖掘长三角、珠三角及海南自贸区等重点地区资源，加大项目储备力度，稳步推进业务网络建设；探索航运环保产业链延伸拓展，进一步开发船舶废矿物油转移利用等高附加值业务。

航运数字产业（海宁公司）以电子海图为先导，以构建航运数字化服务生态圈为目标，组建专业研发团队，全年投入 680 万元，持续推进电子海图关键技术研发，获得 12 项软件著作权，3 项发明专利已提交申请。航海保障信息服务平台（二期）软件部分顺利通过验收，随航付费（PAYS）系统进入海上测试阶段。进一步深化业内合作，成功取得海军航保局纸质海图和电子海图一级代理资质，成为国内航海图书规模最大、品种最全、资质最全的海图专业公司。积极对接集团内外航运数字需求，加快产品推广，市场占有率迅速上升，电子海图累计实现装船 518 艘，境内市场排名第一，在国内初步得到市场的认可，实现了研发、服务能力的新突破。

海船工程打造以锅炉业务、备件业务为代表的千万产值业务，全年经营收入首次破亿元；紧盯市场需求，年内成功获得螺旋桨焊接工艺、救生艇（筏）服务供方和保密资质 3 项认证，专业化发展迈上新台阶。新海医院充分发挥资源优势，通过远程医疗、送药上船等举措，为集团船岸职工提供医疗保障服务。全年开展远程医疗服务 1085 人次，同比增长 62.18%；船舶配药 328 艘次，为集团内兄弟单位提供核酸检测 12 884 人次，充分展现了医院为船服务的初心和使命。远海健康积极应对政策环境变化，持续深耕“机构养老、社区养老”业务，聚焦“居家养老”市场，稳妥开拓居家长护险业务，多业态协同推进，全年收入同比增长 46%。海星旅游多举措推进业务转型，正式启动珠江新能源游船建造项目，迈出水上观光客运业务第一步；持续拓展差旅业务市场，推动客户批量式开发，业务规模快速回升。物业公司积极拓展物业租赁市场，全年各类物业出租率达到 90.10%；从严从细落实大厦疫情防控各项措施，全力筑牢疫情防控网络，为营造安全稳定办公环境奠定基础。海建公司顺利取得水运工程结构（地基）甲级资质证书，检测业务市场竞争力显著增强，全年累计营业收入同比增长 28.03%。

截至 2021 年年底，广州中远海运实现营业收入 80 072 万元，投资收益 105 003 万元，考核净利润 123 075 万元，超额完成了集团下达的考核指标；管理费用 14 113 万元；国有资本保值增值率为 107.90%；净资产收益率为 2.94%；对外扶贫捐赠 2900 万元。

【信息化建设】

广州中远海运着力加强信息化、数字化建设，全年投资总额 1 009.73 万元，共开工信息化项目 18 个、网络安全项目 2 个，公司整体信息化与网络安全防护能力稳步提升。

针对广州中远海运“十四五”数字化发展需求，公司编制“十四五”数字化转型实施方案，探索数字化建设路径。以 SAP 财务系统、OA 系统、员工考核评价系统为基础，着力打造公司标准化数据底座，深化业务板块间协同作用，全力推进数字化运营管控。编制印发公司《科研项目管理规定》《科技创新工作管理办法》，以应用开拓与平台建设为重点，挖掘数据价值，赋能高质量发展。

广州中远海运主要使用的信息系统有泛微 OA 系统、A8 协同办公系统、PPM 投资管理系统、财务管理系统、费控系统、集团的法务管理系统、人力资源管理系统，覆盖公司及下属单位的日常办公、规章制度管理、合同管理、投资管理、财务管理、费用管控、案件管理、人员管理等相关管理事项，基本满足公司的经营管理需要。同时，公司下属单位根据行业类别和业务发展需要，单独开发具有行业特色的业务系统，如医疗信息系统、旅游管理系统、物业管理系统、海图销售系统等，为相关业务的管控提供信息化技术支持。为推进公司线上办公流程审批的集约，深化集团泛微 OA 系统的应用，实施泛微 OA 二次开发项目，逐步将公司审批流程归集到泛微 OA 系统。为提高公司整体的病毒查杀和网络安全防护能力，通过引入企业版一体化终端防护杀毒软件替代原个人免费版杀毒软件，与态势感知平台对接后，可实现自动病毒查杀和实时处理。

广州中远海运财务核算目前统一应用集团 NC 系统，财务报表应用集团久其报表系统，并且实现 NC 系统数据倒入久其系统的功能。2021 年，按照集团财务信息化的统一要求，公司做好财务信息系统转换为 SAP 前期准备工作，完成 SAP 项目各单位会计科目选择、业务蓝图规划、业务系统对接 SAP 系统洽谈商讨等工作，同时做好集团财税系统上线前测试及商讨工作；开展资金信息系统建设前期调研工作；SAP 各项上线运行工作准备就绪，为 2022 年全面上线运行打好基础。下属单位进一步梳理业务系统与 SAP 系统对接问题，争取 SAP 系统上线后打通业务系统与财务系统的数据共享，促进业财进一步融合。

广州中远海运积极做好国家与集团部署的各项网络安全保障工作，多措并举加强公司及下属单位网络安全防护能力，确保公司在春节、全国两会、博鳌亚洲论坛、进博会等重大节日、会议活动及网络攻防实战演练、检查期间的网络安全防护保障。全年未发生网络与信息安全事件。

【法治风控】

2021 年，广州中远海运认真贯彻习近平法治思想，以“强内控、防风险、促合规、保发展”为目标，积极探索建立法律、合规、内控、风控“四位一体”的协同运作体系和机制。法务部门参与重点项目和重要经营活动的前期论证和谈判沟通，做到提前介入、过程参与、依法合规、保驾护航，为公司重大经营和投资项目的合规管理与风险防控提供更具针对性的解决方案。广州中远海运全年处理诉讼案件 30 件（含案中案、执行案）、审结案件 11 件，有效降低了历史存案量和应收账款数额。

按照国务院国资委和集团关于完善法治建设合规管理领导机构的要求，公司进一步完善了合规管理机构，设立法治建设领导小组暨合规管理委员会，与法治建设、风险管控领导机构合署办公，全面领导公司法治风控与合规管理工作。将年初的 198 项经营管理类制度压减至 183 项，有效解决规章制度该废未废、应修未修、部分缺失等问题；新编了以 20 个经营管理领域为基础、5 种制度类型为划分标准、包含 177 项制度的新制度体系框架；强化制度执行，对合同管理、客户信用管理、安全管理、采购管理、董事会运作管理、“三重一大”决策制度、规章制度管理等方面开展专项检查和制度适用性交流，发现问题 48 个，反馈 88 项整改建议。开展 4 次商务检查和 1 次专项合同检查，全面提高合同管理效能。实行“普法宣传＋专项培训”，开展“民法典进基层”与“我为群众办实事”相结合的普法活动，以“集中培训＋基层单位现场交流”的方式，使普法工作深入基层、走进员工生活；与外部优秀企业开展投资风险管理对标学习；以竞赛促学法，开展全员线上法律知识竞赛。

风险管理工作主要聚焦在健全风控制度、做实专项风险评估、建立风险隐患排查机制、落实内控评价与整改 4 个方面。将风险隐患排查及风险预警工作要求纳入内控管理制度，新建风险预警管理细则和合规管理评价标准、内控缺陷认定标准，为公司和所属单位提供风控管理的执行依据。开展专项风险预警机制建设工作，探索建立符合公司实际的风险预警指标体系，设置科学合理的风险阈值。确定了安全生产、产业转型、市场、劳动用工、资金安全、公共关系、法律风险 7 个排查重点领域，编制风险隐患处置工作计划。采取“自评＋机构协助评价”的方式开展年度内控评价工作。定期对基层单位重点管理领域进行现场检查和交流，查漏补缺，提高业务单位的合规经营水平。开展网络侵权风险的自查与检查工作，对媒体平台管理、对外宣传的知识产权侵权风险提出防控措施，有效降低“踩雷”事件的发生概率。

【干部人才队伍建设】

广州中远海运党委坚持将党管干部、党管人才与推进市场化选聘有机结合，积极探索选人用人新机制，优化干部队伍结构，以高素质干部人才队伍助推企业高质量发展。

加强人才建设顶层设计。围绕公司“十四五”规划，加强人才队伍顶层设计，编制公司“十四五”人才发展规划。以落实国有企业三年改革行动为抓手，深化人才发展体制机制改革。

精准科学选人用人。坚持事业为上、人岗相适原则，强化党组织在干部选拔任用方面的责任，科学分析岗位需求，精准确定岗位人选，做好干部交流调整提拔聘任等工作。在加强内部干部培养选拔的同时，积极探索运用市场化选聘和契约化考核机制，增强干部“能进能出、能上能下”

的竞争意识，激荡干部队伍“一池活水”。通过内部选拔、面向市场公开招聘，加大高素质人才选拔引进力度，填补人才缺口，引进市场化选聘干部、关键技术人才 9 人；经考核，到期不再续聘的市场化选聘干部 2 人、职业经理人 1 人；没有通过试用期考核，提前解约 1 人。全年调整交流提拔干部 17 人，其中兼任 1 人，平级调整交流 9 人，提拔 7 人；续聘 2 名职业经理人。

激活干部培养选拔机制。2021 年以来完成制定、修订公司招聘管理办法、职业经理人制度实施办法、直属经营单位经理层任期制与契约化管理实施办法、干部动态考核管理办法、管理干部管理办法、人才成长积分管理办法、重点项目考核激励管理办法等干部人事管理制度 15 项，涵盖干部管理、经理层人员管理、薪酬考核、岗位竞聘、人才引进等方面。着力解决因历史原因造成干部队伍年龄结构整体偏大的问题，持续实施专务、专员职业发展通道，中层管理干部退出岗位 6 人，加强年轻干部岗位历练，选派 4 人借调到集团学习、挂职船舶政委、参与乡村振兴驻镇帮扶工作。

强化日常管理监督约束。强化干部日常考核，对公司管理干部以及挂职干部进行双向动态考核，掌握他们的现实表现和履行职责情况，按照选优配强的要求，及时对下属单位领导班子进行优化调整。坚持严管与厚爱结合、激励与约束并重，保护干部干事创业积极性，及时对党员干部的不实反映予以澄清正名，让他们卸下思想包袱、消除心中顾虑，继续大胆工作；对处分影响期满后表现良好的干部，予以重新使用，充分释放高压震慑与政策感化综合效应。把管思想、管工作、管作风、管纪律统一起来，严格日常管理，落实公司管理干部出差、休假报批及报告规定，规范干部请休假审批流程；坚持落实谈心谈话制度，做到干部任前谈话全覆盖，管好关键人、管住关键事。

截至 2021 年年底，广州中远海运共有职工 1359 人，平均年龄 39 岁，工资总额 22 987 万元。公司强化薪酬发放监督管理，督促直属单位进一步规范薪资运作、完善薪酬分配机制，确保薪酬发放工作规范开展。

【疫情防控】

广州中远海运坚持疫情常态化防控不松懈，积极履行防疫主体责任，按照集团防疫工作统一部署，承担集团广州地区疫情防控工作小组组长单位职责，抽调防疫专家现场办公，编制地区防疫专报 64 期，搭建集团驻穗单位防疫工作交流平台，动态服务集团在穗单位防疫工作。同时根据疫情状况动态修订公司疫情防控制度，严格落实“限制性设置出入口，扫码验码、测体温、戴口罩，预约限流、通风消毒、接种疫苗”等各项疫情防控措施，开展疫情防控专项培训和疫情防控应急演练。充分发挥优势，积极为兄弟单位提供防疫保障和支持，为包括集团驻穗相关单位员工开展核酸检测 10 000 多人次、疫苗接种 1000 多人次。在东海大厦疫情防控期间，48 小时内为公司及兄弟单位提供核酸检测 2909 人次，为控制疫情蔓延赢得了主动。在第 130 届广交会期间，为集团参展单位提供核酸检测，保障参展工作顺利进行。开展“战疫有你、关爱有我”慰问活动，发放防疫慰问专项经费 15.6 万元。投入 852 万元用于购买防疫物资和改善新海医院防疫设施，为公司职工提供核酸检测超过 3000 人次，使得公司 1300 多名员工疫苗接种率近 100%，并持续推进“加强针”接种工作，继续保持公司全员“零感染”。

各单位党组织充分发挥战斗堡垒作用，全面落实各项疫情防控措施。新海医院积极配合属地政府做好核酸检测、疫苗接种等工作，选派骨干组成抗疫医疗队支援广州市荔湾区疫情防控封控区的急诊急救工作。社保中心主动联系各离退休党支部，密切关注老同志身体健康状况，协同配合做好老同志的疫情防控工作，送上防疫物资、陪同核酸检测和接种疫苗，并对在管独居、离休老同志进行信息跟踪，关注疫情防控情况。远海健康下属新海、江南两家颐养苑根据民政部门要求实行封苑管理，通过开展多项康复理疗和娱乐活动，丰富长者日常生活，有效缓解长者们因封苑而导致的焦虑，保障长者身心健康。海星旅游、物业公司等严格落实防疫管控、环境卫生管理要求，积极配合属地政府工作，保证各项工作平稳有序运行。

【安全生产和生态环保】

广州中远海运深入学习习近平总书记关于安全生产、生态环保系列批示指示精神，严格落实安全生产和生态环保工作“党政同责”，持续推进安全生产专项整治三年行动集中攻坚战，开展消防、危险化学品、职业健康、燃气、电动车等专项整治，重新修订应急预案，持续深化风险分级管控与隐患排查治理双重预防机制建设，完善视频监控技防手段。广泛开展安全生产、生态环保、节能减排宣传和警示教育，组织“安全生产月”“119”消防宣传月等系列专项活动。全年开展安全培训 99 场次，开展应急演练 38 场次，全面深入排查隐患，努力消除各类不安全因素。全年公司安全生产和生态环保持续保持稳定，各项指标控制在集团下达的考核范围之内，没有发生生产安全事故和突发环境事件。

全面落实企业安全生产责任制，向 15 个责任主体下达了 2021 年工作任务指标，任命了总部 10 个职能部门的安全生产和消防责任人；下属单位签署责任书 265 份、承诺书 523 份，将安全生产和生态环保主体责任层层落实到基层、落实到岗位。坚持常态化隐患排查，在元旦、春节、全国两会、建党百年庆等重要时间节点，由公司总经理、安全总监、安全环保部负责人分别带队，对下属单位实施全面检查。公司本部开展安全生产、生态环保检查 55 次，发现隐患 135 项；下属单位开展安全检查 326 次，排查隐患 112 项。全年累计投入 514 万元用于改善安全生产、生态环保设备设施。认真总结实践经验，组织撰写 17 篇安全生产、生态环保、疫情防控等方面的论文，在《中远海运安全》刊登 6 篇。

全面落实企业生态环保主体责任，广泛开展生态环保典型案例警示教育和环保知识培训，落实污染物排放控制措施，环保设备设施坚持做到“三同时”，定期报告排污许可执行报告，全面深入排查隐患。对新海医院、净海公司、海船工程开展医疗废水、挥发性有机物和环保督察迎检等专项检查，自查排污许可管理和危险废物管理。在国家环保督察组到广东省开展督察期间，公司党委书记亲自部署，派专员进驻净海公司协同自查整改，实现事前、事中、事后全过程管理，不断提升生态环保管理水平和成效。公司安全总监多次亲临现场，对照环保督察要求组织开展自查、自纠，并邀请广州市应急管理局专家到净海公司指导整改提升。

【党工团工作】

广州中远海运党委以开展庆祝建党 100 周年系列活动和党史学习教育为载体，弘扬伟大建党精神，不忘初心，牢记使命，强化责任担当，推动管党治党各项举措落地见效，不断提高党的建设质量，为公司改革发展提供强有力的政治和组织保证。

把政治建设摆在首位，强化思想引领和理论武装，坚持集体研学和自学相结合，坚持理论学习与企业改革发展和党的建设各项工作相结合，认真落实党委中心组学习制度和年度读书班计划，全年围绕学习党章，党史学习教育，习近平总书记“七一”重要讲话精神，习近平总书记关于本行业本企业十个方面重要指示批示精神及相关重要论述、最新重要讲话精神，党的十九届五中、六中全会精神，以及集团工作部署和要求等，开展 12 次中心组集体学习研讨和 6 次读书班学习。

组织党员干部职工收看庆祝中国共产党成立 100 周年大会直播，通过中心组学习、“三会一课”、主题党日，参加宣讲报告会、专题研讨班、网络培训班等形式，学习习近平总书记“七一”重要讲话精神。做好 30 名离休党员“光荣在党 50 年”纪念章颁发工作，跟进 714 名退休党员在社区领取纪念章情况，对 5 位荣获纪念章的离休党员进行专题采访和报道。此项工作得到广东省国资委党委的肯定，并被推荐上报广东省委。

开展主题征文、微视频创作、职工朗诵、书画摄影展览、党史知识答题等活动，在公司媒体刊发优秀作品，掀起学习热潮。领导干部带头学党史、带头讲党课，公司和直属单位领导干部共讲授党课49场。认真落实领导干部双重组织生活制度，公司直属37个在职党支部组织召开专题组织生活会。及时总结提炼公司和各单位学习教育亮点成效，向集团报送简报、周报、月报等70余篇。开展公司党建思想工作课题研究，向集团报送课题研究成果6项，其中2项获表彰。把“我为群众办实事”实践活动作为党史学习教育的重中之重，组织开展“我是党员我带头”主题活动，确定20项办实事重点清单，其中19项被集团编入办实事清单手册，2021年完成16项，其余4项为长期工作。

切实发挥党委把方向、管大局、促落实的领导作用，完成公司“十四五”规划编制；成立航运环保事业部，积极推进航运环保项目投资工作；指导支持海宁公司开发航海保障信息服务平台（二期）；主动参与集团直属公司董事会授权改革试点工作；全面落实国企改革三年行动方案，完成率88.9%；推进新海医院改革，并针对改革过程产生的职工思想问题，多措并举做好矛盾化解和舆情管控工作；积极推进巩固拓展脱贫攻坚成果同乡村振兴有效衔接。

认真学习贯彻《中国共产党国有企业基层组织工作条例（试行）》《中国共产党支部工作条例（试行）》等，落实中央企业“党建创新拓展年”和集团2020—2022基层党建工作规划。落实全国国企党建工作会议30项重点任务和基层党建重点工作部署，开展贯彻落实全国国企党建工作会议精神“回头看”工作，查出9项缺陷，提出13项改进措施，认真抓好落实整改。召开年度党建工作会议部署全年工作，与10个直属单位签订党建工作责任书，全面压实党建责任。制定印发《基层党建工作责任考核细则（2021版）》，将党建工作考核纳入党员领导干部综合考评体系。坚持党建工作“书记抓、抓书记”，开展2020年度各单位党政主要负责人年度工作述职评议考核，结果同薪酬激励、奖惩任免挂钩。圆满召开公司第一次党代会，民主选举产生公司第一届党委会和纪委会。完成22个党支部换届工作；落实好企业党建工作与生产经营“四同步、四对接”要求，成立净海公司党支部（直属公司党委管理），做好“党建入章程”工作，及时健全基层党组织班子；针对因企业改革、清算关闭、退休人员社会化管理等产生的46个党支部变更，进行清理合并或撤销；指导6个党组织进行换届选举或党总支委员缺额增补选举，开展2期党务干部培训班，培训党务干部138人次。分7期选送80名发展对象参加广东省国资委举办的发展对象网络培训学习，全年共发展党员111人（其中直属单位24人，党组织关系隶属公司党委的集团驻穗专业公司87人）。坚持“三做”理念，指导各基层单位结合实际开展特色党建项目，推进“品牌支部”建设。

按要求做好武装战备、拥军优属、民兵后备力量建设、适龄青年兵役登记等工作。落实人民防线建设工作，制定工作计划，开展国家安全教育。落实保密工作责任制，加强学习培训，严格做好涉密人员和载体管理。认真落实企业主要负责人履行法治建设第一责任人职责，中心组专题学习习近平法治思想、企业合规管理，高度重视企业法治建设，采取多种形式加强规章制度的宣贯落实，强化全员依法合规经营管理意识。动态跟踪退休人员社会化管理三年过渡期工作进展，重点关注粤西地区住房补贴诉求人员思想动态。

广州中远海运工会服务大局、服务职工，坚持职工代表大会制度，充分履行职代会代表团长联席会议职能，征集、落实职代会提案，审议关于企业发展、职工权益的议题。把庆祝中国共产党成立100周年作为贯穿工会全年工作主线，结合中国海员工会成立100周年纪念活动，紧紧围绕“永远跟党走”主题，举办一系列参与广泛、传播多元的群众性主题宣传教育活动。开展合理化建议征集活动，并对2020年合理化建议落实情况进行检查监督。开展“聚焦聚力强执行 创收创效开新局”主题劳动竞赛、“法治广海”知识竞赛，积极参与集团职工创新工作室评选和劳动竞赛，海宁公司邹文锋职工创新工作室、远海健康王洋职工创新工作室、海星旅游王作为职工创新工作室被命名“中远海运集团职工创新工作室”称号；海宁公司电子海图自主研发及市场推广项目进入中远海运集团年度优秀劳动竞赛项目决赛。承办广东省第十届“金锚杯”海员职工船舶水手职业技能大赛，14 家单位 61 名参赛选手同场比拼技艺。积极选树先进典型，经公司工会推荐参评，东方国际广州箱厂被授予 2021 年度广东省五一劳动奖状，远海健康总经理贺明被授予广东省五一劳动奖章；中远海运船员广州分公司 15 名海员、5 名海嫂被评为 2021 年度广东地区“优秀船员”“优秀海嫂”。关心关爱职工，坚持解困帮扶，全年慰问烈士家属、劳动模范、医师、护士、教师等一线职工和困难职工近 8400 人次，发放帮扶慰问金 / 慰问品 550 万元。针对疫情期间船员换班难、压力大等问题，支持中远海运船员广州分公司建立船员心理服务干预机制，“幸福船员小屋”“船员心灵驿站”“海嫂联络站”获广东省海员工会命名挂牌。

广州中远海运团委贯彻落实习近平总书记关于青年工作的重要论述，以庆祝建党百年为主线，以深化党建带团建为主轴，以“新征程、新动能、新青年”为目标，全面推进团的各项工作。认真学习贯彻《中国共产主义青年团国有企业基层组织工作条例（试行）》，落实集团《中共中远海运集团有限公司党组关于进一步加强党建带团建工作的实施意见》和团广东省委《关于加强和改进新时代全省国有企业党的青年工作和共青团建设的实施意见》，夯实基层团组织建设。深入开展“青年大学习”行动，公司团委直属单位团组织参学率达 93.5%。开展建党百年系列庆祝活动，召开“百年信仰 · 青年传承”五四表彰大会，表彰 2019—2020 年度团内先进集体和个人；开展“我为群众办实事”活动，组织志愿服务队到社区开展“学雷锋”党群共建公益集市活动，推动各单位支援服务队结合实际开展志愿服务活动。举办两期青年大讲堂，开展“向青年问实情、为企业献良策”活动和问卷调查等，深入基层与一线青年座谈、访谈，倾听青年意见建议，了解青年诉求；充分运用网络直播的方式同步开展团内活动，利用“青春广海”“发现广海”微信公众平台，讲好青年故事、传播青年声音。做好集团团内先进推荐评选工作，获评集团 2019—2020 年度青年文明号 2 个、青年安全生产示范岗 2 个、青年岗位能手 3 人；公司第五届青年创新创效比赛圆满结束，推荐海宁公司“海图服务软件项目”、净海公司“油污水处理设备升级改造项目”参加 2021 年中国青年创新创业比赛（科技创新类）。

【企业文化建设】

广州中远海运党委组织开展庆祝建党百年系列主题活动，营造共庆百年华诞、共创历史伟业的浓厚氛围，汇聚迈向新航程的强大力量。开展“追寻红色足迹、赓续精神血脉”主题党日活动、“学党史、守纪律、扬家风”廉洁从业主题教育活动和“百年信仰、青年传承”红色基地打卡活动，组织党员干部参观革命遗址遗迹、革命博物馆、纪念馆等红色教育基地，铭记英烈功绩，汲取奋进力量。拍摄建党百年主题微视频《百年信仰　青年传承》《院长的一天》《先锋旗帜　薪火相传》，先后在公司五四表彰会议、庆祝建党百年表彰会议上播放，并通过公司官微进行宣传推广，展示公司“光荣在党 50 年”老党员、“两优一先”、青年党团员的奋斗风采。开展庆祝建党百年主题征文活动，收到征文 81 篇，向集团、广东省国资委共报送 39 篇，评比表彰 36 篇。挖掘公司 70 多年发展历程中丰富的红色资源、文化资源，积极配合集团做好航运红色资源梳理与传承，收集、甄选并报送《建党百年集团重大成就图志》《支部建在船上——中国远洋海运集团船舶党建理论与实践》等历史图文、录像资料。紧密围绕庆祝建党百年、推进“十四五”规划实施，以及党的建设、生产经营、疫情防控工作等，挖掘工作特色成效，在公司官微、报刊等媒体平台开设“党史学习教育”“学习党史”“驰援荔湾”等专栏，刊登党史知识、党史学习教育亮点、主题征文等 760 余篇次，营造创造新成就、展现新气象、奋进新征程的浓厚氛围。积极向集团、广东省国资委投稿，公司及下属单位全年在集团媒体刊发宣传报道163篇次，广东省国资委第43期简报也刊发了公司办实事情况，49则好新闻被广州地区出版物新闻工作者协会评为2020年度好新闻。开展群众性宣传教育活动，举办“诵读红色书信、献礼建党百年”职工朗诵活动和“听党话、跟党走”庆祝建党100周年职工书画摄影作品展览，公司工会系统职工、离退休人员积极参与，抒发对党、祖国、企业的热爱之情和对劳动精神、工匠精神、抗疫精神的赞美之意。充分利用“i志愿”广东省志愿服务平台，优化青年志愿服务流程，引导更多青年成为注册志愿者；继续做好集团“浪花·心愿”结对助学活动。

在疫情防控允许的条件下，广州中远海运充分发挥公司文体协会枢纽组织及11个分会作用，因地制宜开展羽毛球、乒乓球、游泳、篮球、足球等各项训练活动；公司文体协会羽毛球分会代表公司组队与集团广州地区3家单位（中远海运散运、中远海运特运、中石化中海燃供）举行职工羽毛球友谊赛；根据广东省海员系统“书香海员”活动相关工作安排及前期申请，跟进省海员工会给获评省海员系统便利型职工阅读站点、劳模创新工作室、海员职工“阅读成长”优秀个人的相关单位及个人的配书进度；拨付职工文体设施费用，支持各单位因地制宜设置职工书屋及活动场地。

【党风建设和纪检审计】

广州中远海运党委、纪委深入贯彻十九届中央纪委五次全会精神，紧扣推动高质量发展主题，切实加强政治监督，以党风廉政建设和反腐败工作的新成效推动公司“十四五”发展稳健开局。一是圆满完成巡视整改工作。对照集团党组巡视组反馈的公司扶贫工作专项巡视意见，制定整改措施30条，明确时间表、路线图、责任人，扎实推进整改工作。截至2021年7月，整改完成率达100%。二是监督保障重大决策部署落实到位。召开年度党风廉政建设和反腐败工作会议，部署年度重点工作，细化分解为60项任务。制定“8+3”监督工作实施方案，在季度党群工作例会上宣贯，传导压力。坚持每半年召开一次党风建设工作专题会，部署检查“两个责任”落实情况。公司纪委约谈各直属单位党、纪组织负责人，谈思路，解难题，提要求；借助线上信息平台，以“三重一大”决策制度执行及“三会一课”落实情况为切入点，加强对各级党组织落实主体责任情况的监督。聚焦重点人和事开展监督，对公司落实“十四五”规划、国企改革三年行动方案、危化危爆品安全等工作进行专项检查，对扶贫项目落实和资金使用情况进行专项审计监督。三是把“不敢腐、不能腐、不想腐”贯穿作风建设全过程。驰而不息纠治“四风”，考核问责1人，运用第一种形态处理7人，一般性约谈4人。修订完善制度3项，进一步扎紧制度牢笼。将案件查办中发现的突出问题作为自查自纠、专项整治的重点检查内容，对公司各直属单位福利费发放开展专项自查，推动精准施治。自查党的十九大以来纪检监督制度执行情况，23项制度运作有序。修订《直属单位纪委书记、纪检委员履职考核实施细则（试行）》，进一步发挥基层单位纪检委员作用。加强廉洁从业提醒教育，及时转发学习广东省、广州市等“身边”案例，向党员干部发送廉洁短信。以巡审结合方式对4家单位开展巡察，2018年以来巡察覆盖率累计达90.91%。

广州中远海运审计立足改革发展实际，围绕经营发展中心工作，聚焦审计监督效能，着力防范化解重大风险，为促进公司重要战略举措落地和提质增效保驾护航。2021年完成审计计划项目12个，其中：工程建设项目审计5个，经济责任审计4个，专项审计3个，为年度计划的100%，确保了审计计划的刚性执行。审计共发现问题136个，提出并被采纳审计意见和建议55条，促进增收节支49.31万元，完善规章制度27项。对2020年审计发现的普遍性、共性问题成因进行分析，提出管理建议并通报。定期开展“回头看”，对2020年审计发现的问题整改情况进行后续审计，对依据充分、整改到位的问题予以核销，全年共核销问题261个。重点关注公司重点工程、重大项目投资，持续对新海医院新业务大楼建设项目、“新粤顺”轮厂修项目进行全过程监督，对油污水处理设备升级改造项目进行专项监督，规范项目管理，保证工程质量。持续跟进公司改革三年行动实施方案的落实情况，定期检查工作进度，针对重点、难点任务、措施进行督办或催办，促进公司按计划高质量完成三年行动实施方案各项任务。

【扶贫工作和乡村振兴】

广州中远海运严格按照广东省、集团及相关要求，认真落实扶贫资金捐赠、筹措工作。自 2016 年开始定点帮扶至 2021 年年底，公司向广东省湛江市遂溪县洋青镇文相村捐赠扶贫资金累计 941 万元。持续巩固脱贫攻坚成效，有效防止文相村 155 户、537 人返贫。公司驻文相村扶贫工作队荣获广东省脱贫攻坚先进集体、2019—2020 年广东省脱贫攻坚突出贡献集体、湛江市 2020 年度脱贫攻坚工作先进集体、遂溪县 2019—2020 年脱贫攻坚工作先进集体等多项荣誉，2 名驻村扶贫干部荣获广东省国资委、湛江市和遂溪县表彰。

广州中远海运党委高度重视乡村振兴驻镇帮镇扶村工作，及时调整工作机构，选配优秀年轻干部，与广东省委网信办结对组建工作队进驻潮州市潮安区登塘镇。公司主要领导第一时间带队实地走访调研，推进落实巩固脱贫攻坚成果与乡村振兴有效衔接；分管领导到登塘镇三新乡村开展党建共建结对，推动企村相互带动、共同进步，全镇 534 户、1324 名脱贫户未发生返贫现象。积极参与集团慈善公益事业，完成 2900 万元捐赠资金拨付。组织开展“广东扶贫济困日”捐款活动，募集职工捐款 18.97 万元。认真落实消费帮扶政策，集中采购扶贫产品 103.25 万元。

（陈晓艳）

中远海运（大连）有限公司/中远海运客运有限公司

中远海运（大连）有限公司／中远海运客运有限公司

【公司概况】

中远海运（大连）有限公司［简称“大连中远海运”，英文简称COSCO SHIPPING（Dalian）］，为中远海运集团直属二级企业；中远海运客运有限公司（简称“中远海运客运”，英文简称COSCO SHIPPING Ferry），是大连中远海运的全资子公司，为专业化客滚运输船队，集团按二级公司管理。两个公司实行“一套班子、两块牌子、机关合署办公”的管理模式。大连中远海运注册资本金89 843.9万元。公司主要承担物业租赁管理、离退休人员管理、代管部分驻连单位人员社保及党组织关系，并为客运业务经营提供配套服务。

大连中远海运法人层级共分3级，除母公司外共有各级子企业5家，其中四级子企业3家，即中远海运客运有限公司、大连海运船舶服务有限公司、大连万益房屋开发有限公司；五级子企业2家，分别为大连中远海运国际旅行社有限公司、中海港联航运有限公司；同时，参股合资公司三沙南海之梦邮轮有限公司。截至2021年年末，公司资产总额37.9亿元，所有者权益19.3亿元。

中远海运客运为大连中远海运全资子公司，注册资本金118 970.46万元。经营客滚船10艘（含合资公司2艘、光租船舶2艘），客位、载车线分别为13 557个、14 833米，占渤海湾运力总量的38.4%和29.5%。公司新造的大型客滚船“吉龙岛”轮于2021年8月交付并上线运营。目前经营3条航线：大连至烟台航线，大连至威海航线，旅顺至东营航线。截至2021年年末，公司资产总额33.6亿元，所有者权益18.4亿元。

【改革重组】

落实集团全面深化改革部署，在总结前期船管中心、运管中心改革试点经验基础上，公司将船舶修理厂、船舶服务公司洗涤分公司、原船管中心后勤保障部门、集采中心4家为船舶主营业务做配套服务的陆岸部门（单位）进行改革重组，成立产业管理中心。同步设立产业管理中心党总支，实现了党建工作和生产经营管理的同部署同谋划，客运及陆岸资产按照集团专业化管理要求运营。

【发展战略】

1. 大连中远海运

探索延伸客滚运输产业链，拓展海陆并行的多元化产业格局，打造产业管理中心成为培育陆岸产业的“孵化器”、推动创新发展的“推进机”、引领产业转型的“引航站”、深化改革措施的“实验室”。深入贯彻落实公司深化改革工作要求，同时在选人用人、薪酬制度等三项制度方面，最大限度利用改革工具包，以构建现代企业制度为目标，尝试采取包括职业经理人、业绩考核市场对标、市场化选聘等手段，探索及拓展资本引入渠道，逐步发展成为公司创新创效的引擎。通过产业管理中心的成立，持续改革实现公司新业务的突破以及产业链的不断延伸，为公司主业发展提供支撑。

2. 中远海运客运

（1）“十四五”规划目标制定情况

基于对“十三五”规划回顾和发展情况诊断，公司在“十四五”期间应把握运力结构优化升级，有针对性地突破市场营销、港口布局、经营机制等一系列瓶颈问题，努力推动企业持续健康发展。通过对“十四五”期间宏观环境、区域市场、渤海湾客滚市场、主要竞争对手的分析，明确了“十四五”规划目标，公司全面完成了“十四五”发展规划（2021—2025年）编制工作。

（2）整体目标及完成情况

整体目标：在“十三五”明确的“两个优化”基础上，根据渤海湾市场格局变化和集团整体战略导向，以新运力上线为契机，巩固和壮大企业综合实力，坚持两优两融两回，致力愿景目标实现。

“两优”方面：一是优化运力结构。公司已完成运力更新“三步走”战略的前两步走，即2艘客滚船+2艘货滚船，其中1艘客滚船已经投产，其余3艘正在建造，预计2022年全部交船。二是优化航线布局。公司启动新增大连至蓬莱方向航线审批工作。

“两融”方面：一是融入深化改革进程。配合集团战略，公司理顺各层面股权结构，突出主业定位，完成了旅行社、万益房开和蓬莱港公司的股权调整。总结综合改革经验，完成船舶配套服务改革，成立产业中心，试点任期制、契约化的管理模式，激发员工干事创业热情和企业活力。二是融入集团“3+4”产业生态构建。与中远海运物流协同合作，增资鲁辽甩挂公司，融入物流产业链，创新商业模式。

“两回”方面：一是回升市场份额。伴随新船上线，公司客位市场份额提升至38%，同比增加2.5个百分点；载车线市场份额29%，同比增加2.6个百分点；货运量市场份额32%，同比降低1.2个百分点。二是回归行业地位。运力更新平稳推进，资源博弈能力显著增强，为下步拓展航线布局、融入物流产业链，奠定良好基础，市场话语权明显提升。

（3）主要业务、重点项目建设规划目标及完成情况

规划目标：为了不断增强公司在渤海湾客滚运输市场的竞争实力，探索更加广阔的主业发展空间，计划实施运力“三步走”战略，盘活现有运力指标，陆续淘汰老旧小型运力，缩小与竞争对手的差距；融入集团物流产业链，加深战略合作，共同开展渤海湾甩挂业务，谋划货滚业务产业链经营新模式，为社会物流成本降低作出贡献。

完成情况：公司按照“三步走”的运力滚动更新计划平稳推进，首艘大型客滚船现已上线运营，第二艘大型客滚船及两艘多用途货滚船建造工作顺利推进，将在2022年上线运营；与中远海运物流协同合作，入股烟台鲁辽甩挂公司，融入物流产业链，创新商业模式。中远海运大连库建成投产，形成陆岸产业新的收入来源。

【企业管理】

1. 深化供给侧结构性改革

（1）去产能。通过新造客滚船上线，优化公司运力结构，逐步淘汰老旧船舶落后产能，创新物流运输模式，持续打造渤海湾快线品牌。依托与集团内部协同，为客户提供全方位物流解决方案，全面提高战略客户服务效率和水平。为减少疫情以及“人货分离”临时管控措施带来的损失，积极拓展长期客户，稳定基础货源。重点开发商品车货源，充分利用载车线。

（2）去库存。严格按照管理制度执行，同时加强日常对船舶存货的监督管理；充分利用信息化航标管理系统，智能管理控制备品、备件库存；产业中心积极配合船管中心做好船舶经营商品、副食品及备品、备件等采购供应工作，严格按照订单组织采购，最大限度确保零库存。

（3）去杠杆。提升“两金”压控精准性，夯实资产质量，减少资金占用，将应收账款和存货类指标纳入重点单位经营责任考核，确保完成集团考核指标；严控投资项目融资比例，妥善选取融资方式，公司资产负债率控制在集团规定范围。

（4）降成本。持续关注燃油市场价格走势，适时开展锁油工作，为公司节省了大量燃油成本。注重精益运营，统筹安排班期，最大限度地控制营运成本，并提前在运输淡季集中安排船舶修理；船舶修理厂提前统计需要更换的备品、属具及配件数量，有计划进行集中采购，降低采购成本。

（5）补短板。积极推进新建客滚船及货滚船上线和营运，补齐运力结构短板。通过新运力的上线，综合运用集团优势资源，公司积极推进海铁联运、甩挂运输，以提升新造船的营运能力；通过货滚船与小型客滚船的搭配运输，有效解决小型客滚船的经营短板，提高单船运输效率。

（6）产业链供应链。为积极应对渤海湾整体运力格局的新变化，发挥集团资源优势，公司积极推动产业链供应链经营，为集团物流下属的供应链公司定制的中远海运大连库建成投产，合力集团物流推进鲁辽甩挂合资公司的收购，打通上下游环节，形成产业链经营能力和影响力。

2. 企业管理的主要举措成效

（1）聚焦经营模式创新。深入挖掘市场，加强产业链协同经营，拓展市场货源。借助新运力投入运营契机，与大连港、烟台港等方签署集装箱甩挂合作协议，开发海铁联运新模式，东北地区粮食货物首次以“海铁联运 + 客滚甩挂”方式进行跨海跨省运输。通过集装箱甩挂跨海北上运输，助力“中欧班列”。持续推进罐链物流项目，为海铁联运项目再赋新能。与知名车企开展运输合作，促进产业链服务延伸。

（2）严控各项费用性、非生产性开支。加强成本费用管控，修订预算管理办法，实行预算外支出报批制度，强化刚性约束。通过航标平台动态监控运输成本支出。严把燃油质量和数量审核关，合理设定经济航速，减少船舶油耗支出。降低卧具报废率，节约采购成本。按照新造船付款节点，统筹安排自有资金支付进度款；注重精益运营，统筹安排班期，最大限度地控制营运成本，并提前在运输淡季和疫情期间集中安排船舶修理；密切关注油价走势，适时锁油，为企业减少燃油成本。

（3）持续深化改革。深入推进规范董事会建设，完成董事会换届工作，设立公司董事会薪酬与考核委员会，做好授权事项管理，确保董事会行权合规、决策高效。通过公司经理层成员任期制和契约化管理工作方案，完成聘任书和协议书的签订。

（4）打造高质量服务品牌。组织“跨越时空的对话”活动，与劳动模范杨怀远进行对话交流，学习传承杨怀远“为民服务到白头”的“小扁担”精神，提炼、打造并发布“小海星”服务品牌，组建“小海星”服务团队，促进服务品牌建设；完成《客运服务手册》编制，对船舶服务标准进行全面规范与细化，在公司客滚船舶全面推行新的客运服务与管理标准；举办船舶服务技能大赛，推广“梦元工作法”，选拔出优秀作品；开发船舶客运智慧管理平台，实现电子化客舱管理和升舱服务。

【企业改革】

1. 深化“三个中心”综合改革

在总结运管中心改革试点经验的基础上，大连中远海运启动船管中心综合改革，通过优化架构职能，理顺业务流程，将船管中心打造成为公司船舶管理归口机构，协同运管中心综合改革，构建“运管中心抓效益、船管中心保安全”的生产经营格局。为创新企业治理机制，公司积极构建船舶配套服务产业发展平台，设立产业管理中心。通过整合船舶服务公司、船舶修理等业务，切实提高业务拓展能力。引入市场化考核机制，建立超额利润分红奖励，激发基层员工活力。

2. 完善中国特色现代企业制度情况

2021 年，公司规范董事会运行治理，制定了公司《党委前置研究重大事项清单》和《“三重一大”决策事项及权责清单》，推进党的领导和企业治理相统一。

3. 国有经济布局优化和结构调整情况

报告期内公司按照集团要求制定、发布、宣贯“十四五”规划，建成投产拉树房地块仓储项目，并与中远海运仓配方面完成了交接出租，实现资产盘活；加强与政府、港口、竞争对手方面的战略合作，保证民生通道畅通；落实公司“两个优化”部署，推进新运力的建造工作；加强与青岛中远海运物流等集团兄弟公司的合作，促进内部协同；持续关注旅顺港方面政策变化，择机推进项目进展；抓住后疫情时期市场逐步回暖和公司新运力上线双重机遇，有效调整股权结构，优化内部管理，通过多种途径提质增效，减少亏损户数，缩小亏损幅度。

4. 深化国有资产监管体制改革情况

公司审计计划、制度、重大事项自2021年1月起均报党委审批后执行；加强审计问题整改监督检查力度，落实专人跟踪整改工作，配合集团整改信息系统，填报2016—2021年年底问题整改情况；严格依据集团批复审计项目实施，已完成集团批复新增一类审计项目船舶疫情防控专项审计；按照集团整体部署做好合规免责有关工作，及时上报违规经营投资梳理等材料；配合集团信息平台建设，已设专人录入专人审核，2018—2021年报告已上传系统。

5. 国企改革专项工程推进情况

截至报告期末，集团下发的《集团改革三年行动自我加压版清单大连中远海运·中远海运客运工作》，公司已完成67项，完成率为83.75%，并及时结合企业实际情况对照国务院国资委重点改革工作逐项自查，公司在落实党委会前置研究事项清单、董事会应建尽建、市场化用工等方面均按照要求开展落实相应工作。

【经营效益】

1. 大连中远海运

大连中远海运目前无主营业务，其他业务收入主要为投资收益、房屋与船舶租金、档案管理、船舶多种经营收入，企业整体持续发展能力不强。

2. 中远海运客运

渤海湾共有3家船公司从事客滚运输，近几年，各公司都致力于运力更新。截至2021年年末，渤海湾共有28艘客滚运输船舶，其中25艘为2005年及以后投入营运的新船，仅3艘为老旧船舶（其中一艘为载车线1800米的“渤海明珠”货滚船）。新船趋于大型化，运能大幅增加，渤海湾客滚总运力2021年船舶28艘、总客位35 330个、总载车线50 368米。

截至2021年年底，中远海运客运经营客滚船10艘、客位13 557个、载车线14 833米，分别占渤海湾营运船舶总艘数的35.7%、总客位的38.4%、总载车线的29.5%。同比，运力份额上升1.1个百分点，客位份额上升2.5个百分点，载车线份额上升2.6个百分点。

2021年，中远海运客运完成客运量81.17万人，增加9.6万人，同比增幅为13.4%；完成车运量35.9万辆，减少3.8万辆，同比降幅为9.6%。全年完成旅客周转量0.78亿人海里，同比增长14.5%；货运量3123万吨，同比减少10.7%；货物周转量29.02亿吨海里，同比减少12.4%。2021年，公司客运市场份额为30.7%，同比提高1.1个百分点；车运市场份额为31.9%，同比降低1.2个百分点。

【安全生产】

2021年，大连中远海运安全生产形势总体平稳，没有发生海损上报事故和FSC滞留事件，没有发生机损、火灾、人员严重伤亡事故，顺利通过安全管理体系、质量管理体系外审，以及安全生产标准化年度复查及船舶SMC和保安审核，保持公司、船舶相关资质证书有效。

为了落实公司安全生产主体责任，公司与船舶和相关部室/单位签订安全生产责任书，组织船员、员工签署安全承诺书，将安全生产责任层层分解，落实到每一个员工。公司制定了考核办法，定期对员工安全责任的落实情况进行考核。

为了提高公司安全管理体系的有效性和可操作性，对公司安全体系文件进行了改版。对体系文件的手册、管理程序、部室管理须知、应急预案及单船操作等文件进行了重新修订，3.0版体系文件于2021年4月1日正式生效，并不断进行修订完善。公司已组织人员开始质量管理体系和安全生产标准化文件的修订，对相关的制度进行补充完善，保持公司体系文件、管理制度的相容性。

公司组织制定2021年公司年度培训计划和船舶年度培训计划，培训内容涵盖公司安全管理体系规定的全部内容。公司人力资源部和船管中心分别对陆岸培训和船舶培训的实施情况进行监控。公司通过日常监督、内审对培训计划完成情况进行考核，确保员工、船员能够得到有效培训，能够获得执行体系的知识和能力。公司制定陆岸应急演习计划、岸船联合演习计划和船舶应急演习计划，各轮船长负责组织各轮应急演习计划的实施，船管中心负责组织岸船联合演习计划的实施和船舶应急演习计划实施情况的监督检查，安委办负责公司陆岸应急演习的组织实施。公司通过应急演习和训练，提高了员工、船员的应急安全意识和应急反应能力。

公司建立了风险分级管控和隐患排查治理双重机制。公司组织制定风险分级管控程序和船舶风险管理须知，对人员进行风险识别和评估，建立风险识别清单，根据评估对风险进行分级，并制定了相应的防范措施和应急反应措施，为船舶风险管控提供保障和指导，确保风险得到有效控制。公司制定隐患排查治理须知文件，通过日常监督检查、内审、外审、集团安检及 FSC 检查等对船舶隐患进行排查，对发现的隐患和缺陷进行原因分析并制定整改措施，确保缺陷和隐患得到有效整改，定期对发现的缺陷和隐患进行统计分析，举一反三，逐步减少隐患和事故风险。

【风险管控】

公司于 2013 年 7 月开始进行内控体系建设工作，通过培训、访谈、调研、修订、测试等方式，建立了包括《风险管理手册》《内部控制管理手册》《内部控制评价手册》《廉洁风险防控手册》在内的内控和风险管理体系，其后按集团要求逐年完善。2021 年，公司法务室调整为法务部，有序开展风险管控各项工作。公司按照集团要求和年初制定的年度风控规划，开展了内控缺陷整改、风险评估、内控季度监测、内控评价等工作，切实保证各项工作得到有效落实。

2021 年 11 月，公司引入集团统一外聘的北京迪博风控技术有限公司，开展了为期一周的内控评价工作。项目组出具了《2021 年内部控制评价报告》。公司以评价中发现的内控体系设计和执行缺陷为目标，分阶段系统检查和改进，切实揭示和防范风险，进而合理配置资源，优化公司管理。当月，公司还召开了 2021 年度风险评估及培训专项会议，公司各主要部门负责人参加。会议成立了风险评估工作小组，并对公司 2021 年风险评估工作情况进行了总结，对 2022 年公司风险评估工作进行全面规划。

【服务客户】

面对疫情反复，公司以“防疫与服务两不误”为目标提前谋划，稳定客源、车源。客运服务方面，公司根据市防疫办的要求，为不符合出行要求的旅客提供无手续费退票服务，免费提供防疫专车，将有隔离需求的旅客送往指定隔离、疏散点，在承担社会责任方面体现了央企应有风范。同时，利用客响中心的服务热线和微信公众号及时推送最新班期信息及疫情管控要求，让出行旅客可以提前合理安排行程，出行更顺利。车运服务方面，公司安排人员现场实时关注车辆抵港安检情况，现场人员协调计划、调度、船舶和港口相互配合，保障滚装车量的正常出行，提高车辆登船效率和船舶正点率，让驾驶员减少现场等候时间，优化滚装车辆驾驶员出行体验。

【员工队伍】

加强员工队伍建设。一是多渠道加大人才引进力度。2021 年完成校园招聘 6 人，均为研究生学历；集团内部调转 1 名专业信息化人才；实施船舶政委岗位社会化招聘，引进 4 名军转干部；加强与劳务派遣公司的合作，2021 年共招录船员 99 名。二是多措并举强化干部队伍建设。2021 年提拔公司管理干部 9 人，实施公司管理干部岗位调整 29 人，推进船岸交流 8 人；推荐 2 名陆岸管理干部入选集团挂职政委培训、1 名部门负责人参加集团“远航班”选调培训；推荐 3 名公司管理干部参加了集团扶贫干部选拔和中远海运港口驻外岗位公开选拔。

坚定不移推进国企三项制度改革。制定《“十四五”人才发展规划》，落实集团经理层成员任期制和契约化管理要求，协同企划部制定公司经理层成员任期制和契约化管理“一方案三办法三书”；修订《公司管理干部管理规定》《公司管理干部因私出国（境）管理规定》《陆岸员工管理办法》，制定并下发《激励干部担当作为的实施方案》《干部教育培训外聘授课教师管理规程》《船员调陆管理办法》《船员派遣管理规定》《陆岸岗位员工招聘实施细则》，进一步加强合规管理，细化工作流程。

持续完善薪酬和绩效分配机制。围绕公司发展战略，依据改革统一部署，搭建薪酬管理平台，引导独立核算单位建立薪酬管理和绩效考核制度，充分体现员工薪酬岗位价值与效益联动。推动船员薪酬系统上线，坚持改进优化系统功能，适时调整薪酬项目。及时妥善应对船员薪酬市场波动，在船员原有薪酬结构框架下，采取措施缓解船员队伍稳定和薪酬上升带来的用工压力。为应对港航政策和新增船舶的需要，增加新增船舶薪酬项目和标准，提高船员伙食费标准等，及时完善船员薪酬机制。

截至2021年12月末，公司在职职工331人，其中在岗职工312人，不在岗职工19人；劳务派遣员工502人（含劳务船员）。公司管理干部年龄结构：中层干部33人（含总经理助理和工会主席），平均年龄49.7岁；室经理51人（含助理6人），平均年龄44.8岁。

【党 群 工 作】

2021年，在集团党组和大连市委的领导下，公司党委坚持以习近平新时代中国特色社会主义思想为指导，认真学习贯彻党的十九大和十九届历次全会精神，将庆祝建党百年作为贯穿全年的工作主线，深入开展党史学习教育，全面加强和改进党的领导，深化全面从严治党，强化巡视巡察整改，促进党建融合发展，把方向、管大局、促落实，推动“十四五”规划和国企改革三年行动落地见效，为打造国内领先的跨海车运物流全链服务和高品质近海旅行服务综合运营商奋斗目标提供了坚强的政治组织保证。

1. 党的政治建设推向新高度

公司党委坚持把学习贯彻习近平新时代中国特色社会主义思想作为重大政治任务，以开展党史学习教育为载体，通过党委会、中心组学习、读书班、专题党课、集中培训、媒体宣传等，强化政治建设，坚定理想信念。全年组织参加3期党的十九届五中全会精神培训班和2期党支部书记培训班，举办2期“学沂蒙精神、悟初心使命”党史学习教育培训，及时组织学习党的十九届六中全会精神，用好党组织工作经费、教育经费，持续引导党员干部坚定正确政治方向，深刻领悟“两个确立”的决定性意义，增强“四个意识”、坚定“四个自信”、做到“两个维护”，牢牢把思想行动统一到贯彻落实党的路线方针政策和集团党组各项决策部署上来。

2. 党的领导作用得到新加强

隆重召开公司第二次党代会，顺利完成“两委”换届选举。贯彻落实《关于中央企业在完善公司治理中加强党的领导的意见》，制定《党委前置研究重大事项清单》《“三重一大”决策事项及权责清单》，推进党的领导和企业治理相统一。全年共召开22次党委会，研究审议重大议题93项，前置研究董事会、总经理办公会议题11项。党委把方向、管大局、促落实的领导作用充分发挥，推动落实“十四五”规划，实现新造船项目落地；融入集团新发展格局，推动客滚产业链拓展、陆岸产业延伸协同发展；深化国企改革三年行动，实施运管、船管、产业综合改革，部分单位实行职业经理人制度；依托新造客滚船“吉龙岛”轮上线，开展“跨越时空的对话”活动，传承杨怀远“小扁担”精神，打造“小海星”客运服务品牌，发布《客运服务手册》，全面规范和提升客运服务质量；扎实推进巡视整改，认真对照巡视反馈42个具体问题和5点整改意见，立行立改、真改实改，116项整改措施均有效落实，建立完善规章制度15项，推进了党的建设加强、干部作风提升、企业管理进一步规范。

3. 党史学习教育取得新成效

认真贯彻落实党史学习教育各项部署要求，结合庆祝建党百年、集团巡视、新造船上线等工作，扎实推动党史学习教育在“实、融、新、深”上见成效。党委中心组发挥引领作用，安排25次理论学习，举办读书班和专题研讨班、培训班，高质量召开专题民主生活会、组织生活会；加强宣传教育，充分发挥公司报纸、企业微信媒体作用，讲好党的故事、革命的故事、英雄的故事和企业的故事；举办党史知识答题和书画展，开展“两优一先”评选表彰，为“光荣在党50年”24名老党员颁发纪念章；加大党内关怀和帮扶慰问，做好走访慰问老党员、老干部、困难党员工作。

4. 干部人才队伍建设获得新提升

落实集团深化改革三年行动部署，完善市场化薪酬分配与中长期激励机制，创新薪酬绩效分配机制，实施员工薪酬岗位价值与效益联动；着眼加大年轻干部培养使用力度，加强干部人才队伍建设，优化调整管理干部 69 人次，船岸交流 8 人；落实年度校招计划，加强校企合作，招录 6 名研究生，建立源头、跟踪、全程培养体系；加强和改进船舶政委队伍建设，实施劳务派遣及陆岸人员挂职船舶政委，做好政委队伍储备和管理。

5. 基层党建工作再上新台阶

抓实党支部标准化规范化建设，深度融合集团党建信息化平台和公司党建体系，定期开展专项检查，强化运行监督；实施“星级”党支部评定，规范提升党支部基础工作；坚持党建工作与生产经营同部署、同落实、同考核，党建工作纳入 KPI 考核体系，完善支部党建考核体系。规范年度民主生活会、组织生活会、民主评议党员、换届选举，召开党组织书记抓党建述职评议，全面落实“三会一课”、谈心谈话、民主评议党员等制度，规范发展党员 130 名。深化党员责任区、党员示范岗、党员突击队、党员服务队等载体建设，提升党支部组织力、战斗力，基层党建焕发新活力。

6. 宣传思想文化收获新业绩

把庆祝中国共产党成立 100 周年与党史学习教育相互衔接贯通，牢牢把握意识形态工作主导权，组织开展全方位的宣传报道，营造热烈浓厚氛围，拍摄微党课《从小小红船到巍巍巨轮》，微视频《美茹图画》《抗疫航迹》，文学作品《红船领航新时代》；编发企业微信 216 期，刊发《红星闪耀、辉煌百年》41 期，出版《大连中远海运》报 12 期；深化党建思想政治工作研究，组织编纂《管理论坛》二期 38 篇论文；聚焦公司疫情防控中所展现的正能量和感人故事，编辑出版《记忆》画册；突出“吉龙岛”轮首航和业务拓展等亮点，通过央视、中国新闻网、大连电视台等新闻媒体，扩大企业知名度和影响力。

7. 党风廉政建设呈现新局面

坚持“两责”贯通协同，推进纪检监察体制改革走深走实，监督机制协同高效。出台《关于进一步加强党的建设，发挥支部堡垒作用，强化廉洁风险防控的决议》，强化党风廉政建设和廉洁风险防控责任和防范机制，突出整治“不深、不严、不细、不实”作风问题；坚持以案为鉴，以警示教育、普法宣传、集体约谈等 9 项措施，组织全员签订“杜绝酒驾承诺书”，发放宣传手册 1500 余份，促进党员干部知红线、守底线；推进“三不”体制机制建设，强化责任追究，运用“四种形态”批评教育帮助和处理 7 人，其中第一种形态 6 人；在选人用人方面实行全过程监督，回复党风廉政意见 12 人次，为干部选拔任用等工作出具重要参考依据。

8. 加强企业民主管理和厂务公开

通过工会、共青团组织开展各类活动，关心职工身心健康。深入船舶一线，送去组织的关心和企业的温暖。做好对内帮扶助困工作，组织 404 名职工参加大连市总工会职工医疗互助活动，并协助职工申请互助补助金，55 名职工享受补助金 11 万多元。团委落实“党建带团建工作实施方案”，举办“让党旗高高飘扬”主题演讲比赛，引导公司青年知党爱党，激发公司青年创业激情。

9. 认真落实信访维稳工作和平安建设责任制

举办舆情危机应急处理培训，重要时间节点持续组织开展矛盾风险排查化解，加强积案化解和舆情管控，完善应急处置预案，保持企业和谐稳定。

【企业文化】

充分发挥公司报纸、企业微信媒体作用，结合建党百年系列活动，开辟“红星闪耀辉煌百年”党史先进人物事迹专栏。做好“新起点·新航程”新造船宣传，讲好企业故事。成立融媒体虚拟工作室。依托新造客滚船“吉龙岛”轮上线，开展“跨越时空的对话”活动，深入传承杨怀远“小扁担”精神，打造“小海星”客运服务品牌，发布《客运服务手册》，全面规范和提升客运服务质量。将热烈庆祝中国共产党成立100周年与党史学习教育相互贯通，制定活动方案，统筹安排部署庆祝建党百年活动暨党史学习教育重点工作45项。组织开展庆祝中国共产党成立100周年主题微电影、微视频、微党课和文学作品创作大赛，拍摄微党课《从小小红船到巍巍巨轮》，微视频《美茹图画》《抗疫航迹》，文学作品《红船领航新时代》；聚焦公司广大员工在疫情防控工作中所展现的正能量和感人故事，编辑出版《记忆》画册。央视“沿着高速看中国·沈海高速G15”栏目，以“万通海”轮为背景，制作播出沈海高速跨越“渤海海峡”专题片，展示公司作为与共和国同龄央企的大国重器与使命担当。围绕“吉龙岛”轮首航，央视、中国新闻网、大连电视台等24家新闻媒体争相报道，扩大企业知名度和影响力。优秀共产党员程梦元和时运的先进事迹，登上大连新闻广播“庆祝建党百年优秀共产党员”栏目，孙兵同志入选2021年最美港航人评比活动。牢牢把握意识形态主导权，筑牢守稳各类意识形态阵地。

调整公司党建思想政治研究会，印发2021年党建政研会工作要点和参考课题。深化党建思想政治工作研究，组织编纂《管理论坛》二期38篇论文。上报集团党建政研会论文3篇，其中1篇获得集团政研论文三等奖。

（杨健　刘福阁　陈晓雨）

中远海运（天津）有限公司

中远海运（天津）有限公司

【公司概况】

中远海运（天津）有限公司［简称“天津中远海运”，英文简称 COSCO SHIPPING（Tianjin）］，是中远海运集团直属二级企业，是集团在京津冀地区发展绿色数智港航产业的核心力量，注册资本 888 500 万元。公司前身是 1970 年国务院原副总理李先念批示成立的中国远洋运输公司天津分公司（天津远洋）以及 1998 年落户天津的中远散货运输有限公司，至今已经走过了 50 余年的发展历程；2019 年 2 月 25 日，正式挂牌转型为集团京津冀地区公司。重组改革后，公司现有业务主要包括绿色数智港航业务（主业）、航运服务经营业务和物业资产经营业务。

1. 绿色数智港航

绿色数智港航业务是公司结合地区公司定位与国家战略性新兴产业、现有客户深度合作的契合点，选择绿色能源、物联网等新兴产业技术与港航产业进行融合创新，与行业技术龙头合作建立的新主业。主要企业包括：天津中远海运金风新能源有限公司、天津鲲鹏信息技术有限公司。

（1）天津中远海运金风新能源有限公司（简称“新能源公司”），成立于 2020 年 8 月，由天津中远海运与新疆金风科技股份有限公司共同成立，注册资本 18367 万，主要从事分布式能源开发运营、绿色能源站建设、智慧节能与交易，以及电能替代业务。

（2）天津鲲鹏信息技术有限公司（简称“鲲鹏公司”），成立于 2020 年 1 月，由天津中远海运与天津先进技术研究院合资成立，注册资本 3500 万元，从事物联网技术服务、信息系统集成服务、集成电路设计、软件开发、物联网设备制造等。

2. 航运服务经营

航运服务经营业务是围绕原航运主业而存续的传统业务，经营范围涵盖无船承运和货运代理、船舶代理和海外工程保障，船舶物料备件供应、第三方船舶管理、通信导航设备维护服务、船舶监造和技术咨询谈判等。主要企业包括：天津中远海运航运服务有限公司、天津天惠船务企业有限公司、天津中散船舶管理有限公司 / 天津远洋基马克斯国际船舶管理有限公司、天津中散国际贸易有限公司、天津远洋船舶供应有限公司、天津海上电子有限公司。

（1）天津中远海运航运服务有限公司（简称“航服公司”），为天津中远海运全资子公司，注册地天津经济技术开发区，注册资本 8000 万元，主要从事干散货物无船承运、特型设备海上运输、海事综合保障服务、船代及货代、码头储运等业务。

（2）天津天惠船务企业有限公司（简称“天惠公司”），是由天津远洋运输有限公司、中远香港航运有限公司及中国人寿保险股份有限公司天津分公司于 1993 年 5 月在天津保税区共同发起成立的国际航运企业，注册资本金 380 万美元，经营全球散杂货无船承运和航运相关投资项目。

（3）天津中散船舶管理有限公司（简称“船管公司”），成立于 2009 年 9 月，由天津中远海运出全资，现注册资本 1000 万元。基马克斯国际船舶管理有限公司成立于 2006 年 6 月，由天津远洋出资 50%，航服公司出资 40%，供应公司出资 10%，现注册资本 1000 万元。两家公司实行“一套人马、两块牌子”，为国际国内船东提供第三方船舶管理服务，包括船员配员、船员管理、船舶技术管理、安全管理、相关的商务及保险等服务。

（4）天津中散国际贸易有限公司（简称“国贸公司”），成立于1998年3月，注册资本150万元，由中远海运（天津）有限公司和中远海运国际（香港）有限公司共同出资成立。其主要业务是为国际国内船东提供船舶监造、二手船交易、船舶及设备的贸易信息咨询服务、技术服务、设备代理服务。

（5）天津远洋船舶供应有限公司（简称“供应公司”），为天津中远海运全资子公司，成立于1970年，注册资本2614万元，从事船舶物料、备件、食品和药品等供应业务，保税润滑油、油漆、化工品等代理业务，网商和文创产品开发等。

（6）天津海上电子有限公司（简称“海上电子”），成立于1994年，是天津远洋运输公司与香港远通海运设备服务有限公司共同投资创建的合资企业，注册资金20万美元，资产1142万元，专业从事海上设施的无线电通信导航系统、电子信息系统的研发销售、安装调试、维护检验。

3. 物业资产经营

物业资产经营的业务范围包括对天津中远海运存续的物业资产、房产土地、宾馆等的经营管理和资产盘活。主要企业为：天津远洋大厦有限公司及所属的物业管理公司和天津远洋宾馆，以及滨海远洋宾馆、天津远洋房地产开发公司。

（1）天津远洋大厦有限公司（简称“大厦公司”），成立于1997年4月，注册资本14.916亿元，股东为天津远洋运输有限公司和上海远洋实业有限公司。主要业务为远洋大厦一期自有房屋租赁以及未来远洋大厦综合体商业地产开发。公司下设天津远洋物业管理有限公司、天津远洋宾馆两家全资子公司。

（2）天津远洋物业管理有限公司（简称“物业公司”），为大厦公司全资子公司，成立于2000年3月，注册资本165.574万元，资产1378万元。公司主要业务是为公司自持的远洋大厦和塘沽大院等提供物业管理服务。

（3）天津远洋宾馆（简称“天津远宾”），为大厦公司全资子公司，成立于1997年，注册资金3500万元，资产总计856万元。公司位于天津河北区，为社会客户提供住宿、餐饮、会议服务，辅以开发部分特色商品销售。

（4）滨海远洋宾馆（简称“滨海远宾”），是中远海运（天津）公司的非法人分支机构，成立于1988年，注册资金1879万元。公司位于天津滨海新区中心商务区，为社会客户提供住宿、会议、房屋租赁服务，以及部分特色食品销售。

（5）天津远洋房地产开发有限公司（简称“房产公司”），为天津中远海运全资子公司，成立于1993年10月，注册资金1533万元，是公司存量土地、房产的归口管理单位。主要业务是对天津中远海运剥离与委托的各类房屋、土地资产进行经营、管理和处置，开展内部工程建设及装修改造等。

截至2021年12月31日，天津中远海运合并报表范围内企业共计16家（含公司本部1家、非法人单位2家），参股11家。公司共有职工744人，其中，公司本部职工153人、所属单位在岗职工591人。

天津中远海运股权架构图见图14–2。

【改 革 重 组】

天津中远海运积极贯彻落实集团国企改革要求，根据集团改革三年行动方案及专项工作部署，结合自身实际制定公司改革三年行动实施方案及工作任务清单，于2021年5月正式上报、下发，做好全面部署安排。深入落实改革三年行动66项重点任务、197项细化举措，着力推动国务院国资委和集团确定的15项重点改革任务指标。至2021年年底，公司改革三年行动工作任务清单涉及66项工作已完成58项，改革完成率为87.88%，其余8项工作均符合时间进度，国务院国资委和集团重点改革任务指标也都按照要求推进开展。

在董事会建设方面，进一步建设科学决策、

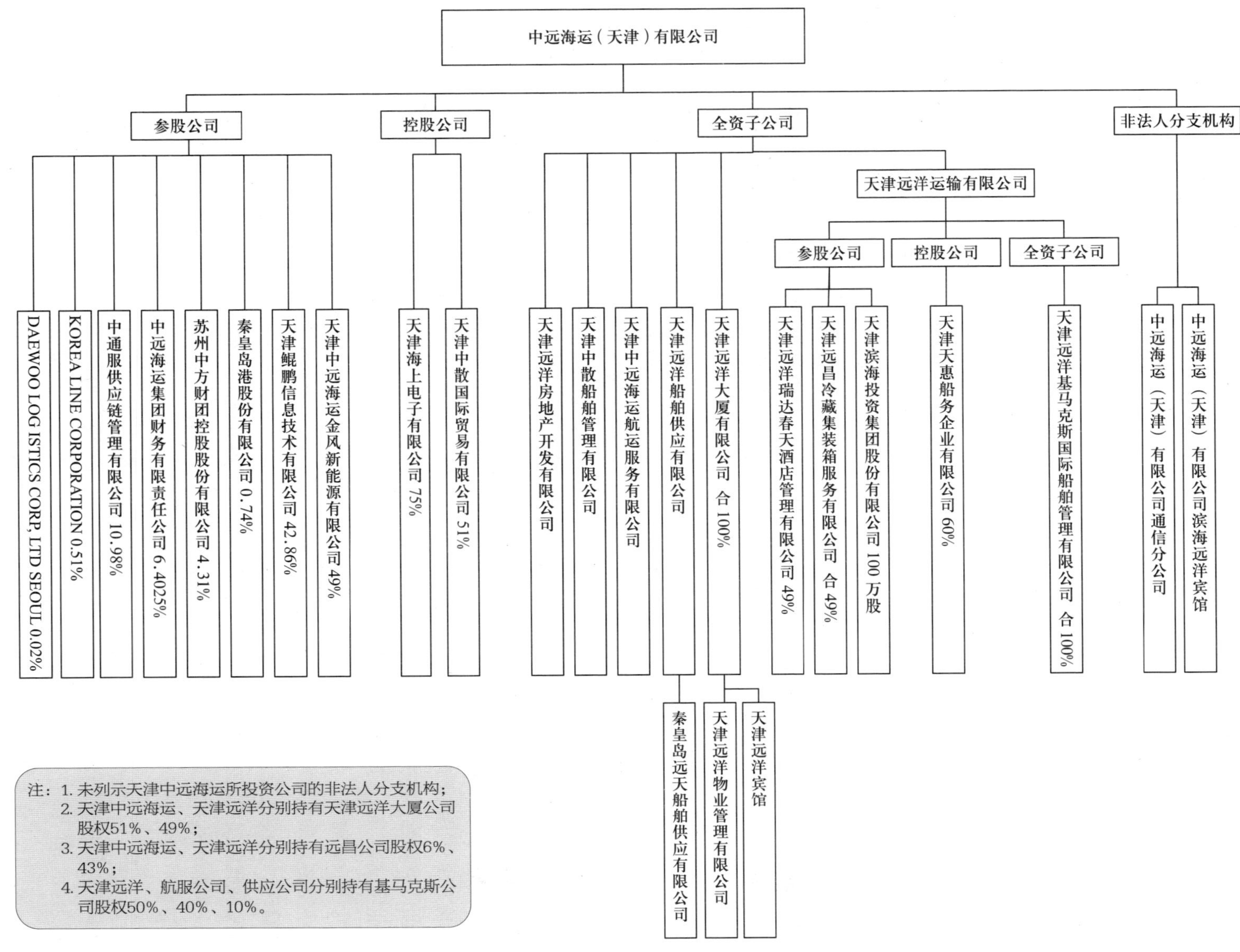

图14-2 天津中远海运股权架构图

高效运作的董事会，严格执行董事会例会制度，深入落实董事会意见，持续提升公司治理水平。贯彻落实集团 3.0 版本直属公司董事会运作管理办法和授权清单，严格按照集团要求行权，进一步规范决策流程，做好风险防范，2021 年 11 月正式发布公司董事会授权规则。积极推动所属单位董事会运作管理，分别于 10 月、11 月发布实施《所属公司董事会运作管理实施细则》《所属企业专职董事、监事管理办法》。

在混合所有制改革方面，将天惠公司和天远基马克斯公司列为拟混改企业上报集团，通过北交所向社会推介。积极通过实地拜访、中介牵线等方式引入意向投资者，深入了解合作意愿，择优选择有利于企业发展的战略投资者。截至 2021 年年底，天惠公司混改工作，已研究起草启动混改及预披露相关事宜请示材料；基马克斯船管混改工作，组织律所出具法律意见书，履行公司混改专项方案内部决策程序及基马克斯内部决策程序，各项混改工作按计划稳步推进。

在内部机构改革方面，2021 年 4 月开展组织机构运行效果评估。根据评估结果及巡审整改、集团文件等要求，7 月组织完成对部分机构职能及人员编制的调整优化，完善建立与公司发展阶段相匹配的组织机构；8 月相关部门职能及业务顺利完成工作交接和职能切换，稳定高效地发挥总部管理服务功能。其中，为适应公司“十四五”规划主业发展要求，专门成立绿色数智港航发展中心作为事业部雏形，负责研究政策技术趋势、统筹系统资源、产业链投资拓展、业务发展运营等主业管理，为构建经营型总部、促进核心主业跨越式发展奠定良好基础。

在任期制契约化改革方面，根据集团部署，成立专项工作小组全面推行经理层任期制和契约化改革。根据集团下发的工作框架和“三法三书”等具体要求，经内外部充分沟通研讨完善工作思路，在规定时间内编制完成本级和所属企业经理层任期制契约化工作方案、工作制度、业绩责任书、岗位说明书、权责清单等全套核心文件。在 9 月底完成所属单位层面任务书和聘任协议签订工作；本级层面履行董事会程序后上报集团并通过审批，12 月底前完成正式签署。起草职业经理人管理有关制度并在所属企业中选取试点公司。

【发展战略】

根据集团进一步完善规划的工作部署，公司战企部根据一年以来主业公司发展情况、既有业务市场政策变化等，结合最新工作模板对“十四五”规划作出全面修订。新版规划重点突出绿色数智港航主业在战略目标、经营、收入、投资等方面的主体地位，树立了“融合绿色数智技术，提供安全高效服务，成为集团产业生态中港航领域卓越的技术赋能者和增值服务商”等愿景、目标，确定了“做集团综合物流供应链服务生态的价值创造者、做集团国有资本投资公司改革的创新践行者、做集团贯彻国家区域发展战略的有力支撑者、做集团深化央企与地方战略合作关系的牵引示范者”的战略定位。依据项目建设情况，完善了对新能源和新技术业务的具体发展路径设计；结合最新预算编制，重新确认“十四五”期间财务目标、经营目标、投资计划等；将战略实施目标与任期制契约化、董事会指标等紧密结合，保证各项任务目标的一致性。修订后的规划已正式上报并获得集团初步认可，列为拟批复单位。

【经营创效】

2021 年，在集团的坚强领导下，天津中远海运全体干部员工继续深入贯彻落实集团“三会”部署，以及“三个聚焦”“三个不低于”“目标不降、任务不减”等要求，全力克服多发性疫情对生产经营的影响，确保公司年度任务目标圆满完成。2021 年，公司合并口径实现净利润 4981 万元，超额完成集团下达的基本指标和奋斗指标，超额完成集团下达的营业收入利润率、全员劳动生产率及研发投入强度等考核指标要求，企业盈利能力、经营质量持续改善。

【风险管控】

天津中远海运认真落实集团风控工作的部署，深入开展全面风险管理和内控体系建设，在公司"十四五"开局之年，进一步提升内控水平，通过建立完善内控体系架构建设和执行，逐步形成内容全面、层次分明、相互衔接、务实管用的标准化内控体系，确保了公司的规范有序、合规合法运营。

内控体系建设方面，依据风控合规实际需要，在董事会下设审计与风险管理委员会，对公司内部审计、内部控制监督、风险管理和法治建设等方面履行指导、督促、检查和审核职能。为贯彻落实集团关于法治建设和合规管理的要求，成立法治建设领导小组暨合规委员会，统筹协调公司依法治企、风险防控、合规管理总体工作。建立完善以一线业务部门单位为风险直接对应者、风控部门为集中管理者、审计部门为独立监督者的风险内控三道防线。明确了各单位董事长、总经理和书记的法治建设第一责任人岗位职责，强调主要负责人作为依法治企的组织者、推进者和实践者，要把本单位各项工作纳入法治化轨道。建立覆盖公司本部各部门、中心及各所属单位的风控合规专员队伍，协调落实所在部门、中心、单位的规章制度、合同管理、案件纠纷、合规管理、风险评估等工作。加强对重点产业、重点领域的风险管控，法务人员全程参与中通服供应链项目，针对该项目的海外合规风险，与外部律师展开合作，出具了法律意见书和专项分析报告，确保该项目能够如期得到集团的批准；选派法务风控人员借调新能源公司和航服公司，直接参与企业管理、合同审核、项目调研论证等，在抓好业务的同时，帮助相关单位打好基础。截至2021年年底，共计发布规章制度91项，强化了公司基础制度体系搭建，覆盖范围涵盖了公司主要的经营管理和风险防控，推进公司规范高效运行。编制《内部控制管理手册》，逐一梳理各部门职责、流程及相关风险，制定内部控制措施，构建风险控制矩阵。严格落实国务院国资委和集团工作要求，开展年度风险评估和专项风险评估，对重大风险实施全过程管理。

内控体系执行方面，公司严格落实《企业内部控制基本规范》及发布的各项规章制度，将内控管理要求嵌入业务制度和流程，对重点领域开展专项管理，严格防控重大风险。加强公司治理体系和治理能力建设，充分发挥董事会、监事会和管理层在决策、监督、执行方面的职责作用。纵向推进风险管理防线，进一步深化所属单位风险管理和内部控制建设。实施所属单位年度风险评估、控制、信息报送的闭环管理，指导完善各单位内部控制体系。全面启动各所属单位的内控自评价工作，标志着公司内控评价工作已从本部过渡到所属单位，实现全覆盖。为加强规章制度监督管理，推进规章制度体系建设，组织开展对公司各部门、各单位规章制度执行情况检查工作，查漏补缺，推进制度规范化管理。立足业务实际，对重大项目、重点业务、重要环节开展专项风险管理。开展对公司年度实施的各类股权投资、股权转让、资产盘活、创新创效等重大项目，认真做好项目调研、风险识别及防控，有力推进项目落地。推进大厦综合体项目，任期制和契约化改革落地。2021年年底，助力天津港打造全球首个"智慧零碳"码头。结合上级部署，公司先后开展重大经营风险评估及监测、国际制裁风险排查和应对等专项业务风险管理工作，进一步深化风险管控，充分发挥对业务经营的支撑保障作用。

落实依法治企，强化企业法律风险防控。规范合同全生命周期管理，通过内控评价，进一步梳理完善合同管理制度，年度审核各类经济合同、协议并开展了对合同流程关键环节的风险排查活动。进一步梳理和完善公司范式合同库，规范范式合同管理，实现合同风险有效规避。优化律所选聘管理，完成常年法律顾问的选聘工作，首次开展以公司本部为主体的海商海事法律顾问选聘。

【服务客户】

公司绿色数智港航板块，确定了以港航生态

圈分布式能源为根基业务，以船舶清洁能源替代为创新业务的“一基一新”双轮驱动战略。“一基”方面，新能源公司年内并网发电项目合计容量 63.77MW，分布式发电业务规模 2021 年已位居全国前三，每年可减少碳排放 6.98 万吨。助力天津港打造全球首个“智慧零碳”码头，其中，C 段码头项目两台风机于 2021 年 12 月 15 日成功并网发电，预计年发电量约 2400 万度，可减少碳排放 1.99 万吨。为集团所属箱厂、船厂、码头、仓库等出具新能源方案 20 余个，已签署合同 5 个，共 14 兆瓦，年碳减排 1.1 万吨，节约电费近 200 万元。同时，成功拓展了鞍钢集团、徐工集团、维维集团、百丽物流等港航生态圈企业。“一新”方面，协同集运、重工等兄弟单位持续跟进并深入参与海发电动集装箱船舶项目；成立电动车船团队，与上海寰宇所属青岛箱厂、青岛港通达公司积极研究电动重卡项目；与阳光氢能等达成合作共识，积极推动甲醇重整制氢、光伏风电制氢、氢燃料电池船舶应用等项目合作。鲲鹏公司与青岛箱厂联合研发用于航运物流货物全球位置跟踪和状态监管的广域定位产品，为启东箱厂建设的集装箱调度管理系统已部署试运行。参与寰宇集团 CMCP 数字化堆场及运输管理项目的开发，该项目为国内首创。完成了宁波、青岛、连云港、锦州、启东箱厂等的智慧备品备件库项目，以及宁波、青岛箱厂的智慧资产项目。

航运服务板块，各企业主动维系优化客户关系，全力做好系统内外客户服务工作。航服公司与海关、港航局、边防、海事及防疫指挥部等相关部门配合，多次顺利完成系统内外客户船员换班；电子公司安排工程师正常轮换进驻天津港专班，协同中国船级社（CCS）天津分社开展登外贸船进行船舶通信导航设备检验和修理服务；国贸公司科学安排、多方协调，克服厂区疫情影响，全力保障船舶订单按时交付，全年累计交付船舶 11 艘。

存量资产盘活板块，远洋瑞达春天酒店成功开业运营，为船员换班提供更好服务；龙门大厦上舍公寓项目开业，与中远里人才公寓形成优势互补。中远里公寓已接近满租。扎实落实对小微企业纾困帮扶政策，共同担当社会责任。

【企业管理】

2021 年，天津中远海运蓄力推进绿色数智港航新主业落地，高效推动各项重点工作开展，顺利完成了全年任务预期目标。

与时俱进调整规划，向经营型公司总部转型。根据集团修订规划通知要求，进一步完善公司“十四五”发展规划总体框架、发展路径、目标举措等内容，获得集团批复同意，明确了公司“十四五”发展蓝图。根据发展需要，完善建立与公司发展阶段相匹配的组织机构，成立绿色数智港航发展中心，负责研究政策技术趋势、统筹系统资源、产业链投资拓展、业务发展运营等主业管理，为构建经营型总部、促进核心主业跨越式发展奠定良好基础。

在“十四五”规划引领下，密切跟进新能源合资公司和鲲鹏公司的经营情况，积极拜访系统内产业链上下游兄弟公司以及系统外重要客户，协调利用各方资源和技术优势，为合资公司扩大业务规模、打造核心竞争力提供全面支持；做好战略投资中通服供应链投后管理相关工作，积极跟进公司经营情况；开展氢能、电动船舶等新能源产业项目调研，与天津港集团、山东省港口集团、深圳稳石氢能科技有限公司、太平投资控股、天津海事局、中国邮政集团、天津联通等重要合作伙伴建立了战略合作关系，为公司深入相关领域开拓交流奠定了良好的基础。

公司持续优化绩效考核体系，强化落实集团关于“亏损企业治理”“规划分解落地”“对标管理”等各项专项工作的考核要求，提高公司绩效管理水平。本部考核将薪酬与净利润完成情况挂钩，同时设置盈利情况关联指标，提升公司本部降本创效动力；所属单位考核将利润总额指标调整为净利润目标，加强超额利润分享与应收账款管理水平的考核关联度，提升收益质量，切实发挥考核“指挥棒”积极作用，着力激发所属单位创效活力。

【财务管理】

2021年，公司持续加强会计核算、预算管理、资金管理、内部控制及信息化建设，努力增强财务价值及财务能力锻造，推动企业高质量发展。

突出提质增效稳增长，财务绩效实现新的突破。公司贯彻提质增效、稳中求进的总要求，紧盯年度目标任务，开展提质增效专项行动，实现了天津地区公司转型发展以来的首年盈利。2021年，公司合并口径完成营业收入112 163万元，净利润4981万元，剔除集团专项支持后累计净利润–3353万元，同比增利5053万元，超额完成集团下达的基本指标和奋斗指标。

突出强身健体提质量，运行效率得到持续改善。公司紧紧围绕亏损企业治理、“两利四率”等关键绩效指标，强化精益运营，企业经济运行效率显著提升。2021年，公司所属亏损企业户数和亏损额均控制在集团下达的指标范围内。同时，实现“两增一控三提高”目标，其中：利润总额、净利润同比增加66.85%、62.24%，实现大幅增长；资产负债率16.01%，稳中有降，整体稳健可控；营业收入利润率6.35%，全员劳动生产率58.13万元/人，研发投入强度0.99%，超额完成集团下达的任务指标。

突出财务转型建体系，财务价值功能显著提升。公司聚焦集团下达的任务指标及公司“四会”确定的重点工作，优化财务管控体系，积极推动财务管理从单一核算型向价值创造型转变，不断拓展财务功能。一是预算引领更加突出。以业务经营为源头、业务驱动因素为基础，优化完善预算管理体系，深化业财融合，有效推动财务管控能力和预算执行力的提升。二是资金管控更加有效。精打细算、优化资金收支安排，有效提高存量资金收益，同时落实集团资金集中管理要求。三是财务价值功能更加凸显。全力参与、支持公司新业务开拓及存量资产盘活，充分发挥财务支撑战略、支持决策、服务业务、创造价值、防控风险的功能作用，为公司转型发展保驾护航。

突出固本培元强基础，精益管理取得新进展。2021年，公司聚焦财务管理的基础领域，财务基础管理水平不断提高。一是会计核算更加规范。完成新金融工具等企业会计准则切换与工作衔接，夯实会计核算基础，圆满完成2021年度财务决算、财务审计、税务审计工作。二是税务管理更加精密。以合规管理实现价值创造为理念，加大相关税收优惠政策跟踪研究，指导所属单位及时对接、申请适用，确保相关优惠政策应享尽享、降本节支。三是财务信息化建设取得历史性突破。2021年8月23日，经过近6个月的测试和培训工作，9家单位正式切换启用SAP财务系统，标志着公司顺利完成了2021年SAP财务系统上线项目，迈出了天津地区公司统一财务信息系统的第一步，为逐步实现财务集中核算/财务共享、搭建智能前瞻的财务数字化信息体系奠定了系统基础。

突出财务合规守底线，风控能力得到新加强。公司财务坚持底线思维，增强风险意识，基本守住了不发生重大风险的底线。一是防范债务风险。加强公司全级次全体所属企业债务风险跟踪，指导相关所属企业防范信用债违约风险，保持资产负债率平稳并控制在合理水平。二是防范“两金”风险。合理控制“两金”规模，关注超期应收和非正常存货，加强现金流跟踪分析，防范坏账损失及流动性风险。三是防范利率汇率风险。建立健全汇率风险管理体制，提供汇率风险管理指导措施及建议，严防汇兑损益风险。四是防范资金内控风险。重点关注银行账户管理、银行承兑汇票使用、银行授信、融资担保、货币金融衍生品、跨境人民币结算等新业务的开展情况，加强对政策的掌握和对风险的提示和管控，规避防范相关金融风险。

【产业发展】

绿色数智港航板块，新主业发展方向得到集团认可。公司成立了绿色数智港航发展委员会和发展中心，从产业扶持培育的高度，为绿色数智港航扩大业务规模、形成稳定盈利能力、塑造核心竞争力提供全面支持，绿色数智港航业务发展逐渐步入正轨。

航运服务板块，各单位经营创效能力日益提升。航服公司稳步推进铝矾土全程承运业务，VC甩货业务累计为散运配载船舶17载，总货运量约130万吨，为中远海特运共揽取12艘次、86套风机设备运输；船管公司实际管理船舶68艘，业务规模持续扩大；国贸公司手持船舶监造订单30艘，累计交付11艘；为中远海运散运33艘船舶安装智能网关及船舶北斗终端，成功中标国能远海船舶北斗项目并完成全部60艘船舶安装工作；供应公司网商业务销售规模持续扩大，同比增长57.13%，带动传统业务转型升级。

酒店物业板块，远洋大厦写字楼整体出租率一直稳定在93%以上；滨海远宾在疫情期间对老旧设施进行装修改造，为增收创效、形成新的利润增长点奠定坚实基础。大厦二期续建暨大厦综合体项目，在中远海运资产经营管理有限公司的协同支持下稳步推进。存量资产盘活方面，按照集团《关于启动2021年存量土地盘活专项工作的通知》要求，公司成立海校盘活专项工作小组并积极推进。天实大楼装修改造工程全部完工，以崭新酒店形象亮相开业，于2021年5月29日正式对外营业。中远里项目持续稳定运营，入住率保持在90%以上。龙门大厦完成装修改造并通过消防验收，于11月18日正式投入运营。

【安 全 生 产】

2021年，公司及各所属企业未发生责任性安全生产事故和生态环境事件。

2021年年初，公司召开安全环保工作会，对安全环保工作进行总结，并对2021年工作进行部署；明确安全环保工作总目标和6个方面、15项重点任务，与11家所属单位签订了安全环保工作责任书；4月，对安委会、安委办人员进行调整，进一步明确安委会、安委办工作职责；设立安全总监岗位，牵头负责公司安全管理工作；12月，进一步对公司组织机构进行调整，设立安全监督管理部，强化公司安全环保事务的系统性监督管理。

深化安全风险管控，推进隐患排查治理。2021年，本部和各单位新梳理确定了187项安全风险，确定并细化管控措施、责任部门和责任人；组织排查有限空间作业场所21处，发现老旧设施设备安全隐患30处，并加强管理；开展安全自查和隐患排查，全年累计安全自查873次（含船舶），发现各类隐患或缺陷1900余项（含船舶），除个别安全隐患需持续推进或配合政府主管部门推进外，其他均已整改关闭。

强化安全重点管控，开展安全监督检查。把船舶安全作为安全工作的重中之重，以驾驶台班组管理为重点，严格落实“五防”要求。全年共接受港口国检查95艘次，无缺陷通过58艘次，无缺陷通过率61%；有31艘次航经亚丁湾等海盗高发区，防海盗成功率100%；有26艘次受台风影响，全部落实防抗台部署，防抗台成功率100%；做好疫情防控工作，制定有针对性的防疫预案，全年安排船员换班389艘次，上下船员3663人；制定下发安全检查工作计划，组织对涉及危化品仓储、航行安全和人员密集场所的单位及施工场地等重点部位开展安全检查25次，督促完成安全隐患的整改；组织开展专业专项安全检查，安委办进行危化品安全专项检查，提出安全隐患3项，督促完成整改；安委办联合采购与行政服务中心，开展基层单位车辆安全专项检查，提出安全隐患10条，督促整改；抓好全国两会、春节、国庆假期等重点时段，以及汛期、极端天气期间的跟踪和监控。安委办组织召开应对极端灾害天气专项会议，部署应对极端灾害天气工作，并对重点区域进行汛期安全检查；现场指导船管公司成功防范台风。

扎实开展主题活动，筑牢安全生产防线。2021年6月公司组织开展安全生产月活动，学习习近平总书记关于安全生产的重要论述和集团安委会会议精神，召开安委会会议、观看专题片、开展微课堂等共计47场次；发布和推介安全海报、挂图、培训教材等41幅（本），安全生产事故典型案例警示教育片9部，各单位组织观看警示教育片45场；开展各种形式的应急预案演练22次，840人次参加了各种演练活动；11月组织开展“119”消防宣传月活动，制定消防宣传月活动方案；与公司团委、大厦公司联合举办“防患于未‘燃’”主会场活动，向青年员工开展消防安全知识和实操培训。

加强安全宣传教育，提升安全防范意识。组织公司领导班子成员，各部门、中心负责人，各基层单位领导及安全管理人员等80余人进行为期两天的《中华人民共和国安全生产法》、新应急预案编制导则的宣贯和培训；组织公司主要负责人、安全管理人员参加安全管理知识培训，并取得安全培训合格证书；持续通过微信群等形式向各单位宣传和推送有关安全事故案例、法律法规规范要求等信息70余次；4篇论文、3幅图片被《中远海运安全》杂志选登。

履行社会责任，落实生态环保要求。6月组织开展世界环境日、8月组织开展节能宣传周和全国低碳日活动；组织供应公司开展危险废物规范化环境管理评估。

【员工队伍】

天津中远海运按照集团“十四五”人才发展规划任务部署，落实企业发展战略规划及集团干部人才工作会要求，深入践行国企改革三年行动，围绕“以专业促规范、以创新提效能”服务公司改革发展，强化人才队伍建设。优化《天津中远海运“十四五”人力资源发展规划》，围绕公司战略发展规划，重点从加大绿色智慧港航人才培育与发展力度、本部人员队伍转型及职能作用发挥、优秀年轻干部培养等角度，不断细化各业务板块人才发展目标与措施，突出规划引领作用。确保选人用人专项巡视整改工作落实到位。围绕集团巡视提出的5方面12个问题，全面梳理《选人用人专项检查反馈意见整改方案》和《反馈意见整改情况汇总表》，制定了35项具体整改措施及时间表。推动国企改革三年行动任务落实。先后制定发布了《干部管理办法》《干部及所属单位领导班子综合考核评价规定》《竞争性选拔干部工作规定（试行）》《关于加强优秀年轻干部培养选拔工作的实施方案》《岗位交流暂行规定》《所属单位专职董事、监事管理办法》和《员工手册》等，为人才队伍建设提供保障。将任期制契约化内容融入干部管理体系建设，推进公司任期制和契约化方案制定。制定《所属企业职业经理人管理办法（试行）》，并牵头做好航服公司试行职业经理人制度。

选优纳优做好人才选聘选拔。坚持“拓展增量，优化存量”的人力资源发展思路，选聘双一流大学企业管理、信息科技、法律等专业硕士研究生6名；围绕绿色数智港航主业，强化专业人才引进，社招新能源管理师1人；各所属单位通过加大配套专业人员的引进力度，招录社招及劳务派遣人员12人。强化高端创新人才培养，开展多岗位交流锻炼。以“转型发展，创新突破，人才为先”为目标，加大年轻干部培养与使用力度，强化对高端创新人才开发培养。选拔任用干部25人，其中部门负责人层面交流选任45岁及以下8人，室经理层面交流选任40岁及以下13人，安排2名接近退休年龄的基层单位班子成员发挥经验优势，从事安全管理、专项工作等，用好各年龄段干部。从本部选派12名专业骨干、基层单位选取同类别岗位人员10人进行交叉任职交流。组织公司中高层管理干部参加“党史百年”专题班学习及清华大学“‘十四五’专题精品课程”培训。重点围绕绿色能源等领域开展业务培训学习，选派战略管理人员参加“企业碳管理师”专业培训等。

【党群工作】

2021年，天津中远海运党委以习近平新时代中国特色社会主义思想为指引，以热烈庆祝中国共产党成立100周年为主题，以深入开展党史学习教育为重点，全面贯彻集团“三会”及公司“四会”精神，贯彻落实“强引领、深融合、重对标、稳提升”工作主线，确保党建工作深度融入改革、发展、稳定中心任务，为天津中远海运实现“十四五”良好开局、持续高质量发展提供坚强保障。

公司各级党组织和广大党员热烈庆祝中国共产党成立 100 周年，扎实开展党史学习教育，秉持“四个一”理念，弘扬“三舱”精神，笃定“四个坚守”，守正创新、务实有效地推动宣传思想工作、形势任务教育和企业文化建设。公司上下爱党、报国、兴企、为民的氛围进一步浓厚，干部员工干事创业、勇毅前行的热情进一步高涨；积极践行“三做”理念，着力推动党建融合发展，主动运用党建力量、党建方法、党建资源解决生产经营中的难点、热点问题，在增值服务集团航运主业、推动“绿色数智港航”业务发展、深化国企改革三年行动等中心任务以及防抗疫情、疫情期间船员换班、船舶监造赋能增效、为民服务办实事等重点工作上，党支部的战斗堡垒作用和党员的先锋模范作用进一步彰显；秉承“共行共建共发展”的理念初衷，积极发挥公司深耕天津、服务京津冀的区位优势，主动当好集团在津事业发展的“领头羊”和“勤务兵”，组织区域内集团兄弟单位、合作伙伴、主管单位加强合作共赢，从业务协同到工作协同，再到党建协同，区域内组织共建、资源共享、工作联动的格局进一步深化。

公司纪委以十九届中央纪委五次全会精神为指导，按照集团纪检监察组、公司党委部署，做实做细政治监督、日常监督，一体推进“三不”机制，为公司“十四五”开局起步、行稳致远保障赋能。一是立足主责主业，推动政治监督具体化常态化。围绕公司“十四五”规划、国企改革三年行动、新冠疫情防控、党史学习教育等推进落实情况加强政治监督。通过集体约谈、基层调研、专项监督、下达监督建议书等多种方式，督促各级“一把手”履职尽责。结合集团巡视反馈，紧扣个别单位选人用人、现金管理、采购和供应商管理三项典型问题开展系统排查，督促问题整改。二是聚焦重点领域，强化监督保障。对大厦二期重大工程项目开展全过程监督，重点对供应商选聘的合规性、制度文件的规范性，以及合同执行的风险性进行审核。对鲲鹏公司、新能源公司开展监督调研，提出管理建议。针对各部门、单位关于项目投资、收购股份、委托贷款、机构选聘等事项提出监督建议，发挥保驾护航作用。制定党委巡察工作手册，按计划完成巡察、审计项目。三是坚持从严主基调，一体推进“三不”机制。严格按照程序处置问题线索，强化权力运行的制约和监督。新建修订纪检监督制度，督促所属单位排查廉洁风险点，开展立项监督，规范完善制度流程。聚焦党政“一把手”、委派财务经理和专兼职纪检人员三类重点岗位开展集体约谈，持续发挥“一课一刊一群一网”廉洁宣教平台优势。紧盯节日节点纠“四风”树新风，深入基层征求“总部机关化”问题整改意见反映，持续推动作风建设走深走实。与中远海运物流纪委、天津市河北区检察院开展学习共建，推进高质量监督。规范调整纪检部门内设处室，在机构设置上落实“查管分离”要求。按照“应设尽设”原则，指导基层党组织配齐配强纪检委员。采用“考核 + 点评”方式对所属单位纪检负责人开展述职考评，以述明责，以考促干。

公司聚焦中心任务，统筹推进宣传思想文化工作。笃定落实集团“四个一”文化理念，弘扬“三舱”精神，做到“四个坚守”，营造干事创业浓厚氛围。印发《天津中远海运 2021 年宣传思想工作要点》，重点围绕绿色数智港航方面的新亮点和新成绩等重点开展宣传工作；发挥内网、公司微信等媒介优势，公司官方微信关注用户达到 4800 人；内网开设“提质增效促转型”专题，挖掘基层单位创效亮点；加强媒体公关，积极做好外宣工作。公司多项政研会成果获集团表彰。其中，“拓宽区域党建外延　赋能集团产业生态——天津中远海运探索区域党建共建联动经验浅析”荣获一等奖，“夯实基层基础　筑强战斗堡垒　创新构建党务培训工作机制”荣获二等奖，“着力筑牢‘四个阵地’——天津中远海运扎实推进党史学习教育实践探析”荣获三等奖，“传承延安精神汲取前行力量——延安精神内涵要义对于国企改革发展启迪意义探析”“浅析国有企业职业经理人制度落地过程中面临的问题与对策”“ERP 系统环境下运用计算机审计对于提升内部审计监督效能的研究”获得优秀奖。

公司强化凝心聚力，打造和谐发展环境。深

化企业民主管理，组织召开公司一届三次职代会，按程序签订集体合同、工资集体协议和女职工专项集体合同；对公司拟订的《劳动用工管理规定（征求意见稿）》《公司职代会实施细则（修订意见稿）》和《公司职工疗休养工作实施细则（试行）草案》等履行民主程序；修订下发公司厂务公开、民主管理制度类文件。

积极推进党建带团建，发挥好“团聚”作用。坚持党建带团建，制定《关于进一步加强党建带团建工作的实施细则》，全面部署共青团和青年工作，印发团青工作要点。举办公司领导与团员青年面对面座谈交流，党委书记为团员青年讲团课。各基层团支部申领党建政研课题，形成研究成果9篇。连续参与“浪花·心愿”爱心助学活动，2021年各级团组织共资助贫困学生6名，资助款项1.44万元；积极参与“学雷锋志愿服务月”活动，做实“青年文明号”展示，深入社区、街道、码头等开展志愿服务和宣传展示。航服公司优秀团员青年杜晨瑶获“天津市优秀共青团员”荣誉称号。公司一名团员青年被评为“天津市优秀共青团员”。

公司领导亲自挂帅，完善信访维稳管控处置体系，根据集团部署要求，多方协调走访，圆满完成两个历史积案化解工作。密切做好庆祝中国共产党成立100周年、第四届进博会、党的十九届六中全会等关键时间节点的综治信访维稳工作，保障公司转型发展良好氛围。

【企业文化】

天津中远海运加强文化建设，统筹做好公司企业文化展厅的设计筹建工作，以进一步展示公司半个多世纪来的辉煌历史和转型发展以来各项工作取得的成绩。制作完成地区公司成立三周年宣传视频片，全方位、立体化展示公司成立以来取得的成绩和员工干事创业的浓厚氛围。努力挖掘企业文化的实践价值，推动文化建设工作与创业创新创效实践紧密结合，助力公司高质量转型发展。

（张磊　杨涛　丁建龙　李鹏　王祺　刘永政　宋涛）

中远海运（青岛）有限公司

中远海运（青岛）有限公司

【公司概况】

中远海运（青岛）有限公司［简称“青岛中远海运”，英文简称，英文简称 COSCO SHIPPING（Qingdao）］，前身是成立于1976年7月1日的青岛远洋运输有限公司。1976年7月1日，中国远洋运输总公司青岛分公司（简称“中远青岛分公司”）正式成立，是我国首家专门经营干散货运输船舶的专业公司。1979年5月1日，中远青岛分公司更名为青岛远洋运输公司。2007年6月27日，青岛远洋运输公司又更名为青岛远洋运输有限公司。2016年6月16日，中远海运散货运输有限公司在广州成立，青岛远洋运输有限公司成为其全资子公司。2019年2月22日，按照中远海运集团的改革部署，中远海运（青岛）有限公司成立，青岛远洋运输有限公司转型成为集团直属的地区公司。

【公司机构】

2021年，青岛中远海运本部设10个职能部门，分别为董事会办公室/总经理办公室、安全监督管理部/安委办、战略及企业管理部/法律风险部、财务管理部、人力资源部/组织部、党委工作部、纪委工作部/监审部、工会、巡察办、运营中心；设3个共享中心，分别为资产/项目管理中心、后勤保障中心和人力资源中心/保险统筹中心。

【生产经营】

2021年，青岛中远海运贯彻落实中远海运集团“十四五”战略规划和改革三年行动实施方案，立足转型发展新形势，全面擘画“十四五”发展规划“新蓝图”，稳步布局LNG能源物流供应链“新主业”，奋力构建存量板块整合升级“新局面”，积极展现“悟初心尽责，践使命担当”专项活动“新作为”，在集团“三个聚焦”引领下，落实集团“党建融合发展年”各项部署，坚持“三做”理念、“三舱”精神、“四个坚守”，围绕公司年度工作目标，充分发挥党的领导核心和政治核心作用，全面引领改革，全力拼搏创效推动发展，为公司跨越式转型、高质量发展提供了坚强的政治和组织保证，各项工作均取得显著成效，为“十四五”开好局、起好步奠定了坚实的基础。

2021年，青岛中远海运累计实现营业收入124 774万元，发生营业成本99 822万元，完成集团考核利润–4897万元，在集团下达的年度任务指标基础上实现了大幅度减亏，超额完成集团下达的奋斗指标。截至2021年12月底，青岛中远海运资产总额41.49亿元，资产负债率25.36%。

【安全管理】

2021年，青岛中远海运认真学习贯彻落实习近平总书记关于安全生产的重要论述，按照山东省、青岛市及中远海运集团的部署要求，紧紧围绕防范化解安全生产重大风险的目标和任务，严格履行企业安全生产主体责任，坚持高位推动抓、上下联动推、创新机制干，全年未发生责任性生产安全事故，未发生上报的生态环保违规、船舶污染、海盗登轮和PSC检查滞留事件，未发生员工感染疫情事件，保证了公司安全生产持续稳定的总体局面。

一年来，公司积极应对疫情给企业安全生产

带来的挑战，把安全生产始终贯彻于企业改革发展的全过程，加强顶层设计和统筹部署，压紧压实安全生产责任制落实。以强化安全生产风险分级管控为抓手，全面推进安全生产专项整治三年行动攻坚年工作。强化客滚船、危化品、机械制造及防火防爆等重点领域风险防范，扎实做好监督检查及整改落实闭环管理。认真组织开展“安全生产月”“消防安全宣传月”“职业健康宣传周”，以及“节能宣传周”“安全大讲堂”等专项活动，营造良好安全生产氛围，持续夯实“安全精益”的企业文化底蕴。认真落实“科技兴安”发展战略，充分运用集团航标平台、安全信息视频监控平台提升监管效率，持续推动所属单位合规性管理、本质安全能力提升。

【人事管理】

2021 年，青岛中远海运立足新发展阶段、贯彻新发展理念，以国企改革三年行动为契机，紧紧围绕集团、公司“十四五”发展规划和阶段性目标，统筹推进人力资源规划和发展，研究制定切实可行、科学有效的制度措施，深化干部人才发展体制机制改革，以建立健全三项机制为着力点，狠抓干部人才队伍建设，努力激发干事创业活力。

坚持党管干部原则和“人才是第一资源”理念，加强直属单位领导班子建设，优化领导班子知识结构、专业结构、年龄结构，加大干部调整和交流工作力度，积极发挥选人用人正向激励作用。2021 年，共调整干部 8 批次，63 人次，员工交流 17 人次，本部与中心间员工交流 3 次，本部 / 中心与直属单位间交流 7 次，直属单位间交流 7 次，进一步盘活了公司内部人力资源。

突出战略引领，制定人才发展规划。围绕公司新发展定位和产业布局，以战略发展总体目标达成为出发点，结合集团人才工作总体要求，制定公司人力资源规划，科学分析干部人才队伍建设的新形势新要求新任务，系统盘点干部人才队伍现状，统筹确定人才队伍建设的重点目标和具体措施，明确公司在人才配置、职业发展、绩效管理、教育培训、激励机制等方面的目标，制定各项配套人力资源管理优化方案、办法和制度，建立健全人才发展规划的动态调整和有效落实机制，形成上下对应、左右协调、互为衔接的人才规划体系。

突出市场化理念，建立健全选人用人机制。按照市场规律对经理层进行管理，在公司及各级子企业有序规范推行经理层成员任期制和契约化管理，分级制定任期制和契约化管理工作方案及配套文件。同时，按照“市场化选聘、契约化管理、差异化薪酬、市场化退出”的原则，制定出台公司直属单位职业经理人规章制度，并在连云港危化品仓储项目实现破题。

持续完善精细化考核管理机制，依托综合考核系统完成定量考核，并结合考核谈话结果，对司管干部进行动态、全面分析，更加清晰准确地掌握干部表现和成长曲线，为干部精准“画像”。建立健全公司岗位管理相关制度，进一步厘清岗位职责、任职标准和绩效标准等内容，为人员选拔、培养、考核、激励等提供有力支持。加强考核结果运用，分层级、有步骤地反馈考核结果，同时将考核结果与绩效工资、员工岗级工资晋升等紧密结合，发挥薪酬的激励约束作用。

推行市场化用工制度，科学合理确定用工总量，聚焦“高精尖缺”和“卡脖子”领域，加大 LNG 产业技术人才引进力度，择优引进 11 名毕业生及社会化人员，为公司转型发展注入新鲜血液；加大不适岗人员清理力度，全年共解除劳动合同 8 人，降低公司无效人工成本和用工风险。

【企业管理】

青岛中远海运以国企改革三年行动为契机，以经理层任期制和契约化管理为切入点，细致筹划、精准落实，制定改革落实措施 82 项，并按计划完成公司经理层及所有直属企业经理层的任期制、契约化签约，支持流体公司实施科技型企业项目分红，指导连云港化工储运公司实施职业经理人试点，推动选人用人机制、考核管理机制、薪酬分配机制的全面升级，进一步激发人才队伍活力。持续强化董事会建设，参照集团发布的“三重一大”决策事项和决策程序清单，全面、系统梳理完成公司清单，共列明决策事项 167 项，并逐一明确决策程序和相关要求，保障公司董事会高效运作；持续强化直属单位董事会管理，指导直属单位按要求配齐建强董事会，亦从制度、人员配置等多方面为各直属单位董事会合规合法运作提供保障，构建起规范的法人治理体系，完善企业治理结构，优化公司各层级内部管理。

青岛中远海运整合资源，推动挖潜增效，聚焦“两非”剥离、压减、亏损企业治理、国有产权管理等问题，在关键领域持续发力，成效显著。三年期间，关闭低效企业 6 家，完成 26 家吊销未注销企业工商注销工作，并成立亏损企业治理工作小组，在科学研判亏损源、亏损成因的基础上，形成改革、调整、提升、合并、转型、退出等措施相融合的综合减亏扭亏方案，多管齐下，圆满完成集团下达的亏损企业户数及亏损额控制指标。

青岛中远海运紧密围绕“悟初心尽责，践使命担当”专项活动主线，以巡视整改工作为契机，对标优秀企业，持续推动精细化管理走深走实。组织开展系统性专项自查和重点检查，深化细化预算、成本、核算、“两金”严控等财务管理工作，借助季度经济运行分析，摸清重点单位、重点项目、重点费用情况，精准施策，盘活沉淀资金。

青岛中远海运进一步推进数字化基础建设，规范企业管理，提高工作效率，制定并实施了直属单位 OA 系统部署及公司 OA 系统流程改造方案，独立部署发文、收文、签报、通知公告、会议纪要、假期管理和出差管理 7 个模块，实现了各直属企业与公司本部公文流转及数据互通，并实现部分业务的垂直管理，为公司整体信息化平台建设奠定坚实基础。对公司数据中心基础设施进行梳理、研讨，结合公司信息化建设目标及业务需求实际，拟定了公司数据中心基础设施改造建设方案，对数据中心空调、UPS 及电池组、照明和动环监控等进行改造。改造完成后，可满足 10 年内公司信息化建设物理环境基本需求，并已兼顾考虑业务系统建设扩容需求，为公司数字化转型提供硬件支持。

青岛中远海运以打好“主动仗”为原则，提前布局筹划，加强对各项重大经营风险的预警与防控。紧抓风险管控的重要环节和关键节点，注重风险管控的精准性与实效性，将“防风险”向“创价值”转变。一是根据业务需要对风险进行动态监控，定期组织本部各部门、中心、直属单位识别风险因素，提前采取有力措施防控风险发生。二是加强对风险的应对，针对发现的风险制定预案，采取有效措施及时应对处置。每季度对各项重大风险进行跟踪监测，并将监测结果报公司风控领导小组。三是 2021 年排查重要风险 30 余项，均建立处置方案、责任人和时间推进表，将风险管理责任落实到岗位、落实到人，从而为年度任务目标的达成提供保障。

青岛中远海运注重将合规管理整合入风控体系中，推动合规管理全方位、多层次融入经营管理，扎实推进建立事前审核防范、事中跟踪督促、事后整改复盘的风险防控体系，实现“全流程、全方位”风险防控。将合规目标作为风控体系目标之一，实现目标整合；将合规嵌入业务流程，嵌入内部控制与风险管理，“横向到边、纵向到底”全覆盖，实现流程整合；把合规管理委员会、合规指导、合规管理的职能分别赋予审计与风险管理委员会、公司总法律顾问和法务部门，实现职能整合；建立健全合规审查机制，在进行规章制度制定、重大项目决策、重要合同签订、重大项目运营等经营管理行为时，将合规审查作为必经程序嵌入其中，及时对不合规的行为及时整改，实现过程整合；将合规管理纳入监督范围，在开展风险评估过程中将合规风险进行系统分析，对于典型性、普遍性和可能产生较为严重后果的风险及时发布风险提示，实现监督整合；将合规评价融入内控评价中，对合规管理的有效性进行分析评价，对缺陷深入查找根源，完善相关制度，实现评价整合；将合规培训融入内控风险管理培训，将“要我合规”变为“我要合规”，让合规成为员工行为指南的文化内核，实现文化整合。

【党群工作】

以政治建设为统领，同心同行，强化理论武装。2021 年，青岛中远海运把学习贯彻习近平新时代中国特色社会主义思想作为首要政治任务，严格落实“第一议题”制度，有序部署开展党委理论学习中心组（扩大）学习，切实打牢思想政治根基。全年组织党委理论学习中心组学习 14 次，党委会落实“第一议题”制度 13 次，重点开展党的十九届五中全会精神轮训、学习贯彻习近平总书记“七一”重要讲话精神和党的十九届六中全会精神专题研讨等，成功举办党的十九届五中全会精神暨党史学习教育党员领导干部培训班、2021 年党委理论学习中心组读书班等，开展主题为“学习‘十四五’规划，推动高质量发展”的专题学习，党员干部政治判断力、政治领悟力、政治执行力持续提高。公司党委还召开会议专题研究法治工作，全面推进公司法治建设。

这一年，开展系列主题活动，庆祝中国共产党成立 100 周年，从讲政治的高度做好各项工作。6 月 30 日，青岛中远海运组织召开庆祝中国共产党成立 100 周年暨“七一”表彰会议，青岛中远海运党委书记以“百年红船敬峥嵘　躬身力行尽职责”为题进行党课辅导。7 月 1 日当天，公司广大党员干部职工 800 余人，通过多种形式集中收听收看庆祝中国共产党成立 100 周年大会现场直播，认真聆听习近平总书记在大会上的重要讲话。开展党建专项课题研究，立足地区公司转型发展的党建工作实践，系统总结和研究公司党建特色经验，从标准化、特色化、精细化、制度化 4 个维度，撰写《以“四化工作”打造高质量党建，引领高质量发展的实践探索》专项论文，荣获集团优秀论文奖。坚持典型引路，开展“两优一先”评选，在七一前夕隆重表彰优秀共产党员、优秀党务工作者和先进基层党组织，充分体现出公司各基层党组织和广大党员在改革发展上取得的丰硕成果。开展党建共建，联合集团驻青单位，以“寻访红色记忆，庆祝建党百年”为主题，共举办五期庆祝中国共产党成立 100 周年活动，引导广大干部职工铭记历史、砥砺奋进，将庆祝建党百年活动推向高潮。

公司成立党史学习教育领导小组，设立党史学习教育领导小组办公室，综合协调开展党史学习教育。党史学习教育期间，编发简报 24 期，及时反映学习教育推进动态情况；编发工作提示一期，就督促抓好自学、开展专题学习、讲好专题党课、强化教育引导，以及开展“党旗在基层一线高高飘扬”活动等进行重点部署，有力推动了公司党史学习教育深入开展。在七一前后掀起“党课开讲啦”活动热潮，公司党委主要负责同志在公司党的十九届五中全会精神暨党史学习教育党员领导干部培训班、2021 年党委理论学习中心组读书班上，以“知所从来思所将往，辑志协力踵事增华”为题，带头讲专题党课。从 5 月初开始，组织开展“线上 + 线下”党史知识竞赛，线上答题参与超过 2000 人次；6 月 30 日，举办党史知识竞赛决赛，6 支队伍进行比拼，掀起党史学习教育高潮。公司各基层党组织创新形式开展党史学习教育。

把“我为群众办实事”实践活动作为党史学习教育的重要内容，分两批梳理 63 项“我为群众办实事”重点实事项目清单，确保实践活动取得实效。各基层党组织按照确定的项目清单，用心“四个服务”，紧盯“四个聚焦”，致力“四个满意”，既立足眼前、解决群众急难愁盼的具体问题，又着眼长远、完善解决问题的体制机制，不断提升为群众办实事的质量水平。

党史学习教育中，青岛中远海运党委把思想触动与务实行动结合起来开展“悟初心尽责，践使命担当”专项活动。围绕高质量做好本职工作，通过动员部署、深化学习，体悟初心、明确使命，履职尽责、完善提高等阶段性工作，促进了精细化管理，塑造了良好企业文化，推动企业跨越式转型、高质量发展取得新突破。公司全球首座陆地薄膜型 LNG 储罐项目稳步落地，全球首条 LNG 罐箱智能产线建成投产，全球首套液体化工码头智慧装卸设备行业领跑等，逐步构建起以 LNG 能源物流供应为核心、装备制造及低温服务为重要支撑的LNG 全方位物流供应产业链，形成了有较强竞争力的核心主业。

以组织建设为抓手，群策群力，固牢党建基础。2021年，青岛中远海运围绕集团“融合发展年”主题，突出党建引领，深化改革发展，确立了“深度融合”年度行动目标。年初与各基层党组织签订党建工作责任书，认真落实“党政同责、一岗双责”长效机制，推进公司各级党组织坚持加强党的领导与完善公司治理体系深度融合，基层党建工作与安全生产、经营管理深度融合，党组织“三基”建设与基层党支部组织力深度融合，党员先锋模范作用发挥与岗位工作职责履行深度融合，党建工作责任制考核与经营业绩综合考核深度融合，落实党建工作和业务工作同研究、同规划、同部署、同推进、同检查、同考核“六同”机制。

青岛中远海运进一步加强党支部标准化规范化建设，优化升级《党建工作标准化手册》，深化实际应用，推动各基层党组织严格落实“三会一课”等制度，提高组织生活质量。加大党组织书记和党务干部业务培训力度，4月26—28日，结合年度党员干部培训班开展基层党支部书记轮训，3月3日、4月15日分两期开展基层党务干部培训，做到党支部书记和专职党务干部培训全覆盖。认真落实《中国共产党支部工作条例（试行）》，围绕重大任务、重要项目、重点工作，发挥党员先锋模范作用。按照上级部署要求，对党委会、总经理办公会和董事会研究事项的权责边界进一步明确，细化了公司党委前置研究讨论重大经营管理事项清单，制定《公司“三重一大”决策事项及权责清单》，包括“三重一大”事项共167项，其中党委会研究事项131项，党委会前置研究讨论事项87项，以制度形式厘清各治理主体权责边界。

贯彻落实集团改革三年行动实施方案及工作清单，推进公司综合改革、三项制度改革，确保公司深化改革道路不偏、脚步稳健。对习近平总书记全国国有企业党的建设工作会议重要讲话精神再学习再深化，集体学习集团党组《中国远洋海运集团贯彻落实全国国有企业党的建设工作会议精神情况“回头看”工作方案》，就抓好贯彻落实工作作出具体的部署和安排。

以多维宣传为主线，内外联动，深化思想建设。2021年，青岛中远海运聚焦建党100周年，推出“建党100周年文艺作品展播”宣传产品，坚定公司党员干部职工跟党走的理想信念，充分展现公司跨越式转型、高质量发展的使命担当和企业风采。聚焦党史学习教育。全方位宣传“党史五学”，教育引导公司广大党员干部学史明理、学史增信、学史崇德、学史力行。按照公司“我为群众办实事”实践活动方案，围绕“四个服务”，开展宣传，策划40余期“我为群众办实事”专题，充分展示公司用心用情用力解决客户的关心事、基层的困难事、群众的烦心事，增强职工群众的获得感、幸福感、安全感。

贴近生产一线，推出“全球首条LNG罐箱智能产线建成投产”“连云港中远海运化工储运有限公司正式成立”“资产中心运营团队侧记”“55艘次船舶修理和服务彰显拼搏决心”“SAP系统全面切换上线，公司财务信息化工作再上新台阶”等重点、系列报道，着力展现一线职工主动出击、开源节流、提质增效的责任担当和积极作为，以及凝心聚力转思路、求创新、谋发展的不懈努力和执着追求。突出重要节点，策划制作公司改革转型2周年、五一劳动节等宣传专题，在十一国庆节当天发布公司领导署名文章《让我们用奋斗成就梦想》，激励大家在金秋时节汲取勇往直前的力量，开启新航程，再创新辉煌。

这一年，青岛中远海运不断加强外宣工作，5月21日在《青岛日报》刊登《谱写生命壮歌的青岛烈士严力宾：丹心一片映碧海》长篇通讯，进一步扩大烈士的影响力、宣传力和感召力。10月28日，江苏省电视台、中远海运公众号等系统内外重要媒体报道了“全球首条LNG罐箱智能产线建成投产”新闻，对智能产线和LNG罐箱的推广起到了积极作用。2021年，公司在《中国远洋海运报》、《青岛日报》、江苏卫视、凤凰网等多家媒体推送宣传专题50余次，在公司微信公众号推送宣传信息600余篇。加强典型引领，调动广大干部员工学先进、赶先进、争先进，积极推动公司企业发展战略目标的实现和公司转型发展、提质增效、安全生产、经营管理、精神文明建设等各项任务目标的全面完成。

以纪检巡审为保障，从严从实，打造良好政治生态。强化工作责任落实，大监督工作机制进一步完善。“两个责任”一体贯通联动，青岛中远海运党委贯彻落实党风廉政建设和反腐败工作主体责任，领导班子成员落实好“一岗双责”，纪委认真履行协助责任和监督责任，有效推动年度 54 项工作任务落实，细化 2021 年监督工作实施项目，进一步织密织牢监督网。监督资源协同效应进一步发挥，召开 2 次党风廉政建设和反腐败工作协调小组会议，充分发挥基层纪委书记和纪检委员的靠前监督作用，促进纪检、巡察、审计、职能部门、监事等各类监督主体的日常协同、密切沟通、成果共享；督促开展 2016 年以来审计整改情况复核，及时通报监督检查发现的共性问题，督促落实问题的整改，促进整改主体责任、指导责任、监督责任落地。

围绕公司中心任务，监督保障执行作用进一步发挥。政治监督更加具体化、精准化，开展党史学习教育、落实“十四五”规划、安全生产、疫情防控等专项监督，针对 20 项发现的问题，提出工作建议 11 条。日常监督更加常态化、长效化，开展集采、经纪人使用等领域监督，发现问题 12 个，提出工作建议 7 项；加强对“一把手”及关键少数监督，回复选人用人廉政意见 11 人次，发现苗头性倾向性问题约谈 4 人次，集体谈话 179 人次。廉政风险防控流程化、项目化，围绕具体业务梳理廉政风险点 45 项，持续跟踪 122 项防控措施的落实情况，进一步织牢了廉政风险防控网。

精准运用“四种形态”，推动“三不”一体不断深入。严格监督执纪问责，规范受理处置信访举报 5 件次、问题线索 5 件次，第一种形态 7 人次。及时通报警示案例，进一步提升以案促改、以案促治、以案促建的效果。拓展廉政教育方式，组织开展“学党史强作风促廉洁”主题的廉洁从业教育月活动，各层级党组织书记讲授 17 堂廉洁党课，开展监察法实施条例宣传贯彻，不断提高员工纪法意识；编发清风廉语 42 期，廉政教育针对性持续增强。深入推进作风建设，开展集中整治职工群众身边腐败和不正之风，紧盯节假日等重要时点纠“四风”、树新风，开展作风建设“七项自查”，营造风清气正的干事创业氛围。

以效能发挥为导向，群团助力，营造浓厚和谐氛围。青岛中远海运工会开展“守初心·秉忠心·铸匠心”主题活动、“我为高质量完成本职工作献一计”合理化建议活动，指导选树物业公司劳模工匠创新工作室，持续激发职工群众高质量完成本职工作的创新活力；通过开展劳动竞赛提升员工职业技能，助力直属企业完成重点攻坚任务；组织“安全 1000”优秀班组创建和查保促“安康杯”竞赛活动提升全员安全意识。牵头组织驻青单位员工参加集团庆祝中国共产党成立 100 周年文艺展演，组织“永远跟党走”庆祝建党 100 周年主题文化作品云展播活动、创意拜年短视频征集活动、沉浸式体验心理互动活动等，以公司员工茶歇室为载体、依托文体协会多措并举开展建家评星活动，公司工会获得集团“模范职工之家”称号。全年慰问员工 1359 人次，帮扶员工 171 人次。公司厂务公开民主管理工作成效显著，公司被命名为青岛市“真情协商·和谐共赢”品牌创建五星级示范单位。

公司团委切实履行引领凝聚青年、组织动员青年、联系服务青年的职责。组织团员青年开展“学党史、强信念、跟党走”学习教育，庆祝中国共产党成立 100 周年；开展先进评选表彰活动，举办五四表彰会，4 个集体、13 名个人受到集团团委、共青团青岛市委、公司团委等表彰。开展青年志愿服务活动，组织参与“浪花心愿”爱心助学、“共建希望小屋”等活动，践行央企青年责任担当。

扎实开展信访维稳工作，确保了关键时期公司和谐稳定局面。以“我为群众办实事”为契机，大力推进重大信访事项化解，积极解决职工群众身边的小纠纷、小矛盾，以“微治理”实现公司稳定大效应。2021 年，公司及个人获得山东省、青岛市内部保卫工作成绩突出集体及个人称号。

【直属企业】

板块协同联动，拓展挖潜增利新渠道。青岛中远海运各板块业务单元克服疫情常态化带来的负面影响，主动创新经营模式、丰富业务链条，努力提升价值创造力。船舶服务板块紧抓集团内部协同机遇，延伸服务链，业务量及收益均稳中有升，连云港公司船舶服务中心坚持以真情、真心的服务，为客户排忧解难、互惠共赢，赢得了客户、赢得了市场；中韩轮渡集中全力拓展货运业务，充分发挥“新香雪兰”轮的性能优势和航速优势，提高保班率和准点率；供应公司代理业务、物资业务和贸易业务“三驾马车”齐头并进，攻克诸多风险点，拓宽创效增收渠道；船贸公司主动捕捉商机，以扎实过硬的技术实力在竞标中脱颖而出，为中长期发展提供了保障；船务公司落实精细管理，提前策划、提前启动，统筹好修船的每个细节，实现多艘维修船舶提前交船，赢得了客户的信任，带动全年度修船业务量同比大幅增加；通导科技公司主动转换思路，在延伸服务、增值服务上下功夫，高质量完成集团人才发展院校区搬迁项目，实现协同效益最大化；远洋华林坚持高站位，着眼于公司整体利益，积极开展内部协同，为各相关船舶服务企业提供业务支持。

业务整合优化，坚持动能转换主基调。整合后，连云港公司破解积弊沉疴、推进转型升级，坚持深改快改、规范管理、开拓创新、增收降本，激发整合活力，高质量完成了年度目标任务；流体公司获评国家级“高新技术”企业及江苏省专精特新“小巨人”企业，成功研发国际领先的“智能化流体装卸臂”产品，进一步确立了在流体装备制造领域的领先地位，为下一步LNG智能制造基地建设奠定了坚实基础；房地产/大酒店公司坚决贯彻转型整体方案，将酒店资产整体出租给上海会住酒店管理有限公司，人力资源转移至集团人才发展院物业运营项目，有效盘活了低效资产；2021年10月，国旅公司完成税务清算及工商注销，正式退出旅行社业务，在进一步压减亏损企业的同时，集中精力发展优势产业。

提前储备，科学规划LNG产业链投资。围绕“十四五”确定下的LNG产业链布局，公司紧盯产业发展新趋势，先后参加上海LNG峰会、重庆“全国天然气储气调峰设施建设与运营技术交流大会”等业内会议，深入调研LNG产业目标市场和潜在客户，将LNG储备项目的重点聚焦到LNG接收站、LNG罐箱专用船等方向。深入对接日照市政府、日照港集团及中石油等合作方，探讨参股日照岚山LNG接收站项目；加强与准时达能源、中远威治等企业的交流探讨，调研LNG罐箱运输专用船、LNG罐箱海上/内河运输业务发展前景；依托已投资的LNG新项目应用场景，持续规划、储备LNG产业链投资新项目，蓄力打造LNG能源物流供应新生态。

【大事记】

2021年1月5日 青岛中远海运所属连云港中远海运特种装备制造有限公司生产的首台LNG罐箱顺利交付客户，正式投入市场。

2021年3月8日 青岛中远海运召开党委会，专题学习贯彻习近平总书记在党史学习教育动员大会上的重要讲话精神，以“党史五学”开展党史学习教育，庆祝中国共产党成立100周年。

2021年3月22日 青岛中远海运正式启动“悟初心尽责践使命担当”专项活动。

2021年5月8日 连云港中远海运化工储运有限公司正式成立。

2021年5月21日 青岛中远海运专题部署“我为群众办实事”实践活动。

2021年6月23日 中远海运大学、中远海运资产、青岛中远海运、上海建工齐聚中远海运大学新校区项目建设现场，以“让党旗在项目一线高高飘扬”为主题，召开“庆祝建党百年华诞谱写基层党建新篇”党建联建会。

2021年6月23日 青岛中远海运组织所属连云港远洋流体装卸设备有限公司、连云港中远海运特种装备制造有限公司、青岛中远海运低温工程科技有限公司参加第七届中国国际LNG&Gas峰会暨上海国际天然气技术装备展，其中低温科技公司与法国GTT公司进行了薄膜型LNG液货舱技术授权协议的签约仪式。

2021年7月5日 青岛中远海运与中国远洋海运大学签订合作协议。

2021年7月27日 青岛中远海运所属连云港远洋流体装卸设备有限公司组织召开"智能化流体装卸臂"新产品鉴定会。该产品被现场鉴定为"国际领先"新产品，进一步确立青岛中远海运在流体装备制造行业内的领跑者地位。

2021年10月20日 青岛中远海运到云南省永德县开展党建共建活动。

2021年10月28日 青岛中远海运旗下连云港中远海运特种装备制造有限公司设计建造的全球首条LNG罐箱智能产线建成投产，标志着中远海运集团在LNG罐式集装箱制造领域进入世界领先行列。

2021年11月11日 青岛中远海运打造的远洋广场高端商务服务集聚区成功入选青岛市首批市级现代服务业集聚区。（高原）

中远海运大连投资有限公司

中远海运大连投资有限公司

【公司概况】

中远海运大连投资有限公司（简称“中远海运大连投资”，英文简称 COSCO SHIPPING Investment Dalian），成立于 2019 年 2 月 15 日，是中远海运集团新设的二级地区公司，其前身是 1975 年经国务院批复筹建、1978 年成立的大连远洋运输公司。中远海运大连投资注册资本金 114 700 万元，法定代表人朱迈进。业务主要包括 LPG 船舶运输、化学品仓储、航运配套服务、酒店及写字楼租赁等。

中远海运大连投资立足集团“3+4”战略布局，聚力“十四五”规划，挖掘自身在 LPG 领域的管理优势、规模优势、安全优势，确立以“打造一流的 LPG 端到端物流服务商”为发展愿景，积极构建以 LPG 端到端物流服务为主业，以危化品仓储物流业务为战略补充的业务布局。

公司总部设有 10 个职能部门和 1 个区域服务中心。截至 2021 年年底，公司合并范围内共有 6 家单位，公司本部及大厦公司、供应公司、龙鹏公司、电子公司、希云公司，另有非并表参股企业一家大仁公司。LPG 运输业务共有 6 艘 LPG 船舶，总舱容量 21 913 立方米。

2021 年，中远海运大连投资深入贯彻落实集团党组各项决策部署，全体员工齐心协力，攻坚克难，用顽强的拼搏意志和创业精神全力发展 LPG 运输主业，重点项目、疫情防控、风险管控、巡视整改、经营管理、人才建设等均取得了良好成果，为“十四五”开好局奠定了坚实基础。

【公司治理】

中远海运大连投资实行董事会、监事会、高级管理层共同管理的治理结构。6 家所属企业中，大厦公司、供应公司实行执行董事、监事、高级管理层共同治理的结构模式，龙鹏公司、电子公司、希云公司、大仁公司实行董事会、监事、高级管理层共同治理的结构模式。截至 2021 年年底，公司共有全资所属企业 3 家：大厦公司、供应公司、希云公司；控股所属企业 2 家：龙鹏公司、电子公司；参股企业 1 家：大仁公司。

公司党委坚持两个“一以贯之”，加快建设中国特色现代企业制度，立足公司章程、董事会议事规则与授权规则、总经理工作规则等 5 项公司治理文件，对各个主体之间的职责进行划分。细化、修订公司“三重一大”决策事项和权责清单，进一步规范公司党委会议题研究范围，形成清晰的党委前置研究讨论权责边界。以书面汇报、现场调研等形式，有效协调外部董事参与公司战略制定、风险防控、项目投资等重点工作，同时保证经理层对董事会相关工作意见的落实。2021 年共召开党委会 39 次，总经理办公会 28 次，董事会 9 次，为科学民主决策提供了坚实保障。

公司全面贯彻落实国企改革三年行动，成立改革三年行动工作领导小组和工作小组，制定改革三年行动工作清单，共计 63 项改革任务。截至 2021 年年底，公司超额完成集团下达的 2021 年度完成率 70% 的任务要求。2021 年 12 月 22 日，公司取得所属企业昌盛公司注销登记核准证明，完成压减和“两非”清理工作目标。

【发展战略】

2021 年，是“十四五”规划的开局之年，中远海运大连投资围绕以液化石油气（LPG）为主业、危化品仓储物流业务为战略补充的

"十四五"产业布局，积极践行打造LPG端到端物流服务商的发展目标，以LPG船队为核心，聚焦气体化工产业链客户，全力扩大公司运力规模，建设国内领先的气体化工品专业航运企业，全力开创"十四五"发展新局面。

LPG主业方面，把握沿海LPG运输市场运力分散、船东运力规模小、准入门槛高、供需相对均衡的特点，通过股权并购、买旧造新等手段积极提升行业领先的运力规模。同时，以LPG进口增量为目标市场，聚焦目标客户，积极开拓外贸市场发展机会。加快公司LPG主业架构搭建，进一步探索从单纯的LPG船公司向LPG端到端全流程物流解决方案服务商的转变。

危化品仓储物流方面，以"智安全、智仓储、智运输"为管理理念，对标国际一流危化品仓储物流企业技术与服务水平，积极建设长兴岛化学品物流园项目，将项目建设成为大连市乃至东北地区设计存储量最大的现代化、多功能、综合性第三方大型危化品储运中心，并将其打造为公司与中远海运化工物流业务协同合作、产业链协同经营、共建集团产业生态的样板工程。

酒店业务方面，加大引入战略合作者力度，制定工作方案，探索股权结构优化和资产盘活路径，同时积极克服疫情挑战，抓好生产经营和安全管理，推进配套会议中心项目的建设，积极采取措施推进减亏增效。

航运配套业务方面，按照"业务独立性、业务开放性、市场化合作"三大原则，推进转变现有的、依靠集团内部发展的态势，立足自身技术及经营管理优势，向科技型企业转型，做优存量业务。同时，积极探索体制机制创新改革举措，激发企业活力，打造企业新形象。

【财务管理】

信息系统建设方面，2021年，在集团财务信息系统落地规划小组的统一部署下，中远海运大连投资完成了SAP财务信息系统的搭建工作，并于2021年3月完成正式系统上线工作。截至2021年年底，经过多轮内部关键用户培训，SAP系统运行良好。在此基础上，公司作为集团2021年第一批费控系统试点上线单位，统筹开展系统蓝图设计、框架搭建、数据导入等工作，计划于2022年正式试运行。

制度建设方面，公司制定并发布了《会计档案管理办法》《费用报销细则》等制度，修订了《差旅费管理规定》《大额资金调动和支付审批管理规定》等制度。

经营效益方面，截至2021年年底，公司资产总额21.79亿元，负债总额1.08亿元，年末资产负债率约为4.96%，较年初的65.02%降低60.07%。所有者权益合计20.7亿，较年初增加14.12亿。资产负债率的降低和所有者权益的增加主要由于2021年公司取得集团增资并偿还了内部委托借款。截至2021年年底，全年公司合并口径净利润亏损1 182.49万元，较2020年减亏7 680.43万元，其中营业总收入发生3.31亿元，较2020年增加5 272.83万元；营业总成本2.73亿元，较2020年压降3 960.28万元。

【重点项目】

LPG业务方面，一是成功搭建统一运营管理平台。2021年9月1日完成统一运营管理模式建设工作，建立涵盖航运经营、安全管理、财务辅助于一体的业务体系框架，实现LPG"统一体系、统一标准、统一团队、统一品牌"。二是新造两艘5500立方米LPG船。2021年10月15日，公司两艘5500立方米全压式无限航区LPG运输船开工建造。两艘船规格一致，每艘长110.8米、宽17.6米、总重4950吨、载重4650吨、舱容5510立方米、满载吃水5.6米。新船预计2023年投入运营。三是积极开拓市场客户。与中化集团下属上市公司中化国际达成合作意向，为购置的两艘超大型液化气体运输船（VLGC）项目提供长期期租租约，用于中化国际在江苏连云港新建丙烷脱氢（PDH）项目的原料保供。

长兴岛化学品物流园项目方面，2021年7月21日，公司长兴岛化学品物流园正式奠基开工。物流园是公司落实与长兴岛经济区战略合作的重点项目，园区占地 11.8 万平方米，位于大连长兴岛经济技术开发区，主要经营化学品仓储物流业务。园区以“智安全、智仓储、智运输”为管理理念，为客户提供“从储到运”一站式服务。建成后，将成为东北区域最大的现代化、多功能、综合性化学品储运中心。

会议中心项目方面，2021 年 7 月 22 日，大连中远海运洲际酒店会议中心举行封顶仪式。洲际酒店会议中心是中远海运大连投资投资兴建，坐落于大连市中山区友好广场，项目总用地面积 2500 平方米，预计 2023 年初投入使用，将打造成为品牌化、专业化和国际化的会议中心，成为城市新地标。

【安 全 生 产】

2021 年，中远海运大连投资突出“强化两个重点、严抓八个到位”的安全工作目标，紧密结合安全生产专项整治三年行动，逐级压实安全责任，有效传导安全压力，稳步提升安全管理水平。

落实主体责任方面，逐层落实主体责任，定期组织召开安委会、安全专题会议和船岸交流会等，分析解决安全生产工作中存在的重大问题，为安全生产工作提供了强有力的保障；积极开展访船和安全隐患检查，强化岸基海务、机务人员对船舶安全工作的监督指导和资源支持，有力推动船舶“五防”安全管理攻坚任务的开展，确保各项安全工作要求落到实处；扎实开展各项安全活动，以安全生产月、“119”消防宣传月活动为契机，认真组织专项学习，积极组织参与“全国安全知识网络竞赛”“安康杯”等竞赛活动，开展安全隐患随手拍、消防安全知识培训等活动，提升全员的安全意识。

体系建设方面，公司船舶安全管理体系通过辽宁海事局审核认定，满足 ISM 和 NSM 要求，并于 2021 年 5 月 18 日取得覆盖“气体运输船”船种的“国际 / 国内临时符合证明（DOC）”，有效期 1 年。2021 年 11 月 1 日，取得辽宁省交通运输厅颁发的国内船舶管理业务经营许可证，于 2021 年内完成了所属企业龙鹏公司“同德源”轮等 6 艘船舶安全与防污染责任的委托管理。

安全团队建设方面，2021 年，公司按照集团“加快培育一体化 LPG 运营管理体系”的要求，以“一个品牌、一个团队、一套体系、一个 DOC”为目标，将龙鹏公司海务、机务和船员管理业务统一到安全监管部，组建船岸安全管理团队，按照船舶“总管制”模式强化对船舶的监控指导和现场管理，承担公司船舶安全管理、船员管理、体系管理、陆岸管理职能。

安全制度建设方面，制定、修订 16 项安全生产管理规章制度，重点强化安全生产责任体系、明确安全生产管理责任、确定组织架构和安全监管总体要求等，并结合《生产安全三年集中整治活动实施方案》和集团“安全大检查”活动，有效推动安全风险管控和隐患排查治理工作，深入各单位、船舶开展安全督查并监督整改。

安全培训方面，组织开展针对性安全培训 127 人次，强化专业人才教育培养；推进公司安全文化建设，组织编发宣贯及培训专刊 4 册；协同集团科信部和中远海科推进公司数字化安全管理平台规划和建设，将公司船舶整体纳入集团“航标系统”和“智能管船”系统；公司总部和各所属单位组织开展船岸联合演习和陆岸综合 / 专项演习演练共 45 次，参加人数 530 余人，切实提高船岸员工应对突发事件的处置能力。

疫情防控方面，公司党委高度重视疫情防控工作，切实履行防疫主体责任，从严落实防疫措施，保障公司运营形势持续稳定。陆岸方面，阶段性实行员工远程办公及日报告制度，严格执行员工离连逐级审批，年度共计 238 人次报批离连，均未前往疫情中高风险地区；持续推进员工疫苗接种工作，陆岸员工疫苗两针接种率 90.99%。船舶方面，龙鹏公司 6 艘船舶在船船员 106 人，完成 89 艘次 388 人次船员换班，并于 10 月 8 日实现在船船员疫苗接种率 100%。大仁公司“飞龙”轮在船船员 25 人，完成 42 艘次 77 人次船员换班，并于 9 月 13 日实现在船船员疫苗接种率 100%。

2021 年，公司总部和所属企业没有发生任何责任性生产安全事故和环境事件。船舶方面，所属船舶未发生上报等级机损、海损、火灾爆炸和污染事故，船舶检查通过率100%，全部一次性通过，未发生过船舶滞留事件，无集团重点跟踪船舶，且防海盗和防台成功率100%，“同德源”“同心源”两轮被中国海事局评为2021年度“安全诚信船舶称号”。陆岸单位未发生任何责任性生产安全事故和环境污染事件，生态环保和社会管理综合治理全面达标，安全管理和生态环保机制有序实施。

【风险防控】

2021，中远海运大连投资深入贯彻习近平法治思想，严格落实国务院国资委和集团全面依法治企工作要求，扎实推进公司依法治理和风险合规体系建设，不断提升企业治理能力和重大风险防范化解能力。

法治建设方面，编制“十四五”进一步深化法治建设落实计划；认真学习习近平总书记全面依法治国和着力防范化解重大风险重要讲话精神，承办集团法治讲堂，开展学习习近平法治思想的专题培训；以“八五”普法规划为统领，制定并实施公司2021和2022年度法治宣传与培训工作计划，大力开展法治宣传和教育培训工作，为提高全员法治素养和企业依法治理能力奠定坚实的法治基础。

风险防控方面，形成业务机构、法务风控机构、审计监察机构协同运行的三道防线，科学辨识年度经营风险106项，聚焦重要领域确定10项关键风险，制定风控合规三项标准；探索建立风险监测预警机制，设置16项具体监测预警指标和阈值，全力管控年度10项关键风险，形成年初有预测、季度有监控、年终有评估的风险管控机制；全口径开展专项排查、境外法律风险排查、重大风险隐患排查，坚决守住不发生重大风险事件的底线。

内控和法律事务方面，制定年度规章制度建设工作方案，聚焦重点领域，发布船舶燃油、港口使费、运费租金和佣金管理等7项航运主业制度，梳理修订董事会议事规则、投资管理办法等11项关键领域规章制度。截至2021年年底，累计发布生效规章制度131项，实现了对公司重要经营管理领域的全覆盖；全程参与招港股权收购、长兴岛项目、VLGC项目、船舶建造等专项工作，为项目顺利推进提供法律支持；重点加强合同管理审核力度，本年度公司本部经规范审核并签订的合同70余份，未发生任何合同履约争议；上线合同管理系统，规范合同订立审批，实现了合同履约动态跟踪。

合规管控方面，认真贯彻落实国务院国资委和集团“合规管理强化年”工作部署，完善合规管控领导和组织体系建设，成立公司法治建设领导小组暨合规委员会，研究部署合规管理总体工作；强化合规制度建设，出台《合规管理办法》；基于11个合规重点领域，梳理编制了包含23项内容的合规风险识别清单；加强境外合规管理，组织风险识别和风险排查工作。

【党群工作】

中远海运大连投资党委班子由4人组成。公司总部及所属企业建有党委2个，党总支1个，党支部21个，党员数178人。公司党委坚持围绕中心，服务大局，紧扣转型发展中心任务，以开展党史学习教育为主线，扎实开展党建各项工作，为公司改革发展提供强有力的政治保障。

深入开展庆祝中国共产党成立100周年系列活动。系统谋划，全面保障实施路径。制定党史学习教育工作方案，召开动员部署大会，推动上下联动，确保党史学习教育高效有序开展。开展党史知识竞赛、七一建党征文等活动，组织参观博物馆、观看红色影片、赴井冈山现场教学，促进党员干部体悟革命精神，激发忠诚担当；学习为先，把稳把牢思想之舵。全年共开展党史学习教育理论中心组学习6次。组织党员干部和基层党组织书记参加国务院国资委和集团党史学习教育培训，组织各基层党支部召开党史学习教育专题组织生活会，并以“三会一课”、主题党日等形式开展党史学习教育专题学习，21个基层党支部共开展专题学习69次；聚焦实事，高效解决急难愁盼。开展办实事项目共计33项，重点项目5个，解决急难愁盼问题18项，让职工群众的获得感成色更足、幸福感更可持续、安全感更有保障。

加强班子建设，保证企业党组织领导核心作用。积极发挥党委会前置程序作用，在公司深化改革、业务拓展、选人用人等重大决策方面把方向、管大局、促落实。严格执行公司党员领导干部基层联系点工作制度。2021年，领导班子成员共走访调研所属企业8次，切实帮助所属企业排忧解难。坚持民主生活会制度，先后召开党员领导干部民主生活会和巡视整改专题民主生活会，严肃党内政治生活，抓好问题的落实整改，有效提升领导班子发现和解决问题的能力。围绕制约公司发展的主要矛盾，开展“文化塑造、管理提升、数字转型”等活动，推动公司文化理念孵化、管理机制改革和数字转型创新。

加强党组织建设，提升党建工作水平。制定公司《2020—2022年基层党建工作规划》，对公司未来三年基层党组织建设工作进行系统安排；加快推进公司所属企业党建入章程工作，强化党建工作融入公司治理全过程，所属企业党建入章程工作于年内全部完成；严格落实“三会一课”制度、组织生活会制度、民主评议党员制度和主题党日制度，规范基层组织生活；开展支部增星评级工作，评定五星级支部5个、四星级支部8个、三星级支部6个；充分发挥地区公司区域服务职能，联合驻连单位召开工作联席会3次，组织举办驻连单位联合大党课、庆祝中国共产党成立100周年联合文艺汇演、驻连单位“七一联合大党课”，以及“红色学习之旅”党史学习教育专题培训班等形式丰富的党建协同活动，极大地提升了区域党建的影响力和引领力。

坚持巡审结合，夯实全面从严治党。全力推进巡视整改，对照集团党组第四巡视组反馈意见38项整改事项，完成34项，年内完成率为89%，制定整改措施97项，完成90项，年内完成率为93%，均符合集团要求进度。注重政治监督，通过参加党委会、总经理办公会、民主生活会、组织生活会等形式，严格监督贯彻落实中央重大决策部署和集团工作要求。抓好日常监督，通过开展专项检查、走访调研、谈心谈话等形式，严格监督落实中央八项规定精神；做好内部审计，开展内部控制管理审计、所属电子公司和希云公司总经理离任经济责任审计。推进过程跟踪审计，促进监督关口前移，从源头强化风险防控。扩大审计监督覆盖面，实现了内部审计工作的全覆盖；强化巡察工作，对公司所属大厦公司党支部贯彻落实上级决策部署情况开展专项巡察，对公司总部11个党支部开展常规巡察。

强化群团纽带，凝聚干事创业力量。积极推进民主管理，认真履行民主管理程序，切实维护职工民主权益；作为集团摄协第一届主办单位，策划制作集团庆祝中国共产党成立100周年摄影画册《领航》；组织举办驻连单位庆祝中国共产党成立100周年文艺汇演，参加集团展演；积极开展走访慰问，及时为困难职工群众送温暖，发放困难职工帮扶费1.2万元，探望生病住院职工及家属去世职工，送去慰问金和慰问品1.6万元，为一线值班人员送去节假日慰问品及清凉饮品4.1万元；开展医疗互助工作，成立互助帮困基金会，完善职工大病帮扶体系建设；持续激发青年员工活力，通过开展五四先进评比、举办青年读书会、开展主题团日等活动，关注青年员工心理健康，释放青年员工激情与活力，构建和谐工作氛围。

【队伍建设】

干部队伍管理方面，健全干部考核工作体系，改进民主测评方式，建立“一报告两评议”制度，同步开展所属企业领导班子考核、专项考核和驻外干部考核，同时强化干部考核结果运用，作为干部培养、交流、薪酬调整的重要依据；制定所属全资、控股企业领导班子综合考核评价管理办法，加强所属企业干部监督管理，完善激励约束机制；严格执行干部管理办法，规范履行干部书面报告廉洁从业情况、公司领导对干部进行廉洁从业背书等程序；严格履行干部选拔任用规定程序，建立干部、员工选拔纪实材料档案，完整清晰反映干部选拔任用全过程。

人才制度建设方面，制定发布公司“十四五”人才发展规划，坚持党管干部、党管人才原则，推进建设人才工作选、用、育环节相互呼应的内循环，建立健全优秀人才引入机制的外循环，打造一支能够适应新形势、符合新需求、具备新视角的干部人才队伍；科学谋划，以大力发现培养为基础，强化实践锻炼为重点，制定公司优秀青年干部人才培养选拔工作实施办法，力争建设一支来源广泛、数量充足、结构合理、素质优良的青年干部人才队伍，为公司全面转型发展、推动战略规划落地提供坚强的组织保障。

人才结构建设方面，开展青年人才引进工作，招录985/211院校硕士研究生7人，30岁以下员工占比由1.8%提升至8.6%，人才队伍结构得到优化；立足主业，搭建LPG统一经营管理平台，选配任职干部，进一步增强管船专业人员力量；强化挂职锻炼渠道，选派2名船长、2名轮机长到龙鹏公司挂职学习，通过挂职锻炼加强交流，提升业务综合能力；聚焦实际开展培训，聚焦学用结合，线上、线下同步发力，选派业务人才参加注安师（CSE）、ISM内审员、公司保安员（CSO）、公司指定人员（DPA）等专业培训，定期开展各类专业培训，全年组织安排各类培训64项，参培员工696人次。有效提升人才队伍能力素质，为公司业务发展和运力扩张提供坚实的人才保障。

市场化改革方面，落实国企改革三年行动任务要求，统筹推进公司经理层人员，以及5家所属全资、控股企业经理层成员任期制和契约化管理工作；加快建立和实施以劳动合同管理为关键、以岗位管理为基础的市场化用工制度，推行员工公开招聘、管理人员竞争上岗、末等调整和不胜任推出等制度；深化改革分配制度，以“突出效益，兼顾公平”为原则，进一步完善总部员工薪酬、绩效考核等相关制度。体现薪酬奖优罚劣、向经营业绩倾斜、向重要岗位和创效岗位倾斜的导向性作用，激发干部员工干事创业的内生动力。

【企业文化】

正面宣传，抢占舆论主阵地。制定公司《意识形态责任制实施细则》，进一步强化意识形态工作责任制，把握意识形态主动权；结合集团战略部署和公司业务实际，开展庆祝中国共产党成立100周年、党史学习教育、一线聚焦、基层调研、榜样力量、七一征文等主题宣传，微信公众号发布文章200余篇，全面展示公司各项工作成绩。设置多个宣传区域，开展系列主题活动，拍摄多部展示公司一线党员群众、创业团队精神的微纪录片，激励广大员工奋发图强、创先争优。

创新引领，保障文化成果转化。扎实开展政治理论课题研究工作，成立课题研究小组，推进5大重点课题研究和1个专项课题研究。其中，党建特色专项课题研究成果荣获集团优秀奖，两大重点课题荣获集团政研成果二等奖；开展“文化塑造年”活动，通过调查研究、集思广益和深度提炼，精心打磨出公司的文化核心价值理念纲要，包括核心价值观、企业使命、企业愿景、企业精神、经营理念、安全理念6大核心理念。

整合营销，强化品牌形象。立足公司“十四五”规划战略，根据主营业务发展进度，适时调整公司宣传片、宣传册等宣传品，展示公司全新形象；以会议中心项目封顶仪式和长兴岛化学品物流园奠基仪式为契机，积极联系大连地区和行业内知名媒体，对相关事件进行报纸、电视、网络的整合传播，全方位、多层次展示公司形象，提升企业“软实力”。

2021年中远海运大连投资基本情况见表14–10。

2021 年中远海运大连投资基本情况

表 14–10

类别	项目	单位	数据
船队	船舶艘数	艘	6
	载重吨	万吨	1.8
生产情况	运量	万吨	41.17
	周转量	亿吨海里	1.97
财务情况	总资产	亿元	21.79
	净资产	亿元	20.71
	总收入	亿元	33.08
	利润总额	亿元	−0.04
人力资源	员工总数	人	573

（王鹏飞）

中远海运船员管理有限公司

中远海运船员管理有限公司

【公司概况】

中远海运船员管理有限公司（简称“中远海运船员”，英文简称 COSCO SHIPPING Seafarer)，是中远海运集团从事船员管理的专业化公司，于 2017 年 12 月 26 日挂牌成立。公司坚持全心全意服务船员、全心全意服务船公司，为集团主营船队和集团合资合营船队提供可靠、优质、集约、专业、高效的船员管理服务，打造具有国际竞争力的全球领先船员队伍，为集团建成世界一流企业提供战略支持和人才保证。

【公司治理】

坚决贯彻落实两个“一以贯之”要求。准确把握中国特色现代企业制度的内涵，把党的领导融入公司治理全方位各环节。一是发挥党委把方向、管大局、促落实的领导作用。建立完善《公司“三重一大”决策事项和权责清单》，重大经营管理事项经党委会前置研究讨论，再由董事会、经理层按照职权和程序作出决定。二是完善公司治理结构，厘清权责边界。全面梳理各治理主体在决策、执行、监督各环节的权责，建立系统性决策程序清单。各治理主体同向发力、同频共振，形成权责法定、权责透明、运转协调、有效制衡的公司治理机制。

1. 全方位加强董事会建设

董事会全体成员恪尽职守、勤勉尽责、忠实履职，扎实开展各项工作，董事会规范运作、有效履职。一是有力推进董事会“三基”建设。年内公司董事会新设审计与风险管理委员会、战略发展委员会，新设董事会秘书，完善 6 项董事会相关规章制度。全年召开 4 次董事会定期会议，审议通过 21 项议题，上会事项严格履行决策程序，会后及时规范做好行权事项自查报备。二是扎实落实国企改革三年行动。经理层成员任期制和契约化管理签约工作实现全覆盖，逐步形成符合现代企业制度和市场化要求的干部聘任、考核、退出等管理方式。三是充分发挥董事会“定战略、作决策、防风险”作用。精准有力定战略，根据船员公司战略定位，修订完善“十四五”发展规划；科学高效作决策，董事日常广泛阅研船员管理、财务简报等材料，充分了解掌握公司经营管理、船员队伍建设情况，提出近百条意见建议；系统全面防风险，搭建法务与风控体系架构，建立完善内控体系工作机制，有力防范化解重大风险。

2. 多维度强化监事会职能

监事会聚焦监督、制衡、服务、评价职能定位，规范有效运作。年内审议通过《公司监事会议事规则》，全年公司监事列席 4 次董事会。监事会深入推进与内部审计、巡察、内控评价等监督主体的贯通融合，职工监事积极参与公司日常管理监督，形成完善设置合理、运转规范、制衡有效的监事会工作机制。

3. 高水平提升公司治理效能

经理层切实发挥“谋经营、抓落实、强管理”作用。一是全力打赢“三大攻坚战”。聚焦主责主业，做好疫情防控、疫苗接种、船员换班重点工作，为集团航运主业提供坚实的船员资源保障。二是全力提升“三个服务”。加快集团高素质船员队伍建设，积极履行大国船队担当；建立完善“三总师”机制，聚焦和解决船公司关切，提升服务船公司质量；突出凝心聚力，守住船员的“心”“利”“底”。三是全力推进“三大变革”。推动对外经营模式从包干费模式向“透明化、成本加成”转变、对内管理机制从资源分散管理向集中管理转变、船员管理从信息化向数字创新驱动转变。

【经营创效】

2021 年，在集团的正确领导下，在公司党委和董事会的坚强领导下，中远海运船员全面聚焦船员管理、公司党建和干部人才“三大基本问题”，全力打赢疫情防控、疫苗接种、船员换班“三大攻坚战”，高质量船员队伍建设成效初显，服务集团、服务船公司、服务船员“三个服务”的能力和水平显著提升，“十四五”实现良好开局。公司服务船型覆盖集装箱船、油船、干散货船、特种船、客船、液化气船等各类型船舶，是目前世界规模第一的船员管理公司，也是目前国内最大的船员劳务外派公司。公司兼营船舶引航试航业务，主要为集团内部各主营船公司及合资合营公司船舶提供海事技术服务和移泊作业业务，同时为多家造船厂新建船舶提供试航业务。2021 年，公司所属海技中心引航业务逐步扩大，船舶进出长江引航 4363 艘次、新船试航 95 艘次。

2021 年度，公司全年实现营业收入 94.00 亿元，发生营业成本 96.13 亿元，管理费用 7.42 亿元，账面净利润 -9.56 亿元，剔除解决历史争议欠款、船员费用结算差额及预算外政策调整三方面因素影响合计 9.66 亿元后，公司基本实现 2021 年经营性净利润持平的预算目标。

【船员管理】

中远海运船员牢记“国之大者”，面对全球疫情持续蔓延的巨大挑战，临危不乱，勇担使命，全力确保船员队伍的基本稳定，全面保障集团船舶在全球的正常运营，为集团落实“六稳”“六保”、服务国家经济双循环奠定了坚实基础。广大船员不畏艰险，逆行出征，经受住了严峻的疫情考验，为集团经营效益“创造历史”发挥了巨大作用。

截至 2021 年年底，公司共有船员 42 825 人，其中主营合资板块船员 32 219 人（自有船员 21 268 人、供方船员 10 951 人），劳务板块船员 10 606 人。为集团主船队派员船舶 727 艘。

1. 主营船队

公司共有集团主营合资板块船员 32 219 人，其中：

（1）按劳动合同属性：自有船员（含“三自”）21 268 人、供方船员 10 951 人。

（2）按劳动状态：在船船员 18 147 人、在岸船员 14 072 人。

（3）按船员岗位属性：高级船员 16 757 人、普通船员 15 462 人。详见表 14-11。

2021 年中远海运船员主营合资板块船员统计表（按劳动合同、领导状态及船员岗位属性）

表 14-11

类别		高级船员	普通船员	合计
按劳动合同	自有船员	14 725	6543	21 268
	供方船员	2032	8919	10 951
	小计	16 757	15 462	32 219
按劳动状态	在船	9132	9015	18 147
	在岸	7625	6447	14 072
	小计	16 757	15 462	32 219

（4）按服务板块：集装箱运输板块专属船员库 8017 人，能源板块 6854 人，散运板块 11 513 人（含厦远），特运板块 3788 人，客运板块 593 人。详见表 14-12。

2021 年中远海运船员主营合资板块船员统计表（按服务板块及船员岗位属性） 表 14–12

类别		高级船员	普通船员	合计
集运	在船	2514	2229	4743
	在岸	1753	1521	3274
	小计	4267	3750	8017
能源	在船	2088	2138	4226
	在岸	1404	1224	2628
	小计	3492	3362	6854
散运	在船	3245	3343	6588
	在岸	2579	2346	4925
	小计	5824	5689	11 513
特运	在船	1023	1046	2069
	在岸	945	774	1719
	小计	1968	1820	3788
客运	在船	134	269	403
	在岸	67	123	190
	小计	201	392	593
外派 / 自谋	在船	99	19	118
	在岸	445	85	530
	小计	544	104	648
其他库		461	345	806
合计		16 757	15 462	32 219

2. 劳务外派

劳务外派板块现有船员 10 606 人，其中自有船员 3720 人，供方在船船员 3414 人，外聘在船船员 1186 人，供方在岸 6 个月内可用船员 2286 人。

【疫情防控及船员换班】

1. 做实做细疫情防控、疫苗接种工作

（1）慎终如始抓好疫情防控。公司上下绷紧思想之弦、树牢底线意识，从“国际、国内、行业”三个维度认识和把握疫情防控形势，持续聚焦“人、物、船”三个重点，紧紧盯住“上船前、下船后和隔离期”三个重要环节，从严从紧做好船员疫情防控工作，守住了船岸疫情防控底线。

（2）千方百计推进疫苗接种。公司成立疫苗接种和船员换班专班，紧盯“上船船员应接尽接，尽快形成在船船员免疫屏障”这个核心目标，制定工作方案和考核办法。各单位勇担重任，发挥属地优势，积极争取疫苗资源，并提早谋划、及时推进加强针疫苗接种，持续守牢上船船员 100% 接种疫苗这条红线。截至 2021 年年底，集团主营船队疫苗接种全覆盖船舶达 96.8%，在船船员接种率达 98.9%，远高于全球 50% 左右的接种率，彰显了中远海运的央企担当，为稳定船员队伍发挥了巨大作用。

2. 协同配合全力保障船员换班

公司多措并举、攻坚克难，通过一系列精准举措，克服了船员结构不合理、资源短缺等困难，全年各板块累计船员换班 5122 艘次、49 529 人次，确保了集团船队平稳有序运营。

（1）明确目标，抓住重点船、重点人。重

视管理工具使用，将各船种的重点船、重点人（指在船超期且未接种人员）作红、黄、蓝、绿颜色标识，继续按照“一人一计划”“一船一方案”等系列精准措施，全力推进船员换班。

（2）注重方法，分船队推动船员换班工作。按船队特点重点关注远洋船舶换班，滚动更新换班计划，在集团船公司和各方的支持下，推动换班计划付诸实施。

（3）统筹协调，做好船员资源共享及换班安排。每天滚动分析各船队各职务接种船员储备情况及换班计划，确保紧缺岗位在岸完成接种的船员储备；加强统筹协调，做好紧缺岗位的船员资源共享及换班统筹安排，保障船舶配员。

【干部人才】

1. 坚持班子率先垂范，增强班子引领发展能力

在集团党组的坚强领导下，公司领导班子不断加强自身建设，切实提高政治判断力、政治领悟力、政治执行力，聚焦聚力服务集团战略、服务船公司、服务船员“三个服务”，创新推进总协调师、总结构师、总培训师“三总师”机制改革，统筹抓好疫情防控、疫苗接种、船员换班“三项重点工作”；牢牢把握船员管理、党的建设、干部人才“三个基本问题”，带领船岸员工持续巩固深化改革成果，统筹抓好疫情防控和船员换班，为集团航运主业创造历史最好效益提供了可靠保障。船员群体被授予集团2021年度最高奖项，即“特别贡献奖”。

2. 坚持人才强企战略，统筹推进船岸人才工作

贯彻落实中央人才工作会议精神，成立人才工作机构，加强人才工作顶层规划，出台“十四五”人才发展规划，完善船岸职工教育培训体系，进一步增强工作的系统性和计划性。全面检查调研改革重组以来干部人才工作，固化经验做法，查找整改不足，不断提升工作质量。滚动更新“五十百千”人才库，启动“五十百千”人才专项培训，形成特色培训模式，打造海上人才高峰。组织开展第一届“海上十杰”评选表彰宣传活动，专题宣传“十百千”航海顶尖人才典型事迹，着力营造尊重人才的浓厚氛围。优化联动培养机制，制定集团船员调陆实施细则和监督制度，持续完善“双栖制”船员交流机制，200多名优秀船舶骨干进入集团船员调陆后备梯队；13名优秀船舶“三长”参加集团“启航班”培训。面对“招募难”的局面，以“六个统一”原则为指导，及早部署、走进校园，2022届招录工作效果显著。在大连海大等4所院校签订意向毕业生859人，同比增长60.6%。与青岛船院261名2021级学生签订订单班协议，占当年学生总数的41.4%，提前锁定了优质生源。

3. 坚持从严管理干部，细化干部选育用管措施

统筹安排党委管理干部参加党内专题培训班学习，开展红色基地现场学习培训活动。坚持以“六合一”形式开展直属单位班子综合考核，多维度考察基层班子成员政治素质、职业素养、团结协作和履职绩效等。加强干部档案审核，推进干部人事档案集中管理。规范重大事项报告内容，及时督促干部如实申报本人及家属经商办企业等情况。着眼干部梯次培养，常态化开展优秀年轻干部调研和遴选推荐工作。开展“90后”青年干部人才培训，持续提升员工素质能力。

4. 加强机制制度创新，落实市场化管理要求

认真落实集团和公司国企改革三年行动计划，研究推进优化市场化用工机制、加强干部队伍建设等13项改革任务。积极推行经理层成员任期制和契约化管理，加大薪酬总额和分配改革力度，建立公司与经理层成员长期收益有效融合的共进机制，合理拉开薪酬差距。畅通船员职业发展通道，积极稳妥做好581名长期借用船员理顺劳动合同工作。突出向船员、向一线倾斜导向，积极推动集团船员特殊奖励和疫情补贴落实落地。协助船公司向一线船员发放专项奖励、疫情补贴等10.8亿元，船员薪酬增幅26.7%，切实把集团和各船公司对广大船员的关心关爱落到实处。全面落实远洋船员个税减免政策，2020年度享受收入减半征收个税远洋船员1.5万人，船员共退税 1.8 亿元。

【党建工作】

1. 突出船舶党建特色，织密基本组织

按照“应建必建、按期换届、届中增补、规范选举”要求，重点抓好改革重组以来第二轮基层党支部换届工作。选优配强船舶支部班子，像抓陆岸领导班子一样抓好船舶班子配备。将“红蓝共建”作为“支部建在船上”的延伸和发展，打造党建特色品牌。各分 / 子公司发挥区域优势，主动承办，结合公休支部开展党史学习教育“五个一”活动，先后在武汉、重庆、烟台、沈阳、徐州、天津、厦门等船员居住较为集中的地区开展“红蓝共建”活动，500 余名公休船员和家属参加活动。全面推广应用集团航运管理信 息标准化平台“船舶党建”模块，加强船舶党支部标准化规范化建设。

2. 突出素质能力提升，建强基本队伍

聚焦“政治素质、业务能力、工作作风”，狠抓党建“百千万”工程，加强陆岸党务干部队伍建设。把开展党史学习教育“大讲堂”、为各类船舶政委培训班授课、选派党务干部参加政委集中轮训现场跟班管理等作为培养锻炼的重要途径，组织开展 6 次陆岸党支部书记集中线上培训。突出“政治、业务、技能、廉洁”，持续开展船舶政委集中轮训工作，累计办班 11 期，完成 477 名船舶政委轮训。坚持从军转干部、干部船员、陆岸挂职“三个主渠道”选拔培训后备船舶政委，年内举办两期培训班，培训 100 人；配合集团做好 2021 年度陆岸人员挂职船舶政委培训，做好派船培养工作。加强党员队伍建设，坚持向船舶一线倾斜，加大船员党员发展力度，年内发展船员党员 474 名；年末自有船员党员人数为 9858 人，占自有船员总数 21 274 人的 46.3%。

3. 突出融合强化管理，落实基本制度

研究制定《党建工作责任制考核评价实施细则》，严格落实考核、评定等次与班子薪酬兑现挂钩。落实《集团关于加强和改进船舶政委队伍建设的意见》，与集能散特厦船公司船管单元协同推进船舶政委综合素质评价“三分一总”考核评价制度及 4 个配套表格制定工作，制定各板块《船舶政委综合考核评价实施办法》。认真执行船舶党建主体责任“一主三辅一配套”制度体系，抓好《船舶党支部基础工作 10 项关键业务操作流程图》及《实操表手册》落实。按照“三总师”机制培训团队工作计划，构建船舶政委教育培训“五力”素质模型，在第六期后备船舶政委培训班实践运用。对船舶党建基础数据进行收集统计分析，加强分类指导，建立“三基”建设重点信息通报机制。

【纪检监督】

1. 精准有效实施监督

制定 2021 年监督工作实施方案，确定“8+3”监督重点内容。突出政治监督，围绕年度中心工作，深入开展“集团‘十四五’发展规划落地情况”“改革三年行动实施方案落实情况”“疫情防控、疫苗接种和船员换班工作推进情况”“船员调配公开公平公正执行情况”，以及“船员调陆”等专项监督，做实做细日常监督。全年共开展监督检查 320 次，发现问题 104 个并督促完成整改。

2. 持续加强作风建设

协助公司党委深化开展“强化作风建设、提升服务质量”专项活动，共查摆相关问题及具体表现 132 条，制定整改措施 187 条并督促落实整改。紧盯重要时间节点，加强对各级党员干部的提醒提示和监督检查。深化“吃拿卡要”专项治理，开展廉洁谈话 1006 人次，公开承诺 1020 人，访谈船岸员工 399 人次，问卷调查 604 人次。

3. 强化船员教育管理

全面实施船舶“三长”廉洁档案和船舶领导班子廉洁“画像”机制，全年建立船舶“三长”廉洁档案 2739 份。持续深入开展船员违法违纪专项治理，集中开展船员走私倒卖风险隐患排查，发放问卷调查 986 份，召开座谈会 39 场次，梳理排查风险点 48 个。编发《有关走私行为相关法律法规条文汇编》《船舶“三长”派前纪法教育培训材料》，编印《船员纪法教育工作手册》，建立船员纪法教育测评题库，坚持以集团船舶政委集中轮训为平台，精心做好纪法教育授课，全年公司系统共开展船员廉洁教育 69 920 人次。

4. 严肃高效执纪问责

对违规违纪违法行为坚持“零容忍”，发现一起，查处一起。全年各级纪检组织共收到信访举报 29 件，办结 21 件。根据问题线索核查相关船公司移送情况，全年公司系统党纪立案 23 件，党纪处分 23 人。精准运用监督执纪“四种形态”，注重在第一种形态上下功夫，对苗头性问题及时约谈提醒。

【关爱关心】

1. 上下协同促进船员身心健康

（1）强化船员伙食支持保障。在集团集、能、散、特等主营船舶积极推广船舶果蔬保鲜技术至 121 艘船舶；开发船员平衡膳食管理软件，完成单机版的开发并投入试用；举办船舶厨师培训观摩赛，体现“训赛结合，以赛促训”。

（2）推进船员心理健康工作。6 家分公司均设立了船员心理咨询服务项目，2021 年全年接受船员咨询 2300 余人次；制作了 16 集船员心理健康教育系列动画短视频；编发《船员心理健康自助与危机应对手册》等宣传培训资料；加强重点船舶和在船重点船员的远程监控和跟踪指导，有效缓解船员心理压力，促进了船员的心理健康。

（3）做好与瑞金医院合作开展船员健康服务的相关工作，协同船员部组织 30 名船员参加“海上健康管理师”培训。

2. 用心用情做好船员关心关爱

在“四季恒温”关爱船员的基础上，针对船员的特殊情况和特殊困难，扩大关心关爱覆盖面，实施船员“上下船隔离、患重大疾病、工伤航病、家庭遭遇重大困难”工会关心慰问“四必到”项目，通过与常态化关爱船员项目相结合，细化落实对船员关心关爱，把温暖真正送到船员心坎上。2021 年，系统工会共慰问一线职工 51 300 人次，投入慰问金 1 420.38 万元；慰问困难职工 1407 人次，投入慰问金 153.76 万元。

3. 精准施策制定职工疗休养实施细则

认真学习领会集团有关文件及会议精神，充分了解掌握属地政府和工会对职工疗休养的政策规定，梳理掌握享受该福利职工（特别是船员）群体情况，结合船员职工实际情况，认真研究落实过程中面临的具体问题及解决办法，制定公司职工疗休养实施细则。

【宣传文化】

1. 加强思想宣传工作

策划《中国海员日行千里的海漂日记》《老常的航海日志》《海上追月人》等主题视频在中央广播电视总台播出，宣传海员形象，引发行业内外广泛关注；以公司《党建要情》《船员管理信息》和“一总两刊一网一号”等为载体，全年微信推送各类新闻信息 600 余条，出版《中国海员》6 期，编印《中远海运船员》4 期；充分发挥“海员天地”专栏阵地作用，聚焦“五十百千”人才工程和集团船员调陆等开展专题宣传策划，在《中国远洋海运报》刊登各类稿件 200 多篇。编发《关心关爱船员重点举措宣传提纲》，并结合最新内容持续滚动更新，加强宣传引导和政策阐释，为公司改革发展营造良好舆论氛围。

2. 坚持先进典型引路

开展船长、政委、轮机长、工匠、青年、海嫂 6 大系列“海上十杰”评选表彰宣传工作，从 146 名推荐入围候选人中评选出 60 名“海上十杰”并公布表彰，提升船员的自豪感、荣誉感。大力宣传全国劳动模范程邦武轮机长、中央企业优秀党务工作者赵厚长政委等先进典型事迹。严格标准、好中选优，协同集团船公司认真组织做好集团“星级金牌三长”评选，406 人获评。认真组织做好“两优一先”、先进集体和优秀个人的评选表彰宣传工作，公司疫情防控专班等 4 个集体获评集团先进集体，上海分公司 / 劳务子公司南通公休船员党支部等 4 个党支部获评集团年度先进基层党组织，林清海等 15 人获评集团年度先进个人，王家勇等 18 名同志获评集团年度优秀共产党员，白银奇等 15 名同志获评集团年度优秀党务工作者。2021 年，公司以良好的企业声誉、优秀的企业文化、突出的社会贡献，获得了上海市总工会的肯定和推荐，喜获上海市五一劳动奖状称号。（卫影）

中远海运（厦门）有限公司

中远海运（厦门）有限公司

【公司概况】

中远海运（厦门）有限公司［简称“厦门中远海运”，英文简称 COSCO SHIPPING（Xiamen）］，是中远海运集团在福建地区唯一的全资二级子公司，注册资金 129 035 万元。公司主要从事对台客货运业务和国际干散、杂货运输业务。截至 2021 年年底，公司拥有对台高速客船 1 艘、对台客滚船 1 艘、散杂兼营船 5 艘、运木船 2 艘、合资邮轮 1 艘。下属合资合营企业 4 家。在远洋货运方面，公司主要经营远东至中美洲等不定期货运班轮运输品牌航线，主要承接设备、钢材、金属矿、粮食、矿砂、煤炭、化肥、蔗糖等货物运输服务。经过多年的发展，厦门中远海运逐渐构建了以海上客货运输为对台航运品牌和以杂货准班轮航线为远洋货运品牌的双品牌格局。同时，按照中远海运集团的产业规划和布局，积极探索邮轮业务发展，已成为海峡西岸地区具有重要影响力的综合性航运企业。

【公司沿革】

20 世纪 90 年代，中国远洋运输（集团）总公司为了履行中央企业的使命与责任，推进两岸和平繁荣，促进两岸交流合作，迎接海峡两岸“三通”，在 1993 年 10 月 28 日正式成立了厦门远洋运输公司。公司成立后，在发展远洋运输的基础上，积极发挥集团的品牌优势和地处海峡西岸的区位优势，在两岸海上交流实践中做了大量首创性工作，于 2007—2009 年间作为唯一航运央企开通了对台客货运业务。“新五缘”轮经营厦门 / 金门客运航线，“中远之星”轮经营厦门 / 基隆、厦门 / 台中和浙江大麦屿 / 基隆三条对台客滚直航航线，为扩大两岸人员往来、促进两岸“三通”和闽台经贸合作人员往来、促进两岸融合发展作出积极贡献。2016 年，中远和中海两大集团合并成立中远海运集团，厦门远洋运输公司成为中远海运集团在福建地区的二级企业。2017 年 10 月 27 日，根据国务院国资委、中远海运集团的相关要求，厦门远洋运输公司改制更名为中远海运（厦门）有限公司。

【经营情况】

2021 年，厦门中远海运紧紧围绕“闯新路、拼效益、强管理、马上办”这一工作主线，抢抓市场机遇，多点突破实现增长，全面提质增效，超额完成全年奋斗目标，安全生产和公司管治平稳有序，实现了“十四五”的良好开局。公司全年实现远洋货运量 1 003.31 万计费吨，同比上升 423.1%，周转量 145.9 亿吨海里，同比增长 48.4%；“中远之星”轮累计运载集装箱 27 316 TEU、贸易车辆 462 台，同比分别增长 63.2%、113.9%；船队接受港口国检查 19 艘次，无批注通过 15 艘次，无批注通过率为 79%，对台航线安全面保持 100%；全年公司（不含星旅）累计利润 11 175 万元，取得十年来的最好收益。

2021 年，按照集团的总体部署，公司秉持以对台业务为核心、货运业务“做精做细”的定位，开拓进取，增收创效，精细管理，全力确保经营效益实现新的突破。

在“三通”客运因疫情全面停航的情况下，公司坚定扛起海峡两岸交流重任，深挖经营潜能，抓住集装箱市场持续向好的时机，加强与政府有关部门沟通，并充分利用集团内资源，推动与客户的深度合作，对台货运量和利润收益再上新台阶，对台品牌影响力持续增强。

在远洋货运方面，公司踩准市场节奏，转变经营模式，与客户从传统货运合作向链式生态合作的转变，为客户提供“海运＋江运＋陆运”的全程物流解决方案，并不断优化服务质量，解决客户的难点与痛点，赢得客户一致信赖。与铜陵有色、中集特顺达、上海嘉荣、广州化工、华电环球、江西万年青等一批直接客户签署了年度COA合同，其中与铜陵有色签署了10年海运COA合同和5年长江段驳运合同，确保了公司效益实现质的增长。同时，公司落实国家“六稳”“六保”有关要求，在集团的指导下，相关部门迅速行动，积极开展散改集运输业务，为集装箱客户定制货物出运方案，加强与华电环球合作，保障煤炭进口渠道畅通，为国内电厂保供稳价发挥积极作用。

【企业改革】

2021年，厦门中远海运按照集团的部署要求和公司“十四五”规划定位，全面提质增效，增强价值创造，持续深化改革，激发干部员工创新创效能力。公司安全生产和经营管理平稳有序。

扎实推进国企改革三年行动。对照集团改革三年行动自我加压版工作清单，2021年年底公司改革三年行动落实计划85项改革措施的完成率为82.35%，完成集团要求的各项年度任务目标；董事会增设了薪酬与考核委员会、提名委员会，修订《董事会专门委员会议事规则》，并认真落实集团对公司董事会、董事长和总经理办公会的授权；完成任期制契约化管理制度的制定及经理层签约；建立起以绩效合约为主要措施的绩效管理体系，努力推动三项制度改革。

对标一流提升管理效能。按照公司制定的对标实施方案，将集团下达的对标指标进行适当分解，并针对公司船队经营管理的关键性指标，确定对标考核方式和考核目标值，将其列入业务部门经营业绩责任书的考核内容，以提升经营管理水平和经营效益。2021年，集团下达的对标指标和公司的自选对标指标完成情况良好。

【企业管理】

2021年，厦门中远海运加强合规管理，强化风险管控，不断提升公司管治水平，确保了公司生产经营平稳有序。

持续深化法治建设。一是根据集团要求和公司实际情况，不断梳理更新公司现有规章制度，并编制公司制度专项提升方案报集团批准后落实。二是加强员工法治意识，不定期发布《法治宣传》专刊，对制度要点进行讲解和提醒，并进行普法宣传教育，推动各级员工知规守规。三是对下属单位规章制度进行系统梳理和评估，找出制度漏洞并督促其整改。

加强风险管理与内控。一是定期开展风险源识别，不断梳理业务流程，按照内部控制要求建立工作标准，完善防控措施。2021年，公司共识别风险源377项。二是组织对正在履行的合同及客户的资信进行全面筛查，对新洽谈的业务加强事前预防，切实防范疫情引发的合同风险，有效防范业务经营风险。三是推进内控体系建设，聘请第三方机构编制内控手册，进一步提升公司合规经营能力。

加强审计监督检查。一是创新审计方法，聚焦主责主业，对航次效益开展全过程效能监督和审计，及时发现偏差并督促整改，优化管理措施。二是运用多种监督手段，开展对下属企业财务收支、内部控制和基础管理的监督指导，并及时总结下属企业投资管理中存在的共性风险，提出管理建议，提升监督成果运用，保障公司投资权益。

扎实推进亏损企业治理。在集团领导和资本运营部等部门的支持和协调下，公司加强与湖南省方面的沟通。2021年6月，经国务院国资委批复同意，公司通过无偿划转方式完成退出湖南远洋股权全部程序。

稳步推进信息化建设。为赶上数字化浪潮，改变公司信息孤岛的局面，公司协调集团财务中心和中远海科，利用航标系统功能拓展开发业务系统。2021年，系统一期、二期项目都已正式上线使用，并推动航标系统财务接口上线。

【人力资源管理】

2021 年，公司党委充分领会国企深化三项制度改革的总体要求，把加强干部人才队伍建设作为公司转型升级、提质增效工作的重要抓手，突出创建学习型、创新型党组织和干部队伍，为公司各项改革发展工作提供坚实的人力资源保障。

公司党委利用国有企业深化改革的有利契机，向创新要活力，向改革要动力，不断深化人才发展体制机制改革。以深化人事改革为主线，提供干事创业的平台。全面推行管理人员竞争上岗，通过扩大民主，引入竞争机制，完善公平公正的选拔程序。同时将选人用人与公司战略发展的中心工作和重点任务有机结合起来，注意在推进工作的过程中发现干部、选拔干部，做到人尽其才、才尽其用。以完善考核机制为契机，激发干部人才活力。就绩效考核开展情况持续完善考核机制，围绕公司战略目标建立明确的绩效工作标准，突出选贤任能、优胜劣汰。以加强教育培养为抓手，提升人才的履职能力。以提高干部人才的业务素质和管理能力为目的，把升级管理模式、提高企业运行效率和挖掘人才队伍潜力、科学合理运用人力资源紧密结合起来，促进人才成长与企业共同发展。以扩大选用渠道为重点，改善人才队伍素质结构。在公开招聘基础上，进一步拓宽选人用人渠道，充分发挥集团人力资源平台优势，积极引进紧缺型专业人才，不断改善用工结构，逐步建立起一支专业素质过硬、创新能力强、具备良好沟通协调能力的经营管理和船舶管理专业化人才队伍。

【企 业 党 建】

2021 年是党的百年华诞。面对复杂的外部环境和超出预期的风险挑战，特别是疫情叠加和台海严峻形势的影响，公司党委坚定以习近平新时代中国特色社会主义思想为指引，深化党史学习教育，坚持党建引领，统筹推进疫情防控和经营发展，攻坚克难、砥砺奋进，实现了“十四五”迈好第一步、见到新气象。

公司党委按照新时代党的建设总要求和全国国企党建工作会议精神，进一步加强新发展格局下党建体系现代化建设，提升党建价值创造。积极发挥前置研究作用。坚持把方向、管大局、促落实，2021 年共召开 28 次党委会，修订完善《党委议事规则》，不断健全科学民主决策机制，促进党建工作与生产经营深度融合。健全基层组织建设。重点开展贯彻落实全国国企党建工作会议精神“回头看”工作，制定落实《船舶党建工作指南》《船舶政委综合素质评价实施办法（试行）》，成立船舶党建室，如期完成 4 个党支部换届选举工作，进一步推动基层党建强起来、硬起来。扭紧党建责任链条。制定《公司党建工作责任制考核评价办法》，强化党建责任闭环管理，并逐一向各支部反馈考核结果、提出改进建议，有效发挥了考核的“指挥棒”作用。

公司党委扎实推动全面从严治党向纵深发展。一方面，强化政治监督，开展公司“十四五”发展规划推进落实情况专项监督、船岸疫情防控要求落实情况监督检查等督查工作，营造良好发展氛围；另一方面，将违反中央八项规定精神、船舶发生违纪违法案件等事项作为公共考核项，将廉洁从业与绩效考核直接挂钩，构筑全员监督、全员防范的坚固防线。

【企业文化与社会责任】

紧扣庆祝建党百年主线，公司党委坚持运营好一个微信公众号、一个企业网站、一个抖音官方平台，大力营造奋进新征程、建功新时代的浓厚氛围。同时，组织集团驻闽单位举办庆七一文艺展演，成功组织第二届员工“抖音”短视频大赛，精心打造企业党建文化宣传墙，集中展现驻闽单位风采，进一步汇聚发展正能量。

公司积极履行社会责任，为国家、社会、客户等回馈更多的价值贡献。积极服务“六稳”“六保”。履行保供保畅保通的“先锋队”职责，面对全球航运市场“一舱难求”“一箱难求”的情况，积极研究和落实“集改散”模式，为大客户提供江海联运全程物流解决方案，在落实稳外贸政策中作出积极贡献。落实乡村振兴战略。开展党建结对共建，向湖南安化派出扶贫干部和捐赠扶贫款20万元，对接集团电商平台开展消费扶贫，积极助力乡村振兴。

【2020年获得省部级以上奖项的先进集体和先进人物】

2021年，中远海运（厦门）有限公司党委被评为厦门市先进基层党组织。（姚兆羽）

上海船舶运输科学研究所 / 中远海运科技股份有限公司

上海船舶运输科学研究所/中远海运科技股份有限公司

【公司概况】

上海船舶运输科学研究所（简称“上海船研所”，英文简称SSSRI），成立于1962年，位于上海浦东陆家嘴功能区，占地面积约8.67公顷，注册资本3.5亿元，资产总额为28.5亿元，净资产17.77亿元，是我国最大的交通运输综合技术研究开发基地。

中远海运科技股份有限公司（简称“中远海运科技”，英文简称COSCO SHIPPING Technology），成立于2001年，总部设在上海，主要从事智能交通系统，交通和航运信息化，工业自动化，安全防范工程领域的软、硬件产品科研、开发、销售、系统集成，承揽相关工程项目的设计、施工和工程承包；网络技术开发，互联网信息服务；自营技术产品的进出口业务，以及技术咨询、技术开发、技术转让和技术服务。2010年5月，公司在深圳证券交易所成功挂牌上市。

【历史沿革】

上海船研所原为交通部直属科研事业单位，2000年转制为中央科技型企业，改由中央企业工作委员会领导；2003年，转由国务院国资委管理；2010年，整体并入中国海运（集团）总公司，成为其全资子企业。2014年，按照中海集团的战略规划整体部署，原中海集团直属单位中海电信有限公司和中海信息系统有限公司整体划归船研所管理。2016年，随着中远集团与中海集团合并成立中远海运集团，船研所成为其全资子企业。

中远海运科技原是船研所控股子公司，2010年随船研所整体并入中国海运（集团）总公司后，更名为中海网络科技股份有限公司；2016年，随船研所整体进入中远海运集团后，更名为中远海运科技股份有限公司。2017年8月，根据中远海运业务重组工作安排，上海船舶运输科学研究所与中远海运科技股份有限公司实施战略重组（以下简称“船研所/公司”）。

【组织架构】

上海船研所组织架构由管理部门和基层部门2部分组成，其中：管理部门包含10部1办；开展科研生产经营业务的基层部门（公司）主要包含1个国家工程研究中心、1个国家重点实验室、1个行业重点实验室、3个事业部和4个二级公司。2021年上海船研所组织架构如图14-3所示。

时任领导：所长/董事长、党委副书记蔡惠星；党委书记、副所长夏蔚；总会计师、工会主席戴静；纪委书记陈学恩；副所长瞿辉；团委书记朱辰初。

中远海运科技的组织架构由管理部门和基层部门2部分组成，其中：管理部门包含10部1办；开展科研生产经营业务的基层部门（公司）主要包含6个事业部、2个中心、1个二级公司、5个分公司和1个办事处。按照上市公司要求，设置股东大会、董事会和监事会，董事会下设战略委员会、提名委员会、薪酬与考核委员会、审计与风险委员会。2021年公司组织架构如图14-4所示。

时任领导：董事长、党委副书记蔡惠星；党

图14-3　2021年上海船研所组织架构

委书记、副董事长夏蔚；总经理、党委副书记周群；副总经理、总工程师吴中岱；总会计师、工会主席戴静；纪委书记陈学恩；副总经理王新波；副总经理林亦雯；总法律顾问杨阳；团委书记朱辰初。

【主要业务】

船研所／公司在舰船自动化、船舶水动力及海事技术试验研究、智能交通系统、交通与航运信息化、环境工程等领域内，研究开发及技术服务水平均处于国内领先地位。

1. 船舶自动化

研制的各型机舱监控系统技术性能处于国内领先地位，被广泛地应用于各类船舶。

2. 船舶水动力及海事技术试验研究

通过航运技术与安全国家重点实验室和航运技术交通行业重点实验室承担国家科研项目和行业共性技术的研究开发。作为国际拖曳水池会议（ITTC）会员及顾问委员会成员单位，在行业内具有较大的影响力和核心竞争力，业务约占国内同类市场份额的60%。

3. 智能交通系统

主要从事智能交通、智能交通产品、工业及港航电气自动化、智慧城市和安防、软硬件系统运营维护等领域技术研发和系统集成，包括高速公路、大桥、隧道、轨道交通、城市道路等监控、通信、收费系统机电工程项目的设计、施工和总承包。

4. 交通与航运信息化

上海船研所承担了集团本部及下属各专业公司信息化建设的规划设计、研发实施、运维保障、系统集成等工作，以及集团数据中心的建设与运营。承建了集团综合管理平台、集团辅助决策系统（DSS）、集团内网门户、SAP财务系统、船东综合管理信息系统（IMIS）、集装箱代理系统、全球资金管理系统、集中采购管理平台、海员管理系统等建设、咨询和服务，并负责运营中海数据中心和灾备中心，为集团信息化建设提供有力的技术支撑和运维保障。

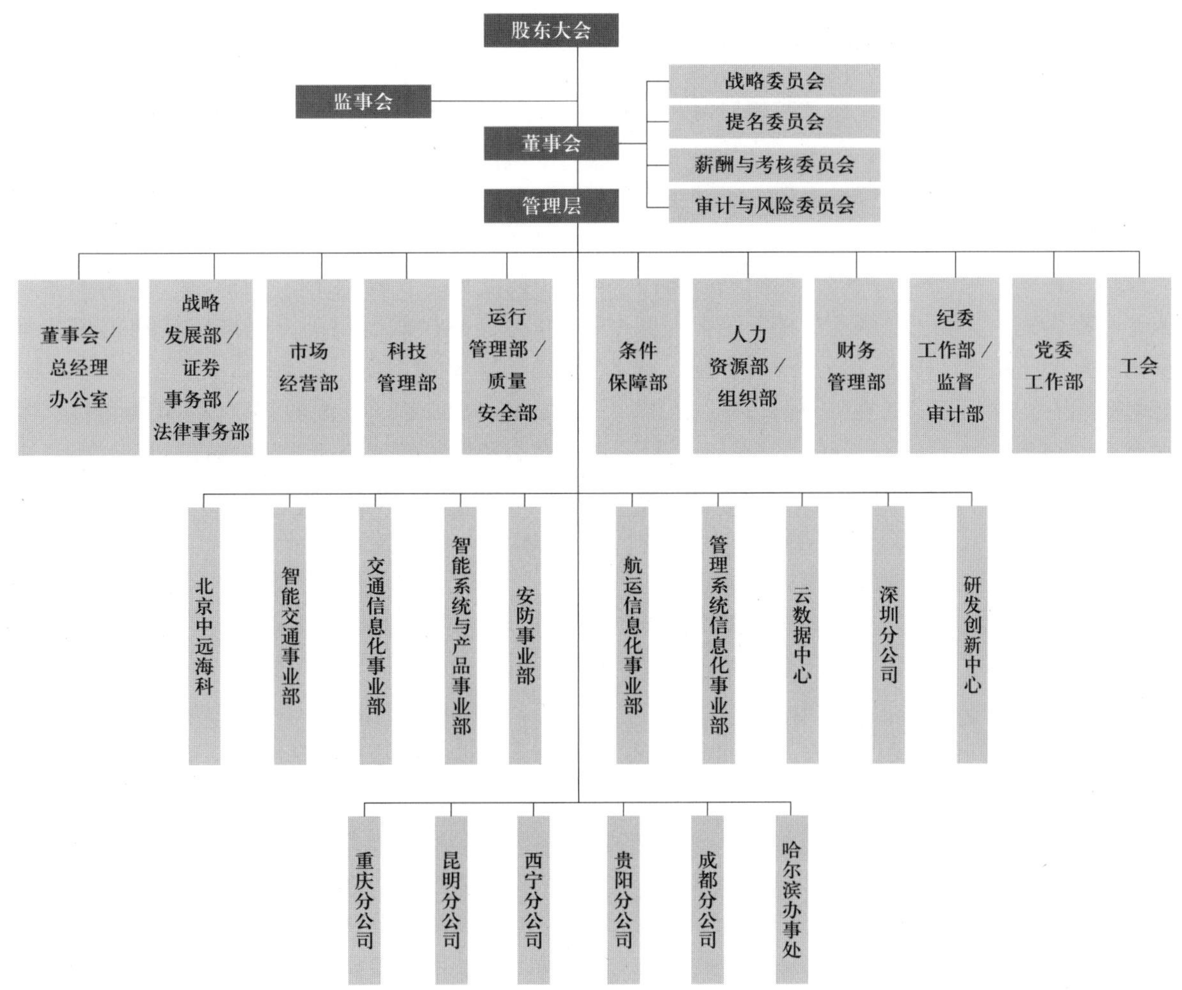

图14-4　2021年中远海运科技组织架构

5. 船舶通信导航

从事船舶通信导航与通信工程专业技术服务，开展船舶通导设备的技术设计与检验服务、海上通信代理、通导信息技术服务、船舶通导产品销售代理和各类通信系统、有线和无线通信工程等综合服务。

6. 环境工程

从事建设项目和区域开发项目的环境影响评价，港口、工矿企业的油污水、化学污水、生活污水、工业废水的治理，以及高速公路、城市高架轨道交通噪声治理。

【经济指标】

2021年，是“十四五”规划开局之年，船研所／公司在集团的坚强领导下，推进战略落地，抓好改革发展，促进质效提升，积极应对风险挑战，有力推动重点工作落实落地。全年实现营业收入24.39亿元，同比增长13.87%；实现净利润2.33亿元，同比下降8.07%（扣除2020年股权转让因素后，同比增长17.32%），整体经济走势稳中向好。

【科技创新】

推动智能船舶发展应用落地。2021年7月，发布《智能船舶船端平台建设技术要求》企业标准。年内完成了智能船舶数据中心的建设工作，推出船队碳排放评级、航速优化、航次油耗对比等12个应用场景，初步具备数据服务能力，形成"数据（Data）+ 应用程序接口（API）+ 应用程序（App）"的一体化平台模式，为创建"数据共享、协同创新"的数字化运营奠定良好的技术基础。

加速绿色航运建设。积极推进自主研发生产的船舶岸电系统推广应用工作，配合中远海运集运、散运、客运、特运等开展营运船舶的岸电设备改造工程，先后实现了"泛亚宁德"轮在深圳大铲湾的常态化接驳岸电，以及"泛亚广州"轮在海南杨浦港、"青云河"轮在外高桥、"安泰山"轮在南通的接驳岸电。

船舶能效设计指数（EEXI）两种航速估算方法被国际海事组织（IMO）成功采纳。对集团 588 艘自有远洋船舶开展 EEXI 评估和规则应对工作，在 EEXI 折减率和航速估算方法两个关键方面提出了具体的应对建议。以上两种航速估算方法作为"中国方案"顺利通过 IMO 审议，并以大会决议的形式向各成员国发布。

【科研成果】

2021 年，中远海运科技获批国家级科技创新项目 5 项，上海市项目 1 项；申请并受理发明专利 58 项、国际专利 11 项，获得发明专利授权 2 项、实用新型专利授权 18 项；登记软件著作权 71 项；发表科技论文 80 篇，其中核心期刊论文 9 篇，被"科学引文索引"（SCI）收录 1 篇，被"工程索引"（EI）收录 9 篇；主编国标 1 项、参编国标 1 项。

凭借在科技创新方面的出色成绩，中远海运科技荣获中国航海学会科技进步奖一等奖 1 项、二等奖 1 项、三等奖 1 项，中国公路学会科学技术特等奖 1 项；4 篇论文入选 2021 年度交通运输行业重大科技创新成果库，3 个项目入选 2021 年度交通运输行业重点科技项目清单，1 个项目入选 2021 年工业和信息化部大数据产业发展试点示范，1 个项目入选 2021 年国家发展改革委物流业制造业深度融合创新发展典型案例，1 个项目入选 2021 上海国资国企数字化转型创新大赛数字底座分赛道前 50 名。

【数字化建设】

以数字产业化打造核心竞争力。"船视宝"平台在对全球船舶、港口及航线的全生命期行为识别的基础上，结合数据中台和电子地图，创建了各类创新场景和可视化数据服务产品，推出了"调度宝""搜航宝""港口宝""准时宝"等系列产品，截至目前，已推广定制化服务单位 14 家，软件即服务（SaaS）单位 48 家。2021 年 11 月 25 日，上海数据交易所揭牌成立，中远海运科技凭借"船视宝"的航运数据汇聚、分析和共享能力，成为全国首批签约数商，为引领"上海模式"数据要素市场发挥积极促进作用。

以产业数字化培养发展新动能。智慧航运领域，依托"船视宝""小爱分析"和航运数据中台，进行具有市场应用价值的数字化运营平台研发推广。智慧物流领域，以集团数据集成平台为依托，持续推动集团数据共享应用，有效提升了航运数据的展示和辅助分析能力。智能船舶领域，2021 年 7 月 9 日，智慧航运卫星通信与综合服务平台顺利通过专家验收评审。智慧交通领域，依托宁夏和青海项目开展智慧高速云平台应用系统研发，目前青海省高速公路运营管理集中监控专项工程已在全省 10 个分公司上线运行，监控人员精简率达 61.63%，车辆通行效率提升 30%，降本增效的显著效果获得业主的认可。智慧安防领域，依托公司自主研发的 P0、P1 架构搭建了可用于公安各警种的图像智能应用平台，进一步加快了安防领域业务的数字化步伐。智慧环保领域，以智能感知和环保大数据分析为基础，迭代升级开发了浦东"城市大脑"3.0 污染排放监管平台，构建了以数据驱动为特征的城市环境监管体系。

【深化改革】

上海船研所公司制改制。2021 年 12 月 14 日，上海船研所召开公司第一届董事会第一次会议，设立了现代企业法人治理结构，并于年内完成了改制后新公司的产权登记、工商变更登记等工作。

董事会规范运作。中远海运科技完成《董事会授权规则》等6项公司治理文件修编，进一步规范上市公司董事会运作程序。上海船研所增设提名委员会、薪酬与考核委员会，进一步完善董事会组织结构。

任期制和契约化管理。以“固定任期、打造契约、刚性兑现、明确退出”为重要原则，自上而下依次实行了公司本部和所属全部实体经营企业共7家公司，以及10家事业部的任期制和契约化管理，高标准、高质量、高效率完成了此项改革任务。

公司组织架构优化。对部分管理部门进行了优化调整，独立设置法务与风险管理部；整合科技管理部和市场经营部；将条件保障部现有职责划归运行管理部和置业发展事业部。持续推动产业布局优化和发展，原智能交通板块4个事业部整合调整为智能交通事业部和交通信息化事业部。

【人才队伍】

船研所/公司共有在职职工1455人，具有高级技术职称人员239人，中级以上职称人员370人，本科以上学历人员1260人，享受政府特殊津贴的高级专业技术人员50人。

经浦东新区企业博士后科研工作站审核，全国博士后管理委员会办公室备案批复，航运技术与安全事业部马博文博士成为上海船研所首名博士后研究人员正式进站开展研究工作。组建完成财务专业高级人才库入库人才10人。其中，推荐2人进入集团专家级财务人才库；推荐“CC计划”候选人1人；国家高层次人才特殊支持计划青年拔尖人才2人；辛一心船舶与海洋工程突出贡献奖1人；中国航海智库遴选特约研究员2人；上海交大博士研究生就读申请3人；上海市标准化专家3人。2021年船研所/公司人员学历及技术职务构成比例见表14-13、表14-14。

2021年船研所/公司人员学历构成比例　　表14-13

学历	人数	比例
博士研究生	13	1%
硕士研究生	261	18%
本科	986	67%
专科及以下	195	14%

2021年船研所/公司人员技术职务构成比例　　表14-14

技术职务	人数	比例
正高职称	38	3%
副高职称	201	14%
中级职称	370	25%
初级及以下	846	58%

【抗击疫情】

船研所/公司坚决贯彻党中央重大决策部署，严格落实集团防疫要求，以“分级分类、精准精细”为原则，聚焦重点区域、重点环节和重点人员，按照党中央、集团及公司疫情防控要求，毫不松懈抓好常态化疫情防控工作。在持续做好全平台员工每日健康报告统计的同时，对于各级单位所在城市出现中高风险地区，第一时间开展员工动态排摸，并进行重点关注。其间，根据当地政府疫情管控要求，严格落实健康观察、居家办公等措施，未有异常情况发生。积极动员开展新冠病毒疫苗接种工作，全平台已接种新冠疫苗 1536 人，接种率 90.2%。其中，完成两针接种 1525 人，接种率 89.6%；完成加强针接种 744 人，接种率 43.8%。

【风 险 管 控】

2021 年，船研所 / 公司坚持“风控创造价值、法治伴您远航”的理念，着力推进合规管理融入生产经营，服务改革发展大局，针对国企改革、船研所公司制改制等重大举措，提供法律风控保障，积极参与方案设计、制度建设、合规审核及风险评估等工作。

落实“全员参与、全过程管理、全要素配置”的管理要求，提高预算质量与水平，充分发挥预算作为管理工具在提质增效中的作用。优化集中采购的管理职能，强化对现有集中采购的执行监控。要抓好“两金”压降，加大应收账款催收和存货管理。

【质 量 安 全】

船研所 / 公司继续推进 GJB 5000A 体系试运行，年内达到预评价要求，持续改进质量管理体系，消除“两张皮”现象，切实把质量管理工作落到实处，提升产品质量。2021 年未发生一般以上等级事故，保持安全环保形势的持续稳定。通过引入技术专家、创新检查手段、细化检查内容，逐步强化对重点区域、重点部位、重点环节、重点人群的安全检查和隐患排查，确保了安全生产的有序推进。

【党 的 建 设】

强化政治理论武装头脑。持续推进学习贯彻习近平新时代中国特色社会主义思想往深里走、往心里走、往实里走。坚持落实“第一议题”制度，持续深入学习习近平总书记在全国国企党建工作会上的重要讲话精神，筑牢国有企业的“根”和“魂”。坚持落实中心组学习制度，组织中心组（扩大）学习 10 次，通过 OA“学习园地”专栏上传“论中国共产党人的精神谱系”等学习材料 106 篇，推动党员领导干部持续提高政治判断力、政治领悟力、政治执行力。组织各级党组织相关领导 109 人，通过国务院国资委网络平台，开展“贯彻党的十九届五中全会”网络学习培训，取得较好学习成效。

坚持党对改革发展的领导。坚决贯彻落实党中央和集团重大决策部署，立足新发展阶段、贯彻新发展理念、构建新发展格局，把方向、管大局、促落实。研究通过公司“十四五”发展规划，强化推进以客户为中心、以价值创造为导向的数字化转型，助力集团打造领先的全球综合物流服务生态，形成有市场竞争力的数字化产业。深入谋划公司 2021—2025 年科技发展专项规划，进一步加快实施创新驱动发展战略，形成具有市场竞争力的科研布局。

发挥党委把关定向作用。加强党的领导和完善公司治理有机融合，推动两个“一以贯之”落实落地，完善党委会、董事会、股东大会、监事会、总经理办公会议事规则，持续完善“三重一大”议事决策制度，在厘清 181 项重大事项决策权责清单和 118 项党委前置研究清单基础上，指导直属单位党组织规范落实前置把关程序，不断完善公司治理体系。召开党委会 21 次，研究议题 112 项，确保科学决策、民主决策。

【党史学习教育】

按照党中央通知精神和集团党组部署要求，制定党史学习教育实施方案和重点任务清单成立领导小组和工作机构，精心谋划部署，创新学习形式，加强宣传引导，统筹工作安排，把党史学习教育和学习贯彻习近平总书记“七一”重要讲话精神、贯彻集团重要工作部署和助推公司高质量发展结合起来，切实将党史学习教育成效转化为干事创业的强大力量。

船研所 / 公司党委班子领导坚持“以上率下”

带头领学，通过周例会、党委会等机会，持续跟进学习习近平总书记最新重要讲话和指示批示精神，认真开展党委领导班子“党史学习教育”专题读书班。各级基层党组织结合“三会一课”，用好习近平《论中国共产党历史》等指定学习用书，通过自学、交流研讨、党史知识竞赛、微党课、电影党课等形式，积极开展主题党日活动204次。

船研所 / 公司党委制定下发《中远海运科技 / 上海船研所“我为群众办实事”实践活动工作方案》和《关于充分发挥基层党组织战斗堡垒作用和党员先锋模范作用 进一步深化党史学习教育“我为群众办实事”实践活动的通知》。结合自身实际，从服务企业、服务客户、服务员工3个方面开展了一系列工作，围绕积极服务客户、提升业务流程、履行社会责任、关心关爱职工群众推动落实9项“我为群众办实事”实践内容，各项目年底进入收尾阶段。

船研所 / 公司所属32个党支部全部召开党史学习教育专题组织生活会，438名党员参加会议，围绕党史学习教育4方面重点把自己摆进去、把职责摆进去、把工作摆进去，谈心得体会、谈感悟收获，开展批评和自我批评，认真检视剖析，深刻分析原因，找差距和不足，明确整改方向、作出整改承诺。

【干部任免】

2021年8月，集团党组宣布船研所 / 公司干部任免，船研所 / 公司董事长、党委副书记、所长蔡惠星，副董事长、党委书记、副所长夏蔚退休，周群任船研所 / 公司副董事长、党委副书记、总经理（主持工作）。

同年9月，公司就部分总部管理部门负责人岗位，以竞争上岗形式在内部实施本次竞争性选拔工作。为强化干部选拔和管理监督，公司党委组织开展总部13个事业部领导班子及成员2018—2020年任期综合考核评价工作。其间，组织开展干部综合测评、干部民主推荐，与事业部干部员开展任期考核谈话及组织考察谈话，涉及谈话对象170余人次。完成智慧交通板块事业部领导班子调整，共聘任干部11人次，退出干部岗位5人次，稳妥做好退出岗位的干部思想工作。

【加强监督】

全面督导推动重要决策部署落实落地，督促推动落实国企改革三年行动方案，全力推进上海船研所纳入全国百户科技型企业科改示范行动集团唯一入选企业。深入开展利益输送、设租寻租、化公为私问题专项整治。抓实巡察监督，完成智能交通业务板块党组织巡察反馈，对北京中远海科党委和舰船自动化党总支完成常规巡察，反馈问题51个，提出整改意见22条。

严格落实选人用人监督，智慧交通板块重组期间，加强选人用人全程监督，从严把好政治关、品行关、作风关、廉洁关，针对问题线索慎重提出监督意见，防止“带病提拔”。全年开展党风廉政意见回复4人次，对4名新提任干部开展任前谈话。紧盯关键节点严防“四风”，两节前下发工作提示，同时转发典型案例和廉洁漫画，强调严防“四风”纪律要求。假期派员前往园区检查公车停放情况，对节日期间公车外出的部分单位、部门在节后要求提交用车说明，促进了反“四风”有效落地。

【廉政建设】

为落实反腐倡廉建设责任，所党委书记、所长和所纪委书记分别代表所党委、行政和纪委与设立党委纪委的直属单位的党、政、纪主要负责人签订党风廉政建设主体责任书、“一岗双责”责任书和监督责任书；所党委书记与下属单位、所属基层部门党政主要负责人签订党风建设责任书。同时把党风廉政建设和反腐败工作责任传导给各直属单位、所属部门，所管干部及关键岗位人员签订廉洁承诺书，签订率100%。

2021年，船研所 / 公司共受理处置信访举报1件、问题线索1件，立案2件（党纪行政双立案），开除党籍 1 人，行政开除 1 人，开展诫勉谈话 7 人次，提醒谈话 13 人次，下发通报，开展以案促改警示教育 4 次。完成集团巡视移交 4 个问题线索核查，准确把握执纪尺度，对 6 名干部和关键岗位人员开展问责。对 1 个问题线索立案开展审查调查，严肃处理基层业务部门 1 名党员领导干部嫖娼案件，依纪依法给予“双开”。指导中海电信对 1 件信访举报开展初核，并就发现的违规收受外协单位礼品问题转发通报开展警示教育。

【企业文化】

根据企业文化建设三年规划工作要求，船研所 / 公司编制下发《中远海运科技 / 上海船研所 2021 年宣传思想暨企业文化建设工作要点》，围绕庆祝建党活动和企业中心工作，聚焦构建新发展格局和高质量发展，着力推进宣传思想和企业文化建设。积极利用“中远海运科技”“上海船研所”公众号等新媒体平台拓宽宣传范围，发表推送 107 篇（上海船研所 50 篇、中远海运科技 35 篇、船研青年 22 篇），展示企业文化和企业形象。根据集团史志办要求，依托公司发展史资料，对 2020 年、2018 年上海船研所 / 中远海科年鉴按集团要求体例进行规范，完成相关编写工作并提交报告。

积极开展庆祝中国共产党成立 100 周年主题歌咏会，经精心策划、上下发动，各基层单位精心组织排练。2021 年 6 月 22 日，公司隆重举行“永远跟党走”庆祝中国共产党成立 100 周年表彰大会暨文艺汇演，共有 12 个节目在活动中进行演出。总部管理部门把上海船研所的发展历程，浓缩成情景剧《驶向新时代》，活动在“没有共产党就没有新中国”的合唱中达到高潮。整场演出得到了公司广大干部员工的好评，生动展示了党员干部和基层员工爱国、爱党、爱企的良好风貌，进一步提振信心、鼓舞斗志，激发员工干事创业的积极性与创造力。集团《中国远洋海运报》进行了相关报道。

根据上海市文明单位创建周期工作要求，对照文明单位创建工作标准，夯实各项工作基础，经组织申报，上海船研所和中海电信在 2021 年 4 月被上海市委市政府命名表彰为“第 20 届上海市文明单位”。上海船研所文明单位社会责任报告经评审，达良好等级。

【群团工作】

船研所 / 公司工会积极推进 2021 年度“建功‘十四五’ 奋战新征程”劳动竞赛的开展，扎实开展劳模、技师、巾帼创新工作室的创建工作，徐延军劳模创新工作室被命名为第十三批上海市劳模创新工作室；组织开展“巧手展风华 奇趣现童心”三八节手作活动和庆六一职工亲子观演活动；倡导职工健康生活，开展第十三届职工体育健身节，智能跳绳赛云联动、云 PK。助力集团定点扶贫，捐赠 200 万扶贫资金用于定点扶贫县的建设；组织 1026 名职工参与“一日捐”，奉献爱心 64 157 元；为 22 名困难员工发放援助金 4.4 万元；继续为全体会员提供专享保障和互助保障。积极参与集团庆祝建党百年职工文艺展演，配合党史学习教育开展“我为群众办实事”专题活动和以“颂读百年路 展阅新征程”为主题的“书香船研”第十二届职工读书节，引导职工更好地开展党史学习教育，大力宣传集团“四个一”文化理念，凝聚职工齐心协力投入各项科研生产任务中。

船研所 / 公司团委引导团员青年“学史明理、学史增信、学史崇德、学史力行”，为青年量身打造党史学习教育“主题包”，策划开展各类学习教育活动 10 余次，覆盖青年 400 余人。在五四期间邀请上海市青年干部管理学院王冰副院长以《凝聚青春力量、传承百年梦想》为题作专题授课，带领公司青年系统性地回顾党的光辉历程，营造浓厚的党史学习教育氛围。配合公司党委开展“答题学党史、健步跟党走”专题活动，将上海市红色资源寻访与线上党史知识竞赛深度结合，将党史学习融入日常、学在经常。

【社会责任】

船研所/公司党员代表和青年志愿者积极参与上海市、浦东新区、洋泾街道的各类志愿服务工作，与洋泾团工委合作开展主题为“百年回望：中国共产党领导科技发展”国家重点实验室开放活动，组织30余名社区青年参观上海船研所国家重点实验室；充分发挥生力军和突击队作用，积极投身疫情防控战斗，配合上级部门做好“疫苗”接种进企业工作的后勤保障服务工作；在2021年3月志愿者服务月中、重阳节期间分别开展“阳光之家爱心志愿活动”“九九重阳节、浓浓敬老情”敬老爱老活动；积极参与集团团委“浪花心愿”云南永德爱心助学活动。通过参与社会公益服务，进一步体现企业社会责任和社会担当。（吴勤范）

中远海运集团财务有限责任公司

中远海运集团财务有限责任公司

【公司概况】

中远海运集团财务有限责任公司（简称“中远海运财务”，英文简称 COSCO SHIPPING Finance），为中远海运集团直属二级公司，前身中海集团财务有限责任公司（简称“中海财务”），是经中国银行保险监督管理委员会批准成立的企业集团财务公司。公司于 2009 年 12 月 30 日成立，2018 年吸收合并中远财务有限责任公司，2019 年 1 月 18 日正式更名为中远海运集团财务有限责任公司。2019 年 4 月 22 日，公司成立中远海运集团财务有限责任公司北京分公司；同年 6 月 10 日，北京分公司正式开业；2021 年 12 月，北京分公司正式关闭。

公司初始注册资本 3 亿元，2011 年增资至 6 亿元（含 500 万美元）；2017 年增资至 12 亿元（含 500 万美元）；2018 年完成吸并后增至 28 亿元（含 2500 万美元）；2020 年 6 月，公司股东同比例对公司增资至 60 亿元（含 2500 万美元），分公司营运资金 5000 万元。2021 年年底，公司注册资本 60 亿元（含 2500 万美元）。

作为非银行金融机构，公司主要经营范围为：对成员单位办理财务和融资顾问、信用鉴证及相关的咨询、代理业务；协助成员单位实现交易款项的收付；经批准的保险代理业务；对成员单位提供担保；办理成员单位之间的委托贷款及委托投资；对成员单位办理票据承兑与贴现；办理成员单位之间的内部转账结算及相应的结算、清算方案设计；吸收成员单位的存款；对成员单位办理贷款及融资租赁；从事同业拆借；承销成员单位的企业债券；有价证券投资；代客普通类衍生品交易业务（仅限于由客户发起的远期结售汇、远期外汇买卖、人民币外汇掉期产品的代客交易）。

【经营概况】

2021 年，中远海运财务资产规模突破 1500 亿元，步入千亿级财务公司行列。公司中间业务收入突破 1000 万元，基本实现了商业银行业务全面覆盖，公司各项工作取得了长足的进步。截至 2021 年 12 月 31 日，公司总资产 1 524.68 亿元，总负债 1 436.78 亿元，所有者权益 87.9 亿元。全年营业总收入 22.26 亿元，实现利润总额 4.56 亿元，净利润 3.4 亿元。公司 2021 年度联合信用评级为 AAA，评级展望为稳定。

【主要业务】

中远海运财务全力支持集团实体经济发展，不断丰富金融服务品种，为各成员单位提供高效高质的金融服务，协助集团降杠杆，提高资金使用效率。2021 年，公司服务集团境内客户 1227 家，提供结算笔数 614.88 万笔，结算量折人民币 5.81 万亿元，在存款定价方面给予成员企业优惠报价。

公司多措并举持续加强资金归集，重点推进资本金账户、合资公司的资金集中，以及境外成员单位的跨境资金归集。截至 2021 年 12 月底，境内可归集资金集中度 90.39%，全口径资金集中度 50.98%。

公司积极贯彻央行货币信贷政策，充分发挥财务公司内部资金融通作用，在做好信贷政策执行和精准投放基础上持续增加信贷规模。截至 2021 年年底，公司信贷业务规模折合人民币 496.3 亿元。公司积极探索低碳绿色金融服务，推出“双碳融”专项信贷产品，为成员单位提供 34.56 亿元专项信贷额度。

公司从服务范围和业务品种上加快票据推广，新增票据池及大票换小票等业务，以满足成员单位票据应用需求。2021 年累计开票 2301 笔，合计金额 37.78 亿元；累计贴现 172 笔，合计金额 6.23 亿元。

公司积极参与成员单位直接融资项目，提升投行服务能力。2021 年，公司以财务顾问身份全程参与了中远海发三期公司债券以及中远海运租赁六期资产支持专项计划的发行工作。截至 2021 年 12 月底，公司以金额 94.4 亿元的成绩进入了万得资产支持证券中介机构（财务顾问）排行榜，排在产品总数并列第 8 位和金额总数第 13 位。

2021 年，公司累计办理即期结汇业务 165.15 亿美元；外币对即期交易 234.82 万欧元，交易集中度 95%；累计实现中间业务收入人民币 1 183.88 万元，为成员企业节省财务成本近 9000 万元人民币。

在保函业务方面，充分发挥财务公司信用，有效盘活公司信用资产。公司全年累计开立保函 188 笔，金额折合人民币 32.03 亿元。

根据境内、外成员企业主体变化和跨境资金融通实际需求，公司积极向国家外汇管理局申请集中运营业务更新备案，年内新增包括集运本部、东方国际集装箱香港、秘鲁港口等 1 家境内企业和 3 家境外企业加入跨境资金池。2021 年，跨境资金集中运营业务项下外债额度内境外资金归集累计发生额 21.3 亿美元，余额为 12.40 亿美元；境外放款累计发生额 24.35 亿美元，余额 31.86 亿美元。2021 年，首次通过跨境资金池为海发办理跨境人民币境外放款 19 亿元，用于其香港集装箱租赁公司向境内箱厂支付采购款，此次资本项下人民币流出及贸易项下人民币回流贡献跨境人民币结算量 38 亿元。

在实体资金池推进方面，截至 2021 年 12 月底，公司为成员单位建立实体资金池 8 个，归集子账户近 400 个，月末时点归集资金 48.79 亿元，全年为成员企业节省手续费 8300 多万元。目前已上线企业分别为物流、租赁、海特、重工、东方海外货柜、东方海外物流、船员、散货，较 2020 年新增 5 家公司。

【企业管理】

中远海运财务坚持以习近平新时代中国特色社会主义思想为指导，深入学习贯彻落实党的十九大、十九届历次全会精神和党中央重大决策部署，围绕公司“十四五”建设起步开局，以庆祝中国共产党成立 100 周年为契机，积极践行“三做”理念、发扬“三舱”精神、做好“四个坚守”，以高质量党建引领保障公司高质量发展，为公司“十四五”良好开局提供坚实政治保障。

在集团“十四五”规划指引下，公司根据集团付刚峰总经理在公司“十四五”规划专题汇报会上提出的工作要求，以及集团财务部和战企部指导意见，经过多次修订完成公司“十四五”规划的编制工作，并获集团正式批复。

公司坚持以改革创新为根本动力，积极实施改革三年行动。根据集团国企改革三年行动方案整体部署，公司成立了深化国企改革领导小组和工作小组，全面组织推进改革三年行动工作任务，明确改革三年行动 11 个方面 47 项重点任务、具体目标和工作举措，持续推进公司改革发展，提升改革综合成效。截至 2021 年年底，公司改革完成率为 87%，超预期完成国务院国资委要求的 70% 任务目标。

全面完成北京分公司关闭工作。公司研究制定《关闭北京分公司的实施方案》，有序平稳完成北京分公司辖内企业账户的迁移工作，妥善安置北京分公司人员，进一步实现业务、资金和人员的整合优化，集约管理效能、提升运营效率。

2021 年，公司结合监管数据治理工作要求，制定 1104、EAST 等 5 套监管报表填报指引，通过细化数据来源、加强风险防范等有效措施，确保公司全年监管数据报送质量的稳定。2021 年 7 月，根据监管反馈，公司在 2020 年度监管评级中重返“1B”。

【业务创新】

中远海运财务利用业务资质、平台以及资本市场资源优势，以财务顾问身份参与成员单位公司债券和资产支持专项计划的发行。取得外币对即期交易业务资格，并实现首笔欧元 / 美元货币对即期交易落地；通过货币类金融衍生业务集中操作平台建设为集团内不同业态的成员单位提供风险管理和交易策略，降低交易成本；建立专职合规联络员机制，进一步强化公司合规管理体系。

此外，公司非常注重创新机制建设。2021 年，公司召开战略发展委员会会议 5 次，创新研究会 13 次，讨论优化课题研究机制，优选 16 个研究课题，对年度创新工作成效实施评价；开展业务讲坛 22 次，持续培养员工创新思维能力。

【信息化建设】

2021 年，中远海运财务根据业务运营和发展需要，加大信息科技投入，加强信息系统建设和网络安全保障，为各项业务线上化、自动化提供平台和信息技术支持，为公司网络安全提供有效保障。重点完善核心业务系统功能，提高业务系统覆盖率，提升服务集团和成员企业能力；积极建设监管报送系统，支撑公司监管报送数据工作，满足央行、银保监会等监管机构要求；稳步推进财企直连项目建设，打通财务核算和资金结算信息流，提高上线单位资金使用效率及管理水平。

【风险管控】

中远海运财务通过设立制度专岗，对规章制度体系进行全面梳理，进一步提升公司规章制度的科学性、适用性、有效性。2021 年以来，公司专职合规联络员在监管评级指标日常监控、监管数据治理、合同管理等工作中，逐步承担起主要的链接、协调及执行角色，为确保公司各项重点合规工作的顺利推进发挥积极作用。

公司将推动战略部署、促进改革发展、防控金融风险、规范内部管理作为审计工作的出发点和落脚点，积极履行审计监督职能。2021 年，公司完成每日监控月报 12 期，联网审计 4 期，审计项目 11 项。审计内容涉及反洗钱义务履行、审计意见整改落实、金融、投资、外汇业务等传统审计项目，另外还有全面风险管理和内控建设、金融数据报送质量等风险维度专项审计，以及信息系统管理、薪酬绩效和北京分公司总经理任期经济责任等审计项目，共发现审计问题 25 个，提出并被采纳审计建议 25 个，管理建议 1 个，为公司高质量发展提供支撑保障作用。

【疫情防控】

2021 年，中远海运财务严格落实“外防输入、内防反弹”疫情常态化防控策略，全力以赴抓好疫情防控工作。公司有效落实“三件套”和“五有”防疫措施，构筑起安全防疫屏障。通过全员签订疫情防控承诺书，执行严格请示报告制度，及时通报防疫情况、各项政策措施要求，提高了员工政治站位和思想认识。按照“应接尽接”原则要求，动员和协调安排疫苗接种工作。截至 2021 年年底，公司员工和家属均未发生疫情感染事件。

【人才队伍】

2021 年，中远海运财务不断健全法人治理结构，制定落实《经理层任期制和契约化管理工作方案》，以合同、协议约定对公司经理层成员聘用和开展年度和任期考核，激发企业经理管理者活力、创造力。

持续深化人事、劳动、分配 3 项制度改革，推进干部“能上能下”，对尽职尽责、表现优秀、业绩突出的 2 名干部进行提任，12 名管理干部进行岗位调动交流，1 名干部转任技术岗位，1 名干部推荐为集团定点帮扶县挂职干部。

积极引导广大干部敢于担当、真抓实干、善于作为，坚持严管和厚爱结合、激励和约束并重，不断完善干部管理办法、干部考核评价机制，研究制定激励干部担当作为的具体操作办法，充分调动和激发干部队伍的积极性、主动性和创造性，着力营造担当作为、干事创业的良好环境。

【党建工作】

中远海运财务坚决贯彻落实党中央、集团重大决策部署，坚持把方向、管大局、促落实，在重大问题决策上，严格落实民主集中制。全年共召开党委会 24 次，研究讨论公司“三重一大”议题 66 项，其中前置研究讨论重大事项 23 项，保证了各项工作的贯彻落实。

坚持“第一议题”制度。进一步推进深入学习贯彻习近平总书记重要讲话和重要指示批示精神，研究制定《中远海运集团财务有限责任公司党委“第一议题”制度》，公司党委必须深刻领悟“两个确定”的决定性意义，增强“四个意识”、坚定“四个自信”、做到“两个维护”。坚持第一时间传达学习，及时召开党委会、中心组学习（扩大）会议、专题学习等，确保习近平总书记重要讲话和重要指示批示精神不折不扣落实到实处。

扎实推进党史学习教育。按照集团党组党史学习教育实施要求，强化组织领导，制定《公司关于开展党史学习教育的实施方案》，确定重点任务清单，细化学习内容、学习形式和学习时间。举办领导班子专题读书班，开展《中国共产党章程》《论中国共产党历史》原文诵读，在读原著、学原文、悟原理上下功夫。公司党委班子领导带头到各基层联系点开展专题党课，在学党史、讲党史、懂党史、用党史方面积极发挥示范带动作用。有力推动党史学习教育向深度、广度拓展，组织参观中共一大纪念馆、“红色记忆·蓝色航海：庆祝中国共产党成立 100 周年特展”；观看《1921》《革命者》《长津湖》等影片；开展“红色照耀蓝色航程”专题党课等形式多样的活动。

深入开展“我为群众办实事”实践活动，制定“我为群众办实事”实践活动方案，组织召开员工座谈会，了解员工思想工作情况，听取建议需求，找准措施，积极推进公司办实事项目。

坚持党建工作与生产经营深度融合，把准政治导向，将党建融入公司治理、管理各环节各方面，为生产经营赋能、为改革发展护航。推动提升金融服务集团实体经济能力，进一步为各成员单位提供高效高质金融服务，协助集团降杠杆，提高资金使用效率。

加强党建顶层设计，压实党建主体责任。深入推进党建责任考核，与各支部签署党建工作责任书，不断强化党建责任考核与经营业绩考核综合运用，开展公司党委书记抓基层党建述职评议考核。每季度召开党建工作例会，听取支部党建工作汇报，掌握支部党建工作情况，研究问题解决方案，部署党建工作重点。

不断夯实党建基础工作，加强支部标准化建设。严格执行“三会一课”，认真落实组织生活会、民主评议党员制度，切实发挥基层党建工作的实效。根据员工数和党员数均衡的编制原则，对公司总部支部进行重新编制，组织各支部召开党员大会选举产生新一届支委，进一步夯实党支部组织基础，发挥支部战斗堡垒作用。

持续开展“新时代新作为我是共产党员”公司特色活动，在“结对登高”活动中，党员与党员、党员与群众相互帮助、互促互进、共同提高。各支部结合自身业务特色，紧贴公司生产经营管理和改革发展，积极发挥党员先锋模范作用，带领党员群众结合业务工作，务实创新，携手登高。

【社会责任】

中远海运财务始终秉承“用心做企业、用爱做慈善”理念，积极履行社会责任，践行企业责任担当，参与集团各项慈善公益活动。2021 年，公司累计向集团慈善基金会捐赠 4700 万元，采购 6.85 万元农产品支持沅陵县帮困项目。2021 年，公司派干部担任集团定点帮扶县湖南省沅陵县副县长。同时为支持当地经济发展，改善当地企业办公条件，公司充分利用现有办公资源，将北京分公司关闭后所遗留的全新办公家具及办公设备无偿捐赠湖南省沅陵县。

2021 年中远海运财务基本情况见表 14–15。

2021 年中远海运财务基本情况

表 14–15

类别	项目	单位	数值
财务情况	总资产	亿元	1 524.68
	净资产	亿元	87.9
	营业总收入	亿元	22.26
	利润总额	亿元	4.56
业务规模（年末规模）	存放同业	亿元	912.05
	信贷资产	亿元	496.3
	投资理财	亿元	12.68
	吸收存款	亿元	1 428.91
人力资源	员工总数	人	127

（王玉洲）

中远海运博鳌有限公司

中远海运博鳌有限公司

【公司概况】

中远海运博鳌有限公司（简称“博鳌公司”，英文简称 COSCO SHIPPING BOAO），成立于2001年8月，是中远海运集团直属二级单位，属于集团“3+4”增值服务产业集群，是博鳌亚洲论坛核心服务商和基建投资商。

2001年8月6日，海南中远发展博鳌开发有限公司成立。2005年10月26日，公司名称变更为海南中远博鳌有限公司。2006年9月25日，当时中国远洋运输（集团）总公司将海南中远博鳌有限公司纳入直属二级公司管理。2016年10月28日，经中远海运集团批复同意，公司更名为中远海运博鳌有限公司。

博鳌公司成立后，一方面服务于博鳌亚洲论坛，另一方面积极参与市场竞争；核心业务主要集中在会议和度假两大产业。业务范围包括会务、酒店餐饮和客房、高尔夫、景区观光、温泉等。客户广泛分布于汽车、医药、IT、金融、保险、制造、教育等行业。

截至2021年，博鳌公司成功完成20届博鳌亚洲论坛年会的服务保障任务，先后接待了10位中方领导人、147位外方领导人、2.7万余名嘉宾代表。习近平总书记分别参加了2010、2013、2015、2018、2021年（线上出席）博鳌亚洲论坛年会。公司还参与服务保障了首届、第二届、第三届、第四届进口博览会，以及深圳经济特区建立40周年庆祝大会、首届中国国际消费品博览会等重大活动。博鳌公司全力服务国家外交大局，擦亮集团“金字招牌”。

【深化改革】

博鳌公司深改小组对标集团新目标，聚焦2021年完成70%任务要求，形成99项具体任务的自我加压版任务清单，实际完成94项，超额完成集团的目标。完成经理层成员任期制和契约化签订，统筹完成配套制度文件20个。公司成功举行经理层成员任期制和契约化管理以及会务公司职业经理人等40人的签约仪式，标志着公司该项制度改革正式落地实施。在健全干部管理机制方面，OKR工具包推行深化及《关于激励干部担当作为实施容错纠错工作办法（试行）》《公司直属单位领导班子及公司管理干部综合考核细则（试行）》《竞争性选拔干部工作实施细则（试行）》等制度的陆续下发，干部队伍干事创业激情被激发。基于公司“四个增长极”的发展战略及公司“十四五”业务发展规划，完成“十四五”人才发展规划，招募管培生7人，同时完成2021年度课题研究小组组建，为公司年度重点研究性工作建言献策，贡献智慧。促进督办/OA效率双提升。制定督办及OA流程管理制度，定期统计、通报、分析、改进，大幅提升公司内部运转效率。下一步要持续优化机制，发挥更大作用。

【发展战略】

在外部战略咨询机构的协助及与集团相关领导及部门多次沟通下，公司“十四五”规划于2021年年底获得集团批复。围绕“十四五”战略落地，公司轻资产化、增资及债转股等重点工作也实现阶段性进展。DMC与PCO打造也经多次专题会研讨后形成初步方案，并成立工作组推进。首次对未来5年的重点项目投资计划进行谋划，对如何确保规划落地进行研究，形成了各业务的年度实施计划、公司组织结构和管控体系优化规划、公司机构职责职数与编制优化规划和公司薪酬激励与绩效考核体系优化规划4个专项规划，为确保战略落地打好坚实基础。

在充分总结成功创建省级旅游度假区并取得国家旅游度假区背书的经验基础上，公司组织专家论证会，初步明确国际旅游度假区创建主题和创建思路，将国创项目分解为“6+1 核心产业”“7 大休闲度假产品”“10 项基本保障项目”和“5 类人文环境项目”4 个子类别，成立国创项目部，推进国创项目有序开展。完成游客中心前期调研、立项、设计、报批报建等工作并正式施工。公司重点打造康养旅游业态，本着将“好事办好”的原则，以集团员工疗休养政策机遇为抓手，协同公司工会，成功与多家兄弟单位达成合作意向。成功与丽滋卡尔医院就金海岸酒店别墅客房改造出租达成合作，积极推进与外部单位达成金海岸宿舍整体出租合作，盘活利用率实现提升。成功中标腾讯大铲湾项目，服务期两年，真正意义上实现由服务输出向技术输出转变。系列标准化建设成形。围绕项目捕捉、可研分析、资源共享、约束激励等内容完成项目外拓标准化文件，基本实现标准化输出管理。在自贸港政策机遇抢抓方面，进行港航合作。开发港航专项渠道，以互换的合作方式，实现系统内资源联动共赢，深度挖掘各类商品在社交领域的裂变推广潜力，扩大收入。加强与中远大昌合作。基于公司会议度假所需的衍生汽车租赁业务，成功与中远大昌达成合作意向。

【经营效益】

2021 年，博鳌公司实现营业总收入 21 492.25 万元，增加 4 810.54 万元，同比增长 28.84%；营业总成本 39 525.97 万元，增加 2 916.93 万元，同比增长 7.97%；净利润 –26 688.69 万元，减亏 74 987.19 万元，同比减亏 73.75%。跨省旅游因疫情影响受到限制，公司积极开拓本地旅游市场，共推出产品组合套餐 124 套，售出 6301 套，实现千万级收入。全年实现定期定址会议收入 5 546.15 万元。全年管理服务输出创造收入 2 051.09 万元。

在新冠疫情的持续冲击下，公司春节档及暑期档流量上升困难，下半年会议业务陆续取消多个场次。加之，公司长期非市场化的高额投资，形成较重的经营负担，经济效益大幅度下滑，部分资产存在减值迹象，经评估测试确认计提固定资产减值准备 11 903.92 万元。

【风险管控】

2021 年，博鳌公司完善法治风控领导机构，设立合规管理委员会，与法治建设、风险管控领导机构合署办公，全面领导法治风控与合规管理工作。加强法治机构建设，统筹做好全面风险管理、内控体系、合规体系的一体化建设和功能的有机衔接，逐步整合法律事务、风险管理、内部控制、合规管理、制度管理等职能配置，加强统筹。加强风控制度建设，更新修订及发布风控基本制度，建立以内控体系建设与监督制度为统领，各项具体操作规范为支撑的“1+N”内控制度体系，完善风控机制，按照“管业务同时管风险”的原则，压实各级主体的风控责任，细化各项风险防控要求。强化完善风险研判机制、决策风险评估机制、风险协同防控机制，以及落实风险责任机制等，形成工作体系，切实发挥各项工作机制在风险管理中的作用。推动风险量化监测，全面梳理重要业务领域和关键环节的风险，确定关键风险的预警指标和阈值，在此基础上，加强重大风险评估和季度重大风险监测预警工作，强化监测成果的运用，做到重大风险早预防、早发现、早处置。积极开展重点业务领域专项风险管理，深入细致开展重点风险专项排查工作，重点加强金融、投资、混改等领域的专项风险管控。组织对公司在新兴市场、新兴领域的重大业务项目进行综合风险研究。

【年会服务】

2021年4月18—21日，以“世界大变局：共襄全球治理盛举 合奏‘一带一路’强音”为主题的博鳌亚洲论坛2021年年会在海南博鳌举行。国家主席习近平以视频方式在开幕式上发表题为《同舟共济克时艰，命运与共创未来》的主旨演讲。国家副主席王岐山现场出席开幕式。15个国家和地区的国家元首或政府首脑、99位部长级以上高级官员和前官员、29位国际和地区组织负责人，以及近百位世界500强和知名企业高管、众多知名专家学者和文化精英通过“线上+线下”形式参加。同时吸引了18个国家和地区的160家媒体机构1200多名记者前来采访报道。

2021年投资4500余万元建成总建筑面积约2100平方米，由9个院落、20栋海南民居、5个乡村会客厅（含VIP厅）组成的博鳌亚洲论坛主题公园。4月19日晚，国家副主席王岐山出席论坛成立20周年回顾展启动仪式并观看了《锦绣天成》演出。为进一步提升入驻嘉宾的体验感与新鲜感，博鳌公司全面提质改造论坛大酒店和国际会议中心，投资近3.1亿元改造，建筑面积达7.8万平方米，圆满完成了酒店大堂、3个餐厅和437间客房，国际会议中心二楼主会场和一楼14间小会议室，以及电梯、配电室设备、消防系统、客控系统等配套设备的改造。上级领导考察时给予高度肯定，以“发生了翻天覆地的变化”来形容。同时，将论坛大酒店大堂铜壁画和落客区琉璃球打造成为“网红打卡点”。由中国工艺美术大师、国家级非遗铜雕技艺传承人朱炳仁创作的5米宽10米高的巨大铜壁画矗立大堂，气势恢宏，吸引了参会嘉宾的目光。大家纷纷合影留念，新闻媒体多次进行专门报道。由全国著名工艺美术大师施森彬主创的大堂落客区水景艺术品，包括1个大珐琅球体、20个小琉璃球，夜间灯光烘托效果出色，提升了参会嘉宾的视觉体验。此外，中国文化人物20位大家通过联展庆祝论坛成立20周年，营造了浓厚艺术氛围。

在年会服务保障工作中，博鳌公司提高政治站位，增强“四个意识”、坚定“四个自信”、做到“两个维护”，不断提高政治判断力、政治领悟力、政治执行力。公司深入贯彻落实“三做”理念，把筹备服务保障好论坛年会作为“根”和“魂”，坚决落实集团领导现场调研指示精神，以年会机制化运作为统领，按照早谋划、早部署、早推进、早落实“四早”要求，以“归零”心态集中精力办好自己的事；在做好常态化疫情防控的同时，全力提升软硬件服务保障实力，上下同欲、担当作为，实现了零失误、零差错、零缺陷“三零”目标，进一步擦亮了集团“金字招牌”底色，受到了中外方政要、外交部、海南省委省政府、论坛秘书处及参会嘉宾的一致好评和高度赞许。年会期间，共计接待副部级以上嘉宾63人、驻华使节55人，收到驻华使节、国际组织和与会嘉宾题词63份，表扬信112封，书法作品11幅，锦旗2面，短信及口头表扬数不胜数，打造了服务保障新高地。

【服务客户】

优质的服务是企业核心竞争力之一。2021年，博鳌公司成功接待各类会议198场，其中千人大会27场，会议满意度超过95%，OTA满意率96.45%，处于行业内领先地位。高尔夫球会凭借优质的服务和配套，被评为十佳非凡高尔夫度假村。

旅游度假客户服务方面，在产品设计上，跨省旅游因疫情影响受到限制，度假区积极开拓本地旅游市场，共推出产品组合套餐124套，售出6301套。五一、国庆及大型会议期间开放论坛公园，提高出租率。结合论坛文化，重点开发本地研学及亲子游市场，推出升级版“小小外交官”定制产品及光影音乐美食活动，“一主两辅”业态格局逐渐形成。在营销策划上，坚持“线上+线下”双渠道推广宣传，打造“鳌宝”元素形象，利用小红书、抖音等新媒体流量平台，联动本地媒体，结合节假日，实现东屿岛旅游度假区品牌全年累计曝光量近百万。

会议客户服务方面，定期定址会议话语权持续提升。定期定址品牌论坛总数已达76个，涉及行业领域广泛，在IP品牌权益从原有的10%上升至20%，逐步掌握定期定址会议话语权。会议产业链不断健全。会议产业链涉主要涉及会议策划、酒店住宿、餐饮、场馆、广告推广、交通等资源。会务公司已与周边7家酒店、8家搭建公司、4家安保、3家租车等签署合作协议，为健全会议产业链做好基础布局。会议生态平台逐步完善。会务公司以博鳌乐城国际医学交流中心为依托，与琼海市会议展览业协会共同开发博鳌智库、博鳌全媒体传播中心及小鳌通会务平台建设，借助生态圈资源与优势，为PCO打造赋能。

在管理服务输出方面，完成第四届进博会服务保障。公司189人服务保障团队圆满完成104场次活动、13 607人次的服务保障任务，得到了商务部和与会嘉宾高度认可。完成首届消博会服务保障。继论坛年会结束后，公司19人团队深入对接会议筹备方，为开幕式搭建、场地、物资、标准等方面提供专业咨询意见，实现服务内容新突破，体现了服务价值。

【安 全 生 产】

在集团的正确领导和大力支持下，博鳌公司坚持“一手打伞、一手干活”的要求，牢固树立“以人为本、安全发展”的理念，贯彻落实“安全第一，预防为主，综合治理”的方针。以习近平新时代中国特色社会主义思想为指导，深入学习贯彻习近平总书记关于安全生产重要论述，贯彻落实党中央、国务院关于安全生产重大决策部署，严格按照集团安全生产有关要求，认真履行疫情防控、安全生产、生态环境保护等主体责任。全年安全、生态环境形势总体稳定，未发生重大安全生产事故、重大财产损失事件及严重环境污染事故。疫情防控取得较好成效，年会服务安全保障圆满，实现了零伤亡、零事故、零污染、零感染的“四零”目标。职业健康方面，职业病预防率100%。荣获琼海市2021年度安全工作优秀企业称号。公司2021年共开展各类安全培训64场，参训人员2400人次，组织应急演练10场，参加人员共计1570人次。公司与各部门、各单位签署了《安全生产责任书》，下达了安全生产控制指标，要求全系统认真履行安全生产主体责任，全面提高安全管理水平。按照“党政同责、一岗双责、齐抓共管、失职追责”的要求，公司安委会采取双主任，由公司总经理和党委书记担任，建立安全生产责任体系，全面落实安全生产党政同责各项措施。公司从抓企业“本质安全”为着力点，逐级开展“安全生产标准化”建设、消防物联网建设，不断提升公司本质安全能力。

【队 伍 建 设】

2021年，博鳌公司坚持党管干部原则，夯实干部人才工作机制。有序推进梯队建设，统筹规划接班人培养机制。为有序推进干部人才梯队建设工作，公司制定了《中远海运博鳌有限公司中层管理人员接班人培养方案》，明确了中层管理人员接班培养机制。根据人事管理权限，公司统筹规划好本部各部门和各单位负责人接任计划，各中心与各单位分级制定本单位中层管理人员接任计划，建立各计划间的有序联动，确保形成合理有序的干部人才梯队。健全干部管理机制，激发干部担当作为。公司制定下发了《关于激励干部担当作为实施容错纠错工作办法（试行）》，激励各级领导干部敢于担当、勇于作为、锐意改革创新、努力拼搏奉献。公司修订了《公司直属单位领导班子及公司管理干部综合考核细则（试行）》，新建了《竞争性选拔干部工作实施细则（试行）》，加强干部考核评价管理，大力推进管理人员竞争上岗、末等调整和不胜任退出等制度，强化业绩考核与市场对标，严格执行退出标准和程序，推动各级管理人员能上能下，不断激发企业活力。立足发展，谋划公司“十四五”人才规划。凡事预则立，基于去年完成的公司“十四五”人才规划初稿，同时立足公司“四个增长极”的发展战略及公司“十四五”业务发展规划，积极谋划“十四五”人才发展规划，做好未来五年公司人才队伍建设的谋篇布局工作。完善公司人才培养工作。按照公司轮岗工作三年行动方案部署，做好第二批次轮岗交流安排和第一批次轮岗到期结束总结安排。同时统筹公司各下属单位做好各自轮岗交流方案，推动实现本部干部员工与基层单位干部员工充分灵活地轮岗交流，达到培养锻炼干部队伍素质能力的同时，推动公司业务向好发展。按照管培生工作安排，做好2021届管理培训生招录工作，并于年底启动2022届管培生招录工作，做好人才储备。不断加大人才锻炼，同时为公司解决各类难点、堵点问题，结合公司人才库工作方案，博鳌公司完成了2021年度课题研究小组组建。改进培训培养方式，统筹搭建公司教育培训体系。为深入贯彻集团《集团党组关于完善教育培训体系建设的意见》，进一步加强公司人才培训培养工作，提升教育培训质量。博鳌公司开展教育培训工作宣贯会，就集团党组关于完善教育培训体系建设的意见进行了学习宣贯，为进一步结合公司实际认真贯彻落实好意见要求，组织开展教育培训工作调研会，进行集体研讨，集思广益。组建公司范围内内训师队伍，盘活和利用好公司内部优质培训资源，不断提升人才队伍素质能力。同时结合集团要求和公司管理实际，修订完善公司培训管理办法，固化教育培训工作思路和要求，简化培训体系。

【企业文化】

突出论坛年会宣传。精心策划《集团品牌元素展示方案》，金海岸酒店洗衣房楼顶、远洋大道一侧和亚论酒店电梯口成为全天候展示集团品牌形象的重要阵地。环岛路摆放救生圈10个，路灯和标识标牌上印制集团LOGO 276个，64辆电瓶车和球车、新闻中心30个沙箱印制集团名称和LOGO，扩大了集团影响力。协调组织央视等30余名记者开展2021年论坛年会集中采访活动，冒雨组织《人民日报》等40余名记者到论坛主题公园观摩报道《锦绣天成》演出。年会前后，央视《新闻直播间》等新闻报道30余次，采访40余人次，报道数量300余篇，《中国远洋海运报》刊登整版4个，公司官微刊发《2021年年会，我们都了不起》系列报道23期，均创新高。论坛主题公园、铜壁画成为“网红打卡点”。

突出公司内部宣传。制定2021年度《关于提升公司在集团系统内企业形象展示和文化宣传效果的方案》，围绕管理服务输出等开展主题宣传。全年在《中国远洋海运报》等媒体发表稿件30余篇，公司官微刊登稿件400余篇，不断提升公司在集团系统内的知名度和影响力。通过抖音、视频号等载体加强东屿岛旅游度假区品牌宣传推广，影响力逐步扩大。加强舆情管控，针对北京疫情密接游客到博鳌亚洲论坛成立会址参观，及时在官微刊登《中远海运博鳌生产经营秩序正常》，澄清事实，管控舆论风险。

制定《庆祝公司成立20周年系列活动方案》，以8月为“企业文化月”，公司领导围绕公司成立20年创业奋斗史，结合工作生活实际畅谈心得体会。举行庆祝公司成立20周年大会，为20名员工颁发纪念奖牌，总结回顾不平凡历程，赓续奋斗血脉，弘扬博鳌精神，以史为鉴、开创未来。35名员工及家属参加游园体验活动，增强归属感。开展针对性营销活动，在抖音等平台推出系列宣传短片，推出8款产品套餐，受到客户欢迎，切切实实增加收入。

组织召开三届六次职工（工会会员）代表大会，围绕“三大周年庆”制定工作计划，公司领导围绕集团二级单位职工疗休养落户博鳌率队开展上门拜访。出台公司职工疗休养实施意见。举行男子篮球、第四届东屿岛迷你马拉松、羽毛球等赛事活动，近2000人次参加，举办文艺兴趣小组三周年庆活动，激发队伍活力。推出“轻食”健康营养餐，满足员工个性化需求。落实公司党委党建带团建工作实施方案，明确公司团委书记职级。召开“学党史、强信念、跟党走”党史学习教育专题会4次，组织开展“担使命、见行动”主题活动、世界读书日活动、党委书记与团员青年座谈交流、团日活动、老村志愿服务等“八个一”主题活动，引领团员青年创新创业创效。前往琼海杨善集烈士纪念园，以及椰子寨、万宁日月湾等地开展“请党放心、强国有我”主题团日活动，增进相互了解，激励广大团员青年坚定信念、奋发有为。

【党 群 工 作】

2021 年，博鳌公司把学习贯彻习近平新时代中国特色社会主义思想作为重大政治任务，围绕学习习近平总书记“七一”重要讲话、党的十九届六中全会，以及习近平主席在博鳌亚洲论坛 2021 年年会和第四届进博会开幕式上的重要讲话精神。严格执行重大事项请示报告制度，专题研究博鳌亚洲论坛 2021 年年会和首届消博会服务保障工作，形成专项报告报集团党组。认真落实党员领导干部双重组织生活制度。公司党委按照集团党组部署要求，坚持“学史明理、学史增信、学史崇德、学史力行”，印发工作方案，成立巡回指导组，精心组织开展党史学习教育。发放《中国共产党简史》、十九届六中全会辅导读本等书目 200 余套，组织收看《党课开讲啦》，召开党委会和党委中心组学习 21 次，公司各级党组织开展集体学习 62 次，举办党史学习教育培训班和学习贯彻党的十九届六中全会精神读书班，300 余人次参加，参加集团党史学习教育专题培训班 18 人次。牢记“国之大者”，坚持疫情防控和服务品质并重，突出党员责任区作用，秉承“四化”服务，成功服务保障“一年三盛会”。以年会党建机制化为引领，以 4 月为“服务月”，党委书记以“从党史中汲取精神力量　决胜 2021 年年会”为题讲党课，举行誓师大会，印发倡议书，17 个党支部召开专题组织生活会，统一思想、提高认识。建立 125 人的党员突击队和 380 人的团员预备队，深入论坛主题公园等地开展环境美化活动。深入开展“服务年会我先行、决胜年会我奉献”主题活动，以实际行动完成 20 周年的论坛年会服务保障任务。派出 200 余人核心骨干团队，推动高标准完成首届消博会、第四届进博会会务服务，以及海南省和集团配套活动。积极融入海南自贸港建设，全力服务“六稳”“六保”，继续坚持“不裁员、不降薪”，慎终如始抓好疫情常态化防控，一手打伞、一手干活，深化做好大型会议接待和游客服务。隆重庆祝中国共产党成立 100 周年。精心制定主题活动方案，以 6 月为“党建月”，弘扬伟大建党精神，举办 2021 年度党支部书记培训暨党员集中学习培训班和学习贯彻习近平总书记“七一”重要讲话精神专题研讨班，召开“两优一先”表彰大会，划分 8 个小组开展“学党史、忆初心、担使命”党史学习教育知识竞赛。组织收看庆祝中国共产党成立 100 周年大会，紧扣学习贯彻习近平总书记“七一”重要讲话精神召开高质量专题组织生活会。围绕员工急难愁盼，确定论坛酒店员工食堂改造、培兰宿舍区电动车棚改造、培兰 D 栋宿舍地砖维修等“我为群众办实事”实践活动 25 项重点项目清单，投入约 250 余万元，逐项明确责任人和完成时限，精准施策、狠抓落实，项目完成率 100%。召开综合管理提升研讨会，对集团党组副书记王海民对博鳌公司的工作要求进行研究落实，提升班子理论水平和政策研判能力。党委班子成员先后 5 人次率队到扶贫点调研慰问指导工作，投入资金近 30 万元，开展产业、就业、健康、消费、智力扶贫，受到省国资委和当地群众的一致好评。

2021 年博鳌公司基本情况见表 14–16。

2021 年博鳌公司基本情况　　表 14–16

类别	项目	2021 年	备注
财务状况	总资产（亿元）	15.82	—
	净资产（亿元）	–4.85	—
	总收入（亿元）	2.15	—
	利润总额（亿元）	–2.67	—
员工队伍	年末员工总数（人）	1033	—

（宋晓冬）

中远海运财产保险自保有限公司

中远海运财产保险自保有限公司

【公司概况】

中远海运财产保险自保有限公司（简称“中远海运自保”，英文简称COSCO SHIPPING Insurance），由中远海运集团全资设立，于2017年2月8日成立，注册资本金20亿元，注册地中国（上海）自由贸易试验区。作为中远海运集团航运金融产业集群的重要组成部分，中远海运自保紧紧围绕集团战略发展和产业布局，积极履行集团赋予的“风险管理工具、保险管理平台、风险成本中心”的核心职责，为集团提供专业的风险保障，助力集团提升防灾防损和安全生产能力，为集团构建全球综合物流供应链服务生态赋能。同时，中远海运自保在集团的领导下，以成为国内自保翘楚为目标，积极贯彻卓越经营理念。2017年，中远海运自保保持银保监会风险综合评级为最高的A类评价。连续2年在银行业保险业公司治理评估中，位列1800多家银行保险机构的前20%头部位置。连续4年获得国际著名评级机构贝氏评级公司（A.M.Best）的“A级（卓越）”财务实力评级和“a级”长期发行人信用评级。在中央财经大学中国精算研究院公布的《2021中国保险公司综合竞争力评价榜单》中，综合竞争力位列国内73家财产保险公司第20位。

【历史沿革】

2016年，中远海运集团重组成立，围绕“规模增长、盈利能力、抗周期性和全球公司”四个战略维度着力布局“6+1”产业集群。为推进实施集团航运金融产业集群发展战略，进一步发挥金融产业集群在集团内的效益稳定器作用，提高集团整体风险管理水平，从而更好地践行国家“一带一路”倡议和海洋强国战略，中远海运自保于2017年2月在上海成立。该公司是上海市第一家自保公司，也是国内首家航运自保公司。

中远海运自保是中远海运集团2016年成立后获得的首块金融牌照，是集团内的第一家自成立之初即实行职业经理人制和全员市场化考核的公司。

2017年7月1日，中远海运自保正式承保集团所有船舶的保险业务，当年实现保险业务收入2亿元，实现利润总额6234万元，顺利实现集团成立自保公司的阶段性目标。2018年10月，公司首次获得国际著名评级机构贝氏评级公司（A.M.Best）信用评级“A级（卓越）”，并保持至今。

【经营业绩】

2017年，中远海运自保实现保险业务收入60 688万元，同比下降4%；完成净利润11 510万元，同比增长2%。在为集团大幅节省保费成本支出的基础上，公司收入和利润指标基本与上一年度持平，经营总体保持稳健的态势。

【保险业务】

稳健完成集团船舶险续保工作，再为集团降低保费支出约3000万元

在集团运营部的协调推动下，中远海运自保与各船东达成一致，形成集团船壳险续保机制。在船壳险续保机制的保障下，集团2021年度的船舶险续保工作得以更加顺畅、高效地完成。集团内的船舶资产继续保持着充足全面的保障条件，赔付情况良好的船东还获得了更具优惠的续保条件，集团2021年整体船舶险保费成本支出相比2020年降低了约3000万元。

围绕集团产业链发展，为重点项目提供配套保险保障

公司紧跟集团“十四五”发展规划，以服务“全球综合物流供应链服务生态”为己任，在传统的船壳保险业务之外，紧紧围绕集团各产业集群重点项目，加强产品创新、服务创新，尤其是对保险市场支持不足的项目，主动担当、积极应对，为各专业公司风险管理和业务发展赋能。

积极服务中远海运集运阿迪达斯和耐克等重点客户项目，扩展集运“远海通”增值服务的覆盖范围，为集运的重要客户提供更丰富的服务和更好的物流运输体验。

为中远海运特运纸浆运输等项目货物运输量身定做，提供相匹配的端到端保险保障；创新地为中远海运特运提供核运输污染责任险保障。

支持中远海运散运执行散货船装运集装箱的航次任务，调动公司内外部技术力量，认真评估风险，提供了船东满意的特制方案，保障了该航次在享有充足保障的情况下得以顺利执行。

为中远海运能源船舶参与海事救援提供特定的保险服务，为中远海运能源国内首创的VLCC POOL提供管理人职业责任保险方案。

积极参与中远海运重工海工建造及拖航项目的保险安排。特别是在N829项目德国罗斯托克到汉堡的单航次保险中，当商业保险公司无法提供全面的保障能力并且开出了高额的保险条件时，中远海运自保急重工之所急，主动担当，不仅提供了合理的保险条件，大幅降低了重工的保险成本支出，同时发挥专业优势提出防损建议，得到了重工的高度认可和表扬。

协助中远海运集运应对网络安全风险以及区块链技术带来的风险管理新需求，公司加强与全球保险市场的合作，在推动网络安全保险和电子提单责任保险产品的方案设计和协调落地过程中发挥了核心作用。

积极响应中远海运港口推动集团港口保险业务的统筹管理，助力保险成本优化。

参与中远海运物流的物流责任险和仓储财产险的统保项目，积极为集团物流产业的布局和发展赋能。

积极投入绿色能源保险的研究，为中远海运发展电动船项目的风险保障提供多种保障方案。

随着国内法律制度的不断完善，主动推进董监高责任险、雇主责任险在集团内的覆盖范围，降低企业营业的责任风险。

【防 损 服 务】

中远海运自保努力发挥集团风险管理工具作用，积极协助集团内各单位提升风控能力。针对“‘长赐’轮搁浅”“东方海外‘德班’轮碰码头”等行业热点事件及时响应，收集信息并作出分析，为集团及有关单位决策做好参谋参考。立足风险防控，满足客户多样性需求。2021年为集运、散运、能源、特运、海南港航、时代航运、中石化中海燃供、寰宇箱厂等公司举办了一对一的专题防损交流会。未雨绸缪，根据集团安监本部的指示要求，着手梳理、整合全球应急资源。利用行业资源，为客户提供专业风险查勘服务。充分利用内、外部技术力量，对有关单位的部分码头、船厂、仓库、施工现场等高风险场地进行现场查勘，协助提升安全状况。密切关注风险变化，将防损理念融入日常工作。密切关注制裁、特战、海盗、冰区、台风等信息变化，及时向有关单位发布特战通函、防台信息、重要事件通知等；发布水险市场报告，系统阐述水险市场变化趋势及应对策略；定期向集团主管部门及客户推送专业信息。

【资 金 运 用】

中远海运自保遵循监管部门对保险业资金运用安全性、流动性、收益性的规定，本着以稳健追求绝对收益、做好资产与负债良性匹配的投资原则，开展保险资金运用。在2021年固收类市场下行的情况下，公司通过审慎、及时的资产配置结构调整，最终将综合投资收益率保持在

4.26% 的较高水平。

【数字化转型】

建设自保 e 平台，促进数字化工作融入保险业务生态圈

中远海运自保业务与集团各产业集群紧密相连，数字化建设将进一步增强互联互通，有助于共同建设保险生态体系。公司联合中远海运集运、中远海运科技等公司，共同研发客户服务云平台。该平台参考并借鉴国内、国际的先进做法，结合集团内保险业务特点，不仅解决客户实际操作便利化的问题，还有利于加强业务协同和防损操作。2021 年 9 月，自保 e 平台正式对外发布供集团内用户使用。

聚焦船舶风险识别和管理，推进数字化工作融入集团安全和风险管理体系

中远海运自保聚焦船舶风险，通过融合集团船舶运营数据、集团保险数据以及其他外部数据资源，参考航空业先进做法，开展“船舶风险画像”项目研究，全力打造针对船舶的全面风险管理、态势感知数据系统。

启动货运险数字化系统建设，开发产业链经营新模式

为配合集团“打造世界一流的全球综合物流供应链服务生态”的发展战略，中远海运自保积极布局开拓包括货运保险、运输责任险类在内的物流产业链上的保险业务。2021 年完成了新一代货运险信息系统一期的开发，并积极探索与集团各大电商平台实现互联对接的可能，尝试构建具备集团产业链一体化优势的物流产业链相关保险业务的新模式。

【企 业 改 革】

不断加强公司治理、规范董事会运作

中远海运自保按照《中华人民共和国保险法》、《中华人民共和国公司法》、保险监管文件，以及集团有关要求，积极落实公司治理，推进董事会建设。在做好董事会运作的基础上，于2021 年顺利完成新一届董事会换届工作，并高效推进监管机构对各位新任董事的任职资格核准工作。新一届董事会的 7 名董事均已取得上海银保监局的任职资格核准。

持续深入推进三项制度改革

中远海运自保为实现高质量发展的目标，始终坚持“市场化”战略定力不动摇，推动市场化选人用人机制的不断完善，积极推动落实三项制度改革落地。一是加强劳动合同管理。员工劳动合同期限届满后，继续坚持平等自愿、双向选择的原则，根据员工考核结果及日常工作表现，制定差异化续签意见，进一步推动了公司市场化用工管理。二是严格考核管理。2021 年，公司结合历年来司管干部绩效考核和实际工作情况，对 2 名司管干部按程序进行调整免去行政领导职务，与多名表现不佳的员工提前终止了劳动合同。2021 年，公司管理人员退出比例为 7.7%，员工退出比例为 4.2%；同时，积极鼓励提拔更多的年轻化、专业化干部走上领导岗位。目前公司班子结构合理，员工队伍朝气蓬勃，企业文化积极向上。三是完善收入分配机制。制定了公司《工资总额管理办法（试行）》，强化业绩考核与薪酬直接挂钩，以贡献和业绩合理确定员工绩效薪酬水平。通过拉开薪酬激励差距，树立“凭业绩、靠能力、看贡献”取酬的鲜明导向；将薪酬发放和企业效益紧密挂钩，深化工资效益同向联动机制，切实提高投入产出效益。

贯彻落实职业经理人任期制和契约化管理

中远海运自保根据集团有关要求，制定了职业经理人任期制管理相关规定，明确聘任期限、权利义务、聘任条件、违约责任、协议终止条款等内容。通过强化业绩考核与市场对标，严格绩效薪酬刚性兑现，进一步激发公司职业经理人干事创业的热情活力及创造力；同时，继续严格职业经理人契约化管理。公司是集团第一批开展职业经理人试点工作的直属单位，为集团全面推行职业经理人管理积累了先行先试的宝贵经验。根据岗位分工不同，施行“一人一考核”的管理模式，每位职业经理人与公司签订差异化《业绩合同》。考核指标坚持“定量 + 定性”相结合、以定量为主，涵盖了公司全年各项经营目标及重点工作任务，并具有一定挑战性。在工作中严格执行契约化管理，将考核结果作为职业经理人薪酬激励、续聘解聘的直接依据，根据《业绩合同》约定的各项指标实际完成情况，刚性兑现薪酬绩效，充分体现业绩导向、市场接轨、权责利对等的原则。

【人力资源】

公司坚持把建立并实施市场化管理机制作为公司深入推进市场化管理的重要着力点，不断健全公司市场化人力资源管理机制，提升组织认识管理能力，为公司可持续高质量发展提供坚实的人才队伍保障，推动公司管理体系和管理能力再上新台阶。

调整部门架构和职责，进一步强化组织保障。为贯彻集团领导"十四五"规划调研的工作指示，落实公司服务上海航运中心、上海国际金融中心、上海国际航运保险中心的建设，提升以客户为中心的服务能力并提高公司保险业务水平，建立服务于客户的体制和体系，公司调整了相关部门的职责和名称，强化了业务综合管理、客户防损服务等工作。

加强工资总额统筹、动态管控，制定完善薪酬管理方案。根据集团对于工资总额管理相关要求，持续跟踪公司经营效益和工资总额变化情况，严格把握好工资总额发放节奏。结合三项制度改革要求，制定了公司《工资总额管理方案（试行）》和《2021 年度薪酬激励实施方案》，健全工资效益同向联动机制，切实提高公司投入产出效益效能。

扎实做好对标提升管理工作，强化对标成效跟踪分析。按照集团关于对标提升管理工作要求，围绕经营效益、业务品质、业务结构、战略管理、客户管理等方面，持续深入开展对标工作成效分析，切实发挥对标管理提升在公司发展中的战略管控作用。

2021 年年底，中远海运自保共有正式员工 49 人，硕士研究生及以上学历的员工占 59%。

【企业党建】

2021 年，中远海运自保党委以习近平新时代中国特色社会主义思想为指导，以庆祝中国共产党成立 100 周年为主题，以深入开展党史学习教育为主线，立足新发展阶段，贯彻新发展理念，构建新发展格局，落实"中央企业党建创新拓展年"和集团"党建融合发展年"各项部署，以高质量党建引领保障高质量发展，为公司"十四五"良好开局提供坚强保证。全面加强政治建设，党的领导作用充分彰显。强化理论武装坚守政治本色。公司党委把政治建设作为首要责任、"第一议题"，在真学真信中提高政治领悟力，在知行合一中提高政治执行力。坚持引领发展行稳致远。坚持党的领导和完善公司治理相统一，持续完善"三重一大"议事决策制度，厘清重大事项决策权责清单。全面落实政治责任，坚决做好巡视"后半篇文章"。把巡视整改与主题教育、日常监督、创新发展结合进来，持续推动集团党组巡视整改常态化长效化。

全面加强和改进思想政治工作，扎实推进党史学习教育。聚焦目标任务，强化安排部署。认真研究制定《中远海运自保公司党委党史学习教育实施方案》，成立学习领导小组，出台党史学习教育任务清单，为开展党史学习教育明确方向和措施。聚焦学深悟透，强化学习教育。公司各级党组织组织党员干部职工通过对照书本学、集中研讨学、创新方式学等多种方式学习，切实增强党史学习教育的针对性实效性。聚焦知行合一，强化为民服务。通过实地调研、座谈了解、感谈交流等方式，及时了解掌握群众急难愁盼问题 5 个，研究提出解决问题、改进工作的办法举措 14 个。

全面筑牢党建工作基础，着力提高党的建设工作质量。持续推进党的组织建设。加强党建顶层设计，压紧压实主体责任。着力筑牢党建工作基础。党支部基础建设进一步夯实，落实支部工作计划，严肃认真开展 "三会一课"制度、每月主题党日活动等党内政治生活。规范开展党员发展，确保党员发展质量。积极发挥党建引领作用。

基层队伍建设不断加强，组织力进一步提升。

【企 业 文 化】

为进一步统一思想，2021 年中远海运自保重点推进企业文化建设和宣贯，树立“以服务客户为宗旨，以追求卓越为动力，以科技创新为引领，以价值创造为根本”的企业核心价值观。并建立以全员行为公约和管理人员行为准则为主体的员工行为规范体系，达成全员行为“七要求”，管理人员行为“八做到”的共识。（薛堃）

海南港航控股有限公司

海南港航控股有限公司

【历 史 沿 革】

2004 年年底，海南省政府对琼北三港海口港集团公司、海南省海运总公司的国有资本权益及马村港岸线资源进行重组整合。2005 年 1 月 24 日，由三港重组组建的海南港航控股有限公司（简称“海南港航”，英文简称 Hainan Harbor & Shipping）正式挂牌成立。2006 年 3 月 13 日，公司由海南省国资委移交海口市国资委管理。2018 年 10 月 29 日，公司重归海南省国资委管理。2019 年 5 月 18 日，中远海运集团与海南省国资委签订股权无偿划转协议，并启动公司重组整合工作；2019 年 11 月 27 日，公司股权重组完成，正式纳入集团管理体系，并按照集团直属二级公司运营管理。公司注册资本金 1 174 456 629.10 元，股东为海南中远海运投资有限公司、海南省国资委、国投交通控股有限公司、海南省财政厅和海口市城市投资有限公司，持股比例分别为 53.17%、26.91%、9.20%、7.25%、3.47%。

公司主营业务包括码头（集装箱、散件杂货）装卸业务、客滚运输、临港物流、航运旅游、港航服务等，是目前海南省最大的国有港航企业。控股子公司海南海峡航运股份有限公司是琼州海峡客滚运输龙头企业，于 2009 年 12 月 16 日在深交所上市，股票代码：002320。

【经 营 情 况】

2021 年，海南港航全面落实集团部署要求，围绕“三个领军”“三个领先”“三个链接”，统筹抓好“4+1”业务板块经营，基本完成年度目标任务，实现“十四五”规划良好开局。

轮渡板块 重点抓好海安航线的经营管理，建立健全服务机制，努力提高过海效率。从 2021 年 4 月 27 日起，推行全预约过海模式，政企协同联动做好车辆分导、宣传预约过海、专用通道服务以及轮渡咨询服务等工作，同时与调度紧密配合，延续提前放车进港待渡等措施，旅客过海时间大幅缩短。从 11 月 1 日起，过海货车实行“一站式”服务，货车司机安检过磅和办理过海手续无需下车，每台车可以节省约 15 分钟。充分利用港口资源和优势，拓展业务经营。深化与免税品经营公司业务合作，新海港免税提货中心 2 月份已正式投入运营，实现免税业务收入 1150 万元，同比增长 183%；此外，还通过开发港口广告业务、旅客二次消费、线上直播等方式拓展经营渠道，增加经营收入。与西沙合作商协商签订补充协议，减少因疫情影响停航期间成本，减少停航补贴、住宿补贴、海上船舶保障服务费等共计 156 万元；并通过协商不再承担旅客核酸检测费用和航次取消险费用，从而压减成本 68 万元。

集装箱板块 全面贯彻“效益专精”“对标提升”专项行动，做到增运力拓市场，创效提量两手抓。协同航运企业，发挥自身优势，主动挖掘新货源，开发内外贸航线业务。2021 年新打通两组内外贸同船运输路径，形成洋浦至海口、南沙、汕头、天津、锦州、连云港、钦州 7 个流向的内外贸同船运输路径。开通洋浦 / 海口至防城的“散改集”快线，采用自有箱开发“增量”货源，引导两港本地货源“散改集”。2021 年，公司内贸航线基本覆盖东北、华北、华东、华南等沿海主要港口，外贸航线基本实现对东南亚、南亚国家和地区全覆盖，形成了较为完整的航线网络。不断优化港口营商环境，相继完成了洋浦港港口能力提升、进境原木指定监管场地建设、外贸监管场地建设等项目，集装箱吞吐能力大幅提升。超额完成全年总箱量和外贸箱量任务指标，总箱量同比增长 12.5%，外贸箱量同比增长 51.0%。

件杂货板块 抓住海南自贸港建设项目大幅开工机遇，把握市场营销的关键点，深入挖掘重点基建项目衍生出的大宗建材需求，先后开发箱式建筑模块业务、新海轮渡客运枢纽钢结构重大件以及临高水厂项目的铸管等新货源。同时推动临港配套项目的落地，构建稳定、可持续发展的业务结构。水泥筒仓改造项目已完成设备安装，海南金顺矿粉卸船机项目 2021 年年底完成建设并试投产，两个项目每年可增加 130 万吨水泥业务量。针对周边港口竞争愈发强烈的态势，公司灵活运用价格策略，成功争揽原木、铸管、卷钢 / 钢板、炉渣以及机制砂等业务回流作业，全年回流货源吞吐量合计 8.77 万吨。根据澄迈地区的饲料加工厂、信义玻璃厂以及混凝土搅拌站的需求，公司与厂家长期业务合同的签订，提前锁定业务量，预计每年可稳定完成玻璃和机制砂吞吐量 105 万吨。

物流板块 依托港口主业，以链式服务产品化为抓手，持续在新客户开发、新业务开拓上精准发力，多项业务取得新突破。顺利开展轿车托运、钢材一体化、奥斯卡粮油等重点项目，持续推进产品化、平台化、智能化业务转型，突出打造海铁联运、链式物流、会展物流、供应链金融等市场化拳头产品，巩固船代业务、关务业务、过峡业务、理货业务、拖轮业务和修洗箱业务等口岸物流，开拓城市配送等新消费物流，不断提升市场竞争力和占有率。

服务板块 做好港口非主营业务的资产整合，盘活低效闲置资产，资产出租率达 97.1%。完成秀英、马村港区保安保洁业务整合，降低外包成本。整合秀英港区水电业务，有效压降水电成本。

【重 点 项 目】

在集团的领导和本部相关职能部门的牵头帮助下，海南港航积极推动集团与海南省政府签订的战略合作协议落地工作，各个重点项目取得显著成果。一是国家战略琼州海峡港航一体化项目取得实质性进展。在完成南岸港航资源整合，成立合资平台公司海峡轮渡运输有限公司的基础上，经过多轮谈判，9 月 28 日，琼州海峡港航一体化资源整合项目战略合作框架协议暨航运资源整合项目合作协议在广州签订。随后，公司成立航运资源平台筹备工作小组，琼州海峡港航一体化资源整合项目进入实质操作阶段。发布《琼州海峡港航融合发展纲要》，两岸港口资源整合达成多方面共识，完成了平台公司注册、搭建组织机构、薪酬方案、人事制度等工作，2022 年 1 月 1 日正式运营。

【琼州海峡港航一体化经营】

2020 年 5 月 30—31 日，副总理韩正在海南调研期间强调，要强化新海港陆岛综合交通枢纽功能，以港兴城、以城促港，实现港城融合发展。要坚持发挥市场机制作用，推进琼州海峡港航一体化发展，打造统一规划、统一建设、统一运营、统一管理的现代化交通体系。

2020 年 6 月 5 日，集团初步拟定了琼州海峡港航资源整合的有关工作思路和框架整合方案，海南港航随即启动了琼州海峡一体化工作。2020 年 12 月，启动海南方航运资源整合工作，于 2021 年 5 月 31 日完成海南方船舶资产注入海南海峡轮渡运输有限公司合资公司，实现了海南港航资源的整合。

2021 年 6 月 1 日，中远海运集团组织琼州海峡两岸港航企业召开项目启动会。12 月 9 日，两岸航运合资公司琼州海峡（海南）轮渡运输有限公司（简称“琼州轮渡”）正式成立，12 月底完成 11 艘船舶资产注入。2022 年 1 月 13 日，琼州轮渡获得交通运输部水路运输经营许可，并正式运营。自此，琼州海峡航运一体化基本完成。

新海港客运枢纽建设进展顺利，主体钢结构施工基本完成。年度完成投资 50 158 万元（不含 PPP 部分），占批复总投资 145 100 万元的 34.5%。

洋浦国际小铲滩起步工程能力提升项目年度

完成投资 59 550 万元，占概算总投资 78 060.62 万元的 76.2%；新购置设备全面投产，码头能力提升至 160 万 TEU 并具备 4250 型集装箱船舶全天候进出港条件，为实现中远海运与海南省政府达成全省集装箱 2023 年吞吐量 510 万 TEU 的目标提供重要支撑。海口港集装箱码头能力提升项目进展顺利，年度完成投资 25 340 万元，占概算总投资 35 975 万元的 70.4%。

洋浦国际集装箱枢纽港扩建工程前期工作稳步推进，用海申请已上报海南省政府，并组织专家对海域使用论证报告进行技术审核把关。

【企业管理】

海南港航对标集团管理体系，夯实内部管理基础，管理能力明显提高。加强绩效管理，组织修订公司总部职能部门年度、月度考核方案，强化对机关员工的考核，实现年度、月度薪酬与公司效益强关联。建立直属单位月度考核报备制并对考核结果进行监督，确保其效益与薪酬挂钩，强兑现。强化经营管理，完善相关管理制度，资产管理、产权管理和投资管理能力明显提高。完善企业安全管理机制，不断提高安全管理水平。贯彻新《中华人民共和国安全生产法》，全面落实安全生产责任制，建立完善安全生产监管体系，完善安全生产规章制度，安全环保工作保持平稳态势。加强风控管理，防范经营风险。开展企业法律合规管理，探索建立企业法务风控 7 个重要机制，建立健全合同及重大事项的法律审核机制，全年未发生合同纠纷案件。

【企业改革】

根据国企改革三年行动工作部署，公司对照集团改革要求，编制完成《海南港航控股有限公司改革三年行动实施方案》和细化清单，涵盖 9 大领域 66 项任务 185 项具体措施，全年改革三年行动完成率达 80% 以上，提前超额完成集团既定考核目标。

全面梳理集团《重点改革任务考核指标表》，对标集团责任单位，将涉及公司 8 项，国务院国资委指标和 11 项集团自我加压指标分解至相关职能部门，19 项考核指标年底全部完成。

开展中层管理人员任期制和契约化工作。制定公司经理层和中层管理人员任期制和契约化管理的管理规定、实施方案、配套的业绩考核、薪酬管理实施细则。其中，公司经理层任期制和契约化相关管理规定及配套细则通过董事会审议，并报集团审批。2021 年 9 月底完成公司中层管理人员任期制契约化合同 66 份和直属单位中层管理人员岗位聘任合同 138 份的签订。不仅提前 3 个月完成集团下达的经理层任期制和契约化管理工作任务，还主动加压、扩大覆盖范围，实现公司中层管理人员、直属单位中层管理人员任期制和契约化全覆盖。

推行改革工具包。根据公司职业经理人试点方案，制定职业经理人管理规定，明确职业经理人的选聘方式、任期管理、考核激励、薪酬兑现和岗位退出等核心内容。指导通用公司签订了职业经理人聘任合同、年度绩效合同和任期绩效合同。市场化、契约化的选人用人机制基本形成。鼓励直属单位探索中长期激励机制，通用公司实施超额利润分享机制。

持续推动直属单位改革。通用公司（海南港航二级单位，主要从事件杂货业务）开展“二次改革”，将综合事务部和企业管理部合并成立企业事务部，提升职能部门管理效率；海峡股份组织海之峡推进混改工作，盘活低效企业，实现国有资产保值增值；服务公司以港口装卸业务为抓手，实施劳务改革，以生产单位实际需求为导向，统筹管理、灵活调配劳务资源，降低劳务用工风险。

【人力资源】

海南港航围绕“十四五”规划重点任务要求，落实人才发展总体规划设计，紧抓人才队伍建设，谋划人工成本管控，推动公司基本形成与市场经济和现代企业制度要求相适应的选人用人、劳动用工和激励约束机制。

建立工资总额与经营效益、考核结果挂钩的

决策机制。坚持业绩导向，督促各单位锚定经营考核目标，加强人工成本管控。结合公司、直属单位经营效益和考核预计完成情况，制定2021年工资总额月度分摊计划，梳理2021年人工成本预算情况，关注全员劳动生产率指标。2021年，公司全员劳动生产率为36.05万元/人，同比增长30.4%。

完善市场化用工制度。制定劳动合同管理规定，明确合同期限、签订程序、续签要求、岗位退出等内容。在公开招聘基础上，完善了市场化用工制度。推行管理人员竞聘上岗制度，贯彻落实了市场化用工要求。其中，海峡股份开展领导岗位和关键岗位选聘，内部2人通过竞聘上岗；通用公司公开选聘部门经理、室经理和关键岗位等23人上岗。

强化队伍建设，加大人才培养。组织盘点公司人才发展现状，根据集团"十四五"人才规划，编制并印发公司"十四五"人才发展规划，明确人才发展目标和任务举措，加强人才培养。

【企业党建】

海南港航党委以习近平新时代中国特色社会主义思想为指导，全面贯彻落实党的十九大和十九届历次全会精神，在集团党组的坚强领导下，扎实开展党史学习教育，以举办庆祝中国共产党成立100周年系列活动为契机，凝心聚力，带领广大干部职工扎实推进各项工作，推动公司高质量发展。严格落实"第一议题"制度，把学习习近平新时代中国特色社会主义思想作为党委会议、中心组学习的"第一议题"，及时系统组织学习习近平总书记重要讲话精神和党中央、中纪委重要会议及文件精神，并通过学习，统一思想、统一行动，推动公司重要工作的落实。全年共开展党委理论学习中心组学习13次，领导专题读书班3次。在开展党史学习教育中，深入学习习近平总书记"七一"重要讲话精神和党的十九届六中全会精神，达到"学史明理、学史增信、学史崇德、学史力行"目的。

发挥党委领导作用，研究决策公司重大事项。涉及国企改革三年行动、"十四五"规划、琼州海峡港航一体化、融入西部陆海新通道建设等方面的重大事项，公司党委都要开会研究和决定。全年共召开次党委会47次，研究讨论党的建设、干部人事和经营管理重要事项191项，其中"三重一大"事项173项。

加强组织建设，夯实党建基础。根据集团和公司《2020—2022年基层党建工作规划》，结合党建融合发展年主题，制定印发实施方案，创建特色品牌。以党建工作责任制为抓手，构建层层抓落实的党建格局。开展"我为公司整体效益作贡献"专题活动，促进党史学习教育与中心工作同频共振、融合联动。抓好基层党支部规范化建设，制定印发工作方案，指导直属单位党组织推动落实。利用集团党建信息化平台，推动公司党建传统优势与信息技术深度融合。定期召开党建工作例会，总结、交流、部署和推动各项党建工作。

加强干部人才队伍建设，强化选育管用。坚持党管干部原则，加大干部选拔培养力度，坚决把好干部用人的导向关、标准关、人选关、程序关和监督关，着力打造符合公司发展需要的高素质专业化干部队伍。全年推荐任免下属及托管公司法定代表人9人次，推荐任免董监事22人次，因内退免职中层干部5人。积极推进人才强企战略，实施"领英计划"后备干部培养工程，选拔入库127名后备干部，初步搭建起三个层级后备干部人才梯队。落实职工"双通道"发展机制，组织开展总部技术通道晋升工作，共计21名职工晋升职级。认真开展海南省高层次人才认定推荐工作，累计5名职工通过E类高层次人才认定。

加强宣传思想工作，不断强化思想引领。制定全年宣传思想工作要点，聚焦党史学习教育、国家重大战略和集团重大决策部署，着力做好重大主题宣传工作。用好公司订阅号和《远航》内刊两个阵地，全方位做好公司宣传思想工作，全年共出版《远航》4期。注重党史学习教育宣传，共出版34期党史学习教育简报，在《远航》杂志刊登18篇文章，其中有8篇在集团党史学习教育简报上发表。同时，公司加强外宣工作，及时向集团和各大主流媒体报送重要新闻信息和优秀稿件，其中被采用稿件共 59 篇。

扎实开展党建思想政治工作研究。全年共完成专题课题、重点课题研究 42 篇，专项课题论文获得集团优秀论文，重点课题有 5 篇分别获得集团一、二、三等奖。

加强党风廉政建设，压实监督责任。召开 2021 年党风廉政建设和反腐败工作会议，研究部署党风廉政建设和反腐败工作。支持纪委推动纪律监督与巡察监督、审计监督等各类监督有机贯通、相互协调，不断完善大监督格局建设。提高政治站位，全力配合集团第三巡视组的巡视工作。对于与巡视组沟通中发现的 5 个问题，立行立改，深刻剖析问题原因，落实主体责任，明确任务分工，限定整改期限，完善工作机制，形成整改管理闭环。

【企业文化与社会责任】

公司党委积极贯彻落实好集团“四个一”文化理念，推动文化与公司经营管理深度融合。利用集团“熊猫船长”吉祥物、集团 LOGO 微标和引入集团先进的服务理念，在四大港区、公共区域及办公场所大力宣传品牌文化，扩大公司品牌宣传影响力。通过各种宣传阵地，大力宣传企业文化建设方面内容和先进榜样事迹，不断树立港航特色的企业文化。精心组织，开展庆祝中国共产党成立 100 周年系列活动，包括党史学习教育知识竞赛、融媒体作品创作、“颂歌献给党”职工大合唱文艺汇演、职工四大球类比赛等。

在履行社会责任方面，公司做好巩固拓展脱贫攻坚成果同乡村振兴有效衔接，如期完成 11 名乡村振兴工作队员轮换工作。开展返贫监测，通过资金帮扶、助农消费帮扶方式增加脱贫户收入。在开展党史学习教育“我为群众办实事”实践活动中，公司履行央企社会责任，聚焦社会服务，在乡村振兴、公益慈善和志愿服务等方面下大力气办实事、解难题，切实解决好社会民生需求。聚焦客户关注，共整理了 8 个为客户办实事重点项目并逐步实施。新海港新建洗漱场所，全天候热水供应，还新增公交站台、改造旅客接送通道、新增三个公厕、旅客咨询服务点等便民设施。

2021 年海南港航控股有限公司基本情况见表 14–17。

2021 年海南港航控股有限公司基本情况 表 14–17

项目		单位	数值
运力	船舶数量	艘	21
	总载重吨	万吨	5.04
	载客量	人	19 044
	载车辆	辆	986
生产情况	客运量	万人	902.65
	运量（车辆）	辆	2291
	货运量	万吨	10 592
	周转量（客运）	千人海里	48 718
	周转量（货运）	千吨海里	179 043
	集装箱吞吐量	万 TEU	313.8
	航次数	航次	11 681
财务情况	总资产	亿元	143
	净资产	亿元	87
	总收入	亿元	23.6
	利润总额	万元	6803
人力资源	员工总数	人	3519

（曾涛）

中远海运（香港）有限公司

中远海运（香港）有限公司

【公司概况】

中远海运（香港）有限公司［简称“香港中远海运”，英文简称 COSCO SHIPPING（Hong kong）］，其前身是原中远集团旗下的中远（香港）集团有限公司（简称“中远香港集团”），1994 年 8 月 28 日在香港成立，是原中远集团在境外重要的区域管理公司和经营实体。公司业务经营范围是以海洋运输为主及围绕运输业开展的其他业务，拥有并统一管理中远香港集团在中国内地、中国香港、新加坡、美国、德国及日本地区所有独资、合资企业。2016 年 5 月 10 日，原中远集团按照整合重组的工作安排向中远香港集团下发了《关于中远（香港）集团有限公司名称变更的通知》，确定中远香港集团的中文名称变更为中远海运（香港）有限公司，并从 2016 年 11 月 1 日起正式生效。

【公司沿革】

1994 年 8 月 28 日，中远香港集团在港成立。经过初期整顿和改革，形成船舶运输、集装箱租赁和制造、码头和房地产 4 大支柱性产业，同时建立船货代理、贸易供应、工业能源、金融保险、科技资讯、劳务、旅游、酒店 8 个具有较强实力的行业门类。1997 年经过架构调整，中远香港集团组成中远（香港）航运有限公司（简称“香港航运”）、中远太平洋有限公司（简称“中远太平洋”）、中远国际控股有限公司（简称“中远国际”）、中远（香港）工贸有限公司和中远（香港）货运控股有限公司 5 家行业归口管理公司，同时还拥有包括置业、保险、科技资讯，以及旅游、酒店在内的其他产业。

为配合原中远集团 LUCKY 项目的推进，2004 年 12 月 28 日，中远香港集团将持有的中远太平洋已发行股本约 52.4% 的权益转让予中远太平洋投资控股有限公司；2004 年 12 月 31 日，中远香港集团的中远（香港）货运控股有限公司将中远货柜代理有限公司 100% 股权和深圳市景华峰国际货运代理有限公司的股权转让予中远集运。

2005 年 5 月，原中远集团决定将中远实业公司、幸福大厦和北京远洋酒店划归中远香港集团，并将 3 家公司的所有股份委托给中远香港集团管理。2006 年，中远香港集团通过香远（北京）投资有限公司完成了 3 家公司改制和股权转让工作。

为配合中国远洋推进集装箱境外网点收购项目，2006 年 6 月 30 日，中远香港集团将中远菲律宾代理有限公司 55% 股权转让予中远集运（香港）。2006 年 9 月 13 日，中远香港集团将中远（香港）货运服务有限公司 100% 股权转让予中远集运（香港）。

2009 年 4 月，中远香港集团完成中燃（新加坡）公司 65% 股权转让手续。2009 年 6 月 1 日，中远香港集团收购中远控股（新加坡）有限公司持有的中燃（新加坡）公司 30% 股权，中燃（新加坡）公司成为中远香港集团的所属全资公司。

2009 年 11 月 19 日，中远香港集团在新加坡注册成立中远石油有限公司（简称“中远石油”）。由 2010 年 1 月 1 日起，中远石油正式运作并逐步承接原由中燃（新加坡）公司承担的中远船队燃油集中采购业务，执行原中远集团批准的年度套期保值计划；中燃（新加坡）公司转为存续公司，2012 年注销。

自 2010 年 11 月 6 日起，中远香港集团将寰宇船务企业有限公司 100% 股权转让予大连远洋，全力配合 F6 项目运作，积极配合境外油轮船队重组，将 3 艘新造 VLCC 油轮的转让予大连远洋。

2010 年 3 月，原中远集团对中远香港集团退出远洋地产进行了部署并提出要求。中远香港集团于 2010 年 12 月 16 日一次性全数出售持有的远洋地产股权，溢价率达 10.2%，创香港资本市场先例，当年实现收益 7105 万美元。中远国际持有远洋地产股权约 7.5 年，历年投入累计 9 亿港元，出售净得加上历年分红达 57.21 亿港元，总投资回报率达 635%，年平均投资回报率约 85%。

根据原中远集团 2009 年第 18 次总裁办公会决议，决定由中远国际重组原中远集团境外船舶备件供应业务。中远国际于 2010 年 7 月完成了对中国香港、新加坡和日本三个地区中远系内境外备件供应网点的重组工作，建立了船舶备件供应平台。

2011 年，中远香港集团获独家受让济菏高速 40% 股权。

2012 年，中远香港集团以锚定投资者身份及每股 3.93 港元的价格认购了中铝国际工程 IPO 共 59 210 000 股（市盈率约 7.5 倍）。中远香港集团通过所属中远海运（香港）置业有限公司出资 150 万元人民币持有泸州老窖香港公司的 15% 股份。该项目进一步加深了双方的合作关系，并为原中远集团进入消费品行业做有益的尝试。

2013 年 6 月 10 日，中远国际全资附属公司远通海运设备服务有限公司收购汉远技术服务中心有限公司全部已发行股本，收购代价为 1 180 000 欧元（约 11 977 000 港元）。收购完成后，汉远技术服务中心有限公司成为中远国际在欧洲地区的第一家全资附属公司，标志着中远国际在拓展亚洲地区以外的船舶备件供应服务网络方面迈出重要的一步。

2013 年 6 月 27 日，中远香港集团所属全资子公司长誉投资有限公司以 12.2 亿美元的价格受让中远太平洋所持有的中远集装箱工业有限公司 100% 股权和债权。2016 年 3 月 31 日，中远香港集团将长誉投资有限公司的全部股权转让予中海集装箱运输（香港）有限公司，转让价为 277 097.26 万元人民币，为集团改革重组和搭建金融产业集群作出贡献。

2013 年，中远香港集团所属裕航投资有限公司以 20.58 亿元人民币的价格受让青岛远洋持有的青岛远洋资产管理有限公司 81% 的股权；中远香港集团所属领惠投资有限公司以 16.8 亿元人民币的价格受让中远集装箱有限公司持有的上海天宏力资产管理有限公司 81% 的股权。

2014 年，中远香港集团所属中远（香港）工贸有限公司与英达公路再生科技（集团）有限公司在香港设立合资公司英达智能道路重策划投资有限公司，中远（香港）工贸有限公司持有 49% 股权。英达项目初步建立推广循环利用道路养护技术的平台，成功进入环保新兴市场。

2014 年 8 月 6 日，中远国际附属公司远通公司以 472 800 美元（约 3 668 000 港元）作价收购远华技术与供应公司 51% 股权，标志着境外备件供应平台的初步建立。

2015 年，中远香港集团认购中集集团定向增发 H 股，投资金额 7540 万元人民币。

2016 年 4 月 8 日，中远香港集团与希腊共和国发展基金正式签署比雷埃夫斯港务局股权的转让协议和股东协议，以 3.685 亿欧元（约 27.145 亿元人民币）收购比港管理局 67% 的股权。

【经营效益】

2021 年，在集团公司的正确领导下，香港中远海运围绕“三个领军”“三个领先”“三个链接”指导思想，深刻聚焦价值创造和效益攻坚，努力推动科技创新，落地落实国企改革三年行动，疫情防控有力有效，经营态势总体稳健，各项工作均取得积极成效。

香港中远海运坚持目标引领推进提质增效，经营效益迈上新台阶。2021 年实现全口径净利润 14.74 亿元人民币，资产总额为 9 865 171 千美元。剔除 PPA、海南港航后，考核口径净利润 13.81 亿元人民币，完成全年奋斗指标；增加

1.61 亿元人民币，同比增长 13.1%。2021 年，全年营业收入为 95.13 亿元人民币，较去年增加 21.05 亿元人民币，同比增长 28.4%。公司营业收入利润率 22.74%，同比增长 11%。营业收入利润率、年化全员劳动生产率和资产负债率全面完成预期目标。

实体经营方面，各板块采取积极有效措施，克服内外经营环境不利因素，抢抓市场机遇，效益增长创新高。码头业务实现净利润同比增长 33.5%；工贸板块表现亮眼，同比有 81.4% 的巨大涨幅，其中公路板块克服疫情影响，利润同比大幅增长 88%；置业业务实现“双稳”目标，主营业务收入超过年度指标 11.6%。所属企业均完成必保指标。其中，深圳新世纪、中远关西、远通和国贸完成奋斗指标。

突出价值营销，市场开拓硕果累累。香港中远海运一贯重视市场营销，鼓励各企业开拓系外业务，积累高价值客户资源。各企业积极实践，取得亮眼成绩。中远关西系外大客户数量显著增长，系外业务订单占比由 33% 增至 50%，效益同比大幅增长 304%。中远佐敦市场份额创十年以来新高，分销业务年均增长率达 30%，已成为其重要的利润增长点。远通紧贴行业发展潮流，开拓了具有绿色环保低碳循环竞争优势的特种设备备件供应。保险经纪系外业务拓展同比增速达 12%。北京船贸成功进入 LNG 船等新兴造船领域。江门铝业积极拓展与大客户的合作空间，提升高端客户的业务占比，大客户订单增幅超过 30%。深圳新世纪积极把握国际海运对集装箱的旺盛需求，市场占有率进一步提升至 37%。

强化业务协同，形成创效合力。香港中远海运认真梳理业务单元内横向、纵向、交叉业务链之间的协同营销关系，编制形成《协同营销管理办法》，逐步落实协同营销机制。在内地以北京船贸为上游企业，组织中远佐敦、国贸、保险经纪、四兄绳业争取一揽子服务订单。在香港以远通为主导，将 CHINA LNG 公司、华光船务、香港特区政府所属船队、OOCL 等大客户的备件、船务、保险、租赁等业务引流至航服板块相关企业，合力拓展业务，在聚焦产业链经营上又迈进一步。

狠抓技术攻关，提升科技创效能力。科技创效是近年来香港中远海运一直在强调的重点工作，也是各制造业企业在提升自我价值的中心任务之一。近年来，各单位在科研、新技术和产能方面都有所进步。江门铝业全年新开发产品销售额占比为 51%，创效能力大幅提升；积极参与国家专精特新政策扶持，强化自主研发和校企合作，为下一步的申报工作打好基础。深圳新世纪完成自动化生产和管理系统的升级，大幅增加产能，全年净利润同比增长 749%，为历史最佳。常熟耐素顺利通过二期项目的试生产验收，获江苏省“天然植物酚基新材料工程技术研究中心”认定，为产品升级和多样化提供技术助力。

中远关西通过优化销售策略以及内部实施有效激励机制，同时强化技术改良和成本控制，销量提升 90%，毛利率同比提升 1.6 个百分点，提高了箱漆产品的整体利润率。中远关西整体销售量为 71 982 吨，同比增长 6.12%，实现营业收入 142 092 万元，同比增长 6.95%。中远关西箱漆产品质量和服务获业内认可，中远关西积极争取系内外订单，市场占有率达到 14.1%，位列市场第四；工业漆方面，中远关西制定了长期产品研发规划，通过产品的战略调整，提高了生产运营效率，降低了运营成本，年内工业漆销量同比增长 8%。

中远佐敦抓住市场契机，积极进取，全年新造船新签合同创历史最好水平。新造船业务（含分销业务）累计新签新造船，按载重吨计算，约占市场份额 54%（按价值计算 58%，按艘数 59%）。上述两项按价值计算合计为 21.2 亿元，超过 2019、2020 年合计新造船新签合同价值（两年合计为 13.87 亿元），达历史最高水平。中远佐敦青岛工厂结合未来市场趋势，开展了 37 项安全环保设施和自动化升级，已完成 95%，在佐敦集团全球 40 家工厂及国内同行中保持领先地位，以实际行动推动绿色和低碳技术进步，为中远佐敦后续可持续发展奠定基础。

远通顺利协助系内多个船队完成多项新增技改项目，并积极在全球领域拓展服务供应链，快速提升应变能力，为系内船东提供全方位的增值服务。全年完成系内备件集中采购率同比增长20.3%，完成船舶备件供应业务营业额为 20 314 万美元，同比增长 12%。远通积极扩展业务范围，增加业务种类，境内网点加强国产备件开发力度，境外网点挖掘代理产品和合作项目，不断加强物流配送能力建设，灵活营销方式，先后开发多家系外新客户，取得不俗成绩。

保险经纪努力为系内客户争取到了满意的续保费率。船壳险、保赔险、船建险、海南港航码头险等佣金收入均录得一定增幅，年营业收入 1332 万美元，同比增长 10%。

北京船贸在造船市场火爆的情况下，经过数月努力，促成了集运 10 艘大型集装箱船订单；为海特纸浆船项目保留了 2023—2024 年船位。系外业务方面，成功与招商租赁建立了业务合作关系，并获中海化运授权与船东进行期租商务谈判，为北京船贸带来第一笔期租船业务租金佣金收入。

国贸坚持大客户营销战略，挖掘了一批诸如四川玖鼎、四川宝利等客户，与大客户埃索签订了 2022 年度战略合作，实现与埃索合作新的突破，有利保证了川渝项目的顺利执行，对沥青供货提供了强有力的保障，全年完成沥青销售量 25.6 万吨，创造历史新高。

耐素二期项目验收通过，进入投料试产阶段，耐素已发展成为中国箱漆涂料市场前四大核心生产商的供应商，挪威佐敦集团已陆续与耐素开展合作，测试产品。2021 年，耐素实现量价齐升，全年销售 19 704 吨；实现营业收入 20 917 万元，同比增长 57.8%；实现净利润 3508 万元，同比增长 95.2%；净利润完成全年指标的 117%，超进度指标 508 万元。

本港物业经营保持了出租率和租金水平“双稳”，在全港商业物业租赁市场持续滑落的严峻形势之下，物业经营业务总体表现良好，全年租金收入 3 452.7 万美元，超过年度任务指标 11.6%；中远大厦平均呎租[①]比对标对象高 28%，KCC（九龙贸易中心）比对标对象高 18%；出租率保持平稳，中远大厦空置率 5.3%，大大低于同区写字楼空置率 9.6% 的水平。2021 年，公司物业经营业务，无论是出租率和租金水平都大大跑赢市场。

深圳新世纪积极把握国际海运对集装箱的需求旺盛，箱价继续保持高位的大好形势，在保证核心客户需求的基础上，紧盯效益贡献大的优质订单，加强客户服务，提高订单拿单效能，充分发挥营销优势，实现最大经济效益，创下了公司成立 30 年以来前所未有的经营好成绩。2021 年，全年实现销售额 4846 万美元，同比增长 189%，完成 2021 年度销售额任务指标的 285%；完成销量约 232 万 TEU，同比增长 125%，完成年度销量任务指标的 290%；完成净利润 908 万美元，同比增长 757%，完成年度必保目标 145.8 万美元的 623%，完成奋斗目标 174.9 万美元的 519%。

江门铝业坚持以市场为导向，客户驱动，落实营销管理工作，对内以优化加工流程的方式完成批量生产，对外采取主动营销的策略，积极为客户提供最佳的生产线建设方案，大力开发新产品，推动产品向高附加值转型。2021 年江门铝业铝材产量为 11 298 吨，同比增长 25%；销售收入同比增长 29.46%；净利润达 2284 万元，同比增长 18%。

公路板块克服新冠疫情点状散发的影响，做好新旧经营模式转换和衔接，强化降本增效，围绕“效益、服务”两大主题，突出抓好收费运营、道路养护、保安保畅，不断提高服务质量和水平，实现投资收益的不断提高。2021 年共实现通行费收入 44.99 亿元，同比增长 26%，净利润收入增幅达 88%。

香远北京公司坚持抓创效、重安全、强管理、促变革、谋发展。通过明晰指标。压实责任、强化考核，充分调动各所属公司创效积极性，推进各单位奋勇拼搏，确保完成全年任务指标。2021 年，公司营业收入 9 070.4 万元，同比增长 6.1%；净利润剔除因素后考核完成 5 050.2 万元，完成

① “呎”，香港以平方呎做单位，内地的1平方米约等于香港的10.7平方呎。呎租即每平方呎的租金。

全年必保指标的 101%。

泉州公司加强人才队伍建设激发活力，在营销服务上，有序稳健实施效益专精，努力创效增收；在提质动能上，有力有效实施“市场拓展和管理提升”两轮驱动，全年完成净利润 249.13 万元人民币，同比增长 3.9%。

【发展战略、改革重组】

香港中远海运立足全新定位科学编制“十四五”规划。香港中远海运紧密围绕集团确定的“十四五”期间“集团重大投资项目运作平台”及“集团新产业孵化平台”的战略定位，采取多种形式，广泛听取意见和建议，反复研究论证，编制了公司“十四五”发展规划，经公司二届七次董事会审议通过，于 2021 年 3 月正式上报集团。随后，按照集团进一步的通知要求，对公司“十四五”发展规划做了补充和完善，并于 6 月再次正式上报集团。完善后的“十四五”规划以“成为集团全球产业链布局的核心专业公司”为发展愿景，以“集团境外产业资本投资运作平台和新产业的孵化平台”为发展定位，进一步明确香港中远海运打造“两个平台”的实施策略、战略落地路径，以及发展举措，通过强化组织建设和能力建设、深化机制体制改革、注重科技创新、加强内部控制和风险管理等保障措施，确保“十四五”规划目标具备落地抓手。

按照总体规划，完成各项子规划的制订工作。香港中远海运各单位按照公司“十四五”规划认真研究和思考自身未来发展方向，详细分析各自细分领域的优劣势，统筹资源，明晰各项重点工作实施路径。参照集团规划内容和要求，香港中远海运完成“十四五”人才发展规划方案，明确公司人才培养格局将由“依赖集团、外部输血”向“自主造血、自力更生”转变，打造以投资及资本运营人才队伍为核心的“1+3”人才队伍的“三项重点任务”，为推动公司高质量发展提供坚实的人才保障；完成《2020—2025 年科技发展规划》，并上报集团备案；完成“十四五”数字化转型暨网信工作规划，统筹指导公司未来数字化统建项目落实及自身数字化转型工作。

以深化三项制度改革为抓手，紧密围绕“2+N”改革有效落地，牢牢把握“提高效率、激发活力”的改革目标，香港中远海运制定《关于深化三项制度改革的工作方案》，明确了各单位在全面深化人事制度、劳动制度、分配制度改革方面的 11 项工作任务，规范并尝试创新“能进能出”渠道，多渠道探索收入“能增能减”机制。“能进能出”方面，出台境外《员工招聘管理实施细则（试行）》，规范并已全面推行公开招聘制度。“能增能减”方面，正式实施股权激励计划并完成股票期权激励计划的首次授予工作。江门铝业成功试点科技型企业长效激励机制建设，制定落实《科技型企业岗位分红激励方案》。方案有效调动公司骨干、技术人才干事创业的积极性，促进自主创新和科技成果转化。香港远通、中远关西、香远北京公司等直管公司也在公司统一部署下，结合各自实际情况，在选人用人、人力资源配置、股权架构、分配激励机制等方面因地制宜推进改革，增强企业内生动力。

全面落实国企改革三年行动目标任务，香港中远海运各部门、各直管公司分工尽责，挂图作战，取得改革实效：在集团自我加压版的 138 项具体工作中，涉及香港中远海运 61 项工作，全年完成 60 项，完成率为 98.3%。其中，董事会应建尽建、外部董事占多数、落实董事会职权、“两非”剥离等国务院国资委考核重点任务均已完成，对标管理提升完成本年度任务目标。

按照集团改革三年行动实施方案 21 项人力资源管理工作任务清单为目标，香港中远海运层层部署、落实落细，顺利完成公司各直属公司经理层成员任期制和契约化管理工作。按照集团《关于加快推进集团各级单位经理层成员任期制和契约化管理工作的通知》及《关于推行直属单位经理层成员任期制和契约化管理的指导意见（试行）》，结合香港公司实际，成立了任期制和契约化改革推进工作小组，制定了《经理层人员任期制、契约化管理工作方案》，统筹指导 13 家直管公司及 11 家直管公司所属企业分别制定了适合自身实际的任期制契约化管理全套制度体系，圆满完成本部及所有所属企业经理层任期制和契约化管理 / 职业经理人管理工作。

多维度完善考核和激励机制。香港中远海运加强考核激励正向联动。一是制定《直管公司领导班子任务目标达成奖励方案》；二是落实兑现江门铝业 2020 年度科技型企业分红激励分配方案，着手研究股权激励第二期方案等其他中长期激励机制，在探索建立中长期、高效激励机制方面取得了进步和经验。

顺利完成职业经理人管理工作。香港中远海运按照集团相关规定，结合公司实际，按照“市场化、契约化、差异化”原则起草了《职业经理人管理实施细则（试行）》，经过审慎研究，选定江门铝业实施职业经理人管理试点，指导该企业编制相关管理制度。

有序推进“用工市场化”制度建设。香港中远海运对照集团相关管理规章制度要求，组织各直管公司人力部门对各自的人事管理规定进行全面梳理，有序开展了“用工市场化”相关制度的查漏补缺工作。全系统累计筛查制度 102 份，修订 26 份、废止 1 份，新建 62 份，基本实现了公司本部及所属企业“用工市场化”制度的全覆盖。

首次召开全系统干部人才工作会议，香港中远海运对下一步干部人才工作指出了“深化改革认识、全力完成攻坚任务”的目标，围绕“提升队伍能力、服务战略发展全局”的要求，确立了选优配强领导班子、大力培养使用年轻干部、自主培养公司人才的三大重点。

【企 业 管 理】

香港中远海运保质保量完成治亏压减考核指标，年内亏损子企业户数 8 家，同口径亏损额 2 977.74 万元，完成集团下达的任务指标，超额完成了国务院国资委下达的重点亏损子企业三年治理任务，京华公司破产清算已获得法院裁定进入重整程序，实现了公司的既定目标，最大程度上维护公司债权人的利益。

高效实施公司档案管理工作。为了彻底解决档案历史遗留问题，加强公司档案工作科学管理水平，香港中远海运正式启动档案管理工作，做好组织建设、制度建设和方案规划等前期工作，并在年内完成了档案系统上线工作、大角咀历史档案搬迁及 2018 年 4 月至 2020 年 12 月期间 OA 系统电子档案、本部实体档案的归档工作。

持续优化采购管理。香港中远海运年内开展了本部服务类采购专项评估工作，并持续督促整改，完善现行制度，提高服务类采购效率，优化服务类供应商结构，有效控制成本，促进服务类采购绩效提升。

完成 SIMS 系统第二阶段功能改造。香港中远海运年内 SIMS 系统完成新增制度建设、安全生产、关联交易管理、投资项目管理等 7 个功能模块，系统的数据集成和分析能力基本覆盖了公司生产经营管理和决策参考需求。

严抓增收节支、“两金”压降工作。香港中远海运财务管理工作重点突出节流降本工作，一以贯之树立成本控制与创效同等重要的理念，牢固树立“过紧日子”思想，立足自身、眼睛向内，强化管理。以一切成本皆可控的理念，坚持实施全员、全要素、全过程成本管控，层层分解任务、落实责任，可控费用按月追踪，严控各项费用性开支以及生产性支出，严格预算刚性约束。2021 年成本费用占营业收入比例为 87.36%，比上年同期（92.67%）下降 5.31 个百分点。香港中远海运本部制定了《费用、支出管理办法》及实施细则，完善了涉及履职待遇等方面的 9 大类管理细则，全面加强费用控制。经过长时间、多方面的努力，自公司“四合一”改革以来，考核口径 4 项重点可控费用（差旅费、办公费、会议费、业务招待费）平均数下降 36.3%，其中业务招待费大幅下降 44.8%，有效实现了以成本管控保障整体创效的目标。

坚持财务稳健原则，提高财务风险防控意识。一是加强财务制度建设，防范财务风险。二是加强运营资金动态管理，确保资金链安全。三是发挥公司融资优势，合理筹划资金，加强与金融机构紧密合作，提高存量资金收益。四是强化资金集中统筹使用，挖掘内部资源，降低对外融资风险。五是加强对汇率、利率风险的管理，优化债务结构，有效控制汇率、利率风险。

贯彻切实做好“两金”压控工作。一是应收账款管理，于年末时加强账款催收工作，特别针对一年以上以及超期款项，有效防范拖欠和损失风险，要做到“应收尽收”。为加强对所属公司客户信用及应收账款的前端管理，香港中远海运发布了《客户资信和应收账款前端管理办法》，规定了客户资信的管理机构、审批步骤和程序，以及应收账款的前端管理原则等，加强了应收账款的源头管理，形成长效管控机制，完善了公司及对所属公司的应收账款前端管理内涵，航服业务板块整体超期应收账款同比减少 30%。二是强化存货源头控制，从实际需求出发，在不影响生产经营的前提下，按照“以销定采、以耗定采”的原则合理安排采购量和采购时点。三是注重工作实效，坚持严格实行“黑名单”制度，对集团下发的应收账款客户黑名单内的企业不再开展业务，加强防范客户风险。按照 2021 年集团下达的“两金”压控工作目标共 7 项，剔除系内燃贸业务的结构性特殊因素后 7 项指标都能顺利完成。

【经 营 管 理】

香港中远海运航运服务板块加强业务单元内部协同管理，实现多赢局面。为解决中远关西和中远佐敦原材料上涨困境，香港中远海运主动协调引领航服业务单元内部供应链上下游企业之间的合作，全力推动中远佐敦及中远关西在重要原材料供应和替代方面不断扩大与常熟耐素的协同合作。常熟耐素已成为中远关西最主要的水性环氧固化剂供应商之一，在技术研发领域为中远关西提供必要的支持。中远佐敦由于原材料采购由挪威佐敦控制，公司希望董事会加强与股东方的沟通，并督导中远佐敦管理层大力推进，股东方挪威佐敦已与常熟耐素开展多项产品测试工作，双方建立了业务合作关系。

协助国贸做好与四兄公司的对接和业务拓展工作。国贸完成对浙江四兄公司的增资入股后，香港中远海运部署北京船贸在内地、远通在香港地区协助浙江四兄缆绳业务与系内业务的对接和业务拓展工作。通过多方面的协助，四兄绳业已成为中远海运多家船队及船厂的供应商，并于当年中标中远海运集运在扬州中远海运重工建造的 6 艘 14 000TEU 新造船缆绳项目。

开展航服业务单元之间的协同营销，提升航服业务单元整体市场竞争力。受疫情影响，业务开拓客户拜访工作受到地域限制。香港中远海运航运服务板块内部客户营销内地以北京船贸作为牵头单位，带领和协助中远佐敦、四兄缆绳、深圳保险经纪开拓客户，拓展业务，获得了中海化运 8000 吨化学品船、大连投资 LPG 船、集运 14 000/16 000TEU 集装箱船、能源 LNG 船等新项目订单。香港地区，以香港远通公司为牵头单位，积极向自己的核心客户 CHINA LNG 公司、华光船务推荐四兄缆绳、香港保险业务。中远佐敦受益于协同营销，在 OOCL 业务开拓方面，实现了零的突破，获得价值 1.1 亿元的 6 艘大型新造集装箱船船漆订单，为进一步拓展 OOCL 新造船业务和修船业务创造了良好条件。

基础设施业务板块，香港中远海运各公路企业克服新冠疫情点状散发的影响，经营基本恢复正常。各公司努力稳中求进，按照公司重点工作的部署，加强道路养护，控制好维修成本的同时，优化投资，多元发展，积极拓宽增收渠道，在偷逃费专项治理以及通行费支付模式创新方面下功夫，实现通行费收入及投资收益的提高。尤其是京石公司努力拓展路衍产业发展空间和多元产业，积极构建“一主多辅”产业发展新格局，收入和利润均为 2014 年京石路开通以来的最高值。

制造业务板块，深圳新世纪坚持“推动企业从传统制造业向智能化制造业转型”的目标，以高质量党建推动企业高质量发展，深化精细化管理，稳增长，促转型，企业管理逐渐从粗犷型管理向精细化现代制造企业管理模式相接轨，实现市场占有率、产量、产值、效益、生产效率、人均创收、人均创效新突破和新进展，继续保持箱标行业市场占有率第一的行业领先地位，市场份额平均维持在 37% 的历史最高位。

江门铝业以科技创新探索深化改革之路，立足新发展阶段，着力建设高素质人才队伍，构建公司发展新格局，推动高质量发展。公司坚持技术引领，以技术促进营销，推动改革发展。2021年在新项目立项选择上，以市场和消费者需求为导向，积极协助大客户开发和推出新产品逐步向新品开发供应商转型。7个立项项目均按计划进入商业订单转化阶段；其中新产品输出为储物浴室镜、户外停车帐篷、铝合金多功能工具车厢、咖啡桌、铝合金车顶架产品、列车用灯饰产品等，完成铝合金相框自动装配生产线的设计和制作，并获两项专利授权。

高速公路业务板块，香港中远海运共参股4家高速公路公司，拥有京石高速、京哈高速公路天津段、津沧高速和济菏高速、德上高速、莘南高速的经营权，共计全长544.4千米。2021年，4家高速公路公司通行费收入44.99亿元，同比增长25.87%，原因是2021年受新冠疫情影响较小，通行费收入逐渐恢复正常。尤其是京石公司努力拓展路衍产业发展空间和多元产业，积极构建“一主多辅”产业发展新格局，收入和利润均为2014年京石路开通以来的最高值。

物业经营业务板块，香港中远海运以提高与客户沟通和服务水平为切入点，努力提升直接客户签约比例，全力克服疫情带来的影响，保持了出租率和租金水平“双稳”，经营取得良好成效。中远海运香港积极作为，努力推进置业永丰大厦改造项目，维护公司利益。由于受新冠疫情影响，香港和内地通关时间一推再推，致使永丰大厦项目合作方的项目团队一直未能抵港开展现场工作。项目小组主动提供支持，通过努力尽力减轻疫情对项目的影响，稳定公司未来收益，向合作方主动提供协助同时在商言商，督促合作方履约，尽可能提高首两年回收租金额度，力争避免持永丰大厦的项目公司出现亏损。

【资本运作】

香港中远海运积极服务集团构建新发展格局，完成海南港航增资20亿元人民币方案的论证和审批，为海南自贸港建设注入新的动力；配合集团粤港澳大布局，妥善完成H项目前期筹备工作，配合琼州海峡港航一体化工作顺利实施。

落实集团“一带一路”布局优化，香港中远海运如期完成PPA第二阶段16%股权交割。公司项目团队充分发挥参与第一期股权交易中积累的宝贵经验，分析相关政治经济形势，梳理关键节点，并配合PPA方面出具相关文件，确保项目推进依法合规。公司项目团队及有关人员分别获得集团和香港中远海运“钻石团队”称号。

所属国贸成功入股国内行业头部企业浙江四兄公司，实践央企民企优势互补、融合发展的具体路径。该项目是上市公司在航运产业链上下游资本运作的有力尝试，随着四兄公司获浙江省级专精特新企业资质，未来合作中将有更大业务拓展空间。

参与的鼎晖基金项目取得良好投资回报。香港中远海运已投项目总体增值30%，落实新产业平台规划定位出实效。

与北美公司合作的富通项目业务规模与效益创新高。香港中远海运完成向美国富通公司三次增资，共计774.2万美元，累计实现利润5751万元人民币。

配合集团实施中远海控H股增持工作，香港中远海运坚持增持过程依法合规，增持价格和增持数量均在集团授权范围内，进展良好持续推进。

京华破产案实现了清算转重整的目标。京华破产案历经波折，香港中远海运在公司领导的亲自指挥和项目组的密切运作下克服了重重障碍，终于获得法院裁定进入重整程序，实现了公司的既定目标，最大程度上维护了公司债权人的利益，同时缓解了当地政府的环保、经济和社会压力。

为推动存量股票问题逐步解决，香港中远海运完成珠海控股和创兴银行2只股票私有化处置，回收资金约4.15亿港元；另有1只股票按计划在二级市场出售，平均处置价格高于公司批准的目标价格。该项长期存量资产得到活化变现和提高收益水平的机会。

抓住主业向好时机提高资金效率。为落实集团关于单一股东持股目标，香港中远海运积极回应兄弟公司诉求，紧抓主业盈利冲高、资金充裕的时机推进集运回购天宏力 81% 股权项目。经友好协商，协调配合，完成方案论证和报批、资产评估等工作。

根据集团通知和国有产权流转规定，香港中远海运按集团要求启动泉州公司股权处置。项目小组梳理泉州公司的情况，初步制定了处置方案并与意向受让方进行了接触，持续探索合适的推进方式。

【安 全 生 产】

全面落实生产安全防范。香港中远海运强化安全主体责任，全面落实“安全生产月”“集中攻坚年”等专项安全活动。加强安全督导，促进基层企业广泛开展安全自查，不断完善风险预控和隐患排查双控体系。年内公司没有发生重大安全维稳事件和安全事故，实现第十个“三零”目标年。

公司层层传导压力，全面落实主体责任。香港中远海运在新冠疫情常态化形势下，全面落实企业主体责任、员工岗位责任，践行安全担当。2021 年年初，公司召开年度安全工作会议，认真分析安全形势，研究落实集团安全工作整体部署，结合实际对全年安全工作作出具体布置，悉心指导各企业抓住、抓好重点工作，牢牢把握安全工作的主动权。公司各所属单位按照“谁主管、谁负责”的原则，坚持“一岗双责、齐抓共管”，层层落实安全生产主体责任，组织签署各级安全管理责任书，自觉担责，体现了良好的大局观。

提高政治站位，聚焦重大活动。香港中远海运增强大局观念，聚焦建党百年重大活动，筑牢安全防线。把安全生产与中心工作同部署、同检查、同考核，同时强化企业安全责任，把安全生产作为首要政治任务。在建党百年关键时刻彰显央企政治担当，高度重视北京、上海等敏感地区，打好安保和维稳两大战役。香远北京公司所属实业公司地处北京核心位置，领导现场值守，对应急预案进行强化，加强演练，严防死守，扎实做好长安街沿线单位的安全工作。公司根据集团安全工作指示，逐一细化分解，开展专项不稳定因素和隐患排查，做到“纵向到底、横向到边”，确保了建党百年及重大会议、重要活动和节假日期间的安全稳定。

持续提升管理，筑牢安全根基。一是以层层传导为抓手，层级落实主体责任。制定年度重点工作任务分解表，细化举措，督导各企业抓好重点，牢牢把握工作主动权。建立定期报告的工作机制，组织全系统签署了《三级安全管理责任书》，逐级压实压紧主体责任、岗位责任，形成闭环责任制。二是以完善制度为纲要，夯实安全管理基础。公司制定和完善了《安全生产绩效考核管理规定》等 4 项规章制度，以制度推动安全管理更加贴合实际和主流安全理念。香远北京公司修订完善制度 17 项，应急预案两份；中远关西继续维持安全生产标准化二级企业认证资质；有船公司修订《船舶航经海盗风险警戒区管理办法》等 4 项制度，新增《国际制裁风险控制管理办法》等 5 项规定。各单位均通过了“安全达标企业”年度复核。三是以预防风险为主线，推进安全隐患整改。季节性与平常性结合，持续抓好防抗台工作。在注重平常性安全基础上，加强预防针对性。与集团安监部密切联动，强化预警，专题部署，梳理应急预案，做好一线隐患排查和应急演练。全年台风未造成人员和财产损失。

持续完善双控体系，做好风险识别和分级管控。香港中远海运制定了年度《安全检查工作计划》和《安全风险分级管控评估清单》，动态分析安全隐患，明确整改时限和责任人，逐项整改，共排查老旧设施 127 项，挥发性有机物缺陷 18 项，已按照限期完成年内整改。在消防安全专项督查活动中，各单位重点做好制度完善、措施落实、隐患整改闭环，多手段并用，排查安全隐患风险。加强现场检查与视频、互联网等手段综合运用，推进对重点场所、环节排查治理，把风险降到最低。2021 年，公司累计安全督查 78 次，排查隐患 66 处；直管公司自查 2321 次，排查隐患 2016 处。

履行社会责任，打造环境友好型企业。香港中远海运发挥好上市公司平台作用，与可持续发展理念结合，增强市场投资价值。完善管理体系，排查治理生态环境问题。各单位积极践行节能环保和绿色发展理念，专项督导开展主题宣传周和低碳日活动，对能源浪费进行排查和整治，形成崇尚低碳环保的良好氛围；加大能源节约与生态环境保护资金投入；积极推广新技术应用，深圳新世纪的洗板废水循环使用技术、中远佐敦的船体性能解决方案 HPS 和涂料 IBC 大包装循环利用 3 个项目已上报集团作为“央企碳达峰碳中和”典型案例；推行绿色办公建设节能型企业，组织收集整理合理化建议和好的做法，对表现突出的组织及个人给予表扬，强化示范。借助专业力量，加强碳排放控制。公司加强与安永咨询等机构的合作，形成中远关西及中远佐敦的 ESG《十年减排目标计划》，为上市平台提升价值。公司积极破解危废收集处理能力不足，涉危企业通过压缩、分拣等方法，提升节能低碳工作水平。公司加强信息化应用，助推节能减排，完成了 SIMS 系统“安全生产”“节能减排”功能开发，内地企业积极参与属地安全管理系统，中远关西接入上海应急管理、隐患排查和安全智慧等系统，提升环保和节能减排规范化和信息化水平。

坚持慎终如始，做好常态化疫情防控。香港中远海运统筹推进疫情防控，连续保持了“零确诊、零疑似”的“双零”目标。跨单位跨部门合作，强化与各驻港单位 7×24 小时联动沟通，实现疫情监测全覆盖。细化完善应急管理，细化《疫情防控工作方案》，境内外联动保障物资储备，严控人员流动，持续推进疫苗接种；对各单位常态化疫情防控巡查，做好分类指导。切实关心关爱员工，加强防控和心理培训，形成了上下联动、资源共享、协同服务的工作机制。

推进网信安全整改，加强管控。香港中远海运切实提升各单位网络安全工作水平，年内完成了 WIFI 无线网络设备、机房核心网络交换机老旧设备的更新升级工作，提升了网络设备的安全性和防护能力。

【法务风控】

在集团的统一部署和指导下，按照国务院国资委关于全面推进法治央企建设的总体目标，香港中远海运认真贯彻落实企业提升依法合规经营、加强风险全面防范的工作要求，优化公司管治框架和工作管理机制、完善风险管控体系和工作流程、加强法治建设宣贯工作力度，积极、稳妥地推进“法治央企”各项工作的全面落实。

依法治理结构不断优化。香港中远海运积极贯彻落实《中远海运集团企业主要负责人履行推进法治建设第一责任人职责实施办法》的工作要求，推进和落实法治建设顶层设计，完善并加强法治风控领导管理机构建设，在董事会、管理层、风险管理委员会及各职能部门有效分工协作基础上，设立由公司主要领导组成的法治建设领导小组，进一步加强法治建设督导，建立健全法治建设领导机构。同时，调整法务风险管理机构，进一步落实集团关于“重要子企业设立独立法务 / 风险管理机构且为公司一级职能部门”的规定要求。

制度保障体系不断完善。香港中远海运根据公司规章制度建设计划，各部门密切配合，对现有的规章制度进行了全面修订和补充，发布了《规章制度管理办法》《董事会事务管理办法》《员工管理办法》《合同管理办法》《违规经营投资责任追究实施办法（试行）》等制度，以适应公司发展新战略、新平台、新定位的发展要求。

开展合同管理专项。香港中远海运注重发挥以查促改的作用，采取材料审阅、现场访谈、抽样测试等方式，对香港地区 5 家直管单位开展了合同管理专项检查。通过检查发现，有的单位销售合同与采购合同存在时间错配，有的单位合同审批流程与规章制度的规定存在偏差，有的单位在利用外部专业法律咨询服务时存在随意性等问题，当即向相关单位提出了整改措施，强化合同全周期管理要求，提升各级单位合同管理水平。

高度重视国际制裁风险管理相关工作。面临日趋复杂的国际形势及逐渐升级的大国博弈和地缘冲突，香港中远海运高度重视国际风险，密切跟踪制裁风险发展变化趋势，结合企业经营实际，加强风险的综合研判，制定风险应对策略。年中，公司向直管单位下发《关于进一步加强国际制裁及合规风险管理的通知》，从加强业务流程管理、完善制裁类风险管理细则、强化制裁类风险管控等方面，部署和推进国际制裁及合规类风险防范工作。为满足对客户合规风险统一管理的需求，提高制裁风险管控效率，公司要求相关单位积极利用集团统建的客户合规风险管理系统，对国际制裁、出口管制、特殊关联企业，以及应收账款客户黑名单等客户 / 货物名单进行风险筛查。自该系统上线以来，公司组织各单位参加该系统使用的培训会议，提高了系统的使用效果。各单位在开展相关业务之前，主动通过该系统认真查核确定交易对象是否存在制裁合规风险，禁止与集团黑名单、存在制裁合规风险等主体开展任何业务，提升了合规风险防控工作的效果和效率。

重点加大对直管单位监督评价力度。香港中远海运根据集团对于内控监督评价的部署和要求，围绕“落实责任、聚焦执行、强化监督”的指导原则，选取 4 家直管单位（中远海运国际香港、中远关西、深圳新世纪、北京船贸）开展年度内控监督评价工作。制定内部控制监督评价实施方案，确定监督评价工作重点，协调组织中远海运国际香港各部门及内地直管单位召开项目培训会、提供项目资料、进行访谈安排，通过资料审阅、线上访谈、穿行测试、执行测试等远程测试评价形式，促进被评价单位内控体系的建立健全，提升香港中远海运对直管单位监督评价工作的有效性。

不断提升项目法律审核及风险管控工作。香港中远海运继续坚持法律审核“全覆盖”，以强化法律尽职调查为抓手，推动法律审核关口前移。除了提供日常的法律咨询和服务之外，公司法险部积极参与重大投资项目和决策的法律审核，如 H 项目、PPA 项目、国贸海南沥青库项目、国贸四兄绳业项目、京华项目等。根据具体情况全程参与或参与重点环节，就项目中所涉合同及相关文件进行审核，并对项目中涉及的法律问题提供专业意见，确保各项工作依法合规地顺利推进。公司认真进行专项投资风险论证，提出风险应对方案，充分发挥法务管理在重大项目投资中的作用，有效防控风险。

加大经营风险管控力度。一是积极落实国务院国资委“强内控、防风险、促合规”的要求，年内实现直管公司年度自评全覆盖，提升公司对直管公司内控监督评价工作的有效性。二是开展以查促改，对香港地区 5 家直管公司开展合同管理专项调研，对制度缺失、合同审批流程偏差等问题向相关单位提出了整改建议和要求。三是完成客户合规风险管理系统上线工作，重点对国际制裁、出口管制、特殊关联企业，以及应收账款客户黑名单等客户 / 货物名单实施风险筛查，从源头杜绝交易风险。

围绕中心工作开展审计监督。香港中远海运审计工作重点关注集团重大决策部署和任务落地、境外国有资产管理和资金管控、“三重一大”决策事项等方面，强化问题导向，年内工作计划完成率 100%，审计发现问题初步整改率 100%，促进制度建立和完善 43 项，充分发挥了审计监督的服务保障作用。

加强应收账款前端管理。香港中远海运针对实体经营业务的特点，结合应收账款周期管理，出台了《客户资信管理办法》，全流程对客户资信实施专项管理，并建立客户黑名单制度，有效从经营源头收紧应收账款风险敞口。

对投资项目进行执规检查。香港中远海运根据公司 2020 年度投资计划、投资及项目管理系统中各项目的完成情况，对本部及各直管公司已实施的 64 个投资项目进行了执规检查，全面了解了各单位在投资项目决策、审批、实施管理等方面的执规情况和存在的问题，积累了执规检查方面的工作经验，而且通过督促相关单位落实问题整改并建立长效机制，为各单位进一步加强制度的约束力和防控投资项目风险起到了较好的警示和促进作用。

【审计监督】

香港中远海运深入贯彻落实集团年度审计工

作会议精神，坚持围绕中心开展审计工作，充分发挥服务保障作用，对集团重大决策部署落实、境外国有资产管理和资金管控、“三重一大”决策事项管理、“两金”压降、亏损企业治理等情况进行重点关注。在疫情情况下，公司审计人员积极克服困难，利用现场和远程审计相结合的方式全力推进各项工作，很好地完成了集团下达的全年审计计划，落实了审计全覆盖的要求。2021 年共实施各类审计项目 16 项，审计总资产 123 亿元，审计发现问题 95 条，初步整改率 100%，促进建立和完善制度 43 项，促进增收节支和挽回经济损失 109 万元。

审计管理信息化方面，香港中远海运严格按照集团要求在 2021 年 6 月 30 日前完成了 2016 年以来的全级次 99 份审计问题整改台账、518 条审计问题的数据初始化工作。同时，积极做好 2021 年审计项目在审巡管理系统中的使用及数据录入工作，很好地实现了线下线上同步，为审计管理信息化的进一步提升奠定了很好的基础。

审计成果运用方面，香港中远海运对 2016 年以来未整改的内部审计发现问题进行了再跟踪，共核销以前年度及当年发现的内部审计问题 56 项，通过整改落实共纠正事项 23 项、完善制度建立长效机制 16 项，推动了公司客户信用管理、合同管理、费用管理等重要制度的制定和完善。

审计监督制度建设方面，香港中远海运修订完善了《违规经营投资责任追究管理办法》《内部审计基础工作规程》《联营、参股企业内部审计工作规程》《内部审计管理办法》，以及《经济责任审计工作规定》5 项管理办法规程，进一步确保了审计监督工作机制健全完善。

【队伍建设】

完成“十四五”人才发展规划编制工作。为支持公司“十四五”发展规划战略落地，努力打造一支适应公司发展新形势、新任务、新要求的高质量人才队伍，香港中远海运正式印发了“十四五”人才发展规划。规划以坚持战略引领、坚持市场导向、坚持创新驱动、坚持开放共享为指导思想，点明了努力构建由“依赖集团、外部输血”向“自主造血、自力更生”转变的人才培养新格局，努力创建“高效识人、大胆用人、有效育人”的新环境，打造以投资及资本运营人才队伍为核心的“1+3”人才队伍的三项重点任务，以期全面提升人才队伍能力素质，为推动公司改革发展提供坚实人才保障。

加快各级各类人才培养建设工作。香港中远海运起草《教育培训管理办法（试行）》，加强分类分级培训指导，规范工作流程，严格教育培训经费管理，完善培训评估体系，创造全员培训的良好学习氛围；按《专业人才库建设管理办法（试行）》组织各单位完成了首批入库人选的年度考核工作。

加大年轻干部选拔培养工作力度。香港中远海运通过公开竞聘破格提拔 1 名优秀年轻干部任资本部副总经理，提拔任用 4 名优秀年轻干部任本部部门负责人或参股公司负责人，推选 2 名优秀年轻骨干兼任下属单位重要职务；制定《优秀年轻干部培养选拔工作实施细则（试行）》，首次开展本部及各直管公司优秀年轻干部 / 骨干推荐工作，完成首次优秀年轻干部人才库入库人员确认工作；组织境内直管公司 30 名中青年干部赴企业大学青岛新校区参加第二期中青年干部综合素质能力提升班，提高领导力和执行力。

加强对投资企业派出干部管理。香港中远海运制定了《参股企业派出经营管理人员管理实施细则（试行）》，并首次组织专项考核小组赴 4 家投资企业现场对 11 名派出干部进行了专项考核，更详实了解投资企业派出干部情况，更有效掌握投资企业经营管理情况，切实保障公司出资人权益。

【企业文化】

香港中远海运弘扬“爱国、爱港、爱中远海运”企业文化，继续积极响应上级号召，参加各类社会及企业文化活动：大力宣传并发动会员及其亲友参加“撑全国人大决定，完善选举制度，落实爱国者治港”签名行动；组织员工参加“中企协会成立30周年文艺汇演”并获优秀奖；组织做好对香港特区政府《2021年施政报告》的意见征求工作，汇总、形成反馈意见8项，其中涉及政府最终公布的《报告》内容达5项；此外，还积极组织、鼓励员工参加各类爱国、爱港展览、教育、培训；继续参加中企协和劳工处举办“青春试翼大学毕业生启航计划”的招聘录用工作，切实帮助香港本地青年学生实习、就业和创业，拟招录20个岗位，最终超额完成了24个岗位。

做好员工关心关爱。香港中远海运针对当地及内派新入职员工、日常管理及退休调回员工，调整和制定了提升服务水平、关心关爱员工的14项工作措施，年内共递送生日卡及生日贺金53次，以致送内派员工调回纪念牌、及时慰问因病住院员工、关心和慰问因疫情被隔离管控的员工、定期与各职级干部员工谈心谈话等各种形式全方位关心关爱员工，切实提高员工凝聚力与归属感。

加强义工队伍建设。香港中远海运组建118人（含后备19人）的专项工作义工队伍，并对2020年优秀义工骨干给予了适当奖励，有效激励士气；组织28名义工骨干参加本港当地红色一日游学活动，重走经典红色道路，了解香港历史，加强感情联系。

举办不同形式的活动。香港中远海运向员工传递关爱社会、服务社群的信息，发扬“根植香港，服务香港”的精神，多方面加强义工队伍建设。中远海运国际香港荣获香港社会服务联会颁发2020/21年度“商界展关怀”标志证书。

与联合国儿童基金会合作。香港中远海运捐款5万港元支持该会儿童项目；加入在职妈妈母乳育婴（Say Yes to Breastfeeding）运动，在公司设置母乳喂哺友善工作间；以公司名义设置为期半年的捐款网站，由2020年10月至2021年3月底到期，向员工及合作伙伴发出呼吁，共收到6100港元捐款，以公司名义向基金会捐款，购买防疫的医疗用品、教育小区居民和实施预防计划。

与世界自然基金会继续合作。香港中远海运成为该会纯银会员，捐款5万港元资助该机构在香港地区开展环境保育和教育工作。

赞助苗圃行动相关项目。中远海运国际香港以金赞助身份签署苗圃挑战12小时慈善越野马拉松2021赞助协议书，捐款13万港元，用于赞助活动行政经费、学生资助及其他助学项目，以实际行动帮助中国贫困山区的儿童，让他们能重返校园；支持挑战12小时慈善越野马拉松线上跑活动，组织84名由公司员工和香港媒体嘉宾组成的队伍参加比赛。荣获苗圃行动颁发的2021苗圃挑战12小时越野马拉松线上跑最佳参与奖。

与邻舍辅导会继续合作。香港中远海运资助及参加2次长者探访，在2021年3月和8月分别捐款5000港元，资助购买端午节和中秋节的探访部分物资，并于6月5日及9月11日分别组织36名和59名公司义工参加端午节和中秋节长者关怀探访，成功探访了118名和97名独居长者，送上节日物品福袋，表达祝福与关怀；资助“与耆同游系列之亲亲大自然”活动，鼓励长者走出社区，参与户外活动，11月27日派出15名义工陪同36名长者游览流浮山、后海湾、朗屏农场等。

认真做好新冠疫情防控工作。香港中远海运疫情防控工作小组坚决杜绝麻痹思想和松懈心理，充分落实上级各项防控要求，常态化开展各项疫情防控措施，并每日上报集团及在港上级单位疫情报告及人员出入境情况；完善快速反应和信息报告机制，进一步完善和更新应急预案，并组织模拟演练；积极关心、关爱、关注员工心理状态，确保员工心态稳定；大力推进疫苗接种，建立疫苗保护屏障，境内各直管公司完成两针疫苗人数达96%，122人完成第三针加强针的接种；境外直管单位完成两针疫苗接种的人数占比为87%，公司本部接种率为88%，保持了“零确诊、零疑似”的“双零”成果。（朱月芳）

中远海运投资控股有限公司

中远海运投资控股有限公司

【公司概况】

中远海运投资控股有限公司（简称“中远海运投资”，英文简称COSCO SHIPPING Investment），是中远海运集团全资子公司，注册地为中国香港，注册资本5亿港元，与中远海运发展股份有限公司（简称“中远海运发展”）为两大企业主体，构建产融投一体化业务发展模式。截至2021年年底，公司总资产为302.3亿元，总负债为189.37亿元，净资产为112.93亿元。

中远海运投资的前身是成立于1998年的中国海运（香港）控股有限公司，是原中国海运（集团）总公司的直属全资子公司。2016年，中国远洋和中国海运重组成立中远海运集团，该公司更名为中远海运金融控股有限公司，并于同年6月在香港正式挂牌成立。2020年6月1日，中远海运金融控股有限公司更名为中远海运投资控股有限公司。

【疫情防控】

2021年，在全球疫情持续蔓延的背景下，中远海运投资持之以恒抓好境外疫情防控工作，坚持“外防输入、内防反弹”总策略，研判香港地区疫情变化，因地制宜、适时调整防疫管理措施，持续筑牢疫情防线。公司做好境外疫苗接种宣贯引导工作，截至2021年年底，员工疫苗接种率达100%，在境外疫情持续反复的大环境下，筑牢防疫屏障；根据香港特区政府防疫政策、集团对境外疫情防控的工作要求，公司修订疫情防控工作及生产经营工作预案，强化疫情防控、生产经营、应急响应等方面的分类指导，持续落实落细防疫重点环节配套防控措施，按照疫情等级划分，严格执行应急运营保障机制，降低聚集性疫情风险，确保各项防疫责任落到实处。截至2021年年底，公司全体员工保持“零感染”纪录，为“十四五”开局和各项生产经营工作有序运行提供坚实保障。

【发展战略】

2021年是“十四五”规划开局之年，中远海运投资与中远海运发展以构建中远海运集团产融平台为发展方向，充分发挥香港金融、航运、贸易中心优势，以及中远海运投资“非上市”资本运作主体优势，围绕综合物流产业主线，以集装箱制造、集装箱租赁和航运租赁为核心，以重点拓展供应链综合金融服务和创新投资作为辅助，以战略性投资和不良资产管理为支撑，充分发挥产融平台跨境联动优势，加快构建新发展格局，服务并赋能航运物流产业，努力打造具有中远海运特色的世界一流产业金融运营商，为集团改革发展增添新动能。

【业务经营】

2021年，中远海运投资经营业务主要包括集装箱制造、不良资产管理、战略性投资及财务性投资等。

集装箱租造业务方面，2021年航运市场兴旺，集装箱制造市场量价齐升，集装箱制造产能创历史新高，集装箱制造板块、集装箱租赁板块充分发挥产业链协同优势，在做好疫情防控的前提下，提升造箱效率，充分释放产能，箱队整体利用率超过99.9%；全力保外贸产业链、保供应链畅通稳定，保障集团航运主业用箱，践行企业责任，完成使命担当。2021 年 11 月，中远海运投资将持有的寰宇东方国际集装箱（启东）有限公司 100% 股权、寰宇东方国际集装箱（青岛）有限公司 100% 股权、寰宇东方国际集装箱（宁波）有限公司 100% 股权及上海寰宇物流科技有限公司 100% 股权以对价 356 187.68 万元转让至中远海运发展。中远海运发展以发行股份的方式置换，将收购整合和孵化成功的优质资产通过资本运作注入上市公司，增强上市公司的核心竞争力，提高市值表现，优化产能布局，赋能集团主业。航运租赁业务方面，围绕产融结合的战略核心，深化内部协同，在经营性租赁项目持续顺利投放的同时，积极拓展外部市场，业务发展再上新台阶；在上海临港投资设立船舶融资租赁公司，承接与集运的 48 艘五星旗船舶光租业务，大大提升集团资产运营效率。投资业务方面，围绕“以融促产”和财务回报为目标，做好投资管理。公司在四季度以下属公司远海投资作为投资主体参与顺丰控股定增项目，与顺丰加深合作，为集团打造成全球领先的综合物流供应链平台及推动全球物流的数字化升级提供助力。供应链金融业务方面，公司下属的中远海运资产管理（宁波）有限公司与天津中远海运、上海中远海运等集团内单位达成资产盘活项目合作，以产融协同为手段，提升资产面貌、资产质量和运营效益，助推集团存量资产的潜力挖掘与提质增效；参与箱厂屋顶盘活项目，助力车间太阳能发电，在环保用电、节能减排上，推动公司绿色发展。

【经 营 效 益】

2021 年，中远海运投资准确把握发展方位，抓住市场机遇期，面对全球供应链延滞压力，不断深化提质增效，实现了经济效益新突破。2021 年，公司实现营业总收入 176.39 亿元，完成预算指标的 200%；发生营业成本 136.01 亿元，完成预算指标的 168%；累计实现净利润 42.93 亿元（剔除中国信达计提减值准备），较去年同期增加 23.53 亿元，为集团下达考核指标的 408%，超额完成集团年度考核奋斗目标。公司主要业务板块经营效益具体如下：

集装箱制造板块 截至 2021 年 12 月底，公司所属三家箱厂标箱业务，累计生产 79.25 万 CTEU，同比增长 87.50%，累计销售 73.62 万 CTEU，同比增长 74.37%；冷箱业务，累计生产 6.46 万 FHE，同比增长 45.77%，累计销售 5.50 万 FHE，同比增长 35.09%；特箱业务，累计生产 2.40 万 CTEU，同比增长 17.76%，累计销售 2.28 万 CTEU，同比增长 13.65%。截至 2021 年年底，集装箱制造业务累计实现净利润 25.24 亿元（因公司集装箱制造业务于 2021 年 11 月出售给中远海运发展，未包括 12 月的利润数），比上年增加约 22.31 亿元。

投资业务板块 2021 年，公司充分响应国家政策指导、紧扣产融结合主题，基于集团与京东签署战略合作协议的大背景，以锚定投资人身份，参与了京东物流港股 IPO 项目，合计增持 29 万股，总投资 1182 万港元；同时，公司聚焦主业，提升存量资产管理效率，及时有效锁定利润、回收资金，择机在二级市场减持了中国有色矿业和中船租赁的全部股票，以及京东物流的部分股票，处置均价高于成本价和市场均价水平，获得了较好的投资收益，改善了公司现金流。公司秉承中远海运集团“打造世界一流的全球综合物流供应链服务生态”的“十四五”愿景，围绕航运物流主业优势，挖掘产业上下游优质机会，坚持战略价值与财务回报并重，以下属全资子公司远海投资有限公司为主体，投资 10 亿元，参与认购顺丰控股非公开发行股票 17 488 632 股。截至 2021 年 12 月底，公司投资业务累计实现净利润 17.76 亿元（剔除中国信达计提减值准备），与上年基本持平。

【财 务 管 控】

围绕 2021 年度财务预算，中远海运投资建立健全的预算管理体系，提高公司整体预算管理水平，根据重点工作计划，扎实推进亏损企业治理、降本增效、财务大检查等专项工作。

亏损企业治理 截至 2021 年 12 月底，中远海运投资亏损单位 3 户，较上年末减少 2 户，本年无新增亏损户。按照亏损户不超过 4 户及亏损额不超过 859 万元的亏损企业治理考核指标，公司完成了 2021 年亏损企业治理目标。

降本增效 按照集团提质增效专项行动相关部署，公司结合生产经营计划，在预算的基础上分解各项成本和费用的控制目标，努力实现营业成本增幅低于营业收入增幅，销售费用、管理费用和财务费用分别实现同比下降。融资成本压降方面，公司加强与银行沟通，利用新增较低息负债置换存量高息负债，严格控制融资节奏，尽量压降融资成本。至 12 月底，中远海运投资带息负债规模 177.40 亿元，控制在集团下达的融资规模 185.71 亿元内。

财务大检查工作 公司贯彻落实国务院国资委和集团的精神，采取积极有效措施，落实“降杠杆、减负债”工作要求，通过自查财务内控建设、资金管理、依法纳税、会计核算规范、“账外账”“两金”压降、近三年集团内外部检查发现问题的整改情况等方面，对类似的风险点进行了清查，并建立长效机制以保证财务会计信息质量。

【风险管控】

2021 年，公司董事会、管理层和各职能部门各司其职、协同配合，在公司重大决策、重大业务和经营管理中，有效地开展了风险管理、内部控制、合规审查、法律管理工作，保障依法合规、风险可控地开展各项经营管理活动。

内控管理上，2021 年公司首次对公司本部及所属单位开展内控成熟度评价工作，从 7 个方面 26 个维度对公司内控体系建设成熟度进行量化评价，并形成相关分析报告。该项工作在评估公司及所属单位内控管理水平的基础上，推进公司内控体系建设持续完善并明确改进方向。

合同管理上，为保障百合花二期项目等重大项目风险防控到位，提供专项工作法律支持，确保项目顺利推进和有效决策；完善境外授权签字管理，根据香港地区的相关规定以及公司《印章管理办法》，并参考香港市场惯例，制定了《关于细化公司印章使用及文件授权签字管理规范》，有效强化境外合同风险防控。

风险管理上，公司持续做好后疫情时期风险防控工作，延续适当偏紧的风险偏好态度，采取更加审慎的风险管理政策；持续落实合同条款把控要求，密切监测疫情可能导致的合同风险；将公司面临的利率、汇率市场风险纳入风险监测范围，首次将“以浮动利率计息的美元负债规模”“高敏感度外汇敞口”作为利汇率风险监测指标；公司坚持跟踪总部和所属单位法律合规风险发生情况和监管政策变化情况，对影响公司及所属单位经营的政策法规进行提示；本年度，随着国际形势日趋紧张，结合国际制裁合规管理工作机制，公司定期跟踪国际制裁风险合规资讯，并提出制裁合规管理建议，同步与国内政策一并推送至公司管理层和各下属单位。

制度建设上，公司结合“十四五”战略规划，将法治建设更好地融入中心工作，突出产业金融服务特色，强化重点领域管理，厚植法治风控文化，不断提升法治建设和风险管理水平。公司形成了规章制度体系建设工作方案，严格落实规章制度合规审查机制，从事前环节有效防控规章制度缺陷和相关风险。2021 年，公司共制定和修订规章制度 22 项，其中内控、风险和合规管理类制度 4 项。在规章制度专项提升方面，公司制定了《规章制度工作指引》，该指引对制度起草、意见征询、合规审查、上会审议、发文公布等流程进行了全面梳理，是一份通俗易懂的制度管理标准文件，有效提升了制度管理规范性和标准化水平。在“三项标准”制度和应用方面，公司发布了《风控合规三项标准（试行）》，将“三项标准”纳入公司现行风险管理、内控管理，以及合规管理工作中并遵照执行，有效确保了内控体系监督评价工作有据可依，进一步提升监督评价工作实效。

截至 2021 年年底，公司整体有效防范了疫情背景下的信用、市场、操作，以及法律合规等主要风险，未出现重大风险事件，各类风险限额指标良好。

【员工队伍】

截至2021年年底，公司合并职工人数1092人，其中，中远海运投资及金控平台在港下属4家单位在港员工总数为170人（内派人员11人，当地员工159人）；中远海运投资本部员工总数47人，金控平台下属子公司在港员工总数为123人。

公司结合过往三年职业经理人工作试点经验和当前实际情况，进一步优化职业经理人管理方案，加强人才队伍合理流动，打造忠诚团结担当的干部队伍，对职业经理人基本条件、选聘管理、对标方式、考核方式、绩效考核结果应用等方面进行优化升级，进一步强化职业经理人约束和激励机制，坚定不移地对优秀人才实施倾斜激励政策，鼓励员工积极创造价值。

作为在港中资企业，公司积极履行社会责任，参与香港中国企业协会和香港特区政府劳工处推出的“青春试翼·大学毕业生启航计划”，为助力香港青年就业贡献力量。公司制定员工培训计划，加大对员工教育培训力度，提升公司员工对中远海运品牌、金控平台境内外业务布局的了解和认识，增强员工的荣誉感和向心力；通过强化通用技能培训，提升员工专业能力，促进公司业务发展。

【企业文化】

以战略转型为导向，中远海运投资从经营管理文化、廉洁文化、人文关怀文化等多方面入手，加强中远海运企业文化建设，保持公司改革发展战略定力，坚定基层员工干事创业信心。

公司组织开展“十四五”发展规划宣讲活动，进一步提升员工对公司发展战略、品牌战略、人才发展的认知，增强广大员工的战略认同、使命认同，为实现“十四五”规划战略目标，汇聚拼搏奋进不竭动能。

公司坚持历史传承与改革发展并重，组织员工参观“国家相册”大型图展，观看《1921》《我和我的父辈》等主题电影，筑牢思想共融、责任共担之基。

公司组织关键岗位员工参加香港廉政公署专员主讲的廉洁从业教育专题培训讲座、国企管理人员职务违法合规实务培训，通过法例解读、案例教育，增强关键岗位员工合规意识，厚植廉洁文化，夯实合规生命线，营造廉洁从业良好氛围。

公司将具有中远海运特色的企业文化融入当地、融入日常，从疫情背景下的生活、工作入手，加强公司疫情信息发布工作，进行病毒知识、个人防护和心理健康知识的宣传与培训，认真配合宣贯、落实香港特区政府防疫政策，让员工树立科学正确的防疫管理观念，加强员工健康管理，为员工送上公司关怀与温暖，丰富员工业余文化生活，培养认同中远海运企业精神、融入中远海运企业文化的员工队伍。（刘旭阳）

中远海运港口有限公司

中远海运港口有限公司

【历史沿革】

中远海运港口有限公司（简称“中远海运港口”，英文简称COSCO SHIPPING Ports），前身为中远太平洋有限公司（简称“中远太平洋”），于1994年12月在香港联合交易所（即今日的香港交易所）上市，当时仅从事集装箱租赁业务。2015年12月11日，中远太平洋签订协议，以76.32亿元收购中海集团旗下港口业务，同时以77.84亿元向中海集装箱运输有限公司出售佛罗伦集团全部股权。2016年交易完成后，中远太平洋业务集中于码头港口营运，并正式更名为中远海运港口有限公司。

【经营效益】

中远海运港口控股股东为中远海运控股股份有限公司（股份代号：1919，简称“中远海控”），其母公司为中远海运集团。截至2021年12月31日，公司持有权益的46家全资及合资码头公司经营管理共计367个泊位，其中集装箱泊位220个，散杂货泊位142个，汽车泊位3个，托盘泊位2个。设计年处理能力1.407亿TEU，散杂货53 339万吨，汽车78万辆，水果托盘60万PLT。码头组合遍布中国沿海五大港口群，以及西北欧、地中海、东南亚、中东及南美等主要枢纽港。

2021年，全球经济和贸易开始回暖，各国生产经营活动逐渐恢复正常，但新冠疫情仍为全球各国的经济复苏带来了不确定因素。中远海运港口积极实施精益运营战略，采取一系列控制成本及提升效率的措施，2021年码头运营及盈利能力持续向好，显示出公司在降本增收、提质增效方面取得正面的成果。2021年，中远海运港口完成集装箱总吞吐量12 928.7万TEU，同比增长4.4%；权益吞吐量3 987.4万TEU，同比增长3.7%。公司实现营业收入79.31亿元，同比增长13.21%；实现净利润26.20亿元，完成了集团下达的25.5亿元净利润考核指标。

2021年年底，公司总资产766.41亿元，资产负债率42.37%，公司财务状况健康稳健。

【企业管理】

在公司治理方面，中远海运港口重视规章制度对公司运营的管控作用，常态化开展公司规章制度年度计划管理工作，于2021年年初组织了公司各职能部门，根据公司运营管理模式优化完善的情况，制定2021年度规章制度计划并按时报送集团。同时，保持制度制订计划执行的跟踪，在每季度末将公司规章制度新建及修订的情况上报集团相关部门。另外，按照集团要求，中远海运港口也完成了公司《规章制度专项执规检查报告》及《下属控股码头规章制度问题梳理工作的汇报》的材料收集及汇总工作。

在参股公司管理方面，公司不断健全与参股码头管理层、委派人员的日常沟通和信息传导机制，通过对参股码头提交总部的管理层月度报告、季度业绩考核报告等相关信息质量进行把关，关注数据异常变动，分析参股公司经营效益数据，以寻找参股公司效益改善点。

在考核方面，公司与集团做好各项指标沟通工作，厘清各项指标的具体管理要求并分解至总部各职能部门以及下属公司，并动态跟踪指标完成情况，要求落后指标的责任部门及下属公司提出加快达标的措施。另外，拟定了公司季度绩效考核评价体系，作为对港口公司总部各部门、下属控股公司和附属参股公司进行季度绩效考核评价的依据。

在法人公司管理方面，截至 2021 年年底，中远海运港口已超额完成法人公司压减工作目标，并保持管理层级在 4 级以及现有最长法人层级数不再增加。

【企 业 改 革】

按照集团推进国企改革三年行动的部署要求，中远海运港口围绕集团改革三年行动的重点工作任务，结合自身实际情况，细化了工作目标并于 2021 年年初上报了港口公司改革三年行动自我加压版工作清单。2021 年全年，公司针对自身改革三年行动任务清单内容，制定并在实践中不断丰富完善《港口公司国企改革三年行动工作台账》，一方面对照集团各项任务时间节点和量化目标，另一方面按照“既抓进度又抓质量”的工作要求，在全年大力推进每一项仍未完成的工作任务。细化后的港口公司改革三年行动工作清单共有 80 项重点工作任务，截至 2021 年 12 月 31 日，完成率达 91.25%。

【码 头 布 局】

中远海运港口在优化国内码头资产组合的同时，积极把握全球发展机遇，不断加大新兴市场和海外区域内市场的投资开发力度，推动公司码头网络规模进一步扩大，码头运营能力进一步提升。

1. 2021 年 1 月 27 日，公司与 Red Sea Ports 签订购股协议，以 1.4 亿美元参股沙特阿拉伯吉达伊斯兰港集装箱码头 Red Sea Gateway Terminal（吉达红海码头）20% 股权；7 月 14 日，根据协议项下的条款及条件，所有交割先决条件达成，项目完成交割。

2. 2021 年 9 月 21 日，公司与德国汉堡港口与物流股份公司（HHLA）签署协议，收购德国汉堡港（CTT）码头 35% 股权。CTT 位于德国汉堡港，占地 60 公顷，岸线长 1065 米，水深 15.1 米，拥有 4 个泊位，以及完善的码头配套设施，目前年吞吐能力为 154 万 TEU。2021 年，双方持续推进各项交割前先决条件。

3. 2021 年 10 月 20 日，公司与丝路基金深化合作，将公司持有的鹿特丹 Euromax 码头 35% 股权出售给双方合资成立的投资平台——领航控股；在完成所有交割前先决条件后，项目于 12 月 3 日完成交割。

4. 2016 年，公司收购了 Vado Holding 40% 股权，Vado Holding 包含 Vado RT 及 Vado CT。根据意大利当地规定，新码头建设期间不能转换股权，因此 Vado CT 需待建设完成，取得竣工证明及港务局批准后，才能将 100% 股权转给 Vado Holding。2021 年 8 月，Vado CT 已具备所有股权转换的条件，港务局同意 Vado CT 转股。2021 年 10 月，Vado CT 股权转换的法律流程完成，目前由 Vado Holding 持有 Vado CT 及 Vado RT 100% 股权。

5. 2021 年 2 月 26 日、7 月 28 日，公司与天津港股份有限公司分别签订了股权转让协议及股权转让协议之补充协议，最终确定以调整后约 12.48 亿元的价格收购天津港集装箱码头有限公司 34.99% 股权。交易完成后，公司对天津港集装箱码头有限公司的持股比例从 16.01% 升至 51%，取得控股权。2021 年 4 月 28 日、10 月 18 日，公司与天津港股份有限公司分别签订了股权转让协议及股权转让协议之补充协议，最终确定以约 2.7 亿元的价格向天津港股份有限公司指定的境外子公司转让中远海运港口（天津欧亚）有限公司 100% 的股权，从而间接出售持有的天津港欧亚国际集装箱码头有限公司 30% 股权。上述股权收购及出售均于 2021 年 12 月 3 日完成交割。

6. 2021 年 8 月 1 日，公司与武汉钢铁集团物流有限公司签署增资协议书，向武汉码头单方增资 3 亿元。增资完成后，公司对武汉码头的持股比例从 70% 升至约 84.94%，上述增资已于 8 月 9 日完成交割。此次增资满足了武汉码头公司铁水联运二期项目的资金需要。

7. 2021 年 6 月 29 日，公司作为北部湾港股份有限公司第二大股东，以原股东优先配售可转债份额的权利申购了北部湾港股份有限公司 3 214 915 张可转债，可转债面值为 100 元，申购总额约 3.21 亿元。

8. 2021 年 12 月 10 日，公司与防城港赤沙码头公司其他股东方签署码头公司增资协议及修订版合资合同。12 月 23 日，公司已按股比完成 6000 万元的增资。

【重点建设项目】

为加快全球港口布局，实现公司持续高质量发展，中远海运港口持续推进国内外重要航运节点港口、供应链物流项目建设。

1. 秘鲁钱凯港项目是公司在南美洲投资建设的第一个绿地港口项目（图 14–5），2021 年完成了一期建设项目的全部招标工作，工程投资得到较好控制。参建各方克服疫情困难，隧道和连接道路系统工程、码头操作区和入口辅建区工程分别于 2021 年 3 月和 6 月顺利开工建设。截至 2021 年年底，人员和施工设备完成调遣，现场大型临时设施建设完成，隧道、道路、桥梁、码头、防波堤、疏浚、陆域形成等重点施工全面展开。

图14–5　秘鲁钱凯港项目隧道和连接道路工程开工仪式

2. 武汉阳逻集装箱铁水联运二期项目是国家战略“长江经济带”的重点项目（图 14–6），自 2020 年 8 月 1 日开工建设以来一直受到湖北省、武汉市和中远海运集团各级领导的高度重视和关注。公司与项目参建各方鼓足干劲，紧锣密鼓推进施工建设，仅用 1 年时间，于 2021 年 8 月 1 日完成长江水铁联运第一港开港通车。

图14–6　武汉阳逻集装箱码头开港仪式

3.为打造供应链服务平台，实现从码头运营商向综合物流服务供应商转变，公司依托厦门远海自动化码头和海铁联运，于2021年启动厦门海沧供应链项目建设（图14–7），同年内完成拿地、勘察设计和招标所有工作。该项目于2021年12月29日开工建设。

图14–7　厦门海沧供应链项目效果图

此外，截至2021年年底，泉州太平洋5–6号泊位A标段水工主体完成施工，B标段堆场项目、厦门远海自动化堆场延伸扩建项目、厦门海铁联运项目等一批重点工程项目按照工期计划稳步推进中。

【市场营销】

2021年，中远海运港口持续深化精益运营的理念，特别在市场营销方面加强对单箱贡献值的关注，基于之前建设的客户贡献值分析，找出商务营销的工作方向。

1.大力推进商务优化，成效显著

公司在2021年首次推出商务优化计划，基于航运业火爆的环境，根据前期客户贡献值分析所得的结果，找出低价值的箱量，重点希望在船东成本压力有所松动的时候，及时提出改善费率和其他条件的建议，为港口公司提升收入、创造效益。在此过程中，公司的营销管理采取多项措施，包括在职能中加入对码头协议续签的管理、引进单箱收入、单箱直接和间接变动成本的概念，向码头宣贯在引进箱量前要做好分析，保持合理单箱边际，控制低效箱量，杜绝无效箱量；同时，由营销部牵头与码头市场商务人员交流，解构船东的决策思维，关注谈判实操分享经验心得，提升商务营销能力。

商务优化作为2021年的主要工作，强调管理能力，工作长效化开展，公司形成每月商务优化和单箱收入变化跟踪过程。总结2021年全年，剔除汇率变化和一次性收入项目，公司集装箱业务完成单箱收入320.7元，较2020年上升7.6%（22.7元/TEU），结合当年公司完成箱量2 238.2万TEU，此项收入增加5.08亿。

2.强化内外部协同，保存量促增量

外部营销方面。2021年，公司合计引进27条航线，其中PCT引进3条、厦门远海引进4条、泉州晋江引进6条、南通引进3条等。随着全球各地港口拥堵，船舶运力因为锚地等泊而受到大幅减少，据德鲁里研究运力因此损耗达到17%，船舶因为欧美航线价位高企经常发生跳挂，而很少增加挂港。尽管如此，公司仍逆难而上，包括PCT引进CES联盟航线西行、泽布吕赫码头引进MSC南美线、厦门远海码头引进了万海和中联的美西线等。

内部协同方面。2021年，公司推出了多项措施更好服务集运双品牌，包括完善内部考核机制，绩效导向鼓励码头保障内部客户的操作服务，务求运费高企时期为内部客户抓班期，减少等泊时间，提升船时效率，提升集团整体利益。另一方面，也协调下属控股码头为内部客户解决困难，包括协调集运染疫船 SEAMAX WESTPORT 到厦门远海码头挂靠，迅速安排消毒和人员换班，及时完成装卸，迅速让船舶回到航线流转。有的放矢抓协同，引进货流概念，配合船公司梳理西北欧和波斯湾的中转路径，重点让客户把中转路径往公司码头倾斜。2021 年，集运双品牌分别在阿布扎比和泽布吕赫码头完成中转箱量 33.77 万 TEU 和 41.65 万 TEU，同比上升 56.0% 和 40.9%。

3. 推进颗粒归仓专项活动，形成闭环管理

强调管理能力，躬身入局。为确保控股码头费用应收尽收，公司营销部牵头与其他相关部门组织到各大国内控股码头，检查费收条款和计费的执行情况，在 4 个月时间赴各大国内码头现场进行检验，过程邀请控股码头互相检查，南北互相监督，结束后完成专项报告和工作督办单，发现问题 / 风险点 / 提升项 68 条，要求码头限时整改，形成闭环管理流程。

【科技创新】

1.5G 智慧港口建设

2021 年，中远海运港口继续推进智慧港口的研究，综合集成应用先进技术与港口业务深度融合，实现了 5G 智慧港口示范区商业化运营。

继 2020 年 5 月 11 日成功举办“5G+ 无人驾驶赋能智慧港口云发布会”以来，2021 年，中远海运港口积极组织协调，联合“5G 智慧港口联合实验室”各方开展以厦门远海码头为落地场景的“5G+ 无人驾驶集卡”的研发、测试工作；同时中远海运港口作为交通运输部认定的“自动化码头技术交通运输行业研发中心”依托单位，围绕传统码头自动化升级改造技术、基于“5G+V2X ”的高效经济型港口无人集卡技术、船舶靠离泊辅助技术、基于 AR 的自动化码头智能安防管理技术、基于 5G 的自动化码头数据传输技术、跨平台 – 跨系统生产辅助协同技术、自动化码头数据标准化技术、基于“5G+AI”视频流识别的智能理货技术和基于北斗导航 + 三维激光扫描的散货码头全自动控制技术，以共建、共享、开放的研发平台，推进智慧港口示范项目的研发，探索新业态、新技术。

2021 年 12 月 21 日，中远海运集团、东风汽车集团和中国移动成功举办“5G+ 北斗 + 无人驾驶智慧港口 2.0 商业化运营云发布会”，实现了港区 5G 专网从技术试验到商业应用的升级；实现了无人集卡从单车智能到多车系统化运行的提升；完成了码头装卸从传统模式到智能装卸系统的升级，智能装卸系统实现了首个在港区开放式场景下，采用纯电动的平板式无人驾驶集装箱车与有人集卡混合运行；实现了首个“5G+ 车路协同”港口的多场景应用，形成港口行业实现水平运输智能混合调度的重要技术支撑；发布了标准《港口无人驾驶集装箱车技术要求》，将原有企业标准升级到团体标准，进而持续为港口企业提供研发、运营标准依据，为行业输出价值。在推进国家发展改革委、工业和信息化部“5G 智慧港口系统建设与改造项目”方面，公司 2021 年完成了厦门远海码头及项目共建单位共 5 个港区 5G 网络部署，部署 5G 基站 38 个；开展基于 5G 的 3 种典型场景应用：如 5G 港机远控、5G 智能理货、5G 无人集卡；完成 13 台场桥 / 岸桥的远程控制改造，完成 8 台岸桥基于“5G+AI”的智能理货系统建设，完成 85 辆基于 5G 的港口无人运输车系统研发。

2. 科技创新工作

2021 年，中远海运港口在国内外控股公司继续开展技术改造和创新项目工作，取得了 24 项技术改造和创新成果。同时，为加强研发经费投入统计工作，提高统计数据质量，按照“应核尽核”的原则，保障统计工作准确性、完整性和及时性，真实反映集团公司总部及附属公司研发活动和研发经费投入水平，结合国家统计局和中远海运集团的相关要求，制定并实施了《中远海运港口有限公司研发经费投入统计实施细则（试行）》。

2021 年，中远海运港口《岸桥小车供电系统滑触线改造项目》《阿布扎比自动化集装箱码头建设关键技术推广应用》两个项目入选 2021 年度交通运输行业重点科技项目清单；《RTG

混合动力改造方案在北方港口的应用》《阿布扎比自动化集装箱码头建设项目》获第四届全国设备管理与技术创新成果二等奖；《基于 5G 的自动化码头业务场景应用》获得工业和信息化部第二届促进金砖工业创新合作大赛总决赛一等奖；厦门远海码头继 2018 年荣获 APSN 亚太“绿色港口”（GPAS）荣誉后，2021 年再度荣膺；《自动化集装箱码头设计规范》（JTS/T 174-2019）获得中国水运建设行业协会科学技术奖标准化奖一等奖。

3. 信息化建设

从 2018 年起，中远海运港口以统一控股码头核心操作系统 TOS 为切入点，开始解决码头 TOS 系统各自为营（一个码头一个 TOS）的问题。截至 2021 年，下属控股码头中泽布吕赫、连云港新东方、泉州太平洋和晋江太平洋码头相继成功实施 Navis N4 系统。在实施 TOS 更替的过程中，相关码头均完成了社区平台的本地整合，也一定程度上解决了单体码头内部系统遍布、烟囱林立的状态。

于 2021 年年中启动集中式部署的 EAM 项目，打造公司的资产管理数字化能力。EAM 系统将港口公司旗下所有控股码头的设备纳入到同一个管理平台，所有码头的设备管理、维修保养，物料盘点与使用，都需在平台上进行记录、跟踪以及分析。该系统完成了统一标准编码规则和设备维修保养管理流程设置，打通了 SAP 成本科目接口，2021 年在南通上线完毕。

启动总部报表平台的建设。该系统统一了港口总部业务数据收集标准，解决了邮件报送，手工统计报表的问题，并实现了与码头 TOS 系统对接。2021 年，实现了下属大部分控股码头 TOS 数据接入总部数据库，使港口公司总部实现主要业务数据的管理驾驶舱，并推进码头管理驾驶舱建设及同步进行码头 TOS 接入数据质量改善治理。

作为全球航运商业网络（GSBN）的创建成员，中远海运港口积极推进 GSBN 在控股码头的应用。2020 年，GSBN 率先在厦门远海上线。2021 年，港口公司自己独立开发了统一的 GSBN 端口，端口上线后完成了厦门远海的迁移。

【风险管控】

2021 年，中远海运港口继续认真贯彻落实集团关于加强公司风险管理和内控体系建设、提高公司合规与风险管理意识的有关要求，积极围绕公司创效目标和生产经营活动，采取全覆盖形式持续优化风控体系，切实增强风险防控能力，提高公司规范管理水平。

1. 完善内控基础建设

公司于 2021 年 6 月正式发布《内控手册》。该手册结合公司实际情况，遵循“业务全覆盖、聚焦核心业务和高风险业务领域”的原则，旨在明确公司实施内部控制的标准，统一风险管理理念与行为，强化合规管理，全面提升了公司内部控制及风险管理水平。

公司于 2021 年 9 月正式发布《内控评价管理办法》。该办法统一了公司内控缺陷评价标准，明确了公司内部控制的要求、内容、程序和方法，进一步规范及完善了内部控制执行程序，促进经营管理水平的提高。

为持续推进内控体系建设，从组织层面保障现有内控体系长期有效运作并不断完善，公司于 2021 年 9 月正式成立内控及风控工作小组，以此加强信息沟通，充分发挥内部控制和监督的相互作用，保障内部控制覆盖公司日常运行的全范围。2021 年 12 月，内控及风控工作小组第一次召开会议，讨论并确认了公司 2021 年内控缺陷清单，会议效果理想。

2. 加强风险评估

公司于 2020 年 11 月组织开展了 2021 年风险评估工作，识别出公司 2021 年面临的重大风险为政治形势风险、国际贸易格局变化风险、疫情防控风险、经济波动风险及客户结构风险，并将防范风险工作分解到相关责任部门，于 2021 年每季度进行跟踪落实，并汇总形成季度报告并上报董事会。

2021 年，公司继续严格按照相关要求进行项目前期调研和论证（包括风险评估论证），充分了解投资所在地区的政治经济及法律环境，并按需要聘请专业的第三方机构对项目标的进行全面深入的尽职调查，确保全面了解及评估项目标的情况，识别潜在法律及合规风险事项，并在项目法律文件中落实风险防范及应对措施条款，充分保障公司的合理商业诉求及合法权益得以实现。

3. 推动重大风险预警监测

根据公司面临的2021年重大风险，公司于每季度开展风险分类监测指标体系的相关工作，紧密跟踪风险监测预警指标，包括：每季度被美国列入“实体清单”、受关税政策影响的子企业数量、境外中高风险地区境外资产总额、境外重大建设项目逾期数量、境外重大法律诉讼案件、境外重大合规案件、账龄三年及以上的应收账款、逾期应收账款、亏损子企业数量及金额、非主业项目投资金额及占比、年度投资计划完成率、重大安全生产事故数量、境内重大法律诉讼案件，以及其他对企业经营发展造成重大影响的风险等，并于每季度结束后将上述报告汇报集团及中远海控。据统计，公司2021年度风险监测预警指标正常，无重大风险事件。

4. 加强内控缺陷整改

积极开展公司总部及下属公司就2017—2020年度内控缺陷进行梳理整改，每月跟进整改情况。截至2021年12月底，公司总部及下属公司2017—2020年度所有缺陷均已完成整改。

2021年11月，公司聘请了第三方专业机构对各职能部门开展内控评价。截至2021年12月31日，中远海运港口已建立了较为完善的内部控制体系。内部控制基本能够适应公司的管理要求和发展需要，能够保证公司生产经营等各项工作的有序进行，保证公司的会计资料的真实性、合法性、完整性，保证公司的财产物资的安全、完整，合理，保证公司发展战略和经营等目标的实现。未发现对公司治理、经营管理及发展有重大影响之缺陷及异常事项。

5. 开展重点领域专项排查

为配合国务院国资委及集团开展中央企业2020年内控体系有效性抽查评价工作，公司于2021年7月组织总部及下属公司于公司重点领域开展自查自纠工作。经排查及收集汇总相关情况，公司不存在重点领域和关键环节内控缺失问题。同时，指导被抽查子企业晋江太平洋码头梳理内控体系建设和执行总体情况、工作机制、管理制度、重大风险评估监测、监督评价及信息化管控情况，并在此基础上形成专题报告，协助晋江太平洋码头顺利完成迎检任务。根据抽查评价结果，公司及晋江太平洋码头不存在重大缺陷。

6. 推广风控信息化平台的应用

公司不断向各码头公司宣传普及集团客户合规风险系统的功能及使用范围，并不定期跟进各码头使用该系统的情况，协助使用遇到困难的码头解决相关问题。目前，各码头已正常使用该系统。

【安 全 生 产】

2021年是中远海运港口“十四五”规划开局之年，也是“精益运营、提质争效”初见成效之年。中远海运港口按照国家和上级主管部门部署，全面贯彻落实集团2021年安全工作会议和集团领导对安全工作的重要指示精神，严格执行集团各项安全管理制度和公司安全管理体系，强化和落实安全生产主体责任，以高度的政治自觉和责任担当，深入践行安全发展和绿色低碳发展理念，统筹抓好安全生态环保和疫情防控，始终坚持“一岗双责”和红线意识、底线思维，严格履行“三管三必须”的安全工作要求，持续开展和不断强化安全风险辨识和隐患排查治理“双控”工作机制建设，加大安全资金投入，稳步推进各项安全工作，实现中远海运港口2021年安全生产工作会议提出的安全工作目标和《中国远洋海运集团有限公司2021年安全生产工作责任书》下达的各项安全生产考核指标，确保了公司安全形势持续稳定。

主要负责人与各层级签订《2021年安全生产工作责任书》。做到安全责任“横向到边、纵向到底”，层层传导安全责任，确保安全生产责任体系有效运行并落实执行到位。

持续推进和完善安全管理制度体系建设。年

内制定《危险货物安全管理规定》和《职业健康管理规定》，修订完善《安全生产综合应急预案》和《安全生产绩效考核办法》等制度，进一步强化制度在实际生产中的执行力和指导作用。

突出主题、制定方案。组织开展多个安全专项活动，如第 20 个全国“安全生产月”活动、世界环境日宣传活动、节能宣传周和“全国低碳日”活动、安全生产专项整治三年行动、职业病防治法宣传周活动，以及“119”消防宣传月活动等，通过活动，提升全员安全意识，打造企业良好的安全文化，为公司生产经营创造稳定的安全环境。

认真做好季节性防台防汛工作。组织召开 2021 年防台防汛工作视频会议，始终坚持和贯彻集团“以防为主，适时早避，留有余地”的防抗台十二字方针；密切关注台风动态，跟踪和研判台风移动趋势，及时下发《台风预警》，加强与控股码头紧密联系，时刻保持信息畅通，及时启动应急响应机制，指导协调下属码头开展防抗台工作；加强组织保障，把防抗台措施落到实处，强化集团、公司、控股码头现场三级响应责任机制，做到责任明确，机制到位，确保防抗台成功。

持续推进安全生产风险管控和隐患排查双控机制建设。督促指导所属企业做到风险分级、分层、分专业管理，坚持深化源头治理、系统治理、综合治理，强化管控责任，有效降低生产作业环节固有风险；牢固树立“隐患就是事故”的理念，持续推进安全隐患排查治理工作，形成闭环管理和长效机制。2021 年，公司安全部门共开展了四次季度安全综合督查、一次危化品安全管理专项检查和一次职业健康专项检查，发现问题隐患共 197 项，提出整改建议近 178 条；各控股码头每月开展安全隐患自查，发现重大安全隐患 5 项，一般安全隐患 934 条，投入隐患治理资金 204 万元；及时治理和消除安全隐患，有效遏制生产事故，成效显著。

进一步加强港口大型设备的安全管理。严格填报《大型设备运行工况统计表》，及时了解设备的现状及运行情况，并指导各下属公司按照设备管理办法建立和完善设备维保体系，确保设备设施安全，坚决杜绝因设备老化、失修等原因造成生产安全事故。

科技兴安，持续推进安全信息化建设。充分发挥视频监控作用，实时监控控股码头安全生产动态状况，构建安全监控体系；严厉查处生产现场“违章指挥、违章操作、违反劳动纪律”的行为；建立违章人员跟踪监控机制，实现作业行为规范化和操作过程标准化。

持续开展安全教育培训工作，以人为本，确保全员安全培训精准到位。年内全员培训达 19 008 人次，授课达 57 282 课时，专职安全管理人员培训 542 人次，安全培训投入约 50 万元，通过培训，全面提升员工安全意识和安全防范技能，达到本质安全。

组织应急预案演练，提高应急处置能力。各下属企业按照年度应急预案演练计划实施开展各项应急预案演练 73 次，共投入应急管理资金约 130.5 万元。通过应急演练，及时修改完善应急预案，使预案更具可操作性，从而提高了企业应急救援队伍自救能力和整体应对港口突发事件应急处置能力。

统筹协调，形成合力，快速应对境外突发事件。公司组织召开境外控股企业安全工作专题会，指导部署突发事件的应急处置工作，形成“思想认识统一、预案措施准确、行动合理高效”应急响应机制，切实维护境外员工人身安全和企业生产经营稳定。

【人力资源】

2021 年，中远海运港口人力资源管理工作主要围绕国企改革三年行动和完善激励机制展开，人事行政部在职业经理人制度建设、下属公司任期制和契约化管理、超额利润分享制度建设、人才队伍建设，以及人员招聘、薪酬福利、劳动关系、上市公司相关人事信息披露等方面做了大量工作。

1. 完善绩效考核机制，实现考核与激励强挂钩

因工作实际，人事行政部对公司总部员工绩

效考核办法及委派人员绩效考核办法进行梳理和修订。根据总部人员两地办公及工作交叉的实际，加大分管领导及直属领导等上级作为考核主体在考核指标上的评分权重，更全面反映员工的绩效表现；在形成以岗位胜任力为核心的管理人员任职体系的基础上，进一步合理设计总部中层管理人员，以及码头总经理、副总经理及总经理助理级别的考核指标，更精准反映岗位胜任力情况；将码头委派人员的评优资格由净利润、权益吞吐量及 ROE 三个核心指标是否达标来限制调整为由经营业绩考核分数是否高于平均值来限制，从而使评优资格指标更为合理；增加对码头委派人员的现场考核，委派人员考核成绩由现场考核得分与系统网上考核得分加权计算决定，从而加大对履职情况的考察力度。按照修订完善后的绩效考核办法，公司于 2021 年初开展了总部及下属公司委派人员 2020 度绩效考核，完成了共计 303 人（其中总部 168 人，下属码头公司委派人员 135 人）的 360 度绩效考评，依据考核结果，核发员工年度花红，并对总部 33 名员工进行职务晋升。

绩效考核工作的进一步完善，促进了考核激励机制导向作用的有效发挥。

2. 多元推进，丰富激励机制

（1）根据《中远海运港口有限公司控股码头成本控制专项奖励办法（试行）》及下属各营运中的控股码头 2020 年度“单箱 / 吨营业成本指标”达标情况，本着“对在成本控制中取得突出成绩的核心岗位的人员进行有强度激励”的原则，人事行政部向 6 家达标控股码头公司的相关人员核发了 2020 年度成本控制专项奖励，以此促进公司“以财务管控为核心、以单箱成本为抓手的成本管控体系”建设的深入持续开展。

（2）营销部会同人事行政部研究制定了《中远海运港口 2021 年营销成果专项奖励办法》，以配合公司“以财务管控为核心、以商务优化及新航线引进（新增箱量）为抓手”的营销工作体系建设，激励各营运中的控股码头完成及超额完成 2021 年度营销工作指标，切实提升公司盈利水平。

（3）人事行政部在 2020 年完成制定公司《超额利润分享实施方案》初稿的基础上，根据 2021 年年初国务院国企改革领导小组办公室印发的《“双百企业”和“科改示范企业”超额利润分享机制操作指引》，对《超额利润分享实施方案》做了进一步完善。如获集团批准，超额利润分享将作为公司另一项中长期激励机制，与已实施的股权激励机制形成互补，进一步绑定员工利益与企业利益，激发员工积极性以推动各阶段战略目标的落地。

（4）根据实际，为进一步贯彻工资绩效联动机制的要求，提升境内薪酬管理水平，人事行政部对境内现有的薪酬结构及薪级分布进行了调整，基本遵循绝大部分员工年收入基本持平或略有增长的原则，通过扩大员工薪酬中固定收入部分、增加季度绩效工资，强化员工收入和绩效挂钩，拉长薪级给予员工收入增长空间，鼓励员工努力工作享受公司发展红利、与公司共同成长。

（5）人事行政部牵头，根据公司股票期权激励计划及 2020 年公司业绩指标完成情况，完成业绩指标达标的 2018 年授予的两个批次的第二批期权的归属工作，履行管理层会议、董事会下属薪酬委员会会议、董事会审批程序，并报备集团。

激励机制的不断丰富，为激发员工的积极性、能动性提供了有效途径。

3. 结合精益运营，深化三项制度改革

（1）根据集团部署，人事行政部积极参与中远海运港口改革三年行动自我加压版工作清单分解表的制定，并认真贯彻落实改革三年行动方案全面推进用工市场化的相关工作，对各单位市场化用工制度建设情况、全员绩效考核覆盖率、劳动合同到期续签考核率、员工市场化退出率、公开招聘比例、管理人员竞争上岗人数比例、管理人员考核末等人数比例、管理人员末等调整及不胜任退出比例等指标进行梳理，制定高端紧缺人才引才目录，确保市场化用工工作目标的达成。

（2）在 2020 年完成制定《中远海运港口有限公司总部管理层职业经理人实施方案》并报集团人力资源本部做预沟通的基础上，2021 年继续做好与集团的沟通，跟进集团审批情况。

（3）根据集团推进国有企业改革三年行动重点任务工作部署及要求、《“双百企业”推行经理层成员任期制和契约化管理操作指引》及《中国远洋海运集团有限公司直属单位实施任期制和契约化管理指导意见（试行）》（征求意见稿）等文件精神，结合公司实际，人事行政部制定《中远海运港口有限公司推行下属企业经理层成员任期制和契约化管理实施办法（暂行）》，指导并统筹下属境内控股码头公司推行经理层成员任期制和契约化管理工作，克服时间紧、任务重的压力，按集团要求，于 9 月底前完成了境内下属控股码头公司经理层成员任期制和契约化管理工作方案及配套文件的审核及履行港口公司内部程序。

（4）为建立健全与劳动力市场基本适应，与企业经济效益、市场化先进程度和劳动生产率挂钩的工资决定和正常增长机制，集团制定了《工资总额管理办法（试行）》并发各直属公司征求意见。人事行政部认真研究并及时反馈意见，相关意见也得到集团的采纳。根据集团要求，人事行政部将制定港口公司的工资总额管理办法，于 2021 年年底前报集团审批通过后实施。

通过深化三项制度改革，激发人才活力、提高运作效率，为公司精益运营持续有效开展、运营管理不断提升提供动力。

4. 适度引进人才，加强人才储备

（1）人事行政部发挥香港人才市场优势，持续推进市场化人才选聘机制，同时根据集团招聘管理规定，坚持按需匹配、量出为入的基本原则组织实施境内陆岸岗位员工招录工作，并贯彻集团文件精神，扎实做好疫情防控期间稳岗扩就业工作，在合理控制用工规模的前提下，继续加大对高校应届毕业生的招录工作力度。同时，从集团系统内兄弟公司选调所需人才加入港口公司。

（2）人事行政部在第二批控股码头引入人才挂职期满后，会同用人部门及相关码头对挂职人员进行考核，根据考核结果正式定岗并与相关人员签订上海总部劳动合同。此次正式引进码头操作、信息技术、市场营销等 7 名人员，为公司干部人才队伍建设进一步夯实基础。

（3）人事行政部在不断总结香港总部以往管培生计划实施经验的基础上，根据公司发展对人才的需求，结合管培生职业发展路径和培养目标，持续做好管培生的培养工作，今年以来完成第二届管培生轮岗结束后考核及定岗工作，以及第三届管培生的第三阶段轮岗工作。同时，配合集团管培生计划，制定港口公司接收的集团管培生培养方案，通过系统全方位的培训与潜能开发，培养年轻人才，充实集团及港口公司干部人才队伍。

（4）根据公司在新兴市场海外地区的驻外岗位在人员选择方面存在的困难，为拓宽驻外岗位的备选来源，在集团的大力支持下，公司在集团范围内开展有关驻外岗位的公开选拔工作。人事行政部经过对报名人员的工作匹配度、人员基本情况、考核情况等的初审，以及笔试和面试，确定了来自集团内兄弟公司的两名人选作为公司分别派驻沙特阿拉伯及阿布扎比驻外岗位的外派人员。

通过人才引进，为公司人才梯队建设输入了新鲜血液，进一步拓宽了人才梯队建设的人员基础。

5. 合理调整岗位，优化人才配置

（1）为了进一步用好、用活现有人员，促进总部与码头一线人员的双向交流，公司根据实际需要和员工年度绩效考核结果，对总部及码头公司人员进行岗位调整。通过考核选拔并履行干部任职程序，把最符合相关岗位任职要求的干部选拔任用到所需岗位，及时、有效地做好了干部人员岗位的调整配置。干部任免均严格履行人事部门专项考核、任职前听取纪检部门意见、党委会会议审议、管理层会议审议、任前公示等选拔任用程序，务求把政治素质好、业务能力强的干部人才选配至合适岗位。

（2）公司根据码头管理专业人才储备不足的现状，从下属合资公司中借调当地业务骨干到总部业务部门或其他下属码头公司的中层管理岗位任职锻炼，并视借调期间的工作表现决定是否正式调入港口系统。

（3）公司根据“十四五”规划对信息化工作的要求及信息化工作的实际情况，为加快公司信息化建设的步伐，在总部成立了信息发展部；并根据部门职能，细分了部门业务板块，把公司具有信息化工作基础的人员安排配置到信息发展部的相关业务板块工作，不仅建立起了统一管理信息化工作的职能部门，也建立起了公司信息化人才的培养开发平台。

（4）为提升公司总部的精细化管理水平，营造公司管理人才梯队良好环境，根据公司领导指示，人事行政部对总部部门职能细分、部门内设管理单元设置等情况开展了调研，经过充分听取各部门意见，形成了公司总部部门内设管理单元设置方案。

2021 年，公司共进行了 87 人次的人员岗位调整，进一步优化人才配置，为推进公司战略目标实现提供人力资源。

6. 以人为本，推进人才培养体系建设

（1）人事行政部对公司人才结构现状作了全面梳理与分析，在此基础上，结合公司人才需求，锁定了码头运营管理类、信息技术类、工程建设类、设备与技术管理类、商务营销类、财务审计类这 6 类关键岗位人才梯队建设目标，制定人才梯队建设规划。构建动态人才培养体系，搭建人才成长路径，加强年轻人才培养，推动多岗位交流，为人才发展提供广阔空间，加快储备和培养满足公司战略发展需要的人才队伍。

（2）人事行政部以“加快培养一批具有国际化视野、全面熟悉和掌握公司码头业务、综合素质及能力较高的中青年骨干人才”为目标，制定了“港口领英人才交流培养计划”。计划获得集团批准，并已启动港口领英人才交流培养计划第一期报名工作，将从总部各部门、境内各控股码头选拔优秀专业人才到海外码头 9 个岗位（分别由 PCT 码头、秘鲁钱凯码头、泽布吕赫码头、西班牙码头、阿布扎比码头、阿布扎比场站提供岗位）进行短期工作或培训交流，以储备和培养驻外人才队伍。

（3）人事行政部围绕公司“十四五”发展战略，组织开展了市场营销、运营管理高端培训。培训对象为公司总部部门总经理助理及以上人员、下属公司分管业务领导及主要业务骨干，由上海交通大学安泰经济与管理学院高管教育中心承办此次培训。经过为期 6 天的高强度培训，参训人员的理论水平、知识体系、综合管理和专业能力得到了有效提升。

（4）根据疫情，人事行政部积极推进各项线上培训学习，包括组织公司管理人员参加由国务院国资委举办的国有企业董事网络培训班、推动国有企业高质量发展网络专题班、中国陆港高质量发展研讨班等。

2021 年，总部举办的培训共有 760 人次参加，培训时数达 4946 小时；下属控股码头举办的培训共有 13 406 人次参加，培训时数达到 20 522 小时。

【企业党建】

2021 年，面对百年变局和世纪疫情，中远海运港口党委坚持以习近平新时代中国特色社会主义思想为指引，认真贯彻党的十九大和十九届历次全会精神，围绕庆祝中国共产党成立 100 周年的主线，坚定不移加强党的全面领导，弘扬伟大建党精神，积极开展党史学习教育，推进落实“中央企业党建创新拓展年”和集团“党建融合发展年”各项任务，聚焦公司建设成为“全球领先综合港口运营商”的发展目标和“十四五”规划各项战略举措，以高质量党建引领高质量发展，全面完成集团下达的各项任务指标。

1. 深化政治建设，做到“两个维护”，把牢新发展阶段正确前行方向

中远海运港口党委把学习贯彻习近平新时代中国特色社会主义思想作为党委会和中心组学习“第一议题”，定期开展党委中心组（扩大）集体学习，重点学习贯彻党的十九届五中、六中全会精神，习近平总书记“七一”重要讲话精神等，自觉与党中央精神对标对表，在服务“双循环”新发展格局、“一带一路”建设、航运强国战略等方面体现使命担当。年内，公司深度融入

“一带一路”和“长江经济带”发展，成功控股投资天津港集装箱码头，参股沙特阿拉伯吉达港RSGT项目，签署德国汉堡港CTT码头股权收购协议，大力推进武汉阳逻水铁联运项目工程建设，仅用时一年时间成功实现2021年8月1日如期开港通车；公司党委压紧压实党建责任，在2021年年初召开了公司党建工作会，与各基层党组织签订年度党建责任书，对基层党委书记开展述职评议考核，推动发现问题和整改提升，层层传递治党管党压力；公司党委强化意识形态责任制的落实，把牢意识形态关口，抓实舆情管理，确保公司整体生产经营稳定；公司党委肩负时代担当，疫情下带领团队积极践行“六稳”“六保”责任，在码头资源紧张的情况下，深挖潜力、妥善安排，在确保集运双品牌固定船期船舶作业的同时，最大可能保障临时加挂船舶作业需求，为促进产业链供应链安全畅通有序作出了积极的贡献。

2. 筑牢政治之魂，抓实基层党建，高质量开展党史学习教育

对照党中央和集团党组要求，公司党委制定专项工作实施方案和重点任务清单，在总部和基层直属党组织中高质量部署和推动党史学习教育活动。主要包括：党委书记亲自挂帅奔赴各家基层直属码头为一线党员讲党课，策划安排党史学习“读书班”、江西南昌党史学习专题培训活动等；大力倡导学史力行，开展“我为群众办实事”活动，总部和基层直属单位共计确定实事任务清单113项，明确责任分工，定期督导推动问题解决，解决率达99%；聚焦生产经营促发展，年内引进多条新增航线，平均单箱收入同比增长超过5%，并且持续深化成本管控和弥补信息化短板，达到了学党史、悟思想、办实事、开新局的目的；有效落实“四同步、四对接”，在推进控股收购天津TCT码头的同时做好整体党建方案设计和“党建入章程”，推动天津TCT码头纳入中远海运港口直属领导；坚持党支部建设制度化、规范化、标准化，重点规范做好“三会一课”、主题党日、民主评议党员等，抓好基层党委班子、党支部书记等核心队伍建设，以及规范落实基层组织换届选举、发展党员、党建信息化建设等基层基础工作。

3. 发挥政治功能，推动党政融合，将党的政治优势转化为企业经营发展的驱动力

中远海运港口党委坚持两个“一以贯之”，把党的领导融入公司治理各环节，全年召开党委会34次，前置研究讨论“三重一大”事项103项；修订完善总部“三重一大”决策事项和权责清单，梳理建立权责事项112项，厘清了党委、管理层和董事会各治理主体的权责边界，并指导下属7家境内直属单位制定各自的权责清单，夯实全系统的“三重一大”决策管理基础和长效机制；以深化精益运营、攻坚创效、科技创新为抓手，重点打造了“特色党支部创建”实践活动，其中厦门远海码头操作党支部、武汉码头第二党支部等4家基层党支部在攻坚创效方面表现突出获得奖项。此外，下属厦门远海码头、武汉码头尝试与集运下属2家公司联合开展“江海互济、港航共建”党建共建活动，通过成立临时党支部攻坚合作业务，树立起联合党建的新标杆；迎合建党百年契机，组织开展多层面的“两优一先”推荐评选，激励各级党组织和广大党员见贤思齐，积极投身于港口公司改革发展，公司有多位贡献突出者喜获表彰：总部投资及项目管理部总经理李伟荣获 “上海市优秀共产党员”称号，厦门远海码头党委书记兼副总经理朱立水荣获“福建省优秀党务工作者”称号，武汉码头总经理兼党委副书记邱金城荣获“武汉市国资委党委优秀共产党员”称号。

4. 提高政治能力，深化人才建设，干部人才活力持续激发

中远海运港口党委坚持党对干部人才工作的全面领导，坚持把政治素质好、业务能力强的干部选配到合适岗位。全年共进行了87人次的人员岗位调整，并严格选人用人程序，通过内部选拔、兄弟公司选调以及市场招聘等多渠道充实完善人才队伍；不断完善人才培养体系，重点制定“港口领英人才交流培养计划”，获得集团批准，第一期培养计划设立岗位9个，覆盖境外主要控股码头；持续深化三项制度改革，制定完成下属企业经理层成员任期制和契约化管理实施办法，完成下属 8 家境内控股企业及 6 家境外控股企业的经理层成员任期制契约化管理的聘任协议、年度经营业绩责任书及任期经营业绩责任书等签署工作，并选取厦门远海码头推行职业经理人改革；落实多元化激励机制，通过控股码头成本控制专项奖励和营销成果奖励办法，最大限度调动起员工的创新创效活力。

5. 净化政治生态，坚守纪律规矩，将“三不”体系拓展深化

加强政治监督，利用综合监督检查、谈心谈话、专项监督和工作调研等方式，对学习贯彻习近平新时代中国特色社会主义思想、贯彻落实习近平总书记对本行业本企业重要指示批示精神、党史学习教育、疫情防控等工作开展监督；以武汉码头为试点开展综合监督检查，积极探索实践具有码头公司特色的工程建设项目监督工作模式；重点对物资采购、招标投标、工程建设、设备维修保养和备品备件管理、选人用人等领域开展监督，推动精益管理和反腐倡廉落地；持之以恒纠正违反中央八项规定精神，聚焦违规配备使用公车、违规发放津补贴或福利、违规公款吃喝的监督检查；探索开展同下级党委班子成员集体谈话、与下一级党委书记以及班子成员谈话机制，以及各类纪检约谈、廉政谈话和日常教育，全年共计开展书面诫勉 1 人次、提醒谈话 1 人次、廉政谈话 47 人次；审计部门从严把关，全年已完成或正实施审计项目共计 27 个，审计发现问题及需要改善的环节 84 个，比去年同期上升 147%，移送问题线索 0 个，促进增收节支 2058 万元。

6. 深耕精益文化，提升群团合力，创建和谐稳定企业

文化工作加强业务渗透和外部连接，参展第四届中国进博会、上海“2021 年自主品牌博览会”、福州“第四届数字中国建设成果展览会”等高平台展会，开展阳逻水铁联运项目推介会，市场回应良好；工会坚持服务大局，积极发挥桥梁纽带作用，向一线员工开展重要节日、生病、高温等慰问，丰富创新文体活动，以及组织各项劳动竞赛、技术比武，探索劳模创新工作室推行经验，鼓励全员向知识型、技术型、创新型发展；团委认真履行“凝聚引领青年、组织动员青年、联系服务青年”职责，持续深化青年岗位建功行动，厦门远海码头资讯发展部等多家基层码头集体和个人荣获集团青年文明号、安全生产示范岗、青年岗位能手等荣誉称号；积极落实防疫维稳的有效护航，落实口岸防疫专班管理要求，完善应急预案、出入管理、排查通报、疫苗接种等工作，织密疫情防控网络；在每季度和节假日前做好安全生产及稳定风险排查，特别是在两会、七一期间，加强综治、信访等预控布置，做到源头预防，及时处置。年内，公司境内无人感染新冠肺炎，无重大影响性、群体上访等维稳事件发生。

【企业文化与社会责任】

“十四五”规划开局之年，公司企业文化和品牌宣传工作持续围绕“The Ports for ALL”品牌定位开展，聚焦“全球化”“精益运营”“创新发展”“企业公民”四大核心内涵，将企业文化、品牌建设与战略和商业目标更明确和更紧密地联系起来，持续打造“全球领先综合港口运营商”的品牌形象。

中远海运港口加强外部链接及过程业务渗透，参展上海“2021 年自主品牌博览会”、福州“第四届数字中国建设成果展览会”、南宁“东盟博览会”，与码头所在地政府接连合办“阳逻国际港西港区集装箱水铁联运推介会”和“阳逻国际港西港区集装箱水铁联运项目开港通车”；积极与外部媒体对接，向行业论坛、杂志投放企业宣传文章活动等，推出了《支点长江！水铁联运第一港今天开港通车》等热文，展示公司全球化网络、创新成果和合作意愿，推广公司智慧化产品解决方案；2021 年 8 月 26 日，组织开展“吾爱港口港通全球”为主题的公司改革重组五周年全球视频会，与全员一起回顾过去五年的非凡发展，传递公司守正创新的改革之道和迈向卓越未来的品牌形象，活动收到了内外部客户和合作伙伴的广泛祝福，公司品牌影响力持续提升。对内，围绕公司"精益运营、成本控制"中心工作，于2021年年初启动专题宣贯工作，旨在将精益运营、成本控制理念植入并下沉至企业生产运营各环节，从氛围营造和行为导向层面，引导员工思想和行为习惯转变，打造精益组织文化。

2021年，中远海运港口继续聚焦社会责任、可持续发展等长期重要事项，积极推动ESG发展，提高执行和管理能力，为社会各界创造正面及长远的价值。疫情下，海内外主要码头拥堵严重，公司积极承担"六稳""六保"责任，集中优势力量和资源进行装卸作业。2021年，厦门远海码头积极协调81艘次船舶临时加挂，其中实现涉疫船舶"希麦西港"轮8天内完成船员换班和装卸作业。广州南沙海港码头全年共承接217条船舶临时加挂，尤其在盐田码头疫情期间，克服泊位利用率和堆场利用率高企困难，承接盐田外溢的加班船43艘次，作业量约16.1万TEU。海外PCT、泽布吕赫码头在欧洲港口全面拥堵、内部泊位利用率和堆场利用率达到码头极限情况下，合理组织生产，承接双品牌20条干线大船靠泊作业，作业箱量近8万TEU。期内，公司持续依法合规开展公益捐赠，积极回馈社会。具体包括：①向中远海运慈善基金会捐赠1000万元；②向香港当地慈善团体捐款并举办慈善活动；③支持旗下控股的希腊比雷埃夫斯集装箱码头公司、广州南沙海港集装箱码头公司继续向当地慈善机构进行捐赠。此外，公司在世界环境日、世界地球日、第二届联合国全球可持续交通大会等活动当天推出专题报道，向外界传达公司在绿色环保及"碳中和"方面的措施和努力，以及在抗击新冠疫情、畅通全球供应链、员工权益保护等方面的主张，展示负责任的企业公民形象。

中远海运港口继续聚焦社会责任、可持续发展等长期重要事项，积极推动ESG发展，提高执行和管理能力，为社会各界创造正面及长远的价值。近年，中远海运港口在环境、社会和公司治理方面取得的成绩亦获得市场肯定。2021年2月，公司获得立信德豪会计师事务所颁发的"ESG最佳表现大奖——主板中市值""最佳ESG报告大奖——主板中市值"及"ESG年度公司大奖——主板中市值"，并获得*Finance Derivative*杂志颁发的"最佳企业社会责任公司（码头组别）"，以及由*International Business*杂志颁发的"最佳可持续发展公司（码头组别）"及"最佳企业社会责任公司（码头组别）"；4月，连续两年获得*Global Business Outlook*杂志颁发的"最佳社会责任港口运营商"。

2020—2021年中远海运港口主要情况见表14–18。

2020—2021年中远海运港口主要情况表 表14–18

类别	项目	2020年	2021年	备注
吞吐量	总吞吐量（万TEU）	12 382.5	12 928.6	—
	权益吞吐量(万TEU)	3 845.6	3 987.4	—
财务状况	总资产（亿元）	731.56	766.41	—
	净资产（亿元）	415.29	441.72	—
	营业收入（亿元）	70.06	79.31	—
	利润总额（亿元）	28.21	32.31	—
人力资源	员工总数（人）	179	191	总部人数

注：1. 以上财务数据为中国企业会计准则下数据；

2. 2020年金额采用平均汇率为1美元：6.900 4人民币计算；2021年金额采用平均汇率为1美元：6.453 3人民币计算。

（黄莉）

中远海运（北美）有限公司

中远海运（北美）有限公司

【公司概况】

中远海运（北美）有限公司［简称“北美公司”，英文简称 COSCO SHIPPING（North America）］，是中远海运集团全资子公司，注册资本 2071 万美元，注册地在美国加利福尼亚州。北美公司业务主要涉及航运代理、货运代理、散货运输、油轮运输、物流服务、码头经营、燃油供应、技术服务、房地产、设备租赁等。

1982 年 8 月 6 日，原中国远洋运输总公司在美国加利福尼亚州注册成立中远美国公司。1996 年 6 月 27 日，中远美国公司正式更名为中远（美洲）公司，成为中国远洋运输（集团）总公司在美洲地区的区域管理中心，履行北美洲、中美洲、南美洲和西印度群岛地区的管理职能。公司业务网点分布于美国、加拿大、巴拿马、巴西、阿根廷、秘鲁、乌拉圭、智利、墨西哥 9 个国家。2000 年 2 月，中国海运（集团）总公司在美国特拉华州注册成立中海（北美）控股有限公司，注册资本 50 万美元，主要负责管理美国、加拿大、巴西、阿根廷、智利、墨西哥等国家的集装箱代理业务。

2016 年 4 月 12 日，根据集团的统一部署，中远海运（北美）有限公司宣布成立。原中远集团的中远（美洲）公司和原中海集团的中海（北美）控股有限公司正式开始整合重组，历时 5 个月，于同年 9 月底全面完成整合，实现了合署办公。

改革重组后的北美公司成为集团的全资子公司和区域公司，是集团在北美地区业务拓展的唯一平台。北美公司对包括美国、加拿大、墨西哥、巴拿马等北美、中美及加勒比地区公司实施区域管理，公司业务范围涉及投资及区域管理、集装箱、码头、物流、设备租赁、社会化服务、散运、能源运输、船代、无船承运人、燃料供应、船舶备件与技术供应、特种船及多用途船等多个领域，形成了多元化产业布局，具备打造成为集团航运主业及相关专业公司在北美的现场服务支持和保障中心的业务基础。同时，作为集团的驻外窗口，北美公司积极履行社会责任，积极配合区域内中国使领馆，服务广大中资企业，促进与当地企业经贸合作。

2021 年，北美公司总裁为冯波。北美公司 2021 年组织结构图如图 14-8 所示（按法人层级）。

【发展战略】

根据集团《关于进一步修改和完善各直属单位“十四五”发展规划的通知》要求和“十四五”发展规划提纲，2021 年，北美公司完成“十四五”发展规划的修订完善工作，并获集团批准。按照公司“十四五”发展规划 2021 年任务和目标，北美公司继续贯彻落实项目组工作机制，积极推进战略落地工作。

加快物流业务发展，提升延伸服务能力。北美公司下属单位中远海运物流（北美）有限公司（简称“物流北美”），2021 年在萨瓦纳新设 5669 平方米仓库，加大了美国东岸仓储网点布局的密度。截至 2021 年年底，物流北美仓库运营面积达到 2.14 万平方米，同比增长 27%，仓储业务网点覆盖美国 4 个城市。卡车运输是“仓干配”全程物流链条中的重要组成部分，也是端到端能力建设中的重要核心业务。为进一步提升卡车经营规模，扩大卡车业务网点，物流北美对所属全资子公司 IBT 公司增资 265 万美元。

成功解决西港池码头有限公司（WBCT）延

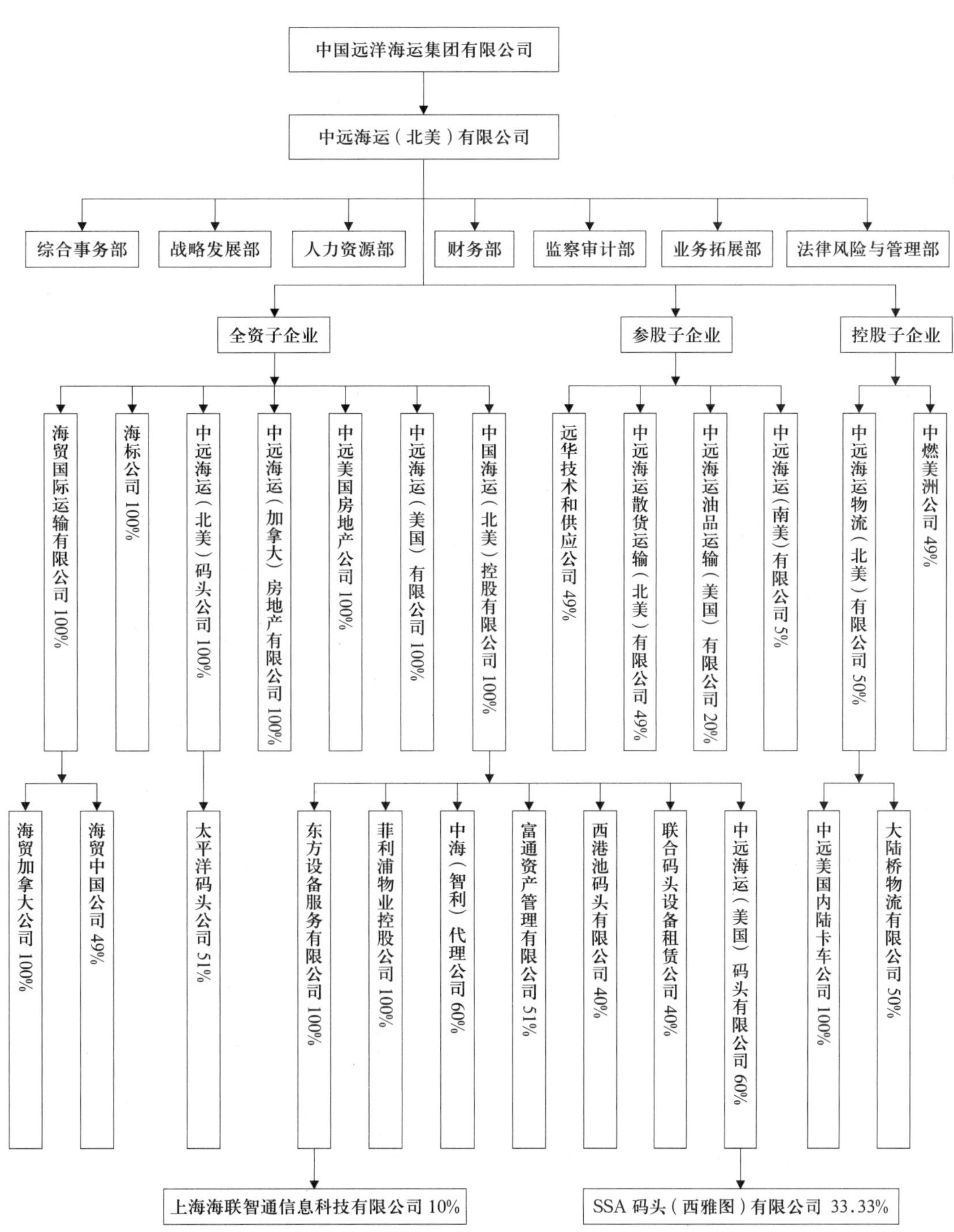

图14-8　北美公司2021年组织结构图

续经营问题。经 2021 年多轮艰苦的谈判达成协议，WBCT 仍保持原股权结构，合作方阳明海运对未来九年的箱量作出承诺保证，WBCT 向北美公司支付租约管理费。同时，与原阳明海运码头的新承租方 MSC 达成合作协议，WBCT 继续对两个码头实行统一操作。两份协议的达成，使集团保持了在美西南主要港口“一控一参”的码头格局，继续有效掌控码头资源，在优先服务中远海运集运航线船舶的同时，与阳明海运和 MSC 两家班轮公司结成了利益共同体，为今后码头基础货源提供了保证。

设备租赁板块在发挥与中远海运集运、东方海外“双品牌”协同效应的同时，成为北美公司码头业务板块之外的第二大盈利点。2021 年，富通资产管理公司与中远海运集运 2000 台冷箱项目，设备已全部生产完毕并起租；与 TRAC 4000 台底盘车项目第二批次 2000 台底盘车已全部生产完毕并起租；与中远海运集运 150 台冷箱发电机项目，已经签署协议。截至 2021 年年底，公司管理的设备总数 39 599 台，其中底盘车 16 871 台，冷箱发电机 955 台，冷藏集装箱 21 773 台。

【经营效益】

1. 效益情况

2021 年，北美公司实现营业收入 538 880.62 万元，同比增长 37.56%；发生营业成本 437 193.42 万元，同比增长 32.72%；发生管理费用 42 347.24 万元，同比增长 4.37%；发生财务费用 14 520.14 万元，比上年增加 9 725.66 万元，主要原因一是执行新租赁准则导致租赁负债利息费用比上年增加 9 361.10 万元，二是主动置换历史高成本借款 49 117.48 万元，以及新增借款 17 965.32 万元，利息费用比上年减少 473.38 万元；录得投资收益 26 534.37 万元，同比增长 248.87%，其中参股码头盈利同比增长 249.57%；实现利润总额 69 974.07 万元，同比增长 170.82%；实现净利润 57 144.80 万元，同比增长 168.64%。

2. 财务状况

截至 2021 年年底，北美公司资产总额 1 115 289.11 万元，同比减少 1.1%，其中使用权资产同比减少 6.82%，固定资产同比增长 3.45%，原因是持续发展设备租赁业务，购置冷箱、底盘车、发电机等设备；负债总额 863 152.88 万元，比年初减少 4.92%，其中银行借款比年初减少 10.91%，租赁负债比年初减少 5.52%；所有者权益 252 136.23 万元，同比增长 14.7%，主要原因是经营积累和汇率变动的影响。

3. 指标完成情况

2021 年，北美公司持续深化改革，在集团总体部署下，坚持贯彻落实“防疫工作、生产经营，两手都要抓、两手都要硬”的工作方针。2021 年决算全年实现净利润 57 144.80 万元，营业收入利润率 13.23%，完成集团下达的年度盈利考核指标；净资产收益率 24.22%，比集团下达的考核值 8.95% 高 15.27 个百分点；“两金”压控各项考核指标均已达标：应收账款周转率 16.16 次，完成集团不低于 2021 年末 12.25 次的考核要求，应收款净额增幅 25.35%，不超过收入增幅 37.56%，一年以上应收账款为零。

【企业管理】

1. 积极推进落实改革三年行动任务

按照集团发布的改革三年行动 138 项任务清单，结合公司实际情况，北美公司制定了公司改革三年行动自我加压版工作清单。2021 年，北美公司按照集团改革三年行动方案的总体要求，对照公司改革三年行动工作清单，持续推动各项改革工作，抓好重点改革任务的落实，高质量完成改革任务。

2. 扎实推进对标提升工作

不断加强在经营管理过程中运用对标工具，提升综合管理能力。按照集团对标提升行动统一部署和工作要求，根据北美公司对标提升行动实施方案所确定的目标，定期进行对标分析，通过对标查找自身短板弱项，学先进、抓落实，扎实推进对标提升工作，全面高质量地完成集团的各项工作任务，并将对标提升纳入各部门和所属公司考核，强化对标在业绩考核中的应用。

3. 加强投资管理工作

严格按照集团下达的投资管理规定和北美公司投资管理规章制度开展相关投资工作，履行逐级决策审批流程。严格遵守国务院国资委及集团的海外投资负面清单，不开展非主业投资项目。对重大投资项目，加强项目可行性研究工作，科学决策、严控风险；在投资方面加强与中远海运集运及各兄弟公司的合资合作，达到了“协同发展、合作共赢”的目的。

4. 加强北美所属公司董事会建设和规范运作工作

梳理北美公司下属实体企业董事会的构成状况，及时更新、登记下属公司董事会成员变动。严格按集团对下属公司董事会管理规定及当地的企业治理要求，根据《北美公司下属公司董事会管理办法》的规定，做好下属公司董事会管理工作，督促下属公司按照董事会运作管理办法的规定安排召开董事会会议，规范董事会会议材料。

5. 加强企业考核管理工作

按照集团考核规定，认真落实考核责任，及时跟踪考核进展情况，督促各方完成考核指标，真正发挥考核的激励与约束功能；完成了北美公司 2020 年度企业负责人经营业绩考核自评和考核结果核定工作；配合集团完成 2021 年北美公司考核方案制订工作。认真做好北美下属公司经营业绩考核工作，完成 2020 年度考核结果核定工作，签署了 2021 年考核责任书，落实了考核激励机制。

6. 强化产权交易监督管理

年内严格执行集团关于国有资产交易的有关规定，履行资产、产权对外转让、增资扩股等事项的逐级审批决策流程，确保相关操作依法合规进行，加强对产权交易的监督管理。

7. 继续保持压减常态化管理的工作方式

根据企业发展需要，继续做好对存续企业的压减工作；严格审批新设企业，控制公司法人层级和管理层级，进一步优化管理链条，守住管理层级不超过 4 级的底线。

8. 配合中远海运集运总部做好中南美国家公司股权交易项目

根据中远海运集运关于部分中南美国家公司股权调整框架方案，为进一步优化部分中美和南美国家公司的税务统筹，降低分利成本，将中远海运集运（北美）有限公司所持集运中南美国家公司股权转移至中远海运集运香港及中远海运集运巴西，北美公司积极配合做好股权交易的各项准备公司，包括准备分红文件，草拟转股协议、股权转让方案等。北美公司会同中远海运集运墨西哥公司和中远海运集运秘鲁公司分别拟定了转股方案，并获集团和中远海运集运批准，股权转让双方签署了股权转让协议，完成了股权交割。

【海外营销】

1. 继续协调好防疫与经营关系，确保生产的不断不乱

受新冠疫情影响， 2021 年集装箱运输链供给短缺，市场一直处于混乱和焦虑状态。集运业务营销队伍一方面做好有限的舱位分配工作，另一方面通过各种方式与客户建立联系，及时向客户反馈市场和服务情况；积极做好客户重箱催提工作，尽量避免发生集装箱超期堆存附加费；同时每周排摸客户的未来舱位需求，保证与客户稳定关系，确保生产不断不乱。

2. 积极配合监管机构监督，确保业务经营依法合规

2021 年，签约运价达到历史最高水平，即期市场价格也一路飙升。营销队伍一方面保持与客户的频繁接触，设身处地为客户想办法、解决问题，另一方面与监管部门保持紧密联系，及时反馈监管部门询问和核查，化解相关矛盾；同时与外部律师妥善处理了客户 MCS 的投诉案件，避免了事件进一步扩大，保持了与客户的良好关系，为与客户的长期合作夯实基础。

3. 圆满完成 2021 年签约工作，取得了量价齐升的成效

2021 年，签约箱量和签约运价实现了量价齐升的好成绩：签约箱量完成 113 万 TEU，同比增长 3.7%；签约运价大幅提升，核心大客户签约美西 / 美东运价 USD 2500/3500，其他客户签约美西 / 美东运价均在 USD 3000/4000；核心客户签约箱量和运价同比取得了大幅提升；与 Shark Ninja、Living Spaces 等客户签订三年长期合约；同时新客户开发也取得良好成效，成功开发 FOB 新客户 68 家，获得新客户最低承诺箱量（MQC）46 440TEU。

4. 大力拓展第三国市场，进一步优化货流和货源结构

2021 年，北美公司出口东南亚地区的货量完成 17 万 TEU，增长 5%；出口越南、印度尼西亚、新加坡和泰国四国合计实现同比 30% 的增幅。中国以外地区进口货量 61.5 万 TEU，同比增长 6.7%；从东南亚以及南亚进口的货物实现箱量 47 万 TEU，同比提高 18%。

5. 深化北美冷箱市场开发，推动冷箱工作再上新台阶

2021 年，北美公司出口冷箱 5 万 TEU，同比增长 3%；单收 1561 美元 /TEU，同比提高 12%，增幅 14%；单贡三（单项贡献第三种指标）649 美元 /TEU，比 2020 年提高 165 美元 /TEU，增幅 34%。北美公司连续第三年在冷箱出口量价齐升，在做好肉类市场重点开发和内陆通道的建设基础上，2021 年实现了向中国承运出口冷箱 3.2 万 TEU，同比增长 10%。积极推动出口冷箱运价上涨，征收了 300 ~ 500/40RH（冷冻高箱）的综合费率上涨附加费（General Rate Increase，GRI），效益大幅改善；出口冷箱 TOP30 客户箱量合计同期增幅达 22%。内陆方面，2021 年 Kansas，Chicago，Omaha 三个主力内陆点共计出运 4800TEU，同比增长 6%。

6. 精准把握市场发展态势，全力推动出口运价上涨

随着出口进入船东市场以来，公司营销队伍抓住市场有利机遇，成功推涨多轮出口运价。其中：出口远东干箱推涨 5 次 GRI（1 月 16 日、3 月 5 日、4 月 5 日、5 月 5 日、6 月 15 日、10 月 15 日），出口远东冷箱推涨 4 次 GRI（3 月 5 日、5 月 8 日、6 月 4 日、6 月 20 日），出口南美 / 中美洲推涨 3 次 GRI（4 月 1 日、5 月 10 日、7 月 3 日），而且每次干箱 GRI 上涨幅度为 USD50 ~ 100/TEU，冷箱 GRI 上涨幅度为 USD 300 ~ 500/TEU，有力保障了 2021 年美国出口 local 收入和单箱收入的超额完成，而且同比大幅增长。

7. 持续创新端到端业务开发，不断提升端到端货量

在全球运输链严重受阻，尤其是北美内陆铁路和拖车供应严重受限情况下，北美公司 2021 年仍然成功开发端到端新客户 32 家，完成指标的 457%，预期端到端货量 18 000 TEU。另外，在太平洋航线东行 FOB 舱位严重受限和西行接载严重受限情况下，北美公司仍然完成端到端销售箱量 650 000TEU。

8. 践行航运数字化战略，SynCon Hub 产品成功落地

2021 年，SynCon Hub 北美门店搭建完毕并成功上线营销。根据工作部署，北美门店先行在太平洋西行航线上试水营销，共完成在 SynCon Hub 北美门店上出运 12 000TEU，完成全年指标进度的 145%。

【客 户 服 务】

1. 集运业务方面

2021 年，北美地区影响集装箱疏运的事件频发，铁路运能不足、码头拥堵、极端天气、底盘车及卡车短缺、燃油成本飙升等情况，给客户日常操作带来了很大的困难。公司客服团队一方面积极协调内外部资源，尽全力协助客户加快货物的运输，尤其是针对码头及铁路拥堵的情况，内部优化部门间流程，向客户做好解释的同时做好疏运工作；另一方面积极收集各方信息，通过 APB 系统和 Portal 系统向所有客户提供各种突发事件的进展情况，并告知可行的解决方案。2021 年，客服团队重点还做了两项工作：一是优化了操作中心 VIP 客服团队的人员配备，并梳理了业务流程，使得服务的 VIP 客户数从去年的 35 个增加到目前的 42 个的同时，增加了针对 VIP 客户的服务种类，例如账单审核、门点送货跟踪、Prebooking 预先订舱等功能。二是在 VIP 客服团队下成立了服务 SynCon Hub 的电商服务小组，有效地满足了电商业务在北美地区的服务需求。通过努力，较为顺利地完成了北美地区的服务操作，树立了北美集装箱市场良好的服务品牌形象。

2. 非集运业务方面

积极协助各非集装箱船舶公司拓展海外市

场，为非集装箱船舶公司提供现场支持。北美公司业务拓展部发挥了承上启下作用，加强与各非集装箱船公司的互动，进行宏观协调，不断完善和增强各非集装箱业务，进一步提升国家公司的发展高度，做好与各非集装箱船舶公司的协同。

【员 工 队 伍】

北美区域是集团发展海外事业的重要区域之一，打造高质量的国际化人才队伍，为集团拓展北美区域产业布局提供人力资源保障任重道远。北美公司始终围绕“选才、留才、理才、用才”开展国际化人才建设工作，为区域年轻干部提供了发展、历练的平台。

1.“选才有道”，建立人员选拔聘任机制

北美公司加强了人才队伍的整体规划，聚焦科技创新、数字化转型的战略需求，预备储备一批供应链管理，数字化等相关领域的专业人才，以人才优势赢得未来发展优势；北美公司拓宽了员工招聘渠道，利用广告招聘、校园招聘、猎头招聘以及从同行业公司招揽人才等招聘渠道，同时打破了唯学历为唯一标准的做法，依岗定人，将合适的人安排到合适的岗位上，使每位员工都能充分发挥主观能动性和创造力，提高公司员工的工作积极性和企业归属感，吸引、留住优秀人才。

2.“留才有度”，营造契约式用人环境

针对关键岗位的当地员工，北美公司打破了劳资双方“自愿”式的雇佣关系，建立了合同制聘用关系，明确任期、职责，与26名关键岗位员工签订了雇佣合同。雇佣合同的签署有效解决了关键岗位员工离职，以及不适岗人员调整难的问题。

3.“理才有方”，做好人力资源经营

为做好人力资源经营，实现人力资本增值，北美公司建立了行政等级、工作资深度、现实工作表现等互不制约的多维度薪酬等级调整体系；在部分符合条件的单位试点推行与单位自身年度指标完成情况挂钩的员工奖金兑现方案，根据员工所在岗位设定奖金基数，根据北美公司年度考核得分设定绩效奖金系数。试点推行的超额利润分配方案使员工享受到了创造增量效益的实惠；新的奖金兑现方案将员工奖金与企业经营情况紧密联系在一起。调动了员工干事创业主动性的同时，增强了员工为企业创效的紧迫感。

4.“用才有效”，确保人尽其才

加强员工队伍建设，把握发展机遇。用有效的人才管理，调动每个岗位、每个员工的积极性。北美公司战略项目推进工作采用并不断深化项目组工作机制，抽调各单位、部门优秀员工进入战略项目推进工作组，并根据项目推进的不同阶段动态调整各项目组的组员。此举不仅最大限度地发挥了有限人力资源的效能，还为优秀员工提供了更多接触、参与公司发展项目的机会。

【内 控 建 设】

1. 总体情况

2021年，北美公司继续完善和有效实施内部控制，由公司董事会全面负责企业内控工作的管理，公司经理层负责组织领导企业内部控制的日常运行，北美公司总部部门管理层及下属单位领导负责内控工作的下达及执行，北美公司内审部负责监督。考虑到北美公司及下属公司地缘环境的特殊性，业务种类复杂等实际情况，结合以往的工作经验，明确各职能部门的责任及有效合理地分配公司有限资源，确保公司重大项目均有专业人员参加工作组，明确工作职责，做到各尽所职，切实发挥了事前防范的作用。

2. 内控制度建设方面

2021年，北美公司共修订制度3项，更新完善制度6项。考虑到北美区域员工架构的特有情况，在制定完善公司中文制度的同时，将公司主要制度与管理流程翻译成英文，便于各项制度推广。

3. 培训工作方面

2021年开展了年度公司整体风控、合规培训工作，将因受2020年疫情影响而未能及时执行的相关培训在2021度内完成。同时围绕政治、法律与商业环境下所可能出现的新挑战，安排了有针对性的培训。继续与外部培训机构建立合作关系，确保公司中高层领导、一线业务团队及关键岗位员工都能获得有效的包括员工管理，开展劳工纠纷处理，商业行为合规、环境法合规及制裁法合规在内的专业培训，不断提升公司员工的风险识别能力，缔造好的风控与合规企业文化。

4. 应对审查及客户投诉方面

2021 年 7 月 21 日，北美公司收到美国联邦海事委员会（FMC）发来的审计调查通知，并第一时间向集团报告了相关情况。针对此突发情况，北美公司领导亲自带队，按照相关指示就 FMC 提出的 7 项审计要求，对公司的业务进行了梳理和研究，并按照 FMC 的审计要求，按时提供相关信息。2021 年 7 月 28 日，一家美国当地的进口商向 FMC 投诉中远海运集运没有按服务合同履约，并涉嫌共谋和歧视。北美公司立即组织事件调查和研究，由公司领导亲自带队，组织相关人员，与外部律师一同，积极冷静应对，制定具体谈判方案，并提出最后和解撤诉方案。在多轮商谈后双方于 9 月 10 日达成一致并签署和解撤诉协议，该进口商也于同日向 FMC 提交了撤诉及和解细节保密的申请，并获得了 FMC 的允许。

5. 法务团队建设方面

2021 年，北美公司完善法务人员配置，新聘拥有法律博士学位及专业律师资质的专职法务人员 1 人，不断理顺公司法务人员职责与工作流程，逐步提升公司法务团队的总体实力。

6. 在监督管理方面

北美审计分部 2021 年全年实施审计项目 5 项，发现问题 18 个，提出意见建议 20 条，审计资产总额 40.07 亿元，超过北美公司总资产的 80%，进一步促进了被审单位的管理提升、风险防范、内控建设等。同时，通过建立审计发现问题跟踪整改和核销台账，督促有关单位认真落实整改。

【信息化建设】

1. 发布北美公司数字化转型暨网信工作规划

根据集团的要求，北美公司各单位协同完成了北美公司数字化转型暨网信工作规划的编写和发布。规划紧紧围绕北美区域业务发展战略，以集团“十四五”数字化转型规划为指导，以为客户创造价值为目标，以满足公司战略管控和日常生产需要为信息化工作总体原则，兼顾“专业航运公司信息系统在北美落地”和“建设有北美特色的物流业务管理系统”，建设具有创新服务能力、产业协同能力以及管理助推能力的中远海运北美信息化架构体系。在规划发布后又制定了明确的任务分解表和时间表，以加强跟踪督导、确保有效落实。

2. 继续实施集运业务 IRIS-4 模块，深化 IRIS-4 使用

为满足 FMC 提出的滞期费发票计费要求，更新 IRIS-4 DD 模块扣留通知和 AR 模块；开始使用 API 接口获取码头进口可用状态(Import Availability Status)，并准备通过 API 接收最早接收日期 (ERD)；完成美国 CBP 电子出口舱单实施和测试；完成危险品审批管理（DGAM）系统实施；梳理各业务部门日常使用的管理报表，优化数据来源和报表生成机制；协助业务部门提高管理报表制作效率、优化管理报表的使用效果；选择试点客户，签发基于区块链技术的电子正本电子提单，优化进口放货流程，提高数字化服务能力。

3. 加强网信安全工作，保障系统稳定运行

实施网络设备标准化项目和服务器设备标准化项目。目前已完成美国地区的网络和服务器标准化实施；不断强化网络安全措施，并适时通过邮件培训提高员工网络安全意识。根据集团要求，在重保期间加强网络安全防护；按照“最小生产环境”理念建设休斯顿灾备中心，持续强化网络风险防范。

【安 全 生 产】

北美地区安全工作主要涉及船舶岸基支持、应急和灾备工作、陆地单位安全生产工作、疫情防控工作及网络安全工作。2021 年，各单位继续落实“一把手”安全管理责任，没有发生上报等级生产安全事故，员工人身安全处于可控状态。

【公共关系】

实时监测和报送中美政治经济政策、行业以及疫情相关动态。2021年，北美公司为集团公关部提供365期北美地区重要媒体舆情监测日报，365期北美地区疫情监测报告；向集团相关部门报送月度行业或市场信息报告；组织拍摄和报送北美公司2021年春节及集团成立五周年视频素材；开展和协调第四届进博会北美地区的邀请工作；协助集团做好海外社交媒体的宣传工作以及英文稿件核稿工作；运营和维护北美公司海外社交平台。

高度关注美国政府部门对航运业推出的监管措施。积极搭建与FMC的沟通渠道，促成FMC主席到访北美公司，会谈交流获得了良好效果。FMC主席2021年9月接受《劳氏日报》关于供应链问题的采访时，对中远海运在保障供应链服务和加强公共关系方面的工作给予了高度肯定。

加强与我驻外使领馆、总商会的联系，加强与所在地政府和社区的沟通与合作，参与当地社区和客户的公益和捐赠活动，积极履行企业社会责任，提升全球企业公民形象。加强与公关公司的合作，密切与核心媒体的沟通，注重舆论引导，利用海外社交媒体讲好中远海运品牌故事，持续提升集团品牌在北美市场的认知度和美誉度。

2021年北美公司主要情况见表14–19。

北美公司2021年主要情况 表14–19

类别	项目	2021年	备注
业务量	集装箱销售箱量（万TEU）	139.7	—
	集装箱local箱量（万TEU）	75.27	—
	码头吞吐量（万Unit）	85.6	—
	租赁设备保有量（台）	39 592	—
	干散货揽货量（万吨）	203	—
	件杂费揽货量（计费吨）	41 275	—
	船舶燃油供应量（万吨）	44.05	—
	船舶代理（艘次）	454	—
	物流卡车业务运输量(Move)	115 122	—
	物流内陆运输量（Unit）	2862	—
	物流货运业务量（TEU）	17 124	—
财务状况	总资产（亿元）	111.53	—
	净资产（亿元）	25.21	—
	总收入（亿元）	53.89	—
	利润总额（亿元）	7.00	—
员工队伍	年末员工总数（人）	976	—

（王金山）

中远海运（欧洲）有限公司

中远海运（欧洲）有限公司

【公司概况】

中远海运（欧洲）有限公司［简称“欧洲公司”，英文简称COSCO SHIPPING（Europe）］，原名中远欧洲有限公司，前身是中远驻汉堡代表处，成立于1989年2月15日，注册地点为联邦德国汉堡市，注册资本50万西德马克，2009年增资至378万欧元。2017年9月11日，中远欧洲有限公司更名为中远海运（欧洲）有限公司。2018年6月27日，欧洲公司无偿受让中国海运欧洲（控股）有限公司的全部股份，注册资本金增至419万欧元。

欧洲公司是中远海运集团在欧洲地区的区域管理公司，管辖范围包括欧洲、北非、中亚、地中海及黑海沿线地区，覆盖60多个国家和地区。

【发展战略】

根据集团“十四五”规划要求，欧洲公司进一步修订公司“十四五”发展规划，确定三个重要发展举措：以效益专精为主题打造英国、西北欧、北非三个区域物流中心；以产业链经营为主题打造陆海快线、西北欧海铁联运、伊比利亚半岛海铁联运三个海陆大通道；以转型升级经营为主题推进法国海外仓、意大利物流仓储及中东欧内部延伸三个方向的新兴业务发展。

推进中欧陆海快线建设。欧洲公司协同中远海运集运、中远海运物流、中远海运比港及中远海运港口等兄弟公司，在疫情特殊时期，抢抓机遇，化危为机，比港主通道发运能力从每周14班提高到每周18班，里耶卡通道通行能力从2020年的每周7班提升到了12班以上。在发展布局上，新开辟比港至保加利亚新线路，开展调研中欧陆海快线第三通道，组织研究里耶卡至波黑新线路。着力推进数字化建设，由OOCL团队协助开发的FMS信息系统在2021年4月1日正式投入使用，陆海快线进入数字化运营阶段。着力推进融合发展，在收购希腊比雷埃夫斯欧亚铁路物流公司（PEARL）及匈牙利必优刻（BILK）铁路场站部分股权后，中方管理层深度参与PEARL的运营管理，构建起一体化经营的业务流程体系，切实推进以BILK为枢纽的中东欧铁路运营网络布局，BILK已经成为陆海快线业务发展的中心枢纽站。

推进欧洲区域支线网络建设。钻石快航有限公司紧密围绕“一带一路”的桥头堡比雷埃夫斯港，形成每周“11组支线16次挂靠”的完善网络，形成独特的竞争优势。2021年，公司继续充分利用“比雷埃夫斯—里约卡快航”“Vado快航”“威尼斯快航”“那不勒斯快航”等特色服务，强化公司在比港支线网络的市场领先地位，形成富集效应，创造协同效益。

加强欧洲区域综合物流供应链服务能力建设。中远海运法国有限公司的海外仓已于2021年5月正式开仓收货，并获取保税监管资质，进一步增强了海外仓竞争力。中远考斯里奇有限公司在意大利推出内陆运输白金服务，以差别服务方式获得更高经营效益，同时启动仓储企业收购项目。荷兰跨洋有限公司与兄弟公司协同，为博世公司（BOSCH）提供欧洲段内陆配送、仓储、清关和分拨服务，项目规模约7000TEU。英国水晶物流有限公司继续提升与中国远大集团、海底捞、英国钢铁公司、三一重工英国公司等老客户的合作力度，新锁定谷歌大楼项目。埃及物流有限公司继续为中建、巨石、安琪酵母、中兴、新希望、牧羊集团等老客户提供高水平服务，美的埃及工厂、中建阿拉曼新现代城等新项目合作协议已基本谈妥，即将启动。英国集卡运输有限公司自营拖车进一步提升到 53 辆，自有运力同比大幅提升 89%。

协同开发新兴市场、区域市场和第三国市场。中远海运特运欧洲有限公司租入 4 条 53 000DWT GMB 系列纸浆多用途船，进一步夯实大西洋航线运营基础；配合完成 14 个北极航次，比上年增加 3 个航次，再创历史新高。中远海运散运欧洲有限公司面对上行市场，将工作重心放在了现货市场跟踪以及原有合同履约执行等方面，积极协调客户调整受载期，间接创效逾 100 万美元。中远海运油品运输英国有限公司全年完成揽货 28 艘次，大西洋航线定载 25 艘次，新增区域定载客户 3 家，为欧洲区域多船型经营以及三角航线经营积累了宝贵经验。

【经 营 效 益】

2021 年，欧洲公司实现营业收入 13.76 亿元，净利润 1.06 亿元，为必保指标 7600 万元的 139.77%，为奋斗指标 9880 万元的 107.52%。截至 2021 年年底，欧洲公司总资产 21.26 亿元，净资产 13.91 亿元。

【经 营 情 况】

集装箱业务 完成销售箱量 205 万 TEU，完成率 90%，同比下降 12%，实现运费收入 32.5 亿美元，完成率 185%；完成 local 出口箱量 187 万 TEU，完成率 92%，同比下降 5%，实现运费收入 19.9 亿美元，完成率 151%；其中，完成 IET 提单箱量 47.5 万 TEU，完成率 108%；完成大西洋销售箱量 10 万 TEU，完成率 97%。

综合物流业务 空客项目完成飞机大部件运输 59 架，比 2020 年增加 20 架；海运综合物流业务量 97 804 TEU，增幅 28.6%；内陆拖车运输量 246 312 TEU，增幅 4.9%；仓储业务量 17 912 TEU，增幅 20%；报关业务量 13 483 票，增幅 44.4%。非集船队代理完成非集船队代理业务 870 艘次，增幅 2%。

散杂油业务 散货业务完成揽货总量约 541.3 万吨，其中第三国揽货约 430 万吨，完成集团年度指标 300 万吨的 143.3%。杂货业务全年完成揽货总量 318 万吨，其中第三国市场货量为 153 万吨，完成集团年度指标 90 万吨的 170%。油运业务全年完成揽货总量约 600 万吨，其中第三国市场揽货量累计完成约 115 万吨，完成集团年度指标 90 万吨的 127.8%。燃供业务全年实现销售量 102 万吨，同比增长 6%；实现净利润总额同比增长 31%。

中欧陆海快线业务 全年总箱量 152 970 TEU，增幅 25.2%，完成累计指标进度 15 万 TEU 的 102.0%；总火车开行 2272 班次，增幅 17.6%。其中，比港通道开行 1600 班次，运输量 106 807TEU，增幅 14.0%；里耶卡通道开行 672 班次，运输量 46 163TEU，增幅 61.8%。

【企 业 管 理】

持续落实疫情防控工作。结合各国政府的防疫政策和规定，继续做好居家办公的相关安排，并要求员工做好个人防护工作，督促当地员工做好 8 小时以外病毒风险防范。组织开展常态化现场巡检，全年累计开展 8 次视频巡检，覆盖欧洲公司所辖全部公司。

推进亏损企业治理工作。按照“一企一策”原则，制定治理方案，土耳其船贸有限公司在案件和解后快速恢复各项业务，剔除诉讼赔偿影响年度实现盈利。通过向中远海散货公司转让了中远海运英国有限公司下属的中远海租船与经纪有限公司 60% 的股权，中远海租船与经纪有限公司全面扭亏为盈。

推进历史未终结案件处置。稳妥处置原土耳其分代理纠纷案，最终达成和解方案，确保了土耳其船贸经营业务尽快恢复。密切跟踪原阿尔及利亚分代理纠纷案、中海比利时公司海关案等未决案件进展，为后续处置提出相关处置意见。在推进所属法国等公司关闭过程中，依据当地 TUP

法规拟定债权债务转移方案与路径，有效规避了法律、税务风险。

做好规章制度的完善提升。制定下发了《资金管理办法》和《产权登记管理办法》，进一步健全了欧洲公司内控制度体系。制定了《企业主要负责人履行推进法治建设第一责任人职责实施办法》，进一步强化了依法治企的组织领导和责任落实。制定了《国家秘密管理办法》和《公司商业秘密保护管理实施细则》，并更新了保密管理机构，进一步加强企业涉密事项的管理。制定了《公司安全管理规定》和《生产安全事故报告和调查处理规定》，对企业安全生产事项进行了详细规范，推动企业的安全管理。制定了信息化、网络安全等3项管理办法，进一步强化了企业信息管理和信息安全。

加强审计监督和问题整改。组织实施了6项经济责任审计，开展了境外资金管理专项审计调查、境外投资内部控制专项审计、欧洲公司本土营销情况专项审计调查3项专项审计，完成“中远上海”轮和“中远汉堡”轮的坞修审计。加强问题整改跟踪，对2016年以来审计发现的406个问题全部建账并实施信息系统管理。

【企业改革】

推进改革三年行动工作。成立工作小组，细化制定欧洲公司53项改革三年行动任务清单，并建立健全工作机制，全面指导推动。截至2021年年底，完成49项，完成率92.45%。

推进企业压减工作。2021年度注销关闭了中国海运意大利代理有限公司及英国航务有限公司所属的7家单船公司。

推进任期制和契约化管理。通过经理层的“一岗一责”和“一人一书”，制定了经理层年度与任期指标，明确薪酬与考核办法，建立了“能上、能下”用人机制。截至2021年年底，实现欧洲公司本部及所属单位经理层任期制契约化工作100%完成，同时在英国公司推行职业化经理人改革试点工作。

【员工队伍】

截至2021年年底，欧洲公司管辖中外员工总数约为3100人（不计代管单位中非集团控股单位的当地员工），其中欧洲公司296人，中远海运集运（欧洲）有限公司1961人；中方外派员工107人（其中代管单位24人），占员工总数的3.41%。中方外派员工平均年龄46岁。

推进中方外派干部到期轮换、转点、任免等工作。2021年，集团在欧洲区域（含代管企业）共计有29名外派干部派出、调回、转点、延期或退休，其中调回12人、派出9人、转点4人、延期4人。

【企业文化】

2021年，欧洲新冠疫情形势依然严峻，奥密克戎变种病毒来势凶猛，受感染人数屡创历史新高。欧洲公司持续发扬同舟共济企业精神，积极克服疫情肆虐的不利影响，加强关心关爱，全力保护员工身心健康。积极利用当地社会中介资源，组织公司中外员工及家属接种疫苗，做好居家办公期间的沟通交流，组织评选表彰“抗疫先进个人”和“抗疫先进集体”，保持中外员工良好精神状态。积极协助散运、特运、能源、上远等公司船舶所属船员1272人次换班并协助办理回国手续，确保船员安全顺利回国，解决了船员在船超期服役违约的燃眉之急。与当地使领馆保持密切联系，利用中转等手段，协调解决部分中方员工因回国航线熔断、停航导致的回家难问题。

【社会责任】

持续落实“一带一路”倡议，着力提升比港主通道和里耶卡辅助通道能力和服务质量，新开辟比港至保加利亚新线路，进行了中欧陆海快线第三通道的调研工作，更好服务促进区域贸易增长。

配合协助集团公司参与中芬大熊猫合作研究

项目捐助活动，使得中芬“民间大使”——大熊猫“金宝宝”和“华豹”继续留在芬兰，受到当地社会的赞誉。

2021 年欧洲公司基本情况见表 14–20。

2021 年欧洲公司基本情况 表 14–20

类别	项目	单位	数据	备注
船队	船舶艘数	艘	7	—
	载重吨	万吨	48.38	—
生产情况	干散货揽货量	万吨	541.3	—
	件杂费揽货量	万计费吨	318	—
	油品揽货量	万计费吨	600	—
	中欧陆海快线	万 TEU	15.30	—
	海运综合物流业务量	万 TEU	9.8	—
	内陆拖车业务	万 TEU	12.0	—
	船舶代理	艘次	870	—
财务情况	总资产	亿元	21.26	—
	净资产	亿元	13.91	—
	总收入	亿元	13.76	—
	利润总额	亿元	1.25	—
人力资源	员工总数	人	296	—

（李震宇　郑颖国　马江峰　郑宗　夏洪刚　龚韶明）

中远海运（东南亚）有限公司

中远海运（东南亚）有限公司

【概　　述】

中远海运（东南亚）有限公司［简称“中远海运东南亚”，英文简称 COSCO SHIPPING（South East Asia）］，是代表中远海运集团在东南亚和南亚地区行使区域管理职能的公司。中远海运东南亚为中远海运集团全资子公司（2017 年 4 月 13 日股东由中国远洋运输有限公司变更为中远海运集团），注册资本为 10 238 万新加坡元。2021 年，中远海运东南亚拥有 9 家全资子公司、5 家控股子公司和 5 家参股公司。除中远海运国际（新加坡）有限公司（简称“中远海运国际新加坡”）及所属 22 家公司外，作为区域管理公司，中远海运东南亚还有代管公司 22 家。经营范围包括物流及仓储、集装箱堆场、船舶及航线运营、船舶及货运代理、燃油采购及供给、油品贸易、油品仓储、油品检验、海事咨询、房产及物业管理、海工制造、船舶物料供应、劳务和租船中介等。其中，燃油采购及供给、代理业务和船舶供应等业务的客户主要是集团内成员单位；油品存储是公司主要业务之一，在马来西亚巴西古当拥有当地最大的油库，总容积达 23.1 万立方米。

【企业大事记】

中远海运国际新加坡于 2021 年 12 月 28 日按期完成航运公司 60% 股权转让给中远海运散运所属香港航运的项目交割（即“BEST 项目”），按计划全面落实了集团经责审计整改任务要求。BEST 项目符合集团航运主业集中经营战略，符合集团经责审计整改任务要求，也将有助于航运公司可持续发展，有利于中远海运散运船队全球化布局，有利于中远海运国际新加坡可持续发展及市值管理，符合中远海运国际新加坡以物流为主、适度多元化经营的战略定位。

【经 营 效 益】

2021 年，中远海运东南亚全体员工在集团的正确领导下，结合本地区区位优势，推进落实公司“十四五”发展规划，主动拓展海外业务，积极履行区域管理职能，同时深化落实精细化管理理念，圆满完成了集团下达的各项财务考核指标。中远海运东南亚完成净利润 2 673.09 万元，超额完成全年 2 250.00 万元的考核指标；综合指标对标包、第三国揽货量、战略实施效果指标等均超额完成集团下达的任务目标。

【发 展 战 略】

2021 年，中远海运东南亚认真落实公司“十四五”发展规划，正常开展各项生产经营，努力增收创效，开拓物流和新兴业务，建设区域物流经营网络，提升端到端服务能力，取得了一定成效。根据“十四五”规划关于 2021 年的绩效目标，当年营业收入目标 19.22 亿美元，净利润 241.00 万美元。2021 年，公司实现营业收入 27.57 亿美元，考核口径净利润 414.22 万美元，“十四五”规划 2021 年关键绩效目标均按计划完成。

2021 年，公司进一步完善区域集运延伸业务、物流业务网络，以现有业务为支点，以未来的区域物流服务网络为支撑，发挥高昇控股陆地运输板块优势，在新加坡以及马来西亚等地区为客户提供“岸到门”和“门到门”的陆地运输服务，进一步提高客户服务能力和水平，加大直客和全程货业务比例，完善延伸服务业务网络，提升端到端服务能力，提高创效能力。

【疫情防控】

2021 年，中远海运东南亚坚持精准防控疫情，防疫生产相互促进。坚持从严从紧从全原则，各单位根据驻在国疫情及防疫政策，持续严格防控，守住了防控阵地。公司坚持每天召开疫情防控会，常态化防疫巡检已开展 73 轮，年内接受国务院国资委 3 次、使馆 1 次、集团 8 次视频巡检，新加坡人力部 10 次防疫检查，总体情况良好。公司始终把员工的生命与健康放在第一位，关心关爱员工，当出现确诊病例时，迅速采取相关举措，并设法及时给员工和家属提供帮助。区域内中方人员零染疫，所有确诊的当地员工均已康复。中远海运国际新加坡强化岸基支持，进一步提高船员收入，及时有序地安排船员换班，避免了超期服役的情况，全部在船船员均已完成疫苗接种。2021 年，公司克服困难，在新加坡协助系统内各航运公司完成 228 艘船舶、近 2000 名船员换班，受到集团表彰。

【风险管控】

中远海运东南亚按照国务院国资委和集团要求，及时指定了公司领导担负总法律顾问和首席风险官职责，明确了董事会秘书工作职责，制定了《中远海运（东南亚）有限公司董事会秘书工作规则》。在合规管理方面，为加强中远海运东南亚涉及制裁业务风险管控，维护经营安全，制定了《中远海运（东南亚）有限公司制裁风险管理办法》《中远海运（东南亚）有限公司制裁风控手册》。根据企业自身特点和业务需求，完善了《内部控制和全面风险管理手册》，编制了《中远海运（东南亚）有限公司 2021 年度公司内控体系工作报告》。按照集团关于风险控制与执行部门分开的原则，将风险控制与法律部门整合到一起，内审部门负责内控评价。风控部门加强了人员配备，设立了符合国务院国资委要求的专职风险控制人员，并由具有律师资格的当地员工专职负责法律事务，制定年度工作计划，指导所属公司风控工作，提高了风险控制能力。公司通过制定、修订规章制度，完善了业务管理流程，强化对业务活动监督管理，加快法律、业务管理的规范化和制度化，做好业务、管理流程梳理再造工作，提高工作效率，避免因管理链条不衔接而出现风险控制漏洞，从加强制度建设的角度进一步增强管控能力，降低发展中的风险。由于按照集团要求建立、完善和实施了风控评估等各项工作机制，结合企业实际，围绕三道防线建设要求，建立了风控体系并有效运行，并能确保持续监督完善，对系统内各单位进行内控评价工作，积极督促落实上一年度内控缺陷的整改工作，保证了发展和整合目标的实现。中远海运东南亚坚持依法合规，在开展投资收购、合资管理、日常经营等活动中，全面评估和规避风险。公司编制了 2021 年规章制度制定计划，包括新建制度 2 项、修订制度 6 项、废止制度 1 项，公司内控体系得到持续优化完善。公司全年完成审计项目 6 项，审计发现问题 18 个，提出并被采纳审计意见和建议 18 条，各类审计促进增收节支 211.55 万元，帮助被审单位完善制度 6 项。中远海运东南亚按照分类分级、重点跟踪的原则，持续健全公司安全规章，重点推进了船舶、油库、车间、仓库、车队、危化品领域等的专项排查，坚持目标导向和问题导向，重点围绕防抗重大安全风险，督促做好防碰撞、防火防爆、防工伤、防海盗和防污染工作，狠抓责任落实和制度完善，突出主要领导的履职尽责和一线班组的遵章守纪，落实责任，保持区域安全生产形势的持续稳定。

【员工队伍】

截至 2021 年年底，中远海运东南亚及所属企业员工为 1022 人，区域内代管公司员工 1627 人。

【船舶运力】

截至2021年年底，中远海运东南亚自有船舶3艘，分别是“COS LUCKY（幸运）”“COS ORCHID（兰花）”和“COS PROSPERITY（兴旺）”轮。2021年，3艘船舶合计16.8万载重吨，完成货运量297.07万吨，货运周转量121.89亿吨海里。

（梁键锋　朱春辉）

中远海运（澳洲）有限公司

中远海运（澳洲）有限公司

【公 司 概 况】

中远海运（澳洲）有限公司［简称“澳洲公司”，英文简称COSCO SHIPPING（Oceania）］，是中远海运集团全资子公司，由原中远集团旗下的中远（澳洲）有限公司（以下简称“中远澳洲”）和原中海集团旗下的中国海运（澳大利亚）代理有限公司（以下简称“中海澳大利亚”）重组合并而成，于 2016 年 6 月 2 日正式完成公司更名。澳洲公司作为集团海外区域管理公司之一，代表集团行使对澳大利亚、新西兰等大洋洲地区所有企业的管理及业务协调、市场研发、投资决策及资产经营等职能。澳洲公司前身中远澳洲和中海澳大利亚，分别于 1995 年 8 月和 1998 年 12 月在澳大利亚新南威尔士州注册登记成立，注册资本分别为 254.83 万澳元和 8 万澳元。

截至 2021 年年底，改革重组后的澳洲公司，管辖大洋洲范围内的 6 家公司，净资产规模达到 26 432.92 万元。中远海运（澳洲）有限公司组织结构如图 14–9 所示。

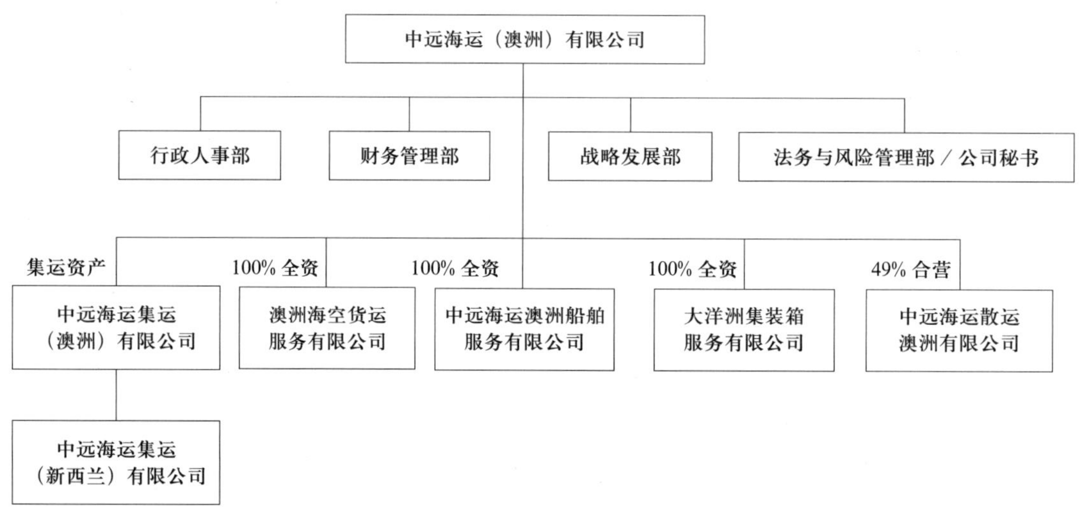

图14–9　中远海运（澳洲）有限公司组织结构图

【改 革 重 组】

2021 年，在“两个一百年”奋斗目标的历史交汇点，澳洲公司在疫情防控常态化和中澳贸易争端复杂化的背景下，坚定践行集团“三个领军”“三个领先”的工作总要求，以构建大洋洲综合物流服务平台为战略目标，依托集团“3+4”产业生态和全球营销服务网络，不断完善产业链延伸服务保障能力，不断强化综合物流的竞争能力，不断提升抵御市场波动的能力，为深度链接双循环、链接新生态、链接创一流，为顺利启航“十四五”打开了新的局面。

一是优化完善改革方案台账，推动重点领域改革走深走实。澳洲公司围绕集团强调的改革三年行动重点考核工作要求，结合公司实际，优化完善公司改革三年行动工作台账，明确了 17 项改革举措，统筹推进 33 项改革工作，并取得了新突破。2021 年，公司已全面完成改革三年重点任务，改革完成率 100%。

二是规范董事会运作，提升公司治理水平。全力推进董事会应建尽建。澳洲公司按照“应建尽建，配齐建强”工作原则，从组建完善董事会办事机构作为切入点，实现外部董事占多数的董事会新格局。持续加强董事会队伍建设，建立了以内部董事、外部董事相结合且外部董事占多数的董事会，外部董事占比达 75%，形成了专业背景多元、从业经验丰富、科学高效的决策机构。着力建强组织机构。设立了澳洲公司董事会战略规划委员会，预算、决算委员会，审计与风险管理委员会和薪酬与考核委员会共 4 个专门委员会，分别建立各专门委员会的议事规则，为董事会发挥作用提供坚强的组织保障。此外，配齐了公司董事会秘书，对规范董事会工作、专委会运行支持、外部董事信息报送和服务保障等工作分别设定工作指引。

三是健全市场化经营机制，激发企业活力与效率。实施经理层任期制和契约化管理。根据集团指导意见，澳洲公司围绕“一人一岗”“目标导向”和“刚性考核兑现”基本原则，研究制定了《澳洲公司经理层任期制和契约化管理实施方案》。以集团对公司战略定位、任务要求，以及年度和任期生产经营指标为依据，按照定量与定性相结合并以定量为主的导向，明确经理层成员的考核内容指标、目标值、考核实施与奖惩。截至 2021 年年底，澳洲公司经理层成员已全部完成契约签订工作。

四是圆满完成亏损企业治理和压减专项工作。澳洲公司采取治亏和压减相结合的方式，统筹推进中国海运（澳大利亚）代理有限公司亏损企业专项治理和压减工作。2020 年，中国海运（澳大利亚）代理有限公司全年净利润 1.21 万澳元，实现扭亏为盈，完成亏损企业阶段治理目标。2021 年，根据集团压减工作计划，制定了中国海运（澳大利亚）代理有限公司清算关闭工作方案，坚持周例会工作机制，动态跟踪压减工作进展，全力推进压减工作。2021 年 12 月 2 日，完成该公司注销登记工作，圆满完成压减工作任务。

【发展战略】

澳洲公司紧扣集团五年规划目标，围绕第三方物流和航运服务等核心业务领域，形成了“以延伸物流产业链条，实现跨板块协同发展为愿景，促进大洋洲全程供应链服务生态体系建设”的“十四五”发展目标规划。截至 2021 年年底，澳洲公司全年实现营业收入 2.39 亿元，同比增长 10.54%；实现净利润 3 226.65 万元，营业收入和净利润创整合重组以来最好水平；净资产收益率达到 11.94%，优于目标进度 2.45 个百分点。随着布里斯班仓库项目启动运营，澳洲公司仓库运营规模进一步扩大。布里斯班仓储配送中心室内外面积共超 1.6 万平方米，室内面积 8175 平方米，配备 6200 个标准货架位置。澳洲公司“十四五”发展实现开门红。

澳洲公司深入践行集团全球化战略，紧随全球产业链、供应链的转移步伐，加快推动第三国市场营销服务能力。尤其在面对疫情封锁，中澳贸易摩擦的背景下，澳洲公司坚定不移地深化贯彻集团“三个市场”战略，充分发挥了全球化战略抵御风险、稳定运营的重要保障作用。澳洲公司协同中远海运散运、中远海运特运，优化货源结构，积极开拓“一带一路”沿线新兴市场，全年完成第三国揽货量 35.5 万吨，完成杂货揽货量超 3 万吨，共计 38.5 万吨，超额完成指标进度 167.39%。2021 全年，累计开发第三国集装箱货量 19.45 万 TEU，完成指标进度 129.67%。

【经营效益】

2021 年，澳洲公司在落实疫情防控的前提下，紧扣第三方物流发展规划目标，实现了“十四五”良好开局。

顶住多重压力，效益稳中有进。澳洲公司全年实现营业收入 2.39 亿元，同比增长 10.54%；

营业收入利润率达到 18.63%，完成目标要求；实现净利润 3 226.65 万元，同比上升 12.24%，完成指标进度 111.26%。营业收入和净利润创整合重组以来最好水平。区域内各业务板块深入贯彻区域决策部署，牢牢抓住市场机遇，攻坚克难扎实推进，实现效益稳固提升。大洋洲集装箱有限公司（以下简称“OCS”）实现营业收入 9 621.69 万元，同比增长 2.42%；实现净利润 1 880.52 万元，同比增长 4.78%。澳洲海空货运服务有限公司（以下简称“海空货运”）实现营业收入突破 1.05 亿元，大幅增长 40.57%；实现净利润 432.43 万元，同比增长 10.55%。中远海运澳洲船舶服务有限公司（以下简称“船务公司”）实现营业收入 2 752.32 万元，优于预算完成进度；实现净利润416.3万元，同比增长9.61%。

对标对表，全面提升经营质效。2021 年，澳洲公司大力推动对标管理落实到日常工作中，实现各直辖单位对标考核全覆盖。从纵向对标结果可以看出，澳洲公司整体盈利能力继续向上突破，总资产报酬率和净资产收益率较近三年实际平均值，同比提升 87.72% 和 36.99%。海空货运通过发展产业链延伸服务，在运营质量纵向对标上提升显著，总资产周转率和流动资产周转率分别提升 27.43% 和 26.84%。OCS 加强合同履行风险防控和应付应收账款管理，有效压降债务风险，现金流动负债比率较近三年平均实际完成值提升 56.57%，资产负债率较上一年度同比下降 2.57 个百分点。船务公司强化采购管理，不断提升供应商议价能力，压控运营成本，成本费用占比较去年同期下降 5.29 个百分点。对标推进精益管理成效显著。从横向对标结果看，2021 年前三季度集运澳洲出口市场占有率达到 12%，优于 OOCL0.2 个百分点；合作航线舱位利用率达到 44.60%，优于 OOCL 近 4.66 个百分点。中远海运集运新西兰有限公司不断调整营销策略和揽货方向，优化订舱管控流程和箱型结构，努力提高航线装载率。三条主干航线重箱装载率和冷插利用率均较 2020 年同期实现较大幅度增长，CNS 航线装载率近 80%、冷插利用率 77.3%，优于同船平均水平。

【服 务 客 户】

澳洲公司坚持以客户为中心，积极寻找和建立特殊时期下的商业模式、合作模式的创新，不断改善服务品质，发力推进服务、营销双驱动效应。

围绕打通供应链难点，着力提升服务质效。海空货运深入分析客户供应链现状，想方设法为客户分忧解难。针对海运出货难的问题，积极协调各口岸代理，争取箱源、舱位资源，努力提升货物中转效率，全力以赴帮助客户纾困。面对市场“一箱难求”“一舱难求”的困局，海空货运完成进出口整箱货运代理业务 4145TEU，同比增长 9.69%。同时，通过优化运输结构，为高货值客户的空运需求提供定制化的解决方案，全年空运货量突破 248.69 吨，同比增长 35.03%。

围绕服务航运主业，全力保障运营稳定。OCS 充分利用自有堆场的资源优势，通过实施每日两班制、租用额外供电设备，促进改善羊皮箱、冷藏箱等特殊箱源升级能力，冷箱预检量、供电量、羊皮箱供应量同比提升 14.79%、12.23%、5.22%，为旺季箱源供应提供强有力的支持保障，助力集运国家公司抢占市场先机。船务公司全力做好抵澳船舶的代理和协检工作，累计完成船舶代理任务 588 艘次，完成 PSC 业务 381 艘次，为集团内部船东规避运营风险、保障船员安全作出了重要贡献。

【企 业 管 理】

发挥协同优势，助推产业链经营。充分发挥海外平台作用，加强内部协同，形成发展合力，为集团业务全面发展提供必要的协调支持和服务保障。其中，海空货运深化与集运澳新分部的协同合作，将端到端建设向纵深推进，并结合客户需求，利用澳新地区全程供应链各物流节点优势，为客户提供更多增值服务。大洋洲集装箱堆场加强与双品牌协同，克服堆场容量饱和困难，全力保障船东疫情期间的用箱需求。集运澳新分部和散运澳洲加大市场排摸力度，加强与核心客户的对接，充分了解出货态势，帮助内部船东做好替代货源开发和运力调整预案。船务公司主动联系码头运营商、海事局和港务局，了解掌握港口最新的防控措施和细则，协助内部船东规避特殊时期的滞留风险。

从收支两线入手，夯实增收创效的基础。收入方面：聚焦“外部市场”、继续抓好战略客户、价值客户、延伸服务新客户的开发，抓牢增收的关键路径。成本方面：各单位从生产经营入手，在采购成本、人工成本、行政成本、运营成本等关键环节下功夫，按照精细化管理的要求，对每项成本进行对标分析，将成本控制工作做细，合理降低费用支出。

增强稳健抗压，筑牢经济运行的根基脉络。区域公司统筹发展与安全，着力防范重大安全风险，着力强化战略预判和风险预警，抓住风险要害和安全隐患，不断提高风险化解能力。从规范完善重点业务和关键工作操作流程入手，共计修订、增补各业务板块制度流程 80 项，为区域的风险防控、依法合规治企提供了制度上的有力保障，搭建了高质量发展保护网。

着重抓好“两金”压控。“两金”压控是提质增效、强化风险防控的内生需求。2021 年，澳洲公司认真梳理本区域“两金”现状，厘清“两金”形成原因，有针对性地制定有效措施，明确工作责任，加快资金回流。2021 年年底，澳洲公司应收账款余额 427.88 万澳元，同比增长 1.46%，低于营业收入增长近 8 个百分点；应收账款周转率 13.43 次，提升 0.31，“两金”压控显成效。

【安 全 生 产】

2021 年，疫情防控形势错综复杂，澳洲公司始终把全体员工身体健康和生命安全放在首位，把疫情防控作为最紧迫、最重要工作抓紧抓细抓实，坚决扛起疫情防控的重大责任。根据疫情防控形势，不断细化、优化各项常态化防控措施，坚决杜绝聚集性感染。同时，加大堆场、仓库等事故易发场所的安全管控，持续开展隐患排查和安全整治工作。

慎终如始，疫情防控工作落实到位。2021 年，澳新地区疫情防控形势愈加严峻，随着疫苗普及，澳大利亚政府在日增病例仍保持在千例的情况下，依然全面推动解封。在“与病毒共存”的大背景下，各单位结合实际，优化完善应急预案。积极处置确诊疫情，第一时间做好隔离疏散和检测排查，杜绝聚集性感染，维持平稳安全的经营局面。

提高站位，严格落实安全生产责任制。澳洲公司牢固树立“讲安全就是讲政治，抓安全就是抓效益，保安全就是保大局”的思想意识，全面做好安全生产工作。持续抓牢现场作业场所的重点管控，做好重点安全风险领域的监控，扎实开展隐患排查治理，严防“花架子、走过场”。紧盯问题根源，举一反三，抓好整改反馈，避免出现重大隐患和重复性隐患。2021 年全年，未发生任何一起责任性生产安全一般及以上等级事故，维持了安全生产“零事故”的底线，全面完成安全生产责任书目标要求，营造了持续安全稳定的良好工作局面。

【风 险 管 控】

2021 年，澳洲公司按照全面推进法治央企建设和集团制度管理建设工作的要求，结合澳洲区域的实际，在区域法治建设领导小组和总裁的统一部署下，通过制定和实施区域年度制度制定计划，不断修订、增补和完善区域的各项规章制度和运行机制。先后制定和修订了各项规章制度累计 70 项，其中 2021 年新增制定各项规章制度 3 项、修订 6 项。涵盖了重大风险可能发生的领域，如决策管理、投资管理、供应商管理、特殊关联企业和反商业贿赂、财务管理、合同管理、人员管理、安全生产、网络安全、反垄断、制裁和审计监督等，为区域的风险防控、依法合规治企提供了制度上的有力保障。澳洲公司还将法治建设、风险管理作为约束性指标纳入所属公司企业负责人经营业绩责任书中实施考核。

鉴于相关国家反垄断监管及执法日趋严格、

制裁法规持续更新和制裁措施频繁实施的形势，澳洲公司结合澳洲联邦政府对《联邦 2010 年竞争和消费者法》的修订，制定了《中远海运（澳洲）有限公司竞争和消费者保护法合规手册》，并于 2021 年 7 月 12 日第 14 次总裁办公会通过并发布执行，为公司的竞争和消费者保护合规和应对提供了制度依据。同时，澳洲公司还严格执行集运总部关于反垄断合规管理办法及反垄断突发事件应对预案的相关规定，成立了集运澳、新区域反垄断合规工作小组，积极组织、参加集运总部组织的反垄断法专题培训，严防相关风险。

新冠疫情期间，澳洲公司密切跟进疫情形势、客户供应链复工情况和澳新政府的有关限制措施，认真评估对区域各项业务经营带来的影响，并采取相应的应对措施。澳洲公司通过组织开展客户资信和应收账款管理专项检查，从业务开展和付（欠）费情况入手，源头管理、动态分析、实时跟踪客户经营情况、资信变动，按“谁的客户谁负责”的原则，责任到人，并将应收账款管理工作列入年度考核。对于预判存在风险的客户，及时采取措施回收款项。同时，加强对中小微客户的识别，有选择地取消或缩短信用期；对疫情期间开发的客户，原则上不授予信用期，后续视情再作调整。

澳洲公司还认真组织研究澳新政府疫情期间出台的各项纾困政策，争取为我所用。针对新州政府对房东土地税的返还政策，在按法律规定向受疫情影响租户提供租金减免后，向新州税务局提出土地税返还申请，收到了土地税返还金额约 14.7 万澳元。

澳洲公司还根据集团要求和自身内控管理需求，围绕“将制度作为工作标准和业务流程的基本遵循”的要求，由战发部牵头，协同法务部、财务部对各所属单位就现行工作流程、操作规程、专属规章制度进行了全面梳理。梳理中要求，各所属单位结合业务特点，坚持问题导向，切实做好现有流程、操作指南和专属制度的补充、修订和完善工作。共涉及所属单位工作流程、操作指南和专属规章制度共计 79 项，涵盖了安全生产和管理、资信管理、综合行政、员工管理、业务收费、操作指南和作业流程、采购指南、合规管理、信息化和疫情防控诸方面，并有针对性地进行相应修订、更新和补充，保证了这些工作流程、操作指南和专属规章制度符合现时业务要求，具有可执行性。

2021 年，澳洲公司围绕集团法治宣传与培训工作，以“法治伴你远航、风控创造价值”这一主题，组织、参加了制裁查询、反垄断法、制裁风险管理、税务合规、内控评价、合同审核等实务培训，将合规理念覆盖到公司治理、生产经营、规范管理等各方面。鉴于严峻的中美关系和集团严防国际制裁风险的要求，澳洲公司严格执行集团、集运和公司的《制裁管理手册》的规定，明确各类制裁风险及排查的方法和手段。在 Dow Jones 风险管理系统上线后，积极组织相关查询方法培训，并要求定期对客户和供应商进行双向排查，并保存查询记录。法务部还通过不定时风险提示的方式，及时提示相关制裁风险，提高员工制裁风险防控意识，从源头上防范可能的制裁风险。

2021 年，澳大利亚、新西兰地区没有任何新增重大案件，亦无因企业本身违规引发的重大案件。

【员 工 队 伍】

2021 年，在疫情防控常态化和中澳贸易争端复杂化的背景下，澳洲公司坚定践行集团“三个领军”“三个领先”的工作要求和集团干部人才会议精神，坚持疫情防控和生产经营“两手抓、两手硬”，整体形势保持平稳，实现了中方外派员工“零感染”。在人才队伍建设工作上，认真贯彻集团“十四五”人才发展规划的总体部署，始终坚持“人才强企”战略，深化三项制度改革，为实现集团“十四五”总体战略目标，提供高质量的人才支撑和保障。

健全市场化经营机制，激发企业活力与效率。根据集团指导意见，围绕“一人一岗”“目标导向”和“刚性考核兑现”基本原则，研究制定《澳洲公司经理层任期制和契约化管理实施方案》。并以集团对公司战略定位、任务要求，以及年度和任期生产经营指标为依据，根据经理层岗位职责和分工，按照定量与定性相结合、以定量为主的导向，明确经理层成员的考核内容指标、目标值、考核实施与奖惩。考核结果与兑现薪酬、续聘或解聘相挂钩。截至 2021 年年底，区域公司经理层成员已全部完成契约签订工作。

薪酬分配和激励机制。为吸引并留住人才，降低人员流失的损失，采取激励、奖励、约束相结合的方式，加强对当地员工工作业绩的考核，将员工的业绩与薪酬挂钩。澳洲公司年初与各下属公司负责人签订经营管理责任书，对各公司经营管理责任和指标提出具体要求。

澳洲公司把本地员工队伍视为集团人才的重要部分，高度重视人才国际化。对优秀的当地人才，公司积极提供平台，发挥其才能。2021 年，晋升 10 名本地员工在部门担任主要职务。

2021 年，澳洲区域管辖 3 家直属公司、1 家合营公司、2 家代管公司，共有员工 214 人（中方外派员工 11 人），其中区域总部 10 人，海空货运有限公司 28 人，大洋洲集装箱服务有限公司 30 人，澳洲船务有限公司 8 人。合营公司中远海运散运（澳洲）有限公司 3 人。代管公司中远海运集运（澳洲）有限公司 93 人，中远海运集运（新西兰）有限公司 40 人。2021 年，澳洲公司董事长、总裁、党委书记是陈哲瑜。

【企 业 文 化】

在日常工作中，澳洲公司通过宣传视频、线上媒体、电子邮件等，多渠道、多角度讲好中国故事、集团故事。持续开展年度优秀员工和明星员工的选树宣传工作，达到用身边事带动身边人的积极作用，充分调动全体员工的干事创业热情。澳洲公司高度重视当地文化建设，积极组织员工参与澳洲中国总商会的各项线上活动，如歌咏比赛、春节晒美食大赛等，丰富中外员工的生活，促进中外员工的团队融合，增强公司的凝聚力。

（孙轶）

中远海运（日本）株式会社

中远海运（日本）株式会社

【公司概况】

中远海运（日本）株式会社［简称“日本公司”，英文简称 COSCO SHIPPING（Japan）］，由原中远日本株式会社和中国海运日本株式会社整合而来，于 2016 年 4 月正式运营，是中远海运集团直属全资子公司，是在日大型中国企业之一，也是在日中国企业协会副会长单位。公司注册资本金为 4000 万元，注册地为日本东京都千代田区。

1977 年，原中远总公司经交通部批准在东京设立办事处，并派出航运代表到日本工作，该办事处隶属中国驻日大使馆经济商务处领导。1994 年 6 月，中远日本株式会社成立，该公司是中远在日本的全资子公司，也是直属中远集团的日本区域公司，统一管理中远集团驻日所有机构，并担负着对中远系统派驻日本的其他机构和合资企业进行内部指导和管理的责任。1993 年 9 月，中远在日本成立中远正和船务株式会社；2001 年更名为樱花物流株式会社；2006 年 7 月更名为中远服务株式会社。1994 年 4 月，中远东方轮船株式会社成立。2002 年 7 月，中铃海运服务株式会社成立。2005 年 1 月，中远集运日本株式会社成立，该公司由中远集运 100% 控股，其业务为中远日本株式会社原有集装箱业务划转而来。2010 年，配合集团备件供应业务重组，中远日本公司将中铃海运服务株式会社业务和工作人员转让到由远通公司（中远国际所属企业）在日本设立的新中铃株式会社。2017 年 6 月 7 日中铃海运服务株式会社注销关闭。

1996 年 4 月，上海海运局成立上海海兴轮船株式会社，1997 年更名为中国海运日本株式会社。1997 年 12 月，中国海运日本株式会社和日本海运株式会社合资成立中海集装箱日本株式会社，股比分别为 60% 和 40%。2000 年 12 月，中国海运日本株式会社收购日本海运株式会社持有的股份，中海集装箱日本株式会社变为中国海运日本株式会社全资子公司。2007 年 9 月，中国海运日本株式会社与日本运通株式会社合资成立中日世界物流有限公司。日本区域重组整合后，2016 年 11 月 29 日中海集装箱日本株式会社注销关闭；2017 年 6 月 28 日，中日世界物流有限公司的注销关闭；2019 年 1 月 1 日，中国海运日本株式会社注销关闭。

2016 年 2 月，中远海运集团成立后，对海外机构实施重组整合。根据新集团的安排，中远日本株式会社和中国海运日本株式会社进行整合。同年 4 月，中远海运（日本）株式会社成立，成为中远海运集团直属的日本区域管理公司。公司设有行政人事部、财务管理部、战略发展部和油料业务部 4 个部门，承担区域管理职能，具体负责区域内行政人事管理、财务管理、集团发展战略落地、油料供应业务，码头投资经营和管理、房地产经营和管理等业务等。作为在日大型中国企业，日本公司还在“在日中国企业协会”中任副会长单位。日本公司直管全资子公司 2 家，代管公司 3 家，代管代表处 3 个。企业管理架构如图 14–10 所示。

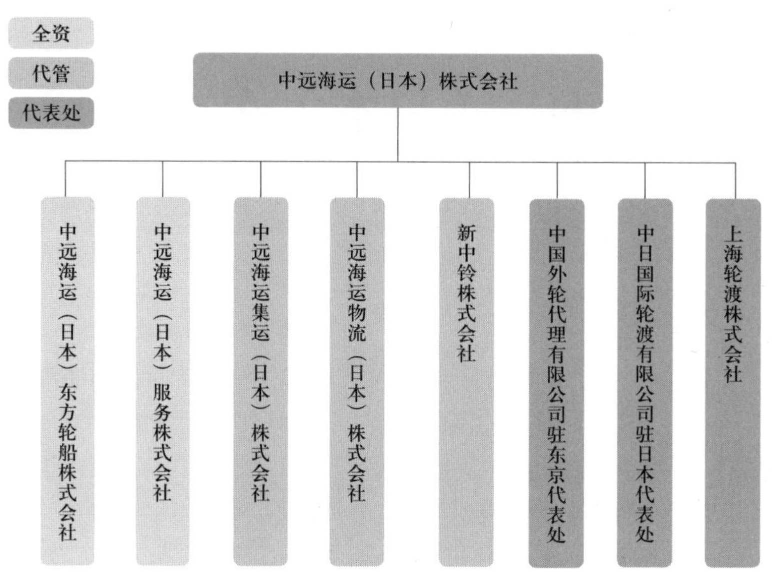

图14-10　中远海运（日本）株式会社架构图

【各公司情况简介】

中远海运（日本）东方轮船株式会社，成立于 1994 年 4 月，前身中远东方轮船株式会社。公司主要负责散货船舶、杂货船舶、油轮船舶代理及揽货等业务。2017 年 1 月 1 日，公司正式更名中远海运（日本）东方轮船株式会社。

中远海运（日本）服务株式会社，成立于 1993 年 9 月，前身中远服务株式会社。公司主要负责房产的管理、租赁等业务，经营范围涵盖货物运输代理、保险代理、劳务派遣、旅行代理、小型货物快递、进出口贸易、集装箱修理、不动产的投资、经营、管理、租赁等。2017 年 11 月 16 日，公司正式更名为中远海运（日本）服务株式会社。

中远海运集运（日本）株式会社，成立于 2005 年 1 月，前身中远集运日本株式会社。公司主要负责日本地区集装箱船的代理、揽货等业务，下属大阪支店、福冈营业所，以及海虹国际货运有限公司一个合营公司。2017 年 1 月 1 日，公司正式对外更名为中远海运集运（日本）株式会社。

中远海运物流（日本）株式会社，成立于 2008 年 11 月，前身中远物流（日本）株式会社，由中远物流有限公司与中远集运（日本）株式会社合资成立，股比分别为 55% 和 45%。公司主要负责日本区域物流业务、无船承运人、进出口拼箱和日本沿海、内陆、铁路、航空利用运输等业务。2017 年 6 月 19 日，公司正式更名为中远海运物流（日本）株式会社。

新中铃株式会社，成立于 2010 年，负责日本地区船舶备件物料供应、船舶修理以及化工品贸易等业务。

海虹国际货运有限公司，成立于 2001 年，2016 年，中远海运集运（日本）株式会社占股 30%，中远海运国际货运代理有限公司占股 70%。公司成立之初，由中远日本株式会社和中货总公司合资成立，中远日本株式会社所属中远服务公司拥有 30% 的股权。2007 年，为理顺中远日本地区集装箱业务管理体制，中远服务公司将所持 30% 的股份转让至中远集运日本株式会社（现已更名为中远海运集运（日本）株式会社）。

【经营效益】

2021 年，是我国第二个百年奋斗目标的开启之年，也是公司迈入“十四五”规划开局之年。中远海运日本公司始终以习近平新时代中国特色社会主义思想为指引，在中远海运集团和驻日使馆的坚强领导和悉心指导下，坚持“两手抓、两手硬、两手胜”，在深入贯彻落实国务院国资委、集团和使领馆对疫情防控工作的决策部署，确保员工身体健康和生命安全的基础上，主动提质增效，对标管理提升，加强风险管控，各项工作取得积极成效。

2021年，日本疫情形势仍然严峻，大部分时间均处于紧急事态宣言状态，日本公司迎难而上，抓住日本经贸有所恢复和国际航运业飙升时机，奋力拼搏，积极作为，实现了收入同比有较大幅度增长，净利润同比大幅增长，超额完成集团下达的奋斗指标。2021年，公司实现营业收入24.74亿元（合并全额口径人民币收入，下同），全年实现利润总额2 242.16万元，实现净利润1 404.57万元。其中，净利润超额完成集团下达的年度必保指标的312.13%，完成奋斗目标的156.06%，同比增长966.30万元，增幅220.49%。

【生 产 经 营】

集装箱业务。公司2021年销售箱量累计完成36.4万TEU，同比增长2.8%；local出口箱量累计完成22.8万TEU，同比增长5.6%；local进口箱量累计完成54.1万TEU，同比增长11.3%。

物流业务。公司2021年实现营业收入7969万元，同比增长23.65%；实现利润总额约590万元，同比增长253.29%，大幅刷新公司自成立以来的单年度最高创效纪录。

杂货业务。公司2021年完成揽货量53万吨，同比增长6%，其中第三国货量13.2万吨，同比增长27%。

散货业务。公司2021年完成揽货量86万吨，同比增长40.4%，其中第三国货量32.3万吨，同比增长40.4%。

船用燃油业务。公司2021年完成燃油业务量约70万吨，同比增长2%；预计全年营业收入完成约3.65亿美元，同比大幅增长43%。

船舶代理业务。公司2021年代理集装箱船舶2046航次，同比下降9.02%；船舶靠港次数预计4582港次，同比减少9.55%；代理非集装箱船舶117艘次，同比增长21%；船舶靠港次数预计170港次，同比增长20%。

【疫 情 防 控】

疫情以来，日本经历了五轮大的爆发，且一次比一次严重，特别是2021年1—9月，日增病例屡创新高，医疗资源一度匮乏。日本公司始终把疫情防控和确保员工生命健康作为首要任务。公司领导带头响应“稳在当地，稳住人心”的号召，坚守抗疫第一线，2021年主持召开了日本区域疫情防控会议44次，接转驻日使馆经商处防疫提醒43次，亲自布置整改区域的疫情防控工作，抓实抓细抓严疫情防控工作；从2020年下半年以来开展了十余次区域防疫巡检和“回头看”工作，累计发现问题十余项，均已及时完成整改；疫情以来累计开展17批次对东京、大阪、福冈三地办公区域的消杀；防疫物资做到及时补充，保持6个月的储备量，并不定期安排班车，协助中方人员进行物资采购，减少与外界接触，降低风险。以上种种措施的严格实施，为区域防疫奠定了基础。截至目前，区域疫情防控形势保持稳定，公司全体中方外派员工和随任家属“零感染”，保持了区域公司和各单位员工情绪正常、业务不断不乱、工作平稳有序良好局面。

在做好公司及区域各单位自身疫防的同时，日本公司履行区域公司属地船东代表和代理职责，落实集团“外防输入”等要求，全力以赴支持、帮助集团系统内抵日船舶船员，助力集团和集团系统内各航运公司与船管公司，指导、督促口岸分代理和码头公司，做好抵日本船舶船员的疫情防控工作，确保了抵日船舶船员在日本“零感染”。2021年8—10月，集运、散运、能源公司有3名船员身患急病先后在日本紧急登陆就医，日本区域公司第一时间启动应急机制，落实在日停留期间的医治、疫防、核酸及血清双检、绿码审批和乘机离境回国的各项工作。在此过程中，公司遇到了很多困难和问题，使馆经商处、领事部提供了细致、暖心、及时的大力帮助和支持，使得 3 名船员得到了良好的医护，避免了疫情感染，安全顺利回到祖国。

结对互帮互助，合力共同抗疫。2021 年年中，日本公司与中外运日本、宝和通商（宝钢日本）、锦江日本、光大集团日本分别结成“对子”，相互支持帮助，共同抗疫。同时，做为中国驻日使馆领导下的在日中国企业协会副会长和该协会下物流分会会长单位，日本公司牵头建立了中企协物流分会疫情防控平台，建立了定期沟通、信息共享、业务操作、物资保障、协助就医等工作机制，结对互助、开展了防疫工作。

【重点项目】

全力以赴开展“北极航线—冰上丝绸之路”营销工作。日本公司抢抓先机，经过多轮攻坚克难，成功拿下了北极航线业务订单（12 000 吨饲料货物，从德国发运至日本）。该批货物顺利装船，并于 2021 年 10 月初在日本顺利全部卸下，成功实现经由北极航线，连续五年承运日本区域货物并挂靠日本的好成绩，进一步夯实了北极航线日本区域常态化经营的基础。

持续推进“一带一路”沿线揽货工作。充分发挥比港战略优势和枢纽港的作用，强化比港流向的客户服务工作，确保各环节衔接的顺利，在稳定现有客户的基础上积极开发新客户和新货源。另一方面加强和国内口岸的协同，共同推进跨境海铁联运货源的有效提升。

第三国业务取得增长。东方公司认真落实集团大力开发第三国业务的要求，充分发挥海外区域业务协同平台和信息共享平台的功能，在散货业务及非洲运往日本的钛铁矿等第三国业务中取得增长，完成散货第三国货运量约 32 万吨、件杂货第三国货运量 13 万计费吨，完成集团下达的第三国货载奋斗目标，为集团国际化经营、承运全球作出了应有贡献。努力保障三个市场开发箱量的增长。集运日本充分利用和挖掘直挂港的优势和舱位资源，协调客户及时调整出货节奏，加大力度完成第三国航线销售箱量和东南亚区域航线销售箱量。

落实第四届进博会招展及运输工作。日本公司按照集团要求，把握机会通过招揽展商和货物运输，充分展示和提升中远海运集团品牌影响力，为今后的客户开发工作等工作打下好的基础。物流日本公司克服时间紧、需求杂、头绪多、人手缺、远程办公出勤率低、疫情导致供应链紊乱等各种不利因素，凭借专业、安全、高效、成本最优的物流方案，连续第四年承接进博会展品物流运输，共计发运 2×20GP+2×20RF 以及四票拼箱货物，截至 10 月底均已安全、顺利运抵。从物流运输方式来讲，首次采用了冷链运输方式，首次采用了中日轮渡苏州号的拼箱 HDS 服务。公司具体业务负责同事还接受了央视采访，受到了客户的充分肯定与好评。

【“十四五”规划】

日本公司深刻分析“十四五”时期发展环境，着眼于长远可持续发展，确定“十四五”期间发展愿景及发展目标，明确践行“一带一路”理念深化市场合作、努力获取优质关键物流节点资源拓展延伸服务链条、构建业务板块新格局拓展日本能源运输市场等举措，制定了《中远海运（日本）株式会社“十四五”发展规划》。同时，根据集团“十四五”人才发展规划，结合日本区域实际情况，制定日本区域“十四五”人才发展规划；按照集团“十四五”数字化转型暨网信工作规划，制定日本区域“十四五”数字化发展规划。

【综合改革】

在集团统一部署下，按照日本区域“2+N”综合改革工作计划，日本公司董事会建设和三项制度改革都已实施并根据集团要求进行持续完善；制定完成了职业经理人实施方案、职业经理人管理办法和薪酬管理办法、绩效管理办法等配套制度，以及岗位聘任协议、绩效契约等配套文件，将按流程进行报批后，抓紧实施；为深入贯彻落实党中央、国务院关于国企改革三年行动的决策部署，充分激发经理层成员的积极性和主动性，按照集团工作安排，日本公司制定了经理层成员任期制和契约化管理实施方案及相关配套文件，经履行程序报集团，根据集团最新意见修改聘任协议和任期 / 年度责任书，并签署相关文件，完成任期制和契约化工作。

【协 同 效 应】

加大集团系统内协同力度。集团境外区域公司的主要职能和重要工作内容之一，就是协调协同，管理、统筹各种资源，开拓、发展集团在当地的业务，确保集团发展战略的有效落地，确保集团总体效益的最大化，实现集团资产的保值增值。日本区域各板块进一步提高大局意识，与集团系统各上级单位和兄弟公司加强沟通联系、密切合作，有力推动了工作的开展，取得了成效。日本区域内部，所有业务板块之间、多板块之间加强协同，互促业务的发展。集运板块，与OOCL 加大在日本的协同力度，在当地支线、集装箱互用、信息系统建设、提升客户服务质量、供应商管理等多方面加大了协同合作力度，提升了集运的效益。还在能源板块日本布局、船舶备件和修船板块改革等方面，协同中远海运能源、中远海运国际（香港）有力推进了相关工作。

【安 全 工 作】

日本公司全面贯彻集团有关安全生产及稳定工作的会议精神，严格执行安监部各类安全生产工作和管理要求，遵照年度安全生产工作计划和要求，扎实开展各项安全检查，完善安全生产应急预案，强化安全生产基础，加强应急值守，努力保障疫情防控期间日本区域安全生产工作的稳定。根据集团《陆岸单位安全生产工作考评细则》的考评要求，日本公司与区域直属单位更新签署了《安全生产工作责任书》，明确全年安全生产工作计划和安全事故控制目标，以及“过程考核—结果考核—责任追究”的约束体系，实现安全责任层层分级、层层压实的长效监管机制。同时，考虑到安全工作的无缝替补及加强，增补了安委会力量，从专业技能角度增强船舶一线安全工作的应对能力。

重视安全检查，筑牢岸基安全防线。根据安监部“开展第二阶段安全检查的通知”要求，区域结合日本实际和疫情防控，由公司主要领导带队，分别于 2021 年 7 月 1 日、7 月 24 日对公司热海及箱根地产进行了疫防及安全巡检。按照集团危化品安全风险隐患排查行动要求，在集运日本范畴内从危险品单证操作流程、危化品经销商承运资质、危险源现场安全操作通道等方面入手，对现有 ISO 体系文件中的危险品操作流程提出修改意见。在传统台风季，会同区域公司力量，共同加强安全值守，在对日本产生较大影响的 9 号、10 号、16 号台风侵袭期间，启动应急预案三次，督促区域各单位根据实际情况在台风期间灵活调整在宅办公的比例，保障特殊时间节点的安全稳定，并于台风过后积极组织恢复生产，降低对生产经营的影响。

日本公司高度重视网信安全，认真贯彻落实集团网络安全工作专题视频会议指示精神，按照集团的统一部署，年初开始全面核查日本区域网络安全相关情况，及时上报集团。组织专业人员参加集团网络安全培训、安全问答等，向当地员工宣传网络安全重要性，不断提高网信安全意识。按照集团的统一部署，做好 2021 年网络安全应急演练相关工作，做好关键时间和时点网络安全保障工作。

【财 务 工 作】

日本公司积极研究当地政策，继续关注 2021 年日本当地的疫情补贴政策。落实了疫情时期日本政府颁布的优惠政策之一固定资产税减免一半工作，即从 2019 年的 15.69 万日元减至 2020 年的 6.68 万日元，虽然金额不大，但做到了应享尽享，锱铢必较。为有效规避美元与日元汇率波动带来的汇兑损益，日本公司向中国银行东京分行申请 1000 万美元融资额度，达到风险敞口可控，实现汇兑收益。

【风险防控】

日本公司秉承“坚持底线思维，全面防范风险”的理念，高度重视风险防控，进一步完善法治建设合规管理领导机构，推进法务、风控、合规一体化管理体系建设。新制定《风险评估管理规定》《重大经营风险及重大经营风险事件报告管理规定》两项制度，进一步完善了风险管理体系，始终保持风险意识，积极落实风险防控措施。前三季度区域内开展了各项风险提示和风险排查 15 次，组织参加法务风险防控相关培训 6 次，动态跟踪，开展风险监测工作，并按要求向集团、集运汇报重大风险监测情况以及依法防疫工作情况。截至 2021 年年底区域内未发生风险事件。

保持高度敏锐，提前化解潜在风险。由于新冠疫情造成全球供应链混乱，集装箱短缺现象严重，为加强集装箱管理，中日航线中国船公司公布 2021 年 10 月 1 日开始改变集装箱滞期费政策，引起日本国际贸易促进协会的关注，并致函集运日本公司就相关事宜问询。鉴于当前中日关系、航运市场及国际贸易环境、日本贸促会半官方的背景等因素，日本公司对此高度重视，在进行周密准备后，区域公司领导亲自带队主动拜访日本贸促会本部，就对方关注事宜进行了详细周全地解答，并通过后续几轮的沟通，取得了日本贸促会以及日本客户的理解，在落实船公司有关经营政策的同时，将可能引发的社会舆情、反垄断合规风险事件化解在萌芽状态。

日本公司积极开展法律宣传培训，并组织参加在日中企协、贸促会等举办的法律培训。针对政府近年对日本劳动法律法规方面的最新修订，组织公司中层以上骨干员工开展劳动法律法规宣传培训，强化法律意识，熟悉日本的劳动人事制度及其变化，了解日本劳动用工法律和案例，避免工作中出现不当行为引发劳资风险。组织各部门、各单位负责人和主要业务骨干员工，参加反垄断法和制裁风险管理专题培训，进一步提升业务人员反垄断和国际制裁合规意识，加强反垄断合规管理和制裁风险管理，防范反垄断合规和国际制裁风险。（李景石）

中远海运（韩国）有限公司

中远海运（韩国）有限公司

【公司概况】

中远海运（韩国）有限公司［简称“中远海运韩国公司”，英文简称 COSCO SHIPPING（Korea）］，是中远海运集团的全资子公司，注册资本 52.8 万美元。

中远海运韩国公司前身是原中国远洋运输（集团）总公司 1995 年 6 月在韩国首尔成立的中远韩国有限公司 (COSCOKOREACO.,LTD，以下简称“中远韩国公司”)，是中国远洋运输（集团）总公司的全资子公司，注册总资本为 52.8 万美元。1996 年 9 月，中远韩国公司代表中远集团收购了京汉海运公司韩方股东 50％股份，由中远集团和中远韩国公司各持有 99% 和 1% 的股份。1998 年 6 月，中远韩国公司出资 1 亿韩元收购了远城海运公司原韩方持有的 40％股份，使之成为中远韩国公司的全资子公司。为配合航运主业和相关业务拓展的需要，1998 年 12 月，中远韩国公司投资 3 亿韩元成立了中远韩国物流公司。2000 年 10 月，中远韩国公司投资 3.5 亿韩元成立中远韩国旅游公司（2007 年注销）。2005 年 1 月，为整合中远集团的海外集装箱运输资源，理顺当时的集装箱管理体制和管理架构，中远韩国公司持有的 100% 远城海运公司和中远韩国物流公司的股权分别转让给中远集装箱运输公司和远城海运公司。2007 年，中远韩国公司与中燃有限公司在韩国成立了合资公司——中燃韩国有限公司，开展燃油供应和相关业务。

2016 年，中远集团和中海集团实施合并重组。中海韩国代理公司的非集装箱业务并入中远韩国公司。2016 年 8 月，中远韩国公司更名为中远海运（韩国）有限公司，同年 8 月，中远海运韩国公司的股东也变更为中远海运集团。中远海运（韩国）有限公司作为中远海运集团在韩国地区的新的区域公司。

中远海运韩国公司是中远海运集团在韩国的区域管理公司，是中远海运集团在韩国地区的综合管理中心和对外形象宣传窗口，负责韩国区域内各项综合管理及中远海运集团在韩国地区航运业务的开拓，为区域内所有中远海运集团企业的经营活动提供必要的支持，并代表集团协调不同业务单元的关系，促进合作。中远海运韩国公司还负责具体生产经营活动，主要包括对集团非集装箱船舶在韩国的代理及揽货业务，对京汉航运公司集装箱船舶代理及揽货业务。

2021 年，公司设 7 个部门 2 个办事处，即代理部、运输部、散运部、物流部、财务部、行政人事部、战略发展部，釜山及仁川办事处。其中，釜山办事处于 2020 年初划归集运韩国公司管理。截至 2021 年 12 月底，公司共有 43 名员工，其中中方外派人员 7 人，韩国当地员工 36 人。公司负责人尹为宇。组织机构如图 14–11 所示。

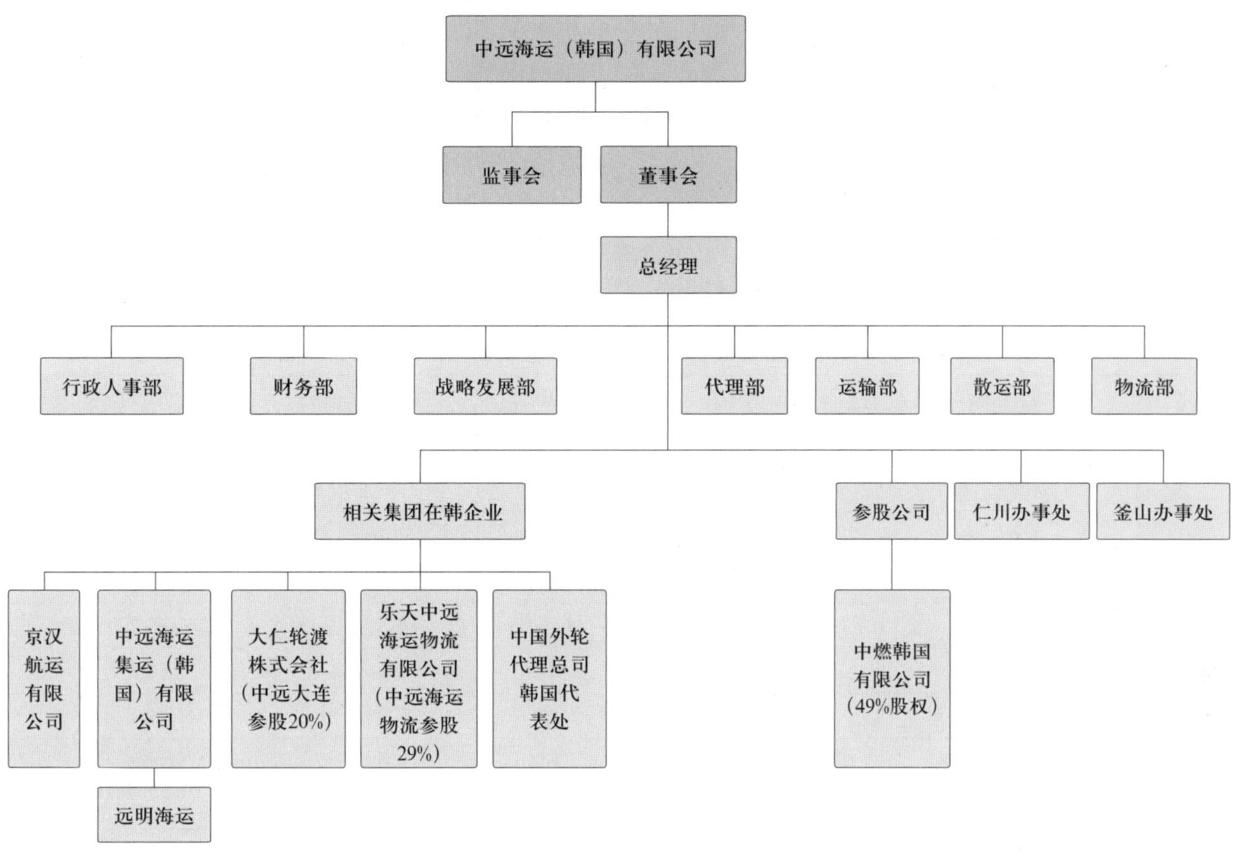

图14-11　中远海运（韩国）有限公司组织机构

【大 事 记】

1. 2021 年 4 月 30 日，制定《集团改革三年行动自我加压版工作清单 – 韩国公司落实方案》，经总经理办公会审议后推进落实。

2. 2021 年 5 月 26 日，成立以尹为宇董事长为主任的合规管理委员会，加强对合规管理、法治建设和风险管控工作的领导。

3. 制定公司“十四五”发展规划，经 2021 年 7 月 14 日公司董事会审议通过上报集团。

4. 制定《韩国公司管理层任期制和契约化管理实施方案》，2021 年 12 月 24 日经董事会审议通过后实施，年底前完成管理层任期制和契约化管理协议签订。

【发 展 战 略】

2021 年，按照集团统一部署，中国海运韩国公司认真跟进学习集团“十四五”规划，不断完善公司“十四五”规划。根据集团战企本部的具体要求，采用专业咨询公司的建议方法，组织各部门群策群力，立足“第三方物流”定位，深入研究区域特点，认真研判外部环境，经过反复修改完善，形成“十四五”发展规划送审稿，经公司党委会前置研究、总经理办公会和董事会审议通过后，按程序报送集团。公司“十四五”规划主要内容包括公司现状综述、发展环境分析、发展愿景及目标、发展举措、重点工作专项规划、核心保障措施等。通过对全球经济环境总体分析判断，结合韩国区域的具体特点，客观分析公司发展的机遇、挑战和公司竞争力方面的优势、劣势，明确“服务创造价值，集成物流产业链条，打造韩国区域综合物流供应链管理服务平台”的发展愿景。具体内涵为：定位第三方物流，专注代理服务业务，通过整合综合物流供应链提供增值服务，实现为集团业务板块提供高质量服务，努力开拓外部客户，实现能力、规模、利润稳定增长的发展目标。

【“十四五”规划推进情况】

公司做好“十四五”规划规划的宣贯和实施动员，组织动员各部门各司其职学习贯彻规划，积极部署推进规划实施落地。深入研究并制定规划重点项目落实方案，制定确保规划落地落实的保障措施，对规划重点项目及举措进行分解，任务落实到各部门有序推进实施。

2021 年，公司“十四五”规划关键绩效指标和关键经营指标完成情况见表 14–21、表 14–22。

2021 年中远海运韩国公司“十四五”规划关键绩效指标完成情况表　　表 14–21

序号	指标名称	单位	2020 年	2021 年指标	2021 年实际完成
1	营业总收入	万元	6195	6200	7495
2	利润总额	万元	1505	1536	2566
3	净利润	万元	1129	1152	2024
4	总资产	万元	12 194	13 102	12 399
5	净资产	万元	5028	5372	5920
6	净利润率	%	18	196	27
7	净资产收益率	%	23	21	34
8	资产负债率	%	59	59	52
9	研发经费投入强度	%	—	—	—
10	万元产值能耗	吨标准煤 / 万元	—	—	—
11	全员劳动生产率	万元 / 人	109	112	140

2021 年中远海运韩国公司“十四五”规划关键经营指标完成情况表　　表 14–22

序号	指标分类	指标名称	单位	2020 年	2021 年指标	2021 年实际完成
1	规模类指标	营业收入	万元	6195	6455	7495
2	规模类指标	总资产	万元	12 194	13 109	12 399
3	效益专精类指标	净利润	万元	1129	1152	2024
4	结构类指标	资产负债率	%	59	59	52
5	结构类指标	散货 COA 比例	%	18	18	19
6	结构类指标	特运 COA 比例	%	30	30	30
7	结构类指标	散杂货第三国货比例	%	40	44	46
8	结构类指标	海外员工占比	%	85	85	85
9	结构类指标	海外管理层占比	%	33	330	33
10	结构类指标	集团内代理业务覆盖率	%	90	90	90

【经营效益】

2021 年，韩国区域公司及下属公司效益继续保持稳定，1—12 月韩国区域公司本部实现营业收入 7495 万元，完成年度预算的 120.89%，同比增长 20.99%；利润总额 2566 万元，完成年度预算1598万元的160.58%，同比增长79.29%；实现净利润2024万元，完成年度预算的176.00%，同比增长79.24%。具体指标详见表14–23。

中远海运韩国公司2021年1—12月主要财务指标完成情况（单位：万元人民币）　　表14–23

项　目	2020年1—12月实际	2021年全年预算	2021年1—12月实际	完成全年预算	同比增减
营业收入	6195	6200	7495	120.89%	20.99%
利润总额	1431	1598	2566	160.58%	79.29%
净利润	1129	1150	2024	176.00%	79.24%
利润总额（剔除汇兑损益）	1554	1648	1978	10.02%	27.28%

中远海运（韩国）公司2021年净利润完成全年必保指标的176.00%，完成奋斗指标的135.38%。营业收入利润率预计33.93%，完成年度考核目标值的108.85%。散货和杂货第三国揽货量分别完成全年指标366.67%和131.25%，集运韩国公司全年集装箱销售箱量24.18万TEU，完成全年指标的108.63%。具体指标见表14–24。

韩国区域公司2021年集团下达的经营责任书考核指标完成情况表　　表14–24

序号	公司	指标项目	2021年考核目标	2021年完成	完成全年指标程度
1	中远海运（韩国）有限公司	净利润	必保：1150万元 奋斗：1495万元	2024万元	必保：176.00% 奋斗：135.38%
2	中远海运（韩国）有限公司	营业收入利润率	31.17%	33.93%	108.85%
3	中远海运（韩国）有限公司	第三国揽货量	散货：105万吨 杂货：16万吨	散货：385万吨 杂货：21万吨	366.67% 131.25%
4	集运韩国公司	集装箱销售箱量	22.26万TEU	24.18万TEU	108.63%

【客户营销】

公司董事长尹为宇牵头，克服疫情持续蔓延造成的不便和障碍，在坚持严格执行防疫措施的前提下，利用必要外事活动和回国机会，积极做好重要客户和供应商高层接洽拜访，为公司长期健康发展营造有利的经营环境。重点拜访、会见韩进仁川码头新任总经理、韩进集团新任物流公司总经理、釜山BCT码头总经理、BNCT新任崔社长、韩国西中物流公司柳会长等当地重要合作伙伴高层，商谈进一步加强战略合作；2021年10月陪同邢海明大使参加中韩企业家座谈会，共商疫情期间推动中韩贸易发展；利用回国机会访问南沙码头、海信集团、烟台港集团、广州港务局、广州港集团等重要客户和伙伴单位，进一步巩固和拓展业务合作。作为黄海协会中方会长，尹为宇在韩国会见韩方新任会长和辞任会长，在沪与秘书处洽谈，充分运用协会平台，探讨会员单位深化合作，研究韩国反垄断调查应对等重大事项。

【业务经营】

集装箱船代理业务

船舶代理方面：2021年，中远海运韩国公司代理京汉航运船舶326艘次，比2020年减少97艘次，同比减少22.93%。今年在釜山及上海等港口，由于泊位紧张脱班情况严重影响到航次数量，尤其是釜山新港船原来每周1个航班的班期变成每月 2 ～ 3 个航班，仅釜山港代理船舶就比 2020 年减少 92 艘次；2021 年代理上海仁川国际渡轮有限公司（SIFCO）船舶 160 艘次，比 2020 年减少 42 艘次，尤其大山停靠次数的大幅度减少影响整个航次数量；2021 年代理大连集发环渤海集装箱运输有限公司（DBR）船舶 70 艘次，比 2020 年减少 33 艘次。

箱量方面：2021 年，公司为京汉航运代理箱量 26.07 万 TEU，同比减少 14.78%。代理箱量下降的主要原因是釜山航线航次数量的减少导致东行 / 西行 SOC（货主自备箱）货量的减少；2021 年完成代理 SIFCO 箱量 8.20 万 TEU，同比减少 10.67%，其中出口箱量同比下降 14.85%，进口箱量同比下降 9.01%；代理 DBR 箱量为 2506TEU，同比减少 11.42%，箱量下降的主要原因是 2021 年在大连地区气象等原因脱班严重取消的航次较多。

非集装箱船代理及揽货业务

公司 2021 年完成非集装箱船舶代理 297 艘次，比 2020 年增加 5 艘次，同比增幅 1.71%。非集装箱代理部分 2021 年还是受疫情的影响，船员交接及其他船东事项减少，另外单航次靠泊码头较多的杂货船舶运转周期变长，运费增加造成出口减少和延迟等原因，导致了 2021 年杂货船挂港数量大幅减少。但由于油轮及散货船的大幅度增加，整体非集装箱代理艘次还是有所增加。

揽货方面：在严峻的市场形势下，公司散货揽货量依然有所增加，完成散货揽货量 453 万吨，同比增长 8.11%；全年揽取件杂货 26.7 万吨，同比减少 3.49%。

【提质增效】

按照集团“提质增效专项活动”部署，中远海运韩国公司贯彻集团关于“降本节支、挖潜增效”的管理要求，以全面预算管理为抓手，制定严格的管理措施，持续降低各项成本费用，提质增效取得明显成效。一是根据公司全面预算管理不断科学化的要求，修订了公司新的预算管理方案，对各预算主体费用口径进行合理调整，制定年度内部预算指标，在稳步实施压缩成本费用管理措施的基础上，更大程度上激发业务部门创效积极性，为公司实现年度预算目标发挥作用。二是完善公司 2021 年分部门预算，制定进一步压缩成本费用的管理措施。三是加强预算完成情况的跟踪分析，全面压减公司全面压降各项行政及管理费用。四是排查客户信用风险，努力压降“两金”。五是盯住预算指标，把握市场机遇，圆满完成公司提质增效各项指标。

【疫情防控】

针对疫情在海外持续蔓延的态势，中远海运韩国公司坚持严格贯彻集团防疫工作要求，与大使馆、商会等当地机构保持密切联系，在集团防疫办指导下，克服了疫情长期反复、当地防疫“政策疲劳”等压力，慎终如始，组织和动员全体员工执行更严格的防疫措施，切实保障员工总体健康安全。

积极配合集团防疫办对区域公司的防疫巡检工作，按照一体化防疫要求，做好对区域内各单位防疫工作督导检查，保证防疫措施执行到位。

根据疫情形势动态调整到岗人员比例安排，实行 AB 班轮值、非必要人员居家办公等安排，在做好防疫的基础上确保生产经营有序推进。

做好疫情期间员工的关心关爱和稳定工作，春节期间开展驻外员工家属慰问。

坚持积极推进全员疫苗接种，积极安排中方员工回国接种疫苗，鼓励引导当地员工应接尽接，实现应接人员全程接种率 100%。

认真研究疫情引发的次生风险，做好防控应对，全年未发现因次生风险事故造成损失事件。

【改革行动】

按照集团部署，结合“十四五”规划，中远海运韩国公司研究制定公司改革三年行动方案工作清单（自我加压版）。结合统领和涵盖的《综合改革方案》《三项制度改革方案》《对标提升活动方案》等专项活动方案的实施情况，积极有序继续统筹推进各项改革。抓住“牛鼻子”工程，认真推进公司管理层任期制和契约化改革，按时完成管理方案的制定和契约签订；持续推进用工市场化，制定《员工招聘、入职和离职管理细则》等制度，不断完善市场化用工的操作流程；进一步完善、推进实施对标提升行动方案，梳理明确对标指标体系，建立健全对标考核机制；持续规范董事会建设，修订《董事会授权规则》，编制《“三重一大”事项清单》，不断健全公司治理规章制度体系，规范董事会运作规程；继续研究探索长效激励机制。

【董事会工作】

按照规范董事会管理要求，中远海运韩国公司扎实落实各项董事会工作：根据集团经责审计关于境外直属公司董事会运作不规范问题，及时组织整改，年内保质保量召开 4 次董事会；建立向董事会汇报机制，就公司预算编制、人事调整等重大事项向董事会进行专题汇报；加强对集团董事会授权工作管理，监督公司重大事项授权审议程序，定期上报董事会授权事项行权月报，做好历年董事会资料整理及上报；积极参加集团组织的董事和董事会秘书培训，通过学习和交流努力提高董事会工作水平。

【合规风控】

按照“居安思危，行稳致远”的总要求，结合属地实际，中远海运韩国公司坚决落实集团合规和风控管理部署：

根据集团关于法治风控工作的有关要求，继续完善法治风控领导机构，设立合规管理委员会，与公司原风险管理委员会合署办公，全面领导法治风控与合规管理工作。

严格落实集团关于依法防控疫情切实防范法律合规风险的管理要求。针对业务及管理内容，动态跟踪国际组织、韩国政府针对疫情防控颁布的相关法律和规定，关注可能引发的法律合规风险，并按要求每周上报集团。

继续保持与法律顾问的紧密合作，有效防范境外企业经营风险，重点关注韩国政府针对疫情防控颁布的相关法律和规定、韩国政府对疫情期间企业管理生产经营方面的要求等信息，避免法律风险。

继续加强重点风险管理。按照集团编制的重点风险监测预警指标体系，认真研究分析每个指标，做好各项风险监测指标的监控，并按要求定期上报集团。按照集团要求开展境外法律风险排查，对主要法律风险领域进行认真排查总结。根据韩国公司 2021 年度十大风险，协调统筹开展风险应对各项工作，重点加强国际制裁风险、反垄断调查风险管控。

继续开展内控缺陷整改工作。按照集团关于内控缺陷整改工作的有关要求，中远海运韩国公司认真梳理历年内控缺陷，严格落实立行立改的要求，切实提升缺陷整改的质量和效果。

落实“两金”压控工作要求，严控坏账风险。

继续依托法律顾问，为公司各项业务及变革提供法律保障。

此外，针对 2020 年特运“大贵”轮的绑扎公司工伤案，公司调动多方资源，认真组织应对，由公司董事长带队赴丽水劳动局配合沟通调查，充分说明情况，协助国内专业公司有效化解诉讼案件风险。

【监督审计】

根据集团审计问题整改销号工作要求，结合年内审计成果运用情况专项审计工作，中远海运韩国公司对已完成整改及后评估工作的 9 项审计问题，再次上报整改销号申请，跟踪集团批复进度，对于尚未完成整改的 SIMP 系统重新启动问题，督促有关部门年内按计划落实项目测试上线工作。按照年内集团上线审计巡视系统工作安排，做好初始数据移植核对以及后续台账档案登记维护等工作。认真研究集团 2021 年内部审计重点关注事项，围绕公司年度整体目标，将“两金”压降、年度分红、资产负债率合理控制、境外大额资金管理等事项在日常财务工作中予以关注落实。做好年度违规经营投资责任追究体系的台账管理与总结，切实完善违规风险管控机制。

【制度建设】

持续优化完善制度体系。中远海运韩国公司认真贯彻执行集团关于制度管理的各项要求，对照集团规章制度体系及年度规章制度计划，结合韩国公司实际情况，做好年度规章制度编制计划，向集团报备并按照集团意见修改完善。2021 年，公司已完成新建制度 5 项，修订制度 5 项，截至 2021 年年底已有 78 项制度，并翻译编制中韩文规章制度汇编，规章制度体系不断完善。

开展制度专项提升工作。按照集团关于开展制度专项提升工作的总体部署，韩国公司认真研究，在优化制度体系、突出制度建设重点、着力提升制度执行力等方面，对照集团工作要求，研究制定各项工作举措和目标成果，着力提升公司制度管理各方面工作。

【数字化建设】

公司顺利完成 SAP 财务系统上线应用各项工作，包括 SAP 财务系统数据的初始化、配套 OA 系统财务审批模块的开发与应用，实现了公司财务管理系统的更新升级，促进公司财务管理迈上新台阶。

继续推进 KEROS2 系统优化升级工作，顺利完成了集装箱船代及散杂货船代业务的应付账款管理（DA）模块升级，有效促进了依托 KEROS2 系统的业财一体化实施方案。

重启 SIMP 船代系统后续工作。经协商上海中远海运资讯科技有限公司，公司根据当前管理需要，变更完善系统需求，重启了已停滞 5 年之久的 SIMP 船代系统后续建设，年内上线试运行。

全力做好各项信息化系统运维管理，确保系统稳定和适用，保障网信安全。

【安全生产】

公司高度重视安全工作，坚持本质安全、安全发展，严格落实安全生产责任制，强化安全宣传和培训，抓住重点领域、重点环节、重点岗位、重点时期，用好视频、现场检查手段，推进检查整改，持续提升安全工作水平。2021 年，韩国区域无生产安全事故和人员安全事故发生，区域内各单位新冠疫情防控形势稳定，无中方人员感染和当地员工聚集性感染发生。

汇编总结安全管理文件体系，严格落实集团安管部的安全措施要求，落实好每月应急演习，根据集团要求制定 2022 年应急演习计划以及安全培训计划。积极落实韩国港口防疫政策，协助做好疫情期间集团船舶在韩接受 PSC 检查、在韩进行船员轮换等事务，保障船舶安全适航。

（祝孝福）

中远海运（西亚）有限公司

中远海运（西亚）有限公司

【公司概况】

中远海运（西亚）有限公司（简称“西亚公司”,英文名称COSCO SHIPPING West Asia），为中远海运集团全资子公司。

西亚公司前身为中远西亚有限公司和中国海运（西亚）控股有限公司。中远西亚有限公司1997年3月成立于阿联酋迪拜，注册资本300万阿联酋迪拉姆，注册地在迪拜的杰贝阿里自由贸易区，员工56人，旗下有合资公司中远阿联酋瑞斯代理公司（西亚公司占股比49%）。中国海运（西亚）控股有限公司2006年4月18成立于迪拜海运城自贸区，注册资本50万美元，员工76人，旗下有合资公司中海（阿联酋）代理有限公司（西亚公司占股比49%）、绿洲物流有限公司（西亚公司占股比49%）和中海(印度)代理有限公司（西亚公司占股比60%）。中远、中海集团整合之初，中海（印度）代理公司划转集团东南亚公司管理，相应的公司员工23人划转东南亚公司。

2016年7月，西亚公司实现重组合署办公。公司主要经营船舶代理、货运代理、物流、投资等业务，代表集团管理辖区下属合资子公司；行使对下属公司和集团外派人员实施管理、监督、协调、服务的职能；对区域内的集装箱代理服务业务进行统筹管理和运营，负责监督、指导、协调各代理的日常工作；依托集团下属各板块业务单位，拓展散货、油轮、物流等业务在区域内的发展。

西亚公司负责统一协调管理集团在西亚和东北非14国（阿联酋、沙特阿拉伯、卡塔尔、阿曼、巴林、科威特、也门、约旦、黎巴嫩、叙利亚、伊拉克、伊朗、苏丹、吉布提）和20多个港口的业务揽货和代理工作。经过整合，西亚公司在西亚地区拥有、新设和管理西亚区域公司本部、阿联酋代理合资公司、约旦代理合资公司、沙特合资代理公司、伊朗合资代理公司及区域内其他代管公司和近10家公共代理公司。

截至2021年年底，公司中方外派人员12人（含代管机构中方外派人员9人），公司代管机构外方人员119人。

2021年，公司负责人（董事长、党委书记兼总裁）为邱晋广。公司组织架构如图14-12所示。

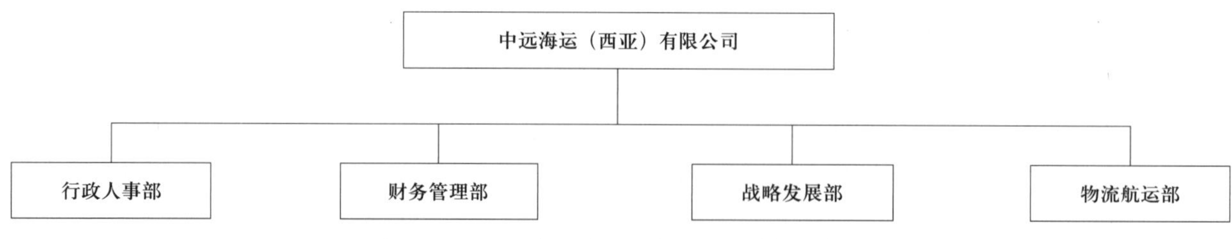

图14-12　中远海运（西亚）有限公司组织架构

【大事记】

1. 2021年2月，公司向集团缴纳特别收益金1 567.8万阿联酋迪拉姆。

2. 2021年3月30日，公司成立董事会审计与风险管理委员会，委员3名。

3. 2021 年 10 月 19 日，田超任公司董事，项永民不再担任公司董事。

【经 营 效 益】

2021 年，公司资产总额 9740 万元，比上年减少 4727 万元，降幅 32.7%；负债总额 1085 万元，比上年减少 2065 万元，降幅 65.5%；所有者权益总额 8655 万元，较上年减少了 2663 万元，降幅 23.5%。2021 年，公司实现利润总额为 317 万元，同比增长 72.4%。

【经 营 业 务】

2021 年，公司揽取散杂货 13.8 万计费吨，完成年度指标的 307%；代理散杂货船舶 141 艘次，比上年减少 1 艘次；代理油轮合计 405 艘次，比上年增长 19 艘次。

2021 年服务护航舰队编队 4 批次，服务护航舰艇 20 艘次，受到疫情影响比上年减少了 7 艘次。截至 2021 年年底，累计服务护航舰队编队 39 批次，服务护航舰艇 482 艘次。

公司代管的中远海运集运（西亚）有限公司 2021 年 local 出口箱量完成 30.3 万 TEU，完成预算指标的 108%，同比下降 11%。local 出口收入完成 1.635 亿美元，完成预算指标的 125%，同比增长 43%。销售箱量累计完成 20.45 万 TEU，完成预算指标的 106.4%，同比下降 21%。销售收入完成 1.48 亿美元，完成预算指标的 159.4%，同比增长 42.2%。进口箱量累计完成 64.4 万 TEU，完成预算指标的 101.6%，同比下降 14.6%。

公司代管的中远海运集运（西亚）有限公司 2021 年区域操作量共计 205.7 万 TEU，同比下降 6.45%。其中，波湾地区操作箱量 151.5 万 TEU，同比增长 3.7%；红海地区操作箱量 54.2 万 TEU，同比减少 26.5%。2021 年，区域船舶在港时间比上年节省 153 小时，指标完成率为 159%；船舶准班率 51.6%，达到本港口船公司排名前三。2021 年，区域共计节省码头操作费（THC）约 298 万美元。2021 年，滞期费总收入为 2.23 亿元，滞期费的实收率达 91.2%。

【任期制改革】

按照《经理层任期制和契约化管理工作推进时间表》，西亚公司研究制定了岗位聘任协议书、岗位说明书、年度 / 任期经营业绩责任书等任期制契约化配套制度文件。

【法治与风险管理】

为了深入学习贯彻习近平法治思想，落实 2021 年中央企业法治工作会议精神，持续深化企业法治建设第一责任人职责，进一步完善法治建设领导机构，公司董事会成立审计与风险管理委员会，并在董事会授权下开展审计与风险管理相关工作及法治管理相关工作。根据《“三重一大”决策制度实施办法》，研究制定了《“三重一大”事项决策和权责清单》，进一步明确了公司党委在决策、执行、监督各环节的权责和工作方式。

公司落实制裁风险管理团队工作常态化，持续跟进美国对伊朗、苏丹、叙利亚等国家的制裁动态，按照要求做好涉及中东地区相关业务制裁风险的防范。经全面考量评估，更换了财务中介服务机构，聘请浩信事务所为公司财务决算及审计服务供应商。根据集团关于加强直属公司董事会建设的相关工作要求，结合外派人员调整情况，改聘了公司董事会秘书。

中国船舶燃料有限责任公司

中国船舶燃料有限责任公司

【公司概况】

中国船舶燃料有限责任公司（简称“中国船燃”，英文简称 CHIMBUSCO），其前身是中国船舶燃料供应总公司，经国务院批准于 1972 年成立，是国内最大的水上供油供水专业性公司。2003 年 12 月 26 日，公司改制为有限责任公司，股东为中国远洋运输有限公司和中国石油国际事业有限公司。截至 2021 年年底，中国船燃拥有国内外成员企业 30 余家，在大连、秦皇岛、曹妃甸、天津、烟台、青岛、日照、连云港、上海、宁波、舟山、厦门、深圳、广州、珠海、湛江、江阴、南通、南京等境内主要港口拥有实力雄厚的下属公司，在中国香港、新加坡、韩国、日本、荷兰、美国等国家和地区设立了境外专业公司或网点。公司拥有各类船舶共 65 艘，油库 17 座，总库容 180 万立方米，以及设施完备的油码头和火车装卸线，为世界各地的船东、租船人、投资者和设备厂商提供全方位服务。公司的主营业务是为航行国际航线和从事国内沿海运输的船舶供应燃油、润滑油、LNG 和淡水。同时，从事成品油的进口贸易和各类油品的运输及仓储；开展各类油品的代储、代供、代销、代运；进行润滑油的来料加工。

【经营情况】

2021 年，在全球新冠疫情持续、国际油价异常波动的环境下，中国船燃积极践行两大股东的工作部署，根据资源和市场变化不断深化结构调整，努力改善运营效率，保持了公司总体稳定的局面。

截至 2021 年年底，公司全球销售总量 2021 万吨，同比增长 5.9%，完成全年预算 2035 万吨的 99.3%。其中：境内销量 1253 万吨，同比增长 15.3%；受疫情影响，境外销量 767 万吨，同比下降 6.5%。实现销售收入 582 亿元，完成年初预算 390 亿元的 149.2%。由于国内保税油市场环境发生深刻变化和国际油价异常波动，公司核心业务经营遇到困难，全年效益出现亏损，完成净利润 –6.1 亿元。

1. 保税油业务在逆境中努力提升物流和销售质量

2021 年，公司根据资源和市场的深刻变化，多措并举开展保税油购销业务，全年实现销售量 844 万吨，同比增长 17%，境内市场份额约为 41%，物流运行和销售服务的质量均有所提升。

（1）推进采购策略调整，保障境内资源顺畅运行。2021 年，中石油股东为公司提供了 273 万吨的国产低硫资源，同比增长近一倍，成为公司保税油销售规模增长、减亏创效的重要基础。公司迅速应变，积极与中石油股东各单位对接资源计划，中燃航运、大连、河北和天津等公司与总部协同配合、统筹调配船库设施，有力保障了物流通道的顺畅，中国船燃成为中石油股东国产低硫资源的终端销售主渠道。

同时，公司及时调整进口资源采购策略，从 5 月开始根据市场形势和销售趋势的变化对境外低硫资源采购计价方式进行调整，有效遏制了后续业务亏损的进一步扩大。抢抓市场机遇，通过扩展渠道和境内外协同保障了小品种资源的稳定，高硫燃料油和柴油供船业务量效齐升。

（2）推进差异化营销，保税油销售质量显著提升。一是结合资源结构和市场竞争形势，为各区域分别确定市场定位，细化制定营销策略。重点强化环渤海区域销售力度，实现销量 231 万吨，同比增长 50.7%，市场份额 65.6%，同比增长 5.9 个百分点。在珠三角区域积极推进炼厂直供，实现销量 57 万吨，同比增长 103%。二是坚定贯彻“大客户”营销战略，结合市场新变化深入分析和挖掘核心船东客户需求，按照客户特点制定销售策略，通过锁价操作帮助客户降低燃油成本。公司对集团船东、马士基、力拓、达飞等前二十大重点客户完成保税油销售 401 万吨，同比增长 16.4%。三是推进全球营销团队建设，通过完善考核激励机制强化一体化营销管理，总部销售团队与中燃新加坡、欧洲、美洲和韩国等海外公司充分协同，实现了量效齐升。全球营销团队对船东客户销量 277 万吨，同比增长 54.7%；新开发客户 13 家，增加销量 13 万吨。四是加强小品种营销，高硫燃料油和 MGO 两种高附加值品种销量和占比进一步增加。新增天津高硫网点并形成月均 2 万吨以上规模，利用区域独家经营优势、通过长约销售方式锁定高硫需求 10 万吨。

（3）推进物流改革优化，有效降低成本提升服务。一是提升运行效率，在运输、仓储和配送各环节降低采购物流成本，保税资源单吨采购费用下降 5.2%。二是通过“一体化”管理完成供应 415 万吨，占供应总量的 49.2%，节约物流成本 99.6 万美元。三是携手中石油燃料油高富炼厂，发挥系统协同优势，打通保税油炼厂直供的创新模式。四是在深圳地区启用质量流量计，满足了集装箱船客户的时效需求，进一步提升了服务水平。

2. 内贸油业务在激烈竞争中创出效益新高

2021 年，全系统积极顺应市场变化，深入挖潜客户需求，狠抓风险管控和合规经营，内贸油业务实现量效齐增。全年完成内贸油销量 392 万吨，同比增长 11.5%；实现业务利润 3.7 亿元，同比增长 202%，创出历史新高。

（1）优化资源采购渠道，协同采购效果显著。顺利打通中石油股东 DMA 资源渠道，采购优质资源 2.8 万吨。用好集中采购平台，中燃江苏、日照和舟山等公司集采比例达到 90% 以上，系统平台集采与市场价格相比降本 23 元 / 吨。推进内部协同采购，中燃青岛公司发挥资源优势，为长江区域公司组织柴油资源 4.1 万吨，在资源短缺时为保供工作发挥了关键作用。

（2）强化客户开发和服务，深入挖潜增量明显。加强重点客户走访沟通力度，与安通控股和中石油中交油品销售公司等签订合作协议，通过提供化验服务等多种手段满足海事局等客户个性化需求，中标中交系统约 50% 的水上燃油需求量。聚焦新市场开发，中燃烟台、南通和珠海等公司积极调研海上风电安装项目用油需求，实现供应量 9 万吨；连云港、南京和广州等公司重点推动内河市场开发，在长江中上游、珠江和京杭运河新增业务网点。持续关注招标信息，上海和广西等公司积极参与招投标业务，全系统全年中标项目 85 项，实现销量 30 万吨。

3. 润滑油业务克服困难实现量效齐升

2021 年，系统润滑油业务管理持续进步，克服疫情和山海通事故等不利因素影响，经营规模再创新高。全年全系统预计完成润滑油业务总量 17.05 万吨，同比增长 18%；其中，代供业务完成 16.1 万吨，同比增长 19%；销售业务完成 0.96 万吨，同比增长 9%。

（1）持续做好防疫保供工作，积极应对突发事件。各公司按照疫情防控制度规定细化润滑油供应操作流程，与油公司和终端客户保持了高效准确的沟通，有效避免了差错和争议，赢得了油公司和客户的认可。持续优化润滑油物流仓储信息系统，逐步向客户开放查询，促进了供应过程的规范操作。中燃青岛公司处理山海通仓库火灾事故反应迅速、措施得力，第一时间落实临时仓库、协同周边兄弟公司保障了业务正常运行，同时与总部配合积极开展事故处理和保险理赔工作，为油公司减少了损失。

（2）加强与昆仑品牌合作，瞄准市场扩大经营规模。公司与昆仑润滑油签订了战略合作协议，启动了产业链合作，各公司积极参与、联合开发新造船、公务船和渔船等细分市场，实现了互利共赢。推动润滑油仓库建设和升级，福建和上海公司的仓库升级改造以及南通和宁波公司的新建仓库为保税代供增量和新业务、新客户开发提供了有力保障。各公司瞄准客户需求，深挖市场潜力，在公务船国产替代、船厂新造船和内河水上加油站等市场开发中都取得了成效、实现了增量。

4. 境内境外双向发力，为集团船队提供燃油保障

2021 年，公司积极落实“三保”要求，境内境外协同配合，在全球范围内为中远海运股东船队供应燃油 401 万吨，同比增长 11.3%，为股东航运主业平稳运营作出了贡献。

（1）境内保税油供应方面。发挥网络优势和中石油股东资源优势，争取到更多集团船舶“回国加油”。通过境内外联动、提前锁价和合约销售等多种组合方式，为集团船队降低燃油成本。做好现场供应服务，有效控制计质量争议。上海中船燃和宁波等公司以快速响应和高效的现场衔接保障了股东集装箱船队的供油任务。

（2）境外燃油供应方面。各海外公司克服疫情期间资源和驳船紧张的困难，协助集团船队锁定燃油 7.5 万吨，节约燃油成本 80 万美元；克服苏伊士运河拥堵事件和欧美港口压港的影响，积极协调供应商和港口等各方，为集团船队正常营运提供了有力支持；在新加坡地区集团燃油招标中取得佳绩，累计供油 81 万吨，新加坡公司成为集团海外第一大燃油供应商。

（3）内贸油供应方面。通过库存运作和锁油订单等方式全年累计为集团船东降本 1800 万元。5 月和 8 月分别为特运旗下长江地区和广州船厂紧急加油并获得船东感谢；优化定价机制，保障对重工的小品种及偏远地区燃油供应；在西江地区为上海泛亚外租船东客户提供燃油保障。曹妃甸和湛江公司为集团保供工作提供了较大支持，同比合计增量 7 万吨。

【企业管理】

1. 夯实安全基础，确保公司安全生产稳定

2021 年，公司认真贯彻落实集团工作要求，深入推进“安全生产专项整治三年行动”，面对现场作业量大幅提升和疫情防控的压力，在全系统干部员工努力下， 2021 年全年未发生一般等级及以上安全事故，油库、码头、船队安全平稳运行，保持了公司安全生产形势总体稳定的良好局面。

（1）宣传贯彻新《中华人民共和国安全生产法》，健全制度体系

全系统深入学习习近平总书记关于安全生产工作的重要论述，开展大范围新《中华人民共和国安全生产法》宣贯活动，强化了安全发展理念，按照新法规要求修订完善了安全生产职责规定和安全检查等制度规定，健全了制度体系，强化了“依法治安”。

（2）开展“岗位安全一口清”活动，推进“三基”建设

各公司大力开展“岗位安全一口清”活动，推进基层、基础和基本功建设，进一步强化全员安全责任，开展了安全知识竞赛、大讨论和大讲堂等系列活动，开展两期“关键岗位人员能力提升”培训班，有力推进了安全生产“三基”建设，提升了全员安全素质。

（3）推进安全生产专项整治三年行动，防范化解安全风险

推进“安全生产专项整治三年行动”和“集中攻坚”活动，克服疫情影响，创新检查方式，以视频抽查、线上督查和专家深度评估等方式加大监控力度。以船舶“星级”管理和油库“标准化等级建设”为抓手，全系统开展技术革新改造，加大隐患治理力度，有效防范和化解了各领域重大安全风险。

（4）落实零接触供油要求，确保主营业务平稳运行

系统各公司和各业务板块克服人力、物力和管理等各方面的困难，切实践行防疫使命，严格执行零接触供油制度要求和操作流程，在工作一线开展了大量有效的沟通和衔接工作，确保了各项主营业务的平稳运行，保证了系统干部职工的健康安全，为公司保供集团、服务客户贡献了关键力量。

2. 强化合规管控，筑牢风控和监督工作基础

（1）抓实抓细国际制裁风险管控工作

2021 年，公司聘请外部律师举办了两次制

裁风险合规管理培训，严格执行《制裁风险管理实施细则》，做好制裁信息库的更新和查询使用工作。公司制裁信息清单库中共包括受制裁船舶 419 艘、实体 1662 个，全年对库内信息更新 64 次。

（2）持续加强客户信用风险管理工作

公司对 1200 多家授信客户进行综合梳理，按照授信政策核准和使用相分离的要求，借助第三方服务进行客户资信动态管控。对客户进行分类分级管理，强化应收账款管理，全年未出现应收账款保险报损及诉讼案件。

（3）不断增强内贸业务风险合规管控

应对消费税新政，加强市场分析研判，通过专项培训提高全系统思想认识，严控业务涉税风险。持续关注预付款采购业务，制定专项管理规定，对业务经营各环节风险点进行梳理和动态监控。坚持合规管理，严格要求各公司按制度规定开展贸易业务，不断增强贸易类业务风险管控力度。

（4）强化监督管理，围绕经营发展发挥监督实效

落实集团要求在系统内开展“八项监督”“十项任务”监督工作，围绕经营发展发挥保障和规范作用。有效运用审计手段，密切关注保税油购销、润滑油业务、供应商货源管理、经营纪律落实、亏损企业治理等方面实施审计监督，全年完成审计项目 19 项，发现问题 156 个，提出并被采纳意见和建议 139 条；同时为强化审计成果应用，归纳 25 项共性问题，为公司生产经营决策提供了详实依据。进一步强化对纪律遵守和制度执行的监督，加大对违规经营、风险损失等问题的核查处理力度。

【企 业 改 革】

1. 深化创新理念，助力公司高质量发展

（1）推进战略引领，修订完善“十四五”规划

公司根据行业发展趋势，结合中远海运集团“3+4”产业生态中对中国船燃的定位，对“十四五”规划进行了修订完善。规划中增加了各项重点工作措施和主要投资项目布局，增强了规划的科学性和前瞻性，与股东战略、行业市场和公司实际实现了更紧密的结合。

（2）加大力度推进国企改革三年行动落地实施

完善法人治理结构，梳理各级党委会、董事会、经理层等决策清单，严格规范各治理主体权责边界。强化责任落实，确保全系统按时保质完成三年行动的各项改革任务和长效机制建设。完成了全系统 28 家单位的签约工作，全面推行经理层成员任期制和契约化管理，突出强调考核结果与职务和收入挂钩。公司全年共完成 66 项改革任务中的 57 项，完成进度为 88%，实现了阶段目标。

（3）不断深化对标体系建设和对标管理提升工作

开展与境内外同行业头部企业的对标和跟踪分析，通过定期分析对标对象的经营动态，丰富经营效果跟踪维度，及时调整公司的管理措施，实现持续改进。分别在战略管理、运营管理和组织管理等 8 个领域积极开展对标管理提升工作，深入了解同行业企业的未来发展战略和网点布局安排，查找差距补短板，不断提升管理水平。

（4）强化科技支撑推进企业绿色发展

拓宽科技研发思路，积极开展从油品计质量技术到船舶油库技术应用的科技创新活动；创新校企研发思路，协同石油大学专业团队就低硫船燃稳定性和保质期开展研究并取得成果。顺应航运业绿色、低碳、智能发展的新趋势，积极调研“双碳”背景下船舶应用替代燃料实现碳减排的现状，跟踪行业前沿动态，为公司未来开展低碳经营、供应清洁能源做准备。

2. 优化基础管理，提升综合管理能力

（1）加强规章制度建设，开展专项提升工作

公司按照集团工作要求，从优化制度体系、突出制度建设重点、完善制度宣贯机制、提升制度执行力、加强基层制度管控 5 个方面制定了提升工作方案，各部门、各公司积极落实，完成了“三

重一大”决策事项、合规管理、内贸采购和贸易、租入供油船和油品计质量管理等一批重点领域、关键环节制度规定的新建和修订工作。

（2）努力保持融资渠道，切实加强财务管理

克服困难，保持融资渠道和规模。公司获得宁波、东亚、ING和摩根大通等境内外银行的授信额度；争取到两大股东支持，与中远海运财务公司成功续办了借款提用手续，中石油财务公司也同时对总部增加了美元授信额度。切实加强“两金”压控工作，层层分解指标、传导压力，“以销定进”合理控制库存规模，“快进快出”有效减少资金占用，强化应收账款催收责任制，采取综合手段控制应收账款特别是超期账款规模。

（3）加强租入船库管理，强化油品计质量管控

完成对外租供油船供应商库内船舶的年度梳理、评价工作，剔除不符合要求供油船22艘，新增入库76艘。加强计质量管理制度宣贯，开展现场工作检查，发现管理问题45项并落实整改。持续提升质量流量计精细化管理水平，提高供油数量交接准确性，维护中国船燃良好的供油服务形象。公司保税油业务全年出现计质量争议88单，争议率0.58%，同比下降0.28个百分点。

【人力资源】

1. 抓住领导班子建设关键点

团结带领班子成员始终保持正确政治方向，坚持民主集中制，不断加强作风建设，净化政治生态，维护团结稳定局面。班子成员以身作则，前往基层调查研究，在专题研讨班上，结合工作实际交流学习体会，持续改进作风。持续深化干部人事制度改革，统筹抓好各级领导班子干部队伍建设。党委管理干部考核评价工作实现全覆盖，整体称职率超过95%。全面梳理了系统各二级公司后备干部培养情况，初步完成了二级公司领导干部后备人才库建设。总部党委成员分别参加系统18家单位领导班子民主生活会，进行了现场督导。开展系统“四好领导班子”创建，评选表彰了航运、河北、青岛、舟山、南京、江苏6家公司领导班子。

2. 抓住三项制度改革着力点

落实国企改革三年行动方案，持续推动三项制度改革。按照集团的统一部署，研究制定《经理层任期制和契约化管理工作方案》，部署境内外27家二、三级单位同步推进该项工作。研究制定《职业经理人管理办法（试行）》，在系统内开展职业经理人制度试点。研究制定《激励干部担当作为实施办法（试行）》《公司党委管理干部综合考核评价办法（试行）》等管理规定，突出体现差异化、多维度、科学性，为加强干部建设提供制度保障。

3. 抓住人才强企战略落脚点

深入学习贯彻中央人才工作会议精神，坚持党管干部、党管人才。制定《干部人才“十四五”发展规划》，做好干部人才工作的顶层设计。加大年轻干部培养使用力度和人才交流力度。2021年，公司调整党委管理干部5人次，其中提拔使用4人，有2名“75后”干部，1名“80后”干部。组织3批13人次青年员工参加集团外派后备人员考试，推荐多名干部参加集团驻外后备人员派前素质能力提升培训班、“远航”培训班、集团巡视组等。统筹做好总部和各二级公司2021年度新员工招录工作。

【企业党建】

1. 党史学习教育总结

党史学习教育开展以来，公司党委围绕学习贯彻习近平新时代中国特色社会主义思想、“七一”重要讲话、党的十九届六中全会精神等重要内容，紧扣“学史明理、学史增信、学史崇德、学史力行”和“学党史、悟思想、办实事、开新局”的目标要求，坚持学用结合、坚持统筹分类、坚持效果导向，高标准、高要求、高质量地推进党史学习教育走深走实。扎扎实实完成“规定动作”、凸显特色做好“自选动作”，全体党员干

部理想信念进一步坚定、推动企业高质量发展的信心进一步增强。

（1）紧盯“三个到位”，抓实安排部署

强化部署到位。组织系统各单位参加集团动员大会，引导全体干部职工站在讲政治、讲大局的高度，充分认识党史学习教育工作的重大意义。组织领导到位。制定党史学习教育方案，组建了领导小组、办公室及指导组等工作机构，编制了指导手册，列出19项参考指导项目，深入现场指导6次。巩固教育成果到位。制定以“六个一”为主题的强化作风建设和团结稳定工作方案，在问卷调查中，参与人数近1300人，其中认为党史学习教育效果比较好的占比超过90%。

（2）突出“三类学习”，抓实学习教育

突出课堂集中学。公司班子成员先后学习了习近平总书记在中共中央政治局民主生活会上的讲话精神、在党史学习教育动员大会上重要讲话精神、“七一”重要讲话精神等。组织二级公司领导干部和总部部门副职以上94人参加集团党校举办的党的十九届五中全会暨党史学习教育专题轮训班。结合工作实际研讨学。结合党史学习教育、学习习总书记“七一”重要讲话和学习贯彻党的十九届六中全会精神，开展4次读书班暨专题研讨会。全域覆盖多样学。突出思想教育引领，全面覆盖政治教育、党史教育、警示教育和企业传统教育。制定党史学习教育重点任务清单，共有工作内容28项。2021年，公司党委班子成员在所在支部和基层联系点讲党课12次，系统各单位基层党组织书记讲党课134次。编发了41期党史学习教育专题工作简报，全系统各级党组织开展集中学习次数352次，参观红色教育基地41次，开展党史知识竞赛44次，918人次参加。

（3）坚持“三个围绕”，为群众办实事

围绕贯彻落实新发展理念办实事。坚决落实好集团的“三保”工作，为集团降本增效作贡献，为客户提供优质服务。围绕打造坚强基层堡垒办实事。班子成员深入基层，到联系点和基层联系支部讲党课，党史学习教育宣贯，指导党史学习教育活动的开展，帮助基层单位协调工作。公司党委按照“党的一切工作到支部”的导向，组织编纂《中国船燃党支部标准化规范化建设工作实用手册》。围绕关心关爱职工群众办实事。公司党委结合实际，从最困难的群众入手、从最突出的问题抓起、从最现实的利益出发，用心用情用力解决基层的困难事、群众的烦心事。开展了节日送温暖活动，深入基层慰问一线员工、困难职工、离退休老职工。

2. 喜迎建党百年，全面提升政治思想建设

（1）围绕纪念中国共产党成立100周年，精心开展活动

将庆祝中国共产党成立100周年作为主题主线，精心谋划、组织开展了庆祝活动。组织总部机关及系统一线干部职工以各种形式观看建党百年七一庆祝大会。大力弘扬伟大建党精神，开展“学党史、强信念、跟党走”党史竞赛答题活动。做好老党员、困难党员七一慰问工作。系统各单位开展形式多样、内容丰富的主题庆祝活动，进一步增强干部职工听党话、感党恩、跟党走的信仰信念。

（2）立足高位抓学习，推动政治建设走深走实

公司党委始终按照党中央、集团党组要求，坚持不懈加强党的建设，发挥政治优势。组织学习贯彻党的十九届六中全会精神，及时跟进学习习近平总书记最新重要讲话精神，重点学习习近平总书记对于本行业本企业十个方面重要批示指示精神。开展中心组学习12次，组织党委会集中学习9次。

（3）围绕疫情防控，推动防控网越织越密

发挥疫情防控体系的作用，持续做好员工个人防护、人员管理、防疫物资配备等工作。抓好常态化，督促指导各公司定期开展船舶疫情防控检查，加强外租船舶管理，严格执行“绝对零接触”供油模式。持续做好疫苗接种工作，目前全系统疫苗接种率达94%，船员接种率达到99%。

3. 立足高质量，全面夯实基层党建工作

（1）聚焦改革发展，发挥引领作用到位

坚持党的领导和完善公司治理相统一，持续

完善“三重一大”议事决策制度，厘清106项重大事项决策权责清单，明确39项党委前置研究清单。布置和督导系统各单位修改完善“三重一大”决策事项及权责清单工作。开展贯彻落实全国国有企业党的建设工作会议精神情况“回头看”，督导各单位开展“回头看”自查。2021年共召开党委（扩大）会18次，研究议题104项，前置研究经营管理重大事项40项。全面推动国企改革三年行动，依照进度完成各项任务，力求改革取得实效。聚焦改革发展，确保公司的发展融入两大股东的发展战略中，服务好“大国船队”。不断创新销售策略，提升服务意识，2021年为集团供应燃油401万吨，帮助集团降低燃油成本720万美元。

（2）夯实基层党建，推动党建规范化到位

重新确定每位党委成员的联系点单位和基层联系支部，示范引领各级党组织及其负责人履行管党治党职责。开展基层支部书记述职，开展系统基层党支部书记轮训班，提升基层支部书记工作能力。加强对集团党建信息化系统的应用、督促和指导，将信息化平台作为基层党建工作的重要抓手。河北公司打造以发挥党建力量为重心的“1+5+N”矩阵，在经营创效、安全生产、降本增效方面取得实效。

（3）抓好一岗双责，强化责任落实到位

召开了年度党建工作会，贯彻落实集团党建工作会部署，与系统各二级单位党组织签订党建工作责任书，下达《2021年度党建工作责任制考核评价指标体系》，布置分解党委年度重点工作，分解集团党组2021年度工作任务指标。开展党建工作责任制考核，与领导班子业绩年薪挂钩。制定《党建工作责任制考核评价办法》，规范党建工作责任制的考核评价。开展党组织书记述职考评，促进党组织书记履行党建工作“第一责任人”职责，其他班子成员落实“一岗双责”。

【企业文化】

1. 抓好思想理论研究有深度

公司党委高度重视意识形态工作，坚持“思想为舵、学习为帆、实践为桨”，围绕使命任务，促进宣传思想政治工作与党的建设深度融合、同向发力。制定年度重点研究课题计划，针对新形势、新情况、新问题，持续深入推进党建思想政治工作研究。2021年，政研会形成70篇课题成果，评选表彰一等奖3篇、二等奖8篇、三等奖10篇。另有4篇论文分获集团政研论文一等奖（1篇）、三等奖（1篇）、优秀奖（2篇）。

2. 抓好典型选树和宣传有力度

开展系统“两优一先”评选表彰、年度先进集体和先进评选表彰。加强对先进典型的宣传，开辟“先进风采录”“V观船燃”“保供战疫”等专栏，展示系统干部员工全力攻坚，履行使命赋能航运的先进事迹。制作体现公司特色的专题宣传视频和海报，积极向集团报、党建要情、航务杂志等宣传阵地投稿，集团官微在国庆节期间全文转发“沿着海岸线看中国船燃”主题宣传。制作了新形象宣传片、“十三五”总结和“十四五”规划展板，提升品牌形象。

3. 抓好群众宣传和平台建设有广度

调动全系统积极性，树立“人人都是通讯员”的思维，制定印发了年度宣传思想工作要点，评选表彰了2020年度新闻宣传工作优秀组织单位和优秀通讯员。打造从领导到员工，从机关到船库一线的宣传阵地。积极尝试新媒体在宣传工作中的应用，加强短视频、创新图片等产品制作推送力度。连续六年获得集团新闻报道优秀组织奖。2021年在《中国远洋海运报》、集团官微、报纸微信、《中国远洋海运》杂志等集团媒体平台共刊发稿件134篇，在集团内刊登稿件数保持前列。在公司内部各类宣传平台刊发稿件300余篇，网站新闻版块已发表96篇，推送公司微信公众号58期186篇。（郭静）

中石化中海船舶燃料供应有限公司

中石化中海船舶燃料供应有限公司

【公司概况】

中石化中海船舶燃料供应有限公司(简称“中石化中海燃供”，英文简称SINOBUNKER)，是由中国石油化工股份有限公司(简称“中国石化”)与中国海运(集团)总公司(简称“中海集团”)于2003年12月共同出资组建的合资公司。中石化中海燃供注册资本87 666万元，注册地为广州市黄埔区港前路195号4楼。公司总部设在广州，在深圳、湛江、海口、洋浦、厦门、宁波、南京、上海、青岛、天津、秦皇岛、大连和香港等地设分(子)公司。公司主要经营燃料油、成品油、保税油、润滑油和化工等石油产品的销售、仓储和运输，在沿海港口为船舶提供各种燃料油、柴油、保税油、润滑油、物料、备件和淡水供应，以及专业的船舶救生筏和消防系统检修、舱容检定等配套服务，供应网点覆盖国内沿海、长江中下游58个港口。截至2021年年底，公司总资产21.19亿元。

【发展战略】

中石化中海燃供坚持以习近平新时代中国特色社会主义思想为指导，全面贯彻落实股东方和董事会决策部署，准确把握新发展阶段，深入贯彻新发展理念，加快构建新发展格局，坚持稳中求进、稳健经营，坚持战略引领、开拓创新，实施双轮驱动，加快转型升级，努力推动公司“十四五”时期高质量发展。

2021年是中国共产党成立100周年，也是“十四五”规划的开局之年。公司按照股东方和董事会要求，坚持稳中求进工作总基调，准确把握“双循环”新发展机遇，科学统筹疫情防控和生产经营，集中精力办好燃供自己的事。公司围绕“四个坚持”，抓实“四项工作”，坚持稳中求进，生产经营取得新成效；深耕船燃主业，以客户为中心，聚焦价值创造，提质增效展现新作为；深化国企改革，创新体制机制，国企改革三年行动提前全面完成；强化风险管控，落实安全责任，防范各类风险，稳健发展迈出新步伐；坚持党的领导，加强党的建设，基层党建呈现新格局，公司“十四五”开局成功迈出关键的一步。

【经营效益】

2021年，中石化中海燃供因势而谋、乘势而上，各板块齐头并进，经营效益稳步提升。内贸油经营坚持低库存运作，销售毛利创多年新高；保税油业务积极应对市场变化，同比减亏明显；物资经营聚焦服务优化，盈利水平持续增强。

在全体员工的共同努力下，公司全年实现考核利润4196万元，完成董事会下达的必保目标，同比增长121%；营业收入119亿元，同比增长38%；油品总销量348万吨，其中内贸油销量同比增长6%；物资毛利8620万元，同比增长31%；营业收入利润率和净资产收益率均实现同比增长。下属11家分(子)公司全面实现盈利和同比增利，其中7家单位完成奋斗目标，3家单位完成必保目标。

公司全年实现油品总销量351万吨，同比增长0.5%(注：董事会未下达年度销量指标)。全年对集团内供应油品74万吨，同比下降25%，其中供应保税油34.2万吨，同比下降35%；物资销售收入5.9亿元，同比增长4%，其中集团内物资销售收入4.1亿元，同比下降11%。

2021年年底，公司资产负债率为76.17%，较年初增加 1.17 个百分点；所有者权益为 50 513 万元，较年初增加 1662 万元。

【风险管控】

中石化中海燃供认真落实“法治央企”建设要求，推动完成法治进章程工作，妥善处理历史商务案件，健全内控管理和风险控制体系。重点关注国际油价高位运行风险，积极应对涉税风制体系。重点关注国际油价高位运行风险，积极应对涉税风险。结合经营实际，防范流动性风险和汇率风险，落实重大风险报告制度，动态监控、强化预警，公司重大风险监控机制初步建立。健全合规风险管理机构，完善合规管理机制，提高员工合规意识，2021 年公司未发生合规风险事件。

公司不断加强董事会建设，细化“三重一大”决策事项及权责清单，积极推动党的领导融入公司治理制度化、规范化、程序化。不断深化巡审结合，始终坚持问题导向，开展经营合同履约专项督查和燃油物资经营采购业务廉洁风险防控排查，对共性问题实行“回头看”，举一反三、堵塞漏洞，严格执行“双整改、双督办”模式，最大限度提升整改效果，实现闭环管理，获得上级主管部门高度肯定。

公司党委深入贯彻党的十九大和十九届五中、六中全会精神，推进落实全面从严治党各项要求，坚持“一岗双责”，压实“两个责任”，搞好党风廉政和风险防控等工作。公司纪委精准开展专项监督，为公司发展保驾护航。聚焦燃油物资经营业务的廉洁风险防控，梳理出易发廉洁风险的 8 个业务环节、26 个廉洁风险点、30 个对应管控制度和 4 项整改建议的落实情况，督导各单位重点做好廉洁风险防控工作。公司加强对“三重一大”事项的监督检查力度，组织相关人员强化对各单位“三重一大”事项的决策环节、实施环节、后续监督环节的情况实施检查。

【服务客户】

中石化中海燃供深耕船燃主业，围绕价值创造，以客户为中心，着力提质增效，巩固稳中向好势头。加强与船东客户联动，提供技术指导，优化计量管理流程，制定损益管控标准等规范性文件，提升品牌影响力和技术服务能力。全面落实集团供应“三保”要求，全年未收到船舶断供、漏供及丢单投诉，顾客满意度继续保持在 99%；以上质量体系有效运行，未收到客户重大投诉，未发生商务风险。公司贯彻“诚信服务，客户满意，以人为本，追求卓越”的质量方针，2021 年公司体系内 11 家经营单位顾客满意度为 99.68%。

【企业管理】

2021 年，中石化中海燃供持续深化国企改革，突出创新驱动，推动关键领域锻长板补短板，积极融入新发展格局，国企改革三年行动提前在 2021 年年底全面完成。

深化业财融合加快质量变革。公司以全面预算管理为抓手，推动企业经营质量向健康可持续发展转变。科学实施指标分解，注重成长性、盈利性和流动性均衡发展，2021 年经营活动现金流实现累计净流入 0.83 亿元，造血功能大幅增强，经营质量改善明显。畅通融资渠道，调整负债结构，通过加快资金周转，“两金”周转天同比下降 10 天，总资产周转率比上年提升 1.28 次，运营效率明显提升。加强亏损企业治理，目前公司亏损子企业户数为零，控制在股东下达考核指标内。

推动科技创新加快效率变革。公司围绕战略发展目标，不断推动企业转型发展。推行以“以客户为中心”的数字化转型。通过外部需求推动内部流程的优化，打造跨企业协同模式的云平台，重点升级“为船服务”数字营销中台项目，构建客户与企业价值共享新模式。坚持将技术转化为生产力。公司积极推进 ERP 系统二次开发和模块优化项目，RPA 报表填报机器人已于 4 月正式投入运作，大大提高数据录入效率。加快数字化项目成果应用。积极推进可视化报表、决策支持系统上线和辅助决策作用有效发挥，更好地为经营管理提供技术支持。

优化区域协同服务。公司统筹区域市场，加强合作联动。不断提升经营服务能力。深入考察，编制油品市场调研报告，指导各单位精准施策。宁波燃供 / 舟山船燃发挥舟山港口优势，坚持多元方针，成功开发石脑油等品种，全年实现考核利润 576 万元，完成奋斗目标 128%，同比增幅明显。持续完善经营服务网络。重点推动海南网点保税油业务，成功实现从广州跨关直供到海南三亚的新突破。紧抓海南自贸港政策机遇，实现内外贸同船加注等保税油供船业务 4.5 万吨；大连网点完成出口退税燃油供船 2.9 万吨，上海网点出口监管仓投产运营。坚持数质量最优服务原则。加强与船东客户联动，提供技术指导，优化计量管理流程，制定损益管控标准等规范性文件，提升品牌影响力和技术服务能力。上海中燃把握自有优势，融合绿色发展，与上海交大开启校企合作，共同研究船用低硫燃油特性，有力促进了产学双赢。

构建资源保障体系。公司加快构建多渠道资源保障体系。紧盯配置资源。全力协调石化股东，全年落实低硫船燃 17.4 万吨和轻质燃料油 2.3 万吨，分别同比增长 55% 和 8%，资源储备不断夯实。优化采购环节。主动走访国内大型油商炼厂，研究制定资源拓展采购方案，完成中科炼化、广州石化等 13 家炼厂 37 种产品的需求调研，强化战略合作，供应链不断拓宽，资源结构得到丰富。加强供方管理。动态评估客商资信状况，督促采购合同执行，防范履约涉税风险，保障各类资源供给的总体稳定。

打造综合服务平台。公司立足综合服务，油物互促取得新成效。线上线下联动经营，天津船燃积极开展非油品业务，设立展厅，加强合作，线下销售商品达 72 种，全年实现考核利润 279 万元，完成奋斗目标 112%。深圳船燃着力打造网络营销取得阶段性成功，非油品实现线上自主经营，全年实现考核利润 533 万元，完成必保目标的 103%，销售收入和毛利均同比增长 66%，成效显著。以点带面取得突破，以大连、上海和广州为物资业务主营中心，向周边油品主营市场延伸辐射，实现国内沿海主要港口全覆盖，综合供应服务能力明显增强。增值服务创收增效，实施资产运营全链条分析管控，延伸救生、消防、测厚及污水回收业务，拓展码头靠泊装卸增值服务，运用专业资质，挖潜资产收益，全年实现其他业务收入同比增长 31%。

多措并举促进降本增效。控制管理费用。大力缩减公务性支出，较年度预算压降 5%。优化信贷结构，吨油财务费用同比下降 3%。压降运营成本。加强物流仓储费用管控，精准核定库存和资金占用，日均贷款余额减少 1700 万元，吨油费用同比节约 8%，成本费用利润率同比提升明显。争取政策优惠。积极与各地主管部门沟通协调，获得政策优惠 277 万元，做到应享尽享。

【安 全 生 产】

2021 年国内疫情反复，公司严格落实各项防疫措施，重点做好有关港口及其一线员工防疫工作，连续两年实现“零感染”目标。针对国内安全事故频发，公司全面推进安全生产专项整治三年行动，开展安全风险分级管控和 QHSE 体系建设，积极宣贯新安全生产法，融入工班组管理，强化安全管理薄弱环节，确保风险分级管控落实到位。按要求落实“五严五查”，加强危险化学品专项整治排查，重视生态环境保护，加大油品数质量和防污染管控，结合国家“双碳”目标，主动开展清洁能源前瞻性研究，全年安全生产状态平稳有序。公司重视加大安全投入，全年安排 600 多万元安全维修资金，完善安全基础设施。全系统组织安全培训 4540 人次，组织综合演练、专项演练、现场处置演练共 323 次。2021 年，公司没有发生各类生产安全责任事故。

【员 工 队 伍】

中石化中海燃供持续深化三项制度和经理层任期制契约化管理改革，积极推进“五型”团队建设，激发打造“国内一流”的强大内生动力。加强职务职级和宽带薪酬体系建设，切实发挥考核指挥棒作用，重点实施“分段考核、月度清算”，激发干事新动能，助推目标任务实现；变“伯乐相马”为“赛场选马”，加大年轻干部选拔任用，年内选拔竞聘总部部门负责人 7 人，优化充实 6 家单位领导班子 6 人，向上级推荐挂职政委 1 人，根据考核情况对 3 名排名靠后的司管干部进行了调整，迈出“能上能下”的关键一步。打造燃供大讲堂，推动内训师队伍建设，完善多元化培训体系，促进队伍整体素质全面提升。全面推进任期制和契约化管理改革，完成公司本部及所属 16 家单位（部门）的经理层契约签订工作，在广东分部安泰公司率先开展职业经理人试点工作；组建公司内训师队伍，推进内训课程的编写工作，创办“燃供大讲堂”，年度累计举办六期，共 476 人参加讲堂学习活动，领导干部带头走上讲堂，促进内部经验知识分享；进一步提高人才招录标准，严格把控质量，全年累计招录 45 人；深化薪酬体制改革，在公司所属 8 家企业中全面推进宽带薪酬体系改革落地，树立“优绩优薪”导向，强化了薪酬“能高能低”和差异化分配机制。

【企业文化】

聚焦“十四五”开局、高质量发展、疫情防控、国企改革三年行动、对标一流管理提升行动、全面从严治党等重大主题，中石化中海燃供充分利用“一刊一网一平台”阵地，开辟“提质增效”“深化改革”“冲刺四季度”等专刊专栏，宣传先进典型事迹，讲好燃供故事，为公司改革发展稳定营造良好舆论环境。全年出刊《燃供简讯》490 期，官微推送信息 417 条，被上级各类报刊、平台采用 20 余篇。组织年度理论课题策划、调研和推动，着眼解决实际问题，表彰有价值、可转化的课题研究成果 15 篇。推荐的 3 项成果受到集团政研会表彰，公司党委课题组研究成果入选集团特色党建课题研究优秀论文，并在《学习强国》刊发。组织开展员工思想动态问卷调查和专题讨论活动，引导广大干部员工在深化改革、提质增效中担当作为、争做贡献。

持续开展企业文化核心理念宣传，提升文化的引领力、认同感。发布公司 2021 版宣传册、《为美好航程加油》宣传片，编纂 2020 年企业年鉴，展示企业良好形象。隆重举办海南自贸港“不含税油”政策落地后的首船加注仪式，引起社会广泛关注，仅新华社客户端 App 的浏览量高达 19 万人，有效了提升公司品牌形象。开展年度各类评先，深入挖掘甘于奉献、勇于创新的先进典型，弘扬正能量，增强企业凝聚力和向心力。年内共有 6 个集体、4 名个人受到集团各类表彰。

认真落实《新时代加强和改进思想政治工作的意见》，强化意识形态主体责任落实。修订公司《新闻宣传工作管理办法》，加强宣传媒体阵地管理和舆情监控，加强稿件发布管理，明确官微及网站新闻稿件审核流程，确保了意识形态安全。

【党群工作】

2021 年，中石化中海燃供党委班子由 4 人组成：鄂宏达任党委书记、总经理，李智任党委副书记、副总经理、工会主席，李小挺任党委委员、纪委书记，刘汉坤任党委委员、总会计师。公司党委所属各级基层党组织共计 45 个，其中党委 5 个、党总支 3 个、党支部 37 个（含 5 个直属党支部），共有党员 404 人（约占职工总数的 43.8%）。公司坚持“党要管党”和“两手抓、两手都要硬”的原则，抓好党委和基层党组织建设，工会、共青团等工作，推进公司两个文明建设同步发展。

公司党委坚持以习近平新时代中国特色社会主义思想为指导，以党的政治建设为统领，认真学习贯彻党的十九大和十九届历次全会精神，积极推动党中央和集团党组决策部署在本企业落实落地，努力推动全面从严治党向基层延伸、向纵深发展，着力推动“12345”工作思路有效实施，公司改革发展在把关定向中稳步提升，基层党建在强基固本中得到加强，群团工作在和谐共建中彰显活力，全系统改革发展和党的建设取得了新成效。

夯实“三基”建设，组织功能进一步强化。

认真开展落实全国国企党建工作会议精神“回头看”，全面总结回顾贯彻落实情况。持续开展《中国共产党国有企业基层组织工作条例（试行）》《中国共产党支部工作条例（试行）》等党内法规宣贯，对落实情况监督检查，加强基层单位党组织换届工作督促指导，坚持推行“3+X”主题党日，抓实“三会一课”制度落实，基本制度执行逐步规范。以素质能力提升为目标，实现党支部书记和专职党务干部培训全覆盖；邀请集团党务专家授课，选送5名基层党支部书记到中远海运党校学习，党务干部培训的质量效果得到提升；做好在基层一线发展党员工作，全年发展党员10名，党员发展质量逐步提高；开展《2019—2023年全国党员教育培训工作规划》实施情况中期评估工作，查找短板弱项，推动基本队伍建设进一步加强。做好集团党建信息化平台管理维护，规范基层组织基本制度落实和组织生活全程纪实。广东分部、上海中燃坚持召开党建季度例会，上海物供坚持每季度检查支部工作记录，有效推动工作改进提升。

示范引领，组织作用进一步发挥。以标准化规范化建设为抓手，分层分类制定“四强”“五好”建设标准，持续推进“八有”标准化党员活动室建设，召开专题会议交流经验，深化示范党支部、特色党支部创建，着力选树培育支部创建典型。上海中燃何家湾油库党支部入选集团示范党支部创建案例。将公司领导班子成员所在党支部及其基层联系点党支部列为“双示范”创建重点，大多数党支部达到了“政治建设过硬、基础工作扎实、经营成绩突出、作用发挥明显”的创建目标。坚持融合发展，大力推进“党建＋安全生产”“党建＋优质服务”“党建＋攻坚创效”工程，广泛开展内部党建结对帮扶、外部联学共建活动，以党建促经营，以共建促发展，党建特色品牌进一步凸显。

加强对工会工作的领导，支持工会依法依章程创造性开展工作，指导完成公司工会换届选举，各级工会组织机构逐步健全、基础管理得到加强，自身建设水平有效提升。支持保障工会民主管理制度执行，完成职工董事、职工监事补充调整，推动新一轮《集体合同》协商签订工作，切实维护职工合法权益。引导各级工会围绕企业中心任务开展工作，为工会组织开展劳动竞赛、技能竞赛、合理化建议征集等活动提供支持，激励广大职工积极建功新时代。指导工会坚守职工“娘家人”的使命定位，认真履行维护职能，加强人文关怀，做好权益保障，多措并举落实关心关爱制度机制，职工幸福感、获得感、安全感进一步增强。

加强对共青团工作的领导，指导召开第二次团代会，选举产生新一届委员会。突出政治性、先进性，持续深入推进“青年大学习”，指导各级团组织开展“学党史、强信念、跟党走”主题活动，引领团员青年坚定听党话、感党恩、跟党走。拓宽青年交流平台，丰富青年业余生活，为组织青年、凝聚青年提供资金等支持。把共青团“号、手、岗”活动与企业安全生产、提质增效等工作有机结合，提升青年整体素质，做好“推优”工作，为青年岗位建功提供平台支持。

【社会责任】

各级工会积极落实集团扶贫援藏、消费扶贫工作部署，完成集团下达的2021年捐款100万元的扶贫援藏任务；认真落实上级要求，工会系统共采购中远海运定点地区扶贫产品15万元；组织职工254人参加“广东扶贫济困日”活动，捐款1.73万元，为助力国家实现脱贫攻坚目标作出了有益贡献。

公司全面完成集团下达的各项环保指标，细化各级单位、各级人员的环保工作目标和工作职责，完善了排污台账、排污监测等制度，对《排污管理条例》等环保法律法规进行解读和宣传。大力开展油库环保整治，编制了油库环保检查对照表，组织自查自纠活动，进一步对油库雨污分流、排烟治理、罐区地面裂缝、生活污水等环保问题进行调研和梳理，编制问题清单，制定分期分批整改计划，逐步改善公司油库环保条件。一年来，公司未发生各类生态环境保护事件。

2020—2021年中石化中海燃供主要情况见表14–25。

2020—2021 年中石化中海燃供主要情况

表 14-25

类别	项目	2020 年	2021 年	备注
船舶	艘数（艘）	10	10	—
	总载重吨（吨）	17 259	17 259	—
油库	座	7	7	—
	容积（万立方米）	59.19	59.81	—
	吞吐量（万 TEU）	203.32	272.43	—
仓库	座	3	3	—
	面积（万平方米）	2.96	3.03	—
财务状况	总资产（亿元）	19.46	21.19	—
	净资产（亿元）	4.89	5.05	—
	总收入（亿元）	86.15	119.09	—
	利润总额（亿元）	–3.71	0.36	—
员工队伍	年末员工总数（人）	935	923	含我方委派到合资企业及上海中燃员工

（史明彪）

中国远洋海运人才发展院

中国远洋海运人才发展院

【学 校 概 况】

中国远洋海运人才发展院（简称“人才院”），于 2020 年 7 月 3 日在青岛揭牌成立，是中远海运集团直属的专业教育培训机构，由集团分布于上海、天津、广州、大连、青岛 5 地的 11 家教育培训机构重组整合而成，是集教育培训、战略品宣、文化传承、科技创新 4 项职能为一体的企业大学和国有公办普通高校。2021 年 8 月 13 日，集团批复同意中国远洋海运大学更名为中国远洋海运人才发展院，与中共中国远洋海运集团有限公司党校、中国远洋海运研究院、青岛远洋船员职业学院合称“一校三院”。

人才院老校区坐落于青岛市市南区，地处青岛市政治、经济、文化核心地段，占地 11.2 公顷。新校区位于青岛市西海岸新区，陆域面积 47.5 公顷，海域面积 6.7 公顷，一期工程于 2021 年 9 月投入使用，当月人才院整体搬迁至新校区。新校区建筑面积约 17.16 万平方米，拥有具有国际先进水平的航海操纵模拟器、全任务轮机模拟器等设备、设施，共有各类实训中心 28 个、实训室 140 余个，图书馆藏书 30 余万册。

人才院下设党校教学部 / 企业管理分院、职业培训分院、职业教育分院、网络教育分院 4 个二级学院，党建研究中心 / 科研创新中心、服务保障中心 2 个中心，以及综合事务部、战略发展部、党校工作部 / 开发与合作部、培训教学部、财务管理部、人力资源部 / 组织部、党委工作部、纪委工作部 / 监督审计部、工会 9 个职能部门。

人才院是集团人才赋能的重要平台，服务集团发展战略，以建设“中国一流企业党校和世界一流企业大学”为目标，以教育培训为主业，为集团健康持续发展培养培训具有国际视野、战略思维、专业能力的高端航运人才，输送高素质、专业化的船员队伍。

人才院以干部教育培训、职业技术培训、职业学历教育为主体，将人才培养作为首要和核心任务，聚焦人才培养，发挥教育培训职能；依托教学平台，聚焦战略发展能力，发挥战略品宣职能；借助干部培训，聚焦文化软实力建设，发挥文化传承职能；打造科创基地，聚焦科技研发能力，发挥科技创新职能。

人才院教育培训坚持全员培训理念，培训对象涵盖党员干部、专业人才、普通员工等各层级，培训项目涵盖党性教育、业务管理、企业文化等各类别，年培训量约 6 万人次。学院拥有海船船员培训等 39 项国际认可的证书培训资质，培训项目 140 余个，具备 37 种国家职业技能鉴定资质。拥有国家级教学改革试点专业 2 个，国家级精品专业 1 个，省级高等职业教育高水平专业群 3 个，省级特色（示范）专业 7 个，市级重点专业 5 个；建设了国家级精品课程 2 门、国家级精品资源共享课程 2 门、省（部）级精品课程 16 门、省级精品资源共享课 7 门。

人才院肩负着重大历史使命和战略目标，以高端化办学、国际范校园、领先性理念，致力于服务集团发展战略，传承集团企业文化，为人才成长赋能、为企业发展助力，对标一流、特色鲜明，为集团推进“四个领航”战略提供源源不断的智力支持和人才保障，矢志打造成为“中远海运人的精神家园”。

【战 略 发 展】

2021 年 8 月 16 日，学院贯彻落实教育部、国务院国资委等 8 部门联合印发的《关于规范“大学”“学院”名称登记使用的意见》，经集团批准，中国远洋海运大学校名调整为中国远洋海运人才发展院。

正式发布了《中国远洋海运人才发展院“十四五”发展规划》，确定了学校发展愿景——“建成中国一流企业党校和世界一流企业大学，打造全体中远海运人的精神家园”，确定了以党校业务和干部培训为核心“2+4+4”发展路径。启动了6个专项发展规划编制，分别是党校业务和干部教育培训发展规划、船员及技术技能培训发展规划、高等职业教育发展规划、数字化转型暨网信工作规划、科研创新发展规划和人力资源规划，构建了人才院“1+6”规划体系。

全面实施“六个板块转型”。党校培训，加快实现向中国一流企业党校转型；职业培训，积极推动产教融合高质量转型；职业教育，三大海上专业转型为集团自有船员队伍的稳定可靠来源，配套的三个陆上专业要精准服务集团岸上产业集群；网络教育，以智慧校园建设为契机，加快完成数字化、智能化转型；科创研发，首先利用一流的硬件配套为集团船队一线需求提供全要素支持，同时主动对接集团战略需求，为集团软科学提供高端服务；后勤保障，发挥集团内部协同优势，实现社会化用工、专业化管理、市场化服务。

深入贯彻《中共中国远洋海运集团有限公司党组关于完善教育培训体系建设的意见》。构建“一总三分N配套”的制度框架和配套细则。“一总”，即《关于全面落实〈集团党组关于完善教育培训体系建设的意见〉的实施意见（试行）》，是集团党组教育培训体系的实施版，主要是按照集团系统要求解决教育培训体系在人才院的全面落实落地问题。“三分”，即回答好集团干部人才培养培训环节之“教什么”“谁来教”“教得怎么样”的三个基本问题。“N配套”，是在“一总三分”制度框架基础上，着力在业务流程、沟通协调、经费保障等方面构建了32项切实可行的配套制度和实施操作细则。创新教育培训服务机制，成立了校领导班子挂帅直接对接集团各单位的29个教育培训业务“一站式”服务专班团队，建立了服务对接机制，分工对接集团总部、各直属公司和集团外部单位，提供高质量、高效率教育培训服务。

稳步推进集团教育资源整合过渡期改革稳步推进。创新建立改革督导机制，印发实施了《教育资源整合过渡期改革督导工作规定》，破解改革难题，进一步巩固深化集团教育资源改革成果。各地教培机构过渡期改革稳中有进，协调推进“过渡期”异地培训机构培训业务承接，完成了中海党校撤并、中海党校资产划转，提前结束大连中远海运油运船员培训基地过渡期，形成了“四地五校”（五校指人才院青岛总部和四家分支机构，分支机构分别是上海远洋海事培训中心、上海海事职业技术学院、天津海员学校、广州海运技工学校）过渡期办学格局。

全面压实集团推进改革三年行动的部署要求。结合学校实际，自我加压，落实制定了包括72项、132个改革任务的改革三年行动自我加压版任务细化清单，截至2021年年末已经完成80%的任务。

增强集团内部协同。陆续与集团各单位就战略实施、培训、科研、智慧校园、人才交流等开展合作，促进优势互补、共同发展。先后与中远海运能源、中远海运资产、青岛中远海运、中远海运科技、中远海运博鳌5家公司达成了全方位、深层次战略合作意向。

加强法务与风控工作。完善组建了“法治建设领导小组暨合规委员会”，进一步加强对法治建设与合规管理工作的领导。出台了《中远海运人才院涉法事务管理办法（试行）》《中国远洋海运人才院/青岛远洋船员职业学院总法律顾问实施办法（试行）》，进一步完善了合规管理工作机制和合规管理体系。在原1名专职法务人员基础上，新聘4位具有律师资格证书或法学专业背景的员工作为学校兼职法务人员，聘请外部常年法律顾问2人，法律专业人员队伍得到了进一步充实。组织开展了2022年度风险评估工作，更新了风险事件库和风险框架。针对2020年度风险评估确定的重大风险，持续做好监测工作。针对学校整体搬迁新校区的实际情况，开展专项风险监测防范。

加快制度建设，确保管理科学有序。始终自觉将精益管理作为最基本要求，从根本、基本、重点三个层面搭建制度框架，搭建了由 18 个大类、216 项规章制度组成的制度框架体系，以制度强化管理、规范行为、提升办学治校水平。人才院成立至今，累计制定、修订制度 133 项。

2021 年，集团批复学校投资计划 56 467.25 万元，完成投资 43 465.74 万元，投资完成率为 76.98%。

【在职培训】

人才院认真落实《中共中远海运集团有限公司党组关于完善教育培训体系建设的意见》，在疫情常态化防控形势下，充分利用网络化、信息化手段和技术，通过线上、线下结合的方式，推进重点培训项目的有序展开，满足集团战略发展和人才培养的需要。2021 年，学院共完成培训 1088 期，43 602 人次，其中陆岸培训 148 期，8475 人次；船员培训 780 期，27 882 人次；学生培训 79 期，2510 人次；网络培训 81 期，4735 人次。企业对人才院培训的总体满意率为 97.44%，学员总体满意率 94.40%。

人才院坚持“党校姓党”根本原则，聚焦主责主业，发挥党校“大熔炉”、干部教育培训“主渠道、主阵地”作用。2021 年，学院完成“中央党校国资委分校集团党校秋季处级干部进修班暨集团启航远航培训班”“陆岸人员挂职船舶政委培训班”“集团船舶政委轮训班”“新员工培训班”“驻外后备干部派前素质能力提升班”“集团党组《关于完善教育培训体系建设的意见》学习宣贯专题培训班”“中远海运党校 2021 年学习贯彻党的十九届五中全会精神暨党史学习教育专题培训班”“中远海运集团 2021 年应急管理专题培训班”“中远海运集团 2021 云南永德县基层干部乡村振兴专题培训班”“中远海运集团国企改革专题学习培训班”“中远海运集团 2021 年董秘培训班”等集团重点培训项目。

抓好课程库、师资库建设。人才院以需求为导向，制定《中国远洋海运人才院培训课程开发管理办法（试行）》，以集中开发与自行开发相结合的方式进行课程开发，第一期共开发课程 9 门，年度共组织内训师培训 4 期。截至 2021 年年底，课程库共有课程 503 门，其中政治素养类 170 门，管理素质类 147 门，专业素质类 165 门，人文素质类 21 门；师资库共有师资 305 人，其中人才院自有师资 35 人，集团内训师资 107 人，集团外部师资 163 人。

2021 年，人才院与集团下属各公司、上海海事大学、山东港口集团、武汉理工大学、山东海事局、青岛人才集团、古镇口核心区管委会、青岛引航站、浙江红船干部学院、绍兴枫桥学院等单位保持良好沟通，在人才培养培训、师资设备共享、科创党建研究等方面开展全方位的合作与交流。

【学历教育】

为贯彻落实党中央、国务院加快发展现代职业教育的重大战略部署及集团人才强企战略，人才院组织召开加快推进职业教育高质量发展专题会。在人才院“四位一体”职能定位中，职业教育是重要职能之一，三大海上专业是集团自有船员队伍的稳定可靠来源，三个陆上专业精准服务集团岸上产业集群。学院多年来形成了鲜明的办学特色，积累了丰富的办学经验，确立了在中国航海教育中的优势地位，广受行业、企业的好评与赞誉。

加强专业建设 积极推进山东省职业教育高水平航海技术专业群建设，着力打造工学结合紧密、教学团队顶尖、培养模式先进、课程体系科学、核心课程优质的航海教育特色专业群，不断增强专业创新发展能力和社会服务能力。2021 年 11 月，学院以“优秀”成绩通过交通运输部海事局航海教育培训质量评估，是全国首批以“优秀”等级通过评估的航海院校之一。评审专家组认为，学院基础好、底蕴深，规模大、质量高，对我国航海教育培训的发展起到了重要作用。

加强师资队伍建设 着力提升教师队伍师德

师风、教育教学和科研创新水平。2021 年，职业教育分院王杰、刘本香两位教师荣获山东省第八届“超星杯”高校青年教师教学比赛文科组三等奖；张我友、郑晓燕、刘娜娜三位教师在外研社“教学之星”大赛中获全国复赛一等奖；王杰在第十一届“外教社杯”全国高校外语教学大赛中获全国二等奖；王勇在第五届全国交通运输类专业教师信息化教学能力大赛中获高职组二等奖；于佳凝在 2021 年全国职业院校外语微课优秀作品征集与交流活动中获全国三等奖；学校在第五届全国交通运输类专业教师信息化教学能力大赛荣获信息化教学创新典范奖；我校航海技术专业核心课程教师团队获评第二批“山东省高校黄大年式教师团队”。

提高人才培养质量 截至 2021 年 12 月 31 日，学院全日制在校生 2392 人（含上海海事职业技术学院 458 人），年内招生 877 人（含上海海事职业技术学院 100 人），毕业生人数 1440 人（含上海海事职业技术学院 130 人）。2018 级航海类专业学生参加海船船员全国适任证书统考一次性通过率 79.31%，参加考试人数及总体通过率比 2020 年同期有大幅提升。其中，航海技术专业一次性通过率 79.06%，位列全国第一；轮机工程技术专业一次性通过率 81.13%，位列全国第一。

推进教育教学改革 完善优化教学管理制度，修订《人才培养工作状态数据采集与管理平台管理办法》《教学改革立项与管理办法》《财政资金支持教学建设项目管理办法》《教材建设与管理办法》等多个教学管理文件；积极推动“订单班”人才培养模式改革，校企合作编制订单班专业人才培养方案，促进学校专业人才培养与集团人才需求的主动对接。组织开展教育教学研究，20 项校级教学改革研究项目获得立项，多项成果获得上级奖励。

抓好学生教育管理 重点围绕疫情防控做好学生教育管理，注重做好常态化疫情防控、校园管控和心理疏导工作，落实好一日三检、请销假制度、异常情况跟踪报告、发烧学生报告诊治隔离等制度，确保学生生命安全。调整半军事化管理关注点，取消和减少聚集性活动，重点关注学生内务、军容风纪检查。开展丰富的文体活动，举办“青春心向党”主题演讲比赛、征文比赛等，丰富学生校园生活。组织学生参加各类竞赛活动，2021 年学生参加了全国大学生英语竞赛、首届“外教社词达人杯”全国大学生词汇比赛、第十二届山东省大学生数学竞赛、山东省第十三届大学生科技节新零售虚拟仿真精英赛、第一届“尖烽时刻”酒店模拟大赛 、“外研社国才杯”全国英语写作大赛(高职组)等，并取得优异成绩。关注学生心理健康，开展全院心理普查，举办第十三届大学生心理健康教育月系列活动。做好共青团工作，组织团员青年开展“让青春为祖国绽放”“青年榜样”青春分享会等线上主题团日活动，以及“五四精神·传承有我”网络答题活动、“青春·对抗”辩论赛、“青春之岛”音乐节等系列活动。

【科技研发】

坚持“找需求、寻合作、出成果”，聚焦集团“3+4”产业生态，充分发挥资源整合和研究引领作用，科研赋能企业生产经营。人才院积极参与了“集团在武汉及长江中上游业务发展整体规划”“西部陆海新通道发展和海南自贸港建设协同工作实施方案”等课题研究，完成“湖北武汉阳逻码头规划调研报告”等多项调研报告；继续与中远（北京）海上电子设备公司开展“SETT 系统素材制作”合作，更新 30 多套适任试题题库，2021 年到账资金 20 万元。坚持服务学校战略发展和培训教学，聚焦学校“双一流”建设目标，努力提高科研成果转化效率效益，助推学校高质量发展。建立健全科研创新激励机制，不断完善科研创新制度体系，启动科研创新转化平台建设。完成科研项目管理办法、科技创新与研发团队管理办法等 7 项科研管理制度的发布，建立了科研创新转化平台微信公众号，组建了“海事公约”“党建研究”“物流与航运”等 6 个科研团队。

制定人才院“十四五”科技创新发展规划，大力推进科研创新工作。校核集团 28 家二级公司"十四五"战略规划33次，围绕《集团"十四五"科技发展专项规划（征求意见稿）》，提出修改建议1031条；组织完成欧盟《关于欧洲议会和理事会关于在海运中使用可再生和低碳燃料的条例的提案》翻译工作，约153千字；深入中远海运船员、中远海运资产、寰宇东方国际集装箱、海尔工业智能研究院等多家单位调研，开展海员职业全生命周期研究、项目制的实施和考核方法、"卡奥斯"生态平台建设等专题调研，形成《中远海运船员管理有限公司青岛分公司管理经验》等6个优秀经营管理案例；撰写《以高度的政治自觉大力发展职业教育》《关于人才院申办本科层次职业教育专业的研究汇报》《人文校园建设——文化引路人才院人文建设》《项目制，一种新的企业治理体制》等近40篇研究、建议、调研报告；"极地航行安全"科创团队起草制定的船舶操纵模拟器、轮机模拟器、雷达模拟器、ECDIS模拟器、GMDSS模拟器5项海船船员模拟器训练行业标准通过交通运输部审查并于2021年12月1日正式发布实施，填补了国内模拟器教学标准的空白，成为中国航海院校和培训机构模拟器教学培训的标准与规范。

全年管理在研科研项目22项，课题总经费290多万元，组织完成11项课题验收鉴定。组织学校2022年度科研计划项目申报工作，完成17个项目的立项评审，9个项目获批立项；推荐7篇科技论文、1项专利参加交通运输部2021年度交通运输重大科技创新成果库入库成果评选，学校两项科技成果成功入选交通运输部2020年度交通运输重大科技创新成果库；推荐上报中国航海学会2021年度航海科学技术普及奖、中国交通教育研究会2021—2023年度终身成就奖和突出贡献奖等各类科研奖项11项，获得专利申请受理6项，取得实用新型专利1项；向中国航海学会等行业组织推荐专家18名；组织教师向《技术前沿》投稿8篇，刊发1篇；撰写报送《中远海运青岛船院技术分中心工作动态》6期。加强与省市教育主管部门、省市区科协、省市社科联，以及中国交通教育研究会、山东航海学会等行业组织的联系，促进学术、科协工作交流与合作。与山东航海学会以"山东科普示范工程"名义合作开展相关航海科普活动，获得1.5万元经费支持；获得青岛市西海岸新区"高校校长基金"400万元。

【人才队伍建设】

推进三项制度改革。以建立与学校发展相适应的选人用人机制和激励约束机制，实现学校管理人员能上能下、员工能进能出、收入能增能减的机制建设为目标，研究出台《深化三项制度改革三年总体方案（2020—2022）》《经理层成员任期制与契约化管理办法》《员工管理办法》《中层干部管理办法》等。

调整学校机构设置及岗位编制。为全面落实集团党校专题调研会议精神，规范企业培训机构名称，制定《关于调整部分机构名称、职责编制的通知》，四个二级学院更名为分院；开发与合作部更名为党校工作部/开发与合作部，企业管理分院更名为党校教学部/企业管理分院，科研创新中心更名为党建研究中心/科研创新中心，并调整相应的职责和编制。

编制"十四五"人才发展规划。为深入实施人才强校战略，不断提升人才发展工作水平，结合集团的人才发展规划、学校的发展规划和相关专项规划，多维度分析学校现有人才队伍情况，查找存在的问题和不足，编制"十四五"人才发展规划，形成了"十四五"期间的四大发展目标和六大发展任务。

加强领导干部管理。组织开展领导干部的人事档案整理、出国（境）证件管理、个人有关事项上报等工作；组织开展中层干部试用期考核及转正、部分中层干部的选拔任命；做好领导干部党的十九届五中全会精神培训暨党史学习教育等教育培训。

做好薪酬管理工作。严格执行集团薪酬管理相关规定，控制工资总额的使用，精益管理，降本增效。按时编制劳动工资统计年报、人工成本预（决）算、调整工资计划，做好职工人员工资变动、职称职务变动调整的审核、发放工作等。

做好专业技术职务任职资格评审工作。严格按照职称评审文件规定，组织开展职称评审材料的申报、审核、评审及推荐工作。2021 年，人才院共有教授 2 人、研究员 1 人、正高级工程师 2 人、副教授 3 人、副研究员 2 人、高级政工师 2 人、高级会计师 1 人、高级经济师 1 人、助理研究员 1 人、政工师 2 人、工程师 3 人通过评审。

【党 群 工 作】

人才院党委坚持以习近平新时代中国特色社会主义思想为指导，深入学习贯彻党的十九大和十九届历次全会精神，坚持和加强党的全面领导，聚焦教育培训改革发展，推进党建工作与中心业务工作深度融合，着力发挥把方向、管大局、促落实作用，为建设“中国一流企业党校、世界一流企业大学”提供坚强政治保证。

坚持政治引领，强化政治能力建设　始终将党的领导作为一切工作的根本遵循，将加强政治建设摆在首要位置，坚决落实党的教育方针。制定实施人才院《加强党的政治建设实施细则》，坚持问题导向和目标导向，细化工作措施，将抓好细则落实与推进人才院工作任务、实现发展目标紧密结合，持续提升党员领导干部的政治判断力、政治领悟力、政治执行力。严格落实“第一议题”制度和党委理论学习中心组学习制度，全年共组织召开党委理论学习中心组学习 17 次；组织 9 名院领导参加集团学习贯彻党的十九届五中全会精神暨党史学习教育专题培训班，院领导讲授专题党课 11 人次。认真履行把方向、管大局、促落实主体责任，推动党建工作与中心工作深度融合，组织召开党委会 14 次、院长办公会 18 次，审议议题 165 项。组织召开党群工作例会 6 次，聚焦关键领域，推进重点任务，解决难点问题。制定《“三重一大”决策制度实施办法》和权责事项清单，全年审议“三重一大”事项 67 项。

坚持知行合一，深入开展党史学习教育　成立党史学习教育领导小组，制定并落实《关于开展党史学习教育的实施方案》，明确 6 个方面 20 项重点任务，加强对党史学习教育的谋划组织、指导推动和宣传引导。领导班子成员以身作则、率先垂范，带头参加各项学习活动，共开展党史学习教育专题学习 8 次和党委会 10 次，专题读书研讨班 4 次，讲授专题党课 11 人次，专题调研 12 次。充分发挥集团干部人才培养培训主渠道、主阵地作用，协助集团举办 5 期“学习贯彻党的十九届五中全会精神暨党史学习教育专题培训班”。为每位党员发放学习书籍，开设线上课程，分批次组织校管干部参加“学习贯彻党的十九届五中全会精神暨党史学习教育专题培训班”，深挖本地红色资源，广泛开展现场教学、主题党日、党建结对共建活动等。各级党组织开展支部集体学习 136 次，专题党课 45 次，主题党日活动 122 次，专题培训 20 次，实现党史学习教育全覆盖。将党史学习教育与推动人才院改革发展相结合，与推进“三大攻坚任务”相结合，注重学习实效。组织开展“我为群众办实事”实践活动，制定工作方案，梳理 62 项“我为群众办实事”事项，解决职工群众的急难愁盼问题。督促指导到位，组成联合督查组，对各基层党组织开展党史学习教育情况开展专项督查。

强化党校意识，增强阵地作用发挥　坚持“党校姓党”，深入学习贯彻党校相关工作条例和规定，制定集团党校工作办法，健全党校工作机构，制定党校干部培训“十四五”分规划，细化落实集团党组对党校提出的工作要求。提升教学质量，加强课程体系设计，推动模块化教学，重点抓好“学习贯彻党的十九届五中全会精神暨党史学习教育专题培训班”、中央党校国资委分校班等重点项目和关键班次。共组织开展党员干部培训 64 期、3985 人次、21 072 人天。

筑牢发展根基，提高基层党建质量。制定《党建工作责任制实施办法》和《2021 年党建工作要点》，组织召开 2021 年党建工作会暨党风廉政建设工作会，与 10 个基层党组织签订党建工作责任书。推进党建工作与“改革”“建设”“搬迁”三大攻坚任务紧密结合，开展“学习争先、推动转型”主题活动，激发干事创业激情，推动转型升级。制定《“三会一课”制度实施细则》和《意识形态工作责任制实施细则》等 11 项党群管理规章制度，完善制度体系，加强规范管理。组织召开人才院党委2020年度党员领导干部民主生活会，指导基层党组织召开党史学习教育专题组织生活会，开展党员民主评议，加强对整改措施落实情况的监督检查。选优配强专兼职党务工作人员，加强对干部的日常监督、教育和管理，完成领导干部个人事项报告申报工作，完成中层干部试用期考核及转正。严格做好党员发展、党费收缴与管理、党统数据的统计上报、推进党建信息平台使用和推优工作。策划开展与中远海运资产、中远海运青岛、上海建工的四方党建联建活动，组织领导干部参加集团驻青单位“寻访红色记忆，庆祝建党百年”活动。

加强纪律建设，推进全面从严治党　贯彻落实人才院《贯彻落实全面从严治党主体责任实施细则》，将推进全面从严治党作为党建考核重要指标。坚持“四责协同”，督促各级党组织履行主体责任。聚焦反腐倡廉，一体推进不敢腐、不能腐、不想腐体制机制建设，组织开展纪律教育专题学习20次，制定《领导人员和员工廉洁从业若干规定》等3项制度，开展中层干部和关键岗位约谈，校管干部和重点岗位人员签订廉洁承诺书。完成对上海海事职业技术学院党委、职业培训分院党总支等6个基层党组织的政治巡察，督促被巡察单位抓好问题整改。配合集团完成人才院2020年度预算执行审计及原青岛船院、中海党校主要负责人离任经济责任审计。完成新校区项目结算、合同和资金支付审核；完成日常管理合同审核和结算审计；完成对上海海事职业技术学院、天津海员学校财务收支审计；完成对职业培训分院、党校教学部/企业管理分院、党建研究中心/科研创新中心3家单位内控管理审计。加大监察力度，纠治“四风”问题，紧盯公款吃喝等易发多发问题，有针对性地开展监督检查。开展整治职工群众身边腐败和不正之风工作，开展专项监督和重点整治。

凝聚改革共识，宣传思想工作再上台阶　聚焦建党百年，制定《庆祝中国共产党成立100周年主题活动方案》，督促全体教职员工学习贯彻习近平总书记“七一”重要讲话精神。召开“两优一先”表彰大会，做好50年党龄老党员的走访慰问和纪念章发放。组织开展“学习争先，推动转型”主题活动，进一步推动“思想转型、业务转型、工作转型”。用好各类宣传载体，宣传党的路线方针政策、集团重大决策部署、人才院改革发展成效等，全年共向集团报送新闻通讯83篇，人才院官微共发布新闻通讯227篇，OA内网发布新闻通讯293篇。成立“人文校园”建设工作领导小组、工作小组、专家咨询委员会，召开4次专题会议，制定人才院《“人文校园”建设工作方案》，积极推进人文校园建设工作。组织开展先进评比表彰，全年共有1名同志获评中央企业优秀共产党员、3名同志获评集团优秀共产党员、2名同志获评集团优秀党务工作者、1名同志获评山东省教育系统优秀共产党员、1名同志获评集团“2019—2020年度三八红旗手”、1名教师获评“第二届中国交通教育优秀中青年教师奖”，2个基层党组织获评集团先进基层党组织、1个基层党组织获评山东省教育系统先进基层党组织、航海技术专业教学团队入选第二批“山东省高校黄大年式教师团队”。

促进齐抓共管，提升群团工作质量　召开人才院第一次工会会员代表大会，选举产生第一届工会委员会和第一届工会经费审查委员会。召开学校第一届职工代表大会第一次会议，表决通过了《职工代表大会实施细则》《校务公开实施细则》《集体合同》《员工管理办法（试行）》《薪酬管理办法（试行）》，征集职工代表提案36项。举办以“百年辉煌，筑梦远航”为主题的文艺汇演活动。举办第二届职工趣味运动会。开展了“我眼中的新校区”“留住美好”“我为新校区增光添彩”活动。积极参加党史学习教育，落实“我为群众办实事”，办结三项实事，体现学校的关怀、增进职工的福祉，维护职工的身心健康。全年送温暖活动慰问80余人次，送清凉活动慰问60人次。发动职工开展“我为新校区建设献一计、做一事”合理化建议活动，累计征集合理化建议58条。召开共青团中远海运发展院第一次代表大会，选举产生人才院第一届团委委员会。关注青年发展，组织召开人才院五四总结表彰大会，评选出2020年度优秀团支部5个、优秀团干部43名、优秀团员82名。组织召开青年职工座谈会，鼓励青年职工奋力拼搏进取、努力建功立业。组织团员青年开展党史学习教育66场，参与2724人次。组织“青春心向党”演讲比赛，250余人参赛。

强化综合治理，巩固安全稳定态势 加强疫情防控工作领导，贯彻落实上级各项防控要求，保障校园安全。督促教职员工接种新冠肺炎疫苗，形成校园安全屏障。落实意识形态工作责任制，成立意识形态工作领导小组，定期开展意识形态领域工作情况的梳理和排查。重点做好建党100周年、国庆等重要时间节点期间的校园安全稳定工作，坚决杜绝校园非法传教信教活动，强化师生国家安全教育。履行维稳主体责任，做好苗头性、倾向性问题排查。加强对教职员工、学生学员思想动态的精准摸排，加强思想引导，做好矛盾化解和妥善处理，全年综治信访维稳态势良好。

【纪检监督审计】

纪委工作部/监督审计部在集团纪检监察组和学校党委的领导下，按照“十四五”期间“点线面”协同推进的监督工作格局，围绕改革发展大局以及建设搬迁、培训教学等重点工作，持续强化政治监督，细化日常监督，严肃执纪问责，协助党委推进全面从严治党和从严治校，为人才院开篇布局、转型发展发挥了监督保障执行、促进完善发展的作用。

持续强化政治监督，做实做细日常监督。一是提高政治站位，常态化做好学习贯彻习近平新时代中国特色社会主义思想的监督，加强对贯彻落实集团党组和人才院党委决策部署的监督。对基层党组织开展专项督查，督导整改问题21个。对政治建设、宣传思想工作、“十四五”规划、校区建设搬迁、运营管理等方面提出40余条管理建议和监督意见。二是把握党校姓党的根本原则和立德树人的根本任务，加强对政治建设和意识形态工作的监督。协助党委排查政治建设和意识形态领域问题25个，开展课堂现场监督16次，督导整改问题8项。三是加强对疫情防控和安全生产的监督，印发《关于进一步严明纪律确保疫情防控和安全稳定的通知》，开展疫情防控和安全生产专项检查12次。四是切实加强对“关键少数”、关键岗位人员的监督。约谈34名干部和重点岗位人员，排查廉洁风险69项，形成专题报告供党委决策。协助党委制定《领导干部廉洁自律规定》，完成廉政意见回复45人次，组织90余名校管干部和重点岗位人员开展廉洁承诺。五是加强对重点领域、关键环节的监督。参与新校区建设“1+3+N”监督保障机制，对建设合同、资金支付、建设需求落地等进行监督，完成建设资金支付审核106项6.44亿元。开展单独招生、综合评价招生和夏季高考录取等环节监督，严防违规招生行为发生。开展招生和教育收费专项监督，现场跟踪监督。六是加强审计监督。完成合同审计420项，工程结算审计41项1153万元，物资采购结算审计407项1900万元，参加采购监督69项。对上海海事职业技术学院等5家单位开展财务收支审计或内控管理审计，提出审计意见28条。

坚持严的主基调，一体推进“三不”。一是做好信访举报及问题线索处置工作。对4件信访开展调查核实，严肃处理了一名党员酒后打架的违纪违法案，开展案例剖析，印发案例通报，开展以案为鉴的警示教育。二是持续深化纪律教育，营造风清气正的政治生态。在党史学习教育和“学习争先，推动转型”主题活动中开展党的纪律专题学习。组织专兼职纪检干部、基层党组织书记参加纪律建设专题讲座和专题党课。坚持党风廉政教育常态化，组织开展“纪律教育大家谈”，纪委“大学·清风”公众号推送学习材料70余期130余篇。

加强体制机制建设，完善大监督工作格局。协助党委部署分解、督促落实年度党风廉政建设和反腐败工作任务，下发《2021年党风廉政建设和反腐败工作任务分解表》，明确责任分工，加大监督考核，推进反腐败各项工作落实。注重发挥党风廉政建设和反腐败工作协调小组作用，加强各成员部门之间的信息沟通和协调配合，凝聚反腐合力。加强制度建设，构建监督基本制度体系，印发《廉政档案管理办法》《领导干部廉洁自律规定》《关于在监督执纪第一种形态中运用谈话处置方式的规定》3 个制度。

加强政治巡察，推进问题整改。2021 年，纪委协助党委对代管的天津海员学校党总支、上海海事职业技术学院党委、上远海事培训中心党委开展巡察，共发现问题 38 项 68 个，针对巡察发现的关系改革落地的关键问题，校党委着眼于顶层设计，从教育改革过渡期内的全局出发，设立"改革督导员"制度，紧盯问题，实行上下联动，共同推动问题整改。下半年，完成对本部的职业培训分院、党建研究中心 / 科研创新中心、党校教学部 / 企业管理分院 3 个基层党组织的巡察，共发现问题 41 项 103 个。同时推动巡察整改和成果运用，督促被巡察党组织制定整改方案，建立问题清单、任务清单、责任清单，推动问题整改。

【新校区建设】

在人才院党委的领导下，在集团各职能部门、各兄弟单位的鼎力支持下，新校区建设与搬迁领导小组统一指挥，建设与搬迁指挥部内设工作组同心协力，"1+3+N"监督保障专项组紧密配合，调动全员力量，坚持全程参与、全程监督，全力将新校区建成精品工程、廉洁工程、满意工程、标杆工程，实现了一期项目启用、学历教育搬迁既定目标，为顺利推进集团教育资源改革奠定了基础。

新校一期工程基本建成。一期工程承担着满足学历教育、过渡期内各类培训及总部办公的重要职能。2021 年 4 月 15 日，图文信息中心楼主体结构顺利封顶；8 月 15 日，一期新建工程通过竣前检查；8 月 30 日，通过一期新建工程规划竣工核实；9 月 3 日，一期新建工程、航海楼、轮机楼、教学楼完成消防验收；9 月 15 日，一期新建工程、航海楼、轮机楼、教学楼、综合服务楼完成竣工验收；9 月 16 日，一期新建工程、航海楼、轮机楼、教学楼、综合服务楼完成档案验收；9 月 24 日，一期新建工程、航海楼、轮机楼、教学楼、综合服务楼完成竣工验收备案。建设管理组协同中远海运资产公司，历时 9 个月时间，完成了一期 9.1 万平方米已完工项目的改造、装修 2.6 万平方米的新建工程，以及装修 12 万平方米的室外总体及景观建设；用时一个月时间，完成了所有项目的竣工验收，又在集团建设史上创造了一个里程碑式的纪录。设备设施组负责实训教学场所的建设管理，绘制 109 张设备落位布置图；紧盯进度，组织 400 余人次的教师进驻现场检查，建成船舶航行仿真训练中心、船舶通信训练中心、轮机模拟器实训中心、船舶动力装置操作训练中心等各类实训中心 28 个、实训室 144 个，建设了具有国际先进水平的船舶操纵模拟器、全任务轮机模拟器、船舶电站、船员体感中心等实训室，为赋能集团建设世界一流企业和高素质航海人才队伍培养创造了良好的硬件条件。智慧校园组将信息化建设向智慧云应用方向发展，完成 6 处专线会议室、81 间教室、203 间实训室、1435 间公寓的网络测试和验收，3000 人次人员的信息导入和权限配置；借助先进的腾讯云和网络应用创新技术，通过感知化、互联化、智能化的方式，将安防、服务、节能、教学、园区管理等场景链接起来，实现可以指挥控制、辅助决策、实时反应、协调运作的智慧化系统。围绕新校区智慧化管理项目的总体要求，在校建设与搬迁指挥部的统筹安排下，智慧校园一期工程实现了整体成功交付、应用平稳的目标；数据中心、校园网络服务、新一代一卡通系统、视频监控安防系统、智餐系统、指挥中心大屏、多媒体系统、校园音响系统，以及智慧教室等运行良好，初步实现了"一卡（机）在手，走遍校园"的目标，校园运行和服务效率大为提高，校园服务的舒适度良好。文化建设组负责人文校园的建设，制定了《人文校园建设工作方案》，明确总体目标、实现路径、具体举措，传承红色基因，体现航海特色，宣扬企业文化，建设精神家园。搬迁实施组充分发扬"西迁精神"，全力统筹各方资源，对全校 8333 件总资产进行清点排查，科学制定了 15 个搬迁主体单位、70 个实训室的搬迁实施方案、任务书和时间表，累计搬迁项目 275 项，运输近700车，搬运重量约5000吨，搬运实训室161个，搬迁图书30万册、档案700柜、师生3400人次，圆满完成校区历史性搬迁。9月29日，集团时任董事长、党组书记许立荣出席新校区启用仪式，称赞“新校建设创造了奇迹，标志着集团教育资源整合改革圆满完成，标志着集团20项重大改革圆满收官”。

新校二期工程全面展开。3月2日，二期工程取得建设工程规划许可证；3月5日，取得建筑工程施工许可证，标志着二期工程全面开工建设。11月27日，学员宿舍楼主体结构顺利封顶，领导力主楼、室内体育中心楼完成地下结构施工。依托“1+3+N”监督保障机制，先后组织召开1次新校区专题推进会、5次建设协调会，基本确定了二期工程室外景观设计方案及室内装修和家具配置方案，谋划推动二期项目高标准、高质量建设，为将人才院建设成为“中国一流企业党校，世界一流企业大学”打下了坚实基础。

“三大校园”统筹推进。打造人文校园，在设计上凸显时代特征、企业特色、航海特点，以建设良好校风、教风、学风为核心，以优化美化校园人文环境为重点，加快建设具有新时代特征、传承红色基因的先进文化、彰显中华文明的优秀文化、策源和宣贯中远海运企业文化的人文校园。打造绿色校园，依循绿色发展理念，注重环境生态、历史传承和未来空间，突出环境导向、文化导向和使命导向，依托背靠大珠山、面朝蔚蓝大海、中间是自然坡地的自然区貌，努力打造背靠大山、面朝大海、四季花开的绿色校园。目前，一期景观设计初步完成，二期相关工作正加快推进。未来将形成四季花期交替、处处有景可赏的绿化效果，体现树成林、花成片、草成坪、翠成影的景观生态。打造智慧校园，制定颁布《人才院智慧校园建设规划》，实施“信息化－数字化－智能化”三步走路线图，规划建设网络全覆盖、应用全归集、场景全可视、数据全治理的智慧型人才院。目前正着手构建适应人才院业务特点和发展需求的新型IT架构模式，助力校园运行全数字化治理转型。

（欧阳木林　孙明霞　姜丽莉　刘媛）

中远海运（南美）有限公司

中远海运（南美）有限公司

【公司概况】

中远海运（南美）有限公司[简称“南美公司”，英文简称 COSCO SHIPPING（South America）]，是中远海运集团直属二级单位，其前身为 2013 年 5 月 27 日中国海运（集团）总公司注册成立的中国海运南美控股有限公司。2016 年 3 月，中远海运集团决定对原中远集团、原中海集团在南美地区的资产和业务进行重组整合，成立中远海运（南美）有限公司。2016 年 9 月，公司正式投入运营（2017 年 5 月正式完成更名），是中远海运集团在南美的区域管理公司。

南美公司注册资本 250 万美元，折合 585 万巴西雷亚尔。其中，中远海运集团持有该公司 95% 的股份，中远海运（北美）有限公司持有 5% 的股份。

南美公司的组织结构如图 14–13 所示。

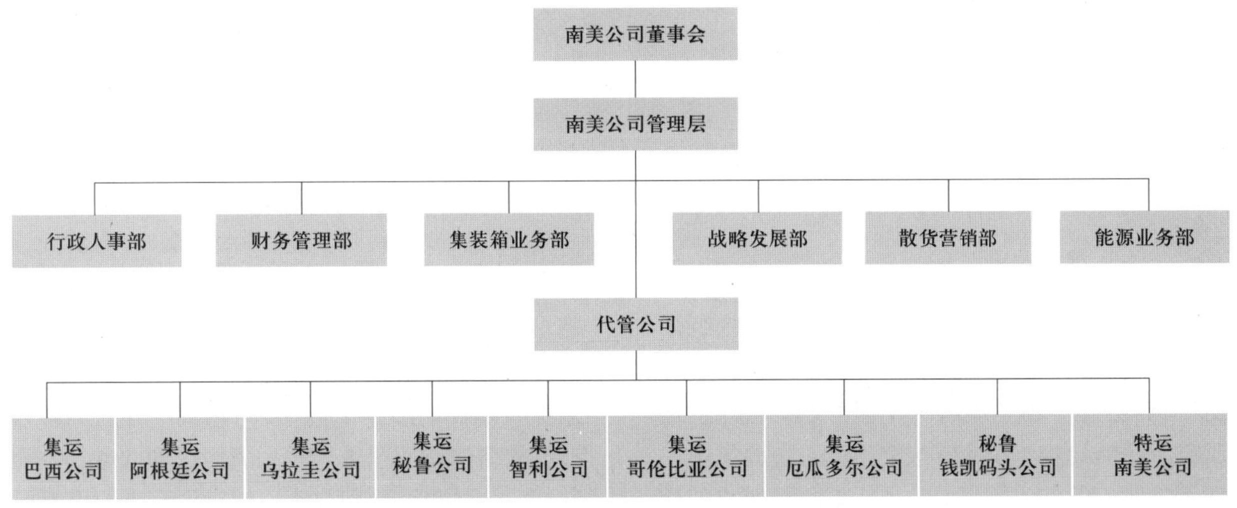

图14–13　南美公司组织结构图

【经营业务】

南美公司经营的业务主要包括船舶代理、货运代理、集装箱买卖修理，船舶配件及修造船业、船舶加油及综合贸易、码头及仓储投资等。

【管理职能】

2021 年，南美公司实际履行的管理职能包括集运业务和非集运业务两大块。

1. 集运业务

南美公司下设集装箱业务部行使集运南美分部管理职责，管理集运总部下属的中远海运集运（巴西）有限公司、中远海运集运（阿根廷）有限公司、中远海运集运（乌拉圭）有限公司、中远海运集运（秘鲁）有限公司、中远海运集运（智利）有限公司、中远海运集运（哥伦比亚）有限公司和中远海运集运（厄瓜多尔）有限公司。主要负责南美区域内市场营销和开发、供应商协议谈判和管理、供应链物流、箱管操作、船舶码头操作、客户服务、BPS、分代理管理、财务结算、考核等各方面的工作。

2. 非集运业务

南美公司管理的业务主要包括非集装箱船舶代理、非集装箱业务的市场开发和营销、集装箱买卖业务，退租和调运、船舶配件及修造船业、船舶加油及综合物流和贸易、码头及仓储投资等。

【公司组成与员工】

2021 年，南美公司设有行政人事部、财务管理部、集装箱业务部、战略发展部、散货营销部和能源业务部 6 个部门。截至 2021 年年底，公司共有雇员 28 人，其中中方外派人员 6 人，当地员工 22 人。

南美公司（南美分部）常务副总经理为陈珲，党委书记、副总经理为叶敬彪。

【发 展 战 略】

南美公司的发展战略立足南美市场，依托海外业务协同平台，强化以客户需求为导向的综合营销管理模式，创造价值，实现集团利益最大化。围绕航运主业，做实集运，培育发展非集运业务，服务综合航运物流供应链战略转型。打造集团在南美地区的业务协同平台。依托集团品牌效应及整合各专业公司在南美业务的规模优势，协助各专业公司在散货、件杂货、综合物流上积极拓展南美地区业务。

【经 营 效 益】

南美区域内各公司汇总口径 2021 年营业总收入为 34 677.54 万元，比上年 24 513.60 万元增加 41.46%；合计利润总额为 7 208.81 万元，比上年 2 441.20 万元增加 195.30%；净利润总额 4 561.22 万元，比上年 1 592.30 万元增加 186.45%。

【所管理公司概况】

1. 中远海运集运（巴西）有限公司

1994 年 6 月 8 日，中远美洲公司和巴西当地 CORY 公司共同出资成立中远巴西公司，主要从事船舶代理和集装箱货运代理业务。1998 年 10 月，CORY 公司退出。2007 年 12 月，中国远洋运输（集团）总公司和中远美洲公司将股份分别转予中远集运和中远集运美洲公司。2016 年 7 月 1 日，原中远巴西公司和原中海巴西公司正式合署办公，并顺利完成业务切换。2016 年 10 月，“COSCO SHIPPING LINES (BRASIL) S/A”的工商登记完成，注册资本 52 万巴西雷亚尔。公司设市场营销部、操作部、客服部、财务部、综合部 5 个部门，在圣保罗和桑托斯设有办公室。截至 2021 年年底，公司现有员工 60 名，其中中方外派员工 3 名，巴西籍员工 57 名。总经理为李政。

2. 中远海运集运（秘鲁）有限公司

中远海运集运（秘鲁）有限公司的前身是中远秘鲁公司，于 1996 年 6 月成立。2001 年年初，中远秘鲁公司被中远集运美洲公司并购，从 2012 年开始秘鲁公司注册资本增至 50 万美元，2016 年 9 月 28 日正式更名为中远海运集运（秘鲁）有限公司。目前秘鲁公司股权结构是中远海运集运（北美）有限公司占股 99%，中远海运（北美）有限公司占股 1%。公司负责中远海运集远在秘鲁各口岸的船舶代理和货运代理业务。公司总部位于秘鲁首都利马市，有市区和卡亚俄港区两个办公场所，设有市场营销部、客服部、操作部、财务部、行政部等部门。现有在职员工 42 人，其中外派员工 3 人，集运精英计划 1 人。现任总经理为谢梓凯。

3. 中远海运集运（乌拉圭）有限公司

1996 年 10 月 1 日，中远南美公司与 Agencia Maritima Repremar S. A. 合资成立中远乌拉圭公司，注册资本 200 万乌拉圭比索（按当时汇率折 25 万美元），中远南美公司占股 55%，Repremar 占股 45%。1999 年 9 月，中远南美公司收购了对方股份解除合营，成为中远乌拉圭公司的全资母公司。2003 年 7 月 1 日，中远南美公司撤销，中远乌拉圭公司 100% 的股权转让给中远美洲公司。2011 年 1 月，中远美洲公司将所持中远乌拉圭公司 100% 股份转让给中远集运美洲公司。2016 年，中远集运美洲公司更名为中远海运集运（美洲）公司。2018 年 7 月 16 日，中远乌拉圭公司更名为中远海运集运（乌拉圭）公司。2020 年年底，中远海运集运（美洲）公司将中远海运集运（乌拉圭）有限公司全部股权转让。目前中远海运集运（乌拉圭）公司是中远集运(香港)公司的全资子公司。公司下设操作部、市场销售部、客户服务部、财务部和行政部。截至 2021 年年底，公司有 19 名员工，其中中方外派人员 2 名。现任总经理为陈宁。

4. 中远海运集运（智利）有限公司

中远海运集运（智利）有限公司位于智利首都圣地亚哥，前身是中远智利公司，成立于 1996 年 9 月 6 日，由中远南美公司与智利当地代理 Somarco 合资组建，注册资本为 20 万美元。其中，中远南美公司占股 51%，Somarco 占股 49%。2016 年 9 月，新集运北美公司向合资方收购了 24% 股权，中远海运占股提高到 75%。公司现设有销售部、操作部、财务部、单证客服部、行政部 5 个部门，业务范围包括中远海运集运船舶代理、市场营销、客户服务、供应商管理、集装箱设备管理等。截至 2021 年年底，公司现有员工 43 人，其中中方员工 3 人。总经理为殷勇。

5. 中远海运集运（阿根廷）有限公司

中远海运集运（阿根廷）有限公司前身是中远阿根廷海运股份有限公司，成立于 1995 年 9 月 25 日，是由中远集团投资控股的独资公司。公司注册资本 10 万美元，固定资产 150 万美元。公司在阿根廷首都布宜诺斯艾利斯市帕塞欧・科隆（PASEO COLON）大街 221 号一楼购 700 平方米办公楼一层作为办公地址。2011 年 1 月，由中远集运美洲公司以 220.8 万美元收购 98% 的股份，股份分配为中远集运北美有限公司（CCLA）98%，中远北美有限公司（CAI）2%。2016 年整合更名为中远海运集运（阿根廷）有限公司，中远海运北美有限公司占股 2%，中远海运集运北美有限公司占股 98%。公司主营船舶代理业务和集装箱进出口货运代理服务。2021 年，中远海运集运北美有限公司将持有的 98% 股权转让给中远集运香港有限公司。股份分配为中远集运香港有限公司 98%、中远海运北美有限公司 2%。目前，公司设有市场营销部、客服部、操作部、财务部和综合部 5 个部门，无下属分支机构和外派办事处。截至 2021 年年底，公司有员工 31 名，其中中方外派员工 3 名，本地籍员工 28 名。总经理为万铁根。

6. 中远海运集运（厄瓜多尔）有限公司

中远海运集运（厄瓜多尔）有限公司成立于 2021 年 11 月 1 日，是中远海运集运（巴西）有限公司和厄瓜多尔当地代理 Delpac 合资组建，注册资本 30 万美元。其中，中远海运集运巴西公司占股 70%，合资方 Delpac 占股 30%。总经理为陈凯。

7. 中远海运集运（哥伦比亚）有限公司

中远海运集运（哥伦比亚）有限公司成立于 2019 年 7 月 13 日，在 2020 年 2 月 28 日正式启动运营，由中远海运集运（巴西）公司占股 70%，原本地代理 Oceanica SAS 占股 30%，注册资本 20 万美元。公司设立在哥伦比亚首都波哥大（113 街 7–21 号 A 座八楼）。公司主营中远海运和东方海外双品牌的船舶代理业务和集装箱进出口货运代理服务，目前设有市场营销部、客户服务部、操作部、综合部和财务部 5 个部门，以及东方海外哥伦比亚办公室，在卡塔赫纳设立有港口办公室，在麦德林、卡利和巴兰基亚三地设有销售网点。截至 2021 年年底，公司有员工 53 名，其中中方外派员工 2 名，本地籍员工 51 名。现任总经理为王明辉。

8. 中远海运特种运输（南美）有限公司

中远海运特种运输（南美）有限公司于 2021 年 1 月 14 日注册成立，由中远海运南美有限公司和中远航运（香港）投资发展有限公司合资组建。公司注册资金 144 万巴西雷亚尔，中远航运（香港）投资发展有限公司占股 55%，中远海运南美有限公司占股 45%。公司代表中远海运特运在南美地区开展揽货业务，协助其开展南美市场开发、客户维护、营销网络管理和船舶现场服务。公司位于巴西圣保罗市。截至2021年年底，公司有员工2名，其中中方外派总经理1名，本地籍公司副总经理1名。按照规划，公司拟设财务行政部、市场营销部和操作部3个部门。总经理为吴家达。

9. 中远海运港口秘鲁钱凯公司

中远海运港口秘鲁钱凯公司于2019年5月成立，由中远海运港口有限公司和秘鲁火山矿业集团（Volcán Compañía Minera S.A.A.）两家公司共同持股，其中中远海运港口有限公司持股60%，Volcán Compañía Minera S.A.A. 持股40%。公司办公地址为 Av. Manuel Olguin 375 Surco，11 floor，Lima，Peru。中远海运秘鲁钱凯码头是中远海运港口在南美洲的第一个控股绿地项目，主要投资建设并运营秘鲁钱凯码头，项目总投资预计为12.98亿美元（不含税），主要建设4个主要泊位，以及后方辅建区和连接隧道，其中1～2号为多用途散货码头，共约620万吨吞吐能力，3～4号为集装箱码头，共约100万TEU吞吐能力，项目投产运营期预计为2024年。公司管理实行董事会领导下的总经理负责制，下设行政部、人事部、采购部、安全部、社区环境部、法律部、内部审计部、公共关系部、操作部、商务部、工程部和财务部。截至2021年12月31日，公司总资产4.26亿美元，在职员工66人，其中外派人员5人。总经理为陈立辉。

【所管理公司经营情况】

1. 中远海运集运（巴西）有限公司

2021年，在集运总部和南美公司的正确指导下，中远海运集运（巴西）有限公司各项业务顺利开展，并取得了较好的成绩。2021年，公司完成销售出口箱量95 950TEU，local出口箱量完成101 869TEU，均完成上级下达的任务指标。

2. 中远海运集运（秘鲁）有限公司

2021年，在集运总部和南美公司的正确领导下，中远海运集运（秘鲁）有限公司顶住当地第四波疫情的冲击，一方面落实公司各项疫情防控措施，确保员工身体健康，另一方面在居家办公的条件下，为客户提供周到的服务。在全体员工的共同努力下，2021年公司顺利完成集运总部年初下达的主要考核指标。全年共完成销售箱量43 915TEU，指标完成率118%，同比增长39.58%；local箱量45 574TEU，完成预算指标120%，同比增长26.78%；完成销售收入3489万美元，同比增长80%。

3. 中远海运集运（乌拉圭）有限公司

2021年，在集运总部和南美公司的正确指导下，中远海运集运（乌拉圭）有限公司各个部门密切配合，全体员工共同努力，克服新冠疫情全球暴发的巨大困难，各项业务得以顺利开展，取得较好成绩。全年完成销售箱量15 002TEU，完成预算指标111%；local出口箱量完成15 037TEU，完成预算指标101%；local收入2446万美元，完成预算指标157%。

4. 中远海运集运（智利）有限公司

2021年，在集运总部和南美公司的正确指导下，中远海运集运（智利）有限公司按上级要求一方面加强疫情防控，确保公司财产和员工健康安全，另一方面狠抓生产经营，在品牌推广方面取得较好效果，较好完成各项生产任务指标。2021年，local出口箱量完成92 102TEU，销售箱量完成97 816TEU，均完成上级下达任务指标。

5. 中远海运集运（阿根廷）有限公司

2021年，在集运总部和南美公司的支持和指导下，中远海运集运（阿根廷）有限公司各项业务顺利开展，取得了较好的成绩。全年local（中远侧）出口箱量完成23 347TEU，完成预算指标103%；销售箱量完成18 688TEU，完成预算指标131%。在协同效应上取得明显成果，超额完成利润考核。

6. 中远海运集运（厄瓜多尔）有限公司

2021年11月，中远海运集运（厄瓜多尔）有限公司正式开业，各项工作顺利承接。公司只利用年底两个月的时间消化掉了开办期的所有费用，并达成了年终盈利及箱量增长。

7. 中远海运集运（哥伦比亚）有限公司

2021 年，在集运总部和南美公司的支持和指导下，中远海运集运（哥伦比亚）有限公司各项业务不断取得突破，较好地完成了全年任务。受疫情影响，市场总体货量下滑严重，但公司全年出口 local 箱量完成 15 380TEU，同比增长 89%；进口 local 箱量完成 60 248TEU，同比增长 66%。除箱量指标外，公司利润、滞期费实收、端到端客户开发等均超额完成指标，整体运营状况保持快速成长的趋势。

8. 中远海运特种运输（南美）有限公司

2021 年，在中远海运特运和南美公司的支持和指导下，中远海运特种运输（南美）有限公司各项业务顺利开展。年内完成签订 BRACELL、LDC 和 JARI 三个纸浆长签合同，其中 BRACELL 合同有效期 10+5 年，LDC 和 JARI 合同有效期 3+2 年；年内完成板材和纸浆现货揽货 12.8 万吨；全年完成监装任务 60 艘次/98 港次，总操作货量约 236 万吨，较好地完成上级下达的任务。

9. 中远海运港口秘鲁钱凯公司

截至 2021 年年底，钱凯公司仍处于在建期间，没有从事生产经营。（徐国栋）

中远海运（比雷埃夫斯）港口有限公司

中远海运（比雷埃夫斯）港口有限公司

【公司概况】

中远海运（比雷埃夫斯）港口有限公司（简称“中远海运比港”，英文简称PPA），是中远海运集团第一家海外控股的港口有限公司。公司注册地为希腊比雷埃夫斯市，注册资本5000万欧元，主要经营业务包括邮轮码头、渡轮码头、滚装船（汽车）码头、集装箱码头、船舶修理、物流仓储。截至2021年年底，公司员工总数960人。

中远海运比港前身为比雷埃夫斯港务局，于1930年在希腊成立，是希腊一家大型国有公共服务企业，1999年改为股份有限公司。2002年，比雷埃夫斯港务局与希腊政府签订了为期50年的特许经营权协议，并依据该协议对比雷夫斯港进行经营。2003年，比雷埃夫斯港务局股份有限公司在雅典证券交易所挂牌上市（股票交易代码为“PPA”）。2014年3月5日，希腊宣布启动比港私有化项目，出售比港67%股权。原中远集团以中远（香港）集团有限公司作为竞标主体参与竞标。2016年1月20日，希腊共和国资产发展基金正式宣布中远（香港）集团有限公司中标比港67%股权出售招标。2016年2月，中远集团和中海集团重组合并成立中远海运集团。2016年8月10日，中远海运集团通过中远（香港）集团有限公司（以下简称“香港公司”）与希腊国有资产开发基金正式签署股权转让协议，收购比雷埃夫斯港务局67%股权（其中16%股权有条件延期交割），并将其改组成为中远海运（比雷埃夫斯）港口有限公司。2021年10月25日，在集团和香港公司的指导下，中远海运比港通过艰苦的谈判，完成比港第二阶段股权交割，使得中远海运在比港的股权从51%提升到67%，拥有绝对控股权。

【生产经营】

2021年是“十四五”规划的开局之年，也是中远海运比港作为交通强国建设试点的起步之年。公司已将“十四五”规划与比港强制与自主投资计划有机融合，制定了明确的项目推进规划。公司将在做好疫情防控的前提下，继续以优化产业链供应链布局为战略引领，做大做强综合码头业务，助力中欧陆海快线建设，强化比港在跨区域综合运输大通道中的枢纽地位。

精益经营稳步推进集装箱码头一体化。2021年，比港集装箱码头（含特许经营权收入）公司通过实施一体化经营，改善了集装箱业务的操作能力和防御拥堵的能力，提升了码头操作效率并有效控制了操作成本，继续保持地中海地区领先大港地位。加快提升集装箱板块产能。码头资源持续整合，完成1号集装箱码头场地改造，新购桥式起重机投产，CATOS操作系统二期模块上线，1号集装箱码头净桥时效率（23.30mph）刷新历史最好纪录。加强与集运、港口和PCT的协同配合，做好市场营销，成功引进长荣CES、集运远东—比港—美东钟摆、CMA地东—黑海EMBX和ADMIRAL土耳其—希腊—北非TGT等多条干支线。截至2021年12月31日，比港全年完成吞吐量531万TEU，同比下降2.30%，继续保持地中海领先大港地位。其中，1号集装箱码头完成吞吐量61.3万TEU，同比增长13.5%，较疫情前2019年增长25.2%。

有效应对港口突发性拥堵。面对苏伊士运河堵塞、恶劣天气、非法堵门和罢工等因素造成的船舶集中到港，以及码头基建改造等给操作带来的影响，密切协调船公司事先做好准备，优先配置人力、设备等资源，优化支线操作安排以加快中转箱疏运，确保了码头的正常生产运营秩序和箱量未受明显影响，得到各大班轮公司和货主的充分肯定。

稳步推进各项强投项目。2021 年，公司全年完成强投 3399 万欧元，累计完成强投 1.18 亿欧元，强投项目累计完成率 39%。作为交通强国试点工作的重要内容，截至 2021 年 12 月 31 日，公司已累计完成强制性投资 1.18 亿欧元，占强投总额的 39%。其中，邮轮码头扩建工程取得明显进展，全年完成投资 1733 万欧元；修船区域基础设施升级改造和汽车码头扩建等重点工程相继开工建设；各设备购置项目完成采购合同签订；五角仓库改造和 1 号集装箱码头堆场 ERTG 改建项目设计等已提交当地政府部门审批。公司在推进强制性投资项目的同时，结合“十四五”规划发展蓝图，积极开展自主性投资项目前期调研工作，包括 1 号集装箱码头扩建、港口 LED 灯升级改造、码头岸电设施等项目等可行性研究。

数字赋能着力比港数字化建设。2021 年，公司重点开展汽车船码头操作系统建设、数据中心扩容、GDPR 配套网络安全系统实施，以及全港区智能安防系统、港区无线通信网络、IP 电话升级改造的实施工作。在实施系统升级优化过程中，公司融入先进企业管理理念，提高单位劳动生产效率和市场服务水平。数据中心扩容项目于 2021 年 11 月底完成交付验收，扩充了比港数字化发展的硬件资源，夯实了信息化基础设施的可靠性和稳定性，为后续数字化港口和绿色港口建设奠定了基础。

推进比港绿色产业促进可持续发展。截至 2021 年 12 月，欧盟对欧洲港口的岸电推广标准尚未明确，希腊政府对于岸电的电力来源也在进行内部的筹备。中远海运比港继续与欧洲海港组织（ESPO）、希腊海运部及希腊能源监管局（RAE）等相关机构保持密切沟通，进一步开展对比港未来绿色港口及岸电改造等项目的深入研究实施，强化比港的能耗管理，持续贯彻“碳中和”，努力将比港建设成为“环境友好型”“节能环保”的绿色智慧型港口。

【经营效益】

中远海运比港从 2021 年年初起就坚决贯彻集团对比港项目的经营要求，努力克服疫情、罢工等不利因素的影响，保持了稳健的经营业绩，维护了中远海运集团海外上市公司的国际形象，保护了包括集团、希腊共和国基金在内的股东利益。2021 年，公司经营效益创历史记录，全年实现营业收入 117 954 万元，比 2020 年增长 12 968 万元，增幅 12.4%；净利润 30 739 万元，比 2020 年增长 9874 万元，增幅 47.3%。

【重要活动】

2021 年 1 月 25 日 公司代理总裁张安铭与希腊国务部长耶拉佩特里蒂斯举行视频会议，就中远海运比港第二阶段 16% 股权交割问题进行沟通，并做多方工作。

2021 年 1 月 27 日 公司代理总裁张安铭拜会希腊副总理比克拉梅诺斯，就中远海运比港第二阶段 16% 股权交割问题交换了意见。

2021 年 2 月 22 日 公司按计划完成 2020 年度财报披露，于 2 月 23 日与位于全球二十多个国家和地区的投资机构召开业绩说明会，介绍比港业绩并就相关问题展开交流。希腊国民银行 2 月 25 日发布的研究报告，对中远海运比港股票价格给予跑赢大盘的评级，认为中远海运比港股价较当前水平有 33% 的上涨潜力，主要推动因素是中远海运集团的投资建设、专业管理能力、成本管控效果和疫情防控表现。

2021 年 3 月 5 日 公司副总裁翁林与希腊海岸警卫队在比港干坞区域举行会见，祝贺海上巡逻舰 Agios Efstratios（舷号 HCG 080）在比港圆满完成维修重新入列。希腊海岸警卫队负责人对中远海运比港在维修过程中给予的支持和帮助表示感谢，并得到当地媒体的广泛报道。

2021 年 3 月 5 日 公司代理总裁张安铭会见了新任希腊超级基金总裁迪米特里亚迪斯，感谢超级基金作为中远海运比港小股东希腊私有化基金的母公司，长期以来给予中远海运比港的支持，并就进一步加强双方合作交换了意见。

2021 年 3 月 31 日 公司董事长俞曾港率队与比雷埃夫斯市长莫拉利斯和希腊海运部副部长卡查法多斯在比雷埃夫斯市政厅举行会谈。双方就邮轮码头扩建中的有关事宜、中远海运主动履行社会责任的情况、比雷埃夫斯市政府关心的中远海运比港总规划中部分配套项目进行了交流，并就合作建设儿童乐园的事项达成初步意向。会议吸引了当地媒体的广泛关注和当地社区的积极评价，对中远海运比港有关建设项目和重要关切有着积极作用。

2021 年 4 月 8 日 公司管理层会见了希腊海运部部长普拉基奥达基斯，双方就如期交割 16% 股权、加快解决引水服务短缺，以及与当地行业组织、监管部门进一步加强沟通与合作等问题交换了意见。

2021 年 4 月 14 日 公司管理层在当地复活节前夕，向比港周边比雷埃夫斯市、派拉马市和萨拉米斯市的 3000 个贫困家庭儿童致以节日问候并赠送慰问品，得到媒体广泛报道和社会好评，进一步加强了比港与当地政府和社区的互信，为比港的经营发展营造了积极的氛围。

2021 年 4 月 15 日 按照年度投资关系工作计划，公司管理层与雅典证券委员会组织的 30 多家投资机构，以视频会议的形式召开网上业绩交流会，详细介绍了比港 2020 年度经营业绩和投资者关心的问题，获得了投资者一致好评。

2021 年 4 月 26 日和 29 日 董事长俞曾港和代理总裁张安铭深入生产部门一线、总部大楼和三大工会办公地进行复活节慰问，提醒各部门做好假期值守，加强安全管控，确保生产平稳有序，度过一个高效、安全、祥和的假期。

2021 年 5 月 12 日 公司管理层受邀在德尔菲论坛和波塞冬海事展上发表主旨演讲，介绍了中远海运比港项目合作共赢的理念和经营成绩，阐述了希腊港口业的商业价值和发展潜力。德尔菲论坛和波塞冬海事展是当地最具影响力的经济论坛和行业展会，对加强公司形象建设和促进当地融合发挥着重要作用。

2021 年 5 月 13 日 公司根据投资者沟通年度工作计划，召开线上投资者交流会，与 10 余家当地投资机构就 2020 年业绩和 2021 年经营情况进行交流。投资者对比港的经营成绩给予肯定，对 2021 年的经营业绩和港口投资建设情况给予关注和期待。

2021 年 6 月 23 日 公司管理层出席集团《数星星的孩子》新书发布活动，向希腊国务部等 10 余个国家部委和周边市政府赠送书籍，并通过当地 30 多家主流媒体进行宣传报道，获得希腊社会各界好评。

2021 年 6 月 30 日 公司管理层出席由雅典经商大学商务孔子学院组织的希中经贸线上研讨会，并发表“在希腊经商的挑战和机会”主题演讲。

2021 年 6 月 30 日 公司管理层接待了到访的东南亚国家使节代表团，重点介绍了比港的发展情况和未来前景。

2021 年 7 月 5 日 公司管理层会见了希腊海运部长，就比港强投、港口运营和发展进行了交流。

2021 年 7 月 7 日 公司管理层会见了由塞浦路斯海运部副部长代表团，双方就比港经营情况和开通比雷埃夫斯至塞浦路斯利马索尔港渡轮航线等事项进行了深入交流。

2021 年 7 月 14 日 公司管理层会见到访的日本驻希腊大使代表团，双方就未来港口发展方向和欧洲港口现代化转型等议题进行了交流。

2021 年 7 月 16 日 中远海运比港圆满召开 2020 年度股东大会。会议审议了《关于 2020 年度财务报告的议案》《关于 2020 年度分红方案的议案》《关于选举新一届董事会的议案》等 12 项议案。董事长俞曾港主持会议并指出，在比港全体员工的共同努力下，中远海运比港在 2020 年成功应对新冠疫情挑战，保持了良好的盈利能力和地中海领先港口的地位，后续将继续做好港口的投资建设和持续提高公司的盈利能力。股东大会对中远海运比港 2020 年的业绩给予积极肯定，各项议案均顺利得到表决通过。

2021 年 7 月 26 日 公司与中国社会科学院

完成有关比港课题研究的合作谈判。中国社会科学院将与希腊智库合作就中远海运比港对希腊经济社会发展的贡献开展研究，重点研究比港项目近5～10年乃至未来更长时间段内，对希腊整体经济、就业、相关行业发展，以及社会责任方面所起推动作用进行定性和定量分析。

2021年7月27日 公司参加进口博览局和国家会展中心举办的2021年进博会参展商联盟交流会暨第五届进博会签约仪式，完成中远海运比港参展第五届进博会的合同签署，并积极筹备将于2021年11月举行的第四届进口博览会。

2021年8月18日 董事长俞曾港代表公司向希腊希俄斯海事博物馆赠送中远海运狮子座2万TEU集装箱船船模。希腊北爱琴海省副省长布达诺斯、希俄斯市长卡乐曼奇斯、希俄斯海事博物馆董事会主席等出席仪式。

2021年9月16日 应中国驻希腊大使馆邀请，公司董事长俞曾港出席了在雅典举行的中希文化和旅游年开幕式。开幕式上，李克强总理在视频讲话中称中远海运比港项目是中希合作的典范。公司前期受集团委托完成的《数星星的孩子》出版发行活动是文旅年活动之一。

2021年9月22日 公司董事长俞曾港在希腊私有化基金总部与希腊海运部长和财政部长共同签署修改后《特许经营权修订协议》，代理总裁张安铭代表香港公司签署了修改后的《股权买卖修订协议》和《股东修订协议》，标志着第二阶段16%股权交割完成了协议修改和签署环节。

2021年9月28日 公司召开董事会审议2021年财务中期报告，并于当天发布半年报。2021年上半年，中远海运比港实现营业收入7200万欧元，同比增长8.27%；实现利润总额2084万欧元，同比持平。

2021年9月29日 公司与来自英国和意大利的机构投资人召开现场投资者交流会，深入交流了中远海运比港2021年上半年的经营业绩、主要业务板块的经营情况、公司财务状况和投资规划等情况。

2021年10月6日 公司与希腊共和国基金完成第二期股权交割有关手续，公司管理层出席并完成交割确认文件的签署。

2021年10月20—22日 公司完成欧洲绿色港口会议的筹备和组织。公司管理层代表在开幕式和欢迎晚宴上致辞，介绍了比港在环境保护和绿色港口方面的愿景和举措；公司有关部门在会议中做了相关主旨演讲。

2021年10月25日 根据集团统一部署，公司完成第二期股权交割确认书交换仪式的希腊会场筹备和参会工作，中国驻希腊大使、希腊海运部部长、投资发展部部长、希腊共和国基金会主席等有关人员出席了会议。会后，公司董事长俞曾港接受中国环球电视网的采访，就第二期股权交割、比港建设发展、疫情期间的港口运营情况进行了介绍，以加强比港项目的形象宣传。

2021年11月5—10日 公司成功完成第四届进博会参展工作，利用进博会有效展示了比港集装箱、邮轮、渡轮、汽车船码头、修船等业务板块的作业能力和客户服务水平，并接受央视等媒体的远程采访，进一步宣传比港“一带一路”典范项目的作用。同时，本着以客户为中心的理念，在进博会向比港邮轮码头客户Celestyal分享展台资源供其进行业务推介，有效提高其对比港的客户满意度。

2021年11月11日 副总裁翁林代表公司参加了中国驻希腊使馆召开的中资企业安全生产座谈会。会上，中国驻希腊大使肖军正肯定了中远海运比港的舆情引导工作，特别是通过及时、有序的舆情引导，有效平息了有关意外事故引发PCT外包商工会非法堵门罢工对集团品牌和中远海运比港形象的负面舆情。

2021年11月15日 董事长俞曾港代表比港项目和中资企业协会参加了旅希中国公民安全工作三方联席线上会议，中国驻希腊大使肖军正、阿提卡省警察局长乔弗里斯少将、希腊警察总部国际合作局局长斯塔夫拉卡基斯上校出席会议。董事长俞曾港代表中资机构向希腊警察部门提出请求，为中资企业和全体中希方员工提供更加安全稳定的生产经营环境和生活工作环境，同时希望希腊警方对每年都会在PCT集装箱码头发生的工会非法罢工堵门情况给予更加及时有效地处理。

2021年11月19日 中国驻希腊大使肖军正一行到访中远海运比港，董事长俞曾港率领领导班子向肖大使介绍了比港项目的投资建设、经营业绩、社会贡献、疫情防控等情况，肖大使肯定了比港项目务实合作、跨越发展、共建“一带一路”的典范作用，希望比港项目抓住第二阶段股权交割契机，进一步落实双方领导人的重要共识，推动比港获得更大发展。

2021年12月8日 公司董事长俞曾港与到访的法国国民议会议员、法中友好小组主席陈文雄先生及法国国民议会议员 Berengre POLETTI 女士进行会谈，详细介绍了中远海运秉承互利共赢理念在比港的投资建设、经营发展和社会贡献等情况。法国国民议会代表团积极评价比港项目的投资发展理念和社会经济贡献。

2021年12月17日 公司董事长俞曾港与到访的法国运输部部长 Jean-Baptiste DJEBBARI 一行进行会谈。双方就比港项目的投资经营和经济贡献情况、港口行业发展趋势、绿色港口和港口数字化等进行了交流。

【财务状况】

截至2021年12月31日，中远海运比港资产总额379 883万元，期末货币资金总额97 448万元；负债总额180 497万元，所有者权益199 386万元；资产负债率47.51%，上年度为48.78%。2021年中远海运比港主要经营指标及2021年度“两利四率”情况见表14-26、表14-27。

2021年中远海运比港各业务板块业务完成量 表14-26

业务	单位	2021年	同比
比港集装箱业务总量	TEU	5 311 776	-2.30%
集装箱业务	TEU	615 510	14.00%
邮轮业务	人次	303 665	1724.91%
	艘次	380	295.83%
渡轮业务	人次	11 896 187	14.69%
	车次	2 521 898	11.06%
滚装业务	辆	429 213	40.64%
修船业务	进出坞艘次	141	16.53%
物流业务	吨	131 662	57.82%

2021年中远海运比港“两利四率”情况表 表14-27

指标名称	2021年
净利润（万元）	30 739
利润总额（万元）	40 263
营业收入利润率（%）	31.42
资产负债率（%）	47.51
全员劳动生产率（元/人）	960 375
研发（R&D）经费投入强度(%)	3.06

2021年，董事会下达收入预算指标115 720万元，实际完成117 954万元，完成率102%；利润总额指标29 924万元，实际完成40 263万元，完成率135%；净利润指标23 000万元，实

际完成 30 739 万元，完成率 134%。

2021 年度支付希腊增值税 8234 万元，企业所得税 4133 万元，其他税费 2671 万元，合计缴纳各种税费 15 038 万元。

【安 全 合 规】

疫情防控方面 2021 年，全球新冠疫情形势依旧严峻，中远海运比港高度重视疫情防控工作，严格执行国务院国资委、集团，以及希腊当地政府的各项防疫政策，防疫工作和业务生产齐抓共管，对内做好疫情防控保护中外方人员的健康安全，维持港口服务和生产经营稳定，保障当地物流通道畅通，巩固比港在当地供应链中的枢纽地位；对外携手抗疫，帮助当地政府和医疗机构的疫情防控工作，支持当地旅游业和邮轮业复工复产，为当地经济和邮轮业复苏发挥了积极作用。截至 2021 年 12 月 31 日，公司员工完成两剂疫苗接种率 80%，远超希腊全国平均水平 65%，且未发生任何集聚性感染、停工停产等情况。在集团的支持和协调下，公司储备充足的防疫物资，向中外员工常态化提供口罩和洗手液等防疫物资，先后 5 次向希腊部委、周边城市和医院捐赠防疫物资，总价值超 25 万欧元，良好体现了中远海运集团义利并举的社会担当和品牌形象。

在安全生产方面 公司以“抓预控、强落实”为重点，聚焦集装箱、滚装、修船等重点板块和关键环节，认真部署定期开展安全检查，排查安全隐患，落实安全责任，同时不断完善安全操作规范，增加必要的安全改造投入，加强操作人员安全培训，配备专职修船安全工程师。2021 年，公司顺利通过劳氏 ISO 质检外审，未发生任何责任性一般及以上等级事故，安全生产形势总体保持平稳；获得海关 AEO 高级认证，使公司客户服务能力和行业竞争力得到进一步认可和增强。2021 年，公司未发生死亡、重伤、重特大污染、火灾事故。

【队 伍 建 设】

2021 年，中远海运比港为加强市场竞争优势，持续加强人才管理体系、优化人才培养战略，将优秀员工的利益与公司的利益更紧密地结合，调动人才积极性、激发创造力，善聚善用各类人才，为比港项目高质量发展提供了人才支撑。公司克服希腊当地法律风险和工会风险，依法合规、因地制宜、循序渐进推进选人用人机制改革，建立干部能上能下、能进能出的用人机制，不断加强人才队伍建设，提高中外方团队的工作素养，为比港项目持续发展夯实了基础保障。

【文 化 融 合】

对外宣传方面 2021 年，中远海运比港结合生产经营、文化交流和社区帮扶等热点，通过公司社交账户和合作媒体加强宣传报道。公司成功主办和参加欧洲绿色港口论坛，结合比港第二期股权交割工作的舆论引导需要，完成希腊最大报纸每日报和中国环球电视网（CGTN）对公司领导专访，获得希腊社会和有关政府部门的积极反响。同时，2021 年公司先后配合完成多项集团和国家有关部委部署的重点任务，主要包括中宣部和五洲传媒拍摄比港宣传视频的工作，人民日报社关于“央企走出去——加强交流合作 促进持续发展”主题报道的采访和供稿，中国驻希腊使馆组织开展的《希腊投资指南中国专刊》出版有关的采访供稿以及在希中资企业协调工作，国务院国资委和中宣部的中国书架项目上海电视台“一带一路”节目录制，《解放日报》“中国加入世贸组织 20 年”采访报道等。此外，公司也在有计划地开展社交媒体的信息推送，严格审核信息发布，不断丰富内容形式，持续提高社交账号的粉丝和浏览量。以脸书为例，截至 2021 年 12 月 31 日，粉丝数从年初的 231 增长到 748，增幅达 223%；发帖数量 111 条较上年的 58 条增长 91%；覆盖人数 40 554，较上年 16

228 增长 149%。

投资者关系方面 公司密切投资者关系，先后与全球 20 多个国家和地区的境外投资人和 30 个希腊投资机构召开业绩说明会，介绍比港经营业绩，交流投资者关心的问题，获得投资人的肯定。2021 年，中远海运比港被列入雅典证券交易所 ESG 35 强榜单，比港项目也被集团推荐为国家国际传播典范项目，雅典经商大学把比港项目作为 MBA 课程案例。通过积极有为、勇担企业社会责任的一系列社会责任举措，有效加强了与当地社区的融合，营造了良好的经营环境，助力港口投资建设和重要经营事项顺利推进。

社会责任方面 公司依托文化项目加强形象宣传，落实国务院国资委跨文化专项工作计划的比港“云开放”活动、《数星星的孩子》的翻译出版工作、中希文化旅游年的相关活动，助力中希文化交流。公司按计划对周边市区贫困家庭提供生活资助，对当地社区儿童开展复活节慰问，与比雷埃夫斯市政府达成共建儿童游乐场，对比雷埃夫斯市多家体育组织提供小额赞助，完成中远海运慈善基金会资助的“我们在一起”助学项目结项工作。希腊比雷埃夫斯 Finix 地方篮球俱乐部向公司赠送锦旗，对中远海运比港在疫情期间向其提供的赞助支持表示感谢。希腊历史性体育俱乐部 Ellinikos 女排队向公司敬献纪念徽章，感激中远海运比港对其多年的持续赞助。公司于 2021 年 11 月向希腊海岸警卫队特种部队在比港提供驻地和设施共建平安比港，并宣布向希腊海运部办公楼提供一个停车场设施。此举受到了希腊政府部门和社会各界的关注和认可，进一步彰显了比港项目义利并举、互利共赢的“一带一路”典范形象。 （张志明）

中远海运（非洲）有限公司

中远海运（非洲）有限公司

【公 司 概 况】

中远海运（非洲）有限公司［简称“非洲公司”，英文简称 COSCO SHIPPING (Africa)］，是中远海运集团在南非投资成立的全资子公司，是集团直属的二级公司，集团拥有其 100% 股权。非洲公司注册资本 1000 兰特，注册地为南非约翰内斯堡市，注册时间为 1994 年 5 月 7 日（原中远非洲公司注册时间）。2016 年 7 月，根据集团的统一部署，原中远非洲公司和原中海非洲控股公司完成了整合并开始合署办公，后续完成一系列变更手续，即以原中远非洲公司为基础，变更公司名称、董事及股东，成立中远海运（非洲）有限公司。2016 年 7 月 4 日，中远非洲公司更名为中远海运（非洲）有限公司。中海非洲控股公司在 2018 年完成注销。

非洲公司主要经营范围：船舶代理、货运代理、中非及第三国与非洲间全程物流供应链相关产业服务、船舶配件及服务、贸易、融资租赁和投资等非集团负面清单业务。

非洲公司业务及区域事务管辖范围为：非洲西海岸自毛里塔尼亚及以南地区，和非洲东海岸自肯尼亚及以南地区的所有非洲区域。区域内管辖 7 家公司，其中中远海运非洲直属公司 2 家（以上均是包含区域本部），现有人员 261 人，其中集团派出人员 18 人。

非洲公司实际履行的职能包括集运业务和非集运业务两大块。

集运业务：非洲公司目前代行集运非洲分部职能，通过肯尼亚、南非和尼日利亚 3 个国家公司作为东、南、西非分中心，为集运督促管理非洲区域内市场营销和开发、供应商协议谈判和管理、供应链物流、箱管操作、船舶码头操作、客户服务、业务专业服务（BPS）、分代理管理、财务结算、考核等各方面的工作。

非集运业务：主要包括非集装箱船舶代理、非集装箱业务的市场开发和营销、船舶配件加油及航修等服务、内陆综合物流、仓储投资等业务。非洲公司以直属的远南船务打造非洲区域船舶服务平台，以区域本部散运部为散、特运打造非洲区域的营销网络。

【企业组织形式和法人治理结构】

非洲公司是集团按南非公司法，在南非豪登省、约翰内斯堡市全资注册的有限责任公司。公司管理层有董事长 1 名、副总经理 1 名、财务总监 1 名。公司设有财务管理部、战略发展部、行政人事部、散货业务部共 4 个部门。截至 2021 年年底，区域本部共有雇员 13 人，其中中方外派人员 6 人，当地员工 7 人。

非洲公司是集团直属二级公司，设有董事会，为公司经营决策最高机构。董事会共由 4 名董事组成，其中含董事长 1 名，外部董事 3 名，均为集团派出董事。非洲公司董事会还设有负责审计与风险和推进法治建设的专门委员会，并聘任非洲公司副总经理兼任公司总法律顾问。

根据非洲公司章程规定，目前非洲公司日常决策由董事长办公会行使总经理办公会职能。

【生 产 经 营】

2021 年，非洲公司承揽出口 local 箱量 108 647TEU，第三国间散货揽货量 6 万吨，提供非集运船舶代理现场服务 325 艘次。

1. 集装箱业务

2021 年，各公司都积极加强东行揽货，在市场运力供不应求的情况下，深挖运力潜能，充分发挥各自的优势为客户提供更加优质的服务，同时也使公司的效益得到提升。

非洲公司所属各子公司积极加强与当地码头各方的沟通协调，确保集运船舶能在各港继续保有稳定的靠泊窗口时间，有效压缩了船舶在各港的在港时间。另外，各公司还加强对码头作业效率的监督，及时通过拜访码头高层，定期举行高级管理人员对话，积极提出合理诉求等，在南非、加纳和肯尼亚的港口都已明显改善了码头作业效率。

南非公司积极推进小改大政策。2021 年，在进口小箱货进一步大幅减少的情况下，聚焦氢氧化钴、木材、苜蓿草、坚果等批量大箱货源，效果明显，并成功说服 Reload、Cplic 等矿产客户小改大，使在船大箱货比例达到了 70% 以上。

肯尼亚公司正式运作后，加强了出口营销力度，货量明显增加。乌干达出口货量提升迅速，截至 2021 年 9 月底共计出口 2573TEU，占总货量的 40%。

2. 物流业务

面对南非封国封城严控措施，在做好防疫防控措施的前提下，区域物流公司加快约翰内斯堡仓储项目的修建改造工作，加强与政府各相关部门的沟通协商，积极申请保税等经营资质；加强人员选聘与培训、系统安装与测试、业务流程和操作规范制订等内部繁琐基础工作。2021 年 9 月，集团在非洲大陆第一个自有仓储基地——约翰内斯堡仓储中心正式投入营运。

与此同时，依托并服务集运端到端战略，加强与集运国家公司的协同力度，在一手抓仓储中心建设的同时，一手努力开拓业务，全年共为集运承揽门–门箱量 7549TEU 以及进出刚果（金）等内陆国家项目件杂货物流业务 3 万吨；净利润 63.61 万元，一举扭亏并超额完成预算目标。

3. 散杂货业务

区域散运部放眼非洲，充分利用地区各国家公司、公共代理的资源渠道，积极搭建区域散货营销网络，搜集本地大宗散货及件杂货货源信息，及时向本地市场推广宣传散运、特运船期信息，密切与各方协调沟通，全年为散运和特运承揽散杂货共 44 万吨；第三国间散运货量 6 万吨，指标完成率 100%。

4. 船舶代理服务业务

远南公司加快集团在非洲非集运船舶统一提供代理和技术保障统一服务平台建设，在逐一与特运、散运、能源签订服务协议基础上，加快自身核心服务团队建设，不断完善服务规范；建立统一服务标准和操作流程，加强对区域内服务代理的资源整合，真正实现对集团船舶在区域内服务的全覆盖；加强对服务代理的监督与考核，确保服务质量，不断提升服务品牌和影响。与此同时，密切保持与国家海洋、科考、海军等船队的沟通联系，积极开展业务；进一步加强对远洋渔业代理服务业务的开拓。远南公司全年完成集团内、外各种非集装箱船舶代理等服务 274 艘次，比上年同期增加 103%；实现经营收入 4881 万兰特，比上年同期 3200 万兰特增长 52.5%；经营利润为 712 万兰特，比去年同期 590 万兰特增长 20%，超额完成年度预算目标。

5. 经营效益

2021 年，非洲公司总收入 4 920.88 万元，利润总额 289.76 万元，净利润 156 万元。截至 2021 年年底，非洲公司总资产为 9 092.63 万元。

非洲区域内公司及股权架构情况见表 14–28。

区域内公司及股权架构情况表　　表 14–28

公司名称	股东名称	持股比例
中远海运（非洲）有限公司	中国远洋海运集团有限公司	100%
中远海运（非洲）远南船务有限公司	中远海运（非洲）有限公司	100%
中远海运物流（非洲）有限公司	中远海运物流供应链（香港）有限公司	55%
	中远海运（非洲）有限公司	45%
中远海运集运（南非）有限公司	中远海运集装箱运输有限公司	100%
中远海运集运（尼日利亚）有限公司	中远海运集运（南非）有限公司	70%
	Comet Shipping	20%
	Bollore 尼日利亚公司	10%
中远海运集运（肯尼亚）有限公司	中远海运集运（南非）有限公司	50%
	中坦公司	30%
	Rais Shipping Services (Kenya) Ltd.	20%
中远海运集运（加纳）有限公司	中远海运集运（南非）有限公司	60%
	Bollore 加纳公司	40%

区域内主要企业情况

（1）中远海运（非洲）远南船务有限公司

中远海运（非洲）远南船务有限公司原名为远南海事技术服务中心，注册于 1999 年 5 月 28 日，注册地约翰内斯堡，办公场所位于德班。按照非洲公司的部署，整合集团内非集装箱船靠泊非洲地区的船代业务，公司于 2020 年 8 月更名为中远海运（非洲）远南船务有限公司（简称“远南公司”）。远南公司是中远海运（非洲）有限公司下属全资单位，注册资本 1000 兰特。公司设有船代业务部、财务管理部，目前共有雇员 4 人，其中中方外派人员 1 人，当地员工 3 人。公司主要负责中远海运船舶在南非各港口的机务现场管理及机务保障，为中远海运及国内地方船东在南非地区的船舶提供修理、备件物料供应、消防救生检验，以及为中远海运系统内非集装箱班轮在西非、南非相关区域提供船舶代理及其他海事、技术咨询等服务。2021 年，公司为 325 艘次船舶提供了现场服务；全年收入 2494 万元，经营利润（税前）为 645 万元。

（2）中远海运集运（南非）有限公司

中远海运集运（南非）有限公司（简称“南非公司”），是中远海运集装箱运输有限公司下属全资单位，注册资本 100 兰特。南非公司本部设在南非德班市，在约堡、开普敦和伊丽莎白港分别设有办事处。

南非公司的前身是中远非洲公司 1995 年 9 月在南非合资成立的考斯瑞尼（Cosren）航运代理公司。2016 年 7 月 1 日，在中远、中海两大集团重组整合的背景下，Cosren 航运代理公司和中海南非代理公司完成了重组整合工作。2016 年 8 月 31 日，中远海运集运从中远海运非洲公司收购了南非公司的全部股权，并于 9 月 7 日在当地完成了公司更名。

南非公司服务于中远海运集运的集装箱航线经营，主要负责南非地区的集装箱业务海内外的协调和管理，负责在当地市场调研揽货、船舶代理、运使费审核结算、集装箱调运、信息跟踪、集装箱维修，以及集装箱货物在南非和周边地区的内陆运输等业务。

南非公司下设行政部、市场部、客服部、操作部、财务部和箱管部 6 个部门。目前，公司共有雇员 75 人，其中中方外派人员 4 人，当地员工 71 人。

南非公司 2021 年全年 local 出口箱量实际值 58 172 TEU，比目标值超出 12 586 TEU；

local 进口箱量实际 115 292 TEU，比目标值超出 5706 TEU；销售箱量实际值 79 526 TEU，比目标值超出 18 141 TEU；收取的滞期费为 2 930.33 万元，比目标值多出 1 030.33 万元。

截至 2021 年年底，南非公司的总资产为 15 871.76万元。南非公司 2021年总收入为 5 286.35 万元，利润总额为 1 497.57 万元，净利润为 1233 万元。

（3）中远海运物流（非洲）有限公司

中远海运物流（非洲）有限公司［COSCO SHIPPING LOGISTICS AFRICA (PTY) LTD］（简称“非洲物流”），成立于 1995 年 10 月 20 日，执行物流业务的区域管理职能，管辖地域为除北非外的其他非洲国家和地区。

非洲物流是物流总部直属三级公司。2018 年 9 月 1 日起成立合资公司，中远海运物流有限公司控股 55%，中远海运（非洲）有限公司控股 45%，注册资金 850 万美元（260 万美元加 8440 万兰特）。非洲物流注册资本为 1000 兰特，注册地为南非豪登省约堡市 City Deep 区，注册时间为 1995 年 10 月 20 日。非洲物流现设有业务部、财务部、商务部、行政人事部、战企部、仓储部共 6 个部门，共有雇员 13 人，其中中方外派人员 1 人，当地员工 12 人。公司地址位于南非的豪登省，No.1 Merino Ave. C/O Angus Road，City Deep，Johannesburg。

非洲物流业务范围以综合性物流业务为主，包括货代、船代、现代物流等。2021 年，非洲物流完成内陆物流运输集装箱 7549TEU，件杂货 1340 计费吨，营业总收入为 4 522.40 万元，营业总成本为 4 508.95 万元，营业利润为 13.45 万元，减去所得税费用 -50.16 万元，净利润为 63.61 万元。

【疫情防控】

2021 年，非洲公司上下认真贯彻落实国务院国资委、集团有关疫情防控的指示精神，压实疫情防控责任，提高疫情防控意识，杜绝麻痹思想和松懈心理，严格遵守所在国当地要求，因地制宜制定疫情防控相关措施，扎实、有效推进疫情防控各项工作。尽管全年遭受疫情肆虐，区域各公司防疫防控各项工作措施方案有效实施，员工思想状况良好，各公司经营秩序始终保持稳定有序。

妥善应对南非暴乱和 Transnet 黑客攻击事件。由于长期遭受疫情影响，加上经济相对落后，非洲地区各国就业形势不佳，社会治安形势日趋严峻。2021 年 7 月，南非爆发了严重社会暴乱和黑客攻击事件，在非洲公司党委的带领下，集运南非和非洲物流周密部署，积极组织公司员工妥善应对，在确保公司所有人员及财产安全的同时，公司正常生产经营秩序维持稳定。

【规划制定】

非洲公司根据集团“十四五”规划纲要，结合公司实际情况，相继制定《中远海运（非洲）有限公司“十四五”发展规划》《中远海运（非洲）有限公司“十四五”规划战略落地方案》等文件，明确非洲公司“十四五”指导方针：一是继续深耕非洲市场，依托集团全球综合供应链服务优势，夯实“一带一路”非洲沿线物流服务基础；二是充分发掘非洲市场的潜力和资源优势，为集团拓展非洲市场发挥“前沿阵地”作用，寻求在非洲市场实现突破性发展；三是重点聚焦在非中资企业建设项目，有效结合集团内专业公司资源，开发非洲大陆的工程物流项目和内陆物流延伸业务；四是利用并根植当地优势，把握场站、仓库等物流设施投资机遇，做好相应布局安排，寻求在非洲市场实现突破性发展。抓重点、补短板、强弱项，确保集团“十四五”规划在本区域的落地、落实。

【综合改革】

为全面贯彻落实党中央、国务院关于国有企业改革决策部署，扎实推进《中国远洋海运集团有限公司改革三年行动实施方案》落实落地，根据集团总体安排，非洲公司全面推行经理层成员任期制和契约化管理，制定上报《经理层任期制和契约化管理工作推进时间表》，并按时间节点抓紧制定相关工作方案，完成相关工作。

同时，充分运用好“2+N”改革工具包，研究制订远南“超额利润分享激励机制”，进一步完善区域激励机制，最大程度调动员工为公司增收创利的积极性和主动性；优化内部资源，抓紧研究区域本部和远南“财务一体化”体制改革，进一步释放远南开拓市场、服务船东的活力。

【协同效应】

1. 协同集运端到端战略

（1）通过租赁、收购及合资等多种方式，在关键性城市和重要港口建设和发展自主管控运营的物流仓储中心。在约翰内斯堡仓储中心一期基础上，正在推进二期铁路专用线沿线地块的收购谈判，以进一步提升、扩大约翰内斯堡仓储中心的服务能力。

与此同时，积极在德班寻找合适标的，采用租赁、合资或收购等形式，通过前期的调研，加快筛选和谈判，加快集仓储、配送、装拆箱和堆场功能于一体的德班仓储中心的推进；通过筛选，通过银行、中介公司等渠道帮助提供相关投资信息。

（2）加强区域内部协同（区域、集运、非洲物流），并通过整合社会资源，积极拓展非洲内陆国家的延伸服务。

计划开辟南非—津巴布韦、南非—赞比亚、南非—刚果（金），以及肯尼亚—乌干达内陆延伸服务，并逐步建成有中远海运特色品牌和一定影响力的非洲内陆国家延伸服务产品。在协同和帮助集运扩大市场腹地和覆盖面的同时，实现区域自身的价值。

2. 协同散运和特运，积极拓展散杂货全程一体化服务

结合非洲本土矿产的独特资源优势，协同散运、特运，积极拓展散、杂货全程一体化服务，发展本土配套的装运场站及陆上运输等服务设施和能力。

3. 协同集团航运主业，加强自身常规服务网络和服务能力提升

（1）以远南为服务平台，加强区域内所有国家（地区）、港口代理服务资源的整合，提升对集团专业公司船舶的服务能力和水平，逐步形成品牌及影响力，积极拓展和扩大公共船舶服务业务。

（2）以区域综合业务部为平台，加强区域内国家公司和公共代理相关资源的整合，继续推进散、杂货营销代理平台的建设。

（3）结合集、散、特运在非洲区域的业务发展，加快区域内科特迪瓦、喀麦隆及莫桑比克等沿海，以及乌干达、津巴布韦、赞比亚等内陆自有代理服务点建设，不断完善区域代理服务网络和能力。

【队伍建设】

非洲公司重视当地员工的培训和培养。当地员工分别在财务、法务、物流、系统操作等方面成为公司的骨干，为公司的健康发展、风险防控及业务开拓方面作出积极贡献。公司进一步建立健全本土员工考核与激励机制，在依法用工的基础上，加强本土优秀人才的选拔与培养；积极鼓励本地员工参加当地孔子学院组织的中国文化相关的课程学习，帮助本地员工更加了解中国、了解中国企业，融入企业文化，提高工作效率。

【安全工作】

非洲公司始终牢固树立安全发展的理念，坚持以人为本、生命至上，始终把安全生产放在重要位置。从党的初心的政治高度来认识和抓好安全生产工作，把做好安全生产工作作为“不忘初心”的重要实践和历史使命，作为非洲公司实现中长期规划的重要保障。同时，在区域内也不断号召并督促所有公司，要把安全发展贯穿到企业发展全过程，要求所有外派人员要自觉提高政治站位，主动适应新发展阶段，贯彻新发展理念。促进各公司在长期规划中构建新发展格局，正确处理好安全和发展的关系、安全与效益的关系，始终把安全作为头等大事来抓，不断增强做好安全生产工作的紧迫感、责任感和使命感，牢牢把安全生产工作抓在手上，为集团、集运和非洲公司的规划在非洲区域顺利落地落实做出有力支撑。

【财务工作】

1. 非洲公司把资金管理工作为财务管理的重点，严格审批程序，控制预算外资金支出，并积极做好汇率风险的控制。

2. 不断加强内部协作，提升应收账款管理。应收账款的管理始终是资金管理的重点，公司努力在业务流程的完善和强化监督方面下功夫。公司明确财务部牵头作为应收账款管理的第一责任部门。公司每周召开区域范围内各业务板块的应收账款专题会，督促催收工作，并仔细分析欠费产生的内部原因，从内部流程完善方面堵塞漏洞。在各方努力下，应收账款管理取得良好效果，全面超额完成上级确定的考核目标，整个区域公司范围内各业务板块的应收账款管理得到有效提升。

【风险防控】

非洲投资的最主要问题是面临着各种各样的风险，这些风险大多与其落后的经济发展水平相关。经过非洲公司的认真研判，“十四五”期间最主要的五大风险为：政治风险、债务风险、法律风险、劳工风险和卫生风险。其中债务、法律和劳工风险是在全球其他国家和地区投资也会面临的风险，而政治风险和卫生风险在非洲尤为显著，需要引起特别注意。

1. 政治风险

由于东道国内部或外部的原因，政府所采取的政策或行动给大多数跨国公司的经营带来的负面影响。非洲国家多数是发展中国家，政治环境极为复杂，政府更迭频繁、区域矛盾冲突频发，存在很高的政治风险。中国企业对非洲投资面临的政治风险主要表现形式为：战争及暴乱风险、国有化风险、第三国干预风险等。

2. 债务风险

由于非洲国家越来越依赖国际债券市场为发展项目融资，加上原材料超级周期结束以及经济增长和出口收入放缓，也导致对于依赖原材料出口的国家债务风险提高。随着经济复苏增长陷入停滞，预计部分新兴国家的债务扩张规模还会持续。

3. 法律风险

这种风险当然有部分属于企业违规操作的类型，但更多的时候是因为企业不了解国外的法律而误犯；还有一些则是东道国执法不当甚至故意借法律形式制造障碍而导致的。需要注意的是，法律风险是中国企业对非投资过程中经常遭遇的风险，随时都可能发生，并且可能因为某个员工或者具体事务等引起企业的整体法律风险，还会对企业造成财务和社会声誉上的损失。

4. 劳工风险

主要包括劳资纠纷、与工会关系的处理、对劳工权益保障不足等。例如，南非、莫桑比克、津巴布韦等南部非洲国家都对不同行业的最低工资标准、工作时间和休息休假等作出相关规定。这也是中国企业投资非洲时容易忽视的风险之一。中国企业在非洲市场投资如果存在明显的“路径依赖”，也就是照搬国内经验，容易引发劳工风险。

5. 卫生风险

新冠疫情对非洲的影响非常严重，2021 年撒哈拉以南非洲地区财政收入和经济增长深受疫情影响，低增长、低收入、高负债和脆弱的偿债能力是该地区需要面对的问题。在新冠疫情之外，非洲地区还长期面临卫生风险：受气候潮热、经济落后和医疗资源匮乏等因素影响，撒哈拉以南的中非和西非地区迄今依然是流行性传染病传播最广、最严重的地区。疟疾、黄热病、登革热、霍乱、埃博拉、艾滋病、伤寒、昏睡病等，每年都会在部分国家爆发和流行，夺走数万人的生命。（李辉）

中波轮船股份公司

中波轮船股份公司

【公司概况】

中波轮船股份公司（简称“中波公司”，英文简称CHIPOLBROK），总公司设在上海，分公司设在波兰格丁尼亚，在美国休斯敦设有子公司，在世界主要港口拥有强大的代理网络。

2016年6月，国家主席习近平访问波兰前夕，在波兰《共和国报》发表署名文章中指出，“1951年成立的中波轮船公司是新中国第一家中外合资企业，至今运营良好”[①]。

【历史沿革】

中波公司是根据1951年1月29日中波两国政府《关于组织中波轮船股份公司协定》，于1951年6月15日正式成立的新中国第一家中外合资企业，是在中华人民共和国成立初期应毛泽东主席建设“海上铁路”号召而诞生，由中国和波兰两国政府以平权合股形式创立，股东为中国交通运输部和波兰基础设施部。公司的创建是为了冲破西方国家对新中国的经济封锁和海上禁运，采取与当时海运较为发达的波兰合作的方式，开辟新中国至世界各国的海上通道。成立后的一年多时间里，公司为国内运回52座工厂设备，另外还承运了煤油、橡胶等国内当时紧缺的物资，为中华人民共和国成立初期的经济建设立下汗马功劳。

中波公司的创建和发展，一直得到党和国家领导人的亲切关怀和大力支持。毛泽东曾指示“好好办”。政务院总理周恩来为中波公司制定了“平等互利、协商一致”的合作原则并视察中波公司。政务院副总理兼财经委员会主任陈云亲自为中波公司签发营业执照。1991年和2001年，在中波公司成立40周年和50周年之际，李鹏总理和朱镕基总理分别发来贺信。

70年来，不论国际风云如何变幻，中波双方始终秉承“平等互利、协商一致”的合作原则，同舟共济、携手前行。中波公司始终保持稳健发展，不仅为中波两国经贸合作作出了巨大贡献，也成为中波两国合作的典范、友谊的象征，以及我国对外开放的示范窗口。

中波公司最初成立时，总公司设在天津，分公司设在波兰格丁尼亚，先后在黄埔、海防等地成立办事处，双方股东投入9艘老式蒸汽机旧货船，平均船龄15年，计9.12万载重吨。出于中华人民共和国成立之初反禁运封锁的需要，当时中波公司是以“中波海运公司”的名称对外，名义上是波兰远洋公司在远东的总代理行，直至1977年1月1日才启用公司原名“中波轮船股份公司”，明确船东身份。

1957年起，中波公司业务迅速发展，船舶航行区域、航线、挂靠港口日益扩展。为适应业务发展需要，1962年2月，总公司正式由天津迁往上海中山东一路18号。1965年9月6日，公司波兰籍船舶“希望”轮在波兰格丁尼亚港换挂中国旗，改名“嘉定”轮，成为中波公司第一艘悬挂中华人民共和国五星红旗的船舶。1979年，随着我国实行改革开放的政策，中波公司的发展进入一个新时期，逐步实现船舶及运输管理的现代化。截至1989年年底，公司1974年以前建造的旧船全部退出营运，平均船龄8.9年，当时是我国远洋最年轻和自动化程度较高的船队

① 《习近平在波兰媒体发表署名文章 推动中波友谊航船全速前进》，《人民日报》，2016年06月18日01版。

之一。中波公司1977年在德国建造的“永兴”轮是中国第一艘全自动机舱远洋船；1978年在上海船厂建造的“绍兴”轮是中国出口的第一艘万吨远洋巨轮，也是中波公司拥有的第一艘中国造船舶。1984—1990年，中波公司货运量连续7年突破100万吨，至1990年，累计上缴双方股东利润是公司创立时投资总额的3倍，固定资产总额已是成立时的9倍。

中波公司自成立以来，主营件杂货运输业务，尤以运输各类复杂货种（超长、超高、超重件）和各种成套设备见长。进入21世纪，面对竞争日益激烈的全球航运市场，中波公司实行差异化经营策略，积极推进公司由传统件杂货运输向重大件设备货专业化运输转变，由亚欧航线区域性运输向全球航线运输转变，发展成为全球重大件设备货运输领先企业，在国际航运界铸就了“中波”金字招牌，深受客户的信任和青睐。“中波”品牌被认定为中国驰名商标、上海市著名商标、最具价值的上海服务商标，并入围《上海市重点商标保护名录》。

近年来，中波公司充分利用总公司位于上海、分公司位于波兰格丁尼亚的区位优势，积极抢抓长三角一体化发展和中国－中东欧国家合作新机遇，在长三角和中东欧两端加快打造全供应链综合物流服务，不断提升全程物流服务能力和水平。公司船队结构持续更新升级，目前拥有一支船龄年轻、结构合理、性能卓越、节能环保的世界一流多用途重吊船队，航线遍布全球主要港口。

随着“一带一路”建设和中国－中东欧国家合作的深入推进，中波两国交流与合作更加紧密，必将为中波公司发展提供新机遇。中波公司深入贯彻新发展理念，坚持以价值创造为引擎，以客户需求为导向，按照打造“一体两翼”发展格局的总体战略目标，以航运为主体，以长三角、中东欧两大区域物流平台建设为两翼，全力打造专业化、领先型的航运物流综合服务商，努力把中波两国交通运输领域的重要合作载体越办越好，为推动两国关系不断向前发展作出新的更大贡献。

【经营情况】

2021年，中波公司自营航线运量共计完成172.22万吨，实现营业收入19.44亿元。公司转换航运段承运人的固有角色，发挥重大件运输服务的核心优势，主动牵头，以链主（物流服务链的负责人）身份积极参与大型项目投标，揽取了多票西班牙、波兰、俄罗斯等地全程物流业务。增强回程经营的盈利能力，公司从货源结构补全、客源结构增强、散货运力拓展、运营能力积累4方面着手，推进“散杂兼营”业务，年内开发了回程矿石类、粮食类、纸浆类货源，与信用良好、需求稳定的客户建立起直接联系。根据货源结构变化，成立“集件一体”工作室，专项研究如何让船队船型发挥出承揽集装箱和件杂货的最大效用。配积载思路进一步转变，从以往片面追求舱容利用率，转向兼顾舱容利用率和作业效率，定制装载方案，并对稳性计算、系固方案、船舶强度等进行核查，在提升经济性的同时保障安全性。

【改革创新】

“中波”“弘发”双品牌融合发展。自2020年年底，中波公司与下属企业上海弘发航运有限公司（简称“弘发航运”）启动一体化经营，实施“中波”“弘发”双品牌战略。2021年3月，中波双方完成收购弘发航运50%股权，并签订了3年内完成100%股权收购的框架协议。“中波”与“弘发”双品牌组合发力，实现运力资源统一调配，根据市场走势向优势航线配置运力，同时以“共线”“共舱”的方式合力开发中越、中巴经济走廊、南非、秘鲁等新兴市场，发挥“1+1>2”的协同效应；共同梳理考察代理机构，在东南亚、澳大利亚、南美等地区拓展合作业务；共享客户信息，共同维护客户、开发项目、锁定大合同，拓展了业务发展机遇空间；集约供应商资源，增强燃油、港口使费等采购议价能力；在团队建设方面，形成了人员互换、定期交流的互联互通机制，培养调度和商务团队互学互长、取长补短，叠加人员优势。

建立统一考核激励机制。2021 年，经中波双方充分沟通，中波公司制定完成了首个覆盖总、分公司双方职能部门的关键绩效管理制度，对关键绩效考核指标、考核程序等进行了清晰界定。考核制度的建立，为确保公司经营目标和发展战略的实现提供了强有力的支撑，有利于驱动总、分公司各部门绩效管理的良性发展，调动员工的工作积极性、创造性，完善以“业绩贡献和能力提升”为导向的激励约束机制。

经营体制改革取得突破。为巩固和扩大美湾航线统一经营的效果，2021 年公司一方面根据货源走向，重点开发出口端美东区域，丰富货源结构；另一方面从国内进口端发力开发散货客户，做好货源支持，双管齐下，进一步补短板、强弱项，回程航次平均 TCE 同比提升 100%。

“一体两翼”物流平台加快建设。2021 年，中波物流乍浦物流园项目基建工程稳步推进。公司双方加快推进收购波方下属 Polbrok 公司，着力打造公司在中东欧地区的综合物流服务平台。

【船 队 建 设】

2021 年 12 月 6 日，中波公司订造的 4 艘 6.2 万载重吨多用途重吊船项目中的首制船“泰兴”轮顺利投入运营，比计划提前 20 多天，标志着公司船队结构的重大升级，打开了公司散杂兼营、集件一体业务发展的新局面。该船型为世界最大载重吨多用途重吊船，全船总长 199.90 米，型宽 32.26 米，型深 19.30 米，设计吃水 11.30 米，服务航速 14.40 节。船舶货舱 27.36 米宽，大开口箱型结构，两层高度可调式二甲板。联吊最大起重能力达 300 吨，可灵活装载各种尺寸重大件设备、集装箱、纸浆以及各类固体散货。值得一提的是，该系列船舶能效指数（EEDI）满足 Phase3、NO_x 达到 Tier Ⅲ 排放要求，满足最新 SO_x 排放要求，顺应绿色、低碳、智能的世界航运业发展新趋势，其先进的设计和极佳的适货性，能够为客户提供更高效、优质的运输服务。

公司双品牌战略实施运力资源统一调配。截至 2021 年年底，公司共经营船舶 28 艘，总运力 90.78 万载重吨。

【六 稳 六 保】

面对疫情影响以及集装箱运输市场“一舱难求”“一箱难求”的困难局面，中波公司急客户之所急，以优质高效的海运服务打通梗阻、顺畅循环，为保障国际供应链畅通作出积极贡献，以创新举措、实际行动努力满足客户运输需求，服务国家“六稳”“六保”任务。积极开展钢材、吨袋、胶合板等货种“集改散”工作；发挥多用途灵便型的船型优势，利用甲板加载货主箱；根据集装箱装载需要，携手太仓码头开创“集件一体”班轮先河，打造远东地区又一班轮航点；发挥件杂货船节约靠港时间的优势，以直航等方式开行“集运专班”。2021 年，公司累计开行专班服务 34 个航次，承运集装箱近 2 万 TEU。

【营 销 工 作】

中波公司进一步加强直客开发力度，与客户缔结紧密的合作伙伴关系，明显提升直客比例及合作货量；更细致地做好基础信息建设，结合运力、市场等因素，对项目货、合同货进行密切跟踪，有针对性地开展揽货工作，提升合同货的比例。进一步激发全球代理活力，通过试行考核方案对全球代理进行动态管理，鼓励进行市场开拓，保证代理体系的健康与活力。在派员南美的基础上，公司继续考察具有合作前景的属地合作伙伴，不断织密全球代理网络。公司继续贯彻“以客户为中心”理念，以新船型、全程物流业务、优质服务质量为基础，向直接客户提供舱位保证和运价支持等便利条件，不断增加与直接客户的合作。

成功举办庆祝中波公司成立 70 周年系列活动，有效扩大了公司对外影响，提升了企业品牌形象。以公司成立 70 周年为契机，加强宣传策划，创新方式方法，讲好“中波”故事，擦亮“金字”招牌。新华网、人民日报客户端、中新社、人民网、国际在线、中国网、上海电视台、澎湃新闻、东方网、《解放日报》、《文汇报》等10多家主流媒体对公司进行了集中宣传报道，《中国交通报》、《中国远洋海运报》、信德海事、航务周刊、航运界等行业内媒体对公司进行了全面深度报道。围绕公司航运业务模式创新，组织东方卫视、上观新闻、《解放日报》、《中国交通报》等媒体对公司推出“集改散”创新业务，落实国家“六稳”“六保”任务进行专题报道。

【人力资源】

坚持党管干部、党管人才原则，强化党委在选人用人中的领导和把关作用，将政治标准、专业水平、管理能力作为选拔领导干部的核心要素，坚持事业为上、人岗相适、人事相宜的原则，注重选拔使用政治素质好、工作业绩突出的优秀干部。严格岗位聘任管理，深入推进三项制度改革，强化以劳动合同管理为关键、以岗位管理为基础、以绩效管理为导向的员工用工选聘机制，严格执行劳动合同期满评审和360度岗位胜任力测评，持续提升人岗匹配度。

根据公司五年战略发展规划，结合集团“十四五”人才发展规划要求，编制印发《中波轮船股份公司“十四五”人才发展规划》，为支撑公司战略落地做好人才工作的顶层设计。围绕公司发展战略和功能定位，结合公司船队调整更新计划、船岸人才队伍的总量规模和结构特点、人才管理模式及薄弱环节等问题，持续深化中波特色的人才选用育留体系建设。着力抓好船岸关键人才梯队建设，坚持培养、引进、交流、储备等多措并举，有效激发广大员工干事创业动力。

结合集团干部人事管理相关规定和工作要求，对《中波公司（中方）人事管理条例》《中波公司（中方）党委管理干部管理规定》和《中波公司（中方）本部员工管理办法》进行集中修订。配合公司中方与中波发展一体化改革，规范完善下属单位人事管理制度，指导监督三项制度执行情况。

【风险防控】

中波公司以“强内控、防风险、促合规”为指导原则，加强在重点领域、重点环节、重点人员方面的风控管理。进一步夯实风险与内控管理等基础性工作，认真做好年度风险评估和季度风险跟踪监测，促使公司风险管理工作形成闭环。持续做好合规与国际制裁风险管控工作，推广运用“客户合规风险管理系统”，获取合规风险外部信息，在公司和下属单位客户风险排查中发挥了积极作用。公司严谨、规范、有效地落实日常合同审核与专项法律咨询、规章制度合规性审查及案件管理等工作，有效防控企业法律风险。

【安全生产】

2021年，中波公司安全工作总体平稳，没有发生一般等级以上安全事故，小事故发生率亦保持在历年较低水平，防台防汛、防海盗成功率100%，PSC检查连续保持18年无滞留记录，公司被海事局授予2021—2026年度“安全诚信公司”，连续两年被上海市应急管理局评为安全达标单位。

一是强化两个班组管理，积极推进落实“三个习惯”和“两个做法”，督促和培养船员养成良好的船舶操纵和安全作业习惯，避免发生责任性安全事故。二是强化对船舶安全工作的监管力度。加强船舶在关键水域、关键航道和关键操作的监控指导，及时提供气象、港口和航道信息，保障了船舶航行和靠、离泊安全。三是扎实做好船舶防海盗工作，加强船舶在高风险区域跟踪、监控，督促船员积极落实人防、物防和技防措施，积极为船舶安排武装保安随船护卫。四是积极开展安全教育培训，重点做好船员上船前培训、业务技能培训、典型海事案例警示培训，对培训效果进行跟踪，听取船员意见反馈，完善培训内容，不断提高针对性和实效性。五是加强双控机制建设，认真开展隐患排查治理和风险管控，强化源头治理和风险控制，抓早抓小，标本兼治，消除事故隐患。六是积极开展“安全生产专项整治三年行动”“安全生产月”“消防月”等各类安全活动，通过安全宣贯、培训、检查和演练等方式不断提升船岸员工安全意识和技能。

【疫情防控】

切实发挥党组织战斗堡垒作用和党员先锋模范作用，毫不放松抓好疫情防控工作，守住了疫情防控“三零”目标。强化责任意识和防范意识，严格按照国务院国资委和集团防疫工作相关要求，慎终如始做好各项疫情常态化防控工作，动态调整防疫要求，严格国内出差休假报备，严密跟踪回国人员动态。面对国内疫情局部散发和海外疫情严峻形势，重点抓好船舶疫情防控，加强防疫工作部署、检查和指导，积极开展船员防疫培训和应急演练，定期开展防疫专项检查和自查自纠，督促船员慎之又慎做好防疫，尤其是海外港口作业期间的防疫工作。制定和完善《中波公司船舶和船员疫情防控指导意见和应急预案》，为船员防疫提供指导。严格闭环管理，确保船员换班工作平稳有序，共计完成 127 艘次船舶换班，调配船员 1437 人次，未因船员换班原因影响公司船队船期。

【企业党建】

2021 年，在中远海运集团党组的坚强领导下，中波公司党委以习近平新时代中国特色社会主义思想为指导，深入学习、全面贯彻党的十九届五中、六中全会精神和习近平总书记“七一”重要讲话精神，坚持党的领导，加强党的建设，不断提高贯彻新发展理念、构建新发展格局的能力和水平，紧紧围绕庆祝中国共产党成立 100 周年和公司成立 70 周年，扎实深入开展党史学习教育，充分激发党组织战斗堡垒作用和党员先锋模范作用，推动公司改革取得新突破、效益再上新台阶、发展呈现新气象，精神文明建设成果丰硕，为实现公司五年战略发展规划强劲开局和推动公司高质量发展提供了坚强保证。公司 2021 年经营效益创造历史最好成绩，公司党委被评为上海市先进基层党组织，公司被继续命名为上海市文明单位。

强化政治引领，充分发挥党的领导作用。加强政治建设，把深入学习贯彻习近平新时代中国特色社会主义思想作为首要政治任务抓紧抓好，采取“线上 + 线下”“集中 + 自学”“交流 + 研讨”等模式，请进来与走出去相结合，努力在学懂弄通做实上下功夫，切实引导党员干部以实际行动增强“四个意识”、坚定“四个自信”、做到“两个维护”。坚持党委中心组学习制度，组织中心组集体学习 23 次，举行党史学习教育、“七一”重要讲话精神 2 个班次专题读书班，切实用理论学习武装头脑、指导实践、推动工作。组织公司领导班子和中层干部近 50 人参加学习贯彻党的十九届五中全会精神暨党史学习教育专题培训班，组织参加中国干部网络学院“党史百年”网上专题班在线学习活动。深入学习贯彻党的十九届六中全会精神，制定宣贯方案，开展交流研讨，深刻认识“两个确立”的决定性意义，坚决做到“两个维护”。船岸各级领导干部发挥表率作用，利用党员大会、党课等形式广泛开展了宣传宣讲。提高政治站位，始终牢记习近平总书记对中波公司的殷切嘱托，以高度的政治责任感和使命感贯彻到各项工作中，融入公司发展中。紧密结合双方实际，从体制改革、机制创新、业务拓展等方面积极探索，在持续增进双方友谊、深化双方合作中推动公司健康持续发展。工作中，注重发挥党组织把方向、管大局、促落实作用，始终坚持推动合作双方共同发展，在求同存异中解决好双方共同关心的问题。推动改革发展，把加强党的领导和完善公司治理统一起来，推动党的领导融入公司治理各环节。结合实际进一步完善、细化了公司“三重一大”决策事项及权责清单，更好厘清公司党委会和总经理办公会的权责边界。召开党委会 20 次，研究议题 39 项，其中前置研究总经理办公会等议题 11 项。深入贯彻新发展理念，推动航运经营一体化、航线布局拓展优化、船队结构更新升级、双方体制机制改革以及融入集团改革发展大局等重点工作稳步推进、成效明显。对于双方达成共识的决策部署，党组织强化执行力，发挥组织动员优势，全力推动和保障重大任务落实落地。中方党建作用的发挥也赢得了波方的高度认可与赞赏。公司领导班子成员结合党史学习教育深入基层走访调研40余次，密切联系基层，推动工作落实。

聚焦建党百年，扎实推进党史学习教育。按照集团党组统一部署安排，公司各级党组织把党史学习教育作为一项重大政治任务摆在突出位置，切实加强组织领导，精心谋划安排，扎实深入推进，使公司广大党员干部做到“学史明理、学史增信、学史崇德、学史力行”，推动公司改革取得新突破、发展呈现新气象。集团党组以《从百年党史中汲取强大动力》为题，专题刊发了中波公司党史学习教育经验做法。围绕庆祝建党百年掀起党史学习教育热潮。把庆祝中国共产党成立100周年作为党史学习教育的重要内容，充分调动基层党组织的积极性和主动性，组织党员干部参观革命遗址、博物馆等红色教育基地，开展好现场教育培训。组织公司本部中层以上干部及直属党组织负责人赴周恩来总理故乡淮安，现场举办学习贯彻习近平总书记“七一”重要讲话精神研讨班暨党史学习教育专题读书班，深化了学习研讨效果。公司领导把理论学习收获和研讨心得结合起来形成各自课件，到基层党建联系点宣讲系列党课11场。各基层党组织采取“三会一课”和主题党日等形式，结合实际开展座谈会、读书会、故事会以及书画笔会等形式多样的学习活动，推动党史学习教育入脑入心、走深走实。岸基党支部组织开展学习、共建等主题党日活动240余场，船舶党支部组织开展各类主题活动、党课80余场。围绕特色党支部创建丰富党史学习教育载体。把特色党支部创建活动纳入党史学习教育，制定活动方案，创新方式方法，推动船岸基层党支部积极践行党建“三做”理念。组织船舶开展伙食管理和厨工技能大比武活动，把“吃在中波船”打造成为船员满意、家属放心的品牌项目。各基层党组织以创建特色党支部为抓手，突出宗旨意识、突出责任担当、突出优势特色、突出为民惠民，扎实深入开展“我为群众办实事”实践活动，重点围绕职工群众普遍关心以及企业发展面临的痛点难点等问题，认真梳理职工群众和客户急难愁盼问题，尤其注重加强对船员的关心服务，积极主动为船员及船员家庭解决实际困难，切实为船员办实事、办好事、办成事。

强化组织建设，不断提升基层党建工作。抓好党建责任落实，贯彻落实集团党建工作要求，进一步完善公司党建工作责任书及考核评价指标体系，组织开展党组织书记抓基层党建工作述职评议，推进党建主体责任层层落实。制定《中波轮船股份公司（中方）党建工作责任制实施细则（试行）》，推动党建责任考核和经营业绩考核有效联动。抓好党建基础工作，组织开展贯彻落实全国国企党建工作会议精神情况“回头看”，补短板、强弱项，推动基层党建与生产经营有效融合。严肃党内政治生活，严格落实“三会一课”、民主生活会、组织生活会、民主评议党员等党的组织生活基本制度。做好党员发展工作，严格规范发展程序，发展党员17名。抓好船舶党建工作，加强政委队伍培训，目前已选派30人参加集团集中轮训班，完成率近90%。强化政委上船前谈话和教育培训，以及下船后述职，强化船舶党建现场检查，注重航次跟踪指导，促进船舶党建工作质量提升。

【企业文化】

把开展党史学习教育与宣传中国航运发展史和中波公司悠久历史相融合，通过公开出版发行公司历史故事文集《推动中波友谊航船全速前进——70年·70个故事》，与上海电视台纪实人文频道联合制作播出纪录片《推动中波友谊航船全速前进——中波轮船股份公司成立70周年》，以及举办公司70年成就展等，在讲述企业故事、展示发展成就中不断加强企业文化建设。开展“历史上的今天”主题文化活动，对内加强公司辉煌历史和优秀文化的挖掘，激发船岸员工的自豪感和荣誉感，对外加强宣传展示，树立公司新形象，增强企业软实力。作为新中国第一家中外合资企业，中波公司精彩亮相由天津市委宣传部制作的庆祝中国共产党成立100周年献礼之作《奠基岁月》大型纪录片，以及交通运输部《中国船谱》大型纪录片。

围绕中国共产党成立 100 周年和公司成立 70 周年，公司组织开展“我与党旗同框”“我与国旗同框”“我与中波同框”等系列活动，通过船岸广大党员群众与党旗、国旗、公司标识合影、送祝福等宣传展示活动，进一步增强荣誉感、自豪感，彰显文化自信，营造良好氛围。群团携手组织开展了双方员工健步行、首届网络硬笔书法比赛、职工书画笔会、职工书画摄影展等活动。建成并启用“中波职工之家”，对职工健身设施实现了升级改扩建。组织开展多场古典音乐普及讲座，引导员工欣赏高雅艺术。

【社 会 责 任】

中波公司始终把履行社会责任作为企业应尽义务和光荣使命，积极助力脱贫攻坚工程，主动服务乡村振兴战略。2021 年，公司向中远海运慈善基金捐赠 100 万元用于定点帮扶和对口支援，另采购湖南安化茶叶 4 万余元，消费帮扶，助推当地产业发展。公司与崇明协进村结对帮扶工作已开展 15 年，与黄浦区外滩街道开展结对助老活动已有 26 年。公司向设立在上海联劝公益基金会的恒社专项基金捐款 3 万元，用于资助关爱孤独症儿童的“星缘伴我行”公益骑行项目。面对疫情影响，中波公司始终坚持服务不停、质量不降，倾力服务“六稳”“六保”，全力保障全球供应链畅通。鉴于中波公司疫情期间为保障全球供应链畅通作出的突出贡献，公司波方总经理被授予上海市“白玉兰纪念奖”。公司积极参加黄浦区外滩街道区域化党建联建，与黄浦区永胜街道、邻近楼宇党组织结成联建党组织并开展活动。组织青年党员和入党积极分子参加南京路志愿者服务站执勤，进博会期间开展平安志愿道路执勤。

2021 年中波公司基本情况见表 14–29。

2021 年中波公司基本情况一览表 表 14–29

类别	项目	2021 年
船队情况	船舶数量（艘）	28
	总载重吨（万吨）	90.78
生产情况	运量（万吨）	172.22
	周转量（千吨海里）	16 889 808
财务情况	总资产（亿元）	38.4
	净资产（亿元）	24.35
	总收入（亿元）	19.44
	利润总额（亿元）	4.54
人力资源	员工总数（人）	884

（陈晓波）

中国—坦桑尼亚联合海运公司

中国—坦桑尼亚联合海运公司

【公司概况】

1966 年 4 月 22 日，在国务院总理周恩来和坦桑尼亚总统尼雷尔倡议下，中坦两国政府签署《备忘录》，决定成立中国—坦桑尼亚联合海运公司（简称“中坦公司”，英文简称 SINOTASHIP）。1967 年 6 月 22 日，尼雷尔总统在达累斯萨拉姆亲自宣布中坦公司成立。

根据双方协议，中坦两国政府于 1967 年和 1971 年先后两次各投资 150 万英镑，总计 300 万英镑，作为公司注册资金（折合 857.8 万美元），双方政府各占公司 50% 股份。中坦公司是两国政府合资经营企业，也是中国政府最早对坦投资企业。公司本着“友好合作、平等互利”的原则，不断加强中坦两国航运合作，践行“一带一路”倡议在非洲落地生根，为增进中坦两国人民友谊作出积极贡献。公司曾被誉为“两国政府间企业合作的典范”。

中坦公司主要从事远东至东非的散杂货海上运输和船舶及集装箱代理业务。2009 年，公司首艘新造船 5.7 万 DWT 散货船“长顺 II”轮投入运营。2013 年年底，公司作为中远海运集运在坦桑尼亚指定代理，开启集装箱代理业务。自 2016 年中远海运集团组建成立以来，公司逐步融入集团大家庭，推动业务多元化和公司转型发展，积极助力中远海运集运不断扩大东非航线的市场份额，其自身的代理业务量也持续快速增长。

【经营情况】

2021 年，中坦公司拥有 5.7 万吨载重吨船舶 1 艘，货运量 40.4 万吨，周转量 230.18 万吨海里。公司代理的集装箱业务量逐年快速增长，2021 年代理重箱 5.6 万 TEU。公司在当地集装箱运输市场的份额不断扩大，同时积极推动集装箱端到端全程运输。

【发展战略】

围绕中远海运集团“打造世界一流的全球综合物流供应链服务生态”的目标愿景，借助集团全球网络和品牌优势，中坦公司强化协同合作，努力将公司打造成中远海运在东部非洲的桥头堡。公司业务从原有单一航运经营逐步发展为“航运 + 船代 + 物流 + 资产管理”的“四轮驱动”，不断增强公司经营能力和防抗风险能力。公司船队发展采取“稳健经营、审慎投资”策略，在确保稳健经营和风险可控的基础上，努力提高经营绩效，不断积累资金，为推进船队发展奠定基础。

【公司业务】

中坦公司长期从事远东至东非的散杂货海上运输。除航运业务外，公司是集团旗下在坦桑尼亚唯一指定代理，主要代理两大类业务：一是集装箱船舶代理。公司是中远海运集运和东方海外双品牌在坦桑尼亚的共同代理，为抵港集装箱船舶提供代理和揽货服务，每周操作 2 班次抵港集装箱船舶。二是散杂货船舶代理。公司是中远海运特运在坦桑尼亚代理，为抵港件杂货和特种船舶提供代理和揽货服务，每月操作 2 ~ 3 艘抵港船舶。按照中远海运集团大力开发新兴市场的部署要求，公司加大本地市场开发，近年来船舶代理业务持续快速发展。

为深入践行“一带一路”倡议和集团打造综合物流供应链服务生态战略，公司开拓了陆路延伸运输及综合物流业务，搭建由坦桑尼亚至刚果（金）、赞比亚、卢旺达等内陆邻国的陆路延伸运输网络，满足集运公司和系统内其他企业以及外部客户到东中部非洲国家的货运需求，推进中远海运品牌不断走向非洲腹地，为客户提供更加满意的端到端全程物流服务。

【服务客户】

2021 年，中坦公司认真贯彻落实中远海运集团要求，积极克服全球新冠疫情持续蔓延以及全球供应链危机带来的冲击，坚持一手抓防疫抗疫，一手抓生产经营，保持了稳定的安全形势和良好的客户服务。

作为中远海运集运和东方海外双品牌在坦桑尼亚的统一代理，公司积极克服全球供应链紊乱带来的物流不畅和运输困难，努力为船东提供满意服务。公司协助集运公司和东方海外克服港口拥堵和货物在中转港积压时间过长等因素，积极揽取回程重箱货物，进一步改善集运公司东非航线进出口平衡状况、提升航线效益。

公司本地集装箱业务系统全面投入使用，不仅显著提高客户响应速度和业务处理能力，优化和规范了业务操作流程，同时也在进出口超期箱管理、滞箱费和运费催收管理等具体业务上发挥重要作用，有效防范集装箱超期风险和运费滞箱费收费风险，助力提升公司业务处理效率和客户服务水平。

2021 年是对标提升行动关键年，公司在与行业先进企业共同投船的合作航线上开展对标提升行动，东行回程重箱舱位利用率达到 58%，在这个指标上一举反超对标企业，初步实现对标提升目标，从而进一步缩小双方在当地的市场份额差距。

【企业管理与风险管控】

公司双方员工在各项重大事务和生产经营中，按照“友好合作、平等互利”的原则，求同存异，合作共处，注重加强双方合作和团队建设。中方员工顾全大局、以身作则，认真落实集团战略目标和工作部署，围绕公司工作重点，加强与坦方的交流合作，团结和带动坦方员工，形成良好的工作氛围。

公司强化内部管理，认真贯彻落实集团提质增效和管理提升各项要求，梳理和补充完善《中坦公司投资管理规定（试行）》等内部管理制度，不断健全和完善公司治理环境，规范业务流程和内部监督。

2021 年，坦桑尼亚政府取消了几乎所有新冠疫情防控措施，这给公司防疫工作带来极大挑战。公司认真贯彻执行国务院国资委和集团防疫政策和要求，落实责任，统一思想，采取扎实防疫措施，积极与当地中资企业结对子，开展联防联保，及时掌握疫情信息，切实做好包括人员、商务履约、资产和资金安全在内的各类风险管控，确保公司安全平稳健康发展。

【安全生产】

中坦公司在安全管理方面始终以如履薄冰的心态，认真抓好船舶运输安全生产和船舶代理业务的操作安全。

在船舶安全生产方面，公司加强与船管公司和船员公司的沟通协调，强化对自有船舶航行安全和货物安全的督察检查，督促船管公司和船员认真做好防抗海盗、防抗台、防污染等重要安全工作，避免各类事故的发生，确保船舶安全。公司积极为船舶采购防疫物资，关心关爱船员，克服种种困难及时安排船员换班，增强船员认同感和归属感，确保船舶正常生产秩序和船员身心健康，保障船舶安全。

在集装箱代理业务方面，公司需在日常业务中与众多良莠不齐的当地小型货代公司打交道。对此，公司不断加强商务审核与财务审查，加大对客户背景和业务环节的调查监督力度，重点盯住存在商务履约风险和支付风险的客户，努力规避商务履约风险。认真执行集团有关国际制裁和客户合规风险，避免从事任何可能涉及各类制裁、敏感业务、高风险业务和特殊关联企业的业务，避免突发事件的发生，筑牢风险防火墙，确保合规经营。

【员 工 队 伍】

中坦公司员工队伍由中、坦双方员工组成。按照对等合作原则，公司管理部门和关键业务岗位实行双方对等设置。中方员工为集团外派干部，基本操作岗位主要为坦方员工。中方干部队伍始终是公司转型发展的中坚力量，随着集装箱代理业务快速发展和综合物流业务增长，公司不断调整充实当地员工队伍，坦方员工人数不断增加。公司认真组织并抓好当地员工的教育培训，不断提高他们的服务意识和业务能力，努力建设适应公司发展需求的人才队伍。

【企 业 文 化】

中坦公司高度重视企业文化建设和中坦文化交流融合工作，倡导“友好合作，平等互利”。公司双方员工不断增强大局意识、合作意识、创业意识和发展意识，双方员工团结一致，加强合作，相互支持，努力拼搏，共同推动公司健康稳定发展。（顾菊根）

CHINA COSCO SHIPPING CORPORATION LIMITED YEARBOOK

中国远洋海运集团有限公司

年鉴

第十五篇

大事记

一月

1 月 12 日 上海市交通委员会牵头中远海运、上海国际港务（集团）股份有限公司、上海市虹口区人民政府共同起草形成的《合力打造“北外滩国际航运论坛”合作备忘录》在中远海运总部大楼签署。为加快建设具有全球航运资源配置能力的上海国际航运中心，服务交通强国建设，上海市政府和交通运输部决定共同主办“北外滩国际航运论坛”，致力打造一个全球航运业界的“达沃斯”。

1 月 21 日 中远海运与美的集团在广东举行战略合作协议暨运输服务框架协议签约仪式。其间，中远海运集运与美的国际物流科技公司签署了服务框架协议。根据协议，中远海运与美的集团建立全面战略合作伙伴关系，在集装箱运输、端到端物流供应链、海外合作、数字化转型、集中采购和技术交流等方面开展深度战略合作。

1 月 27 日 中远海运所属中远海运港口宣布收购红海门户码头 20% 股权。红海门户码头位于沙特阿拉伯最大的港口吉达伊斯兰港，是吉达伊斯兰港最大的码头。

1 月 国务院扶贫办发布 2020 年企业精准扶贫案例，中远海运“坚持智志双扶，助力脱贫攻坚”荣获全国“企业精准扶贫专项案例 50 佳”。这是继 2019 年荣获全国“企业精准扶贫综合案例 50 佳”之后，集团再获此殊荣。

二月

2 月 7 日 中远海运与海尔集团在青岛举行了战略合作协议暨运输服务框架协议签约仪式。其间，中远海运旗下中远海运集运与海尔集团旗下海尔海外电器产业有限公司签署了海上货物运输及多式联运服务框架协议。未来，双方将探索在更高层次、更深内涵开展开放生态合作，提高彼此的全球供应链能力和核心竞争力。

2 月 20 日 中远海运与中国（上海）自由贸易试验区临港新片区管理委员会举行战略合作签约仪式。根据协议，双方将深入推进高水平制度型开放，对标最高标准、最高水平，协同长三角共建辐射全球的航运枢纽。

2 月 25 日 全国脱贫攻坚总结表彰大会在北京人民大会堂隆重举行。中共中央总书记、国家主席、中央军委主席习近平向全国脱贫攻坚楷模荣誉称号获得者颁奖并发表重要讲话。大会还对全国脱贫攻坚先进个人、先进集体进行表彰。中远海运驻安化县帮扶工作队荣获“全国脱贫攻坚先进集体”称号，徐步同志荣获“全国脱贫攻坚先进个人”称号，作为代表在人民大会堂出席了表彰大会并接受表彰。

三月

3 月 1 日 中远海运与上港集团在上海举行全面推进战略合作伙伴关系签约仪式。根据协议，中远海运与上港集团未来将在长期友好合作的基础上，本着“优势互补、深度合作，共赢未来”的原则，在数据对接和创新、码头投资和运营、人才培训和交流等方面深入开展全面战略合作，共同为推进上海国际航运中心全面建设发挥积极作用。

3 月 1 日 由英国英富曼集团与上港集团联合举办的海贸（Seatrade）国际海事“2020 年终身成就奖”颁奖仪式在上海举行。时任中远海运董事长许立荣荣获海贸国际海事“2020 年航运终身成就奖”。

3 月 15 日 由中远海运与安徽省港航集团携手打造的基于区块链技术实现数字化、无接触进口提货方案，正式在安徽芜湖港落地推出。继上海、厦门、青岛、宁波、广州、天津等沿海港口之后，芜湖港成为全国第一个实现区块链无纸化进口放货的内河港口。

3 月 17 日 在获得全球相关监管机构的审查批准后，由中远海运牵头的全球航运商业网络（GSBN）在香港成功组建并开始正式运营。7 月 21 日，GSBN 宣布，该联盟成立以来的首个应用产品“无纸化放货”在中国正式上线。7 月 28 日，GSBN 与中国 8 家港口集团和港航公司举行了在线签约仪式，达成合作意向。8 月 24 日，GSBN 宣布“无纸化放货”产品已在中国香港、新加坡和泰国林查班实施。

四月

4 月 1 日上午 中远海运与国家能源集团在上海签署了战略合作框架协议。双方希望以此次战略协议签署为契机，进一步巩固并深化在集装箱运输、散货运输、物流等方面的业务合作，为新发展格局下的供应链稳定提供有力保障。

4 月 17 日 中远海运与东风汽车集团有限公司、中国移动通信集团有限公司联合宣布，在 5G 智慧港口无人驾驶领域达成战略合作，三方将致力共建汽车产业发展生态，联合打造智慧港口无人驾驶整体解决方案，推动我国“5G+ 智慧港口”建设。

4 月 19 日上午 中央政治局委员、上海市委书记李强与内蒙古自治区党委书记、自治区人大常委会主任石泰峰率领的内蒙古自治区党政考察团到中远海运考察。中远海运与内蒙古自治区人民政府在苏州签署战略合作协议。根据协议，中远海运与内蒙古自治区将加强合作，进一步融入国家“一带一路”倡议，共同推进中蒙俄经济走廊建设，促进中欧班列大通道畅通。

4 月 19 日 国务院国资委党委书记、主任郝鹏到海南洋浦国际集装箱码头调研海南自贸港建设情况，慰问了停靠在海南炼化码头的中远海运“远福洋”轮。郝鹏希望中远海运发挥中央企业作用，按照规划建设好洋浦国际集装箱码头，进一步推动落实海南自贸港建设。

4 月 20 日 博鳌亚洲论坛 2021 年年会开幕式在海南博鳌举行，国家主席习近平以视频方式发表题为《同舟共济克时艰，命运与共创未来》的主旨演讲。国家副主席王岐山出席开幕式。中远海运董事长、党组书记许立荣现场聆听习近平主席的主旨演讲。

五月

5 月 17 日下午 中远海运与中国交通建设集团在沪签署“十四五”深化战略合作协议。双方希望以此次深化战略合作签约为契机，进一步发挥各自优势，实现双方高质量发展。

5 月 18 日 中远海运与中国船级社在上海签署“推进碳达峰碳中和工作协议”。根据协议，双方将紧紧围绕国家碳达峰碳中和目标，制定航运业实现碳达峰碳中和的技术路径，为航运业高质量发展提供示范和经验。

5 月 20 日 中远海运所属中远海运集运与世界粮食计划署正式签署全球合作协议。根据协议，中远海运集运将为世界粮食计划署提供食品等联合国援助物资运输服务。

六月

6 月 8 日 由商务部和浙江省人民政府联合主办的第二届中国 – 中东欧国家博览会在宁波开幕。中共中央政治局委员、国务院副总理胡春华出席开幕式，宣读习近平主席贺信并致辞。中远海运应邀参加中国 – 中东欧国家成果展，中远海运董事、总经理、党组副书记付刚峰出席本届博览会主论坛暨开幕式活动，并在成果展现场向党和国家领导人介绍了集团在中东欧地区的投资建设情况。

6 月 21 日 由外交部会同交通运输部共同组织举办的“驻华使节走进交通运输部”活动在

京举行。在交流中，李小鹏指出，中远海运在希腊投资运营建设的比雷埃夫斯港是“一带一路”的合作典范。活动期间，中远海运应邀在现场展出了“中远海运宇宙”轮和“新光华”轮船舶模型，向各国使节展示了集团在交通运输领域建设中所取得积极成果。

6月23日 希腊文学著作《数星星的孩子》（中文版）新书首发暨首批图书捐赠仪式在北京举行。该活动是“2021中国—希腊文化和旅游年”系列活动之一，由中远海运主办，中远海运慈善基金会、中远海运（比雷埃夫斯）港口有限公司、中国报道杂志社、新世界出版社协办。中央党校（国家行政学院）分管日常工作的副校（院）长李书磊、国家发展改革委副主任宁吉喆、希腊驻中国大使乔治·伊利奥普洛斯、商务部副部长王炳南、交通运输部副部长赵冲久等中外嘉宾，在中希两国以线下和线上的形式出席首发式。

七月

7月11日 中远海运董事长、党组书记许立荣以线上形式参加了2021年中国航海日主论坛并发表主旨演讲。受疫情影响，2021年中国航海日主论坛以线上形式举行。国际海事组织秘书长林基泽、国际航行学会联合会主席约翰·波特尔通过视频表示祝贺。

7月13日 国务院国资委公布2020年度中央企业负责人经营业绩考核A级企业名单，中远海运获评A级。至此，中远海运自2016年重组成立以来已连续5年获得A级。

7月21日 空中客车天津宽体飞机完成和交付中心首架A350飞机交付仪式活动在天津港保税区举行，中远海运作为唯一物流供应商受邀出席了此次活动。2007年11月，中远海运以唯一运输服务供应商身份中标空客A320系列飞机天津总装线项目飞机大部件及全部零部件跨洋全程国际物流服务以来，已累计为空客公司提供了550架次的安全交付服务。

7月29日 中远海运所属中远海运物流与百度在钓鱼台国宾馆签署战略合作协议。根据协议，双方将组建数字化平台公司，以中远海运物流丰富的业务场景，结合百度强大的运算服务能力以及丰富的智能产品，携手打造产业智能化加速引擎。

八月

8月1日 湖北省委书记、省人大常委会主任应勇宣布：阳逻国际港集装箱水铁联运项目开港通车。阳逻国际港集装箱水铁联运项目由武汉中远海运港口建设运营，预期可大幅降低多式联运“最后一公里”物流成本，助力武汉实现支点长江、港通全球。

8月2日 2021年《财富》世界500强排行榜全球同步发布，中远海运位列榜单231位，比2020年提升33位。自2016年重组以来，中远海运连续上榜《财富》世界500强，排名逐年提升。从2016年至2021年，排名总提升234位。

8月12日 经中远海运下属海南港航、泛亚航运、集运口岸公司，以及广西北部湾港、琼桂两地海关等协同推进，“成功83”轮装载从钦州起运经洋浦中转出口的首批外贸货物顺利运抵洋浦国际集装箱码头，标志着“洋浦—钦州”内外贸同船运输通道正式开通运营，对保障外贸平稳运行、深入链接国内国际、打造双循环新交汇点具有重要的现实作用。

8月16—18日 2021年金砖国家工商论坛以视频会议的方式举行。中远海运董事长许立荣作为金砖国家工商理事会中方主席，应邀出席了8月18日的全体会议，并代表中方工商界发言。

九月

9月2—7日 2021年中国国际服务贸易交易会在北京举行。本届服贸会的主题为“数字开启未来，服务促进发展”。国家主席习近平发表视频致辞。中远海运董事长、党组书记许立荣以视频的方式参加服务贸易开放发展新趋势高峰论坛，并在“开启服务贸易高质量发展新征程”单元发表主题演讲。

9 月 6 日 由工业和信息化部、福建省人民政府、厦门市人民政府主办的第二届“促进金砖工业创新合作大赛”总决赛在厦门举行。由中国移动通信集团福建有限公司、中远海运港口厦门远海码头联合选送的“基于 5G 的自动化码头业务场景应用”项目，在“工业互联”赛道获得一等奖。

9 月 8 日 2021“丝路海运”国际合作论坛在厦门举行。本届论坛主题为“丝路海运——新阶段、新机遇、新使命”。中远海运董事长、党组书记许立荣以视频形式出席主论坛，并发表题为“物流供应链：疫情下全球经贸复苏的首要担当”的主题演讲。

9 月 9 日 中远海运与广西壮族自治区政府在南宁签署“十四五”战略合作协议。双方希望按照签署的合作协议，携手各方加快推进北部湾国际门户港建设，更好助力广西构建全方位开放发展新格局。

9 月 10 日 第 18 届中国 – 东盟博览会和中国 – 东盟商务与投资峰会在广西南宁开幕。国家主席习近平致贺信，国家副主席王岐山出席开幕式并巡视博览会展馆。中远海运董事长、党组书记许立荣应邀出席开幕式。

9 月 14 日 国家主席习近平以视频方式出席第二届联合国全球可持续交通大会开幕式并发表题为“与世界相交与时代相通在可持续发展道路上阔步前行”的主旨讲话。中远海运董事长、党组书记许立荣参加开幕式。

9 月 21 日 中远海运所属中远海运港口宣布收购德国汉堡港 CTT 码头 35% 股权。CTT 码头项目具有稳健向好的市场前景，也有利于进一步发挥中远海运港口与船队的协同效应。

9 月 28 日 琼州海峡港航一体化资源整合项目战略合作框架协议暨航运资源整合项目合作协议签约仪式在广州远洋大厦举行。加快推进琼州海峡港航一体化，实现航运资源整合，是中远海运与广东省港航集团深入贯彻落实习近平总书记重要讲话和指示精神，贯彻落实海南自由贸易港总体建设方案，助力海南建设成为新时代全面深化改革开放的新标杆、努力构建改革开放新格局的具体举措。

十月

10 月 8 日 中远海运与中国中化在沪签署战略合作协议。根据协议安排，双方将本着“互惠互利、战略联盟、优势互补”的原则，充分利用各自优势资源，在产业链经营、航运、数字化转型、综合地产服务、集中采购、信息交流等方面开展深入合作，建立长期的战略合作伙伴关系。

10 月 18 日 中国首个超大型油轮联营体——CHINA POOL 正式对外运营，成为油轮运输行业进入共享共赢时代新的里程碑。CHINA POOL 的发起方是中远海运旗下中远海运能源。CHINA POOL 正式对外运营，标志着中远海运重组后坚持的规模化、专业化、集约化运营模式开始对行业输出，将在保障国家能源运输安全中体现更多责任担当。

10 月 20 日 首届世界航商大会在香港举行，来自全球 40 多个国家和地区的行业组织和企业共同参加会议。本届世界航商大会以“互利共生、连接未来”为主题。中远海运董事长、党组书记许立荣以视频方式参加会议，并发表题为“后疫情时代，驱动全球航运转型升级的新势能”的演讲。

10 月 22 日 中远海运正式开启第四届中国国际进口博览会主场运输进场工作。作为主场运输服务商，中远海运服务总面积达 7.2 万平方米，服务展商逾 550 个团组。

10 月 25 日 中远海运收购比雷埃夫斯港务局 67% 股权的第二期 16% 股权交割确认书交换仪式，以视频连线的方式在中国北京和希腊雅典、比雷埃夫斯港三地同步举行。

十一月

11 月 3—5 日 2021 北外滩国际航运论坛在上海举行。11 月 4 日，国家主席习近平向

2021 北外滩国际航运论坛致贺信。中远海运董事长、党组书记万敏，董事、总经理、党组副书记付刚峰，董事、党组副书记王海民，党组成员、副总经理黄小文出席了论坛开幕式、主论坛和国际海运平行论坛等活动。

11 月 5 日下午 中远海运与中储粮集团签署深化战略合作协议。双方将建立全面战略合作伙伴关系，未来将在航运、物流、粮食产业园、数字化和海外合作等方面开展深度合作，促进双方在国内与国际市场地位和综合竞争力的增强。

11 月 16 日 亚太港口服务组织（APSN）通过线上方式举办了 2021 年“亚太智慧港口发展论坛”，中远海运港口受 APSN 邀请通过视频参加论坛，并发表“智慧港口发展趋势和实践”主旨演讲。中远海运港口厦门远海集装箱码头有限公司因持续打造绿色低碳码头，获 2021 亚太绿色港口奖励计划，继 2018 首获该项荣誉后，再度蝉联。

十二月

12 月 1 日 中远海运集团召开 2022 年务虚会、宣传思想工作会暨政研会二届一次会员大会。集团董事长、党组书记万敏，董事、总经理、党组副书记付刚峰分别发表讲话，总结回顾了集团取得的优异成绩和经验体会，深入分析了经济形势，提出了 2022 年度工作的总体思路、目标要求，就抓好 2022 年重点工作作出了安排部署。

12 月 21 日 由中远海运、东风公司、中国移动三方联合行业伙伴携手打造的“智慧港口 2.0”在厦门远海码头正式启动商业化运营，标志着中远海运码头智慧化升级走在了全国前列。2020 年 5 月 11 日，上述三家与行业合作伙伴携手在厦门远海码头发布了 5G 智慧港口全场景示范应用，经过一年多的技术研发、现场测试，实现了 5G 网络从技术试验到商业应用，无人集卡从单车智能到系统解决方案，从传统码头装卸系统升级为智慧港口智能装卸系统。

CHINA COSCO SHIPPING CORPORATION LIMITED YEARBOOK

中国远洋海运集团有限公司

年鉴

第十六篇

光荣册

2021 年中远海运集团获省部级以上先进集体荣誉汇总表

2021 年中远海运集团获省部级以上先进集体荣誉汇总表

表 16–1

序号	直属单位名称	先进集体名称	先进集体所在单位	所获荣誉称号	受表彰时间	表彰单位
1	中远海运集运	上海泛亚航运有限公司	上海泛亚航运有限公司	2017—2019 年度上海市厂务公开民主管理工作先进单位	2021 年 1 月	上海市厂务公开工作领导小组
2		全球信息支持中心合同管理部	上海中远海运集装箱运输信息服务有限公司	2020 年全国巾帼文明岗	2021 年 3 月	中华全国总工会
3		中远海运“玫瑰”轮	上海远洋运输有限公司	2021 年度全国工人先锋号	2021 年 5 月	中华全国总工会
4	中远海运散运	“远神海”轮	中远海运散货运输有限公司	全国工人先锋号	2021 年 4 月	中华全国总工会
5		深圳远洋运输股份有限公司工会	深圳远洋运输股份有限公司	广东省模范职工之家	2021 年 12 月	广东省总工会
6	中远海运特运	“新光华”轮	中远海运特运运输股份有限公司	全国工人先锋号	2021 年 4 月	中华全国总工会
7		半潜船经营部	中远海运特运运输股份有限公司	广东省五一劳动奖状	2021 年 4 月	广东省总工会
8		广州中远海运滚装运输有限公司	中远海运特运运输股份有限公司	2020 年度全国“安康杯”竞赛安全文化宣传工作先进单位	2021 年 4 月	全国“安康杯”竞赛组委会
9		中远海运特运工会	中远海运特运运输股份有限公司	广东省海员系统职工“商务英语”技能竞赛优秀组织奖	2021 年 10 月	广东省海员工会
10	中远海运发展	东方国际集装箱（锦州）有限公司	东方国际集装箱（锦州）有限公司	辽宁省 2018—2020 年度文明单位标兵	2021 年 1 月	辽宁省精神文明建设指导委员会
11		东方国际集装箱（广州）有限公司	东方国际集装箱（广州）有限公司	广东省五一劳动奖状	2021 年 4 月	广东省总工会
12		寰宇东方国际集装箱（启东）有限公司	寰宇东方国际集装箱（启东）有限公司	江苏省健康企业	2021 年 12 月	江苏省卫生健康委员会、江苏省总工会
13		寰宇东方国际集装箱（启东）有限公司	寰宇东方国际集装箱（启东）有限公司	2021 年江苏省优秀劳动关系和谐企业	2021 年 12 月	江苏省协调劳动关系三方委员会
14		东方国际集装箱（连云港）有限公司	东方国际集装箱（连云港）有限公司	2021 年全省“班组职工思想政治工作法”	2021 年 12 月	江苏省总工会
15		寰宇东方国际集装箱（启东）有限公司	寰宇东方国际集装箱（启东）有限公司	2021 年全省“网聚职工正能量 争做中国好网民”主题活动一等奖	2021 年 12 月	江苏省总工会、中共江苏省委网络安全和信息化委员会办公室

续上表

序号	直属单位名称	先进集体名称	先进集体所在单位	所获荣誉称号	受表彰时间	表彰单位
16	中远海运发展	中远海运发展	中远海运发展股份有限公司	上海市文明单位	2021年4月	上海市人民政府
17	中远海运发展	中远海运发展	中远海运租赁有限公司	上海市文明单位	2021年4月	上海市人民政府
18	中远海运发展	东方国际集装箱（广州）有限公司第一党支部	东方国际集装箱（广州）有限公司	先进基层党组织	2021年7月	广东省国资委党委
19	中远海运物流	上海中远海运物流团委	上海中远海运物流	2021年度中央企业五四红旗团委	2021年4月	中央企业团工委
20	中远海运物流	BOS中心项目组	上海中远海运物流	上海市巾帼创新工作室	2021年12月	上海市总工会
21	中远海运重工	南通中远海运船务工程有限公司	南通中远海运船务工程有限公司	2020—2021年度江苏省“安康杯”竞赛组织工作优秀单位	2021年12月	江苏省总工会、江苏省应急管理厅、江苏省卫生健康委员会
22	中远海运重工	大连中远海运重工有限公司	大连中远海运重工有限公司	2020—2021年度辽宁省“安康杯”竞赛活动优胜单位	2021年12月	辽宁省总工会、辽宁省应急管理厅、辽宁省卫生健康委员会
23	中远海运重工	舟山中远海运重工有限公司	舟山中远海运重工有限公司	2020—2021年度浙江省“安康杯”竞赛活动优胜单位	2021年12月	浙江省总工会、浙江省应急管理厅、浙江省卫生健康委员会
24	中远海运重工	生产管理部	上海中远海运重工有限公司	2021年上海市工人先锋号	2021年9月	上海市总工会、上海市人力资源和社会保障局
25	中远海运重工	大连中远海运重工有限公司实操中心	大连中远海运重工有限公司	辽宁省职工技能提升平台	2021年10月	辽宁省总工会
26	中远海运重工	320米坞墙整体横移技术创新项目	大连中远海运重工有限公司	2021年辽宁省职工技能大赛暨全省职工创新成果转化大赛科技型企业创新成果转化组三等奖	2021年10月	辽宁省总工会、辽宁省人力资源和社会保障厅
27	上海中远海运	上海中远海运	中远海运（上海）有限公司	2019—2020年度上海市文明单位	2021年4月	上海市人民政府
28	上海中远海运	上海亿升海运仓储有限公司第二党支部	上海亿升海运仓储	上海市先进基层党组织	2021年7月	中共上海市委
29	上海中远海运	上海中远海运	中远海运（上海）有限公司	《坚持心怀“国之大者”体现新时代内部审计价值》被推选为“内部审计促进组织贯彻落实党和国家重大政策措施”典型经验	2021年11月	中国内部审计协会
30	上海中远海运	中国航海学会磁罗经技术服务部上海分部	上海市航海学会	2020年度磁罗经技术服务工作优秀单位	2021年3月	中国航海学会
31	上海中远海运	中远海运化工	中远海运化工物流有限公司	2021年度中国化工物流运营安全管理优秀案例“企业运营安全管理案例”	2021年12月	中国物流与采购联合会

续上表

序号	直属单位名称	先进集体名称	先进集体所在单位	所获荣誉称号	受表彰时间	表彰单位
32	广州中远海运	广州中远海运驻遂溪县洋青镇文相村扶贫工作队	中远海运（广州）有限公司	广东省脱贫攻坚先进集体	2021 年 6 月	中共广东省委、广东省人民政府
33	广州中远海运	广州中远海运江南颐养苑工会	广州中远海运健康管理有限公司	海员模范职工小家	2021 年 12 月	中国海员工会广东省委员会
34	广州中远海运	中远海运（广州）有限公司	中远海运（广州）有限公司	2020 年度广东省守合同重信用企业	2021 年 6 月	广州市市场监督管理局
35	广州中远海运	中远海运（广州）有限公司	中远海运（广州）有限公司	2020 年中直驻粤单位定点帮扶开发工作成效为“好”	2021 年 5 月	中共广东省委办公厅
36	广州中远海运	广州海建工程咨询有限公司	中远海运（广州）有限公司	中国招标投标协会“行业先锋”称号	2021 年 1 月	中国招标投标协会
37	广州中远海运	广州海建工程咨询有限公司	中远海运（广州）有限公司	2020 年度交通建设优秀监理企业	2021 年 12 月	中国交通建设监理协会
38	广州中远海运	广州净海油污水工程有限公司党支部	中远海运（广州）有限公司	广东省国资系统先进基层党组织	2021 年 6 月	广东省国资委党委
39	青岛中远海运	青岛中远海运物业管理公司客服部	青岛中远海运物业管理公司	山东省水运系统女职工建功立业标兵岗	2022 年 3 月	山东省海员委员会
40	青岛中远海运	青岛远洋房地产开发有限公司物业分公司培训公寓客房班组	青岛远洋房地产开发有限公司	山东省水运系统女职工建功立业标兵岗	2022 年 3 月	山东省海员委员会
41	青岛中远海运	青岛远洋船舶供应有限公司储运部	青岛远洋船舶供应有限公司	山东省“安康杯”竞赛优胜班组	2022 年 3 月	山东省总工会、山东省应急管理厅、山东省卫生健康委员会
42	青岛中远海运	“新香雪兰”轮	烟台中韩轮渡有限公司	2020—2021 年度山东省水运系统“安康杯”竞赛先进船舶	2022 年 2 月	山东省海员委员会
43	青岛中远海运	“嘉安”轮	青岛远洋华林国际船舶管理有限公司	2020—2021 年山东省水运系统“安康杯”竞赛先进船舶	2022 年 2 月	山东省海员委员会
44	青岛中远海运	青岛远洋船舶供应有限公司储运部	青岛远洋船舶供应有限公司	2020—2021 年度山东省水运系统“安康杯”竞赛先进班组	2022 年 2 月	山东省海员委员会
45	青岛中远海运	青岛中远海运物业管理有限公司工程部	青岛中远海运物业管理有限公司	2020—2021 年度山东省水运系统“安康杯”竞赛先进班组	2022 年 2 月	山东省海员委员会
46	青岛中远海运	青岛远洋房地产开发有限公司 / 青岛远洋大酒店人才发展院一期项目部	青岛远洋房地产开发有限公司 / 青岛远洋大酒店	2020—2021 年度山东省水运系统“安康杯”竞赛先进班组	2022 年 2 月	山东省海员委员会
47	中远海运船员	中远海运船员管理有限公司	中远海运船员管理有限公司	2021 年上海市五一劳动奖状	2021 年 9 月	上海市总工会、上海市人力资源和社会保障局
48	中远海运船员	中远海运船员上海分公司	中远海运船员上海分公司	2021 年上海市工人先锋号	2021 年 9 月	上海市总工会、上海市人力资源和社会保障局

续上表

序号	直属单位名称	先进集体名称	先进集体所在单位	所获荣誉称号	受表彰时间	表彰单位
49	中远海运船员	中远海运船员广州分公司	中远海运船员广州分公司	第十届广东省“金锚杯”海员职工职业技能大赛团体第一名	2021 年 10 月	广东省海员工会
50		中远海运船员广州分公司工会	中远海运船员广州分公司	广东省海员职工第十届“金锚杯”船舶水手职业技能大赛优秀组织奖	2021 年 10 月	广东省海员工会
51		中远海运船员广州分公司工会	中远海运船员广州分公司	幸福船员小屋	2021 年 10 月	广东省海员工会
52		中远海运船员广州分公司工会	中远海运船员广州分公司	船员心灵驿站	2021 年 10 月	广东省海员工会
53		中远海运船员广州分公司工会	中远海运船员广州分公司	海嫂联络站	2021 年 10 月	广东省海员工会
54		中远海运船员劳务事业分部财务室	中远海运船员青岛分公司	山东省水运系统女职工建功立业标兵岗	2021 年 10 月	山东省海员工会
55		吴良志、刘凯强、宋其林、李俊峰	中远海运船员青岛分公司	2021 年“工匠杯”船员技能大赛团体二等奖	2021 年 10 月	山东省海员工会
56		“远平海”轮接班团队	中远海运船员青岛分公司	2021 年度山东省水运系统工人先锋号	2021 年 10 月	山东省海员工会
57	中远海运港口	全流程自动化升级改造创新攻坚团队	天津港集装箱码头有限公司	2021 年感动交通年度人物	2021 年 4 月	中华人民共和国交通运输部、中华全国总工会
58		施俊楠、洪增臻、黄尚集	泉州太平洋集装箱码头有限公司	全国交通技术能手	2021 年 12 月	中华人民共和国交通运输部
59		技术部党支部	天津港集装箱码头有限公司	天津市先进基层党组织	2021 年 6 月	中共天津市委
60		业务受理室	厦门远海集装箱码头有限公司	福建省工人先锋号	2021 年 4 月	福建省总工会
61		厦门远海集装箱码头有限公司	厦门远海集装箱码头有限公司	2020 年度福建省“安康杯”竞赛先进单位	2021 年 12 月	福建省总工会、福建省应急管理厅、福建省卫生健康委员会
62		厦门远海集装箱码头有限公司	厦门远海集装箱码头有限公司	福建省优质外贸码头泊位	2021 年 11 月	福建省商务厅、福建省口岸办
63		天津港集装箱码头有限公司	天津港集装箱码头有限公司	四星级绿色港口	2022 年 9 月	中国港口协会
64		厦门远海集装箱码头有限公司	厦门远海集装箱码头有限公司	绿色港口（GPAS）	2021 年 6 月	亚太港口服务组织（APSN）
65		厦门远海集装箱码头有限公司	厦门远海集装箱码头有限公司	第二届促进金砖工业创新合作大赛一等奖	2021 年 9 月	第二届促进金砖工业创新合作大赛组委会
66		货运市场部 1515 团队	天津港集装箱码头有限公司	第 20 届全国青年文明号	2021 年 7 月	共青团中央、交通运输部
67		投资及项目管理部李伟	中远海运港口有限公司	上海市优秀共产党员	2021 年 6 月	中共上海市委
68		技术部党支部	天津港集装箱码头有限公司	天津市国资系统先进基层党组织	2021 年 7 月	中共天津市国资委委员会

续上表

序号	直属单位名称	先进集体名称	先进集体所在单位	所获荣誉称号	受表彰时间	表彰单位
69	中远海运港口	王端文、陈少群、林志军	泉州太平洋集装箱码头有限公司	2021 年福建省百万职工“五小”创新大赛一等奖	2021 年 3 月	福建省总工会
70	中远海运港口	业务受理室	厦门远海集装箱码头有限公司	福建省工人先锋号	2021 年 5 月	福建省总工会
71	中远海运港口	厦门远海集装箱码头有限公司	厦门远海集装箱码头有限公司	福建省“安康杯”竞赛先进单位	2021 年 12 月	福建省总工会、福建省应急管理厅、福建省卫生健康委员会
72	中远海运港口	厦门远海集装箱码头有限公司	厦门远海集装箱码头有限公司	福建省优质外贸码头泊位	2021 年 11 月	福建省商务厅、福建省口岸办
73	中远海运港口	天津港集装箱码头有限公司	天津港集装箱码头有限公司	四星级绿色港口	2021 年 6 月	中国港口协会
74	中远海运港口	厦门远海集装箱码头有限公司	厦门远海集装箱码头有限公司	绿色港口（GPAS）	2021 年 6 月	亚太港口服务组织（APSN）
75	中远海运港口	厦门远海集装箱码头有限公司	厦门远海集装箱码头有限公司	第二届促进金砖工业创新合作大赛一等奖	2021 年 9 月	第二届促进金砖工业创新合作大赛组委会
76	上海船研所	徐延军交通信息技术劳模创新工作室	中远海运科技股份有限公司	第十一批“上海市劳模创新工作室”	2021 年 8 月	上海市总工会
77	上海船研所	中海环境轨道交通业务小组	中海环境科技（上海）股份有限公司	2019—2020 年度上海市三八红旗集体	2021 年 6 月	上海市妇女联合会、上海市人力资源和社会保障局
78	中远海运人才发展院	服务保障中心人力医疗服务室	中远海运人才发展院服务保障中心	山东省水运系统女职工建功立业标兵岗	2021 年 3 月	山东省海员工会
79	中远海运人才发展院	职培分院党政办公室	中远海运人才发展院职业培训分院	山东省水运系统女职工建功立业标兵岗	2021 年 3 月	山东省海员工会
80	中远海运人才发展院	职教分院辅机教研团队	中远海运人才发展院职业教育分院	山东省水运系统 2021 年度工人先锋号	2021 年 10 月	山东省海员工会

2021 年中远海运集团获省部级以上先进个人荣誉汇总表

2021 年中远海运集团获省部级以上先进个人荣誉汇总表

表 16–2

序号	单位名称	先进个人名单	先进个人所在单位	所获荣誉称号	受表彰时间	表彰单位
1	中远海运集团总部	常 雷	中远海运集团纪检监察组	云南省脱贫攻坚先进个人	2021 年 4 月	中共云南省委、云南省人民政府
2	中远海运集运	吴宇	中远海运集装箱运输有限公司	2019—2020 年度上海市三八红旗手	2021 年 6 月	上海市总工会
3		郑琦	中远海运集装箱运输有限公司	2019—2020 年度上海市三八红旗手	2021 年 6 月	上海市总工会
4		徐淏	中远海运集装箱运输有限公司	2021 年度上海市五一劳动奖章	2021 年 9 月	上海市总工会
5	中远海运散运	卢志强	中远海运散运	广东省五一劳动奖章	2021 年 4 月	广东省总工会
6		龙恩	中远海运散运上海分部	云南省脱贫攻坚先进个人	2021 年 4 月	中共云南省委、云南省人民政府
7	中远海运特运	王宸	中远海运特运	2020 年度全国“安康杯”知识答题竞赛个人“三等奖”	2021 年 4 月	全国“安康杯”竞赛组委会
8		彭国真	中远海运特运	广东省“金锚奖”	2021 年 10 月	广东省海员工会
9		刘耀文	中远海运特运	广东省“金锚奖”	2021 年 10 月	广东省海员工会
10		米军喜	中远海运特运	广东省总工会“省优秀工会工作者”	2021 年 11 月	广东省总工会
11	中远海运发展	杨兆生	东方国际集装箱（连云港）有限公司	江苏省技术能手	2021 年 11 月	江苏省人力资源和社会保障局
12		滕建华	寰宇东方国际集装箱（宁波）有限公司	浙江青年工匠	2021 年 12 月	浙江省人力资源和社会保障厅、共青团浙江省委
13		蔡睿	寰宇东方国际集装箱（启东）有限公司	2021 年江苏省金牌劳动关系协调员	2021 年 12 月	江苏省协调劳动关系三方委员会
14		龚卫兵	寰宇东方国际集装箱（启东）有限公司	江苏省全省优秀农民工	2021 年 12 月	江苏省农民工工作领导小组
15	中远海运物流	柳国旗	上海中远海运物流有限公司	上海市五一劳动奖章	2021 年 11 月	上海市总工会
16		王君婷	上海中远海运物流	2021 年度上海市五四奖章个人	2021 年 4 月	共青团市委、上海市人力资源和社会保障局
17		张宝城	天津中远海运工程物流供应链有限公司	全国交通技术能手	2021 年 12 月	中华人民共和国交通运输部
18		窦玉臣	中远海运物流有限公司党委巡察办公室	2021 年度参加中央巡视工作表现优秀干部	2021 年 12 月	中央巡视工作领导小组办公室

续上表

序号	单位名称	先进个人名单	先进个人所在单位	所获荣誉称号	受表彰时间	表彰单位
19	中远海运物流	关剑平	大连中远海运物流供应链有限公司开发区仓配分公司	2021辽宁省职工技能大赛暨全省仓储物流行业技能大赛仓储运输（货车司机）赛项中荣获第四名）	2021年8月	辽宁省总工会、辽宁省人力资源和社会保障厅
20		李鹏	大连中远海运物流供应链有限公司开发区仓配分公司	2021辽宁省职工技能大赛暨全省仓储物流行业技能大赛仓储运输（货车司机）赛项中荣获优秀奖）	2021年8月	辽宁省总工会、辽宁省人力资源和社会保障厅
21		尹晓东	大连中远海运物流供应链有限公司开发区仓配分公司	2021辽宁省职工技能大赛暨全省叉车驾驶员技能大赛中获优秀选手	2021年10月	辽宁省总工会、辽宁省人力资源和社会保障厅
22	中远海运重工	陈弓	南通中远海运川崎船舶工程有限公司	江苏省劳动模范	2021年4月	中共江苏省委、江苏省人民政府
23		黄勇华	南通中远海运川崎船舶工程有限公司	江苏大工匠	2021年12月	江苏省人民政府
24		张博	启东中远海运海洋工程有限公司	2020年全国优秀农民工	2021年2月	国务院农民工工作领导小组
25		刘文富	舟山中远海运重工有限公司	2020年全国优秀农民工	2021年2月	国务院农民工工作领导小组
26		刘文富	舟山中远海运重工有限公司	全国五一劳动奖章	2021年4月	中华全国总工会
27		刘文富	舟山中远海运重工有限公司	浙江省劳动模范	2021年4月	中共浙江省委、浙江省人民政府
28		黄波	广东中远海运重工有限公司	广东省五一劳动奖章	2021年4月	广东省总工会
29		吴向荣	启东中远海运海洋工程有限公司	2021年江苏省技术能手	2021年10月	江苏省人力资源和社会保障厅
30		侯二法	大连中远海运川崎船舶工程有限公司	2021年江苏省技术能手	2021年10月	江苏省人力资源和社会保障厅
31		刘宏志	南通中远海运川崎船舶工程有限公司	2021年江苏省技术能手	2021年10月	江苏省人力资源和社会保障厅
32		童健	扬州中远海运重工有限公司	2021年江苏省技术能手	2021年10月	江苏省人力资源和社会保障厅
33		石鑫	扬州中远海运重工有限公司	2021年江苏省技术能手	2021年10月	江苏省人力资源和社会保障厅
34		陈刚	南通中远重工有限公司	2021年江苏省技术能手	2021年10月	江苏省人力资源和社会保障厅
35		顾林	南通中远海运船务工程有限公司	2021年江苏省技术能手	2021年10月	江苏省人力资源和社会保障厅
36		韩磊	启东中远海运海洋工程有限公司	2021年江苏省技术能手	2021年10月	江苏省人力资源和社会保障厅
37		王鹏	大连中远海运川崎船舶工程有限公司	2021年江苏省技术能手	2021年10月	江苏省人力资源和社会保障厅
38		陶永军	南通中远海运船务工程有限公司	2021年江苏省技术能手	2021年10月	江苏省人力资源和社会保障厅

续上表

序号	单位名称	先进个人名单	先进个人所在单位	所获荣誉称号	受表彰时间	表彰单位
39	中远海运重工	石晓虎	南通中远海运川崎船舶工程有限公司	2021 年江苏省技术能手	2021 年 10 月	江苏省人力资源和社会保障厅
40		吴向荣	启东中远海运海洋工程有限公司	2021 年江苏省五一创新能手	2021 年 10 月	江苏省总工会
41		侯二法	大连中远海运川崎船舶工程有限公司	2021 年江苏省五一创新能手	2021 年 10 月	江苏省总工会
42		刘宏志	南通中远海运川崎船舶工程有限公司	2021 年江苏省五一创新能手	2021 年 10 月	江苏省总工会
43		顾林	南通中远海运船务工程有限公司	2021 年江苏省五一创新能手	2021 年 10 月	江苏省总工会
44		韩磊	启东中远海运海洋工程有限公司	2021 年江苏省五一创新能手	2021 年 10 月	江苏省总工会
45		王鹏	大连中远海运川崎船舶工程有限公司	2021 年江苏省五一创新能手	2021 年 10 月	江苏省总工会
46		刘国	南通中远海运船务工程有限公司	2015—2020 年中央企业法律事务先进工作者	2021 年 1 月	国务院国资委
47		陈文营	舟山中远海运重工有限公司	浙江金蓝领	2021 年 3 月	浙江省总工会
48	上海中远海运	谢峰财	亿升海运	中央企业优秀共青团员	2021 年 4 月	中央企业团工委
49		赵春波	中远海运化工	2021 年度化工物流安全管理人物	2021 年 12 月	中国物流与采购联合会危化品物流分会
50	广州中远海运	贺明	广州中远海运健康管理有限公司	2021 年广东省五一劳动奖章	2021 年 4 月	广东省总工会
51		陈伟雄	广州海建工程咨询有限公司	2020 年度交通运输优秀监理工程师	2021 年 12 月	中国交通建设监理协会
52	青岛中远海运	崔军	青岛中远海运物业管理公司	山东省水运系统女职工建功立业标兵	2022 年 3 月	山东省海员委员会鲁海会
53		初玮	青岛中远海运资产 / 项目中心	山东省水运系统女职工建功立业标兵	2022 年 3 月	山东省海员委员会鲁海会
54		王博文	青岛中远海运国际船舶贸易有限公司	2020—2021 年度山东水运系统“安康杯”竞赛先进班组	2022 年 2 月	山东省海员委员会鲁海会
55		吴金东	青岛远洋船务工程有限公司	2020—2021 年山东省水运系统“安康杯”竞赛优秀个人	2022 年 2 月	山东省海员委员会鲁海会
56	中远海运船员	温健	中远海运船员青岛分公司	2021 年山东省五一劳动奖章	2021 年 4 月	山东省总工会
57		高正捍	中远海运船员广州分公司	高正捍劳模和工匠人才创新工作室	2021 年 1 月	广东省海员工会
58		韩辉	中远海运船员广州分公司	2021 年广东地区“优秀海嫂”	2021 年 10 月	广东省海员工会
59		黄素虹	中远海运船员广州分公司	2021 年广东地区“优秀海嫂”	2021 年 10 月	广东省海员工会
60		黄珍琴	中远海运船员广州分公司	2021 年广东地区“优秀海嫂”	2021 年 10 月	广东省海员工会

续上表

序号	单位名称	先进个人名单	先进个人所在单位	所获荣誉称号	受表彰时间	表彰单位
61	中远海运船员	刘娜	中远海运船员广州分公司	2021 年广东地区“优秀海嫂”	2021 年 10 月	广东省海员工会
62		张素静	中远海运船员广州分公司	2021 年广东地区“优秀海嫂”	2021 年 10 月	广东省海员工会
63		陈雷	中远海运船员广州分公司	2021 年广东地区“优秀船员”	2021 年 10 月	广东省海员工会
64		陈明	中远海运船员广州分公司	2021 年广东地区“优秀船员”	2021 年 6 月	广东省海员工会
65		方可	中远海运船员广州分公司	2021 年广东地区“优秀船员”	2021 年 6 月	广东省海员工会
66		林清海	中远海运船员广州分公司	2021 年广东地区“优秀船员”	2021 年 6 月	广东省海员工会
67		曹奕波	中远海运船员广州分公司	2021 年广东地区“优秀船员”	2021 年 6 月	广东省海员工会
68		冯小祥	中远海运船员广州分公司	2021 年广东地区“优秀船员”	2021 年 6 月	广东省海员工会
69		郭震奎	中远海运船员广州分公司	2021 年广东地区“优秀船员”	2021 年 6 月	广东省海员工会
70		邢亮	中远海运船员广州分公司	2021 年广东地区“优秀船员”	2021 年 6 月	广东省海员工会
71		邹健	中远海运船员广州分公司	2021 年广东地区“优秀船员”	2021 年 6 月	广东省海员工会
72		黄德奇	中远海运船员广州分公司	2021 年广东地区“优秀船员”	2021 年 6 月	广东省海员工会
73		朱海兵	中远海运船员广州分公司	2021 年广东省第十届“金锚杯”海员职工船舶水手职业技能大赛个人总分第一名	2021 年 10 月	广东省海员工会
74		白建文	中远海运船员广州分公司	2021 年广东省第十届“金锚杯”海员职工船舶水手技能大赛“钢丝绳插接项目”第一名	2021 年 10 月	广东省海员工会
75		白建文	中远海运船员广州分公司	2021 年广东省第十届“金锚杯”海员职工船舶水手技能大赛“绳结编结项目”第一名	2021 年 10 月	广东省海员工会
76		劳成洋	中远海运船员广州分公司	2021 年广东省第十届“金锚杯”海员职工船舶水手职业技能大赛“个人总分”第三名	2021 年 10 月	广东省海员工会
77		韦宇锋	中远海运船员广州分公司	2022 年广东省第十届“金锚杯”海员职工船舶水手职业技能大赛“个人总分”第五名	2021 年 10 月	广东省海员工会
78		王可恒	中远海运船员广州分公司	2021 年度广东省“金舵手”	2021 年 6 月	广东省海员工会

续上表

序号	单位名称	先进个人名单	先进个人所在单位	所获荣誉称号	受表彰时间	表彰单位
79	中远海运船员	黄德奇	中远海运船员广州分公司	2021 年度广东省“金舵手”	2021 年 6 月	广东省海员工会
80		邹健	中远海运船员广州分公司	2021 年度广东省“金舵手”	2021 年 6 月	广东省海员工会
81		邢亮	中远海运船员广州分公司	2021 年度广东省“金舵手”	2021 年 6 月	广东省海员工会
82		郭震奎	中远海运船员广州分公司	2021 年度广东省“金舵手”	2021 年 6 月	广东省海员工会
83		冯小祥	中远海运船员广州分公司	2021 年度广东省“金舵手”	2021 年 6 月	广东省海员工会
84		曹奕波	中远海运船员广州分公司	2021 年度广东省“金舵手”	2021 年 6 月	广东省海员工会
85		林清海	中远海运船员广州分公司	2021 年度广东省“金舵手”	2021 年 6 月	广东省海员工会
86		方可	中远海运船员广州分公司	2021 年度广东省“金舵手”	2021 年 6 月	广东省海员工会
87		陈明	中远海运船员广州分公司	2021 年度广东省“金舵手”	2021 年 6 月	广东省海员工会
88		刘雷	中远海运船员广州分公司	2021 年度广东省“金舵手”	2021 年 6 月	广东省海员工会
89		刘月倩	中远海运船员青岛分公司	山东省水运系统女职工建功立业标兵	2021 年 10 月	山东省海员工会
90		宋其林	中远海运船员青岛分公司	2021 年“工匠杯”船员技能大赛焊接工艺二等奖	2021 年 10 月	山东省海员工会
91		李俊峰	中远海运船员青岛分公司	2021 年“工匠杯”船员技能大赛焊接工艺三等奖	2021 年 10 月	山东省海员工会
92		董书雨	中远海运船员青岛分公司	山东省优秀船员	2021 年 10 月	山东省海员工会
93		田如凯	中远海运船员青岛分公司	山东省优秀船员	2021 年 10 月	山东省海员工会
94		韩飞玲	中远海运船员青岛分公司	山东省优秀船员	2021 年 10 月	山东省海员工会
95		唐绍斌	中远海运船员青岛分公司	山东省优秀船员	2021 年 10 月	山东省海员工会
96		赵宗团	中远海运船员青岛分公司	2021 年度山东省水运系统“齐鲁工匠”	2021 年 10 月	山东省海员工会
97	中远海运港口	孙亮	连云港新东方国际货柜码头有限公司	全国交通技术能手	2021 年 12 月	中华人民共和国交通运输部
98		马成彬	天津港集装箱码头有限公司	天津创新创业好青年	2021 年 6 月	共青团天津市委
99		黄亮	南通通海港口有限公司	第七届长航十大杰出青年	2021 年 3 月	中国海员建设工会全国委员会、交通运输部长江航务管理局
100		邱金城	武汉中远海运港口码头有限公司	武汉市国资委系统优秀共产党员	2021 年 7 月	中共武汉市国资委委员会

续上表

序号	单位名称	先进个人名单	先进个人所在单位	所获荣誉称号	受表彰时间	表彰单位
101	中远海运人才发展院	王晓娟	中远海运人才发展院企业管理分院	山东省水运系统2020年度女职工建功立业标兵	2021年3月	山东省海员工会
102		王喆	中远海运人才发展院网络教育分院	山东省水运系统2020年度女职工建功立业标兵	2021年3月	山东省海员工会
103		孙化栋	中远海运人才发展院职业教育分院	第二届中国交通教育优秀中青年教师奖	2021年1月	中国交通教育研究会
104		于风卫	中远海运人才发展院职业培训分院	2020年山东省高等学校教学名师	2021年3月	山东省教育厅

中远海运集团 2021 年度特别贡献奖、钻石团队、先进集体、先进个人名单

中远海运集团2021年度特别贡献奖、钻石团队、先进集体、先进个人名单

特别贡献奖（1个）

集团船员群体

钻石团队（7个）

1. 中远海运集运双品牌创效团队

张炜、钱明、戈和悦、吴怀宇、康传亚、王坤辉、胡媛媛、宋涛、张峰、李刚、潘志刚、JOHN KNIGHT、林苑荔、陈绍珍、张宁

2. 中远海运散运领导班子

顾劲松、张治平、陈小雄、陈延、胡海兵、黄南、鲍旭、石福安

3. 中远海运集团稳外贸畅通国际物流团队

陶卫东、孟晔、陈巍、任海浩、王世逸、马晓静、黄丹丹、邓小彬、林峥曦、程菁、周培军、赵国宝、蔡春华

4. 中远海运集团船员换班防疫保障团队

秦岭、林晓烨、钟铁寒、张华、姜雄杰、王虎、周建华、范珏、李艳、孟海樵、孙晓艳、秦江平、肖步洲、田石泉、应海波、普枝培、方金云、李明昱

5. 海南港航琼州海峡港航一体化项目团队

王善和、林健、朱火孟、叶伟、王造、蔡泞检、高松、许楠楠、朱昌宇、李岩、曲明洋、周明

6. 中远海运港口T项目团队

李伟、姚莉、程兵、李明、刘鹤、潘秀华、陈浩梁、金鑫、张瑾、邱宇伟、张雪雁、徐湨

7. 中远海运发展发行股份购买资产并募集配套资金项目组

明东、蔡磊、张明明、黄丹湘、俞震、张叶龙、刘凯、黄健婷、高超、杨兵、尹雷波、戴成

先进集体（100个）

集团总部

1. 财务管理本部
2. 党组工作部
3. 研究咨询中心航运经营研究室

中远海运控股股份有限公司

4. 证券事务部

中远海运集装箱运输有限公司

5. 美洲贸易区
6. 欧洲贸易区
7. 上海分部客户服务部
8. 华南分部江门分公司
9. 厦门分部客户销售部
10. 上海泛亚航运有限公司内贸运营中心
11. 对标世界一流标杆创建工作团队
12. “六稳”“六保”工作团队
13. 舆情管理团队
14. 技术创新团队
15. 中远海运玫瑰轮
16. “天祥河”轮
17. “中远亚丁”轮
18. “新洛杉矶”轮

中远海运散货运输有限公司

19. 远洋业务部
20. 船舶管理中心好望角型船舶管理部
21. 海南分部港口业务部
22. “合瀛”轮
23. “兰花海”轮
24. “新瑞海”轮
25. “玉霄峰”轮
26. “安国山”轮
27. “惠智海”轮

28.“远津海”轮

29.“广州发展3”轮

中远海运能源运输股份有限公司

30. 全面对标管理项目组

31. 新冠疫情防控船舶工作小组

32.“连运湖”轮

33.“远莲湾”轮

34.“远华洋”轮

中远海运特种运输股份有限公司

35.“永盛”轮

36.“进取”轮

37.“新光华”轮

38. 纸浆供应链项目组

中远海运发展股份有限公司 / 中远海运投资控股有限公司

39. 一站式供应链金融平台建设小组

40. 佛罗伦国际有限公司集装箱贸易团队

41. E项目处置小组

42. 宁波箱厂生产效率提升管理团队

43. 广州箱厂生产设备技术部

中远海运物流有限公司

44. 进口博览会专项工作小组

45. 营口中远海运百丰泰物流有限公司

46. 中国唐山外轮代理有限公司油气项目组

47. 青岛中远海运物流有限公司船务部

48. 上海中远海运物流有限公司孚能项目组

49. 宁波外代散杂货物流有限公司全程供应链事业部

50. 中远海运航空货运代理有限公司华东出口平台项目团队

51. 中远海运化工物流有限公司营销部市场拓展中心

中远海运重工有限公司

52. 南通中远海运川崎有限公司成本管控与供应链保障工作组

53. 扬州中远海运重工有限公司制造本部建造部

54. 大连中远海运重工有限公司安全环境监督部

55. 南京中远海运船舶设备配件有限公司经营部

56. 威海中远造船科技有限公司岸电项目组

57. 中远海运重工有限公司设计研究院基本设计部

中远海运资产经营管理有限公司

58. 中远海运人才发展院建设工程项目部

中远海运（上海）有限公司

59. 中海化工运输有限公司业务部

中远海运（广州）有限公司

60. 广州中远海运健康管理有限公司居家养老服务部

中远海运客运有限公司 / 中远海运（大连）有限公司

61.“永兴岛”轮

中远海运（天津）有限公司

62. 战略投资中通服供应链项目组

中远海运（青岛）有限公司

63. 青岛中远海运通导科技有限公司人才发展院项目组

中远海运大连投资有限公司

64.“同德源”轮

中远海运船员管理有限公司

65. 中远海运船员管理有限公司疫情防控、疫苗接种和船员换班工作专班

66. 中远海运船员管理有限公司广州分公司培训与证书管理部

67. 中远海运船员管理有限公司大连分公司能源船员一库

68. 中远海运船员深圳分公司疫情防控专班小组

中远海运（厦门）有限公司

69. 航运部

中波轮船股份公司

70. 航运部欧美航线室

71.“乾坤”轮

中国船舶燃料有限责任公司

72. 中国船燃南京公司扬州水上绿色服务区

73. “中燃16”轮

74. 江苏中燃油品储运有限公司业务部

中石化中海船舶燃料供应有限公司

75. 福建燃供经营部

上海船舶运输科学研究所有限公司/中远海运科技股份有限公司

76. 上海船研所航运温室气体减排规则研究及应对团队

77. 中远海运科技网络安全保障团队

中远海运集团财务有限责任公司

78. 法务合规部

中远海运博鳌有限公司

79. 第四届中国国际进口博览会服务保障团队

中国远洋海运人才发展院

80. 服务保障中心

81. 职业培训分院培训项目部

中远海运财产保险自保有限公司

82. 上海国际航运保险中心（临港试点）助力合作项目工作组

海南港航控股有限公司

83. “六连岭”轮

84. 纪委工作部/监督审计部

中远海运(香港)有限公司/中远海运国际(香港)有限公司

85. 有船公司船舶安全防疫团队

86. 家居项目管理及产品设计开发团队

87. LNG船舶服务项目组

中远海运港口有限公司

88. 厦门远海码头委派团队

89. 武汉码头管理团队

90. 营销部

中远海运（比雷埃夫斯）港口有限公司

91. 修船部

中远海运（北美）有限公司

92. 大陆桥物流有限公司

中远海运（欧洲）有限公司

93. 国企改革“三年行动”工作小组

中远海运（东南亚）有限公司

94. 职业经理人制度建设项目组

中远海运（澳洲）有限公司

95. 行政人事部

中远海运（日本）株式会社

96. 中远海运集运日本公司近洋营销团队

中远海运（韩国）有限公司

97. 京汉航运有限公司上海办事处

中远海运（西亚）有限公司

98. 中远海运集运（西亚）有限公司

中远海运（非洲）有限公司

99. 中远海运集运（南非）有限公司

中远海运（南美）有限公司

100. 营销和租船团队

先进个人（100名）

集团总部

1. 蒋玲敏　行政事务本部机要保密室高级经理

2. 陈　吉　安全监管本部机务安全监督室高级经理

3. 邱　晨　法务与风险管理本部高级主管

中远海运控股股份有限公司

4. 徐宏伟　财务管理部总经理（兼财务证券党支部书记）

中远海运集装箱运输有限公司

5. 姚乐炜　美洲贸易区副总经理

6. 蔡彦燊　欧洲贸易区副总经理

7. 康传亚　亚太贸易区总经理

8. 季海松　拉美/非洲贸易区副总经理

9. 胡媛媛　冷箱贸易区总经理

10. 刘　宁　武汉分部总经理

11. 陈蔚疆　宁波分部副总经理

12. 吕观荣　天津分部总经理

13. 王卫东　青岛分部财务总监

14. 王宏元　大连分部客户销售部总经理

中远海运散货运输有限公司

15. 詹　坚　运营管理部资深专家

16. 李冰峰　审计管理室经理

17. 张培超　益丰船务企业有限公司副总经理

18. 张　锋　深圳远洋运输股份有限公司副总经理

19. 陈　丹　国能远海航运有限公司总经理

中远海运能源运输股份有限公司

20. 陈俊伟　油轮部室经理

21. 薛　周　安监部总经理助理

22. 李英姿　中远海运石油运输有限公司总会计师

中远海运特种运输股份有限公司

23. 付绍洪　经理、高级专家

24. 林远平　广州中远海运船舶供应有限公司总经理

中远海运发展股份有限公司 / 中远海运投资控股有限公司

25. 范　巍　战略发展部总经理

26. 蔡红军　东方国际集装箱（锦州）有限公司生产总监

27. 王付志　海汇商业保理（天津）有限公司航运物流业务部副经理

中远海运物流有限公司

28. 李　波　战略与企业管理部副总经理

29. 吕晓军　青岛远洋大亚物流有限公司总经理

30. 章　炜　上海中远海运物流有限公司总经理助理

31. 吴晓光　中国宁波外轮代理有限公司副总经理

32. 骆　帆　厦门中远海运物流有限公司综合管理部副总经理

33. 黄晨曦　广州中远海运物流有限公司货运部副总经理

34. 赵　黎　中远海运船务代理有限公司党委组织部 / 人力资源部部长 / 总经理

35. 张瑞峰　昆明中远海运物流有限公司副总经理

36. 林兆明　厦门中联理货有限公司总经理、党总支书记

中远海运重工有限公司

37. 史明川　大连中远海运川崎有限公司生产设计部部长助理

38. 冒燕祥　南通中远海运船务有限公司 / 启东中远海运海工有限公司项目管理部调试经理

39. 周　炜　舟山中远海运重工有限公司舾装工区主任

40. 赵明超　上海中远海运重工有限公司人力资源部 / 组织部经理 / 部长

41. 李　娟　广东中远海运重工有限公司技术部经理

42. 沈　菊　南通远洋船舶配套有限公司技术质量部副部长

43. 凤　洁　中远海运重工有限公司经营中心造船部经理助理

中远海运资产经营管理有限公司

44. 吕国钊　设计管理部副总经理（主持工作）

中远海运（上海）有限公司

45. 赵春波　福州江阴建滔化工码头有限公司董事长、总经理、党支部书记

中远海运（广州）有限公司

46. 陈建尧　运营部 / 安全环保部 / 船管部总经理兼广州海宁海务技术咨询有限公司总经理

中远海运客运有限公司 / 中远海运（大连）有限公司

47. 程梦元　客运经理

中远海运（天津）有限公司

48. 宫树伟　天津中远海运金风新能源有限公司党支部书记 / 副总经理

中远海运（青岛）有限公司

49. 张　琳　青岛中远海运连云港公司总经理助理兼船舶服务中心总经理、支部书记

中远海运大连投资有限公司

50. 孙　阳　战企部副总经理

中远海运船员管理有限公司

51. 石永成　中远海运船员管理有限公司上海分公司能源船员库船长

52. 高分沛　中远海运船员管理有限公司上海分公司船舶政委

53. 倪新军　中远海运船员管理有限公司上海分公司轮机长

54. 林清海　香港海宝航运有限公司“仁达”轮船长

55. 沈书俊　中远海运船员管理有限公司广州

分公司船舶政委

56. 白建文　中国远洋海运船员管理公司广州分公司水手长

57. 陈杰中　远海运船员管理有限公司大连分公司能源船员一库轮机长 / 分公司培训师

58. 龙乃旺　中远海运船员天津分公司船舶政委

59. 余尚武　中远海运船员管理有限公司天津分公司船员资源开发部 经理

60. 董　明　中远海运船员管理有限公司青岛分公司副总经理

61. 张荣刚　中远海运船员管理有限公司青岛分公司船长

62. 赵连超　中远海运船员管理有限公司深圳分公司大管轮

63. 钱　峰　中远海运对外劳务合作有限公司北京劳务事业分部船长

64. 周黎明　中远海运对外劳务合作有限公司船员管理部总经理

65. 张建良　中远海运船员管理有限公司海事技术服务中心引航船长

中远海运（厦门）有限公司

66. 陈旭阳　船管部副总经理（主持工作）

中波轮船股份公司

67. 黄　楠　人力资源部总经理 / 组织部部长、中波船员公司总经理、党委副书记

中国船舶燃料有限责任公司

68. 夏　旭　中国船舶燃料青岛有限公司总经理、党委副书记

69. 康　凯　中国船舶燃料大连有限公司内贸油部经理

中石化中海船舶燃料供应有限公司

70. 凌杞生　广东分部 / 广州燃供总经理、党委书记

上海船舶运输科学研究所有限公司 / 中远海运科技股份有限公司

71. 林建华　广州中海电信有限公司总经理

72. 郭照军　中远海运科技研发创新中心高级产品经理

中远海运集团财务有限责任公司

73. 刘兴强　总经理助理

中远海运博鳌有限公司

74. 孔庆贺　东屿岛旅游度假区运营管理中心总经理助理

75. 钟楚仪　财务部收益室副经理

中国远洋海运人才发展院

76. 姜　飞　党校工作部 / 开发与合作部业务设计与开发室负责人

77. 刘大伟　党校教学部 / 企业管理分院培训项目部负责人

78. 涂志平　职业教育分院机电系副主任

中远海运财产保险自保有限公司

79. 陈　琳　理赔部 / 防损服务部总经理

海南港航控股有限公司

80. 胡晓峰　办公室总经理兼档案中心总经理

81. 叶　伟　党委副书记、总经理

中远海运（香港）有限公司 / 中远海运国际（香港）有限公司

82. 李　强　香港（北京）投资有限公司总经理

83. 王居仁　中远关西涂料化工（上海）有限公司党委书记 / 总经理

84. 唐尔良　河北京石高速公路开发有限公司总经理

中远海运港口有限公司

85. 吕忠兴　南通通海港口有限公司总经理

86. 周　兰　企业管理部 / 信息发展部总经理

87. 任海军　西班牙码头有限公司财务总监

中远海运（比雷埃夫斯）港口有限公司

88. 李维娜　修船部总经理

中远海运（北美）有限公司

89. 高　强　洛杉矶西港池集装箱码头总经理

90. 沈　淦　休斯顿操作中心海运操作部总经理

中远海运（欧洲）有限公司

91. 丁　健　中欧陆海快线公司副总经理

92. 万　堃　中远海运集运（西班牙）有限公司董事总经理

中远海运（东南亚）有限公司

93. 徐　扬　中燃国际石油（新加坡）有限公司总经理

94. 庄茂兵　ASL 航运与物流（印度）私人有限公司

中远海运（澳洲）有限公司

95. 陈　鹤　财务部副总经理

中远海运（日本）株式会社

96. 江　平　财务部总经理

中远海运（韩国）有限公司

97. 祝孝福　行政人事部总经理

中远海运（西亚）有限公司

98. 刘　剑　行政人事部副总经理

中远海运（非洲）有限公司

99. 赵国祥　中远海运（非洲）远南船务有限公司

中远海运（南美）有限公司

100. 林友斌　中远海运集运阿根廷公司市场部经理总经理

中远海运集团 2021 年度船舶“金牌三长”表彰名单

中远海运集团 2021 年度船舶“金牌三长”表彰名单

（排名不分先后）

五星“金牌三长”（29 人）

邓萍山 吴文斌 李文浩 忻樟雄 蔡一苗 闲德均 周强 俞时平 唐忠良 黄学年 吕均富
黄新堂 严正平 王国明 郁琦纯 崔其胜 陈剑铭 陆志晨 陈建周 王永全 张凤义 茅金龙
周健 陈建云 常东晓 黎军龙 邓诗红 张群国 孙新勇

四星“金牌三长”（116 人）

邵志放 茅志刚 魏安启 林春源 於顺明 孙旭东 杨涛 张春知 贺军涛 张建 张育科
崔春胜 张玉忠 刘兴军 洪恩瑰 鲍同举 石磊 孟祥友 李荣行 钟林辉 李洪凯 董金福
安增瑞 莫卫东 周翔 从龙洲 王耀平 黄松 陈海民 梁耀付 邱向强 苏海琦 石军
王斌 汪平 刘云龙 朱全红 喻荷章 孙亚平 张建林 林永辉 杨仁忠 朱建刚 任瑞柱
吴世梁 沈加亮 何自武 黄杰飞 陈超毅 田华松 胡桂安 陆德军 严红德 沈胜利 于鸿飞
刘仁川 曾广宏 邓杰华 蔡清溪 朱海腾 龚央丰 丁以泓 蒲连军 程建平 钱惠平 曹彧敏
侯涛 李成先 余金贤 陈勇 魏永刚 王雷强 彭灵智 时斌 夏洪斌 袁炳权 金有龙
吴健允 臧兆田 孙洪伟 吕万玉 孟捷 吴涛 王东 梁永忠 王龙明 郭建军 翟向东
杨飞 姚应全 温汝雷 杜敬峰 黄家才 吴涛 谢助国 程献忠 索传岭 孙文轩 杨立明
方志全 王鑫 华舸 叶强 孟宪亮 王华峰 徐速辉 芮宝 李宝善 卢连芳 李庆和
徐清军 段乃义 张英圣 汤红兵 张忠宏 黄怡胄

三星“金牌三长”（261 人）

亢健 牟世龙 朱育良 杨锦碧 方海东 施永洲 梁善国 张卫 黄夕元 李伟 梁自辉
钱进 金胜越 黄振晟 杨胜涛 卞令泽 朱伟 唐文忠 许建海 吴贵宏 蔡远明 胡振飞
薛强 顾方根 冯秀发 陆忠伟 刘春 向显洪 李光伟 陈明洲 陈小木 严佩荣 吴瑜权
曾伟青 胡文胜 刘主春 郭文 裴志 韩全继 赵前 宋玉彦 赵亮 陈文海 贺炯
凌叶 谢小斌 张英军 邹来胜 段景安 李忠 迟少雷 安家勇 张洪林 高旭堂 丘观奉
陆启航 刘义海 马青杰 黄桂文 陈宏胜 余新洪 陈少波 陈洪超 刘瑞斌 葛步海 赵会智
盛永兴 张明峰 康险峰 宋泽民 顾伟斌 施永忠 梁炜 黄思海 孙成武 陈文斌 陈木海
朱海荣 李伟勇 李志伟 胡学文 范士兴 王伟祥 严荣斌 张建斌 曹奕波 杨志亮 黄吉建
李林 邢廷武 余琪运 谭荣 刘伯建 田永松 耿明亮 顾敏 彭华山 张建宇 鲁国斌
蔡之悦 杜号之 赵新华 黄理 王勇 顾全兴 仓义雷 张爱民 李茂祥 赵子希 张明
马涛 陈孝佃 韩爱军 符祥开 徐允堂 罗志斌 华美远 黄利阳 况忠 薛东明 张雷震

包慧明　熊九才　沙洪刚　刘祥信　冯永东　沈　杰　支建峰　王海波　周　纲　李雅慧　方伟浩
江志强　魏前军　张继荣　谭升云　邹坤伦　崔玉泉　赵学振　刘剑郎　赵明洋　许勇济　郭　勇
吴晓强　刘宗昌　王建禄　李能玉　吕武安　唐相青　王　鹏　王全保　刘庆路　徐强华　张玉龙
李军锋　雷进军　张伟坚　赵善景　余方元　李三军　王以慧　陈兴华　任君诚　李军建　李　良
晏建平　吴南军　杨九成　陈立军　杜永顺　倪　迪　肖秋连　何样纯　李　仁　董书勇　余运增
周　宾　汪真露　周桃玉　齐文征　郑晓光　黄安刚　李恩常　陈少忠　李福元　梁广利　高卫民
朱旭蓬　臧振友　王宝崎　乔启成　李宴国　程志刚　郑　斌　吴　超　孙兴文　李忠名　侯铁彪
卜广明　钟生吉　阚世民　魏峰欣　端占民　杜益龙　王　波　李宗成　黄春明　尤大勇　孙　威
朱鸿祥　王　峰　陆　斌　高　冲　苏建军　张国忠　周桂林　赖勇杰　范利军　唐忠平　常辉晓
周高杨　李怀磊　乔　生　吴志敏　杨玉国　马德全　卢贵格　李宝兴　李贵新　郝同聚　王尧千
常洪军　邢建欣　庄绍光　王宝生　杜国志　焦建中　彭庆彬　及立桥　王天发　王秀峰　郭建军
韩建河　王爱民　张　鹏　贾伟光　高洪军　陶宪宏　张振家　宗文平　徐　龙　袁　斌　曹福军
顾亚军　郭长清　项启国　张　强　孙　立　黄东海　徐　刚　林徐节

2021 年中远海运集团获评省部级以上“两优一先”名单

2021 年中远海运集团获评省部级以上“两优一先”名单

全国“两优一先”

全国优秀共产党员

杨怀远　原上海海运局“长柳”轮客运部服务员

中央企业“两优一先”

中央企业优秀共产党员

张明明　中远海运发展股份有限公司财务管理部 / 资金管理部党支部书记、部门总经理

刘　柱　中国远洋海运大学战略发展部部长

刘　敏　中国远洋海运集团有限公司东富公司总经理

中央企业优秀党务工作者

王　雷　中远海运特种运输股份有限公司直属党委委员、纪委书记，党委工作部支部书记，党委工作部部长

赵厚长　中远海运船员管理有限公司大连分公司 / 劳务子公司“远翔湖”轮船舶党支部书记、船舶政委

中央企业先进基层党组织

海南港航控股有限公司党委

武汉中远海运集装箱运输有限公司党委

青岛远洋船舶供应有限公司党总支

中远海运能源运输股份有限公司新龙洋轮党支部

南通中远海运川崎船舶工程有限公司工场部党支部

上海市“两优一先”

上海市优秀共产党员

李　伟　中远海运港口有限公司投资及项目管理部总经理

上海市优秀党务工作者

吴彦红　中国远洋海运集团党组工作部高级主管

姚　炯　中远海运资产经营管理有限公司党群工作部副部长

上海市先进基层党组织

中波轮船股份公司党委

上海亿升海运仓储有限公司第二党支部

福建省“两优一先”

福建省优秀党务工作者

朱立水　中远海运港口有限公司厦门远海集装箱码头有限公司党委书记 / 副总经理

海南省“两优一先”

海南省优秀共产党员

杨红梅　海南中远海运博鳌国际会务有限公司总经理助理兼第一事业部总经理

海南省先进基层党组织

海南港航控股有限公司党委

辽宁省“两优一先”

辽宁省优秀党务工作者

司　南　大连中远海运物流有限公司仓配分公司党支部书记、总经理（兼）

2021 年中远海运集团“两优一先”表彰对象名单

2021 年中远海运集团“两优一先”表彰对象名单

2016 年 6 月 29 日，中远海运集团党组发布了《关于表彰中国远洋海运集团有限公司优秀共产党员、优秀党务工作者、先进基层党组织的决定》，授予刘家琰等 111 名同志“中国远洋海运集团有限公司优秀共产党员”称号，授予唐洪伟等 86 名同志“中国远洋海运集团有限公司优秀党务工作者”称号，授予“远神海”轮党支部等 87 个基层党组织“中国远洋海运集团有限公司先进基层党组织”称号。

这些受到表彰的先进集体和优秀个人，是集团各领域、各单位的优秀代表，他们的先进事迹充分展示了习近平新时代中国特色社会主义思想在中远海运落地生根的生动实践，充分诠释了中国共产党人恪守初心、勇担使命的价值追求，充分彰显了中远海运集团坚定不移立足新发展阶段、贯彻新发展理念、构建新发展格局、推动高质量发展的使命担当。集团党组号召各级党组织、广大党员要向受到表彰的先进集体和先进个人学习，大力弘扬新时代中国共产党人信念坚定、对党忠诚、勇于担当、无私奉献的崇高品格，更好地发挥基层党组织的战斗堡垒作用和党员的先锋模范作用。

“中国远洋海运党发 [2021]58 号”文件附件及《中国远洋海运报》2021 年 7 月 2 日 A3 版分别刊登了 2021 年中国远洋海运集团有限公司优秀共产党员、优秀党务工作者、先进基层党组织表彰对象名单。

CHINA COSCO SHIPPING
CORPORATION LIMITED
YEARBOOK

中国远洋海运集团有限公司

年鉴

第十七篇

统计资料

船队统计

船队统计

（截至 2021 年 12 月 31 日）

2021 年中远海运集团集装箱船队自有船舶船名录

表 17–1

序号	所属二级公司（经营）	中文船名	英文船名	出厂日期	建造国家或地区	船旗	总载重量（吨）	载箱量(TEU)	航速（节）	功率（千瓦）
1	中远海运英国公司	中远鹿特丹	COSCO ROTTERDAM	2002–02–01	日本	英国	69 098	5446	10.50	3552
2	中远海运英国公司	中远上海	COSCO SHANGHAI	2001–07–25	日本	英国	69 098	5446	22.00	21 660
3	中远海运英国公司	中远安特卫普	COSCO ANTWERP	2001–09–01	中国	英国	68 910	5446	12.00	8520
4	中远海运英国公司	中远香港	COSCO HONGKONG	2002–04–01	日本	英国	69 098	5446	11.00	3906
5	中远海运英国公司	中远费利克斯托	COSCO FELIXSTOWE	2002–04–01	中国	英国	69 107	5446	10.50	4265
6	中远海运英国公司	中远新加坡	COSCO SINGAPORE	2001–12–01	日本	英国	69 098	5446	10.50	4400
7	中远海运英国公司	中远汉堡	COSCO HAMBURG	2001–10–01	日本	英国	69 098	5446	22.00	21 660
8	中远海运集运	中远波士顿	CMA CGM SCALA	2007–07–27	韩国	巴拿马	68 241	5089	25.20	41 130
9	中远海运集运	中远亚洲	COSCO ASIA	2007–08–06	韩国	巴拿马	109 968	10 062	24.90	68 640
10	中远海运集运	中远纽约	CMA CGM CAPRI	2007–09–20	韩国	巴拿马	68 235	5089	23.50	41 107
11	中远海运集运	中远欧洲	COSCO EUROPE	2008–01–01	韩国	巴拿马	109 968	10 062	24.90	68 640
12	中远海运集运	中远美洲	COSCO AMERICA	2008–03–13	韩国	巴拿马	109 968	10 062	24.90	68 640
13	中远海运集运	中远非洲	COSCO AFRICA	2008–07–14	韩国	巴拿马	109 968	10 062	24.30	68 640
14	中远海运集运	松云河	SONG YUN HE	1998–09–29	日本	巴拿马	24 237	1432	19.00	11 936
15	中远海运集运	峰云河	FENG YUN HE	1998–11–20	日本	巴拿马	24 251	1432	19.00	11 768
16	中远海运集运	天畅河	COSCO XIAMEN	2005–02–28	日本	五星旗	67 209	5816	23.50	57 200
17	中远海运集运	泛亚宁德	ALM WONDONGA	2006–04–01	韩国	塞浦路斯	68 030	5060	25.20	41 130
18	中远海运集运	泛亚广州	ALM ZURICH	2006–09–01	韩国	五星旗	68 030	5060	25.20	41 130

续上表

序号	所属二级公司（经营）	中文船名	英文船名	出厂日期	建造国家或地区	船旗	总载重量（吨）	载箱量(TEU)	航速（节）	功率（千瓦）
19	中远海运集运	泛亚天津	ALM ZURICH	2005-01-01	韩国	五星旗	67 025	5029	25.20	45 760
20	中远海运集运	泛亚上海	ALM ZURICH	2004-01-02	韩国	五星旗	67 025	5029	25.20	45 780
21	中远海运集运	天安河	TIAN AN HE	2010-06-07	中国	五星旗	63 165	5089	25.20	45 760
22	中远海运集运	天康河	TIAN KANG HE	2010-06-17	中国	五星旗	63 296	5089	25.20	45 760
23	中远海运集运	天福河	TIAN FU HE	2010-07-12	中国	五星旗	63 143	5089	25.20	45 760
24	中远海运集运	青云河	QING YUN HE	2000-05-29	中国	五星旗	25 679	1702	20.30	16 980
25	中远海运集运	天庆河	TIAN QING HE	2010-07-05	中国	五星旗	63 258	5089	25.20	45 760
26	中远海运集运	天锦河	TIAN JIN HE	2010-05-14	中国	五星旗	63 187	5089	25.20	45 760
27	中远海运集运	天盛河	TIAN SHENG HE	2010-05-06	中国	五星旗	63 292	5089	25.20	45 760
28	中远海运集运	天祥河	TIAN XIANG HE	2005-06-06	日本	五星旗	67 209	5816	23.50	57 200
29	中远海运集运	天顺河	TIAN SHUN HE	2005-03-31	日本	五星旗	67 209	5816	23.50	57 200
30	中远海运集运	凌云河	LING YUN HE	2000-09-02	中国	五星旗	25 723	1702	20.30	16 980
31	中远海运集运	飞云河	FEI YUN HE	2000-07-12	中国	五星旗	25 723	1702	20.30	16 980
32	中远海运集运	腾云河	TENG YUN HE	2000-04-24	中国	五星旗	25 723	1702	20.30	16 980
33	中远海运集运	天丽河	TIAN LI HE	2010-04-15	中国	五星旗	63 253	5089	25.20	45 760
34	中远海运集运	天秀河	TIAN XIU HE	2010-03-25	中国	五星旗	63 188	5089	25.20	45 760
35	中远海运集运	天宝河	TIAN BAO HE	2009-10-31	中国	五星旗	62 997	5089	25.20	45 760
36	中远海运集运	天隆河	TIAN LONG HE	2010-01-29	中国	五星旗	63 195	5089	25.20	45 760
37	中远海运集运	天兴河	TIAN XING HE	2009-12-03	中国	五星旗	63 001	5089	25.20	45 760
38	中远海运集运	天运河	TIAN YUN HE	2009-11-19	中国	五星旗	62 997	5089	23.50	48 530
39	中远海运集运	锦云河	JIN YUN HE	2000-06-27	日本	巴拿马	24 244	1432	19.00	11 768
40	中远海运集运	彩云河	CAI YUN HE	2000-09-14	日本	巴拿马	24 259	1432	19.00	11 768
41	中远海运集运	奇云河	QI YUN HE	2001-01-18	日本	巴拿马	24 261	1432	19.00	11 768
42	中远海运集运	密云河	MI YUN HE	2001-03-28	日本	巴拿马	23 853	1432	19.00	11 768

续上表

序号	所属二级公司（经营）	中文船名	英文船名	出厂日期	建造国家或地区	船旗	总载重量（吨）	载箱量(TEU)	航速（节）	功率（千瓦）
43	中远海运集运	中远菊花	COSCO KIKU	2002-01-31	日本	巴拿马	9294	542	18.00	7860
44	中远海运集运	中远大洋洲	COSCO OCEANIA	2008-04-03	中国	中国香港	109 920	10 020	24.90	68 640
45	中远海运集运	中远太平洋	COSCO PACIFIC	2008-07-09	中国	中国香港	109 920	10 020	24.90	32 500
46	中远海运集运	中远高雄	COSCO KAOHSIUNG	2008-10-16	中国	中国香港	111 315	10 020	24.90	68 640
47	中远海运集运	中远太仓	COSCO TAICANG	2009-03-03	中国	中国香港	111 499	10 020	24.90	68 640
48	中远海运集运	中远奥克兰	COSCO AUCKLAND	2012-04-25	中国	中国香港	49 963	4253	24.50	36 560
49	中远海运集运	中远亚丁	COSCO ADEN	2012-04-05	中国	中国香港	49 963	4253	24.50	36 560
50	中远海运集运	中远休斯敦	COSCO HOUSTON	2012-05-31	中国	中国香港	49 963	4253	24.50	36 560
51	中远海运集运	中远科伦坡	COSCO COLOMBO	2012-06-13	中国	中国香港	49 963	4253	24.50	36 560
52	中远海运集运	中远德班	COSCO DURBAN	2012-06-22	中国	中国香港	49 963	4253	24.50	36 560
53	中远海运集运	中远福斯	COSCO FOS	2012-06-27	中国	中国香港	49 963	4253	24.50	36 560
54	中远海运集运	中远热那亚	COSCO GENOA	2012-08-10	中国	中国香港	49 963	4253	24.50	36 560
55	中远海运集运	中远海法	COSCO HAIFA	2012-09-06	中国	中国香港	49 963	4253	24.50	36 560
56	中远海运集运	中远吉达	COSCO JEDDAH	2012-10-25	中国	中国香港	49 963	4253	24.00	36 560
57	中远海运集运	中远伊斯坦布尔	COSCO ISTANBUL	2012-09-28	中国	中国香港	49 963	4253	24.50	36 560
58	中远海运集运	中远比雷埃夫斯	COSCO PIRAEUS	2013-03-22	中国	中国香港	49 963	4253	24.50	36 560
59	中远海运集运	中远桑托斯	COSCO SANTOS	2013-03-28	中国	中国香港	49 963	4253	24.50	36 560
60	中远海运集运	中远比利时	COSCO BELGIUM	2013-02-28	中国	中国香港	156 605	13 386	24.50	72 240
61	中远海运集运	中远瓦伦西亚	COSCO VALENCIA	2013-04-25	中国	中国香港	49 963	4253	24.50	36 560
62	中远海运集运	中远圣保罗	COSCO SAO PAULO	2013-04-15	中国	中国香港	49 963	4253	24.50	36 560
63	中远海运集运	中远法国	COSCO FRANCE	2013-05-24	中国	中国香港	156 596	13 386	24.50	41 000
64	中远海运集运	中远惠灵顿	COSCO WELLINGTON	2013-06-18	中国	中国香港	49 963	4253	23.65	36 560
65	中远海运集运	中远威尼斯	COSCO VENICE	2013-06-04	中国	中国香港	49 963	4253	24.50	36 560
66	中远海运集运	中远阿什杜德	COSCO ASHDOD	2013-08-12	中国	中国香港	49 963	4253	24.50	36 560

续上表

序号	所属二级公司（经营）	中文船名	英文船名	出厂日期	建造国家或地区	船旗	总载重量（吨）	载箱量(TEU)	航速（节）	功率（千瓦）
67	中远海运集运	中远伊兹密尔	COSCO IZMIR	2013-08-02	中国	中国香港	49 963	4253	23.50	36 560
68	中远海运集运	中远英格兰	COSCO ENGLAND	2013-08-30	中国	中国香港	156 618	13 386	24.50	41 000
69	中远海运集运	中远亚喀巴	COSCO AQABA	2013-09-16	中国	中国香港	49 963	4253	24.50	36 560
70	中远海运集运	中远泗水	COSCO SURABAYA	2013-09-03	中国	中国香港	49 963	4253	24.50	36 560
71	中远海运集运	中远荷兰	COSCO NETHERLANDS	2013-11-18	中国	中国香港	156 549	13 386	24.00	72 240
72	中远海运集运	中远西班牙	COSCO SPAIN	2014-02-14	中国	中国香港	156 572	13 386	24.50	72 240
73	中远海运集运	中远意大利	COSCO ITALY	2014-04-29	中国	中国香港	156 610	13 386	24.50	72 240
74	中远海运集运	中远葡萄牙	COSCO PORTUGAL	2014-07-07	中国	中国香港	156 610	13 386	24.50	72 240
75	中远海运集运	中远丹麦	COSCO DENMARK	2014-09-24	中国	中国香港	156 610	13 386	24.50	72 240
76	中远海运集运	中远多瑙河	COSCO SHIPPING DANUB	2016-11-29	中国	中国香港	111 290	9092	24.90	41 900
77	中远海运集运	中远海运伏尔加河	COSCO SHIPPING VOLGA	2017-01-18	中国	中国香港	111 290	9092	24.90	41 900
78	中远海运集运	中远海运泰晤士河	COSCO SHIPPING THAME	2017-04-11	中国	中国香港	111 290	9092	24.90	41 900
79	中远海运集运	中远海运塞纳河	COSCO SHIPPING SEINE	2017-06-13	中国	中国香港	111 401	9092	24.90	41 900
80	中远海运集运	中远海运喜马拉雅	COSCO SHIPPING HIMAL	2017-07-25	中国	中国香港	153 811	14 566	27.40	49 000
81	中远海运集运	中远海运白羊座	COSCO SHIPPING ARIES	2018-01-15	中国	中国香港	197 021	19 273	25.00	54 950
82	中远海运集运	中远海运莱茵河	COSCO SHIPPING RHINE	2017-09-04	中国	中国香港	111 244	9092	24.90	41 900
83	中远海运集运	中远海运金牛座	COSCO SHIPPING TAURU	2018-01-29	中国	中国香港	198 030	20 119	25.00	55 000
84	中远海运集运	中远海运乞力马扎罗	COSCO SHIPPING KILIM	2017-12-22	中国	中国香港	153 811	14 566	27.40	49 000

续上表

序号	所属二级公司（经营）	中文船名	英文船名	出厂日期	建造国家或地区	船旗	总载重量（吨）	载箱量(TEU)	航速（节）	功率（千瓦）
85	中远海运集运	中远海运阿尔卑斯	COSCO SHIPPING ALPS	2018–01–03	中国	中国香港	153 811	14 566	27.40	49 000
86	中远海运集运	中远海运双子座	COSCO SHIPPING GEMIN	2018–04–10	中国	中国香港	198 030	20 119	25.00	55 000
87	中远海运集运	中远海运狮子座	COSCO SHIPPING LEO	2018–04–23	中国	中国香港	197 021	19 273	25.00	54 950
88	中远海运集运	中远海运宇宙	COSCO SHIPPING UNIVE	2018–06–12	中国	中国香港	198 485	21 237	25.00	57 900
89	中远海运集运	中远海运室女座	COSCO SHIPPING VIRGO	2018–05–29	中国	中国香港	198 030	20 119	25.00	55 000
90	中远海运集运	中远海运德纳里	COSCO SHIPPING DENAL	2018–06–13	中国	中国香港	153 811	14 566	27.40	49 000
91	中远海运集运	中远海运摩羯座	COSCO SHIPPING CAPRI	2018–07–18	中国	中国香港	197 087	19 273	25.00	54 950
92	中远海运集运	中远海运牡丹	COSCO SHIPPING PEONY	2018–05–31	中国	中国香港	146 587	13 800	27.40	48 600
93	中远海运集运	中远海运天秤座	COSCO SHIPPING LIBRA	2018–07–17	中国	中国香港	198 030	20 119	25.00	55 000
94	中远海运集运	中远海运星云	COSCO SHIPPING NEBUL	2018–10–23	中国	中国香港	198 485	21 237	25.00	57 900
95	中远海运集运	中远海运天蝎座	COSCO SHIPPING SCORP	2018–08–20	中国	中国香港	197 021	19 273	27.40	54 950
96	中远海运集运	中远海运茉莉	COSCO SHIPPING JASMI	2018–08–07	中国	中国香港	146 588	13 800	25.00	48 600
97	中远海运集运	中远海运人马座	COSCO SHIPPING SAGIT	2018–10–17	中国	中国香港	199 934	20 119	25.00	55 000
98	中远海运集运	中远海运玫瑰	COSCO SHIPPING ROSE	2018–09–26	中国	中国香港	146 588	13 800	25.00	48 600
99	中远海运集运	中远海运安迪斯	COSCO SHIPPING ANDES	2018–09–12	中国	中国香港	153 811	14 566	27.40	49 000
100	中远海运集运	中远海运双鱼座	COSCO SHIPPING PISCES	2019–01–17	中国	中国香港	196 996	19 273	25.00	54 950

续上表

序号	所属二级公司（经营）	中文船名	英文船名	出厂日期	建造国家或地区	船旗	总载重量（吨）	载箱量(TEU)	航速（节）	功率（千瓦）
101	中远海运集运	中远海运樱花	COSCO SHIPPING SAKUR	2018-12-13	中国	中国香港	146 588	13 800	25.00	48 600
102	中远海运集运	中远海运杜鹃花	COSCO SHIPPING AZALEA	2019-04-26	中国	中国香港	146 588	13 800	25.00	48 600
103	中远海运集运	中远海运银河	COSCO SHIPPING GALAXY	2019-04-18	中国	中国香港	198 069	21 237	25.00	57 900
104	中远海运集运	中远海运荷花	COSCO SHIPPING LOTUS	2019-05-08	中国	中国香港	146 588	13 800	25.00	48 600
105	中远海运集运	中远海运山茶	COSCO SHIPPING CAMELLIA	2019-05-10	中国	中国香港	146 587	13 800	25.00	48 600
106	中远海运集运	中远海运兰花	COSCO SHIPPING ORCHID	2019-08-30	中国	中国香港	146 588	13 800	25.00	48 600
107	中远海运集运	中远海运太阳	COSCO SHIPPING SOLAR	2019-04-25	中国	中国香港	198 069	21 237	25.00	57 900
108	中远海运集运	中远海运宝瓶座	COSCO SHIPPING AQUARUIS	2019-06-05	中国	中国香港	197 021	19 273	25.00	54 950
109	中远海运集运	中远海运恒星	COSCO SHIPPING STAR	2019-06-27	中国	中国香港	198 485	21 237	25.00	57 900
110	中远海运集运	中远海运行星	COSCO SHIPPING PLANET	2019-09-06	中国	中国香港	198 485	21 237	25.00	57 900
111	中远海运发展	新大连	XIN DA LIAN	2001-10-01	中国	五星旗	69 023	5668	25.70	45 760
112	中远海运发展	新浦东	XIN PU DONG	2003-02-15	中国	五星旗	69 303	5668	25.70	45 760
113	中远海运发展	新天津	XIN TIAN JIN	2003-05-25	中国	五星旗	69 023	5668	25.70	45 760
114	中远海运发展	新青岛	XIN QING DAO	2003-05-09	中国	五星旗	69 423	5668	25.70	45 760
115	中远海运发展	新宁波	XIN NING BO	2003-08-25	中国	五星旗	69 323	5668	25.70	45 760
116	中远海运发展	新连云港	XIN LIAN YUN GANG	2003-01-01	中国	五星旗	68 944	5668	25.70	45 760
117	中远海运发展	新盐田	XIN YAN TIAN	2004-03-24	中国	五星旗	68 961	5668	25.70	45 760
118	中远海运发展	新厦门	XIN XIA MEN	2004-03-03	中国	五星旗	69 259	5668	25.70	45 760
119	中远海运发展	新赤湾	XIN CHI WAN	2004-06-01	中国	五星旗	69 271	5688	25.70	45 760

续上表

序号	所属二级公司（经营）	中文船名	英文船名	出厂日期	建造国家或地区	船旗	总载重量（吨）	载箱量(TEU)	航速（节）	功率（千瓦）
120	中远海运发展	新秦皇岛	XIN QIN HUANG DAO	2004–07–01	中国	五星旗	69 308	5688	25.70	45 760
121	中远海运发展	新福州	XIN FU ZHOU	2004–09–10	中国	五星旗	69 235	5688	25.70	45 760
122	中远海运发展	新烟台	XIN YAN TAI	2005–01–01	中国	五星旗	69 225	5688	25.70	45 760
123	中远海运发展	新常熟	XIN CHANG SHU	2005–06–01	中国	五星旗	69 229	5688	25.70	45 760
124	中远海运发展	新重庆	XIN CHONG QING	2003–07–10	中国	五星旗	50 188	4051	24.30	36 560
125	中远海运发展	新扬州	XIN YANG ZHOU	2004–03–29	中国	五星旗	50 137	4051	24.30	36 560
126	中远海运发展	新南通	XIN NAN TONG	2003–11–24	中国	五星旗	50 151	4051	24.30	36 560
127	中远海运发展	新苏州	XIN SU ZHOU	2004–02–15	中国	五星旗	50 137	4051	24.30	36 560
128	中远海运发展	新洋山	XIN YANG SHAN	2005–04–01	中国	五星旗	52 242	4250	24.30	36 560
129	中远海运发展	新泉州	XIN QUAN ZHOU	2005–05–12	中国	五星旗	52 216	4250	24.30	36 560
130	中远海运发展	新防城	XIN FANG CHENG	2005–07–12	中国	五星旗	52 160	4250	24.30	36 560
131	中远海运发展	新汕头	XIN SHAN TOU	2005–11–05	中国	五星旗	52 157	4250	24.30	36 560
132	中远海运发展	新黄埔	XIN HUANG PU	2005–08–09	中国	五星旗	52 247	4250	24.30	36 560
133	中远海运发展	新海口	XIN HAI KOU	2005–09–03	中国	五星旗	52 212	4250	24.30	36 560
134	中远海运发展	新北仑	XIN BEI LUN	2005–09–23	中国	五星旗	52 223	4250	24.30	36 560
135	中远海运发展	新长沙	XIN CHANG SHA	2005–11–06	中国	五星旗	52 214	4250	24.30	36 560
136	中远海运发展	新南沙	XIN NAN SHA	2005–10–16	中国	五星旗	52 191	4250	24.30	36 560
137	中远海运发展	新日照	XIN RI ZHAO	2005–11–22	中国	五星旗	52 191	4250	24.30	36 560
138	中远海运发展	新威海	XIN WEI HAI	2006–01–03	中国	五星旗	52 219	4250	24.30	36 560
139	中远海运发展	新湛江	XIN ZHAN JIANG	2006–02–18	中国	五星旗	52 279	4250	24.30	36 560
140	中远海运发展	新营口	XIN YING KOU	2006–03–12	中国	五星旗	52 186	4250	24.30	36 560
141	中远海运发展	新丹东	XIN DAN DONG	2006–04–16	中国	五星旗	52 210	4250	24.30	36 560
142	中远海运发展	新亚洲	XIN YA ZHOU	2007–08–01	中国	五星旗	102 396	8533	25.60	68 620
143	中远海运发展	新欧洲	XIN OU ZHOU	2007–11–11	中国	五星旗	102 461	8533	25.20	68 620

续上表

序号	所属二级公司（经营）	中文船名	英文船名	出厂日期	建造国家或地区	船旗	总载重量（吨）	载箱量(TEU)	航速（节）	功率（千瓦）
144	中远海运发展	新美洲	XIN MEI ZHOU	2008-04-01	中国	五星旗	102 453	8533	25.20	68 620
145	中远海运发展	新非洲	XIN FEI ZHOU	2008-04-01	中国	五星旗	102 379	8533	25.20	68 620
146	中远海运发展	新大洋洲	XIN DA YANG ZHOU	2009-04-20	中国	五星旗	102 418	8533	25.20	68 620
147	中远海运发展	新钦州	XIN QIN ZHOU	2012-03-01	中国	五星旗	66 904	4738	18.00	36 560
148	中远海运发展	新杭州	XIN HANG ZHOU	2012-05-19	中国	五星旗	67 040	4738	18.00	36 560
149	中远海运发展	新郑州	XIN ZHENG ZHOU	2012-07-10	中国	五星旗	67 041	4738	18.00	36 560
150	中远海运发展	新兰州	XIN LAN ZHOU	2012-08-10	中国	五星旗	67 061	4738	18.00	36 560
151	中远海运发展	新温州	XIN WEN ZHOU	2013-03-01	中国	五星旗	67 053	4738	18.00	36 560
152	中远海运发展	新徐州	XIN XU ZHOU	2013-03-01	中国	五星旗	66 926	4738	18.00	36 560
153	中远海运发展	新沧州	XIN CANG ZHOU	2013-05-01	中国	五星旗	67 001	4738	18.00	36 560
154	中远海运发展	新惠州	XIN HUI ZHOU	2013-07-23	中国	五星旗	66 967	4738	18.00	36 560
155	中远海运发展	新太仓	XIN TAI CANG	2008-07-07	中国	五星旗	52 245	4250	24.30	36 560
156	中远海运发展	新洋浦	XIN YANG PU	2008-07-22	中国	五星旗	52 200	4250	24.30	36 560
157	中远海运发展	新武汉	XIN WU HAN	2008-10-20	中国	五星旗	52 233	4250	24.30	36 560
158	中远海运发展	新漳州	XIN ZHANG ZHOU	2008-11-01	中国	五星旗	52 216	4250	24.30	36 560
159	中远海运发展	中海亚洲	CSCL ASIA	2004-07-07	中国	中国香港	101 612	8468	25.30	68 620
160	中远海运发展	新洛杉矶	XIN LOS ANGELES	2006-06-20	中国	中国香港	111 889	9572	25.00	68 640
161	中远海运发展	新上海	XIN SHANG HAI	2006-10-09	中国	中国香港	111 889	9572	25.00	68 640
162	中远海运发展	新香港	XIN HONG KONG	2007-02-01	中国	中国香港	111 889	9572	25.00	68 640
163	中远海运发展	新北京	XIN BEI JING	2007-04-19	中国	中国香港	111 889	9572	25.00	68 640
164	中远海运发展	中海之星	CSCL STAR	2011-01-15	韩国	中国香港	155 470	14 074	24.00	72 240
165	中远海运发展	中海金星	CSCL VENUS	2011-04-29	韩国	中国香港	155 470	14 074	24.00	72 240
166	中远海运发展	中海木星	CSCL JUPITER	2011-05-20	韩国	中国香港	155 470	14 074	24.00	72 240
167	中远海运发展	中海水星	CSCL MERCURY	2011-07-15	韩国	中国香港	155 470	14 074	24.00	72 240

续上表

序号	所属二级公司（经营）	中文船名	英文船名	出厂日期	建造国家或地区	船旗	总载重量（吨）	载箱量(TEU)	航速（节）	功率（千瓦）
168	中远海运发展	中海火星	CSCL MARS	2011–10–28	韩国	中国香港	155 470	14 074	24.00	72 240
169	中远海运发展	中海土星	CSCL SATURN	2011–12–21	韩国	中国香港	155 470	14 074	24.00	72 240
170	中远海运发展	中海天王星	CSCL URANUS	2012–03–09	韩国	中国香港	155 470	14 074	24.00	72 240
171	中远海运发展	中海海王星	CSCL NEPTUNE	2012–05–22	韩国	中国香港	155 470	14 074	24.00	72 240
172	中远海运发展	中海之春	CSCL SPRING	2014–01–08	中国	中国香港	121 849	10 036	23.50	68 640
173	中远海运发展	中海之夏	CSCL SUMMER	2014–03–07	中国	中国香港	121 805	10 036	23.50	68 640
174	中远海运发展	中海之冬	CSCL WINTER	2014–04–18	中国	中国香港	121 839	10 036	23.50	68 640
175	中远海运发展	中海之秋	CSCL AUTUMN	2014–05–09	中国	中国香港	121 270	10 036	23.50	68 640
176	中远海运发展	中海渤海	CSCL BOHAI SEA	2014–06–09	中国	中国香港	121 824	10 036	23.50	68 640
177	中远海运发展	中海黄海	CSCL YELLOW SEA	2014–06–27	中国	中国香港	121 194	10 036	23.50	68 640
178	中远海运发展	中海东海	CSCL EAST CHINA SEA	2014–09–02	中国	中国香港	121 186	10 036	23.50	68 640
179	中远海运发展	中海南海	CSCL SOUTH CHINA SEA	2014–11–13	中国	中国香港	121 186	10 036	23.50	68 640
180	中远海运发展	中海环球	CSCL GLOBE	2014–08–23	韩国	中国香港	184 320	18 982	25.00	15 000
181	中远海运发展	中海太平洋	CSCL PACIFIC OCEAN	2014–12–23	韩国	中国香港	184 320	18 982	25.00	15 000
182	中远海运发展	中海印度洋	CSCL INDIAN OCEAN	2015–01–23	韩国	中国香港	184 320	18 982	25.00	15 000
183	中远海运发展	中海北冰洋	CSCL ARCTIC OCEAN	2015–03–20	韩国	中国香港	184 320	18 982	25.00	15 000
184	中远海运发展	中海大西洋	CSCL ATLANTIC OCEAN	2015–04–29	韩国	中国香港	184 320	18 982	25.00	15 000
185	东方海外	—	OOCL ATLANTA	2005–02–28	韩国	中国香港	105 337	8063	25.00	68 520
186	东方海外	—	OOCL ASIA	2006–03–17	韩国	中国香港	105 320	8063	25.00	68 520
187	东方海外	—	OOCL EUROPE	2006–07–26	韩国	中国香港	105 545	8063	25.00	68 520
188	东方海外	—	OOCL ZHOUSHAN	2006–09–15	中国	中国香港	52 214	4583	24.20	36 560
189	东方海外	—	OOCL AUSTRALIA	2006–11–30	中国	中国香港	52 217	4583	24.49	36 560

续上表

序号	所属二级公司（经营）	中文船名	英文船名	出厂日期	建造国家或地区	船旗	总载重量（吨）	载箱量(TEU)	航速（节）	功率（千瓦）
190	东方海外	—	OOCL TOKYO	2007-01-05	韩国	中国香港	105 423	8063	25.00	68 520
191	东方海外	—	OOCL SOUTHAMPTON	2007-05-30	韩国	中国香港	105 400	8063	25.00	68 520
192	东方海外	—	OOCL KOBE	2007-06-29	韩国	中国香港	50 554	4578	24.50	36 560
193	东方海外	—	OOCL YOKOHAMA	2007-07-25	韩国	中国香港	50 634	4578	24.00	36 560
194	东方海外	—	OOCL HOUSTON	2007-10-22	韩国	中国香港	50 585	4578	24.50	36 560
195	东方海外	—	OOCL BUSAN	2008-01-04	韩国	中国香港	50 567	4578	24.50	36 560
196	东方海外	—	OOCL TEXAS	2008-02-05	韩国	中国香港	50 610	4578	24.50	36 560
197	东方海外	—	OOCL PANAMA	2008-04-25	韩国	中国香港	50 633	4578	24.50	36 560
198	东方海外	—	OOCL NORFOLK	2009-02-13	韩国	中国香港	50 489	4578	24.50	36 560
199	东方海外	—	OOCL BRISBANE	2009-07-20	韩国	中国香港	50 575	4578	24.50	36 560
200	东方海外	—	OOCL NEW ZEALAND	2009-09-04	韩国	中国香港	50 490	4578	24.50	36 560
201	东方海外	—	OOCL SEOUL	2010-01-15	韩国	中国香港	105 358	8063	25.00	68 520
202	东方海外	—	OOCL WASHINGTON	2010-01-11	韩国	中国香港	105 358	8063	25.00	68 520
203	东方海外	—	OOCL DALIAN	2009-11-10	韩国	中国香港	50 464	4578	24.50	36 560
204	东方海外	—	OOCL CHARLESTON	2010-01-05	韩国	中国香港	50 518	4578	24.50	36 560
205	东方海外	—	OOCL NAGOYA	2009-11-23	韩国	中国香港	50 501	4578	24.50	36 560
206	东方海外	—	OOCL LE HAVRE	2010-01-08	韩国	中国香港	50 580	4578	24.50	36 560
207	东方海外	—	OOCL LONDON	2010-04-13	韩国	中国香港	104 911	8063	25.00	68 520
208	东方海外	—	OOCL LUXEMBOURG	2010-04-30	韩国	中国香港	104 935	8063	25.00	68 520
209	东方海外	—	OOCL GUANGZHOU	2010-05-17	韩国	中国香港	50 337	4578	24.50	36 560
210	东方海外	—	OOCL JAKARTA	2010-06-08	韩国	中国香港	50 411	4578	24.50	36 560
211	东方海外	—	OOCL SAVANNAH	2010-06-08	韩国	中国香港	50 340	4578	24.50	36 560
212	东方海外	—	OOCL CANADA	2011-07-18	中国	中国香港	101 412	8888	25.80	68 520
213	东方海外	—	OOCL BEIJING	2011-04-29	中国	中国香港	101 589	8888	25.80	68 520

续上表

序号	所属二级公司（经营）	中文船名	英文船名	出厂日期	建造国家或地区	船旗	总载重量（吨）	载箱量(TEU)	航速（节）	功率（千瓦）
214	东方海外	—	OOCL NEW YORK	1999-12-10	韩国	中国香港	67 660	5770	26.20	54 840
215	东方海外	—	OOCL SHANGHAI	1999-12-30	韩国	中国香港	67 584	5770	24.90	54 840
216	东方海外	—	OOCL POLAND	2013-01-22	韩国	中国香港	144 342	13 208	23.50	54 200
217	东方海外	—	OOCL BRUSSELS	2013-03-26	韩国	中国香港	144 150	13 208	23.50	54 200
218	东方海外	—	OOCL MIAMI	2013-01-16	中国	中国香港	101 566	8888	25.80	68 520
219	东方海外	—	OOCL BERLIN	2013-03-26	韩国	中国香港	144 143	13 208	23.50	54 200
220	东方海外	—	OOCL MEMPHIS	2013-03-28	中国	中国香港	101 544	8888	25.80	50 600
221	东方海外	—	OOCL FRANCE	2013-04-30	韩国	中国香港	144 044	13 208	23.50	54 200
222	东方海外	—	OOCL EGYPT	2013-07-26	韩国	中国香港	144 179	13 208	23.50	54 200
223	东方海外	—	OOCL CHONGQING	2013-06-28	韩国	中国香港	144 060	13 208	23.50	54 200
224	东方海外	—	OOCL BANGKOK	2013-09-13	韩国	中国香港	144 043	13 208	23.50	54 200
225	东方海外	—	OOCL MALAYSIA	2013-10-16	韩国	中国香港	144 162	13 208	23.50	54 200
226	东方海外	—	OOCL SINGAPORE	2014-05-23	韩国	中国香港	143 800	13 208	23.50	54 200
227	东方海外	—	OOCL KOREA	2014-04-17	韩国	中国香港	144 131	13 208	23.50	54 200
228	东方海外	—	OOCL UTAH	2015-03-31	中国	中国香港	101 279	8888	22.80	43 000
229	东方海外	—	OOCL TAIPEI	2015-01-07	中国	中国香港	101 147	8888	22.80	43 000
230	东方海外	—	OOCL HO CHI MINH CITY	2015-10-30	中国	中国香港	101 047	8888	22.80	43 000
231	东方海外	—	OOCL GENOA	2015-08-27	中国	中国香港	101 115	8888	22.80	43 000
232	东方海外	—	OOCL HONG KONG	2017-05-18	韩国	中国香港	191 422	21 413	23.00	61 530
233	东方海外	—	OOCL GERMANY	2017-08-24	韩国	中国香港	191 688	21 413	23.00	61 530
234	东方海外	—	OOCL JAPAN	2017-09-11	韩国	中国香港	191 640	21 413	23.00	61 530
235	东方海外	—	OOCL UNITED KINGDOM	2017-09-29	韩国	中国香港	191 570	21 413	23.00	61 530
236	东方海外	—	OOCL SCANDINAVIA	2017-11-28	韩国	中国香港	191 343	21 413	23.00	61 530

续上表

序号	所属二级公司（经营）	中文船名	英文船名	出厂日期	建造国家或地区	船旗	总载重量（吨）	载箱量(TEU)	航速（节）	功率（千瓦）
237	东方海外	—	OOCL INDONESIA	2018–01–18	韩国	中国香港	191 374	21 413	23.00	61 530
238	东方海外	—	OOCL BELGIUM	1998–09–30	韩国	中国香港	40 972	2992	21.00	24 027
239	东方海外	—	OOCL CALIFORNIA	1995–08–29	日本	中国香港	67 765	5344	24.60	48 631
240	东方海外	—	OOCL AMERICA	1995–11–28	日本	中国香港	67 741	5344	24.60	48 631
241	东方海外	—	OOCL SAN FRANCISCO	2000–09–15	中国	中国香港	67 286	5714	24.90	55 681
242	东方海外	—	OOCL CHICAGO	2000–10–27	中国	中国香港	67 278	5714	24.90	55 681
243	东方海外	—	OOCL MONTREAL	2003–05–19	韩国	中国香港	47 828	4402	23.31	36 540
244	东方海外	—	OOCL ROTTERDAM	2004–01–15	韩国	中国香港	105 450	8063	25.00	68 520
245	东方海外	—	OOCL HAMBURG	2004–02–26	韩国	中国香港	105 445	8063	25.00	68 520
合计							23 844 933	2 133 179	—	—

2021 年中远海运集团集装箱船队租入船舶船名录

表 17–2

序号	所属二级公司（经营）	中文船名	英文船名	出厂日期	建造国家或地区	船旗	总载重量（吨）	载箱量(TEU)
1	中远海运集运	—	RICH SEAWAY	2006–12–05	中国	巴拿马	9734	712
2	中远海运集运	—	NAVIOS NERINE	2008–07–15	中国	巴拿马	56 464	4730
3	中远海运集运	—	GREEN HORIZON	2013–01–01	中国	巴拿马	21 957	1736
4	中远海运集运	—	ISEACO WISDOM	1998–01–02	中国	巴拿马	18 618	1367
5	中远海运集运	—	NZ NINGBO	1999–12–01	日本	巴拿马	29 277	2011
6	中远海运集运	—	KUO LUNG	1998–02–01	中国	巴拿马	18 581	1367
7	中远海运集运	—	GSS YANGON	1993–12–06	日本	巴拿马	18 421	1367
8	中远海运集运	—	IBN AL ABBAR	1999–01–01	日本	巴拿马	24 376	1560
9	中远海运集运	—	HIGHWAY	1998–01–02	韩国	巴拿马	24 758	2200
10	中远海运集运	—	ISEACO FORTUNE	1997–09–24	中国台湾	巴拿马	18 585	1367
11	中远海运集运	—	BAL BRIGHT	2008–09–01	中国	巴拿马	12 561	907
12	中远海运集运	—	ISEACO GENESIS	1997–07–31	中国	巴拿马	18 581	1367
13	中远海运集运	—	WARNOW BOATSWAIN	2007–10–30	中国	塞浦路斯	21 282	1500
14	中远海运集运	—	WARNOW MATE	2010–01–14	利比里亚	塞浦路斯	21 168	1496
15	中远海运集运	—	EXPRESS SPAIN	2011–01–20	韩国	马耳他	44 060	3510
16	中远海运集运	—	EXPRESS BLACK SEA	2010–06–30	韩国	马耳他	44 130	3510
17	中远海运集运	—	SEASMILE	2013–01–02	韩国	马耳他	62 603	5071
18	中远海运集运	—	A.OBELIX	2008–09–02	德国	马耳他	23 866	1702
19	中远海运集运	盐田	YANTIAN	2006–04–28	韩国	希腊	107 483	9469
20	中远海运集运	中远希腊	COSCO HELLAS	2006–07–06	韩国	希腊	107 277	9469
21	中远海运集运	—	BEIJING	2006–06–08	韩国	马耳他	107 277	9469
22	中远海运集运	中远宁波	COSCO NINGBO	2006–03–20	韩国	马耳他	107 277	9469

续上表

序号	所属二级公司（经营）	中文船名	英文船名	出厂日期	建造国家或地区	船旗	总载重量（吨）	载箱量(TEU)
23	中远海运集运	中远广州	COSCO GUANGZHOU	2006-02-22	韩国	马耳他	107 277	9469
24	中远海运集运	—	TOKYO TRADER	2014-06-01	中国	塞内加尔	13 101	1103
25	中远海运集运	—	MIMMI SCHULTE	2017-01-01	新加坡	新加坡	30 205	2345
26	中远海运集运	—	JT GLORY	2007-03-23	中国	塞内加尔	23 484	1738
27	中远海运集运	—	ASIATIC WAVE	2007-01-02	塞内加尔	塞内加尔	12 559	1134
28	中远海运集运	—	TEERA BHUM	2005-01-01	中国	塞内加尔	23 575	1858
29	中远海运集运	—	LOUISA SCHULTE	2008-02-01	中国	塞内加尔	23 351	1736
30	中远海运集运	—	LUDWIG SCHULTE	2008-07-01	新加坡	新加坡	23 200	1740
31	中远海运集运	—	COLOMBO	2004-01-01	韩国	利比里亚	38 638	3338
32	中远海运集运	—	CONTSHIP SEA	2007-01-01	中国	利比里亚	20 994	1432
33	中远海运集运	—	CONTSHIP RUN	2007-01-01	中国	利比里亚	20 994	1432
34	中远海运集运	—	NATAL	2007-09-11	韩国	利比里亚	44 234	3398
35	中远海运集运	—	ATLANTIC SOLLI	2008-03-17	中国	利比里亚	27 245	2015
36	中远海运集运	—	VEGA SACHSEN	2008-02-01	中国	蒙特塞拉特岛	13 826	1118
37	中远海运集运	—	APOLLON D	2008-01-01	中国	利比里亚	26 723	2554
38	中远海运集运	—	NEOKASTRO	2010-08-28	中国台湾	利比里亚	52 788	4178
39	中远海运集运	—	SONGA BONN	2009-01-02	韩国	利比里亚	28 632	1992
40	中远海运集运	—	BAHAMAS	2010-02-25	菲律宾	利比里亚	52 443	4360
41	中远海运集运	—	NAVIOS MIAMI	2009-09-21	韩国	利比里亚	51 738	4563
42	中远海运集运	—	ATOUT	2010-05-12	德国	利比里亚	23 889	1702
43	中远海运集运	—	KALLIROE	2011-01-02	中国	利比里亚	23 379	1740
44	中远海运集运	—	YA LU JIANG	2004-01-01	中国	五星旗	7633	549
45	中远海运集运	宝安城 79	BAO AN CHENG 79	2008-12-10	中国	五星旗	11 200	665
46	中远海运集运	信德天津	XIN DE TIAN JIN	1997-09-07	韩国	五星旗	63 645	4800

续上表

序号	所属二级公司（经营）	中文船名	英文船名	出厂日期	建造国家或地区	船旗	总载重量（吨）	载箱量(TEU)
47	中远海运集运	长江之源	CHANG JIANG ZHI YUAN	2015-01-09	中国	五星旗	9300	675
48	中远海运集运	兴隆 29	XING LONG 29	2007-08-28	中国	五星旗	6800	538
49	中远海运集运	港宏 22	GANG HONG 22	2012-03-01	中国	五星旗	12 037	730
50	中远海运集运	中外运南海	ZHONGWAIYUN NANHAI	2016-03-23	中国	五星旗	71 198	4015
51	中远海运集运	辉泓红冶	HUI HONG HONG YE	2014-05-25	中国	五星旗	32 602	1768
52	中远海运集运	—	HE BIN	1999-01-01	中国	五星旗	11 386	834
53	中远海运集运	东成蓝天	DONGCHENG LANTIAN	2013-11-21	中国	五星旗	32 500	1768
54	中远海运集运	东成盛	DONG CHENG SHENG	2012-08-10	中国	五星旗	28 000	1546
55	中远海运集运	新鸿翔 76	XIN HONGXIANG 76	2010-03-24	中国	五星旗	8100	686
56	中远海运集运	新鸿翔 57	XIN HONGXIANG 57	2006-07-20	中国	五星旗	10 238	648
57	中远海运集运	佰利达	BAI LI DA	2012-12-27	中国	五星旗	22 800	1397
58	中远海运集运	力洲劼海	LI ZHOU JIE HAI	2019-05-19	中国	五星旗	20 500	1216
59	中远海运集运	恒盛 868	HENG SHENG 868	2019-08-08	中国	五星旗	13 987	942
60	中远海运集运	新隆运 89	XIN LONG YUN 89	2013-09-27	中国	五星旗	27 185	1744
61	中远海运集运	弘泰 222	HONG TAI 222	2018-10-31	中国	五星旗	20 820	1338
62	中远海运集运	昌盛集 8	CHANG SHENG JI 8	2019-09-09	中国	五星旗	21 183	2001
63	中远海运集运	弘泰 217	HONT TAI 217	2018-12-12	中国	五星旗	20 820	1338
64	中远海运集运	瀚旺	HAN WANG	2019-01-01	中国	五星旗	32 000	1906
65	中远海运集运	泰晟 57	TAI SHENG 57	2020-01-19	中国	五星旗	21 000	1330
66	中远海运集运	辉泓兴旺	HUI HONG XING WANG	2021-09-01	中国	五星旗	11 773	672
67	中远海运集运	华鑫 968	HUA XIN 968	2020-07-26	中国	五星旗	15 843	578
68	中远海运集运	港宏 23	GANG HONG 23	2020-05-02	中国	五星旗	29 000	1710
69	中远海运集运	江龙 7	JIANG LONG 7	2021-04-01	中国	五星旗	12 000	696
70	中远海运集运	和鑫辉煌	HE XIN HUI HUANG	2021-06-24	中国	五星旗	12 015	696

续上表

序号	所属二级公司（经营）	中文船名	英文船名	出厂日期	建造国家或地区	船旗	总载重量（吨）	载箱量(TEU)
71	中远海运集运	弘泰 629	HONG TAI 629	2021-11-01	中国	五星旗	35 056	2076
72	中远海运集运	力洲锦绣	LI ZHOU JIN XIU	2021-09-01	中国	五星旗	17 680	612
73	中远海运集运	新永昌 19	XIN YONG CHANG 19	2021-11-09	中国	五星旗	35 056	2070
74	中远海运集运	力洲兴盛	LI ZHOU XING SHENG	2021-09-15	中国	五星旗	27 000	1366
75	中远海运集运	钱海 83	惠金桥 83	2011-12-08	中国	五星旗	11 920	802
76	中远海运集运	华晟 57	HUA SHENG 57	2018-03-08	中国	五星旗	25 260	1508
77	中远海运集运	弘泰 223	HONG TAI 223	2017-09-21	中国	五星旗	21 060	1330
78	中远海运集运	众兴 22	ZHON XING 22	2008-01-02	中国	五星旗	10 440	663
79	中远海运集运	—	XIN YONG CHANG 16	2019-05-14	中国	五星旗	21 060	1330
80	中远海运集运	新春顺	XIN CHUN SHUN	1995-06-25	中国	五星旗	10 257	598
81	中远海运集运	—	HENG HUI 6	2004-01-02	中国	五星旗	68 189	5060
82	中远海运集运	钱海 82	QIAN HAI 82	2009-05-01	中国	五星旗	8285	573
83	中远海运集运	弘泰 229	HONG TAI 229	2017-09-21	中国	五星旗	21 060	1330
84	中远海运集运	弘泰 227	HONG TAI 227	2018-04-03	中国	五星旗	21 060	1330
85	中远海运集运	华祥 936	HUA XIANG 936	1997-08-21	中国	五星旗	24 548	1675
86	中远海运集运	华祥 999	HUA XIANG 999	2012-05-29	中国	五星旗	11 228	724
87	中远海运集运	华祥 988	HUA XIANG 988	2010-07-01	中国	五星旗	17 500	956
88	中远海运集运	延展 67	YAN ZHAN 67	2018-09-06	中国	五星旗	19 179	1176
89	中远海运集运	盛达和旭	SHENG DA HE XU	2012-12-16	中国	五星旗	5695	426
90	中远海运集运	华鑫 878	HUA XIN 878	2009-06-06	中国	五星旗	2647	435
91	中远海运集运	中航盛	ZHONG HANG SHENG	2004-03-05	中国	五星旗	36 049	2783
92	中远海运集运	华鑫 178	HUA XIN 178	2004-01-02	中国	五星旗	10 677	688
93	中远海运集运	弘泰 25	HONG TAI 25	2011-12-01	中国	五星旗	10 325	724
94	中远海运集运	弘泰 78	HONG TAI 78	2009-08-11	中国	五星旗	4880	249

续上表

序号	所属二级公司（经营）	中文船名	英文船名	出厂日期	建造国家或地区	船旗	总载重量（吨）	载箱量(TEU)
95	中远海运集运	良翔 7	LIANG XIANG 7	2009-12-01	中国	五星旗	6200	389
96	中远海运集运	弘泰 22	HONG TAI 22	2010-06-15	中国	五星旗	10 565	720
97	中远海运集运	新华 805	XIN HUA 805	2009-11-17	中国	五星旗	6247	441
98	中远海运集运	昌盛集 2	CHANG SHENG JI 2	2010-03-10	中国	五星旗	11 105	629
99	中远海运集运	丰顺 68	FENG SHUN 68	2010-05-31	中国	五星旗	10 440	720
100	中远海运集运	华旭达 68	—	2013-12-18	中国	五星旗	17 267	1113
101	中远海运集运	泰晟 29	—	2012-12-01	中国	五星旗	16 500	1131
102	中远海运集运	新其盛 68	XIN QI SHENG 68	2011-08-19	中国	五星旗	10 300	720
103	中远海运集运	成功 83	CHENG GONG 83	2010-11-02	中国	五星旗	10 396	724
104	中远海运集运	长恒 22	—	2011-09-05	中国	五星旗	7566	345
105	中远海运集运	新滨河	XIN BIN HE	2012-02-29	中国	五星旗	14 500	893
106	中远海运集运	华鑫 888	HUA XIN 888	2007-11-01	中国	五星旗	8700	570
107	中远海运集运	昌盛集 5	CHANG SHENG JI 5	2011-08-25	中国	五星旗	15 800	872
108	中远海运集运	宝安城 89	BAO AN CHENG 89	2013-09-01	中国	五星旗	16 377	900
109	中远海运集运	鹏安盛	—	2013-08-13	中国	五星旗	14 139	859
110	中远海运集运	新永昌 9	—	2010-01-18	中国	五星旗	13 136	778
111	中远海运集运	远泰 28	YUAN TAI 28	2015-06-26	中国	五星旗	14 473	933
112	中远海运集运	昌盛集 6	CHANG SHENG JI 6	2014-03-30	中国	五星旗	15 564	872
113	中远海运集运	宝安城 87	BAO AN CHENG 87	2008-07-01	中国	五星旗	12 608	616
114	中远海运集运	宝安城 88	BAO AN CHENG 88	2011-07-01	中国	五星旗	11 360	672
115	中远海运集运	石商	—	1997-05-01	中国	五星旗	24 669	1613
116	中远海运集运	恒盛 26	—	2014-07-09	中国	五星旗	18 011	1113
117	中远海运集运	昌盛集 7	CHANG SHENG JI 7	2014-04-17	中国	五星旗	24 076	1427
118	中远海运集运	瀚兴	—	2015-06-01	中国	五星旗	18 197	1113

续上表

序号	所属二级公司（经营）	中文船名	英文船名	出厂日期	建造国家或地区	船旗	总载重量（吨）	载箱量(TEU)
119	中远海运集运	金源河	JIN YUAN HE	1991-06-01	中国	五星旗	21 138	1599
120	中远海运集运	金盛河	JIN SHENG HE	1995-11-01	中国	五星旗	21 087	1599
121	中远海运集运	金兴源	JIN XING YUAN	1999-03-01	中国	五星旗	44 541	2241
122	中远海运集运	金富源	JIN FU YUAN	1998-02-24	中国	五星旗	43 973	2241
123	中远海运集运	金顺河	JIN SHUN HE	1997-08-19	韩国	五星旗	28 290	2113
124	中远海运集运	金吉源	JIN JI YUAN	1998-08-10	中国	五星旗	35 187	1780
125	中远海运集运	金祥源	JIN XIANG YUAN	1999-01-07	中国	五星旗	35 187	1780
126	中远海运集运	金秀河	JIN XIU HE	1998-05-18	中国	五星旗	28 500	1386
127	中远海运集运	惠金桥 593	HUI JIN QIAO 593	2013-01-01	中国	五星旗	16 809	1148
128	中远海运集运	惠金桥 598	HUI JIN QIAO 598	2015-03-24	中国	五星旗	17 663	1146
129	中远海运集运	—	HALCYON	2007-01-01	日本	巴哈马群岛	12 480	1102
130	中远海运集运	—	HYPERION	2008-02-02	日本	巴哈马群岛	12 480	1102
131	中远海运集运	—	TROUPER	2005-08-01	德国	葡萄牙	11 405	868
132	中远海运集运	—	MOVEON	2001-10-01	德国	葡萄牙	11 382	868
133	中远海运集运	—	STADT DRESDEN	2006-06-01	德国	葡萄牙	37 929	2741
134	中远海运集运	—	AS FATIMA	2008-01-02	中国	葡萄牙	18 343	1300
135	中远海运集运	—	AS FIORELLA	2007-09-30	中国	葡萄牙	18 270	1296
136	中远海运集运	—	AS CONSTANTINA	2005-02-01	葡萄牙	葡萄牙	37 880	2741
137	中远海运集运	—	JOGELA	2014-01-01	葡萄牙	葡萄牙	62 134	4957
138	中远海运集运	—	AS ROSALIA	2009-02-02	中国	葡萄牙	21 410	1496
139	中远海运集运	—	RHL CONCORDIA	2012-08-02	中国	利比里亚	58 187	4664
140	中远海运集运	中海门司	HANSA STEINBURG	2010-01-01	中国	利比里亚	23 286	1740
141	中远海运集运	—	ANTHEA Y	2015-08-08	菲律宾	利比里亚	111 300	9115
142	中远海运集运	—	CALA PAGURO	2007-05-23	日本	利比里亚	21 103	1577

续上表

序号	所属二级公司（经营）	中文船名	英文船名	出厂日期	建造国家或地区	船旗	总载重量（吨）	载箱量(TEU)
143	中远海运集运	—	KURE	1996-01-02	丹麦	利比里亚	90 456	7403
144	中远海运集运	—	HANSA FREYBURG	2003-01-02	中国	塞内加尔	10 714	1740
145	中远海运集运	—	AS SUSANNA	2008-12-19	中国台湾	利比里亚	22 314	1713
146	中远海运集运	—	SEOUL GLOW	2008-04-10	中国台湾	利比里亚	22 314	1713
147	中远海运集运	—	AS FENJA	2004-10-21	德国	利比里亚	17 316	1201
148	中远海运集运	—	AS RAFAELA	2007-02-28	德国	利比里亚	20 335	1440
149	中远海运集运	—	ATLANTIC SOUTH	2005-12-24	中国	利比里亚	8500	704
150	中远海运集运	—	AS PENELOPE	2005-06-29	韩国	利比里亚	34 741	2572
151	中远海运集运	—	CONTSHIP JET	2007-05-01	利比里亚	利比里亚	18 832	1267
152	中远海运集运	—	AREOPOLIS	2000-12-01	德国	利比里亚	33 925	2478
153	中远海运集运	—	NAVIOS MAGNOLIA	2008-04-17	中国	巴拿马	55 477	4730
154	中远海运集运	中远川崎	COSCO KAWASAKI	2010-07-09	韩国	巴拿马	50 713	4506
155	中远海运集运	—	INTRA BHUM	2013-03-18	中国	塞内加尔	13 021	958
156	中远海运集运	—	KHUNA BHUM	2018-10-25	中国	泰国	19 840	1668
157	中远海运集运	—	JORK	2001-09-01	德国	塞浦路斯	11 494	868
158	中远海运集运	—	ESCAPE	2012-01-01	中国	荷兰	21 274	1436
159	中远海运集运	—	ESPERANCE	2011-01-02	中国	利比里亚	21 297	1436
160	中远海运集运	—	ESPOIR	2011-03-28	中国	荷兰	21 232	1436
161	中远海运集运	—	CTP FORTUNE	1998-01-01	日本	印度尼西亚	16 567	1064
162	中远海运集运	钱海 69	QIAN HAI 69	2019-11-10	中国	五星旗	15 406	676
163	中远海运集运	长荣顺达	CHANG RONG SHUN DA	2018-03-08	中国	五星旗	10 010	816
164	中远海运集运	泛亚新浪	WES SINA	2007-01-02	韩国	安提瓜和巴布达	12 818	1049
165	中远海运集运	—	CITY OF BEIJING	2009-10-01	中国	安提瓜和巴布达	34 334	2559
166	中远海运集运	—	NORTHERN DELEGATION	2008-01-02	中国	利比里亚	42 002	3534

续上表

序号	所属二级公司（经营）	中文船名	英文船名	出厂日期	建造国家或地区	船旗	总载重量（吨）	载箱量(TEU)
167	中远海运集运	泛亚英特拉	CONSISTENCE	2021-01-01	中国	蒙特塞拉特岛	13 709	1091
168	中远海运集运	泛亚康泰	CONTESSA	2021-09-01	中国	马绍尔群岛	13 687	1091
169	中远海运集运	—	PRESIDIO	2003-10-20	德国	蒙特塞拉特岛	16 421	1200
170	中远海运集运	—	SEAMAX WESTPORT	2007-01-01	韩国	蒙特塞拉特岛	111 016	8204
171	中远海运集运	—	CAPE FORBY	2006-01-16	德国	马绍尔群岛	20 307	1440
172	中远海运集运	—	NAVIOS VERMILION	2007-01-01	中国	蒙特塞拉特岛	50 629	4241
173	中远海运集运	—	CAPE FULMAR	2007-07-01	德国	蒙特塞拉特岛	20 346	1440
174	中远海运集运	—	CAPE FAWLEY	2008-02-21	德国	蒙特塞拉特岛	20 358	1440
175	中远海运集运	—	EF EMIRA	2008-02-29	德国	蒙特塞拉特岛	24 100	1710
176	中远海运集运	—	NAVIOS DESTINY	2008-10-13	中国	蒙特塞拉特岛	50 638	4253
177	中远海运集运	—	NAVIOS DEVOTION	2009-01-01	中国	蒙特塞拉特岛	50 595	4253
178	中远海运集运	—	INSPIRE	2016-01-02	马绍尔群岛	马绍尔群岛	21 788	1785
179	中远海运集运	中海悉尼	CSCL SYDNEY	2005-01-01	中国	中国香港	50 764	4253
180	中远海运集运	—	SEASPAN OCEANIA	2004-07-07	韩国	中国香港	101 810	8468
181	中远海运集运	中海非洲	CSCL AFRICA	2004-01-01	韩国	中国香港	101 611	8468
182	中远海运集运	中海布里斯班	CSCL BRISBANE	2005-01-01	韩国	中国香港	50 500	4253
183	中远海运集运	—	SEASPAN NEW DELHI	2005-10-18	韩国	中国香港	50 790	4253
184	中远海运集运	—	SEASPAN DUBAI	2005-02-01	韩国	中国香港	50 819	4253
185	中远海运集运	北海	BEI HAI	2006-01-02	中国	五星旗	7990	610
186	中远海运集运	—	GOTTFRIED SCHULTE	2006-11-01	中国	中国香港	42 200	3534
187	中远海运集运	—	CSCL ZEEBRUGGE	2007-01-01	韩国	中国香港	111 889	9572
188	中远海运集运	中远福州	COSCO FUZHOU	2007-03-29	中国	中国香港	42 201	3596
189	中远海运集运	中远营口	COSCO YINGKOU	2007-07-05	中国	中国香港	42 201	3596
190	中远海运集运	中海长滩	CSCL LONG BEACH	2007-01-01	韩国	中国香港	111 889	9572

续上表

序号	所属二级公司（经营）	中文船名	英文船名	出厂日期	建造国家或地区	船旗	总载重量（吨）	载箱量(TEU)
191	中远海运集运	中海蒙特维多	CSCL MONTEVIDEO	2008–01–01	中国	中国香港	33 800	2500
192	中远海运集运	中海利马	CSCL LIMA	2008–01–01	中国	中国香港	33 800	2500
193	中远海运集运	—	ACACIA LIBRA	2007–01–02	中国	中国香港	13 760	1019
194	中远海运集运	中远日本	COSCO JAPAN	2010–03–10	韩国	中国香港	102 834	8501
195	中远海运集运	—	BERNHARD SCHULTE	2010–01–01	斯洛伐克	中国香港	59 287	4600
196	中远海运集运	中远韩国	COSCO KOREA	2010–04–05	韩国	中国香港	102 700	8501
197	中远海运集运	中远菲律宾	COSCO PHILIPPINES	2010–04–25	韩国	中国香港	102 713	8501
198	中远海运集运	中远马来西亚	COSCO MALAYSIA	2010–05–19	韩国	中国香港	102 796	8501
199	中远海运集运	中远印度尼西亚	COSCO INDONESIA	2010–07–05	韩国	中国香港	102 876	8501
200	中远海运集运	中远泰国	COSCO THAILAND	2010–10–20	韩国	中国香港	102 713	8501
201	中远海运集运	中远越南	COSCO VIETNAM	2011–04–21	韩国	中国香港	102 875	8501
202	中远海运集运	中远鲁珀特王子港	COSCO PRINCE RUPERT	2011–03–21	韩国	中国香港	102 742	8501
203	中远海运集运	中远荣耀	COSCO GLORY	2011–06–10	韩国	中国香港	141 588	13 114
204	中远海运集运	中远自豪	COSCO PRIDE	2011–06–29	韩国	中国香港	140 666	13 114
205	中远海运集运	中远发展	COSCO DEVELOPMENT	2011–08–10	韩国	中国香港	140 609	13 114
206	中远海运集运	中远和谐	COSCO HARMONY	2011–08–19	韩国	中国香港	140 453	13 114
207	中远海运集运	中远诚信	COSCO FAITH	2012–03–15	韩国	中国香港	140 599	13 114
208	中远海运集运	中远卓越	COSCO EXCELLENCE	2012–03–09	韩国	中国香港	140 146	13 114
209	中远海运集运	中远财富	COSCO FORTUNE	2012–04–30	韩国	中国香港	140 637	13 114
210	中远海运集运	中远希望	COSCO HOPE	2012–04–20	韩国	中国香港	140 241	13 114
211	中远海运集运	—	JUDITH SCHULTE	2013–07–29	中国	中国香港	111 862	9403
212	中远海运集运	—	JOHANNA SCHULTE	2013–10–01	中国	中国香港	111 862	9403
213	中远海运集运	—	JOSEPH SCHULTE	2012–09–10	中国	中国香港	111 862	9403
214	中远海运集运	—	SEASPAN HUDSON	2014–01–02	中国	中国香港	119 187	10 100
215	中远海运集运	—	LAKONIA	2004–11–01	新加坡	中国香港	33 282	2586

续上表

序号	所属二级公司（经营）	中文船名	英文船名	出厂日期	建造国家或地区	船旗	总载重量（吨）	载箱量(TEU)
216	中远海运集运	—	DELPHIS BOTHNIA	2016-08-01	韩国	中国香港	24 427	1926
217	中远海运集运	—	DELPHIS FINLAND	2016-11-01	韩国	中国香港	24 413	1926
218	中远海运集运	—	DELPHIS GDANSK	2017-01-03	韩国	中国香港	24 427	1926
219	中远海运集运	—	ACACIA HAWK	2002-01-02	英国	英国	8003	707
220	中远海运集运	—	TRADER	2006-06-23	中国	利比里亚	18 472	1300
221	中远海运集运	星东 2 号	XIN DONG 2	2005-07-25	中国	五星旗	7903	557
222	中远海运集运	—	CTP MAKASSAR	1998-05-21	印度	塞内加尔	16 567	1064
223	东方海外	—	SPIL NIRMALA	2008-01-01	菲律宾	巴拿马	34 325	2564
224	东方海外	—	OOCL VANCOUVER	2006-02-02	菲律宾	巴拿马	66 940	5888
225	东方海外	—	OOCL OAKLAND	2007-05-24	菲律宾	巴拿马	66 940	5888
226	东方海外	—	DOLPHIN LL	2007-01-01	菲律宾	巴拿马	65 992	5095
227	东方海外	—	OOCL DURBAN	2011-01-01	菲律宾	巴拿马	90 079	8476
228	东方海外	—	SPIL KARTINI	2008-01-01	菲律宾	巴拿马	51 870	4218
229	东方海外	—	OOCL BRAZIL	2010-01-01	菲律宾	巴拿马	90 013	8476
230	东方海外	—	VIOLETA B	2014-12-01	菲律宾	塞浦路斯	23 673	1756
231	东方海外	—	CAPE SYROS	2015-06-01	菲律宾	塞浦路斯	25 250	2202
232	东方海外	—	CAPE ORIENT	2016-01-01	菲律宾	塞浦路斯	25 250	2202
233	东方海外	—	CAPE FORTIUS	2017-01-01	菲律宾	塞浦路斯	25 250	2210
234	东方海外	—	SAN LORENZO	2014-01-01	菲律宾	塞浦路斯	21 900	1708
235	东方海外	—	TZINI	2013-01-01	菲律宾	马耳他	24 122	1756
236	东方海外	—	AMALIA C	1998-01-01	菲律宾	马耳他	34 129	2452
237	东方海外	—	SAN PEDRO	2014-01-01	菲律宾	马耳他	21 737	1715
238	东方海外	—	SANTA LOUKIA	2015-01-01	菲律宾	马耳他	21 965	1704
239	东方海外	—	OOCL St. LAWRENCE	2005-01-01	菲律宾	马耳他	67 255	5047

续上表

序号	所属二级公司（经营）	中文船名	英文船名	出厂日期	建造国家或地区	船旗	总载重量（吨）	载箱量(TEU)
240	东方海外	—	OREA	2015-01-01	菲律宾	马耳他	25 533	2194
241	东方海外	—	DELAWARE TRADER	2018-01-01	菲律宾	马耳他	37 000	2782
242	东方海外	—	WINDERMERE	2010-01-01	菲律宾	马耳他	35 376	2872
243	东方海外	—	MAINE TRADER	2004-11-01	菲律宾	马耳他	67 677	4992
244	东方海外	—	SHILING	2005-01-01	菲律宾	新加坡	66 160	5117
245	东方海外	—	OOCL ITALY	2007-06-29	菲律宾	新加坡	66 940	5888
246	东方海外	—	OOCL KUALA LUMPUR	2007-03-28	菲律宾	新加坡	66 940	5888
247	东方海外	—	HANSA WOLFSBURG	2007-01-01	菲律宾	利比里亚	23 600	1732
248	东方海外	—	SINGAPORE	2004-01-01	菲律宾	利比里亚	38 638	3338
249	东方海外	—	VUIPECULA	2010-05-01	菲律宾	利比里亚	50 245	4258
250	东方海外	—	BUXMELODY	2008-01-01	菲律宾	利比里亚	37 950	2702
251	东方海外	—	VANCOUVER	2007-01-01	菲律宾	塞浦路斯	50 500	4253
252	东方海外	—	WILLIAM	2009-06-01	菲律宾	葡萄牙	23 600	1732
253	东方海外	—	AS SARA	2010-01-01	菲律宾	葡萄牙	22 314	1713
254	东方海外	—	BUXCOAST	2001-01-01	菲律宾	葡萄牙	79 398	6892
255	东方海外	—	BUXCLIFF	2001-01-01	菲律宾	葡萄牙	79 501	6892
256	东方海外	—	BRUSSELS	2000-01-01	菲律宾	葡萄牙	68 788	5806
257	东方海外	—	NAVI BALTIC	2009-01-01	菲律宾	葡萄牙	17 861	1421
258	东方海外	—	ANINA	2006-01-01	菲律宾	葡萄牙	13 720	1008
259	东方海外	—	SPECTRUM N	2009-01-01	菲律宾	利比里亚	34 344	2546
260	东方海外	—	VELA	2009-01-01	菲律宾	利比里亚	50 420	4258
261	东方海外	—	OOCL RAUMA	2009-01-01	菲律宾	荷兰	17 861	1421
262	东方海外	—	INESSA	2020-10-01	菲律宾	马绍尔群岛	23 380	1774
263	东方海外	—	GH BORA	2008-01-01	菲律宾	葡萄牙	38 080	2702
264	东方海外	—	LADY JANE	2005-01-01	菲律宾	马绍尔群岛	67 222	5047
265	东方海外	—	SEAMAX STRATFORD	2006-06-01	菲律宾	马绍尔群岛	103 378	8533
266	东方海外	—	KOTA LAYANG	2009-01-01	菲律宾	中国香港	50 595	4253
合计							10 257 450	815 088

2021年中远海运集团干散货船队自有船舶船名录

表 17–3

序号	所属二级公司（经营）	所属公司（经营）	中文船名	英文船名	出厂日期	建造国家或地区	船旗	总载重量（吨）	航速（节）	功率（千瓦）
1	中远海运特运	广东省远洋	毓麟海	YU LIN HAI	2012–03–27	中国	五星旗	75 380	14.50	8833
2	中远海运特运	广东省远洋	毓鹏海	YU PENG HAI	2010–11–30	中国	五星旗	76 000	14.50	8833
3	中远海运散运	中远海运散运	宇华海	YU HUA HAI	2010–04–09	中国	巴拿马	297 846	14.50	22 360
4	中远海运散运	中远海运散运	远安海	YUAN AN HAI	2009–12–23	中国	巴拿马	56 957	14.20	9480
5	中远海运散运	中远海运散运	远顺海	YUAN SHUN HAI	2009–08–28	中国	巴拿马	56 956	13.50	9480
6	中远海运散运	中远海运散运	盛茂海	SHENG MAO HAI	2011–02–10	中国	五星旗	56 901	13.50	9480
7	中远海运散运	中远海运散运	盛泰海	SHENG TAI HAI	2012–01–18	中国	五星旗	57 076	14.20	9480
8	中远海运散运	中远海运散运	盛康海	SHENG KANG HAI	2012–06–28	中国	五星旗	56 704	14.20	9480
9	中远海运散运	中远海运散运	盛和海	SHENG HE HAI	2015–02–12	中国	五星旗	58 089	14.00	9480
10	中远海运散运	中远海运散运	鹏锦	PENG JIN	2013–01–04	中国	五星旗	64 542	15.22	12 730
11	中远海运散运	中远海运散运	鹏福	PENG FU	2013–11–20	中国	五星旗	49 926	15.00	10 450
12	中远海运散运	中远海运散运	鹏安	PENG AN	2013–12–06	中国	五星旗	64 494	15.22	12 730
13	中远海运散运	中远海运散运	巨大	JU DA	2005–05–16	中国	五星旗	73 604	14.20	10 200
14	中远海运散运	中远海运散运	鹏泰	PENG TAI	2013–11–25	中国	五星旗	49 837	15.00	10 450
15	中远海运散运	中远海运散运	鹏利	PENG LI	2013–12–06	中国	五星旗	64 509	15.22	12 730
16	中远海运散运	中远海运散运	鹏宇	PENG YU	2013–11–29	中国	五星旗	49 998	15.00	10 450
17	中远海运散运	中远海运散运	鹏德	PENG DE	2014–01–02	中国	五星旗	64 464	15.22	12 730
18	中远海运散运	中远海运散运	康满	KANG MAN	2004–07–02	日本	五星旗	52 818	13.50	8580
19	中远海运散运	中远海运散运	康寰	KANG HUAN	2004–07–30	日本	五星旗	52 810	13.50	8580
20	中远海运散运	中远海运散运	康顺	KANG SHUN	2004–05–26	中国	五星旗	55 566	13.80	8200
21	中远海运散运	中远海运散运	狮子峰	SHI ZI FENG	2011–07–27	中国	五星旗	56 605	14.50	9480
22	中远海运散运	中远海运散运	新安宁	XIN AN NING	2009–02–16	中国	五星旗	55 256	14.20	8200

续上表

序号	所属二级公司（经营）	所属公司（经营）	中文船名	英文船名	出厂日期	建造国家或地区	船旗	总载重量（吨）	航速（节）	功率（千瓦）
23	中远海运散运	中远海运散运	新安平	XIN AN PING	2009–02–16	中国	五星旗	55 259	14.20	8200
24	中远海运散运	中远海运散运	新安远	XIN AN YUAN	2009–04–30	中国	五星旗	55 277	14.20	8200
25	中远海运散运	中远海运散运	康誉	KANG YU	2004–09–22	日本	五星旗	52 988	13.50	7686
26	中远海运散运	中远海运散运	康弘	KANG HONG	2005–05–31	中国	五星旗	55 589	13.80	8200
27	中远海运散运	中远海运散运	安昌	AN CHANG	2009–04–30	中国	五星旗	55 217	14.20	8200
28	中远海运散运	中远海运散运	远智海	YUAN ZHI HAI	2005–09–23	中国	五星旗	75 450	14.00	8990
29	中远海运散运	中远海运散运	新发海	XIN FA HAI	2004–02–22	中国	五星旗	174 766	16.50	16 860
30	中远海运散运	中远海运散运	远慧海	YUAN HUI HAI	2006–04–13	中国	五星旗	74 272	14.00	8990
31	中远海运散运	中远海运散运	百安海	BAI AN HAI	2008–09–19	中国	五星旗	178 023	14.36	16 860
32	中远海运散运	中远海运散运	武竹海	WU ZHU HAI	2008–12–09	中国	五星旗	76 381	14.00	8833
33	中远海运散运	中远海运散运	雁荡海	YAN DANG HAI	2008–11–28	中国	五星旗	53 443	14.00	9480
34	中远海运散运	中远海运散运	年丰海	NIAN FENG HAI	2008–12–10	中国	五星旗	177 878	14.36	16 860
35	中远海运散运	中远海运散运	文竹海	WEN ZHU HAI	2008–09–18	中国	五星旗	76 463	14.00	8833
36	中远海运散运	中远海运散运	九华海	JIU HUA HAI	2008–01–03	中国	五星旗	53 377	14.00	9480
37	中远海运散运	中远海运散运	普陀海	PU TUO HAI	2007–11–28	中国	五星旗	53 377	14.00	9480
38	中远海运散运	中远海运散运	天宝海	TIAN BAO HAI	2004–12–08	中国	五星旗	174 505	15.00	16 860
39	中远海运散运	中远海运散运	天禄海	TIAN LU HAI	2005–03–07	中国	五星旗	174 398	15.00	16 860
40	中远海运散运	中远海运散运	金竹海	JIN ZHU HAI	2009–05–27	中国	五星旗	76 450	14.50	8833
41	中远海运散运	中远海运散运	银竹海	YIN ZHU HAI	2009–06–26	中国	五星旗	76 463	14.50	8833
42	中远海运散运	中远海运散运	新旺海	XIN WANG HAI	2003–10–22	中国	五星旗	174 733	16.50	16 860
43	中远海运散运	中远海运散运	海皇星	HAI HUANG XING	2005–06–23	中国	五星旗	73 581	14.20	10 200
44	中远海运散运	中远海运散运	桃花海	TAO HUA HAI	2012–05–18	中国	五星旗	115 184	14.50	13 080
45	中远海运散运	中远海运散运	荷花海	HE HUA HAI	2012–06–20	中国	五星旗	115 079	14.50	13 080
46	中远海运散运	中远海运散运	菊花海	JU HUA HAI	2012–06–26	中国	五星旗	115 075	14.50	13 080

续上表

序号	所属二级公司（经营）	所属公司（经营）	中文船名	英文船名	出厂日期	建造国家或地区	船旗	总载重量（吨）	航速（节）	功率（千瓦）
47	中远海运散运	中远海运散运	梅花海	MEI HUA HAI	2013-10-18	中国	五星旗	115 198	14.50	13 080
48	中远海运散运	中远海运散运	鹏龙	PENG LONG	2012-10-25	中国	五星旗	49 970	15.00	10 450
49	中远海运散运	中远海运散运	兰花海	LAN HUA HAI	2013-11-26	中国	五星旗	115 118	14.50	13 080
50	中远海运散运	中远海运散运	盛祥海	SHENG XIANG HAI	2010-10-29	中国	五星旗	56 936	14.20	9480
51	中远海运散运	中远海运散运	盛丰海	SHENG FENG HAI	2011-01-03	中国	五星旗	56 879	13.50	9480
52	中远海运散运	中远海运散运	盛德海	SHENG DE HAI	2013-11-01	中国	五星旗	56 721	14.20	9480
53	中远海运散运	中远海运散运	盛宁海	SHENG NING HAI	2014-03-10	中国	五星旗	56 716	14.20	9480
54	中远海运散运	中远海运散运	中海昌运 6	ZHONG HAI CHANG YUN 6	2012-05-11	中国	五星旗	56 639	14.27	9480
55	中远海运散运	中远海运散运	中海昌运 1	ZHONG HAI CHANG YUN 1	2009-01-03	中国	五星旗	57 796	14.27	8510
56	中远海运散运	中远海运散运	中海昌运 2	ZHONG HAI CHANG YUN 2	2009-04-12	中国	五星旗	57 791	14.27	8510
57	中远海运散运	中远海运散运	青峰岭	QING FENG LING	2013-11-15	中国	五星旗	34 473	14.07	6480
58	中远海运散运	中远海运散运	石龙岭	SHI LONG LING	2013-12-12	中国	五星旗	34 510	14.07	6480
59	中远海运散运	中远海运散运	中腾海	ZHONG TENG HAI	2009-07-17	中国	五星旗	178 242	14.36	16 860
60	中远海运散运	中远海运散运	远信海	YUAN XIN HAI	2009-09-02	中国	五星旗	178 076	14.36	16 860
61	中远海运散运	中远海运散运	德明海	DE MING HAI	2008-06-10	中国	五星旗	76 432	14.50	8833
62	中远海运散运	中远海运散运	德新海	DE XIN HAI	2008-09-17	中国	五星旗	76 528	14.50	8833
63	中远海运散运	中远海运散运	武夷海	WU YI HAI	2008-06-05	中国	五星旗	53 443	14.00	9480
64	中远海运散运	中远海运散运	宝月岭	BAO YUE LING	2013-10-12	中国	五星旗	49 183	13.70	7948
65	中远海运散运	中远海运散运	宝日岭	BAO RI LING	2013-10-30	中国	五星旗	49 280	13.70	7948
66	中远海运散运	中远海运散运	宝祥岭	BAO XIANG LING	2013-11-26	中国	五星旗	47 514	13.70	7948
67	中远海运散运	中远海运散运	宝安岭	BAO AN LING	2014-03-28	中国	五星旗	47 483	13.70	7948
68	中远海运散运	中远海运散运	宝星岭	BAO XING LING	2014-12-11	中国	五星旗	49 204	13.70	7948
69	中远海运散运	中远海运散运	宝辰岭	BAO CHEN LING	2015-03-16	中国	五星旗	49 256	13.70	7948

续上表

序号	所属二级公司（经营）	所属公司（经营）	中文船名	英文船名	出厂日期	建造国家或地区	船旗	总载重量（吨）	航速（节）	功率（千瓦）
70	中远海运散运	中远海运散运	宝和岭	BAO HE LING	2015–05–26	中国	五星旗	47 442	13.70	7948
71	中远海运散运	中远海运散运	宝宁岭	BAO NING LING	2014–12–20	中国	五星旗	47 443	13.70	7948
72	中远海运散运	中远海运散运	宝广岭	BAO GUANG LING	2015–03–16	中国	五星旗	49 272	13.70	7948
73	中远海运散运	中远海运散运	宝源岭	BAO YUAN LING	2015–05–26	中国	五星旗	49 258	13.70	7948
74	中远海运散运	中远海运散运	宝达岭	BAO DA LING	2015–03–16	中国	五星旗	49 252	13.70	7948
75	中远海运散运	中远海运散运	宝仁岭	BAO REN LING	2015–06–15	中国	五星旗	47 761	13.70	7948
76	中远海运散运	中远海运散运	宝德岭	BAO DE LING	2015–06–26	中国	五星旗	49 281	13.70	7948
77	中远海运散运	中远海运散运	盛恒海	SHENG HENG HAI	2013–11–08	中国	五星旗	56 649	14.20	9480
78	中远海运散运	中远海运散运	盛诚海	SHENG CHENG HAI	2013–11–08	中国	五星旗	56 633	14.20	9480
79	中远海运散运	中远海运散运	盛安海	SHENG AN HAI	2012–11–19	中国	五星旗	56 564	14.20	9480
80	中远海运散运	中远海运散运	盛旺海	SHENG WANG HAI	2009–10–28	中国	五星旗	57 208	14.00	8510
81	中远海运散运	中远海运散运	盛发海	SHENG FA HAI	2009–11–27	中国	五星旗	57 631	14.12	8510
82	中远海运散运	中远海运散运	盛兴海	SHENG XING HAI	2009–08–18	中国	五星旗	57 291	14.00	8510
83	中远海运散运	中远海运散运	盛达海	SHENG DA HAI	2010–05–13	中国	五星旗	57 614	14.00	8510
84	中远海运散运	中远海运散运	盛荣海	SHENG RONG HAI	2010–06–29	中国	五星旗	57 631	14.12	8510
85	中远海运散运	中远海运散运	盛昌海	SEHNG CHANG HAI	2010–11–22	中国	五星旗	57 563	13.50	8510
86	中远海运散运	中远海运散运	玉龙岭	YU LONG LING	2011–04–26	中国	五星旗	32 005	14.48	6480
87	中远海运散运	中远海运散运	九峰岭	JIU FENG LING	2011–08–15	中国	五星旗	32 034	14.40	6480
88	中远海运散运	中远海运散运	七仙岭	QI XIAN LING	2012–06–15	中国	五星旗	34 551	14.19	6480
89	中远海运散运	中远海运散运	盛平海	SHENG PING HAI	2012–11–19	中国	五星旗	56 564	14.20	9480
90	中远海运散运	中远海运散运	宝瑞岭	BAO RUI LING	2014–08–19	中国	五星旗	47 521	13.90	7948
91	中远海运散运	中远海运散运	日观峰	RI GUAN FENG	2010–08–11	中国	五星旗	75 566	13.82	8833
92	中远海运散运	中远海运散运	月观峰	YUE GUAN FENG	2010–09–15	中国	五星旗	75 581	13.82	8833
93	中远海运散运	中远海运散运	玉柱峰	YU ZHU FENG	2011–01–03	中国	五星旗	75 519	13.82	8833

续上表

序号	所属二级公司（经营）	所属公司（经营）	中文船名	英文船名	出厂日期	建造国家或地区	船旗	总载重量（吨）	航速（节）	功率（千瓦）
94	中远海运散运	中远海运散运	翠屏峰	CUI PENG FENG	2011-06-21	中国	五星旗	75 486	13.82	8833
95	中远海运散运	中远海运散运	芙蓉峰	FU RONG FENG	2011-08-22	中国	五星旗	75 444	13.82	8833
96	中远海运散运	中远海运散运	云密峰	YUN MI FENG	2011-11-07	中国	五星旗	75 421	13.82	8833
97	中远海运散运	中远海运散运	云龙峰	YUN LONG FENG	2012-01-03	中国	五星旗	75 394	13.60	8833
98	中远海运散运	中远海运散运	集贤峰	JI XIAN FENG	2012-03-07	中国	五星旗	75 410	13.62	8833
99	中远海运散运	中远海运散运	朝阳峰	ZHAO YANG FENG	2012-04-20	中国	五星旗	75 396	13.62	8833
100	中远海运散运	中远海运散运	凤凰峰	FENG HUANG FENG	2012-06-19	中国	五星旗	75 396	13.82	8833
101	中远海运散运	中远海运散运	玉霄峰	YU XIAO FENG	2012-12-25	中国	五星旗	75 398	13.82	8833
102	中远海运散运	中远海运散运	安顺山	AN SHUN SHAN	2010-08-02	中国	五星旗	57 644	14.12	8510
103	中远海运散运	中远海运散运	安裕山	AN YU SHAN	2010-09-19	中国	五星旗	57 617	14.27	8510
104	中远海运散运	中远海运散运	安盛山	AN SHENG SHAN	2011-01-13	中国	五星旗	57 679	14.27	8510
105	中远海运散运	中远海运散运	安隆山	AN LONG SHAN	2011-01-02	中国	五星旗	57 617	14.27	8510
106	中远海运散运	中远海运散运	安茂山	AN MAO SHAN	2011-02-28	中国	五星旗	57 684	14.12	8510
107	中远海运散运	中远海运散运	安锦山	AN JIN SHAN	2011-06-15	中国	五星旗	57 714	14.12	8510
108	中远海运散运	中远海运散运	安悦山	AN YUE SHAN	2011-06-08	中国	五星旗	57 654	14.27	8510
109	中远海运散运	中远海运散运	安华山	AN HUA SHAN	2011-09-16	中国	五星旗	57 695	14.27	8510
110	中远海运散运	中远海运散运	安绣山	AN XIU SHAN	2011-08-15	中国	五星旗	57 662	14.27	8510
111	中远海运散运	中远海运散运	安泰山	AN TAI SHAN	2011-12-21	中国	五星旗	57 784	14.12	8510
112	中远海运散运	中远海运散运	安康山	AN KANG SHAN	2011-11-29	中国	五星旗	57 672	14.12	8510
113	中远海运散运	中远海运散运	嘉诚山	JIA CHENG SHAN	2004-09-28	中国	五星旗	57 520	14.27	8510
114	中远海运散运	中远海运散运	嘉祥山	JIA XIANG SHAN	2005-01-01	中国	五星旗	57 301	14.27	8510
115	中远海运散运	中远海运散运	嘉和山	JIA HE SHAN	2005-04-01	中国	五星旗	57 596	14.27	8510
116	中远海运散运	中远海运散运	嘉信山	JIA XIN SHAN	2004-12-15	中国	五星旗	57 134	14.27	8510
117	中远海运散运	中远海运散运	嘉永山	JIA YONG SHAN	2005-06-14	中国	五星旗	59 853	14.27	8510

续上表

序号	所属二级公司（经营）	所属公司（经营）	中文船名	英文船名	出厂日期	建造国家或地区	船旗	总载重量（吨）	航速（节）	功率（千瓦）
118	中远海运散运	中远海运散运	嘉顺山	JIA SHUN SHAN	2005–10–31	中国	五星旗	60 306	14.27	8510
119	中远海运散运	中远海运散运	嘉安山	JIA AN SHAN	2005–06–05	中国	五星旗	57 605	14.27	8510
120	中远海运散运	中远海运散运	嘉宁山	JIA NING SHAN	2005–08–01	中国	五星旗	57 599	14.27	8510
121	中远海运散运	中远海运散运	安国山	AN GUO SHAN	2009–04–25	中国	五星旗	57 700	14.27	8510
122	中远海运散运	中远海运散运	安民山	AN MIN SHAN	2009–09–20	中国	五星旗	57 652	14.27	8510
123	中远海运散运	中远海运散运	安强山	AN QIANG SHAN	2009–12–10	中国	五星旗	57 667	14.27	8510
124	中远海运散运	中远海运散运	安信山	AN XIN SHAN	2010–01–15	中国	五星旗	57 559	14.12	8510
125	中远海运散运	中远海运散运	安惠山	AN HUI SHAN	2010–02–11	中国	五星旗	57 668	14.27	8510
126	中远海运散运	中远海运散运	安诚山	AN CHENG SHAN	2010–04–16	中国	五星旗	57 691	14.27	8510
127	中远海运散运	中远海运散运	安永山	AN YONG SHAN	2010–04–29	中国	五星旗	57 652	14.27	8510
128	中远海运散运	中远海运散运	盛吉海	SHENG JI HAI	2010–08–21	中国	五星旗	56 915	14.20	9480
129	中远海运散运	中远海运散运	宇中海	YU ZHONG HAI	2010–02–10	中国	巴拿马	297 959	14.50	22 360
130	中远海运散运	中远海运散运	远宁海	YUAN NING SEA	2004–03–08	中国	巴拿马	55 580	13.50	8200
131	中远海运散运	中远海运散运	远平海	YUAN PING SEA	2004–03–08	中国	巴拿马	55 646	13.50	8200
132	中远海运散运	中海散运（香港）维利公司	中海兴旺	CSB FORTUNE	2010–02–05	中国	中国香港	228 990	15.61	22 500
133	中远海运散运	中海散运（香港）维利公司	中海希望	CSB HOPE	2010–09–10	中国	中国香港	229 008	15.61	22 500
134	中远海运散运	中海散运（香港）维利公司	中海吉祥	CSB PROPITIOUSNESS	2011–02–25	中国	中国香港	229 127	15.61	22 500
135	中远海运散运	中海散运（香港）维利公司	兴隆	FLOURISH	2011–11–11	中国	中国香港	228 694	15.61	22 500
136	中远海运散运	中海散运（香港）维利公司	中海繁华	CSB PROSPERITY	2012–02–08	中国	中国香港	315 279	14.89	25 200
137	中远海运散运	中海散运（香港）维利公司	中海荣华	CSB GLORY	2011–12–28	中国	中国香港	315 063	14.89	25 200

续上表

序号	所属二级公司（经营）	所属公司（经营）	中文船名	英文船名	出厂日期	建造国家或地区	船旗	总载重量（吨）	航速（节）	功率（千瓦）
138	中远海运散运	中海散运（香港）维利公司	中海韶华	CSB BRILLIANT	2012–04–27	中国	中国香港	315 228	14.89	25 200
139	中远海运散运	中海散运（香港）维利公司	中海年华	CSB YEARS	2012–06–26	中国	中国香港	315 085	14.89	25 200
140	中远海运散运	中海散运（香港）维利公司	中海英华	CSB HERALD	2012–06–20	中国	中国香港	315 145	14.89	25 200
141	中远海运散运	中海散运（香港）维利公司	中海才华	CSB TALENT	2013–01–30	中国	中国香港	315 042	14.89	25 200
142	中远海运散运	中海华润	华润电力 2	HUA RUN DIAN LI 2	2012–08–30	中国	五星旗	45 541	13.50	6830
143	中远海运散运	中海华润	华润电力 3	HUA RUN DIAN LI 3	2012–11–19	中国	五星旗	45 567	13.50	6830
144	中远海运散运	中海华润	华润电力 5	HUA RUN DIAN LI 5	2013–02–22	中国	五星旗	45 555	13.50	6830
145	中远海运散运	中海华润	中海华润 1	ZHONG HAI HUA RUN 1	2013–09–09	中国	五星旗	75 397	14.50	8833
146	中远海运散运	中海华润	华润电力 6	HUA RUN DIAN LI 6	2013–04–15	中国	五星旗	45 560	13.50	6830
147	中远海运散运	中海华润	华润电力 10	HUA RUN DIAN LI 10	2013–12–24	中国	五星旗	45 536	13.50	6830
148	中远海运散运	中海华润	华润电力 7	HUA RUN DIAN LI 7	2013–08–27	中国	五星旗	45 523	13.50	6830
149	中远海运散运	中海华润	华润电力 8	HUA RUN DIAN LI 8	2013–10–18	中国	五星旗	45 500	13.50	6830
150	中远海运散运	中海华润	华润电力 9	HUA RUN DIAN LI 9	2013–11–15	中国	五星旗	45 536	13.50	6830
151	中远海运散运	中国矿运	远河海	YUAN HE HAI	2018–01–11	中国	新加坡	398 229	15.02	24 200
152	中远海运散运	中国矿运	远谷海	YUAN GU HAI	2018–05–16	中国	新加坡	397 936	15.02	24 200
153	中远海运散运	中国矿运	远谊海	YUAN YI HAI	2018–09–17	中国	新加坡	398 093	15.02	24 200
154	中远海运散运	中国矿运	远宝海	YUAN BAO HAI	2018–10–26	中国	新加坡	398 087	15.02	24 200
155	中远海运散运	中国矿运	远津海	YUAN JIN HAI	2019–01–25	中国	新加坡	398 316	15.02	24 200
156	中远海运散运	中国矿运	远神海	YUAN SHEN HAI	2019–05–31	中国	新加坡	398 017	15.02	24 200
157	中远海运散运	中国矿运	远福海	YUAN FU HAI	2019–08–16	中国	新加坡	398 407	15.02	24 200
158	中远海运散运	中国矿运	远华海	YUAN HUA HAI	2019–10–15	中国	新加坡	398 075	15.02	24 200

续上表

序号	所属二级公司（经营）	所属公司（经营）	中文船名	英文船名	出厂日期	建造国家或地区	船旗	总载重量（吨）	航速（节）	功率（千瓦）
159	中远海运散运	中国矿运	远穗海	YUAN SUI HAI	2019-11-18	中国	新加坡	397 833	15.02	24 200
160	中远海运散运	中国矿运	远千海	YUAN QIAN HAI	2020-01-16	中国	新加坡	398 152	15.02	24 200
161	中远海运散运	中国矿运	南沙荣耀	NANSHA HONOR	2020-12-16	中国	新加坡	324 294	15.10	21 000
162	中远海运散运	中国矿运	海珠荣兴	HAIZHU PROSPERITY	2021-03-08	中国	新加坡	324 330	15.10	21 000
163	中远海运散运	中国矿运	南沙荣光	NANSHA GLORY	2021-09-29	中国	新加坡	324 284	15.10	21 000
164	中远海运散运	中国矿运	海珠荣旺	HAIZHU FLOURISH	2021-08-10	中国	新加坡	324 794	15.10	21 000
165	中远海运散运	中国矿运	远真海	YUAN ZHEN HAI	2013-03-29	中国	新加坡	399 687	14.80	29 400
166	中远海运散运	中国矿运	远识海	YUAN SHI HAI	2013-07-22	中国	新加坡	399 983	14.80	29 400
167	中远海运散运	中国矿运	远见海	YUAN JIAN HAI	2013-11-22	中国	新加坡	399 686	14.80	29 400
168	中远海运散运	中国矿运	远卓海	YUAN ZHUO HAI	2014-07-11	中国	新加坡	399 665	14.80	29 400
169	中远海运散运	香港航运	宏元	HONG YUAN	2009-12-03	中国	巴拿马	76 574	13.60	8833
170	中远海运散运	香港航运	舟山海	ZHOU SHAN HAI	2009-10-20	中国	巴拿马	56 988	14.20	9480
171	中远海运散运	香港航运	金州海	JIN ZHOU HAI	2009-11-30	中国	巴拿马	56 976	14.50	9480
172	中远海运散运	香港航运	岱山海	DAI SHAN HAI	2010-01-05	中国	巴拿马	56 946	15.00	9480
173	中远海运散运	香港航运	普兰海	PU LAN HAI	2010-03-12	中国	巴拿马	56 966	14.50	9480
174	中远海运散运	香港航运	宏盛	HONG SHENG	2010-07-30	中国	巴拿马	76 546	13.60	8833
175	中远海运散运	香港航运	马莲海	MA LIAN HAI	2014-05-08	中国	巴拿马	115 297	14.90	13 080
176	中远海运散运	香港航运	宏泰	HONG DAI	2010-04-30	中国	巴拿马	76 556	13.60	8833
177	中远海运散运	香港航运	郁香海	YU XIANG HAI	2014-03-10	中国	巴拿马	115 088	14.90	13 080
178	中远海运散运	香港航运	天发海	TIAN FA HAI	2014-02-18	中国	巴拿马	207 891	14.80	17 950
179	中远海运散运	香港航运	远旺海	YUAN WANG HAI	2011-06-16	中国	巴拿马	207 906	14.80	17 950
180	中远海运散运	香港航运	宏兴	HONG HING	2010-07-26	中国	巴拿马	76 549	13.60	8833
181	中远海运散运	香港航运	中兴海	ZHONG XING HAI	2011-05-06	中国	巴拿马	207 978	14.80	17 950
182	中远海运散运	香港航运	长山海	CHANG SHAN HAI	2010-06-29	中国	巴拿马	56 907	14.20	9480

续上表

序号	所属二级公司（经营）	所属公司（经营）	中文船名	英文船名	出厂日期	建造国家或地区	船旗	总载重量（吨）	航速（节）	功率（千瓦）
183	中远海运散运	香港航运	衢山海	QU SHAN HAI	2010-05-06	中国	巴拿马	56 965	14.20	9480
184	中远海运散运	香港航运	新柳林海	XIN LIU LIN HAI	2004-06-23	中国	巴拿马	55 676	14.50	8200
185	中远海运散运	香港航运	—	PLACID SEA	2004-07-19	中国	巴拿马	55 604	15.00	8200
186	中远海运散运	香港航运	津达海	JIN DA HAI	2014-04-23	中国	巴拿马	207 811	14.80	17 950
187	中远海运散运	香港航运	康馨海	KANG XIN HAI	2014-06-10	中国	巴拿马	115 339	14.90	13 080
188	中远海运散运	香港航运	港寰	CHS WORLD	2006-01-02	中国	中国香港	174 232	14.20	16 860
189	中远海运散运	香港航运	港宇	CHS COSMOS	2006-03-02	中国	中国香港	174 091	14.20	16 860
190	中远海运散运	香港航运	港丰	CHS HARVEST	2006-04-19	中国	中国香港	173 624	14.20	17 640
191	中远海运散运	香港航运	港辉	CHS SPLENDOR	2006-01-13	日本	中国香港	170 000	13.70	16 040
192	中远海运散运	香港航运	港生	CHS CREATION	2006-09-28	中国	中国香港	174 110	14.20	16 860
193	中远海运散运	香港航运	宏景	HONG JING	2008-08-21	日本	中国香港	82 354	13.90	9378
194	中远海运散运	香港航运	合恒	HE HENG	2008-12-16	中国	中国香港	297 592	14.50	22 360
195	中远海运散运	香港航运	新鞍钢	NEW ANSTEEL	2009-02-13	日本	中国香港	297 488	15.00	22 700
196	中远海运散运	香港航运	合通	HE TONG	2009-07-01	中国	中国香港	297 633	14.20	22 360
197	中远海运散运	香港航运	宏宇	HONG YU	2009-09-15	中国	中国香港	76 364	13.60	8833
198	中远海运散运	香港航运	合永	HE YONG	2009-10-02	中国	中国香港	297 738	14.20	22 360
199	中远海运散运	香港航运	中远鞍钢	COSCO ANSTEEL	2009-10-14	日本	中国香港	297 719	14.40	22 700
200	中远海运散运	香港航运	宏富	HONG FU	2009-11-20	中国	中国香港	76 402	13.60	8833
201	中远海运散运	香港航运	合平	HE PING	2009-12-08	中国	中国香港	297 759	14.20	22 360
202	中远海运散运	香港航运	顺欣	SHUN XIN	2010-01-30	中国	中国香港	56 933	13.80	9480
203	中远海运散运	香港航运	合瀛	HE YING	2010-07-30	日本	中国香港	297 679	14.40	22 700
204	中远海运散运	香港航运	慈云山	CI YUN SHAN	2010-11-10	中国	中国香港	56 687	14.50	9480
205	中远海运散运	香港航运	合利	HE LI	2010-12-22	日本	中国香港	297 381	14.40	22 700
206	中远海运散运	香港航运	恒盛	HENG SHENG	2011-01-18	中国	中国香港	207 987	14.20	17 950

续上表

序号	所属二级公司（经营）	所属公司（经营）	中文船名	英文船名	出厂日期	建造国家或地区	船旗	总载重量（吨）	航速（节）	功率（千瓦）
207	中远海运散运	香港航运	恒茂	HENG MAO	2011-03-09	中国	中国香港	207 980	14.20	17 950
208	中远海运散运	香港航运	嘉惠山	JIA HUI SHAN	2011-04-18	中国	中国香港	56 611	13.83	9480
209	中远海运散运	香港航运	太平山	TAI PING SHAN	2011-09-28	中国	中国香港	56 607	14.50	9480
210	中远海运散运	香港航运	嘉隆山	JIA LONG SHAN	2011-05-09	中国	中国香港	56 603	13.83	9480
211	中远海运散运	香港航运	嘉盛山	JIA SHENG SHAN	2011-06-30	中国	中国香港	56 632	13.83	9480
212	中远海运散运	香港航运	恒顺	HENG SHUN	2011-09-25	中国	中国香港	207 941	14.20	17 950
213	中远海运散运	香港航运	嘉茂山	JIA MAO SHAN	2011-11-07	中国	中国香港	56 623	13.83	9480
214	中远海运散运	香港航运	笔架山	BI JIA SHAN	2012-01-01	中国	中国香港	56 625	14.50	9480
215	中远海运散运	香港航运	恒隆	HENG LONG	2011-11-18	中国	中国香港	207 900	14.20	17 950
216	中远海运散运	香港航运	倚龙山	YI LONG SHAN	2013-10-15	中国	中国香港	56 637	14.50	9480
217	中远海运散运	香港航运	福全山	FU QUAN SHAN	2013-10-22	中国	中国香港	56 621	14.50	9480
218	中远海运散运	香港航运	锦泰峰	JIN TAI FENG	2012-06-27	中国	中国香港	93 758	16.54	12 240
219	中远海运散运	香港航运	锦文峰	JIN WEN FENG	2012-06-27	中国	中国香港	93 696	16.54	12 240
220	中远海运散运	香港航运	锦华峰	JIN HUA FENG	2013-01-10	中国	中国香港	93 738	16.54	12 240
221	中远海运散运	香港航运	五桂山	WU GUI SHAN	2013-11-08	中国	中国香港	56 625	14.50	9480
222	中远海运散运	香港航运	寿臣山	SHOU CHEN SHAN	2013-11-18	中国	中国香港	56 621	14.50	9480
223	中远海运散运	香港航运	中海祥和	CS SERENITY	2014-03-18	中国	中国香港	180 364	15.53	17 880
224	中远海运散运	香港航运	锦霞峰	JIN XIA FENG	2014-02-18	中国	中国香港	81 537	15.13	10 260
225	中远海运散运	香港航运	中粮 1	COFCO 1	2014-01-23	中国	中国香港	81 531	15.13	10 260
226	中远海运散运	香港航运	中海顺和	CS GRACE	2014-06-06	中国	中国香港	180 429	15.53	17 880
227	中远海运散运	香港航运	中海康和	CS SALUBRITY	2014-09-03	中国	中国香港	180 301	15.53	17 880
228	中远海运散运	香港航运	中海泰和	CS HARMONY	2015-06-25	中国	中国香港	180 193	15.53	17 880
229	中远海运散运	香港航运	丰德海	FENG DE HAI	2015-11-30	中国	中国香港	63 356	14.40	8050
230	中远海运散运	香港航运	京津海	JING JIN HAI	2015-09-21	中国	中国香港	77 872	14.50	9010

续上表

序号	所属二级公司（经营）	所属公司（经营）	中文船名	英文船名	出厂日期	建造国家或地区	船旗	总载重量（吨）	航速（节）	功率（千瓦）
231	中远海运散运	香港航运	京鲁海	JING LU HAI	2015–11–03	中国	中国香港	77 927	14.50	9010
232	中远海运散运	香港航运	珍珠海	ZHEN ZHU HAI	2015–09–02	中国	中国香港	39 746	14.10	6050
233	中远海运散运	香港航运	琥珀海	HU PO HAI	2015–11–06	中国	中国香港	39 781	14.10	6050
234	中远海运散运	香港航运	蓝宝海	LAN BAO HAI	2015–12–29	中国	中国香港	39 779	14.00	6050
235	中远海运散运	香港航运	珊瑚海	SHAN HU HAI	2016–08–30	中国	中国香港	39 765	14.00	6050
236	中远海运散运	香港航运	新富海	XIN FU HAI	2016–12–15	中国	中国香港	178 332	13.90	15 530
237	中远海运散运	香港航运	丰和海	FENG HE HAI	2016–11–16	中国	中国香港	63 244	14.30	8050
238	中远海运散运	香港航运	丰秀海	FENG XIU HAI	2016–11–28	中国	中国香港	63 409	14.30	8050
239	中远海运散运	香港航运	绿松海	LV SONG HAI	2016–11–24	中国	中国香港	38 863	14.00	6132
240	中远海运散运	香港航运	岫玉海	XIU YU HAI	2016–12–16	中国	中国香港	38 836	14.00	6132
241	中远海运散运	香港航运	建国海	JIAN GUO HAI	2016–12–08	中国	中国香港	38 767	13.80	6100
242	中远海运散运	香港航运	华盛海	HUA SHENG HAI	2017–04–26	中国	中国香港	81 233	14.30	9930
243	中远海运散运	香港航运	复兴海	FU XING HAI	2016–12–22	中国	中国香港	38 801	13.80	6100
244	中远海运散运	香港航运	广元海	GUANG YUAN HAI	2017–05–12	中国	中国香港	207 392	14.50	17 494
245	中远海运散运	香港航运	宁静海	NING JING HAI	2017–04–11	中国	中国香港	63 573	14.40	8050
246	中远海运散运	香港航运	丰惠海	FENG HUI HAI	2017–06–16	中国	中国香港	63 261	14.40	8050
247	中远海运散运	香港航运	丰丽海	FENG LI HAI	2017–08–29	中国	中国香港	63 424	14.40	8050
248	中远海运散运	香港航运	丰茂海	FENG MAO HAI	2017–06–28	中国	中国香港	63 413	14.40	8050
249	中远海运散运	香港航运	安定海	AN DING HAI	2017–05–16	中国	中国香港	38 801	13.80	6100
250	中远海运散运	香港航运	宁悦海	NING YUE HAI	2017–04–20	中国	中国香港	63 562	14.40	8050
251	中远海运散运	香港航运	新丽海	XIN LI HAI	2017–05–05	中国	中国香港	178 302	13.90	15 530
252	中远海运散运	香港航运	丰收海	FENG SHOU HAI	2017–11–28	中国	中国香港	63 366	14.40	8050
253	中远海运散运	香港航运	德胜海	DE SHENG HAI	2017–05–16	中国	中国香港	38 822	13.80	6100
254	中远海运散运	香港航运	广亨海	GUANG HENG HAI	2017–06–06	中国	中国香港	207 389	14.50	17 494

续上表

序号	所属二级公司（经营）	所属公司（经营）	中文船名	英文船名	出厂日期	建造国家或地区	船旗	总载重量（吨）	航速（节）	功率（千瓦）
255	中远海运散运	香港航运	华兴海	HUA XING HAI	2017-07-28	中国	中国香港	81 108	14.30	9930
256	中远海运散运	香港航运	宁泰海	NING TAI HAI	2017-07-11	中国	中国香港	63 475	14.40	8050
257	中远海运散运	香港航运	新昌海	XIN CHANG HAI	2017-09-12	中国	中国香港	178 361	13.90	15 530
258	中远海运散运	香港航运	广利海	GUANG LI HAI	2017-06-30	中国	中国香港	207 241	14.50	17 494
259	中远海运散运	香港航运	新达海	XIN DA HAI	2017-12-28	中国	中国香港	178 438	13.90	15 530
260	中远海运散运	香港航运	丰泽海	FENG ZE HAI	2018-06-28	中国	中国香港	63 413	14.40	8050
261	中远海运散运	香港航运	康诚	KANG CHENG	2004-04-30	中国	中国香港	55 541	13.80	8200
262	中远海运散运	香港海宝	仁达	REN DA	2010-06-18	中国	中国香港	228 888	15.60	23 280
263	中远海运散运	香港海宝	义达	YI DA	2010-11-30	中国	中国香港	228 850	15.60	23 280
264	中远海运散运	香港海宝	礼达	LI DA	2011-11-03	中国	中国香港	228 771	15.60	23 280
265	中远海运散运	香港海宝	智达	ZHI DA	2012-01-16	中国	中国香港	228 749	15.60	23 280
266	中远海运散运	香港海宝	风华	FENG HUA	2013-07-29	中国	中国香港	180 010	15.00	18 660
267	中远海运散运	香港海宝	光华	GUANG HUA	2013-09-25	中国	中国香港	179 872	15.00	18 660
268	中远海运散运	香港海宝	文德	WEN DE	2013-12-10	中国	中国香港	82 097	15.36	9800
269	中远海运散运	香港海宝	铭德	MING DE	2014-01-20	中国	中国香港	82 111	15.10	9800
270	中远海运散运	神华中海	神华 801	SHEN HUA 801	2013-10-18	中国	五星旗	75 331	14.00	8833
271	中远海运散运	神华中海	神华 802	SHEN HUA 802	2013-10-28	中国	五星旗	75 380	14.00	8833
272	中远海运散运	神华中海	神华 803	SHEN HUA 803	2013-11-14	中国	五星旗	75 403	14.00	8833
273	中远海运散运	神华中海	神华 805	SHEN HUA 805	2014-04-08	中国	五星旗	75 347	13.70	8833
274	中远海运散运	神华中海	神华 806	SHEN HUA 806	2014-06-06	中国	五星旗	75 285	13.70	8833
275	中远海运散运	神华中海	神华 808	SHEN HUA 808	2014-07-01	中国	五星旗	75 411	13.70	8833
276	中远海运散运	神华中海	神华 811	SHEN HUA 811	2013-12-03	中国	五星旗	76 150	14.10	9108
277	中远海运散运	神华中海	神华 812	SHEN HUA 812	2014-04-10	中国	五星旗	76 124	14.10	9108
278	中远海运散运	神华中海	神华 502	SHEN HUA 502	2013-06-19	中国	五星旗	44 899	14.00	7440

续上表

序号	所属二级公司（经营）	所属公司（经营）	中文船名	英文船名	出厂日期	建造国家或地区	船旗	总载重量（吨）	航速（节）	功率（千瓦）
279	中远海运散运	神华中海	神华 503	SHEN HUA 503	2013–08–08	中国	五星旗	44 842	14.00	7440
280	中远海运散运	神华中海	神华 505	SHEN HUA 505	2013–10–10	中国	五星旗	44 942	14.00	7440
281	中远海运散运	神华中海	神华 506	SHEN HUA 506	2013–10–10	中国	五星旗	44 942	14.00	7440
282	中远海运散运	神华中海	神华 508	SHEN HUA 508	2013–10–25	中国	五星旗	44 849	14.70	7440
283	中远海运散运	神华中海	神华 522	SHEN HUA 522	2013–11–20	中国	五星旗	45 948	14.00	7440
284	中远海运散运	神华中海	神华 523	SHEN HUA 523	2013–07–05	中国	五星旗	44 826	14.00	7440
285	中远海运散运	神华中海	神华 525	SHEN HUA 525	2013–10–25	中国	五星旗	44 942	14.00	7440
286	中远海运散运	神华中海	神华 526	SHEN HUA 526	2013–09–11	中国	五星旗	44 831	14.00	7440
287	中远海运散运	神华中海	神华 528	SHEN HUA 528	2013–10–25	中国	五星旗	44 806	14.00	7440
288	中远海运散运	神华中海	神华 511	SHEN HUA 511	2013–11–15	中国	五星旗	46 116	13.80	7800
289	中远海运散运	神华中海	神华 512	SHEN HUA 512	2013–11–15	中国	五星旗	46 116	13.80	7800
290	中远海运散运	神华中海	神华 513	SHEN HUA 513	2013–11–15	中国	五星旗	46 116	13.80	7800
291	中远海运散运	神华中海	神华 515	SHEN HUA 515	2014–03–12	中国	五星旗	47 691	13.20	7800
292	中远海运散运	神华中海	神华 516	SHEN HUA 516	2014–04–16	中国	五星旗	47 640	13.20	7800
293	中远海运散运	神华中海	神华 518	SHEN HUA 518	2014–07–01	中国	五星旗	47 676	14.20	7800
294	中远海运散运	神华中海	神华 531	SHEN HUA 531	2013–11–15	中国	五星旗	47 476	14.00	7800
295	中远海运散运	神华中海	神华 532	SHEN HUA 532	2014–03–10	中国	五星旗	47 509	14.00	7800
296	中远海运散运	神华中海	神华 533	SHEN HUA 533	2014–03–10	中国	五星旗	47 525	14.00	7800
297	中远海运散运	神华中海	神华 535	SHEN HUA 535	2014–03–10	中国	五星旗	47 525	14.00	7800
298	中远海运散运	神华中海	神华 536	SHEN HUA 536	2013–10–15	中国	五星旗	47 555	14.00	7800
299	中远海运散运	神华中海	神华 538	SHEN HUA 538	2014–07–02	中国	五星旗	47 500	14.20	7800
300	中远海运散运	神华中海	神华 561	SHEN HUA 561	2014–03–31	中国	五星旗	47 727	14.00	7800
301	中远海运散运	神华中海	神华 562	SHEN HUA 562	2013–07–25	中国	五星旗	47 676	14.20	7800
302	中远海运散运	神华中海	神华 563	SHEN HUA 563	2013–12–31	中国	五星旗	47 566	14.20	7800

续上表

序号	所属二级公司（经营）	所属公司（经营）	中文船名	英文船名	出厂日期	建造国家或地区	船旗	总载重量（吨）	航速（节）	功率（千瓦）
303	中远海运散运	神华中海	神华 501	SHEN HUA 501	2011–12–01	中国	五星旗	46 032	14.00	7440
304	中远海运散运	神华中海	神华 521	SHEN HUA 521	2012–03–01	中国	五星旗	44 799	14.00	7440
305	中远海运散运	神华中海	新世纪 188	XIN SHI JI 188	2010–09–01	中国	五星旗	57 587	14.00	9361
306	中远海运散运	神华中海	新世纪 168	XIN SHI JI 168	2010–03–01	中国	五星旗	57 587	14.00	9361
307	中远海运散运	神华中海	新世纪 128	XIN SHI JI 128	2009–12–01	中国	五星旗	57 662	14.00	9361
308	中远海运散运	神华中海	宁骅	NING HUA	1993–11–01	中国	日本	69 607	13.00	8414
309	中远海运散运	神华中海	新世纪 198	XIN SHI JI 198	2010–07–01	中国	五星旗	57 690	14.00	9361
310	中远海运散运	上海友好	友好 1	YOU HAO 1	2012–05–18	中国	五星旗	47 715	13.00	6450
311	中远海运散运	上海友好	友好 2	YOU HAO 2	2012–08–28	中国	五星旗	47 664	12.50	6450
312	中远海运散运	上海友好	友好 3	YOU HAO 3	2014–09–25	中国	五星旗	44 972	13.10	7500
313	中远海运散运	上海银桦	银桦 1	YIN HUA 1	2013–11–05	中国	五星旗	48 413	11.00	8280
314	中远海运散运	上海银桦	银桦 2	YIN HUA 2	2014–06–06	中国	五星旗	48 843	10.50	6450
315	中远海运散运	上海时代	银绣	YIN XIU	1995–08–01	日本	五星旗	28 730	13.00	5296
316	中远海运散运	上海时代	时代 1	SHI DAI 1	2007–09–01	中国	五星旗	76 610	14.50	8833
317	中远海运散运	上海时代	时代 2	SHI DAI 2	2007–12–01	中国	五星旗	76 509	14.50	8833
318	中远海运散运	上海时代	时代 8	SHI DAI 8	2012–09–01	中国	五星旗	75 458	14.50	8833
319	中远海运散运	上海时代	时代 9	SHI DAI 9	2012–11–06	中国	五星旗	75 458	14.50	8833
320	中远海运散运	上海时代	时代 10	SHI DAI 10	2012–12–28	中国	五星旗	75 414	14.50	8833
321	中远海运散运	上海时代	时代 11	SHI DAI 11	2012–12–28	中国	五星旗	75 467	14.50	8833
322	中远海运散运	上海时代	时代 20	SHI DAI 20	2010–10–01	中国	五星旗	115 663	13.50	13 080
323	中远海运散运	上海时代	时代 21	SHI DAI 21	2010–11–01	中国	五星旗	115 496	13.50	13 080
324	中远海运散运	上海时代	银顺	YIN SHUN	2009–04–01	中国	五星旗	53 496	14.50	9480
325	中远海运散运	上海时代	银宁	YIN NING	2008–01–01	中国	五星旗	53 380	14.50	9480
326	中远海运散运	上海时代	银平	YIN PING	2010–05–01	中国	五星旗	53 380	14.00	9480

续上表

序号	所属二级公司（经营）	所属公司（经营）	中文船名	英文船名	出厂日期	建造国家或地区	船旗	总载重量（吨）	航速（节）	功率（千瓦）
327	中远海运散运	上海时代	银能	YIN NENG	2010-06-01	中国	五星旗	53 478	14.00	9480
328	中远海运散运	上海时代	银浦	YIN PU	1997-04-01	日本	五星旗	46 663	14.20	6531
329	中远海运散运	上海时代	银宝	YIN BAO	1996-03-01	中国	五星旗	45 513	14.00	7182
330	中远海运散运	上海时代	银致	YIN ZHI	2009-09-01	中国	五星旗	57 924	14.50	8510
331	中远海运散运	上海时代	银连	YIN LIAN	2010-01-01	中国	五星旗	57 664	14.08	8510
332	中远海运散运	上海时代	银远	YIN YUANG	2010-06-01	中国	五星旗	57 674	14.00	8510
333	中远海运散运	上海时代	银杰	YIN JIE	2010-04-01	中国	五星旗	57 586	14.08	8510
334	中远海运散运	上海时代	银福	YIN FU	2012-05-01	中国	五星旗	48 909	14.00	8280
335	中远海运散运	上海时代	银禄	YIN LU	2012-06-01	中国	五星旗	48 886	13.50	8280
336	中远海运散运	上海时代	银浩	YIN HAO	2012-10-25	中国	五星旗	48 910	14.00	8280
337	中远海运散运	上海时代	银彩	YIN CAI	2012-12-18	中国	五星旗	48 929	14.00	8280
338	中远海运散运	上海时代	银瑞	YIN RUI	2012-12-20	中国	五星旗	44 945	13.50	7600
339	中远海运散运	上海时代	银雪	YIN XUE	2013-01-26	中国	五星旗	44 945	13.50	7600
340	中远海运散运	上海时代	银鹤	YING HE	2014-01-20	中国	五星旗	44 952	13.50	7600
341	中远海运散运	上海时代	银年	YIN NIAN	2013-11-18	中国	五星旗	44 926	13.50	7600
342	中远海运散运	上海时代	天龙星	TIAN LONG XING	1995-08-01	德国	五星旗	35 683	14.00	6130
343	中远海运散运	上海嘉禾	友谊 20	YOU YI 20	1992-05-10	巴基斯坦	五星旗	20 698	12.00	5115
344	中远海运散运	上海嘉禾	嘉禾航运 1	JIA HE HANG YUN 1	2012-02-29	中国	五星旗	53 106	14.00	8632
345	中远海运散运	上海嘉禾	嘉禾航运 2	JIA HE HANG YUN 2	2012-07-18	中国	五星旗	53 007	14.00	8632
346	中远海运散运	广州京海	京海兴	JING HAI XING	2017-09-16	中国	五星旗	6588	10.00	1290
347	中远海运散运	广州京海	京海盛	JING HAI SHENG	2017-10-13	中国	五星旗	6574	10.00	1290
348	中远海运散运	广州京海	京海旺	JING HAI WANG	2017-12-05	中国	五星旗	6584	10.00	1290
349	中远海运散运	广州京海	京海昌	JING HAI CHANG	2010-01-26	中国	五星旗	15 034	11.00	2970
350	中远海运散运	广发航运	广州发展 1	GUANG ZHOU FA ZHAN 1	2010-01-28	中国	五星旗	57 732	14.00	8510

续上表

序号	所属二级公司（经营）	所属公司（经营）	中文船名	英文船名	出厂日期	建造国家或地区	船旗	总载重量（吨）	航速（节）	功率（千瓦）
351	中远海运散运	广发航运	广州发展 2	GUANG ZHOU FA ZHAN 2	2010-05-12	中国	五星旗	57 708	14.00	8510
352	中远海运散运	广发航运	广州发展 3	GUANG ZHOU FA ZHAN 3	2010-09-25	中国	五星旗	57 114	14.20	9480
353	中远海运散运	广发航运	广州发展 4	GUANG ZHOU FA ZHAN 4	2011-03-23	中国	五星旗	57 025	14.20	9480
354	中远海运散运	大唐航运	中海昌运 3	ZHONG HAI CHANG YUN 3	2009-08-19	中国	五星旗	57 858	14.00	8510
355	中远海运发展	中远海运发展	清云山	QING YUN SHAN	2016-03-01	中国	中国香港	63 442	14.00	8050
356	中远海运发展	中远海运发展	清平山	QING PING SHAN	2015-10-01	中国	中国香港	63 473	14.00	8050
357	中远海运发展	中远海运发展	清华山	QING HUA SHAN	2016-08-18	中国	中国香港	63 457	14.00	8050
358	中远海运发展	中远海运发展	清泉山	QING QUAN SHAN	2016-12-02	中国	中国香港	63 473	16.00	8050
359	中远海运发展	中远海运发展	惠智海	HUI ZHI HAI	2020-12-18	中国	中国香港	210 918	13.50	15 650
360	中远海运发展	中远海运发展	惠吉海	HUI JI HAI	2021-02-08	中国	中国香港	209 486	14.50	15 300
361	中远海运发展	中远海运发展	惠中海	HUI ZHONG HAI	2021-01-28	中国	中国香港	211 006	13.50	15 650
362	中远海运发展	中远海运发展	惠信海	HUI XIN HAI	2021-01-12	中国	中国香港	210 947	13.50	15 650
363	中远海运发展	中远海运发展	惠祥海	HUI XIANG HAI	2021-05-12	中国	中国香港	209 569	14.50	15 300
364	中远海运发展	中远海运发展	惠昌海	HUI CHANG HAI	2021-03-04	中国	中国香港	208 912	14.50	15 250
365	中远海运发展	中远海运发展	惠锦海	HUI JIN HAI	2021-05-28	中国	中国香港	209 561	14.50	15 300
366	中远海运发展	中远海运发展	惠华海	HUI HUA HAI	2021-03-26	中国	中国香港	211 000	13.50	15 650
367	中远海运发展	中远海运发展	惠国海	HUI GUO HAI	2021-04-19	中国	中国香港	210 909	13.50	15 650
368	中远海运发展	中远海运发展	惠康海	HUI KANG HAI	2021-06-25	中国	中国香港	210 945	13.50	15 650
369	中远海运发展	中远海运发展	惠民海	HUI MIN HAI	2021-06-07	中国	中国香港	210 940	13.50	15 650
370	中远海运发展	中远海运发展	惠泰海	HUI TAI HAI	2021-05-10	中国	中国香港	211 044	13.50	15 650
371	中远海运发展	中远海运发展	惠盛海	HUI SHENG HAI	2021-04-22	中国	中国香港	208 873	14.50	15 250
372	中远海运发展	中远海运发展	惠绣海	HUI XIU HAI	2021-06-30	中国	中国香港	209 534	14.50	15 300

续上表

序号	所属二级公司（经营）	所属公司（经营）	中文船名	英文船名	出厂日期	建造国家或地区	船旗	总载重量（吨）	航速（节）	功率（千瓦）
373	中远海运发展	中远海运发展	惠正海	HUI ZHENG HAI	2021-07-16	中国	中国香港	209 485	14.50	15 300
374	中远海运发展	中远海运发展	惠和海	HUI HE HAI	2021-09-06	中国	中国香港	209 574	14.50	15 300
375	中远海运（新加坡）	中远海运（新加坡）	—	COS LUCKY	2003-04-03	日本	新加坡	52 395	13.00	7796
376	中远海运（新加坡）	中远海运（新加坡）	—	COS ORCHID	2006-02-23	中国	新加坡	55 539	13.00	8208
377	中远海运（新加坡）	中远海运（新加坡）	—	COS PROSPERITY	2006-03-28	中国	新加坡	55 550	13.00	8208
378	中远海运（广州）	中远海运（广州）	新粤顺	XIN YUE SHUN	2011-08-15	中国	五星旗	57 534	14.00	8510
379	中坦公司	中坦公司	长顺 2 号	CHANG SHUN Ⅱ	2009-09-25	中国	巴拿马	67 681	14.46	8548
合计								40 236 418	—	—

2021 年中远海运集团干散货船队租入船舶船名录

表 17–4

序号	所属二级公司（经营）	所属公司（经营）	中文船名	英文船名	船舶性质	出厂日期	建造国家或地区	船旗	总载重量（吨）
1	中远海运散运	中远海运散运	聚和普度	JU HE PU DU	期租船	2020–01–01	中国	五星旗	75 730
2	中远海运散运	中远海运散运	育明	YU MING	期租船	2012–12–25	中国	五星旗	45 308
3	中远海运散运	中远海运散运	育德	YU DE	期租船	2015–09–24	中国	五星旗	57 720
4	中远海运散运	中远海运散运	海保	HAI BAO	期租船	2010–01–01	中国	五星旗	34 042
5	中远海运散运	中远海运散运	海康	HAI KANG	期租船	2010–01–01	中国	五星旗	35 215
6	中远海运散运	雅达公司	—	BAO DA 17	期租船	2004–01–01	—	巴拿马	52 483
7	中远海运散运	雅达公司	—	BAHIA BLANCA	期租船	2017–01–01	—	巴拿马	81 818
8	中远海运散运	雅达公司	—	MARITIME LONGEVITY	期租船	2013–01–01	—	巴拿马	61 436
9	中远海运散运	雅达公司	—	MARITIME PROSPERITY	期租船	2012–01–01	—	巴拿马	61 453
10	中远海运散运	雅达公司	—	JAL KALPATARU	期租船	2021–01–01	—	巴拿马	66 264
11	中远海运散运	雅达公司	新祥海	XIN XIANG HAI1	光租船	2012–07–24	日本	巴拿马	56 111
12	中远海运散运	雅达公司	新瑞海	XIN RUI HAI	光租船	2012–10–10	日本	巴拿马	56 092
13	中远海运散运	雅达公司	—	TAI KEYSTONE	期租船	2017–01–01	—	巴拿马	84 703
14	中远海运散运	雅达公司	—	TAI KINDNESS	期租船	2021–01–01	—	利比里亚	84 100
15	中远海运散运	雅达公司	—	THEODOR OLDENDORFF	期租船	2004–11–30	日本	马耳他	77 171
16	中远海运散运	雅达公司	—	GENOA	期租船	2017–01–01	—	马耳他	60 396
17	中远海运散运	雅达公司	—	AGIOS MAKARIOS	期租船	2017–01–01	—	马耳他	80 928
18	中远海运散运	雅达公司	—	CAROLYN	期租船	2014–01–01	—	新加坡	55 793
19	中远海运散运	雅达公司	—	CK AUGUSTA	期租船	2011–01–01	—	新加坡	93 251
20	中远海运散运	雅达公司	—	GUO YUAN 82	期租船	2020–01–01	—	五星旗	86 433

续上表

序号	所属二级公司（经营）	所属公司（经营）	中文船名	英文船名	船舶性质	出厂日期	建造国家或地区	船旗	总载重量（吨）
21	中远海运散运	雅达公司	—	ATLANTICA	期租船	2021-01-01	—	巴哈马群岛	81 145
22	中远海运散运	雅达公司	—	OCEANUS	期租船	2015-01-01	—	利比里亚	63 385
23	中远海运散运	雅达公司	—	GREAT WENCHENG	期租船	2005-01-01	—	利比里亚	91 439
24	中远海运散运	雅达公司	—	SINO OCEAN	期租船	2002-01-01	—	利比里亚	53 733
25	中远海运散运	雅达公司	—	HG BRISBANE	期租船	2010-01-01	—	利比里亚	57 802
26	中远海运散运	雅达公司	—	CARO	期租船	2010-01-01	—	英国	178 006
27	中远海运散运	雅达公司	—	JY HONGKONG	期租船	2019-01-01	—	马绍尔群岛	81 107
28	中远海运散运	雅达公司	—	MAGIC P	期租船	2004-01-01	—	马绍尔群岛	76 453
29	中远海运散运	雅达公司	—	IVY UNICORN	期租船	2011-01-01	—	马绍尔群岛	55 874
30	中远海运散运	雅达公司	—	CAPE STAR	期租船	2010-07-01	—	中国香港	176 000
31	中远海运散运	雅达公司	—	TIANJIN VENTURE	期租船	2009-01-01	—	中国香港	53 600
32	中远海运散运	雅达公司	—	GOLDEN EMPRESS	期租船	2010-12-02	—	中国香港	79 463
33	中远海运散运	雅达公司	—	GNG CONCORD 1	期租船	2015-01-01	—	中国香港	75 396
34	中远海运散运	雅达公司	—	TIGER EAST	期租船	2013-03-01	中国	中国香港	76 213
35	中远海运散运	雅达公司	—	TIGER SOUTH	期租船	2012-08-30	中国	中国香港	76 255
36	中远海运散运	雅达公司	—	TIGER WEST	期租船	2012-08-30	中国	中国香港	76 230
37	中远海运散运	雅达公司	—	TIGER NORTH	期租船	2013-07-02	中国	中国香港	76 250
38	中远海运散运	雅达公司	—	GNG CONCORD 2	期租船	2014-12-01	—	中国香港	75 336
39	中远海运散运	雅达公司	—	GNG CONCORD 3	期租船	2015-01-01	—	中国香港	75 478
40	中远海运（天津）有限公司	天津天惠船务企业有限公司	—	CARLA	期租船	2019-12-19	日本	巴拿马	63 453
41	中远海运（天津）有限公司	天津天惠船务企业有限公司	江远太仓	JOSCO TAICANG	期租船	2012-10-01	中国	中国香港	58 675
42	中远海运（天津）有限公司	天津天惠船务企业有限公司	TCLC 泉州	TCLC QUANZHOU	期租船	2017-07-01	中国	中国香港	61 632
合计									3 069 372

2021 年中远海运集团油、气船队原油及成品油船队自有船舶船名录

表 17–5

序号	所属二级公司（经营）	所属公司（经营）	中文船名	英文船名	船型类型	出厂日期	建造国家或地区	船旗	总载重量（吨）	航速（节）	功率（千瓦）
1	中远海运能源	海南能源运输	远盛湖	COSGRAND LAKE	原油运输船	2006–02–01	日本	巴拿马	298 997	16.00	25 090
2	中远海运能源	海南能源运输	远惠湖	COSGRACE LAKE	原油运输船	2006–07–31	日本	巴拿马	299 118	16.00	25 090
3	中远海运能源	海南能源运输	远怡湖	COSMERRY LAKE	原油运输船	2006–12–11	中国	巴拿马	298 920	15.60	22 650
4	中远海运能源	中远海运能源	新龙洋	XIN LONG YANG	原油运输船	2017–05–19	中国	新加坡	308 375	15.70	24 720
5	中远海运能源	中远海运能源	新威洋	XIN WEI YANG	原油运输船	2017–07–20	中国	新加坡	308 313	15.70	24 720
6	中远海运能源	中远海运能源	新惠洋	XIN HUI YANG	原油运输船	2018–04–24	中国	新加坡	307 664	15.70	24 720
7	中远海运能源	中远海运能源	新茂洋	XIN MAO YANG	原油运输船	2018–10–08	中国	新加坡	307 664	15.70	24 720
8	中远海运能源	海南能源运输	大理湖	DA LI HU	原油运输船	2004–12–20	中国	五星旗	159 549	15.00	16 860
9	中远海运能源	中远海运能源	连平湖	LIAN PING HU	原油运输船	2005–01–01	中国	五星旗	71 940	15.00	10 200
10	中远海运能源	中远海运能源	连运湖	LIAN YUN HU	原油运输船	2006–05–30	中国	五星旗	75 493	15.00	12 240
11	中远海运能源	中远海运能源	远樟湖	YUAN ZHANG HU	原油运输船	2020–04–08	中国	五星旗	64 825	14.50	8500
12	中远海运能源	海南能源运输	远山湖	YUAN SHAN HU	原油运输船	2010–04–01	中国	五星旗	297 316	15.40	25 480
13	中远海运能源	海南能源运输	大明湖	DA MING HU	原油运输船	2003–11–01	中国	五星旗	159 149	15.00	16 860
14	中远海运能源	海南能源运输	大源湖	DA YUAN HU	原油运输船	2004–06–10	中国	五星旗	159 149	15.00	16 860
15	中远海运能源	洋浦公司	连安湖	LIAN AN HU	原油运输船	2005–05–12	中国	五星旗	71 960	13.00	10 200
16	中远海运能源	海南能源运输	连顺湖	LIAN SHUN HU	原油运输船	2005–06–01	中国	五星旗	71 956	14.50	10 200
17	中远海运能源	中远海运能源	连兴湖	LIAN XING HU	原油运输船	2006–08–01	中国	五星旗	75 504	14.50	12 240
18	中远海运能源	中远海运能源	连盛湖	LIAN SHENG HU	原油运输船	2006–09–01	中国	五星旗	75 499	15.50	12 240
19	中远海运能源	中远海运能源	远桉湖	YUAN AN HU	原油运输船	2020–06–23	中国	五星旗	64 898	14.50	8500
20	中远海运能源	海南能源运输	远东海	YUAN DONG HAI	原油运输船	2020–08–30	中国	五星旗	158 677	15.00	15 700
21	中远海运能源	海南能源运输	远华洋	YUAN HUA YANG	原油运输船	2020–09–23	中国	五星旗	319 786	15.50	22 500
22	中远海运能源	海南能源运输	远贵洋	YUAN GUI YANG	原油运输船	2020–11–12	中国	五星旗	319 702	15.50	22 501

续上表

序号	所属二级公司（经营）	所属公司（经营）	中文船名	英文船名	船型类型	出厂日期	建造国家或地区	船旗	总载重量（吨）	航速（节）	功率（千瓦）
23	中远海运能源	海南能源运输	远南海	YUAN NAN HAI	原油运输船	2020-12-01	中国	五星旗	158 694	15.00	15 700
24	中远海运能源	海南能源运输	远福洋	YUAN FU YANG	原油运输船	2020-12-14	中国	五星旗	319 668	16.80	22 500
25	中远海运能源	海南能源运输	远菊湾	YUAN JU WAN	原油运输船	2021-01-12	中国	五星旗	109 844	14.20	11 495
26	中远海运能源	北海船务	北海新希望	BEI HAI XIN XI WANG	原油运输船	2021-07-07	中国	五星旗	14 932	0.00	3980
27	中远海运能源	海南能源运输	远秋湖	YUAN QIU HU	原油运输船	2014-10-21	中国	五星旗	308 581	15.40	26 000
28	中远海运能源	海南能源运输	远花湖	YUAN HUA HU	原油运输船	2015-12-08	中国	五星旗	308 000	15.40	26 000
29	中远海运能源	海南能源运输	远月湖	YUAN YUE HU	原油运输船	2014-10-13	中国	五星旗	308 000	15.43	26 000
30	中远海运能源	中远海运能源	新金洋	XIN JIN YANG	原油运输船	2004-11-28	中国	五星旗	297 376	15.00	25 480
31	中远海运能源	中远海运能源	新宁洋	XIN NING YANG	原油运输船	2005-04-11	中国	五星旗	297 439	15.00	25 480
32	中远海运能源	中远海运能源	新安洋	XIN AN YANG	原油运输船	2007-11-10	中国	五星旗	297 491	15.40	25 480
33	中远海运能源	中远海运能源	新甬洋	XIN YONG YANG	原油运输船	2010-07-10	中国	五星旗	309 266	15.70	29 400
34	中远海运能源	中远海运能源	新申洋	XIN SHEN YANG	原油运输船	2010-12-09	中国	五星旗	309 189	15.70	29 400
35	中远海运能源	中远海运能源	新厦洋	XIN XIA YANG	原油运输船	2011-02-11	中国	五星旗	309 140	15.70	29 400
36	中远海运能源	中远海运能源	新埔洋	XIN PU YANG	原油运输船	2010-01-07	中国	五星旗	309 362	15.70	29 400
37	中远海运能源	中远海运能源	瑞金潭	RUI JIN TAN	原油运输船	2007-04-01	中国	五星旗	52 687	14.60	9720
38	中远海运能源	中远海运能源	黎平潭	LI PING TAN	原油运输船	2007-06-25	中国	五星旗	52 670	14.50	9720
39	中远海运能源	中远海运能源	遵义潭	ZUN YI TAN	原油运输船	2007-09-09	中国	五星旗	52 662	14.60	9720
40	中远海运能源	中远海运能源	泸定潭	LU DING TAN	原油运输船	2007-12-06	中国	五星旗	52 682	14.60	9720
41	中远海运能源	海南能源运输	远春湖	YUAN CHUN HU	原油运输船	2014-06-25	中国	五星旗	308 013	15.40	26 000
42	中远海运能源	海南能源运输	远洋湖	YUAN YANG HU	原油运输船	2010-01-01	中国	五星旗	297 305	15.40	25 480
43	中远海运能源	广州三鼎	三鼎长乐	—	原油运输船	2013-04-18	中国	五星旗	75 461	0.00	8826
44	中远海运能源	广州三鼎	三鼎长春	—	原油运输船	2012-06-18	中国	五星旗	64 999	0.00	8826
45	中远海运能源	海南能源运输	远大湖	COSGREAT LAKE	原油运输船	2002-12-01	中国	巴拿马	298 833	14.60	22 650
46	中远海运能源	海南能源运输	远荣湖	COSGLORY LAKE	原油运输船	2003-01-01	日本	巴拿马	299 145	16.00	25 090

续上表

序号	所属二级公司（经营）	所属公司（经营）	中文船名	英文船名	船型类型	出厂日期	建造国家或地区	船旗	总载重量（吨）	航速（节）	功率（千瓦）
47	中远海运能源	海南能源运输	远明湖	COSBRIGHT LAKE	原油运输船	2003-04-01	中国	巴拿马	299 079	14.60	22 650
48	中远海运能源	中远海运能源	新通洋	XIN TONG YANG	原油运输船	2009-01-04	中国	中国香港	297 183	15.34	25 480
49	中远海运能源	中远海运能源	新润洋	XIN RUN YANG	原油运输船	2009-07-07	中国	中国香港	297 244	14.60	25 480
50	中远海运能源	中远海运能源	新岳洋	XIN YUE YANG	原油运输船	2009-09-03	中国	中国香港	297 232	15.00	25 480
51	中远海运能源	中远海运能源	新汉洋	XIN HAN YANG	原油运输船	2009-12-12	中国	中国香港	297 293	15.40	25 480
52	中远海运能源	海南能源运输	远兴湖	COSGLAD LAKE	原油运输船	2010-01-29	中国	中国香港	297 388	15.40	25 480
53	中远海运能源	海南能源运输	远富湖	COSRICH LAKE	原油运输船	2011-10-14	中国	中国香港	297 163	15.40	25 480
54	中远海运能源	海南能源运输	远金湖	COSGOLD LAKE	原油运输船	2009-05-05	中国	中国香港	297 163	15.70	25 480
55	中远海运能源	海南能源运输	远翠湖	COSJADE LAKE	原油运输船	2009-01-01	日本	中国香港	298 216	16.00	25 090
56	中远海运能源	海南能源运输	远珍湖	COSPEARL LAKE	原油运输船	2008-01-01	日本	中国香港	298 195	16.00	25 090
57	中远海运能源	中远海运能源	新丹洋	XIN DAN YANG	原油运输船	2013-11-20	中国	中国香港	322 829	16.30	29 260
58	中远海运能源	中远海运能源	新连洋	XIN LIAN YANG	原油运输船	2014-01-06	中国	中国香港	322 861	16.30	29 260
59	中远海运能源	海南能源运输	远翔湖	COSFLYING LAKE	原油运输船	2015-04-16	中国	中国香港	310 421	15.50	25 190
60	中远海运能源	海南能源运输	远智湖	COSWISDOM LAKE	原油运输船	2015-11-18	中国	中国香港	308 019	15.65	26 000
61	中远海运能源	海南能源运输	远腾湖	COSRISING LAKE	原油运输船	2015-12-23	中国	中国香港	310 595	15.50	25 190
62	中远海运能源	海南能源运输	远尊湖	COSDIGNITY LAKE	原油运输船	2015-11-26	中国	中国香港	308 085	15.43	26 000
63	中远海运能源	海南能源运输	远誉湖	COSHONOUR LAKE	原油运输船	2015-12-18	中国	中国香港	307 953	15.43	26 000
64	中远海运能源	海南能源运输	远喜湖	COSLUCKY LAKE	原油运输船	2015-12-17	中国	中国香港	310 574	15.50	25 190
65	中远海运能源	海南能源运输	远旺湖	COSFLOURISH LAKE	原油运输船	2015-12-10	中国	中国香港	308 152	15.60	26 000
66	中远海运能源	海南能源运输	远贺湖	COSWISH LAKE	原油运输船	2015-12-10	中国	中国香港	318 737	15.58	25 360
67	中远海运能源	海南能源运输	远新湖	COSNEW LAKE	原油运输船	2015-12-10	中国	中国香港	318 803	15.58	25 360
68	中远海运能源	中远海运能源	远昆洋	YUAN KUN YANG	原油运输船	2020-08-28	中国	中国香港	310 297	15.00	19 550
69	中远海运能源	中远海运能源	远鹏洋	YUAN PENG YANG	原油运输船	2021-02-26	中国	中国香港	310 298	16.50	24 440

续上表

序号	所属二级公司（经营）	所属公司（经营）	中文船名	英文船名	船型类型	出厂日期	建造国家或地区	船旗	总载重量（吨）	航速（节）	功率（千瓦）
70	中远海运能源	中远海运能源	榕林湾	RONG LIN WAN	原油成品油兼营船	2017-07-18	中国	新加坡	109 699	14.50	11 494
71	中远海运能源	中远海运能源	楠林湾	NAN LIN WAN	原油成品油兼营船	2017-04-20	中国	新加坡	109 699	14.50	11 494
72	中远海运能源	中远海运能源	山鹰座	SHAN YING ZUO	原油成品油兼营船	2010-11-05	中国	新加坡	75 588	15.40	12 240
73	中远海运能源	中远海运能源	孔雀座	KONG QUE ZUO	原油成品油兼营船	2011-06-27	中国	新加坡	75 579	15.40	12 240
74	中远海运能源	北海船务	滨海 608	BIN HAI 608	原油成品油兼营船	1999-08-26	中国	五星旗	4178	0.00	2995
75	中远海运能源	中远海运能源	远池	YUAN CHI	原油成品油兼营船	2009-07-27	中国	五星旗	42 005	14.50	8580
76	中远海运能源	北海船务	北海凤凰	BEI HAI FENG HUANG	原油成品油兼营船	2019-12-18	中国	五星旗	64 903	0.00	10 600
77	中远海运能源	中远海运能源	远莲湾	YUAN LIAN WAN	原油成品油兼营船	2019-12-13	中国	五星旗	113 826	15.00	11 494
78	中远海运能源	海南能源运输	连欢湖	LIAN HUAN HU	原油成品油兼营船	2015-12-16	中国	五星旗	50 239	14.57	7 628
79	中远海运能源	北海船务	北海鲲鹏	BEI HAI KUN PENG	原油成品油兼营船	2020-06-23	中国	五星旗	64 810	0.00	10 600
80	中远海运能源	中远海运能源	远荷湾	YUAN HE WAN	原油成品油兼营船	2020-04-03	中国	五星旗	113 642	16.00	11 495
81	中远海运能源	海南能源运输	连松湖	LIAN SONG HU	原油成品油兼营船	2015-12-04	中国	五星旗	72 745	14.86	8820
82	中远海运能源	海南能源运输	连柏湖	LIAN BAI HU	原油成品油兼营船	2015-12-04	中国	五星旗	72 745	14.86	8820
83	中远海运能源	海南能源运输	洋宁湖	YANG NING HU	原油成品油兼营船	2009-08-01	中国	五星旗	109 815	15.71	15 260
84	中远海运能源	海南能源运输	洋丽湖	YANG LI HU	原油成品油兼营船	2010-05-01	中国	五星旗	109 892	15.71	15 260

续上表

序号	所属二级公司（经营）	所属公司（经营）	中文船名	英文船名	船型类型	出厂日期	建造国家或地区	船旗	总载重量（吨）	航速（节）	功率（千瓦）
85	中远海运能源	中远海运能源	远棠湾	YUAN TANG WAN	原油成品油兼营船	2020-07-16	中国	五星旗	113 684	15.00	11 494
86	中远海运能源	北海船务	北海麒麟	BEI HAI QI LIN	原油成品油兼营船	2020-09-04	中国	五星旗	64 926	0.00	10 600
87	中远海运能源	海南能源运输	远兰湾	YUAN LAN WAN	原油成品油兼营船	2020-11-19	中国	五星旗	109 844	14.20	11 494
88	中远海运能源	海南能源运输	远北海	YUAN BEI HAI	原油成品油兼营船	2021-01-12	中国	五星旗	158 840	16.40	15 700
89	中远海运能源	中远海运能源	远晶河	YUAN JING HE	原油成品油兼营船	2021-09-13	中国	五星旗	49 915	14.60	7600
90	中远海运能源	中远海运能源	柳林湾	LIU LIN WAN	原油成品油兼营船	2004-05-20	中国	五星旗	109 181	15.70	15 540
91	中远海运能源	中远海运能源	杨林湾	YANG LIN WAN	原油成品油兼营船	2004-08-18	中国	五星旗	109 411	15.70	15 540
92	中远海运能源	中远海运能源	榆林湾	YU LIN WAN	原油成品油兼营船	2004-11-18	中国	五星旗	109 277	15.70	15 540
93	中远海运能源	北海船务	北海名望	BEI HAI MING WANG	原油成品油兼营船	2013-07-05	中国	五星旗	116 166	0.00	14 280
94	中远海运能源	北海船务	北海展望	BEI HAI ZHAN WANG	原油成品油兼营船	2008-11-05	中国	五星旗	104 324	0.00	13 560
95	中远海运能源	北海船务	北海奋进	BEI HAI FEN JIN	原油成品油兼营船	2017-09-02	中国	五星旗	63 508	0.00	9600
96	中远海运能源	北海船务	北海威望	BEI HAI WEI WANG	原油成品油兼营船	2007-08-02	中国	五星旗	104 405	0.00	13 560
97	中远海运能源	北海船务	北海开拓	BEI HAI KAI TUO	原油成品油兼营船	2017-05-18	中国	五星旗	63 401	0.00	9600
98	中远海运能源	北海船务	北海厚望	BEI HAI HOU WANG	原油成品油兼营船	2011-08-30	中国	五星旗	56 168	0.00	9960
99	中远海运能源	北海船务	北海众望	BEI HAI ZHONG WANG	原油成品油兼营船	2011-06-18	中国	五星旗	56 192	0.00	9960

续上表

序号	所属二级公司（经营）	所属公司（经营）	中文船名	英文船名	船型类型	出厂日期	建造国家或地区	船旗	总载重量（吨）	航速（节）	功率（千瓦）
100	中远海运能源	北海船务	北海远望	BEI HAI YUAN WANG	原油成品油兼营船	2004-01-02	中国	五星旗	45 828	0.00	8520
101	中远海运能源	北海船务	滨海 607	BIN HAI 607	原油成品油兼营船	1999-07-28	中国	五星旗	4850	0.00	2995
102	中远海运能源	中远海运能源	平池	PING CHI	原油成品油兼营船	2002-12-25	中国	五星旗	42 196	14.50	8580
103	中远海运能源	中远海运能源	安池	AN CHI	原油成品油兼营船	2003-04-27	中国	五星旗	42 203	14.50	8580
104	中远海运能源	中远海运能源	昌池	CHANG CHI	原油成品油兼营船	2003-08-27	中国	五星旗	42 196	14.50	8580
105	中远海运能源	中远海运能源	盛池	SHENG CHI	原油成品油兼营船	2003-12-18	中国	五星旗	42 147	14.50	8580
106	中远海运能源	中远海运能源	兴池	XING CHI	原油成品油兼营船	2004-03-15	中国	五星旗	42 017	14.50	8580
107	中远海运能源	中远海运能源	旺池	WANG CHI	原油成品油兼营船	2004-04-14	中国	五星旗	42 003	14.50	8580
108	中远海运能源	中远海运能源	腾池	TENG CHI	原油成品油兼营船	2005-01-16	中国	五星旗	42 047	14.50	8580
109	中远海运能源	中远海运能源	达池	DA CHI	原油成品油兼营船	2005-01-16	中国	五星旗	42 047	14.50	8580
110	中远海运能源	中远海运能源	天鸿座	TIAN HONG ZUO	原油成品油兼营船	2016-09-02	中国	五星旗	64 986	14.20	9000
111	中远海运能源	中远海运能源	天鹰座	TIAN YING ZUO	原油成品油兼营船	2016-11-29	中国	五星旗	64 982	14.20	9000
112	中远海运能源	中远海运能源	天鹤座	TIAN HE ZUO	原油成品油兼营船	2017-03-28	中国	五星旗	64 982	14.20	9000
113	中远海运能源	中远海运能源	麒麟座	QI LIN ZUO	原油成品油兼营船	2009-05-05	中国	五星旗	75 568	15.40	12 240
114	中远海运能源	中远海运能源	飞马座	FEI MA ZUO	原油成品油兼营船	2009-10-22	中国	五星旗	75 579	15.40	12 240

续上表

序号	所属二级公司（经营）	所属公司（经营）	中文船名	英文船名	船型类型	出厂日期	建造国家或地区	船旗	总载重量（吨）	航速（节）	功率（千瓦）
115	中远海运能源	中远海运能源	羚羊座	LING YANG ZUO	原油成品油兼营船	2010-01-15	中国	五星旗	75 573	15.40	12 240
116	中远海运能源	中远海运能源	海豚座	HAI TUN ZUO	原油成品油兼营船	2010-03-23	中国	五星旗	75 571	15.40	12 240
117	中远海运能源	中远海运能源	金牛座	JIN NIU ZUO	原油成品油兼营船	2005-08-05	中国	五星旗	75 493	15.40	12 240
118	中远海运能源	中远海运能源	狮子座	SHI ZI ZUO	原油成品油兼营船	2005-09-06	中国	五星旗	75 447	16.10	12 240
119	中远海运能源	中远海运能源	天龙座	TIAN LONG ZUO	原油成品油兼营船	2006-04-07	中国	五星旗	75 484	15.42	12 240
120	中远海运能源	中远海运能源	凤凰座	FENG HUANG ZUO	原油成品油兼营船	2006-06-13	中国	五星旗	75 514	15.42	12 240
121	中远海运能源	中远海运能源	珊瑚座	SHAN HU ZUO	原油成品油兼营船	2010-05-22	中国	五星旗	75 596	15.40	12 240
122	中远海运能源	中远海运能源	鲸鱼座	JING YU ZUO	原油成品油兼营船	2010-07-19	中国	五星旗	75 577	15.40	12 240
123	中远海运能源	中远海运能源	百池	BAI CHI	原油成品油兼营船	2007-07-19	中国	五星旗	41 983	14.50	8580
124	中远海运能源	中远海运能源	年池	NIAN CHI	原油成品油兼营船	2008-11-05	中国	五星旗	41 956	14.50	8580
125	中远海运能源	中远海运能源	荣池	RONG CHI	原油成品油兼营船	2012-04-05	中国	五星旗	48 698	14.60	9960
126	中远海运能源	中远海运能源	华池	HUA CHI	原油成品油兼营船	2012-08-21	中国	五星旗	48 743	14.60	9960
127	中远海运能源	中远海运能源	富池	FU CHI	原油成品油兼营船	2012-07-20	中国	五星旗	48 769	14.60	9960
128	中远海运能源	中远海运能源	贵池	GUI CHI	原油成品油兼营船	2012-10-25	中国	五星旗	48 801	14.60	9960
129	中远海运能源	中远海运能源	秀池	XIU CHI	原油成品油兼营船	2012-11-26	中国	五星旗	48 781	14.60	9960

续上表

序号	所属二级公司（经营）	所属公司（经营）	中文船名	英文船名	船型类型	出厂日期	建造国家或地区	船旗	总载重量（吨）	航速（节）	功率（千瓦）
130	中远海运能源	中远海运能源	丽池	LI CHI	原油成品油兼营船	2012-10-08	中国	五星旗	48 653	14.60	9960
131	中远海运能源	中远海运能源	河池	HE CHI	原油成品油兼营船	2013-01-04	中国	五星旗	48 698	14.60	9960
132	中远海运能源	中远海运能源	山池	SHAN CHI	原油成品油兼营船	2013-01-08	中国	五星旗	48 739	14.60	9960
133	中远海运能源	海南能源运输	桃林湾	TAO LIN WAN	原油成品油兼营船	2012-09-20	中国	五星旗	109 533	15.70	14 280
134	中远海运能源	中远海运能源	梅林湾	MEI LIN WAN	原油成品油兼营船	2012-11-02	中国	五星旗	109 485	15.70	14 280
135	中远海运能源	中远海运能源	桦林湾	HUA LIN WAN	原油成品油兼营船	2012-12-07	中国	五星旗	109 475	15.70	14 280
136	中远海运能源	海南能源运输	洋美湖	YANG MEI HU	原油成品油兼营船	2010-02-01	中国	五星旗	109 855	15.71	15 260
137	中远海运能源	中远海运能源	飞池	FEI CHI	原油成品油兼营船	2005-12-11	中国	中国香港	42 036	14.50	8580
138	中远海运能源	中远海运能源	跃池	YUE CHI	原油成品油兼营船	2006-03-16	中国	中国香港	42 053	14.50	8580
139	中远海运能源	中远海运能源	千池	QIAN CHI	原油成品油兼营船	2008-06-30	中国	中国香港	45 541	14.60	9480
140	中远海运能源	中远海运能源	秋池	QIU CHI	原油成品油兼营船	2009-01-15	中国	中国香港	45 484	14.60	9480
141	中远海运能源	中远海运能源	中池	ZHONG CHI	原油成品油兼营船	2009-03-03	中国	中国香港	41 968	14.50	8580
142	中远海运能源	中远海运能源	伟池	WEI CHI	原油成品油兼营船	2009-06-22	中国	中国香港	45 854	15.70	10 900
143	中远海运能源	中远海运能源	业池	YE CHI	原油成品油兼营船	2009-11-18	中国	中国香港	45 740	15.00	10 900
144	中远海运能源	中远海运能源	白鹭座	BAI LU ZUO	原油成品油兼营船	2011-11-18	中国	中国香港	75 595	15.40	12 240

续上表

序号	所属二级公司（经营）	所属公司（经营）	中文船名	英文船名	船型类型	出厂日期	建造国家或地区	船旗	总载重量（吨）	航速（节）	功率（千瓦）
145	中远海运能源	中远海运能源	天鹅座	TIAN E ZUO	原油成品油兼营船	2012–02–23	中国	中国香港	75 594	15.50	12 240
146	中远海运能源	中远海运能源	桐林湾	TONG LIN WAN	原油成品油兼营船	2014–05–23	中国	中国香港	109 615	15.70	14 280
147	中远海运能源	海南能源运输	连喜湖	LIAN XI HU	原油成品油兼营船	2015–12–16	中国	中国香港	50 252	13.38	7628
148	中远海运能源	海南能源运输	连乐湖	LIAN LE HU	原油成品油兼营船	2015–12–16	中国	中国香港	50 239	13.38	7628
149	中远海运能源	海南能源运输	连杨湖	LIAN YANG HU	原油成品油兼营船	2015–12–23	中国	中国香港	72 712	14.50	8820
150	中远海运能源	海南能源运输	连杉湖	LIAN SHAN HU	原油成品油兼营船	2015–12–23	中国	中国香港	72 780	14.50	8820
151	中远海运能源	海南能源运输	连桂湖	LIAN GUI HU	原油成品油兼营船	2015–12–23	中国	中国香港	72 822	14.50	8820
152	中远海运能源	中远海运石油运输有限公司	辽油 123	LIAO YOU 123	成品油船	2007–11–26	中国	五星旗	11 999	13.00	4440
153	中远海运能源	中远海运石油运输有限公司	辽油 128	LIAO YOU 128	成品油船	2007–03–29	中国	五星旗	14 365	12.60	3824
154	中远海运能源	中远海运石油运输有限公司	辽油 602	LIAO YOU 602	成品油船	2006–07–24	中国	五星旗	7088	10.50	2060
155	中远海运能源	中远海运石油运输有限公司	辽油 126	LIAO YOU 126	成品油船	2006–08–04	中国	五星旗	14 386	11.50	3824
156	中远海运能源	中远海运石油运输有限公司	辽油 121	LIAO YOU 121	成品油船	2007–03–22	中国	五星旗	12 000	12.00	4440
157	中远海运能源	中远海运石油运输有限公司	昆仑油 003	KUN LUN YOU 003	成品油船	2008–01–29	中国	五星旗	12 929	10.00	2060
158	中远海运能源	中远海运石油运输有限公司	昆仑油 202	KUN LUN YOU 202	成品油船	2011–12–30	中国	五星旗	30 046	14.00	6480
159	中远海运能源	中远海运石油运输有限公司	鄱阳湖	PO YANG HU	成品油船	1994–03–08	中国	五星旗	61 957	12.00	8826
160	中远海运能源	中远海运能源	华川	HUA CHUAN	成品油船	2013–01–08	中国	五星旗	6323	14.20	4440

续上表

序号	所属二级公司（经营）	所属公司（经营）	中文船名	英文船名	船型类型	出厂日期	建造国家或地区	船旗	总载重量（吨）	航速（节）	功率（千瓦）
161	中远海运能源	中远海运石油运输有限公司	昆仑油 106	KUN LUN YOU 106	成品油船	2010-04-29	中国	五星旗	14 309	12.50	3824
162	中远海运能源	中远海运石油运输有限公司	昆仑油 201	KUN LUN YOU 201	成品油船	2011-12-15	中国	五星旗	30 119	14.00	6480
163	中远海运能源	中远海运石油运输有限公司	华海 5	HUA HAI 5	成品油船	2001-09-01	中国	五星旗	40 643	14.50	8580
164	中远海运能源	中远海运石油运输有限公司	华海 6	HUA HAI 6	成品油船	2002-12-01	中国	五星旗	40 643	14.50	8580
165	中远海运能源	中远海运石油运输有限公司	华海 21	HUA HAI 21	成品油船	2013-03-01	中国	五星旗	48 764	14.60	9960
166	中远海运能源	中远海运石油运输有限公司	昆仑油 203	KUN LUN YOU 203	成品油船	2012-07-09	中国	五星旗	30 032	14.00	6480
167	中远海运能源	中远海运石油运输有限公司	昆仑油 205	KUN LUN YOU 205	成品油船	2012-07-27	中国	五星旗	30 032	14.00	6480
168	中远海运能源	中远海运石油运输有限公司	昆仑油 206	KUN LUN YOU 206	成品油船	2012-10-19	中国	五星旗	30 032	14.00	6480
合计									22 682 287	—	—

2021 年中远海运集团油、气船队原油及成品油船队租入船舶船名录

表 17–6

序号	所属二级公司（经营）	所属公司（经营）	中文船名	英文船名	船型细分 – 按类型	建造日期	建造国家或地区	船旗	总载重量（吨）
1	中远海运能源	中远海运能源	新恒洋	NAVE ELECTRON	原油运输船	2018–05–30	日本	黎巴嫩	313 239
2	中远海运能源	海南能源运输	新韵洋	FPMC C MELODY	原油运输船	2011–12–22	日本	黎巴嫩	297 229
3	中远海运能源	中远海运能源	新宜洋	DS VISION	原油运输船	2011–03–25	中国	黎巴嫩	297 345
4	中远海运能源	中远海运能源	新澄洋	DS VENTURE	原油运输船	2011–09–28	中国	黎巴嫩	297 345
5	中远海运能源	中远海运能源	鑫通洲	XIN TONG ZHOU	原油运输船	2005–09–08	中国	五星旗	69 999
6	中远海运能源	海南能源运输	新浩洋	ALMI TITAN	原油运输船	2018–05–30	韩国	黎巴嫩	315 299
7	中远海运能源	中远海运能源	新湾洋	XIN WAN YANG	原油运输船	2005–09–08	中国	中国香港	297 052
8	中远海运能源	中远海运能源	新顺洋	NAVE BUENA SUERTE	原油运输船	2011–03–29	中国	中国香港	297 491
9	中远海运能源	中远海运能源	新屿洋	XIN YU YANG	原油运输船	2005–09–08	中国	中国香港	296 919
10	中远海运能源	中远海运能源	新春洋	XIN CHUN YANG	原油运输船	2005–09–08	中国	中国香港	296 908
11	中远海运能源	中远海运能源	新海洋	XIN HAI YANG	原油运输船	2005–09–08	中国	中国香港	297 123
12	中远海运能源	中远海运能源	新丽洋	XIN LI YANG	原油运输船	2005–09–08	中国	中国香港	299 170
合计									3 375 119

2021 年中远海运集团油、气船队 LNG/LPG 船队自有船舶船名录

表 17–7

序号	所属二级公司（经营）	所属公司（经营）	中文船名	英文船名	船型类型	出厂日期	建造国家或地区	船旗	总载重量（吨）	LNG/LPG 体积（立方米）
1	大连投资	龙鹏公司	吉祥源	JI XIANG YUAN	LPG 运输船	2012–06–13	中国	五星旗	3176	3700
2	大连投资	龙鹏公司	芙蓉源	FU RONG YUAN	LPG 运输船	1996–02–13	日本	五星旗	2854	4013
3	大连投资	龙鹏公司	百花源	BAI HUA YUAN	LPG 运输船	1997–10–07	日本	五星旗	3338	3500
4	大连投资	龙鹏公司	平安源	PING AN YUAN	LPG 运输船	2011–11–28	中国	五星旗	3218	3700
5	大连投资	龙鹏公司	同心源	TONG XIN YUAN	LPG 运输船	2008–05–31	中国	五星旗	2736	3500
6	大连投资	龙鹏公司	同德源	TONG DE YUAN	LPG 运输船	2007–12–28	中国	五星旗	2716	3500
7	中远海运能源	CLNG	—	BORIS DAVYDOV	LNG 运输船	2019–01–18	韩国	塞浦路斯	98 000	172 610
8	中远海运能源	CLNG	—	NIKOLAY ZUBOV	LNG 运输船	2019–02–22	韩国	塞浦路斯	98 000	172 610
9	中远海运能源	CLNG	—	FEDOR LITKE	LNG 运输船	2018–01–08	韩国	塞浦路斯	98 000	172 610
10	中远海运能源	CLNG	—	BORIS VILKITSKE	LNG 运输船	2017–12–26	韩国	塞浦路斯	98 000	172 610
11	中远海运能源	CLNG	—	GEORGIY BRUSILOV	LNG 运输船	2018–12–10	韩国	塞浦路斯	98 000	172 610
12	中远海运能源	CLNG	—	EDUARD TOLL	LNG 运输船	2018–01–09	韩国	巴哈马群岛	98 000	172 610
13	中远海运能源	CLNG	—	RUDOLF SAMOYLOVICH	LNG 运输船	2018–09–06	韩国	巴哈马群岛	98 000	172 610
14	中远海运能源	CLNG	—	NIKOLAY YEVGENOV	LNG 运输船	2019–06–03	韩国	巴哈马群岛	98 000	172 610
15	中远海运能源	CLNG	—	VLADIMIR VORONIN	LNG 运输船	2019–08–13	韩国	巴哈马群岛	98 000	172 610
16	中远海运能源	CLNG	—	GEORGIY USHAKOV	LNG 运输船	2019–11–06	韩国	巴哈马群岛	98 000	172 610
17	中远海运能源	CLNG	—	YAKOV GAKKEL	LNG 运输船	2019–12–04	韩国	巴哈马群岛	79 880	172 610
18	中远海运能源	CLNG	大鹏昊	DAPENG SUN	LNG 运输船	2008–04–03	中国	中国香港	83 050	147 236
19	中远海运能源	CLNG	大鹏月	DAPENG MOON	LNG 运输船	2008–07–10	中国	中国香港	83 050	147 236
20	中远海运能源	CLNG	闽榕	MIN RONG	LNG 运输船	2009–08–17	中国	中国香港	82 359	147 236
21	中远海运能源	CLNG	闽鹭	MIN LU	LNG 运输船	2009–03–11	中国	中国香港	82 598	147 236

续上表

序号	所属二级公司（经营）	所属公司（经营）	中文船名	英文船名	船型类型	出厂日期	建造国家或地区	船旗	总载重量（吨）	LNG/LPG 体积（立方米）
22	中远海运能源	CLNG	大鹏星	DAPENG STAR	LNG 运输船	2009-12-10	中国	中国香港	82 428	147 236
23	中远海运能源	CLNG	申海	SHEN HAI	LNG 运输船	2012-09-20	中国	中国香港	82 625	147 000
24	中远海运能源	LNG 公司（联合营）	巴布亚	PAPUA	LNG 运输船	2015-01-31	中国	中国香港	84 444	171 859
25	中远海运能源	LNG 公司（联合营）	南十字星	SOUTHERN CROSS	LNG 运输船	2015-06-30	中国	中国香港	84 318	171 859
26	中远海运能源	LNG 公司（联合营）	北斗星	BEIDOU STAR	LNG 运输船	2015-11-30	中国	中国香港	84 480	171 825
27	中远海运能源	LNG 公司（联合营）	天堂鸟	KUMUL	LNG 运输船	2016-04-29	中国	中国香港	84 379	171 877
28	中远海运能源	上海 LNG	中能福石	CESI GLADSTONE	LNG 运输船	2016-10-18	中国	中国香港	84 065	174 059
29	中远海运能源	上海 LNG	中能青岛	CESI QINGDAO	LNG 运输船	2017-01-06	中国	中国香港	84 064	173 999
30	中远海运能源	上海 LNG	中能北海	CESI BEIHAI	LNG 运输船	2017-06-01	中国	中国香港	84 000	173 999
31	中远海运能源	上海 LNG	中能天津	CESI TIANJIN	LNG 运输船	2017-09-26	中国	中国香港	84 000	173 999
32	中远海运能源	上海 LNG	中能温州	CESI WENZHOU	LNG 运输船	2018-01-31	中国	中国香港	84 000	173 999
33	中远海运能源	上海 LNG	中能连云港	CESI LIANYUNGANG	LNG 运输船	2018-05-31	中国	中国香港	84 000	173 999
34	中远海运能源	CLNG	泛亚	PAN ASIA	LNG 运输船	2017-10-13	中国	中国香港	83 312	147 000
35	中远海运能源	CLNG	泛美	PAN AMERICAS	LNG 运输船	2018-01-31	中国	中国香港	83 312	147 000
36	中远海运能源	CLNG	泛欧	PAN EUROPE	LNG 运输船	2018-07-10	中国	中国香港	83 312	147 000
37	中远海运能源	CLNG	泛非	PAN AFRICA	LNG 运输船	2019-01-08	中国	中国香港	83 312	147 000
38	中远海运能源	LNG 公司（联合营）	—	VLADIMIR RUSANOV	LNG 运输船	2018-03-26	韩国	中国香港	79 970	172 410
39	中远海运能源	LNG 公司（联合营）	—	VLADIMIR VIZE	LNG 运输船	2018-10-19	韩国	中国香港	79 970	172 410
40	中远海运能源	LNG 公司（联合营）	—	NIKOLAY URVANTSEV	LNG 运输船	2019-08-30	韩国	中国香港	79 970	172 410

续上表

序号	所属二级公司（经营）	所属公司（经营）	中文船名	英文船名	船型类型	出厂日期	建造国家或地区	船旗	总载重量（吨）	LNG/LPG 体积（立方米）
41	中远海运能源	LNG 公司（联合营）	天枢星	LNG DUBHE	LNG 运输船	2018-10-19	中国	中国香港	80 155	174 089
42	中远海运能源	LNG 公司（联合营）	天璇星	LNG MERAK	LNG 运输船	2020-01-09	中国	中国香港	80 155	174 089
43	中远海运能源	LNG 公司（联合营）	天玑星	LNG PHECDA	LNG 运输船	2020-08-31	中国	中国香港	80 155	174 089
44	中远海运能源	LNG 公司（联合营）	天权星	LNG MEGREZ	LNG 运输船	2020-10-31	中国	中国香港	80 155	174 089
合计									3 309 556	6 336 863

2021 年中远海运集团杂货特种船队自有船舶船名录

表 17–8

序号	所属公司（经营）	中文船名	英文船名	船舶类型	建造日期	建造国家或地区	船旗	总载重量（吨）	载箱量(TEU)	车位数（个）	航速（节）	功率（千瓦）
1	广州中远海运工程物流	远鉴	YUAN JIAN	半潜船 / 甲板船	2007–07–11	中国	五星旗	6546	0	0	11.00	4120
2	广州中远海运工程物流	远景	YUAN JING	半潜船 / 甲板船	2009–07–17	中国	五星旗	12 626	0	0	11.00	4400
3	中远海运特运	宁海湾	NING HAI WAN	沥青船	2010–04–08	中国	巴拿马	6118	0	0	11.00	3060
4	中远海运特运	大华	DA HUA	重吊船	1998–07–01	日本	巴拿马	16 957	685	0	15.53	6031
5	中远海运特运	平海湾	PING HAI WAN	沥青船	2009–08–12	中国	巴拿马	6115	0	0	11.00	3060
6	中远海运特运	大富	DA FU	重吊船	1998–10–01	日本	巴拿马	16 957	685	0	15.53	6031
7	中远海运特运	中远盛世	ZHONG YUAN SHENG SHI	汽车船	2011–02–12	中国	巴拿马	14 868	0	5381	19.05	14 520
8	中远海运特运	祥安口	XIANG AN KOU	半潜船 / 甲板船	2021–06–08	中国	利比里亚	48 430	0	0	0.00	16 000
9	中远海运特运	天健	TIAN JIAN	多用途船	2016–11–17	中国	五星旗	37 979	0	0	14.00	9960
10	中远海运特运	天祺	TIAN QI	多用途船	2016–10–19	中国	五星旗	37 940	0	0	14.00	9960
11	中远海运特运	天乐	TIAN LE	多用途船	2015–12–12	中国	五星旗	38 146	1 015	0	14.00	9960
12	中远海运特运	天真	TIAN ZHEN	多用途船	2016–03–22	中国	五星旗	38 007	1 015	0	14.00	9960
13	中远海运特运	中远海运卓越	COSCO SHIPPING ZHUO YUE	纸浆船	2019–09–29	中国	五星旗	61 991	0	0	13.50	8304
14	中远海运特运	中远海运锦绣	COSCO SHIPPING JIN XIU	纸浆船	2019–11–12	中国	五星旗	62 003	0	0	13.50	8304
15	中远海运特运	吉祥松	JI XIANG SONG	多用途船	2011–12–29	中国	五星旗	27 352	1391	0	14.75	8250
16	中远海运特运	如意松	RU YI SONG	多用途船	2012–03–22	中国	五星旗	27 302	1371	0	14.75	8250
17	中远海运特运	中远海运长青	COSCO SHIPPING CHANG QING	纸浆船	2020–04–15	中国	五星旗	62 001	0	0	13.50	8304
18	中远海运特运	平安松	PING AN SONG	多用途船	2012–06–18	中国	五星旗	27 352	1391	0	14.75	8250

续上表

序号	所属公司（经营）	中文船名	英文船名	船舶类型	建造日期	建造国家或地区	船旗	总载重量（吨）	载箱量(TEU)	车位数（个）	航速（节）	功率（千瓦）
19	中远海运特运	幸福松	XING FU SONG	多用途船	2012–09–17	中国	五星旗	27 292	1391	0	14.75	8250
20	中远海运特运	玉衡先锋	YU HENG XIAN FENG	汽车船	1998–01–01	日本	五星旗	13 418	0	5380	19.00	16 200
21	中远海运特运	大德	DA DE	重吊船	2014–08–10	中国	五星旗	28 738	0	0	15.00	9960
22	中远海运特运	大良	DA LIANG	重吊船	2014–09–29	中国	五星旗	29 636	0	0	15.00	9960
23	中远海运特运	大信	DA XIN	重吊船	2014–07–10	中国	五星旗	28 738	0	0	15.00	9960
24	中远海运特运	大智	DA ZHI	重吊船	2014–08–14	中国	五星旗	29 496	0	0	15.00	9960
25	中远海运特运	中远海运兴旺	COSCO SHIPPING XING WANG	纸浆船	2020–06–12	中国	五星旗	62 014	0	0	13.50	8304
26	中远海运特运	常安口	CHANG AN KOU	汽车船	1999–08–06	克罗地亚	五星旗	12 781	0	4100	19.50	11 060
27	中远海运特运	常荣口	CHANG RONG KOU	汽车船	2000–01–10	希腊	五星旗	12 781	0	4310	19.50	11 060
28	中远海运特运	中远海运鹏程	COSCO SHIPPING PENG CHENG	纸浆船	2020–07–15	中国	五星旗	62 002	0	0	13.50	8304
29	中远海运特运	大庆	DA QING	重吊船	2017–04–12	中国	五星旗	28 604	1035	0	15.00	7000
30	中远海运特运	大祥	DA XIANG	重吊船	2017–06–28	中国	五星旗	28 577	1035	0	15.00	7000
31	中远海运特运	大贵	DA GUI	重吊船	2017–12–07	中国	五星旗	28 621	1035	0	13.60	7000
32	中远海运特运	泰安口	TAI AN KOU	半潜船 / 甲板船	2002–11–28	中国	五星旗	20 247	0	0	13.50	11 700
33	中远海运特运	康盛口	KANG SHENG KOU	半潜船 / 甲板船	2003–08–15	中国	五星旗	20 275	0	0	13.50	13 500
34	中远海运特运	天恩	TIAN EN	多用途船	2017–11–03	中国	五星旗	37 125	1015	0	15.00	10 470
35	中远海运特运	天惠	TIAN HUI	多用途船	2017–12–04	中国	五星旗	37 130	1015	0	14.80	10 470
36	中远海运特运	天佑	TIAN YOU	多用途船	2018–05–15	中国	五星旗	37 077	1015	0	15.00	10 470
37	中远海运特运	乐从	LE CONG	多用途船	2000–12–01	中国	五星旗	28 450	1089	0	13.10	6300
38	中远海运特运	乐和	LE HE	多用途船	2001–02–01	中国	五星旗	28 450	1093	0	13.10	6300
39	中远海运特运	乐里	LE LI	多用途船	2000–09–13	中国	五星旗	29 161	1089	0	13.10	6300

续上表

序号	所属公司（经营）	中文船名	英文船名	船舶类型	建造日期	建造国家或地区	船旗	总载重量（吨）	载箱量(TEU)	车位数（个）	航速（节）	功率（千瓦）
40	中远海运特运	乐宜	LE YI	多用途船	2000-09-13	中国	五星旗	29 161	1089	0	13.10	6 300
41	中远海运特运	祥瑞口	XIANG RUI KOU	半潜船 / 甲板船	2011-07-13	中国	五星旗	48 293	0	0	14.00	15 360
42	中远海运特运	盛华湾	SHENG HUA WAN	沥青船	2018-09-19	中国	五星旗	7641	0	0	13.50	3330
43	中远海运特运	康华湾	KANG HUA WAN	沥青船	2018-09-19	中国	五星旗	7651	0	0	13.50	3330
44	中远海运特运	泰华湾	TAI HUA WAN	沥青船	2018-04-12	中国	五星旗	7652	0	0	13.50	3330
45	中远海运特运	荣华湾	RONG HUA WAN	沥青船	2018-05-09	中国	五星旗	7939	0	0	13.50	3330
46	中远海运特运	致远口	ZHI YUAN KOU	半潜船 / 甲板船	2012-08-20	中国	五星旗	38 000	0	0	14.00	13 500
47	中远海运特运	天王之星	TIAN WANG ZHI XING	多用途船	2007-03-28	中国	五星旗	9106	630	0	13.10	3300
48	中远海运特运	海王之星	HAI WANG ZHI XING	多用途船	2008-03-20	中国	五星旗	9106	630	0	13.10	3300
49	中远海运特运	新大强	XIN DA QIANG	重吊船	1998-11-30	日本	五星旗	16 957	685	0	15.53	6031
50	中远海运特运	新大中	XIN DA ZHONG	重吊船	1998-06-30	日本	五星旗	16 957	685	0	15.53	6031
51	中远海运特运	中远海运进取	ZHONG YUAN HAI YUN JIN QU	纸浆船	2019-06-15	中国	五星旗	62 045	0	0	13.50	8304
52	中远海运特运	中远海运创新	ZHONG YUAN HAI YUN CHUANG XIN	纸浆船	2019-04-18	中国	五星旗	62 042	0	0	13.50	8304
53	中远海运特运	中远海运开拓	ZHONG YUAN HAI YUN KAI TUO	纸浆船	2019-01-11	中国	五星旗	62 051	0	0	13.50	8304
54	中远海运特运	大青霞	DA QING XIA	重吊船	2011-07-26	中国	五星旗	28 341	1706	0	13.00	6810
55	中远海运特运	广州湾	GUANG ZHOU WAN	沥青船	2017-05-10	中国	五星旗	13 307	0	0	13.50	4320
56	中远海运特运	金州湾	JIN ZHOU WAN	沥青船	2017-06-10	中国	五星旗	13 265	0	0	14.00	4320
57	中远海运特运	大吉	DA JI	重吊船	2016-12-19	中国	五星旗	28 612	1035	0	15.00	7000
58	中远海运特运	祥云口	XIANG YUN KOU	半潜船 / 甲板船	2011-01-20	中国	五星旗	48 232	0	0	14.00	15 360

续上表

序号	所属公司（经营）	中文船名	英文船名	船舶类型	建造日期	建造国家或地区	船旗	总载重量（吨）	载箱量(TEU)	车位数（个）	航速（节）	功率（千瓦）
59	中远海运特运	珍珠湾	ZHEN ZHU WAN	沥青船	2008-07-28	中国	五星旗	6315	0	0	12.00	4000
60	中远海运特运	澎湖湾	PENG HU WAN	沥青船	2008-11-02	中国	五星旗	6327	0	0	12.00	4000
61	中远海运特运	天禧	TIAN XI	多用途船	2016-01-26	中国	中国香港	38 098	1015	0	13.77	9960
62	中远海运特运	星海湾	XIN HAI WAN	沥青船	2010-01-02	中国	巴拿马	6123	0	0	11.00	3060
63	中远海运特运	安海湾	AN HAI WAN	沥青船	2009-11-16	中国	巴拿马	6165	0	0	11.00	3060
64	中远海运特运	中远腾飞	ZHONG YUAN TENG FEI	汽车船	2011-06-01	中国	巴拿马	14 707	0	5381	19.05	14 520
65	中远海运特运	永盛	YONG SHENG	多用途船	2002-09-04	罗马尼亚	中国香港	19 462	1226	0	13.00	7860
66	中远海运特运	凤凰松	FENG HUANG SONG	多用途船	2009-04-28	中国	中国香港	27 300	1391	0	13.50	8250
67	中远海运特运	大丹霞	DA DAN XIA	重吊船	2009-10-15	中国	中国香港	28 451	1706	0	13.00	6810
68	中远海运特运	孔雀松	KONG QUE SONG	多用途船	2010-02-01	中国	中国香港	27 382	1391	0	13.50	8250
69	中远海运特运	大紫云	DA ZI YUN	重吊船	2010-02-05	中国	中国香港	28 451	1706	0	13.00	6810
70	中远海运特运	麒麟松	QI LIN SONG	多用途船	2010-08-30	中国	中国香港	27 307	1391	0	13.50	8250
71	中远海运特运	中远太行山	COSCO TAIHANGSHAN	木材船	2010-06-30	中国	中国香港	31 898	0	0	14.10	6300
72	中远海运特运	中远井冈山	COSCO JINGGANGSHAN	木材船	2010-06-30	中国	中国香港	31 898	0	0	14.10	6300
73	中远海运特运	金兴岭	JIN XING LING	木材船	2010-06-18	中国	中国香港	31 907	0	0	13.87	6480
74	中远海运特运	卧龙松	WO LONG SONG	多用途船	2010-11-25	中国	中国香港	27 000	1391	0	13.50	8250
75	中远海运特运	金广岭	JIN GUANG LING	木材船	2009-07-29	中国	中国香港	31 830	0	0	13.87	6480
76	中远海运特运	金旺岭	JIN WANG LING	木材船	2010-09-27	中国	中国香港	31 775	0	0	13.87	6480
77	中远海运特运	中远昆仑山	COSCO KUNLUNSHAN	木材船	2010-10-25	中国	中国香港	31 917	0	0	14.10	6300
78	中远海运特运	金远岭	JIN YUAN LING	木材船	2009-11-02	中国	中国香港	31 907	0	0	13.87	6480
79	中远海运特运	中远武夷山	COSCO WUYISHAN	木材船	2010-01-19	中国	中国香港	31 956	0	0	14.10	6300

续上表

序号	所属公司（经营）	中文船名	英文船名	船舶类型	建造日期	建造国家或地区	船旗	总载重量（吨）	载箱量(TEU)	车位数（个）	航速（节）	功率（千瓦）
80	中远海运特运	大玉霞	DA YU XIA	重吊船	2011–01–14	中国	中国香港	28 348	1706	0	13.00	6810
81	中远海运特运	大翠云	DA CUI YUN	重吊船	2011–05–20	中国	中国香港	28 367	1706	0	13.00	6810
82	中远海运特运	杜鹃松	DU JUAN SONG	多用途船	2011–08–18	中国	中国香港	27 438	1371	0	14.10	8250
83	中远海运特运	莲花松	LIAN HUA SONG	多用途船	2011–10–21	中国	中国香港	27 412	1371	0	14.10	8250
84	中远海运特运	牡丹松	MU DAN SONG	多用途船	2012–03–19	中国	中国香港	27 410	1371	0	14.10	8250
85	中远海运特运	芙蓉松	FU RONG SONG	多用途船	2011–11–09	中国	中国香港	27 421	1371	0	14.10	8250
86	中远海运特运	大彤云	DA TONG YUN	重吊船	2011–11–25	中国	中国香港	28 378	1706	0	13.00	6810
87	中远海运特运	大虹霞	DA HONG XIA	重吊船	2012–05–10	中国	中国香港	28 377	1706	0	13.00	6810
88	中远海运特运	木棉松	MU MIAN SONG	多用途船	2012–08–20	中国	中国香港	27 372	1371	0	14.10	8250
89	中远海运特运	大彩云	DA CAI YUN	重吊船	2012–09–18	中国	中国香港	28 377	1706	0	13.00	6810
90	中远海运特运	紫荆松	ZI JING SONG	多用途船	2012–11–12	中国	中国香港	27 403	1391	0	14.10	8250
91	中远海运特运	大昌	DA CHANG	重吊船	2013–10–31	中国	中国香港	28 500	0	0	15.00	9300
92	中远海运特运	大泰	DA TAI	重吊船	2013–09–11	中国	中国香港	29 041	0	0	15.00	9300
93	中远海运特运	大康	DA KANG	重吊船	2013–07–17	中国	中国香港	29 863	0	0	15.00	9300
94	中远海运特运	大安	DA AN	重吊船	2013–05–28	中国	中国香港	29 000	0	0	15.00	9300
95	中远海运特运	新光华	XIN GUANG HUA	半潜船 / 甲板船	2016–12–08	中国	中国香港	97 692	0	0	13.20	21 300
96	中远海运特运	祥和口	XIANG HE KOU	半潜船 / 甲板船	2016–05–05	中国	中国香港	48 163	0	0	14.00	15 360
97	中远海运特运	天福	TIAN FU	多用途船	2015–12–12	中国	中国香港	38 146	1015	0	13.77	9960
98	中远海运特运	天寿	TIAN SHOU	多用途船	2016–01–26	中国	中国香港	38 134	1015	0	13.77	9960
99	中远海运特运	天禄	TIAN LU	多用途船	2015–12–16	中国	中国香港	38 122	1015	0	13.77	9960
100	中日轮渡	苏州号	SU ZHOU HAO	滚装船	1992–04–13	日本	五星旗	3721	229	—	22.00	12 360
101	中远海运发展	中远海运辉煌	COSCO SHIPPING GLORY	纸浆船	2020–11–20	中国	中国香港	61 962	—	—	12.50	8304

续上表

序号	所属公司（经营）	中文船名	英文船名	船舶类型	建造日期	建造国家或地区	船旗	总载重量（吨）	载箱量(TEU)	车位数（个）	航速（节）	功率（千瓦）
102	中远海运发展	中远海运荣耀	COSCO SHIPPING HONOR	纸浆船	2020–11–21	中国	中国香港	62 013	—	—	12.50	8304
103	中远海运发展（联合营）	中远海运和谐	COSCO SHIPPING HARMO	纸浆船	2021–01–29	中国	中国香港	61 921	—	—	12.50	8304
104	中远海运发展（联合营）	中远海运远景	COSCO SHIPPING VISIO	纸浆船	2021–04–29	中国	中国香港	61 943	0	—	12.50	8304
105	中远海运发展	中远海运优雅	COSCO SHIPPING GRACE	纸浆船	2021–12–20	中国	中国香港	61 614	660	—	13.50	8304
106	中波公司	克拉舍夫斯基	KRASZEWSKI	多用途重吊船	2011–10–25	中国	塞浦路斯	30 300	1904	0	19.30	16 520
107	中波公司	诺沃维耶斯基	NOWOWIEJSKI	多用途重吊船	2016–03–28	中国	塞浦路斯	31 664	1919	0	15.70	8350
108	中波公司	帕德雷夫斯基	PADEREWSKI	多用途重吊船	2016–12–15	中国	塞浦路斯	31 673	1919	0	15.70	8350
109	中波公司	阿斯尼克	ADAM ASNYK	多用途重吊船	2009–12–11	中国	马耳他	30 332	1904	0	19.50	16 520
110	中波公司	奥尔坎	WLADYSLAW ORKAN	多用途重吊船	2003–11–12	中国	马耳他	30 435	1904	0	19.50	16 520
111	中波公司	斯塔夫	LEOPOLD STAFF	多用途重吊船	2004–12–11	中国	马耳他	30 435	1904	0	19.30	16 520
112	中波公司	帕兰道夫斯基	PARANDOWSKI	多用途重吊船	2010–11–26	中国	马耳他	30 346	1904	0	19.30	16 520
113	中波公司	宝安	CHIPOL BAOAN	多用途重吊船	2009–10–26	中国	利比里亚	32 486	0	0	15.00	8800
114	中波公司	泰安	CHIPOL TAIAN	多用途重吊船	2010–02–04	中国	利比里亚	32 486	0	0	15.00	8800
115	中波公司	长安	CHIPOL CHANGAN	多用途重吊船	2010–05–15	中国	利比里亚	33 217	0	0	15.00	8800
116	中波公司	永安	CHIPOL YONGAN	多用途重吊船	2010–07–16	中国	利比里亚	33 217	0	0	15.00	8800
117	中波公司	乾坤	QIAN KUN	多用途重吊船	2011–12–12	中国	五星旗	30 280	1904	0	19.30	16 520
118	上海弘发航运	弘发上海	HONG FA SHANG HAI	多用途重吊船	1997–09–26	南斯拉夫	五星旗	21 963	1094	0	16.50	10 450
119	上海弘发航运	雄安	CHIPOL XIONGAN	多用途重吊船	2012–07–01	中国	利比里亚	28 262	0	0	14.00	6810
120	上海弘发航运	广安	CHIPOL GUANGAN	多用途重吊船	2011–07–11	中国	利比里亚	28 259	1699	0	14.00	6810
121	中波公司	恒星	CHIPOLBROK STAR	多用途重吊船	2010–07–09	中国	中国香港	30 346	1904	0	19.30	16 520

续上表

序号	所属公司（经营）	中文船名	英文船名	船舶类型	建造日期	建造国家或地区	船旗	总载重量（吨）	载箱量(TEU)	车位数（个）	航速（节）	功率（千瓦）
122	中波公司	寰宇	CHIPOLBROK GALAXY	多用途重吊船	2010-12-17	中国	中国香港	30 330	1904	0	19.40	16 520
123	上海弘发航运	长江	CHIPOL CHANGJIANG	多用途重吊船	2015-01-05	中国	中国香港	36 947	1880	0	14.30	6480
124	上海弘发航运	黄河	CHIPOL HUANGHE	多用途重吊船	2015-03-31	中国	中国香港	36 947	1880	0	14.30	6480
125	上海弘发航运	太湖	CHIPOL TAIHU	多用途重吊船	2015-08-11	中国	中国香港	36 947	1880	0	14.30	6480
126	中波公司	太平洋	CHIPOLBROK PACIFIC	多用途重吊船	2015-12-08	中国	中国香港	31 616	1919	0	15.70	8350
127	上海弘发航运	东海	CHIPOL DONGHAI	多用途重吊船	2016-03-18	中国	中国香港	36 947	1880	0	14.30	6480
128	中波公司	大西洋	CHIPOLBROK ATLANTIC	多用途重吊船	2016-07-06	中国	中国香港	31 661	1919	0	15.70	8350
129	中波公司	泰兴	TAI XING	多用途重吊船	2021-12-06	中国	中国香港	61 711	804		14.50	8000
130	中波公司	太阳	CHIPOLBROK SUN	多用途重吊船	2004-02-05	中国	中国香港	30 397	1904	0	19.50	16 520
131	中波公司	明月	CHIPOLBROK MOON	多用途重吊船	2004-05-04	中国	中国香港	30 460	1904	0	19.50	16 520
132	中海化工运输	金海涛	JIN HAI TAO	散装化学品船	2013-04-01	中国	五星旗	7914	0	0	12.80	2700
133	中海化工运输	金海澜	JIN HAI LAN	散装化学品船	2013-04-19	中国	五星旗	7900	0	0	12.80	2700
134	中远海运(厦门)	长安城	CHANG AN CHENG	多用途船	2017-11-02	中国	五星旗	37 898	264	—	14.00	6100
135	中远海运(厦门)	广安城	GUANG AN CHENG	多用途船	2017-06-21	中国	五星旗	37 898	264	—	14.00	6100
136	中远海运(厦门)	平安城	PING AN CHENG	多用途船	2017-02-28	中国	五星旗	37 898	264	—	14.00	6100
137	中远海运(厦门)	瑞安城	RUI AN CHENG	多用途船	2016-06-07	中国	五星旗	37 898	264	0	14.00	6100
138	中远海运(厦门)	荣安城	RONG AN CHENG	多用途船	2015-12-25	中国	五星旗	38 557	264	0	14.00	6100
139	中远海运(厦门)	宁安城	NING AN CHENG	木材船	2010-12-05	中国	中国香港	30 780	0	0	13.90	6480
140	中远海运(厦门)	都安城	DU AN CHENG	木材船	2011-05-09	中国	中国香港	31 785	0	0	13.90	6480
合计								4 328 167	95 905	24 552	—	—

2021 年中远海运集团杂货特种船队租入船舶船名录

表 17–9

序号	所属二级公司（经营）	所属公司（经营）	中文船名	英文船名	船舶类型	建造日期	建造国家或地区	船旗	船龄	总载重量（吨）
1	中远海运特运	中远海运特运	杨尼斯 2	YANNIS 2	杂货船	2009–03–10	日本	马耳他	12.82	50 779
2	中远海运特运	中远海运特运	鼎河	GREAT WOODS	杂货船	2009–06–27	中国	利比里亚	12.52	53 021
3	中远海运特运	中远海运特运	鼎江	GREAT FOREST	杂货船	2010–04–27	中国	利比里亚	11.69	53 021
4	中远海运特运	中远海运特运	鼎海	GREAT SEA	杂货船	2010–06–27	中国	利比里亚	11.52	53 021
5	中远海运特运	中远海运特运	鼎湖	GREAT CRYSTAL	杂货船	2009–12–17	中国	利比里亚	12.05	53 021
6	中远海运特运	中远海运特运	泛洲 10	FAN ZHOU 10	半潜船 / 甲板船	2019–05–08	中国	五星旗	2.65	60 000
7	中远海运特运	中远海运特运	华洋龙	HUA YANG LONG	半潜船 / 甲板船	2015–12–30	中国	五星旗	6.01	50 000
8	中远海运特运	中远海运特运	振华 33	ZHEN HUA 33	半潜船 / 甲板船	2017–03–02	中国	五星旗	4.84	50 517
9	中远海运特运	中远海运特运	乔桉	ARBORELLA	杂货船	2012–09–11	韩国	马绍尔群岛	9.31	57 536
10	中远海运特运	中远海运特运	布里斯安娜	BRASSIANA	杂货船	2012–12–14	韩国	马绍尔群岛	9.05	57 536
11	中远海运特运	中远海运特运	致雅	TOP ELEGANCE	杂货船	2019–01–14	中国	中国香港	2.96	48 875
12	上海中远海运	中海化工运输	恒晖 55	HENG HUI 55	散装化学品船	2012–06–26	中国	五星旗	9.52	4399
13	上海中远海运	中海化工运输	丰海 23	FEGN HAI 23	散装化学品船	2011–05–20	中国	五星旗	10.62	8074
14	上海中远海运	中海化工运输	丰海 30	FENG HAI 30	散装化学品船	2012–06–26	中国	五星旗	9.52	6555
15	上海中远海运	上海中远海运（中国香港）	粤油 908	YUE YOU 908	散装化学品船	2019–01–23	中国	中国香港	2.94	13 703
合计										620 058

2021 年中远海运集团客轮船队自有船舶船名录

表 17-10

序号	所属二级公司（经营）	所属公司（经营）	中文船名	英文船名	船舶类型	建造日期	建造国家或地区	船旗	总载重量（吨）	载箱量(TEU)	车位数（个）	客位数（个）
1	中远海运青岛	烟台中韩轮渡有限公司	新香雪兰	XIN XIANG XUE LAN	客滚船	2020-12-09	中国	五星旗	11 921	312	0	700
2	中远海运客运	中远海运客运	吉龙岛	JI LONG DAO	客滚船	2021-06-04	中国	五星旗	8498	—	264	1375
3	中远海运客运	中远海运客运	普陀岛	PU TUO DAO	客滚船	2005-04-21	中国	五星旗	3873	0	81	1428
4	中远海运客运	中远海运客运	葫芦岛	HU LU DAO	客滚船	2005-08-29	中国	五星旗	3873	0	81	1428
5	中远海运客运	中远海运客运	长山岛	CHANG SHAN DAO	客滚船	2012-05-15	中国	五星旗	7671	0	120	1400
6	中远海运客运	三沙南海梦之旅邮轮有限公司	南海之梦	NAN HAI ZHI MENG	客滚船	2011-12-05	中国	五星旗	5995	0	197	721
7	中远海运客运	中远海运客运	棒棰岛	BANG CHUI DAO	客滚船	1995-09-03	荷兰	五星旗	4228	0	81	1200
8	中远海运客运	中远海运客运	海洋岛	HAI YANG DAO	客滚船	1995-12-07	荷兰	五星旗	4228	0	81	1200
9	中远海运客运	中远海运客运	龙兴岛	LONG XING DAO	客滚船	2010-12-01	中国	五星旗	7744	0	120	1400
10	中远海运客运	中远海运客运	永兴岛	YONG XING DAO	客滚船	2011-03-22	中国	五星旗	7744	0	120	1400
11	中远海运集运	中日轮渡	新鉴真	CHINJIF	客滚船	1994-04-02	日本	五星旗	4321	250	0	345
12	上海中远海运	上海巴士旅游船务有限公司	振宇	ZHEN YU	游览客船	2007-07-03	中国	五星旗	1116	0	0	448
13	上海中远海运	上海巴士旅游船务有限公司	金灿灿	JIN CAN CAN	游览客船	2009-09-08	中国	五星旗	1117	0	0	300
14	上海中远海运	上海巴士旅游船务有限公司	康宁	KANG NING	游览客船	2010-03-08	中国	五星旗	1273	0	0	450
15	上海中远海运	上海巴士旅游船务有限公司	蓝森	LAN SEN	游览客船	2015-11-12	中国	五星旗	2080	0	0	500
16	厦门远洋	中远海运（厦门）有限公司	新五缘	XIN WU YUAN	客船	2016-06-17	中国	五星旗	47	0	0	322
17	厦门远洋	厦门闽台轮渡有限公司	中远之星	COSCO STAR	客滚船	1993-09-01	日本	中国香港	5868	256	136	683

续上表

序号	所属二级公司（经营）	所属公司（经营）	中文船名	英文船名	船舶类型	建造日期	建造国家或地区	船旗	总载重量（吨）	载箱量(TEU)	车位数（个）	客位数（个）
18	厦门远洋	星旅远洋邮轮	鼓浪屿号	PIANO LAND	邮轮	1995-03-31	德国	百慕大群岛	6715	—	—	2014
19	海南港航控股有限公司	海南海峡股份有限公司	信海11号	XIN HAI 11 HAO	客滚船	2002-12-15	中国	五星旗	989	0	38	499
20	海南港航控股有限公司	海南海峡轮渡运输有限公司	铜鼓岭	TONG GU LING	客滚船	2014-03-14	中国	五星旗	2393	0	47	999
21	海南港航控股有限公司	海南海峡轮渡运输有限公司	尖峰岭	JIAN FENG LING	客滚船	2014-01-17	中国	五星旗	2404	0	47	999
22	海南港航控股有限公司	海南海峡轮渡运输有限公司	鹦哥岭	YING GE LING	客滚船	2014-01-14	中国	五星旗	2555	0	47	999
23	海南港航控股有限公司	海南海峡轮渡运输有限公司	黎母岭	LI MU LING	客滚船	2014-02-18	中国	五星旗	2546	0	47	999
24	海南港航控股有限公司	海南海峡轮渡运输有限公司	五指山	WU ZHI SHAN	客滚船	2013-12-27	中国	五星旗	2513	0	47	999
25	海南港航控股有限公司	海南海峡轮渡运输有限公司	白石岭	BAI SHI LING	客滚船	2013-12-24	中国	五星旗	2529	0	47	999
26	海南港航控股有限公司	海南海峡轮渡运输有限公司	六连岭	LIU LIAN LING	客滚船	2014-12-08	中国	五星旗	2556	0	46	999
27	海南港航控股有限公司	海南海峡股份有限公司	棋子湾	QI ZI WAN	客滚船	2008-08-26	中国	五星旗	3200	0	69	844
28	海南港航控股有限公司	海南海峡股份有限公司	长乐公主	CHANG LE GONG ZHU	客滚船	2017-01-10	中国	五星旗	2191	0	50	466
29	海南港航控股有限公司	海南海峡轮渡运输有限公司	凤凰岭	FENG HUANG LING	客滚船	2014-11-25	中国	五星旗	2641	0	46	999
30	海南港航控股有限公司	海南海峡轮渡运输有限公司	海棠湾	HAI TANG WAN	客滚船	2014-12-30	中国	五星旗	2764	0	46	999
31	海南港航控股有限公司	海南海峡轮渡运输有限公司	信海12号	XIN HAI 12 HAO	客滚船	2004-12-31	中国	五星旗	1404	0	40	790
32	海南港航控股有限公司	海南海峡轮渡运输有限公司	信海16号	XIN HAI 16 HAO	客滚船	2007-09-21	中国	五星旗	2298	0	46	986

续上表

序号	所属二级公司（经营）	所属公司（经营）	中文船名	英文船名	船舶类型	建造日期	建造国家或地区	船旗	总载重量（吨）	载箱量(TEU)	车位数（个）	客位数（个）
33	海南港航控股有限公司	海南海峡轮渡运输有限公司	信海19号	XIN HAI 19 HAO	客滚船	2011–12–27	中国	五星旗	2511	0	41	972
34	海南港航控股有限公司	海南海峡轮渡运输有限公司	宝岛12号	BAO DAO 12 HAO	客滚船	2010–01–25	中国	五星旗	2238	0	41	986
35	海南港航控股有限公司	海南海峡轮渡运输有限公司	宝岛16号	BAO DAO 16 HAO	客滚船	2012–06–20	中国	五星旗	2511	0	41	972
36	海南港航控股有限公司	海南海峡轮渡运输有限公司	海峡一号	HAI XIA YI HAO	客滚船	2012–01–18	中国	五星旗	1222	0	30	600
37	海南港航控股有限公司	海南海峡轮渡运输有限公司	海口九号	HAI KOU JIU HAO	客滚船	2013–08–30	中国	五星旗	3202	0	50	986
38	海南港航控股有限公司	海南海峡轮渡运输有限公司	海口六号	HAI KOU LIU HAO	客滚船	2011–08–31	中国	五星旗	2436	0	60	966
39	海南港航控股有限公司	海南海峡轮渡运输有限公司	海口16号	HAIKOU 16 HAO	客滚船	2015–12–28	中国	五星旗	3315	0	60	986
合计									138 730	818	2267	36 358

2021 年中远海运集团客轮船队租入船舶船名录

表 17–11

序号	所属二级公司（经营）	所属公司（经营）	中文船名	英文船名	船舶类型	出厂日期	建造国家或地区	船旗	总载重量（吨）	载箱量(TEU)	车位数（个）	客位数（个）
1	大连投资	韩国大仁轮渡	飞龙	BIRYONG	客滚船	1995–09–22	日本	巴拿马	3429	145	0	510
2	中远海运客运	中远海运客运	万通海	WAN TONG HAI	客滚船	2010–11–29	中国	五星旗	7447	0	192	1618
3	中远海运客运	中远海运客运	万荣海	WAN RONG HAI	客滚船	2008–06–02	中国	五星旗	3252	0	69	1108
合计									14 128	145	261	3236

2019—2021 年中远海运集团货运量统计表

2019—2021 年中远海运集团货运量统计表

表 17–12

类别	单位	2019 年	2020 年	2021 年
货运	万吨	131 162.64	134 259.64	136 095.23
	亿吨海里	35 751.71	37 097.96	38 677.96
客运	万人	253.66	364.23	423.35
	亿人海里	2.35	1.40	1.31
内贸货运	万吨	65 250.72	68 545.78	6 702.73
	亿吨海里	4 411.23	4 534.33	4 430.45
外贸货运	万吨	65 911.92	65 713.86	68 492.50
	亿吨海里	31 340.48	32 563.63	34 247.51
煤炭	万吨	26 171.13	26 288.35	28 499.90
石油及天然气	万吨	22 542.69	22 747.43	24 373.84
其中：原油	万吨	14 862.38	14 719.41	15 744.65
金属矿石	万吨	15 019.79	14 877.30	14 329.46
钢铁	万吨	1 131.78	1 043.82	1 168.89
矿材	万吨	782.13	1 068.58	557.54
水泥	万吨	522.44	667.47	624.97
木材	万吨	228.62	151.59	147.26
非金属矿石	万吨	244.37	295.49	82.15
化肥及农药	万吨	141.27	227.10	188.80
盐	万吨	91.23	106.17	60.21
粮食	万吨	2 096.16	1 845.83	1 041.91
机械	万吨	4 120.25	3 759.53	3 395.80
化工原料	万吨	84.42	204.35	274.68
有色金属	万吨	8.53	2.70	2.55
轻工医药	万吨	230.57	281.63	441.66
农副产品	万吨	5.00	7.78	7.35
集装箱运量	万吨	57 299.67	58 937.64	59 118.99
箱量	TEU	48 807 445	53 484 770	55 952 932
其中：重箱	TEU	37 356 102	42 288 625	43 246 251
车辆数	辆	825 250	1 714 536	1 827 142

2019—2021年中远海运集团运输及生产统计表

2019—2021年中远海运集团运输及生产统计表

表17–13

指标	单位	2019年	2020年	2021年
船舶艘数	艘	1315	1387	1349
船队载重吨	万吨	10 455.61	11 138.17	11 187.06
平均船龄	年	9.12	9.67	10.35
自有船舶单船平均载重吨	万吨	8.69	9.10	9.4
货运量	万吨	131 162.64	134 259.64	136 095.23
货运周转量	亿吨海里	35 751.71	37 097.96	38 677.96
集装箱重箱运量	万TEU	3 735.61	4 228.86	4 324.63
全球投资码头	个	61	58	58
全球集装箱码头数	个	53	51	51
全球集装箱码头吞吐能力	万TEU	12 905	12 940	13 326
全球集装箱码头吞吐量	万TEU	13 395.34	13 354.74	14 053.25
新造船产能	万载重吨	748	748	748
装备制造业新造船交付量	艘	66	60	55
装备制造业新造船交付吨位	万载重吨	293.58	579.16	629.26
海工产品产能数量	个	6	6	6
全球船舶燃料销量	万吨	2900	2770	2 819.55
“一带一路”沿线航线布局	条	189	189	195
中欧快线箱运量	万TEU	8.30	12.22	15.30
中欧班列箱运量	万TEU	5.24	5.54	5.76

注：上海中远海运浦江旅游观光平台下属上海巴士旅游船务有限公司的4艘观光客船没有统计在内。

2007—2021 年中远海运集团世界 500 强排名一览表

2007—2021 年中远海运集团世界 500 强排名一览表

表 17–14

年份	世界 500 强排名	年收入（百万美元）
2007 年	488	15 413.5
2008 年	405	20 840.0
2009 年	327	27 430.3
2010 年	未进入	—
2011 年	399	24 249.7
2012 年	384	28 796.5
2013 年	401	28 736.0
2014 年	451	26 805.5
2015 年	432	27 483.0
2016 年	465	22 965.4
2017 年	366	29 743.1
2018 年	335	34 667.8
2019 年	279	42 607.7
2020 年	264	44 655.1
2021 年	231	47 998.3

注：1. 2007—2016年为中远集团数据；

2. 年份是《财富》杂志公布的年份，年收入为上一个年度的数据。

2021 年末中远海运集团员工队伍统计表

2021年末中远海运集团员工队伍统计表

表 17–15

（单位：人）

类别	合计	陆地员工		船员	
		小计	其中中方	小计	其中中方
劳务合同职工	104 403	76 025	61 576	28 378	28 378
其中在岗职工	102 462	74 101	59 675	28 361	28 361
派出职工	224	219	219	5	5
其他人员	1717	1705	1682	12	12
劳务派遣用工	27 185	8344	8334	18 841	18 821
其他从业人员	1257	1178	997	79	59
总计	132 845	85 547	70 907	47 298	47 258

注：其他从业人员包括返聘人员、外部董事、直属单位派出人员等。

2021年末中远海运集团船员队伍统计表

2021 年末中远海运集团船员队伍统计表

表 17–16

（单位：人）

类别	合计	运输船员	港作船员	客服船员
船员总量	47 298	46 298	533	467
高级船员	23 059	22 828	209	22
其中船长	2536	2500	36	0
轮机长	2618	2584	34	0
政委	1340	1325	0	15
大副	2332	2302	29	1
大管轮	2210	2187	23	0

2019—2021 年中远海运集团社会责任投入统计表

2019—2021 年中远海运集团社会责任投入统计表

表 17–17

指标	单位	2019 年	2020 年	2021 年
集团及下属单位投入帮扶资金	万元	6 932.82	11 264.82	10 898.83
中远海运慈善基金会投入扶贫资金	万元	1803	883	402
累计扶贫投入	万元	9 064.97	12 147.82	11 300.83
教育扶贫投入	万元	1 446.60	2014	3345
助学人数	人次	2905	2813	2860
购买及帮助销售贫困地区产品	万元	985.98	1 632.14	872.76
慈善基金会筹集社会捐赠	万元	7849	8250	80 508
公益慈善支出	万元	10 200	14 899	13 386
组织慈善公益项目	个	80	79	57
环保投入	亿元	6.68	10.58	5.51
节能技改总投入	亿元	0.76	2.42	8.53
能源消耗总量	万吨标准煤	1 145.38	1 123.98	1 190.08
温室气体排放量	万吨	2 457.36	2 412.23	2 549.81

CHINA COSCO SHIPPING CORPORATION LIMITED YEARBOOK

中国远洋海运集团有限公司

年鉴

年鉴索引总稿

使用说明

一、本索引按汉语拼音音序排列。具体如下：数字开头的，排在最前面；以英文字母开头的排在其次；汉字标目则按首字的音序、音调依次排列，首字相同时，则以第二字排序，依次类推。

二、索引标目后的数字，表示索引内容所在的年鉴正文页码；数字后面的英文字母 a、b，表示年鉴正文的栏别，合在一起即指该页码及左右两个版面区域。年鉴中用表格反映的内容，则在索引标目后面用括号注明（表）字，以区别文字标目。

三、为反映索引款目间的隶属关系，对于二级标目，采用上一级标目下缩两格的形式编排，之下按照习惯的顺序排列，不再按照汉语拼音音序排列。

0-9

A-Z

A

B

C

D

F

G

H

J

K

L

M

N

P

Q

R

S

T

W

X

Y

Z